Organização estruturada de computadores

Tanenbaum • Austin
Organização estruturada de computadores

6ª EDIÇÃO

Tradução

Daniel Vieira

Revisão técnica

Prof. Dr. Wagner Luiz Zucchi

Professor do Departamento de Sistemas Eletrônicos da Escola Politécnica
da Universidade de São Paulo, do programa de Pós-Graduação do Instituto de
Pesquisas Tecnológicas (IPT) e da Universidade Nove de Julho. Colaborador
da revista RTI – Redes, Telecomunicações e Infraestrutura – e consultor de
diversas empresas na área de redes e telecomunicação digital

©2013 by Andrew S. Tanenbaum e Todd Austin

Todos os direitos reservados. Nenhuma parte desta publicação poderá ser reproduzida ou transmitida de qualquer modo ou por qualquer outro meio, eletrônico ou mecânico, incluindo fotocópia, gravação ou qualquer outro tipo de sistema de armazenamento e transmissão de informação, sem prévia autorização, por escrito, da Pearson Education do Brasil.

Diretor editorial e de conteúdo	Roger Trimer
Gerente editorial	Kelly Tavares
Supervisora de produção editorial	Silvana Afonso
Coordenadora de desenvolvimento	Danielle Sales
Coordenador de produção editorial	Sérgio Nascimento
Coordenadora de produção gráfica	Tatiane Romano
Editor de aquisições	Vinícius Souza
Editora de texto	Daniela Braz
Editor assistente	Luiz Salla
Preparação	Christiane Colas
Tradução	Daniel Vieira
Revisão técnica	Wagner Luiz Zucchi
Revisão	Guilherme Summa
Capa	Solange Rennó (adaptação do projeto original)
Projeto gráfico e diagramação	Casa de Ideias

Dados Internacionais de Catalogação na Publicação (CIP)
(Câmara Brasileira do Livro, SP, Brasil)

Tanenbaum, Andrew S.
    Organização estruturada de computadores / Andrew S. Tanenbaum, Todd Austin; tradução Daniel Vieira; revisão técnica Wagner Luiz Zucchi. -- São Paulo : Pearson Prentice Hall, 2013.

    Título original: Structured computer organization.
6 ed. norte-americana.
    Bibliografia.
    ISBN 978-85-8143-539-8

    1. Organização de computador 2. Programação (Computadores) I. Austin, Todd. II. Título.

13-04217   CDD-005.1

Índice para catálogo sistemático:
1. Organização estruturada de computadores:
Ciências da computação 005.1

Printed in Brazil by Reproset RPSA 227157

Direitos exclusivos cedidos à
Pearson Education do Brasil Ltda.,
uma empresa do grupo Pearson Education
Avenida Santa Marina, 1193
CEP 05036-001 - São Paulo - SP - Brasil
Fone: 11 2178-8609 e 11 2178-8653
pearsonuniversidades@pearson.com

Distribuição
Grupo A Educação
www.grupoa.com.br
Fone: 0800 703 3444

Sumário

PREFÁCIO XV

DEDICATÓRIA XVIII

1 INTRODUÇÃO 1
    1.1 ORGANIZAÇÃO ESTRUTURADA DE COMPUTADOR 2
        1.1.1 Linguagens, níveis e máquinas virtuais 2
        1.1.2 Máquinas multiníveis contemporâneas 4
        1.1.3 Evolução de máquinas multiníveis 6
    1.2 MARCOS DA ARQUITETURA DE COMPUTADORES 10
        1.2.1 A geração zero — computadores mecânicos (1642–1945) 10
        1.2.2 A primeira geração — válvulas (1945–1955) 13
        1.2.3 A segunda geração — transistores (1955–1965) 15
        1.2.4 A terceira geração — circuitos integrados (1965–1980) 17
        1.2.5 A quarta geração — integração em escala muito grande (1980–?) 18
        1.2.6 A quinta geração — computadores de baixa potência e invisíveis 20
    1.3 O ZOOLÓGICO DOS COMPUTADORES 22
        1.3.1 Forças tecnológicas e econômicas 22
        1.3.2 Tipos de computadores 23
        1.3.3 Computadores descartáveis 24
        1.3.4 Microcontroladores 26
        1.3.5 Computadores móveis e de jogos 27
        1.3.6 Computadores pessoais 28
        1.3.7 Servidores 29
        1.3.8 *Mainframes* 30
    1.4 EXEMPLOS DE FAMÍLIAS DE COMPUTADORES 30
        1.4.1 Introdução à arquitetura x86 31
        1.4.2 Introdução à arquitetura ARM 35
        1.4.3 Introdução à arquitetura AVR 37
    1.5 UNIDADES MÉTRICAS 38
    1.6 ESQUEMA DESTE LIVRO 39

2 ORGANIZAÇÃO DE SISTEMAS DE COMPUTADORES 42
    2.1 PROCESSADORES 42
        2.1.1 Organização da CPU 43
        2.1.2 Execução de instrução 44

2.1.3 RISC versus CISC 47
2.1.4 Princípios de projeto para computadores modernos 49
2.1.5 Paralelismo no nível de instrução 50
2.1.6 Paralelismo no nível do processador 53

2.2 MEMÓRIA PRIMÁRIA 57
2.2.1 Bits 57
2.2.2 Endereços de memória 58
2.2.3 Ordenação de bytes 59
2.2.4 Códigos de correção de erro 60
2.2.5 Memória *cache* 64
2.2.6 Empacotamento e tipos de memória 66

2.3 MEMÓRIA SECUNDÁRIA 67
2.3.1 Hierarquias de memória 67
2.3.2 Discos magnéticos 68
2.3.3 Discos IDE 71
2.3.4 Discos SCSI 72
2.3.5 RAID 73
2.3.6 Discos em estado sólido 76
2.3.7 CD-ROMs 78
2.3.8 CDs graváveis 81
2.3.9 CDs regraváveis 83
2.3.10 DVD 83
2.3.11 Blu-ray 85

2.4 ENTRADA/SAÍDA 85
2.4.1 Barramentos 85
2.4.2 Terminais 88
2.4.3 Mouses 93
2.4.4 Controladores de jogos 94
2.4.5 Impressoras 96
2.4.6 Equipamento de telecomunicações 100
2.4.7 Câmeras digitais 106
2.4.8 Códigos de caracteres 108

2.5 RESUMO 111

3 O NÍVEL LÓGICO DIGITAL 115

3.1 PORTAS E ÁLGEBRA BOOLEANA 115
3.1.1 Portas 116
3.1.2 Álgebra booleana 117
3.1.3 Execução de funções booleanas 119
3.1.4 Equivalência de circuito 120

3.2 CIRCUITOS LÓGICOS DIGITAIS BÁSICOS 123
3.2.1 Circuitos integrados 124

3.2.2 Circuitos combinatórios   125
3.2.3 Circuitos aritméticos   127
3.2.4 *Clocks*   132
3.3 MEMÓRIA   133
3.3.1 Memórias de 1 bit   133
3.3.2 *Flip-Flops*   135
3.3.3 Registradores   137
3.3.4 Organização da memória   138
3.3.5 Chips de memória   140
3.3.6 RAMs e ROMs   142
3.4 CHIPS DE CPU E BARRAMENTOS   146
3.4.1 Chips de CPU   146
3.4.2 Barramentos de computador   147
3.4.3 Largura do barramento   149
3.4.4 *Clock* do barramento   151
3.4.5 Arbitragem de barramento   154
3.4.6 Operações de barramento   156
3.5 EXEMPLO DE CHIPS DE CPUs   158
3.5.1 O Intel Core i7   158
3.5.2 O sistema-em-um-chip Texas Instruments OMAP4430   164
3.5.3 O microcontrolador Atmel ATmega168   167
3.6 EXEMPLOS DE BARRAMENTOS   169
3.6.1 O barramento PCI   169
3.6.2 PCI Express   176
3.6.3 Barramento serial universal (USB)   180
3.7 INTERFACE   183
3.7.1 Interfaces de E/S   183
3.7.2 Decodificação de endereço   184
3.8 RESUMO   186

4 O NÍVEL DE MICROARQUITETURA   190
4.1 UM EXEMPLO DE MICROARQUITETURA   190
4.1.1 O caminho de dados   191
4.1.2 Microinstruções   196
4.1.3 Controle de microinstrução: a Mic-1   198
4.2 EXEMPLO DE ISA: IJVM   201
4.2.1 Pilhas   201
4.2.2 O modelo de memória IJVM   203
4.2.3 Conjunto de instruções da IJVM   204
4.2.4 Compilando Java para a IJVM   208
4.3 EXEMPLO DE IMPLEMENTAÇÃO   209

4.3.1 Microinstruções e notação   209
4.3.2 Implementação de IJVM que usa a Mic-1   212
4.4 PROJETO DO NÍVEL DE MICROARQUITETURA   222
4.4.1 Velocidade *versus* custo   223
4.4.2 Redução do comprimento do caminho de execução   224
4.4.3 Projeto com busca antecipada: a Mic-2   229
4.4.4 Projeto com *pipeline*: a Mic-3   233
4.4.5 *Pipeline* de sete estágios: a Mic-4   238
4.5 MELHORIA DE DESEMPENHO   241
4.5.1 Memória *cache*   241
4.5.2 Previsão de desvio   246
4.5.3 Execução fora de ordem e renomeação de registrador   250
4.5.4 Execução especulativa   254
4.6 EXEMPLOS DO NÍVEL DE MICROARQUITETURA   256
4.6.1 A microarquitetura da CPU Core i7   256
4.6.2 A microarquitetura da CPU OMAP4430   260
4.6.3 A microarquitetura do microcontrolador ATmega168   264
4.7 COMPARAÇÃO ENTRE i7, OMAP4430 E ATmega168   266
4.8 RESUMO   266

5 O NÍVEL DE ARQUITETURA DO CONJUNTO DE INSTRUÇÃO   270
5.1 VISÃO GERAL DO NÍVEL ISA   272
5.1.1 Propriedades do nível ISA   272
5.1.2 Modelos de memória   273
5.1.3 Registradores   275
5.1.4 Instruções   276
5.1.5 Visão geral do nível ISA do Core i7   276
5.1.6 Visão geral do nível ISA ARM do OMAP4430   278
5.1.7 Visão geral do nível ISA AVR do ATmega168   280
5.2 TIPOS DE DADOS   281
5.2.1 Tipos de dados numéricos   282
5.2.2 Tipos de dados não numéricos   282
5.2.3 Tipos de dados no Core i7   283
5.2.4 Tipos de dados na CPU ARM do OMAP4430   283
5.2.5 Tipos de dados na CPU AVR do ATmega168   284
5.3 FORMATOS DE INSTRUÇÃO   284
5.3.1 Critérios de projeto para formatos de instrução   285
5.3.2 Expansão de *opcodes*   287
5.3.3 Formatos de instruções do Core i7   289
5.3.4 Formatos de instruções da CPU ARM do OMAP4430   290
5.3.5 Formatos de instruções da CPU AVR do ATmega168   291

5.4 ENDEREÇAMENTO   292

    5.4.1 Modos de endereçamento   292

    5.4.2 Endereçamento imediato   292

    5.4.3 Endereçamento direto   293

    5.4.4 Endereçamento de registrador   293

    5.4.5 Endereçamento indireto de registrador   293

    5.4.6 Endereçamento indexado   294

    5.4.7 Endereçamento de base indexado   296

    5.4.8 Endereçamento de pilha   296

    5.4.9 Modos de endereçamento para instruções de desvio   299

    5.4.10 Ortogonalidade de *opcodes* e modos de endereçamento   300

    5.4.11 Modos de endereçamento do Core i7   301

    5.4.12 Modos de endereçamento da CPU ARM do OMAP4430   303

    5.4.13 Modos de endereçamento da AVR do ATmega168   303

    5.4.14 Discussão de modos de endereçamento   303

5.5 TIPOS DE INSTRUÇÃO   304

    5.5.1 Instruções para movimento de dados   304

    5.5.2 Operações diádicas   305

    5.5.3 Operações monádicas   306

    5.5.4 Comparações e desvios condicionais   307

    5.5.5 Instruções de chamada de procedimento   309

    5.5.6 Controle de laço   309

    5.5.7 Entrada/Saída   310

    5.5.8 Instruções do Core i7   313

    5.5.9 Instruções da CPU ARM do OMAP4430   315

    5.5.10 Instruções da CPU AVR do ATmega168   317

    5.5.11 Comparação de conjuntos de instruções   319

5.6 FLUXO DE CONTROLE   319

    5.6.1 Fluxo de controle sequencial e desvios   320

    5.6.2 Procedimentos   320

    5.6.3 Corrotinas   324

    5.6.4 Exceções   326

    5.6.5 Interrupções   327

5.7 UM EXEMPLO DETALHADO: AS TORRES DE HANÓI   330

    5.7.1 As Torres de Hanói em linguagem de montagem do Core i7   330

    5.7.2 As Torres de Hanói em linguagem de montagem da CPU ARM do OMAP4430   332

5.8 A ARQUITETURA IA-64 E O ITANIUM 2   333

    5.8.1 O problema da ISA IA-32   333

    5.8.2 O modelo IA-64: computação por instrução explicitamente paralela   334

    5.8.3 Redução de referências à memória   335

    5.8.4 Escalonamento de instruções   336

5.8.5 Redução de desvios condicionais: predicação   337

5.8.6 Cargas especulativas   339

5.9 RESUMO   340

6 O SISTEMA OPERACIONAL   344

6.1 MEMÓRIA VIRTUAL   345

6.1.1 Paginação   346

6.1.2 Implementação de paginação   347

6.1.3 Paginação por demanda e o modelo de conjunto de trabalho   351

6.1.4 Política de substituição de página   351

6.1.5 Tamanho de página e fragmentação   353

6.1.6 Segmentação   354

6.1.7 Implementação de segmentação   357

6.1.8 Memória virtual no Core i7   359

6.1.9 Memória virtual na CPU ARM do OMAP4430   363

6.1.10 Memória virtual e *caching*   365

6.2 VIRTUALIZAÇÃO DO HARDWARE   365

6.2.1 Virtualização do hardware no Core i7   366

6.3 INSTRUÇÕES DE E/S DE NÍVEL OSM   367

6.3.1 Arquivos   367

6.3.2 Implementação de instruções de E/S de nível OSM   369

6.3.3 Instruções de gerenciamento de diretório   371

6.4 INSTRUÇÕES DE NÍVEL OSM PARA PROCESSAMENTO PARALELO   372

6.4.1 Criação de processo   373

6.4.2 Condições de disputa   374

6.4.3 Sincronização de processos usando semáforos   377

6.5 EXEMPLOS DE SISTEMAS OPERACIONAIS   380

6.5.1 Introdução   380

6.5.2 Exemplos de memória virtual   385

6.5.3 Exemplos de E/S virtual em nível de sistema operacional   388

6.5.4 Exemplos de gerenciamento de processos   397

6.6 RESUMO   402

7 O NÍVEL DE LINGUAGEM DE MONTAGEM   407

7.1 INTRODUÇÃO À LINGUAGEM DE MONTAGEM   408

7.1.1 O que é uma linguagem de montagem?   408

7.1.2 Por que usar linguagem de montagem?   409

7.1.3 Formato de uma declaração em linguagem de montagem   409

7.1.4 Pseudoinstruções   411

7.2 MACROS   413

7.2.1 Definição, chamada e expansão de macro   413

7.2.2 Macros com parâmetros   415

7.2.3 Características avançadas   415

7.2.4 Implementação de um processador de macros em um *assembler*   416

7.3 O PROCESSO DE MONTAGEM   417

7.3.1 *Assemblers* de duas etapas   417

7.3.2 Passagem um   417

7.3.3 Passagem dois   421

7.3.4 Tabela de símbolos   422

7.4 LIGAÇÃO E CARREGAMENTO   423

7.4.1 Tarefas realizadas pelo ligador   424

7.4.2 Estrutura de um módulo-objeto   427

7.4.3 Tempo de vinculação e relocação dinâmica   428

7.4.4 Ligação dinâmica   430

7.5 RESUMO   433

8 ARQUITETURAS DE COMPUTADORES PARALELOS   436

8.1 PARALELISMO NO CHIP   438

8.1.1 Paralelismo no nível da instrução   438

8.1.2 *Multithreading* no chip   443

8.1.3 Multiprocessadores com um único chip   448

8.2 COPROCESSADORES   453

8.2.1 Processadores de rede   453

8.2.2 Processadores gráficos   459

8.2.3 Criptoprocessadores   461

8.3 MULTIPROCESSADORES DE MEMÓRIA COMPARTILHADA   462

8.3.1 Multiprocessadores *versus* multicomputadores   462

8.3.2 Semântica da memória   468

8.3.3 Arquiteturas de multiprocessadores simétricos UMA   471

8.3.4 Multiprocessadores NUMA   478

8.3.5 Multiprocessadores COMA   485

8.4 MULTICOMPUTADORES DE TROCA DE MENSAGENS   486

8.4.1 Redes de interconexão   487

8.4.2 MPPs — processadores maciçamente paralelos   490

8.4.3 Computação de *cluster*   497

8.4.4 Software de comunicação para multicomputadores   502

8.4.5 Escalonamento   503

8.4.6 Memória compartilhada no nível de aplicação   504

8.4.7 Desempenho   510

8.5 COMPUTAÇÃO EM GRADE   514

8.6 RESUMO   516

9 BIBLIOGRAFIA 519

A NÚMEROS BINÁRIOS 525
    A.1 NÚMEROS DE PRECISÃO FINITA 525
    A.2 SISTEMAS DE NÚMEROS RAIZ, OU NÚMEROS DE BASE 527
    A.3 CONVERSÃO DE UMA BASE PARA OUTRA 529
    A.4 NÚMEROS BINÁRIOS NEGATIVOS 531
    A.5 ARITMÉTICA BINÁRIA 532

B NÚMEROS DE PONTO FLUTUANTE 534
    B.1 PRINCÍPIOS DE PONTO FLUTUANTE 534
    B.2 PADRÃO DE PONTO FLUTUANTE IEEE 754 537

C PROGRAMAÇÃO EM LINGUAGEM DE MONTAGEM 542
    C.1 VISÃO GERAL 543
        C.1.1 Linguagem de montagem 543
        C.1.2 Um pequeno programa em linguagem de montagem 543
    C.2 O PROCESSADOR 8088 544
        C.2.1 O ciclo do processador 545
        C.2.2 Os registradores gerais 546
        C.2.3 Registradores de ponteiros 547
    C.3 MEMÓRIA E ENDEREÇAMENTO 548
        C.3.1 Organização da memória e segmentos 548
        C.3.2 Endereçamento 549
    C.4 O CONJUNTO DE INSTRUÇÕES DO 8088 552
        C.4.1 Mover, copiar, efetuar aritmética 552
        C.4.2 Operações lógicas, de bit e de deslocamento 555
        C.4.3 Operações de laço e cadeias repetitivas 555
        C.4.4 Instruções Jump e Call 556
        C.4.5 Chamadas de sub-rotina 557
        C.4.6 Chamadas de sistema e sub-rotinas de sistema 558
        C.4.7 Observações finais sobre o conjunto de instruções 560
    C.5 O *ASSEMBLER* 561
        C.5.1 Introdução 561
        C.5.2 O *assembler as88*, baseado em ACK 561
        C.5.3 Algumas diferenças com outros *assemblers* 8088 564
    C.6 O RASTREADOR 565
        C.6.1 Comandos do rastreador 566
    C.7 COMO ACESSAR 568
    C.8 EXEMPLOS 568
        C.8.1 Exemplo de Hello World 568

C.8.2 Exemplo de registradores gerais 570

C.8.3 Comando de chamada e registradores de ponteiros 571

C.8.4 Depuração de um programa de impressão de vetores 574

C.8.5 Manipulação de cadeia e instruções de cadeia 576

C.8.6 Tabelas de despacho 579

C.8.7 Acesso a arquivo com *buffer* e aleatório 580

ÍNDICE 584

Prefácio

As cinco primeiras edições deste livro foram baseadas na ideia de que um computador pode ser considerado uma hierarquia de níveis, cada um realizando alguma função bem definida. Esse conceito fundamental é válido tanto hoje quanto na época da primeira edição, de modo que foi mantido como base para a sexta edição. Assim como nas cinco primeiras edições, o nível lógico digital, o nível de microarquitetura, o nível de arquitetura do conjunto de instruções, o nível de máquina do sistema operacional e o nível da linguagem de montagem são todos discutidos com detalhes.

Embora a estrutura básica tenha sido mantida, esta edição contém muitas mudanças, pequenas e grandes, que a mantém atualizada na área da computação, que muda tão rapidamente. Por exemplo, os modelos de máquinas usados foram atualizados. Os exemplos atuais são Intel Core i7, Texas Instrument OMAP4430 e Atmel ATmega168. O Core i7 é um exemplo de CPU popular usada em laptops, desktops e servidores. O OMAP4430 é um tipo de CPU popular baseada em ARM, muito usada em smartphones e tablets.

Mesmo que você talvez nunca tenha ouvido falar do microcontrolador ATmega168, provavelmente já terá interagido muitas vezes com um deles. O microcontrolador ATmega168 baseado no AVR é encontrado em diversos sistemas embutidos, variando desde rádios-relógios até fornos de micro-ondas. O interesse em sistemas embutidos é cada vez maior, e o ATmega168 é muito usado poo seu custo baixíssimo (centavos), sua grande quantidade de software e periféricos para ele e o grande número de programadores disponíveis. A quantidade de ATmega168s no mundo decerto é maior que a de CPUs Pentium e Core i3, i5 e i7 por algumas ordens de grandeza. O ATmega168s também é o processador encontrado no computador embutido Arduino de placa única, um sistema popular projetado em uma universidade italiana para custar menos que um jantar em uma pizzaria.

Ao longo dos anos, muitos professores que adotaram este livro solicitaram repetidas vezes material sobre programação em linguagem de montagem (*assembly*). Com a sexta edição, esse material agora está disponível na Sala Virtual (veja adiante), onde pode ser expandido com facilidade e mantido de modo perene. A linguagem de montagem escolhida é a do 8088, pois é uma versão reduzida do conjunto de instruções iA32 extremamente popular, usado no processador Core i7. Poderíamos ter usado os conjuntos de instruções ARM ou AVR, ou alguma outra ISA da qual quase ninguém ouviu falar, mas, como uma ferramenta de motivação, o 8088 é uma escolha melhor, pois muitos alunos possuem uma CPU compatível com o 8088 em casa. O Core i7 completo é muito complexo para os alunos entenderem com detalhes. O 8088 é semelhante, porém muito mais simples.

Além disso, o Core i7, que é abordado com detalhes nesta edição do livro, é capaz de executar programas 8088. Porém, como a depuração do código de montagem é muito difícil, oferecemos um conjunto de ferramentas para aprendizado da programação em linguagem de montagem, incluindo um *assembler 8088*, um simulador e um rastreador. Essas ferramentas estão disponíveis para Windows, Solaris, UNIX e Linux, na Sala Virtual.

O livro tornou-se mais extenso com o passar dos anos (a primeira edição tinha 443 páginas; esta tem 624 páginas). Essa expansão foi inevitável, tendo em vista que um assunto se desenvolve e há mais a saber sobre ele. Como resultado, quando se resolve adotá-lo em um curso, nem sempre é possível terminá-lo em um único curso (por exemplo, quando o curso é trimestral). Uma alternativa possível seria estudar, como um mínimo essencial, os Capítulos 1, 2 e 3, a primeira parte do Capítulo 4 (até, e inclusive, a Seção 4.4) e o Capítulo 5. O tempo que sobrar poderia ser utilizado com o restante do Capítulo 4 e partes dos Capítulos 6, 7 e 8, dependendo do interesse do professor e dos alunos.

Em seguida apresentamos, capítulo por capítulo, uma resenha das principais mudanças desde a quinta edição. O Capítulo 1 ainda contém uma revisão histórica da arquitetura de computador, que mostra como chegamos onde estamos hoje e quais foram os marcos ao longo do percurso. Muitos alunos ficarão surpresos ao descobrir que os computadores mais poderosos do mundo na década de 1960, que custavam milhões de dólares americanos, tinham muito menos de 1% do poder de computação de seus smartphones. Discutimos também o espectro ampliado dos computadores atuais, incluindo FGPAs, smartphones, tablets e consoles de jogos. Discutimos também nossas três novas arquiteturas de exemplo (Core i7, OMAP4430 e ATmega168).

No Capítulo 2, o material sobre estilos de processamento foi expandido para incluir processadores paralelos de dados, incluindo unidades de processamento gráfico (GPUs). O panorama do armazenamento foi expandido para incluir os dispositivos de armazenamento baseados em memória *flash, cada vez mais populares. Um material novo foi acrescentado à seção de entrada/saída, que detalha os controladores de jogos modernos, incluindo o* Wiimote e o Kinect, além de telas sensíveis ao toque, usadas em smartphones e tablets.

O Capítulo 3 passou por uma revisão em diversas partes. Ele ainda começa no básico, explicando como funcionam os transistores, e parte disso para que até mesmo os alunos sem qualquer base em hardware possam entender, em princípio, como funciona um computador moderno. Oferecemos material novo sobre FPGAs (Field--Programmable Gate Arrays), fábricas de hardware programáveis, que levam os verdadeiros custos do projeto no nível de porta em grande escala para onde eles são muito usados hoje, a sala de aula. Os três novos exemplos de arquiteturas são descritos aqui em um nível mais alto.

O Capítulo 4 sempre foi benquisto por explicar como um computador realmente funciona, portanto a maior parte dele não sofreu alterações desde a quinta edição. Contudo, há novas seções que discutem o nível de microarquitetura do Core i7, do OMAP4430 e do ATmega168.

Os Capítulos 5 e 6 foram atualizados com base nos novos exemplos de arquitetura, particularmente com novas seções descrevendo os conjuntos de instruções ARM e AVR. O Capítulo 6 utiliza Windows 7 em vez do Windows XP como exemplo.

O Capítulo 7, sobre programação em linguagem de montagem, não teve muita alteração desde a quinta edição.

O Capítulo 8 sofreu muitas revisões, para refletir novos desenvolvimentos na área de computação paralela. Foram incluídos mais detalhes sobre a arquitetura do multiprocessador Core i7, e a arquitetura GPU de uso geral NVIDIA Fermi é descrita com detalhes. Por fim, as seções sobre os supercomputadores BlueGene e Red Storm foram atualizadas para refletir as atualizações recentes nessas enormes máquinas.

O Capítulo 9 mudou. As leituras sugeridas passaram para a Sala Virtual, de modo que o novo texto contém apenas as referências citadas no livro, muitas delas novas. A organização do computador é um campo dinâmico.

Os Apêndices A e B não foram atualizados desde a última vez. Números binários e números de ponto flutuante não mudaram muito nos últimos anos. O Apêndice C, sobre programação em linguagem de montagem, foi escrito pelo dr. Evert Wattel da Vrije Universiteit, Amsterdã. O dr. Wattel leciona há muitos anos e tem ensinado seus alunos a usar essas ferramentas. Agradecemos a ele por ter escrito esse apêndice. Ele não mudou muito desde a quinta edição, mas as ferramentas agora estão na Sala Virtual.

Além das ferramentas para linguagem de montagem, a Sala Virtual também contém um simulador gráfico a ser usado junto com o Capítulo 4. Esse simulador foi escrito pelo professor Richard Salter, do Oberlin College, e pode ser usado pelos estudantes para ajudá-los a compreender os princípios discutidos nesse capítulo. Agradecemos muito a ele por ter fornecido esse software.

Muitas pessoas leram partes do original e contribuíram com sugestões úteis ou ajudaram de diversas maneiras. Gostaríamos de agradecer, em particular, a ajuda prestada por Anna Austin, Mark Austin, Livio Bertacco, Valeria Bertacco, Debapriya Chatterjee, Jason Clemons, Andrew DeOrio, Joseph Greathouse e Andrea Pellegrini.

As pessoas citadas a seguir revisaram o original e sugeriram mudanças: Jason D. Bakos (University of South Carolina), Bob Brown (Southern Polytechnic State University), Andrew Chen (Minnesota State University, Moorhead), J. Archer Harris (James Madison University), Susan Krucke (James Madison University), A. Yavuz Oruc (University of Maryland), Frances Marsh (Jamestown Community College) e Kris Schindler (University at Buffalo). Somos muito gratos a eles.

Várias pessoas ajudaram a criar novos exercícios. São elas: Byron A. Jeff (Clayton University), Laura W. McFall (DePaul University), Taghi M. Mostafavi (University of North Carolina at Charlotte) e James Nystrom (Ferris State University). Novamente, somos muito gratos por sua ajuda.

Nossa editora, Tracy Johnson, foi muito útil de diversas maneiras, grandes e pequenas, além de ser muito paciente conosco. Somos muito gratos pelo auxílio de Carole Snyder na coordenação de várias pessoas envolvidas no projeto. Bob Englehardt realizou um ótimo trabalho de produção.

Eu (AST) gostaria de agradecer mais uma vez a Suzanne por seu amor e paciência, que nunca se esgotaram, nem mesmo após 21 livros. Barbara e Marvin são sempre uma alegria e agora sabem o que os professores fazem para ganhar a vida. Aron pertence à próxima geração: crianças que são usuários intensos do computador, antes mesmo de entrarem no jardim de infância. Nathan ainda não chegou a esse ponto, mas, depois que descobrir como andar, o iPad será o próximo.

Por fim, eu (TA) gostaria de usar esta oportunidade para agradecer à minha sogra Roberta, que me ajudou a reservar algum tempo para trabalhar neste livro. Sua mesa da sala de jantar em Bassano Del Grappa, Itália, providenciou a dose certa de isolamento, abrigo e vinho para realizar essa importante tarefa.

ANDREW S. TANENBAUM
TODD AUSTIN

Agradecimentos – Edição brasileira

Agradecemos a todos os profissionais envolvidos na produção deste livro, em especial ao Prof. Dr. Wagner Luiz Zucchi (Escola Politécnica da USP, Instituto de Pesquisas Tecnológicas – IPT – e Universidade Nove de Julho), pela dedicação e empenho na revisão técnica do conteúdo.

Material de apoio do livro

No site www.grupoa.com.br professores e alunos podem acessar os seguintes ma-teriais adicionais:

Para o professor:
- Manual de soluções (em inglês)
- Apresentações em Power Point

Para o aluno:
- Download de aplicativos (*assembler* e *tracer*)
- Simulador gráfico para aplicações do Capítulo 4
- Sugestões de leitura para aprofundamento

Esse material é de uso exclusivo para professores e está protegido por senha. Para ter acesso a ele, os professores que adotam o livro devem entrar em con-tato através do e-mail divulgacao@grupoa.com.br.

AST: Para Suzanne, Barbara, Marvin, Aron e Nathan.
TA: Para Roberta, que criou espaço (e tempo) para eu terminar este projeto.

Capítulo 1

Introdução

Um computador digital é uma máquina que pode resolver problemas para as pessoas, executando instruções que lhe são dadas. Uma sequência de instruções descrevendo como realizar determinada tarefa é chamada de **programa**. Os circuitos eletrônicos de cada computador podem reconhecer e executar diretamente um conjunto limitado de instruções simples, para o qual todos os programas devem ser convertidos antes que possam ser executados. Essas instruções básicas raramente são muito mais complicadas do que

- Some dois números.
- Verifique se um número é zero.
- Copie dados de uma parte da memória do computador para outra.

Juntas, as instruções primitivas de um computador formam uma linguagem com a qual as pessoas podem se comunicar com ele. Essa linguagem é denominada **linguagem de máquina**. Quem projeta um novo computador deve decidir quais instruções incluir em sua linguagem de máquina. De modo geral, os projetistas tentam tornar as instruções primitivas as mais simples possíveis, coerentes com os requisitos de utilização e desempenho idealizados para o computador e seus requisitos de desempenho, a fim de reduzir a complexidade e o custo dos circuitos eletrônicos necessários. Como a maioria das linguagens de máquina é muito simples, sua utilização direta pelas pessoas é difícil e tediosa.

Com o passar do tempo, essa observação simples tem levado a uma forma de estruturar os computadores como uma sequência de abstrações, cada uma baseada naquela abaixo dela. Desse modo, a complexidade pode ser dominada e os sistemas de computação podem ser projetados de forma sistemática e organizada. Denominamos essa abordagem **organização estruturada de computadores** – foi esse o nome dado a este livro. Na seção seguinte, descreveremos o que significa esse termo. Logo após, comentaremos alguns desenvolvimentos históricos, o estado atual da tecnologia e exemplos importantes.

1.1 Organização estruturada de computadores

Como já mencionamos, existe uma grande lacuna entre o que é conveniente para as pessoas e o que é conveniente para computadores. As pessoas querem fazer X, mas os computadores só podem fazer Y, o que dá origem a um problema. O objetivo deste livro é explicar como esse problema pode ser resolvido.

1.1.1 Linguagens, níveis e máquinas virtuais

O problema pode ser abordado de duas maneiras, e ambas envolvem projetar um novo conjunto de instruções que é mais conveniente para as pessoas usarem do que o conjunto embutido de instruções de máquina. Juntas, essas novas instruções também formam uma linguagem, que chamaremos de L1, assim como as instruções de máquina embutidas formam uma linguagem, que chamaremos de L0. As duas técnicas diferem no modo como os programas escritos em L1 são executados pelo computador que, afinal, só pode executar programas escritos em sua linguagem de máquina, L0.

Um método de execução de um programa escrito em L1 é primeiro substituir cada instrução nele por uma sequência equivalente de instruções em L0. O programa resultante consiste totalmente em instruções L0. O computador, então, executa o novo programa L0 em vez do antigo programa L1. Essa técnica é chamada de **tradução**.

A outra técnica é escrever um programa em L0 que considere os programas em L1 como dados de entrada e os execute, examinando cada instrução por sua vez, executando diretamente a sequência equivalente de instruções L0. Essa técnica não requer que se gere um novo programa em L0. Ela é chamada de **interpretação**, e o programa que a executa é chamado de **interpretador**.

Tradução e interpretação são semelhantes. Nos dois métodos, o computador executa instruções em L1 executando sequências de instruções equivalentes em L0. A diferença é que, na tradução, o programa L1 inteiro primeiro é convertido para um L0, o programa L1 é desconsiderado e depois o novo L0 é carregado na memória do computador e executado. Durante a execução, o programa L0 recém-gerado está sendo executado e está no controle do computador.

Na interpretação, depois que cada instrução L1 é examinada e decodificada, ela é executada de imediato. Nenhum programa traduzido é gerado. Aqui, o interpretador está no controle do computador. Para ele, o programa L1 é apenas dados. Ambos os métodos e, cada vez mais, uma combinação dos dois, são bastante utilizados.

Em vez de pensar em termos de tradução ou interpretação, muitas vezes é mais simples imaginar a existência de um computador hipotético ou **máquina virtual** cuja linguagem seja L1. Vamos chamar essa máquina virtual de M1 (e de M0 aquela correspondente a L0). Se essa máquina pudesse ser construída de forma barata o suficiente, não seria preciso de forma alguma ter a linguagem L0 ou uma máquina que executou os programas em L0. As pessoas poderiam simplesmente escrever seus programas em L1 e fazer com que o computador os executasse diretamente. Mesmo que a máquina virtual cuja linguagem é L1 seja muito cara ou complicada de construir com circuitos eletrônicos, as pessoas ainda podem escrever programas para ela. Esses programas podem ser ou interpretados ou traduzidos por um programa escrito em L0 que, por si só, consegue ser executado diretamente pelo computador real. Em outras palavras, as pessoas podem escrever programas para máquinas virtuais, como se realmente existissem.

Para tornar prática a tradução ou a interpretação, as linguagens L0 e L1 não deverão ser "muito" diferentes. Tal restrição significa quase sempre que L1, embora melhor que L0, ainda estará longe do ideal para a maioria das aplicações. Esse resultado talvez seja desanimador à luz do propósito original da criação de L1 – aliviar o trabalho do programador de ter que expressar algoritmos em uma linguagem mais adequada a máquinas do que a pessoas. Porém, a situação não é desesperadora.

A abordagem óbvia é inventar outro conjunto de instruções que seja mais orientado a pessoas e menos orientado a máquinas que a L1. Esse terceiro conjunto também forma uma linguagem, que chamaremos de L2 (e com a máquina virtual M2). As pessoas podem escrever programas em L2 exatamente como se de fato existisse uma máquina real com linguagem de máquina L2. Esses programas podem ser traduzidos para L1 ou executados por um interpretador escrito em L1.

A invenção de toda uma série de linguagens, cada uma mais conveniente que suas antecessoras, pode prosseguir indefinidamente, até que, por fim, se chegue a uma adequada. Cada linguagem usa sua antecessora como base, portanto, podemos considerar um computador que use essa técnica como uma série de **camadas** ou **níveis**, um sobre o outro, conforme mostra a Figura 1.1. A linguagem ou nível mais embaixo é a mais simples, e a linguagem ou nível mais em cima é a mais sofisticada.

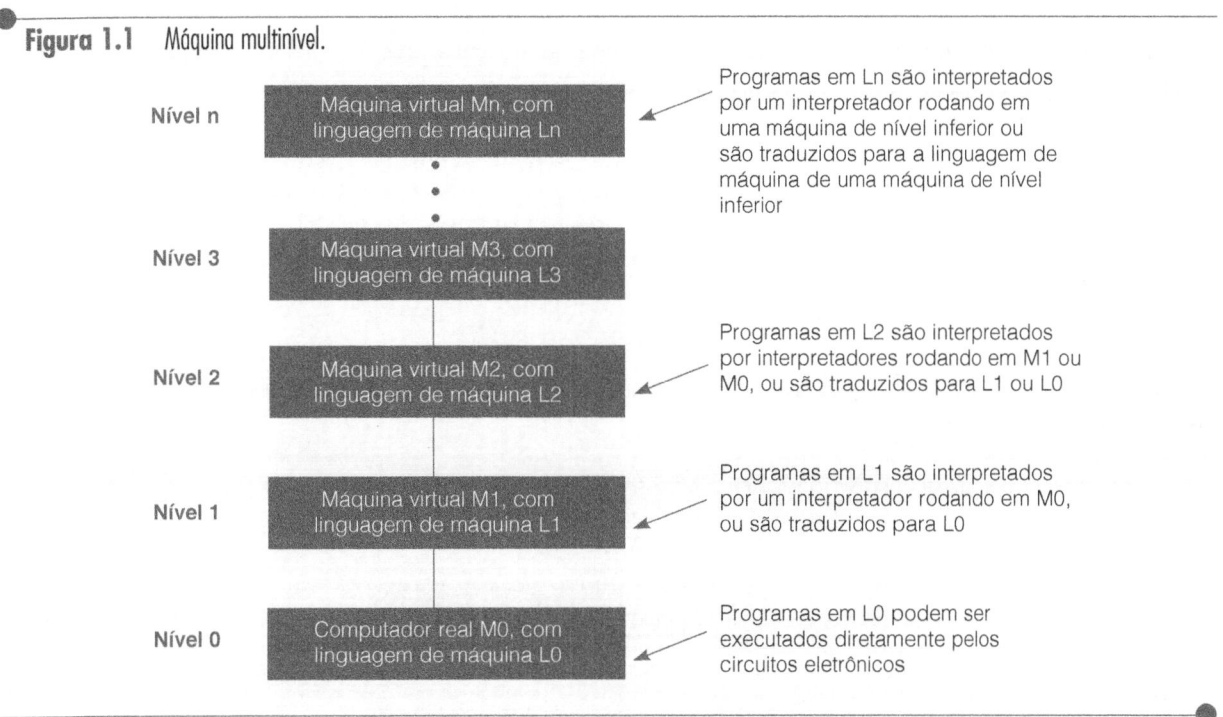

Figura 1.1 Máquina multinível.

Há uma relação importante entre uma linguagem e uma máquina virtual. Cada máquina tem uma linguagem de máquina, consistindo em todas as instruções que esta pode executar. Com efeito, uma máquina define uma linguagem. De modo semelhante, uma linguagem define uma máquina – a saber, aquela que pode executar todos os programas escritos na linguagem. Claro, pode ser muito complicado e caro construir a máquina definida por determinada linguagem diretamente pelos circuitos eletrônicos, mas, apesar disso, podemos imaginá-la. Uma máquina que tivesse C ou C++ ou Java como sua linguagem seria de fato complexa, mas poderia ser construída usando a tecnologia de hoje. Porém, há um bom motivo para não construir tal computador: ele não seria econômico em comparação com outras técnicas. O mero fato de ser factível não é bom o suficiente: um projeto prático também precisa ser econômico.

De certa forma, um computador com n níveis pode ser visto como n diferentes máquinas virtuais, cada uma com uma linguagem de máquina diferente. Usaremos os termos "nível" e "máquina virtual" para indicar a mesma coisa. Apenas programas escritos na linguagem L0 podem ser executados diretamente pelos circuitos eletrônicos, sem a necessidade de uma tradução ou interpretação intervenientes. Os programas escritos em L1, L2, ..., Ln devem ser interpretados por um interpretador rodando em um nível mais baixo ou traduzidos para outra linguagem correspondente a um nível mais baixo.

Uma pessoa que escreve programas para a máquina virtual de nível n não precisa conhecer os interpretadores e tradutores subjacentes. A estrutura de máquina garante que esses programas, de alguma forma, serão executados. Não há interesse real em saber se eles são executados passo a passo por um interpretador que, por sua vez, também é executado por outro interpretador, ou se o são diretamente pelos circuitos eletrônicos. O mesmo resultado aparece nos dois casos: os programas são executados.

Quase todos os programadores que usam uma máquina de nível n estão interessados apenas no nível superior, aquele que menos se parece com a linguagem de máquina do nível mais inferior. Porém, as pessoas interessadas em entender como um computador realmente funciona deverão estudar todos os níveis. Quem projeta novos computadores ou novos níveis também deve estar familiarizado com outros níveis além do mais alto. Os conceitos e técnicas de construção de máquinas como uma série de níveis e os detalhes dos próprios níveis formam o assunto principal deste livro.

1.1.2 Máquinas multiníveis contemporâneas

A maioria dos computadores modernos consiste de dois ou mais níveis. Existem máquinas com até seis níveis, conforme mostra a Figura 1.2. O nível 0, na parte inferior, é o hardware verdadeiro da máquina. Seus circuitos executam os programas em linguagem de máquina do nível 1. Por razões de precisão, temos que mencionar a existência de outro nível abaixo do nosso nível 0. Esse nível, que não aparece na Figura 1.2 por entrar no domínio da engenharia elétrica (e, portanto, estar fora do escopo deste livro), é chamado de **nível de dispositivo**. Nele, o projetista vê transistores individuais, que são os primitivos de mais baixo nível para projetistas de computador. Se alguém quiser saber como os transistores funcionam no interior, isso nos levará para o campo da física no estado sólido.

Figura 1.2 Um computador com seis níveis. O método de suporte para cada nível é indicado abaixo dele (junto com o nome do programa que o suporta).

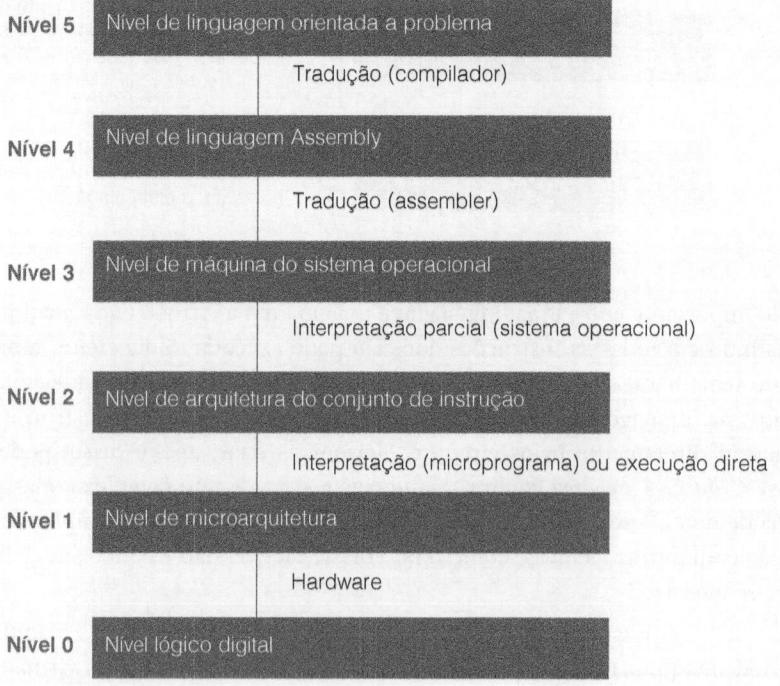

No nível mais baixo que estudaremos, o **nível lógico digital**, os objetos interessantes são chamados de **portas** (ou *gates*). Embora montadas a partir de componentes analógicos, como transistores, podem ser modeladas com precisão como dispositivos digitais. Cada porta tem uma ou mais entradas digitais (sinais representando 0 ou 1) e calcula como saída alguma função simples dessas entradas, como AND (E) ou OR (OU). Cada porta é composta de no máximo alguns transistores. Um pequeno número de portas podem ser combinadas para formar uma memória de 1 bit, que consegue armazenar um 0 ou um 1. As memórias de 1 bit podem ser combinadas em grupos de (por exemplo) 16, 32 ou 64 para formar registradores. Cada **registrador** pode manter um único número binário até algum máximo. As portas também podem ser combinadas para formar o próprio mecanismo de computação principal. Examinaremos as portas e o nível lógico digital com detalhes no Capítulo 3.

O próximo nível acima é o **nível de microarquitetura**. Aqui, vemos uma coleção de (em geral) 8 a 32 registradores que formam uma memória local e um circuito chamado **ULA – Unidade Lógica e Aritmética (em inglês Arithmetic Logic Unit)**, que é capaz de realizar operações aritméticas simples. Os registradores estão conectados à ULA para formar um **caminho de dados**, sobre o qual estes fluem. A operação básica do caminho de dados consiste em selecionar um ou dois registradores, fazendo com que a ULA opere sobre eles (por exemplo, somando-os) e armazenando o resultado de volta para algum registrador.

Em algumas máquinas, a operação do caminho de dados é controlada por um programa chamado **microprograma**. Em outras, o caminho de dados é controlado diretamente pelo hardware. Nas três primeiras edições deste livro, chamamos esse nível de "nível de microprogramação", pois no passado ele quase sempre era um interpretador de software. Como o caminho de dados agora quase sempre é (em parte) controlado diretamente pelo hardware, mudamos o nome na quarta edição.

Em máquinas com controle do caminho de dados por software, o microprograma é um interpretador para as instruções no nível 2. Ele busca, examina e executa instruções uma por vez, usando o caminho de dados. Por exemplo, para uma instrução ADD, a instrução seria buscada, seus operandos localizados e trazidos para registradores, a soma calculada pela ULA e, por fim, o resultado retornado para o local a que pertence. Em uma máquina com controle do caminho de dados por hardware, haveria etapas semelhantes, mas sem um programa armazenado explícito para controlar a interpretação das instruções desse nível.

Chamaremos o nível 2 de **nível de arquitetura do conjunto de instrução**, ou nível **ISA (Instruction Set Architecture)**. Os fabricantes publicam um manual para cada computador que vendem, intitulado "Manual de Referência da Linguagem de Máquina", ou "Princípios de Operação do Computador Western Wombat Modelo 100X", ou algo semelhante. Esses manuais, na realidade, referem-se ao nível ISA, e não aos subjacentes. Quando eles explicam o conjunto de instruções da máquina, na verdade estão descrevendo as instruções executadas de modo interpretativo pelo microprograma ou circuitos de execução do hardware. Se um fabricante oferecer dois interpretadores para uma de suas máquinas, interpretando dois níveis ISA diferentes, ele precisará oferecer dois manuais de referência da "linguagem de máquina", um para cada interpretador.

O próximo nível costuma ser híbrido. A maior parte das instruções em sua linguagem também está no nível ISA. (Não há motivo pelo qual uma instrução que aparece em um nível não possa estar presente também em outros.) Além disso, há um conjunto de novas instruções, uma organização de memória diferente, a capacidade de executar dois ou mais programas simultaneamente e diversos outros recursos. Existe mais variação entre os projetos de nível 3 do que entre aqueles no nível 1 ou no nível 2.

As novas facilidades acrescentadas no nível 3 são executadas por um interpretador rodando no nível 2, o qual, historicamente, tem sido chamado de sistema operacional. Aquelas instruções de nível 3 que são idênticas às do nível 2 são executadas direto pelo microprograma (ou controle do hardware), e não pelo sistema operacional. Em outras palavras, algumas das instruções de nível 3 são interpretadas pelo sistema operacional e algumas o são diretamente pelo microprograma. É a isso que chamamos de nível "híbrido". No decorrer deste livro, nós o chamaremos de **nível de máquina do sistema operacional**.

Há uma quebra fundamental entre os níveis 3 e 4. Os três níveis mais baixos não servem para uso do programador do tipo mais comum. Em vez disso, eles são voltados principalmente para a execução dos interpretadores e tradutores necessários para dar suporte aos níveis mais altos. Esses interpretadores e tradutores são escritos pelos **programadores de sistemas**, profissionais que se especializam no projeto e execução de novas máquinas virtuais. Os níveis 4 e acima são voltados para o programador de aplicações, que tem um problema para solucionar.

Outra mudança que ocorre no nível 4 é o método de suporte dos níveis mais altos. Os níveis 2 e 3 são sempre interpretados. Em geral, mas nem sempre, os níveis 4, 5 e acima são apoiados por tradução.

Outra diferença entre níveis 1, 2 e 3, por um lado, e 4, 5 e acima, por outro, é a natureza da linguagem fornecida. As linguagens de máquina dos níveis 1, 2 e 3 são numéricas. Os programas nessas linguagens consistem em uma longa série de números, muito boa para máquinas, mas ruim para as pessoas. A partir do nível 4, as linguagens contêm palavras e abreviações cujo significado as pessoas entendem.

O nível 4, o da linguagem de montagem (*assembly*), na realidade é uma forma simbólica para uma das linguagens subjacentes. Esse nível fornece um método para as pessoas escreverem programas para os níveis 1, 2 e 3 em uma forma que não seja tão desagradável quanto às linguagens de máquina virtual em si. Programas em linguagem de montagem são primeiro traduzidos para linguagem de nível 1, 2 ou 3, e em seguida interpretados pela máquina virtual ou real adequada. O programa que realiza a tradução é denominado **assembler**.

O nível 5 normalmente consiste em linguagens projetadas para ser usadas por programadores de aplicações que tenham um problema a resolver. Essas linguagens costumam ser denominadas **linguagens de alto nível**. Existem literalmente centenas delas. Algumas das mais conhecidas são C, C++, Java, Perl, Python e PHP. Programas escritos nessas linguagens em geral são traduzidos para nível 3 ou nível 4 por tradutores conhecidos como **compiladores**, embora às vezes sejam interpretados, em vez de traduzidos. Programas em Java, por exemplo, costumam ser primeiro traduzidos para uma linguagem semelhante à ISA denominada código de bytes Java, ou bytecode Java, que é então interpretada.

Em alguns casos, o nível 5 consiste em um interpretador para o domínio de uma aplicação específica, como matemática simbólica. Ele fornece dados e operações para resolver problemas nesse domínio em termos que pessoas versadas nele possam entendê-lo com facilidade.

Resumindo, o aspecto fundamental a lembrar é que computadores são projetados como uma série de níveis, cada um construído sobre seus antecessores. Cada nível representa uma abstração distinta na qual estão presentes diferentes objetos e operações. Projetando e analisando computadores desse modo, por enquanto podemos dispensar detalhes irrelevantes e assim reduzir um assunto complexo a algo mais fácil de entender.

O conjunto de tipos de dados, operações e características de cada nível é denominado **arquitetura**. Ela trata dos aspectos que são visíveis ao usuário daquele nível. Características que o programador vê, como a quantidade de memória disponível, são parte da arquitetura. Aspectos de implementação, como o tipo da tecnologia usada para executar a memória, não são parte da arquitetura. O estudo sobre como projetar as partes de um sistema de computador que sejam visíveis para os programadores é denominado **arquitetura de computadores**. Na prática, contudo, arquitetura de computadores e organização de computadores significam basicamente a mesma coisa.

1.1.3 Evolução de máquinas multiníveis

Para colocar as máquinas multiníveis em certa perspectiva, examinaremos rapidamente seu desenvolvimento histórico, mostrando como o número e a natureza dos níveis evoluíram com o passar dos anos. Programas escritos em uma verdadeira linguagem de máquina (nível 1) de um computador podem ser executados diretamente pelos circuitos eletrônicos (nível 0) do computador, sem qualquer interpretador ou tradutor interveniente. Esses circuitos eletrônicos, junto com a memória e dispositivos de entrada/saída, formam o **hardware** do computador. Este consiste em objetos tangíveis – circuitos integrados, placas de circuito impresso, cabos, fontes de alimentação, memórias e impressoras – em vez de ideias abstratas, algoritmos ou instruções.

Por outro lado, o **software** consiste em **algoritmos** (instruções detalhadas que dizem como fazer algo) e suas representações no computador – isto é, programas. Eles podem ser armazenados em disco rígido, CD-ROM, ou outros meios, mas a essência do software é o conjunto de instruções que compõe os programas, e não o meio físico no qual estão gravados.

Nos primeiros computadores, a fronteira entre hardware e software era nítida. Com o tempo, no entanto, essa fronteira ficou bastante indistinta, principalmente por causa da adição, remoção e fusão de níveis à medida que os computadores evoluíam. Hoje, muitas vezes é difícil distingui-la (Vahid, 2003). Na verdade, um tema central deste livro é

Hardware e software são logicamente equivalentes.

Qualquer operação executada por software também pode ser embutida diretamente no hardware, de preferência após ela ter sido suficientemente bem entendida. Como observou Karen Panetta: "Hardware é apenas software petrificado". Claro que o contrário é verdadeiro: qualquer instrução executada em hardware também pode ser simulada em software. A decisão de colocar certas funções em hardware e outras em software é baseada em fatores como custo, velocidade, confiabilidade e frequência de mudanças esperadas. Existem poucas regras rigorosas e imutáveis para determinar que X deva ser instalado no hardware e Y deva ser programado explicitamente. Essas decisões mudam com as tendências econômicas, com a demanda e com a utilização de computadores.

A invenção da microprogramação

Os primeiros computadores digitais, na década de 1940, tinham apenas dois níveis: o nível ISA, no qual era feita toda a programação, e o nível lógico digital, que executava esses programas. Os circuitos do nível lógico digital eram complicados, difíceis de entender e montar, e não confiáveis.

Em 1951, Maurice Wilkes, pesquisador da Universidade de Cambridge, sugeriu projetar um computador de três níveis para simplificar de maneira drástica o hardware e assim reduzir o número de válvulas (pouco confiáveis) necessárias (Wilkes, 1951). Essa máquina deveria ter um interpretador embutido, imutável (o microprograma), cuja função fosse executar programas de nível ISA por interpretação. Como agora o hardware só teria de executar microprogramas, que tinham um conjunto limitado de instruções, em vez de programas de nível ISA, cujos conjuntos de instruções eram muito maiores, seria necessário um número menor de circuitos eletrônicos. Uma vez que, na época, os circuitos eletrônicos eram compostos de válvulas eletrônicas, tal simplificação prometia reduzir o número de válvulas e, portanto, aumentar a confiabilidade (isto é, o número de falhas por dia).

Poucas dessas máquinas de três níveis foram construídas durante a década de 1950. Outras tantas foram construídas durante a década de 1960. Em torno de 1970, a ideia de interpretar o nível ISA por um microprograma, em vez de diretamente por meios eletrônicos, era dominante. Todas as principais máquinas da época a usavam.

A invenção do sistema operacional

Naqueles primeiros anos, grande parte dos computadores era "acessível a todos", o que significava que o programador tinha de operar a máquina pessoalmente. Ao lado de cada máquina havia uma planilha de utilização. Um programador que quisesse executar um programa assinava a planilha e reservava um período de tempo, digamos, quarta-feira, das 3 às 5 da manhã (muitos programadores gostavam de trabalhar quando a sala onde a máquina estava instalada ficava tranquila). Quando chegava seu horário, o programador se dirigia à sala da máquina com um pacote de cartões perfurados de 80 colunas (um meio primitivo de entrada de dados) em uma das mãos e um lápis bem apontado na outra. Ao chegar à sala do computador, ele gentilmente levava até a porta o programador que lá estava antes dele e tomava posse da máquina.

Se quisesse executar um programa em FORTRAN, o programador devia seguir estas etapas:

1. Ele[1] se dirigia ao armário onde era mantida a biblioteca de programas, retirava o grande maço verde rotulado "compilador FORTRAN", colocava-o na leitora de cartões e apertava o botão START.
2. Então, colocava seu programa FORTRAN na leitora de cartões e apertava o botão CONTINUE. O programa era lido pela máquina.
3. Quando o computador parava, ele lia seu programa FORTRAN em um segundo momento. Embora alguns compiladores exigissem apenas uma passagem pela entrada, muitos demandavam duas ou mais. Para cada passagem, era preciso ler um grande maço de cartões.
4. Por fim, a tradução se aproximava da conclusão. Era comum o programador ficar nervoso perto do fim porque, se o compilador encontrasse um erro no programa, ele teria de corrigi-lo e começar todo o processo novamente. Se não houvesse erro, o compilador perfurava em cartões o programa traduzido para linguagem de máquina.
5. Então, o programador colocava o programa em linguagem de máquina na leitora de cartões, junto com o maço da biblioteca de sub-rotina, e lia ambos.

---

1 "Ele" deve ser entendido como "ele ou ela" em todo este livro.

6. O programa começava a executar. Quase sempre não funcionava e parava de repente no meio. Em geral, o programador mexia um pouco nas chaves de controle e observava as luzes do console durante alguns instantes. Se tivesse sorte, conseguiria descobrir qual era o problema e corrigir o erro. Em seguida, voltava ao armário onde estava guardado o grande e verde compilador FORTRAN e começava tudo de novo. Se não tivesse tanta sorte, imprimia o conteúdo da memória, denominado de *dump* de memória, e o levava para casa a fim de estudá-lo.

Esse procedimento, com pequenas variações, foi o normal em muitos centros de computação durante anos. Ele forçava os programadores a aprender como operar a máquina e o que fazer quando ela parava, o que acontecia com frequência. A máquina costumava ficar ociosa enquanto as pessoas carregavam cartões pela sala afora ou coçavam a cabeça tentando descobrir por que seus programas não estavam funcionando adequadamente.

Por volta de 1960, as pessoas tentaram reduzir o desperdício de tempo automatizando o trabalho do operador. Um programa denominado **sistema operacional** era mantido no computador o tempo todo. O programador produzia certos cartões de controle junto com o programa, que eram lidos e executados pelo sistema operacional. A Figura 1.3 apresenta uma amostra de serviço (*job*) para um dos primeiros sistemas operacionais de ampla utilização, o FMS (FORTRAN Monitor System), no IBM 709.

Figura 1.3 Amostra de serviço (*job*) para o sistema operacional FMS.

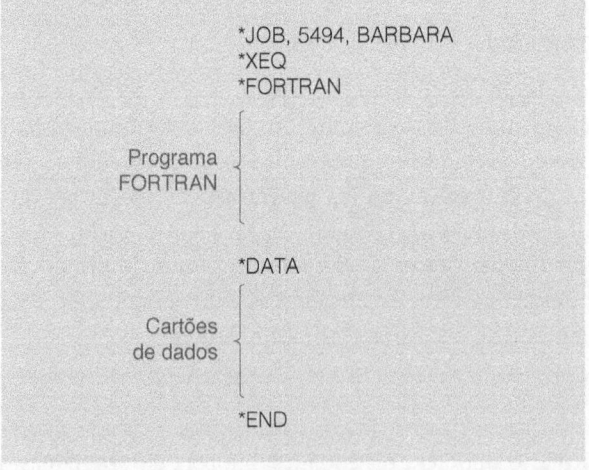

O sistema operacional lia o cartão *JOB e usava a informação nele contida para fins de contabilidade. (O asterisco era usado para identificar cartões de controle, para que eles não fossem confundidos com cartões de programa e de dados.) Depois, o sistema lia o cartão *FORTRAN, que era uma instrução para carregar o compilador FORTRAN a partir de uma fita magnética. Então, o programa era lido para a máquina e compilava pelo programa FORTRAN. Quando o compilador terminava, ele devolvia o controle ao sistema operacional, que então lia o cartão *DATA. Isso era uma instrução para executar o programa traduzido, usando como dados os cartões que vinham após o cartão *DATA.

Embora o sistema operacional fosse projetado para automatizar o trabalho do operador (daí seu nome), foi também o primeiro passo para o desenvolvimento de uma nova máquina virtual. O cartão *FORTRAN podia ser considerado uma instrução virtual "compilar programa". De modo semelhante, o cartão *DATA podia ser considerado uma instrução virtual "executar programa". Um nível que contivesse apenas duas instruções não era lá um grande nível, mas já era um começo.

Nos anos seguintes, os sistemas operacionais tornaram-se cada vez mais sofisticados. Novas instruções, facilidades e características foram adicionadas ao nível ISA até que ele começou a parecer um novo nível. Algumas das instruções desse novo nível eram idênticas às do nível ISA, mas outras, em particular as de entrada/saída, eram completamente diferentes. As novas instruções começaram a ficar conhecidas como **macros de sistema operacional** ou **chamadas do supervisor**. Agora, o termo mais comum é **chamada do sistema**.

Sistemas operacionais também se desenvolveram de outras maneiras. Os primeiros liam maços de cartões e imprimiam a saída na impressora de linha. Essa organização era conhecida como **sistema** *batch*. Em geral, havia uma espera de várias horas entre o momento em que um programa entrava na máquina e o horário em que os resultados ficavam prontos. Era difícil desenvolver software em tais circunstâncias.

No início da década de 1960, pesquisadores do Dartmouth College, do MIT e de outros lugares desenvolveram sistemas operacionais que permitiam a vários programadores se comunicarem diretamente com o computador. Esses sistemas tinham terminais remotos conectados ao computador central por linhas telefônicas. O computador era compartilhado por muitos usuários. Um programador podia digitar um programa e obter os resultados impressos quase de imediato em seu escritório, na garagem de sua casa ou onde quer que o terminal estivesse localizado. Esses sistemas eram denominados **sistemas de tempo compartilhado** (ou *timesharing*).

Nosso interesse em sistemas operacionais está nas partes que interpretam as instruções e características presentes no nível 3 e que não estão presentes no nível ISA, em vez de nos aspectos de compartilhamento de tempo. Embora não venhamos a destacar o fato, você sempre deve estar ciente de que os sistemas operacionais fazem mais do que apenas interpretar características adicionadas ao nível ISA.

● Migração de funcionalidade para microcódigo

Assim que a microprogramação se tornou comum (por volta de 1970), os projetistas perceberam que podiam acrescentar novas instruções simplesmente ampliando o microprograma. Em outras palavras, eles podiam acrescentar "hardware" (novas instruções de máquina) por programação. Essa revelação levou a uma explosão virtual de conjuntos de instruções de máquina, pois os projetistas competiam uns com os outros para produzir conjuntos de instruções maiores e melhores. Muitas delas não eram essenciais considerando que seu efeito podia ser conseguido com facilidade pelas instruções existentes, embora às vezes fossem um pouco mais velozes do que uma sequência já existente. Por exemplo, muitas máquinas tinham uma instrução INC (INCrement) que somava 1 a um número. Como essas máquinas também tinham uma instrução geral ADD, não era necessário ter uma instrução especial para adicionar 1 (ou 720, se fosse o caso). Contudo, INC normalmente era um pouco mais rápida que ADD, e por isso foi inserida.

Por essa razão, muitas outras instruções foram adicionadas ao microprograma. Entre elas, as mais frequentes eram:

1. Instruções para multiplicação e divisão de inteiros.
2. Instruções aritméticas para ponto flutuante.
3. Instruções para chamar e sair de procedimentos.
4. Instruções para acelerar laços (*looping*).
5. Instruções para manipular cadeias de caracteres.

Além do mais, assim que os projetistas de máquinas perceberam como era fácil acrescentar novas instruções, começaram a procurar outras características para adicionar aos seus microprogramas. Alguns exemplos desses acréscimos são:

1. Características para acelerar cálculos que envolvessem vetores (indexação e endereçamento indireto).
2. Características para permitir que os programas fossem movidos na memória após o início da execução (facilidades de relocação).
3. Sistemas de interrupção que avisavam o computador tão logo uma operação de entrada ou saída estivesse concluída.

4. Capacidade para suspender um programa e iniciar outro com um pequeno número de instruções (comutação de processos).
5. Instruções especiais para processar arquivos de áudio, imagem e multimídia.

Diversas outras características e facilidades também foram acrescentadas ao longo dos anos, em geral para acelerar alguma atividade particular.

● **Eliminação da microprogramação**

Os microprogramas engordaram durante os anos dourados da microprogramação (décadas de 1960 e 1970) e também tendiam a ficar cada vez mais lentos à medida que se tornavam mais volumosos. Por fim, alguns pesquisadores perceberam que, eliminando o microprograma, promovendo uma drástica redução no conjunto de instruções e fazendo com que as restantes fossem executadas diretamente (isto é, controle do caminho de dados por hardware), as máquinas podiam ficar mais rápidas. Em certo sentido, o projeto de computadores fechou um círculo completo, voltando ao modo como era antes que Wilkes inventasse a microprogramação.

Mas a roda continua girando. Processadores modernos ainda contam com a microprogramação para traduzir instruções complexas em microcódigo interno, que pode ser executado diretamente no hardware preparado para isso.

O objetivo dessa discussão é mostrar que a fronteira entre hardware e software é arbitrária e muda constantemente. O software de hoje pode ser o hardware de amanhã, e vice-versa. Além do mais, as fronteiras entre os diversos níveis também são fluidas. Do ponto de vista do programador, o modo como uma instrução é implementada não é importante, exceto, talvez, no que se refere à sua velocidade. Uma pessoa que esteja programando no nível ISA pode usar sua instrução de "multiplicar" como se fosse uma instrução de hardware sem ter de se preocupar com ela ou até mesmo sem saber se ela é, na verdade, uma instrução de hardware. O hardware de alguém é o software de outrem. Voltaremos a todos esses tópicos mais adiante neste livro.

1.2 Marcos da arquitetura de computadores

Durante a evolução do computador digital moderno, foram projetados e construídos centenas de diferentes tipos de computadores. Grande parte já foi esquecida há muito tempo, mas alguns causaram um impacto significativo sobre as ideias modernas. Nesta seção, vamos apresentar um breve esboço de alguns dos principais desenvolvimentos históricos, para entender melhor como chegamos onde estamos agora. Nem é preciso dizer que esta seção apenas passa por alto os pontos de maior interesse e deixa muita coisa de fora. A Figura 1.4 apresenta algumas máquinas que marcaram época e que serão discutidas nesta seção. Slater (1987) é uma boa referência de consulta para quem quiser material histórico adicional sobre as pessoas que inauguraram a era do computador. Biografias curtas e belas fotos em cores, de autoria de Louis Fabian Bachrach, de alguns dos principais fundadores da era do computador são apresentadas no livro de arte de Morgan (1997).

1.2.1 A geração zero – computadores mecânicos (1642–1945)

A primeira pessoa a construir uma máquina de calcular operacional foi o cientista francês Blaise Pascal (1623–1662), em cuja honra a linguagem Pascal foi batizada. Esse dispositivo, construído em 1642, quando Pascal tinha apenas 19 anos, foi projetado para ajudar seu pai, um coletor de impostos do governo francês. Era inteiramente mecânico, usava engrenagens e funcionava com uma manivela operada à mão.

Figura 1.4 Alguns marcos no desenvolvimento do computador digital moderno.

Ano	Nome	Construído por	Comentários
1834	Máquina analítica	Babbage	Primeira tentativa de construir um computador digital
1936	Z1	Zuse	Primeira máquina de calcular com relés
1943	COLOSSUS	Governo britânico	Primeiro computador eletrônico
1944	Mark I	Aiken	Primeiro computador norte-americano de uso geral
1946	ENIAC	Eckert/Mauchley	A história moderna dos computadores começa aqui
1949	EDSAC	Wilkes	Primeiro computador com programa armazenado
1951	Whirlwind I	MIT	Primeiro computador de tempo real
1952	IAS	von Neumann	A maioria das máquinas atuais usa esse projeto
1960	PDP-1	DEC	Primeiro minicomputador (50 vendidos)
1961	1401	IBM	Máquina para pequenos negócios, com enorme popularidade
1962	7094	IBM	Dominou computação científica no início da década de 1960
1963	B5000	Burroughs	Primeira máquina projetada para uma linguagem de alto nível
1964	360	IBM	Primeira linha de produto projetada como uma família
1964	6600	CDC	Primeiro supercomputador científico
1965	PDP-8	DEC	Primeiro minicomputador de mercado de massa (50 mil vendidos)
1970	PDP-11	DEC	Dominou os minicomputadores na década de 1970
1974	8080	Intel	Primeiro computador de uso geral de 8 bits em um chip
1974	CRAY-1	Cray	Primeiro supercomputador vetorial
1978	VAX	DEC	Primeiro superminicomputador de 32 bits
1981	IBM PC	IBM	Deu início à era moderna do computador pessoal
1981	Osborne-1	Osborne	Primeiro computador portátil
1983	Lisa	Apple	Primeiro computador pessoal com uma GUI
1985	386	Intel	Primeiro ancestral de 32 bits da linha Pentium
1985	MIPS	MIPS	Primeira máquina comercial RISC
1985	XC2064	Xilinx	Primeiro FPGA (Field-Programmable Gate Array)
1987	SPARC	Sun	Primeira estação de trabalho RISC baseada em SPARC
1989	GridPad	Grid Systems	Primeiro computador tablet comercial
1990	RS6000	IBM	Primeira máquina superescalar
1992	Alpha	DEC	Primeiro computador pessoal de 64 bits
1992	Simon	IBM	Primeiro smartphone
1993	Newton	Apple	Primeiro computador palmtop (PDA)
2001	POWER4	IBM	Primeiro multiprocessador com chip dual core

A máquina de Pascal podia efetuar apenas operações de adição e subtração, mas 30 anos mais tarde o grande matemático alemão, barão Gottfried Wilhelm von Leibniz (1646–1716), construiu uma outra máquina mecânica que também podia multiplicar e dividir. Na verdade, Leibniz construiu o equivalente a uma calculadora de bolso de quatro operações três séculos atrás.

Durante 150 anos nada de muito importante aconteceu, até que um professor de matemática da Universidade de Cambridge, Charles Babbage (1792–1871), o inventor do velocímetro, projetou e construiu sua primeira **máquina diferencial**. Esse dispositivo mecânico que, assim como o de Pascal, só podia somar e subtrair, foi projetado para calcular tabelas de números úteis para a navegação marítima. Toda a construção da máquina foi projetada para executar um único algoritmo, o método de diferenças finitas que usava polinômios. A característica mais interessante dessa máquina era seu método de saída: ela perfurava seus resultados sobre uma chapa de gravação de cobre com uma punção de aço, prenunciando futuros meios de escrita única como cartões perfurados e CD-ROMs.

Embora o dispositivo funcionasse razoavelmente bem, Babbage logo se cansou dessa máquina que só podia executar um único algoritmo. Ele começou a gastar quantidades cada vez maiores de seu tempo e da fortuna da família (sem falar nas 17 mil libras do governo) no projeto e na construção de uma sucessora denominada **máquina analítica**. A máquina analítica tinha quatro componentes: a armazenagem (memória), o moinho (unidade de cálculo), a seção de entrada (leitora de cartões perfurados) e a seção de saída (saída perfurada e impressa). A armazenagem consistia em 1.000 palavras de 50 algarismos decimais, cada uma usada para conter variáveis e resultados. O moinho podia aceitar operandos da armazenagem e então os somava, subtraía, multiplicava ou dividia e, por fim, devolvia o resultado à armazenagem. Assim como a máquina diferencial, ela era inteiramente mecânica.

O grande avanço da máquina analítica era ser de uso geral. Lia instruções de cartões perfurados e as executava. Algumas instruções mandavam a máquina buscar dois números na armazenagem, trazê-los até o moinho, efetuar uma operação com eles (por exemplo, adição) e enviar o resultado de volta para a armazenagem. Outras podiam testar um número e desviá-lo condicionalmente, dependendo se ele era positivo ou negativo. Perfurando um programa diferente nos cartões de entrada, era possível fazer com que a máquina analítica realizasse cálculos diversos, o que não acontecia com a máquina diferencial.

Visto que a máquina analítica era programável em uma linguagem de montagem simples, ela precisava de software. Para produzi-lo, Babbage contratou uma jovem de nome Ada Augusta Lovelace, que era filha do famoso poeta britânico Lord Byron. Assim, Ada Lovelace foi a primeira programadora de computadores do mundo. A linguagem de programação Ada tem esse nome em sua homenagem.

Infelizmente, assim como muitos projetistas modernos, Babbage nunca conseguiu depurar o hardware por completo. O problema era que ele precisava de milhares e milhares de dentes e rodas e engrenagens produzidos com um grau de precisão que a tecnologia do século XIX não podia oferecer. Ainda assim, suas ideias estavam muito à frente de sua época e, até hoje, a maioria dos computadores modernos tem uma estrutura muito semelhante à da máquina analítica; portanto, é mais do que justo dizer que Babbage foi avô do computador digital moderno.

O próximo desenvolvimento importante ocorreu no final da década de 1930, quando um estudante de engenharia alemão chamado Konrad Zuse construiu uma série de máquinas calculadoras automáticas usando relés eletromagnéticos. Ele não conseguiu financiamento do governo após o início da guerra porque os burocratas governamentais esperavam ganhar a guerra tão rapidamente que a nova máquina só estaria pronta após o término do conflito. Zuse não conhecia o trabalho de Babbage, e suas máquinas foram destruídas pelo bombardeio aliado de Berlim em 1944, portanto, seu trabalho não teve influência alguma sobre as máquinas subsequentes. Mesmo assim, ele foi um dos pioneiros da área.

Um pouco mais tarde, nos Estados Unidos, duas pessoas também projetaram calculadoras, John Atanasoff no Iowa State College e George Stibbitz no Bell Labs. A máquina de Atanasoff era surpreendentemente avançada para sua época. Usava aritmética binária e a memória era composta de capacitores recarregados periodicamente para impedir fuga de carga, um processo que ele denominou "sacudir a memória". Os chips modernos de memória dinâmica (DRAM) funcionam desse mesmo modo. Infelizmente, a máquina nunca se tornou operacional de fato. De certo modo, Atanasoff era como Babbage: um visionário que acabou derrotado pela tecnologia de hardware inadequada que existia em seu tempo.

O computador de Stibbitz, embora mais primitivo do que o de Atanasoff, funcionou de verdade. Stibbitz fez uma grande demonstração pública de sua máquina durante uma conferência no Dartmouth College em 1940. Uma dos presentes era John Mauchley, desconhecido professor de física da Universidade da Pensilvânia. Mais tarde, o mundo da computação ouviria mais a respeito do professor Mauchley.

Enquanto Zuse, Stibbitz e Atanasoff projetavam calculadoras automáticas, um jovem chamado Howard Aiken remoía tediosos cálculos numéricos à mão como parte de sua pesquisa de doutorado em Harvard. Depois de concluído o doutorado, Aiken reconheceu a importância de fazer cálculos à máquina. Foi à biblioteca, descobriu o trabalho de Babbage e decidiu construir com relés o computador de uso geral que ele não tinha conseguido construir com rodas dentadas.

A primeira máquina de Aiken, a Mark I, foi concluída em Harvard em 1944. Tinha 72 palavras de 23 algarismos decimais cada e um tempo de instrução de 6 s. A entrada e a saída usavam fita de papel perfurada. Quando Aiken concluiu o sucessor dessa máquina, a Mark II, os computadores de relés já eram obsoletos. A era eletrônica tinha começado.

1.2.2 A primeira geração – válvulas (1945–1955)

O estímulo para o computador eletrônico foi a Segunda Guerra Mundial. Durante a fase inicial do conflito, submarinos alemães causavam estragos em navios britânicos. As instruções de comando dos almirantes em Berlim eram enviadas aos submarinos por rádio, as quais os britânicos podiam interceptar – e interceptavam. O problema era que as mensagens eram codificadas usando um dispositivo denominado **ENIGMA**, cujo antecessor foi projetado pelo inventor amador e outrora presidente dos Estados Unidos, Thomas Jefferson.

Logo no início da guerra, a inteligência britânica conseguiu adquirir uma máquina ENIGMA da inteligência polonesa, que a tinha roubado dos alemães[2]. Contudo, para decifrar uma mensagem codificada era preciso uma quantidade enorme de cálculos e, para a mensagem ser de alguma utilidade, era necessário que esse cálculo fosse concluído logo depois de ela ter sido interceptada. Para decodificar essas mensagens, o governo britânico montou um laboratório ultrassecreto que construiu um computador eletrônico denominado COLOSSUS. O famoso matemático britânico Alan Turing ajudou a projetar essa máquina. Esse computador funcionava desde 1943, mas, uma vez que o governo britânico guardou praticamente todos os aspectos do projeto como segredo militar durante 30 anos, a linha COLOSSUS foi um beco sem saída. Só vale a pena citá-lo por ter sido o primeiro computador digital eletrônico do mundo.

Além de destruir as máquinas de Zuse e estimular a construção do COLOSSUS, a guerra também afetou a computação nos Estados Unidos. O exército precisava de tabelas de alcance visando sua artilharia pesada, e as produzia contratando centenas de mulheres para fazer os cálculos necessários com calculadoras de mão (as mulheres eram consideradas mais precisas que os homens). Ainda assim, o processo era demorado e surgiam erros com frequência.

John Mauchley, que conhecia o trabalho de Atanasoff, bem como o de Stibbitz, sabia que o exército estava interessado em calculadoras mecânicas. Como muitos cientistas da computação que vieram depois dele, Mauchley montou uma proposta solicitando ao exército financiamento para a construção de um computador eletrônico. A proposta foi aceita em 1943, e Mauchley e seu aluno de pós-graduação, J. Presper Eckert, passaram a construir um computador eletrônico, ao qual deram o nome de **ENIAC** (**Electronic Numerical Integrator And Computer** – integrador e computador numérico eletrônico). O ENIAC consistia em 18 mil válvulas e 1.500 relés, pesava 30 toneladas e consumia 140 kw de energia. Em termos de arquitetura, a máquina tinha 20 registradores, cada um com capacidade para conter um número decimal de 10 algarismos. (Um registrador decimal é uma memória muito pequena que pode conter desde um número até outro número máximo de casas decimais, mais ou menos como o odômetro, que registra quanto um carro rodou em seu tempo de vida útil.) O ENIAC era programado com o ajuste de até 6 mil interruptores multiposição e com a conexão de uma imensa quantidade de soquetes com uma verdadeira floresta de cabos de interligação.

---

2 N. do RT: Antes da guerra, os alemães vendiam uma versão comercial da ENIGMA com três engrenagens, modelo igual ao que os poloneses passaram aos ingleses. A versão militar possuía quatro engrenagens. Em: Stephen Budiansky. *Battle of Wits – The complete story of codebreaking in World War II*. Penguin Books Ltd.: Londres, 2000.

A construção da máquina só foi concluída em 1946, tarde demais para ser de alguma utilidade em relação a seu propósito original. Todavia, como a guerra tinha acabado, Mauchley e Eckert receberam permissão para organizar um curso de verão para descrever seu trabalho para seus colegas cientistas. Aquele curso de verão foi o início de uma explosão de interesse na construção de grandes computadores digitais.

Após aquele curso de verão histórico, outros pesquisadores se dispuseram a construir computadores eletrônicos. O primeiro a entrar em operação foi o EDSAC (1949), construído na Universidade de Cambridge por Maurice Wilkes. Entre outros, figuravam JOHNNIAC, da Rand Corporation; o ILLIAC, da Universidade de Illinois; o MANIAC, do Los Alamos Laboratory; e o WEIZAC, do Weizmann Institute em Israel.

Eckert e Mauchley logo começaram a trabalhar em um sucessor, o **EDVAC** (**Electronic Discrete Variable Automatic Computer**). Contudo, o projeto ficou fatalmente comprometido quando eles deixaram a Universidade da Pensilvânia para fundar uma empresa nova, a Eckert-Mauchley Computer Corporation, na Filadélfia. (O Vale do Silício ainda não tinha sido inventado.) Após uma série de fusões, a empresa se tornou a moderna Unisys Corporation.

Como um aporte legal, Eckert e Mauchley solicitaram uma patente alegando que haviam inventado o computador digital. Em retrospecto, possuir essa patente não seria nada mau. Após anos de litígio, o tribunal decidiu que a patente de Eckert-Mauchley era inválida e que John Atanasoff tinha inventado o computador digital, embora nunca o tivesse patenteado, colocando efetivamente a invenção em domínio público.

Enquanto Eckert e Mauchley trabalhavam no EDVAC, uma das pessoas envolvidas no projeto ENIAC, John von Neumann, foi para o Institute of Advanced Studies de Princeton para construir sua própria versão do EDVAC, a **máquina IAS**. Von Neumann era um gênio, da mesma estirpe de Leonardo da Vinci. Falava muitos idiomas, era especialista em ciências físicas e matemática e guardava na memória tudo o que já tinha ouvido, visto ou lido. Conseguia citar sem consulta, palavra por palavra, o texto de livros que tinha lido anos antes. Na época em que se interessou por computadores, já era o mais eminente matemático do mundo.

Uma das coisas que logo ficou óbvia para ele foi que programar computadores com quantidades imensas de interruptores e cabos era uma tarefa lenta, tediosa e inflexível. Ele percebeu que o programa podia ser representado em forma digital na memória do computador, junto com os dados. Também viu que a desajeitada aritmética decimal serial usada pelo ENIAC, com cada dígito representado por 10 válvulas (1 acesa e 9 apagadas), podia ser substituída por aritmética binária paralela, algo que Atanasoff tinha percebido anos antes.

O projeto básico, o primeiro que ele descreveu, agora é conhecido como **máquina de von Neumann**. Ela foi usada no EDSAC, o primeiro computador de programa armazenado, e agora, mais de meio século depois, ainda é a base de quase todos os computadores digitais. Esse projeto – e a máquina IAS, construída em colaboração com Herman Goldstine – teve uma influência tão grande que vale a pena descrevê-lo rapidamente. Embora o nome de von Neumann esteja sempre ligado a esse projeto, Goldstine e outros também lhe deram grande contribuição. Um esboço da arquitetura é dado na Figura 1.5.

Figura 1.5 Máquina original de von Neumann.

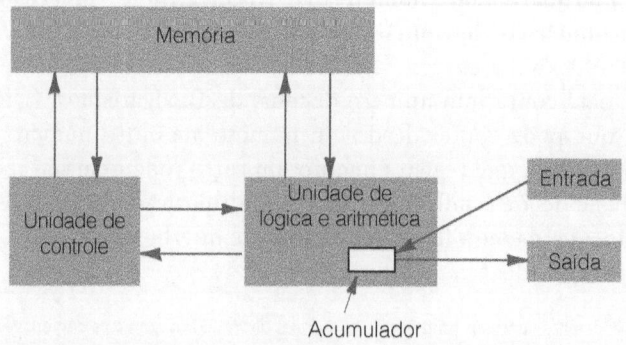

A máquina de von Neumann tinha cinco partes básicas: a memória, a unidade de lógica e aritmética, a unidade de controle e o equipamento de entrada e saída. A memória consistia em 4.096 palavras, uma palavra contendo 40 bits, cada bit sendo 0 ou 1. Cada palavra continha ou duas instruções de 20 bits ou um inteiro de 40 bits com sinal. As instruções tinham 8 bits dedicados a identificar o tipo da instrução e 12 bits para especificar uma das 4.096 palavras de memória. Juntas, a unidade de lógica e aritmética e a unidade de controle formavam o "cérebro" do computador. Em computadores modernos, elas são combinadas em um único chip, denominado **CPU (Central Processing Unit – unidade central de processamento)**.

Dentro da unidade de lógica e aritmética havia um registrador interno especial de 40 bits, denominado **acumulador**. Uma instrução típica adicionava uma palavra de memória ao acumulador ou armazenava o conteúdo deste na memória. A máquina não tinha aritmética de ponto flutuante porque von Neumann achava que qualquer matemático competente conseguiria acompanhar o ponto decimal (na verdade, o ponto binário) de cabeça.

Mais ou menos ao mesmo tempo em que von Neumann construía sua máquina IAS, pesquisadores do MIT também estavam construindo um computador. Diferente do IAS, do ENIAC e de outras máquinas desse tipo, cujas palavras tinham longos comprimentos e eram destinadas a cálculos numéricos pesados, a máquina do MIT, a Whirlwind I, tinha uma palavra de 16 bits e era projetada para controle em tempo real. Esse projeto levou à invenção da memória de núcleo magnético por Jay Forrester e, depois, por fim, ao primeiro minicomputador comercial.

Enquanto tudo isso estava acontecendo, a IBM era uma pequena empresa dedicada ao negócio de produzir perfuradoras de cartões e máquinas mecânicas de classificação de cartões. Embora tenha contribuído para o financiamento de Aiken, a IBM não estava muito interessada em computadores até que produziu o 701 em 1953, muito tempo após a empresa de Eckert e Mauchley ter alcançado o posto de número um no mercado comercial, com seu computador UNIVAC. O 701 tinha 2.048 palavras de 36 bits, com duas instruções por palavra. Foi o primeiro de uma série de máquinas científicas que vieram a dominar o setor dentro de uma década. Três anos mais tarde, apareceu o 704 que, de início, tinha 4.096 palavras de memória de núcleos, instruções de 36 bits e uma inovação: hardware de ponto flutuante. Em 1958, a IBM começou a produzir sua última máquina de válvulas, a 709, que era basicamente um 704 incrementado.

1.2.3 A segunda geração – transistores (1955–1965)

O transistor foi inventado no Bell Labs em 1948 por John Bardeen, Walter Brattain e William Shockley, pelo qual receberam o Prêmio Nobel de física de 1956. Em dez anos, o transistor revolucionou os computadores e, ao final da década de 1950, os computadores de válvulas estavam obsoletos. O primeiro computador transistorizado foi construído no Lincoln Laboratory do MIT, uma máquina de 16 bits na mesma linha do Whirlwind I. Recebeu o nome de **TX-0 (Transistorized eXperimental computer 0 – computador transistorizado experimental 0)**, e a intenção era usá-la apenas como dispositivo para testar o muito mais elegante TX-2.

O TX-2 nunca foi um grande sucesso, mas um dos engenheiros que trabalhava no laboratório, Kenneth Olsen, fundou uma empresa, a Digital Equipment Corporation (DEC), em 1957, para fabricar uma máquina comercial muito parecida com o TX-0. Quatro anos se passaram antes que tal máquina, o PDP-1, aparecesse, principalmente porque os investidores de risco que fundaram a DEC estavam convictos de que não havia mercado para computadores. Afinal, T. J. Watson, antigo presidente da IBM, certa vez dissera que o mercado mundial de computadores correspondia a cerca de quatro ou cinco unidades. Em vez de computadores, a DEC vendia pequenas placas de circuitos.

Quando o PDP-1 finalmente apareceu em 1961, tinha 4.096 palavras de 18 bits e podia executar 200 mil instruções por segundo. Esse desempenho era a metade do desempenho do IBM 7090, o sucessor transistorizado do 709 e o computador mais rápido do mundo na época. O PDP-1 custava 120 mil dólares; o 7090 custava milhões. A DEC vendeu dezenas de PDP-1s, e nascia a indústria de minicomputadores.

Um dos primeiros PDP-1s foi dado ao MIT, onde logo atraiu a atenção de alguns novos gênios em aprimoramento tão comuns ali. Uma das muitas inovações do PDP-1 era um visor e a capacidade de plotar pontos em qualquer lugar de sua tela de 512 por 512. Em pouco tempo, os estudantes já tinham programado o PDP-1 para jogar Spacewar, e o mundo teria ganhado seu primeiro videogame.

Alguns anos mais tarde, a DEC lançou o PDP-8, que era uma máquina de 12 bits, porém muito mais barata que o PDP-1 (16 mil dólares). O PDP-8 tinha uma importante inovação: um barramento único, o omnibus, conforme mostra a Figura 1.6. Um **barramento** é um conjunto de fios paralelos usados para conectar os componentes de um computador. Essa arquitetura foi uma ruptura importante em relação à arquitetura da máquina IAS, centrada na memória, e, desde então, foi adotada por quase todos os computadores de pequeno porte. A DEC alcançou a marca de 50 mil PDP-8 vendidos, o que a consolidou como a líder no negócio de minicomputadores.

Figura 1.6 Barramento omnibus do PDP-8.

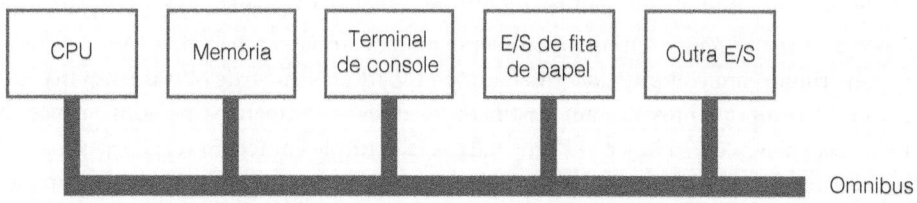

Enquanto isso, a reação da IBM ao transistor foi construir uma versão transistorizada do 709, o 7090, como já mencionamos, e, mais tarde, o 7094. Esse último tinha um tempo de ciclo de 2 microssegundos e 32.768 palavras de 36 bits de memória de núcleos. O 7090 e o 7094 marcaram o final das máquinas do tipo ENIAC, mas dominaram a computação científica durante anos na década de 1960.

Ao mesmo tempo em que se tornava uma grande força na computação científica com o 7094, a IBM estava ganhando muito dinheiro com a venda de uma pequena máquina dirigida para empresas, denominada 1401. Essa máquina podia ler e escrever fitas magnéticas, ler e perfurar cartões, além de imprimir saída de dados quase tão rapidamente quanto o 7094, e por uma fração do preço dele. Era terrível para a computação científica, mas perfeita para manter registros comerciais.

O 1401 era fora do comum porque não tinha nenhum registrador, nem mesmo um comprimento de palavra fixo. Sua memória tinha 4 mil bytes de 8 bits, embora modelos posteriores suportassem até incríveis 16 mil bytes. Cada byte continha um caractere de 6 bits, um bit administrativo e um bit para indicar o final da palavra. Uma instrução MOVE, por exemplo, tinha um endereço-fonte e um endereço-destino, e começava a transferir bytes da fonte ao destino até encontrar um bit de final com valor 1.

Em 1964, uma minúscula e desconhecida empresa, a Control Data Corporation (CDC), lançou a 6600, uma máquina que era cerca de uma ordem de grandeza mais rápida do que a poderosa 7094 e qualquer outra existente na época. Foi amor à primeira vista para os calculistas, e a CDC partiu a caminho do sucesso. O segredo de sua velocidade e a razão de ser tão mais rápida do que a 7094 era que, dentro da CPU, havia uma máquina com alto grau de paralelismo. Ela tinha diversas unidades funcionais para efetuar adições, outras para efetuar multiplicações e ainda mais uma para divisão, e todas elas podiam funcionar em paralelo. Embora extrair o melhor dessa máquina exigisse cuidadosa programação, com um pouco de trabalho era possível executar dez instruções ao mesmo tempo.

Como se não bastasse, a 6600 tinha uma série de pequenos computadores internos para ajudá-la, uma espécie de "Branca de Neve e as Sete Pessoas Verticalmente Prejudicadas". Isso significava que a CPU podia gastar todo o seu tempo processando números, deixando todos os detalhes de gerenciamento de *jobs* e entrada/saída para os computadores menores. Em retrospecto, a 6600 estava décadas à frente de sua época. Muitas das ideias fundamentais encontradas em computadores modernos podem ser rastreadas diretamente até ela.

O projetista da 6600, Seymour Cray, foi uma figura legendária, da mesma estatura de von Neumann. Ele dedicou sua vida inteira à construção de máquinas cada vez mais rápidas, denominadas então de **supercomputadores**, incluindo a 6600, 7600 e Cray-1. Também inventou o famoso algoritmo para comprar carros: vá à concessionária mais próxima de sua casa, aponte para o carro mais próximo da porta e diga: "Vou levar aquele". Esse algoritmo gasta o mínimo de tempo em coisas sem importância (como comprar carros) para deixar o máximo de tempo livre para fazer coisas importantes (como projetar supercomputadores).

Havia muitos outros computadores nessa época, mas um se destaca por uma razão bem diferente e que vale a pena mencionar: o Burroughs B5000. Os projetistas de máquinas como PDP-1, 7094 e 6600 estavam totalmente preocupados com o hardware, seja para que ficassem mais baratos (DEC) ou mais rápidos (IBM e CDC). O software era praticamente irrelevante. Os projetistas do B5000 adotaram uma linha de ação diferente. Construíram uma máquina com a intenção específica de programá-la em linguagem Algol 60, uma precursora da C e da Java, e incluíram muitas características no hardware para facilitar a tarefa do compilador. Nascia a ideia de que o software também era importante. Infelizmente, ela foi esquecida quase de imediato.

1.2.4   A terceira geração – circuitos integrados (1965–1980)

A invenção do circuito integrado de silício por Jack Kilby e Robert Noyce (trabalhando independentemente) em 1958 permitiu que dezenas de transistores fossem colocados em um único chip. Esse empacotamento possibilitava a construção de computadores menores, mais rápidos e mais baratos do que seus precursores transistorizados. Alguns dos computadores mais significativos dessa geração são descritos a seguir.

Em 1964, a IBM era a empresa líder na área de computadores e tinha um grande problema com suas duas máquinas de grande sucesso, a 7094 e a 1401: elas eram tão incompatíveis quanto duas máquinas podem ser. Uma era uma processadora de números de alta velocidade, que usava aritmética binária em registradores de 36 bits; a outra, um processador de entrada/saída avantajado, que usava aritmética decimal serial sobre palavras de comprimento variável na memória. Muitos de seus clientes empresariais tinham ambas e não gostavam da ideia de ter dois departamentos de programação sem nada em comum.

Quando chegou a hora de substituir essas duas séries, a IBM deu um passo radical. Lançou uma única linha de produtos, a linha System/360, baseada em circuitos integrados e projetada para computação científica e também comercial. A linha System/360 continha muitas inovações, das quais a mais importante era ser uma família de uma meia dúzia de máquinas com a mesma linguagem de montagem e tamanho e capacidade crescentes. Uma empresa poderia substituir seu 1401 por um 360 Modelo 30 e seu 7094 por um 360 Modelo 75. O Modelo 75 era maior e mais rápido (e mais caro), mas o software escrito para um deles poderia, em princípio, ser executado em outro. Na prática, o programa escrito para um modelo pequeno seria executado em um modelo grande sem problemas. Porém, a recíproca não era verdadeira. Quando transferido para uma máquina menor, o programa escrito para um modelo maior poderia não caber na memória. Ainda assim, era uma importante melhoria em relação à situação do 7094 e do 1401. A ideia de famílias de máquinas foi adotada de pronto e, em poucos anos, a maioria dos fabricantes de computadores tinha uma família de máquinas comuns que abrangiam uma ampla faixa de preços e desempenhos. Algumas características da primeira família 360 são mostradas na Figura 1.7. Mais tarde, foram lançados outros modelos.

Figura 1.7   Oferta inicial da linha de produtos IBM 360.

Propriedade	Modelo 30	Modelo 40	Modelo 50	Modelo 65
Desempenho relativo	1	3,5	10	21
Tempo de ciclo (em bilionésimos de segundo)	1.000	625	500	250
Memória máxima (bytes)	65.536	262.144	262.144	524.288
Bytes lidos por ciclo	1	2	4	16
Número máximo de canais de dados	3	3	4	6

Outra importante inovação da linha 360 era a **multiprogramação**, com vários programas na memória ao mesmo tempo, de modo que, enquanto um esperava por entrada/saída para concluir sua tarefa, outro podia executar, o que resultava em uma utilização mais alta da CPU.

A 360 também foi a primeira máquina que podia emular (simular) outros computadores. Os modelos menores podiam emular a 1401, e os maiores podiam emular a 7094, de maneira que os clientes podiam continuar a executar seus antigos programas binários sem modificação durante a conversão para a 360. Alguns modelos executavam programas 1401 com uma rapidez tão maior que a própria 1401 que muitos clientes nunca converteram seus programas.

A emulação era fácil na 360 porque todos os modelos iniciais e grande parte dos que vieram depois eram microprogramados. Bastava que a IBM escrevesse três microprogramas: um para o conjunto nativo de instruções da 360, um para o conjunto de instruções da 1401 e outro para o conjunto de instruções da 7094. Essa flexibilidade foi uma das principais razões para a introdução da microprogramação na 360. É lógico que a motivação de Wilkes para reduzir a quantidade de válvulas não importava mais, pois a 360 não tinha válvula alguma.

A 360 resolveu o dilema "binária paralela" *versus* "decimal serial" com uma solução conciliatória: a máquina tinha 16 registradores de 32 bits para aritmética binária, mas sua memória era orientada para bytes, como a da 1401. Também tinha instruções seriais no estilo da 1401 para movimentar registros de tamanhos variáveis na memória.

Outra característica importante da 360 era (para a época) um imenso espaço de endereçamento de 2^{24} (16.777.216) bytes. Como naquele tempo a memória custava vários dólares por byte, esse tanto de memória parecia uma infinidade. Infelizmente, a série 360 foi seguida mais tarde pelas séries 370, 4300, 3080, 3090, 390 e a série z, todas usando basicamente a mesma arquitetura. Em meados da década de 1980, o limite de memória tornou-se um problema real e a IBM teve de abandonar a compatibilidade em parte, quando mudou para endereços de 32 bits necessários para endereçar a nova memória de 2^{32} bytes.

Com o benefício de uma percepção tardia, podemos argumentar que, uma vez que de qualquer modo tinham palavras e registros de 32 bits, provavelmente também deveriam ter endereços de 32 bits, mas na época ninguém podia imaginar uma máquina com 16 milhões de bytes de memória. Embora a transição para endereços de 32 bits tenha sido bem-sucedida para a IBM, essa mais uma vez foi apenas uma solução temporária para o problema do endereçamento de memória, pois os sistemas de computação logo exigiriam a capacidade de endereçar mais de 2^{32} (4.294.967.296) bytes de memória. Dentro de mais alguns anos, entrariam em cena os computadores com endereços de 64 bits.

O mundo dos minicomputadores também avançou um grande passo na direção da terceira geração quando a DEC lançou a série PDP-11, um sucessor de 16 bits do PDP-8. Sob muitos aspectos, a série PDP-11 era como um irmão menor da série 360, tal como o PDP-1 era um irmãozinho da 7094. Ambos, 360 e PDP-11, tinham registradores orientados para palavras e uma memória orientada para bytes, e ambos ocupavam uma faixa que abrangia uma considerável relação preço/desempenho. O PDP-11 teve enorme sucesso, em especial nas universidades, e deu continuidade à liderança da DEC sobre os outros fabricantes de minicomputadores.

1.2.5 A quarta geração – integração em escala muito grande (1980–?)

Na década de 1980, a **VLSI** (**Very Large Scale Integration** – **integração em escala muito grande**) tinha possibilitado colocar primeiro dezenas de milhares, depois centenas de milhares e, por fim, milhões de transistores em um único chip. Esse desenvolvimento logo levou a computadores menores e mais rápidos. Antes do PDP-1, os computadores eram tão grandes e caros que empresas e universidades tinham de ter departamentos especiais denominados **centrais de computação** para usá-los. Com a chegada do minicomputador, cada departamento podia comprar sua própria máquina. Em 1980, os preços caíram tanto que era viável um único indivíduo ter seu próprio computador. Tinha início a era do computador pessoal.

Computadores pessoais eram utilizados de modo muito diferente dos computadores grandes. Eram usados para processar textos, montar planilhas e para numerosas aplicações de alto grau de interação (como os jogos) que as máquinas maiores não manipulavam bem.

Os primeiros computadores pessoais costumavam ser vendidos como kits. Cada kit continha uma placa de circuito impresso, um punhado de chips, que em geral incluía um Intel 8080, alguns cabos, uma fonte de energia e talvez um disco flexível de 8 polegadas. Juntar essas partes para montar um computador era tarefa do comprador. O software não era fornecido. Se quisesse algum, você mesmo teria de escrevê-lo. Mais tarde, o sistema operacional CP/M, escrito por Gary Kildall, tornou-se popular nos 8080s. Era um verdadeiro sistema operacional em disco flexível, com um sistema de arquivo e comandos de usuário digitados no teclado e enviados a um processador de comandos (*shell*).

Outro computador pessoal era o Apple, e mais tarde o Apple II, projetados por Steve Jobs e Steve Wozniak na tão falada garagem. Essa máquina gozava de enorme popularidade entre usuários domésticos e em escolas, e fez da Apple uma participante séria no mercado quase da noite para o dia.

Depois de muito deliberar e observar o que as outras empresas estavam fazendo, a IBM, que então era a força dominante na indústria de computadores, por fim decidiu que queria entrar no negócio de computadores pessoais. Em vez de projetar toda a máquina partindo do zero, usando somente peças da IBM, o que levaria tempo demasiado, fez algo que não lhe era característico. Deu a Philip Estridge, um de seus executivos, uma grande mala de dinheiro e disse-lhe que fosse para bem longe dos acionistas intrometidos da sede da empresa em Armonk, Nova York, e só voltasse quando tivesse um computador pessoal em funcionamento. Estridge se estabeleceu a dois mil km da sede, em Boca Raton, Flórida, escolheu o Intel 8088 como sua CPU, e construiu o IBM Personal Computer com componentes encontrados na praça. Foi lançado em 1981 e logo se tornou o maior campeão de vendas de computadores da história. Quando o PC alcançou 30 anos, foram publicados diversos artigos sobre sua história, incluindo os de Bradley (2011), Goth (2011), Bride (2011) e Singh (2011).

A IBM também fez algo que não lhe era característico e de que mais tarde viria a se arrepender. Em vez de manter o projeto da máquina em total segredo (ou ao menos protegido por uma patente), como costumava fazer, a empresa publicou os planos completos, incluindo todos os diagramas de circuitos, em um livro vendido por 49 dólares. A ideia era possibilitar a fabricação, por outras empresas, de placas de expansão (*plug-in*) para o IBM PC, a fim de aumentar sua flexibilidade e popularidade. Infelizmente para a IBM, uma vez que o projeto se tornara totalmente público e era fácil obter todas as peças no mercado, inúmeras outras empresas começaram a fabricar **clones** do PC, muitas vezes por bem menos do que a IBM estava cobrando. Assim, começava toda uma indústria.

Embora outras empresas fabricassem computadores pessoais usando CPUs não fornecidas pela Intel, entre elas Commodore, Apple e Atari, o impulso adquirido pela indústria do IBM PC era tão grande que os outros foram esmagados por esse rolo compressor. Apenas uns poucos sobreviveram, em nichos de mercado.

Um dos que sobreviveram, embora por um triz, foi o Macintosh da Apple. O Macintosh foi lançado em 1984 como o sucessor do malfadado Lisa, o primeiro computador que vinha com uma **GUI** (**Graphical User Interface – interface gráfica de usuário**), semelhante à agora popular interface Windows. O Lisa fracassou porque era muito caro, mas o Macintosh de menor preço lançado um ano depois foi um enorme sucesso e inspirou amor e paixão entre seus muitos admiradores.

Esse primeiro mercado do computador pessoal também levou ao desejo até então inaudito por computadores portáteis. Naquele tempo, um computador portátil fazia tanto sentido quanto hoje faz um refrigerador portátil. O primeiro verdadeiro computador pessoal portátil foi o Osborne-1 que, com 11 quilos, era mais um computador "arrastável" do que portátil. Ainda assim, era prova de que a ideia de um computador portátil era possível. O Osborne-1 foi um sucesso comercial modesto, mas um ano mais tarde a Compaq lançou seu primeiro clone portátil do IBM PC e logo se estabeleceu como a líder no mercado de computadores portáteis.

A versão inicial do IBM PC vinha equipada com o sistema operacional MS-DOS fornecido pela então minúscula Microsoft Corporation. Assim como a Intel conseguia produzir CPUs cada vez mais potentes, a IBM e a Microsoft conseguiram desenvolver um sucessor do MS-DOS, denominado OS/2, que apresentava uma interface gráfica de usuário semelhante à do Apple Macintosh. Ao mesmo tempo, a Microsoft também desenvolvia seu próprio sistema operacional, o Windows, que rodava sobre o MS-DOS caso o OS/2 não pegasse. Para encurtar a história, o OS/2 não pegou, a IBM e a Microsoft tiveram uma ruptura notavelmente pública e a Microsoft foi adiante e transformou o Windows em um enorme sucesso. O modo como a minúscula Intel e a mais insignificante ainda Microsoft conseguiram destronar a IBM, uma das maiores, mais ricas e mais poderosas corporações da história mundial, é uma parábola sem dúvida relatada com grandes detalhes nas escolas de administração de empresas de todo o mundo.

Com o sucesso do 8088 em mãos, a Intel continuou fazendo versões maiores e melhores dele. Particularmente digno de nota foi o 80386, lançado em 1985, que tinha uma CPU de 32 bits. Este foi seguido por uma versão melhorada, naturalmente denominada 80486. As versões seguintes receberam os nomes Pentium e Core. Esses chips são usados em quase todos os PCs modernos. O nome genérico que muita gente usa para descrever a arquitetura desses processadores é **x86**. Os chips compatíveis, fabricados pela AMD, também são denominados x86s.

Em meados da década de 1980, um novo desenvolvimento denominado RISC (discutido no Capítulo 2) começou a se impor, substituindo complicadas arquiteturas (CISC) por outras bem mais simples, embora mais rápidas. Na década de 1990, começaram a aparecer CPUs superescalares. Essas máquinas podiam executar várias instruções ao mesmo tempo, muitas vezes em ordem diferente da que aparecia no programa. Vamos apresentar os conceitos de CISC, RISC e superescalar no Capítulo 2 e discuti-los em detalhes ao longo de todo este livro.

Também em meados da década de 1980, Ross Freeman e seus colegas na Xilinx desenvolveram uma técnica inteligente para montar circuitos integrados, que não exigia uma fortuna ou o acesso a uma fábrica de silício. Esse novo tipo de chip de computador, denominado **FPGA (Field-Programmable Gate Array)**, continha uma grande quantidade de portas lógicas genéricas, que poderiam ser "programadas" em qualquer circuito que coubesse no dispositivo. Essa extraordinária nova técnica de projeto tornou o hardware FPGA tão maleável quanto o software. Usando FPGAs que custavam dezenas a centenas de dólares americanos, era possível montar sistemas de computação especializados para aplicações exclusivas, que serviam apenas a alguns usuários. Felizmente, as empresas de fabricação de silício ainda poderiam produzir chips mais rápidos, com menor consumo de energia e mais baratos para aplicações que precisavam de milhões de chips. Porém, para aplicações com apenas alguns poucos usuários, como prototipagem, aplicações de projeto em baixo volume e educação, FPGAs continuam sendo uma ferramenta popular para a construção do hardware.

Até 1992, computadores pessoais eram de 8, 16 ou 32 bits. Então, a DEC surgiu com o revolucionário Alpha de 64 bits, uma verdadeira máquina RISC de 64 bits cujo desempenho ultrapassava por grande margem o de todos os outros computadores pessoais. Seu sucesso foi modesto, mas quase uma década se passou antes que as máquinas de 64 bits começassem a ter grande sucesso e, na maior parte das vezes, como servidores de topo de linha.

Durante a década de 1990, os sistemas de computação estavam se tornando cada vez mais rápidos usando uma série de aperfeiçoamentos microarquitetônicos, e muitos deles serão examinados neste livro. Os usuários desses sistemas eram procurados pelos vendedores de computador, pois cada novo sistema que eles compravam executava seus programas muito mais depressa do que em seu antigo sistema. Porém, ao final da década, essa tendência estava começando a desaparecer, devido a obstáculos importantes no projeto do computador: os arquitetos estavam esgotando seus truques para tornar seus programas mais rápidos e os processadores estavam ficando mais caros de resfriar. Desesperadas para continuar a montar processadores mais rápidos, a maioria das empresas de computador começou a se voltar para arquiteturas paralelas como um modo de obter mais desempenho do seu silício. Em 2001, a IBM introduziu a arquitetura *dual core* POWER4. Essa foi a primeira vez que uma CPU importante incorporava dois processadores no mesmo substrato. Hoje, a maioria dos processadores da classe desktop e servidor, e até mesmo alguns processadores embutidos, incorporam múltiplos processadores no chip. Infelizmente, o desempenho desses multiprocessadores tem sido menor que estelar para o usuário comum, pois (como veremos em outros capítulos) as máquinas paralelas exigem que os programadores trabalhem explicitamente em paralelo, o que é difícil e passível de erros.

1.2.6 A quinta geração – computadores de baixa potência e invisíveis

Em 1981, o governo japonês anunciou que estava planejando gastar 500 milhões de dólares para ajudar empresas a desenvolver computadores de quinta geração que seriam baseados em inteligência artificial e representariam um salto quântico em relação aos computadores "burros" da quarta geração. Como já tinham visto empresas japonesas se apossarem do mercado em muitos setores, de máquinas fotográficas a aparelhos de som e de televisão, os fabricantes de computadores americanos e europeus foram de zero a pânico total em um milissegundo, exigindo subsídios do governo e outras coisas. A despeito do grande barulho, o projeto japonês da quinta geração fracassou e foi abandonado sem alarde. Em certo sentido, foi como a máquina analítica de Babbage – uma ideia visionária, mas tão à frente de seu tempo que nem se podia vislumbrar a tecnologia necessária para realmente construí-la.

Não obstante, aquilo que poderia ser denominado a quinta geração na verdade aconteceu, mas de modo inesperado: os computadores encolheram. Em 1989, a Grid Systems lançou o primeiro tablet, denominado GridPad. Ele consistia em uma pequena tela em que os usuários poderiam escrever com uma caneta especial, para controlar o sistema. Sistemas como o GridPad mostraram que os computadores não precisam estar sobre uma mesa ou em uma sala de servidores, mas poderiam ser colocados em um pacote fácil de carregar, com telas sensíveis ao toque e reconhecimento de escrita, para torná-los ainda mais valiosos.

O Newton da Apple, lançado em 1993, mostrou que um computador podia ser construído dentro de um invólucro não maior do que um tocador de fitas cassete portátil. Assim como o GridPad, o Newton usava escrita à mão para entrada do usuário, o que provou ser um grande obstáculo, mas máquinas posteriores dessa classe, agora denominadas **PDAs** (**Personal Digital Assistants – assistentes digitais pessoais**), aprimoraram as interfaces de usuário e tornaram-se muito populares. Agora, elas evoluíram para **smartphones**.

Por fim, a interface de escrita do PDA foi aperfeiçoada por Jeff Hawkins, que criou uma empresa chamada Palm para desenvolver um PDA de baixo custo para o mercado consumidor em massa. Hawkins era engenheiro elétrico por treinamento, mas tinha um real interesse pela neurociência, que é o estudo do cérebro humano. Ele observou que o reconhecimento da escrita à mão poderia se tornar mais confiável treinando-se os usuários a escreverem de uma maneira mais legível pelos computadores, uma técnica de entrada que ele chamou de "Graffiti". Ela exigia um pouco de treinamento para o usuário, mas por fim levou a uma escrita mais rápida e mais confiável, e o primeiro PDA da Palm, denominado Palm Pilot, foi um grande sucesso. Graffiti é um dos grandes sucessos na computação, demonstrando o poder da mente humana de tirar proveito do poder da mente humana.

Os usuários de PDAs eram adeptos destes dispositivos, usando-os religiosamente para gerenciar seus compromissos e contatos. Quando os telefones celulares começaram a ganhar popularidade no início da década de 1990, a IBM aproveitou a oportunidade para integrar o telefone celular com o PDA, criando o "smartphone". O primeiro, chamado **Simon**, usava uma tela sensível ao toque como entrada e dava ao usuário todas as capacidades de um PDA mais telefone, jogos e e-mail. A redução no tamanho dos componentes e no custo por fim levou ao grande uso de smartphones, incorporado nas populares plataformas Apple iPhone e Google Android.

Mas mesmo os PDAs e smartphones não são revolucionários de verdade. Ainda mais importantes são os computadores "invisíveis", embutidos em eletrodomésticos, relógios, cartões bancários e diversos outros dispositivos (Bechini et al., 2004). Esses processadores permitem maior funcionalidade e custo mais baixo em uma ampla variedade de aplicações. Considerar esses chips uma verdadeira geração é discutível (estão por aí desde a década de 1970, mais ou menos), mas eles estão revolucionando o modo de funcionamento de milhares de aparelhos e outros dispositivos. Já começaram a causar um importante impacto no mundo e sua influência crescerá rapidamente nos próximos anos. Um aspecto peculiar desses computadores embutidos é que o hardware e software costumam ser **projetados em conjunto** (Henkel et al., 2003). Voltaremos a eles mais adiante neste livro.

Se entendermos a primeira geração como máquinas a válvula (por exemplo, o ENIAC), a segunda geração como máquinas a transistores (por exemplo, o IBM 7094), a terceira geração como as primeiras máquinas de circuito integrado (por exemplo, o IBM 360), e a quarta geração como computadores pessoais (por exemplo, as CPUs Intel), a real quinta geração é mais uma mudança de paradigma do que uma nova arquitetura específica. No futuro, computadores estarão por toda parte e embutidos em tudo – de fato, invisíveis. Eles serão parte da estrutura da vida diária, abrindo portas, acendendo luzes, fornecendo cédulas de dinheiro e milhares de outras coisas. Esse modelo, arquitetado pelo falecido Mark Weiser, foi denominado originalmente **computação ubíqua**, mas o termo **computação pervasiva** também é usado agora com frequência (Weiser, 2002). Ele mudará o mundo com tanta profundidade quanto a Revolução Industrial. Não o discutiremos mais neste livro, mas se o leitor quiser mais informações sobre ele, deve consultar: Lyytinen e Yoo, 2002; Saha e Mukherjee, 2003 e Sakamura, 2002.

1.3 O zoológico dos computadores

Na seção anterior, apresentamos uma breve história dos sistemas de computação. Nesta, examinaremos o presente e olharemos para o futuro. Embora computadores pessoais sejam os mais conhecidos, há outros tipos de máquinas hoje, portanto, vale a pena dar uma pesquisada no que há mais por aí.

1.3.1 Forças tecnológicas e econômicas

A indústria de computadores está avançando como nenhuma outra. A força propulsora primária é a capacidade dos fabricantes de chips de empacotar cada vez mais transistores por chip todo ano. Mais transistores, que são minúsculos interruptores eletrônicos, significam memórias maiores e processadores mais poderosos. Gordon Moore, cofundador e ex-presidente do conselho da Intel, certa vez disse, brincando, que, se a tecnologia da aviação tivesse progredido tão depressa quanto a tecnologia de computadores, um avião custaria 500 dólares e daria uma volta na Terra em 20 minutos com 20 litros de gasolina. Entretanto, seria do tamanho de uma caixa de sapatos.

Especificamente, ao preparar uma palestra para um grupo do setor, Moore observou que cada nova geração de chips de memória estava sendo lançada três anos após a anterior. Uma vez que cada geração tinha quatro vezes mais memória do que sua antecessora, ele percebeu que o número de transistores em um chip estava crescendo a uma taxa constante e previu que esse crescimento continuaria pelas próximas décadas. Essa observação ficou conhecida como **lei de Moore**. Hoje, a lei de Moore costuma ser expressa dizendo que o número de transistores dobra a cada 18 meses. Note que isso equivale a um aumento de 60% no número de transistores por ano. Os tamanhos dos chips de memória e suas datas de lançamento mostrados na Figura 1.8 confirmam que a lei de Moore está valendo há mais de quatro décadas.

Figura 1.8 A lei de Moore prevê um aumento anual de 60% no número de transistores que podem ser colocados em um chip. Os dados pontuais informados nesta figura são tamanhos de memórias em bits.

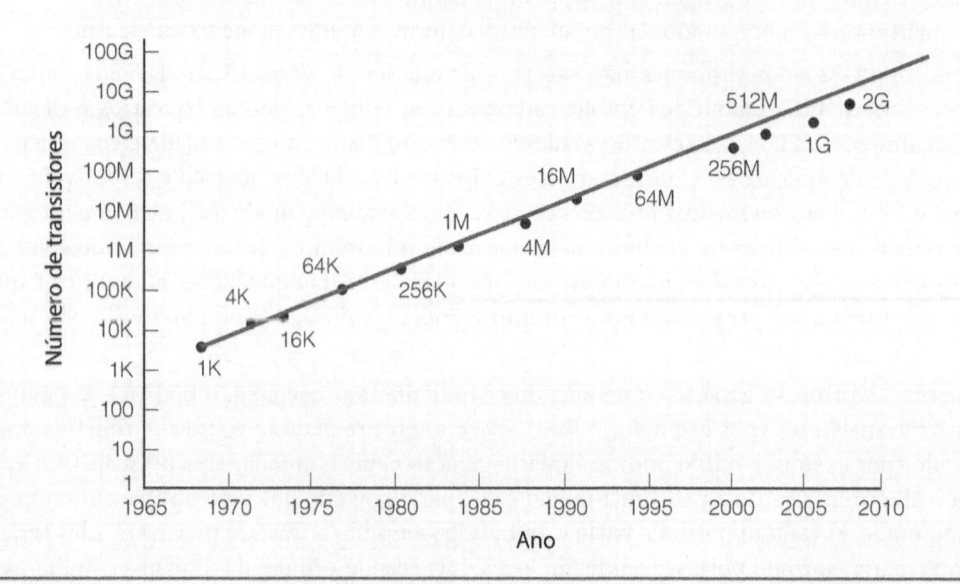

Claro que a lei de Moore não é uma lei real, mas uma simples observação empírica sobre quão rápido os físicos do estado sólido e os engenheiros estão avançando o estado da arte e uma previsão de que eles continuarão na mesma taxa no futuro. Alguns observadores do setor esperam que a lei de Moore continue válida ao menos por mais uma década, talvez até por mais tempo. Outros observadores esperam que dissipação de energia, fuga de corrente e outros efeitos apareçam antes e causem sérios problemas que precisam ser resolvidos (Bose, 2004; Kim et al., 2003). Contudo, a realidade do encolhimento de transistores é que a espessura desses dispositivos logo será de apenas alguns átomos. Nesse ponto, os transistores consistirão de muito poucos átomos para que sejam confiáveis, ou simplesmente chegaremos a um ponto onde outras diminuições de tamanho exigirão blocos de montagem subatômicos. (Como um conselho, recomenda-se que aqueles que trabalham em uma fábrica de silício tirem folga no dia em que decidirem dividir o transistor de um átomo!) Apesar dos muitos desafios na extensão das tendências da lei de Moore, existem tecnologias favoráveis no horizonte, incluindo os avanços na computação quântica (Oskin et al., 2002) e nanotubos de carbono (Heinze et al., 2002), que podem criar oportunidades para escalar a eletrônica além dos limites do silício.

A lei de Moore criou o que os economistas chamam de **círculo virtuoso**. Progressos na tecnologia (transistores/chip) levam a melhores produtos e preços mais baixos. Preços mais baixos levam a novas aplicações (ninguém estava fabricando videogames para computadores quando estes custavam 10 milhões de dólares cada, embora, quando o preço caiu para 120 mil dólares, os alunos do MIT aceitaram o desafio). Novas aplicações levam a novos mercados e a novas empresas, que surgem para aproveitar as vantagens desses mercados. A existência de todas essas empresas leva à concorrência que, por sua vez, cria demanda econômica por melhores tecnologias, que substituirão as outras. Então, o círculo deu uma volta completa.

Outro fator que trouxe avanço tecnológico foi a primeira lei do software de Nathan (trata-se de Nathan Myhrvold, antigo alto executivo da Microsoft). Diz a lei: "O software é um gás. Ele se expande até preencher o recipiente que o contém". Na década de 1980, processamento de textos era feito com programas como o *troff* (ainda usado para este livro). O *troff* ocupa kilobytes de memória. Os modernos processadores de textos ocupam megabytes de memória. Os futuros sem dúvida exigirão gigabytes de memória. (Por uma primeira aproximação, os prefixos kilo, mega, giga e tera significam mil, milhão, bilhão e trilhão, respectivamente, mas veja a Seção 1.5 para outros detalhes.) O software que continua a adquirir características (não muito diferente dos celulares que estão sempre adquirindo novas aplicações) cria uma demanda constante por processadores mais velozes, memórias maiores e mais capacidade de E/S.

Enquanto os ganhos em transistores por chip tinham sido vultosos ao longo dos anos, os ganhos em outras tecnologias não foram menores. Por exemplo, o IBM PC/XT foi lançado em 1982 com um disco rígido de 10 megabytes. Trinta anos depois, discos rígidos de 1 terabyte eram comuns nos sucessores do PC/XT. Esse avanço de cinco ordens de grandeza em 30 anos representa um aumento de capacidade de 50% ao ano. Contudo, medir o avanço em discos é mais enganoso, visto que há outros parâmetros além da capacidade, como taxas (de transferência) de dados, tempo de busca e preço. Não obstante, quase qualquer método de medição mostrará que a razão preço/desempenho aumentou desde 1982 pelo menos 50% ao ano. Esses enormes ganhos em desempenho do disco, aliados ao fato de que o volume de dólares de discos despachados do Vale do Silício ultrapassou o de chips de CPU, levaram Al Hoagland a sugerir que o nome do local estava errado: deveria ser Vale do Óxido de Ferro (já que é esse o material de gravação utilizado em discos). Lentamente, essa tendência está se deslocando em favor do silício, enquanto memórias flash baseadas em silício começam a substituir os discos giratórios tradicionais em muitos sistemas.

Outra área que teve ganhos espetaculares foi a de telecomunicações e redes. Em menos de duas décadas fomos de modems de 300 bits/s para modems analógicos de 56 mil bits/s, e daí para redes de fibra ótica de 10^{12} bits/s. Os cabos de telefonia transatlânticos de fibra ótica, como o TAT-12/13, custam cerca de 700 milhões de dólares, duram dez anos e podem transportar 300 mil ligações telefônicas simultâneas, o que se traduz em menos do que 1 centavo de dólar para uma ligação telefônica intercontinental de dez minutos. Sistemas ópticos de comunicação que funcionam a 10^{12} bits/s, a distâncias que passam de 100 km e sem amplificadores, mostraram ser viáveis. Nem é preciso comentar aqui o crescimento exponencial da Internet.

1.3.2 Tipos de computadores

Richard Hamming, antigo pesquisador do Bell Labs, certa vez observou que uma mudança de uma ordem de grandeza em quantidade causa uma mudança na qualidade. Assim, um carro de corrida que alcança 1.000 km/h no deserto de Nevada é um tipo de máquina muito diferente de um carro normal que alcança 100 km/h em uma rodovia. De modo semelhante, um arranha-céu de 100 andares não é apenas um edifício de apartamentos de 10 andares em escala maior. E, no que se refere a computadores, não estamos falando de fatores de 10, mas, no decurso de três décadas, estamos falando de fatores na casa de milhão.

Os ganhos concedidos pela lei de Moore podem ser usados de vários modos por vendedores de chips. Um deles é construir computadores cada vez mais poderosos a preço constante. Outra abordagem é construir o mesmo computador por uma quantia de dinheiro cada vez menor a cada ano. A indústria fez ambas as coisas e ainda mais, o que resultou na ampla variedade de computadores disponíveis agora. Uma categorização muito aproximada dos computadores existentes hoje é dada na Figura 1.9.

Figura 1.9 Tipos de computador disponíveis atualmente. Os preços devem ser vistos com certa condescendência (*cum grano salis*).

Tipo	Preço (US$)	Exemplo de aplicação
Computador descartável	0,5	Cartões de felicitação
Microcontrolador	5	Relógios, carros, eletrodomésticos
Computador móvel e de jogos	50	Videogames domésticos e smartphones
Computador pessoal	500	Computador de desktop ou notebook
Servidor	5K	Servidor de rede
Mainframe	5M	Processamento de dados em bloco em um banco

Nas seções seguintes, examinaremos cada uma dessas categorias e discutiremos brevemente suas propriedades.

1.3.3 Computadores descartáveis

Na extremidade inferior desse tipo encontramos um único chip colado na parte interna de um cartão de congratulações, que toca "Feliz Aniversário" ou "Lá vem a noiva", ou qualquer outra dessas musiquinhas igualmente horrorosas. O autor ainda não encontrou um cartão de condolências que tocasse uma marcha fúnebre, mas, como lançou essa ideia em público, espera encontrá-lo em breve. Para quem cresceu com *mainframes* de muitos milhões de dólares, a ideia de computadores descartáveis faz tanto sentido quanto a de um avião descartável.

Contudo, os computadores descartáveis chegaram para ficar. Provavelmente, o desenvolvimento mais importante na área dos computadores descartáveis é o chip **RFID (Radio Frequency IDentification – identificação por radiofrequência)**. Agora é possível fabricar, por alguns centavos, chips RFID sem bateria com menos de 0,5 mm de espessura, que contêm um minúsculo *transponder* de rádio e um único número de 128 bits embutido. Quando pulsados por uma antena externa, são alimentados pelo sinal de rádio de entrada por tempo suficiente para transmitir seu número de volta à antena. Embora os chips sejam minúsculos, suas implicações com certeza não são.

Vamos começar com uma aplicação corriqueira: acabar com os códigos de barras de produtos. Já foram feitos testes experimentais nos quais o fabricante anexou chips RFID (em vez de códigos de barras) a seus produtos à venda em lojas. O cliente escolhe as mercadorias, coloca-as em um carrinho de compras e apenas as leva para fora da loja, sem passar pela caixa registradora. Na saída da loja, um leitor munido de uma antena envia um sinal solicitando que cada produto se identifique, o que cada um faz por meio de uma curta transmissão sem fio. O cliente também é identificado por um chip embutido em seu cartão bancário ou de crédito. No final do mês, a loja envia ao cliente uma fatura, identificada por itens, referente às compras do mês. Se o cartão de banco ou cartão de crédito RFID do cliente não for válido, um alarme é ativado. Esse sistema não só elimina a necessidade de caixas e a correspondente espera na fila, mas também serve como método antifurto, porque de nada adianta esconder um produto no bolso ou na sacola.

Uma propriedade interessante desse sistema é que, embora os códigos de barra identifiquem o tipo de produto, não identificam o item específico. Com 128 bits à disposição, os chips RFID fazem isso. Como consequência, cada pacote de aspirina, por exemplo, em um supermercado, terá um código RFID diferente. Isso significa que, se um fabricante de medicamentos descobrir um defeito de fabricação em um lote de aspirinas após ele ter sido despachado, poderá informar a todos os supermercados do mundo inteiro para que façam disparar o alarme sempre que um cliente comprar qualquer pacote cujo número RFID esteja na faixa afetada, mesmo que a compra aconteça em um país distante, meses depois. As cartelas de aspirina que não pertençam ao lote defeituoso não farão soar o alarme.

Mas rotular pacotes de aspirina, de bolachas, de biscoitos para cachorro é só o começo. Por que parar nos biscoitos para cachorro quando você pode rotular o próprio cachorro? Donos de animais de estimação já estão pedindo aos veterinários para implantar chips RFID em seus animais de modo que possam ser rastreados se forem roubados ou perdidos. Fazendeiros também vão querer marcar seus rebanhos. O próximo passo óbvio é pais ansiosos pedirem a seus pediatras que implantem chips RFID em seus filhos para o caso de eles se perderem ou serem sequestrados. Já que estamos nisso, por que não fazer os hospitais identificarem todos os recém-nascidos para evitar troca de bebês? E os governos e a polícia sem dúvida terão muitas boas razões para rastrear todos os cidadãos o tempo todo. Agora, as "implicações" dos chips RFID a que aludimos anteriormente estão ficando um pouco mais claras.

Outra aplicação (um pouco menos controvertida) de chips RFID é o rastreamento de veículos. Quando uma fila de automóveis com chips RFID embutidos estiver trafegando por uma rodovia e passarem por uma leitora, o computador ligado à leitora terá uma lista dos carros que estiveram por ali. Esse sistema facilita o rastreamento da localização de todos os veículos que passam por uma rodovia, o que ajuda fornecedores, seus clientes e as rodovias. Um esquema semelhante pode ser aplicado a caminhões. No caso dos carros, a ideia já está sendo usada para cobrar pedágio por meios eletrônicos (por exemplo, o sistema E-Z Pass).

Sistemas de transporte de bagagens aéreas e muitos outros sistemas de transporte de encomendas também podem usar chips RFID. Um sistema experimental testado no aeroporto de Heathrow, em Londres, permitia que os passageiros eliminassem a necessidade de carregar sua bagagem. As malas dos clientes que pagavam por esse serviço recebiam um chip RFID, eram descarregadas em separado no aeroporto e entregues diretamente nos hotéis dos passageiros em questão. Entre outras utilizações de chips RFID estão carros que chegam à seção de pintura da linha de montagem com a cor que devem ter já especificada, estudo de migração de animais, roupas que informam à máquina de lavar que temperatura usar e muitas mais. Alguns chips podem ser integrados com sensores de modo que bits de baixa ordem possam conter temperatura, pressão e umidade correntes, ou outra variável ambiental.

Chips RFID avançados também contêm armazenamento permanente. Essa capacidade levou o Banco Central Europeu a tomar a decisão de incorporar chips RFID a notas de euros nos próximos anos. Os chips registrariam por onde as cédulas teriam passado. Isso não apenas tornaria a falsificação de notas de euros praticamente impossível, mas também facilitaria muito o rastreamento e a possível invalidação remota de resgates de sequestros, do produto de assaltos e de dinheiro lavado. Quando o dinheiro vivo não for mais anônimo, o futuro procedimento padrão da polícia poderia ser verificar por onde o dinheiro do suspeito passou recentemente. Quem precisa implantar chips em pessoas quando suas carteiras estão cheias deles? Mais uma vez, quando o público souber o que os chips RFID podem fazer, é provável que surjam discussões públicas sobre o assunto.

A tecnologia usada em chips RFID está se desenvolvendo rapidamente. Os menores são passivos (não têm alimentação interna) e podem apenas transmitir seus números exclusivos quando consultados. Todavia, os maiores são ativos, podem conter uma pequena bateria e um computador primitivo, e são capazes de fazer alguns cálculos. Os *smart cards* usados em transações financeiras estão nessa categoria.

Chips RFID são diferentes não só por serem ativos ou passivos, mas também pela faixa de radiofrequências à qual respondem. Os que funcionam em baixas frequências têm uma taxa de transferência de dados limitada, mas podem ser captados a grandes distâncias por uma antena. Os que funcionam em altas frequências têm uma taxa de transferência de dados mais alta e alcance mais reduzido. Os chips também diferem de outras formas e estão sendo aperfeiçoados o tempo todo. A Internet está repleta de informações sobre chips RFID, e o site <www.rfid.org> é um bom ponto de partida.

1.3.4 Microcontroladores

No degrau seguinte da escada temos computadores que são embutidos em dispositivos que não são vendidos como computadores. Os computadores embutidos, às vezes denominados **microcontroladores**, gerenciam os dispositivos e manipulam a interface de usuário. São encontrados em grande variedade de aparelhos diferentes, entre eles os seguintes. Alguns exemplos de cada categoria são dados entre parênteses.

1. Eletrodomésticos (rádio-relógio, máquina de lavar, secadora, forno de micro-ondas, alarme antifurto).
2. Aparelhos de comunicação (telefone sem fio, telefone celular, fax, *pager*).
3. Periféricos de computadores (impressora, *scanner*, modem, drive de CD-ROM).
4. Equipamentos de entretenimento (VCR, DVD, aparelhos de som, MP3 player, transdutores de TV).
5. Aparelhos de reprodução de imagens (TV, câmera digital, filmadora, lentes, fotocopiadora).
6. Equipamentos médicos (raio-x, RMI – ressonância magnética, monitor cardíaco, termômetro digital).
7. Sistemas de armamentos militares (míssil teleguiado, MBIC – míssil balístico intercontinental, torpedo).
8. Dispositivos de vendas (máquina de venda automática, ATM – caixa eletrônico, caixa registradora).
9. Brinquedos (bonecas que falam, consoles de jogos, carro ou barco com radiocontrole).

Um carro de primeira linha poderia sem problema conter 50 microcontroladores que executam subsistemas, como freios antitravamento, injeção de combustível, rádio e GPS. Um avião a jato poderia com facilidade ter 200 ou mais deles. Uma família poderia possuir facilmente centenas de computadores sem saber. Dentro de alguns anos, quase tudo o que funciona por energia elétrica ou baterias conterá um microcontrolador. Os números de microcontroladores vendidos todo ano deixam longe, por ordens de grandeza, todos os outros tipos de computadores, exceto os descartáveis.

Enquanto chips RFID são sistemas mínimos, minicontroladores são computadores pequenos, mas completos. Cada microcontrolador tem um processador, memória e capacidade de E/S. A capacidade de E/S inclui detectar os botões e interruptores do aparelho e controlar suas luzes, monitores, sons e motores. Na maioria dos casos, o software está incorporado no chip na forma de uma memória somente de leitura criada quando o microcontrolador é fabricado. Os microcontroladores são de dois tipos gerais: propósito geral e propósito específico. Os primeiros são apenas computadores pequenos, porém comuns; os últimos têm uma arquitetura e um conjunto de instruções dirigido para alguma aplicação específica, como multimídia. Microcontroladores podem ter versões de 4, 8, 16 e 32 bits.

Contudo, mesmo os microcontroladores de uso geral apresentam importantes diferenças em relação aos PCs. Primeiro, há a questão relacionada ao custo: uma empresa que compra milhões de unidades pode basear sua escolha em diferenças de preços de 1 centavo por unidade. Essa restrição obriga os fabricantes de microcontroladores a optar por arquiteturas muito mais com base em custos de fabricação do que em chips que custam centenas de dólares. Os preços de microcontroladores variam muito dependendo de quantos bits eles têm, de quanta memória têm e de que tipo é a memória, além de outros fatores. Para dar uma ideia, um microcontrolador de 8 bits comprado em volume grande o bastante pode custar apenas 10 centavos de dólar por unidade. Esse preço é o que possibilita inserir um computador em um rádio-relógio de 9,95 dólares.

Segundo, quase todos os microcontroladores funcionam em tempo real. Eles recebem um estímulo e devem dar uma resposta instantânea. Por exemplo, quando o usuário aperta um botão, em geral uma luz se acende e não deve haver nenhuma demora entre pressionar o botão e a luz se acender. A necessidade de funcionar em tempo real costuma causar impacto na arquitetura.

Terceiro, os sistemas embutidos muitas vezes têm limitações físicas relativas a tamanho, peso, consumo de bateria e outras limitações elétricas e mecânicas. Os microcontroladores neles utilizados devem ser projetados tendo essas restrições em mente.

Uma aplicação particularmente divertida dos microcontroladores é na plataforma de controle embutida Arduino, que foi projetada por Massimo Banzi e David Cuartielles em Ivrea, Itália. Seu objetivo para o projeto foi produzir uma plataforma de computação embutida completa, que custa menos que uma pizza grande com cobertura extra, tornando-o facilmente acessível a alunos e curiosos. (Essa foi uma tarefa difícil, pois há muitas pizzarias na Itália, de modo que as pizzas são realmente baratas.) Eles alcançaram seu objetivo muito bem: um sistema Arduino completo custa menos de 20 dólares!

O sistema Arduino é um projeto de hardware de fonte aberta, o que significa que todos os seus detalhes são publicados e gratuitos, de modo que qualquer um pode montar (e até mesmo vender) um sistema Arduino. Ele é baseado no microprocessador RISC de 8 bits Atmel AVR, e a maioria dos projetos de placa também inclui suporte básico para E/S. A placa é programada usando uma linguagem de programação embutida, chamada Wiring, que tem embutidos todos os balangandãs exigidos para controlar dispositivos em tempo real. O que torna a plataforma Arduino divertida de usar é sua comunidade de desenvolvimento grande e ativa. Existem milhares de projetos publicados usando o Arduino,[3] variando desde um farejador de poluentes eletrônico até uma jaqueta de ciclismo com sinais de seta, um detector de umidade que envia e-mail quando uma planta precisa ser aguada e um avião autônomo não pilotado.

1.3.5 Computadores móveis e de jogos

Um nível acima estão as máquinas de videogame. São computadores normais, com recursos gráficos especiais e capacidade de som, mas software limitado e pouca capacidade de extensão. Começaram como CPUs de baixo valor para telefones simples e jogos de ação, como pingue-pongue em aparelhos de televisão. Com o passar dos anos, evoluíram para sistemas muito mais poderosos, rivalizando com o desempenho de computadores pessoais e até ultrapassando esse desempenho em certas dimensões.

Para ter uma ideia do que está dentro de um computador de jogos, considere a especificação de três produtos populares. Primeiro, o Sony PlayStation 3. Ele contém uma CPU proprietária multicore de 3,2 GHz (denominada microprocessador Cell), que é baseada na CPU RISC PowerPC da IBM e sete Synergistic Processing Elements (SPEs) de 128 bits. O PlayStation 3 também contém 512 MB de RAM, um chip gráfico Nvidia de 550 MHz fabricado por encomenda e um player Blu-ray. Em segundo lugar, o Microsoft Xbox 360. Ele contém uma CPU *triple core* PowerPC da IBM de 3,2 GHz com 512 MB de RAM, um chip gráfico ATI de 500 MHz fabricado por encomenda, um DVD player e um disco rígido. Em terceiro lugar, o Samsung Galaxy Tablet (no qual este livro foi revisado). Ele contém dois núcleos ARM de 1 GHz mais uma unidade de processamento gráfico (integrada ao sistema-em-um--chip Nvidia Tegra 2), 1 GB de RAM, duas câmeras, um giroscópio de 3 eixos e armazenamento com memória flash.

Embora essas máquinas não sejam tão poderosas quanto os computadores pessoais produzidos no mesmo período de tempo, elas não ficam muito atrás e, em certos aspectos, estão à frente (por exemplo, a SPE de 128 bits do PlayStation 3 é maior do que a CPU de qualquer PC). A principal diferença entre essas máquinas de jogos e um PC não está tanto na CPU, mas no fato de que máquinas de jogos são sistemas fechados. Os usuários não podem expandir a CPU com cartões plug-in, embora às vezes sejam fornecidas interfaces USB ou FireWire. Além disso, e talvez o mais importante, máquinas de jogos são cuidadosamente otimizadas para algumas poucas áreas de aplicação: jogos de alta interatividade em 3D e saída de multimídia. Todo o resto é secundário. Essas restrições de hardware e software, falta de extensibilidade, memórias pequenas, ausência de um monitor de alta resolução e disco rígido pequeno (às vezes, ausente) possibilitam a construção e a venda dessas máquinas por um preço mais baixo do que o de computadores pessoais. A despeito dessas restrições, são vendidas milhões dessas máquinas de jogos, e a quantidade cresce o tempo todo.

Computadores móveis têm o requisito adicional de que utilizam o mínimo de energia possível para realizar suas tarefas. Quanto menos energia eles usam, mais tempo irá durar sua bateria. Essa é uma tarefa de projeto desafiadora, pois as plataformas móveis, como tablets e smartphones, devem reduzir seu uso de energia, mas, ao mesmo tempo, os usuários desses dispositivos esperam capacidades de alto desempenho, como gráficos 3D, processamento de multimídia de alta definição e jogos.

---

3   Para descobrir mais sobre o Arduino e começar a trabalhar com seus próprios projetos Arduino, visite <www.arduino.cc>.

1.3.6 Computadores pessoais

Em seguida, chegamos aos computadores pessoais nos quais a maioria das pessoas pensa quando ouve o termo "computador". O termo "computadores pessoais" abrange os modelos de desktop e notebook. Costumam vir equipados com gigabytes de memória e um disco rígido que contém terabytes de dados, um drive de CD-ROM/DVD/Blu-ray, placa de som, interface de rede, monitor de alta resolução e outros periféricos. Têm sistemas operacionais elaborados, muitas opções de expansão e uma imensa faixa de softwares disponíveis.

O coração de todo computador pessoal é uma placa de circuito impresso que está no fundo ou na lateral da caixa. Em geral, essa placa contém a CPU, memória, vários dispositivos de E/S (como um chip de som e possivelmente um modem), bem como interfaces para teclado, mouse, disco, rede etc., e alguns encaixes (*slots*) de expansão. A Figura 1.10 mostra a foto de uma dessas placas de circuito.

Figura 1.10 A placa de circuito impresso está no coração de cada computador pessoal. Essa é uma fotografia da placa Intel DQ67SW. Direitos de reprodução da Intel Corporation, 2011, reprodução permitida.

Notebooks são basicamente PCs em uma embalagem menor e utilizam os mesmos componentes de hardware, mas em tamanhos menores. Também executam os mesmos softwares que os PCs de desktop. Uma vez que grande parte dos leitores deve conhecer computadores pessoais e notebooks muito bem, não será preciso fazer uma apresentação introdutória mais detalhada.

Outra variante desse tema é o computador tablet, como o popular iPad. Esses dispositivos são apenas PCs normais em um pacote menor, com um disco em estado sólido em vez de um disco rígido giratório, uma tela sensível ao toque e uma CPU diferente do x86. Mas, do ponto de vista arquitetônico, os tablets são apenas notebooks com tamanho e forma diferentes.

1.3.7 Servidores

Computadores pessoais reforçados ou estações de trabalho são muito usados como servidores de rede, tanto em redes locais (em geral, dentro de uma única empresa) quanto na Internet. Os servidores vêm em configurações com um único processador com múltiplos processadores, têm gigabytes de memória, centenas de gigabytes de espaço de disco rígido e capacidade para trabalho em rede de alta velocidade. Alguns deles podem manipular milhares de transações por segundo.

Em termos de arquitetura, contudo, um servidor com um único processador na verdade não é muito diferente de um computador pessoal com um único processador. Apenas é mais rápido, maior e tem mais espaço de disco, e possivelmente conexão de rede mais rápida. Servidores executam os mesmos sistemas operacionais que os computadores pessoais, normalmente alguma variação de Unix ou Windows.

• *Clusters*

Graças às melhorias quase contínuas na relação preço/desempenho dos servidores, nos últimos anos os projetistas de sistemas começaram a conectar grandes números deles para formar *clusters*. Eles consistem em sistemas padrão do tipo servidor, conectados por redes de gigabits/s e executam software especial que permite a todas as máquinas trabalharem juntas em um único problema, muitas vezes científico ou de engenharia. Normalmente, são o que se costuma denominar COTS (**Commodity Off The Shelf** – **mercadoria de prateleira**), computadores que qualquer um pode comprar de algum vendedor de PCs comuns. O principal acréscimo é a capacidade de trabalho em rede de alta velocidade, mas às vezes isso também é uma placa de rede padrão encontrada no mercado.

Grandes *clusters* costumam ser acomodados em salas de usuário especial ou prédios denominados **data centers**. A escala desses *data centers* é muito grande, e vai desde um punhado de máquinas até milhares delas. Em geral, o fator limitador é a verba disponível. Devido ao baixo preço por componente, agora departamentos individuais podem ter essas máquinas para uso interno. Muitas pessoas utilizam os termos "*cluster*" e "*data center*" para indicar a mesma coisa, embora, tecnicamente, o primeiro seja a coleção de servidores e o outro seja a sala ou prédio que os abriga.

Um uso comum para um *cluster* é como um servidor web. Quando um site espera milhares de solicitações por segundo para suas páginas, a solução mais econômica normalmente é construir um *data center* com centenas ou mesmo milhares de servidores. As solicitações que chegam são então espalhadas entre os servidores, para permitir que sejam processadas em paralelo. Por exemplo, a Google tem *data centers* por todo o mundo, para atender às solicitações de busca. O maior deles, em The Dalles, Oregon, é uma instalação com o tamanho de dois campos de futebol americano. O local foi escolhido porque os *data centers* exigem grandes quantidades de energia elétrica, e The Dalles é o local de uma represa hidrelétrica de 2 GW no rio Colúmbia, que pode fornecer essa energia. No total, considera-se que a Google tenha mais de um milhão de servidores em seus *data centers*.

O negócio de computação é muito dinâmico, e as coisas mudam o tempo todo. Na década de 1960, a computação era dominada por computadores *mainframe* gigantes (veja mais adiante), custando dezenas de milhões de dólares, aos quais os usuários se conectavam usando terminais remotos. Esse era um modelo bastante centralizado. Depois, na década de 1980, os computadores pessoais entraram em cena, milhões de pessoas os compraram, e a computação tornou-se descentralizada.

Com o advento dos *data centers*, estamos começando a reviver o passado na forma de **computação em nuvens** (*cloud computing*), que é a computação do *mainframe* versão 2.0. A ideia aqui é que todos terão um ou mais dispositivos simples, incluindo PCs, notebooks, tablets e smartphones, que são basicamente interfaces do usuário para a nuvem (ou seja, o *data center*), onde todas as fotos, vídeos, músicas e outros dados do usuário são armazenados. Nesse modelo, os dados são acessíveis a partir de diferentes dispositivos em qualquer lugar e a qualquer hora, sem que o usuário precise saber onde estão. Aqui, o *data center* cheio de servidores substituiu o único grande computador centralizado, mas o paradigma retornou ao que era antes: os usuários têm terminais e dados simples, e o poder da computação está centralizado em algum outro lugar.

Quem sabe por quanto tempo esse modelo será popular? Poderia acontecer simplesmente que, em dez anos, tantas pessoas tenham armazenado tantas músicas, fotos e vídeos na nuvem que a infraestrutura (sem fios) para a comunicação com tudo isso se torne um gargalo. Isso poderia levar a uma nova revolução: computadores pessoais, onde as pessoas armazenam seus próprios dados em suas próprias máquinas localmente, evitando assim o engarrafamento no ar.

A mensagem "leve para casa" aqui é que o modelo de computação popular em determinado momento depende muito da tecnologia, da economia e das aplicações disponíveis, e pode mudar quando esses fatores mudarem.

1.3.8 Mainframes

Agora chegamos aos *mainframes*: computadores que ocupam uma sala e nos fazem voltar à década de 1960. Essas máquinas são as descendentes diretas dos *mainframes* IBM 360 adquiridos há décadas. Em sua maior parte, não são muito mais rápidas do que servidores de grande potência, mas sempre têm mais capacidade de E/S e costumam ser equipadas com vastas coleções de discos que contêm milhares de gigabytes de dados. Embora sejam caras, é comum serem mantidas em funcionamento por causa do enorme investimento em software, dados, procedimentos operacionais e pessoal que representam. Muitas empresas acham mais barato pagar alguns milhões de dólares de vez em quando na compra de uma nova do que sequer pensar no esforço exigido para reprogramar todas as suas aplicações para máquinas menores.

É essa classe de computadores que levou ao infame problema do "Ano 2000", causado pelos programadores (principalmente COBOL) nas décadas de 1960 e 1970 porque representavam o ano com dois algarismos (dígitos) decimais para economizar memória. Eles nunca imaginaram que seus softwares durariam três ou quatro décadas. Embora o desastre previsto não tenha ocorrido graças ao imenso trabalho realizado para solucionar o problema, muitas empresas repetiram o mesmo erro quando acrescentaram mais dois dígitos ao ano. O autor prevê aqui o final da civilização que conhecemos à meia-noite de 31 de dezembro de 9999, quando 8 mil anos de velhos programas COBOL falharem simultaneamente.

Além de sua utilização para executar software herdado de 40 anos de existência, nos últimos anos a Internet deu um novo fôlego a esses *mainframes*. Ela achou um novo nicho, como poderosos servidores de Internet, por exemplo, porque podem manipular quantidades maciças de transações de *e-commerce* por segundo, em particular em empresas que exigem imensas bases de dados.

Até há pouco tempo havia outra categoria de computadores ainda mais poderosa que os *mainframes*: os **supercomputadores**. Eles tinham CPUs incrivelmente velozes, muitos gigabytes de memória principal e discos rígidos e redes muito velozes. Eram usados para cálculos científicos e de engenharia maciços, como a simulação de galáxias em colisão, síntese de novos medicamentos ou modelagem do fluxo de ar em torno da asa de um avião. Porém, nos últimos anos, *data centers* construídos por componentes comerciais passaram a oferecer todo esse poder de computação com preços muito mais baixos, e os verdadeiros supercomputadores agora são uma raça em extinção.

1.4 Exemplos de famílias de computadores

Neste livro, vamos analisar três arquiteturas de conjunto de instruções (ISAs) populares: x86, ARM e AVR. A arquitetura x86 é encontrada em quase todos os sistemas de computadores pessoais (incluindo PCs Windows e Linux e Macs) e servidores. Os computadores pessoais são de interesse porque todo leitor sem dúvida já usou um. Os servidores são de interesse porque eles rodam todos os serviços na Internet. A arquitetura ARM domina o mercado móvel. Por exemplo, a maioria dos smartphones e computadores tablet é baseada em processadores ARM. Por fim, a arquitetura AVR é empregada em microcontroladores de muito baixo custo, encontrados em muitas aplicações de computação embutidas. Computadores embutidos são invisíveis aos seus usuários, mas controlam carros, televisões, fornos de micro-ondas, máquinas de lavar e praticamente cada dispositivo elétrico que custa mais de 50 dólares. Nesta seção, faremos uma breve introdução às três arquiteturas de conjunto de instruções que serão usadas como exemplos no restante do livro.

1.4.1 Introdução à arquitetura x86

Em 1968, Robert Noyce, inventor do circuito integrado de silício, Gordon Moore, aquele famoso pela lei de Moore, e Arthur Rock, um capitalista de risco de São Francisco, formaram a Intel Corporation para fabricar chips de memória. Em seu primeiro ano de operação, a Intel vendeu apenas 3 mil dólares de chips, mas desde então o negócio melhorou (a Intel agora é o maior fabricante de chips de CPU do mundo).

No final da década de 1960, as calculadoras eram grandes máquinas eletromecânicas do tamanho de uma moderna impressora a laser e pesavam 20 kg. Em setembro de 1969, uma empresa japonesa, a Busicom, consultou a Intel sobre um pedido de fabricação de 12 chips sob encomenda para uma calculadora eletrônica proposta. Ted Hoff, o engenheiro da Intel designado para esse projeto, analisou o plano e percebeu que podia colocar uma CPU de uso geral de 4 bits em um único chip, que faria a mesma coisa e seria mais simples e também mais barata. Assim, nascia, em 1970, a primeira CPU de um só chip com 2.300 transistores, denominada 4004 (Faggin et al., 1996).

Vale a pena observar que nem a Intel nem a Busicom tinham a mínima ideia do que acabavam de fazer. Quando a Intel decidiu que poderia valer a pena tentar usar a 4004 em outros projetos, propôs à Busicom comprar de volta os direitos ao novo chip devolvendo os 60 mil dólares que aquela empresa pagara à Intel para desenvolvê-lo. A oferta foi aceita de pronto e então a Intel começou a trabalhar em uma versão de 8 bits do chip, o 8008, lançado em 1972. A família Intel, que começou com o 4004 e o 8008, é mostrada na Figura 1.11, com a data de introdução, taxa de *clock*, quantidade de transistores e memória.

Figura 1.11 Principais membros da família de CPUs da Intel. As velocidades de *clock* são medidas em MHz (megahertz) em que 1 MHz é 1 milhão de ciclos/s.

Chip	Data	MHz	Trans.	Memória	Notas
4004	4/1971	0,108	2.300	640	Primeiro microprocessador em um chip
8008	4/1972	0,108	3.500	16 KB	Primeiro microprocessador de 8 bits
8080	4/1974	2	6.000	64 KB	Primeira CPU de uso geral em um chip
8086	6/1978	5–10	29.000	1 MB	Primeira CPU de 16 bits em um chip
8088	6/1979	5–8	29.000	1 MB	Usada no IBM PC
80286	2/1982	8–12	134.000	16 MB	Com proteção de memória
80386	10/1985	16–33	275.000	4 GB	Primeira CPU de 32 bits
80486	4/1989	25–100	1,2M	4 GB	Memória cache de 8 KB embutida
Pentium	3/1993	60–233	3,1M	4 GB	Dois *pipelines*; modelos posteriores tinham MMX
Pentium Pro	3/1995	150–200	5,5M	4 GB	Dois níveis de cache embutidos
Pentium II	5/1997	233–450	7,5M	4 GB	Pentium Pro mais instruções MMX
Pentium III	2/1999	650–1.400	9,5M	4 GB	Instruções SSE para gráficos em 3D
Pentium 4	11/2000	1.300–3.800	42M	4 GB	*Hyperthreading*; mais instruções SSE
Core Duo	1/2006	1.600–3.200	152M	2 GB	Dual cores em um único substrato
Core	7/2006	1.200–3.200	410M	64 GB	Arquitetura *quad* core de 64 bits
Core i7	1/2011	1.100–3.300	1.160M	24 GB	Processador gráfico integrado

Como a empresa não esperava muita demanda pelo 8008, montou uma linha de produção de baixo volume. Para o espanto de todos, houve um enorme interesse, portanto, a Intel passou a projetar um novo chip de CPU que ultrapassava o limite de 16 kilobytes de memória do 8008 (imposto pelo número de pinos no chip). Esse projeto resultou no 8080, uma CPU pequena, de uso geral, lançada em 1974. Muito parecido com o PDP-8, esse produto tomou o setor de assalto e se tornou de imediato um item de mercado de massa. Só que, em vez de vender milhares, como a DEC tinha vendido, a Intel vendeu milhões.

Em 1978, veio o 8086, uma genuína CPU de 16 bits em um único chip. O 8086 foi projetado para ser semelhante ao 8080, mas não era totalmente compatível com o 8080. O 8086 foi seguido pelo 8088, que tinha a mesma arquitetura do 8086 e executava os mesmos programas, mas tinha um barramento de 8 bits, em vez de 16 bits, o que o tornava mais lento e mais barato do que o 8086. Quando a IBM escolheu o 8088 como a CPU do IBM PC original, esse chip rapidamente se tornou o padrão da indústria dos computadores pessoais.

Nem o 8088 nem o 8086 podiam endereçar mais do que 1 megabyte de memória. No início da década de 1980, isso se tornou um problema cada vez mais sério, por isso a Intel projetou o 80286, uma versão do 8086 compatível com os chips anteriores. O conjunto de instruções básicas era em essência o mesmo do 8086 e do 8088, mas a organização da memória era bem diferente e um pouco desajeitada por causa do requisito de compatibilidade com os chips mais antigos. O 80286 foi usado no IBM PC/AT e nos modelos de faixa média PS/2. Assim como o 8088, ele foi um grande sucesso, em grande parte, porque todos o consideravam um 8088 mais veloz.

O próximo passo lógico seria uma verdadeira CPU de 32 bits em um chip, o 80386, lançado em 1985. Assim como o 80286, esse chip era mais ou menos compatível com tudo que havia antes, até o 8080. Sendo compatível com a família anterior, era importante para pessoas que queriam rodar velhos programas, mas um aborrecimento para quem preferia uma arquitetura simples, limpa e moderna que não fosse prejudicada pelos erros e pela tecnologia do passado.

Quatro anos mais tarde, foi lançado o 80486 que, em essência, era uma versão mais veloz do 80386, que também tinha uma unidade de ponto flutuante e 8 kilobytes de memória cache no chip. A **memória cache** é usada para conter as palavras de memória mais usadas, dentro ou próximas da CPU, de modo a evitar o acesso (lento) à memória principal. O 80486 também tinha suporte de multiprocessador embutido, o que permitia que os fabricantes construíssem sistemas com várias CPUs que compartilhavam uma memória em comum.

Nesse ponto, a Intel descobriu do modo mais difícil (perdendo uma ação judicial de violação de marca registrada) que números (como 80486) não podem ser considerados marca registrada, portanto, a geração seguinte ganhou um nome: **Pentium** (da palavra grega para cinco, πεντε). Diferente do 80486, que tinha um só *pipeline* interno, o Pentium tinha dois, o que ajudava a torná-lo duas vezes mais rápido (discutiremos *pipelines* em detalhes no Capítulo 2).

Mais tarde, a Intel acrescentou à linha de produção as instruções especiais **MMX** (**MultiMedia eXtension**). O propósito dessas instruções era acelerar os cálculos exigidos para processar áudio e vídeo, o que tornou desnecessária a adição de coprocessadores especiais de multimídia.

Quando a próxima geração apareceu, quem estava esperando por um Sexium (*sex* é "seis" em latim) ficou desapontado. O nome Pentium agora era tão conhecido que o pessoal de marketing resolveu conservá-lo, e o novo chip foi denominado Pentium Pro. A despeito da pequena mudança de nome em relação a seu antecessor, esse processador representou uma grande ruptura com o passado. Em vez de ter dois ou mais *pipelines*, o Pentium Pro tinha uma organização interna muito diferente e podia executar até cinco instruções por vez.

Outra inovação encontrada no Pentium Pro era uma memória cache de dois níveis. O chip do processador em si tinha 8 kilobytes de memória rápida para conter instruções mais usadas e mais 8 kilobytes de memória rápida para conter dados mais usados. Na mesma cavidade dentro do pacote Pentium Pro (mas não no chip em si) havia uma segunda memória cache de 256 kilobytes.

Embora o Pentium Pro tivesse uma grande cache, faltavam as instruções MMX (porque a Intel não conseguiu fabricar um chip tão grande com desempenho aceitável). Quando a tecnologia melhorou o bastante para conseguir colocar as instruções MMX e a cache no mesmo chip, o produto combinado foi lançado como Pentium II. Logo após, foram adicionadas ainda mais instruções de multimídia, denominadas **SSE** (**Streaming SIMD Extensions**), para melhorar os gráficos em 3D (Raman et al., 2000). O novo chip foi denominado Pentium III, mas internamente era, em essência, um Pentium II.

O próximo Pentium, lançado em novembro de 2000, era baseado em uma arquitetura interna diferente, mas tinha o mesmo conjunto de instruções dos anteriores. Para celebrar esse evento, a Intel mudou de algarismos romanos para algarismos arábicos e o denominou Pentium 4. Como sempre, o Pentium 4 era mais rápido do que todos os seus antecessores. A versão de 3,06 GHz também introduziu uma nova e intrigante característica, o *hyperthreading*. Essa característica permitia que os programas distribuíssem seu trabalho para dois *threads* de controle que o Pentium 4 podia executar em paralelo, acelerando a execução. Além disso, foi acrescentado um novo lote de instruções SSE para acelerar ainda mais o processamento de áudio e vídeo.

Em 2006, a Intel mudou o nome da marca Pentium para Core e lançou um chip *dual core*, o Core 2 duo. Quando a Intel decidiu que queria uma versão mais barata em um único núcleo do chip, ela simplesmente vendeu os Core 2 duos com um núcleo desabilitado, pois desperdiçar um único silício em cada chip fabricado, por fim, era mais barato do que incorrer na enorme despesa de projetar e testar um novo chip do zero. A série Core continuou a evoluir, com o i3, i5 e i7 sendo variantes populares para computadores com desempenho baixo, médio e alto. Sem dúvida, haverá mais variantes. Uma foto do i7 aparece na Figura 1.12. Na realidade, existem oito núcleos nela, mas, exceto na versão Xeon, somente seis estão habilitados. Essa técnica significa que um chip com um ou dois núcleos com defeito ainda será vendido, desabilitando o(s) defeituoso(s). Cada núcleo tem suas próprias caches de nível 1 e 2, mas há também uma cache de nível 3 (L3) compartilhada, usada por todos os núcleos. Discutiremos as caches com mais detalhes em outro ponto deste livro.

Figura 1.12 O chip Intel Core i7-3960X. O substrato tem 21 × 21 mm e 2,27 bilhões de transistores. Direitos da fotografia da Intel Corporation, 2011, reprodução permitida.

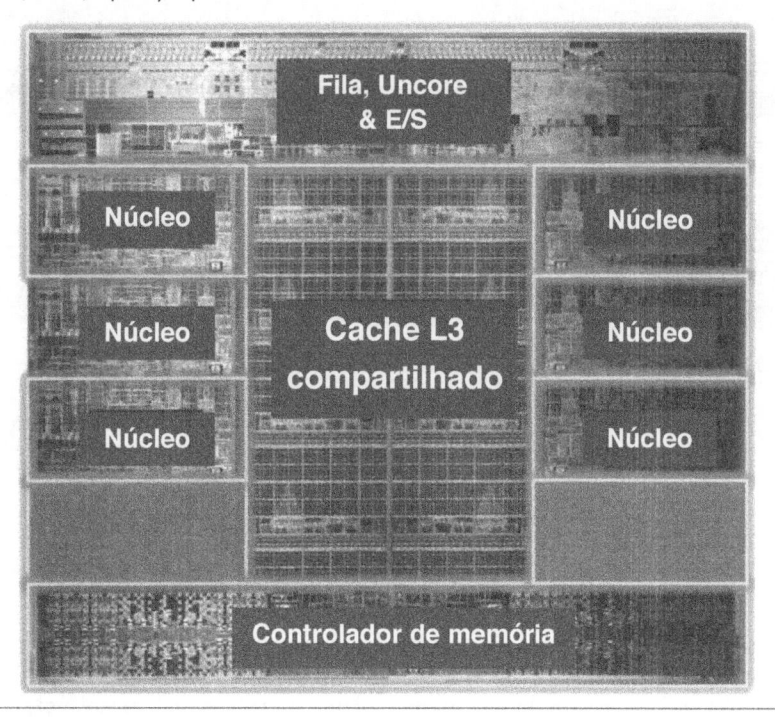

Além das CPUs de desktop de uso geral discutidas até aqui, a Intel fabricou variantes de alguns dos chips Pentium para mercados especiais. No início de 1998, introduziu uma nova linha de produtos chamada **Celeron**, que era uma versão de baixo custo e baixo desempenho do Pentium 2, voltada para PCs inferiores. Uma vez que o Celeron tem a mesma arquitetura Pentium 2, não o discutiremos mais neste livro. Em junho de 1998, lançou uma versão especial do Pentium 2 para a faixa mais alta do mercado. Esse processador, denominado **Xeon**, tinha uma cache maior, barramento mais rápido e melhor suporte de microprocessador, mas, fora isso, era um Pentium 2 normal, portanto, tampouco vamos discuti-lo em separado. O Pentium III também teve uma versão Xeon, assim como os chips mais recentes. Nestes, um recurso do Xeon é a maior quantidade de núcleos.

Em 2003, a Intel lançou o Pentium M (de Mobile), um chip projetado para notebooks. Esse chip era parte da arquitetura Centrino, cujos objetivos eram menor consumo de energia para maior tempo de vida útil das baterias, computadores menores e mais leves, e capacidade de rede sem fio embutida usando o padrão IEEE 802.11 (WiFi).

O Pentium M consumia muito menos potência e era muito menor que o Pentium 4, duas características que logo lhe permitiriam (e aos seus sucessores) substituir a microarquitetura do Pentium 4 em produtos futuros da Intel.

Todos os chips da Intel são compatíveis com seus antecessores até os antigos 8086. Em outras palavras, um Pentium 4 pode executar antigos programas 8086 sem modificação. A Intel sempre considerou essa compatibilidade como um requisito de projeto, para permitir que seus usuários não percam seus investimentos em software. Claro que o Pentium 4 é quatro ordens de grandeza mais complexo do que o 8086, por isso pode fazer algumas coisas que o 8086 não podia. Essas extensões escalonadas resultaram em uma arquitetura que não é tão elegante quanto poderia ter sido se alguém tivesse dado aos arquitetos do Pentium 4 42 milhões de transistores e instruções para começar tudo de novo.

É interessante notar que, embora a lei de Moore venha há tempos sendo associada com o número de bits em uma memória, ela se aplica igualmente bem a chips de CPU. Plotando o número de transistores dados na Figura 1.8 contra as datas de lançamento de cada chip em uma escala semilogarítmica, vemos que a lei de Moore também vale nesse caso. Esse gráfico é apresentado na Figura 1.13.

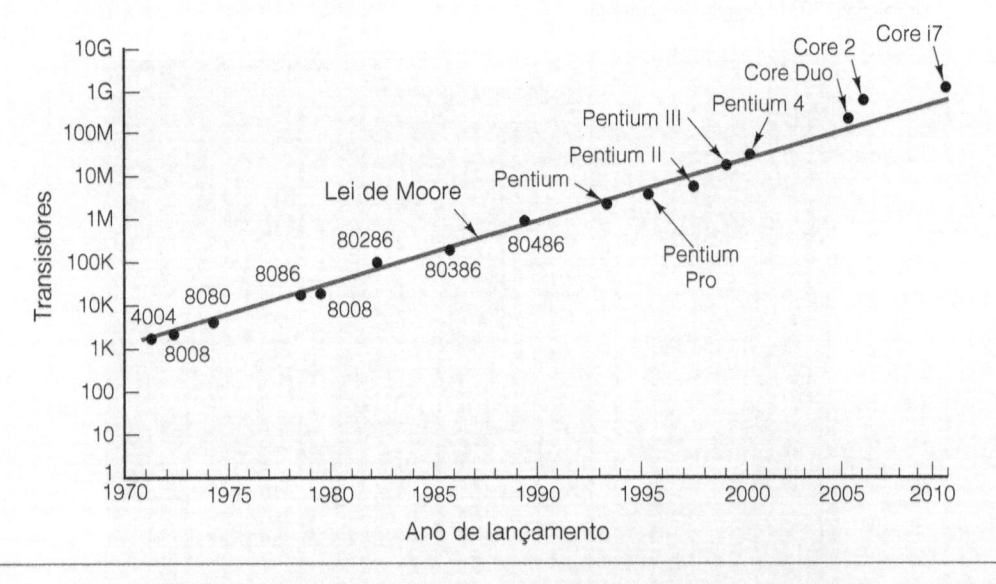

Figura 1.13 Lei de Moore para chips de CPU (Intel).

Embora a lei de Moore provavelmente continue válida por alguns anos ainda, outro problema está começando a lançar uma sombra sobre ela: a dissipação de calor. Transistores menores possibilitam execução em frequências de *clock* mais altas, o que requer a utilização de uma tensão mais alta. O consumo de energia e o calor dissipado são proporcionais ao quadrado da tensão elétrica, portanto, execução mais rápida significa ter mais calor para se livrar. Em 3,6 GHz, o Pentium 4 consome 115 watts de potência, o que significa que ele fica quase tão quente quanto uma lâmpada de 100 watts. Acelerar o *clock* agrava o problema.

Em novembro de 2004, a Intel cancelou o Pentium 4 de 4 GHz por causa de problemas de dissipação de calor. Grandes ventiladores podem ajudar, mas o barulho que fazem não agrada aos usuários, e a refrigeração com água, embora usada em grandes *mainframes*, não é uma opção viável para equipamentos de desktop (menos ainda para notebooks). Como consequência, a antes implacável marcha do *clock* pode ter terminado, ao menos até que os engenheiros da Intel descubram como se livrar com eficiência de todo o calor gerado. Em vez disso, os planos atuais da Intel são colocar duas ou mais CPUs em um mesmo chip, junto com uma grande cache compartilhada. Por causa do modo como o consumo de energia está relacionado com a tensão elétrica e a velocidade de *clock*, duas CPUs em um chip consomem muito menos energia do que uma CPU a uma velocidade duas vezes maior. Como consequência, o ganho oferecido pela lei de Moore pode ser ainda mais explorado no futuro para incluir mais núcleos e caches cada vez maiores embutidas em um chip, em vez de velocidades de *clock* cada vez mais altas. Tirar proveito desses multiprocessadores impõe grandes desafios aos programadores, pois, diferente das sofisticadas microarquiteturas uniprocessador, os multiprocessadores exigem que o programador orquestre explicitamente a execução paralela, usando *threads*, semáforos, memória compartilhada e outras tecnologias que causam *bugs* e dores de cabeça.

1.4.2 Introdução à arquitetura ARM

No início da década de 1980, a empresa Acorn Computer, sediada na Grã-Bretanha, após o sucesso de seu computador pessoal de 8 bits BBC Micro, começou a trabalhar em uma segunda máquina com a esperança de competir com o recém-lançado IBM PC. O BBC Micro era baseado no processador de 8 bits 6502, e Steve Furber e seus colegas da Acorn acharam que o 6502 não tinha força para competir com o processador de 16 bits 8086 do IBM PC. Eles começaram a examinar as opções no mercado, e decidiram que estavam muito limitados.

Inspirados pelo projeto RISC de Berkeley, em que uma pequena equipe projetou um processador incrivelmente rápido (que, por fim, levou à arquitetura SPARC), decidiram montar sua própria CPU para o projeto. Eles chamaram seu projeto de Acorn RISC Machine (ou ARM, que mais tarde seria rebatizado para a máquina Advanced RISC, quando o ARM por fim se separou da Acorn). O projeto foi concluído em 1985. Ele incluía instruções e dados de 32 bits, um espaço de endereços de 26 bits, e foi fabricado pela VLSI Technology.

A primeira arquitetura ARM (denominada ARM2) apareceu no computador pessoal Acorn Archimedes. O Archimedes era uma máquina muito rápida e barata para a sua época, rodando em até 2 MIPS (milhões de instruções por segundo) e custando apenas 899 libras esterlinas no lançamento. A máquina tornou-se muito popular na Grã-Bretanha, Irlanda, Austrália e Nova Zelândia, em especial nas escolas.

Com base no sucesso do Archimedes, a Apple fez contato com a Acorn para desenvolver um processador ARM para seu próximo projeto Apple Newton, o primeiro computador palmtop. Para focar melhor no projeto, a equipe de arquitetura ARM saiu da Acorn para criar uma nova empresa, chamada Advanced RISC Machines (ARM). Seu novo processador foi chamado de ARM 610, que controlou o Apple Newton quando ele foi lançado em 1993. Diferente do projeto ARM original, esse novo processador ARM incorporava uma cache de 4 KB, o que melhorou significativamente o desempenho do projeto. Embora o Apple Newton não tenha sido um grande sucesso, o ARM 610 viu outras aplicações bem-sucedidas, incluindo o computador RISC PC da Acorn.

Em meados dos anos 1990, a ARM colaborou com a Digital Equipment Corporation para desenvolver uma versão de alta velocidade e baixa potência do ARM, voltada para aplicações móveis com escassez de energia, como PDAs. Eles produziram o projeto StrongARM, que desde o seu lançamento causou um rebuliço no setor devido à sua alta velocidade (233 MHz) e demandas de potência ultrabaixa (1 watt). Ele ganhou eficiência por meio de um projeto simples e limpo, que incluía duas caches de 16 KB para instruções e dados. O StrongARM e seus sucessores na DEC foram moderadamente bem-sucedidos no mercado, fazendo parte de diversos PDAs, transdutores de TV, dispositivos de mídia e roteadores.

Talvez a mais venerável das arquiteturas ARM seja o projeto ARM7, lançado inicialmente pela ARM em 1994 e ainda bastante utilizado hoje em dia. O projeto incluía caches separados para instrução e dados, e também incorporava o conjunto de instruções de 16 bits Thumb. O conjunto de instruções Thumb é uma versão reduzida do conjunto de instruções completo de 32 bits do ARM, permitindo que os programadores codifiquem muitas das operações mais comuns em instruções menores de 16 bits, reduzindo bastante a quantidade de memória de programa necessária. O processador funcionava bem para uma grande variedade de aplicações embutidas, de nível inferior a médio, como torradeiras, controle de motor e até mesmo o console de jogos portátil Gameboy Advance da Nintendo.

Diferente de muitas empresas de computador, a ARM não fabrica qualquer microprocessador. Em vez disso, ela cria projetos e ferramentas e bibliotecas para o desenvolvedor baseadas em ARM, licenciando-as para projetistas de sistemas e fabricantes de chips. Por exemplo, a CPU usada no computador tablet Samsung Galaxy Tab baseado no Android é um processador baseado no ARM. O Galaxy Tab contém o processador de sistema-em-um--chip Tegra 2, que inclui dois processadores ARM Cortex-A9 e uma unidade de processamento gráfico Nvidia

GeForce. Os núcleos do Tegra 2 foram projetados pela ARM, integrados a um projeto de sistema-em-um-chip pela Nvidia e fabricados pela Taiwan Semiconductor Manufacturing Company (TSMC). Essa é uma colaboração impressionante por empresas em diferentes países, na qual todas elas agregaram valor ao projeto final.

A Figura 1.14 mostra uma foto do substrato do sistema-em-um-chip Tegra 2 da Nvidia. O projeto contém três processadores ARM: dois núcleos ARM Cortex-A9 de 1,2 GHz mais um núcleo ARM7. Os núcleos Cortex-A9 são núcleos fora de ordem de emissão dual e uma cache L2 de 1 MB, com suporte para multiprocessamento de memória compartilhada. (Todos esses termos serão explicados em outros capítulos. Por enquanto, basta saber que esses recursos tornam o projeto muito veloz!) O núcleo ARM7 é um núcleo ARM mais antigo e menor, usado para configuração do sistema e gerenciamento de energia. O núcleo gráfico é um projeto com uma unidade de processamento gráfico (GPU) GeForce de 333 MHz, otimizado para operação com baixa potência. Também incluídos no Tegra 2 estão um codificador/decodificador de vídeo, um processador de áudio e uma interface de saída de vídeo HDMI.

Figura 1.14 O sistema Nvidia Tegra 2 em um chip. Direitos de reprodução da Nvidia Corporation, 2011, reprodução permitida.

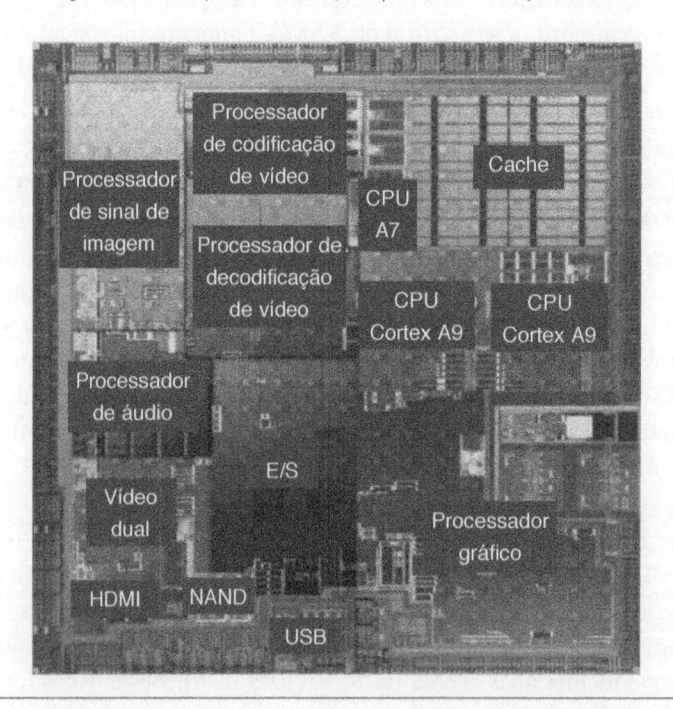

A arquitetura ARM teve grande sucesso nos mercados de dispositivos de baixa potência, móveis e embutidos. Em janeiro de 2011, a ARM anunciou que tinha vendido 15 bilhões de processadores desde o seu lançamento, e indicou que as vendas estavam continuando a crescer. Embora apropriada para mercados de classe mais baixa, a arquitetura ARM tem a capacidade de computação para funcionar em qualquer mercado, e existem indícios de que poderá estar expandindo seus horizontes. Por exemplo, em outubro de 2011, foi anunciado um ARM de 64 bits. Também em janeiro de 2011, a Nvidia anunciou o "Projeto Denver", um sistema-em-um-chip baseado em ARM, sendo desenvolvido para o mercado de servidores e outros. O projeto irá incorporar vários processadores ARM de 64 bits e mais uma GPU de uso geral (GPGPU). Os aspectos de baixa potência do projeto ajudarão a reduzir os requisitos de resfriamento de *server farms* e *data centers*.

1.4.3 Introdução à arquitetura AVR

Nosso terceiro exemplo é muito diferente do primeiro (a arquitetura x86, usada em computadores pessoais e servidores) e do segundo (a arquitetura ARM, usada em PDAs e smartphones). É a arquitetura AVR, usada em sistemas embutidos de muito baixo nível. A história do AVR começa em 1996, no Norwegian Institute of Technology, onde os estudantes Alf-Egil Bogen e Vegard Wollan projetaram uma CPU RISC de 8 bits chamada AVR. Esse nome supostamente significa "(A)lf and (V)egard's (R)ISC processor" (processador RISC de Alf e Vegard). Logo depois que o projeto foi concluído, a Atmel o comprou e lançou a Atmel Norway, onde os dois arquitetos continuaram a refinar o projeto do processador AVR. A Atmel lançou seu primeiro microcontrolador AVR, o AT90S1200, em 1997. Para facilitar sua adoção pelos projetistas de sistemas, eles executaram a pinagem para que fosse idêntica à do Intel 8051, que era um dos microcontroladores mais populares da época. Hoje, há muito interesse na arquitetura AVR porque ela está no centro da plataforma muito popular de controle embutido Arduino, de fonte aberta.

A arquitetura AVR é realizada em três classes de microcontroladores, listados na Figura 1.15. A classe mais baixa, a tinyAVR, foi projetada para aplicações mais restritas quanto a superfície, potência e custo. Ela inclui uma CPU de 8 bits, suporte digital básico para E/S e suporte para entrada analógica (por exemplo, na leitura de valores de temperatura de um termômetro). O tinyAVR é tão pequeno que seus pinos trabalham com dupla função, de modo que podem ser reprogramados em tempo de execução para qualquer uma das funções digitais ou analógicas admitidas pelo microcontrolador. O megaAVR, que é encontrado no popular sistema embutido de fonte aberta Arduino, também acrescenta suporte para E/S serial, *clocks* internos e saídas analógicas programáveis. O topo de linha nessa ponta inferior é o microcontrolador AVR XMEGA, que também incorpora um acelerador para operações criptográficas e mais suporte interno para interfaces USB.

Figura 1.15 Classes de microcontrolador na família AVR.

Chip	Flash	EEPROM	RAM	Pinos	Características
tinyAVR	0,5–16 KB	0–512 B	32–512 B	6–32	Pequeno, E/S digital, entrada analógica
megaAVR	8–256 KB	0,5–4 KB	0,25–8 KB	28–100	Muitos periféricos, saída analógica
AVR XMEGA	16–256 KB	1–4 KB	2–16 KB	44–100	Aceleração criptográfica, E/S USB

Junto com diversos periféricos adicionais, cada classe de processador AVR inclui alguns recursos de memória adicionais. Os microcontroladores possuem em geral três tipos de memória na placa: flash, EEPROM e RAM. A memória flash é programável usando uma interface externa e altas voltagens, e é nela que são armazenados código de programa e dados. A RAM flash é não volátil, de modo que, mesmo que o sistema perca a energia, a memória flash se lembrará do que foi gravado nela. Assim como a flash, a EEPROM também é não volátil, mas, diferente da RAM flash, ela pode ser mudada pelo programa enquanto está rodando. Esse é o armazenamento em que um sistema embutido manteria informações de configuração do usuário, como se o seu relógio mostra as horas em formato de 12 ou 24 horas. Por fim, a RAM é onde as variáveis do programa serão armazenadas enquanto o programa roda. Essa memória é volátil, de modo que qualquer valor armazenado aqui será perdido quando o sistema estiver sem energia. Estudamos os tipos de RAM volátil e não volátil com detalhes no Capítulo 2.

A receita para o sucesso no negócio de microcontroladores é colocar no chip tudo o que ele possivelmente precisará (e a pia da cozinha também, se puder ser reduzida para um milímetro quadrado) e depois colocá-lo em um pacote barato e pequeno, com muito poucos pinos. Integrando muitas características no microcontrolador, ele pode funcionar para muitas aplicações, e tornando-o barato e pequeno, ele pode caber em muitos tamanhos. Para entender melhor quantas coisas podem caber em um microcontrolador moderno, vejamos os periféricos incluídos no Atmel ATmega168 AVR:

1. Três temporizadores (dois temporizadores de 8 bits e um de 16 bits).
2. *Clock* de tempo real com oscilador.
3. Seis canais por modulação de largura de pulso usados, por exemplo, para controlar a intensidade da luz ou a velocidade do motor.
4. Oito canais de conversão analógico-digital usados para ler níveis de tensão elétrica.
5. Receptor/transmissor serial universal.
6. Interface serial I2C, um padrão comum para a interface com sensores.
7. Temporizador de vigia programável, que detecta quando o sistema ficou travado.
8. Comparador analógico no chip, que compara duas tensões de entrada.
9. Detector de falha de energia, que interrompe o sistema quando a energia estiver faltando.
10. Oscilador de *clock* interno programável, para controlar o *clock* da CPU.

1.5 Unidades métricas

Para evitar qualquer confusão, vale a pena deixar explícito que, neste livro, assim como na ciência da computação em geral, são usadas unidades métricas em vez das tradicionais unidades inglesas (o sistema *furlong-stone-fortnight*). Os principais prefixos métricos estão relacionados na Figura 1.16. Os prefixos costumam ser abreviados por suas primeiras letras, sendo a unidade maior do que 1 em maiúsculas (KB, MB etc.). Uma exceção (por razões históricas) é kbps para kilobits/s. Assim, uma linha de comunicação de 1 Mbps transmite 10^6 bits/s e um relógio de 100 ps bate a cada 10^{-10} segundos. Uma vez que ambos os prefixos, mili e micro, começam com a letra "m", foi preciso fazer uma escolha. Normalmente, "m" representa mili e "µ" (a letra grega mu) representa micro.

Figura 1.16 Os principais prefixos métricos.

Exp.	Explícito	Prefixo	Exp.	Explícito	Prefixo
10^{-3}	0,001	mili	10^3	1.000	kilo
10^{-6}	0,000001	micro	10^6	1.000.000	mega
10^{-9}	0,000000001	nano	10^9	1.000.000.000	giga
10^{-12}	0,000000000001	pico	10^{12}	1.000.000.000.000	tera
10^{-15}	0,000000000000001	femto	10^{15}	1.000.000.000.000.000	peta
10^{-18}	0,000000000000000001	ato	10^{18}	1.000.000.000.000.000.000	exa
10^{-21}	0,000000000000000000001	zepto	10^{21}	1.000.000.000.000.000.000.000	zeta
10^{-24}	0,000000000000000000000001	iocto	10^{24}	1.000.000.000.000.000.000.000.000	iota

Também vale a pena lembrar que, para medir tamanhos de memórias, discos, arquivos e banco de dados, na prática comum do setor as unidades têm significados ligeiramente diferentes. Quilo, por exemplo, significa 2^{10} (1.024) em vez de 10^3 (1.000), porque as memórias são sempre uma potência de dois. Assim, uma memória de 1 KB contém 1.024 bytes, e não 1.000 bytes. De modo semelhante, uma memória de 1 MB contém 2^{20} (1.048.576) bytes, uma memória de 1 GB contém 2^{30} (1.073.741.824) bytes e um banco de dados de 1 TB contém 2^{40} (1.099.511.627.776) bytes.

Todavia, uma linha de comunicação de 1 kbps pode transmitir 1.000 bits por segundo e uma LAN de 10 Mbps funciona a 10.000.000 bits/s porque essas velocidades não são potências de dois. Infelizmente, muitas pessoas confundem esses dois sistemas, em especial quando se tratam de tamanhos de disco.

Para evitar ambiguidade, as organizações de padrões introduziram os novos termos kibibyte para 2^{10} bytes, mebibyte para 2^{20} bytes, gibibyte para 2^{30} bytes e tebibyte para 2^{40} bytes, mas o setor não os adotou ainda. Achamos que, até esses novos termos serem mais utilizados, é melhor ficar com os símbolos KB, MB, GB e TB para 2^{10}, 2^{20}, 2^{30} e 2^{40} bytes, respectivamente, e os símbolos kbps, Mbps, Gbps e Tbps para 10^3, 10^6, 10^9 e 10^{12} bits/s, respectivamente.

1.6 Esquema deste livro

Este livro trata de computadores multiníveis (o que inclui praticamente todos os computadores modernos) e de como eles são organizados. Examinaremos quatro níveis com considerável detalhe – a saber, o nível lógico digital, o da microarquitetura, o ISA e o do sistema operacional da máquina. Entre alguns dos assuntos básicos examinados estão o projeto global do nível (e por que foi projetado desse jeito), os tipos de instruções e dados disponíveis, a organização e endereçamento da memória e o método de execução do nível. O estudo desses tópicos e de tópicos semelhantes é denominado organização de computadores ou arquitetura de computadores.

Preocupamo-nos principalmente com os conceitos, em vez dos detalhes ou da matemática formal. Por esse motivo, alguns dos exemplos dados serão um pouco simplificados, a fim de enfatizar as ideias centrais, e não os detalhes.

Para dar uma ideia de como os princípios apresentados neste livro podem ser, e são, aplicados na prática, usaremos as arquiteturas x86, ARM e AVR como exemplos correntes em todo o livro. Esses três foram escolhidos por diversas razões. Primeiro, todos são muito usados e é provável que o leitor tenha acesso a no mínimo um deles. Segundo, cada um tem sua própria arquitetura exclusiva, o que dá uma base de comparação e incentiva uma atitude de questionamento a respeito das possíveis alternativas. Livros que tratam apenas de uma máquina costumam deixar o leitor com uma sensação de estar revelando um projeto de máquina absoluto, o que é absurdo à luz das muitas concessões e decisões arbitrárias que os projetistas são obrigados a tomar. Incentivamos estudar esses e todos os outros computadores com espírito crítico e tentar entender por que as coisas são como são e também como poderiam ser diferentes, em vez de simplesmente aceitá-las como fatos.

É preciso que fique claro desde o início que este livro não diz respeito a programar o x86, ARM ou AVR. Essas máquinas serão usadas como ilustração quando adequado, mas não temos a pretensão de sermos completos. Os leitores que desejarem uma introdução minuciosa a uma delas devem consultar o material publicado pelos fabricantes.

O Capítulo 2 é uma introdução aos componentes básicos de um computador – processadores, memórias e equipamento de E/S. Pretende oferecer uma visão geral da arquitetura de sistema e uma introdução aos capítulos seguintes.

Cada um dos capítulos seguintes – 3, 4, 5 e 6 – trata de um único nível específico mostrado na Figura 1.2. Nosso tratamento é de baixo para cima, porque as máquinas são tradicionalmente projetadas dessa maneira. O projeto do nível k é determinado em grande parte pelas propriedades do nível $k-1$, portanto, é difícil entender qualquer nível, a menos que você já tenha um bom domínio do nível subjacente que o motivou. Além disso, em termos educacionais, parece mais sensato partir dos níveis inferiores mais simples para os níveis superiores mais complexos do que o contrário.

O Capítulo 3 é sobre o nível lógico digital, o verdadeiro hardware da máquina. Discute o que são portas e como podem ser combinadas para formar circuitos úteis. Também introduzimos a álgebra booleana, uma ferramenta para analisar circuitos digitais. São explicados barramentos de computador, em especial o popular barramento PCI. Nesse capítulo, são discutidos diversos exemplos do setor, incluindo os três exemplos correntes já mencionados.

O Capítulo 4 apresenta a arquitetura do nível de microarquitetura e seu controle. Uma vez que a função desse nível é interpretar instruções de nível 2 na camada acima dele, nós nos concentraremos nesse tópico e o ilustraremos por meio de exemplos. O capítulo também contém discussões do nível de microarquitetura de algumas máquinas reais.

O Capítulo 5 discute o nível ISA, aquele que a maioria dos fornecedores anuncia como a linguagem de máquina. Aqui, examinaremos em detalhes nossas máquinas de exemplo.

O Capítulo 6 abrange algumas das instruções, organização de memória e mecanismos de controle presentes no nível do sistema operacional da máquina. Os exemplos usados aqui são o sistema operacional Windows (popular em sistemas de desktop baseados no x86) e o Unix, usado em muitos sistemas baseados no ARM.

O Capítulo 7 trata do nível de linguagem de montagem. Abrange a linguagem de montagem e o processo de montagem. Aqui também é apresentado o tópico da ligação.

O Capítulo 8 discute computadores paralelos, um tópico de crescente importância nos dias de hoje. Alguns desses computadores paralelos têm múltiplas CPUs que compartilham a mesma memória. Outros têm múltiplas CPUs sem memória em comum. Alguns são supercomputadores; alguns são sistemas em um chip e outros são *clusters* de computadores.

O Capítulo 9 contém uma lista comentada de leituras sugeridas, que estão na Sala Virtual. Consulte <sv.pearson.com.br>.

Problemas

1. Explique cada um dos termos seguintes com suas próprias palavras:
   a. Tradutor.
   b. Interpretador.
   c. Máquina virtual.

2. É concebível um compilador gerar saída para o nível de microarquitetura em vez de para o nível ISA? Discuta prós e contras dessa proposta.

3. Você pode imaginar qualquer computador multiníveis no qual o nível de dispositivo e os níveis lógicos digitais não estivessem nos níveis mais baixos? Explique.

4. Considere um computador multinível no qual todos os níveis são diferentes. Cada nível tem instruções que são m vezes mais poderosas do que as do nível abaixo dele; isto é, uma instrução de nível r pode fazer o trabalho de m instruções de nível $r - 1$. Se um programa de nível 1 requer k segundos para executar, quanto tempo levariam programas equivalentes nos níveis 2, 3 e 4 admitindo que são necessárias n instruções de nível r para interpretar uma única instrução de nível $r + 1$?

5. Algumas instruções no nível do sistema operacional da máquina são idênticas a instruções em linguagem ISA. Elas são executadas diretamente pelo microprograma ou pelo hardware, e não pelo sistema operacional. À luz de sua resposta ao problema anterior, por que você acha que isso acontece?

6. Considere um computador com interpretadores idênticos nos níveis 1, 2 e 3. Um interpretador precisa de n instruções para buscar, examinar e executar uma instrução. Uma instrução de nível 1 demora k nanossegundos para executar. Quanto tempo demora para executar uma instrução nos níveis 2, 3 e 4?

7. Em que sentido hardware e software são equivalentes? E não equivalentes?

8. A máquina diferencial de Babbage tinha um programa fixo que não podia ser trocado. Isso é em essência a mesma coisa que um CD-ROM moderno que não pode ser trocado? Explique sua resposta.

9. Uma das consequências da ideia de von Neumann de armazenar um programa na memória é que esses programas podem ser modificados, exatamente como os dados. Você consegue imaginar um exemplo onde essa facilidade poderia ser útil? (*Dica*: pense em efetuar aritmética em vetores.)

10. A relação entre desempenho do 360 modelo 75 e do 360 modelo 30 era de 50 vezes. Ainda assim, o tempo de ciclo era só cinco vezes mais rápido. Como você explica essa discrepância?

11. Dois projetos de sistemas são mostrados nas figuras 1.5 e 1.6. Descreva como poderia ocorrer entrada/

saída em cada sistema. Qual deles tem potencial para melhor desempenho global do sistema?

12. Suponha que cada um dos 300 milhões de habitantes dos Estados Unidos consome totalmente dois pacotes de mercadoria por dia marcados com etiquetas RFID. Quantas dessas etiquetas teriam de ser produzidas por ano para satisfazer à demanda? Se a etiqueta custar um centavo de dólar por unidade, qual é o custo total das etiquetas? Dado o tamanho do PIB, essa quantia será um obstáculo à sua utilização em cada pacote oferecido à venda?

13. Dê o nome de três eletrodomésticos ou aparelhos candidatos a funcionar com uma CPU embutida.

14. Em certa época, um transistor instalado em um microprocessador tinha 0,1 mícron de diâmetro. Segundo a lei de Moore, que tamanho teria um transistor no modelo do ano seguinte?

15. Mostrou-se que a lei de Moore não se aplica apenas à densidade de semicondutores, mas também prevê o aumento em tamanhos de simulação (razoáveis), e a redução nos tempos de simulação de cálculo. Primeiro, mostre, para uma simulação de mecânica de fluidos que gasta 4 horas para rodar em uma máquina hoje, que só deverá gastar 1 hora para rodar em máquinas montadas daqui a 3 anos, e apenas 15 minutos em máquinas montadas daqui a 6 anos. Depois, mostre que, para uma simulação grande, que possui um tempo de execução estimado de 5 anos, ela seria completada mais cedo se esperássemos 3 anos para iniciar a simulação.

16. Em 1959, o IBM 7090 poderia executar cerca de 500 mil instruções/s, tinha uma memória de 32.768 palavras de 36 bits e custava US$ 3 milhões. Compare isso com um computador atual e determine o quanto melhor o atual é, multiplicando a razão de tamanhos e velocidades de memória e depois dividindo isso pela razão dos preços. Agora, veja o que os mesmos ganhos teriam feito com o setor de aviação no mesmo período de tempo. O Boeing 707 foi entregue às companhias aéreas em quantidades substanciais em 1959. Sua velocidade era de 950 km/h e sua capacidade era inicialmente de 180 passageiros. Ele custa US$ 4 milhões. Quais seriam agora a velocidade, capacidade e custo de uma aeronave se ela tivesse os mesmos ganhos de um computador? De forma clara, expresse suas suposições sobre velocidade, tamanho de memória e preço.

17. Os desenvolvimentos no setor de computação geralmente são cíclicos. De início, os conjuntos de instruções eram fixos, depois foram microprogramados, depois surgiram máquinas RISC e eles eram novamente fixos. Na origem, a computação era centralizada em grandes computadores *mainframe*. Liste dois desenvolvimentos que demonstram o comportamento cíclico aqui também.

18. A questão legal que envolvia quem teria inventado o computador foi resolvida em abril de 1973 pelo juiz Earl Larson, que julgou uma ação judicial de violação de patente impetrada pela Sperry Rand Corporation, que tinha adquirido as patentes do ENIAC. A posição da Sperry Rand era de que todos os fabricantes de computadores lhe deviam *royalties* porque as patentes principais lhe pertenciam. O caso foi a julgamento em junho de 1971 e mais de 30 mil provas foram apresentadas. O arquivo do caso passou de 20 mil páginas. Estude esse caso com mais cuidado usando a grande quantidade de informações disponíveis na Internet e redija um relatório que discuta seus aspectos técnicos. O que, exatamente, Eckert e Mauchley patentearam e por que o juiz achou que o sistema deles era baseado no trabalho anterior de Atanasoff?

19. Escolha três pessoas que você considera serem as mais influentes na criação do moderno hardware de computadores e redija um curto relatório que descreva suas contribuições e o motivo de escolhê-las.

20. Escolha três pessoas que você considera serem as mais influentes na criação do moderno software de sistemas de computação e redija um curto relatório que descreva suas contribuições e o motivo de escolhê-las.

21. Escolha três pessoas que você considera serem as mais influentes na criação dos modernos sites da web e redija um curto relatório que descreva suas contribuições e o motivo de escolhê-las.

Capítulo 2

Organização de sistemas de computadores

Um computador digital consiste em um sistema interconectado de processadores, memória e dispositivos de entrada/saída. Este capítulo é uma introdução a esses três componentes e a sua interconexão, como base para o exame mais detalhado de níveis específicos nos cinco capítulos subsequentes. Processadores, memórias e dispositivos de entrada/saída são conceitos fundamentais e estarão presentes em todos os níveis, portanto, iniciaremos nosso estudo da arquitetura de computadores examinando todos os três, um por vez.

2.1 Processadores

A organização de um computador simples com barramento é mostrada na Figura 2.1. A **CPU** (**Central Processing Unit** – **unidade central de processamento**) é o "cérebro" do computador. Sua função é executar programas armazenados na memória principal buscando suas instruções, examinando-as e então executando-as uma após a outra. Os componentes são conectados por um **barramento**, conjunto de fios paralelos que transmitem endereços, dados e sinais de controle. Barramentos podem ser externos à CPU, conectando-a à memória e aos dispositivos de E/S, mas também podem ser internos, como veremos em breve. Os computadores modernos possuem vários barramentos.

Figura 2.1 A organização de um computador simples com uma CPU e dois dispositivos de E/S.

[Diagrama: Unidade central de processamento (CPU) contendo Unidade de controle, Unidade de lógica e aritmética (ULA), e Registradores; conectada via Barramento à Memória principal, Disco e Impressora (Dispositivos de E/S).]

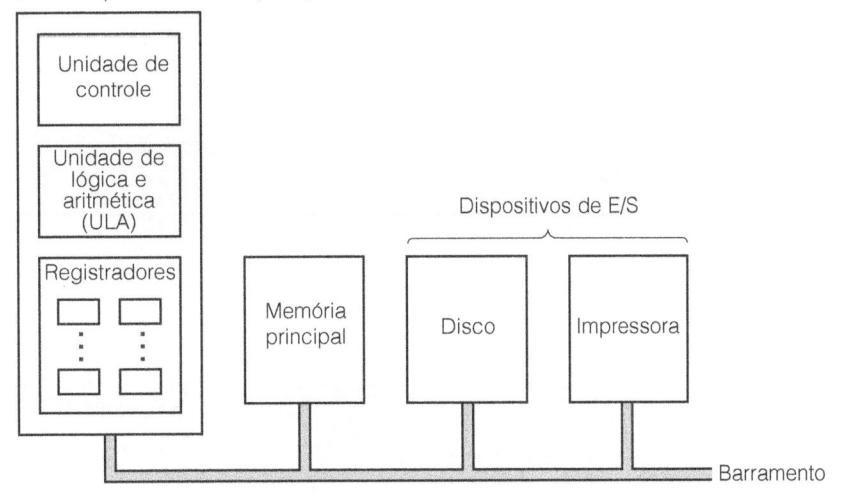

A CPU é composta por várias partes distintas. A unidade de controle é responsável por buscar instruções na memória principal e determinar seu tipo. A unidade de aritmética e lógica efetua operações como adição e AND (E) booleano para executar as instruções.

A CPU também contém uma pequena memória de alta velocidade usada para armazenar resultados temporários e para algum controle de informações. Essa memória é composta de uma quantidade de registradores, cada um deles com determinado tamanho e função. Em geral, todos os registradores têm o mesmo tamanho. Cada um pode conter um número, até algum máximo definido pelo tamanho do registrador. Registradores podem ser lidos e escritos em alta velocidade porque são internos à CPU.

O registrador mais importante é o **Contador de Programa** (**PC – Program Counter**), que indica a próxima instrução a ser buscada para execução. (O nome "contador de programa" é um tanto enganoso, porque nada tem a ver com *contar* qualquer coisa; porém, o termo é de uso universal.) Também importante é o **Registrador de Instrução** (**IR – Instruction Register**), que mantém a instrução que está sendo executada no momento em questão. A maioria dos computadores também possui diversos outros registradores, alguns de uso geral, outros de uso específico. Outros registradores são usados pelo sistema operacional para controlar o computador.

2.1.1 Organização da CPU

A organização interna de parte de uma típica CPU de von Neumann é mostrada na Figura 2.2 com mais detalhes. Essa parte é denominada **caminho de dados** e é composta por registradores (em geral 1 a 32), da **ULA** (**unidade lógica e aritmética**) e por diversos barramentos que conectam as partes. Os registradores alimentam dois registradores de entrada da ULA, representados por *A* e *B* na figura. Eles contêm a entrada da ULA enquanto ela está executando alguma operação de computação. O caminho de dados é muito importante em todas as máquinas e nós o discutiremos minuciosamente em todo este livro.

Figura 2.2 O caminho de dados de uma típica máquina de von Neumann.

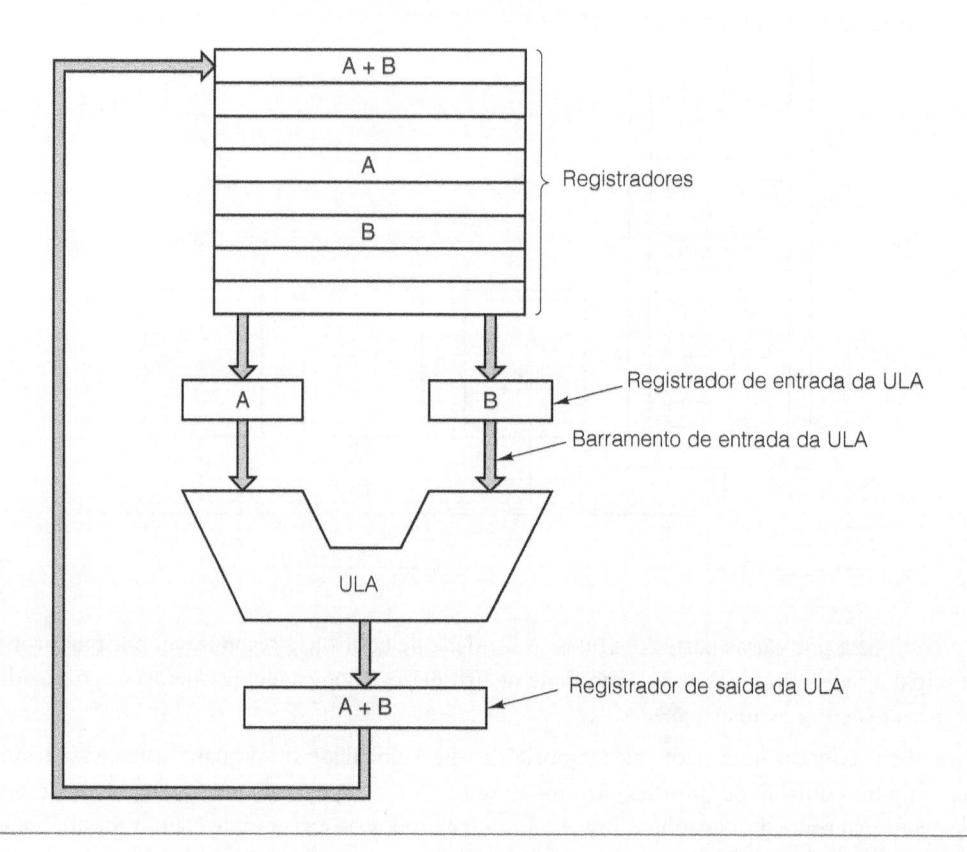

A ULA efetua adição, subtração e outras operações simples sobre suas entradas, produzindo assim um resultado no registrador de saída, o qual pode ser armazenado em um registrador. Mais tarde, ele pode ser escrito (isto é, armazenado) na memória, se desejado. Nem todos os projetos têm os registradores A, B e de saída. No exemplo, ilustramos uma adição, mas as ULAs também realizam outras operações.

Grande parte das instruções pode ser dividida em uma de duas categorias: registrador-memória ou registrador-registrador. Instruções registrador-memória permitem que palavras de memória sejam buscadas em registradores, onde podem ser usadas como entradas de ULA em instruções subsequentes, por exemplo. ("Palavras" são as unidades de dados movimentadas entre memória e registradores. Uma palavra pode ser um número inteiro. Discutiremos organização de memória mais adiante neste capítulo.) Outras instruções registrador-memória permitem que registradores voltem à memória para armazenagem.

O outro tipo de instrução é registrador-registrador. Uma instrução registrador-registrador típica busca dois operandos nos registradores, traz os dois até os registradores de entrada da ULA, efetua alguma operação com eles (por exemplo, adição ou AND booleano) e armazena o resultado em um dos registradores. O processo de passar dois operandos pela ULA e armazenar o resultado é denominado **ciclo do caminho de dados** e é o coração da maioria das CPUs. Até certo ponto considerável, ele define o que a máquina pode fazer. Quanto mais rápido for o ciclo do caminho de dados, mais rápido será o funcionamento da máquina.

2.1.2 Execução de instrução

A CPU executa cada instrução em uma série de pequenas etapas. Em termos simples, as etapas são as seguintes:
1. Trazer a próxima instrução da memória até o registrador de instrução.
2. Alterar o contador de programa para que aponte para a próxima instrução.

3. Determinar o tipo de instrução trazida.
4. Se a instrução usar uma palavra na memória, determinar onde essa palavra está.
5. Trazer a palavra para dentro de um registrador da CPU, se necessário.
6. Executar a instrução.
7. Voltar à etapa 1 para iniciar a execução da instrução seguinte.

Tal sequência de etapas costuma ser denominada ciclo **buscar-decodificar-executar**. É fundamental para a operação de todos os computadores.

Essa descrição do modo de funcionamento de uma CPU é muito parecida com um programa escrito em inglês. A Figura 2.3 mostra esse programa informal reescrito como um método Java (isto é, um procedimento) denominado *interpret*. A máquina que está sendo interpretada tem dois registradores visíveis para programas usuários: o contador de programa (PC), para controlar o endereço da próxima instrução a ser buscada, e o acumulador (AC), para acumular resultados aritméticos. Também tem registradores internos para conter a instrução corrente durante sua execução (instr), o tipo da instrução corrente (instr_type), o endereço do operando da instrução (data_loc) e o operando corrente em si (data). Admitimos que as instruções contêm um único endereço de memória. A localização de memória endereçada contém o operando, por exemplo, o item de dado a ser somado ao acumulador.

Figura 2.3 Interpretador para um computador simples (escrito em Java).

```
public class Interp {
    static int PC;                          // contador de programa contém endereço da próxima instr
    static int AC;                          // o acumulador, um registrador para efetuar aritmética
    static int instr;                       // um registrador para conter a instrução corrente
    static int instr_type;                  // o tipo da instrução (opcode)
    static int data_loc;                    // o endereço dos dados, ou –1 se nenhum
    static int data;                        // mantém o operando corrente
    static boolean run_bit = true;          // um bit que pode ser desligado para parar a máquina

    public static void interpret(int memory[ ], int starting_ address) {
        // Esse procedimento interpreta programas para uma máquina simples com instruções que têm
        // um operando na memória. A máquina tem um registrador AC (acumulador), usado para
        // aritmética. A instrução ADD soma um inteiro na memória do AC, por exemplo.
        // O interpretador continua funcionando até o bit de funcionamento ser desligado pela instrução HALT.
        // O estado de um processo que roda nessa máquina consiste em memória, o
        // contador de programa, bit de funcionamento e AC. Os parâmetros de entrada consistem
        / na imagem da memória e no endereço inicial.

        PC = starting_address;
        while (run_bit) {
            instr = memory[PC];                         // busca a próxima instrução e armazena em instr
            PC = PC + 1;                                // incrementa contador de programa
            instr_type = get_instr_type(instr);         // determina tipo da instrução
            data_loc = find_data(instr, instr_type);    // localiza dados (–1 se nenhum)
            if (data_loc >= 0)                          // se data_loc é –1, não há nenhum operando
                data = memory[data_loc];                // busca os dados
            execute(instr_type, data);                  // executa instrução
        }
    }
    private static int get_instr_type(int addr) { ... }
    private static int find_data(int instr, int type) { ... }
    private static void execute(int type, int data) { ... }
}
```

Essa equivalência entre processadores de hardware e interpretadores tem importantes implicações para a organização de computadores e para o projeto de sistemas de computadores. Após a especificação da linguagem de máquina, L, para um novo computador, a equipe de projeto pode decidir se quer construir um processador de hardware para executar programas em L diretamente ou se quer escrever um interpretador para interpretar programas em L. Se a equipe preferir escrever um interpretador, também deve providenciar alguma máquina de hardware para executá-lo. São possíveis ainda certas construções híbridas, com um pouco de execução em hardware, bem como alguma interpretação de software.

Um interpretador subdivide as instruções da máquina em questão em pequenas etapas. Por conseguinte, a máquina na qual o interpretador roda deve ser muito mais simples e menos cara do que seria um processador de hardware para a máquina citada. Essa economia é bastante significativa se a máquina em questão tiver um grande número de instruções e estas forem razoavelmente complicadas, com muitas opções. Basicamente, a economia vem do fato de que o hardware está sendo substituído por software (o interpretador) e custa mais reproduzir hardware do que software.

Os primeiros computadores tinham conjuntos de instruções pequenos, simples. Mas a procura por equipamentos mais poderosos levou, entre outras coisas, a instruções individuais mais poderosas. Logo se descobriu que instruções mais complexas muitas vezes levavam à execução mais rápida do programa mesmo que as instruções individuais demorassem mais para ser executadas. Uma instrução de ponto flutuante é um exemplo de instrução mais complexa. O suporte direto para acessar elementos matriciais é outro. Às vezes, isso era simples como observar que as mesmas duas instruções muitas vezes ocorriam em sequência, de modo que uma única instrução poderia fazer o trabalho de ambas.

As instruções mais complexas eram melhores porque a execução de operações individuais às vezes podia ser sobreposta ou então executada em paralelo usando hardware diferente. No caso de computadores caros, de alto desempenho, o custo desse hardware extra poderia ser justificado de imediato. Assim, computadores caros, de alto desempenho, passaram a ter mais instruções do que os de custo mais baixo. Contudo, requisitos de compatibilidade de instruções e o custo crescente do desenvolvimento de software criaram a necessidade de executar instruções complexas mesmo em computadores de baixo custo, nos quais o custo era mais importante do que a velocidade.

No final da década de 1950, a IBM (na época a empresa que dominava o setor de computadores) percebeu que prestar suporte a uma única família de máquinas, todas executando as mesmas instruções, tinha muitas vantagens, tanto para a IBM quanto para seus clientes. Então, a empresa introduziu o termo **arquitetura** para descrever esse nível de compatibilidade. Uma nova família de computadores teria uma só arquitetura, mas muitas implementações diferentes que poderiam executar o mesmo programa e seriam diferentes apenas em preço e velocidade. Mas como construir um computador de baixo custo que poderia executar todas as complicadas instruções de máquinas caras, de alto desempenho?

A resposta foi a interpretação. Essa técnica, que já tinha sido sugerida por Maurice Wilkes (1951), permitia o projeto de computadores simples e de menor custo, mas que, mesmo assim, podiam executar um grande número de instruções. O resultado foi a arquitetura IBM System/360, uma família de computadores compatíveis que abrangia quase duas ordens de grandeza, tanto em preço quanto em capacidade. Uma implementação de hardware direto (isto é, não interpretado) era usada somente nos modelos mais caros.

Computadores simples com instruções interpretadas também tinham outros benefícios, entre os quais os mais importantes eram:

1. A capacidade de corrigir em campo instruções executadas incorretamente ou até compensar deficiências de projeto no hardware básico.
2. A oportunidade de acrescentar novas instruções a um custo mínimo, mesmo após a entrega da máquina.
3. Projeto estruturado que permitia desenvolvimento, teste e documentação eficientes de instruções complexas.

À medida que o mercado explodia em grande estilo na década de 1970 e as capacidades de computação cresciam depressa, a demanda por máquinas de baixo custo favorecia projetos de computadores que usassem interpretadores. A capacidade de ajustar hardware e interpretador para um determinado conjunto de instruções surgiu como um projeto muito eficiente em custo para processadores. À medida que a tecnologia subjacente dos semicondutores avançava, as vantagens do custo compensavam as oportunidades de desempenho mais alto e as arquiteturas baseadas em interpretador se tornaram o modo convencional de projetar computadores. Quase todos os novos computadores projetados na década de 1970, de microcomputadores a *mainframes*, tinham a interpretação como base.

No final da década de 1970, a utilização de processadores simples que executavam interpretadores tinha se propagado em grande escala, exceto entre os modelos mais caros e de desempenho mais alto, como o Cray-1 e a série Cyber da Control Data. A utilização de um interpretador eliminava as limitações de custo inerentes às instruções complexas, de modo que os projetistas começaram a explorar instruções muito mais complexas, em particular os modos de especificar os operandos a utilizar.

A tendência alcançou seu ponto mais alto com o VAX da Digital Equipment Corporation, que tinha várias centenas de instruções e mais de 200 modos diferentes de especificar os operandos a serem usados em cada instrução. Infelizmente, desde o início a arquitetura do VAX foi concebida para ser executada com um interpretador, sem dar muita atenção à realização de um modelo de alto desempenho. Esse modo de pensar resultou na inclusão de um número muito grande de instruções de valor marginal e que eram difíceis de executar diretamente. Essa omissão mostrou ser fatal para o VAX e, por fim, também para a DEC (a Compaq comprou a DEC em 1998 e a Hewlett-Packard comprou a Compaq em 2001).

Embora os primeiros microprocessadores de 8 bits fossem máquinas muito simples com conjuntos de instruções muito simples, no final da década de 1970 até os microprocessadores tinham passado para projetos baseados em interpretador. Durante esse período, um dos maiores desafios enfrentados pelos projetistas de microprocessadores era lidar com a crescente complexidade, possibilitada por meio de circuitos integrados. Uma importante vantagem do método baseado em interpretador era a capacidade de projetar um processador simples e confinar quase toda a complexidade na memória que continha o interpretador. Assim, um projeto complexo de hardware se transformou em um projeto complexo de software.

O sucesso do Motorola 68000, que tinha um grande conjunto de instruções interpretadas, e o concomitante fracasso do Zilog Z8000 (que tinha um conjunto de instruções tão grande quanto, mas sem um interpretador) demonstraram as vantagens de um interpretador para levar um novo microprocessador rapidamente ao mercado. Esse sucesso foi ainda mais surpreendente dada a vantagem de que o Zilog desfrutava (o antecessor do Z8000, o Z80, era muito mais popular do que o antecessor do 68000, o 6800). Claro que outros fatores também contribuíram para isso, e um dos mais importantes foi a longa história da Motorola como fabricante de chips e a longa história da Exxon (proprietária da Zilog) como empresa de petróleo, e não como fabricante de chips.

Outro fator a favor da interpretação naquela época foi a existência de memórias rápidas somente de leitura, denominadas **memórias de controle**, para conter os interpretadores. Suponha que uma instrução interpretada típica precisasse de 10 instruções do interpretador, denominadas **microinstruções**, a 100 ns cada, e duas referências à memória principal a 500 ns cada. Então, o tempo total de execução era 2.000 ns, apenas um fator de dois pior do que o melhor que a execução direta podia conseguir. Se a memória de controle não estivesse disponível, a instrução levaria 6.000 ns. Uma penalidade de fator seis é muito mais difícil de aceitar do que uma penalidade de fator dois.

2.1.3 RISC *versus* CISC

Durante o final da década de 1970, houve experiências com instruções muito complexas que eram possibilitadas pelo interpretador. Os projetistas tentavam fechar a "lacuna semântica" entre o que as máquinas podiam fazer e o que as linguagens de programação de alto nível demandavam. Quase ninguém pensava em projetar máquinas mais simples, exatamente como agora não há muita pesquisa na área de projeto de planilhas, redes, servidores Web etc. menos poderosos (o que talvez seja lamentável).

Um grupo que se opôs à tendência e tentou incorporar algumas das ideias de Seymour Cray em um minicomputador de alto desempenho foi liderado por John Cocke na IBM. Esse trabalho resultou em um minicomputador denominado **801**. Embora a IBM nunca tenha lançado essa máquina no mercado e os resultados tenham sido publicados só muitos anos depois (Radin, 1982), a notícia vazou e outros começaram a investigar arquiteturas semelhantes.

Em 1980, um grupo em Berkeley, liderado por David Patterson e Carlo Séquin, começou a projetar chips para CPUs VLSI que não usavam interpretação (Patterson, 1985; Patterson e Séquin, 1982). Eles cunharam o termo **RISC** para esse conceito e deram ao seu chip de CPU o nome RISC I CPU, seguido logo depois pelo RISC II. Um pouco mais tarde, em 1981, do outro lado da baía de São Francisco, em Stanford, John Hennessy projetou e fabricou um chip um pouco diferente, que ele chamou de **MIPS** (Hennessy, 1984). Esses chips evoluíram para produtos de importância comercial, o SPARC e o MIPS, respectivamente.

Esses novos processadores tinham diferenças significativas em relação aos que havia no comércio naquela época. Uma vez que essas novas CPUs não eram compatíveis com os produtos existentes, seus projetistas tinham liberdade para escolher novos conjuntos de instruções que maximizassem o desempenho total do sistema. Embora a ênfase inicial estivesse dirigida a instruções simples, que podiam ser executadas rapidamente, logo se percebeu que projetar instruções que podiam ser **emitidas** (iniciadas) rapidamente era a chave do bom desempenho. Na verdade, o tempo que uma instrução demorava importava menos do que quantas delas podiam ser iniciadas por segundo.

Na época em que o projeto desses processadores simples estava no início, a característica que chamou a atenção de todos era o número relativamente pequeno de instruções disponíveis, em geral cerca de 50. Esse número era muito menor do que as 200 a 300 de computadores como o VAX da DEC e os grandes *mainframes* da IBM. De fato, o acrônimo RISC quer dizer **Reduced Instruction Set Computer** (computador com conjunto de instruções reduzido), em comparação com CISC, que significa **Complex Instruction Set Computer** (computador com conjunto de instruções complexo), uma referência nada sutil ao VAX que, na época, dominava os departamentos de ciência da computação das universidades. Hoje em dia, poucas pessoas acham que o tamanho do conjunto de instruções seja um assunto importante, mas o nome pegou.

Encurtando a história, seguiu-se uma grande guerra santa, com os defensores do RISC atacando a ordem estabelecida (VAX, Intel, grandes *mainframes* da IBM). Eles afirmavam que o melhor modo de projetar um computador era ter um pequeno número de instruções simples que executassem em um só ciclo do caminho de dados da Figura 2.2, ou seja, buscar dois registradores, combiná-los de algum modo (por exemplo, adicionando-os ou fazendo AND) e armazenar o resultado de volta em um registrador. O argumento desses pesquisadores era de que, mesmo que uma máquina RISC precisasse de quatro ou cinco instruções para fazer o que uma CISC fazia com uma só, se as instruções RISC fossem dez vezes mais rápidas (porque não eram interpretadas), o RISC vencia. Também vale a pena destacar que, naquele tempo, a velocidade de memórias principais tinha alcançado a velocidade de memórias de controle somente de leitura, de modo que a penalidade imposta pela interpretação tinha aumentado demais, o que favorecia muito as máquinas RISC.

Era de imaginar que, dadas as vantagens de desempenho da tecnologia RISC, as máquinas RISC (como a Sun UltraSPARC) passariam como rolo compressor sobre as máquinas CISC (tal como a Pentium da Intel) existentes no mercado. Nada disso aconteceu. Por quê?

Antes de tudo, há a questão da compatibilidade e dos bilhões de dólares que as empresas tinham investido em software para a linha Intel. Em segundo lugar, o que era surpreendente, a Intel conseguiu empregar as mesmas ideias mesmo em uma arquitetura CISC. A partir do 486, as CPUs da Intel contêm um núcleo RISC que executa as instruções mais simples (que normalmente são as mais comuns) em um único ciclo do caminho de dados, enquanto interpreta as mais complicadas no modo CISC de sempre. O resultado disso é que as instruções comuns são rápidas e as menos comuns são lentas. Mesmo que essa abordagem híbrida não seja tão rápida quanto um projeto RISC puro, ela resulta em desempenho global competitivo e ainda permite que softwares antigos sejam executados sem modificação.

2.1.4 Princípios de projeto para computadores modernos

Agora que já se passaram mais de duas décadas desde que as primeiras máquinas RISC foram lançadas, certos princípios de projeto passaram a ser aceitos como um bom modo de projetar computadores, dado o estado atual da tecnologia de hardware. Se ocorrer uma importante mudança na tecnologia (por exemplo, se, de repente, um novo processo de fabricação fizer o ciclo de memória ficar dez vezes mais rápido do que o tempo de ciclo da CPU), todas as apostas perdem. Assim, os projetistas de máquinas devem estar sempre de olho nas mudanças tecnológicas que possam afetar o equilíbrio entre os componentes.

Dito isso, há um conjunto de princípios de projeto, às vezes denominados **princípios de projeto RISC**, que os arquitetos de CPUs de uso geral se esforçam por seguir. Limitações externas, como a exigência de compatibilidade com alguma arquitetura existente, muitas vezes exigem uma solução de conciliação de tempos em tempos, mas esses princípios são metas que a maioria dos projetistas se esforça para cumprir. A seguir, discutiremos os principais.

● Todas as instruções são executadas diretamente por hardware

Todas as instruções comuns são executadas diretamente pelo hardware – não são interpretadas por microinstruções. Eliminar um nível de interpretação dá alta velocidade à maioria das instruções. No caso de computadores que executam conjuntos de instruções CISC, as instruções mais complexas podem ser subdivididas em partes separadas que então podem ser executadas como uma sequência de microinstruções. Essa etapa extra torna a máquina mais lenta, porém, para instruções que ocorrem com menos frequência, isso pode ser aceitável.

● Maximize a taxa de execução das instruções

Computadores modernos recorrem a muitos truques para maximizar seu desempenho, entre os quais o principal é tentar iniciar o máximo possível de instruções por segundo. Afinal, se você puder emitir 500 milhões de instruções por segundo, terá construído um processador de 500 MIPS, não importa quanto tempo elas realmente levem para ser concluídas. (**MIPS** quer dizer Milhões de Instruções Por Segundo. O processador MIPS recebeu esse nome como um trocadilho desse acrônimo. Oficialmente, ele significa **Microprocessor without Interlocked Pipeline Stages** – microprocessador sem estágios paralelos de interbloqueio.) Esse princípio sugere que o paralelismo pode desempenhar um importante papel na melhoria do desempenho, uma vez que emitir grandes quantidades de instruções lentas em curto intervalo de tempo só é possível se várias instruções puderem ser executadas ao mesmo tempo.

Embora as instruções sempre sejam encontradas na ordem do programa, nem sempre elas são executadas nessa mesma ordem (porque algum recurso necessário pode estar ocupado) e não precisam terminar na ordem do programa. É claro que, se a instrução 1 estabelece um registrador e a instrução 2 usa esse registrador, deve-se tomar muito cuidado para garantir que a instrução 2 não leia o registrador até que ele contenha o valor correto. Fazer isso funcionar direito requer muito controle, mas possibilita ganhos de desempenho por executar várias instruções ao mesmo tempo.

● Instruções devem ser fáceis de decodificar

Um limite crítico para a taxa de emissão de instruções é a decodificação de instruções individuais para determinar quais recursos elas necessitam. Qualquer coisa que possa ajudar nesse processo é útil. Isso inclui fazer instruções regulares, de comprimento fixo, com um pequeno número de campos. Quanto menor o número de formatos diferentes para as instruções, melhor.

● Somente LOAD e STORE devem referenciar a memória

Um dos modos mais simples de subdividir operações em etapas separadas é requerer que os operandos para a maioria das instruções venham de registradores da CPU e a eles retornem. A operação de movimentação de operandos da memória para registradores pode ser executada em instruções separadas. Uma vez que o acesso à memória pode levar um longo tempo, e que o atraso é imprevisível, o melhor é sobrepor essas instruções a outras se elas nada fizerem exceto movimentar operandos entre registradores e memória. Essa observação significa que somente instruções LOAD e STORE devem referenciar a memória. Todas as outras devem operar apenas em registradores.

- **Providencie muitos registradores**

Visto que o acesso à memória é relativamente lento, é preciso providenciar muitos registradores (no mínimo, 32) de modo que, assim que uma palavra for buscada, ela possa ser mantida em um registrador até não ser mais necessária. Esgotar os registradores e ter de descarregá-los de volta à memória só para ter de recarregá-los mais tarde é indesejável e deve ser evitado o máximo possível. A melhor maneira de conseguir isso é ter um número suficiente de registradores.

2.1.5 Paralelismo no nível de instrução

Arquitetos de computadores estão sempre se esforçando para melhorar o desempenho das máquinas que projetam. Fazer os chips funcionarem com maior rapidez aumentando suas velocidades de *clock* é um modo, mas, para cada novo projeto, há um limite para o que é possível fazer por força bruta naquele momento da História. Por conseguinte, grande parte dos arquitetos de computadores busca o paralelismo (fazer duas ou mais coisas ao mesmo tempo) como um meio de conseguir desempenho ainda melhor para dada velocidade de *clock*.

O paralelismo tem duas formas gerais, a saber, no nível de instrução e no nível de processador. Na primeira, o paralelismo é explorado dentro de instruções individuais para obter da máquina mais instruções por segundo. Na última, várias CPUs trabalham juntas no mesmo problema. Cada abordagem tem seus próprios méritos. Nesta seção, vamos estudar o paralelismo no nível de instrução; na seção seguinte, estudaremos o paralelismo no nível de processador.

- *Pipelining* **(paralelismo)**

Há anos sabe-se que o processo de buscar instruções na memória é um grande gargalo na velocidade de execução da instrução. Para amenizar esse problema, os computadores, desde o IBM Stretch (1959), tinham a capacidade de buscar instruções na memória antecipadamente, de maneira que estivessem presentes quando necessárias. Essas instruções eram armazenadas em um conjunto de registradores denominado **buffer de busca antecipada** (ou *prefetch buffer*). Desse modo, quando necessária, uma instrução podia ser apanhada no *buffer* de busca antecipada, em vez de esperar pela conclusão de uma leitura da memória.

Na verdade, a busca antecipada divide a execução da instrução em duas partes: a busca e a execução propriamente dita. O conceito de *pipeline* (paralelismo, canalização) amplia muito mais essa estratégia. Em vez de dividir a execução da instrução em apenas duas partes, muitas vezes ela é dividida em muitas partes (uma dúzia ou mais), cada uma manipulada por uma parte dedicada do hardware, e todas elas podem executar em paralelo.

A Figura 2.4(a) ilustra um *pipeline* com cinco unidades, também denominadas **estágios**. O estágio 1 busca a instrução na memória e a coloca em um *buffer* até que ela seja necessária. O estágio 2 decodifica a instrução, determina seu tipo e de quais operandos ela necessita. O estágio 3 localiza e busca os operandos, seja nos registradores, seja na memória. O estágio 4 é que realiza o trabalho de executar a instrução, normalmente fazendo os operandos passarem pelo caminho de dados da Figura 2.2. Por fim, o estágio 5 escreve o resultado de volta no registrador adequado.

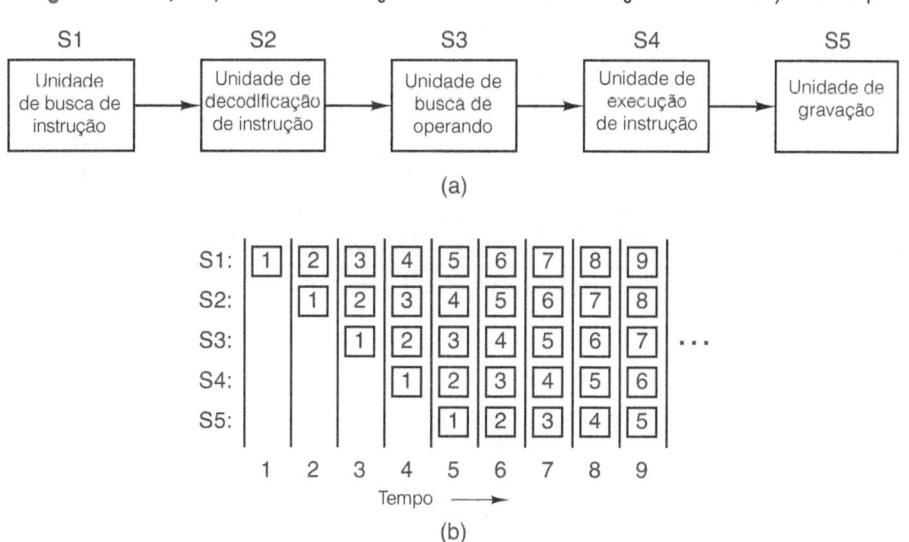

Figura 2.4 (a) *Pipeline* de cinco estágios. (b) Estado de cada estágio como uma função do tempo. São ilustrados nove ciclos de *clock*.

Na Figura 2.4(b), vemos como o *pipeline* funciona em função do tempo. Durante o ciclo de *clock* 1, o estágio S1 está trabalhando na instrução 1, buscando-a na memória. Durante o ciclo 2, o estágio S2 decodifica a instrução 1, enquanto o estágio S1 busca a instrução 2. Durante o ciclo 3, o estágio S3 busca os operandos para a instrução 1, o estágio S2 decodifica a instrução 2 e o estágio S1 busca a terceira instrução. Durante o ciclo 4, o estágio S4 executa a instrução 1, S3 busca os operandos para a instrução 2, S2 decodifica a instrução 3 e S1 busca a instrução 4. Por fim, durante o ciclo 5, S5 escreve (grava) o resultado da instrução 1 de volta ao registrador, enquanto os outros estágios trabalham nas instruções seguintes.

Vamos considerar uma analogia para esclarecer melhor o conceito de *pipelining*. Imagine uma fábrica de bolos na qual a operação de produção dos bolos e a operação da embalagem para expedição são separadas. Suponha que o departamento de expedição tenha uma longa esteira transportadora ao longo da qual trabalham cinco funcionários (unidades de processamento). A cada 10 segundos (o ciclo de *clock*), o funcionário 1 coloca uma embalagem de bolo vazia na esteira. A caixa é transportada até o funcionário 2, que coloca um bolo dentro dela. Um pouco mais tarde, a caixa chega à estação do funcionário 3, onde é fechada e selada. Em seguida, prossegue até o funcionário 4, que coloca uma etiqueta na embalagem. Por fim, o funcionário 5 retira a caixa da esteira e a coloca em um grande contêiner que mais tarde será despachado para um supermercado. Em termos gerais, esse é o modo como um *pipeline* de computador também funciona: cada instrução (bolo) passa por diversos estágios de processamento antes de aparecer já concluída na extremidade final.

Voltando ao nosso *pipeline* da Figura 2.4, suponha que o tempo de ciclo dessa máquina seja 2 ns. Sendo assim, uma instrução leva 10 ns para percorrer todo o caminho do *pipeline* de cinco estágios. À primeira vista, como uma instrução demora 10 ns, parece que a máquina poderia funcionar em 100 MIPS, mas, na verdade, ela funciona muito melhor do que isso. A cada ciclo de *clock* (2 ns), uma nova instrução é concluída, portanto, a velocidade real de processamento é 500 MIPS, e não 100 MIPS.

O *pipelining* permite um compromisso entre **latência** (o tempo que demora para executar uma instrução) e **largura de banda de processador** (quantos MIPS a CPU tem). Com um tempo de ciclo de T ns e n estágios no *pipeline*, a latência é nT ns porque cada instrução passa por n estágios, cada um dos quais demora T ns.

Visto que uma instrução é concluída a cada ciclo de *clock* e que há $10^9/T$ ciclos de *clock* por segundo, o número de instruções executadas por segundo é $10^9/T$. Por exemplo, se $T = 2$ ns, 500 milhões de instruções são executadas a cada segundo. Para obter o número de MIPS, temos de dividir a taxa de execução de instrução por 1 milhão para obter $(10^9/T)/10^6 = 1.000/T$ MIPS. Em teoria, poderíamos medir taxas de execução de instrução em BIPS em vez de MIPS, mas ninguém faz isso, portanto, nós também não o faremos.

Arquiteturas superescalares

Se um *pipeline* é bom, então certamente dois *pipelines* são ainda melhores. Um projeto possível para uma CPU com dois *pipelines*, com base na Figura 2.4, é mostrado na Figura 2.5. Nesse caso, uma única unidade de busca de instruções busca pares de instruções ao mesmo tempo e coloca cada uma delas em seu próprio *pipeline*, completo com sua própria ULA para operação paralela. Para poder executar em paralelo, as duas instruções não devem ter conflito de utilização de recursos (por exemplo, registradores) e nenhuma deve depender do resultado da outra. Assim como em um *pipeline* único, ou o compilador deve garantir que essa situação aconteça (isto é, o hardware não verifica e dá resultados incorretos se as instruções não forem compatíveis), ou os conflitos deverão ser detectados e eliminados durante a execução usando hardware extra.

Figura 2.5 *Pipelines* duplos de cinco estágios com uma unidade de busca de instrução em comum.

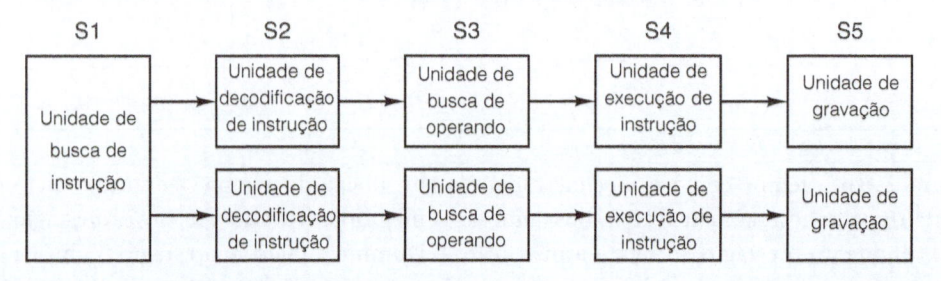

Embora *pipelines*, simples ou duplos, sejam usados em sua maioria em máquinas RISC (o 386 e seus antecessores não tinham nenhum), a partir do 486 a Intel começou a acrescentar *pipelines* de dados em suas CPUs. O 486 tinha um *pipeline* e o Pentium original tinha *pipelines* de cinco estágios mais ou menos como os da Figura 2.5, embora a exata divisão do trabalho entre os estágios 2 e 3 (denominados decode-1 e decode-2) era ligeiramente diferente do que em nosso exemplo. O *pipeline* principal, denominado **pipeline u**, podia executar uma instrução Pentium qualquer. O segundo, denominado **pipeline v**, podia executar apenas instruções com números inteiros (e também uma instrução simples de ponto flutuante – FXCH).

Regras fixas determinavam se um par de instruções era compatível e, portanto, se elas podiam ser executadas em paralelo. Se as instruções em um par não fossem simples o suficiente ou se fossem incompatíveis, somente a primeira era executada (no *pipeline* u). A segunda era retida para fazer par com a instrução seguinte. Instruções eram sempre executadas em ordem. Assim, os compiladores específicos para Pentium que produziam pares compatíveis podiam produzir programas de execução mais rápidos do que compiladores mais antigos. Medições mostraram que um código de execução Pentium otimizado para ele era exatamente duas vezes mais rápido para programas de inteiros do que um 486 que executava à mesma velocidade de *clock* (Pountain, 1993). Esse ganho podia ser atribuído inteiramente ao segundo *pipeline*.

Passar para quatro *pipelines* era concebível, mas exigiria duplicar muito hardware (cientistas da computação, ao contrário de especialistas em folclore, não acreditam no número três). Em vez disso, uma abordagem diferente é utilizada em CPUs de topo de linha. A ideia básica é ter apenas um único *pipeline*, mas lhe dar várias unidades funcionais, conforme mostra a Figura 2.6. Por exemplo, a arquitetura Intel Core tem uma estrutura semelhante à dessa figura, que será discutida no Capítulo 4. O termo **arquitetura superescalar** foi cunhado para essa técnica em 1987 (Agerwala e Cocke, 1987). Entretanto, suas raízes remontam a mais de 40 anos, ao computador CDC 6600. O 6600 buscava uma instrução a cada 100 ns e a passava para uma das 10 unidades funcionais para execução paralela enquanto a CPU saía em busca da próxima instrução.

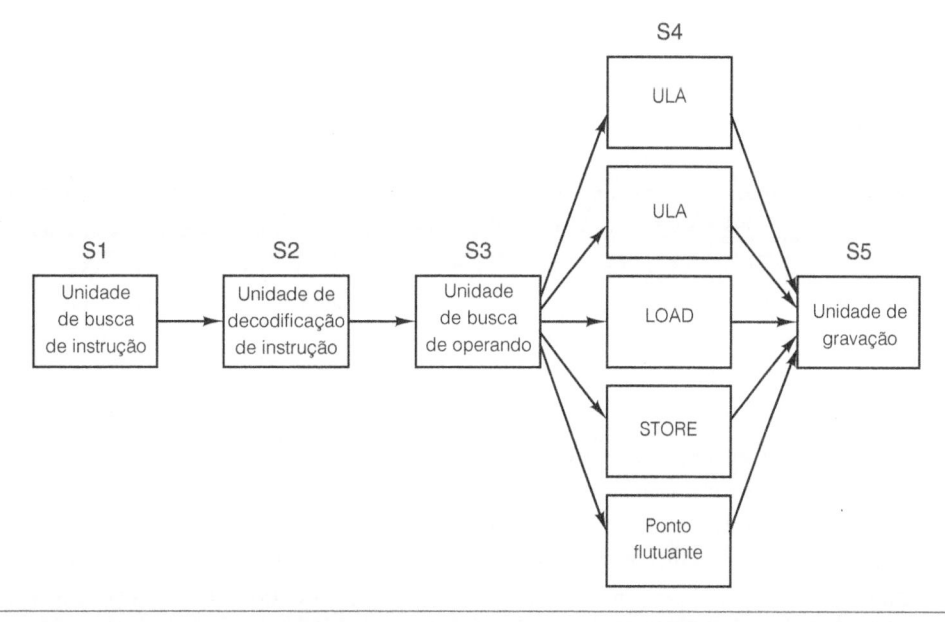

Figura 2.6 Processador superescalar com cinco unidades funcionais.

A definição de "superescalar" evoluiu um pouco ao longo do tempo. Agora, ela é usada para descrever processadores que emitem múltiplas instruções – frequentemente, quatro ou seis – em um único ciclo de *clock*. Claro que uma CPU superescalar deve ter várias unidades funcionais para passar todas essas instruções. Uma vez que, em geral, os processadores superescalares têm um só *pipeline*, tendem a ser parecidos com os da Figura 2.6.

Usando essa definição, o 6600 não era tecnicamente um computador superescalar, pois emitia apenas uma instrução por ciclo. Todavia, o efeito era quase o mesmo: instruções eram terminadas em uma taxa muito mais alta do que podiam ser executadas. A diferença conceitual entre uma CPU com um *clock* de 100 ns que executa uma instrução a cada ciclo para um grupo de unidades funcionais e uma CPU com um *clock* de 400 ns que executa quatro instruções por ciclo para o mesmo grupo de unidades funcionais é muito pequena. Em ambos os casos, a ideia fundamental é que a taxa final é muito mais alta do que a taxa de execução, sendo a carga de trabalho distribuída entre um conjunto de unidades funcionais.

Implícito à ideia de um processador superescalar é que o estágio S3 pode emitir instruções com rapidez muito maior do que o estágio S4 é capaz de executá-las. Se o estágio S3 executasse uma instrução a cada 10 ns e todas as unidades funcionais pudessem realizar seu trabalho em 10 ns, nunca mais do que uma unidade estaria ocupada ao mesmo tempo, o que negaria todo o raciocínio. Na verdade, grande parte das unidades funcionais no estágio 4 leva um tempo bem maior do que um ciclo de *clock* para executar, decerto as que acessam memória ou efetuam aritmética de ponto flutuante. Como pode ser visto na figura, é possível ter várias ULAs no estágio S4.

2.1.6 Paralelismo no nível do processador

A demanda por computadores cada vez mais rápidos parece ser insaciável. Astrônomos querem simular o que aconteceu no primeiro microssegundo após o *Big Bang*, economistas querem modelar a economia mundial e adolescentes querem se divertir com jogos multimídia em 3D com seus amigos virtuais pela Internet. Embora as CPUs estejam cada vez mais rápidas, haverá um momento em que elas terão problemas com a velocidade da luz, que provavelmente permanecerá a 20 cm/nanossegundo em fio de cobre ou fibra ótica, não importando o grau de inteligência dos engenheiros da Intel. Chips mais velozes também produzem mais calor, cuja dissipação é um problema. De fato, a dificuldade para se livrar do calor produzido é o principal motivo pelo qual as velocidades de *clock* da CPU se estagnaram na última década.

Paralelismo no nível de instrução ajuda um pouco, mas *pipelining* e operação superescalar raramente rendem mais do que um fator de cinco ou dez. Para obter ganhos de 50, 100 ou mais, a única maneira é projetar computadores com várias CPUs; portanto, agora vamos ver como alguns deles são organizados.

Computadores paralelos

Um número substancial de problemas em domínios de cálculo como ciências físicas, engenharia e gráficos de computador envolve laços e matrizes, ou então tem estrutura de alta regularidade. Muitas vezes, os mesmos cálculos são efetuados em muitos conjuntos diferentes de dados ao mesmo tempo. A regularidade e a estrutura desses programas os tornam alvos especialmente fáceis para aceleração por meio de execução paralela. Há dois métodos que têm sido usados para executar esses programas altamente regulares de modo rápido e eficaz: processadores SIMD e processadores vetoriais. Embora esses dois esquemas guardem notáveis semelhanças na maioria de seus aspectos, por ironia o primeiro deles é considerado um computador paralelo, enquanto o segundo é considerado uma extensão de um processador único.

Computadores paralelos de dados encontraram muitas aplicações bem-sucedidas como consequência de sua notável eficiência. Eles são capazes de produzir poder de computação significativo com menos transistores do que os métodos alternativos. Gordon Moore (da lei de Moore) observou que o silício custa cerca de 1 bilhão de dólares por acre (4.047 m²). Assim, quanto mais poder de computação puder ser espremido desse acre de silício, mais dinheiro uma empresa de computador poderá obter vendendo silício. Os processadores paralelos de dados são um dos meios mais eficientes de espremer o desempenho do silício. Como todos os processadores estão rodando a mesma instrução, o sistema só precisa de um "cérebro" controlando o computador. Em consequência, o processador só precisa de um estágio de busca, um estágio de decodificação e um conjunto de lógica de controle. Essa é uma enorme economia no silício, que dá aos computadores paralelos uma grande vantagem sobre outros processadores, desde que o software que eles estejam rodando seja altamente regular, com bastante paralelismo.

Um **processador SIMD (Single Instruction-stream Multiple Data-stream**, ou **fluxo único de instruções, fluxo múltiplo de dados**) consiste em um grande número de processadores idênticos que efetuam a mesma sequência de instruções sobre diferentes conjuntos de dados. O primeiro processador SIMD do mundo foi o ILLIAC IV da Universidade de Illinois (Bouknight et al., 1972). O projeto original do ILLIAC IV consistia em quatro quadrantes, cada um deles com uma grade quadrada de 8 × 8 elementos de processador/memória. Uma única unidade de controle por quadrante transmitia uma única instrução a todos os processadores, que era executada no mesmo passo por todos eles, cada um usando seus próprios dados de sua própria memória. Por causa de um excesso de custo, somente um quadrante de 50 megaflops (milhões de operações de ponto flutuante por segundo) foi construído; se a construção da máquina inteira de 1 gigaflop tivesse sido concluída, ela teria duplicado a capacidade de computação do mundo inteiro.

As modernas unidades de processamento de gráficos (GPUs) contam bastante com o processamento SIMD para fornecer poder computacional maciço com poucos transistores. O processamento de gráficos foi apropriado para processadores SIMD porque a maioria dos algoritmos é altamente regular, com operações repetidas sobre *pixels*, vértices, texturas e arestas. A Figura 2.7 mostra o processador SIMD no núcleo da GPU Fermi da Nvidia. A GPU Fermi contém até 16 multiprocessadores de fluxo (com memória compartilhada – SM) SIMD, com cada multiprocessador contendo 32 processadores SIMD. A cada ciclo, o escalonador seleciona dois *threads* para executar no processador SIMD. A próxima instrução de cada *thread* é então executada em até 16 processadores SIMD, embora possivelmente menos se não houver paralelismo de dados suficiente. Se cada *thread* for capaz de realizar 16 operações por ciclo, um núcleo GPU Fermi totalmente carregado com 32 multiprocessadores realizará incríveis 512 operações por ciclo. Esse é um feito impressionante, considerando que uma CPU *quad-core* de uso geral com tamanho semelhante lutaria para conseguir 1/32 desse processamento.

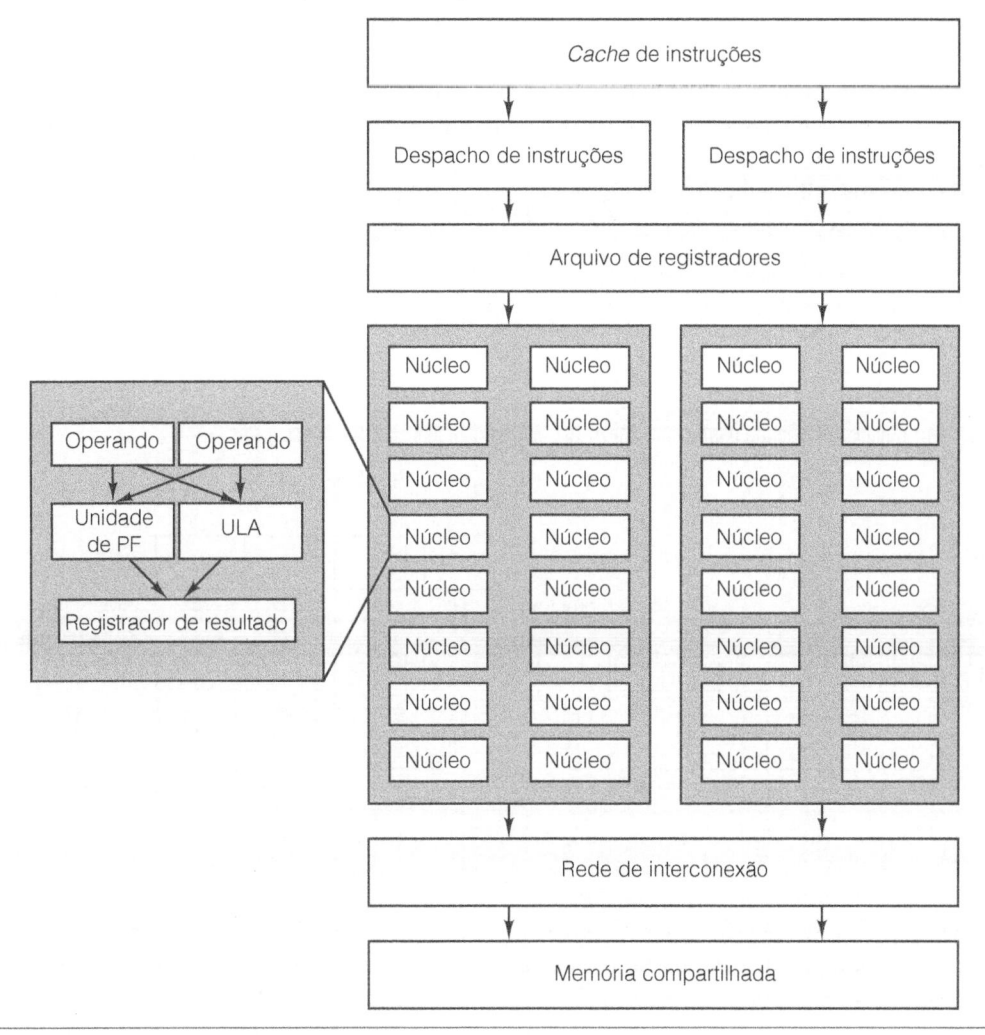

Figura 2.7 O núcleo SIMD da unidade de processamento de gráficos Fermi.

Para um programador, um **processador vetorial** se parece muito com um processador SIMD. Assim como um processador SIMD, ele é muito eficiente para executar uma sequência de operações em pares de elementos de dados. Porém, diferente de um processador SIMD, todas as operações de adição são efetuadas em uma única unidade funcional, de alto grau de paralelismo. A Cray Research, empresa fundada por Seymour Cray, produziu muitos processadores vetoriais, começando com o Cray-1 em 1974 e continuando até os modelos atuais.

Processadores SIMD, bem como processadores vetoriais, trabalham com matrizes de dados. Ambos executam instruções únicas que, por exemplo, somam os elementos aos pares para dois vetores. Porém, enquanto o processador SIMD faz isso com tantos somadores quantos forem os elementos do vetor, o processador vetorial tem o conceito de um **registrador vetorial**, que consiste em um conjunto de registradores convencionais que podem ser carregados com base na memória em uma única instrução que, na verdade, os carrega serialmente com base na memória. Então, uma instrução de adição vetorial efetua as adições a partir dos elementos de dois desses vetores, alimentando-os em um somador com paralelismo (*pipelined*) com base em dois registradores vetoriais. O resultado do somador é outro vetor, que pode ser armazenado em um registrador vetorial ou usado diretamente como um operando para outra operação vetorial. As instruções SSE (Streaming SIMD Extension) disponíveis na arquitetura Intel Core utilizam esse modelo de execução para agilizar o cálculo altamente regular, como multimídia e software científico. Nesse aspecto particular, o ILLIAC IV é um dos ancestrais da arquitetura Intel Core.

Multiprocessadores

Os elementos de processamento em um processador SIMD não são CPUs independentes, uma vez que há uma só unidade de controle compartilhada por todos eles. Nosso primeiro sistema paralelo com CPUs totalmente desenvolvidas é o **multiprocessador**, um sistema com mais de uma CPU que compartilha uma memória em comum, como um grupo de pessoas que, dentro de uma sala de aula, compartilha um quadro em comum. Uma vez que cada CPU pode ler ou escrever em qualquer parte da memória, elas devem se coordenar (em software) para evitar que uma atrapalhe a outra. Quando duas ou mais CPUs têm a capacidade de interagir de perto, como é o caso dos multiprocessadores, diz-se que elas são fortemente acopladas.

Há vários esquemas de implementação possíveis. O mais simples é um barramento único com várias CPUs e uma memória, todas ligadas nele. Um diagrama desse tipo de multiprocessador de barramento único é mostrado na Figura 2.8(a).

Figura 2.8 (a) Multiprocessador de barramento único. (b) Multicomputador com memórias locais.

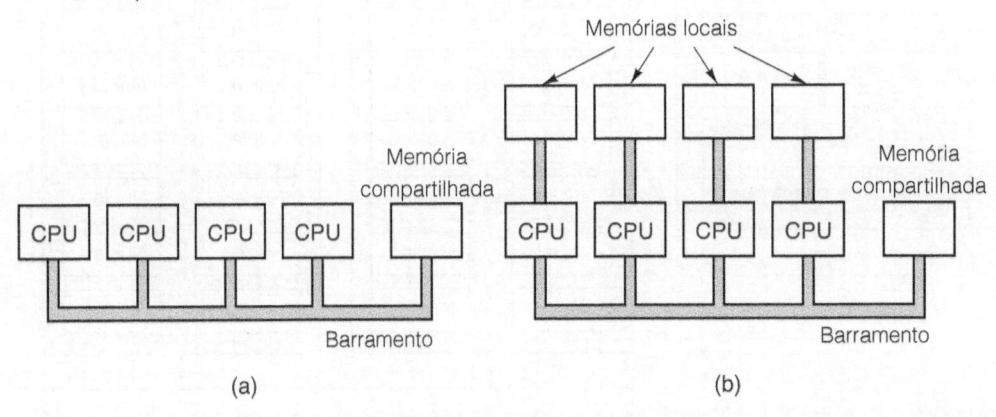

Não é preciso muita imaginação para perceber que, com um grande número de processadores velozes tentando acessar a memória pelo mesmo barramento, surgirão conflitos. Projetistas de multiprocessadores apresentaram vários esquemas para reduzir essa disputa e melhorar o desempenho. Um desses esquemas, mostrado na Figura 2.8(b), dá a cada processador um pouco de memória local só dele, que não é acessível para os outros. Essa memória pode ser usada para o código de programa e para os itens de dados que não precisam ser compartilhados. O acesso a essa memória privada não usa o barramento principal, o que reduz muito o tráfego no barramento. Outros esquemas (por exemplo, *caching* – veja mais adiante) também são possíveis.

Multiprocessadores têm a vantagem sobre outros tipos de computadores paralelos: é fácil trabalhar com o modelo de programação de uma única memória compartilhada. Por exemplo, imagine um programa que procura células cancerosas na foto de algum tecido, tirada por um microscópio. A fotografia digitalizada poderia ser mantida na memória em comum, sendo cada processador designado para caçar essas células em alguma região. Uma vez que cada processador tem acesso a toda a memória, estudar a célula que começa em sua região designada mas atravessa a fronteira da próxima região não é problema.

Multicomputadores

Embora seja um tanto fácil construir multiprocessadores com um número modesto de processadores (≤ 256), construir grandes é surpreendentemente difícil. A dificuldade está em conectar todos os processadores à memória. Para evitar esses problemas, muitos projetistas simplesmente abandonaram a ideia de ter uma memória compartilhada e passaram a construir sistemas que consistissem em grandes números de computadores interconectados, cada um com sua própria memória privada, mas nenhuma em comum. Esses sistemas são denominados **multicomputadores**. Costuma-se dizer que as CPUs de um multicomputador são **fracamente acopladas**, para contrastá-las com as CPUs **fortemente acopladas** de um multiprocessador.

As CPUs de um multicomputador se comunicam enviando mensagens umas às outras, mais ou menos como enviar e-mails, porém, com muito mais rapidez. Em sistemas grandes, não é prático ter cada computador ligado a todos os outros, portanto, são usadas topologias como malhas 2D e 3D, árvores e anéis. O resultado é que mensagens de um computador para outro muitas vezes passam por um ou mais computadores ou comutadores (chaves) intermediários para ir da fonte até o destino. Não obstante, podem-se conseguir tempos de transmissão de mensagem da ordem de alguns microssegundos sem muita dificuldade. Multicomputadores com mais de 250 mil CPUs, como o Blue Gene/P da IBM, já foram construídos.

Uma vez que multiprocessadores são mais fáceis de programar e multicomputadores são mais fáceis de construir, há muita pesquisa sobre projetos de sistemas híbridos que combinam as boas propriedades de cada um. Esses computadores tentam apresentar a ilusão de memória compartilhada sem bancar a despesa de realmente construí-la. Falaremos mais de multiprocessadores e multicomputadores no Capítulo 8.

2.2 Memória primária

A **memória** é a parte do computador onde são armazenados programas e dados. Alguns cientistas da computação (em especial, os britânicos) usam o termo **armazém** ou **armazenagem** em vez de memória, se bem que o termo *"armazenagem"* está sendo usado cada vez mais para a armazenagem em disco. Sem uma memória da qual os processadores possam ler e na qual possam gravar, ou escrever, informações, não haveria computadores digitais com programas armazenados.

2.2.1 Bits

A unidade básica de memória é dígito binário, denominado **bit**. Um bit pode conter um 0 ou um 1. É a unidade mais simples possível. (Um dispositivo capaz de armazenar somente zeros dificilmente poderia formar a base de um sistema de memória; são necessários pelo menos dois valores.)

As pessoas costumam dizer que computadores usam aritmética binária porque ela é "eficiente". O que elas querem dizer, embora quase nunca percebam, é que informações digitais podem ser armazenadas distinguindo entre valores diferentes de alguma quantidade física contínua, tal como tensão ou corrente elétrica. Quanto maior for o número de valores que precisam ser distinguidos, menores serão as separações entre valores adjacentes, e menos confiável será a memória. O sistema numérico binário requer a distinção entre apenas dois valores. Por conseguinte, é o método mais confiável para codificar informações digitais. Se você não estiver familiarizado com números binários, consulte o Apêndice A.

Há empresas que anunciam que seus computadores têm aritmética decimal, bem como binária, como é o caso da IBM e seus grandes *mainframes*. Essa façanha é realizada usando-se 4 bits para armazenar um dígito decimal que utiliza um código denominado **BCD** (**Binary Coded Decimal** – decimal codificado em binário). Quatro bits oferecem 16 combinações, usadas para os 10 dígitos de 0 a 9, mas seis combinações não são usadas. O número 1.944 é mostrado a seguir codificado em formato decimal e em formato binário puro, usando 16 bits em cada exemplo:

decimal: 0001 1001 0100 0100   binário: 0000011110011000

Dezesseis bits no formato decimal podem armazenar os números de 0 a 9999, dando somente 10 mil combinações, ao passo que um número binário puro de 16 bits pode armazenar 65.536 combinações diferentes. Por essa razão, as pessoas dizem que o binário é mais eficiente.

No entanto, considere o que aconteceria se algum jovem e brilhante engenheiro elétrico inventasse um dispositivo eletrônico de alta confiabilidade que pudesse armazenar diretamente os dígitos de 0 a 9 dividindo a região de 0 a 10 volts em 10 intervalos. Quatro desses dispositivos poderiam armazenar qualquer número decimal de 0 a 9999. Quatro desses dispositivos dariam 10 mil combinações. Eles também poderiam ser usados para armazenar números binários usando somente 0 e 1, caso em que quatro deles só poderiam armazenar 16 combinações. Com tais dispositivos, o sistema decimal é obviamente mais eficiente.

2.2.2 Endereços de memória

Memórias consistem em uma quantidade de **células** (ou **locais**), cada uma das quais podendo armazenar uma informação. Cada célula tem um número, denominado seu **endereço**, pelo qual os programas podem se referir a ela. Se a memória tiver n células, elas terão endereços de 0 a $n - 1$. Todas as células em uma memória contêm o mesmo número de bits. Se uma célula consistir em k bits, ela pode conter quaisquer das 2^k diferentes combinações de bits. A Figura 2.9 mostra três organizações diferentes para uma memória de 96 bits. Note que as células adjacentes têm endereços consecutivos (por definição).

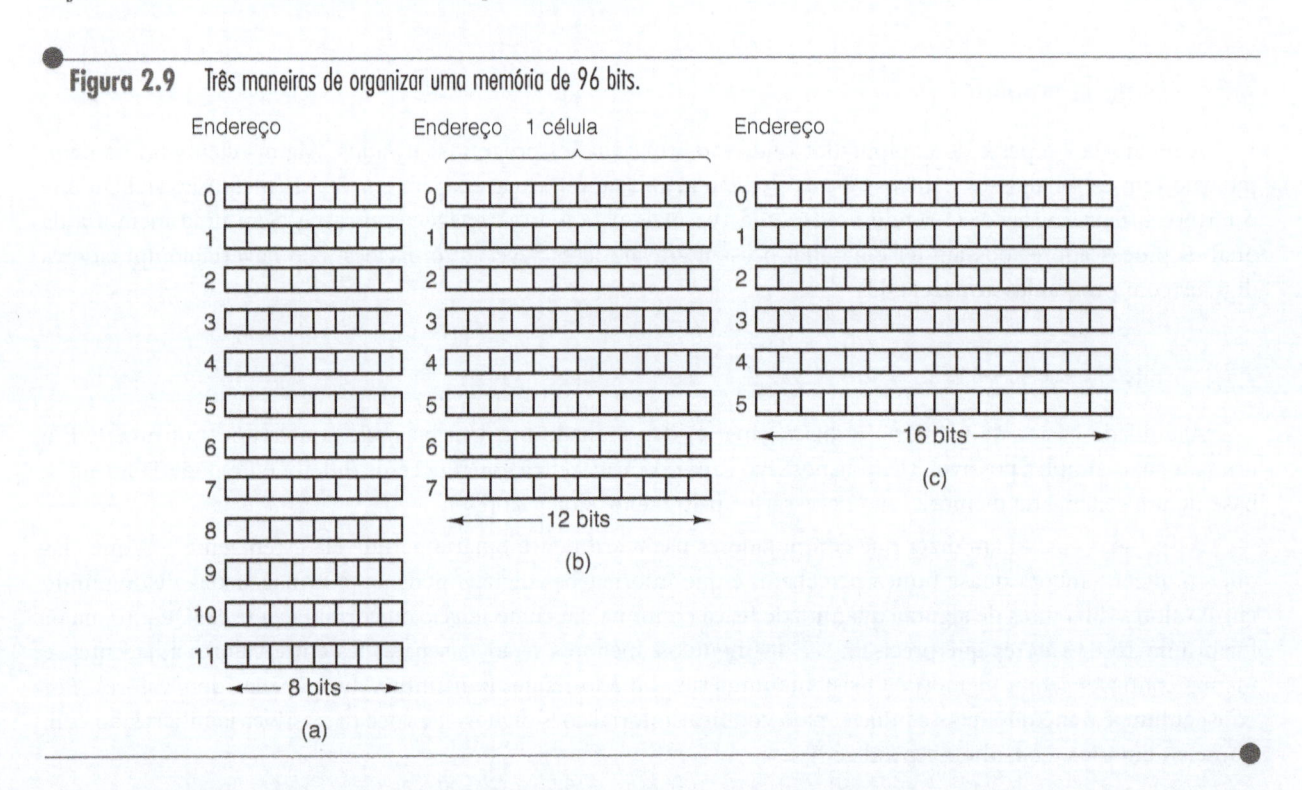

Figura 2.9 Três maneiras de organizar uma memória de 96 bits.

Computadores que usam o sistema de números binários (incluindo notação octal ou hexadecimal para números binários) expressam endereços de memória como números binários. Se um endereço tiver m bits, o número máximo de células endereçáveis é 2^m. Por exemplo, um endereço usado para referenciar a memória da Figura 2.9(a) precisa de no mínimo 4 bits para expressar todos os números de 0 a 11. Contudo, um endereço de 3 bits é suficiente para as figuras 2.9(b) e (c). O número de bits no endereço determina o número máximo de células diretamente endereçáveis na memória e é independente do número de bits por célula. Uma memória com 2^{12} células de 8 bits cada e uma memória com 2^{12} células de 64 bits cada precisam de endereços de 12 bits.

A Figura 2.10 mostra o número de bits por célula para alguns computadores que já foram vendidos comercialmente.

A significância da célula é que ela é a menor unidade endereçável. Há poucos anos, praticamente todos os fabricantes de computadores padronizaram células de 8 bits, que é denominada um **byte**. O termo **octeto** também é usado. Bytes são agrupados em **palavras**. Um computador com uma palavra de 32 bits tem 4 bytes/palavra, enquanto um computador com uma palavra de 64 bits tem 8 bytes/palavra. A significância de uma palavra é que grande parte das instruções efetua operações com palavras inteiras, por exemplo, somando duas palavras. Assim, uma máquina de 32 bits terá registradores de 32 bits e instruções para manipular palavras de 32 bits, enquanto uma máquina de 64 bits terá registradores de 64 bits e instruções para movimentar, somar, subtrair e, em geral, manipular palavras de 64 bits.

Figura 2.10 Número de bits por célula para alguns computadores comerciais historicamente interessantes.

Computador	Bits/célula
Burroughs B1700	1
IBM PC	8
DEC PDP-8	12
IBM 1130	16
DEC PDP-15	18
XDS 940	24
Electrologica X8	27
XDS Sigma 9	32
Honeywell 6180	36
CDC 3600	48
CDC Cyber	60

2.2.3 Ordenação de bytes

Os bytes em uma palavra podem ser numerados da esquerda para a direita ou da direita para a esquerda. A princípio, essa opção pode parecer sem importância, mas, como veremos em breve, ela tem consideráveis implicações. A Figura 2.11(a) retrata parte da memória de um computador de 32 bits cujos bytes são numerados da esquerda para a direita, tal como o SPARC ou os grandes *mainframes* da IBM. A Figura 2.11(b) dá uma representação análoga de um computador de 32 bits que usa uma numeração da direita para a esquerda, como a família Intel. O primeiro sistema, no qual a numeração começa na ordem "grande", isto é, na ordem alta, é denominado computador **big endian**, ao contrário do **little endian** da Figura 2.11(b). Esses termos se devem a Jonathan Swift, cujo livro *As viagens de Gulliver* satirizava os políticos que discutiam por que uns eram a favor de quebrar ovos no lado grande (*big end*) e outros achavam que deviam ser quebrados no lado pequeno (*little end*). O termo foi empregado pela primeira vez na arquitetura de computadores em um interessante artigo de Cohen (1981).

Figura 2.11 (a) Memória *big endian*. (b) Memória *little endian*.

Endereço	Big endian				Little endian				Endereço
0	0	1	2	3	3	2	1	0	0
4	4	5	6	7	7	6	5	4	4
8	8	9	10	11	11	10	9	8	8
12	12	13	14	15	15	14	13	12	12

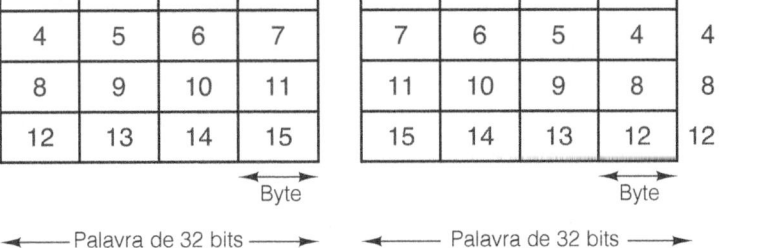

← Palavra de 32 bits → ← Palavra de 32 bits →

(a) (b)

É importante entender que, tanto no sistema *big endian* como no *little endian*, um inteiro de 32 bits com o valor numérico de, digamos, 6 é representado pelos bits 110 nos três bits mais à direita (baixa ordem) de uma palavra e os zeros nos 29 bits da esquerda. No esquema *big endian*, os bits 110 estão no byte 3 (ou 7, ou 11 etc.), enquanto no esquema *little endian* eles estão no byte 0 (ou 4, ou 8 etc.). Em ambos os casos, a palavra que contém esses inteiros tem endereço 0.

Se os computadores somente armazenassem inteiros, não haveria nenhum problema. Contudo, muitas aplicações requerem uma mistura de inteiros, cadeias de caracteres e outros tipos de dados. Considere, por exemplo, um simples registro de pessoal composto de uma cadeia (nome do empregado) e dois inteiros (idade e número do departamento). A cadeia é encerrada com 1 ou mais bytes de valor 0 para completar uma palavra. Para o registro "Jim Smith, idade 21, departamento 260 (1 × 256 + 4 = 260)", a representação *big endian* é mostrada na Figura 2.12(a) e a representação *little endian* é mostrada na Figura 2.12(b).

Figura 2.12 (a) Registro de pessoal para uma máquina *big endian*. (b) O mesmo registro para uma máquina *little endian*. (c) Resultado da transferência do registro de uma máquina *big endian* para uma *little endian*. (d) Resultado da troca de bytes (c).

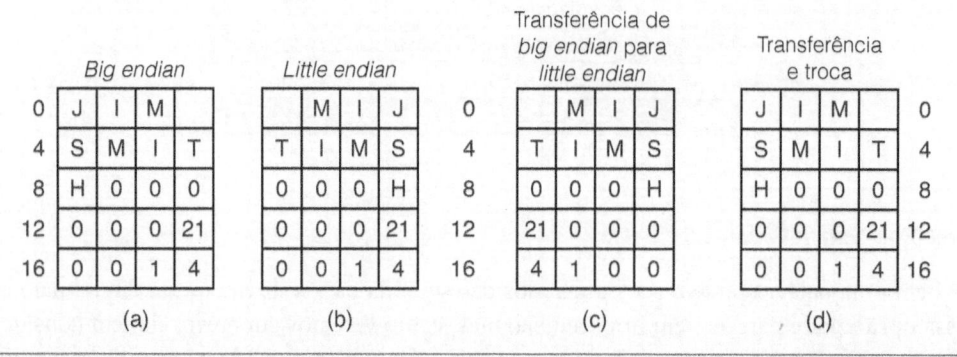

	Big endian					Little endian					Transferência de big endian para little endian					Transferência e troca				
0	J	I	M				M	I	J	0		M	I	J		J	I	M		0
4	S	M	I	T	T	I	M	S		4	T	I	M	S		S	M	I	T	4
8	H	0	0	0	0	0	0	H		8	0	0	0	H		H	0	0	0	8
12	0	0	0	21	0	0	0	21		12	21	0	0	0		0	0	0	21	12
16	0	0	1	4	0	0	1	4		16	4	1	0	0		0	0	1	4	16
	(a)					(b)					(c)					(d)				

Ambas as representações são boas e internamente consistentes. Os problemas começam quando uma das máquinas tenta enviar um registro à outra por uma rede. Vamos supor que a *big endian* envie o registro à *little endian* um byte por vez, começando com o byte 0 e terminando com o byte 19. (Vamos ser otimistas e supor que os bits dos bytes não sejam invertidos pela transmissão porque, assim como está, já temos problemas suficientes.) Portanto, o byte 0 da *big endian* entra na memória da *little endian* no byte 0 e assim por diante, como mostra a Figura 2.12(c).

Quando a *little endian* tenta imprimir o nome, ela funciona bem, mas a idade sai como 21×2^{24} e o departamento também fica errado. Essa situação surge porque a transmissão inverteu a ordem dos caracteres em uma palavra, como deveria, mas também inverteu os bytes de um inteiro, o que não deveria.

Uma solução óbvia é fazer o software inverter os bytes de uma palavra após tê-la copiado. Isso leva à Figura 2.12(d), que faz os dois inteiros se saírem bem, mas transforma a cadeia em "MIJTIMS" e deixa o "H" perdido no meio do nada. Essa inversão da cadeia ocorre porque, ao ler a cadeia, o computador lê primeiro o byte 0 (um espaço), em seguida o byte 1 (M), e assim por diante.

Não há nenhuma solução simples. Um modo que funciona – porém, ineficiente – é incluir um cabeçalho na frente de cada item de dado, que informa qual tipo de dado vem a seguir (cadeia, inteiro ou outro) e qual é seu comprimento. Isso permite que o destinatário efetue apenas as conversões necessárias. De qualquer modo, é preciso deixar claro que a falta de um padrão para a ordenação de bytes é um grande aborrecimento quando há troca de dados entre máquinas diferentes.

2.2.4 Códigos de correção de erro

Memórias de computador podem cometer erros de vez em quando devido a picos de tensão na linha elétrica, raios cósmicos ou outras causas. Para se resguardar contra esses erros, algumas memórias usam códigos de detecção de erros ou códigos de correção de erros. Quando são usados, bits extras são adicionados a cada palavra de memória de modo especial. Quando uma palavra é lida na memória, os bits extras são verificados para ver se ocorreu um erro.

Para entender como os erros podem ser manipulados, é preciso ver de perto o que é, na realidade, um erro. Suponha que uma palavra de memória consista em m bits de dados, aos quais serão adicionados r bits redundantes, ou de verificação. Seja o comprimento total n (isto é, $n = m + r$). Uma unidade de n bits que contém m dados e r bits de verificação costuma ser denominada uma **palavra de código** de n bits.

Dadas duas palavras de código quaisquer, por exemplo, 10001001 e 10110001, é possível determinar quantos bits correspondentes são diferentes. Nesse caso, 3 bits são diferentes. Para saber quantos bits são diferentes, basta calcular o EXCLUSIVE OR (OU EXCLUSIVO) booleano bit por bit das duas palavras de código e contar o número de bits 1 no resultado. O número de posições de bit nas quais as duas palavras de código diferem é denominado **distância de Hamming** (Hamming, 1950). Sua principal significância é que, se duas palavras de código estiverem separadas por uma distância de Hamming d, será preciso d erros de único bit para converter uma na outra. Por exemplo, as palavras de código 11110001 e 00110000 estão a uma distância de Hamming 3 porque é preciso 3 erros de único bit para converter uma na outra.

Com uma palavra de memória de m bits, todos os 2^m padrões de bits são válidos, mas, devido ao modo como os bits de verificação são computados, somente 2^m das 2^n palavras de código são válidas. Se uma leitura de memória aparecer com uma palavra de código inválida, o computador sabe que ocorreu um erro de memória. Dado o algoritmo para calcular os bits de verificação, é possível montar uma lista completa das palavras de código válidas e, por meio dela, achar as duas palavras de código cuja distância de Hamming seja mínima. Essa distância é a distância de Hamming do código completo.

As propriedades de detecção de erro e correção de erro de um código dependem de sua distância de Hamming. Para detectar d erros de único bit, você precisa de um código de distância $d + 1$ porque, com tal código, não existe nenhum modo que permita que d erros de único bit mudem uma palavra de código válida para outra. De modo semelhante, para corrigir erros de único bit, você precisa de um código de distância $2d + 1$ porque, desse modo, as palavras de código válidas estão tão distantes uma da outra que, mesmo que d mude, a palavra de código original ainda estará mais perto do que qualquer outra, portanto, ela pode ser unicamente determinada.

Como um exemplo simples de um código de detecção de erro, considere um código em que um único **bit de paridade** é anexado aos dados. O bit de paridade é escolhido de modo que o número de bits 1 na palavra de código seja par (ou ímpar). Tal código tem uma distância 2, uma vez que qualquer erro de bit único produz uma palavra de código com paridade errada. Ou seja, ele precisa de dois erros de único bit para ir de uma palavra de código válida até outra palavra de código válida. Ele pode ser usado para detectar erros isolados. Sempre que uma palavra que contenha paridade errada for lida da memória, uma condição de erro é sinalizada. O programa não pode continuar, mas, ao menos, nenhum resultado errado é calculado.

Como um exemplo simples de um código de correção de erros, considere um código que tenha apenas quatro palavras de código válidas:

0000000000,   0000011111,   1111100000   e   1111111111

Esse código tem uma distância 5, o que significa que pode corrigir erros duplos. Se a palavra de código 0000000111 chegar, o destinatário sabe que a original deve ter sido 0000011111 (se não houver mais do que um duplo erro). Contudo, se um erro triplo mudar 0000000000 para 0000000111, o erro não pode ser corrigido.

Imagine que queremos projetar um código com m bits de dados e r bits de verificação que permitirá que todos os erros de bits únicos sejam corrigidos. Cada uma das 2^m palavras de memória válidas tem n palavras de código inválidas a uma distância 1. Essas palavras de código inválidas são formadas sistematicamente invertendo cada um dos n bits na palavra de código de n bits formada com base nela. Assim, cada uma das 2^m palavras de memória válidas requer $n + 1$ padrões de bits dedicados a ela (para os n possíveis erros e padrão de correção). Uma vez que o número total de padrões de bits é 2^n, temos de ter $(n + 1)2^m \leq 2^n$. Usando $n = m + r$, esse requisito se torna $(m + r + 1) \leq 2^r$. Dado m, isso impõe um limite inferior ao número de bits de verificação necessários para corrigir erros únicos. A Figura 2.13 mostra o número de bits de verificação requeridos por vários tamanhos de palavras de memória.

Figura 2.13 Número de bits de verificação para um código que pode corrigir um erro único.

Tamanho da palavra	Bits de verificação	Tamanho total	Acréscimo percentual
8	4	12	50
16	5	21	31
32	6	38	19
64	7	71	11
128	8	136	6
256	9	265	4
512	10	522	2

Esse limite inferior teórico pode ser conseguido usando um método criado por Richard Hamming (1950). Antes de analisar o algoritmo de Hamming, vamos examinar uma representação gráfica simples que ilustra com clareza a ideia de um código de correção de erros para palavras de 4 bits. O diagrama de Venn da Figura 2.14(a) contém três círculos, A, B e C, que juntos formam sete regiões. Como exemplo, vamos codificar a palavra de memória de 4 bits 1100 nas regiões AB, ABC, AC e BC, 1 bit por região (em ordem alfabética). Essa codificação é mostrada na Figura 2.14(a).

Figura 2.14 (a) Codificação de 1100. (b) Paridade par adicionada. (c) Erro em AC.

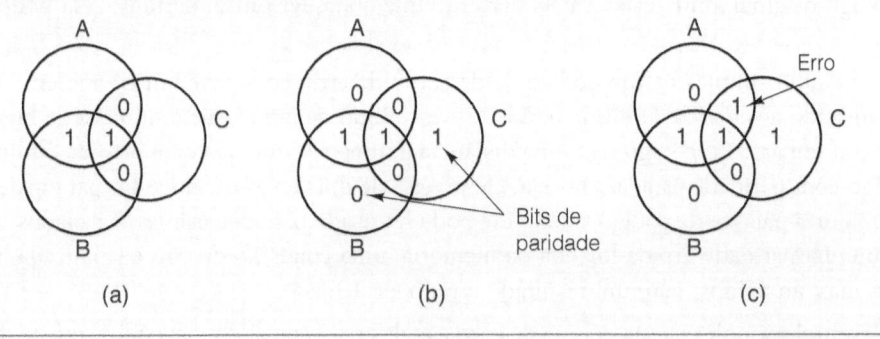

Em seguida, acrescentamos um bit de paridade a cada uma dessas três regiões vazias para produzir paridade par, como ilustrado na Figura 2.14(b). Por definição, agora a soma dos bits em cada um dos três círculos, A, B e C, é um número par. No círculo A, temos os quatro números 0, 0, 1 e 1, cuja soma total é 2, um número par. No círculo B, os números são 1, 1, 0 e 0, cuja soma total é 2, um número par. Por fim, no círculo C, temos a mesma coisa. Nesse exemplo, por acaso todos os círculos são iguais, mas as somas de 0 e 4 também são possíveis em outros exemplos. Essa figura corresponde a uma palavra de código com 4 bits de dados e 3 bits de paridade.

Agora, suponha que algo de ruim aconteça com o bit na região AC e ele mude de 0 para 1, conforme mostra a Figura 2.14(c). Agora, o computador pode ver que os círculos A e C têm a paridade errada (ímpar). A única mudança de bit individual que pode corrigi-los é restaurar AC para 0, o que corrige o erro. Desse modo, o computador pode corrigir automaticamente erros de memória em único bit.

Agora, vamos ver como o algoritmo de Hamming pode ser usado para construir códigos de correção de erros para qualquer tamanho de palavra de memória. Em um código de Hamming, são acrescentados r bits de paridade a uma palavra de m bits, formando uma nova palavra de comprimento $m + r$ bits. Os bits são numerados começando com 1, não com 0, sendo que o bit 1 é o da extrema esquerda (ordem alta). Todos os bits cujo número de bit for uma potência de 2 são de paridade; os restantes são usados para dados. Por exemplo, com uma palavra de 16 bits, são adicionados 5 bits de paridade. Os bits 1, 2, 4, 8 e 16 são bits de paridade e todos os restantes são bits de dados. No total, a palavra de memória tem 21 bits (16 de dados, 5 de paridade). Neste exemplo, usaremos (arbitrariamente) a paridade par.

Cada bit de paridade verifica posições específicas de bits; o bit de paridade é estabelecido de modo que o número de 1s nas posições verificadas seja par. As posições de bits verificadas pelos bits de paridade são

Bit 1 verifica bits 1, 3, 5, 7, 9, 11, 13, 15, 17, 19, 21.

Bit 2 verifica bits 2, 3, 6, 7, 10, 11, 14, 15, 18, 19.

Bit 4 verifica bits 4, 5, 6, 7, 12, 13, 14, 15, 20, 21.

Bit 8 verifica bits 8, 9, 10, 11, 12, 13, 14, 15.

Bit 16 verifica bits 16, 17, 18, 19, 20, 21.

Em geral, o bit b é verificado pelos bits $b_1, b_2, ..., b_j$ tais que $b_1 + b_2 + ... + b_j = b$. Por exemplo, o bit 5 é verificado pelos bits 1 e 4 porque 1 + 4 = 5. O bit 6 é verificado pelos bits 2 e 4 porque 2 + 4 = 6 e assim por diante.

A Figura 2.15 mostra a construção de um código de Hamming para a palavra de memória de 16 bits 1111000010101110. A palavra de código de 21 bits é 001011100000101101110. Para ver como funciona a correção de erros, considere o que aconteceria se o bit 5 fosse invertido por uma sobrecarga elétrica na linha de força. A nova palavra de código seria 001001100000101101110 em vez de 001011100000101101110. Os 5 bits de paridade serão verificados com os seguintes resultados:

Bit de paridade 1 incorreto (1, 3, 5, 7, 9, 11, 13, 15, 17, 19, 21 contêm cinco 1s).

Bit de paridade 2 correto (2, 3, 6, 7, 10, 11, 14, 15, 18, 19 contêm seis 1s).

Bit de paridade 4 incorreto (4, 5, 6, 7, 12, 13, 14, 15, 20, 21 contêm cinco 1s).

Bit de paridade 8 correto (8, 9, 10, 11, 12, 13, 14, 15 contêm dois 1s).

Bit de paridade 16 correto (16, 17, 18, 19, 20, 21 contêm quatro 1s).

Figura 2.15 Construção do código de Hamming para a palavra de memória 1111000010101110 adicionando 5 bits de verificação aos 16 bits de dados.

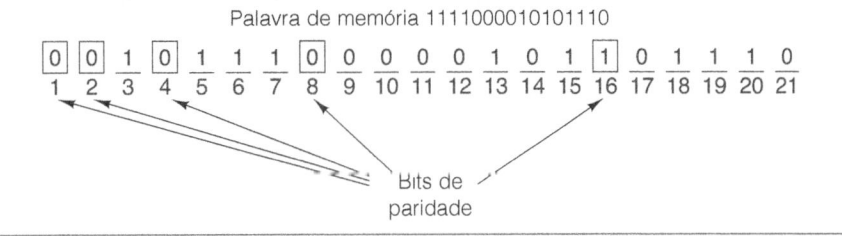

O número total de 1s nos bits 1, 3, 5, 7, 9, 11, 13, 15, 17, 19 e 21 deve ser par porque está sendo usada a paridade par. O bit incorreto deve ser um dos bits verificados pelo bit de paridade 1 – ou seja, bit 1, 3, 5, 7, 9, 11, 13, 15, 17, 19 ou 21. O bit de paridade 4 está incorreto, o que significa que um dos bits 4, 5, 6, 7, 12, 13, 14, 15, 20 ou 21 está incorreto. O erro deve ser um dos bits que está em ambas as listas, a saber, 5, 7, 13, 15 ou 21. Contudo, o bit 2 está correto, o que elimina os bits 7 e 15. De modo semelhante, o bit 8 está correto, eliminando o 13. Por fim, o bit 16 está correto, eliminando o 21. O único que sobrou é 5, que é o bit que está com erro. Uma vez que foi lido como um 1, ele deveria ser um 0. Dessa maneira, os erros podem ser corrigidos.

Um método simples para achar o bit incorreto é calcular antes todos os bits de paridade. Se todos estiverem corretos, não houve nenhum erro (ou então houve mais de um). Em seguida, somar todos os bits de paridade incorretos, contando 1 para o bit 1, 2 para o bit 2, 4 para o bit 4 e assim por diante. A soma resultante é a posição do bit incorreto. Por exemplo, se os bits de paridade 1 e 4 estiverem incorretos, mas 2, 8 e 16 estiverem corretos, o bit 5 (1 + 4) foi invertido.

2.2.5 Memória *cache*

Historicamente, as CPUs sempre foram mais rápidas do que as memórias. Conforme memórias melhoraram as CPUs também se aperfeiçoaram, mantendo o desequilíbrio. Na verdade, à medida que fica possível colocar cada vez mais circuitos em um chip, os projetistas estão usando essas novas facilidades no paralelismo (*pipelining*) e em operação superescalar, fazendo as CPUs ficarem ainda mais velozes. Projetistas de memória costumam usar nova tecnologia para aumentar a capacidade de seus chips, e não a velocidade, portanto, parece que os problemas estão piorando com o passar do tempo. Na prática, o significado desse desequilíbrio é que, após emitir uma requisição de memória, a CPU não obterá a palavra de que necessita por muitos ciclos de CPU. Quanto mais lenta a memória, mais ciclos a CPU terá de esperar.

Como já destacamos, há duas maneiras de tratar desse problema. O modo mais simples é somente iniciar READs (leituras) de memória quando elas forem encontradas, mas continuar executando e bloquear a CPU se uma instrução tentar usar a palavra de memória antes de ela chegar. Quanto mais lenta a memória, maior será a frequência desse problema e maior será a penalidade quando isso, de fato, ocorrer. Por exemplo, se uma instrução em cinco toca na memória e o tempo de acesso à memória for de cinco ciclos, o tempo de execução será o dobro daquele que teria sido na memória instantânea. Mas, se o tempo de acesso for de 50 ciclos, então o tempo de execução será elevado por um fator de 11 (5 ciclos para executar instruções mais 50 ciclos para esperar pela memória).

A outra solução é ter máquinas que não ficam bloqueadas, mas, em vez disso, exigem que o compilador não gere código para usar palavras antes que elas tenham chegado. O problema é que é muito mais fácil falar dessa abordagem do que executá-la. Muitas vezes, não há nada mais a fazer após um LOAD (carregar), portanto, o compilador é forçado a inserir instruções NOP (nenhuma operação), que nada mais fazem do que ocupar um intervalo (*slot*) e gastar tempo. Com efeito, essa abordagem é um bloqueio de software em vez de um bloqueio de hardware, mas a degradação do desempenho é a mesma.

Na verdade, o problema não é tecnológico, mas econômico. Os engenheiros sabem como construir memórias tão rápidas quanto as CPUs, mas para que executem a toda velocidade, elas têm de estar localizadas no chip da CPU (porque passar pelo barramento para alcançar a memória é uma operação muito lenta). Instalar uma memória grande no chip da CPU faz com que esta fique maior e, portanto, mais cara. Ainda que o custo não fosse uma questão a considerar, há limites de tamanho para um chip de CPU. Assim, a opção se resume a ter uma pequena quantidade de memória rápida ou uma grande quantidade de memória lenta. O que nós gostaríamos de ter é uma grande quantidade de memória rápida a um preço baixo.

O interessante é que há técnicas conhecidas para combinar uma pequena quantidade de memória rápida com uma grande quantidade de memória lenta para obter (quase) a velocidade da memória rápida e a capacidade da memória grande a um preço módico. A memória pequena e rápida é denominada *cache* (do francês *cacher*, que significa "esconder" e se pronuncia "késh"). Em seguida, descreveremos brevemente como as *caches* são usadas e como funcionam. O Capítulo 4 apresenta uma descrição mais detalhada.

A ideia básica de uma *cache* é simples: as palavras de memória usadas com mais frequência são mantidas na *cache*. Quando a CPU precisa de uma palavra, ela examina em primeiro lugar a *cache*. Somente se a palavra não estiver ali é que ela recorre à memória principal. Se uma fração substancial das palavras estiver na *cache*, o tempo médio de acesso pode ser muito reduzido.

Assim, o sucesso ou o fracasso depende da fração das palavras que estão na *cache*. Há anos todos sabemos que programas não acessam suas memórias de forma totalmente aleatória. Se uma dada referência à memória for para o endereço A, é provável que a próxima estará na vizinhança geral de A. Um exemplo simples é o próprio programa. Exceto quando se trata de desvios e de chamadas de procedimento, as instruções são buscadas em localizações consecutivas da memória. Além do mais, grande parte do tempo de execução de um programa é gasto em laços, nos quais um número limitado de instruções é executado repetidas vezes. De modo semelhante, é provável que um programa de manipulação de matrizes fará muitas referências à mesma matriz antes de passar para outra coisa qualquer.

A observação de que referências à memória feitas em qualquer intervalo de tempo curto tendem a usar apenas uma pequena fração da memória total é denominada **princípio da localidade**, e forma a base de todos os sistemas de *cache*. A ideia geral é que, quando uma palavra for referenciada, ela e algumas de suas vizinhas sejam trazidas da memória grande e lenta para a *cache*, de modo que, na próxima vez em que for usada, ela possa ser acessada rapidamente. Um arranjo comum da CPU, *cache* e memória principal é ilustrado na Figura 2.16. Se uma palavra for lida ou escrita k vezes em um curto intervalo de tempo, o computador precisará de 1 referência à memória lenta e $k - 1$ referências à memória rápida. Quanto maior for k, melhor será o desempenho global.

Figura 2.16 A localização lógica da *cache* é entre a CPU e a memória principal. Em termos físicos, há diversos lugares em que ela poderia estar localizada.

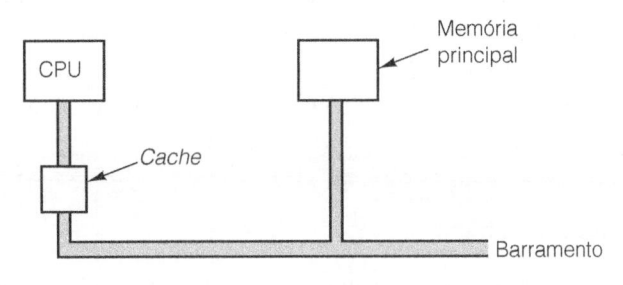

Podemos formalizar esse cálculo introduzindo c, o tempo de acesso à *cache*; m, o tempo de acesso à memória principal; e h, a **taxa de acerto**, que é a fração de todas as referências que podem ser satisfeitas através da *cache*. Em nosso pequeno exemplo do parágrafo anterior, $h = (k - 1)/k$. Alguns autores também definem a **taxa de falha** (na *cache*), que é $1 - h$.

Com essas definições, podemos calcular o tempo de acesso médio como segue:

tempo de acesso médio = $c + (1 - h)\, m$

À medida que $h \to 1$, todas as referências podem ser satisfeitas fora da *cache* e o tempo de acesso médio se aproxima de c. Por outro lado, à medida que $h \to 0$, toda vez será necessária uma referência à memória, portanto, o tempo de acesso se aproxima de $c + m$, primeiro um tempo para verificar a *cache* (sem sucesso) e então um tempo m para fazer a referência à memória. Em alguns sistemas, a referência à memória pode ser iniciada em paralelo com a busca na *cache*, de modo que, se ocorrer uma falha na *cache* (*cache miss*), o ciclo da memória já terá sido iniciado. Contudo, essa estratégia requer que a memória possa ser interrompida se houver uma presença na *cache* (*cache hit*), o que torna a implantação mais complicada.

Usando o princípio da localidade como guia, memórias principais e *caches* são divididas em blocos de tamanho fixo. Ao nos referirmos a esses blocos dentro da *cache*, eles costumam ser chamados de **linhas de *cache***. Quando a busca na *cache* falha, toda a linha de *cache* é carregada da memória principal para a *cache*, e não apenas a palavra que se quer. Por exemplo, com uma linha de *cache* de 64 bytes de tamanho, uma referência ao endereço de memória 260 puxará a linha que consiste nos bytes 256 a 319 para uma linha de *cache*. Com um pouco de sorte, algumas das outras palavras na linha de *cache* também serão necessárias em breve. Esse tipo de operação é mais eficiente do que buscar palavras individuais porque é mais rápido buscar k palavras de uma vez só do que uma palavra k vezes. Além disso, ter entradas de *cache* de mais do que uma palavra significa que há menor número delas; por conseguinte, é preciso menos memória auxiliar (*overhead*). Por fim, muitos computadores podem transferir 64 ou 128 bits em paralelo em um único ciclo do barramento, até mesmo em máquinas de 32 bits.

O projeto de *cache* é uma questão de importância cada vez maior para CPUs de alto desempenho. Um aspecto é o tamanho da *cache*. Quanto maior, melhor seu funcionamento, mas também maior é o custo. Um segundo aspecto é o tamanho da linha de *cache*. Uma *cache* de 16 KB pode ser dividida em até 1.024 linhas de 16 bytes, 2.048 linhas de 8 bytes e outras combinações. Um terceiro aspecto é a maneira de organização, isto é, como ela controla quais palavras de memória estão sendo mantidas no momento. Examinaremos *caches* detalhadamente no Capítulo 4.

Um quarto aspecto do projeto é se as instruções e dados são mantidos na mesma *cache* ou em *caches* diferentes. Ter uma *cache* **unificada** (instruções e dados usam a mesma *cache*) é um projeto mais simples e mantém automaticamente o equilíbrio entre buscas de instruções e buscas de dados. No entanto, a tendência hoje é uma ***cache* dividida**, com instruções em uma *cache* e dados na outra. Esse projeto também é denominado **arquitetura Harvard** e essa referência volta ao passado até o computador Mark III de Howard Aiken, que tinha memórias diferentes para instruções e dados. A força que impele os projetistas nessa direção é a utilização muito difundida de CPUs com paralelismo (*pipelined*). A unidade de busca de instrução precisa acessar instruções ao mesmo tempo em que a unidade de busca de operandos precisa de acesso aos dados. Uma *cache* dividida permite acessos paralelos; uma *cache* unificada, não. Além disso, como as instruções não são modificadas durante a execução, o conteúdo da *cache* de instrução nunca tem de ser escrito de volta na memória.

Por fim, um quinto aspecto é o número de *caches*. Hoje em dia não é incomum ter chips com uma *cache* primária no chip, uma *cache* secundária fora dele, mas no mesmo pacote do chip da CPU, e uma terceira *cache* ainda mais distante.

2.2.6 Empacotamento e tipos de memória

Desde os primeiros dias da memória de semicondutor até o início da década 1990, a memória era fabricada, comprada e instalada como chips únicos. As densidades dos chips iam de 1 K bits até 1 M bits e além, mas cada chip era vendido como uma unidade separada. Os primeiros PCs costumavam ter soquetes vazios nos quais podiam ser ligados chips de memória adicionais, se e quando o comprador precisasse deles.

Desde o início da década de 1990, usa-se um arranjo diferente. Um grupo de chips, em geral 8 ou 16, é montado em uma minúscula placa de circuito impresso e vendido como uma unidade. Essa unidade é denominada **SIMM (Single Inline Memory Module – módulo único de memória em linha)** ou **DIMM (Dual Inline Memory Module – módulo duplo de memória em linha)**, dependendo se tem uma fileira de conectores de um só lado ou de ambos os lados da placa. Os SIMMs têm um conector de borda com 72 contatos e transferem 32 bits por ciclo de *clock*. Os DIMMs em geral têm conectores de borda com 120 contatos em cada lado da placa, perfazendo um total de 240 contatos e transferem 64 bits por ciclo de *clock*. Os mais comuns hoje são os DIMMs DDR3, que é a terceira versão das memórias de taxa dupla. Um exemplo típico de DIMM é ilustrado na Figura 2.17.

Figura 2.17 Visão superior de um DIMM de 4 GB, com oito chips de 256 MB em cada lado. O outro lado tem a mesma aparência.

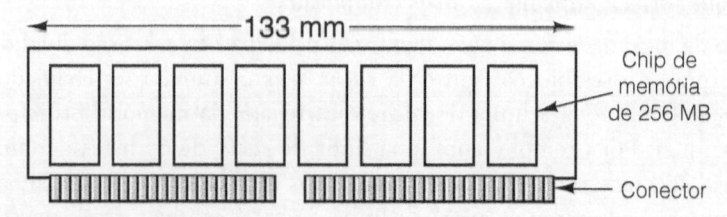

Uma configuração típica de DIMM poderia ter oito chips de dados com 256 MB cada. Então, o módulo inteiro conteria 2 GB. Muitos computadores têm espaço para quatro módulos, o que dá uma capacidade total de 8 GB se usarem módulos de 2 GB e mais, se usarem módulos maiores.

Um DIMM fisicamente menor, denominado **SO-DIMM** (**Small Outline DIMM** – **DIMM pequeno perfil**) é usado em notebooks. Pode-se adicionar um bit de paridade ou correção de erro aos DIMMS, porém, visto que a taxa média de erro de um módulo é de um erro a cada dez anos, na maioria dos computadores de uso comum e doméstico, detecção e correção de erros são omitidas.

2.3 Memória secundária

Seja qual for o tamanho da memória principal, ela sempre será muito pequena. As pessoas sempre querem armazenar mais informações do que a memória pode conter, ainda mais porque, à medida que a tecnologia melhora, elas começam a pensar em armazenar coisas que antes estavam inteiramente no reino da ficção científica. Por exemplo, como as diretrizes orçamentárias do governo dos Estados Unidos obrigam as agências governamentais a gerar sua própria receita, podemos imaginar a Biblioteca do Congresso decidindo digitalizar e vender todo o seu conteúdo como um artigo de consumo ("Todo o conhecimento humano por apenas US$ 299,95"). Cerca de 50 milhões de livros, cada qual com 1 MB de texto e 1 MB de figuras comprimidas, requerem armazenagem de 10^{14} bytes ou 100 terabytes. Armazenar todos os 50 mil filmes produzidos até agora também faz parte desse carnaval. Essa quantidade de informação não caberá na memória principal, ao menos por algumas décadas.

2.3.1 Hierarquias de memória

A solução tradicional para armazenar grandes quantidades de dados é uma hierarquia de memória, como ilustrada na Figura 2.18. No topo, estão os registradores da CPU, que podem ser acessados à velocidade total da CPU. Em seguida, vem a memória *cache*, que está na faixa de 32 KB a alguns megabytes. A memória vem logo após, hoje com tamanhos que vão de 1 GB para sistemas básicos até centenas de gigabytes na extremidade mais alta. Depois, vêm os discos magnéticos, o atual burro de carga da armazenagem permanente. Por fim, temos fitas magnéticas e discos ópticos para armazenagem de arquivos.

À medida que descemos na hierarquia, três parâmetros aumentam. Primeiro, o tempo de acesso fica maior. Os registradores da CPU podem ser acessados em um nanossegundo ou menos. Memórias *cache* demoram um pequeno múltiplo dos registradores da CPU. Acessos à memória principal normalmente levam 10 nanossegundos. Agora, vem uma grande lacuna, porque tempos de acesso a discos são no mínimo 10 vezes mais lentos para discos em estado sólido e centenas de vezes mais lentos para discos magnéticos. Acessos a fitas ou discos óticos podem ser medidos em segundos se a mídia tiver de ser buscada e inserida no *drive*.

Figura 2.18 Hierarquia de memória de cinco níveis.

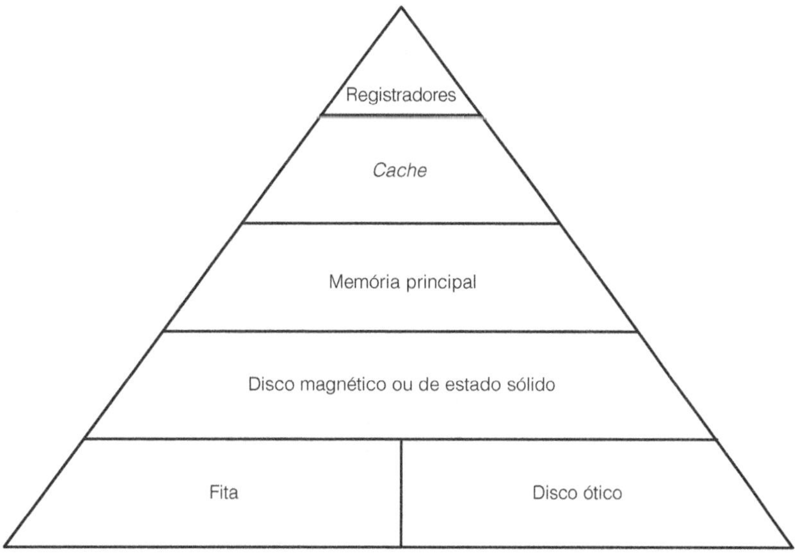

Segundo, a capacidade de armazenagem aumenta à medida que descemos na hierarquia. Registradores de CPU são bons para, talvez, 128 bytes, *caches* para algumas dezenas de megabytes, memórias principais para alguns gigabytes, discos em estado sólido para centenas de gigabytes e discos magnéticos para terabytes. Fitas e discos ópticos costumam ser mantidos off-line, portanto, sua capacidade é limitada apenas pelo orçamento do usuário.

Terceiro, o número de bits por dólar gasto aumenta descendo a hierarquia. Embora os preços atuais mudem com rapidez, a memória principal é medida em dólares/megabyte, o disco em estado sólido em dólares/gigabyte e a armazenagem em disco magnético e fita em centavos/gigabyte.

Já vimos registradores, *cache* e memória principal. Nas seções seguintes, vamos examinar os discos magnéticos e os discos em estado sólido; depois, estudaremos os discos óticos. Não estudaremos fitas porque são raramente usadas, exceto para cópias de segurança (*backup*) e, de qualquer forma, não há muita coisa a dizer sobre elas.

2.3.2 Discos magnéticos

Um disco magnético é composto de um ou mais pratos de alumínio com um revestimento magnetizável. No início, esses pratos tinham até 50 cm de diâmetro, mas agora têm normalmente de 3 a 9 cm, e discos para notebooks já estão com menos de 3 cm e continuam encolhendo. Um cabeçote de disco que contém uma bobina de indução flutua logo acima da superfície, apoiado sobre um colchão de ar. Quando uma corrente positiva ou negativa passa pelo cabeçote, ele magnetiza a superfície logo abaixo dele, alinhando as partículas magnéticas para a esquerda ou para a direita, dependendo da polaridade da corrente. Quando o cabeçote passa sobre uma área magnetizada, uma corrente positiva ou negativa é induzida nele, o que possibilita a leitura dos bits armazenados antes. Assim, à medida que o prato gira sob o cabeçote, uma corrente de bits pode ser escrita e mais tarde lida. A geometria de uma trilha de disco é mostrada na Figura 2.19.

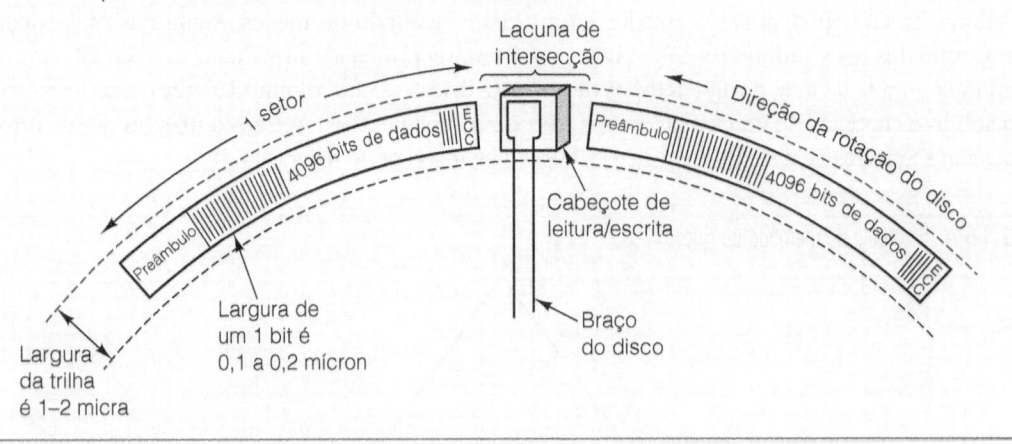

Figura 2.19 Porção de uma trilha de disco. Dois setores são ilustrados.

A sequência circular de bits escritos quando o disco faz uma rotação completa é denominada **trilha**. Cada trilha é dividida em algum número de **setores** de tamanho fixo, que em geral contêm 512 bytes de dados, precedidos por um **preâmbulo** que permite a sincronização do cabeçote antes de uma leitura ou escrita. Em seguida aos dados há um código de correção de erros (ECC – Error-Correcting Code), ou um código de Hamming ou, mais comumente, um código que pode corrigir múltiplos erros, denominado **código de Reed-Solomon**. Entre setores consecutivos há uma pequena **lacuna intersetores**. Alguns fabricantes citam a capacidade de seus discos no estado sem formatação (como se cada trilha contivesse apenas dados), mas uma medida mais honesta é a capacidade no estado formatado, que não conta os preâmbulos, ECCs e lacunas como dados. A capacidade do disco formatado é normalmente 15% menor do que a capacidade sem formatação.

Todos os discos têm braços móveis que podem se mover para dentro e para fora a diferentes distâncias radiais da haste ao redor da qual o prato gira. A cada distância radial pode ser escrita uma trilha diferente. Assim, as trilhas são uma série de círculos concêntricos ao redor da haste. A largura de uma trilha depende da largura do cabeçote e da precisão com que ele pode ser posicionado radialmente. Com tecnologia atual, os discos têm em torno de 50 mil trilhas por centímetro, resultando em larguras de trilha na faixa de 200 nanômetros (1 nanômetro = 1/1.000.000 mm). Deve-se notar que uma trilha não é um sulco físico na superfície, mas apenas um anel de material magnetizado com pequenas áreas de proteção que o separa das trilhas que estão dentro e fora dele.

A densidade linear de bits ao redor da circunferência da trilha é diferente da radial. Em outras palavras, o número de bits por milímetro medida em torno de uma trilha é diferente do número de bits por milímetro a partir do centro em direção à borda externa. A densidade ao redor de uma trilha é determinada em grande parte pela pureza da superfície e pela qualidade do ar. Os discos de hoje atingem densidades de 25 gigabits/cm. A densidade radial é determinada pela precisão que o braço pode ter para chegar a uma trilha. Assim, um bit é muitas vezes maior na direção radial em comparação com a circunferência, conforme sugere a Figura 2.19.

Para atingir densidades ainda mais altas, os fabricantes de discos estão desenvolvendo tecnologias nas quais a dimensão "longa" dos bits não está ao longo da circunferência do disco, mas na direção vertical, dentro do óxido de ferro. Essa técnica é denominada **gravação perpendicular** e demonstrou-se que pode oferecer densidades de dados de até 100 gigabits/cm. É provável que essa se torne a tecnologia dominante nos próximos anos.

Para conseguir alta qualidade de superfície e ar, a maioria dos discos é selada na fábrica para evitar a entrada de pó. Esses *drives* eram denominados **discos Winchester**, pois os primeiros deles (criados pela IBM) tinham 30 MB de armazenagem selada e fixa e 30 MB de armazenagem removível. Conta a história que esses discos 30-30 lembravam às pessoas os rifles Winchester 30-30, que desempenharam um papel importante na abertura das fronteiras norte-americanas, e o nome "Winchester" ficou. Agora, eles são chamados simplesmente de **discos rígidos**, para diferenciá-los dos antigos **disquetes** (ou **discos flexíveis**) usados nos primeiros computadores pessoais. Nessa área, é muito difícil escolher um nome para alguma coisa que não se torne ridículo 30 anos depois.

A maioria dos discos é composta de vários pratos empilhados na vertical, como ilustrado na Figura 2.20. Cada superfície tem seu próprio braço e cabeçote. Os braços são agrupados de modo que todos se movimentem para diferentes posições radiais ao mesmo tempo. O conjunto de trilhas em uma dada posição radial é denomi-

Figura 2.20 Disco com quatro pratos.

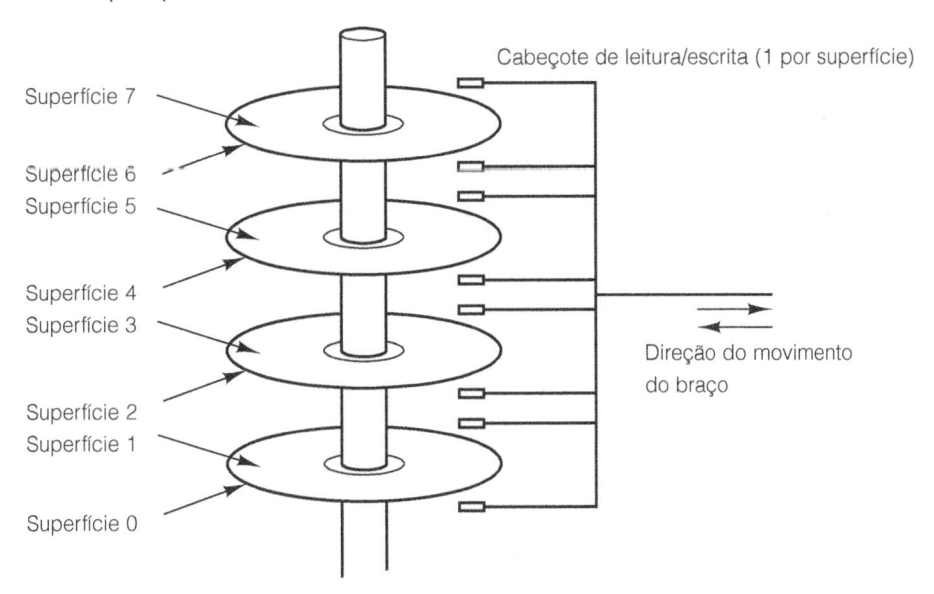

nado **cilindro**. Os discos usados hoje em PCs costumam ter de 1 a 12 pratos por *drive*, o que resulta em 2 a 24 superfícies de gravação. Discos de última geração podem armazenar 1 TB em um único prato, e esse limite certamente crescerá com o tempo.

O desempenho do disco depende de vários fatores. Para ler ou escrever um setor, primeiro o braço deve se deslocar até a posição radial correta. Essa ação é denominada **busca** (*seek*). Tempos médios de busca (entre trilhas aleatórias) estão na faixa de 5 a 10 ms, embora buscas entre trilhas consecutivas agora já estejam abaixo de 1 ms. Logo que o cabeçote estiver posicionado radialmente, há um atraso, denominado **latência rotacional**, até que o setor desejado gire sob o cabeçote. A maioria dos discos gira a 5.400 RPM, 7.200 RPM ou 10.800 RPM, portanto, o atraso médio (meia rotação) é de 3 a 6 ms. O tempo de transferência depende da densidade linear e da velocidade de rotação. Com taxas de transferência típicas de 150 MB/s, um setor de 512 bytes demora cerca de 3,5 µs. Por conseguinte, o tempo de busca e a latência rotacional dominam o tempo de transferência. Ler setores aleatórios por todo o disco é claramente um modo ineficiente de operar.

Vale a pena mencionar que, por conta de preâmbulos, ECCs, lacunas intersetores, tempos de busca e latências rotacionais, há uma grande diferença entre taxa de rajada (*burst rate*) máxima de um *drive* e sua taxa máxima sustentada. A taxa máxima de rajada é a taxa de dados, uma vez que o cabeçote está sobre o primeiro bit de dados. O computador deve ser capaz de manipular os dados que estão chegando com essa mesma rapidez. Contudo, o *drive* só pode manter essa taxa para um único setor. Para algumas aplicações, como multimídia, o que importa é a taxa sustentada média durante um período de segundos, que também tem de levar em conta as necessárias buscas e atrasos rotacionais.

Um pouco de raciocínio e a utilização daquela velha fórmula de matemática do colegial para a circunferência de um círculo, $c = 2\pi r$, revelarão que a distância linear ao redor das trilhas mais externas é maior do que a das trilhas mais internas. Uma vez que todos os discos magnéticos giram com velocidade angular constante, não importando onde estão os cabeçotes, essa observação cria um problema. Nos *drives* antigos, os fabricantes usavam a máxima densidade linear possível na trilha mais interna e densidades lineares de bits sucessivamente menores nas trilhas mais externas. Se um disco tivesse 18 setores por trilha, por exemplo, cada uma ocupava 20 graus de arco, não importando em qual cilindro se encontrava.

Hoje, usa-se uma estratégia diferente. Os cilindros são divididos em zonas (normalmente, 10 a 30 por *drive*) e o número de setores por trilha aumenta de zona em zona partindo da trilha mais interna para a mais externa. Essa mudança dificulta o rastreamento de informações mas aumenta a capacidade do *drive*, que é considerada mais importante. Todos os setores são do mesmo tamanho. A Figura 2.21 mostra um disco com cinco zonas.

Figura 2.21 Disco com cinco zonas. Cada zona tem muitas trilhas.

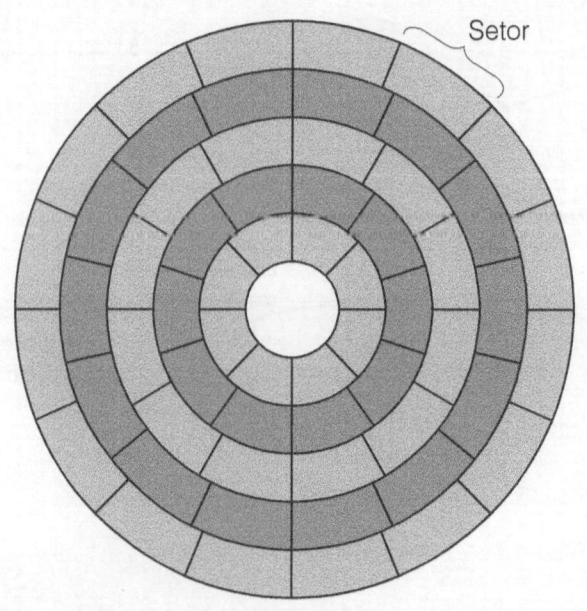

Associado a cada *drive* há um **controlador de disco**, um chip que controla o *drive*. Alguns controladores contêm uma CPU completa. Entre as tarefas do controlador estão: aceitar comandos do software, como READ, WRITE e FORMAT (escrevendo todos os preâmbulos), controlar o movimento do braço, detectar e corrigir erros e converter bytes de 8 bits lidos na memória em uma corrente serial de bits e vice-versa. Alguns controladores também manipulam o *buffer* de múltiplos setores, fazendo *cache* de setores lidos para potencial uso futuro e remapeando setores ruins. Essa última função é causada pela existência de setores que têm um ponto ruim, ou seja, permanentemente magnetizado. Quando descobre um setor ruim, o controlador o substitui por um dos setores sobressalentes reservados para esse fim dentro de cada cilindro ou zona.

2.3.3 Discos IDE

Os discos dos modernos computadores pessoais evoluíram daquele usado no IBM PC XT, que era um disco Seagate de 10 MB controlado por um controlador de disco Xebec em um cartão de encaixe (*plug-in*). O disco Seagate tinha 4 cabeçotes, 306 cilindros e 17 setores por trilha. O controlador conseguia manipular dois *drives*. O sistema operacional lia e escrevia em um disco colocando parâmetros em registradores da CPU e então chamando o **BIOS** (**Basic Input Output System – sistema básico de entrada e saída**) localizado na memória somente de leitura do PC. O BIOS emitia as instruções de máquina para carregar os registradores do controlador de disco que iniciava as transferências.

A tecnologia evoluiu rapidamente e passou do controlador em uma placa separada para o controlador integrado com os *drives,* começando com *drives* **IDE** (**Integrated Drive Electronics – eletrônica integrada ao** *drive*) em meados da década de 1980. Contudo, as convenções de chamada do BIOS não foram alteradas por causa da compatibilidade. Essas convenções de chamada endereçavam setores dando seus números de cabeçote, cilindro e setor, sendo que a numeração de cabeçotes e cilindros começava em 0, e de setores, em 1. Essa escolha provavelmente se deveu a um erro da parte do programador original do BIOS, que escreveu sua obra-prima em assembler 8088. Com 4 bits para o cabeçote, 6 bits para o setor e 10 bits para o cilindro, o *drive* máximo podia ter 16 cabeçotes, 63 setores e 1.024 cilindros, para um total de 1.032.192 setores. Esse *drive* máximo tinha uma capacidade de 504 MB, o que devia parecer uma infinidade naquela época, porém, agora, decerto não. (Hoje você criticaria uma nova máquina que não pudesse manipular *drives* maiores do que 1.000 TB?)

Infelizmente, não passou muito tempo e apareceram *drives* acima de 504 MB, mas com a geometria errada (por exemplo, 4 cabeçotes, 32 setores e 2.000 cilindros totalizam 256.000 setores). O sistema operacional não conseguia endereçá-los de modo algum, por causa das convenções de chamada do BIOS há muito cristalizadas. O resultado é que os controladores de disco começaram a mentir, fingindo que a geometria estava dentro dos limites do BIOS embora, na verdade, estivesse remapeando a geometria virtual para a geometria real. Embora essa técnica funcionasse, causava grandes estragos nos sistemas operacionais que posicionavam dados cuidadosamente para minimizar tempos de busca.

Com o tempo, os *drives* IDE evoluíram para *drives* **EIDE** (**Extended IDE – IDE estendido**), que também suportavam um segundo esquema de endereçamento denominado **LBA** (**Logical Block Addressing – endereçamento de blocos lógicos**), que numera os setores começando em 0 até um máximo de $2^{28} - 1$. Esse esquema requer que o controlador converta endereços LBA para endereços de cabeçote, setor e cilindro, mas ultrapassa o limite de 504 MB. Infelizmente, ele criava um novo gargalo a $2^{28} \times 2^9$ bytes (128 GB). Em 1994, quando foi adotado o padrão EIDE, ninguém poderia imaginar discos de 128 GB. Comitês de padronização, assim como os políticos, têm tendência de empurrar problemas para que o próximo comitê os resolva.

Drives e controladores EIDE também tinham outras melhorias. Por exemplo, controladores EIDE podiam ter dois canais, cada um com um *drive* primário e um secundário. Esse arranjo permitia um máximo de quatro *drives* por controlador. *Drives* de CD-ROM e DVD também eram suportados, e a taxa de transferência aumentou de 4 MB/s para 16,67 MB/s.

Enquanto a tecnologia de disco continuava a melhorar, o padrão EIDE continuava a evoluir, mas, por alguma razão, o sucessor do EIDE foi denominado **ATA-3** (**AT Attachment**), uma referência ao IBM PC/AT (onde AT se referia à então "tecnologia avançada" – Advanced Technology – de uma CPU de 16 bits executando em 8 MHz).

Na edição seguinte, o padrão recebeu o nome de **ATAPI-4** (**ATA Packet Interface – interface de pacotes ATA**) e a velocidade aumentou para 33 MB/s. Com o ATAPI-5, ela alcançou 66 MB/s.

Nessa época, o limite de 128 GB imposto pelos endereços LBA de 28 bits estava ficando cada vez mais ameaçador, portanto, o ATAPI-6 alterou o tamanho do LBA para 48 bits. O novo padrão entrará em dificuldade quando os discos chegarem a $2^{48} \times 2^9$ bytes (128 PB). Com um aumento de capacidade de 50% ao ano, o limite de 48 bits deverá durar até mais ou menos 2035. Para saber como o problema foi resolvido, favor consultar a décima primeira edição deste livro. A melhor aposta é que o tamanho do LBA alcance 64 bits. O padrão ATAPI-6 também aumentou a taxa de transferência para 100 MB/s e atacou a questão do ruído do disco pela primeira vez.

O padrão ATAPI-7 é uma ruptura radical com o passado. Em vez de aumentar o tamanho do conector do *drive* (para aumentar a taxa de dados), esse padrão usa o que é chamado **ATA serial** para transferir 1 bit por vez por um conector de 7 pinos a velocidades que começam em 150 MB/s e que, com o tempo, espera-se que alcancem 1,5 GB/s. Substituir o atual cabo plano de 80 fios por um cabo redondo com apenas alguns milímetros a mais de espessura melhora o fluxo de ar dentro do computador. Além disso, o ATA serial usa 0,5 volt para sinalização (em comparação com os 5 volts dos *drives* ATAPI-6), o que reduz o consumo de energia. É provável que, dentro de alguns anos, todos os computadores usarão ATA serial. A questão do consumo de energia pelos discos é cada vez mais importante, tanto na extremidade mais alta do mercado, onde centrais de dados têm vastas coleções de discos, como na mais baixa, onde os notebooks são limitados em questão de energia (Gurumurthi et al., 2003).

2.3.4 Discos SCSI

Discos SCSI não são diferentes de discos IDE em relação ao modo como seus cilindros, trilhas e setores são organizados, mas têm uma interface diferente e taxas de transferência muito mais elevadas. A história dos SCSI remonta a Howard Shugart, o inventor do disco flexível, cuja empresa lançou o disco SASI (Shugart Associates System Interface – interface de sistema da Shugart Associates) em 1979. Após algumas modificações e muita discussão, a ANSI o padronizou em 1986 e mudou o nome para **SCSI** (**Small Computer System Interface – interface para sistemas computacionais pequenos**). A pronúncia de SCSI em inglês é "scâzi", de *scuzzy*. Desde então, foram padronizadas versões cada vez mais rápidas sob os nomes de Fast SCSI (10 MHz), Ultra SCSI (20 MHz), Ultra2 SCSI (40 MHz), Ultra3 SCSI (80 MHz) e Ultra4 SCSI (160 MHz). Cada uma dessas versões também tem uma versão larga (16 bits). As principais combinações são mostradas na Figura 2.22.

Figura 2.22 Alguns dos possíveis parâmetros SCSI.

Nome	Bits de dados	Frequência do barramento (MHz)	MB/s
SCSI-1	8	5	5
Fast SCSI	8	10	10
Wide Fast SCSI	16	10	20
Ultra SCSI	8	20	20
Wide Ultra SCSI	16	20	40
Ultra2 SCSI	8	40	40
Wide Ultra2 SCSI	16	40	80
Wide Ultra3 SCSI	16	80	160
Wide Ultra4 SCSI	16	160	320
Wide Ultra5 SCSI	16	320	640

Como têm altas taxas de transferência, os discos SCSI são o disco padrão de grande parte das estações de trabalho e servidores, em especial aqueles que trabalham na configuração RAID (ver adiante).

O SCSI é mais do que apenas uma interface de disco rígido. É um barramento ao qual podem ser conectados um controlador SCSI e até sete dispositivos. Entre eles, podem estar um ou mais discos rígidos SCSI, CD-ROMs, gravadores de CD, *scanners*, unidades de fita e outros periféricos SCSI. Cada dispositivo SCSI tem um único ID, de 0 a 7 (15 para o SCSI largo – wide SCSI). Cada dispositivo tem dois conectores: um para entrada e um para saída. Cabos conectam a saída de um dispositivo à entrada do seguinte, em série, como se fosse um cordão de lâmpadas baratas de árvore de Natal. O último dispositivo do cordão deve ser terminado para evitar que reflexões das extremidades do barramento SCSI interfiram com outros dados no barramento. Em geral, o controlador está em um cartão de encaixe (*plug-in*) no início da cadeia de cabos, embora essa configuração não seja uma exigência estrita do padrão.

O cabo mais comum para SCSI de 8 bits tem 50 fios, 25 dos quais são terras que fazem par com os outros 25 fios para dar excelente imunidade contra ruído, necessária para operação em alta velocidade. Dos 25 fios, 8 são para dados, 1 é para paridade, 9 são para controle e os restantes são para energia elétrica ou reservados para utilização futura. Os dispositivos de 16 bits (e 32 bits) precisam de um segundo cabo para os sinais adicionais. Os cabos podem ter muitos metros de comprimento, o que permite *drives* externos, *scanners* etc.

Controladores e periféricos SCSI podem funcionar como iniciadores ou como alvos. Em geral, o controlador, agindo como iniciador, emite comandos para discos e outros periféricos que agem como alvos. Esses comandos são blocos de até 16 bytes, que dizem ao alvo o que ele tem de fazer. Comandos e respostas ocorrem em fases, usando vários sinais de controle para delinear as fases e arbitrar o acesso ao barramento quando vários dispositivos tentam usá-lo ao mesmo tempo. Essa arbitragem é importante porque o SCSI permite que todos os dispositivos funcionem simultaneamente, o que de modo potencial resulta em grande aumento do desempenho em um ambiente em que há múltiplos processos ativos ao mesmo tempo. IDE e EIDE permitem apenas um dispositivo ativo por vez.

2.3.5 RAID

O desempenho da CPU vem tendo aumento exponencial na última década e dobra a cada 18 meses mais ou menos. O mesmo não acontece com o desempenho do disco. Na década de 1970, os tempos médios de busca em discos de minicomputadores eram de 50 a 100 ms. Agora, são de 10 ms. Na maioria das indústrias técnicas (por exemplo, automóveis ou aviação), um fator de 5 a 10 de melhoria de desempenho em duas décadas seria uma grande notícia, mas na indústria de computadores isso é constrangedor. Assim, a lacuna entre o desempenho da CPU e o do disco ficou cada vez maior com o passar do tempo.

Como vimos, muitas vezes é usado processamento paralelo para acelerar o desempenho da CPU. Ao longo dos anos, ocorreu a várias pessoas que a E/S paralela também poderia ser uma boa ideia. Em seu artigo de 1988, Patterson et al. sugeriram seis organizações específicas de disco que poderiam ser usadas para melhorar o desempenho, a confiabilidade do disco, ou ambos (Patterson et al., 1988). Essas ideias logo foram adotadas pela indústria e deram origem a uma nova classe de dispositivos de E/S, denominados **RAID**. Patterson et al. definiram **RAID** como **Redundant Array of Inexpensive Disks** (arranjo redundante de discos baratos), mas a indústria redefiniu o I como "independente" em vez de barato (*inexpensive*) – talvez para que pudessem usar discos caros? Já que também era preciso ter um vilão (como no caso RISC *versus* CISC, também devido a Patterson), nesse caso o bandido era o **SLED** (**Single Large Expensive Disk** – disco único grande e caro).

A ideia fundamental de um RAID é instalar uma caixa cheia de discos próxima ao computador, em geral um grande servidor, substituir a placa do controlador de disco por um controlador RAID, copiar os dados para o RAID e então continuar a execução normal. Em outras palavras, um RAID deveria parecer um SLED para o sistema operacional, mas ter melhor desempenho e melhor confiabilidade. Uma vez que discos SCSI têm bom desempenho, baixo preço e a capacidade de ter até 7 *drives* em um único controlador (15 para o wide SCSI), é natural que a maioria dos RAIDs consista em um controlador RAID SCSI mais uma caixa de discos SCSI que parecem para o sistema operacional como um único disco grande. Portanto, não é preciso alterar software para usar o RAID, um ótimo argumento de venda para muitos administradores de sistemas.

Além de parecerem um disco único para o software, há uma propriedade comum a todos os RAIDs, que é a distribuição dos dados pelos *drives* para permitir operação paralela. Patterson et al. definiram vários esquemas diferentes para fazer isso e, agora, eles são conhecidos como RAID nível 0 até RAID nível 5. Além disso, há alguns outros níveis menos importantes que não discutiremos. O termo "nível" é, de certa maneira, uma denominação imprópria, uma vez que não há nenhuma hierarquia envolvida; há simplesmente seis diferentes organizações possíveis, cada qual com uma mistura diferente de características de confiabilidade e desempenho.

O RAID nível 0 é ilustrado na Figura 2.23(a). Consiste em ver o disco virtual simulado pelo RAID como se fosse dividido em tiras de k setores cada: os setores 0 a $k - 1$ são a tira 0, os setores k a $2k - 1$ são a tira 1 e assim por diante. Para $k = 1$, cada tira é um setor; para $k = 2$, uma tira são dois setores etc. A organização RAID nível 0 escreve tiras consecutivas nos *drives* por alternância circular, como demonstrado na Figura 2.23(a) para um RAID com quatro *drives* de disco. Essa distribuição de dados por múltiplos *drives* é denominada **striping** (ou **segmentação**). Por exemplo, se o software emitir um comando para ler um bloco de dados que consiste em quatro tiras consecutivas e começa na borda da tira, o controlador RAID o subdividirá em quatro comandos separados, um para cada disco, e fará com que eles funcionem em paralelo. Assim, temos E/S paralela sem que o software saiba disso.

O RAID nível 0 funciona melhor com requisições grandes; quanto maiores, melhor. Se uma requisição for maior do que o número de *drives* vezes o tamanho da tira, alguns *drives* receberão múltiplas requisições, de modo que, quando terminam a primeira, iniciam a segunda. Cabe ao controlador dividir a requisição e alimentar os comandos adequados aos discos adequados na sequência certa e então agrupar os resultados na memória corretamente. O desempenho é excelente e a execução é direta.

O RAID nível 0 funciona pior com sistemas operacionais que costumam requisitar dados a um setor por vez. Os resultados serão corretos, mas não há paralelismo e, por conseguinte, nenhum ganho de desempenho. Outra desvantagem dessa organização é que a confiabilidade é potencialmente pior do que ter um SLED. Se um RAID consistir em quatro discos, cada um com um tempo médio de falha de 20 mil horas, mais ou menos uma vez a cada 5 mil horas um *drive* falhará e haverá perda total de dados. Um SLED com um tempo médio de falha de 20 mil horas seria quatro vezes mais confiável. Como não há nenhuma redundância presente nesse projeto, na realidade ele não é um RAID verdadeiro.

A próxima opção, RAID nível 1, mostrada na Figura 2.23(b), é um RAID verdadeiro. Ele duplica todos os discos, portanto, há quatro discos primários e quatro de *backup*. Para uma escrita, cada tira é escrita duas vezes. Para uma leitura, qualquer das duas cópias pode ser usada, distribuindo a carga por mais *drives*. Por conseguinte, o desempenho da escrita não é melhor do que o de um único *drive*, mas o de leitura pode ser duas vezes melhor. A tolerância a falhas é excelente: se um *drive* falhar, basta usar a outra cópia em seu lugar. A recuperação consiste na simples instalação de um novo *drive* e em copiar todo o *drive* de *backup* para ele.

Ao contrário dos níveis 0 e 1, que trabalham com tiras de setores, o RAID nível 2 trabalha por palavra, possivelmente até por byte. Imagine dividir cada byte do disco virtual único em um par de *nibbles* de 4 bits e então acrescentar um código de Hamming a cada um para formar uma palavra de 7 bits, dos quais os bits 1, 2 e 4 fossem de paridade. Imagine ainda que a posição do braço e a posição rotacional dos sete *drives* da Figura 2.23(c) fossem sincronizadas. Então, seria possível escrever a palavra de 7 bits codificada por Hamming nos sete *drives*, um bit por *drive*.

Figura 2.23 RAIDs níveis 0 a 5. Os *drives* de *backup* e paridade estão sombreados.

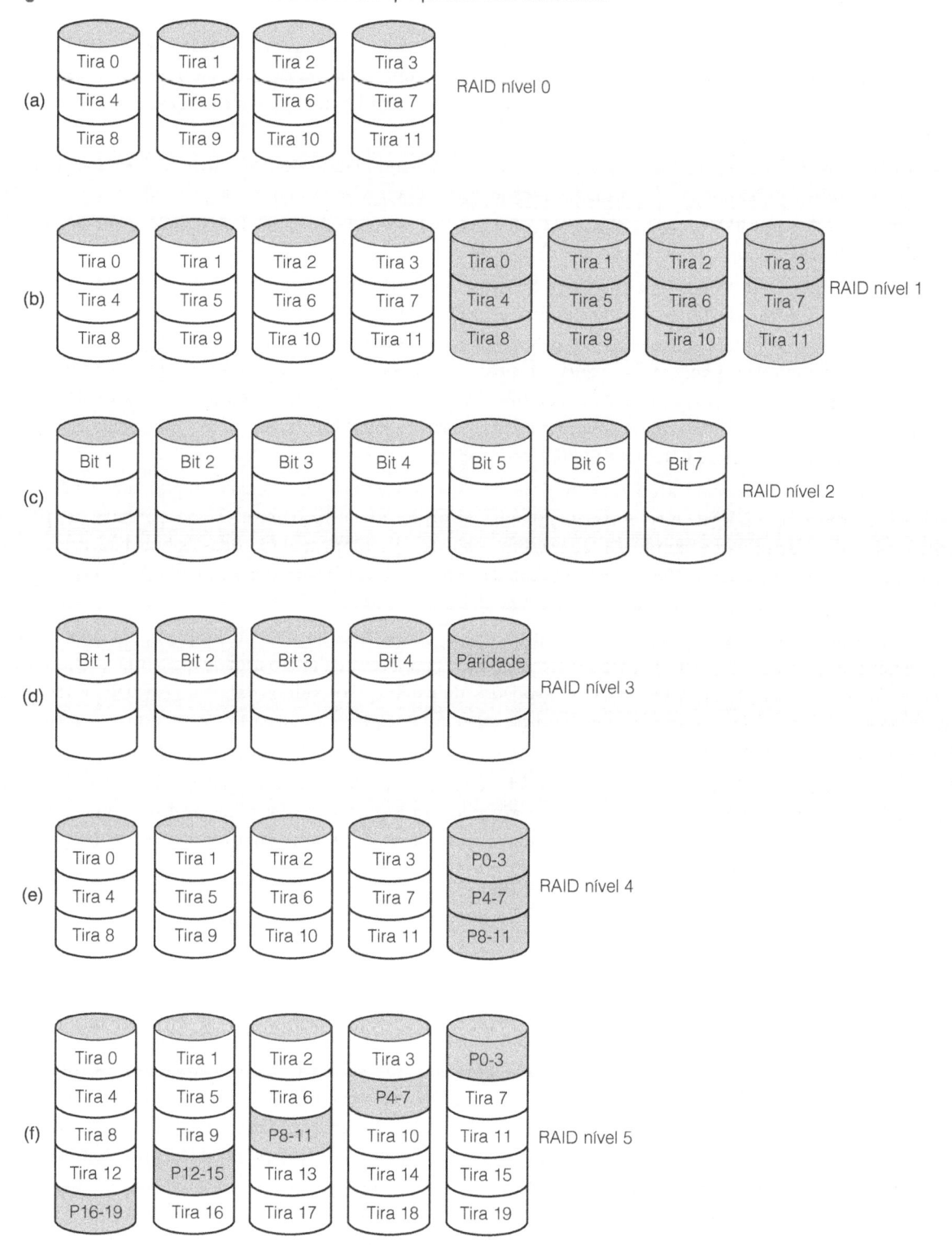

(a) RAID nível 0

(b) RAID nível 1

(c) RAID nível 2

(d) RAID nível 3

(e) RAID nível 4

(f) RAID nível 5

O computador Thinking Machine CM-2 usava esse esquema, pegando palavras de 32 bits de dados e adicionando 6 bits de paridade para formar uma palavra de Hamming de 38 bits, mais um bit extra para paridade de palavra, e distribuindo cada palavra em 39 *drives* de disco. O rendimento total era imenso porque em um tempo de setor ele podia escrever o equivalente a 32 setores de dados. Além disso, perder um *drive* não causava problemas, porque essa perda equivaleria a perder 1 bit em cada palavra de 39 bits lida, algo que o código de Hamming poderia manipular facilmente.

Uma desvantagem é que esse esquema requer que as rotações de todos os *drives* sejam sincronizadas, e isso só faz sentido com um número substancial de *drives* (mesmo com 32 *drives* de dados e 6 *drives* de paridade, a sobrecarga seria de 19%). O esquema também exige muito do controlador, uma vez que ele deve efetuar uma soma de verificação (*checksum*) de Hamming a cada tempo de bit.

O RAID nível 3, ilustrado na Figura 2.23(d), é uma versão simplificada do RAID nível 2. Nesse arranjo, um único bit de paridade é computado para cada palavra de dados e escrito em um *drive* de paridade. Como no RAID nível 2, os *drives* devem estar em exata sincronia, uma vez que palavras de dados individuais estão distribuídas por múltiplos *drives*.

À primeira vista, pode parecer que um único bit de paridade dá somente detecção de erro, e não correção de erro. Para o caso de erros aleatórios não detectados, essa observação é verdadeira. Todavia, para o caso de uma falha de *drive*, ela provê correção total de erros de 1 bit, uma vez que a posição do bit defeituoso é conhecida. Se um *drive* falhar, o controlador apenas finge que todos os seus bits são 0s. Se uma palavra tiver um erro de paridade, o bit que vem de um *drive* extinto deve ter sido um 1, portanto, é corrigido. Embora ambos os RAIDs níveis 2 e 3 ofereçam taxas de dados muito altas, o número de requisições separadas de E/S por segundo que eles podem manipular não é melhor do que o de um único *drive*.

RAIDs níveis 4 e 5 de novo trabalham com tiras, e não com palavras individuais com paridade, e não requerem *drives* sincronizados. O RAID nível 4 [veja a Figura 2.23(e)] é como o RAID nível 0, com paridade tira por tira escrita em um *drive* extra. Por exemplo, se cada tira tiver *k* bytes de comprimento, todas as tiras passam por uma operação de EXCLUSIVE OR, resultando em uma tira de paridade de *k* bytes de comprimento. Se um *drive* falhar, os bytes perdidos podem ser recalculados com base no *drive* de paridade.

Esse projeto protege contra a perda de um *drive*, mas seu desempenho é medíocre para pequenas atualizações. Se um setor for alterado, é necessário ler todos os *drives* para recalcular a paridade que, então, precisará ser reescrita. Como alternativa, ele pode ler os velhos dados de usuário e os velhos dados de paridade e recalcular nova paridade, e partir deles. Mesmo com essa otimização, uma pequena atualização requer duas leituras e duas escritas, o que é, claramente, um mau arranjo.

Como consequência da carga pesada sobre o *drive* de paridade, ele pode se tornar um gargalo. Esse gargalo é eliminado no RAID nível 5 distribuindo os bits de paridade uniformemente por todos os *drives*, por alternância circular, conforme mostra a Figura 2.23(f). Contudo, no evento de uma falha de *drive*, a reconstrução do *drive* danificado é um processo complexo.

2.3.6 Discos em estado sólido

Discos feitos de memória *flash* não volátil, geralmente denominados **discos em estado sólido (SSDs – Solid-State Disks)**, estão ganhando mais popularidade como uma alternativa de alta velocidade às tecnologias tradicionais em disco magnético. A invenção do SSD é uma história clássica de "Quando lhe oferecem limões, faça uma limonada". Embora a eletrônica moderna possa parecer totalmente confiável, a realidade é que os transistores se desgastam lentamente à medida que são usados. Toda vez que eles comutam, se desgastam um pouco e ficam mais perto de não funcionarem mais. Um modo provável de falha de um transistor é pela "injeção de portadora quente", um mecanismo de falha em que uma carga elétrica é embutida dentro de um transistor que funcionava, deixando-o em um estado onde fica permanentemente ligado ou desligado. Embora em geral considerado sentença de morte para um transistor (provavelmente) inocente, Fujio Masuoka, enquanto trabalhava para a Toshiba, descobriu um modo de aproveitar esse mecanismo de falha para criar uma nova memória não volátil. No início da década de 1980, ele inventou a primeira memória *flash*.

Os discos *flash* são compostos de muitas células de memória *flash* em estado sólido. As células da memória *flash* são feitas de um único transistor *flash* especial. Uma célula de memória *flash* aparece na Figura 2.24. Embutido no transistor há uma porta flutuante que pode ser carregada e descarregada usando altas voltagens.

Antes de ser programada, a porta flutuante não afeta a operação do transistor, atuando como um isolador extra entre a porta de controle e o canal do transistor. Se a célula *flash* for testada, ela atuará como um transistor simples.

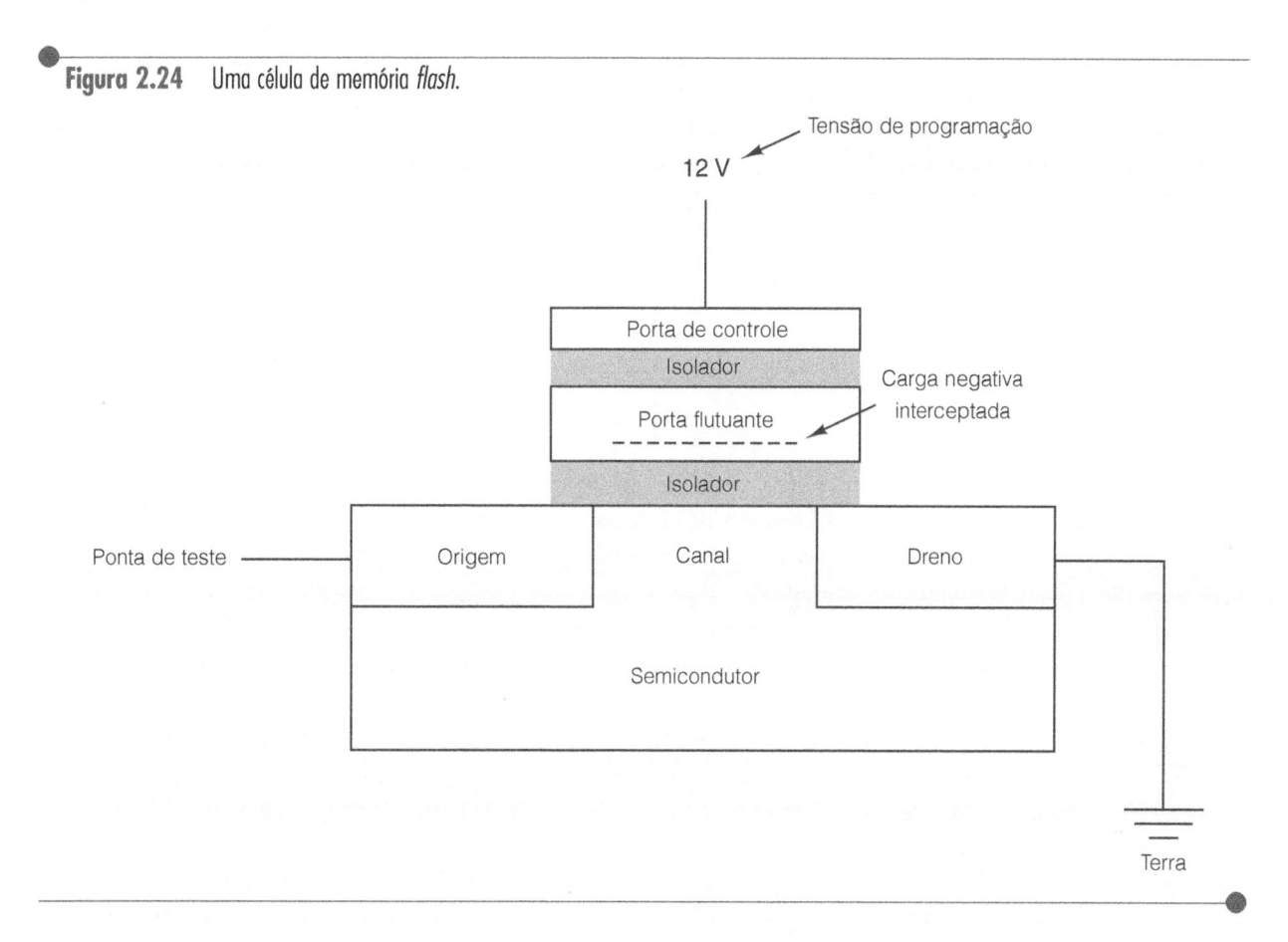

Figura 2.24 Uma célula de memória *flash*.

Para programar uma célula de bit *flash*, uma alta tensão (no mundo dos computadores, 12 V é uma alta tensão) é aplicada à porta de controle, que acelera o processo de injeção de portadora quente na porta flutuante. Os elétrons são embutidos na porta flutuante, que coloca uma carga negativa interna no transistor *flash*. A carga negativa embutida aumenta a tensão necessária para ligar o transistor *flash* e, testando se o canal liga ou não com uma tensão alta ou baixa, é possível determinar se a porta flutuante está carregada ou não, resultando em um valor 0 ou 1 para a célula *flash*. A carga embutida permanece no transistor, mesmo que o sistema perca a alimentação, tornando a célula de memória *flash* não volátil.

Visto que os SSDs são basicamente memória, eles possuem desempenho superior aos discos giratórios, com tempo de busca zero. Enquanto um disco magnético típico pode acessar dados em até 100 MB/s, um SSD pode operar duas a três vezes mais rápido. E como o dispositivo não possui partes móveis, ele é muito adequado para uso em notebooks, onde trepidações e movimentos não afetarão sua capacidade de acessar dados. A desvantagem dos SSDs, em comparação com discos magnéticos, é o seu custo. Enquanto os discos magnéticos custam centavos de dólar por gigabyte, um SSD típico custará de um a três dólares por gigabyte, tornando seu uso apropriado apenas para aplicações com *drive* menor ou em situações em que o custo não é um problema. O custo dos SSDs está caindo, mas ainda há um longo caminho até que alcancem os discos magnéticos baratos. Assim, embora os SSDs estejam substituindo os discos magnéticos em muitos computadores, talvez ainda leve um bom tempo antes que o disco magnético siga o caminho dos dinossauros (a menos que outro grande meteoro atinja a Terra, mas nesse caso nem os SSDs sobreviveriam).

Outra desvantagem dos SSDs em comparação com os discos magnéticos é sua taxa de falha. Uma célula *flash* típica pode ser escrita somente por cerca de 100 mil vezes antes que não funcione mais. O processo de injetar elétrons na porta flutuante a danifica aos poucos, bem como seus isoladores ao redor, até que não funcione mais. Para aumentar o tempo de vida dos SSDs, é usada uma técnica denominada **nivelamento de desgaste**, para espalhar as escritas por todas as células *flash* no disco. Toda vez que um novo bloco de disco é escrito, o bloco de destino é reatribuído a um novo bloco do SSD, que não foi escrito recentemente. Isso exige o uso de um mapa de blocos lógicos dentro do *drive flash*, que é um dos motivos pelos quais os *drives flash* possuem altos *overheads* de armazenamento interno. Usando o nivelamento de desgaste, um *drive flash* pode dar suporte a uma quantidade de escritas igual ao número de escritas que uma célula pode sustentar multiplicado pelo número de blocos no disco.

Alguns SSDs são capazes de codificar vários bits por byte, usando células *flash* multiníveis. A tecnologia controla cuidadosamente a quantidade de carga colocada na porta flutuante. Uma sequência cada vez maior de voltagens é então aplicada à porta de controle para determinar quanta carga é armazenada na flutuante. As células multiníveis típicas admitem quatro níveis de carga, resultando em dois bits por célula *flash*.

2.3.7 CD-ROMs

Discos ópticos foram desenvolvidos na origem para gravar programas e televisão, mas podem ser utilizados para uma função mais estética como dispositivos de armazenagem de computadores. Por sua grande capacidade e baixo preço, discos óticos são muito usados para distribuir software, livros, filmes e dados de todos os tipos, bem como para fazer *backup* de discos rígidos.

A primeira geração de discos óticos foi inventada pela Philips, conglomerado holandês de eletrônica, para conter filmes. Tinham 30 cm de diâmetro e eram comercializados com a marca LaserVision, mas não se estabeleceram, exceto no Japão.

Em 1980, a Philips, junto com a Sony, desenvolveu o CD (Compact Disc), que logo substituiu os discos de vinil de 33 1/3 RPM usados para gravar música. Os dados técnicos exatos do CD foram publicados em um Padrão Internacional (IS 10149), popularmente conhecido como **Red Book** (livro vermelho) por causa da cor de sua capa. (Padrões Internacionais são emitidos pela International Organization for Standardization, que é a contraparte internacional de grupos de padronização nacionais como ABNT, ANSI etc. Cada um tem um número IS.) O motivo da publicação das especificações do disco e do *drive* como um Padrão Internacional é permitir que CDs de diferentes gravadoras e aparelhos de reprodução de diferentes fabricantes funcionem em conjunto. Todos os CDs têm 120 mm de diâmetro 1,2 mm de espessura, com um orifício de 15 mm no meio. O CD de áudio foi o primeiro meio de armazenagem digital a ter sucesso no mercado de massa. Supõe-se que devam durar cem anos. Favor verificar em 2080 um relatório sobre como se saiu o primeiro lote.

Um CD é preparado com a utilização de um laser infravermelho de alta potência para queimar orifícios de 0,8 mícron de diâmetro em um disco mestre revestido de vidro. Com base nesse mestre é fabricado um molde, com saliências onde estavam os orifícios de laser. Então, injeta-se policarbonato fundido nesse molde para formar um CD com o mesmo padrão de orifícios do disco mestre revestido de vidro. Em seguida, é depositada uma fina camada de alumínio refletivo sobre o policarbonato, coberta por um verniz de proteção e, por fim, vem uma etiqueta. As marcas no substrato de policarbonato são denominadas **depressões** (*pits*) e as áreas entre elas são denominadas **planos** (*lands*).

Quando o disco é tocado, um diodo a laser de baixa potência emite luz infravermelha de comprimento de onda de 0,78 mícron sobre as depressões e planos quando estes passam pela luz. O laser está no lado do policarbonato, portanto, as depressões estão invertidas na direção do laser e aparecem como saliências sobre uma superfície que, caso contrário, seria plana. Como as depressões têm uma altura de um quarto do comprimento de onda da luz de laser, a luz que se reflete de uma depressão tem uma defasagem de meio comprimento de onda em relação à que se reflete das superfícies que a circundam. O resultado é que as duas partes interferem uma com a outra de modo destrutivo e devolvem menos luz ao fotodetector do aparelho de reprodução do que a luz que se reflete de um plano. É assim que o aparelho distingue uma depressão de um plano. Embora talvez pareça mais simples usar uma depressão para gravar um 0 e um plano para gravar um 1, é mais confiável usar uma transição depressão/plano ou plano/depressão para um 1 e sua ausência para um 0; portanto, esse é o esquema usado.

As depressões e os planos são escritos em uma única espiral contínua que começa perto do orifício central e continua por uma distância de 32 mm em direção à borda. A espiral faz 22.188 rotações ao redor do disco (cerca de 600 por mm). Se fosse desenrolada, teria 5,6 km de comprimento. A espiral é ilustrada na Figura 2.25.

Figura 2.25 Estrutura de gravação de um disco compacto ou CD-ROM.

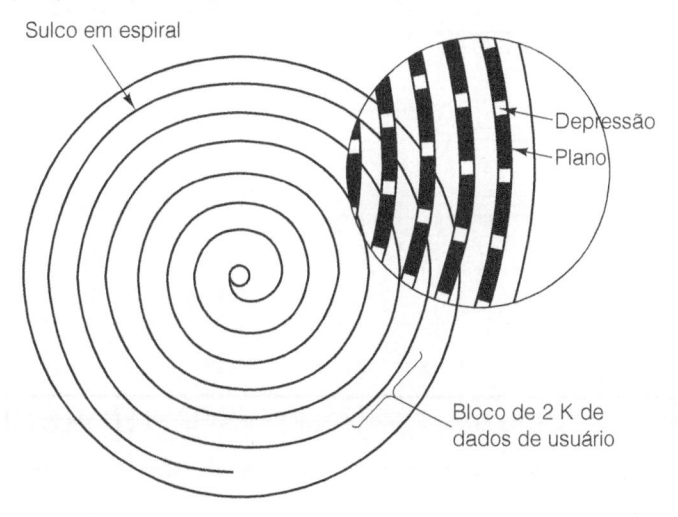

Para fazer a música ser tocada a uma taxa uniforme, é preciso que as depressões e os planos passem sob a luz a uma velocidade *linear* constante. Em consequência, a taxa de rotação deve ser continuamente reduzida à medida que o cabeçote de leitura se move da parte interna para a externa do CD. Na parte interna, a taxa de rotação é de 530 RPM para conseguir a taxa de reprodução regular de 120 cm/s; na parte mais externa, tem de cair para 200 RPM para dar a mesma velocidade linear no cabeçote. Um *drive* de velocidade linear constante é bem diferente de um *drive* de disco magnético, que funciona a uma velocidade *angular* constante, independente de onde o cabeçote esteja posicionado naquele momento. Além disso, 530 RPM estão bem longe das 3.600 a 7.200 RPM com as quais gira a maioria dos discos magnéticos.

Em 1984, a Philips e a Sony perceberam o potencial para usar CDs como meio de armazenagem de dados de computadores, então, publicaram o **Yellow Book** (livro amarelo) definindo um padrão exato para o que agora conhecemos como **CD-ROMs** (**Compact Disc-Read Only Memory** – disco compacto com memória somente de leitura). Para pegar carona no mercado de CDs de áudio, que já era substancial na época, os CD-ROMs tinham o mesmo tamanho físico dos CDs de áudio, guardavam compatibilidade mecânica e ótica com eles e eram produzidos usando as mesmas máquinas de moldagem por injeção. As consequências dessa decisão foram a necessidade de motores lentos de velocidade variável mas também que o custo de manufatura de um CD-ROM estivesse bem abaixo de um dólar para um volume moderado.

O Yellow Book definiu a formatação dos dados de computador. Também melhorou as capacidades de correção de erro do sistema, um passo essencial porque, embora os apreciadores de música não se importassem em perder um bit aqui, outro ali, os apreciadores de computadores tendiam a ser muito exigentes com isso. O formato básico de um CD-ROM consiste em codificar cada byte em um símbolo de 14 bits. Como já vimos, 14 bits são suficientes para codificar com Hamming um byte de 8 bits e ainda sobram 2. Na verdade, é usado um sistema de codificação mais poderoso. O mapeamento 14 para 8 para leitura é realizado em hardware por consulta de tabela.

Do nível seguinte para cima, um grupo de 42 símbolos consecutivos forma um **quadro** de 588 bits. Cada quadro contém 192 bits de dados (24 bytes). Os 396 bits restantes são usados para correção e controle de erro. Até aqui, esse esquema é idêntico para CDs e CD-ROMs.

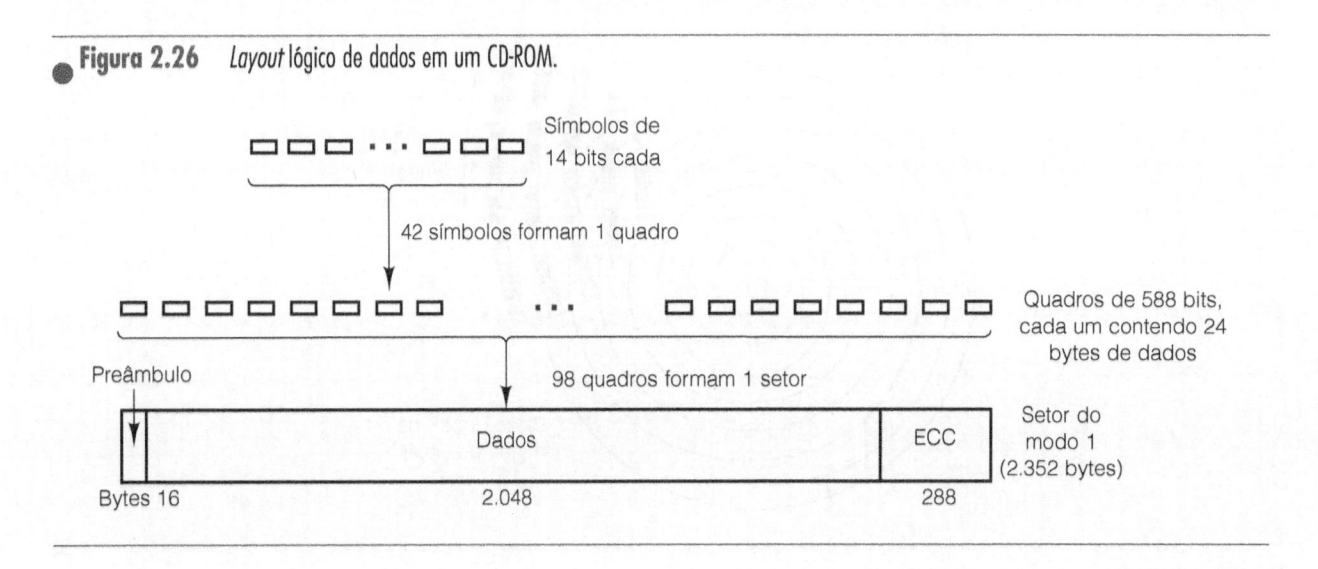

O que o Yellow Book acrescenta é o agrupamento de 98 quadros em um **setor de CD-ROM**, conforme mostra a Figura 2.26. Cada setor de CD-ROM começa com um preâmbulo de 16 bytes, sendo os 12 primeiros 00FFFFFFFFFFFFFFFFFFFF00 (hexadecimal), para permitir que o aparelho de reprodução reconheça o início de um setor de CD-ROM. Os 3 bytes seguintes contêm o número do setor, necessário porque fazer busca em um CD-ROM com sua única espiral de dados é muito mais difícil do que em um disco magnético com suas trilhas concêntricas uniformes. Para buscar, o software no *drive* calcula mais ou menos aonde ir, leva o cabeçote até lá e então começa a procurar um preâmbulo para verificar a precisão do cálculo. O último bit do preâmbulo é o modo.

Figura 2.26 Layout lógico de dados em um CD-ROM.

O Yellow Book define dois modos. O modo 1 usa o *layout* da Figura 2.26, com um preâmbulo de 16 bytes, 2.048 bytes de dados e um código de correção de erro de 288 bytes (um código de Reed-Solomon de intercalação cruzada). O modo 2 combina os dados e campos ECC em um campo de dados de 2.336 bytes para as aplicações que não precisam de correção de erro (ou não dispõem de tempo para executá-la), como áudio e vídeo. Note que, para oferecer excelente confiabilidade, são usados três esquemas separados de correção de erros: dentro de um símbolo, dentro de um quadro e dentro de um setor de CD-ROM. Erros de único bit são corrigidos no nível mais baixo, erros em rajada curtos são corrigidos no nível de quadro e quaisquer erros residuais são apanhados no nível de setor. O preço pago por essa confiabilidade é que são necessários 98 quadros de 588 bits (7.203 bytes) para transportar uma única carga útil de 2.048 bytes, uma eficiência de apenas 28%.

Drives de CD-ROM de uma velocidade operam a 75 setores/s, o que dá uma taxa de dados de 153.600 bytes/s em modo 1 e 175.200 bytes/s em modo 2. *Drives* de dupla velocidade são duas vezes mais rápidos e assim por diante, até a velocidade mais alta. Um CD padrão de áudio tem espaço para 74 minutos de música que, se usado para dados do modo 1, dá uma capacidade de 681.984.000 bytes. Esse número costuma ser informado como 650 MB, pois 1 MB é igual a 2^{20} bytes (1.048.576 bytes), e não 1 milhão de bytes.

Como é muito comum, sempre que surge uma nova tecnologia, algumas pessoas tentam desafiar os limites. Ao projetar o CD-ROM, a Philips e a Sony foram cuidadosas e fizeram o processo de escrita parar bem antes que a borda externa do disco fosse alcançada. Não levou muito tempo para que alguns fabricantes permitissem que seus *drives* fossem além do limite oficial e chegassem perigosamente perto da borda física da mídia, gerando cerca de 700 MB em vez de 650 MB. Porém, quando a tecnologia foi aperfeiçoada e os discos vazios foram fabricados com um padrão mais alto, 703,12 MB (360 mil setores de 2.048 bytes, em vez de 333 mil setores) se tornaram a nova norma.

Note que mesmo um *drive* de CD-ROM 32x (4.915.200 bytes/s) não é páreo para o *drive* de disco magnético Fast SCSI-2 a 10 MB/s. Quando você se der conta de que o tempo de busca muitas vezes é de várias centenas de milissegundos, deve ficar claro que os *drives* de CD-ROM não estão de forma alguma na mesma categoria de desempenho dos *drives* de disco magnético, a despeito de sua grande capacidade.

Em 1986, a Philips atacou mais uma vez com o **Green Book** (livro verde), acrescentando recursos gráficos e a capacidade de intercalar áudio, vídeo e dados no mesmo setor, uma característica essencial para CD-ROMs multimídia.

A última peça do quebra-cabeça do CD-ROM é o sistema de arquivos. Para possibilitar a utilização do mesmo CD-ROM em diferentes computadores, era preciso chegar a um acordo quanto aos sistemas de arquivos em CD-ROM. Para conseguir esse acordo, representantes de muitas empresas fabricantes de computadores se reuniram em Lake Tahoe, nas High Sierras, na fronteira Califórnia-Nevada, e arquitetaram um sistema de arquivos que denominaram **High Sierra**. Mais tarde, ele evoluiu para um Padrão Internacional (IS 9660). O sistema tem três níveis. O nível 1 usa nomes de arquivo de até 8 caracteres e podem ser seguidos de uma extensão de até 3 caracteres (a convenção de nomeação de arquivos do MS-DOS). Nomes de arquivos só podem conter letras maiúsculas, dígitos e o caractere de sublinhado. Diretórios podem ser aninhados até oito, mas nomes de diretórios não podem conter extensões. O nível 1 requer que todos os arquivos sejam contíguos, o que não é problema para um meio que é escrito apenas uma vez. Qualquer CD-ROM que obedeça ao IS 9660 nível 1 pode ser lido usando MS-DOS, um computador Apple, um computador UNIX ou praticamente qualquer outro computador. Os fabricantes de CD-ROMs consideram essa propriedade uma grande vantagem.

O IS 9660 nível 2 permite nomes de até 32 caracteres e o nível 3 permite arquivos não contíguos. As extensões Rock Ridge (o nome extravagante se deve à cidade em que Mel Brooks filmou *Blazing Saddles* [Banzé no Oeste]) permitem nomes muito longos (para UNIX), UIDs, GIDs, e enlaces simbólicos, mas os CD-ROMs que não obedecem ao nível 1 não poderão ser lidos em todos os computadores.

2.3.8 CDs graváveis

De início, o equipamento necessário para produzir um CD-ROM mestre (ou CD de áudio, por falar nisso) era muito dispendioso. Mas, como sempre acontece na indústria de computadores, nada permanece caro por muito tempo. Em meados da década de 1990, gravadores de CD não maiores do que um reprodutor de CD eram um periférico comum disponível na maioria das lojas de computadores. Esses dispositivos ainda eram diferentes dos discos magnéticos porque, uma vez gravados, os CD-ROMs não podiam ser apagados. Ainda assim, eles logo encontraram um nicho como um meio de *backup* para grandes discos rígidos magnéticos e também permitiram que indivíduos ou novas empresas fabricassem seus próprios CD-ROMs em pequena escala ou produzissem mestres para fornecer a empresas comerciais de reprodução de grandes volumes de CDs. Esses *drives* são conhecidos como **CD-Rs** (**CD-Recordables – CDs graváveis**).

Os CD-Rs começaram com discos em branco de policarbonato de 120 mm de diâmetro que são como CD-ROMs, exceto por conterem um sulco de 0,6 mm de largura para guiar o laser durante a escrita (gravação). O sulco tem um desvio senoidal de 0,3 mm a uma frequência de exatos 22,05 kHz para prover realimentação contínua, de modo que a rotação possa ser monitorada e ajustada com precisão, caso necessário. Os primeiros CD-Rs pareciam CD-ROMs normais, exceto por terem a superfície superior dourada, e não prateada. Essa cor vinha da utilização de ouro verdadeiro em vez de alumínio na camada refletiva. Diferente dos CDs prateados que continham depressões físicas, nos CD-Rs as diferentes refletividades das depressões e dos planos têm de ser simuladas. Isso é feito com a adição de uma camada de corante entre o policarbonato e a superfície refletiva, como mostra a Figura 2.27. São usadas duas espécies de corantes: cianina, que é verde, e ftalocianina, que é amarelo-alaranjada. Os químicos podem discutir eternamente sobre qual das duas é melhor. Com o tempo, a camada refletiva dourada foi substituída por uma camada de alumínio.

Figura 2.27 Seção transversal de um disco CD-R e laser (não está em escala). Um CD-ROM tem estrutura semelhante, exceto por não ter a camada de corante e por ter uma camada de alumínio cheia de depressões em vez de uma camada refletiva.

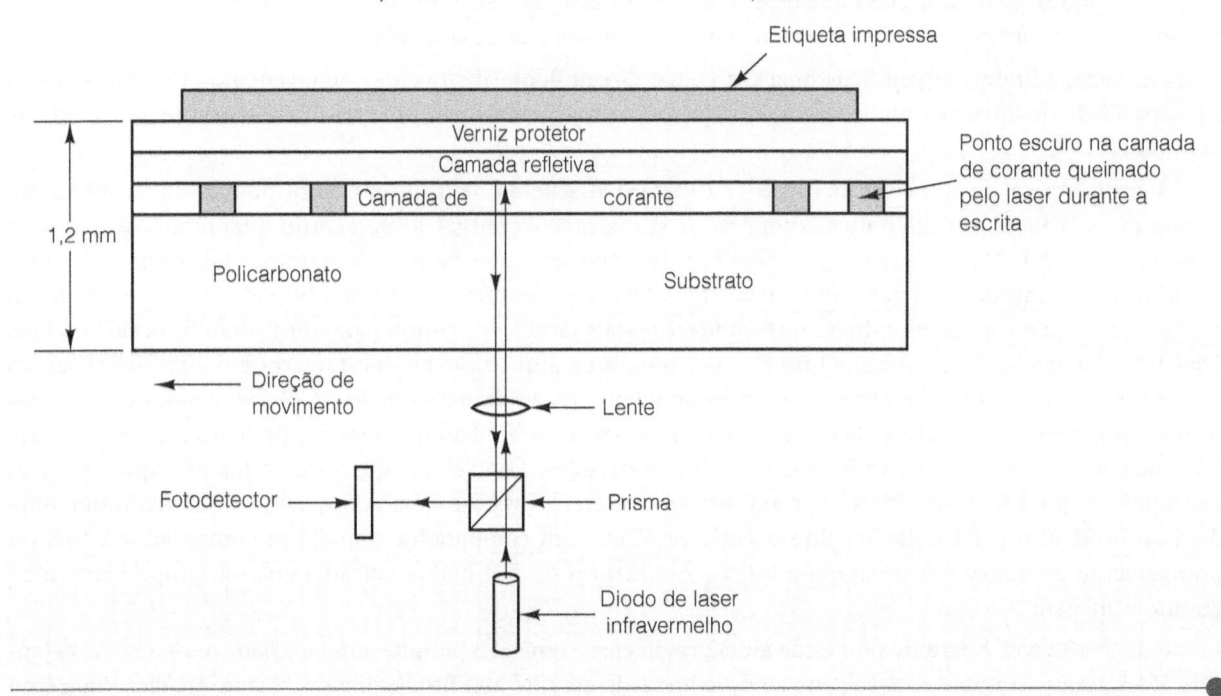

Em seu estágio inicial, a camada de corante é transparente e permite que a luz do laser que a atravessa seja refletida pela camada refletiva. Para gravar (escrever), o laser CD-R é ligado em alta potência (8–16 mW). Quando o feixe atinge uma porção do corante, ele o aquece e rompe a ligação química. Essa alteração da estrutura molecular cria um ponto escuro. Quando o CD-R é lido (a 0,5 mW), o fotodetector vê uma diferença entre os pontos escuros onde o corante foi atingido e as áreas transparentes onde o disco está intacto. Essa diferença é interpretada como a diferença entre depressões e planos, mesmo quando lidas por um leitor de CD-ROM normal ou até mesmo por um reprodutor de CD de áudio.

Nenhum tipo novo de CD poderia se firmar com orgulho sem ter um livro colorido, portanto, o CD-R tem o **Orange Book** (livro laranja), publicado em 1989. Esse documento define o CD-R e também um novo formato, o **CD-ROM XA**, que permite que os CD-Rs sejam gravados por incrementos, alguns setores hoje, outros amanhã e mais alguns no próximo mês. Um grupo de setores consecutivos escritos de uma só vez é denominado **trilha de CD-ROM**.

Um dos primeiros usos do CD-R foi no PhotoCD da Kodak. Nesse sistema, o cliente leva ao processador de fotos um rolo de filme exposto e seu velho PhotoCD, e recebe de volta o mesmo PhotoCD com novas fotos acrescentadas às antigas. O novo lote, que é criado por digitalização dos negativos, é gravado no PhotoCD como uma trilha de CD-ROM separada. A gravação incremental é necessária porque os CD-Rs virgens são muito caros para se ter um novo para cada rolo de filme.

Contudo, a gravação incremental cria um novo problema. Antes do Orange Book, todos os CD-ROMs tinham, no início, uma única **VTOC** (**Volume Table of Contents** – sumário de conteúdo de volumes). Esse esquema não funciona com escritas incrementais (isto é, multitrilhas). A solução do Orange Book é dar a cada trilha de CD-ROM sua própria VTOC. Os arquivos listados na VTOC podem incluir alguns ou todos os arquivos de trilhas anteriores. Após a inserção do CD-R no *drive*, o sistema operacional faz uma busca em todas as trilhas do CD-ROM para localizar a VTOC mais recente, que dá o estado atual do disco. Por incluir alguns, mas não todos os arquivos de trilhas anteriores na VTOC corrente, é possível dar uma ilusão de que os arquivos foram apagados. As trilhas podem ser agrupadas em **sessões**, o que resulta em CD-ROMs **multissessões**. Reprodutores de CD de áudio padrão não podem manipular CDs multissessões, já que esperam uma única VTOC no início.

O CD-R possibilita que indivíduos e empresas copiem CD-ROMs (e CDs de áudio) com facilidade, em geral com a violação dos direitos autorais do editor. Vários esquemas já foram inventados para dificultar esse tipo de pirataria e também a leitura de um CD-ROM usando qualquer outra coisa que não seja o software do editor. Um deles envolve gravar todos os comprimentos de arquivos do CD-ROM como multigigabyte, frustrando quaisquer tentativas de copiar os arquivos para disco rígido com a utilização de software de cópia padrão. Os verdadeiros comprimentos estão embutidos no software do editor ou ocultos (possivelmente criptografados) no CD-ROM em um lugar não esperado. Outro esquema usa intencionalmente ECCs incorretos em setores selecionados, na esperança de que o software de cópia de CDs "corrija" os erros. O software de aplicação verifica os ECCs e se recusa a funcionar se estiverem "corrigidos". Usar lacunas não padronizadas entre trilhas e outros "defeitos" físicos também são possibilidades.

2.3.9 CDs regraváveis

Embora todos estejam acostumados com outras mídias que aceitam apenas uma escrita, como papel fotográfico, existe uma demanda por CD-ROMs regraváveis. Uma tecnologia disponível agora é o **CD-RW** (**CD-ReWritable – CDs regraváveis**), que usa um meio do mesmo tamanho do CD-R. Contudo, em vez dos corantes cianina ou ftalocianina, o CD-RW usa uma liga de prata, índio, antimônio e telúrio para a camada de gravação. Essa liga tem dois estados estáveis: cristalino e amorfo, com diferentes refletividades.

Os *drives* de CD-RW usam lasers com três potências diferentes. Em alta potência, o laser funde a liga fazendo-a passar do estado cristalino de alta refletividade para o estado amorfo de baixa refletividade, para representar uma depressão. Em potência média, a liga se funde e volta a seu estado natural cristalino para se tornar novamente um plano. Em baixa potência, o estado do material é sondado (para leitura), mas não ocorre qualquer transição de fase.

A razão por que o CD-RW não substituiu completamente o CD-R é que os CD-RWs em branco são mais caros do que os CD-Rs em branco. Além disso, para aplicações de *backup* de discos rígidos, o fato de que, uma vez escrito, o CD não possa ser apagado acidentalmente, é uma grande vantagem, e não um *bug*.

2.3.10 DVD

O formato básico do CD/CD-ROM está na praça desde 1980. Em meados da década de 1990, a tecnologia melhorou bastante, de modo que discos ópticos de capacidade mais alta se tornaram economicamente viáveis. Ao mesmo tempo, Hollywood estava procurando um meio de substituir as fitas analógicas de videoteipe por discos digitais, pois estes têm qualidade mais alta, são mais baratos de fabricar, duram mais, ocupam menos espaço nas prateleiras das locadoras de vídeo e não precisam ser rebobinados. Estava parecendo que a roda do progresso para os discos óticos estava para girar mais uma vez.

Essa combinação de tecnologia e demanda por três indústrias imensamente ricas e poderosas resultou no **DVD**, na origem um acrônimo para **Digital Video Disk** (disco de vídeo digital), mas agora oficialmente **Digital Versatile Disk** (disco versátil digital). DVDs usam o mesmo desenho geral dos CDs, com discos de policarbonato de 120 mm moldados por injeção que contêm depressões e planos iluminados por um diodo de laser e lidos por um fotodetector. A novidade é o uso de

1. Depressões menores (0,4 mícron *versus* 0,8 mícron para CDs).
2. Uma espiral mais apertada (0,74 mícron entre trilhas *versus* 1,6 mícron para CDs).
3. Um laser vermelho (a 0,65 mícron *versus* 0,78 mícron para CDs).

Juntas, essas melhorias aumentam sete vezes a capacidade, passando para 4,7 GB. Um *drive* de DVD 1x funciona a 1,4 MB/s (*versus* 150 KB/s para CDs). Infelizmente, a troca para lasers vermelhos usados em supermercados significa que os reprodutores de DVD precisarão de um segundo laser para poder ler os CDs e CD-ROMs existentes, aumentando um pouco de complexidade e custo.

Uma capacidade de 4,7 GB é suficiente? Talvez. Usando compressão MPEG-2 (padronizada no IS 13346), um disco DVD de 4,7 GB pode conter 133 minutos de vídeo de tela cheia com imagens em movimento em alta resolução (720 × 480), bem como trilhas sonoras em até oito idiomas e legendas em mais 32. Cerca de 92% de todos os filmes que Hollywood já produziu têm menos de 133 minutos. Não obstante, algumas aplicações, como jogos multimídia ou obras de referência, talvez precisem mais, e Hollywood gostaria de gravar vários filmes em um mesmo disco, portanto, quatro formatos foram definidos:

1. Uma face, uma camada (4,7 GB).
2. Uma face, duas camadas (8,5 GB).
3. Duas faces, uma camada (9,4 GB).
4. Duas faces, duas camadas (17 GB).

Por que tantos formatos? Em uma palavra: política. A Philips e a Sony queriam discos de uma única face com duas camadas para a versão de alta capacidade, mas a Toshiba e a Time Warner queriam discos de duas faces, com uma camada. A Philips e a Sony não imaginaram que as pessoas estariam dispostas a virar os discos, e a Time Warner não acreditava que colocar duas camadas em uma face poderia funcionar. A solução de conciliação: todas as combinações, mas o mercado determinará quais sobreviverão. Bem, o mercado falou. A Philips e a Sony estavam certas. Nunca aposte contra a tecnologia.

A tecnologia da camada dupla tem uma camada refletiva embaixo, coberta por uma semirrefletiva. Dependendo de onde o laser for focalizado, ele se reflete de uma camada ou da outra. A camada inferior precisa de depressões e planos um pouco maiores, para leitura confiável, portanto, sua capacidade é um pouco menor do que a da superior.

Discos de dupla face são fabricados colando dois discos de uma face de 0,6 mm. Para que todas as versões tenham a mesma espessura, um disco de uma face consiste em um disco de 0,6 mm colado a um substrato em branco (ou, talvez, no futuro, contendo 133 minutos de propaganda, na esperança de que as pessoas ficarão curiosas de saber o que existe lá dentro). A estrutura do disco de dupla face, dupla camada, é ilustrada na Figura 2.28.

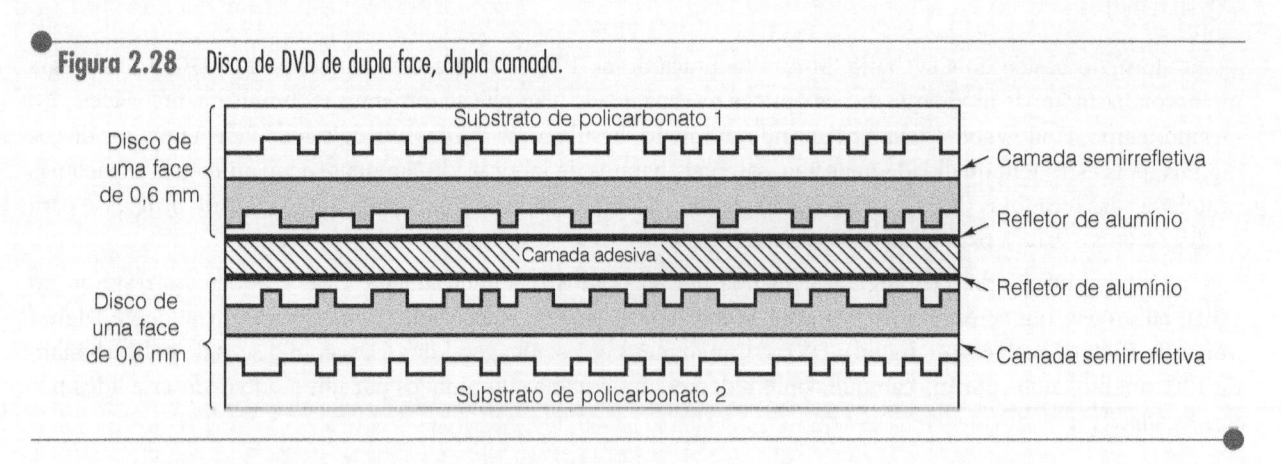

Figura 2.28 Disco de DVD de dupla face, dupla camada.

O DVD foi arquitetado por um consórcio de dez fabricantes de eletrônicos de consumo, sete deles japoneses, em estreita colaboração com os principais estúdios de Hollywood (alguns dos quais são de propriedade dos fabricantes de eletrônicos japoneses pertencentes ao consórcio). As empresas de computadores e telecomunicações não foram convidadas para o piquenique e o foco resultante foi o uso do DVD para locação de filmes. Por exemplo, entre as características padrão está a capacidade de saltar cenas impróprias em tempo real (o que permite que os pais transformem um filme proibido para menores de 18 anos em um filme que possa ser visto por criancinhas), seis canais de som e suporte para Pan-and-Scan. Essa última característica permite que o tocador de DVD decida dinamicamente como recortar as extremidades direita e esquerda dos filmes (cuja relação largura/altura é 3:2) para que se ajustem aos tamanhos das telas de aparelhos de televisão atuais (cuja relação é 4:3).

Outro item em que a indústria de computadores provavelmente não teria pensado é uma incompatibilidade intencional entre discos destinados aos Estados Unidos e discos destinados à Europa, e ainda outros padrões para outros continentes. Hollywood exigiu essa "característica" porque filmes novos são sempre lançados antes nos Estados Unidos e então despachados para a Europa quando os vídeos começam a sair do circuito comercial nos Estados Unidos. A ideia era garantir que as locadoras de vídeo não pudessem comprar vídeos nos Estados Unidos muito cedo, o que reduziria as receitas de filmes novos nos cinemas da Europa. Se Hollywood estivesse no controle na indústria de computadores, teríamos disquetes de 3,5 polegadas nos Estados Unidos e disquetes de 9 cm na Europa.

2.3.11 Blu-ray

Nada fica parado no negócio de computadores, certamente não na tecnologia de armazenagem. O DVD mal acabara de ser lançado e seu sucessor já ameaçava torná-lo obsoleto. O sucessor do DVD é o **Blu-ray** (raio azul), assim chamado porque usa um laser azul, em vez do vermelho usado por DVDs. Um laser azul tem comprimento de onda mais curto do que o laser vermelho, o que permite um foco mais preciso e, portanto, depressões e planos menores. Discos Blu-ray de uma face contêm cerca de 25 GB de dados; os de dupla face contêm cerca de 50 GB. A taxa de dados é mais ou menos 4,5 MB/s, o que é bom para um disco óptico, mas ainda insignificante em comparação com discos magnéticos (cf. ATAPI-6 a 100 MB/s e wide Ultra5 SCSI a 640 MB/s). Espera-se que, com o tempo, o Blu-ray substitua CD-ROMs e DVDs, mas essa transição ainda levará alguns anos.

2.4 Entrada/Saída

Como mencionamos no início deste capítulo, um sistema de computador tem três componentes principais: a CPU, as memórias (primária e secundária) e os equipamentos de **E/S** (entrada/saída), ou **I/O** (Input/Output), como impressoras, *scanners* e *modems*. Até aqui, só examinamos CPU e as memórias. Agora, é hora de examinar os equipamentos de E/S e como eles estão conectados ao restante do sistema.

2.4.1 Barramentos

A maioria dos computadores pessoais e estações de trabalho tem uma estrutura semelhante à mostrada na Figura 2.29. O arranjo comum é um gabinete de metal que contém uma grande placa de circuito impresso na parte inferior, denominada **placa-mãe** (ou placa-pai, para os que preferirem). A placa-mãe contém o chip da CPU, alguns encaixes para os módulos DIMM e vários chips de suporte. Contém também um barramento ao longo do comprimento e soquetes nos quais os conectores de borda das placas de E/S podem ser inseridos.

Figura 2.29 Estrutura física de um computador pessoal.

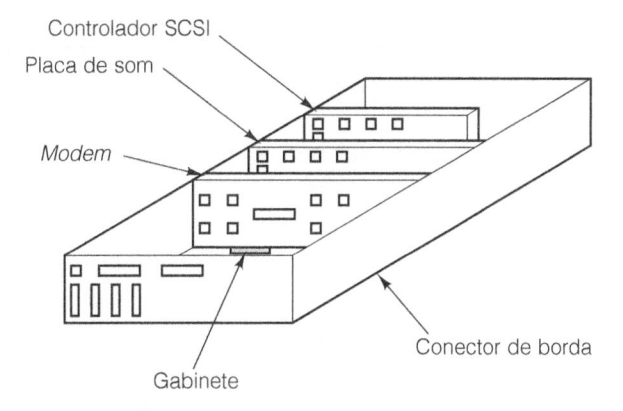

A estrutura lógica de um computador pessoal simples pode ser vista na Figura 2.30. Esse computador tem um único barramento para conectar a CPU, a memória e os equipamentos de E/S; a maioria dos sistemas tem dois ou mais barramentos. Cada dispositivo de E/S consiste em duas partes: uma que contém grande parte da eletrônica, denominada **controlador**, outra que contém o dispositivo de E/S em si, tal como um *drive* de disco. O controlador está em geral contido em uma placa que é ligada a um encaixe livre. Mesmo o monitor não sendo opcional, o controlador de vídeo às vezes está localizado em uma placa de encaixe (*plug-in*) para permitir que o usuário escolha entre placas com ou sem aceleradores gráficos, memória extra e assim por diante. O controlador se conecta com seu dispositivo por um cabo ligado ao conector na parte de trás do gabinete.

Figura 2.30 Estrutura lógica de um computador pessoal simples.

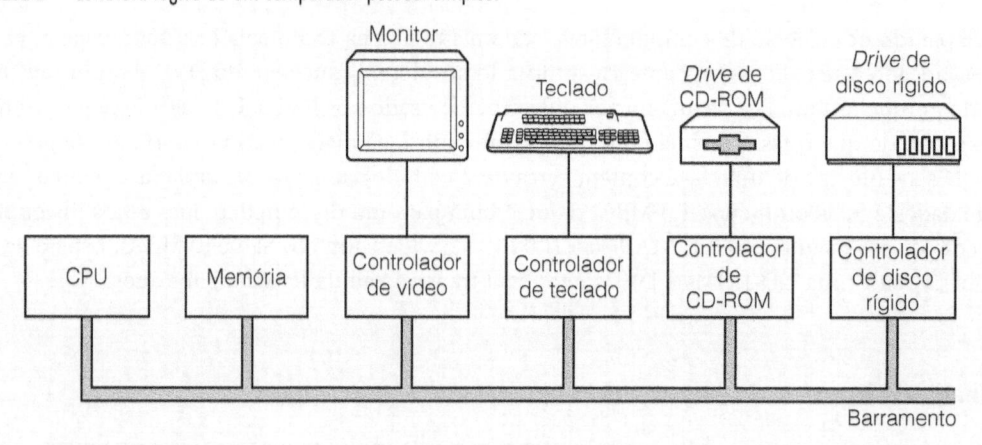

A função de um controlador é controlar seu dispositivo de E/S e manipular para ele o acesso ao barramento. Quando um programa quer dados do disco, por exemplo, ele envia um comando ao controlador de disco, que então emite comandos de busca e outros comandos para o *drive*. Quando a trilha e o setor adequados forem localizados, o *drive* começa a entregar dados ao controlador como um fluxo serial de bits. É função do controlador dividir o fluxo de bits em unidades e escrever cada uma delas na memória, à medida que seja montada. Uma unidade típica é composta de uma ou mais palavras. Quando um controlador lê ou escreve dados de ou para a memória sem intervenção da CPU, diz-se que ele está executando **acesso direto à memória** (**Direct Memory Access**), mais conhecido por seu acrônimo **DMA**. Concluída a transferência, o controlador normalmente causa uma **interrupção**, forçando a CPU a suspender de imediato o programa em execução e começar a rodar um procedimento especial, denominado **rotina de interrupção**, para verificar erros, executar qualquer ação especial necessária e informar ao sistema operacional que a E/S agora está concluída. Quando a rotina de interrupção conclui sua tarefa, a CPU continua com o programa que foi suspenso quando ocorreu a interrupção.

O barramento não é usado apenas pelos controladores de E/S, mas também pela CPU para buscar instruções e dados. O que acontece se a CPU e um controlador de E/S quiserem usar barramento ao mesmo tempo? A resposta é que um chip, denominado **árbitro de barramento**, decide o que acontece em seguida. Em geral, é dada a preferência aos dispositivos de E/S sobre a CPU, porque discos e outros dispositivos que estão em movimento não podem ser interrompidos, e obrigá-los a esperar resultaria em perda de dados. Quando não há nenhuma E/S em curso, a CPU pode ficar com todos os ciclos do barramento para si própria, para referenciar a memória. Contudo, quando algum dispositivo de E/S também estiver executando, ele requisitará e terá acesso ao barramento sempre que precisar. Esse processo é denominado **roubo de ciclo**, e reduz a velocidade do computador.

Esse projeto funcionou bem para os primeiros computadores pessoais, já que todos os componentes estavam em certo equilíbrio. Contudo, à medida que CPUs, memórias e dispositivos de E/S ficavam mais rápidos, surgiu um problema: o barramento não dava mais conta da carga apresentada. Em um sistema fechado, tal como uma estação de trabalho de engenharia, a solução foi projetar um novo barramento mais rápido para o próximo modelo.

Como ninguém nunca passava dispositivos de E/S de um modelo antigo para um novo, essa abordagem funcionou bem.

Todavia, no mundo do PC, quem passava para uma CPU mais potente muitas vezes queria levar sua impressora, *scanner e modem* para o novo sistema. Além disso, tinha-se desenvolvido uma imensa indústria destinada a fornecer uma ampla gama de dispositivos de E/S para o barramento do IBM PC, e essa indústria não estava nem um pouco interessada em perder todo seu investimento e começar de novo. A IBM aprendeu isso do modo mais difícil quando lançou o sucessor do IBM PC, a linha PS/2. O PS/2 tinha um barramento novo e mais rápido, mas a maioria dos fabricantes de clones continuava a usar o antigo barramento do PC, agora denominado barramento **ISA (Industry Standard Architecture)**. A maioria dos fabricantes de discos e dispositivos de E/S continuou a fabricar controladores para ele, e a IBM se viu enfrentando a peculiar situação de ser a única fabricante de PCs que não eram mais compatíveis com o PC da IBM. Com o tempo, a empresa foi forçada a dar suporte ao barramento ISA. Hoje, o barramento ISA é usado em sistemas legados e em museus de computador, pois foi substituído por arquiteturas de barramento padrão mais novas e mais rápidas. Como um comentário à parte, favor notar que ISA quer dizer Instruction Set Architecture (arquitetura do conjunto de instruções) no contexto de níveis de máquina, ao passo que no contexto de barramentos quer dizer Industry Standard Architecture (arquitetura padrão da indústria).

Os barramentos PCI e PCIe

Não obstante, a despeito da pressão do mercado para que nada mudasse, o antigo barramento era mesmo muito lento, portanto, era preciso fazer algo. Essa situação levou outras empresas a desenvolver máquinas com múltiplos barramentos, um dos quais era o antigo barramento ISA, ou seu sucessor compatível, o **EISA (Extended ISA – ISA estendido)**. Agora, o mais popular deles é o barramento **PCI (Peripheral Component Interconnect – interconexão de componentes periféricos)**. Esse barramento foi projetado pela Intel, mas a empresa decidiu passar todas as patentes para domínio público, a fim de incentivar toda a indústria (incluindo seus concorrentes) a adotá-lo.

O barramento PCI pode ser usado em muitas configurações, mas a Figura 2.31 ilustra uma configuração típica. Nesse caso, a CPU se comunica com um controlador de memória por meio de uma conexão dedicada, de alta velocidade. O controlador se comunica diretamente com a memória e com o barramento PCI, de modo que o tráfego CPU-memória não passa pelo barramento PCI. Outros periféricos podem ser conectados diretamente ao barramento PCI. Uma máquina com esse projeto teria dois ou três conectores PCI vazios, permitindo que os clientes conectem placas de E/S PCI para novos periféricos.

Qualquer que seja a velocidade de algo no mundo da computação, muita gente acha que ela é baixa. Esse destino também caiu sobre o barramento PCI, que está sendo substituído pelo **PCI Express**, abreviado como **PCIe**. A maior parte dos computadores modernos tem suporte para ele, de modo que os usuários podem conectar dispositivos novos e velozes ao barramento PCIe e os mais antigos e mais lentos ao barramento PCI.

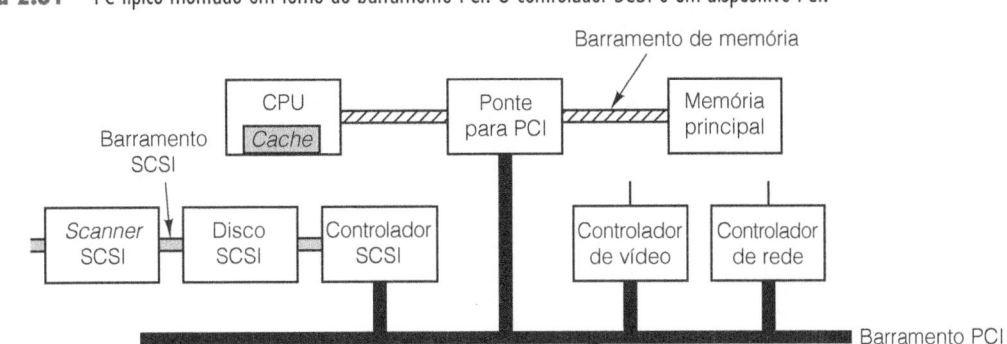

Figura 2.31 PC típico montado em torno do barramento PCI. O controlador SCSI é um dispositivo PCI.

Enquanto o barramento PCI foi apenas uma atualização para o ISA mais antigo, com velocidades mais altas e mais bits transferidos em paralelo, o PCIe representa uma mudança radical do PCI. Na verdade, ele sequer é um barramento. É uma rede ponto a ponto usando linhas de bits seriais e troca de pacotes, mais parecido com a Internet do que com um barramento tradicional. Sua arquitetura aparece na Figura 2.32.

Figura 2.32 Exemplo de arquitetura de um sistema PCIe com três portas PCIe.

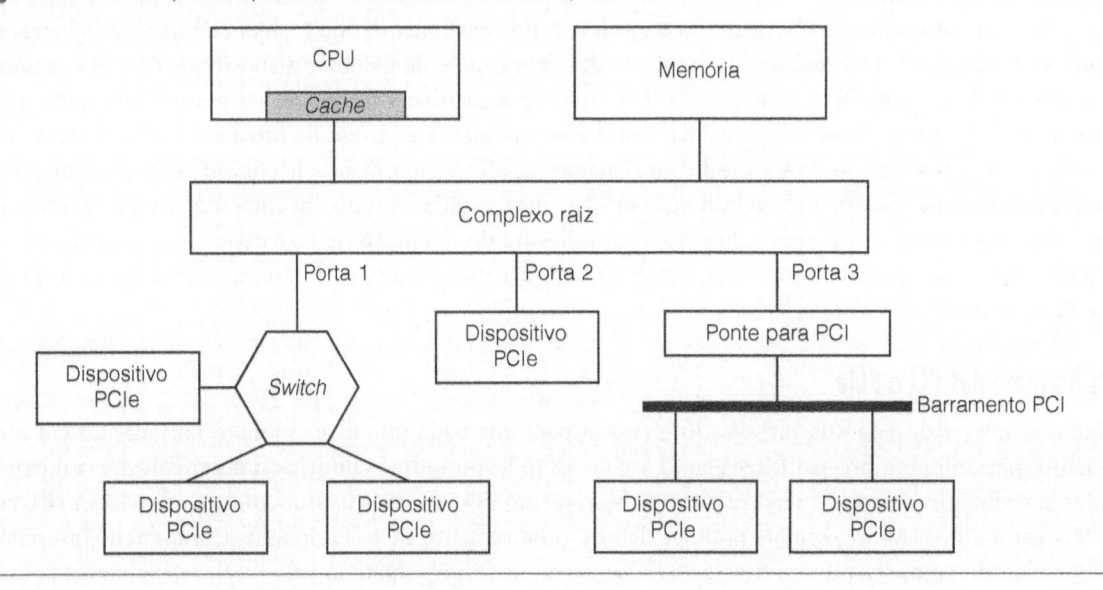

Várias coisas se destacam de imediato sobre o PCIe. Primeiro, as conexões entre os dispositivos são seriais, ou seja, 1 bit de largura em vez de 8, 16, 32 ou 64 bits. Embora se possa pensar que uma conexão de 64 bits teria uma largura de banda mais alta do que uma conexão de 1 bit, na prática, as diferenças no tempo de propagação dos 64 bits, chamadas de *skew* (distorção), significa que precisam ser usadas velocidades relativamente baixas. Com uma conexão serial, velocidades muito mais altas podem ser usadas, e isso compensa bastante a perda de paralelismo. Os barramentos PCI trabalham com uma taxa de *clock* máxima de 66 MHz. Com 64 bits transferidos por ciclo, a taxa de dados é de 528 MB/s. Com uma taxa de *clock* de 8 GHz, até mesmo com transferência serial, a taxa de dados do PCIe é de 1 GB/s. Além do mais, os dispositivos não estão limitados a um único par de fios para se comunicarem com o complexo raiz ou com um *switch*. Um dispositivo pode ter até 32 pares de fios, chamados de *lanes* (pistas). Essas pistas não são síncronas, de modo que a distorção não é importante aqui. A maioria das placas-mãe tem um encaixe de 16 pistas para a placa gráfica, que no PCIe 3.0 dará à placa gráfica uma largura de banda de 16 GB/s, cerca de 30 vezes mais rápida do que uma placa gráfica PCI pode oferecer. Essa largura de banda é necessária para aplicações cada vez mais exigentes, como gráficos em 3D.

Segundo, toda a comunicação é ponto a ponto. Quando a CPU quer falar com um dispositivo, ela lhe envia um pacote e, em geral, recebe uma resposta depois. O pacote passa pelo complexo raiz, que está na placa-mãe, e depois para o dispositivo, possivelmente por um *switch* (ou, se o dispositivo for um PCI, por uma ponte para PCI). Essa evolução de um sistema em que todos os dispositivos escutavam o mesmo barramento para um que utiliza comunicações ponto a ponto é semelhante ao desenvolvimento das redes Ethernet (uma rede local muito popular), que também começou com um canal de *broadcast*, mas agora utiliza *switches* para permitir a comunicação ponto a ponto.

2.4.2 Terminais

Há muitos tipos de dispositivos de E/S disponíveis. Alguns dos mais comuns são discutidos a seguir. Terminais de computador consistem em duas partes: um teclado e um monitor. No mundo dos *mainframes*, essas partes costumam ser integradas em um único dispositivo ligado ao computador principal por uma linha serial ou por uma linha telefônica. Nos setores de reserva de passagens aéreas, bancário e em outros setores que usam *mainframes*, esses dispositivos ainda estão sendo usados. No mundo dos computadores pessoais, o teclado e o monitor são dispositivos independentes. Qualquer que seja o caso, a tecnologia das duas partes é a mesma.

● Teclados

Há uma grande variedade de teclados. O IBM PC original vinha com um teclado munido de um contato mecânico sob cada tecla, que dava retorno tátil e emitia um clique quando a tecla era apertada corretamente. Hoje, os teclados mais baratos têm teclas que fazem apenas contato mecânico quando acionados. Os melhores têm uma lâmina de material elastométrico – espécie de borracha – entre as teclas e a placa de circuito impresso que está por baixo. Sob cada tecla há uma pequena saliência que cede quando pressionada corretamente. Um pontinho de material condutor dentro da saliência fecha o circuito. Alguns teclados têm um ímã sob cada tecla, que passa por uma bobina quando pressionado, induzindo assim a uma corrente que pode ser detectada. Também há vários outros métodos em uso, mecânicos e eletromagnéticos.

Em computadores pessoais, quando uma tecla é pressionada, uma interrupção é gerada e a rotina de interrupções do teclado (uma parte do software do sistema operacional) é executada. A rotina de interrupções lê um registrador de hardware dentro do controlador de teclado para pegar o número da tecla (1 a 102) que acabou de ser pressionada. Quando a tecla é solta, ocorre uma segunda interrupção. Assim, se um usuário pressionar SHIFT, e em seguida pressionar e soltar M, e depois soltar SHIFT, o sistema operacional pode ver que o usuário quer um "M", e não um "m". O tratamento de sequências de várias teclas envolvendo SHIFT, CTRL e ALT é todo feito em software (incluindo a abominável sequência CTRL-ALT-DEL, que é usada para reiniciar PCs).

● Touch screens

Embora os teclados não ofereçam perigo de atrapalhar a máquina de escrever manual, há um novo sujeito na praça quando se trata de entrada do computador: uma *touch screen* (tela sensível ao toque). Embora esses dispositivos só tenham se tornado itens do mercado de massa com a introdução do iPhone da Apple em 2007, eles são muito mais antigos. A primeira tela sensível ao toque foi desenvolvida no Royal Radar Establishment, em Malvern, Grã-Bretanha, em 1965. Até mesmo a capacidade de encolhimento na tela, tão anunciada pelo iPhone, vem do trabalho inicial na Universidade de Toronto em 1982. Desde então, muitas tecnologias diferentes foram desenvolvidas e comercializadas.

Dispositivos de toque podem ser encontrados em duas categorias: opacos e transparentes. Um dispositivo sensível ao toque opaco é o *touchpad* de um notebook. Um dispositivo transparente típico é a tela de um smartphone ou tablet. Vamos analisar apenas o segundo. Eles costumam ser chamados de *touch screens*. Os principais tipos de touch screens são infravermelho, resistivo e capacitivo.

As telas infravermelhas são transmissores de infravermelho, como os diodos ou lasers emissores de luz infravermelha (por exemplo) nas bordas esquerda ou superior do engaste em torno da tela e detectores nas bordas direita e inferior. Quando um dedo, caneta ou qualquer objeto opaco bloqueia um ou mais raios, o detector correspondente sente a queda no sinal e o hardware do dispositivo pode dizer ao sistema operacional quais raios foram bloqueados, permitindo que ele calcule a coordenadas (x, y) do dedo ou caneta. Embora esses dispositivos já tenham sido usados há algum tempo em quiosques e outras aplicações, eles não usados para dispositivos móveis.

Outra tecnologia antiga consiste em *touch screens* resistivas. Estas consistem em duas camadas, sendo a superior flexível. Ela contém uma grande quantidade de fios horizontais. A inferior contém fios verticais. Quando um dedo ou outro objeto pressiona um ponto na tela, um ou mais dos fios entra em contato com os fios perpendiculares na camada inferior. Os circuitos eletrônicos do dispositivo possibilitam a leitura de qual área foi pressionada. Essas telas não são caras para se montar, e são muito usadas em aplicações mais simples.

As duas tecnologias são boas quando a tela é pressionada por um dedo, mas têm um problema quando dois dedos são usados. Para descrever a questão, usaremos a terminologia da *touch screen* infravermelha, mas a resistiva tem a mesma dificuldade. Imagine que os dois dedos estejam em (3, 3) e (8, 8). Como resultado, os feixes verticais $x = 3$ e $x = 8$ são interrompidos, assim como os feixes horizontais $y = 3$ e $y = 8$. Agora, imagine um cenário diferente, com os dedos em (3, 8) e (8, 3), que são os cantos opostos do retângulo cujos ângulos são (3, 3), (8, 3), (8, 8) e (3, 8). Exatamente os mesmos feixes são bloqueados, de modo que o software não sabe qual dos dois cenários é o correto. Esse problema é conhecido como *ghosting*.

Para poder detectar vários dedos ao mesmo tempo – uma propriedade exigida para os gestos de encolhimento e expansão –, uma nova tecnologia foi necessária. Aquela usada na maioria dos smartphones e tablets (mas não em câmeras digitais e outros dispositivos) é a *touch screen* **capacitiva projetada**. Existem vários tipos, mas o mais comum é o tipo de **capacitância mútua**. Todas as *touch screens* que podem detectar dois ou mais pontos de contato ao mesmo tempo são conhecidas como **telas multitoque**. Vejamos rapidamente como elas funcionam.

Para os leitores que estão meio enferrujados em sua física do colégio, um **capacitor** é um dispositivo que pode armazenar carga elétrica. Um capacitor simples tem dois condutores separados por um isolador. Nas *touch screens* modernas, um padrão tipo grande com "fios" finos correndo verticalmente é separado de uma grade horizontal por uma camada isolante fina. Quando um dedo toca na tela, ela muda a capacitância em todas as intersecções tocadas (possivelmente afastadas). Essa mudança pode ser medida. Como uma demonstração de que uma *touch screen* moderna não é como as antigas telas infravermelhas e resistivas, tente tocar em uma com uma caneta, lápis, clipe de papel ou dedo com luva e você verá que nada acontece. O corpo humano é bom para armazenar carga elétrica, como pode ser comprovado dolorosamente por qualquer um que já tenha se arrastado por um tapete em um dia frio e seco e depois tocado em uma maçaneta de metal. Instrumentos de plástico, madeira e metal não são tão bons quanto pessoas em termos de sua capacitância.

Os "fios" em uma *touch screen* não são os fios de cobre comuns, encontrados nos dispositivos elétricos normais, pois bloqueariam a luz da tela. Em vez disso, eles são tiras finas (em geral, com 50 micra) de óxido de índio-estanho condutor, ligadas em lados opostos de uma placa fina de vidro, que juntos formam os capacitores. Em alguns dispositivos mais novos, a placa de vidro isolante é substituída por uma fina camada de dióxido de silício (areia!), com as três camadas salpicadas (átomo por átomo) em algum substrato. De qualquer forma, os capacitores são protegidos contra poeira e arranhões por uma placa de vidro acima disso, para formar a superfície da tela a ser tocada. Quanto mais fina a placa de vidro superior, mais sensível é o desempenho, porém, mais frágil é o dispositivo.

Em operação, tensões são aplicadas alternadamente aos "fios" horizontal e vertical, enquanto os valores de tensão, que são afetados pela capacitância de cada intersecção, são lidos dos outros. Essa operação é repetida muitas vezes por segundo, com as coordenadas tocadas sendo alimentadas no controlador do dispositivo como um fluxo de pares (x, y). Mais processamento, como determinar se ocorre apontamento, compressão, expressão ou toque, é feito pelo sistema operacional. Se você usar todos os 10 dedos e pedir a um amigo para usar os dele, o sistema operacional terá mais trabalho, mas o hardware de toque múltiplo poderá realizar essa tarefa.

● **Monitores de tela plana**

Os primeiros monitores de computador usavam **tubos de raios catódicos (CRTs – cathode ray tubes)**, assim como os antigos aparelhos de televisão. Eles eram muito volumosos e pesados para serem usados em notebooks, portanto, era preciso uma tecnologia completamente diferente para suas telas. O desenvolvimento de telas planas ofereceu um tamanho físico necessário para os notebooks, e esses dispositivos também usavam menos potência. Hoje, os benefícios em tamanho e potência do monitor de tela plana quase eliminaram o uso de monitores CRT.

A mais comum tecnologia de monitor de tela plana é o **LCD (Liquid Crystal Display – monitor de cristal líquido)**. É uma tecnologia de alta complexidade, tem muitas variações e está mudando com grande rapidez, de modo que esta descrição será necessariamente breve e muito simplificada.

Cristais líquidos são moléculas orgânicas viscosas que fluem como um líquido, mas também têm estrutura espacial, como um cristal. Foram descobertos por um botânico austríaco, Friedrich Reinitzer, em 1888 e aplicados pela primeira vez em visores (por exemplo, de calculadoras e relógios) na década de 1960. Quando todas as moléculas estão alinhadas na mesma direção, as propriedades óticas do cristal dependem da direção e polarização da luz incidente. Usando um campo elétrico aplicado, o alinhamento molecular e, por conseguinte, as propriedades óticas, podem ser mudadas. Em particular, fazendo passar luz através de um cristal líquido, a intensidade da luz que sai dele pode ser controlada por meios elétricos. Essa propriedade pode ser explorada para construir monitores de tela plana.

Uma tela de monitor de LCD consiste em duas placas de vidro paralelas entre as quais há um volume selado que contém um cristal líquido. Eletrodos transparentes são ligados a ambas as placas. Uma luz atrás da placa traseira, natural ou artificial, ilumina a tela por trás. Os eletrodos transparentes ligados a cada placa são usados para criar campos elétricos no cristal líquido. Diferentes partes da tela recebem tensões elétricas diferentes para controlar a imagem apresentada. Colados às partes frontal e traseira da tela há filtros de polarização (polaroides), pois a tecnologia do monitor requer a utilização de luz polarizada. A montagem geral é mostrada na Figura 2.33(a).

Figura 2.33 (a) Construção de uma tela de LCD. (b) Os sulcos nas placas traseira e frontal são perpendiculares uns aos outros.

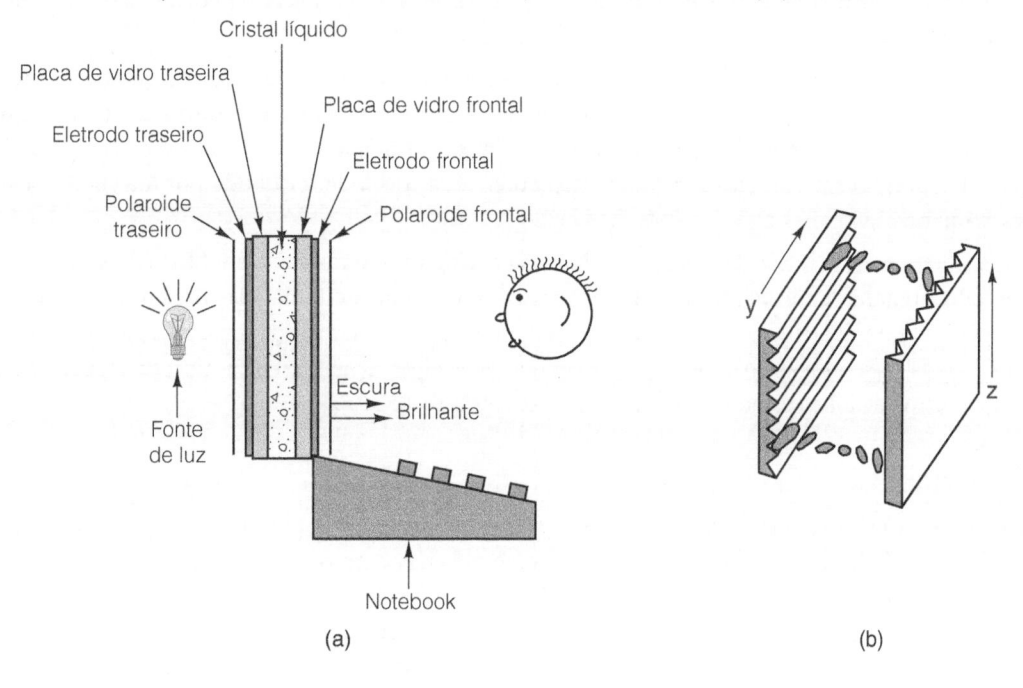

Embora muitos tipos de monitores de LCD estejam em uso, agora vamos considerar um tipo particular de visor, o **TN** (**Twisted Nematic – nemático torcido**), como exemplo. Nesse monitor, a placa traseira contém minúsculos sulcos horizontais, e a frontal, minúsculos sulcos verticais, como ilustrado na Figura 2.33(b). Na ausência de um campo elétrico, as moléculas do LCD tendem a se alinhar com os sulcos. Uma vez que os alinhamentos frontal e traseiro estão a 90 graus entre si, as moléculas (e, portanto, a estrutura cristalina) ficam torcidas entre as placas traseira e frontal.

Na parte de trás do monitor há um polaroide horizontal que permite apenas a passagem de luz polarizada horizontalmente. Na parte da frente do visor há um polaroide vertical que permite apenas a passagem de luz polarizada verticalmente. Se não houvesse nenhum líquido presente entre as placas, a luz polarizada horizontalmente que entrasse pelo polaroide traseiro seria bloqueada pelo polaroide frontal, produzindo uma tela uniformemente negra.

Contudo, a estrutura cristalina torcida das moléculas do LCD guia a luz na passagem e gira sua polarização, fazendo com que ela saia na vertical. Portanto, na ausência de um campo elétrico, a tela de LCD é uniformemente brilhante. Aplicando uma tensão elétrica em partes selecionadas da placa, a estrutura torcida pode ser destruída, bloqueando a luz nesses locais.

Há dois esquemas que podem ser usados para aplicar a tensão elétrica. Em um **monitor de matriz passiva** (de baixo custo), ambos os eletrodos contêm fios paralelos. Em um monitor de 1.920 × 1.080, por exemplo, o eletrodo traseiro poderia ter 1.920 fios verticais e o frontal poderia ter 1.080 horizontais. Aplicando-se uma tensão elétrica em um dos fios verticais e em seguida fazendo-se pulsar um dos horizontais, a tensão em uma posição de *pixel* selecionada pode ser mudada, fazendo-a escurecer por um curto espaço de tempo. Um *pixel* (aglutinação das palavras "picture" e "element") é um ponto colorido a partir do qual todas as imagens digitais são construídas. Repetindo-se esse pulso para o próximo *pixel* e então para o seguinte, pode-se pintar uma linha escura de varredura. Em geral, a tela inteira é pintada 60 vezes por segundo, para enganar o olho e fazê-lo pensar que ali há uma imagem constante.

O outro esquema de ampla utilização é o **monitor de matriz ativa**. É mais caro, mas produz melhor imagem. Em vez de apenas dois conjuntos de fios perpendiculares, ele tem um minúsculo elemento comutador em cada posição de *pixel* em um dos eletrodos. Desligando e ligando esses elementos, pode-se criar um padrão de tensão elétrica arbitrário na tela, o que permite um padrão de bits também arbitrário. Os elementos comutadores são denominados **transistores de película fina (TFT – Thin Film Transistors)** e os monitores de tela plana que os utilizam costumam ser denominados **monitores TFT**. Agora, a maioria dos notebooks e monitores de tela plana para desktops utiliza a tecnologia TFT.

Até aqui, descrevemos como funciona um monitor monocromático. Basta dizer que monitores coloridos usam os mesmos princípios gerais dos monocromáticos, mas os detalhes são muito mais complicados. Filtros ópticos são usados para separar a luz branca em componentes vermelha, verde e azul em cada posição de *pixel*, de modo que estes possam ser exibidos independentemente. Toda cor pode ser obtida por uma superposição dessas três cores primárias.

Outras tecnologias de tela estão surgindo. Uma das mais promissoras é a tela **OLED (Organic Light Emitting Diode – diodo orgânico emissor de luz)**. Ela consiste em camadas de moléculas orgânicas carregadas eletricamente, dispostas entre dois eletrodos em forma de sanduíche. As mudanças de tensão fazem com que as moléculas sejam excitadas e se movam para estados de energia mais altos. Quando elas retornam ao seu estado normal, emitem luz. Outros detalhes estão fora do escopo deste livro (e de seus autores).

- **RAM de vídeo**

Quase todos os monitores são renovados de 60 a 100 vezes por segundo por uma memória especial, denominada **RAM de vídeo** (memória de acesso aleatório de vídeo), embutida na placa controladora do monitor. Essa memória tem um ou mais mapas de bits que representam a imagem da tela. Em uma tela com, por exemplo, 1.920 × 1.080 elementos de imagem, denominados *pixels*, uma RAM de vídeo conteria 1.920 × 1.080 valores, um para cada *pixel*. Na verdade, ela poderia conter muitos desses mapas de bits, para permitir a passagem rápida de uma imagem para outra.

Em um monitor comum, cada *pixel* seria representado como um valor RGB (*red/green/blue*) de 3 bytes, um para cada intensidade das componentes vermelha, verde e azul da cor do *pixel* (monitores de primeira linha usam 10 ou mais bits por cor). Pelas leis da física, sabe-se que qualquer cor pode ser obtida por uma superposição linear de luzes vermelha, verde e azul.

Uma RAM de vídeo com 1.920 × 1.080 *pixels* a 3 bytes/*pixel* requer mais de 6,2 MB para armazenar a imagem e uma boa quantidade de tempo de CPU para fazer qualquer coisa com ela. Por essa razão, alguns computadores adotam uma solução de conciliação usando um número de 8 bits para indicar a cor desejada. Então, esse número é usado como um índice para uma tabela de hardware denominada **paleta de cores**, que contém 256 entradas, cada uma com um valor RGB de 24 bits. Esse projeto, denominado **cor indexada**, reduz em dois terços o tamanho de memória da RAM de vídeo, mas permite somente 256 cores na tela ao mesmo tempo. Em geral, cada janela na tela tem seu próprio mapeamento. Porém, com apenas uma paleta de cores em hardware, quando há várias janelas presentes, muitas vezes apenas a janela corrente apresenta suas cores corretamente. Paletas de cores com 2^{16} entradas também são usadas, mas o ganho aqui é de apenas 1/3.

Monitores de vídeo com mapas de bits requerem grande quantidade de largura de banda. Para apresentar multimídia em tela cheia, com todas as cores em um monitor de 1.920 × 1.080, é preciso copiar 6,2 MB de dados para a RAM de vídeo para cada quadro. Quando o vídeo é de movimento total, é preciso uma taxa de no mínimo

25 quadros por segundo, o que resulta uma taxa total de dados de 155 MB/s. Essa carga é mais do que o barramento PCI original podia manipular (132 MB/s), mas o PCIe pode tratar disso com facilidade.

2.4.3 Mouses

À medida que o tempo passa, os computadores estão sendo usados por pessoas menos versadas sobre o modo de funcionamento desses equipamentos. Máquinas da geração ENIAC só eram empregadas pelas pessoas que as construíram. Na década de 1950, computadores eram utilizados apenas por programadores profissionais altamente treinados. Agora, são amplamente usados por pessoas que precisam fazer algum trabalho e não sabem muito (ou nem querem saber) sobre como funcionam os computadores ou como são programados.

Antigamente, a maioria dos computadores tinha interfaces de linha de comando, para as quais os usuários digitavam comandos. Visto que quem não é especialista quase sempre acha que interfaces de linha de comando não são amigáveis ao usuário – se não absolutamente hostis –, muitos fabricantes desenvolveram interfaces do tipo "apontar e clicar", tais como as do Macintosh e do Windows. Usar esse modelo pressupõe que haja um modo de apontar algo na tela. O meio mais comum de permitir que usuários apontem algo na tela é um mouse.

Um **mouse** é um caixinha de plástico que fica sobre a mesa, ao lado do teclado. Quando ela é movimentada sobre a mesa, um pequeno ponteiro também se movimenta na tela, permitindo que os usuários apontem itens. O mouse tem um, dois ou três botões na parte de cima, que possibilitam aos usuários selecionar itens apresentados em menus. Muita polêmica já se levantou por causa de discussões sobre o número de teclas que um mouse deve ter. Usuários ingênuos preferem uma só (não há como apertar a tecla errada se houver apenas uma), mas os sofisticados gostam do poder conferido por várias teclas para fazer coisas imaginativas.

Três tipos de mouses foram produzidos: mecânicos, ópticos e óptico-mecânicos. Os primeiros tinham duas rodinhas de borracha para fora da parte inferior do corpo com eixos perpendiculares entre si. Quando o mouse era movimentado em paralelo com seu eixo principal, uma roda girava. Quando ele era movimentado ao longo da perpendicular de seu eixo principal, a outra roda girava. Cada rodinha comandava um resistor variável (potenciômetro). Medindo as alterações na resistência era possível ver como cada roda tinha girado e assim calcular a distância que o mouse tinha percorrido em cada direção. Depois, esse projeto foi substituído em grande parte por outro, no qual, em vez de rodinhas, era usada uma pequena esfera projetada um pouco para fora do fundo do mouse. Ele é mostrado na Figura 2.34.

Figura 2.34 Utilização do mouse para apontar itens de menu.

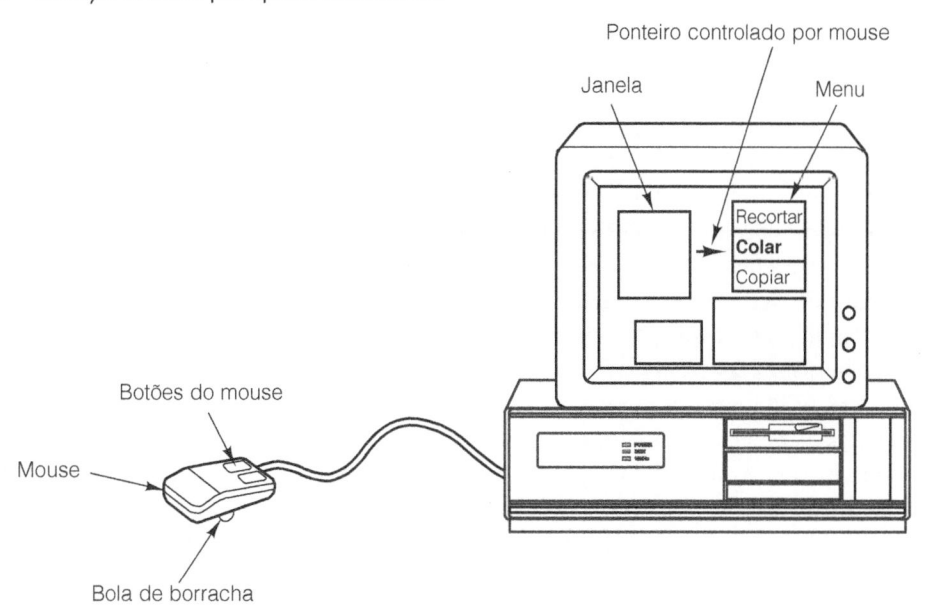

O segundo tipo de mouse é o óptico. Esse tipo não tem rodinhas nem esferas. Em vez delas, tem um **LED** (**Light Emitting Diode** – **diodo emissor de luz**) e um fotodetector na parte de baixo. Os primeiros mouses ópticos exigiam uma almofada plástica especial que continha uma grade retangular de linhas espaçadas muito próximas umas das outras para detectar quantas linhas tinham sido atravessadas e, assim, a que distância o mouse se movimentou. Os mouses ópticos modernos contêm um LED que ilumina as imperfeições da superfície, junto com uma pequena câmera de vídeo que registra uma pequena imagem (em geral, 18 × 18 *pixels*) até 1.000 vezes por segundo. Imagens consecutivas são comparadas para ver a que distância o mouse se moveu. Alguns mouses ópticos utilizam um laser no lugar de um LED para iluminação. Eles são mais precisos, mas também mais caros.

O terceiro tipo de mouse é o óptico-mecânico. Assim como o mouse mecânico mais novo, ele tem uma esfera que gira dois eixos alinhados a 90 graus em relação um ao outro. Os eixos estão conectados a decodificadores com fendas que permitem a passagem da luz. Quando o mouse se movimenta, os eixos giram e pulsos de luz atingem os detectores sempre que aparece uma fenda entre um LED e seu detector. O número de pulsos detectados é proporcional à quantidade de movimento.

Embora mouses possam ser montados de várias maneiras, um arranjo comum é enviar uma sequência de 3 bytes ao computador toda vez que o mouse se movimenta a uma distância mínima (por exemplo, 0,01 polegada), às vezes denominada **mickey**. Em geral, esses caracteres vêm em uma linha serial, um bit por vez. O primeiro byte contém um inteiro com sinal que informa quantas unidades o mouse se moveu na direção x desde a última vez. O segundo dá a mesma informação para movimento na direção y. O terceiro contém o estado corrente das teclas do mouse. Às vezes, são usados 2 bytes para cada coordenada.

No computador, um software de baixo nível aceita essas informações à medida que chegam e converte os movimentos relativos enviados pelo mouse em uma posição absoluta. Em seguida, ele apresenta na tela uma seta correspondente à posição onde o mouse está. Quando a seta indicar o item adequado, o usuário clica no botão do mouse e então o computador pode interpretar qual item foi selecionado, por saber onde a seta está posicionada na tela.

2.4.4 Controladores de jogos

Os videogames costumam ter exigências muito altas de E/S do usuário e, no mercado de console de vídeo, dispositivos de entrada especializados têm sido desenvolvidos. Nesta seção, veremos dois desenvolvimentos recentes em controladores para videogame, o Nintendo Wiimote e o Microsoft Kinect.

- **Controlador Wiimote**

Lançado em 2006 com o console de jogos Nintendo Wii, o controlador Wiimote contém botões tradicionais para jogos e mais uma capacidade de sensibilidade dupla ao movimento. Todas as interações com o Wiimote são enviadas em tempo real ao console de jogos, usando um rádio *Bluetooth* interno. Os sensores de movimento no Wiimote permitem que ele sinta seu próprio movimento nas três dimensões e mais; quando apontado para a televisão, ele oferece uma capacidade minuciosa para apontar.

A Figura 2.35 ilustra como o Wiimote executa essa função de sensibilidade ao movimento. O rastreamento do movimento do Wiimote em três dimensões é realizado com um acelerômetro interno de 3 eixos. Esse dispositivo contém três massas pequenas, cada qual podendo se mover nos eixos x, y e z (com relação ao chip do acelerômetro). Elas se movem em proporção ao grau de aceleração em seu eixo particular, o que muda a capacitância da massa em relação a uma parede fixa de metal. Medindo as três capacitâncias variáveis, é possível sentir a aceleração em três dimensões. Usando essa tecnologia e algum cálculo clássico, o console Wii pode rastrear o movimento do Wiimote no espaço. Ao movimentar o Wiimote para atingir uma bola de tênis virtual, esse movimento é rastreado enquanto você se desloca em direção à bola e, se você virou o pulso no último momento para atingir a bola por cima, os acelerômetros do Wiimote também notarão esse movimento.

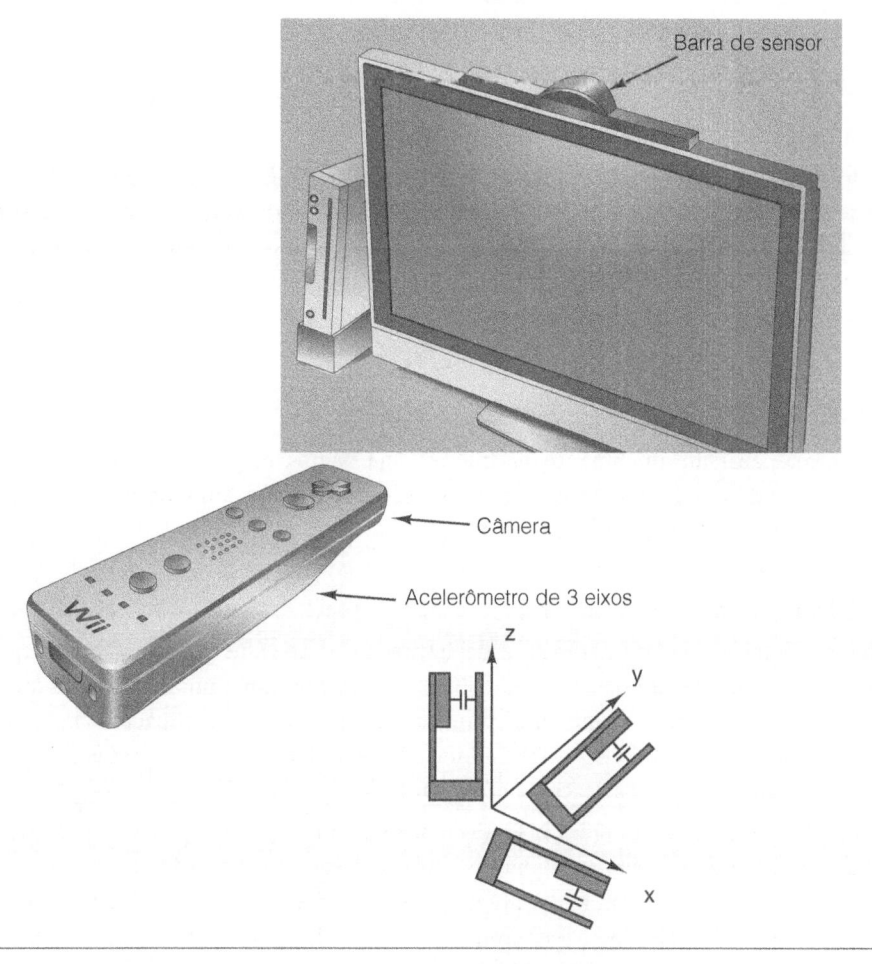

Figura 2.35 Sensores de movimento do controlador de videogame Wiimote.

Embora os acelerômetros funcionem bem para acompanhar o movimento do Wiimote enquanto ele se desloca em três dimensões, eles não podem oferecer a sensibilidade de movimento detalhada necessária para controlar um ponteiro na tela da televisão. Os acelerômetros sofrem com pequenos erros inevitáveis em suas medições de aceleração, de modo que, com o tempo, o local exato do Wiimote (com base na integração de suas acelerações) se tornará cada vez menos preciso.

Para oferecer a sensibilidade de movimento com precisão, o Wiimote utiliza uma tecnologia de visão de computador inteligente. Acima da televisão há uma "barra de sensor" que contém LEDs a uma distância fixa. No Wiimote há uma câmera que, quando apontada na barra de sensor, pode deduzir a distância e orientação em relação à televisão. Como os LEDs da barra de sensor estão afastados a certa distância, sua distância vista pelo Wiimote é proporcional àquela entre o Wiimote e a barra de sensor. O local da barra de sensor no campo de visão do Wiimote indica a direção que este aponta em relação à televisão. Observando essa orientação continuamente, é possível dar suporte a uma capacidade de apontamento minucioso sem os erros de posição inerentes aos acelerômetros.

● **Controlador Kinect**

O Microsoft Kinect leva as capacidades de visão dos controladores de jogos a um nível inteiramente novo. Esse dispositivo usa apenas a visão do computador para determinar as interações do usuário com o console de jogos. Ele funciona sentindo a posição do usuário na sala, mais a orientação e o movimento de seu corpo. Os jogos são controlados por movimentos predeterminados de suas mãos, braços e qualquer outra coisa que os projetistas do jogo acreditarem que você deva mexer a fim de controlar seu jogo.

A capacidade de sentir do Kinect é baseada em uma câmera de profundidade combinada com uma câmera de vídeo. A câmera de profundidade calcula a distância do objeto no campo de visão do Kinect. Ela faz isso emitindo uma matriz bidimensional de pontos a laser infravermelho, depois capturando seus reflexos com uma câmera infravermelha. Usando uma técnica de visão do computador chamada "iluminação estruturada", o Kinect pode determinar a distância dos objetos em seu campo de visão com base em como o conjunto de pontos infravermelhos é agitado pelas superfícies iluminadas.

A informação de profundidade é combinada com a informação de textura retornada da câmera de vídeo para produzir um mapa de profundidade texturizado. Esse mapa pode então ser processado pelos algoritmos de visão do computador para localizar a pessoa na sala (até mesmo reconhecendo seus rostos) e a orientação e movimento de seu corpo. Depois de processar, a informação sobre as pessoas na sala é enviada ao console do jogo, que usa esses dados para controlar o videogame.

2.4.5 Impressoras

Após o usuário preparar um documento ou buscar uma página na Web, muitas vezes quer imprimir seu trabalho, de modo que todos os computadores podem ser equipados com uma impressora. Nesta seção, descreveremos alguns dos tipos mais comuns de impressoras.

● **Impressoras a laser**

Talvez o desenvolvimento mais interessante da impressão desde que Johann Gutenberg inventou o tipo móvel no século XV é a **impressora a laser**. Esse dispositivo combina uma imagem de alta qualidade, excelente flexibilidade, grande velocidade e custo moderado em um único periférico compacto. Impressoras a laser usam quase a mesma tecnologia das máquinas fotocopiadoras. Na verdade, muitas empresas fabricam equipamentos que combinam cópia e impressão (e, às vezes, também fax).

A tecnologia básica é ilustrada na Figura 2.36. O coração da impressora é um tambor rotativo de precisão (ou uma correia, em alguns sistemas de primeira linha). No início de cada ciclo de página, ele recebe uma carga de até cerca de 1.000 volts e é revestido com um material fotossensível. Então, a luz de um laser passa pelo comprimento do tambor, refletindo-a de um espelho octogonal rotativo. O feixe de luz é modulado para produzir um padrão de pontos escuros e claros. Os pontos atingidos pelo feixe perdem sua carga elétrica.

Figura 2.36 Operação de uma impressora a laser.

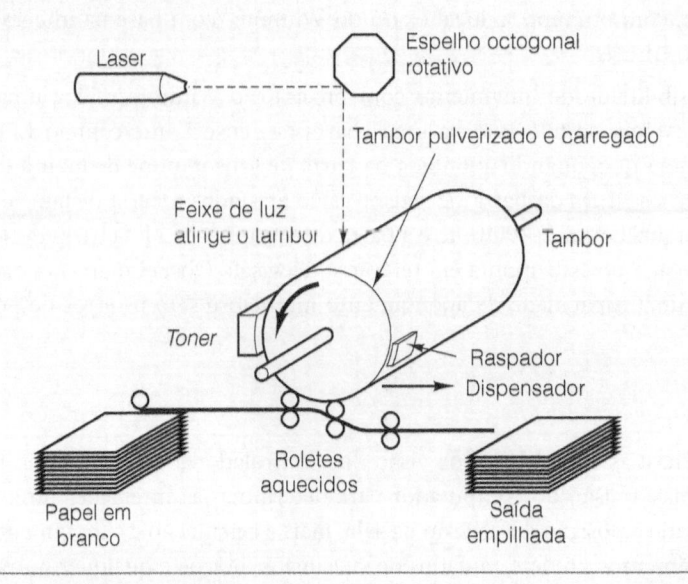

Após pintar uma linha de pontos, o tambor gira uma fração de um grau para permitir que a próxima linha seja pintada. Com o decorrer da rotação, a primeira linha de pontos chega ao *toner*, um reservatório que contém um pó negro eletrostaticamente sensível. O *toner* é atraído por aqueles pontos que ainda estão carregados, formando uma imagem visual daquela linha. Um pouco mais adiante na trajetória de transporte, o tambor revestido de *toner* é pressionado contra o papel, transferindo o pó preto para ele. Em seguida, o papel passa por rolamentos aquecidos que fundem permanentemente o *toner* à superfície do papel, fixando a imagem. Em um ponto mais adiante de sua rotação, o tambor é descarregado e raspado para limpar qualquer resíduo de *toner*, preparando-o para receber nova carga elétrica e revestimento para imprimir a próxima página.

Nem é preciso dizer que esse processo é uma combinação extremamente complexa de física, química, engenharia mecânica e engenharia ótica. Ainda assim, há vários fabricantes no mercado que oferecem conjuntos complexos denominados **mecanismos de impressão**. Fabricantes de impressoras a laser combinam os mecanismos de impressão com sua própria eletrônica e software próprio para montar uma impressora completa. A parte eletrônica consiste em uma CPU rápida embutida junto com megabytes de memória para conter um mapa de bits de uma página inteira e numerosas fontes, algumas delas embutidas, outras carregadas por download. Grande parte das impressoras aceita comandos que descrevem as páginas a serem impressas (ao contrário de apenas aceitar mapas de bits preparados pela CPU principal). Esses comandos são dados em linguagens como a PCL da HP e PostScript da Adobe ou PDF, que são linguagens de programação completas, embora especializadas.

Impressoras a laser de 600 dpi ou mais podem executar um trabalho razoável na impressão de fotografias em preto e branco, mas a tecnologia é mais complicada do que pode parecer à primeira vista. Considere uma fotografia digitalizada em 600 dpi que deve ser impressa por uma impressora de 600 dpi. A imagem contém 600 × 600 *pixels*/polegada, cada um consistindo em um valor de cinza que varia de 0 (branco) a 255 (preto). A impressora também pode imprimir 600 dpi, mas cada *pixel* impresso é ou preto (*toner* presente) ou branco (nenhum *toner* presente). Valores cinza não podem ser impressos.

A solução habitual para imprimir imagens com valores de cinza é usar a técnica do **meio-tom** (retícula), a mesma empregada para imprimir cartazes comerciais. A imagem é desmembrada em células de meios-tons, em geral com 6 × 6 *pixels*. Cada célula pode conter entre 0 e 36 *pixels* pretos. O olho percebe uma célula com muitos *pixels* como mais escura do que uma com menos *pixels*. Valores de cinza na faixa de 0 a 255 são representados dividindo essa faixa em 37 zonas. Valores de 0 a 6 estão na zona 0, valores de 7 a 13 estão na zona 1 e assim por diante (a zona 36 é um pouco menor do que as outras porque 256 não é divisível exatamente por 37). Sempre que é encontrado um valor de cinza na zona 0, sua célula de meio-tom sobre o papel é deixada em branco, como ilustrado na Figura 2.37(a). Um valor de zona 1 é impresso como 1 *pixel* negro. Um valor de zona 2 é impresso como 2 *pixels* negros, conforme mostra a Figura 2.37(b). Outros valores de zonas são mostrados nas figuras 2.37(c)–(f). Claro que pegar uma fotografia digitalizada a 600 dpi e usar essa técnica de meio-tom reduz a resolução efetiva a 100 células/polegada, denominada **frequência de tela de meio-tom**, medida por convenção em **lpi** (lines per inch – linhas por polegada).

Figura 2.37 Pontos de meio-tom para várias faixas de escala de cinza. (a) 0–6. (b) 14–20. (c) 28–34. (d) 56–62. (e) 105–111. (f) 161–167.

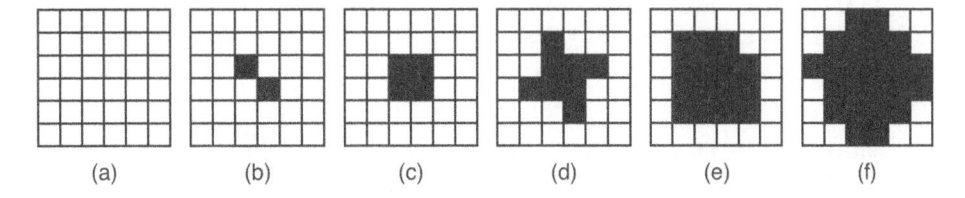

Impressão colorida

Embora a maioria das impressoras a laser seja monocromática, impressoras a laser coloridas estão se tornando mais comuns, de modo que talvez seja útil dar aqui alguma explicação sobre a impressão colorida (que também se aplica a impressoras a jato de tinta e outras). Como você poderia imaginar, isso não é trivial. Imagens coloridas podem ser vistas de duas maneiras: por luz transmitida e por luz refletida. Imagens por luz transmitida, como as produzidas em monitores, são compostas por superposição linear das três cores primárias aditivas: vermelho, verde e azul.

Ao contrário, imagens por luz refletida, como fotografias em cores e fotos em revistas de papel lustroso, absorvem certos comprimentos de onda de luz e refletem o resto. Elas são compostas por uma superposição linear das três cores subtrativas primárias, ciano (toda cor vermelha absorvida), magenta (toda cor verde absorvida) e amarela (toda cor azul absorvida). Em teoria, toda cor pode ser produzida misturando as tintas ciano, amarela e magenta. Na prática, é difícil conseguir essas tintas com pureza suficiente para absorver toda a luz e produzir um negro verdadeiro. Por essa razão, praticamente todos os sistemas de impressão em cores usam quatro tintas: ciano, magenta, amarela e negra. Esses sistemas são denominados **impressoras CMYK**. O K é geralmente associado à cor negra (*blacK*), porém, ele é a placa chave com a qual as placas de cores são alinhadas em impressoras convencionais de quatro cores. Monitores, ao contrário, usam luz transmitida e o sistema RGB para produzir cores.

O conjunto completo de cores que um monitor ou uma impressora podem produzir é denominado sua **gama**. Nenhum dispositivo tem uma gama que se iguale à do mundo real, já que cada cor vem em 256 intensidades no máximo, o que dá apenas 16.777.216 cores discretas. Imperfeições na tecnologia reduzem ainda mais esse total e as restantes nem sempre estão uniformemente espaçadas no espectro de cores. Além do mais, a percepção da cor tem muito a ver com o modo de funcionamento dos bastões e cones na retina, e não apenas com a física da luz.

Como consequência dessas observações, converter uma imagem colorida que parece boa na tela em uma imagem impressa idêntica está longe de ser trivial. Entre os problemas estão:

1. Monitores em cores usam luz transmitida; impressoras em cores usam luz refletida.
2. Monitores produzem 256 intensidades por cor; impressoras têm de usar meios-tons.
3. Monitores têm um fundo negro; o papel tem um fundo claro.
4. As gamas RGB de um monitor e as gamas CMYK de uma impressora são diferentes.

Obter imagens impressas em cores que reproduzem os tons do mundo real (ou até mesmo os das imagens na tela) requer calibração de dispositivos, software sofisticado e considerável conhecimento técnico e experiência da parte do usuário.

Impressoras a jato de tinta

Para impressão doméstica de baixo custo, as **impressoras a jato de tinta** são as favoritas. A cabeça de impressão móvel, que mantém os cartuchos de tinta, é varrida horizontalmente pelo papel por uma correia, enquanto a tinta é espirrada por minúsculos esguichos. As gotículas de tinta têm um volume de mais ou menos 1 picolitro, de modo que 100 milhões delas formam uma única gota d'água.

Impressoras a jato de tinta podem ter duas variedades: piezelétricas (usadas pela Epson) e térmicas (usadas pela Canon, HP e Lexmark). As impressoras a jato de tinta piezelétricas possuem um tipo especial de cristal próximo de sua câmara de tinta. Quando uma tensão elétrica é aplicada ao cristal, ela se deforma ligeiramente, forçando uma gotícula de tinta a sair pelo esguicho. Quanto maior a tensão, maior a gotícula, permitindo que o software controle seu tamanho.

Impressoras a jato de tinta térmicas (também chamadas impressoras **a jato de bolhas**) contêm um minúsculo resistor dentro de cada esguicho. Quando uma tensão elétrica é aplicada ao resistor, ele se aquece extremamente rápido, elevando de imediato a temperatura da tinta que encosta nele até o ponto de ebulição, até que a tinta se vaporize para formar uma bolha de gás. A bolha de gás ocupa mais volume do que a tinta que a criou, produzindo pressão no esguicho. O único lugar para onde a tinta pode sair é pela frente do esguicho, para o papel. O esguicho é então resfriado e o vácuo resultante suga outra gota de tinta do cartucho. A velocidade da impressora é limitada pela velocidade com que o ciclo aquecer/resfriar pode ser repetido. As gotículas são todas do mesmo tamanho, mas menores do que as usadas pelas impressoras piezelétricas.

As impressoras a jato de tinta normalmente possuem resoluções de pelo menos 1.200 dpi (*dots per inch* – **pontos por polegada**) e, no máximo, 4.800 dpi. Elas são baratas, silenciosas e possuem boa qualidade, apesar de também serem lentas, e utilizam cartuchos de tinta caros. Quando a melhor das impressoras a jato de tinta de alta qualidade é usada para imprimir fotografia em alta resolução profissional com papel fotográfico especialmente lustroso, os resultados são parecidos com a fotografia convencional, até mesmo com impressões de 20 × 25 cm.

Para obter melhores resultados, é preciso usar tinta e papel especiais. **Tintas à base de corantes** consistem em corantes coloridos dissolvidos em uma base fluida. Elas dão cores brilhantes e fluem com facilidade. Sua principal desvantagem é que desbotam quando expostas à luz ultravioleta, tal como a contida na luz solar. **Tintas à base de pigmentos** contêm partículas sólidas de pigmentos suspensas em uma base fluida, que evapora do papel deixando ali o pigmento. Não desbotam com o tempo, mas não são tão brilhantes como as tintas à base de corantes e as partículas de pigmento tendem a entupir os bicos injetores, que requerem limpeza periódica. Para imprimir fotografias, é preciso papel lustroso ou revestido. Esses tipos de papel foram projetados especialmente para conter as gotículas de tinta e não permitir que elas se espalhem.

● Impressoras especiais

Embora impressoras a laser e a jato de tinta dominem os mercados de impressão doméstico e de escritório, outros tipos de impressoras são usados em outras situações, com outros requisitos em termos de qualidade de cor, preço e outras características.

Uma variante da impressora a jato de tinta é a **impressora de tinta sólida**. Esse tipo de impressora aceita quatro blocos sólidos de uma tinta especial à base de cera, que são derretidos e passam para reservatórios de tinta quente. Os tempos de partida dessas impressoras podem chegar a 10 minutos, enquanto os blocos de tinta estão derretendo. A tinta quente é borrifada sobre o papel, onde se solidifica e se funde com o papel quando este é forçado a passar entre dois roletes rígidos. De certa forma, ela combina a ideia de borrifar tinta das impressoras a jato de tinta com a ideia de fundir a tinta no papel com roletes de borracha rígidos das impressoras a laser.

Outro tipo de impressora em cores é a **impressora a cera**. Ela tem uma larga fita encerada em quatro cores, segmentada em faixas do tamanho de páginas. Milhares de elementos de aquecimento derretem a cera à medida que o papel passa por baixo dela. A cera se funde com o papel na forma de *pixels* usando o sistema CMYK. Impressoras a cera costumavam ser a principal tecnologia de impressão em cores, mas estão sendo substituídas pelos outros tipos cujos materiais de consumo são mais baratos.

Ainda outro tipo de impressora em cores é a **impressora por sublimação de corante**, ou de tinta. Embora dê a entender algo de freudiano, sublimação é o nome científico da passagem do estado sólido para o gasoso sem passar pelo estado líquido. Gelo seco (dióxido de carbono congelado) é um material bem conhecido que sublima. Em uma impressora por sublimação de tinta, uma base contendo os corantes CMYK passa sobre um cabeçote de impressão térmico que contém milhares de elementos de aquecimento programáveis. As tintas são vaporizadas instantaneamente e absorvidas por um papel especial que está próximo. Cada elemento de aquecimento pode produzir 256 temperaturas diferentes. Quanto mais alta a temperatura, mais corante é depositado e mais intensa é a cor. Diferente de todas as outras impressoras em cores, nessa são possíveis cores praticamente contínuas para cada *pixel*, de modo que o meio-tom não é necessário. Pequenas impressoras de instantâneos muitas vezes usam o processo de sublimação de tinta para produzir imagens fotográficas de alto grau de realismo sobre papel especial (e caro).

Por fim, chegamos à **impressora térmica**, que contém uma pequena cabeça de impressão com alguma quantidade de minúsculas agulhas que podem ser aquecidas. Quando uma corrente elétrica passa por uma agulha, ela se torna muito quente depressa. Quando um papel termicamente sensível especial é empurrado pela cabeça de impressão, os pontos são feitos no papel quando as agulhas estão quentes. Com efeito, uma impressora térmica é como as antigas impressoras matriciais, cujos pinos eram pressionados contra uma fita tipo máquina de escrever para formar os pontos de tinta no papel atrás da fita. As impressoras térmicas são muito usadas para imprimir recibos em lojas, caixas eletrônicos de banco, postos de gasolina automatizados etc.

2.4.6 Equipamento de telecomunicações

Hoje, grande parte dos computadores está ligada a uma rede de computadores, em geral a Internet. Para conseguir acesso, é preciso usar equipamento especial. Nesta seção, veremos como esse equipamento funciona.

• Modems

Com o crescimento da utilização de computadores nos últimos anos, é comum que um computador precise se comunicar com outro. Por exemplo, muitas pessoas têm em casa computadores pessoais que usam para se comunicar com o que está em seu local de trabalho, com uma provedora de serviço de Internet (ISP – Internet Service Provider) ou com um sistema de *home banking*. Em muitos casos, a linha telefônica provê comunicação física.

Contudo, uma linha telefônica comum (ou cabo) não é adequada para transmissão de sinais de computador que costumam representar um 0 como 0 volt e um 1 como 3 a 5 volts, conforme mostra a Figura 2.38(a). Sinais de dois níveis sofrem considerável distorção quando transmitidos por uma linha telefônica projetada para voz, ocasionando erros de transmissão. Todavia, um sinal de onda senoidal pura em uma frequência de 1.000 a 2.000 Hz, denominada **portadora**, pode ser transmitido com relativamente pouca distorção, e esse fato é explorado como a base da maioria dos sistemas de telecomunicação.

Como as pulsações de uma onda senoidal são totalmente previsíveis, uma onda senoidal pura não transmite nenhuma informação. Contudo, variando a amplitude, frequência ou fase, uma sequência de 1s e 0s pode ser transmitida, como mostra a Figura 2.38. Esse processo é denominado **modulação**, e o dispositivo que faz isso é denominado *modem*, que significa **MOdulador DEModulador**. Na **modulação de amplitude** (veja a Figura 2.38(b)), são usados dois níveis de tensão elétrica (voltagem) para 0 e 1, respectivamente. Uma pessoa que esteja ouvindo dados transmitidos a uma taxa de dados muito baixa ouviria um ruído alto para 1 e nenhum ruído para 0.

Em **modulação de frequência** (veja a Figura 2.38(c)), o nível de tensão elétrica (voltagem) é constante, mas a frequência da portadora é diferente para 1 e para 0. Uma pessoa que estivesse ouvindo dados digitais com frequência modulada ouviria dois tons, correspondentes a 0 e 1. A modulação de frequência costuma ser denominada **modulação por chaveamento de frequência**.

Figura 2.38 Transmissão bit a bit do número binário 01001011000100 por uma linha telefônica. (a) Sinal de dois níveis. (b) Modulação de amplitude. (c) Modulação de frequência. (d) Modulação de fase.

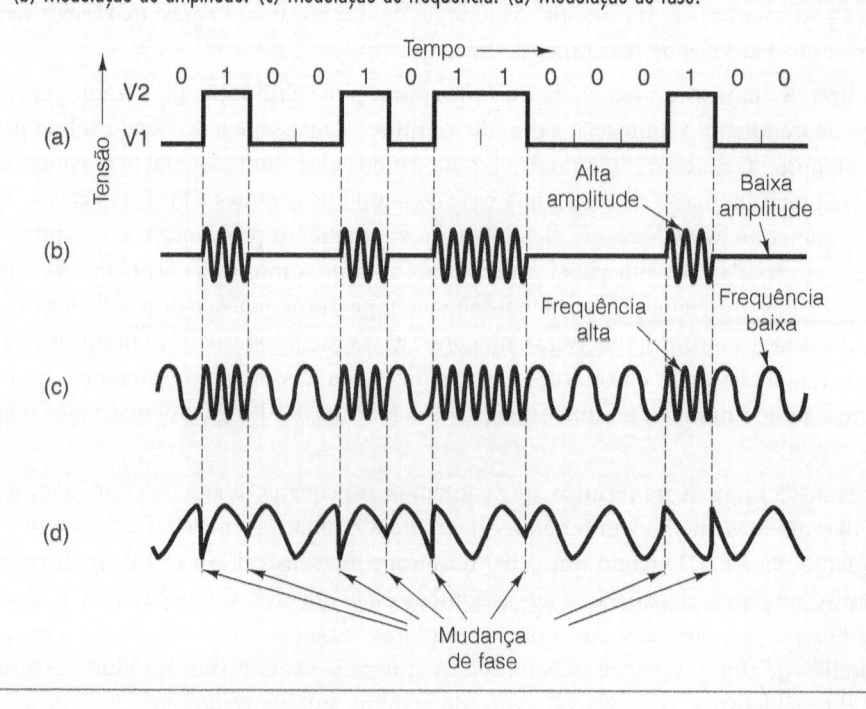

Em **modulação de fase** simples (veja Figura 2.38(d)), a amplitude e a frequência não mudam, mas a fase da portadora é invertida 180 graus quando os dados passam de 0 para 1 ou de 1 para 0. Em sistemas de fase modulada mais sofisticados, no início de cada intervalo de tempo indivisível, a fase da portadora é bruscamente mudada para 45, 135, 225 ou 315 graus, para permitir 2 bits por intervalo de tempo, denominado codificação de fase **dibit**. Por exemplo, uma mudança de fase de 45 graus poderia representar 00, uma mudança de fase de 135 graus poderia representar 01 e assim por diante. Também existem outros esquemas para transmitir 3 ou mais bits por intervalo de tempo. O número de intervalos de tempo, isto é, o número de mudanças de sinal por segundo, é uma taxa de **bauds**. Com 2 ou mais bits por intervalo, a taxa de bits ultrapassará a taxa de bauds. Muitos confundem os dois termos. Novamente: a taxa de bauds é o número de vezes que o sinal muda por segundo, enquanto a taxa de bits é o número de bits transmitidos por segundo. A taxa de bits geralmente é um múltiplo da taxa de bauds, mas teoricamente ela pode ser menor.

Se os dados a serem transmitidos consistirem em uma série de caracteres de 8 bits, seria desejável ter uma conexão capaz de transmitir 8 bits simultaneamente – isto é, oito pares de fios. Como as linhas telefônicas oferecem apenas um canal, os bits têm de ser enviados de modo serial, um após o outro (ou em grupos de dois se estiver sendo usada a codificação dibit). O dispositivo que aceita caracteres de um computador na forma de sinais de dois níveis, um bit por vez, e transmite os bits em grupos de um ou dois, em forma de amplitude, frequência ou fase modulada, é o *modem*. Para marcar o início e o final de cada caractere, é enviado um caractere de 8 bits precedido por um bit de início e seguido por um bit de fim, totalizando 10 bits.

O *modem* que está transmitindo envia os bits individuais dentro de um caractere a intervalos de tempo regularmente espaçados. Por exemplo, 9.600 bauds implica uma mudança de sinal a cada 104 µs. Um segundo *modem* na extremidade receptora é usado para converter uma portadora modulada em um número binário. Como os bits chegam ao receptor a intervalos regulares, uma vez que o *modem* receptor tenha determinado o início do caractere, seu *clock* o informa quando amostrar a linha para ler os bits que estão entrando.

Modems modernos funcionam a taxas de dados na faixa de 56 kbps, normalmente a taxas muito mais baixas. Eles usam uma combinação de técnicas para enviar múltiplos bits por baud, modulando a amplitude, a frequência e a fase. Quase todos eles são *full-duplex*, o que quer dizer que podem transmitir em ambas as direções ao mesmo tempo (usando frequências diferentes). *Modems* ou linhas de transmissão que só podem transmitir em uma direção por vez (como uma ferrovia com uma única linha que pode transportar trens em direção ao norte ou trens em direção ao sul, mas não fazê-lo ao mesmo tempo) são denominados *half-duplex*. Linhas que só podem transmitir em uma direção são linhas *simplex*.

- **Linhas digitais de assinante (DSL – Digital Subscriber Lines)**

Quando a indústria da telefonia chegou por fim aos 56 kbps, ela se congratulou por um trabalho bem-feito. Enquanto isso, a indústria da TV a cabo estava oferecendo velocidades de até 10 Mbps em cabos compartilhados e as operadoras de satélites estavam planejando oferecer mais de 50 Mbps. À medida que o acesso à Internet tornou-se uma parte cada vez mais importante de seus negócios, as *telcos* (*telephone companies* – empresas de telefonia) começaram a perceber que precisavam de um produto mais competitivo do que linhas discadas. A resposta dessas empresas foi começar a oferecer um novo serviço digital de acesso à Internet. Serviços com mais largura de banda do que o serviço telefônico padrão às vezes são denominados serviços de **banda larga**, embora, na realidade, o termo seja mais um conceito de marketing do que qualquer outra coisa. Por um ponto de vista estritamente técnico, banda larga significa que existem vários canais de sinalização, enquanto banda base significa que há somente um. Assim, teoricamente, a Ethernet a 10 gigabits, que é muito mais distante do que qualquer serviço de "banda larga" oferecido pela companhia telefônica, não é banda larga de forma alguma, pois tem apenas um canal de sinalização.

De início, havia muitas ofertas que se sobrepunham, todas sob o mesmo nome geral de **xDSL** (**Digital Subscriber Line**), para vários *x*. Mais adiante, discutiremos o serviço que provavelmente vai se tornar o mais popular desses, o **ADSL** (**Asymmetric DSL – DSL assimétrico**). Visto que o ADSL ainda está sendo desenvolvido e nem todos os padrões estão totalmente em vigor, alguns dos detalhes dados mais adiante podem mudar com o tempo, mas o quadro básico deve continuar válido. Para obter mais informações sobre ADSL, veja Summers, 1999; e Vetter et al., 2000.

A razão por que *modems* são tão lentos é que os telefones foram inventados para transmitir a voz humana e todo o sistema foi cuidadosamente otimizado para essa finalidade. Dados sempre foram filhos adotivos. A linha, denominada **loop local**, de cada assinante da companhia telefônica é tradicionalmente limitada a cerca de 3.000 Hz por um filtro na central da empresa de telecomunicações. É esse filtro que limita a taxa de dados. A largura de banda real do *loop* local depende de seu comprimento, mas, para distâncias típicas de alguns quilômetros, 1,1 MHz é viável.

O método mais comum da oferta de ADSL é ilustrado na Figura 2.39. Na verdade, o que ele faz é remover o filtro e dividir o espectro disponível de 1,1 MHz no *loop* local em 256 canais independentes de 4.312,5 Hz cada. O canal 0 é usado para **POTS (Plain Old Telephone Service – serviço telefônico normal)**. Os canais de 1 a 5 não são usados para evitar que o sinal de voz e os sinais de dados interfiram uns com os outros. Dos 250 canais restantes, um é usado para controle na direção da empresa de telefonia e outro para controle na direção do usuário. O resto está disponível para dados do usuário. O ADSL equivale a ter 250 *modems*.

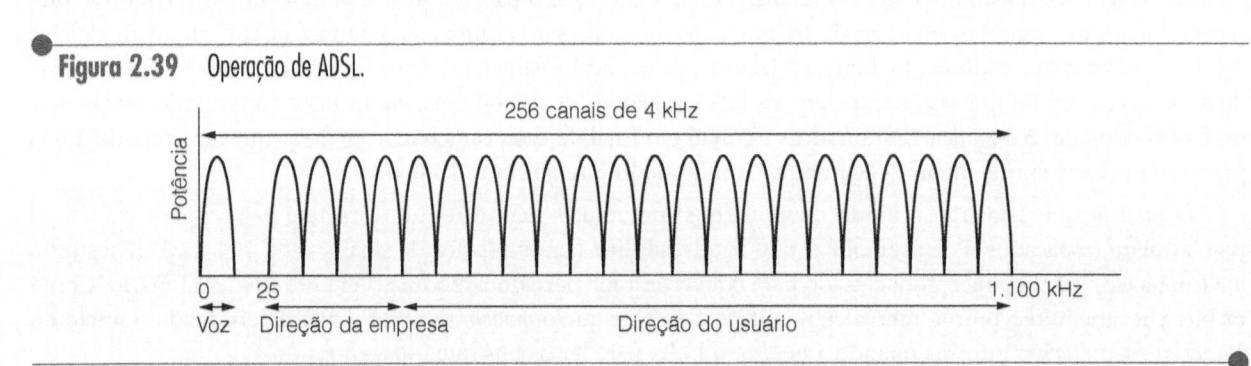

Figura 2.39 Operação de ADSL.

Em princípio, cada um dos canais remanescentes pode ser usado para um fluxo de dados *full-duplex*, mas, na prática, harmônicos, linhas cruzadas e outros efeitos mantêm os sistemas bem abaixo do limite teórico. Cabe ao provedor determinar quantos canais são usados na direção da empresa e quantos na direção do usuário. Uma proporção de 50–50 é tecnicamente possível, mas a maioria das provedoras aloca cerca de 80%–90% da largura de banda na direção do usuário, uma vez que eles descarregam mais dados do que carregam. Essa opção deu origem ao "A" em ADSL (de Assimétrico). Uma divisão comum são 32 canais na direção da empresa e o resto na direção do usuário.

A qualidade da linha é monitorada constantemente dentro de cada canal e a taxa de dados é ajustada conforme necessário, portanto, canais diferentes podem ter taxas de dados diferentes. Os dados propriamente ditos são enviados usando uma combinação de modulação de amplitude e de fase com até 15 bits por baud. Por exemplo, com 224 canais na direção do usuário e 15 bits/baud a 4.000 bauds, a largura de banda na direção do usuário é 13,44 Mbps. Na prática, a relação sinal/ruído nunca é boa o suficiente para alcançar essa taxa, mas 4–8 Mbps é possível em distâncias curtas por *loops* de alta qualidade.

Uma configuração ADSL típica é mostrada na Figura 2.40. Nesse esquema, o usuário ou um técnico da companhia telefônica deve instalar um **NID (Network Interface Device – dispositivo de interface de rede)** na casa ou escritório do cliente. Essa caixinha de plástico marca o final da propriedade da companhia telefônica e o início da propriedade do cliente. Próximo ao NID (ou às vezes combinado com ele) há um **divisor**, um filtro analógico que separa a faixa de 0–4.000 Hz usada pelo POTS dos dados. O sinal do POTS é direcionado ao telefone ou aparelho de fax e o sinal de dados é direcionado a um *modem* ADSL. Na verdade, o *modem* ADSL é um processador de sinais digitais que foi montado para agir como 250 *modems* funcionando em paralelo a frequências diferentes. Uma vez que a maioria dos *modems* ADSL é externa, o computador deve estar conectado a ele em alta velocidade. Isso costuma ser feito com a instalação de uma placa Ethernet no computador e operação de uma Ethernet muito curta de dois nós que contém apenas o computador e o *modem* ADSL. (Ethernet é um padrão de rede local popular e barato.) Por vezes, usa-se a porta USB em vez da Ethernet. Sem dúvida, haverá placas internas de *modem* ADSL disponíveis no futuro.

Figura 2.40 Configuração típica de equipamento ADSL.

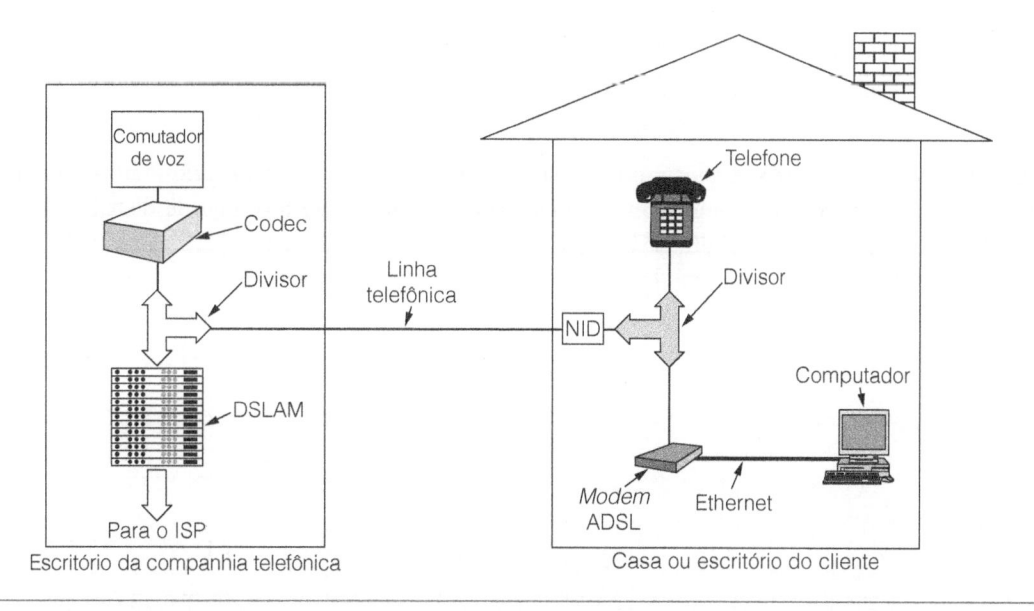

Na outra extremidade da linha, no lado da empresa telefônica está instalado um divisor correspondente, no qual a parte da voz é filtrada e enviada ao comutador de voz normal. O sinal acima de 26 kHz é direcionado para um novo tipo de dispositivo denominado **DSLAM** (**Digital Subscriber Line Access Multiplexer** – **multiplexador de acesso de linha digital de assinante**), que contém o mesmo tipo de processador de sinal digital que o *modem* ADSL. Uma vez recuperado o sinal digital em um fluxo de bits, são formados pacotes e enviados à ISP.

● **Internet por cabo**

Muitas empresas de TV agora estão oferecendo acesso à Internet por meio de seus cabos. Como a tecnologia é muito diferente da ADSL, vale a pena fazer uma breve descrição. Em cada cidade, a operadora por cabo tem uma central e uma grande quantidade de caixas cheias de dispositivos eletrônicos denominados **terminais de distribuição** (*headends*) distribuídos por todo o seu território. Os terminais de distribuição estão conectados à central por cabos de alta largura de banda ou de fibra ótica.

Cada terminal tem um ou mais cabos que passam por centenas de casas e escritórios. Cada cliente da provedora por cabo está ligado ao cabo que passa por sua casa ou escritório. Assim, centenas de usuários compartilham o mesmo cabo até o terminal. Em geral, o cabo tem uma largura de banda de mais ou menos 750 MHz. Esse sistema é radicalmente diferente do ADSL porque cada usuário de telefone tem uma linha privada (isto é, não compartilhada) com a central telefônica. Contudo, na prática, ter seu próprio canal de 1,1 MHz com uma empresa de telefonia não é muito diferente do que compartilhar uma porção de 200 MHz do espectro do cabo que chega ao terminal com 400 usuários, metade dos quais não o estará usando em qualquer dado momento. Porém, isso significa que um usuário de Internet por cabo conseguirá um serviço muito melhor às 4h00 do que às 16h00, enquanto o serviço ADSL é constante durante o dia inteiro. Quem quiser obter um serviço ideal de Internet por cabo deveria se mudar para uma vizinhança rica (casas mais afastadas uma da outra, portanto, menos usuários por cabo) ou para um bairro pobre (onde ninguém pode pagar pelo serviço de Internet).

Uma vez que o cabo é um meio compartilhado, determinar quem pode enviar quando e em qual frequência é uma questão importante. Para ver como isso funciona, temos de fazer um breve resumo do modo de funcionamento de uma TV a cabo. Nos Estados Unidos, os canais de televisão a cabo ocupam a região de 54 a 550 MHz (exceto para rádio FM, de 88 a 108 MHz). Esses canais têm 6 MHz de largura, incluindo faixas de proteção para impedir vazamento de sinal entre canais. Na Europa, a extremidade baixa é normalmente 65 MHz e os canais têm de 6 a 8 MHz de largura para a resolução mais alta exigida por PAL e SECAM; porém, quanto ao mais, o esquema de alocação é similar. A porção inferior da banda não é usada para transmissão de televisão.

Quando as empresas por cabo lançaram a Internet por cabo, tinham dois problemas a resolver:

1. Como acrescentar acesso à Internet sem interferir com programas de TV.
2. Como ter tráfego bidirecional quando os amplificadores são inerentemente unidirecionais.

As soluções são as seguintes. Cabos modernos têm uma largura de banda de pelo menos 550 MHz, muitas vezes até 750 MHz ou mais. Os canais ascendentes (isto é, do usuário ao terminal de distribuição) entram na faixa de 5–42 MHz (um pouco mais alta na Europa), e o tráfego descendente (isto é, do terminal de distribuição ao usuário) usa as frequências da extremidade alta, como ilustrado na Figura 2.41.

Figura 2.41 Alocação de frequência em um sistema típico de TV a cabo usado para acesso à Internet.

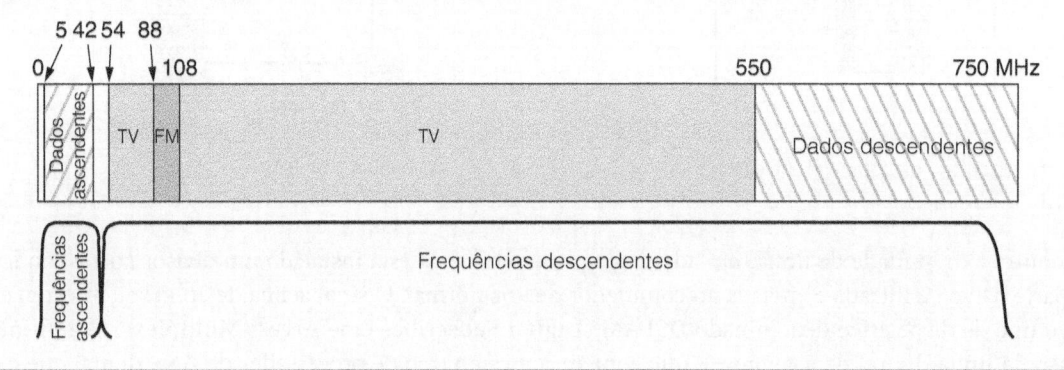

Note que, como os sinais de TV são todos descendentes, é possível usar amplificadores ascendentes que funcionam apenas na região de 5 a 42 MHz, e amplificadores descendentes que só funcionam a 54 MHz e acima, conforme mostra a figura. Assim, obtemos uma assimetria nas larguras de banda ascendente e descendente, porque há mais espectro disponível acima da banda da televisão do que abaixo dela. Por outro lado, a maior parte do tráfego será provavelmente na direção descendente, portanto, as operadoras por cabo não estão infelizes com essas coisas da vida. Como vimos antes, empresas de telefonia costumam oferecer um serviço DSL assimétrico, ainda que não tenham nenhuma razão técnica para fazê-lo.

O acesso à Internet requer um *modem* por cabo, um dispositivo que tem duas interfaces: uma com o computador e outra com a rede a cabo. A interface computador-*modem* a cabo é direta. Em geral, é Ethernet, exatamente como na ADSL. No futuro, o *modem* inteiro poderá se resumir a uma pequena placa inserida no computador, exatamente como nos antigos *modems* por telefone.

A outra extremidade é mais complicada. Grande parte do padrão por cabo lida com engenharia de rádio, uma questão que está muito além do escopo deste livro. A única parte que vale a pena mencionar é que *modems* por cabo, assim como os ADSL, estão sempre ligados. Eles estabelecem uma conexão quando são ligados e a mantêm enquanto houver energia, porque operadoras por cabo não cobram por tempo de conexão.

Para entender melhor como elas funcionam, vamos ver o que acontece quando um *modem* por cabo é instalado e ligado. O *modem* faz uma varredura dos canais descendentes em busca de um pacote especial lançado periodicamente pelo terminal de distribuição para fornecer parâmetros do sistema aos *modems* que acabaram de entrar em linha. Quando achar esse pacote, o novo *modem* anuncia sua presença em um dos canais ascendentes. O terminal de distribuição responde designando o *modem* a seus canais ascendente e descendente. Essas designações podem ser mudadas mais tarde se o terminal de distribuição achar necessário equilibrar a carga.

O *modem* determina sua distância em relação ao terminal de distribuição enviando um pacote especial e observando quanto tempo demora para obter uma resposta. Esse processo é denominado *ranging*. É importante que o *modem* conheça sua distância para ajustar o modo como os canais ascendentes operam e para acertar sua temporização. Eles são divididos em **mini-intervalos de tempo**. Cada pacote ascendente deve se ajustar a um ou mais mini-intervalos de tempo consecutivos. O terminal de distribuição anuncia periodicamente o início de uma nova rodada de mini-intervalos, mas o tiro de largada não é ouvido por todos os *modems* simultaneamente por causa do tempo de propagação pelo cabo. Sabendo a que distância está do terminal de distribuição, cada *modem* pode calcular há quanto tempo o primeiro mini-intervalo de fato começou. O comprimento do mini-intervalo depende da rede. Uma carga útil típica é 8 bytes.

Durante a inicialização, o terminal de distribuição também designa cada *modem* a um mini-intervalo que será usado para requisitar largura de banda ascendente. Como regra, múltiplos *modems* serão designados ao mesmo mini-intervalo, o que leva à disputa. Quando um computador quer enviar um pacote, ele o transfere ao *modem*, que então requisita o número necessário de mini-intervalos para ele. Se a requisição for aceita, o terminal de distribuição manda um reconhecimento pelo canal descendente, informando ao *modem* quais mini-intervalos foram reservados para seu pacote. Então, o pacote é enviado, começando no mini-intervalo a ele alocado. Pacotes adicionais podem ser requisitados usando um campo no cabeçalho.

Por outro lado, se houver disputa para o mini-intervalo requisitado, nenhum reconhecimento será enviado e o *modem* espera um tempo aleatório, e tenta mais uma vez. Após cada uma dessas tentativas sucessivas malsucedidas, o tempo aleatório é duplicado para distribuir a carga quando o tráfego estiver pesado.

Os canais descendentes são gerenciados de modo diferente dos canais ascendentes. Uma razão é que há só um remetente (o terminal de distribuição), portanto, não há nenhuma disputa e nenhuma necessidade de mini-intervalos que, na verdade, é apenas um modo de multiplexação por divisão estatística. Outra razão é que o tráfego descendente costuma ser muito maior do que o ascendente, portanto, é um pacote de tamanho fixo de 204 bytes. Parte dele é um código de correção de erros Reed-Solomon e algumas outras informações de controle, sobrando 184 bytes de carga útil para o usuário. Esses números foram escolhidos por compatibilidade com a televisão digital, que usa MPEG-2, de modo que os canais de TV e os canais descendentes sejam formatados do mesmo modo. O aspecto lógico das conexões é mostrado na Figura 2.42.

Figura 2.42 Detalhes típicos dos canais ascendente e descendente na América do Norte. QAM-64 (Quadrature Amplitude Modulation – modulação de amplitude em quadratura) permite 6 bits/Hz, mas funciona somente em altas frequências. QPSK (Quadrature Phase Shift Keying – modulação por chaveamento de fase em quadratura) funciona em baixas frequências, mas permite apenas 2 bits/Hz.

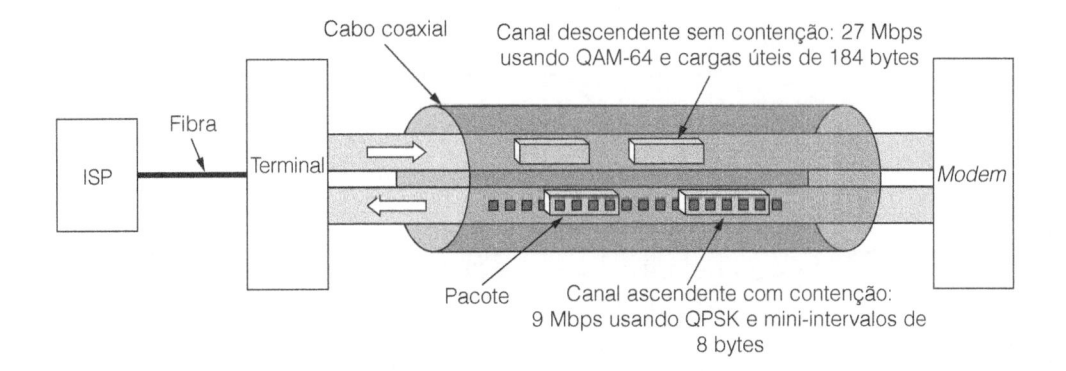

Voltando à inicialização do *modem*, uma vez concluída a *ranging* e obtida a designação de seu canal ascendente, canal descendente e mini-intervalo, ele está liberado para começar a enviar pacotes. Esses pacotes vão até o terminal de distribuição, que os retransmite por um canal dedicado até a central da operadora por cabo e então até o ISP (que pode ser a própria empresa por cabo). O primeiro pacote é dirigido à ISP e requisita um endereço de rede (tecnicamente, um endereço IP) que é designado dinamicamente. O pacote também requisita e obtém um horário exato.

A próxima etapa envolve segurança. Uma vez que o cabo é um meio compartilhado, quem quiser se dar ao trabalho pode ler todo o tráfego que passar por ele. Para evitar que qualquer um bisbilhote seus vizinhos (literalmente), todo o tráfego é criptografado em ambas as direções. Parte do procedimento de inicialização envolve estabelecer chaves criptográficas. A princípio, poderíamos pensar que conseguir que dois estranhos, o terminal de distribuição e o *modem*, combinem uma chave secreta em plena luz do dia com milhares de pessoas vigiando seria algo difícil. Acontece que não é, mas a técnica usada (o algoritmo Diffie-Hellman) está fora do escopo deste livro. Uma discussão sobre esse algoritmo é dada em Kaufman et al. (2002).

Por fim, o *modem* tem de registrar (fazer *login*) e fornecer seu identificador exclusivo pelo canal seguro. Nesse ponto, está concluída a inicialização. Agora, o usuário pode se conectar com o ISP e começar a trabalhar.

Há muito mais a ser dito sobre *modems* a cabo. Algumas referências relevantes são: Adams e Dulchinos, 2001; Donaldson e Jones, 2001; Dutta-Roy, 2001.

2.4.7 Câmeras digitais

Uma utilização cada vez mais popular de computadores é a fotografia digital, o que transforma câmeras digitais em uma espécie de periférico de computador. Vamos descrever rapidamente como isso funciona. Todas as câmeras têm uma lente que forma uma imagem do sujeito no fundo da câmera. Em um equipamento convencional, o fundo da câmera está coberto por uma película fotográfica sobre a qual é formada uma imagem latente quando a luz a atinge. Essa imagem latente pode ficar visível pela ação de certos produtos químicos presentes no líquido de revelação, ou revelador. Uma câmera digital funciona da mesma maneira, exceto que o filme é substituído por um arranjo retangular de **CCDs** (**Charge-Coupled Devices** – **dispositivos de carga acoplada**) sensíveis à luz. (Algumas câmeras digitais usam CMOS [Complementary Metal-Oxyde Semiconductor – semicondutor de óxido metálico complementar], mas aqui vamos nos concentrar nos CCDs, que são mais comuns.)

Quando a luz atinge um CCD, ele adquire uma carga elétrica. Quanto mais luz, mais carga. A carga pode ser lida em um conversor analógico para digital como um inteiro de 0 a 255 (em câmeras mais baratas) ou de 0 a 4.095 (em câmeras *reflex* digitais de uma lente). A configuração básica é mostrada na Figura 2.43.

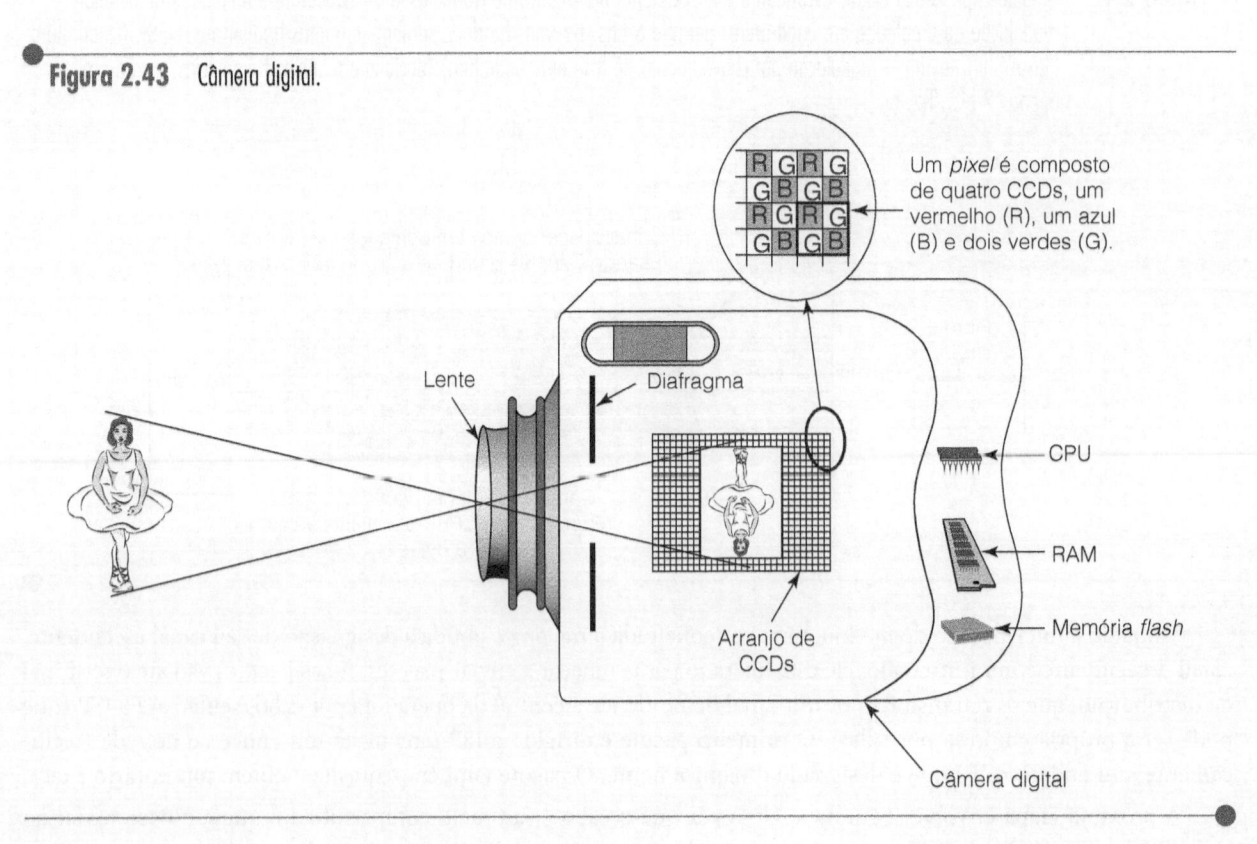

Figura 2.43 Câmera digital.

Cada CCD produz um único valor, independente da cor da luz que o atinge. Para formar imagens coloridas, os CCDs são organizados em grupos de quatro elementos. Um **filtro Bayer** é colocado no topo do CCD de modo a permitir que somente a luz vermelha atinja um dos quatro em cada grupo, apenas a luz azul atinja um outro e só a luz verde atinja os outros dois. São usados dois CCDs para a luz verde porque utilizar quatro CCDs para representar um *pixel* é muito mais conveniente do que usar três, e o olho é mais sensível à luz verde do que à vermelha ou à azul. Quando um fabricante afirma que uma câmera tem, por exemplo, 6 milhões de *pixels*, ele está mentindo. A câmera tem 6 milhões de CCDs que, juntos, formam 1,5 milhão de *pixels*. A imagem será lida como um arranjo de 2.828 × 2.121 *pixels* (em câmeras de baixo preço) ou de 3.000 × 2.000 *pixels* (em SLRs digitais), mas os *pixels* extras são produzidos por interpolação pelo software dentro da câmera.

Quando o botão do obturador da câmera é pressionado, o software no equipamento realiza três tarefas: ajusta o foco, determina a exposição e efetua o equilíbrio do branco. O autofoco funciona analisando a informação de alta frequência na imagem e então movimentando a lente até que ela seja maximizada, para dar o máximo de detalhe. A exposição é determinada medindo a luz que cai sobre os CCDs e então ajustando o diafragma da lente e o tempo de exposição para fazer a intensidade da luz cair no meio da faixa de alcance dos CCDs. Ajustar o equilíbrio do branco tem a ver com medir o espectro da luz incidente para efetuar as necessárias correções de cor mais tarde.

Então, a imagem é lida com base nos CCDs e armazenada como um arranjo de *pixels* na RAM interna da câmera. SLRs de primeira linha usados por fotojornalistas podem fotografar oito quadros de alta resolução por segundo por 5 segundos, e precisam de cerca de 1 GB de RAM interna para armazenar as imagens antes de processá-las e armazená-las permanentemente. Câmeras mais baratas têm menos RAM, mas ainda assim têm boa quantidade.

Na fase de pós-captura, o software da câmera aplica correção da cor por equilíbrio do branco para compensar a luz avermelhada ou azulada (por exemplo, de um objeto na sombra ou da utilização de um *flash*). Em seguida, ele aplica um algoritmo para reduzir ruído e outro para compensar CCDs defeituosos. Logo após, o software tenta dar melhor definição à imagem (a menos que essa característica esteja desativada), procurando contornos e aumentando o gradiente de intensidade ao redor deles.

Por fim, a imagem pode ser comprimida para reduzir a quantidade de armazenagem requerida. Um formato comum é o **JPEG (Joint Photographic Experts Group – grupo associado de especialistas em fotografia)**, no qual uma transformada de Fourier espacial bidimensional é aplicada e alguns dos componentes de alta frequência são omitidos. O resultado dessa transformação é que a imagem requer um número menor de bits de armazenagem, mas perdem-se os detalhes mais sutis.

Quando todo processamento interno à câmera estiver concluído, a imagem é gravada no meio de armazenagem, em geral uma memória rápida ou um minúsculo disco rígido removível denominado *microdrive*. O pós-processamento e a gravação podem levar vários segundos por imagem.

Quando o usuário chega em casa, a câmera pode ser conectada a um computador, em geral usando, por exemplo, uma entrada USB ou um cabo específico. Então, as imagens são transferidas da câmera para o disco rígido do computador. Usando software especial, tal como o Adobe Photoshop, o usuário pode recortar a imagem, ajustar brilho, contraste e equilíbrio de cor, destacar, escurecer ou remover porções da imagem e aplicar diversos filtros. Quando ele estiver contente com o resultado, os arquivos podem ser impressos em uma impressora em cores, enviados pela Internet a uma loja especializada para fazer o acabamento ou gravados em um CD-ROM ou DVD para armazenagem em arquivo e subsequente impressão.

A quantidade de capacidade computacional, RAM, espaço em disco rígido e software em uma câmera digital SLR é estarrecedora. Além de o computador ter de fazer todas as coisas mencionadas, ainda precisa se comunicar com a CPU na lente e com a CPU na memória rápida, renovar a imagem na tela LCD e gerenciar todos os botões, engrenagens, luzes, mostradores e dispositivos da câmera em tempo real. Esse sistema embutido é extremamente poderoso e muitas vezes rivaliza com um computador de mesa de apenas alguns anos atrás.

2.4.8 Códigos de caracteres

Cada computador tem um conjunto de caracteres que ele usa. O conjunto mínimo contém as 26 letras maiúsculas, as 26 letras minúsculas, os algarismos de 0 a 9 e um conjunto de símbolos especiais, como espaço, sinal de menos, vírgula e retorno ao início da linha.

Para transferir esses caracteres para o computador, um número é designado a cada um, por exemplo, a = 1, b = 2, ..., z = 26, + = 27, – = 28. O mapeamento de caracteres para números inteiros é denominado **código de caracteres**. É essencial que computadores que se comunicam usem o mesmo código ou não conseguirão se entender. Por essa razão, foram desenvolvidos padrões. A seguir, examinaremos dois dos mais importantes.

• ASCII

Um código de ampla utilização é denominado **ASCII** (**American Standard Code for Information Interchange** – **código padrão americano para troca de informações**). Cada caractere ASCII tem 7 bits, o que permite 128 caracteres no total. Porém, como os computadores são orientados a byte, cada caractere ASCII é armazenado em um byte separado. A Figura 2.44 mostra o código ASCII. Os códigos de 0 a 1F (hexadecimal) são caracteres de controle e não são impressos. Os códigos de 128 a 255 não fazem parte do ASCII, mas o IBM PC os definiu para serem caracteres especiais, como os *smileys*, e a maioria dos computadores tem suporte para eles.

Figura 2.44 O conjunto de caracteres ASCII.

Hexa	Nome	Significado	Hexa	Nome	Significado
0	NUL	Null	10	DLE	Data Link Escape
1	SOH	Start Of Heading	11	DC1	Device Control 1
2	STX	Start Of TeXt	12	DC2	Device Control 2
3	ETX	End Of TeXt	13	DC3	Device Control 3
4	EOT	End Of Transmission	14	DC4	Device Control 4
5	ENQ	Enquiry	15	NAK	Negative AcKnowledgement
6	ACK	ACKnowledgement	16	SYN	SYNchronous idle
7	BEL	BEL|	17	ETB	End of Transmission Block
8	BS	BackSpace	18	CAN	CANcel
9	HT	Horizontal Tab	19	EM	End of Medium
A	LF	Line Feed	1A	SUB	SUBstitute
B	VT	Vertical Tab	1B	ESC	ESCape
C	FF	Form Feed	1C	FS	File Separator
D	CR	Carriage Return	1D	GS	Group Separator
E	SO	Shift Out	1E	RS	Record Separator
F	SI	Shift In	1F	US	Unit Separator

Hexa	Car	Hexa	Car	Hexa	Car	Hexa	Car	Hexa	Car	Hexa	Car
20	Espaço	30	0	40	@	50	P	60	`	70	p
21	!	31	1	41	A	51	Q	61	a	71	q
22	"	32	2	42	B	52	R	62	b	72	r
23	#	33	3	43	C	53	S	63	c	73	s
24	$	34	4	44	D	54	T	64	d	74	t
25	%	35	5	45	E	55	U	65	e	75	u
26	&	36	6	46	F	56	V	66	f	76	v
27	'	37	7	47	G	57	W	67	g	77	w
28	(	38	8	48	H	58	X	68	h	78	x
29	)	39	9	49	I	59	Y	69	i	79	y

Hexa	Car	Hexa	Car	Hexa	Car	Hexa	Car	Hexa	Car	Hexa	Car
2A	*	3A	:	4A	J	5A	Z	6A	j	7A	z
2B	+	3B	;	4B	K	5B	[	6B	k	7B	{
2C	,	3C	<	4C	L	5C	\	6C	l	7C	|
2D	-	3D	=	4D	M	5D	]	6D	m	7D	}
2E	.	3E	>	4E	N	5E	^	6E	n	7E	~
2F	/	3F	?	4F	O	5F	_	6F	o	7F	DEL

Muitos dos caracteres de controle ASCII são destinados à transmissão de dados. Por exemplo, uma mensagem pode ser composta de um caractere SOH (*start of header* – início de cabeçalho), um caractere STX (*start of text* – início de texto), o texto em si, um caractere ETX (*end of text* – fim do texto) e então um caractere EOT (*end of transmission* – fim da transmissão). Contudo, na prática, as mensagens enviadas por linhas telefônicas e redes são formatadas de modo muito diferente, de modo que os caracteres ASCII de controle de transmissão já não são muito usados.

Os caracteres de impressão ASCII são diretos. Incluem as letras maiúsculas e minúsculas, dígitos, sinais de pontuação e alguns símbolos matemáticos.

• Unicode

A indústria do computador se desenvolveu em grande parte nos Estados Unidos, o que levou ao conjunto de caracteres ASCII. Esse código é bom para a língua inglesa, mas não tão bom para outros idiomas. O francês precisa de acentos (por exemplo, *système*); o alemão precisa de sinais diacríticos (por exemplo, *für*) e assim por diante. Algumas línguas europeias têm certas letras que não se encontram no ASCII, tais como a alemã ß e a dinamarquesa ø. Alguns idiomas têm alfabetos inteiramente diferentes (por exemplo, russo e árabe), e algumas poucas línguas não têm alfabeto algum (por exemplo, a chinesa). Como os computadores se espalharam pelos quatro cantos do mundo e como os fabricantes de software querem vender produtos em países onde a maioria dos usuários não fala inglês, é preciso um novo conjunto de caracteres.

A primeira tentativa de ampliar o ASCII foi o IS 646, que acrescentou mais 128 caracteres ao ASCII, transformando-o em um código de 8 bits denominado **Latin-1**. A maioria dos caracteres adicionais eram letras latinas com acentos e sinais diacríticos. A próxima tentativa foi o IS 8859, que introduziu o conceito de uma **página de código**, um conjunto de 256 caracteres para um idioma particular ou grupo de idiomas. O IS 8859-1 é Latin-1. O IS 8859-2 trata dos idiomas eslavos baseados no latim (por exemplo, tcheco, polonês e húngaro). O IS 8859-3 contém os caracteres necessários para os idiomas turco, maltês, esperanto, galego e assim por diante. O problema da abordagem da página de código é que o software tem de manter controle da página em que está; é impossível misturar idiomas nas páginas e o esquema não cobre a língua japonesa nem a chinesa.

Um grupo de empresas de computadores resolveu esse problema formando um consórcio para criar um novo sistema, denominado **Unicode**, e transformando-o em um Padrão Internacional (IS 10646). Agora, o Unicode é suportado por algumas linguagens de programação (por exemplo, Java), alguns sistemas operacionais (por exemplo, Windows) e muitas aplicações.

A ideia que fundamenta o Unicode é designar a cada caractere e símbolo um valor único de 16 bits, denominado **ponto de código**. Não são usados caracteres multibytes nem sequências de escape. Símbolos de 16 bits simplificam a escrita do software.

Com símbolos de 16 bits, o Unicode tem 65.536 pontos de código. Visto que todos os idiomas do mundo usam cerca de 200 mil símbolos, os pontos de código são um recurso escasso que deve ser alocado com grande cuidado. Para acelerar a aceitação do Unicode, o consórcio teve a brilhante ideia de usar Latin-1 como pontos de código 0 a 255, o que facilita a conversão entre ASCII e Unicode. Para evitar desperdiçar pontos de código, cada sinal diacrítico tem seu próprio ponto de código. Cabe ao software combinar sinais diacríticos com seus vizinhos para formar novos caracteres. Embora isso aumente o trabalho do software, economiza preciosos pontos de código.

O espaço do ponto de código é dividido em blocos, cada qual um múltiplo de 16 pontos de código. Todo alfabeto importante em Unicode tem uma sequência de zonas consecutivas. Alguns exemplos (e o número de pontos de código alocados) são latim (336), grego (144), cirílico (256), armênio (96), hebraico (112), devanágari (128), gurmuqui (128), oriá (128), telugu (128) e canará (128). Note que cada um desses idiomas recebeu um número maior de pontos de código do que número de letras que possui. Essa opção foi escolhida em parte porque muitas línguas têm várias formas para cada letra. Por exemplo, cada letra em português tem duas formas – minúscula e MAIÚSCULA. Alguns idiomas têm três ou mais formas, possivelmente dependendo de a letra estar no início, no meio ou no final de uma palavra.

Além desses alfabetos, foram designados pontos de código para sinais diacríticos (112), sinais de pontuação (112), subscritos e sobrescritos (48), símbolos monetários (48), símbolos matemáticos (256), formas geométricas (96) e sinais variados (*dingbats*) (192).

Depois desses, vêm os símbolos necessários para as línguas chinesa, japonesa e coreana. Primeiro, há 1.024 símbolos fonéticos (por exemplo, *katakana* e *bopomofo*) e, em seguida, os ideogramas han unificados (20.992) usados em chinês e japonês, e as sílabas hangul do idioma coreano (11.156).

Para permitir que os usuários inventem caracteres especiais para finalidades especiais, 6.400 pontos de código foram designados para uso local.

Embora o Unicode solucione muitas dificuldades associadas com a internacionalização, ele não resolve (nem tenta resolver) todos os problemas do mundo. Por exemplo, enquanto o alfabeto latino está em ordem alfabética, os ideogramas han não estão na ordem do dicionário. Por conseguinte, um programa em inglês pode procurar *cat* e *dog* em ordem alfabética simplesmente comparando o valor Unicode de seu primeiro caractere. Um programa em japonês precisa de tabelas externas para interpretar qual dos dois símbolos vem antes do outro no dicionário.

Outra questão é que surgem novas palavras o tempo todo. Há 50 anos ninguém falava de *applets*, ciberespaço, gigabytes, lasers, *modems*, *smileys* ou videoteipes. Acrescentar novas palavras em inglês não requer novos pontos de código, mas adicioná-las em japonês, sim. Além de novas palavras técnicas, há uma demanda para adicionar no mínimo 20 mil novos nomes de pessoas e lugares (a maioria chineses). Os cegos acham que o braille deveria estar presente e grupos de interesse especial de todos os tipos querem o que entendem como pontos de código a que têm direito. O consórcio Unicode estuda e decide todas as novas propostas.

O Unicode usa o mesmo ponto de código para caracteres que parecem quase idênticos mas têm significados diferentes ou são escritos de maneira ligeiramente diferente em japonês e chinês (como se processadores de texto em inglês sempre escrevessem *blue* como *blew*, porque têm o mesmo som). Há quem considere isso uma otimização para economizar pontos de código escassos; outros o veem como imperialismo cultural anglo-saxão (e você acha que designar 16 bits para caracteres não foi uma decisão muito política?). Para piorar as coisas, um dicionário japonês completo tem 50 mil *kanji* (excluindo nomes), portanto, com apenas 20.992 pontos de código disponíveis para os ideogramas han, escolhas tiveram de ser feitas. Nem todos os japoneses acham que um consórcio de fabricantes de computadores – mesmo que alguns deles sejam japoneses – é o fórum ideal para fazer essas escolhas.

Adivinha só: 65.536 pontos de código não foram suficientes para satisfazer a todos, de modo que, em 1996, 16 **planos** adicionais de 16 bits cada foram acrescentados, expandindo o número total de caracteres para 1.114.112.

UTF-8

Embora melhor que o ASCII, o Unicode por fim esgotou os pontos de código e também requer 16 bits por caractere para representar o texto ASCII puro, o que é um desperdício. Por conseguinte, outro esquema de codificação foi desenvolvido para resolver essas questões. Ele é denominado **Formato de Transformação UTF-8 UCS**, em que **UCS** significa **Universal Character Set** (conjunto de caracteres universal), que é Unicode na essência. Códigos UTF-8 têm tamanho variável, de 1 a 4 bytes, e podem codificar cerca de dois bilhões de caracteres. Ele é o conjunto de caracteres dominante em uso na Web.

Uma das propriedades interessantes do UTF-8 é que os códigos de 0 a 127 são os caracteres ASCII, permitindo que sejam expressos em 1 byte (contra os 2 bytes do Unicode). Para caracteres que não são ASCII, o bit de alta ordem do primeiro byte é definido como 1, indicando que virão 1 ou mais bytes adicionais. No fim, seis formatos diferentes são usados, conforme ilustra a Figura 2.45. Os bits marcados com "d" são bits de dados.

Figura 2.45 O esquema de codificação UTF-8.

Bits	Byte 1	Byte 2	Byte 3	Byte 4	Byte 5	Byte 6
7	0ddddddd					
11	110ddddd	10dddddd				
16	1110dddd	10dddddd	10dddddd			
21	11110ddd	10dddddd	10dddddd	10dddddd		
26	111110dd	10dddddd	10dddddd	10dddddd	10dddddd	
31	1111110d	10dddddd	10dddddd	10dddddd	10dddddd	10dddddd

O UTF-8 tem uma série de vantagens em relação ao Unicode e outros esquemas. Primeiro, se um programa ou documento utiliza apenas caracteres que estão no conjunto ASCII, cada um pode ser representado em 8 bits. Segundo, o primeiro byte de cada caractere UTF-8 determina exclusivamente o número de bytes deste. Terceiro, os bytes de continuação em um caractere UTF-8 sempre começam com 10, enquanto o byte inicial nunca começa assim, tornando o código autossincronizável. Em particular, no caso de um erro de comunicação ou memória, sempre é possível prosseguir e achar o início do próximo caractere (supondo que ele não tenha sido danificado).

Em geral, o UTF-8 é usado para codificar apenas os 17 planos Unicode, embora o esquema tenha muito mais de 1.114.112 pontos de código. Porém, se os antropólogos descobrirem novas tribos em Nova Guiné (ou em outro lugar) cujos idiomas ainda não sejam conhecidos (ou se, no futuro, fizermos contato com extraterrestres), o UTF-8 conseguirá acrescentar seus alfabetos ou ideogramas.

2.5 Resumo

Sistemas de computadores são compostos por três tipos de componentes: processadores, memórias e dispositivos de E/S. A tarefa de um processador é buscar instruções, uma por vez, em uma memória, decodificá-las e executá-las. O ciclo busca-decodificação-execução pode ser descrito como um algoritmo e, na verdade, às vezes ele é executado por um interpretador de software que roda em um nível mais baixo. Para ganhar velocidade, muitos computadores agora têm um ou mais *pipelines* (paralelismo) ou têm um projeto superescalar com múltiplas unidades funcionais que funcionam em paralelo. Um *pipeline* permite que uma instrução seja dividida em etapas e as etapas para diferentes instruções sejam executadas ao mesmo tempo. Múltiplas unidades funcionais é outra forma de obter paralelismo sem afetar o conjunto de instruções ou a arquitetura visível ao programador ou compilador.

Sistemas com vários processadores são cada vez mais comuns. Computadores paralelos incluem processadores matriciais, nos quais a mesma operação é efetuada sobre múltiplos conjuntos de dados ao mesmo tempo; multiprocessadores, nos quais várias CPUs compartilham uma memória; e multicomputadores, nos quais cada um dos vários computadores tem sua própria memória, mas se comunicam passando mensagens.

Memórias podem ser categorizadas como primárias ou secundárias. A memória primária é usada para conter o programa que está sendo executado no momento. Seu tempo de acesso é curto – algumas poucas dezenas de nanossegundos, no máximo – e independe do endereço que está sendo acessado. *Caches* reduzem ainda mais esse tempo de acesso. Eles são necessários porque as velocidades do processador são muito maiores do que as velocidades da memória, o que significa que ter de esperar pelos acessos à memória o tempo todo atrasa bastante a execução do processador. Algumas memórias são equipadas com códigos de correção de erros para aumentar a confiabilidade.

Memórias secundárias, ao contrário, têm tempos de acesso muito mais longos (milissegundos ou mais) e dependem da localização dos dados que estão sendo lidos ou escritos. Fitas, discos magnéticos e discos ópticos são as memórias secundárias mais comuns. Há muitas variedades de discos magnéticos, incluindo discos IDE, discos SCSI e RAIDs. Entre os discos ópticos figuram CD-ROMs, CD-Rs, DVDs e Blu-rays.

Dispositivos de E/S são usados para transferir informações para dentro e para fora do computador. Então, são conectados ao processador e à memória por um ou mais barramentos. Alguns exemplos são terminais, mouses, impressoras e *modems*. A maioria dos dispositivos de E/S usa o código de caracteres ASCII, embora o Unicode também seja usado e o UTF-8 esteja ganhando rápida aceitação à medida que a indústria de computadores se volta mais para a Web.

Problemas

1. Considere a operação de uma máquina que tenha o caminho de dados da Figura 2.2. Suponha que carregar os registradores de entrada da ULA leve 5 ns, executar a ULA demore 10 ns e armazenar o resultado de volta no registrador de rascunho tome 5 ns. Qual é o número máximo de MIPS de que essa máquina é capaz na ausência de paralelismo (*pipelining*)?

2. Qual é a finalidade da etapa 2 na lista da Seção 2.1.2? O que aconteceria se essa etapa fosse omitida?

3. No computador 1, o tempo de execução de todas as instruções é 10 ns. No computador 2, o tempo de execução é de 5 ns. Você pode afirmar com certeza que o computador 2 é mais rápido? Discuta sua resposta.

4. Imagine que você está projetando um computador de um só chip para um sistema embutido. O chip conterá toda sua memória e executará à mesma velocidade da CPU sem penalidade de acesso. Examine cada um dos princípios discutidos na Seção 2.1.4 e diga por que são tão importantes (admitindo que ainda se deseje alto desempenho).

5. Para competir com a prensa impressora recentemente inventada, um mosteiro medieval decidiu produzir em massa livros escritos em papel, reunindo um vasto número de escribas em uma grande sala. O superior do mosteiro então ditaria a primeira palavra do livro a ser produzido e todos os escribas a escreveriam. Em seguida, ele ditaria a segunda palavra e todos os escribas a escreveriam. Esse processo seria repetido até que o livro inteiro fosse lido e copiado. Com qual dos sistemas de processador paralelo discutidos na Seção 2.1.6 esse sistema é mais parecido?

6. À medida que descemos na hierarquia de memória de cinco níveis discutida no texto, o tempo de acesso aumenta. Faça uma estimativa razoável da razão entre o tempo de acesso por disco óptico e o tempo de acesso ao registrador da memória. Suponha que o disco já esteja on-line.

7. Sociólogos podem obter três respostas possíveis para uma típica pergunta de levantamento como "Você acredita em Papai Noel?" – ou seja: sim, não, nenhuma opinião. Tendo isso em mente, a Sociomagnetic Computer Company decidiu construir um computador para processar os dados do levantamento. Esse computador tem uma memória ternária, isto é, cada byte (tryte?) consiste em 8 trits, sendo que um trit contém um 0, um 1 ou um 2. Quantos trits são necessários para conter um número de 6 bits? Escreva uma expressão para o número de trits necessário para conter n bits.

8. Calcule a taxa de dados do olho humano usando as seguintes informações. O campo visual consiste em cerca de 10^6 elementos (*pixels*). Cada *pixel* pode ser reduzido a uma sobreposição das três cores primárias, cada uma com 64 intensidades. A resolução temporal é de 100 ms.

9. Calcule a taxa de dados do ouvido humano usando as seguintes informações. As pessoas podem ouvir frequências de até 22 kHz. Para capturar toda a informação em um sinal sonoro a 22 kHz, é preciso amostrar o som a duas vezes aquela frequência, isto é, a 44 kHz. Uma amostra de 16 bits provavelmente basta para capturar a maioria das informações auditivas (isto é, o ouvido não pode distinguir mais do que 65.535 níveis de intensidade).

10. As informações genéticas de todos os seres viventes estão codificadas como moléculas de DNA. Uma molécula de DNA é uma sequência linear dos quatro nucleotídeos básicos: A, C, G e T. O genoma humano contém cerca de 3×10^9 nucleotídeos na forma de mais ou menos 30 mil genes. Qual é a capacidade total de informações (em bits) do genoma humano? Qual é a capacidade máxima de informações (em bits) do gene médio?

11. Certo computador pode ser equipado com 1.073.741.824 bytes de memória. Por que um fabricante escolheria tal número peculiar, em vez de um número fácil de lembrar, como 1 milhão?

12. Invente um código de Hamming de paridade par de 7 bits para os dígitos 0 a 9.

13. Invente um código para os dígitos 0 a 9 cuja distância de Hamming seja 2.

14. Em um código de Hamming, alguns bits são "desperdiçados" no sentido de que são usados para verificação, e não para informação. Qual é a porcentagem de bits desperdiçados para mensagens cujo

comprimento total (dados + bits de verificação) é $2^n - 1$? Avalie essa expressão numericamente para valores de n de 3 a 10.

15. Um caractere ASCII estendido é representado por uma quantidade de 8 bits. A codificação de Hamming associada a cada caractere pode então ser representada por uma sequência de três dígitos hexa. Codifique o seguinte texto ASCII estendido de cinco caracteres usando um código de Hamming com paridade par: Earth. Mostre sua resposta como uma sequência de dígitos hexa.

16. A sequência de dígitos hexa a seguir codifica caracteres ASCII estendidos em um código de Hamming com paridade par: 0D3 DD3 0F2 5C1 1C5 CE3. Decodifique essa sequência e escreva os caracteres que são codificados.

17. O disco ilustrado na Figura 2.19 tem 1.024 setores/trilha e uma taxa de rotação de 7.200 RPM. Qual é a taxa de transferência sustentada do disco sobre uma trilha?

18. Um computador tem um barramento com tempo de ciclo de 5 ns, durante o qual ele pode ler ou escrever uma palavra de 32 bits da memória. O computador tem um disco Ultra4-SCSI que usa o barramento e executa a 160 Mbytes/s. A CPU normalmente busca e executa uma instrução de 32 bits a cada 1 ns. De quanto é a desaceleração da CPU causada pelo disco?

19. Imagine que você esteja escrevendo a parte do gerenciamento de disco de um sistema operacional. Você representa o disco logicamente como uma sequência de blocos desde 0 no interior até algum máximo no exterior. À medida que são criados arquivos, você tem de alocar setores livres. Você poderia fazer isso de fora para dentro ou de dentro para fora. A estratégia que escolhe tem importância em um disco moderno? Explique sua resposta.

20. Quanto tempo leva para ler um disco com 10 mil cilindros, cada um com quatro trilhas de 2.048 setores? Primeiro, todos os setores da trilha 0 devem ser lidos iniciando no setor contendo 0, em seguida, todos os setores da trilha 1 iniciando no setor 0 e assim por diante. O tempo de rotação é 10 ms, e uma busca leva 1 ms entre cilindros adjacentes e 20 ms para o pior caso. As passagens de uma trilha para outra de um cilindro podem ser feitas instantaneamente.

21. O RAID nível 3 é capaz de corrigir erros de um só bit usando apenas um *drive* de paridade. Então, para que serve o RAID nível 2? Afinal, ele só pode corrigir um erro e precisa de mais *drives* para fazê-lo.

22. Qual é a exata capacidade de dados (em bytes) de um CD-ROM modo 2 que contenha os 80 minutos de mídia que agora são o padrão? Qual é a capacidade para dados de usuário em modo 1?

23. Para gravar um CD-R, o laser deve pulsar entre ligado e desligado a alta velocidade. Ao executar em velocidade 10x em modo 1, qual é a duração do pulso em nanossegundos?

24. Para poder colocar 133 minutos de vídeo em um DVD de um lado só e em uma única camada, é preciso uma razoável compressão. Calcule o fator de compressão exigido. Suponha que haja 3,5 GB de espaço disponível para a faixa de vídeo, que a resolução de imagem é de 720 × 480 *pixels* com cor de 24 bits (RGB a 8 bits cada) e as imagens são apresentadas a 30 quadros/s.

25. O Blu-ray transfere dados a 4,5 MB/s e tem uma capacidade de 25 GB. Quanto tempo leva para ler um disco inteiro?

26. Um fabricante anuncia que seu terminal de mapas de bits de cor pode exibir 2^{24} cores diferentes. Porém, o hardware só tem 1 byte para cada *pixel*. Como é possível fazer isso?

27. Você faz parte de uma equipe científica internacional ultrassecreta, que acabou de receber a tarefa de estudar um ser chamado Herb, um extraterrestre do Planeta 10 que chegou recentemente aqui na Terra. Herb lhe deu a seguinte informação sobre como funcionam seus olhos: seu campo visual consiste em cerca de 10^8 *pixels*. Cada *pixel* é basicamente uma sobreposição de cinco "cores" (ou seja, infravermelho, vermelho, verde, azul e ultravioleta), cada um com 32 intensidades. A resolução de tempo do campo visual de Herb é de 10 ms. Calcule a taxa de dados, em GB/s, dos olhos de Herb.

28. Um terminal de mapa de bits tem um monitor de 1.920 × 1.080. Ele é redesenhado 75 vezes por segundo. Qual é a duração do pulso correspondente a um *pixel*?

29. Usando certa fonte, uma impressora monocromática a laser pode imprimir 50 linhas de 80 caracteres por página. O caractere médio ocupa um quadrado de 2 mm × 2 mm, dos quais cerca de 25% é *toner*. O resto é branco. A camada de *toner* tem 25 micra de espessura. O cartucho de *toner* da impressora mede 25 × 8 × 2 cm. Quantas páginas podem ser impressas com um cartucho de *toner*?

30. A Hi-Fi Modem Company acabou de projetar um novo *modem* de modulação em frequência que usa 64 frequências em vez de apenas 2. Cada segundo é dividido em n intervalos de tempo iguais, cada um deles contendo um dos 64 tons possíveis. Quantos bits por segundo esse *modem* pode transmitir usando transmissão síncrona?

31. Um usuário de Internet contratou um serviço ADSL de 2 Mbps. O vizinho dele preferiu um serviço por cabo que tem uma largura de banda compartilhada de 12 MHz. O esquema de modulação em uso é QAM-64. Há n residências ligadas ao cabo, cada uma com um computador. Uma fração f desses computadores está on-line a qualquer dado instante. Sob quais condições o usuário do cabo obterá melhor serviço do que o usuário ADSL?

32. Uma câmera digital tem uma resolução de 3.000 × 2.000 *pixels*, com 3 bytes/*pixel* para cor RGB. O fabricante da câmera quer gravar uma imagem JPEG a um fator de compressão de 5x na memória rápida em 2s. Qual é a taxa de dados necessária?

33. Uma câmera digital de primeira linha tem um sensor com 24 milhões de *pixels*, cada qual com 6 bytes/*pixel*. Quantas fotos podem ser armazenadas em um cartão de memória rápida de 8 GB se o fator de compressão for 5x? Suponha que 1 GB signifique 2^{30} bytes.

34. Estime quantos caracteres, incluindo espaços, contém um livro típico sobre ciência da computação. Quantos bits são necessários para codificar um livro em ASCII com paridade? Quantos CD-ROMs são necessários para armazenar uma biblioteca de ciência da computação com 10 mil livros? Quantos DVDs de dupla face, dupla camada, são necessários para a mesma biblioteca?

35. Escreva um procedimento *hamming* (*ascii*, *encoded*) para converter os 7 bits de baixa ordem de *ascii* em uma palavra de código de 11 bits armazenada em *encoded*.

36. Escreva uma função *distance* (*code*, *n*, *k*) que recebe uma matriz *code* de *n* caracteres de *k* bits cada como entrada e retorna a distância do conjunto de caracteres como saída.

Capítulo **3**

O nível lógico digital

Na parte inferior da hierarquia da Figura 1.2 encontramos o nível lógico digital, o real hardware do computador. Neste capítulo, examinaremos muitos aspectos da lógica digital, como um fundamento para o estudo de níveis mais altos em capítulos subsequentes. Esse assunto está no limiar entre a ciência da computação e a engenharia elétrica, mas o material é independente, portanto, não há necessidade de experiência prévia de hardware nem de engenharia para entendê-lo.

Os elementos básicos que fazem parte de todos os computadores digitais são surpreendentemente simples. Iniciaremos nosso estudo examinando esses elementos básicos e também a álgebra especial de dois valores (álgebra booleana) usada para analisá-los. Em seguida, examinaremos alguns circuitos fundamentais que podem ser construídos usando simples combinações de portas, entre eles os circuitos que efetuam a aritmética. O tópico que vem depois desse é o modo como essas portas podem ser combinadas para armazenar informações, isto é, como as memórias são organizadas. Logo após, chegamos à questão das CPUs e, em especial, de como é a interface entre CPUs de um só chip, a memória e os dispositivos periféricos. Mais adiante neste capítulo serão estudados diversos exemplos da indústria de computadores.

3.1 Portas e álgebra booleana

Circuitos digitais podem ser construídos com um pequeno número de elementos primitivos combinando-os de inúmeras maneiras. Nas seções seguintes, descreveremos tais elementos, mostraremos como eles podem ser combinados e introduziremos uma poderosa técnica matemática que pode ser usada para analisar seu comportamento.

3.1.1 Portas

Um circuito digital é aquele em que estão presentes somente dois valores lógicos. O normal é que um sinal entre 0 e 0,5 volt represente um valor (por exemplo, 0 binário) e um sinal entre 1 e 1,5 volt represente o outro valor (por exemplo, 1 binário). Não são permitidas tensões fora dessas duas faixas. Minúsculos dispositivos eletrônicos, denominados **portas** (*gates*), podem calcular várias funções desses sinais de dois valores. Essas portas formam a base do hardware sobre a qual todos os computadores digitais são construídos.

Os detalhes do funcionamento interno das portas estão fora do escopo deste livro, pois pertencem ao **nível de dispositivo**, que está abaixo do nível 0. Não obstante, agora vamos divagar um pouco e examinar rapidamente a ideia básica, que não é difícil. No fundo, toda a lógica digital moderna se apoia no fato de que um transistor pode funcionar como um comutador binário muito rápido. Na Figura 3.1(a), mostramos um transistor bipolar (representado pelo círculo) inserido em um circuito simples. Esse transistor tem três conexões com o mundo exterior: o **coletor**, a **base** e o **emissor**. Quando a voltagem de entrada, V_{in}, está abaixo de certo valor crítico, o transistor desliga e age como uma resistência infinita. Isso faz com que a saída do circuito, V_{out}, assuma um valor próximo a V_{cc}, uma voltagem regulada externamente, em geral +1,5 volt para esse tipo de transistor. Quando V_{in} excede o valor crítico, o transistor liga e age como um fio, fazendo V_{out} ficar conectado com a terra (por convenção, 0 volt).

O importante é notar que, quando V_{in} é baixa, V_{out} é alta, e vice-versa. Assim, esse circuito é um inversor, que converte um 0 lógico em um 1 lógico e um 1 lógico em um 0 lógico. O resistor (linha serrilhada) é necessário para limitar a quantidade de corrente drenada pelo transistor, de modo que ele não queime. O tempo típico exigido para passar de um estado para outro é tipicamente de um nanossegundo ou menos.

Na Figura 3.1(b), dois transistores estão ligados em série. Se ambas, V_1 e V_2, forem altas, ambos os transistores conduzirão e V_{out} cairá. Se qualquer das entradas for baixa, o transistor correspondente se desligará e a saída será alta. Em outras palavras, V_{out} será baixa se, e somente se, ambas, V_1 e V_2, forem altas.

Na Figura 3.1(c), os dois transistores estão ligados em paralelo em vez de em série. Nessa configuração, se qualquer das entradas for alta, o transistor correspondente ligará e conectará a saída com a terra. Se ambas as entradas forem baixas, a saída permanecerá alta.

Esses três circuitos, ou seus equivalentes, formam as três portas mais simples e são denominadas portas NOT, NAND e NOR, respectivamente. Portas NOT costumam ser denominadas **inversoras**; usaremos os dois termos indiferentemente. Se agora adotarmos a convenção de que "alta" (V_{cc} volts) é um 1 lógico e "baixa" (terra) é um 0 lógico, podemos expressar o valor de saída como uma função dos valores de entrada. Os símbolos usados para representar essas portas são mostrados nas figuras 3.2(a)-(c) junto com o comportamento funcional de cada circuito. Nessas figuras, A e B são entradas e X é a saída. Cada linha especifica a saída para uma combinação diferente das entradas.

Figura 3.1 (a) Inversor de transistor. (b) Porta NAND. (c) Porta NOR.

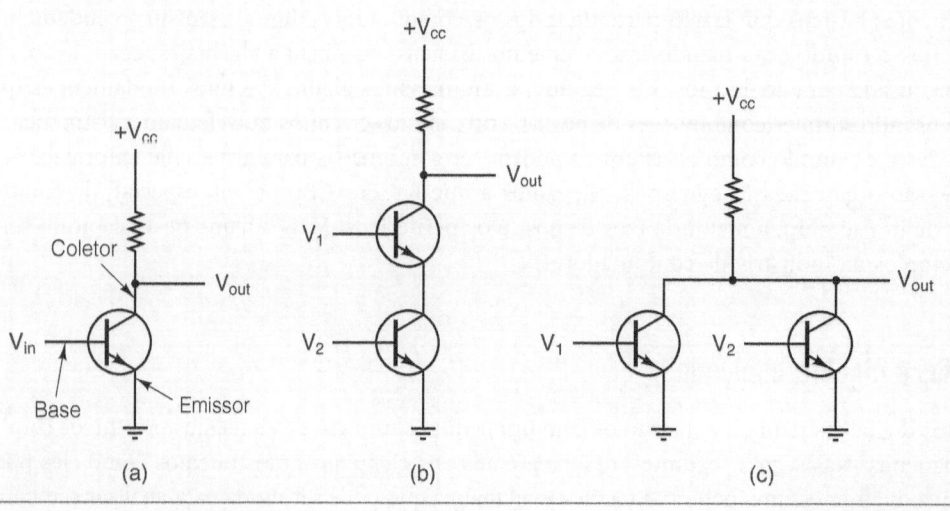

Se o sinal de saída da Figura 3.1(b) for alimentado em um circuito inversor, obtemos outro circuito com o inverso exato da porta NAND, a saber, um cuja saída é 1 se, e somente se, ambas as entradas forem 1. Esse circuito é denominado uma porta AND; seu símbolo e descrição funcional são dados na Figura 3.2(d). De modo semelhante, a porta NOR pode ser conectada a um inversor para produzir um circuito cuja saída é 1 se quaisquer das saídas, ou ambas, for um 1, mas 0 se ambas as entradas forem 0. O símbolo e a descrição funcional desse circuito, denominado uma porta OR, são dados na Figura 3.2(e). Os pequenos círculos usados como parte dos símbolos para o inversor, porta NAND e porta NOR, são denominados **bolhas de inversão**. Também são usadas em outros contextos para indicar um sinal invertido.

As cinco portas da Figura 3.2 são os principais elementos de construção do nível lógico digital. A discussão precedente deve ter deixado claro que as portas NAND e NOR requerem dois transistores cada, ao passo que as portas AND e OR requerem três cada. Por essa razão, muitos computadores são baseados em portas NAND e NOR em vez das portas mais conhecidas, AND e OR. (Na prática, todas as portas são executadas de modo um pouco diferente, mas as NAND e NOR ainda são mais simples do que as AND e OR.) A propósito, vale a pena observar que as portas podem perfeitamente ter mais de duas entradas. Em princípio, uma porta NAND, por exemplo, pode ter, arbitrariamente, muitas entradas, mas na prática não é comum encontrar mais de oito.

Embora a questão do modo como são construídas as portas pertença ao nível do dispositivo, gostaríamos de mencionar as principais famílias de tecnologia de fabricação porque elas são citadas com muita frequência. As duas tecnologias principais são **bipolar** e **MOS (Metal Oxide Semiconductor – semicondutor de óxido metálico)**. Os dois principais tipos bipolares são a **TTL (Transistor-Transistor Logic – lógica transistor-transistor)**, que há muitos anos é o burro de carga da eletrônica digital, e a **ECL (Emitter-Coupled Logic – lógica de emissor acoplado)**, que era usada quando se requeria uma operação de velocidade muito alta. Para circuitos de computador, o que predomina agora é a tecnologia MOS.

Portas MOS são mais lentas do que as TTL e ECL, mas exigem bem menos energia elétrica e ocupam um espaço muito menor, portanto, um grande número delas pode ser compactado e empacotado. Há muitas variedades de MOS, entre as quais PMOS, NMOS e CMOS. Embora os modos de construção dos transistores MOS e dos transistores bipolares sejam diferentes, sua capacidade de funcionar como comutadores eletrônicos é a mesma. A maioria das CPUs e memórias modernas usa tecnologia CMOS, que funciona a +1,5 volt. E isso é tudo o que diremos sobre o nível de dispositivo. O leitor interessado em continuar o estudo desse nível deve consultar as leituras sugeridas na Sala Virtual.

3.1.2 Álgebra booleana

Para descrever os circuitos que podem ser construídos combinando portas, é necessário um novo tipo de álgebra, no qual variáveis e funções podem assumir somente os valores 0 e 1. Essa álgebra é denominada **álgebra booleana**, nome que se deve a seu descobridor, o matemático inglês George Boole (1815–1864). Em termos

Figura 3.2 Símbolos e comportamento funcional das cinco portas básicas.

A	X
0	1
1	0

(a) NOT

A	B	X
0	0	1
0	1	1
1	0	1
1	1	0

(b) NAND

A	B	X
0	0	1
0	1	0
1	0	0
1	1	0

(c) NOR

A	B	X
0	0	0
0	1	0
1	0	0
1	1	1

(d) AND

A	B	X
0	0	0
0	1	1
1	0	1
1	1	1

(e) OR

estritos, estamos nos referindo a um tipo específico de álgebra booleana, uma **álgebra de comutação**, mas o termo "álgebra booleana" é tão utilizado no lugar de "álgebra de comutação" que não faremos a distinção.

Assim como há funções na álgebra "ordinária" (isto é, a álgebra do colegial), também há funções na álgebra booleana. Uma função booleana tem uma ou mais variáveis de entrada e produz um resultado que depende somente dos valores dessas variáveis. Uma função simples, f, pode ser definida ao se dizer que $f(A)$ é 1 se A for 0 e $f(A)$ é 0 se A for 1. Essa função é a função NOT da Figura 3.2(a).

Como uma função booleana de n variáveis só tem 2^n combinações possíveis de valores de entrada, ela pode ser completamente descrita por uma tabela com 2^n linhas, na qual cada linha informa o valor da função para uma combinação diferente de valores de entrada. Ela é denominada **tabela verdade**. As tabelas da Figura 3.2 são todas exemplos de tabelas verdade. Se concordarmos em sempre listar as linhas de uma tabela verdade em ordem numérica (base 2), isto é, para duas variáveis na ordem 00, 01, 10 e 11, a função pode ser completamente descrita pelo número binário de 2^n bits obtido pela leitura vertical da coluna de resultado da tabela verdade. Assim, NAND é 1110, NOR é 1000, AND é 0001 e OR é 0111. É óbvio que só existem 16 funções booleanas de duas variáveis, correspondentes às 16 possíveis sequências de 4 bits resultantes. Por outro lado, a álgebra ordinária tem um número infinito de funções de duas variáveis, nenhuma das quais pode ser descrita por meio de uma tabela de saídas para todas as entradas possíveis, porque cada variável pode assumir qualquer valor de um número infinito de valores possíveis.

A Figura 3.3(a) mostra a tabela verdade para uma função booleana de três variáveis: $M = f(A, B, C)$. Essa função é a de lógica majoritária, isto é, ela é 0 se a maioria de suas entradas for 0, e 1 se a maioria de suas entradas for 1. Embora qualquer função booleana possa ser completamente especificada dada sua tabela verdade, à medida que aumenta o número de variáveis, essa notação fica cada vez mais trabalhosa. Portanto, costuma-se usar outra notação no lugar dela.

Figura 3.3 (a) Tabela verdade para a função majoritária de três variáveis. (b) Circuito para (a).

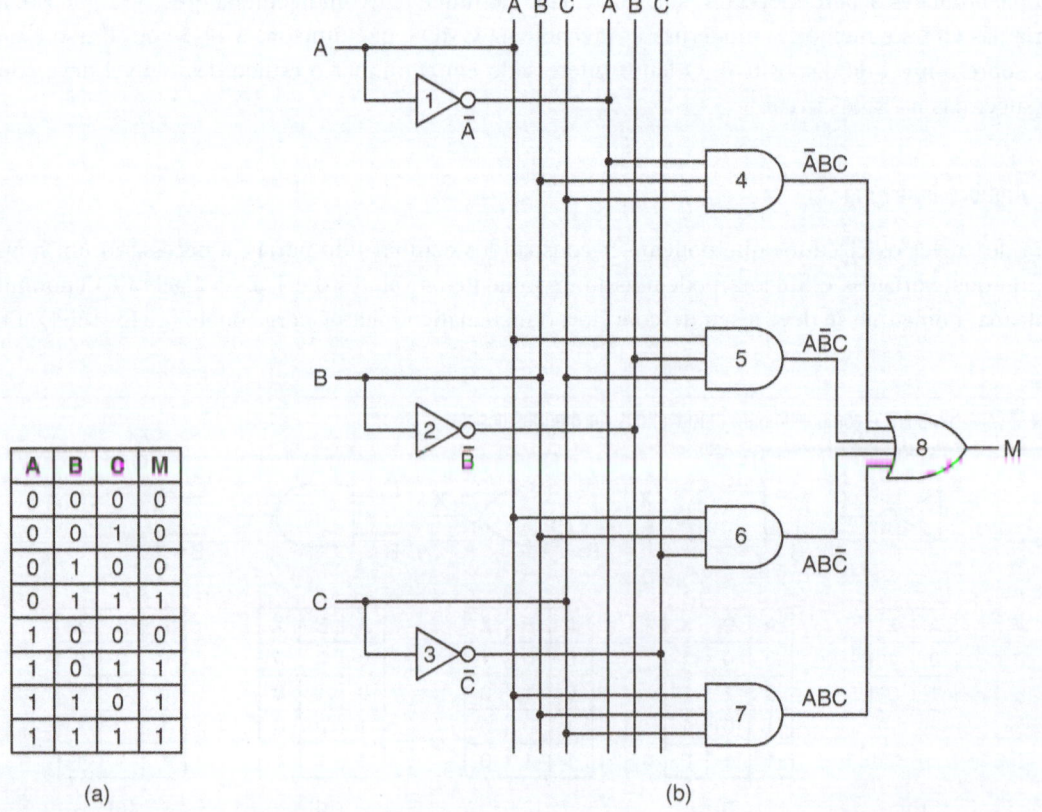

A	B	C	M
0	0	0	0
0	0	1	0
0	1	0	0
0	1	1	1
1	0	0	0
1	0	1	1
1	1	0	1
1	1	1	1

(a)   (b)

Para ver como ocorre essa outra notação, observe que qualquer função booleana pode ser especificada ao se dizer quais combinações de variáveis de entrada dão um valor de saída igual a 1. Para a função da Figura 3.3(a), há quatro combinações de variáveis de entrada que fazem com que M seja 1. Por convenção, marcaremos a variável de entrada com uma barra para indicar que seu valor é invertido. A ausência de uma barra significa que o valor não é invertido. Além disso, usaremos a multiplicação implícita ou um ponto para representar a função booleana AND e + para representar a função booleana OR. Assim, por exemplo, $A\overline{B}C$ assume o valor 1 somente quando $A = 1$ e $B = 0$ e $C = 1$. Além disso, $A\overline{B} + \overline{B}C$ é 1 somente quando ($A = 1$ e $B = 0$) ou ($B = 1$ e $C = 0$). As quatro linhas da Figura 3.3(a) que produzem bits 1 na saída são: $\overline{A}BC$, $A\overline{B}C$, $AB\overline{C}$ e ABC. A função, M, é verdadeira (isto é, 1) se qualquer uma dessas quatro condições for verdadeira; daí, podemos escrever

$$M = \overline{A}BC + A\overline{B}C + AB\overline{C} + ABC$$

como um modo compacto de dar a tabela verdade. Assim, uma função de n variáveis pode ser descrita como se desse uma "soma" de no máximo 2^n termos de "produtos" de n variáveis. Essa formulação é de especial importância, como veremos em breve, pois leva diretamente a uma execução da função que usa portas padronizadas.

É importante ter em mente a distinção entre uma função booleana abstrata e sua execução por um circuito eletrônico. Uma função booleana consiste em variáveis, como A, B e C, e operadores booleanos, como AND, OR e NOT. Ela é descrita por uma tabela verdade ou por uma função booleana como

$$F = A\overline{B}C + AB\overline{C}$$

Uma função booleana pode ser executada por um circuito eletrônico (muitas vezes de vários modos diferentes) usando sinais que representam as variáveis de entrada e saída e portas como AND, OR e NOT. Em geral, empregaremos a notação AND, OR e NOT quando nos referirmos aos operadores booleanos, e AND, OR e NOT quando nos referirmos a portas, embora essa notação quase sempre seja ambígua em se tratando de indicar funções ou portas.

3.1.3 Execução de funções booleanas

Como já mencionamos, a formulação de uma função booleana como uma soma de até 2^n termos produtos leva a uma possível implementação. Usando a Figura 3.3 como exemplo, podemos ver como essa implementação é efetuada. Na Figura 3.3(b), as entradas, A, B e C, aparecem na extremidade esquerda, e a função de saída, M, na extremidade direita. Como são necessários complementos (inversos) das variáveis de entrada, eles são gerados tomando as entradas e passando-as pelos inversores rotulados 1, 2 e 3. Para evitar atravancar a figura, desenhamos seis linhas verticais, três das quais conectadas às variáveis de entrada e três aos complementos dessas variáveis. Tais linhas oferecem uma fonte conveniente para as entradas das portas subsequentes. Por exemplo, as portas 5, 6 e 7 usam A como uma entrada. Em um circuito real, essas portas provavelmente estariam ligadas direto a A sem usar nenhum fio "vertical" intermediário.

O circuito contém quatro portas AND, uma para cada termo da equação para M (isto é, uma para cada linha da tabela verdade que tenha um bit 1 na coluna de resultado). Cada porta AND calcula uma linha da tabela verdade, como indicado. Por fim, todos os termos produtos alimentam a porta lógica OR para obter o resultado final.

O circuito da Figura 3.3(b) usa uma convenção que utilizaremos repetidas vezes neste livro: quando duas linhas se cruzam, não há nenhuma ligação implícita a menos que haja um ponto negro bem visível na intersecção. Por exemplo, a saída da porta 3 cruza todas as seis linhas verticais, mas está ligada apenas a $\overline{C}$. É bom lembrar que alguns autores usam outras convenções.

Pelo exemplo da Figura 3.3 deve ficar claro como colocar em prática um circuito para qualquer função booleana:

1. Escreva a tabela verdade para a função.
2. Providencie inversores para gerar o complemento de cada entrada.
3. Desenhe uma porta AND para cada termo que tenha um 1 na coluna de resultado.
4. Ligue as portas AND às entradas adequadas.
5. Alimente a saída de todas as portas AND a uma porta OR.

Embora tenhamos mostrado como qualquer função booleana pode ser executada usando portas NOT, AND e OR, muitas vezes é conveniente realizar circuitos usando só um tipo de porta. Felizmente, converter circuitos gerados pelo algoritmo precedente à forma NAND pura ou NOR pura é uma operação direta. Para fazer essa conversão, basta que tenhamos um modo de implementar NOT, AND e OR usando um único tipo de porta. A linha superior da Figura 3.4 mostra como todas essas três podem ser implementadas usando apenas portas NAND; a fileira de baixo mostra como isso pode ser feito usando apenas portas NOR. (Essas operações são diretas, mas também há outras maneiras.)

Um modo de implementar uma função booleana usando somente portas NAND ou somente portas NOR é primeiro seguir o procedimento dado anteriormente para construí-la com NOT, AND e OR. Em seguida, substituir as portas de múltiplas entradas por circuitos equivalentes usando portas de duas entradas. Por exemplo, $A + B + C + D$ pode ser computada como $(A + B) + (C + D)$, empregando três portas OR de duas entradas. Por fim, as portas NOT, AND e OR são substituídas pelos circuitos da Figura 3.4.

Figura 3.4 Construção de portas (a) NOT, (b) AND e (c) OR usando somente portas NAND ou somente portas NOR.

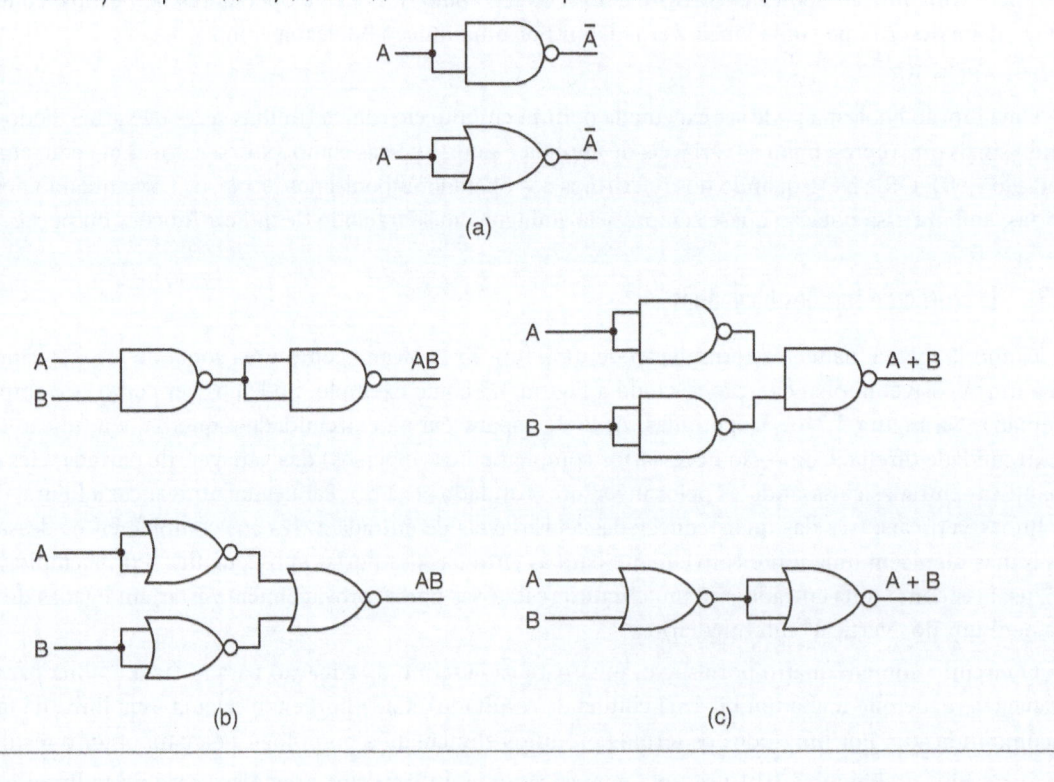

Embora esse procedimento não resulte em circuitos ótimos, no sentido do número mínimo de portas, ele mostra que sempre há uma solução viável. Ambas as portas, NAND e NOR, são denominadas **completas** porque qualquer função booleana pode ser calculada usando quaisquer das duas. Nenhuma outra porta tem essa propriedade, o que é outra razão para elas serem preferidas como blocos de construção de circuitos.

3.1.4 Equivalência de circuito

Projetistas de circuitos muitas vezes tentam reduzir o número de portas em seus produtos para reduzir a área da placa de circuito interno necessária para executá-las, diminuir o consumo de potência e aumentar a velocidade. Para reduzir a complexidade de um circuito, o projetista tem de encontrar outro circuito que calcule a mesma função que o original, mas efetue essa operação com um número menor de portas (ou talvez com portas mais simples, por exemplo, com duas em vez de com quatro entradas). A álgebra booleana pode ser uma ferramenta valiosa na busca de circuitos equivalentes.

Como exemplo de como a álgebra booleana pode ser usada, considere o circuito e a tabela verdade para $AB + AC$ mostrados na Figura 3.5(a). Embora ainda não as tenhamos discutido, muitas das regras da álgebra comum também são válidas para a booleana. Em particular, a expressão $AB + AC$ pode ser fatorada para $A(B + C)$ usando a lei distributiva. A Figura 3.5(b) mostra o circuito e a tabela verdade para $A(B + C)$. Como duas funções são equivalentes se, e somente se, elas tiverem a mesma saída para todas as entradas possíveis, é fácil ver pelas tabelas verdade da Figura 3.5 que $A(B + C)$ é equivalente a $AB + AC$. Apesar dessa equivalência, o circuito da Figura 3.5(b) é claramente melhor do que o da Figura 3.5(a), pois contém menos portas.

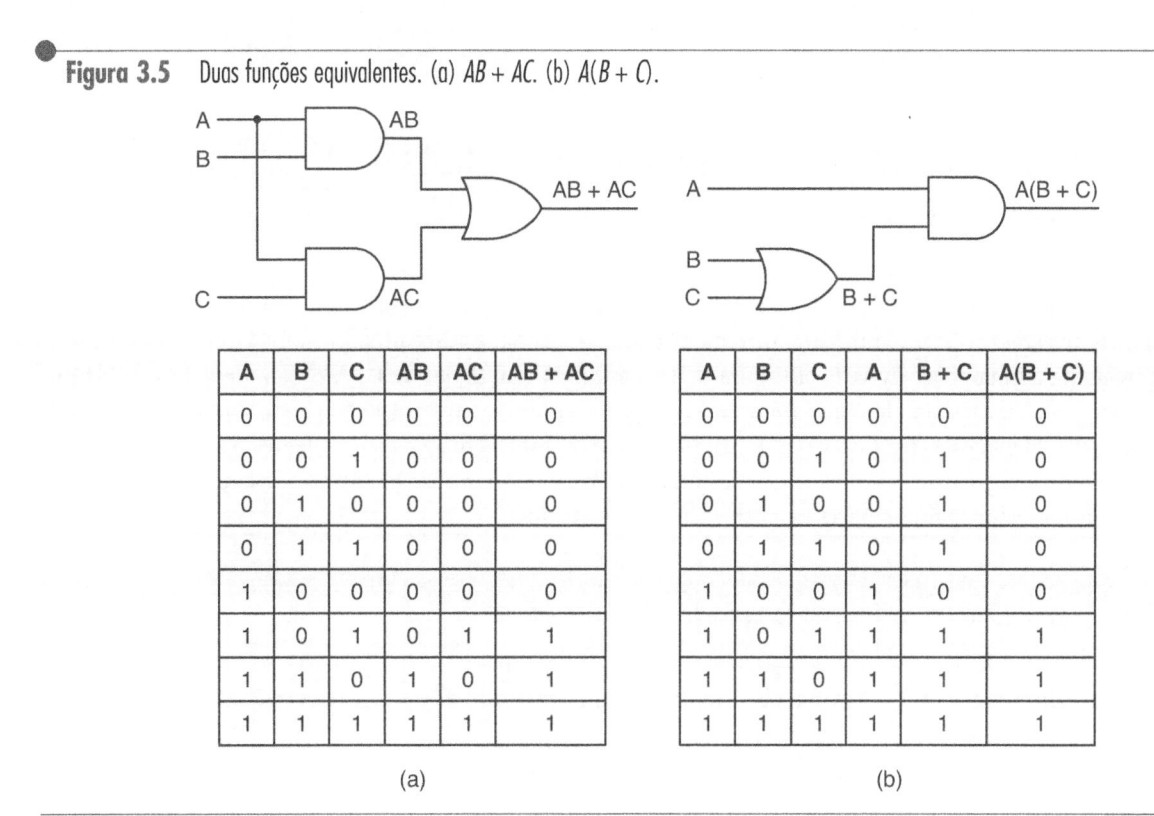

Figura 3.5 Duas funções equivalentes. (a) $AB + AC$. (b) $A(B + C)$.

A	B	C	AB	AC	AB + AC
0	0	0	0	0	0
0	0	1	0	0	0
0	1	0	0	0	0
0	1	1	0	0	0
1	0	0	0	0	0
1	0	1	0	1	1
1	1	0	1	0	1
1	1	1	1	1	1

(a)

A	B	C	A	B + C	A(B + C)
0	0	0	0	0	0
0	0	1	0	1	0
0	1	0	0	1	0
0	1	1	0	1	0
1	0	0	1	0	0
1	0	1	1	1	1
1	1	0	1	1	1
1	1	1	1	1	1

(b)

Em geral, um projetista de circuitos começa com uma função booleana e depois aplica a ela as leis da álgebra booleana na tentativa de achar uma função mais simples, porém equivalente. Um circuito pode ser construído com base na função final.

Para usar essa abordagem, precisamos de algumas identidades da álgebra booleana. A Figura 3.6 mostra algumas das mais importantes. É interessante notar que cada lei tem duas formas que são **duais** uma da outra. Permutando AND e OR e também 0 e 1, quaisquer das formas pode ser produzida com base na outra. Todas as leis podem ser provadas com facilidade construindo suas tabelas verdade. Com exceção da lei de De Morgan, a lei da absorção, e da forma AND da lei distributiva, os resultados são razoavelmente intuitivos. A lei de De Morgan pode ser estendida para mais de duas variáveis, por exemplo, $\overline{ABC} = \overline{A} + \overline{B} + \overline{C}$.

Figura 3.6 Algumas identidades da álgebra booleana.

Nome	Forma AND	Forma OR
Lei da identidade	1A = A	0 + A = A
Lei do elemento nulo	0A = 0	1 + A = 1
Lei idempotente	AA = A	A + A = A
Lei do inverso	A$\overline{A}$ = 0	A + $\overline{A}$ = 1
Lei comutativa	AB = BA	A + B = B + A
Lei associativa	(AB)C = A(BC)	(A + B) + C = A + (B + C)
Lei distributiva	A + BC = (A + B)(A + C)	A(B + C) = AB + AC
Lei da absorção	A(A + B) = A	A + AB = A
Lei de De Morgan	$\overline{AB}$ = $\overline{A}$ + $\overline{B}$	$\overline{A + B}$ = $\overline{A}\,\overline{B}$

A lei de De Morgan sugere uma notação alternativa. Na Figura 3.7(a), a forma AND é mostrada com negação indicada por bolhas de inversão tanto para entrada quanto para saída. Assim, uma porta OR com entradas invertidas é equivalente a uma porta NAND. Pela Figura 3.7(b), a forma dual da lei de De Morgan, deve ficar claro que uma porta NOR pode ser desenhada como uma porta AND com entradas invertidas. Negando ambas as formas da lei de De Morgan, chegamos às figuras 3.7(c) e (d), que mostram representações equivalentes das portas AND e OR. Existem símbolos análogos para as formas de múltiplas variáveis da lei de De Morgan (por exemplo, uma porta NAND com n entradas se torna uma porta OR com entradas invertidas).

Figura 3.7 Símbolos alternativos para algumas portas: (a) NAND. (b) NOR. (c) AND. (d) OR.

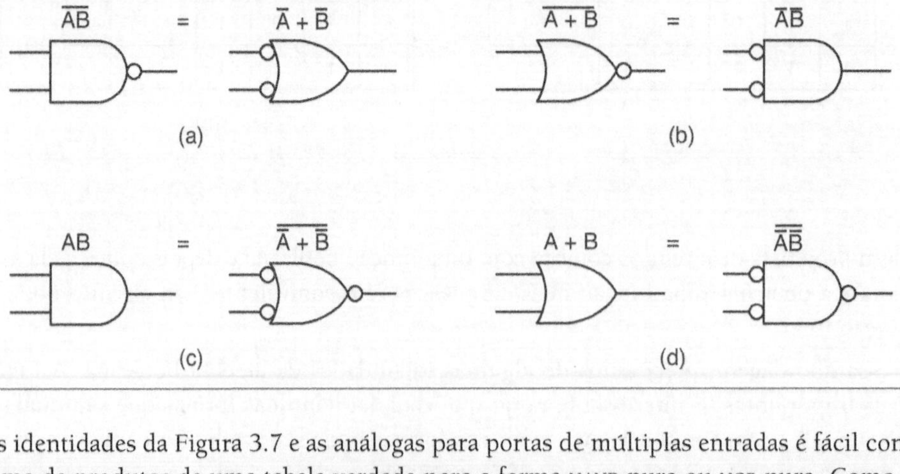

Usando as identidades da Figura 3.7 e as análogas para portas de múltiplas entradas é fácil converter a representação de soma de produtos de uma tabela verdade para a forma NAND pura ou NOR pura. Como exemplo, considere a função EXCLUSIVE OR da Figura 3.8(a). O circuito padrão da soma de produtos é mostrado na Figura 3.8(b). Para converter para a forma NAND, as linhas que conectam a saída das portas AND à entrada da porta OR devem ser redesenhadas com duas bolhas de inversão, conforme mostra a Figura 3.8(c). Por fim, usando a Figura 3.7(a), chegamos à Figura 3.8(d). As variáveis $\overline{A}$ e $\overline{B}$ podem ser geradas de A e B usando portas NAND ou NOR com suas entradas interligadas. Note que as bolhas de inversão podem ser deslocadas à vontade ao longo da linha, por exemplo, desde as saídas das portas de entrada na Figura 3.8(d) até as entradas da porta de saída.

Figura 3.8 (a) Tabela verdade para a função XOR. (b)–(d) Três circuitos para calcular essa tabela.

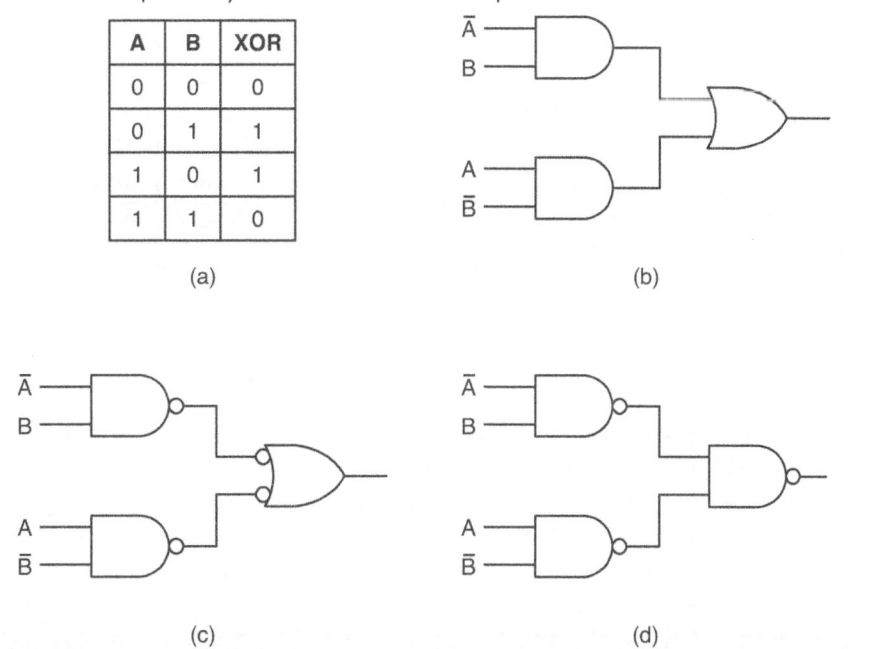

A	B	XOR
0	0	0
0	1	1
1	0	1
1	1	0

(a)   (b)

(c)   (d)

Como observação final em relação à equivalência de circuitos, demonstraremos agora o surpreendente resultado, isto é, a mesma porta física pode calcular funções diferentes dependendo das convenções usadas. Na Figura 3.9(a), mostramos a saída de certa porta, F, para diferentes combinações de entrada. Tanto entradas quanto saídas são representadas por volts. Se adotarmos a convenção de que 0 volt é 0 lógico e 1,5 volt é 1 lógico, denominada **lógica positiva**, obtemos a tabela verdade da Figura 3.9(b), a função AND. Contudo, se adotarmos a **lógica negativa**, na qual 0 volt é 1 lógico e 1,5 volt é 0 lógico, obtemos a tabela verdade da Figura 3.9(c), a função OR.

Figura 3.9 (a) Características elétricas de um dispositivo. (b) Lógica positiva. (c) Lógica negativa.

A	B	F
0V	0V	0V
0V	5V	0V
5V	0V	0V
5V	5V	5V

A	B	F
0	0	0
0	1	0
1	0	0
1	1	1

A	B	F
1	1	1
1	0	1
0	1	1
0	0	0

(a)   (b)   (c)

Assim, a convenção escolhida para mapear voltagens para valores lógicos é crítica. A menos que especifiquemos outra coisa, daqui em diante usaremos lógica positiva, portanto, os termos 1 lógico, verdade e tensão alta são sinônimos, assim como 0 lógico, falso e tensão baixa.

3.2 Circuitos lógicos digitais básicos

Nas seções anteriores vimos como executar tabelas verdade e outros circuitos simples usando portas individuais. Na prática, poucos circuitos são construídos porta por porta, embora tenha havido uma época em que isso era comum. Hoje, os blocos de construção mais comuns são módulos que contêm várias portas. Nas próximas seções, examinaremos esses blocos de construção mais de perto e veremos como eles podem ser construídos com base em portas individuais.

3.2.1 Circuitos integrados

Portas não são fabricadas nem vendidas individualmente, mas em unidades denominadas **circuitos integrados**, muitas vezes denominados **ICs** ou **chips**. Um IC é um pedaço quadrado de silício de tamanho variado, dependendo de quantas portas são necessárias para executar os componentes do chip. Substratos pequenos medirão cerca de 2 × 2 mm, enquanto os maiores podem ter até 18 × 18 mm. ICs costumam ser montados em pacotes retangulares de plástico ou cerâmica, que podem ser muito maiores que os substratos que eles abrigam, se forem necessários muitos pinos para conectar o chip ao mundo exterior. Cada pino se conecta com a entrada ou saída de alguma porta no chip ou à fonte de energia, ou ao terra.

A Figura 3.10 mostra uma série de pacotes de IC comuns, usados para os chips de hoje. Chips menores, como os usados para microcontroladores domésticos ou chips de RAM, usarão **pacotes duplos em linha (DIPs – Dual Inline Packages)**. Um DIP é um pacote com duas fileiras de pinos que se encaixam em um soquete correspondente na placa-mãe. Os pacotes mais comuns têm 14, 16, 18, 20, 22, 24, 28, 40, 64 ou 68 pinos. Para chips grandes costumam ser usados pacotes quadrados com pinos nos quatro lados ou na parte de baixo. Dois pacotes comuns para chips maiores são **Pin Grid Arrays**, ou **PGAs**, e **Land Grid Arrays**, ou **LGAs**. PGAs possuem pinos na parte inferior do pacote, que se encaixam em um soquete correspondente na placa-mãe. Soquetes PGA normalmente utilizam um mecanismo com força de inserção nula, onde uma alavanca aplica pressão lateral sobre todos os pinos do PGA, mantendo-o firmemente no soquete PGA. LGAs, por outro lado, possuem pequenas plataformas planas na parte inferior do chip, e um soquete LGA terá uma capa que se encaixa sobre o LGA e aplica uma força para baixo no chip, garantindo que todas as plataformas do LGA façam contato com as plataformas do soquete LGA.

Figura 3.10 Tipos comuns de pacotes de circuito integrado, incluindo um pacote *dual-in-line*, ou DIP (a), PGA (b) e LGA (c).

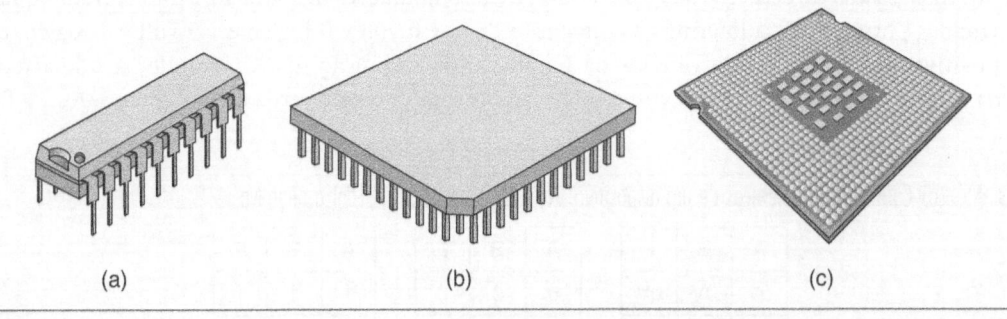

Como muitos pacotes de IC têm forma simétrica, descobrir a orientação correta é um problema constante com a instalação de IC. DIPs normalmente têm um entalhe em uma ponta, que combina com uma marca corresponde no soquete DIP. PGAs, em geral, possuem um pino faltando, de modo que, se você tentar inserir o PGA no soquete incorretamente, o PGA não se encaixará. Como os LGAs não possuem pinos, a instalação correta é imposta colocando-se um entalhe em um ou dois lados do LGA, que corresponde a um entalhe no soquete LGA. O LGA não entrará no soquete a menos que os dois entalhes combinem.

Para todos os efeitos, todas as portas são ideais no sentido de que a saída aparece logo que a entrada é aplicada. Na realidade, os chips têm um **atraso de porta** finito que inclui o tempo de propagação de sinal pelo chip e o tempo de comutação. Atrasos típicos são de centésimos de picossegundos a alguns nanossegundos.

A tecnologia moderna vigente permite colocar mais de 1 bilhão de transistores em um chip. Como qualquer circuito pode ser construído com base em portas NAND, você bem poderia imaginar que um fabricante poderia produzir um chip muito geral que contivesse 500 milhões de portas NAND. Infelizmente, um chip como esse necessitaria de 1.500.000.002 pinos. Como o espaço-padrão entre pinos é 1 milímetro, um chip LGA teria 38 metros de comprimento para acomodar todos esses pinos, o que talvez tivesse um efeito negativo sobre as vendas. É claro que a única maneira de tirar proveito da tecnologia é projetar circuitos com uma alta relação porta/pino.

Nas seções seguintes vamos examinar circuitos simples que combinam uma quantidade de portas internamente para fornecer uma função útil que requer apenas um número limitado de conexões externas (pinos).

3.2.2 Circuitos combinatórios

Muitas aplicações de lógica digital requerem um circuito com múltiplas entradas e múltiplas saídas, no qual as saídas são determinadas exclusivamente pelas entradas em questão. Esses circuitos são denominados **circuitos combinatórios**. Nem todos os circuitos têm essa propriedade. Por exemplo, um circuito que contenha elementos de memória pode perfeitamente gerar saídas que dependem de valores armazenados, bem como de variáveis de entrada. Um circuito que esteja executando uma tabela verdade como a da Figura 3.3(a) é um exemplo típico de um circuito combinatório. Nesta seção, examinaremos alguns circuitos combinatórios de uso frequente.

● **Multiplexadores**

No nível lógico, um **multiplexador** é um circuito com 2^n entradas de dados, uma saída de dados e n entradas de controle que selecionam uma das entradas de dados. Essa entrada selecionada é dirigida (isto é, roteada) até a saída. A Figura 3.11 é um diagrama esquemático de um multiplexador de oito entradas. As três linhas de controle, A, B e C, codificam um número de 3 bits que especifica qual das oito linhas de entrada é direcionada até a porta OR e dali até a saída. Não importa qual valor esteja nas linhas de controle, sete das portas AND sempre produzirão saída 0; a outra pode produzir ou um 0 ou um 1, dependendo do valor da linha de entrada selecionada. Cada porta AND é habilitada por uma combinação diferente das entradas de controle. O circuito do multiplexador é mostrado na Figura 3.11.

Figura 3.11 Circuito multiplexador de oito entradas.

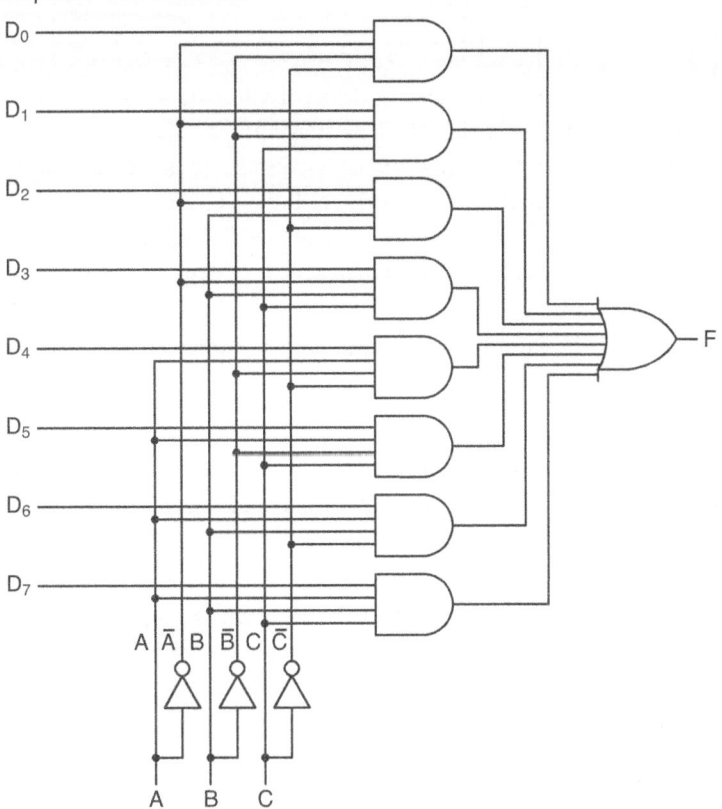

Usando o multiplexador, podemos executar a função majoritária da Figura 3.3(a), como mostrado na Figura 3.12(b). Para cada combinação de A, B e C, uma das linhas de dados é selecionada. Cada entrada é ligada ou a V_{cc} (1 lógico) ou ao terra (0 lógico). O algoritmo para ligar as entradas é simples: a entrada D_i é a que tem o mesmo valor da linha i da tabela verdade. Na Figura 3.3(a), as linhas 0, 1, 2 e 4 são 0, portanto, as entradas correspondentes estão aterradas; as linhas restantes são 1, portanto, estão ligadas a 1 lógico. Dessa maneira, qualquer tabela verdade de três variáveis pode ser executada usando o chip da Figura 3.12(a).

Figura 3.12 (a) Multiplexador com oito entradas. (b) O mesmo multiplexador ligado para calcular a função majoritária.

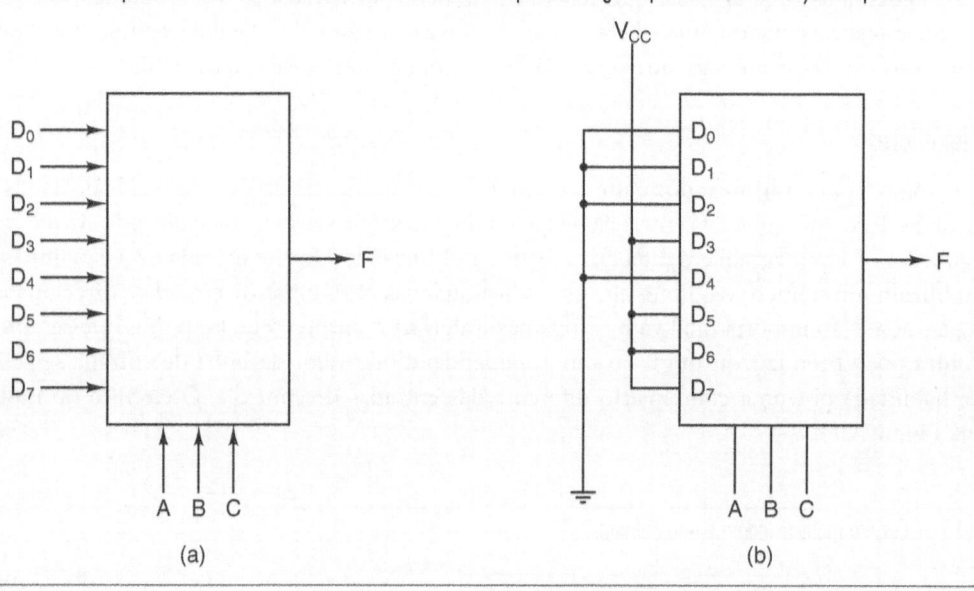

Acabamos de ver como um chip multiplexador pode ser usado para selecionar uma das diversas entradas e como ele pode implementar uma tabela verdade. Outra de suas muitas aplicações é como um conversor de dados paralelo para serial. Colocando 8 bits de dados nas linhas de entrada e então escalonando as linhas em sequência de 000 a 111 (binário), os 8 bits são colocados em série na linha de saída. Uma utilização típica da conversão paralela para serial é um teclado, onde cada acionamento de uma tecla define implicitamente um número de 7 ou 8 bits que deve ser enviado por um enlace serial, como USB.

O inverso de um multiplexador é um **demultiplexador**, que dirige sua única entrada até uma das 2^n saídas, dependendo dos valores das n linhas de controle. Se o valor binário das linhas de controle for k, é selecionada a saída k.

● **Decodificadores**

Como um segundo exemplo, agora vamos examinar um circuito que toma um número de n bits como entrada e o usa para selecionar (isto é, definir em 1) exatamente uma das 2^n linhas de saída. Tal circuito, ilustrado para $n = 3$ na Figura 3.13, é denominado **decodificador**.

Para ver como um decodificador pode ser útil, imagine uma pequena memória que consiste em oito chips, cada um contendo 256 MB. O chip 0 tem endereços de 0 a 256 MB, o chip 1 tem endereços de 256 MB a 512 MB e assim por diante. Quando um endereço é apresentado à memória, os 3 bits de ordem alta são usados para selecionar um dos oito chips. Usando o circuito da Figura 3.13, esses 3 bits são as três entradas, A, B e C. Dependendo das entradas, exatamente uma das oito linhas de saída, D_0, ..., D_7, é 1; o resto é 0. Cada linha de saída habilita um dos oito chips de memória. Como só uma linha de saída é colocada em 1, apenas um chip é habilitado.

A operação do circuito da Figura 3.13 é direta. Cada porta AND tem três entradas, das quais a primeira é A ou $\overline{A}$, a segunda é B ou $\overline{B}$ e a terceira é C ou $\overline{C}$. Cada porta é habilitada por uma combinação diferente de entradas: D_0 por $\overline{A}\,\overline{B}\,\overline{C}$, D_1 por $\overline{A}\,\overline{B}\,C$, e assim por diante.

Figura 3.13 Circuito decodificador 3 para 8.

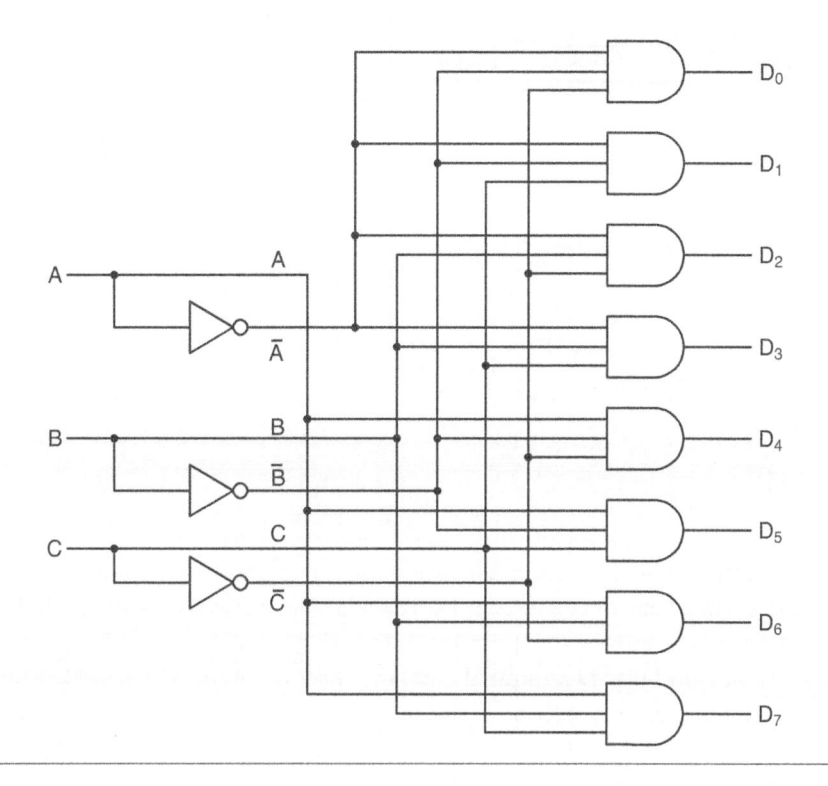

Comparadores

Outro circuito útil é o **comparador**, que compara duas palavras de entrada. O comparador simples da Figura 3.14 toma duas entradas, A e B, cada uma de 4 bits de comprimento, e produz um 1 se elas forem iguais e um 0 se elas não o forem. O circuito é baseado na porta XOR (EXCLUSIVE OR), que produz um 0 se suas entradas forem iguais e um 1 se elas forem diferentes. Se as duas palavras de entrada forem iguais, todas as quatro portas XOR devem produzir 0. Então, pode-se efetuar uma operação OR nesses quatro sinais; se o resultado for 0, as palavras de entrada são iguais; caso contrário, não. Em nosso exemplo, usamos uma porta NOR como o estágio final para reverter o sentido do teste: 1 significa igual, 0 significa diferente.

3.2.3 Circuitos aritméticos

Chegou a hora de passar dos circuitos de uso geral discutidos anteriormente para circuitos combinatórios usados para operações aritméticas. Começaremos com um simples deslocador de 8 bits e em seguida veremos como são construídos os somadores e, por fim, estudaremos as unidades de lógica e aritmética, que desempenham um papel fundamental em qualquer computador.

Figura 3.14 Comparador simples de 4 bits.

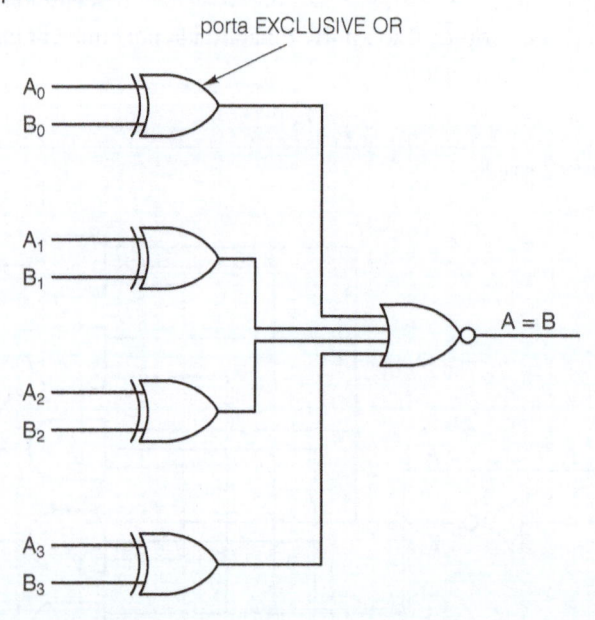

Deslocadores

Nosso primeiro circuito aritmético é um deslocador de oito entradas e oito saídas (veja a Figura 3.15). Oito bits de entrada são apresentados nas linhas $D_0, ..., D_7$. A saída, que é apenas a entrada deslocada de 1 bit, está nas linhas $S_0, ..., S_7$. A linha de controle, C, determina a direção do deslocamento, 0 para a esquerda e 1 para a direita. Quando o deslocamento for para a esquerda, um 0 é inserido no bit 7. De modo semelhante, quando o deslocamento for para a direita, um 1 é inserido no bit 0.

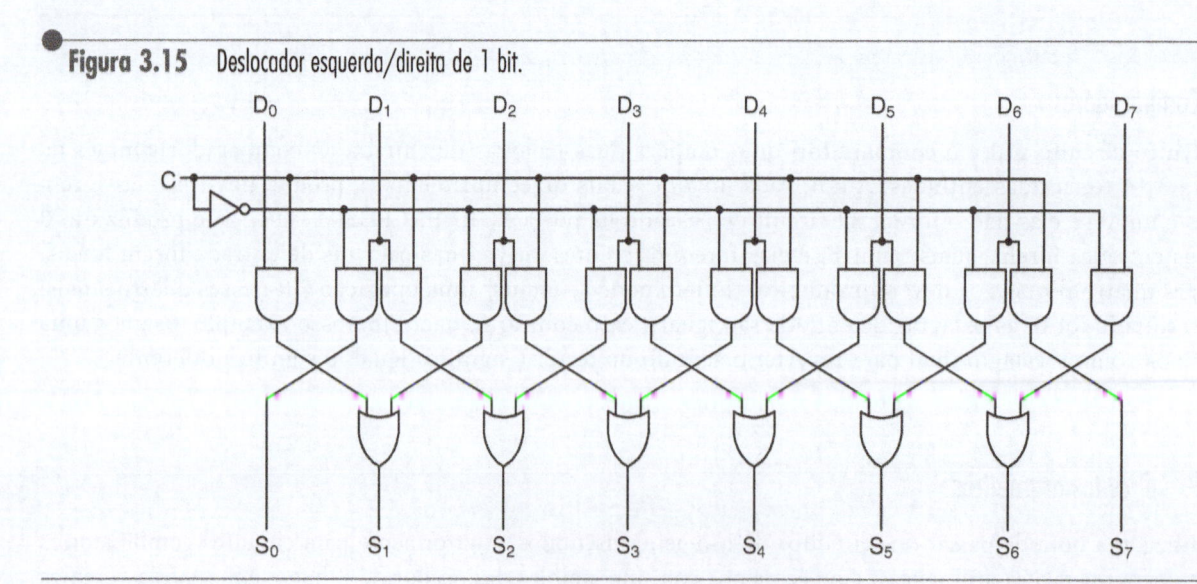

Figura 3.15 Deslocador esquerda/direita de 1 bit.

Para ver como o circuito funciona, observe os pares de portas AND para todos os bits, exceto as portas na extremidade. Quando $C = 1$, o membro da direita de cada par é ligado, passando o bit de entrada correspondente para a saída. Como a porta AND da direita está ligada à entrada da porta OR à sua direita, é executado um deslocamento para a direita. Quando $C = 0$, o membro da esquerda do par da porta AND é ligado, o que provoca um deslocamento para a esquerda.

● Somadores

Um computador que não possa somar números inteiros é quase inimaginável. Por consequência, um circuito de hardware para efetuar adição é uma parte essencial de toda CPU. A tabela verdade para adição de inteiros de 1 bit é mostrada na Figura 3.16(a). Há duas saídas presentes: a soma das entradas, A e B, e o transporte (vai-um) para a posição seguinte (à esquerda). Um circuito para calcular o bit de soma e o de transporte é ilustrado na Figura 3.16(b). Esse circuito simples é conhecido como um **meio-somador**.

Figura 3.16 (a) Tabela verdade para adição de 1 bit. (b) Circuito para um meio-somador.

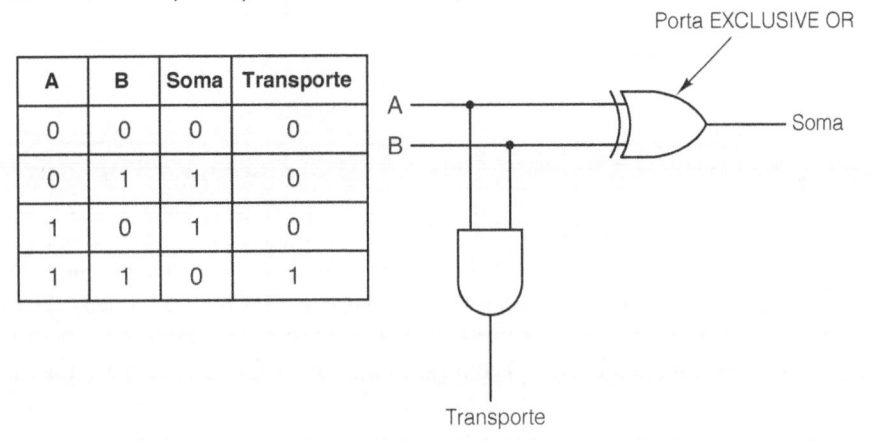

A	B	Soma	Transporte
0	0	0	0
0	1	1	0
1	0	1	0
1	1	0	1

Embora um meio-somador seja adequado para somar os bits de ordem baixa de duas palavras de entrada de múltiplos bits, ele não servirá para uma posição de bit no meio da palavra porque não trata o transporte de bit da posição à direita (vem-um). Em seu lugar, precisamos do **somador completo** da Figura 3.17. Pela inspeção do circuito, deve ficar claro que um somador completo é composto de dois meios-somadores. A linha de saída Soma é 1 se um número ímpar A, B e o vem-um (carry in) forem 1. O vai-um (carry out) é 1 se A e B forem ambos 1 (entrada esquerda para a porta OR) ou se exatamente um deles for 1 e o bit de vem-um (carry in) também é 1. Juntos, os dois meios-somadores geram a soma e também os bits de transporte.

Para construir um somador para palavras de 16 bits, por exemplo, basta repetir o circuito da Figura 3.17(b) 16 vezes. O vai-um de um bit é usado como vem-um para seu vizinho da esquerda. O vem-um do bit da extrema direita está ligado a 0. Esse tipo de somador é denominado **somador de transporte encadeado** porque, na pior das hipóteses, somando 1 a 111...111 (binário), a adição não pode ser concluída até que o vai-um tenha percorrido todo o caminho do bit da extrema direita até o da extrema esquerda. Também existem somadores que não têm esse atraso e, portanto, são mais rápidos – em geral, são os preferidos.

Como exemplo simples de um somador mais rápido, considere subdividir um somador de 32 bits em uma metade inferior e uma metade superior de 16 bits cada. Quando a adição começa, o somador superior ainda não pode trabalhar porque não sabe qual é o vem-um por 16 tempos de adição.

Figura 3.17 (a) Tabela verdade para somador completo. (b) Circuito para um somador completo.

A	B	Vem--um	Soma	Vai--um
0	0	0	0	0
0	0	1	1	0
0	1	0	1	0
0	1	1	0	1
1	0	0	1	0
1	0	1	0	1
1	1	0	0	1
1	1	1	1	1

(a)   (b)

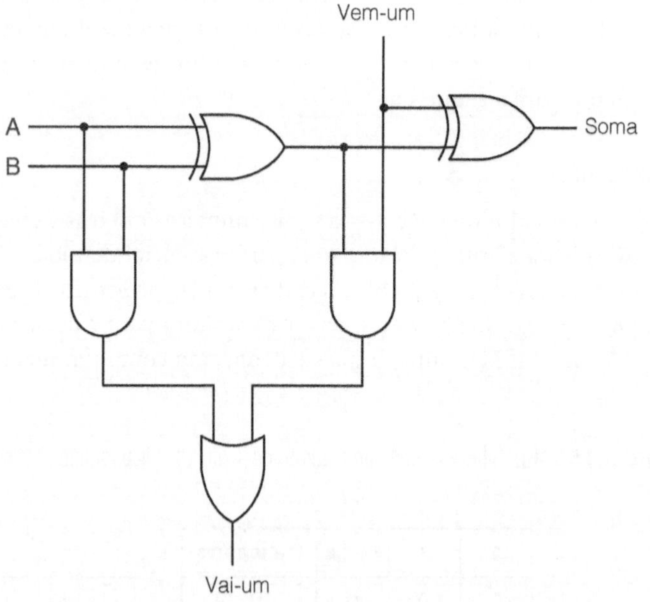

Contudo, considere essa modificação no circuito. Em vez de uma única metade superior, vamos dar ao somador duas metades superiores em paralelo duplicando o hardware da metade superior. Desse modo, agora o circuito consiste em três somadores de 16 bits: uma metade inferior e duas metades superiores, U0 e U1 que funcionam em paralelo. Um 0 é alimentado em U0 como vai-um; um 1 é alimentado em U1 como vai-um. Agora, ambos podem iniciar ao mesmo tempo do que a metade inferior, mas somente um estará correto. Após 16 tempos de adição de bits, já se saberá qual é o vem-um que deve ir para a metade superior, portanto, agora já se pode selecionar a metade superior correta com base em duas respostas disponíveis. Esse estratagema reduz o tempo de adição por um fator de dois. Um somador como esse é denominado **somador de seleção de transporte**. Então, o estratagema pode ser repetido para construir cada somador de 16 bits com base em somadores de 8 bits repetidos e assim por diante.

● **Unidades lógica e aritmética**

Grande parte dos computadores contém um único circuito para efetuar AND, OR e soma de duas palavras de máquina. No caso típico, tal circuito para palavras de n bits é composto de n circuitos idênticos para as posições individuais de bits. A Figura 3.18 é um exemplo simples de um circuito desses, denominado **unidade lógica e aritmética (ULA) (Arithmetic Logic Unit – ALU)**. Ela pode calcular qualquer uma das quatro funções – a saber, A AND B, A OR B, $\overline{B}$ ou $A + B$, dependendo de as linhas de entrada de seleção de função F_0 e F_1 conterem 00, 01, 10 ou 11 (binário). Note que, aqui, $A + B$ significa a soma aritmética de A e B, e não a operação booleana OR.

O canto inferior esquerdo de nossa ULA contém um decodificador de 2 bits para gerar sinais de *enable* (habilitação) para as quatro operações, com base nos sinais de controle F_0 e F_1. Dependendo dos valores de F_0 e F_1, exatamente uma das quatro linhas de habilitação é selecionada. Ativar essa linha permite que a saída para a função selecionada passe por ela até a porta OR final, para saída.

O canto superior esquerdo contém a lógica para calcular A AND B, A OR, B e $\overline{B}$, mas no máximo um desses resultados é passado para a porta OR final, dependendo das linhas de habilitação que saem do decodificador. Como exatamente uma das saídas do decodificador será 1, exatamente uma das quatro portas AND que comandam a porta OR será habilitada; as outras três resultarão em 0, independente de A e B.

Figura 3.18 ULA de 1 bit.

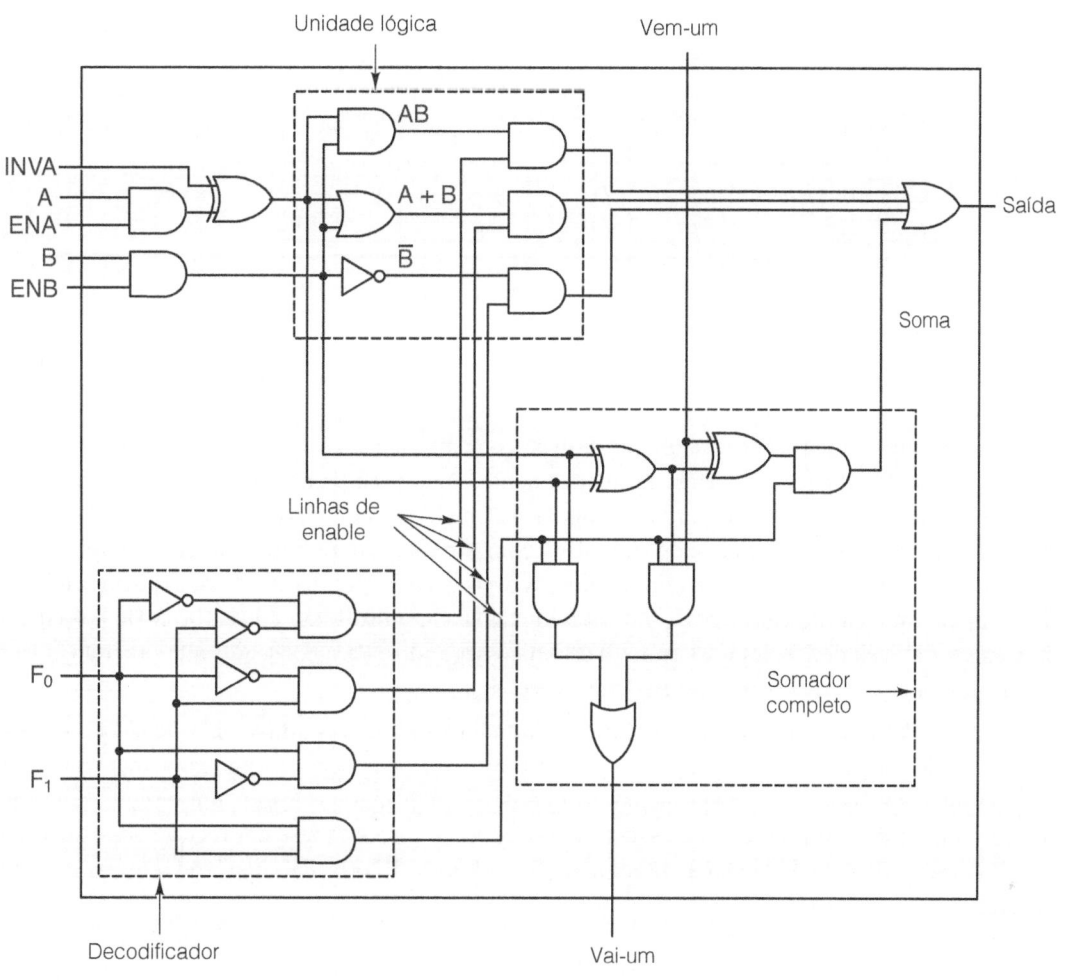

Além de poder usar *A* e *B* como entradas para operações lógicas ou aritméticas, também é possível forçar quaisquer delas para 0 negando ENA ou ENB, respectivamente. Também é possível obter $\overline{A}$ ativando INVA. Veremos utilizações para INVA, ENA e ENB no Capítulo 4. Em condições normais, ENA e ENB são ambas 1 para habilitar ambas as entradas e INVA é 0. Nesse caso, *A* e *B* são apenas alimentados na unidade lógica, sem modificação.

O canto direito inferior da ULA contém um somador completo para calcular a soma de *A* e *B*, incluindo manipulação de transportes (vai-um e vem-um), porque é provável que, em seu devido tempo, vários desses circuitos serão ligados juntos para efetuar operações de palavra inteira. Na verdade, existem circuitos como o da Figura 3.18 que são conhecidos como **segmentos de bits** (*bit slices*). Eles permitem que o projetista do computador monte uma ULA da largura que quiser. A Figura 3.19 mostra uma ULA de 8 bits montada com 8 segmentos (*slices*) de ULA de 1 bit. O sinal INC só é útil para operações de adição. Quando presente, aumenta o resultado (isto é, soma 1 a ele), possibilitando o cálculo de somas como $A + 1$ e $A + B + 1$.

Anos atrás, um segmento de bit era na verdade um chip que você podia comprar. Hoje, é mais como uma biblioteca que um projetista de chip pode replicar quantas vezes quiser em um programa projeto-auxiliado-por-computador produzindo um arquivo de saída que direciona as máquinas de produção de chips. Mas a ideia, na essência, é a mesma.

Figura 3.19 Oito segmentos (*slices*) de ULA de 1 bit conectados para formar uma ULA de 8 bits. Os sinais de habilitação e inversão não são mostrados por simplicidade.

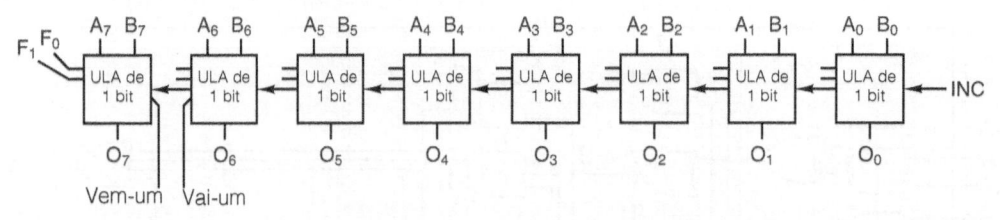

3.2.4 Clocks

Em muitos circuitos digitais, a ordem em que os eventos ocorrem é crítica. Às vezes um evento deve preceder outro, às vezes dois eventos devem ocorrer simultaneamente. Para permitir que os projetistas consigam as relações de temporização requeridas, muitos circuitos digitais usam *clocks* para prover sincronização. Nesse contexto, um *clock* é um circuito que emite uma série de pulsos com uma largura de pulso precisa e intervalos precisos entre pulsos consecutivos. O intervalo de tempo entre as arestas correspondentes de dois pulsos consecutivos é denominado **tempo de ciclo de** *clock*. Em geral, as frequências de pulso estão entre 100 MHz e 4 GHz, correspondendo a ciclos de *clock* de 10 nanossegundos a 250 picossegundos. Para conseguir alta precisão, a frequência de *clock* normalmente é controlada por um oscilador de cristal.

Muitos eventos podem ocorrer dentro de um computador durante um único ciclo de *clock*. Se eles devem ocorrer em uma ordem específica, o ciclo de *clock* deve ser dividido em subciclos. Uma maneira comum de prover resolução superior à do *clock* básico é aproveitar a linha de *clock* primária e inserir um circuito com um atraso conhecido, gerando assim um sinal de *clock* secundário deslocado em certa fase em relação ao primeiro, conforme mostra a Figura 3.20(a). O diagrama de temporização da Figura 3.20(b) dá quatro referências de tempo para eventos discretos:

1. Fase ascendente de C1.
2. Fase descendente de C1.
3. Fase ascendente de C2.
4. Fase descendente de C2.

Vinculando diferentes eventos às várias fases, pode-se conseguir a sequência requerida. Se forem necessárias mais do que quatro referências de tempo dentro de um ciclo de *clock*, podem-se puxar mais linhas da linha primária, com diferentes atrasos, se for preciso.

Em alguns circuitos, estamos interessados em intervalos de tempo em vez de instantes discretos de tempo. Por exemplo, pode-se permitir que algum evento aconteça toda vez que C1 estiver alto, em vez de exatamente na fase ascendente. Outro evento só poderá acontecer quando C2 estiver alto. Se forem necessários mais de dois intervalos diferentes, podem ser instaladas mais linhas de *clock* ou pode-se fazer com que os estados altos dos dois *clocks* se sobreponham parcialmente no tempo. No último caso, podem-se distinguir quatro intervalos distintos: $\overline{C1}$ AND $\overline{C2}$, $\overline{C1}$ AND C2, C1 AND $\overline{C2}$ e C1 AND C2.

A propósito, *clocks* são simétricos, com o tempo gasto no estado alto igual ao tempo gasto no estado baixo, como mostra a Figura 3.20(b). Para gerar um trem de pulsos assimétrico, o *clock* básico é deslocado usando um circuito de atraso e efetuando uma operação AND com o sinal original, como mostra a Figura 3.20(c) como C.

Figura 3.20 (a) Um *clock*. (b) Diagrama de temporização para o *clock*. (c) Geração de um *clock* assimétrico.

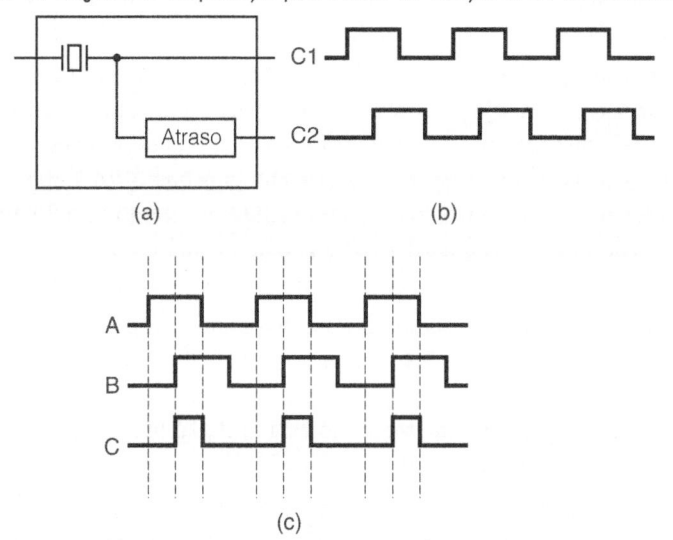

3.3 Memória

Um componente essencial de todo computador é sua memória. Sem ela não poderiam existir os computadores que conhecemos. A memória é usada para armazenar instruções a serem executadas e dados. Nas seções seguintes examinaremos os componentes básicos de um sistema de memória começando no nível da porta para ver como eles funcionam e como são combinados para produzir memórias de grande porte.

3.3.1 Memórias de 1 bit

Para criar uma memória de 1 bit ("*latch*"), precisamos de um circuito que "se lembre", de algum modo, de valores de entrada anteriores. Tal circuito pode ser construído com base em duas portas NOR, como ilustrado na Figura 3.21(a). Circuitos análogos podem ser construídos com portas NAND, porém, não vamos mais mencioná-los porque são conceitualmente idênticos às versões NOR.

O circuito da Figura 3.21(a) é denominado **latch SR**. Ele tem duas entradas, S, para ativar (*setting*) o *latch*, e R, para restaurá-lo (*resetting*), isto é, liberá-lo. O circuito também tem duas saídas, Q e $\overline{Q}$, que são complementares, como veremos em breve. Ao contrário de um circuito combinacional, as saídas do *latch* não são exclusivamente determinadas pelas entradas atuais.

Figura 3.21 (a) *Latch* NOR no estado 0. (b) *Latch* NOR no estado 1. (c) Tabela verdade para NOR.

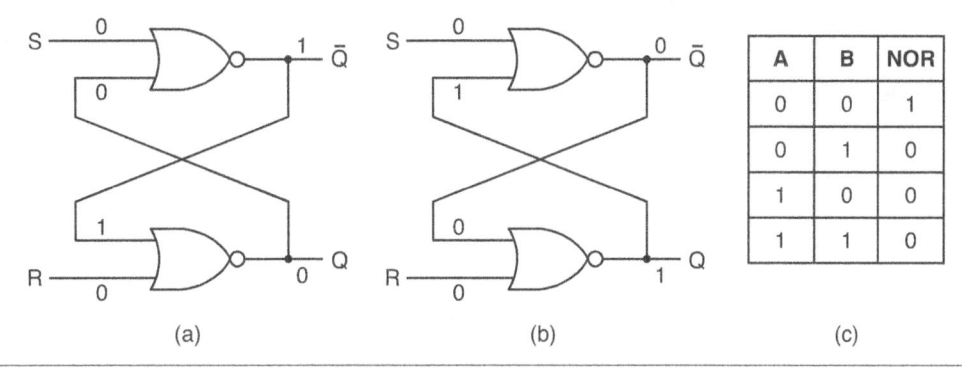

A	B	NOR
0	0	1
0	1	0
1	0	0
1	1	0

Para ver como isso ocorre, vamos supor que ambos, *S* e *R*, sejam 0, o que é verdade na maior parte do tempo. Apenas para polemizar, vamos supor que Q = 0. Como Q é realimentado para a porta NOR superior, ambas as suas entradas são 0, portanto, sua saída, $\overline{Q}$, é 1. O 1 é realimentado para a porta inferior que, então, tem entradas 1 e 0, resultando em Q = 0. Esse estado é no mínimo coerente e está retratado na Figura 3.21(a).

Agora, vamos imaginar que Q não seja 0, mas 1, com *R* e *S* ainda 0. A porta superior tem entradas de 0 e 1, e uma saída, $\overline{Q}$, de 0, que é realimentada para a porta inferior. Esse estado, mostrado na Figura 3.21(b), também é coerente. Um estado com as duas saídas iguais a 0 é incoerente, porque força ambas as portas a ter dois 0 como entrada, o que, se fosse verdade, produziria 1, não 0, como saída. De modo semelhante, é impossível ter ambas as saídas iguais a 1, porque isso forçaria as entradas a 0 e 1, o que resultaria 0, não 1. Nossa conclusão é simples: para *R* = *S* = 0, o *latch* tem dois estados estáveis, que denominaremos 0 e 1, dependendo de Q.

Agora, vamos examinar o efeito das entradas sobre o estado do *latch*. Suponha que *S* se torna 1 enquanto Q = 0. Então, as entradas para a porta superior são 1 e 0, forçando a saída $\overline{Q}$ a 0. Essa mudança faz ambas as entradas para a porta inferior serem 0, forçando a saída para 1. Portanto, ativar *S* (isto é, fazer com que seja 1) muda o estado de 0 para 1. Definir *R* em 1 quando o *latch* está no estado 0 não tem efeito algum porque a saída da porta NOR inferior é 0 para entradas de 10 e entradas de 11.

Usando raciocínio semelhante, é fácil ver que definir *S* em 1 quando em estado Q = 1 não tem efeito algum, mas definir *R* leva o *latch* ao estado Q = 0. Resumindo, quando *S* é definido em 1 momentaneamente, o *latch* acaba no estado Q = 1, pouco importando seu estado anterior. Da mesma maneira, definir *R* em 1 momentaneamente força o *latch* ao estado Q = 0. O circuito "se lembra" se foi *S* ou *R* definido por último. Usando essa propriedade podemos construir memórias de computadores.

● *Latches* SR com *clock*

Muitas vezes é conveniente impedir que o *latch* mude de estado, a não ser em certos momentos especificados. Para atingir esse objetivo, fazemos uma ligeira modificação no circuito básico, conforme mostra a Figura 3.22, para obter um *latch* SR com *clock*.

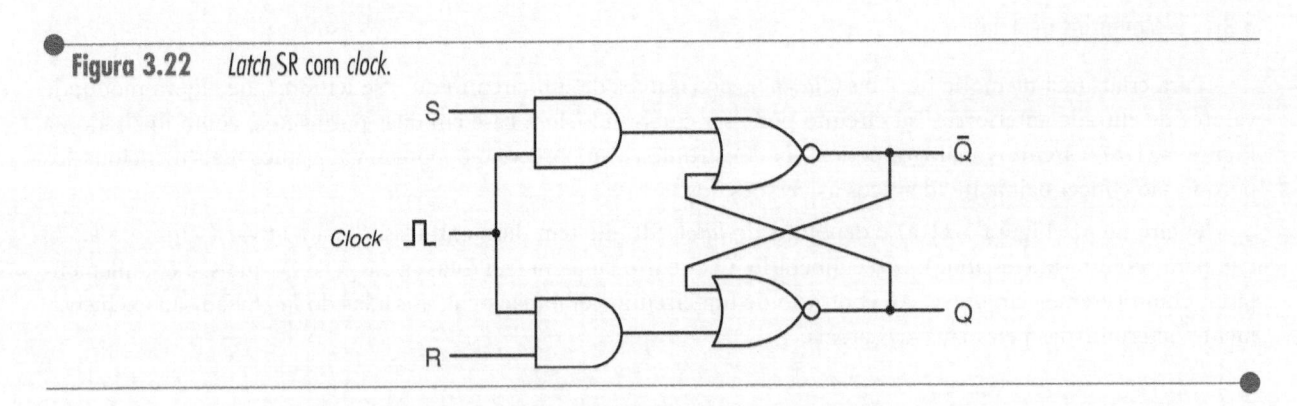

Figura 3.22 *Latch* SR com *clock*.

Esse circuito tem uma entrada adicional, o *clock*, que em geral é 0. Com o *clock* em 0, ambas as portas AND geram saída 0, independentemente de ser *S* e *R*, e o *latch* não muda de estado. Quando o *clock* é 1, o efeito das portas AND desaparece e o *latch* se torna sensível a *S* e *R*. Apesar de seu nome, o sinal do *clock* não precisa ser gerado por um *clock*. Os termos *enable* e *strobe* também são muito usados para indicar que a entrada do *clock* é 1; isto é, o circuito é sensível ao estado de *S* e *R*.

Até aqui evitamos falar no que acontece quando ambos, *S* e *R*, são 1, por uma boa razão: o circuito se torna não determinístico quando ambos, *R* e *S*, finalmente retornam a 0. O único estado coerente para *S* = *R* = 1 é Q = $\overline{Q}$ = 0; porém, assim que ambas as entradas voltam para 0, o *latch* deve saltar para um de seus dois estados estáveis. Se quaisquer das entradas cair para 0 antes da outra, a que permanecer em 1 por mais tempo vence, porque, quando apenas uma entrada for 1, ela força o estado. Se ambas as entradas voltarem a 0 ao mesmo tempo (o que é muito improvável), o *latch* salta aleatoriamente para um de seus estados estáveis.

● **Latches D com clock**

Uma boa maneira de resolver a instabilidade do *latch* SR (causada quando S = R = 1) é evitar que ela ocorra. A Figura 3.23 apresenta um circuito de *latch* com somente uma entrada, *D*. Como a entrada para a porta AND inferior é sempre o complemento da entrada para a superior, nunca ocorre o problema de ambas as entradas serem 1. Quando *D* = 1 e o *clock* for 1, o *latch* é levado ao estado Q = 1. Quando *D* = 0 e o *clock* for 1, ele é levado ao estado Q = 0. Em outras palavras, quando o *clock* for 1, o valor corrente de *D* é lido e armazenado no *latch*. Esse circuito, denominado **latch D com clock**, é uma verdadeira memória de 1 bit. O valor armazenado sempre estará disponível em Q. Para carregar o valor atual de *D* na memória, um pulso positivo é colocado na linha do *clock*.

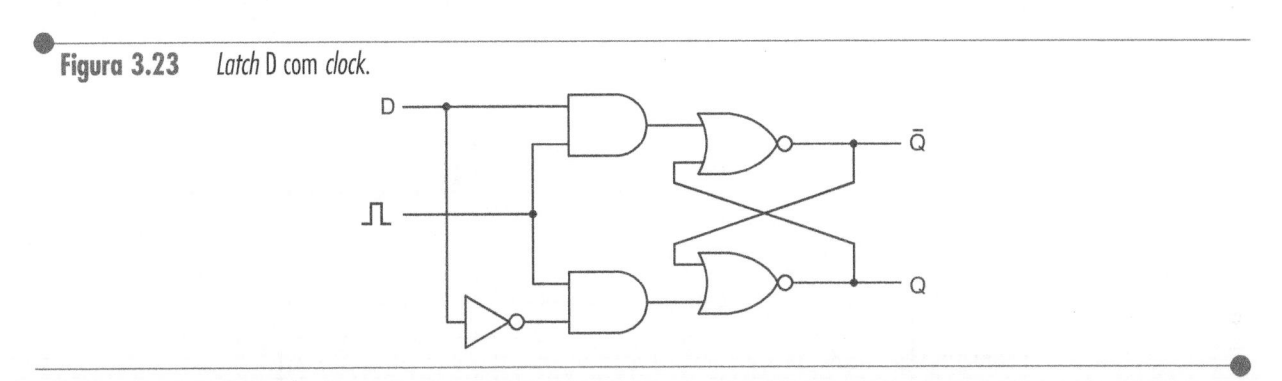

Figura 3.23 Latch D com clock.

Esse circuito requer 11 transistores. Circuitos mais sofisticados (porém, menos óbvios) podem armazenar 1 bit com até seis transistores. Esses projetos costumam ser usados na prática. Esse circuito pode permanecer estável indefinidamente, desde que seja aplicada energia (não mostrado). Mais adiante, veremos os circuitos de memória que se esquecem rápido do estado em que estão, a menos que, de alguma forma, sejam "relembrados" constantemente.

3.3.2 Flip-flops

Em muitos circuitos é necessário ler o valor em determinada linha em dado instante, e armazená-lo. Nessa variante, denominada *flip-flop*, a transição de estado não ocorre quando o *clock* é 1, mas durante a transição de 0 para 1 (borda ascendente), ou de 1 para 0 (borda descendente). Assim, o comprimento do pulso do *clock* não é importante, contanto que as transições ocorram rapidamente.

Para dar ênfase, vamos repetir qual é a diferença entre um *flip-flop* e um *latch*. Um *flip-flop* é **disparado pela borda**, enquanto um *latch* é **disparado pelo nível**. Contudo, fique atento, porque esses termos são muito confundidos na literatura. Muitos autores usam "*flip-flop*" quando estão se referindo a um *latch*, e vice-versa.

Há várias formas de projetar um *flip-flop*. Por exemplo, se houvesse alguma maneira de gerar um pulso muito curto na borda ascendente do sinal de *clock*, esse pulso poderia ser alimentado para um *latch* D. Na verdade, essa maneira existe, e o circuito para ela é mostrado na Figura 3.24(a).

À primeira vista, poderia parecer que a saída da porta AND seria sempre zero, uma vez que a operação AND de qualquer sinal com seu inverso é zero, mas a situação é um pouco diferente disso. O inversor tem um atraso de propagação pequeno, mas não zero, e é esse atraso que faz o circuito funcionar. Suponha que meçamos a tensão nos quatro pontos de medição *a*, *b*, *c* e *d*. O sinal de entrada, medido em *a*, é um pulso de *clock* longo, como mostrado na parte inferior da Figura 3.24(b). O sinal em *b* é mostrado acima dele. Observe que ele está invertido e também ligeiramente atrasado, quase sempre de alguns nanossegundos, dependendo do tipo de inversor utilizado.

O sinal em *c* também está atrasado, mas apenas pelo tempo correspondente à propagação (à velocidade da luz) do sinal. Se a distância física entre *a* e *c* for, por exemplo, 20 micra, então o atraso de propagação é 0,0001 ns, que decerto é desprezível em comparação com o tempo que o sinal leva para se propagar pelo inversor. Assim, para todos os efeitos e propósitos, o sinal em *c* é praticamente idêntico ao sinal em *a*.

Quando se efetua uma operação AND com as entradas para a porta AND, *b* e *c*, o resultado é um pulso curto, como mostra a Figura 3.24(b), onde a largura do pulso, Δ, é igual ao atraso da porta do inversor, em geral 5 ns ou menos. A saída da porta AND é exatamente esse pulso deslocado pelo atraso da porta AND, como mostrado na parte superior da Figura 3.24(b). Esse deslocamento de tempo significa apenas que o *latch* D será ativado com um atraso fixo após a fase ascendente do *clock*, mas não tem efeito sobre a largura do pulso. Em uma memória com tempo de ciclo de 10 ns, um pulso de 1 ns para informar quando ler a linha D pode ser curto o bastante, caso em que o circuito completo pode ser o da Figura 3.25. Vale a pena observar que esse projeto de *flip-flop* é atraente porque é fácil de entender, embora, na prática, sejam usados *flip-flops* mais sofisticados.

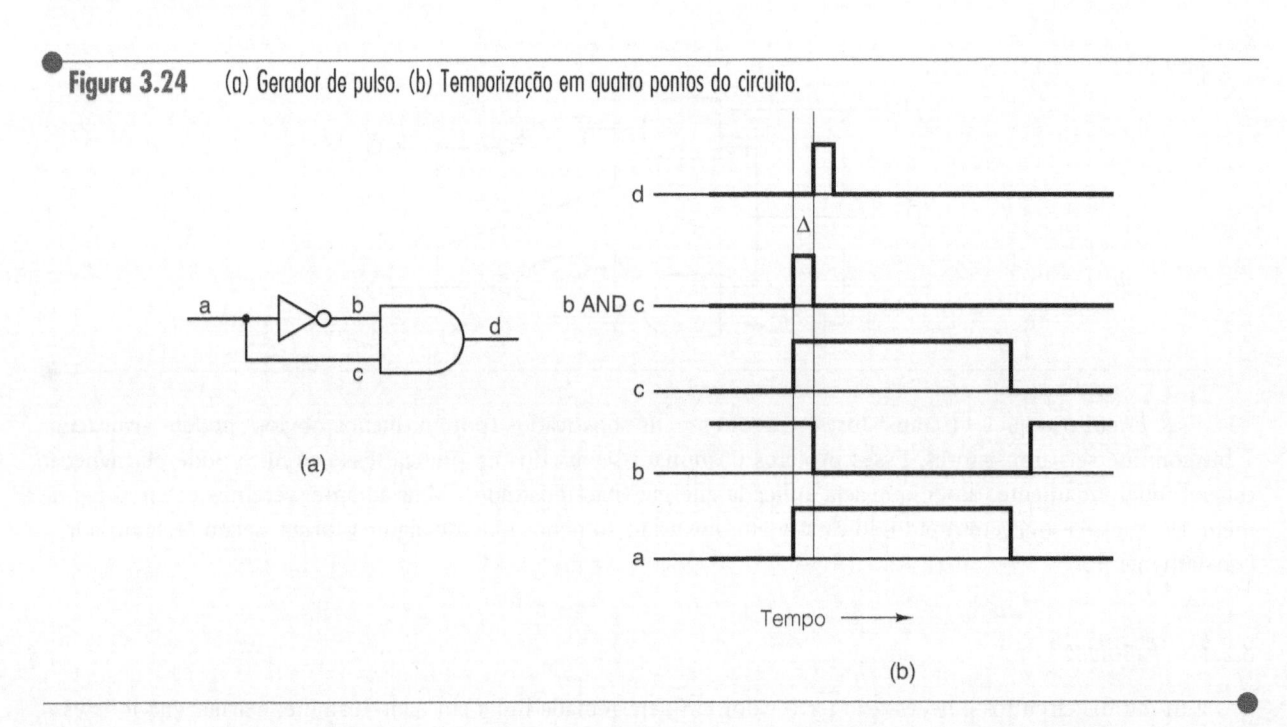

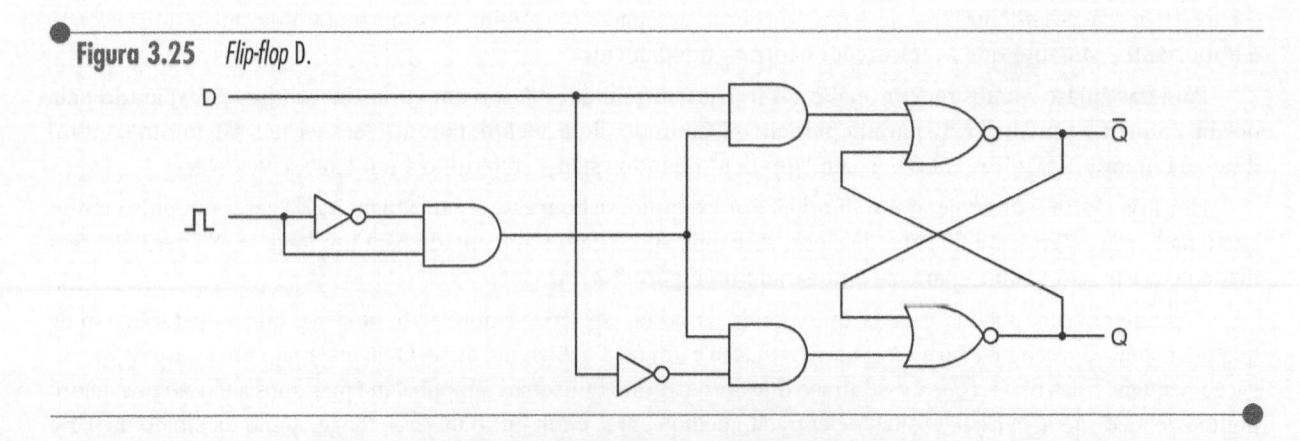

Figura 3.24   (a) Gerador de pulso. (b) Temporização em quatro pontos do circuito.

Figura 3.25   *Flip-flop* D.

Os símbolos padronizados para *latches* e *flip-flops* são mostrados na Figura 3.26. A Figura 3.26(a) é um *latch* cujo estado é carregado quando o *clock*, CK, é 1, ao contrário da Figura 3.26(b), que é um *latch* cujo *clock* costuma ser 1, mas cai para 0 momentaneamente para carregar o estado a partir de D. As figuras 3.26(c) e (d) são *flip-flops* em vez de *latches*, o que é indicado pelo símbolo em ângulo nas entradas do *clock*. A Figura 3.26(c) muda de estado na borda ascendente do pulso do *clock* (transição de 0 para 1), enquanto a Figura 3.26(d) muda de estado na borda descendente (transição de 1 para 0). Muitos *latches* e *flip-flops* (mas não todos) também têm $\overline{Q}$ como uma saída, e alguns têm duas entradas adicionais *Set* ou *Preset* (que forçam o estado para $Q = 1$) e *Reset* ou *Clear* (que forçam o estado para $Q = 0$).

Figura 3.26 Latches e flip-flops D.

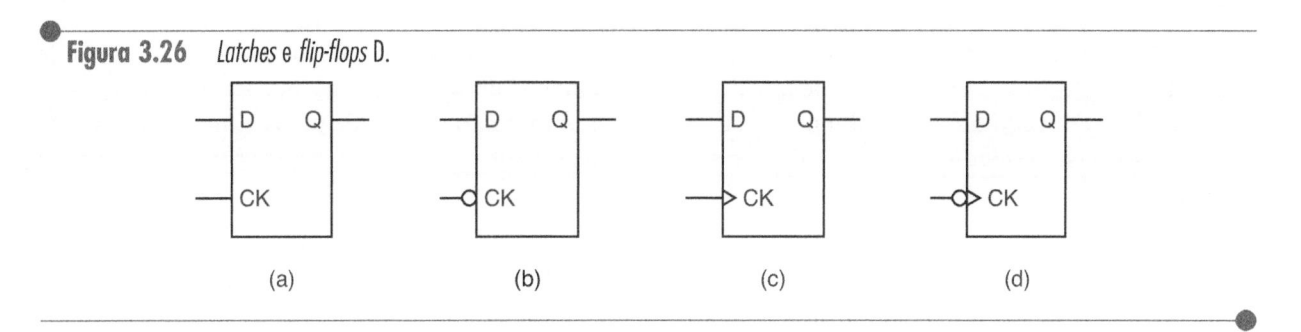

3.3.3 Registradores

Flip-flops podem ser combinados em grupos para criar registradores, que mantêm tipos de dados com comprimentos maiores do que 1 bit. O registrador na Figura 3.27 mostra como oito *flip-flops* podem ser ligados para formar um registrador armazenador de 8 bits. O registrador aceita um valor de entrada de 8 bits ($I0$ a $I7$) quando o *clock CK* fizer uma transição. Para implementar um registrador, todas as linhas de *clock* são conectadas ao mesmo sinal de entrada *CK*, de modo que, quando o *clock* fizer uma transição, cada registrador aceitará o novo valor de dados de 8 bits no barramento de entrada. Os próprios *flip-flops* são do tipo da Figura 3.26(d), mas as bolhas de inversão nos *flip-flops* são canceladas pelo inversor ligado ao sinal de *clock CK*, de modo que os *flip-flops* são carregados na transição ascendente do *clock*. Todos os oito sinais *clear* também são ligados, de modo que, quando o sinal *clear CLR* passar para 0, todos os *flip-flops* serão forçados a passar para o seu estado 0. Caso você queira saber por que o sinal de *clock CK* é invertido na entrada e depois invertido novamente em cada *flip-flop*, um sinal de entrada pode não ter corrente suficiente para alimentar todos os oito *flip-flops*; o inversor da entrada, na realidade, está sendo usado como um amplificador.

Figura 3.27 Um registrador de 8 bits construído a partir de *flip-flops* de único bit.

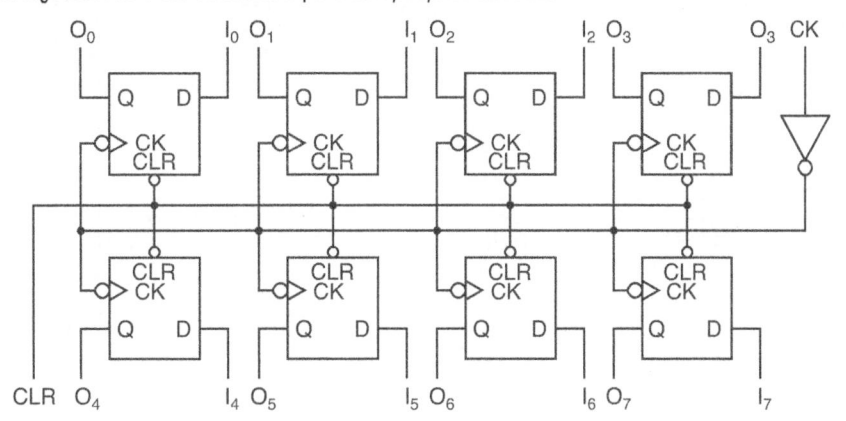

Quando tivermos projetado um registrador de 8 bits, poderemos usá-lo como um bloco de montagem para criar registradores maiores. Por exemplo, um registrador de 32 bits poderia ser criado pela combinação de dois registradores de 16 bits, unindo seus sinais de *clock CK* e sinais de *clear CLR*. Veremos os registradores e seus usos com mais detalhes no Capítulo 4.

3.3.4 Organização da memória

Embora agora tenhamos progredido de uma simples memória de 1 bit da Figura 3.23 para a de 8 bits da Figura 3.27, para construir memórias grandes é preciso uma organização diferente, na qual palavras individuais podem ser endereçadas. Uma organização de memória muito utilizada e que obedece a esse critério é mostrada na Figura 3.28. Esse exemplo ilustra uma memória com quatro palavras de 3 bits. Cada operação lê ou escreve uma palavra completa de 3 bits. Embora uma capacidade total de memória de 12 bits seja pouco mais do que nosso *flip-flop* octal, ela requer um número menor de pinos e, mais importante, o projeto pode ser estendido com facilidade para memórias grandes. Observe que o número de palavras é sempre uma potência de 2.

Figura 3.28 Diagrama lógico para uma memória 4 x 3. Cada linha é uma das quatro palavras de 3 bits. Uma operação de leitura ou escrita sempre lê ou escreve uma palavra completa.

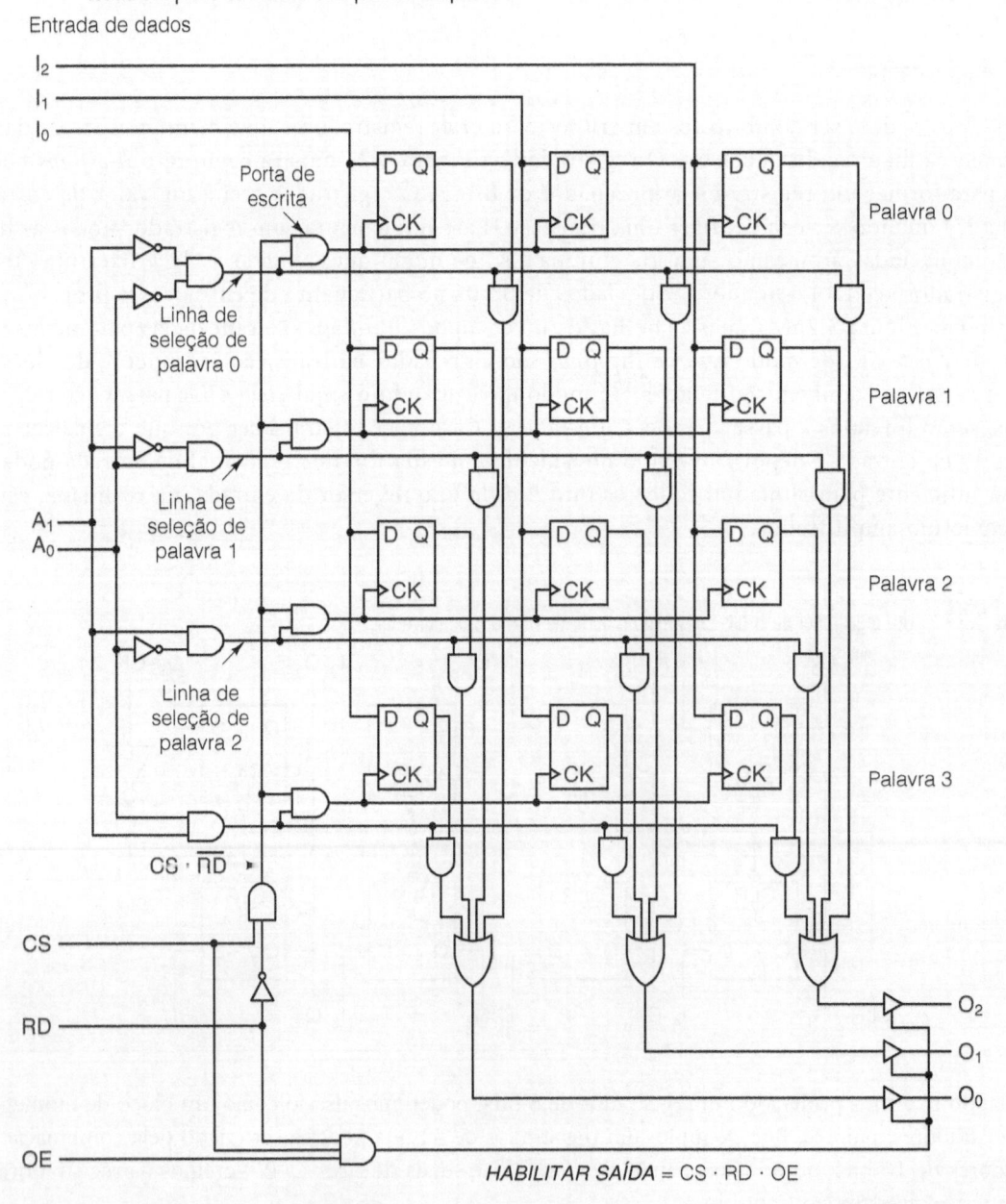

HABILITAR SAÍDA = CS · RD · OE

Embora à primeira vista talvez pareça complicada, a memória da Figura 3.28 na verdade é bastante simples devido à sua estrutura regular. Ela tem oito linhas de entrada e três de saída. Três entradas são de dados: I_0, I_1 e I_2; duas são para o endereço: A_0 e A_1; e três são para controle: CS para *chip select* (selecionar chip), RD para distinguir entre ler e escrever e OE para *output enable* (habilitar saída). As três saídas são para dados: O_0, O_1 e O_2. É interessante notar que essa memória de 12 bits requer menos sinais que o registrador de 8 bits anterior. Este requer 20 sinais, incluindo alimentação e terra, enquanto a memória de 12 bits requer apenas 13 sinais. O bloco de memória requer menos sinais porque, diferente do registrador, os bits de memória compartilham um sinal de saída. Nessa memória, cada um dos 4 bits de memória compartilha um sinal de saída. O valor das linhas de endereço determina quais dos 4 bits de memória pode receber ou enviar um valor.

Para selecionar esse bloco de memória, a lógica externa deve estabelecer CS alto e também RD alto (1 lógico) para leitura e baixo (0 lógico) para escrita. As duas linhas de endereço devem ser ajustadas para indicar qual das quatro palavras de 3 bits deve ser lida ou escrita. Para uma operação de leitura, as linhas de entrada de dados não são usadas, mas a palavra selecionada é colocada nas linhas de saída de dados. Para uma operação de escrita, os bits presentes nas linhas de entrada de dados são carregados na palavra de memória selecionada; as linhas de saída de dados não são usadas.

Agora, vamos examinar atentamente a Figura 3.28 para ver como isso funciona. As quatro portas AND de seleção de palavras à esquerda da memória formam um decodificador. Os inversores de entrada foram instalados de modo que cada porta é habilitada (saída é alta) por um endereço diferente. Cada porta comanda uma linha de seleção de palavra, de cima para baixo, para as palavras 0, 1, 2 e 3. Quando o chip é selecionado para uma escrita, a linha vertical rotulada CS · $\overline{RD}$ estará alta, habilitando uma das quatro portas de escrita, dependendo de qual linha de seleção de palavra esteja alta. A saída da porta de escrita comanda todos os sinais CK para a palavra selecionada, carregando os dados de entrada nos *flip-flops* para aquela palavra. Uma escrita é efetuada apenas se CS estiver alto e RD estiver baixo, e, ainda assim, somente a palavra selecionada por A_0 e A_1 é escrita; as outras palavras não são alteradas.

Ler é semelhante a escrever. A decodificação de endereço é idêntica à da escrita. Mas agora a linha CS · $\overline{RD}$ está baixa, portanto, todas as portas de escrita estão desabilitadas e nenhum dos *flip-flops* é modificado. Em vez disso, a linha de seleção de palavra que for escolhida habilita as portas AND vinculadas aos Q bits da palavra selecionada. Portanto, a palavra selecionada entrega seus dados às portas OR de quatro entradas na parte inferior da figura, enquanto as outras três palavras produzem 0s. Em consequência, a saída das portas OR é idêntica ao valor armazenado na palavra selecionada. As três palavras não selecionadas não dão nenhuma contribuição à saída.

Embora pudéssemos ter projetado um circuito no qual as três portas OR fossem diretamente ligadas às três linhas de saída de dados, essa operação às vezes causa problemas. Em particular, mostramos que as linhas de entrada de dados e as linhas de saída de dados são diferentes, porém, nas memórias em si, as mesmas linhas são usadas. Se tivéssemos vinculado as portas OR às linhas de saída de dados, o chip tentaria produzir dados, isto é, forçar cada linha a um valor específico, mesmo nas escritas, interferindo desse modo com os dados de entrada. Por essa razão, é desejável ter um meio de conectar as portas OR às linhas de saída de dados em leituras, mas desconectá-las completamente nas escritas. O que precisamos é de um comutador eletrônico que possa estabelecer ou interromper uma conexão em poucos nanossegundos.

Felizmente, esses comutadores existem. A Figura 3.29(a) mostra o símbolo para o que denominamos **buffer não inversor**, que tem uma entrada e uma saída de dados e uma entrada de controle. Quando a entrada de controle estiver alta, o *buffer* age como um fio, como mostra a Figura 3.29(b). Quando a entrada de controle estiver baixa, ele age como um circuito aberto, como mostra a Figura 3.29(c); é como se alguém desconectasse a saída de dados do resto do circuito com um alicate de corte. Contudo, ao contrário do que aconteceria no caso do alicate de corte, a conexão pode ser restaurada logo em seguida, dentro de alguns nanossegundos, apenas fazendo o sinal de controle ficar alto novamente.

A Figura 3.29(d) mostra um **buffer inversor**, que funciona como um inversor normal quando o controle estiver alto, e desconecta a saída do circuito quando o controle estiver baixo. Ambos os tipos de *buffers* são

Figura 3.29 (a) *Buffer* não inversor. (b) Efeito de (a) quando o controle está alto. (c) Efeito de (a) quando o controle está baixo. (d) *Buffer* inversor.

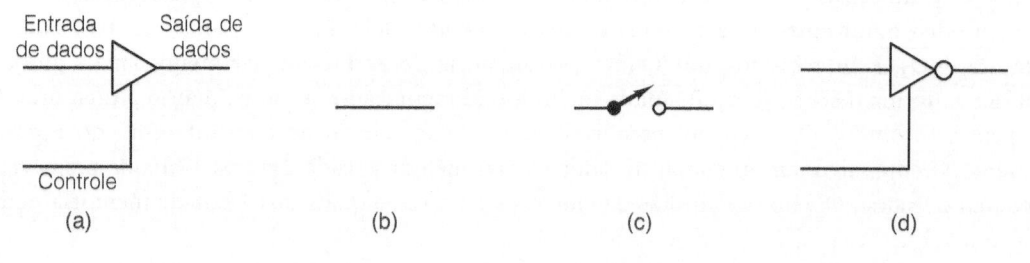

dispositivos de três estados, porque podem produzir 0, 1, ou nenhum dos dois (circuito aberto). *Buffers* também amplificam sinais, portanto, podem comandar muitas entradas simultaneamente. Às vezes, eles são usados em circuitos por essa razão, mesmo quando suas propriedades de comutação não são necessárias.

Voltando ao circuito de memória, agora já deve estar claro para que servem os três *buffers* não inversores nas linhas de saída de dados. Quando CS, RD e OE estiverem todos altos, o sinal *output enable* também está alto, habilitando os *buffers* e colocando uma palavra nas linhas de saída. Quando qualquer um dos CS, RD ou OE estiver baixo, as saídas de dados são desconectadas do resto do circuito.

3.3.5 Chips de memória

O bom da memória da Figura 3.28 é que ela pode ser ampliada com facilidade para tamanhos maiores. Em nosso desenho, a memória é 4 × 3, isto é, quatro palavras de 3 bits cada. Para ampliá-la para 4 × 8, basta adicionar cinco colunas de quatro *flip-flops* cada, bem como cinco linhas de entrada e cinco linhas de saída. Para passar de 4 × 3 para 8 × 3, devemos acrescentar quatro linhas de três *flip-flops* cada, bem como uma linha de endereço A_2. Com esse tipo de estrutura, o número de palavras na memória deve ser uma potência de 2 para que haja o máximo de eficiência, mas o número de bits em uma palavra pode ser qualquer um.

Como a tecnologia de circuitos integrados se ajusta bem à fabricação de chips cuja estrutura interna é um padrão bidimensional repetitivo, chips de memória são uma aplicação ideal para ela. À medida que a tecnologia melhora, o número de bits que podem ser colocados em um chip continua crescendo, normalmente por um fator de dois a cada 18 meses (lei de Moore). Os chips maiores nem sempre tornam os menores obsoletos devido aos diferentes compromissos entre capacidade, velocidade, energia, preço e conveniência da interface. Em geral, os chips maiores disponíveis no momento são vendidos por preços mais elevados, portanto, são mais caros por bit do que os antigos, menores.

Há vários modos de organizar o chip para qualquer tamanho de memória dado. A Figura 3.30 mostra duas organizações possíveis para um chip de memória mais antigo de 4 Mbits de tamanho: 512 K × 8 e 4.096 K × 1. (A propósito, os tamanhos de chips de memória costumam ser citados em bits em vez de bytes, e por isso adotaremos essa convenção.) Na Figura 3.30(a), são necessárias 19 linhas de endereço para endereçar um dos 2^{19} bytes e oito linhas de dados para carregar e armazenar o byte selecionado.

Cabe aqui uma observação sobre tecnologia. Em alguns pinos, a alta tensão provoca uma ação. Em outros, é a baixa tensão que causa uma ação. Para evitar confusão, preferimos manter a coerência e dizer sempre que o sinal é **afirmado** (em vez de dizer que fica alto ou baixo), o que significa que foi disparado para provocar alguma ação. Assim, para alguns pinos, afirmá-lo significa estabelecê-lo alto. Para outros, significa estabelecer o pino baixo. Os nomes de sinais de pinos afirmados baixos são distinguidos por uma barra superior. Assim, um sinal com rótulo CS é ativado alto, mas um sinal com rótulo $\overline{\text{CS}}$ é ativado baixo. O oposto de afirmado é **negado**. Quando nada de especial estiver acontecendo, os pinos são negados.

Agora, vamos voltar ao nosso chip de memória. Uma vez que um computador costuma ter muitos chips de memória, é preciso um sinal para selecionar o chip necessário no momento em questão, de modo que ele responda e todos os outros não. O sinal $\overline{CS}$ (*chip select* – seleção de chip) existe para essa finalidade e é ativado para habilitar o chip. Além disso, é preciso uma maneira de distinguir entre leituras e escritas. O sinal $\overline{WE}$ (*write enable* – habilitar escrita) é usado para indicar que os dados estão sendo escritos, e não lidos. Por fim, o sinal $\overline{OE}$ (*output enable* – habilitar saída) é afirmado para comandar os sinais de saída. Quando ele não é afirmado, a saída do chip é desconectada do circuito.

Na Figura 3.30(b), é usado um esquema de endereçamento diferente. Esse chip é organizado internamente como uma matriz 2.048 × 2.048 de células de 1 bit, o que dá 4 Mbits. Para endereçar o chip, em primeiro lugar uma linha é selecionada ao se colocar seu número de 11 bits nos pinos de endereço. Então o $\overline{RAS}$ (*row address strobe* – strobe de endereço de linha) é afirmado. Em seguida, um número de coluna é colocado nos pinos de endereço e o $\overline{CAS}$ (*column address strobe* – strobe de endereço de coluna) é afirmado. O chip responde aceitando ou entregando um bit de dados.

Chips de memória de grande porte costumam ser construídos como matrizes *n* × *n* endereçadas por linha e coluna. Essa organização reduz o número de pinos requerido, mas também torna mais lento o endereçamento do chip, já que são necessários dois ciclos, um para a linha e outro para a coluna. Para recuperar um pouco da velocidade perdida por esse projeto, alguns chips de memória podem receber um endereço de linha acompanhado por uma sequência de endereços de coluna para acessar bits consecutivos em uma linha.

Anos atrás, os maiores chips de memória costumavam ser organizados como os da Figura 3.30(b). À medida que as palavras de memória cresciam de 8 bits até 32 bits e mais, os chips de 1 bit começaram a ser inconvenientes. Construir uma memória com uma palavra de 32 bits usando chips de 4.096 K × 1 requer 32 chips em paralelo. Esses 32 chips têm capacidade total de no mínimo 16 MB, ao passo que usar chips de 512 K × 8 requer somente quatro chips em paralelo e permite memórias pequenas, de até 2 MB. Para evitar ter 32 chips para memória, grande parte dos fabricantes lançou famílias com 4, 8 e 16 bits de largura. A situação com as palavras de 64 bits é pior ainda, é claro.

Dois exemplos de chips modernos de 512 Mbits são dados na Figura 3.31. Esses chips têm quatro bancos de memória internos de 128 Mbits cada, o que requer duas linhas de seleção de banco para escolher um banco. O projeto da Figura 3.31(a) é de um chip de 32 M × 16 com 13 linhas para o sinal $\overline{RAS}$, 10 linhas para o sinal $\overline{CAS}$ e 2 linhas para a seleção de banco. Juntos, esses 25 sinais permitem o endereçamento de cada uma das 2^{25} células

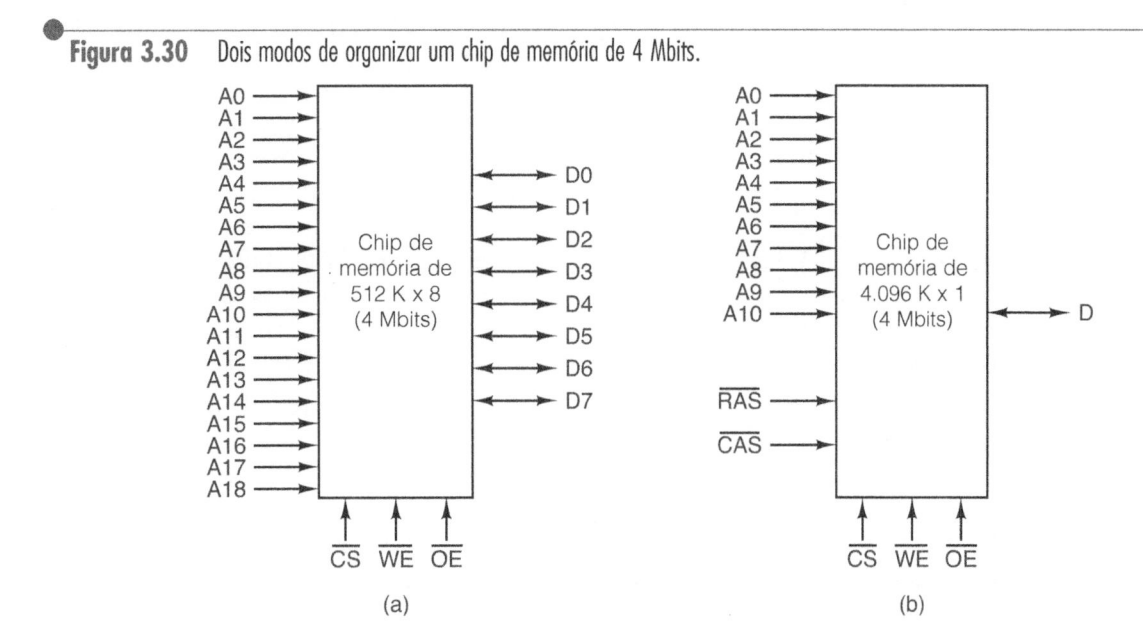

Figura 3.30 Dois modos de organizar um chip de memória de 4 Mbits.

internas de 16 bits. Em comparação, a Figura 3.31(b) apresenta um projeto de 128 M × 4 com 13 linhas para o sinal $\overline{RAS}$, 12 linhas para o sinal $\overline{CAS}$ e 2 linhas para a seleção de banco. Nesse caso, 27 sinais podem selecionar quaisquer das 2^{27} células internas de 4 bits a serem endereçadas. A decisão sobre o número de linhas e de colunas que um chip tem é tomada por razões de engenharia. A matriz não precisa ser quadrada.

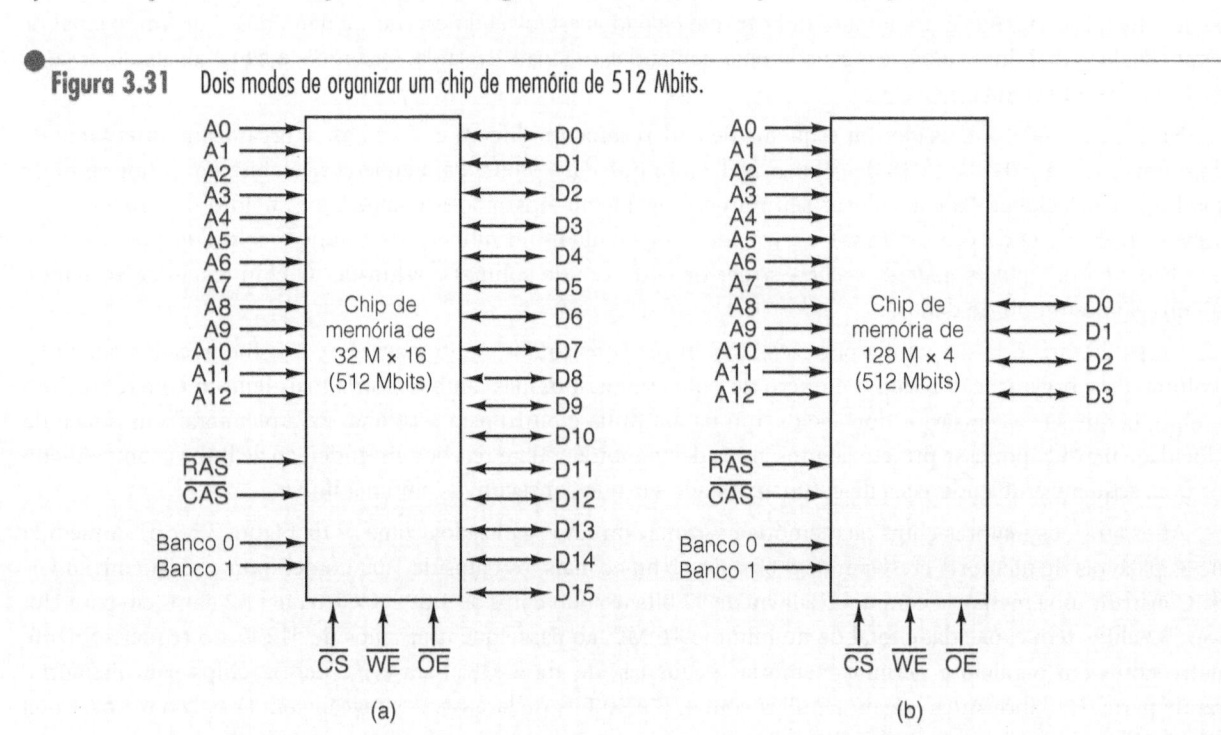

Figura 3.31 Dois modos de organizar um chip de memória de 512 Mbits.

Esses exemplos demonstram duas questões separadas e independentes para o projeto do chip de memória. A primeira é a largura da saída (em bits): o chip entrega 1, 4, 8, 16 ou algum outro número de bits de uma vez só? A segunda é se todos os bits de endereço são apresentados em pinos separados de uma vez só ou se as linhas e colunas são apresentadas em sequência, como nos exemplos da Figura 3.31. Um projetista de chips de memória tem de responder a ambas as perguntas antes de iniciar o projeto do chip.

3.3.6 RAMs e ROMs

Todas as memórias que estudamos até aqui podem ser escritas e lidas. Elas são denominadas memórias **RAM** (Random Access Memory – memória de acesso aleatório), um nome suspeito porque todos os chips de memória têm acesso aleatório. No entanto, o termo já é muito utilizado para que o mudemos agora. RAMs podem ser de duas variedades, estáticas e dinâmicas. Nas estáticas (**Static RAMs – SRAMs**), a construção interna usa circuitos similares ao nosso *flip-flop* D básico. Uma das propriedades dessas memórias é que seus conteúdos são conservados enquanto houver fornecimento de energia: segundos, minutos, horas e até mesmo dias. As RAMs estáticas são muito rápidas. Um tempo de acesso típico é da ordem de um nanossegundo ou menos. Por essa razão, elas são muito usadas como memória *cache*.

RAMS dinâmicas (Dynamic RAMs – DRAMs), ao contrário, não usam *flip-flops*. Em vez disso, uma RAM dinâmica é um arranjo de células, cada uma contendo um transistor e um pequenino capacitor. Os capacitores podem ser carregados ou descarregados, permitindo que 0s e 1s sejam armazenados. Como a carga elétrica tende a vazar, cada bit em uma RAM dinâmica deve ser **renovado** (recarregado) com alguns milissegundos de intervalo para evitar que os dados desapareçam. Como a lógica externa é que tem de cuidar da renovação, as RAMs dinâmicas precisam de uma interface mais complexa do que as estáticas, embora em muitas aplicações essa desvantagem seja compensada por suas maiores capacidades.

Visto que as RAMs dinâmicas precisam de apenas um transistor e um capacitor por bit, em comparação com os seis transistores por bit para a melhor RAM estática, elas têm densidade muito alta (muitos bits por chip). Por essa razão, as memórias principais quase sempre são construídas com RAMs dinâmicas. Contudo, essa grande capacidade tem um preço: são lentas (dezenas de nanossegundos). Dessa maneira, a combinação de uma *cache* de RAM estática e uma memória principal de RAM dinâmica tenta combinar as boas propriedades de cada uma.

Existem diversos tipos de RAMs dinâmicas. A mais antiga ainda existente (em computadores antigos) é a DRAM **FPM** (**Fast Page Mode – modo de página rápida**). Ela é organizada internamente como uma matriz de bits e funciona da seguinte maneira: o hardware escolhe um endereço de linha e então seleciona endereços de coluna um a um, como descrevemos para o $\overline{RAS}$ e o $\overline{CAS}$ no contexto da Figura 3.30. Sinais explícitos informam à memória quando é hora de responder, de modo que ela funciona de forma assíncrona com o *clock* do sistema principal.

A DRAM FPM foi substituída pela **EDO** (**Extended Data Output – saída de dados ampliada**), que permite iniciar uma segunda referência à memória antes de ser concluída a referência à memória precedente. Esse paralelismo simples não acelerava uma referência individual à memória, mas melhorava a largura de banda da memória, resultando em mais palavras por segundo.

FPM e EDO funcionavam bastante bem quando os tempos de ciclo de chips de memória eram de 12 nanossegundos ou mais lentos. Quando os processadores ficaram tão rápidos que era mesmo preciso ter memórias mais rápidas, a FPM e a EDO foram substituídas pela **SDRAM** (**Synchronous DRAM – DRAM síncrona**), que é uma híbrida de RAM estática e dinâmica, comandada pelo *clock* do sistema principal. A grande vantagem da SDRAM é que o *clock* elimina a necessidade de sinais de controle para informar ao chip de memória quando responder. Em vez disso, a CPU informa à memória por quantos ciclos ela deve funcionar e então a inicia. Em cada ciclo subsequente, a memória entrega 4, 8 ou 16 bits, dependendo de quantas linhas de saída ela tem. Eliminar a necessidade de sinais de controle aumenta a taxa de dados entre CPU e memória.

A melhoria seguinte em relação à SDRAM foi a SDRAM **DDR** (**Double Data Rate – dupla taxa de dados**). Com esse tipo de memória, o chip de memória produz saída na borda ascendente do *clock* e também na borda descendente, dobrando a taxa de dados. Portanto, um chip DDR de 8 bits de largura funcionando a 200 MHz entrega dois valores de 8 bits 200 milhões de vezes por segundo (por um curto intervalo, é claro), o que dá uma taxa de saída (*burst*) teórica de 3,2 Gbps. As interfaces de memória DDR2 e DDR3 oferecem desempenho adicional em relação à DDR, aumentando as velocidades do barramento de memória para 533 MHz e 1.067 MHz, respectivamente. No momento em que este livro era impresso, os chips DDR3 mais velozes poderiam enviar dados a 17,067 GB/s.

● **Chips de memória não volátil**

RAMs não são o único tipo de chip de memória. Em muitas aplicações, como brinquedos, eletrodomésticos e carros, o programa e alguns dos dados devem permanecer armazenados mesmo quando o fornecimento de energia for interrompido. Além do mais, uma vez instalados, nem o programa nem os dados são alterados. Esses requisitos levaram ao desenvolvimento de **ROMs** (**Read-Only Memories – memórias somente de leitura**), que não podem ser alteradas nem apagadas, seja intencionalmente ou não. Os dados de uma ROM são inseridos durante sua fabricação por um processo que expõe um material fotossensível por meio de uma máscara que contém o padrão de bits desejado e então grava o padrão sobre a superfície exposta (ou não exposta). A única maneira de mudar o programa em uma ROM é substituir o chip inteiro.

ROMs são muito mais baratas que RAMs quando fabricadas em volumes grandes o bastante para cobrir o custo da fabricação da máscara. Todavia, são inflexíveis porque não podem ser alteradas após a manufatura, e o tempo decorrido entre fazer o pedido e receber as ROMs pode chegar a semanas. Para facilitar o desenvolvimento pelas empresas de novos produtos com ROM, foi inventada a **PROM** (**Programmable ROM – ROM programável**). Uma PROM é como uma ROM, exceto que ela pode ser programada (uma vez) em campo, eliminando o tempo de espera entre produção e entrega. Muitas PROMs contêm um arranjo de minúsculos fusíveis em seu interior. Um fusível específico pode ser queimado selecionando sua linha e coluna e então aplicando alta tensão a um pino especial no chip.

O desenvolvimento seguinte nessa linha foi a **EPROM** (**Erasable PROM – PROM apagável**), que não só pode ser programada, mas também apagada em campo. Quando a janela de quartzo de uma EPROM é exposta a uma forte luz ultravioleta durante 15 minutos, todos os bits são definidos em 1. Se a expectativa é ter muitas alterações durante o ciclo de projeto, as EPROMs são muito mais econômicas do que as PROMs, porque podem ser reutilizadas. As EPROMS costumam ter a mesma organização que as RAMs estáticas. A EPROM 27C040 de 4 Mbits, por exemplo, usa a organização da Figura 3.31(a), que é típica de uma RAM estática. O interessante é que chips antigos como este não desaparecem. Eles apenas se tornam mais baratos e são usados em produtos inferiores, que são altamente sensíveis ao custo. Um 27C040 agora pode ser comprado no varejo por menos de US$ 3, e por muito menos em grandes volumes.

Ainda melhor do que a EPROM é a **EEPROM**, que pode ser apagada aplicando-se pulsos em vez de ser exposta à luz ultravioleta dentro de uma câmara especial. Além disso, uma EEPROM pode ser reprogramada no local, enquanto uma EPROM tem de ser inserida em um dispositivo especial de programação de EPROM para ser programada. Uma desvantagem é que a capacidade das maiores EEPROMs é em geral somente 1/64 da capacidade das EPROMs comuns, e sua velocidade é a metade. EEPROMs não podem competir com DRAMs ou SRAMs porque são 10 vezes mais lentas, sua capacidade é 100 vezes menor e são muito mais caras. Elas são usadas somente em situações em que sua não volatilidade for crucial.

Um tipo mais recente de **EEPROM** é a **memória *flash***. Diferente da EPROM, que é apagada pela exposição à luz ultravioleta, e da EEPROM, cujos bytes podem ser apagados, os blocos da memória *flash* podem ser apagados e reescritos. Como a EEPROM, a memória *flash* pode ser apagada sem ser removida do circuito. Vários fabricantes produzem pequenas placas de circuito impresso com até 64 GB de memória *flash* que são utilizadas como um "filme" para armazenar fotos em câmeras digitais e muitas outras finalidades. Como já vimos no Capítulo 2, a memória *flash* agora está começando a substituir os discos mecânicos. Assim como um disco, a memória *flash* oferece tempos de acesso menores com menor consumo de energia, mas com um custo por bit muito mais alto. Um resumo dos diversos tipos de memória pode ser visto na Figura 3.32.

Figura 3.32 Comparação entre vários tipos de memórias (Arranjo de portas programável em campo).

Tipo	Categoria	Modo de apagar	Byte alterável	Volátil	Utilização típica
SRAM	Leitura/escrita	Elétrico	Sim	Sim	*Cache* de nível 2
DRAM	Leitura/escrita	Elétrico	Sim	Sim	Memória principal (antiga)
SDRAM	Leitura/escrita	Elétrico	Sim	Sim	Memória principal (nova)
ROM	Somente de leitura	Não é possível	Não	Não	Equipamentos de grande volume
PROM	Somente de leitura	Não é possível	Não	Não	Equipamentos de pequeno volume
EPROM	Principalmente leitura	Luz UV	Não	Não	Prototipagem de dispositivos
EEPROM	Principalmente leitura	Elétrico	Sim	Não	Prototipagem de dispositivos
Flash	Leitura/escrita	Elétrico	Não	Não	Filme para câmera digital

Field-programmable gate arrays

Como vimos no Capítulo 1, **Field-Programmable Gate Arrays (FPGAs)** são chips que contêm lógica programável, de modo que podem formar um circuito lógico qualquer simplesmente carregando o FPGA com dados de configuração apropriados. A principal vantagem dos FPGAs é que novos circuitos de hardware podem ser construídos em horas, em vez dos meses necessários para fabricar ICs. Porém, os circuitos integrados não serão extintos, pois ainda possuem uma vantagem de custo significativa em relação aos FPGAs para aplicações de alto volume, e também são mais rápidos e usam muito menos energia. Contudo, com suas vantagens de tempo de projeto, os FPGAs são usados constantemente para protótipo de projeto e aplicações com baixo volume.

Agora, vejamos o interior de um FPGA para entender como ele pode ser usado para executar uma grande gama de circuitos lógicos. O chip FPGA contém dois componentes principais que são replicados muitas vezes: **LUTs** (LookUp Tables – tabelas de pesquisa) e **interconexões programáveis**. Vejamos agora como estes são utilizados.

Uma LUT, mostrada na Figura 3.33(a), é uma pequena memória programável que produz um sinal de saída opcionalmente para um registrador, que é então enviada para a interconexão programável. A memória programável é usada para criar uma função lógica qualquer. A LUT na figura tem uma memória de 16 × 4, que pode simular qualquer circuito lógico com 4 bits de entrada e 4 bits de saída. A programação da LUT requer a carga da memória com as respostas apropriadas da lógica combinatória sendo simulada. Em outras palavras, se a lógica combinatória produz o valor Y quando recebe a entrada X, o valor Y é escrito na LUT no índice X.

O projeto de exemplo na Figura 3.33(b) mostra como uma única LUT de 4 entradas poderia executar um contador de 3 bits com *reset*. O exemplo de contador conta de modo contínuo somando um (módulo 4) ao valor atual, a menos que um sinal de *reset* CLR seja afirmado, que nesse caso retorna o valor do contador a zero.

Para pôr em prática o contador do exemplo, as quatro entradas superiores da LUT são todas zero. Essas entradas enviam o valor zero quando o contador é reiniciado. Assim, o bit mais significativo da entrada da LUT (I_3) representa a entrada de *reset* (*CLR*) que é ativada com uma lógica 1. Para as entradas restantes da LUT, o valor no índice $I_{0..3}$ da LUT contém o valor $(I + 1)$ módulo 4. Para concluir o projeto, o sinal de saída $O_{0..3}$ deve ser conectado, usando a interconexão programável para o sinal de entrada interno $I_{0..3}$.

Para entender melhor o contador baseado em FPGA com *reset*, vamos considerar sua operação. Se, por exemplo, o estado atual do contador for 2 e o sinal de *reset* (*CLR*) não for afirmado, o endereço de entrada da LUT será 2, que produzirá uma saída de 3 nos *flip-flops*. Se o sinal de *reset* (*CLR*) fosse afirmado para o mesmo estado, a entrada na LUT seria 6, que produziria o próximo estado de 0.

Apesar de tudo, esse pode parecer um modo arcaico de se construir um contador com *reset* e, de fato, um projeto totalmente personalizado, com um circuito incrementador e sinais de *reset* para os *flip-flops*, seria menor, mais rápido e usaria menos energia. A principal vantagem do projeto baseado em FPGA é que você pode ajustá-lo em uma hora em casa, enquanto o projeto totalmente personalizado, mais eficiente, deve ser fabricado com base no silício, o que poderia levar pelo menos um mês.

Figura 3.33 (a) Uma tabela de pesquisa (LUT) de um FPGA. (b) A configuração da LUT para criar um contador de apagamento de 3 bits.

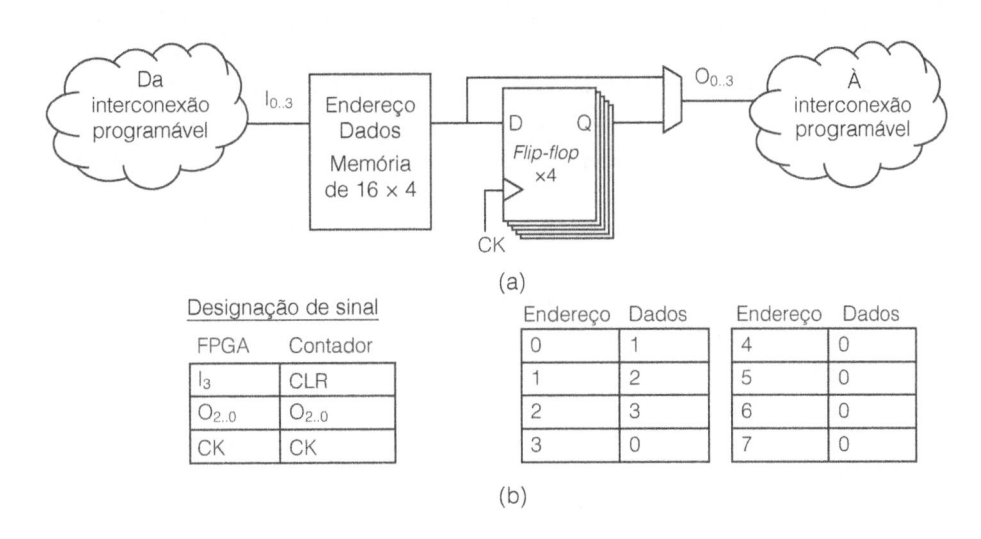

Designação de sinal

FPGA	Contador
I_3	CLR
$O_{2..0}$	$O_{2..0}$
CK	CK

Endereço	Dados
0	1
1	2
2	3
3	0

Endereço	Dados
4	0
5	0
6	0
7	0

Para usar um FPGA, o projeto precisa ser descrito usando uma descrição de circuito ou uma linguagem de descrição de hardware (ou seja, uma linguagem de programação usada para descrever estruturas de hardware). O projeto é então processado por um sintetizador, que mapeia o circuito para uma arquitetura FPGA específica.

Um desafio do uso de FPGAs é que o projeto que você quer mapear nunca parece ser o suficiente. Os FPGAs são fabricados com uma quantidade variável de LUTs, com quantidades maiores custando mais. Em geral, se o seu projeto não for suficiente, você terá que simplificar ou abrir mão de alguma funcionalidade, ou então comprar um FPGA maior (e mais caro). Projetos muito grandes podem não caber nos maiores FPGAs, exigindo que o projetista mapeie o projeto em vários FPGAs; essa tarefa é definitivamente mais difícil, porém, ainda muito mais fácil do que projetar um circuito integrado personalizado completo.

3.4 Chips de CPU e barramentos

Agora que já temos todas essas informações sobre circuitos integrados, *clocks* e chips de memória, podemos começar a juntar todas as peças, examinando sistemas completos. Nesta seção, estudaremos primeiro alguns aspectos gerais das CPUs do ponto de vista do nível lógico digital, incluindo a **pinagem** (*pinout*) (isto é, o que significam os sinais dos vários pinos). Como as CPUs estão tão entrelaçadas com o projeto dos barramentos que utilizam, também faremos uma introdução ao projeto de barramentos nesta seção. Nas seções seguintes, daremos exemplos detalhados de CPUs e seus barramentos e de como é a interface entre eles.

3.4.1 Chips de CPU

Todas as CPUs modernas são contidas em um único chip, o que faz sua interação com o resto do sistema ser bem definida. Cada chip de CPU tem um conjunto de pinos por meio dos quais deve ocorrer toda sua comunicação com o mundo exterior. Alguns pinos produzem sinais da CPU para o mundo exterior; outros aceitam sinais do mundo exterior; alguns podem fazer as duas coisas. Entendendo a função de todos esses pinos, podemos aprender como a CPU interage com a memória e os dispositivos de E/S no nível lógico digital.

Os pinos de um chip de CPU podem ser divididos em três tipos: de endereço, de dados e de controle. Eles são conectados a pinos similares na memória e a chips de E/S por meio de um conjunto de fios paralelos, denominado barramento. Para buscar uma instrução, primeiro a CPU coloca o endereço de memória daquela instrução em seus pinos de endereço. Então, ela ativa uma ou mais linhas de controle para informar à memória que ela quer ler uma palavra, por exemplo. A memória responde colocando a palavra requisitada nos pinos de dados da CPU e ativando um sinal que informa o que acabou de fazer. Quando percebe esse sinal, a CPU aceita a palavra e executa a instrução.

A instrução pode requisitar leitura ou escrita de palavras de dados, caso em que todo o processo é repetido para cada palavra adicional. Mais adiante, vamos entrar nos detalhes do modo de funcionamento da leitura e da escrita. Por enquanto, o importante é entender que a CPU se comunica com a memória e com dispositivos de E/S apresentando sinais em seus pinos e aceitando sinais em seus pinos. Nenhuma outra comunicação é possível.

Dois dos parâmetros fundamentais que determinam o desempenho de uma CPU são o número de pinos de endereço e o número de pinos de dados. Um chip com m pinos de endereço pode endereçar até 2^m localizações de memória. Valores comuns de m são 16, 32 e 64. De modo semelhante, um chip com n pinos de dados pode ler ou escrever uma palavra de n bits em uma única operação. Valores comuns de n são 8, 32 e 64. Uma CPU com 8 pinos de dados efetuará quatro operações para ler uma palavra de 32 bits, enquanto uma CPU com 32 pinos de dados pode executar a mesma tarefa em uma única operação. Assim, o chip com 32 pinos de dados é muito mais rápido; porém, invariavelmente, também é mais caro.

Além dos pinos de endereço e de dados, cada CPU tem alguns pinos de controle. Os pinos de controle regulam o fluxo e a temporização de dados que vêm da CPU e vão para ela, além de ter outras utilizações diversas. Todas as CPUs têm pinos para energia elétrica (geralmente +1,2 volt a +1,5 volt), para terra e para um sinal de *clock* (uma onda quadrada com uma frequência bem definida), mas os outros pinos variam muito de um chip para outro. Não obstante, os pinos de controle podem ser agrupados aproximadamente nas seguintes categorias principais:

1. Controle de barramento.
2. Interrupções.

3. Arbitragem de barramento.
4. Sinalização de coprocessador.
5. Estado.
6. Diversos.

Logo faremos uma breve descrição de cada uma dessas categorias. Quando examinarmos os chips Intel Core i7, TI OMAP4430 e Atmel ATmega168, mais adiante, daremos mais detalhes. Um chip de CPU genérico que usa esses grupos de sinais pode ser visto na Figura 3.34.

Figura 3.34 Pinagem lógica de uma CPU genérica. As setas indicam sinais de entrada e sinais de saída. Os segmentos de reta diagonais indicam que são utilizados vários pinos. Há um número que indica quantos são os pinos para uma CPU específica.

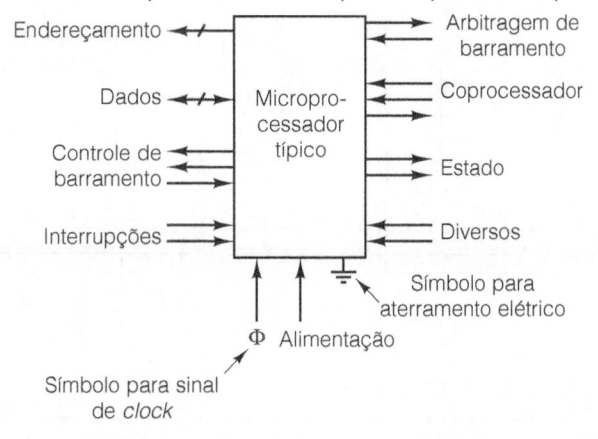

A maioria dos pinos de controle do barramento são saídas da CPU para o barramento (e, portanto, entradas para a memória e chips de E/S) que informam se a CPU quer ler ou escrever na memória ou fazer outra coisa qualquer. A CPU usa esses pinos para controlar o resto do sistema e informar o que ela quer fazer.

Os pinos de interrupção são entradas que vêm de dispositivos de E/S para a CPU. Em grande parte dos sistemas, a CPU pode dizer a um dispositivo de E/S que inicie uma operação e então continuar e fazer outra coisa qualquer enquanto o dispositivo de E/S está realizando seu trabalho. Quando a E/S estiver concluída, o chip controlador de E/S ativa um sinal em um desses pinos para interromper a CPU e fazê-la prestar algum serviço ao dispositivo de E/S, por exemplo, verificar se ocorreram erros de E/S. Algumas CPUs têm um pino de saída para confirmar o sinal de interrupção.

Os pinos de arbitragem de barramento são necessários para disciplinar o tráfego no barramento de modo a impedir que dois dispositivos tentem usá-lo ao mesmo tempo. Do ponto de vista da arbitragem, a CPU é um dispositivo e tem de requisitar o barramento como qualquer outro.

Alguns chips de CPUs são projetados para funcionar com coprocessadores, como chips de ponto flutuante, mas às vezes também com chips gráficos ou outros chips. Para facilitar a comunicação entre CPU e coprocessador, há pinos especiais dedicados a fazer e aceitar requisições.

Além desses sinais, há outros pinos diversos presentes em algumas CPUs. Alguns deles fornecem ou aceitam informações de estado, outros são úteis para depuração ou para reiniciar o computador, e outros mais estão presentes para garantir a compatibilidade com chips de E/S mais antigos.

3.4.2 Barramentos de computador

Um **barramento** é um caminho elétrico comum entre vários dispositivos. Os barramentos podem ser categorizados por sua função. Podem ser usados no interior da CPU para transportar dados de e para a ULA ou ser externos à CPU, para conectá-la à memória ou a dispositivos de E/S. Cada tipo tem seus próprios requisitos e propriedades. Nesta seção e nas seguintes, focalizaremos barramentos que conectam a CPU à memória e a dispositivos de E/S. No capítulo seguinte, examinaremos mais de perto os barramentos internos à CPU.

Os primeiros computadores pessoais tinham somente um barramento externo, ou **barramento do sistema**, que consistia em 50 a 100 fios de cobre paralelos gravados na placa-mãe, com conectores a intervalos regulares para ligação com a memória e placas de E/S. Os computadores pessoais modernos em geral têm um barramento de uso especial entre a CPU e a memória e (pelo menos) outro barramento para os dispositivos de E/S. Um sistema mínimo, com um barramento de memória e um barramento de E/S, é ilustrado na Figura 3.35.

Figura 3.35 Sistema de computador com vários barramentos.

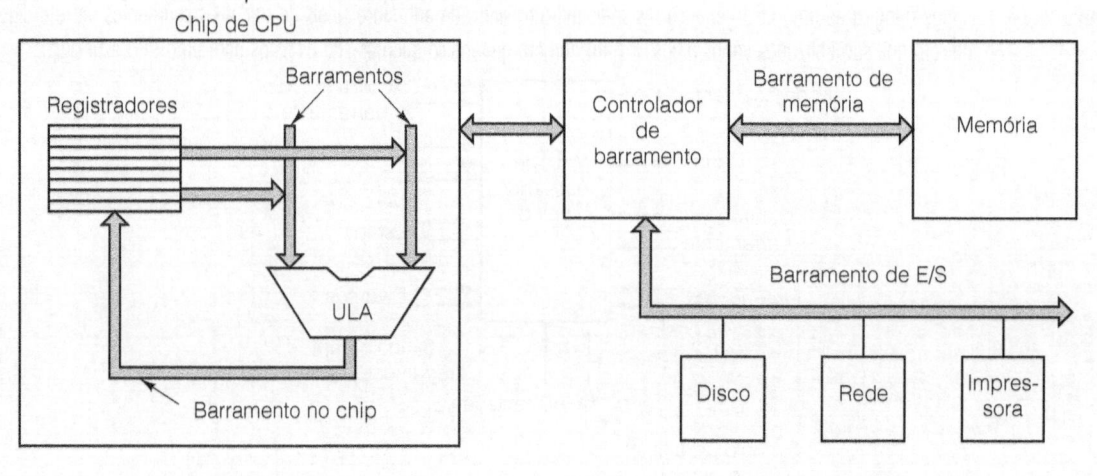

Na literatura, às vezes os barramentos são representados por setas largas e sombreadas, como nesta figura. A distinção entre essas setas e uma linha reta cortada por um pequeno segmento de reta inclinado acompanhado de um número de bits é sutil. Quando todos os bits são do mesmo tipo, por exemplo, todos são bits de endereço ou todos são bits de dados, então costuma ser usada a representação pelo segmento de reta diagonal. Quando estão envolvidas linhas de endereço, de dados e de controle, a seta larga sombreada é a mais comum.

Embora os projetistas de CPUs tenham liberdade para usar qualquer tipo de barramento que quiserem dentro do chip, para possibilitar a ligação de placas projetadas por terceiros ao barramento de sistema é preciso haver regras bem definidas sobre o modo de funcionamento do barramento, às quais todos os dispositivos a ele ligados têm de obedecer. Essas regras são denominadas **protocolo de barramento**. Além disso, são necessárias especificações mecânicas e elétricas, de modo que placas de terceiros caibam no suporte da placa e tenham conectores compatíveis com os da placa-mãe, tanto em termos mecânicos quanto em termos de tensões, temporizações etc. Ainda assim, outros barramentos não possuem especificações mecânicas, pois são projetados para serem usados dentro de um circuito integrado, por exemplo, para unir componentes dentro de um sistema-em-um-chip (SoC – System-on-a-Chip).

Há inúmeros barramentos em uso no mundo dos computadores. Alguns dos mais conhecidos, no passado e atualmente (com exemplos), são: Omnibus (PDP-8), Unibus (PDP-11), Multibus (8086), barramento VME (equipamento para laboratório de física), barramento do IBM PC (PC/XT), barramento ISA (PC/AT), barramento EISA (80386), Microchannel (PS/2), Nubus (Macintosh), barramento PCI (muitos PCs), barramento SCSI (muitos PCs e estações de trabalho), Universal Serial Bus (PCs modernos) e FireWire (equipamentos eletrônicos de consumo). O mundo provavelmente seria um lugar melhor se todos os barramentos, menos um, desaparecessem repentinamente da face da Terra (tudo bem, menos dois, então). Infelizmente, a padronização nessa área parece muito improvável porque muito dinheiro já foi investido em todos esses sistemas incompatíveis.

A propósito, existe outra interconexão, PCI Express, que geralmente é chamada de barramento, mas na verdade não é barramento algum. Vamos estudá-la mais adiante neste capítulo.

Agora, vamos iniciar nosso estudo do funcionamento dos barramentos. Alguns dispositivos ligados a um barramento são ativos e podem iniciar transferências no barramento, ao passo que outros são passivos e esperam requisições. Os ativos são denominados **mestres**; os passivos são denominados **escravos**. Quando a CPU ordena a um controlador que leia ou escreva um bloco, ela está agindo como mestre e o controlador de disco, como escravo. Todavia, mais tarde, o controlador de disco pode agir como um mestre quando manda a memória aceitar as palavras que são lidas do drive de disco. Várias combinações típicas mestre e escravo estão relacionadas na Figura 3.36. Em nenhuma circunstância a memória pode ser mestre.

Figura 3.36 Exemplos de mestres e escravos de barramentos.

Mestre	Escravo	Exemplo
CPU	Memória	Buscar instruções e dados
CPU	Dispositivo de E/S	Iniciar transferência de dados
CPU	Coprocessador	CPU que passa instruções para o coprocessador
Dispositivo de E/S	Memória	DMA (acesso direto à memória)
Coprocessador	CPU	Coprocessador que busca operandos na CPU

Os sinais binários emitidos por dispositivos de computador muitas vezes são fracos demais para energizar um barramento, em especial se ele for relativamente longo ou tiver muitos dispositivos ligados a ele. Por esse motivo, a maioria dos mestres de barramento está conectada a ele por um chip denominado **controlador de barramento**, que é nada mais que um amplificador digital. De modo semelhante, grande parte dos escravos está conectada ao barramento por um **receptor de barramento**. Quando dispositivos podem agir como mestres e também como escravos, é usado um chip combinado denominado **transceptor de barramento**. Essas interfaces de barramento são com frequência dispositivos de três estados, o que permite que flutuem (se desconectem) quando não são necessários ou então se conectem de modo um tanto diferente, denominado **coletor aberto**, que consegue um efeito semelhante. Quando dois ou mais dispositivos em uma linha de coletor aberto ativam a linha ao mesmo tempo, o resultado é o OR booleano de todos os sinais. Esse arranjo costuma ser denominado **OR cabeado** (*wired-OR*). Na maioria dos barramentos, algumas das linhas são de três estados, e outras, que precisam da propriedade OR cabeado, são de coletor aberto.

Assim como uma CPU, um barramento também tem linhas de endereço, de dados e de controle. Contudo, nem sempre há um mapeamento um-para-um entre os pinos da CPU e os sinais do barramento. Por exemplo, algumas CPUs têm três pinos que codificam se ela está fazendo uma leitura de memória, uma escrita na memória, uma leitura de E/S, uma escrita de E/S ou alguma outra operação. Um barramento típico poderia ter uma linha para leitura de memória, uma segunda para escrita na memória, uma terceira para leitura de E/S, uma quarta para escrita de E/S e assim por diante. Nesse caso, seria necessário um chip decodificador entre a CPU e o barramento para compatibilizar os dois lados, isto é, converter o sinal de 3 bits codificado em sinais separados que podem comandar as linhas do barramento.

Projeto e operação de barramento são questões de tamanha complexidade que há inúmeros livros escritos apenas sobre isso (Anderson et al., 2004; Solari e Willse, 2004). Os principais tópicos do projeto de barramento são largura, *clock*, arbitragem e operações. Cada um desses tópicos tem impacto substancial sobre a velocidade e a largura de banda do barramento. Agora, examinaremos cada um nas quatro seções seguintes.

3.4.3 Largura do barramento

A largura do barramento é o parâmetro de projeto mais óbvio. Quanto mais linhas de endereço tiver um barramento, mais memória a CPU pode endereçar diretamente. Se um barramento tiver n linhas de endereço, então uma CPU pode usá-las para endereçar 2^n localizações de memória diferentes. Para memórias de grande porte, os barramentos precisam de muitas linhas de endereço, o que parece algo bem simples.

O problema é que barramentos largos precisam de mais fios do que os estreitos, e também ocupam mais espaço físico (por exemplo, na placa-mãe), além de precisar de conectores maiores. Todos esses fatores encarecem o barramento e, por isso, há um compromisso entre tamanho máximo de memória e custo do sistema. Um sistema com barramento de endereços de 64 linhas e 2^{32} bytes de memória custará mais que um com 32 linhas e os mesmos 2^{32} bytes de memória. A possibilidade de expansão posterior não é gratuita.

O resultado dessa observação é que muitos projetistas de sistemas tendem a ser imediatistas, o que provoca consequências desastrosas mais tarde. O IBM PC original continha uma CPU 8088 e um barramento de endereços de 20 bits, conforme mostra a Figura 3.37(a). Os 20 bits permitiam ao PC endereçar 1 MB de memória.

Figura 3.37 Crescimento de um barramento de endereços ao longo do tempo.

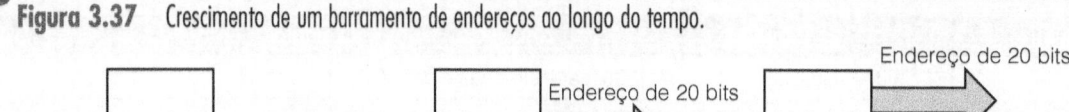

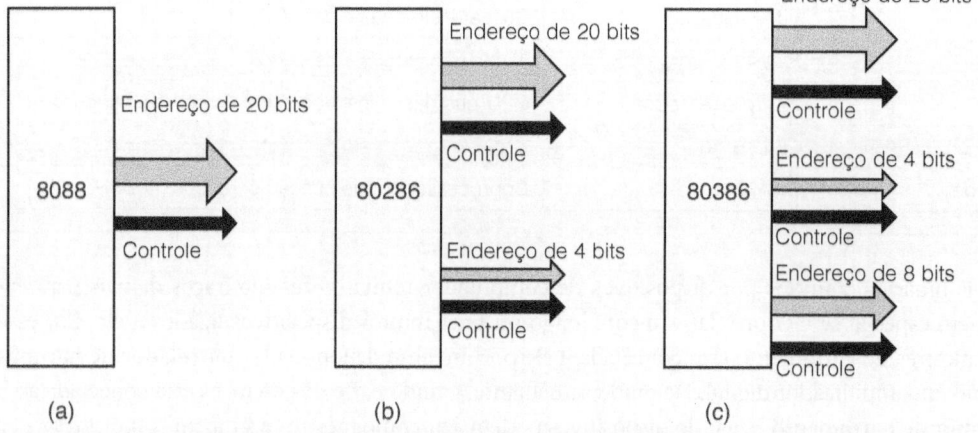

Quando lançou seu próximo chip de CPU (o 80286), a Intel decidiu aumentar o espaço de endereços para 16 MB, por isso precisou adicionar quatro linhas de barramento (sem mexer nas 20 originais, por razões de compatibilidade), como ilustrado na Figura 3.37(b). Infelizmente, mais linhas de controle tiveram de ser acrescentadas para lidar com as novas linhas de endereço. Quando o 80386 foi lançado, oito linhas de endereço foram adicionadas, junto com ainda mais linhas de controle, como mostra a Figura 3.37(c). O projeto resultante (o barramento EISA) é muito mais confuso do que seria se o barramento tivesse 32 linhas desde o início.

Não é apenas o número de linhas de endereço que tende a crescer com o tempo, mas também o número de linhas de dados, porém, por uma razão diferente. Há dois modos de aumentar a largura de banda de dados de um barramento: reduzir o tempo deste (mais transferências por segundo) ou aumentar sua largura de dados (mais bits por transferência). Acelerar o barramento é possível, mas difícil, porque os sinais trafegam em linhas diferentes com velocidades ligeiramente diferentes, um problema conhecido como **atraso diferencial do barramento**. Quanto mais rápido o barramento, mais sério se torna o atraso diferencial.

Outro problema com a aceleração é que isso não será compatível. Placas antigas, projetadas para os barramentos mais lentos, não funcionarão com o novo. Invalidar as placas antigas descontentará não somente seus proprietários, mas também os fabricantes. Por conseguinte, a técnica que costuma ser adotada para melhorar o desempenho é adicionar linhas de dados, de forma análoga à Figura 3.37. Todavia, como era de esperar, no fim das contas esse crescimento incremental não leva a um projeto limpo. O IBM PC e seus sucessores, por exemplo, passaram de oito linhas de dados para 16 e em seguida para 32, conservando praticamente o mesmo barramento.

Para contornar o problema de barramentos muito largos, às vezes os projetistas optam por um **barramento multiplexado**. Nesse projeto, em vez de as linhas de endereços e dados serem separadas, há, por exemplo, 32 linhas para endereços e dados juntos. No início de uma operação de barramento, as linhas são usadas para o endereço.

Mais tarde, são usadas para dados. Para uma escrita na memória, por exemplo, isso significa que as linhas de endereço devem ser estabelecidas e propagadas para a memória antes que os dados possam ser colocados no barramento. Com linhas separadas, endereços e dados podem ser colocados juntos. Multiplexar as linhas reduz a largura (e o custo) do barramento, mas resulta em um sistema mais lento. Quando tomam suas decisões, os projetistas de barramento têm de pesar cuidadosamente todas essas opções.

3.4.4 *Clock* do barramento

Barramentos podem ser divididos em duas categorias distintas, dependendo de seu *clock*. Um **barramento síncrono** tem uma linha comandada por um oscilador de cristal. O sinal nessa linha consiste em uma onda quadrada com uma frequência em geral entre 5 e 133 MHz. Todas as atividades do barramento tomam um número inteiro desses ciclos denominados **ciclos de barramento**. O outro tipo de barramento, o **barramento assíncrono**, não tem um *clock* mestre. Ciclos de barramento podem ter qualquer largura requerida e não são os mesmos entre todos os pares de dispositivos. A seguir, estudaremos cada tipo de barramento.

- **Barramentos síncronos**

Como exemplo do funcionamento de um barramento síncrono, considere o diagrama temporal da Figura 3.38(a). Nesse exemplo, usaremos um *clock* de 100 MHz, que dá um ciclo de barramento de 10 nanossegundos. Embora isso possa parecer um tanto lento em comparação a velocidades de CPU de 3 GHz ou mais, poucos barramentos de PCs são muito mais rápidos. Por exemplo, o popular barramento PCI normalmente funciona a 33 ou 66 MHz e o barramento PCI-X atualizado (porém agora extinto) funcionava a uma velocidade de até 133 MHz. As razões por que os barramentos atuais são lentos já foram dadas: problemas técnicos de projeto, como atraso diferencial de barramento e necessidade de compatibilidade.

Em nosso exemplo, admitiremos ainda que ler da memória leva 15 ns a partir do instante em que o endereço está estável. Como veremos em breve, com esses parâmetros, ler uma palavra levará três ciclos de barramento. O primeiro ciclo começa na borda ascendente de T_1 e o terceiro termina na borda ascendente de T_4, como mostra a figura. Observe que nenhuma das bordas ascendentes ou descendentes foi desenhada na linha vertical porque nenhum sinal elétrico pode trocar seu valor em tempo zero. Nesse exemplo, admitiremos que leva 1 ns para o sinal mudar. As linhas de *clock*, ADDRESS, DATA, $\overline{\text{MREQ}}$, $\overline{\text{RD}}$ e $\overline{\text{WAIT}}$, estão todas representadas na mesma escala de tempo.

O início de T_1 é definido pela borda ascendente do *clock*. A meio caminho de T_1 a CPU coloca o endereço da palavra que ela quer nas linhas de endereço. Como o endereço não é um valor único, como o *clock*, não podemos mostrá-lo como uma linha única na figura; em vez disso, ele é mostrado como duas linhas que se cruzam no instante em que o endereço muda. Além disso, a área sombreada antes do cruzamento indica que o valor nessa área não é importante. Usando essa mesma convenção, vemos que o conteúdo das linhas de dados não é significativo até uma boa porção de T_3.

Depois que as linhas de endereço tiverem uma chance de se acomodar a seus novos valores, MREQ e RD são ativados. O primeiro indica que é a memória (e não um dispositivo de E/S) que está sendo acessada e o segundo é ativado (valor 0) para leituras e negado (valor 1) para escritas. Uma vez que a memória leva 15 ns após o endereço estar estável (a meio caminho no primeiro ciclo de *clock*), ela não pode entregar os dados requisitados durante T_2. Para dizer à CPU que não os espere, a memória ativa a linha $\overline{\text{WAIT}}$ no início de T_2. Essa ação irá inserir **estados de espera** (ciclos extras de barramento) até que a memória conclua e desative $\overline{\text{WAIT}}$. Em nosso exemplo, foi inserido um estado de espera (T_2) porque a memória é muito lenta. No início de T_3, quando está certa de que terá os dados durante o ciclo corrente, a memória nega $\overline{\text{WAIT}}$.

Durante a primeira metade de T_3, a memória coloca os dados nas linhas de dados. Na borda descendente de T_3, a CPU mostra a linha de dados, isto é, lê a linha, armazenando (*latching*) o valor em um registrador interno. Após ter lido os dados, a CPU nega $\overline{\text{MREQ}}$ e $\overline{\text{RD}}$. Se for preciso, outro ciclo de memória pode começar na próxima borda ascendente do *clock*. Essa sequência pode ser repetida indefinidamente.

Na especificação temporal da Figura 3.38(b), esclarecemos melhor oito símbolos que aparecem no diagrama. T_{AD}, por exemplo, é o intervalo de tempo entre a borda ascendente do *clock* T_1 e o estabelecimento das linhas de endereço. Conforme a especificação de temporização, $T_{AD} \leq 4$ ns. Isso significa que o fabricante da CPU garante que durante qualquer ciclo de leitura a CPU entregará o endereço a ser lido dentro de 4 ns a partir do ponto médio da borda ascendente de T_1.

Figura 3.38   (a) Temporização de leitura em um barramento síncrono. (b) Especificação de alguns tempos críticos.

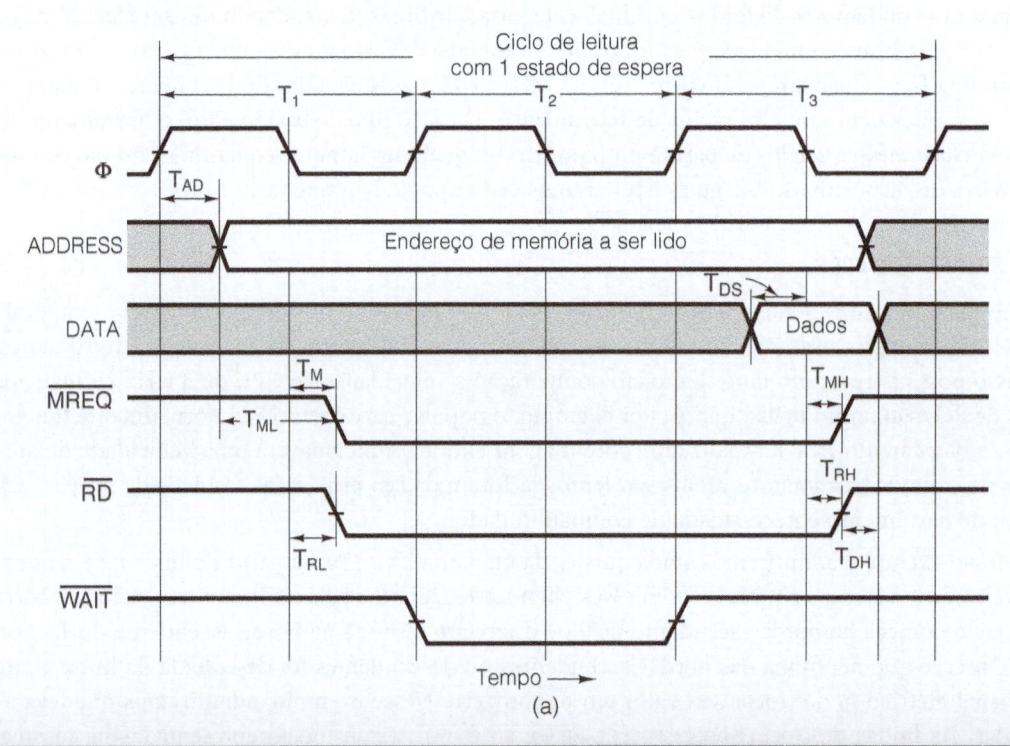

Símbolo	Parâmetro	Mín.	Máx.	Unidade
T_{AD}	Atraso de saída do endereço		4	ns
T_{ML}	Endereço estável antes de $\overline{MREQ}$	2		ns
T_M	Atraso de $\overline{MREQ}$ desde a borda descendente de Φ em T_1		3	ns
T_{RL}	Atraso de $\overline{RD}$ desde a borda descendente de Φ em T_1		3	ns
T_{DS}	Tempo de ajuste dos dados antes da borda descendente de Φ	2		ns
T_{MH}	Atraso de $\overline{MREQ}$ desde a borda descendente de Φ em T_3		3	ns
T_{RH}	Atraso de $\overline{RD}$ desde a borda descendente de Φ em T_3		3	ns
T_{DH}	Tempo de sustentação dos dados desde a negação de $\overline{RD}$	0		ns

(b)

As especificações de temporização também requerem que os dados estejam disponíveis nas linhas de dados no mínimo T_{DS} (2 nanossegundos) antes da borda descendente de T_3 para lhes dar tempo para se acomodarem antes que a CPU os leia. A combinação de restrições impostas a T_{AD} e T_{DS} significa que, na pior das hipóteses, a memória terá somente $25 - 4 - 2 = 19$ ns desde o instante em que o endereço aparece até o instante em que ela deve produzir os dados. Como 10 ns é suficiente, até mesmo no pior caso, uma memória de 10 ns sempre pode responder durante T_3. Uma memória de 20 ns, entretanto, perderia o momento por pouco e teria de inserir um segundo estado de espera e responder durante T_4.

A especificação de temporização garante ainda mais que o endereço será estabelecido pelo menos 2 nanossegundos antes de $\overline{\text{MREQ}}$ ser ativado. Esse tempo pode ser importante se $\overline{\text{MREQ}}$ comandar a seleção de chip no chip de memória, porque algumas memórias requerem um tempo de estabelecimento de endereço antes da seleção do chip. Claro que o projetista do sistema não deve escolher um chip de memória que necessite de um tempo de estabelecimento de 3 ns.

As limitações impostas a T_M e T_{RL} significam que ambos, $\overline{\text{MREQ}}$ e $\overline{\text{RD}}$, serão ativados dentro de 3 ns a partir da borda descendente T_1 do *clock*. No pior caso, o chip de memória terá somente 10 + 10 − 3 − 2 = 15 ns após a ativação de $\overline{\text{MREQ}}$ e $\overline{\text{RD}}$ para levar seus dados até o barramento. Essa restrição é adicional ao (e independente do) intervalo de 15 ns necessário após o endereço estar estável.

T_{MH} e T_{RH} informam quanto tempo leva para $\overline{\text{MREQ}}$ e $\overline{\text{RD}}$ serem negados após a leitura dos dados. Por fim, T_{DH} informa por quanto tempo a memória deve sustentar os dados no barramento após a negação de $\overline{\text{RD}}$. No que diz respeito a nosso exemplo de CPU, a memória pode remover os dados do barramento tão logo $\overline{\text{RD}}$ tenha sido negado; porém, em algumas CPUs modernas, os dados devem ser conservados estáveis durante um pouco mais de tempo.

Gostaríamos de destacar que a Figura 3.38 é uma versão muito simplificada das restrições reais de tempo. Na realidade, sempre são especificados muitos mais tempos críticos. Ainda assim, ela nos dá uma boa ideia do modo de funcionamento de um barramento síncrono.

Uma última coisa que vale a pena mencionar é que sinais de controle podem ser ativados baixos ou altos. Cabe aos projetistas do barramento determinar o que é mais conveniente, mas a escolha é, em essência, arbitrária. Podemos entendê-la como equivalente em hardware à decisão que o programador toma de representar blocos de discos livres em um mapa de bits como 0s ou 1s.

Barramentos assíncronos

Embora seja fácil trabalhar com barramentos síncronos por causa de seus intervalos discretos de tempo, eles também têm alguns problemas. Por exemplo, tudo funciona como múltiplos do *clock* do barramento. Ainda que CPU e memória possam concluir uma transferência em 3,1 ciclos, elas terão de prolongar o ciclo até 4,0 porque ciclos fracionários são proibidos.

Pior ainda, uma vez escolhido o ciclo do barramento e construídas placas de memória e E/S para ele, é difícil aproveitar futuros avanços da tecnologia. Por exemplo, suponha que alguns anos após a construção do sistema da Figura 3.38 sejam lançadas novas memórias com tempos de acesso de 8 ns em vez de 15 ns, que eliminam o estado de espera e dão mais velocidade à máquina. Então, suponha que sejam lançadas memórias de 4 ns. Não haveria nenhum ganho adicional de desempenho porque, com esse projeto, o tempo mínimo para uma leitura é dois ciclos.

Exprimindo esses fatos em termos um pouco diferentes, se um barramento síncrono tiver uma coleção heterogênea de dispositivos, alguns rápidos, alguns lentos, ele tem de ser ajustado para o mais lento, e os mais rápidos não podem usar todo o seu potencial.

Pode-se utilizar tecnologia mista passando para um barramento assíncrono, isto é, que não tenha um *clock* mestre, como mostra a Figura 3.39. Em vez de vincular tudo ao *clock*, quando o mestre de barramento tiver ativado o endereço, $\overline{\text{MREQ}}$, $\overline{\text{RD}}$ e tudo o mais que precisa, em seguida ele ativa um sinal especial que denominaremos $\overline{\text{MSYN}}$ (Master SYNchronization). Quando o escravo vê esse sinal, ele realiza o trabalho com a maior rapidez que puder e, ao concluir essa fase, ativa $\overline{\text{SSYN}}$ (Slave SYNchronization).

Assim que o mestre perceber $\overline{\text{SSYN}}$ ativado, sabe que os dados estão disponíveis, portanto, ele os serializa e então desativa as linhas de endereço, junto com $\overline{\text{MREQ}}$, $\overline{\text{RD}}$ e $\overline{\text{MSYN}}$. Quando o escravo percebe a negação de $\overline{\text{MSYN}}$, sabe que o ciclo foi concluído, portanto, nega $\overline{\text{SSYN}}$, e voltamos à situação original, com todos os sinais negados, esperando pelo próximo mestre.

Diagramas temporais de barramentos assíncronos (e às vezes também os de barramentos síncronos) usam setas para mostrar causa e efeito, como na Figura 3.39. A ativação de $\overline{\text{MSYN}}$ faz com que as linhas de dados sejam ativadas e também com que o escravo ative $\overline{\text{SSYN}}$. A ativação de $\overline{\text{SSYN}}$, por sua vez, causa a negação das linhas de endereço, $\overline{\text{MREQ}}$, $\overline{\text{RD}}$ e $\overline{\text{MSYN}}$. Por fim, a negação de $\overline{\text{MSYN}}$ causa a negação e $\overline{\text{SSYN}}$, que conclui a leitura e retorna o sistema a seu estado original.

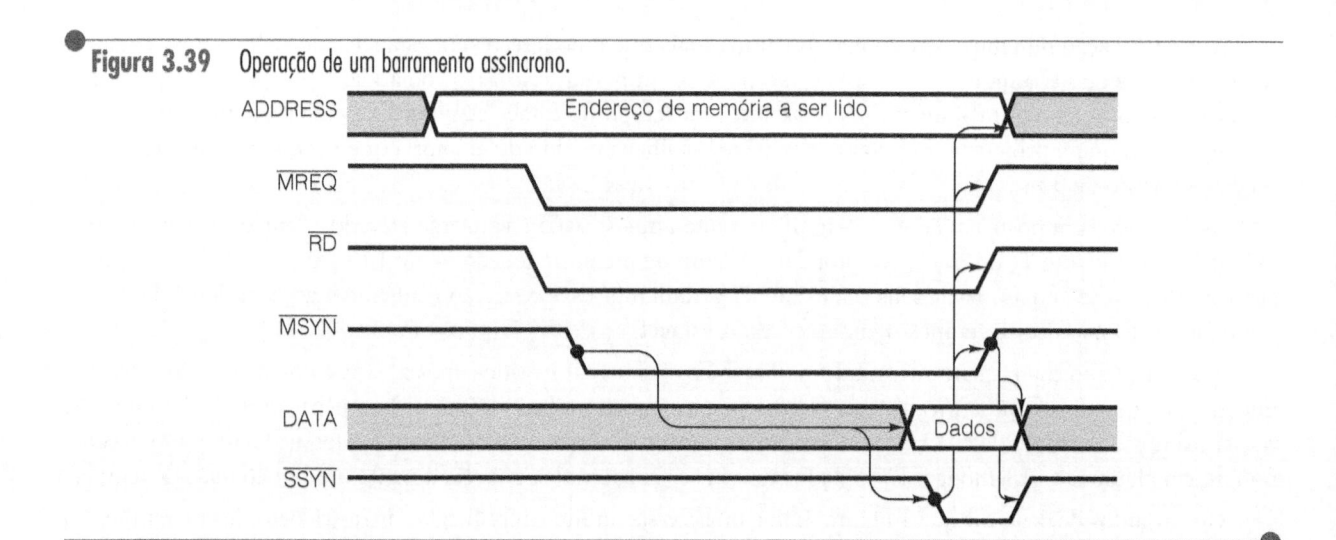

Figura 3.39 Operação de um barramento assíncrono.

Um conjunto de sinais que se interligam dessa maneira é denominado **operação completa**. A parte essencial consiste em quatro eventos:

1. $\overline{\text{MSYN}}$ é ativado.
2. $\overline{\text{SSYN}}$ é ativado em resposta a $\overline{\text{MSYN}}$.
3. $\overline{\text{MSYN}}$ é negado em resposta a $\overline{\text{SSYN}}$.
4. $\overline{\text{SSYN}}$ é negado em resposta à negação de $\overline{\text{MSYN}}$.

É preciso que fique claro que operações completas são independentes de temporização. Cada evento é causado por um evento anterior e não por um pulso de *clock*. Se determinado par mestre-escravo for lento, não afetará, de modo algum, um par mestre-escravo subsequente, que é muito mais rápido.

Agora, a vantagem de um barramento assíncrono já deve estar bem clara, mas a verdade é que a maioria dos barramentos é síncrona. A razão é que é mais fácil construir um sistema síncrono. A CPU apenas ativa seus sinais e a memória apenas reage. Não há realimentação (causa e efeito), mas, se os componentes foram escolhidos adequadamente, tudo funcionará sem dependência. Além disso, há muito dinheiro investido na tecnologia do barramento síncrono.

3.4.5 Arbitragem de barramento

Até aqui ficou subentendido que há somente um mestre de barramento, a CPU. Na realidade, chips de E/S têm de se tornar mestres de barramento para ler e escrever na memória e também para causar interrupções. Coprocessadores também podem precisar se tornar mestres de barramento. Então, surge a pergunta: "O que acontece se dois ou mais dispositivos quiserem se tornar mestres de barramento ao mesmo tempo?" A resposta é que é preciso algum mecanismo de **arbitragem de barramento** para evitar o caos.

Mecanismos de arbitragem podem ser centralizados ou descentralizados. Em primeiro lugar, vamos considerar a arbitragem centralizada. Uma forma particularmente simples de arbitragem centralizada é mostrada na Figura 3.40(a). Nesse esquema, um único árbitro de barramento determina quem entra em seguida. Muitas CPUs contêm o árbitro no chip de CPU, mas às vezes é preciso um chip separado. O barramento contém uma única linha de requisição OR cabeada que pode ser afirmada por um ou mais dispositivos a qualquer tempo. Não há nenhum modo de o árbitro dizer quantos dispositivos requisitaram o barramento. As únicas categorias que ele pode distinguir são algumas requisições e nenhuma requisição.

Quando o árbitro vê uma requisição de barramento, emite uma concessão que ativa a linha de concessão de barramento. Essa linha está ligada a todos os dispositivos de E/S em série, como um cordão de lâmpadas de árvore de Natal. Quando o dispositivo que está fisicamente mais próximo do árbitro vê a concessão, verifica para confirmar se fez uma requisição. Caso positivo, toma o barramento, mas não passa a concessão adiante na linha. Se não fez uma requisição, ele propaga a concessão até o próximo dispositivo na linha que se comporta da mesma maneira, e assim por diante, até algum deles aceitar a concessão e tomar o barramento. Esse esquema é denominado **encadeamento em série** (*daisy chaining*). Ele tem a propriedade de designar prioridades aos dispositivos dependendo da distância entre eles e o árbitro. O que estiver mais próximo vence.

Para contornar as prioridades implícitas baseadas na distância em relação ao árbitro, muitos barramentos têm vários níveis de prioridade. Para cada nível de prioridade há uma linha de requisição e uma linha de concessão de barramento. O barramento da Figura 3.40(b) tem dois níveis, 1 e 2 (barramentos reais costumam ter 4, 8 ou 16 níveis). Cada dispositivo está ligado a um dos níveis de requisição do barramento, sendo que os mais críticos em relação ao tempo estão ligados aos níveis com prioridade mais alta. Na Figura 3.40(b), os dispositivos 1, 2 e 4 usam prioridade 1, enquanto os dispositivos 3 e 5 usam prioridade 2.

Se vários níveis de prioridade são requisitados ao mesmo tempo, o árbitro emite uma concessão somente ao de prioridade mais alta. Entre os dispositivos da mesma prioridade, é usado o encadeamento em série. Na Figura 3.40(b), se ocorrer algum conflito, o dispositivo 2 vence o dispositivo 4, que vence o 3. O dispositivo 5 tem a menor prioridade porque está no final da linha de encadeamento de menor prioridade.

Figura 3.40 (a) Árbitro de barramento centralizado de um nível usando encadeamento em série. (b) Mesmo árbitro, mas com dois níveis.

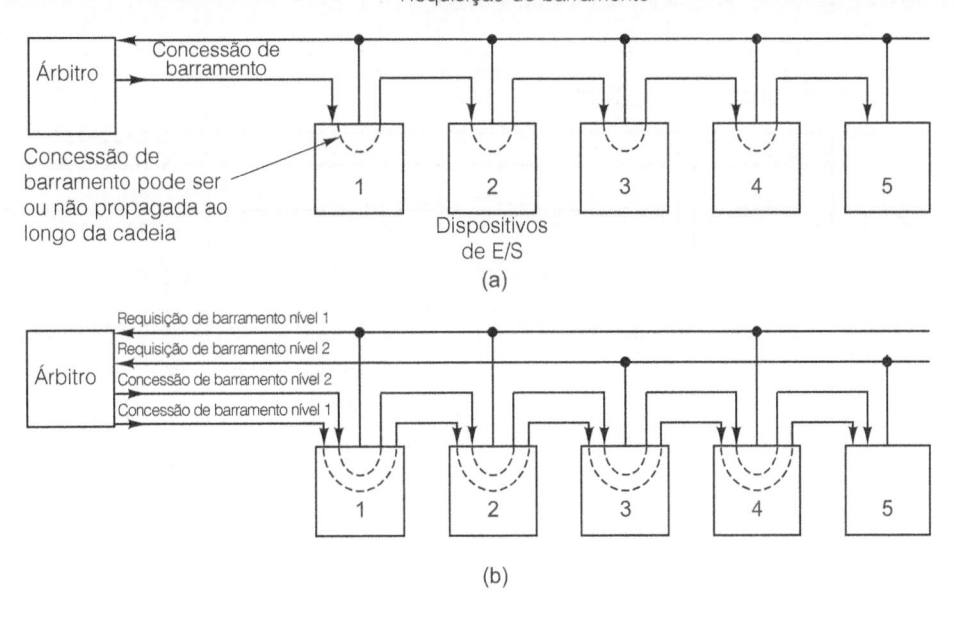

A propósito, tecnicamente não é necessário ligar a linha de concessão de barramento de nível 2 em série passando pelos dispositivos 1 e 2, já que eles não podem fazer requisições nessa linha. Contudo, por conveniência de execução, é mais fácil ligar todas as linhas de concessão passando por todos os dispositivos, em vez de fazer ligações especiais que dependem da prioridade de dispositivo.

Alguns árbitros têm uma terceira linha que um dispositivo ativa quando aceita uma concessão e pega o barramento. Tão logo tenha ativado essa linha de reconhecimento, as linhas de requisição e concessão podem ser negadas. O resultado é que outros dispositivos podem requisitar barramento enquanto o primeiro o estiver usando. No instante em que a transferência for concluída, o próximo mestre de barramento já terá sido selecionado. Ele pode começar logo que a linha de reconhecimento tenha sido negada, quando então pode ser iniciada a próxima rodada de arbitragem. Esse esquema requer uma linha de barramento extra e mais lógica em cada dispositivo, mas faz melhor uso de ciclos de barramento.

Em sistemas em que a memória está no barramento principal, a CPU deve competir pelo barramento com todos os dispositivos de E/S em praticamente todos os ciclos. Uma solução comum para essa situação é dar à CPU a prioridade mais baixa, de modo que ela obtenha o barramento apenas quando ninguém mais o quiser. Nesse caso, a ideia é que a CPU sempre pode esperar, mas os dispositivos de E/S muitas vezes precisam adquirir logo o barramento ou então perdem os dados que chegam. Discos que giram a alta velocidade não podem esperar. Em muitos sistemas modernos de computadores, esse problema é evitado ao se colocar a memória em um barramento separado dos dispositivos de E/S de modo que estes não tenham de competir pelo acesso ao barramento.

Também é possível haver arbitragem de barramento descentralizada. Por exemplo, um computador poderia ter 16 linhas de requisição de barramento priorizadas. Quando um dispositivo quer usar o barramento, ele afirma sua linha de requisição. Todos os dispositivos monitoram todas as linhas de requisição, de modo que, ao final de cada ciclo de barramento, cada dispositivo sabe se foi o requisitante de prioridade mais alta e, portanto, se tem permissão de usar o barramento durante o próximo ciclo. Comparado à arbitragem centralizada, o método descentralizado requer mais linhas de barramento, mas evita o custo potencial do árbitro. Além disso, limita o número de dispositivos ao número de linhas de requisição.

Outro tipo de arbitragem de barramento descentralizada, mostrado na Figura 3.41, usa apenas três linhas, não importando quantos dispositivos estiverem presentes. A primeira é uma linha OR cabeada para requisitar o barramento. A segunda é denominada BUSY e é ativada pelo mestre de barramento corrente. A terceira linha é usada para arbitrar o barramento. Ela está ligada por encadeamento em série a todos os dispositivos. O início dessa cadeia é ativado ligando-o a uma fonte de alimentação.

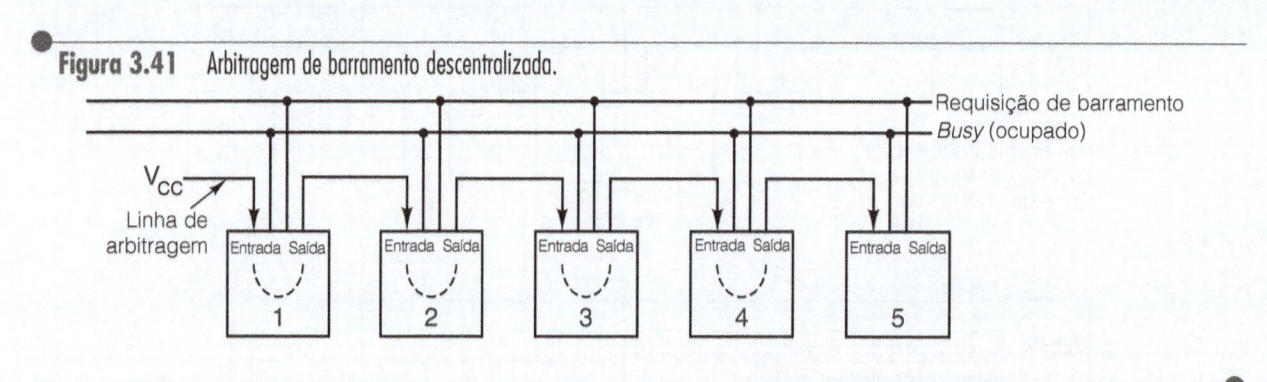

Figura 3.41 Arbitragem de barramento descentralizada.

Quando nenhum dispositivo quiser o barramento, a linha de arbitragem ativada é propagada por todos os outros. Para adquirir o barramento, um dispositivo primeiro verifica para ver se o barramento está ocioso e se o sinal de arbitragem que está recebendo, IN (ENTRADA), está ativado. Se IN estiver negado, o dispositivo em questão não pode se tornar o mestre de barramento e o sinal OUT (SAÍDA) é negado. Entretanto, se IN for ativado, o dispositivo nega OUT, o que faz seu vizinho seguinte na cadeia ver IN negado e negar seu próprio OUT. Daí, todos os dispositivos depois dele na cadeia veem IN negado e, por sua vez, negam OUT. Quando o processo terminar, somente um dispositivo terá IN ativado e OUT negado, e é ele que se torna o mestre de barramento, ativa BUSY e OUT e inicia sua transferência.

Um pouco de raciocínio revelará que o dispositivo mais à esquerda que quiser o barramento o obtém. Assim, esse esquema é similar à arbitragem original por encadeamento em série, com a exceção de não ter o árbitro. Por isso é mais barato, mais rápido e não está sujeito a falhas do árbitro.

3.4.6 Operações de barramento

Até agora, discutimos apenas ciclos de barramento comuns, com um mestre (em geral, a CPU) lendo de um escravo (em geral, a memória) ou escrevendo nele. Na verdade, existem vários outros tipos de ciclos de barramento. Em seguida, vamos estudar alguns deles.

Em geral, só uma palavra é transferida por vez. Contudo, quando é usado *caching*, é desejável buscar uma linha inteira de *cache* (por exemplo, 8 palavras de 64 bits consecutivas) por vez. Transferências de blocos costumam ser mais eficientes do que transferências individuais sucessivas. Quando uma leitura de bloco é iniciada, o mestre de barramento informa ao escravo quantas palavras serão transferidas, por exemplo, colocando o número de palavras nas linhas de dados durante T_1. Em vez de retornar apenas uma palavra, o escravo entrega uma durante cada ciclo até esgotar aquele número de palavras. A Figura 3.42 mostra uma versão modificada da Figura 3.38(a), mas agora com um sinal extra, $\overline{\text{BLOCK}}$, que é ativado para indicar que foi requisitada uma transferência de bloco. Nesse exemplo, uma leitura de bloco de 4 palavras demora 6 ciclos em vez de 12.

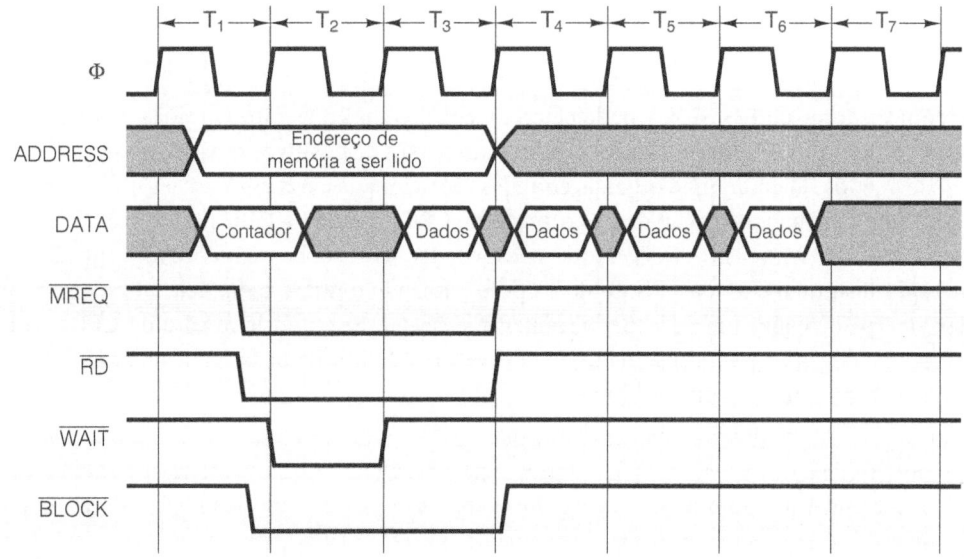

Figura 3.42 Transferência de bloco.

Há também outros tipos de ciclos de barramento. Por exemplo, em um sistema multiprocessador com duas ou mais CPUs no mesmo barramento, muitas vezes é necessário garantir que só uma CPU por vez use alguma estrutura de dados crítica na memória. Um modo típico de organizar isso é ter uma variável na memória que é 0 quando nenhuma CPU estiver usando a estrutura de dados e 1 quando esta estiver em uso. Se uma CPU quiser obter acesso à estrutura de dados, deve ler a variável e, se esta for 0, passá-la para 1. O problema é que, com um pouco de má sorte, duas CPUs podem ler a variável em ciclos de barramento consecutivos. Se cada uma perceber que a variável é 0, então cada uma passa a variável para 1 e acha que é a única CPU que está usando a estrutura de dados. Essa sequência de eventos leva ao caos.

Para evitar essa situação, sistemas multiprocessadores costumam ter um ciclo de barramento especial ler-modificar-escrever que permite a qualquer CPU ler uma palavra da memória, inspecionar e modificar essa palavra, e escrevê-la novamente na memória, tudo sem liberar o barramento. Esse tipo de ciclo evita que uma CPU rival possa usar o barramento e assim interferir com a operação da primeira CPU.

Outro tipo importante de ciclo de barramento é o usado para manipular interrupções. Quando ordena que um dispositivo de E/S faça algo, a CPU espera uma interrupção quando o trabalho for concluído. A sinalização da interrupção requer o barramento.

Uma vez que vários dispositivos podem querer causar uma interrupção simultaneamente, os mesmos tipos de problemas de arbitragem que tivemos nos ciclos de barramento comuns também estão presentes aqui. A solução normal é atribuir prioridades a dispositivos e usar um árbitro centralizado para dar prioridade aos dispositivos mais críticos em relação ao tempo. Existem chips controladores de interrupção padronizados que são muito usados. Em PCs baseados em processador Intel, o *chipset* incorpora um controlador de interrupção 8259A, ilustrado na Figura 3.43.

Figura 3.43 Utilização do controlador de interrupção 8259A.

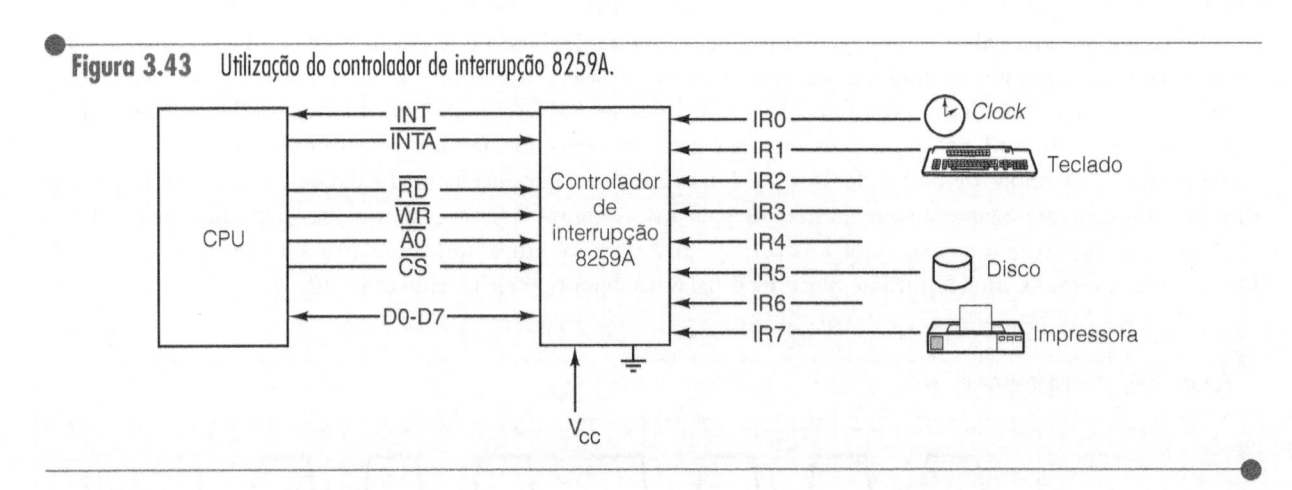

Até oito controladores de E/S 8259A podem ser conectados direto às oito entradas IRx (Interrupt Request – solicitação de interrupção) do 8259A. Quando qualquer um desses dispositivos quiser causar uma interrupção, ele ativa sua linha de entrada. Quando uma ou mais entradas são acionadas, o 8259A ativa INT (INTerrupt – interrupção), que impulsiona diretamente o pino de interrupção na CPU. Quando a CPU puder manipular a interrupção, ela devolve o pulso ao 8259A por INTA (INTerrupt Acknowledge – reconhecimento de interrupção). Nesse ponto, o 8259A deve especificar qual entrada causou interrupção passando o número daquela entrada para o barramento de dados. Essa operação requer um ciclo de barramento especial. Então, o hardware da CPU usa esse número para indexar em uma tabela de ponteiros, denominados **vetores de interrupção**, para achar o endereço do procedimento a executar para atender à interrupção.

No interior do 8259A há diversos registradores que a CPU pode ler e escrever usando ciclos de barramento comuns e os pinos $\overline{RD}$ (ReaD), $\overline{WR}$ (WRite), $\overline{CS}$ (Chip Select) e $\overline{A0}$. Quando o software tiver tratado da interrupção e estiver pronto para atender à seguinte, ele escreve um código especial em um dos registradores, que faz o 8259A negar INT, a menos que haja outra interrupção pendente. Esses registradores também podem ser escritos para colocar o 8259A em um de vários modos, mascarar um conjunto de interrupções e habilitar outras características.

Quando mais de oito dispositivos de E/S estiverem presentes, os 8259As podem funcionar em cascata. No caso mais extremo, todas as oito entradas podem ser conectadas às saídas de mais oito 8259As, permitindo até 64 dispositivos de E/S em uma rede de interrupção de dois estágios. O *hub* controlador de E/S ICH10 da Intel, um dos chips no *chipset* Core i7, incorpora dois controladores de interrupção 8259A. Isso dá ao ICH10 15 interrupções externas, uma a menos que as 16 interrupções nos dois controladores 8259A, pois uma das interrupções é usada para a operação em cascata do segundo 8259A para o primeiro. O 8259A tem alguns pinos dedicados a essa operação em cascata, que omitimos por questão de simplicidade. Hoje, o "8259A" é, na realidade, parte de outro chip.

Embora não tenhamos nem de perto esgotado a questão do projeto de barramento, o material que apresentamos até aqui deve oferecer fundamento suficiente para entender os aspectos essenciais do modo de funcionamento de um barramento e da interação entre CPUs e barramentos. Agora, vamos passar do geral para o específico e examinar alguns exemplos de CPUs reais e seus barramentos.

3.5 Exemplo de chips de CPUs

Nesta seção, vamos examinar com algum detalhe os chips Intel Core i7, TI OMAP4430 e Atmel ATmega168 no nível de hardware.

3.5.1 O Intel Core i7

O Core i7 é um descendente direto da CPU 8088 usada no IBM PC original. O primeiro Core i7 foi lançado em novembro de 2008 como uma CPU de 731 milhões de transistores de quatro processadores que funcionava em 3,2 GHz com uma largura de linha de 45 nanômetros. Largura da linha quer dizer a largura dos fios entre transistores, assim como uma medida do tamanho dos próprios transistores. Quanto menor a largura da linha, mais transistores podem caber no chip. No fundo, a lei de Moore se refere à capacidade de os engenheiros de processo continuarem a reduzir as larguras das linhas. Para fins de comparação, os fios de cabelo humano ficam na faixa de 20 mil a 100 mil nanômetros de diâmetro, sendo o cabelo loiro mais fino do que o preto.

A versão inicial da arquitetura Core i7 era baseada na arquitetura "Nahalem"; porém, as versões mais novas são montadas sobre a arquitetura "Sandy Bridge" mais recente. A arquitetura nesse contexto representa a organização interna da CPU, que costuma receber um codinome. Apesar de serem em geral pessoas sérias, os arquitetos de computador às vezes aparecerão com codinomes muito inteligentes para seus projetos. Uma arquitetura digna de nota foi a série K da AMD, projetada para quebrar a posição aparentemente invulnerável da Intel no segmento de CPU para desktop. O codinome dos processadores da série K foi "Kryptonite", uma referência à única substância capaz de ferir o Super-homem, e um golpe inteligente na dominante Intel.

O novo Core i7 baseado na Sandy Bridge evoluiu para ter 1,16 bilhão de transistores e trabalha em velocidades de até 3,5 GHz, com larguras de linha de 32 nanômetros. Embora o Core i7 esteja longe do 8088 com 29 mil transistores, ele é totalmente compatível com o 8088 e pode rodar sem modificação os programas binários do 8088 (sem falar também nos programas para todos os processadores intermediários).

Do ponto de vista de software, o Core i7 é uma máquina completa de 64 bits. Tem todas as mesmas características ISA de nível de usuário que os chips 80386, 80486, Pentium, Pentium II, Pentium Pro, Pentium III e Pentium 4, inclusive os mesmos registradores, as mesmas instruções e uma execução completa no chip do padrão IEEE 754 de ponto flutuante. Além disso, tem algumas novas instruções destinadas principalmente a operações criptográficas.

O processador Core i7 é uma CPU multicore (de múltiplos núcleos), de modo que o substrato de silício contém vários processadores. A CPU é vendida com um número variável de processadores, que vai de 2 a 6, com outras configurações planejadas para o futuro próximo. Se os programadores escreverem um programa paralelo, usando *threads* e *locks*, é possível obter ganhos significativos na velocidade do programa, explorando o paralelismo nos múltiplos processadores. Além disso, as CPUs individuais são "*hyperthreaded*", de modo que várias *threads* de hardware podem estar ativas simultaneamente. O *hyperthreading* (normalmente denominado "*multithreading* simultâneo" pelos arquitetos de computador) permite que latências muito curtas, como faltas de *cache*, sejam toleradas com trocas de *thread* de hardware. O *threading* baseado no software só pode tolerar latências muito longas, como faltas de página, devido às centenas de ciclos necessárias para executar as trocas de *threads* baseadas em software.

Em sua parte interna, no nível da microarquitetura, o Core i7 é um projeto bastante capaz. Ele é baseado na arquitetura de seus predecessores, o Core 2 e Core 2 Due. O processador Core i7 pode executar até quatro instruções ao mesmo tempo, tornando-o uma máquina superescalar de largura 4. Examinaremos a microarquitetura no Capítulo 4.

Todos os processadores Core i7 têm três níveis de *cache*. Cada processador em um processador Core i7 tem uma *cache* de dados de nível 1 (L1) com 32 KB e uma de instruções de nível 1 com 32 KB. Cada núcleo também tem sua própria *cache* de nível 2 (L2) com 256 KB. A *cache* de segundo nível é unificada, significando que pode ter uma mistura de instruções e dados. Todos os núcleos compartilham uma só *cache* unificada de nível 3 (L3), cujo tamanho varia de 4 a 15 MB, dependendo do modelo de processador. Ter três níveis de *cache* melhora significativamente o desempenho do processador, mas com um grande custo na área de silício, pois as CPUs Core i7 podem ter até 17 MB de *cache* total em um único substrato de silício.

Visto que todos os chips Core i7 têm múltiplos processadores com *caches* de dados privadas, surge um problema quando uma CPU modifica uma palavra na *cache* privada que esteja contida na de outro processador. Se o outro processador tentar ler aquela palavra da memória, obterá um valor ultrapassado, já que palavras de *cache* modificadas não são escritas de imediato de volta na memória. Para manter a consistência da memória, cada CPU em um sistema microprocessador **escuta** (*snoops*) o barramento de memória em busca de referências de palavras que tenha em *cache*. Quando vê uma dessas referências, ela se apressa em fornecer os dados requisitados antes que a memória tenha chance de fazê-lo. Estudaremos a escuta (*snooping*) no Capítulo 8.

Dois barramentos externos principais são usados nos sistemas Core i7, ambos síncronos. Um barramento de memória DDR3 é usado para acessar a DRAM de memória principal, e um barramento PCI Express conecta o processador a dispositivos de E/S. Versões avançadas do Core i7 incluem memória múltipla e barramentos PCI Express, e elas também incluem uma porta Quick Path Interconnect (QPI). A porta QPI conecta o processador a uma interconexão multiprocessadora externa, permitindo a montagem de sistemas com mais de seis processadores. A porta QPI envia e recebe requisições de coerência de *cache*, mais uma série de outras mensagens de gerenciamento de multiprocessador, como interrupções interprocessador.

Um problema com o Core i7, bem como com a maioria das outras CPUs modernas do tipo desktop, é a energia que consome e o calor que gera. Para impedir danos ao silício, o calor deve ser afastado do substrato do processador logo após ser produzido. O Core i7 consome entre 17 e 150 watts, dependendo da frequência e do modelo. Por consequência, a Intel está sempre buscando meios de controlar o calor produzido por seus chips de CPU. As tecnologias de resfriamento e os dissipadores de calor são vitais para evitar que o silício se queime.

O Core i7 vem em um pacote LGA quadrado com 37,5 mm de borda. Ele contém 1.155 pinos na parte inferior, dos quais 286 são para alimentação e 360 são aterramento, para reduzir o ruído. Os pinos são arrumados mais ou menos como um quadrado de 40 × 40, com os 17 × 25 do meio faltando. Além disso, 20 outros pinos estão faltando no perímetro em um padrão assimétrico, para impedir que o chip seja inserido incorretamente em sua base. A disposição física dos pinos aparece na Figura 3.44.

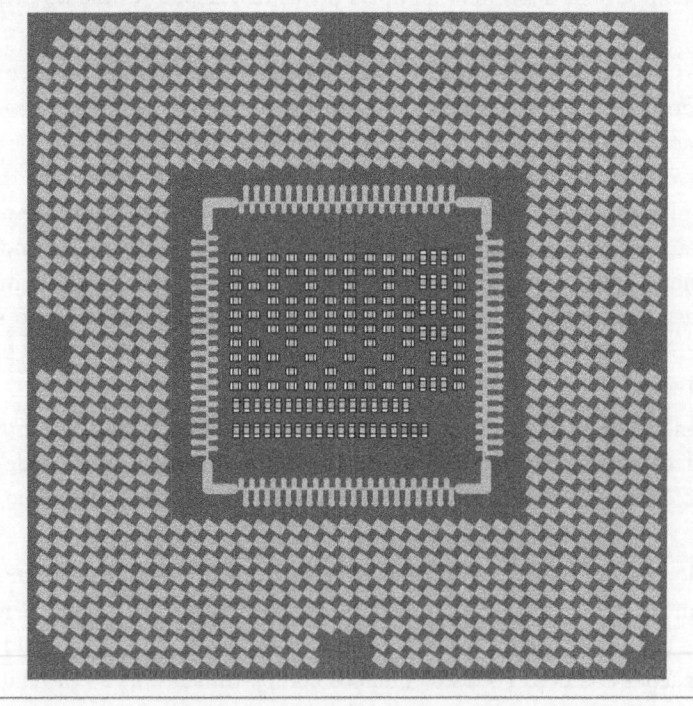

Figura 3.44 Disposição física dos pinos no Core i7.

O chip é equipado com uma placa de montagem para um dissipador distribuir o calor e um ventilador para resfriá-lo. Para ter uma ideia do tamanho do problema da potência, ligue uma lâmpada incandescente de 150 watts, deixe-a aquecer e depois coloque suas mãos ao seu redor (mas não a toque). Essa quantidade de calor deve ser dissipada continuamente por um processador Core i7 de última geração. Em consequência, quando o Core i7 não tiver mais utilidade como uma CPU, ele sempre poderá ser usado como um fogareiro em acampamentos.

De acordo com as leis da física, qualquer coisa que emita muito calor deve absorver muita energia. Não é interessante usar muita energia em um computador portátil com carga de bateria limitada porque a bateria se esgota rapidamente. Para resolver essa questão, a Intel oferece um meio de pôr a CPU para dormir quando ela estiver ociosa e de fazê-la cair em sono profundo quando é provável que fique adormecida durante algum tempo. Há cinco estados oferecidos, que vão de totalmente ativa a sono profundo. Nos estados intermediários são habilitadas algumas funcionalidades (tal como escuta de *cache* e manipulação de interrupção), mas outras funções são desativadas. Quando em estado de sono profundo, os valores de registradores são preservados, mas as *caches* são esvaziadas e desligadas. Nesse estado, é preciso que haja um sinal de hardware para despertá-la. Ainda não sabemos se um Core i7 pode sonhar quando está em sono profundo.

● **Pinagem lógica do Core i7**

Os 1.155 pinos do Core i7 são usados para 447 sinais, 286 conexões de energia elétrica (em diversas voltagens diferentes), 360 terras e 62 reservados para uso futuro. Alguns dos sinais lógicos usam dois ou mais pinos (tal como o endereço de memória requisitado), de modo que há somente 131 sinais diferentes. Uma pinagem lógica um pouco simplificada é dada na Figura 3.45. No lado esquerdo da figura, há cinco grupos principais de sinais de barramento; no lado direito, há diversos sinais variados.

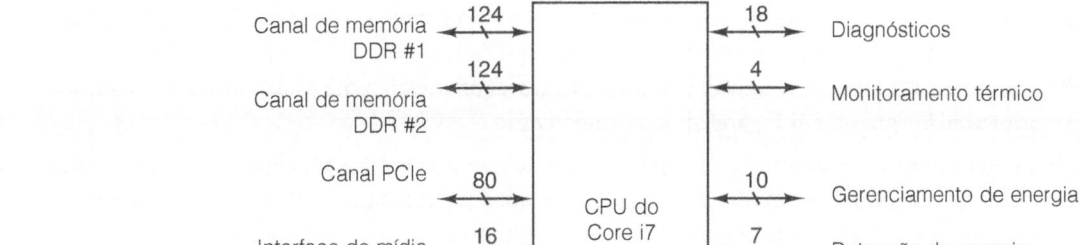

Figura 3.45 Pinagem lógica do Core i7.

Vamos examinar os sinais, começando com os do barramento. Os dois primeiros sinais são usados para a interface com DRAM compatível com DDR3. Esse grupo oferece endereço, dados, controle e *clock* ao banco de DRAMs. O Core i7 admite dois canais DRAM DDR3 independentes, rodando com um *clock* de barramento de 666 MHz que transfere nas duas bordas, para permitir 1.333 milhões de transações por segundo. A interface DDR3 tem 64 bits de largura, e assim, as duas interfaces DDR3 trabalham em sequência para dar aos programas com muita utilização de memória até 20 gigabytes de dados a cada segundo.

O terceiro grupo do barramento é a interface PCI Express, que é usada para conectar periféricos diretamente à CPU Core i7. A interface PCI Express é uma interface serial de alta velocidade, com cada enlace serial único formando uma "via" de comunicação com os periféricos. O enlace do Core i7 é uma interface x16, significando que pode utilizar 16 vias simultaneamente para uma largura de banda agregada de 16 GB/s. Apesar de ser um canal serial, um rico conjunto de comandos trafega pelos enlaces PCI Express, incluindo comandos de leituras de dispositivo, escrita, interrupção e configuração.

O grupo seguinte é a Direct Media Interface (DMI), que é usada para conectar a CPU do Core i7 ao seu *chipset* correspondente. A interface DMI é semelhante à interface PCI Express, embora trabalhe com cerca de metade da velocidade, pois quatro vias podem fornecer apenas taxas de transferência de dados de até 2,5 GB por segundo.

O *chipset* de uma CPU contém um rico conjunto de suporte para interface de periférico adicional, exigido para sistemas de mais alto nível, com muitos dispositivos de E/S. O *chipset* do Core i7 é composto dos chips P67 e ICH10. O chip P67 é o canivete suíço dos chips, oferecendo interfaces SATA, USB, Audio, PCIe e memória *flash*. O chip ICH10 oferece suporte para interface legada, incluindo uma interface PCI e a funcionalidade de controle de interrupção do 8259A. Além disso, o ICH10 contém alguns outros circuitos, como *clocks* de tempo real, temporizadores de eventos e controladores de acesso direto à memória (DMA). Ter chips como esses simplifica bastante a construção de um PC completo.

O Core i7 pode ser configurado para usar interrupções do mesmo modo que o 8088 (para fins de compatibilidade) ou também pode usar um novo sistema de interrupção que utiliza um dispositivo denominado **APIC** (**Advanced Programmable Interrupt Controller** – **controlador de interrupção programável avançado**).

O Core i7 pode funcionar em quaisquer de várias tensões predefinidas, mas tem de saber qual delas. Os sinais de gerenciamento de energia são usados para seleção automática de tensão da fonte de alimentação, para informar à CPU que a energia está estável e outros assuntos relacionados com a energia. O controle dos vários estados de sono também é feito aqui, já que o sono acontece por razões de gerenciamento de energia.

A despeito de seu sofisticado gerenciamento de energia, o Core i7 pode ficar muito quente. Para proteger o silício, cada processador Core i7 contém vários sensores de calor internos, que detectam quando o chip está para superaquecer. O grupo de monitoramento térmico trata do gerenciamento térmico, permitindo que a CPU indique a seu ambiente que está em risco de superaquecimento. Um dos pinos é ativado pela CPU caso a temperatura atinja 130°C (266°F). Se uma CPU alguma vez atingir essa temperatura, provavelmente estará sonhando com sua aposentadoria e posterior transformação em fogareiro de acampamento.

Até mesmo em temperaturas de fogareiro de acampamento você não precisa se preocupar com a segurança do Core i7. Se os sensores internos detectarem que o processador está para superaquecer, ele iniciará o **estrangulamento térmico**, uma técnica que logo reduz a geração de calor, usando o processador apenas a cada *N*-ésimo ciclo de *clock*. Quanto maior o valor de *N*, mais o processador é estrangulado, e mais rápido ele se resfriará. É claro que o custo desse estrangulamento é uma diminuição no desempenho do sistema. Antes da invenção do estrangulamento térmico, as CPUs se queimavam se seu sistema de resfriamento falhasse. A evidência desses tempos negros do gerenciamento térmico da CPU pode ser achada procurando-se por "*exploding CPU*" no YouTube. O vídeo é falso, mas o problema não.

O sinal Clock fornece o *clock* do sistema ao processador, que internamente é usado para gerar uma variedade de *clocks* com base em um múltiplo ou fração do *clock* do sistema. Sim, é possível gerar um múltiplo da frequência de *clock*, usando um dispositivo muito inteligente, chamado de *delay-locked loop*, ou DLL.

O grupo Diagnósticos contém sinais para testar e depurar sistemas em conformidade com o padrão de testes IEEE 1149.1 JTAG (Joint Test Action Group). Finalmente, o grupo Diversos é uma miscelânea de outros sinais que possuem diversas finalidades especiais.

- **Paralelismo no barramento de memória do DDR3 do Core i7**

CPUs modernas como o Core i7 colocam grandes demandas sobre as memórias DRAM. Os processadores individuais podem criar requisições de acesso muito mais depressa do que uma DRAM lenta consegue produzir valores, e esse problema é aumentado quando vários processadores estão fazendo requisições simultâneas. Para evitar que as CPUs morram por falta de dados, é essencial conseguir o máximo de vazão possível da memória. Por esse motivo, o barramento de memória DDR3 do Core i7 pode ser operado de uma forma paralela, com até quatro transações de memória simultâneas ocorrendo ao mesmo tempo. Vimos o conceito de paralelismo (ou *pipelining*) no Capítulo 2, no contexto de uma CPU em paralelo (ver Figura 2.4), mas as memórias também podem trabalhar com paralelismo.

Para permitir o paralelismo, as requisições à memória do Core i7 têm três etapas:

1. A fase ACTIVATE da memória, que "abre" uma linha de memória DRAM, aprontando-a para acessos subsequentes à memória.

2. A fase READ ou WRITE da memória, na qual vários acessos podem ser feitos a palavras individuais dentro da linha DRAM aberta ou a várias palavras sequenciais dentro da linha de DRAM atual, usando um modo de rajada.
3. A fase PRECHARGE, que "fecha" a linha de memória DRAM atual e prepara a memória DRAM para o próximo comando ACTIVATE.

O segredo do barramento de memória com paralelismo do Core i7 é que as DRAMs DDR3 são organizadas com vários **bancos** dentro do chip de DRAM. Um banco é um bloco de memória DRAM, que pode ser acessado em paralelo com outros bancos de memória DRAM, mesmo que estejam contidos no mesmo chip. Um chip DRAM DDR3 típico terá até 8 bancos de DRAM. Porém, a especificação de interface DDR3 permite apenas até quatro acessos simultâneos sobre um único canal DDR3. O diagrama de temporização da Figura 3.46 ilustra o Core i7 fazendo 4 acessos à memória para três bancos de DRAM distintos. Os acessos são totalmente sobrepostos, de modo que as leituras de DRAM ocorrem em paralelo dentro do chip de DRAM. Com setas no diagrama de temporização, a figura mostra quais comandos levam a outras operações.

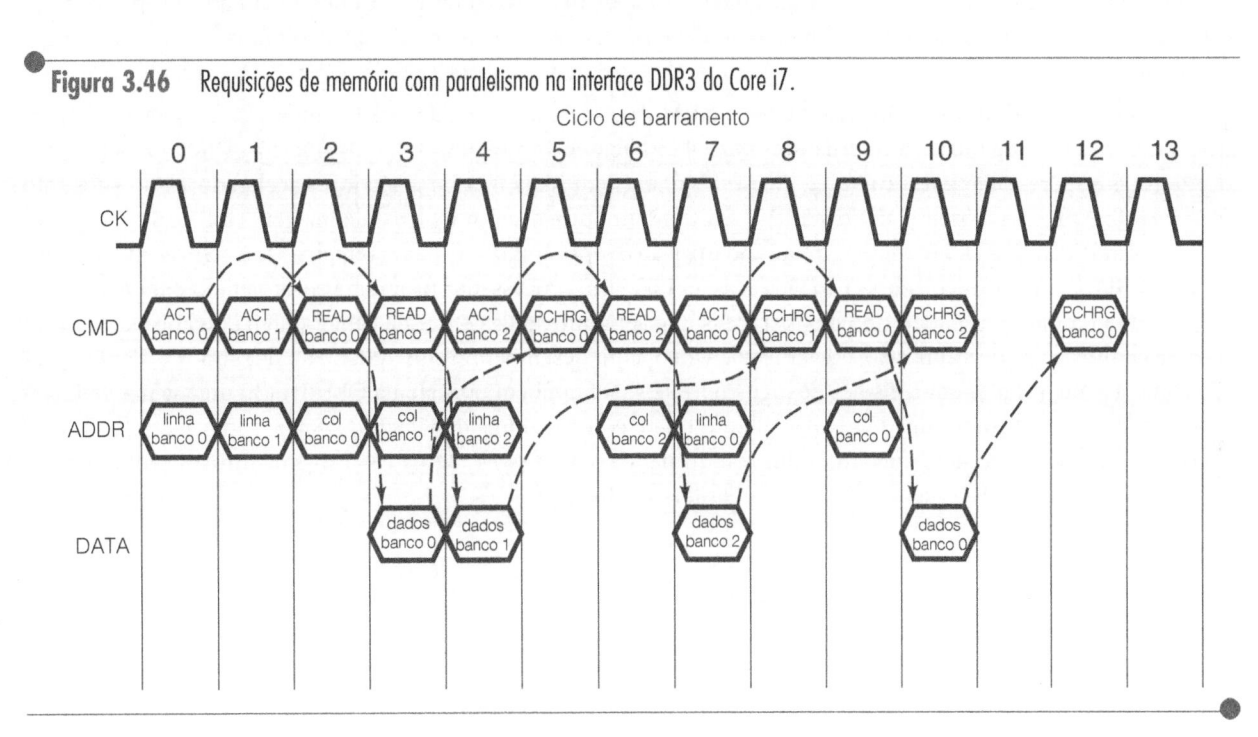

Figura 3.46 Requisições de memória com paralelismo na interface DDR3 do Core i7.

Como vemos na Figura 3.46, a interface de memória DDR3 tem quatro caminhos de sinal principais: *clock* de barramento (CK), comando de barramento (CMD), endereço (ADDR) e dados (DATA). O sinal CK de *clock* de barramento orquestra toda a atividade deste. O comando de barramento CMD indica qual atividade é requisitada da DRAM de conexão. O comando ACTIVATE especifica o endereço de linha de DRAM a ser aberta por meio do sinal ADDR. Quando um READ é executado, o endereço de coluna da DRAM é dado por meio de sinais ADDR, e a DRAM produz o valor de leitura após um tempo fixo sobre os sinais DATA. Por fim, o comando PRECHARGE indica ao banco para pré-carregar por meio dos sinais ADDR. Para a finalidade do exemplo, o comando ACTIVATE deverá preceder o primeiro READ para o mesmo banco por dois ciclos de barramento DDR3, e os dados são produzidos um ciclo após o comando READ. Além disso, a operação PRECHARGE deverá ocorrer pelo menos dois ciclos de barramento após a última operação READ para o mesmo banco de DRAM.

O paralelismo nas requisições de memória pode ser visto na sobreposição das requisições de READ para os diferentes bancos de DRAM. Os dois primeiros acessos READ aos bancos 0 e 1 são completamente superpostos, produzindo resultados nos ciclos de barramento 3 e 4, respectivamente. O acesso ao banco 2 é em parte superposto ao primeiro acesso do banco 1, e por fim a segunda leitura do banco 0 é parcialmente superposta ao acesso ao banco 2.

Você pode estar questionando como o Core i7 sabe quando os dados do comando READ retornarão e quando ele pode fazer uma nova requisição à memória. A resposta é que ele sabe quando receber e iniciar requisições porque modela totalmente as atividades internas de cada DRAM DDR3 conectada. Assim, ele anteciparál o retorno dos dados no ciclo correto e saberá evitar o início de uma operação de pré-carga antes que se passem dois ciclos de sua última operação de leitura. O Core i7 pode antecipar todas essas atividades porque a interface de memória DDR3 é uma **interface de memória síncrona**. Assim, todas as atividades usam um número bem conhecido de ciclos de barramento DDR3. Mesmo com todo esse conhecimento, a criação de uma interface de memória DDR3 com paralelismo completo e com alto desempenho é uma tarefa longe de ser trivial, exigindo muitos temporizadores internos e detectores de conflito para realizar o tratamento eficaz da requisição de DRAM.

3.5.2 O sistema-em-um-chip Texas Instruments OMAP4430

Como nosso segundo exemplo de um chip de CPU, examinaremos agora o **sistema-em-um-chip** Texas Instruments (TI) OMAP4430. O OMAP4430 realiza o conjunto de instruções ARM e é voltado para aplicações móveis e embutidas, como smartphones, tablets e dispositivos da Internet. Com um nome apropriado, um sistema-em-um-chip incorpora uma grande variedade de dispositivos, de modo que, combinado com periféricos físicos (tela sensível ao toque, memória flash etc.), ele executa um dispositivo de computação completo.

O sistema OMAP4430 inclui dois núcleos ARM A9, aceleradores adicionais e uma grande gama de interfaces periféricas. A organização interna do OMAP4430 aparece na Figura 3.47. Os núcleos ARM A9 são microarquiteturas superescalares de largura 2. Além disso, existem mais três processadores aceleradores no substrato OMAP4430: o processador gráfico POWERVR SGX540, um processador de sinal de imagem (ISP) e um processador de vídeo IVA3. O SGX540 oferece uma renderização 3D programável eficaz, semelhante às GPUs encontradas em PCs desktop, apesar de menores e mais lentas. O ISP é um processador programável projetado para manipulação eficiente da imagem, para o tipo de operações que seriam exigidas em uma câmera digital avançada. O IVA3 executa codificação e decodificação eficientes de vídeo, com desempenho suficiente para dar suporte a aplicações 3D, como as encontradas em consoles de jogos portáteis. Há também no sistema OMAP4430 uma gama de interfaces periféricas, incluindo uma tela sensível ao toque e controladores de teclado, DRAM e interfaces *flash*, USB e HDMI. A Texas Instruments detalhou um roteiro para a série OMAP de CPUs. Projetos futuros terão mais de tudo – mais núcleos ARM, mais GPUs e mais periféricos diversos.

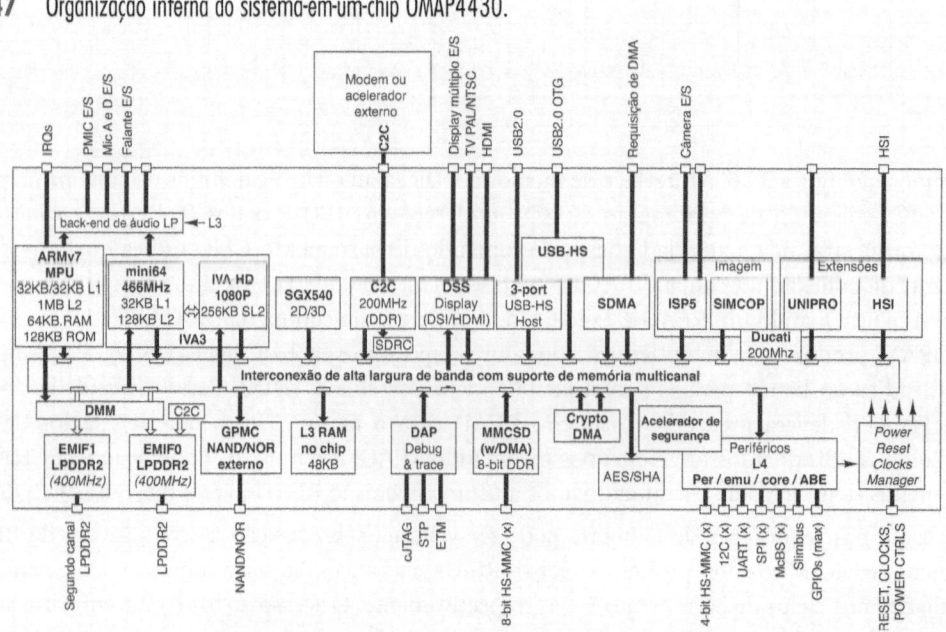

Figura 3.47 Organização interna do sistema-em-um-chip OMAP4430.

O sistema OMAP4430 foi lançado no início de 2011 com dois núcleos ARM A9 rodando a 1 GHz usando uma implementação de silício de 45 nanômetros. Um aspecto chave do projeto do OMAP4430 é que ele realiza quantidades significativas de cálculo com muito pouca potência, pois é visado para aplicações móveis, alimentadas por uma bateria. Em tais aplicações, quanto mais eficiente for a operação do projeto, mais tempo o usuário poderá ficar sem carregar a bateria.

Os muitos processadores do OMAP4430 são incorporados para dar suporte à missão de operação com baixa potência. O processador gráfico, ISP, e o IVA3 são todos aceleradores programáveis que fornecem capacidades de cálculo eficientes com significativamente menos energia em comparação com as mesmas tarefas sendo executadas apenas nas CPUs ARM A9. Totalmente alimentado, o sistema IMAP4430 consome apenas 600 mW de potência. Em comparação com o Core i7 avançado, o OMAP4430 usa cerca de 1/250 de sua potência. O OMAP4430 também executa um modo de sono muito eficaz; quando todos os componentes estão dormindo, o projeto consome somente 100 μW. Modos de sono eficientes são fundamentais para aplicações móveis com longos períodos de tempo de *standby*, como um telefone celular. Quanto menos energia usada no modo de sono, mais tempo o telefone celular durará no modo *standby*.

Para reduzir ainda mais as demandas de potência do OMAP4430, o projeto incorpora uma série de facilidades de gerenciamento de energia, incluindo a **escalada dinâmica de tensão** e o **chaveamento de energia**. A escalada dinâmica de tensão permite que os componentes sejam executados mais devagar em uma tensão inferior, o que reduz bastante os requisitos de potência. Se você não precisa da velocidade de computação mais ardente da CPU, a tensão do projeto pode ser reduzida para que a CPU trabalhe em uma velocidade mais lenta e muita energia será economizada. O chaveamento de energia é uma técnica de gerenciamento ainda mais agressiva, na qual um componente é desligado por completo quando não estiver em uso, eliminando assim seu consumo de energia. Por exemplo, em uma aplicação de tablet, se o usuário não estiver assistindo a um filme, o processador de vídeo IVA3 é completamente desligado e não consome energia. Por outro lado, quando o usuário está assistindo a um filme, o processador de vídeo IVA3 trabalha ao máximo em suas tarefas de decodificação de vídeo, enquanto as duas CPUs ARM A9 estão dormindo.

Apesar de sua tendência para uma operação com economia de energia, os núcleos ARM A9 utilizam uma microarquitetura bastante capaz. Eles podem decodificar e executar até duas instruções a cada ciclo. Conforme aprenderemos no Capítulo 4, essa taxa de execução representa a vazão máxima da microarquitetura. Mas não espere que ela execute suas muitas instruções a cada ciclo. Em vez disso, pense nessa taxa como o desempenho máximo garantido pelo fabricante, um nível que o processador nunca excederá, não importa o que aconteça. Em muitos ciclos, menos de duas instruções serão executadas devido aos milhares de "*hazards*" (acasos) que podem adiar as instruções, levando a uma vazão de execução mais baixa. Para resolver muitos desses limitadores de vazão, o ARM A9 incorpora um poderoso previsor de desvio, escalonamento de instruções fora de ordem e um sistema de memória altamente otimizado.

O sistema de memória do OMAP4430 tem duas *caches* L1 internas principais para cada processador ARM A9: uma de 32 KB para instruções e uma de 32 KB para dados. Assim como o Core i7, ele também usa uma *cache* nível 2 (L2) no chip, mas, diferente do Core i7, ela é uma memória de 1 MB relativamente pequena em tamanho, sendo compartilhada por ambos os núcleos ARM A9. As *caches* são alimentadas com canais de DRAM duais LPDDR2 de baixa potência. LPDDR2 é derivada do padrão de interface de memória DDR2, porém alterada para exigir menos fios e operar em tensões mais eficientes em termos de potência. Além disso, o controlador de memória incorpora uma série de otimizações de acesso à memória, como a pré-busca de memória ladrilhada e o suporte para rotação na memória.

Vamos discutir *caching* em detalhes no Capítulo 4, mas é bom dizer algumas palavras sobre ela aqui. Toda memória principal é dividida em linhas (blocos) de *cache* de 32 bytes. As 1.024 linhas de instrução mais usadas e as 1.024 linhas de dados mais usadas estão na *cache* de nível 1. Linhas de *cache* que são muito usadas mas não cabem na de nível 1 são mantidas na de nível 2. Essa *cache* contém linhas de dados e linhas de instrução de ambas as CPUs ARM A9 misturadas aleatoriamente. A *cache* de nível 2 contém as 32.768 linhas acessadas mais recentemente na memória principal.

Quando há uma ausência na *cache* de nível 1, a CPU envia o identificador da linha que está procurando (endereço de *tag*) para a *cache* de nível 2. A resposta (dados de *tag*) informa à CPU se a linha está ou não na *cache* de nível 2 e, se estiver, informa também o estado em que esta se encontra. Se a linha estiver na *cache*, a CPU vai pegá-la. Para obter um valor da *cache* de nível 2, são necessários 19 ciclos. Esse é um longo tempo para esperar os dados, de modo que programadores inteligentes otimizarão seus programas para usar menos dados, aumentando a probabilidade de achar os dados na *cache* rápida de nível 1.

Se a linha de *cache* não estiver na *cache* de nível 2, ela deve ser buscada da memória principal por meio da interface de memória LPDDR2. A interface LPDDR2 do OMAP4430 é executada no chip de modo que a DRAM LPDDR2 possa ser conectada diretamente ao OMAP4430. Para acessar a memória, a CPU primeiro deve enviar a parte superior do endereço da DRAM ao chip de DRAM, usando as 13 linhas de endereço. Essa operação, chamada *ACTIVATE*, carrega uma linha inteira de memória da DRAM para um *buffer* de linha. Depois disso, a CPU pode emitir vários comandos READ ou $\overline{\text{WRITE}}$, enviando o restante do endereço nas mesmas 13 linhas de endereço e enviando (ou recebendo) os dados para a operação nas 32 linhas de dados.

Enquanto espera os resultados, a CPU pode perfeitamente continuar executando outro trabalho. Por exemplo, uma ausência na *cache* durante a busca antecipada de uma instrução não inibe a execução de uma ou mais instruções já buscadas, cada uma das quais pode se referir a dados que não estão em quaisquer das *caches*. Assim, várias transações com as mesmas interfaces LPDDR2 podem estar pendentes ao mesmo tempo, até para o mesmo processador. Cabe ao controlador de memória monitorar tudo isso e fazer requisições de memória propriamente ditas na ordem mais eficiente.

Quando os dados por fim chegam da memória, podem vir em 4 bytes por vez. Uma operação de memória pode utilizar uma leitura ou escrita no modo rajada, permitindo que vários endereços contíguos dentro da mesma linha da DRAM sejam lidos ou escritos. Esse modo é particularmente eficaz para ler ou escrever blocos de *cache*. Apenas por registro, a descrição do OMAP4430 dada aqui, como a do Core i7 antes dele, foi bastante simplificada, mas a essência de sua operação foi descrita.

O OMAP4430 vem em uma **matriz em grade de bola** (PBGA) de 547 pinos, conforme mostra a Figura 3.48. Uma matriz em grade de bola é semelhante a uma matriz de grade de terra, exceto que as conexões no chip são pequenas bolas de metal, em vez de plataformas quadradas usadas na LGA. Os dois pacotes não são compatíveis, oferecendo mais evidência de que você não pode encaixar uma ponta quadrada em um furo redondo. O pacote do OMAP4430 consiste em uma matriz retangular de 28 × 26 bolas, com os dois anéis de bolas mais internos faltando, e mais duas meias linhas e colunas assimétricas de bolas faltando, para impedir que o chip seja inserido incorretamente no soquete BGA.

Figura 3.48 A pinagem sistema-em-um-chip OMAP4430.

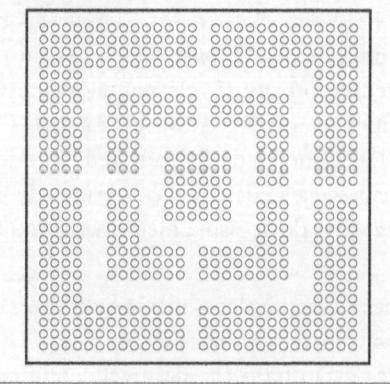

É difícil comparar um chip CISC (como o Core i7) e um chip RISC (como o OMAP4430) apenas com base na velocidade do *clock*. Por exemplo, os dois núcleos ARM A9 no OMAP4430 têm uma velocidade máxima de execução de quatro instruções por ciclo de *clock*, dando-lhe quase a mesma taxa de execução dos processadores superescalares de largura 4 do Core i7. Entretanto, o Core i7 alcança execução de programa mais rápida, pois tem até seis processadores rodando com uma velocidade de *clock* 3,5 vezes mais rápida (3,5 GHz) que o OMAP4430. O OMAP4430 pode parecer uma tartaruga correndo ao lado da lebre do Core i7, mas a tartaruga usa muito menos potência, e pode terminar primeiro, ainda mais se a bateria da lebre não for muito grande.

3.5.3 O microcontrolador Atmel ATmega168

Tanto o Core i7 quanto a OMAP4430 são exemplos de CPUs de alto desempenho projetadas para construir dispositivos de computação altamente eficazes, com o Core i7 voltado para aplicações de desktop enquanto o OMAP4430 é voltado para aplicações móveis. Quando pensam em computadores, são esses os tipos de sistemas que muitas pessoas têm em mente. Entretanto, existe todo outro universo de computadores que na verdade é muito maior: sistemas embutidos. Nesta seção, vamos examinar brevemente esse outro universo.

Talvez não seja um grande exagero dizer que todo equipamento elétrico que custe mais de 100 dólares tem um computador dentro dele. Hoje, é certo que televisores, telefones celulares, agendas eletrônicas, fornos de micro-ondas, filmadoras, aparelhos de DVD, impressoras a laser, alarmes antifurto, aparelhos de surdez, jogos eletrônicos e outros incontáveis dispositivos são todos controlados por computador. Os computadores que estão dentro desses aparelhos costumam ser otimizados para baixo preço e não para alto desempenho, o que provoca compromissos diferentes dos feitos para CPUs de tecnologia avançada que estudamos até aqui.

Como mencionamos no Capítulo 1, o Atmel ATmega168 provavelmente é o microcontrolador mais popular em uso hoje, em grande parte por causa de seu custo muito baixo (cerca de 1 dólar). Como veremos em breve, ele também é um chip versátil, portanto, fazer interface com ele é algo simples e barato. Agora, vamos examinar esse chip, cuja pinagem física é mostrada na Figura 3.49.

Figura 3.49 Pinagem física do ATmega168.

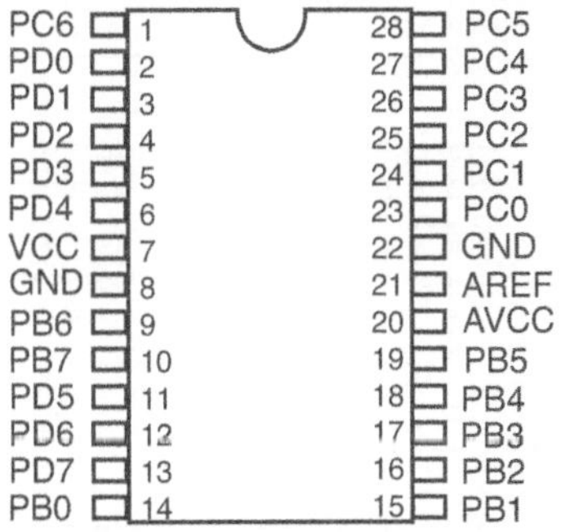

```
PC6  ▭ 1        28 ▭ PC5
PD0  ▭ 2        27 ▭ PC4
PD1  ▭ 3        26 ▭ PC3
PD2  ▭ 4        25 ▭ PC2
PD3  ▭ 5        24 ▭ PC1
PD4  ▭ 6        23 ▭ PC0
VCC  ▭ 7        22 ▭ GND
GND  ▭ 8        21 ▭ AREF
PB6  ▭ 9        20 ▭ AVCC
PB7  ▭ 10       19 ▭ PB5
PD5  ▭ 11       18 ▭ PB4
PD6  ▭ 12       17 ▭ PB3
PD7  ▭ 13       16 ▭ PB2
PB0  ▭ 14       15 ▭ PB1
```

Como podemos ver na figura, o ATmega168 normalmente vem em um pacote padrão de 28 pinos, embora haja outros pacotes disponíveis. À primeira vista, você talvez tenha notado que a pinagem nesse chip é um pouco estranha em comparação com os dois projetos anteriores que examinamos. Em particular, esse chip não tem linhas de endereço e dados. Isso porque não foi projetado para ser conectado à memória, só a dispositivos. Toda a memória, SRAM e *flash*, está contida dentro do processador, evitando a necessidade de quaisquer pinos de endereço e dados, como mostra a Figura 3.50.

Figura 3.50 Arquitetura interna e pinagem lógica do ATmega168.

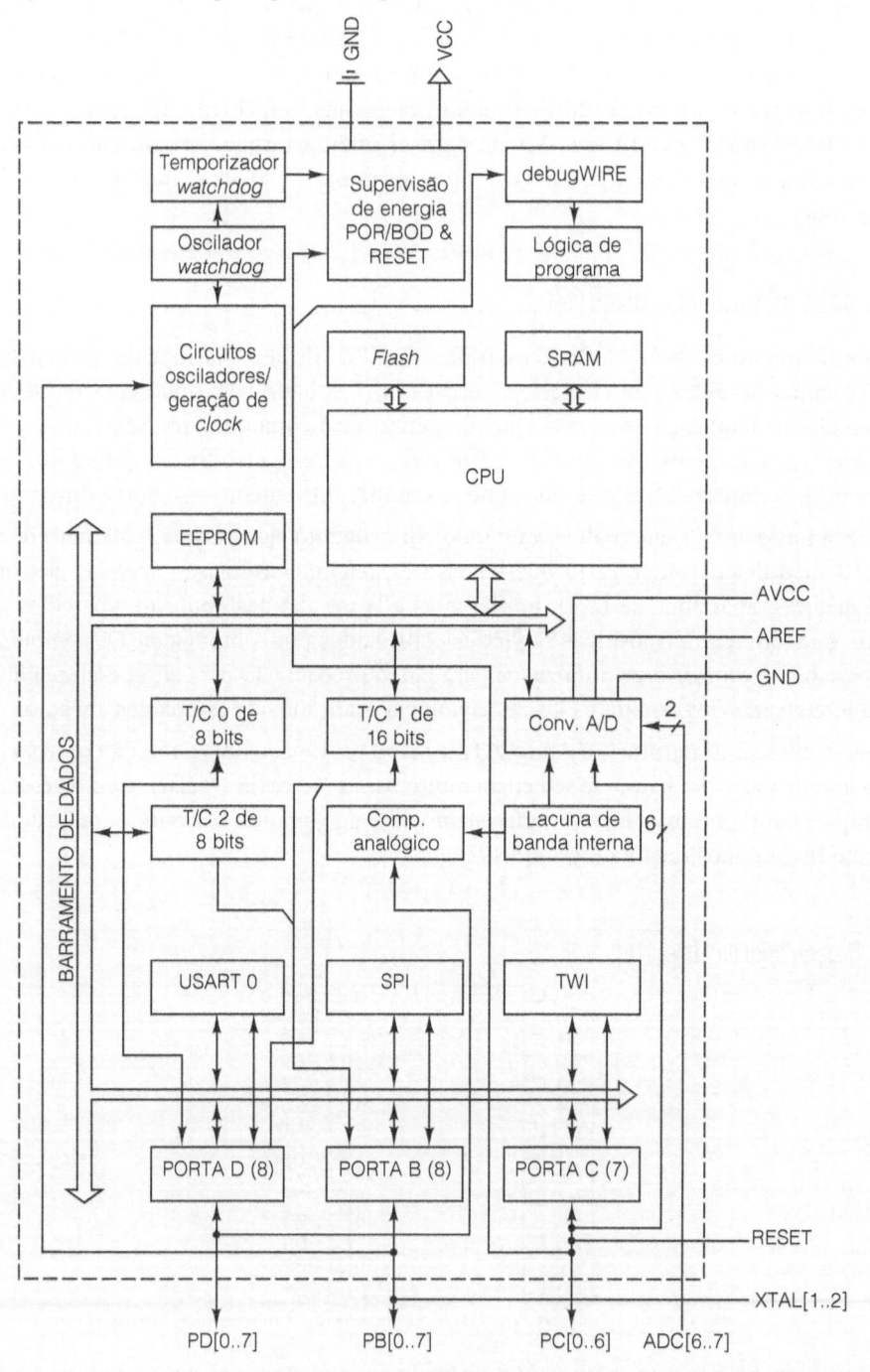

Em vez de pinos de endereço e dados, o ATmega168 tem 27 portas de E/S digitais, 8 linhas na porta B e D, e 7 linhas na porta C. Essas linhas de E/S digitais são projetadas para serem conectadas aos periféricos de E/S, e cada uma pode ser configurada internamente pelo software de partida para ser uma entrada ou uma saída. Por exemplo, quando usada em um forno de micro-ondas, uma linha de E/S digital seria uma entrada do sensor de "porta aberta". Outra linha de E/S digital seria uma saída usada para ligar e desligar o gerador do micro-ondas. O software no ATmega168 verificaria se a porta estava fechada antes de ligar o gerador do micro-ondas. Se a porta de repente for aberta, o software deverá cortar a energia. Na prática, as interconexões de hardware também estão sempre presentes.

Como opção, seis das entradas da porta C podem ser configuradas para serem E/S analógica. Pinos de E/S analógica podem ler o nível de tensão de uma entrada ou definir o nível de tensão de uma saída. Estendendo nosso exemplo de forno de micro-ondas, alguns aparelhos têm um sensor que permite ao usuário aquecer o alimento até determinada temperatura. O sensor de temperatura seria conectado a uma entrada de porta C, e o software poderia ler a tensão do sensor e depois convertê-la em uma temperatura usando uma função de tradução específica do sensor. Os pinos restantes no ATmega168 são a entrada de tensão (vcc), dois pinos de terra (gnd) e dois pinos para configurar os circuitos de E/S analógica (aref, avcc).

A arquitetura interna do ATmega168, como a do OMAP4430, é um sistema-em-um-chip com uma rica matriz de dispositivos internos e memória. O ATmega168 vem com até 16 KB de memória *flash* interna, para armazenamento de informações não voláteis que mudam com pouca frequência, como instruções de programa. Ele também inclui até 1 KB de EEPROM, a memória não volátil que pode ser gravada pelo software. A EEPROM guarda dados de configuração do sistema. De novo, usando nosso exemplo de micro-ondas, a EEPROM armazenaria um bit indicando se o micro-ondas mostrará a hora em formato de 12 ou 24 horas. O ATmega168 também incorpora até 1 KB de SRAM interna, onde o software pode armazenar variáveis temporárias.

O processador interno roda o conjunto de instruções AVR, que é composto de 131 instruções, cada uma com 16 bits de extensão. O processador tem 8 bits, o que significa que opera sobre valores de dados de 8 bits, e internamente seus registradores possuem um tamanho de 8 bits. O conjunto de instruções incorpora instruções especiais que permitem ao processador de 8 bits operar de modo eficiente sobre tipos de dados maiores. Por exemplo, para realizar adições de 16 bits ou maiores, o processador fornece a instrução "*add-with-carry*" (somar com vai-um), que soma dois valores e mais o "vai-um" da adição anterior. Os outros componentes internos englobam o *clock* em tempo real e uma variedade de lógica de interface, incluindo suporte para enlaces seriais, enlaces PWM (*pulse-width-modulated* – modulado por largura de pulso), enlaces I2C (barramento Inter-IC) e controladores analógico e digital.

3.6 Exemplos de barramentos

Barramentos são a cola que mantém a integridade dos sistemas de computadores. Nesta seção, examinaremos minuciosamente alguns barramentos populares: o PCI e o USB (Universal Serial Bus – barramento serial universal). O PCI é o principal barramento de E/S usado hoje em dia nos PCs. Ele pode ter duas formas, o barramento PCI mais antigo, e o novo e muito mais rápido barramento PCI Express (PCIe). O Universal Serial Bus é um barramento de E/S cada vez mais popular para periféricos de baixa velocidade, como mouses e teclados. Uma segunda e terceira versões do barramento USB rodam com velocidades muito mais altas. Nas próximas seções, veremos esses barramentos um por vez, para ver como eles funcionam.

3.6.1 O barramento PCI

No IBM PC original, a maioria das aplicações era baseada em texto. De modo gradual, com a introdução do Windows, pouco a pouco começaram a ser usadas as interfaces gráficas de usuário. Nenhuma dessas aplicações exigia demais do barramento ISA. Contudo, com o passar do tempo, quando muitas aplicações, em especial jogos em multimídia, começaram a usar computadores para exibir vídeo em tela cheia e com movimento completo, a situação mudou radicalmente.

Vamos fazer um cálculo simples. Considere um vídeo colorido de 1.024 × 768 com 3 bytes/*pixel*. Um quadro contém 2,25 MB de dados. Para um movimento suave, são necessárias ao menos 30 telas por segundo para uma taxa de dados de 67,5 MB por segundo. Na verdade, é pior do que isso, pois para apresentar um vídeo a partir de um disco rígido, CD-ROM ou DVD, os dados devem passar do *drive* de disco para o barramento e ir até a memória. Então, para a apresentação, os dados devem novamente percorrer o barramento até o adaptador gráfico. Portanto, precisamos de uma largura de banda de barramento de 135 MB por segundo só para o vídeo, sem contar a largura de banda de que a CPU e outros dispositivos precisam.

O predecessor do barramento PCI, o ISA, funcionava à taxa máxima de 8,33 MHz e podia transferir 2 bytes por ciclo para uma largura de banda máxima de 16,7 MB/s. O barramento ISA avançado, denominado EISA, podia movimentar 4 bytes por ciclo, para alcançar 33,3 MB/s. Claro que nenhuma dessas taxas sequer chegava perto do que era necessário para apresentação de vídeo completo em tela.

Com o vídeo de HD completo moderno, a situação é ainda pior. Isso exige 1.920 × 1.080 quadros a 30 quadros/segundo para uma taxa de dados de 155 MB/s (ou 310 MB/s se os dados tiverem que atravessar o barramento duas vezes). É claro que o barramento EISA sequer chegar perto de tratar disso.

Em 1990, a Intel percebeu o que estava para acontecer e desenvolveu um novo barramento com uma largura de banda muito mais alta do que a do próprio barramento EISA. Foi denominado **barramento PCI (Peripheral Component Interconnect Bus – barramento de interconexão de componente periférico)**. Para incentivar sua utilização, a Intel patenteou o PCI e então passou todas as patentes para domínio público, de modo que qualquer empresa podia construir periféricos para esse barramento sem ter de pagar *royalties*. Ela também organizou um consórcio de empresas, o PCI Special Interest Group, para gerenciar o futuro desse barramento. O resultado foi que o PCI alcançou enorme popularidade. Praticamente todos os computadores com chips Intel a partir do Pentium têm barramento PCI, e muitos outros computadores também. Esse barramento é apresentado com todos os detalhes tétricos em Shanley e Anderson (1999) e Solari e Willse (2004).

O barramento PCI original transferia 32 bits por ciclo e funcionava em 33 MHz (tempo de ciclo de 30 ns) para uma largura de banda total de 133 MB/s. Em 1993, foi lançado o PCI 2.0 e em 1995 saiu o PCI 2.1. O PCI 2.2 tem características para computadores portáteis (principalmente para economizar energia da bateria). O barramento PCI funciona em até 66 MHz e pode manipular transferências de 64 bits para uma largura de banda total de 528 MB/s. Com esse tipo de capacidade, o vídeo de tela inteira e movimento total é viável (admitindo que o disco e o resto do sistema estejam à altura do serviço). Seja como for, o PCI não será o gargalo.

Mesmo que 528 MB/s pareça muito rápido, ainda há dois problemas. Primeiro, não era muito bom para um barramento de memória. Segundo, não era compatível com todas aquelas antigas placas ISA que havia por aí. A solução imaginada pela Intel foi projetar computadores com três ou mais barramentos, conforme mostra a Figura 3.51. Nessa figura, vemos que a CPU pode se comunicar com a memória principal por um barramento de memória especial, e que um barramento ISA pode ser conectado ao PCI. Esse arranjo atendia a todos os requisitos e, por consequência, foi amplamente usado na década de 1990.

Dois componentes fundamentais dessa arquitetura são os dois chips de pontes, fabricados pela Intel – daí seu interesse em todo esse projeto. A ponte PCI conecta a CPU, a memória e o barramento PCI. A ponte ISA conecta o barramento PCI ao ISA e também suporta um ou dois discos IDE. Quase todos os sistemas PC usando essa arquitetura vêm com um ou mais encaixes PCI livres para acrescentar novos periféricos de alta velocidade e um ou mais encaixes ISA para acrescentar periféricos de baixa velocidade.

A grande vantagem do arranjo da Figura 3.51 é que a CPU tem uma largura de banda extremamente alta para a memória usando um barramento de memória proprietário; o PCI oferece alta largura de banda para periféricos rápidos, como discos SCSI, adaptadores gráficos etc.; e as antigas placas ISA ainda podem ser usadas. A caixa USB na figura se refere ao Universal Serial Bus, que será discutido mais adiante neste capítulo.

Seria bom se houvesse apenas um tipo de placa PCI. Porém, não é esse o caso. Há opções para tensão, largura e temporização. Computadores mais antigos usam em geral 5 volts e os mais novos tendem a usar 3,3 volts, portanto, o barramento PCI suporta ambos. Os conectores são os mesmos, exceto por dois pedacinhos de plástico que estão lá para impedir que as pessoas insiram uma placa de 5 volts em um barramento PCI de 3,3 volts ou vice-versa. Felizmente, existem placas universais que suportam ambas as tensões e podem ser ligadas a quaisquer dos tipos de encaixe. Além da opção de tensão, as placas também têm versões de 32 bits e 64 bits. As placas de 32 bits têm 120 pinos; as de 64 bits têm os mesmos 120 pinos mais 64 pinos adicionais. Um sistema de barramento PCI que suporta placas de 64 bits também pode aceitar placas de 32 bits, mas o inverso não é verdade. Por fim, barramentos e placas PCI podem funcionar em 33 MHz ou 66 MHz. A opção é feita ligando um pino à fonte de energia ou ao fio terra. Os conectores são idênticos para ambas as velocidades.

Figura 3.51 Arquitetura de um dos primeiros sistemas Pentium. Os barramentos representados por linhas mais largas têm mais largura de banda do que os representados por linhas mais finas, mas a figura não está em escala.

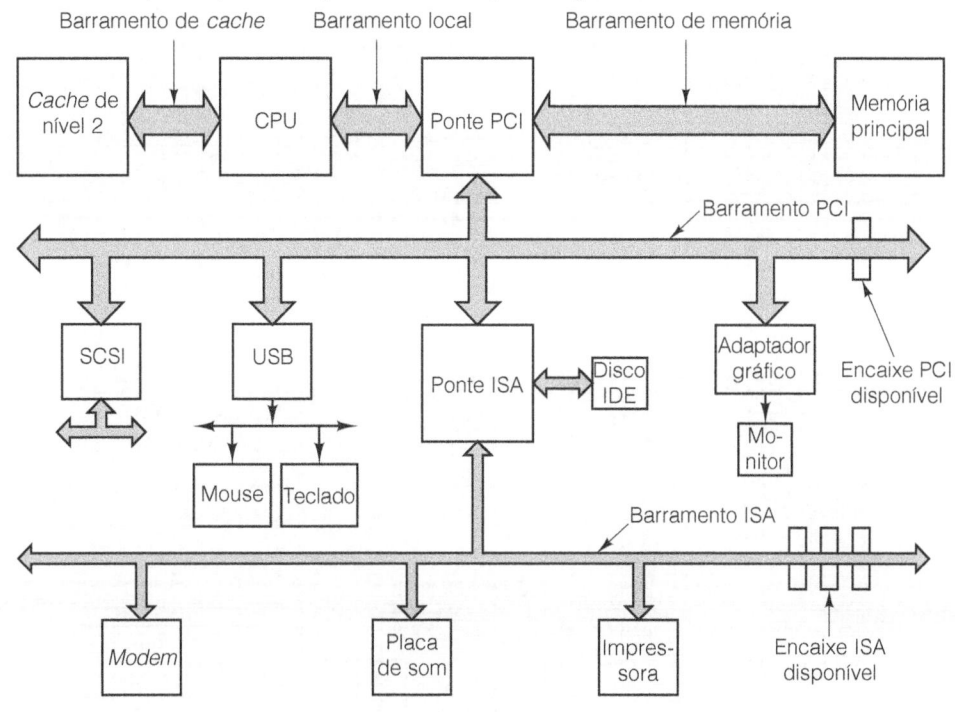

No final da década de 1990, quase todos concordavam que o barramento ISA estava morto, portanto, os novos projetos o excluíram. Contudo, nessa mesma época a resolução de monitores tinha aumentado, em alguns casos para 1.600 × 1.200, e a demanda por vídeo de tela inteira e movimento total também cresceu, em especial no contexto de jogos de alto grau de interação, portanto, a Intel acrescentou mais um outro barramento só para comandar a placa gráfica. Esse barramento foi denominado **barramento AGP (Accelerated Graphics Port bus – barramento de porta gráfica acelerada)**. A versão inicial, AGP 1.0, funcionava a 264 MB/s, o que foi definido como 1x. Embora mais lento que o barramento PCI, foi dedicado a comandar a placa gráfica. Com o passar dos anos, saíram novas versões, com AGP 3.0 funcionando a 2,1 GB/s (8x). Hoje, até mesmo o barramento AGP 3.0 de alto desempenho foi substituído por outros ainda mais rápidos, em particular, o PCI Express, que pode bombear incríveis 16 GB/s de dados por enlaces de barramento serial de alta velocidade. Um sistema Core i7 moderno é ilustrado na Figura 3.52.

Em um sistema moderno baseado no Core i7, diversas interfaces foram integradas diretamente no chip da CPU. Os dois canais de memória DDR3, rodando a 1.333 transações/s, conectam-se à memória principal e oferecem uma largura de banda agregada de 10 GB/s por canal. Também integrado à CPU está um canal PCI Express de 16 vias, que idealmente pode ser configurado em um único barramento PCI Express de 16 bits ou barramentos PCI Express independentes de 8 bits. As 16 vias juntas oferecem uma largura de banda de 16 GB/s para dispositivos de E/S.

A CPU se conecta ao chip da ponte principal, o P67, por meio da interface de mídia direta (DMI) serial de 20 Gb/s (2,5 GB/s). O P67 oferece interfaces para uma série de interfaces de E/S modernas de alto desempenho. Oito vias PCI Express adicionais são fornecidas, mais interfaces de disco SATA. O P67 também executa 14 interfaces USB 2.0, Ethernet de 10G e uma de áudio.

O chip ICH10 oferece suporte a interface legada para dispositivos antigos. Ele está conectado ao P67 por meio de uma interface DMI mais lenta. O ICH10 implementa o barramento PCI, Ethernet a 1G, portas USB e as clássicas interfaces PCI Express e SATA. Sistemas mais novos não podem incorporar o ICH10; isso é exigido apenas se o sistema precisa dar suporte a interfaces legadas.

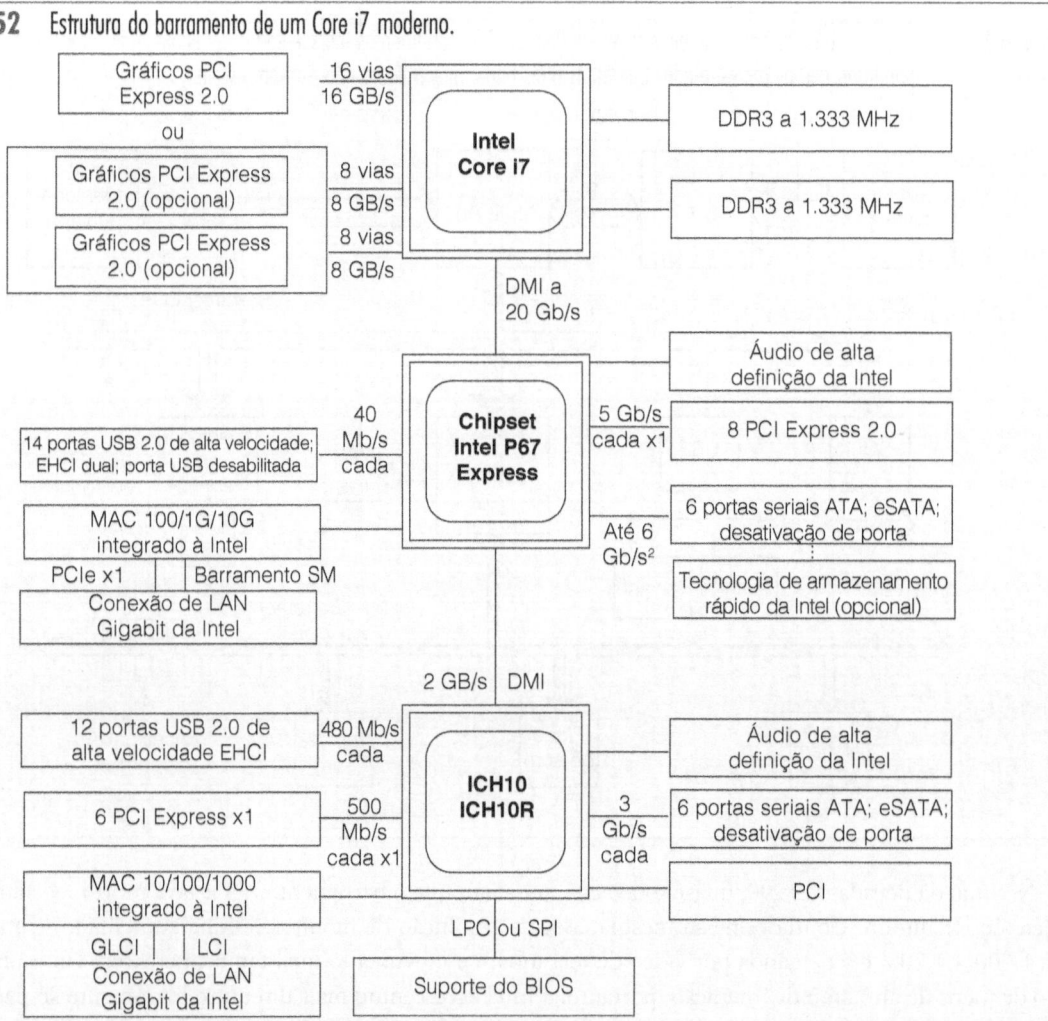

Figura 3.52 Estrutura do barramento de um Core i7 moderno.

- Gráficos PCI Express 2.0 — 16 vias, 16 GB/s
- ou
- Gráficos PCI Express 2.0 (opcional) — 8 vias, 8 GB/s
- Gráficos PCI Express 2.0 (opcional) — 8 vias, 8 GB/s

Intel Core i7
- DDR3 a 1.333 MHz
- DDR3 a 1.333 MHz

DMI a 20 Gb/s

Chipset Intel P67 Express
- Áudio de alta definição da Intel
- 5 Gb/s cada x1 — 8 PCI Express 2.0
- 14 portas USB 2.0 de alta velocidade; EHCI dual; porta USB desabilitada — 40 Mb/s cada
- Até 6 Gb/s² — 6 portas seriais ATA; eSATA; desativação de porta
- MAC 100/1G/10G integrado à Intel
- PCIe x1 | Barramento SM
- Conexão de LAN Gigabit da Intel
- Tecnologia de armazenamento rápido da Intel (opcional)

2 GB/s DMI

ICH10 / ICH10R
- 12 portas USB 2.0 de alta velocidade EHCI — 480 Mb/s cada
- Áudio de alta definição da Intel
- 6 PCI Express x1 — 500 Mb/s cada x1
- 3 Gb/s cada — 6 portas seriais ATA; eSATA; desativação de porta
- MAC 10/100/1000 integrado à Intel
- GLCI | LCI
- Conexão de LAN Gigabit da Intel
- PCI
- LPC ou SPI — Suporte do BIOS

● **Operação do barramento PCI**

Como todos os barramentos do PC desde o IBM PC original, o barramento PCI é síncrono. Todas as suas transações ocorrem entre um mestre, cujo nome oficial é **iniciador**, e um escravo, oficialmente denominado **alvo**. Para manter baixo o número de pinos PCI, as linhas de endereços e dados são multiplexadas. Desse modo, nas placas PCI são necessários somente 64 pinos para endereço mais sinais de dados, ainda que o PCI suporte endereços de 64 bits e dados de 64 bits.

Os pinos de endereço e de dados multiplexados funcionam da seguinte maneira. Em uma operação de leitura, durante o ciclo 1, o mestre coloca o endereço no barramento. No ciclo 2, ele remove o endereço e o barramento muda de sentido, de modo que o escravo possa usá-lo. No ciclo 3, o escravo entrega os dados requisitados. Em operações de escrita, o barramento não tem de virar porque o mestre coloca o endereço e também os dados. Não obstante, a transação mínima ainda dura três ciclos. Se o escravo não conseguir responder em três ciclos, ele pode inserir estados de espera. Também são permitidas transferências de blocos sem limite de tamanho, assim como diversos outros tipos de ciclos de barramento.

Arbitragem de barramento PCI

Para usar o barramento PCI, um dispositivo deve antes adquiri-lo. A arbitragem de barramento PCI usa um árbitro de barramento centralizado, como mostra a Figura 3.53. Na maioria dos projetos, o árbitro de barramento é inserido em um dos chips de ponte. Todo dispositivo PCI tem duas linhas dedicadas que vão dele até o árbitro. Uma linha, REQ#, é usada para requisitar o barramento. A outra linha, GNT#, é usada para receber concessões de barramento. Nota: REQ# é a forma do PCI indicar $\overline{REQ}$.

Figura 3.53 O barramento PCI usa um árbitro de barramento centralizado.

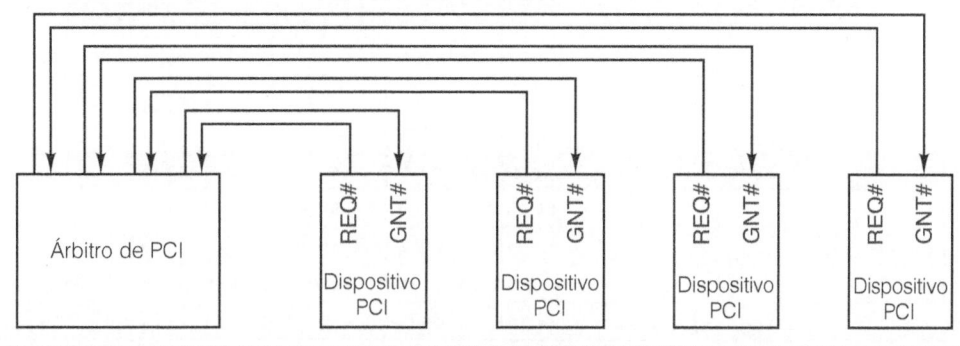

Para requisitar o barramento, um dispositivo PCI (incluindo a CPU) ativa REQ# e espera até ver sua linha GNT# ativada pelo árbitro. Quando esse evento acontece, o dispositivo pode usar o barramento no próximo ciclo. O algoritmo usado pelo árbitro não é definido pela especificação do PCI. Arbitragem por varredura circular, arbitragem por prioridade e outros esquemas são todos permitidos. Claro que um bom árbitro será justo, de modo a não deixar alguns dispositivos esperando para sempre.

Uma concessão de barramento serve para uma transação apenas, embora em teoria o comprimento dessa transação não tenha limite. Se um dispositivo quiser executar uma segunda transação e nenhum outro dispositivo estiver requisitando o barramento, ele pode entrar de novo, apesar de ser preciso inserir um ciclo ocioso entre transações. Contudo, em circunstâncias especiais, na ausência de disputa pelo barramento, um dispositivo pode fazer uma transação atrás da outra sem ter de inserir um ciclo ocioso. Se um mestre de barramento estiver realizando uma transferência muito longa e algum outro dispositivo requisitar o barramento, o árbitro pode negar a linha GNT#. O mestre de barramento em questão deve monitorar a linha GNT#; portanto, quando perceber a negação, deve liberar o barramento no próximo ciclo. Esse esquema permite transferências muito longas (que são eficientes) quando há só um mestre de barramento candidato, mas ainda assim dá resposta rápida a dispositivos concorrentes.

Sinais de barramento PCI

O barramento PCI tem vários sinais obrigatórios, mostrados na Figura 3.54(a), e vários sinais opcionais, mostrados na Figura 3.54(b). O restante dos 120 ou 184 pinos são usados para energia, aterramento e diversas funções relacionadas, e não aparecem nessa lista. As colunas *Mestre* (iniciador) e *Escravo* (alvo) informam quem ativa o sinal em uma transação normal. Se o sinal for ativado por um dispositivo diferente (por exemplo, CLK), ambas as colunas são deixadas em branco.

Figura 3.54 (a) Sinais obrigatórios de barramento PCI. (b) Sinais opcionais de barramento PCI.

Sinal	Linhas	Mestre	Escravo	Descrição
CLK	1			*Clock* (33 MHz ou 66 MHz)
AD	32	×	×	Linhas de endereço e de dados multiplexadas
PAR	1	×		Bit de paridade de endereço ou dados
C/BE	4	×		Comando de barramento/mapa de bits para bytes habilitados
FRAME#	1	×		Indica que AD e C/BE estão ativadas
IRDY#	1	×		Leitura: mestre aceitará; escrita: dados presentes
IDSEL	1	×		Seleciona espaço de configuração em vez de memória
DEVSEL#	1		×	Escravo decodificou seu endereço e está na escuta
TRDY#	1		×	Leitura: dados presentes; escrita: escravo aceitará
STOP#	1		×	Escravo quer interromper transação imediatamente
PERR#	1			Erro de paridade de dados detectado pelo receptor
SERR#	1			Erro de paridade de endereço ou erro de sistema detectado
REQ#	1			Arbitragem de barramento: requisição de propriedade de barramento
GNT#	1			Arbitragem de barramento: concessão de propriedade de barramento
RST#	1			Restaura o sistema e todos os dispositivos

(a)

Sinal	Linhas	Mestre	Escravo	Descrição
REQ64#	1	×		Requisição para realizar transação de 64 bits
ACK64#	1		×	Permissão concedida para uma transação de 64 bits
AD	32	×		32 bits adicionais de endereço ou dados
PAR64	1	×		Paridade para os 32 bits extras de endereço/dados
C/BE#	4	×		4 bits adicionais para habilitações de bytes
LOCK	1	×		Trava o barramento para permitir múltiplas transações
SBO#	1			Presença de dados em uma *cache* remota (para um multiprocessador)
SDONE	1			Escuta realizada (para um multiprocessador)
INTx	4			Requisição de uma interrupção
JTAG	5			Sinais de testes IEEE 1149.1 JTAG
M66EN	1			Ligado à energia ou ao terra (66 MHz ou 33 MHz)

(b)

Agora, vamos examinar brevemente cada um dos sinais do barramento PCI. Começaremos com os obrigatórios (32 bits) e em seguida passaremos para os opcionais (64 bits). O sinal CLK comanda o barramento. A maioria dos outros sinais é síncrona com ele. Ao contrário do ISA, uma transação de barramento PCI começa na borda descendente do CLK, que está no meio do ciclo, em vez de estar no início.

Os 32 sinais AD são para endereços e dados (para transações de 32 bits). Em geral, durante o ciclo 1 o endereço é ativado e durante o ciclo 3 os dados são ativados. O sinal PAR é um bit de paridade para AD. O sinal C/BE# é usado para duas coisas diferentes. No ciclo 1, ele contém o comando de barramento (leia 1 palavra, leia bloco etc.). No ciclo 2, contém um mapa de bits de 4 bits que informa quais bytes da palavra de 32 bits são válidos. Usando C/BE# é possível ler ou escrever 1, 2 ou 3 bytes quaisquer, bem como uma palavra inteira.

O sinal FRAME# é ativado pelo mestre para iniciar uma transação de barramento. Informa ao escravo que os comandos de endereço e barramento agora são válidos. Em uma leitura, usualmente o IRDY# é ativado ao mesmo tempo em que o FRAME#. Ele informa que o mestre está pronto para aceitar dados que estão chegando. Em uma escrita, o IRDY# é ativado mais tarde, quando os dados estão no barramento.

O sinal IDSEL está relacionado ao fato de que todo dispositivo PCI deve ter um espaço de configuração de 256 bytes que outros dispositivos possam ler (ativando IDSEL). Esse espaço de configuração contém propriedades do dispositivo. A característica *plug-and-play* de alguns sistemas operacionais usa o espaço de configuração para saber quais dispositivos estão no barramento.

Agora, chegamos aos sinais ativados pelo escravo. O primeiro deles, DEVSEL#, anuncia que o escravo detectou seu endereço nas linhas AD e está preparado para realizar a transação. Se DEVSEL# não for ativado em certo limite de tempo, o mestre esgota sua temporização e supõe que o dispositivo endereçado está ausente ou avariado.

O segundo sinal de escravo é TRDY#, que ele ativa em leituras para anunciar que os dados estão nas linhas AD e em escritas para anunciar que está preparado para aceitar dados.

Os três sinais seguintes são para notificar erros. O primeiro deles é STOP#, que o escravo ativa se algo desastroso acontecer e ele quiser abortar a transação corrente. O seguinte, PERR#, é usado para notificar um erro de paridade no ciclo anterior. Para uma leitura, ele é ativado pelo mestre; para uma escrita, pelo escravo. Cabe ao receptor executar a ação adequada. Por fim, SERR# é para reportar erros de endereço e de sistema.

Os sinais REQ# e GNT# são para fazer arbitragem de barramento. Eles não são assegurados pelo mestre de transferência de dados em questão, mas por um dispositivo que quer se tornar mestre de barramento. O último sinal obrigatório é RST#, usado para reiniciar o sistema, seja porque o usuário apertou a tecla RESET seja porque algum dispositivo do sistema notou um erro fatal. Ativar esse sinal restaura todos os dispositivos e reinicia o computador.

Agora, chegamos aos sinais opcionais, cuja maioria está relacionada à expansão de 32 bits para 64 bits. Os sinais REQ64# e ACK64# permitem que o mestre peça permissão para conduzir uma transação de 64 bits e permite que o escravo aceite, respectivamente. Os sinais AD, PAR64 e C/BE# são apenas extensões dos sinais correspondentes de 32 bits.

Os três sinais seguintes não estão relacionados aos 32 bits contra 64 bits, mas a sistemas multiprocessadores, algo que as placas PCI não são obrigadas a suportar. O sinal LOCK permite que o barramento seja travado para múltiplas transações. Os dois seguintes estão relacionados à escuta do barramento para manter coerência de *cache*.

Os sinais INTx são para requisitar interrupções. Uma placa PCI pode conter até quatro dispositivos lógicos separados e cada um pode ter sua própria linha e requisição de interrupção. Os sinais JTAG são para procedimento de teste IEEE 1149.1 JTAG. Por fim, o sinal M66EN é ligado alto ou é ligado baixo para estabelecer a velocidade de *clock*. Não deve mudar durante a operação do sistema.

- **Transações de barramento PCI**

Na realidade, o barramento PCI é muito simples (no que diz respeito a barramentos). Para ter uma ideia melhor dele, considere o diagrama temporal da Figura 3.55, onde podemos ver uma transação de leitura seguida por um ciclo ocioso, seguida por uma transação de escrita pelo mesmo mestre de barramento.

Quando a borda descendente do *clock* acontece durante T_1, o mestre põe o endereço de memória em AD e o comando de barramento em C/BE#. Então, ativa FRAME# para iniciar a transação de barramento.

Durante T_2, o mestre libera o barramento de endereço para deixar que ele retorne em preparação para o comando do escravo durante T_3. O mestre também muda C/BE# para indicar quais bytes na palavra endereçada ele quer habilitar, isto é, quais quer que sejam lidos.

Em T_3, o escravo ativa DEVSEL# de modo que o mestre saiba que ele obteve o endereço e está planejando responder. Além disso, põe os dados nas linhas AD e ativa TRDY# para informar ao mestre que fez isso. Se o escravo não puder responder com tanta rapidez, ainda assim ele ativaria DEVSEL# para anunciar sua presença, mas manteria TRDY# negado até que pudesse obter os dados que lá estão. Esse procedimento introduziria um ou mais estados de espera.

Figura 3.55 Exemplos de transações de barramento PCI de 32 bits. Os três primeiros ciclos são usados para uma operação de leitura, em seguida um ciclo ocioso e depois três ciclos para uma operação de escrita.

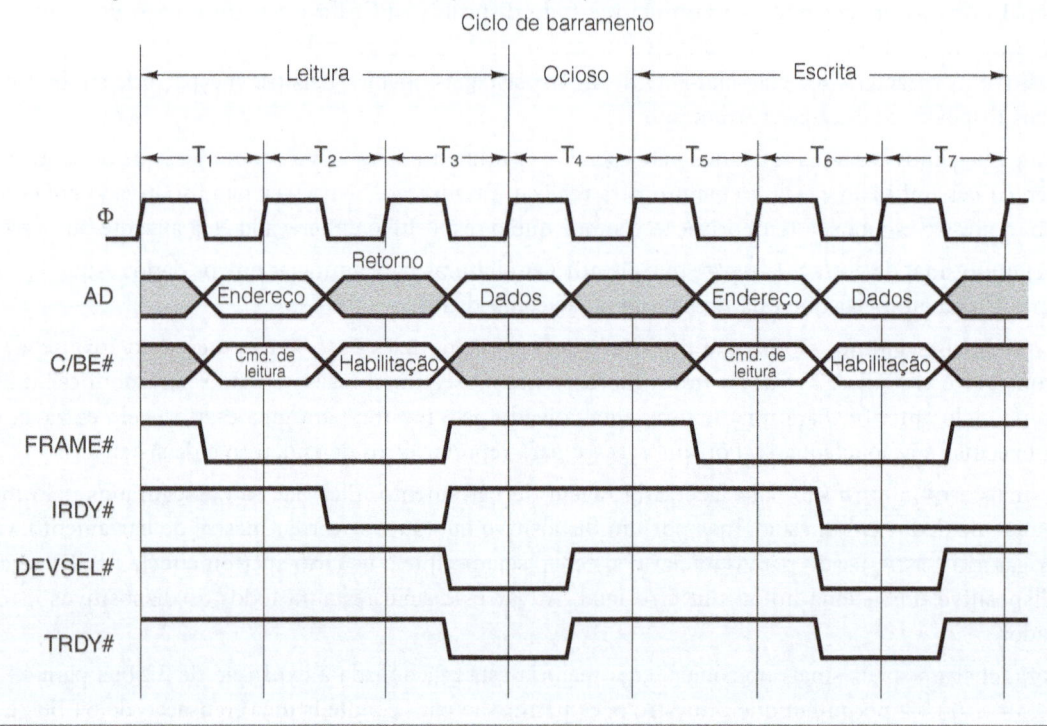

Nesse exemplo (e muitas vezes na realidade), o ciclo seguinte é ocioso. Começando em T_5, vemos o mesmo mestre iniciando uma escrita. Ele começa colocando o endereço e o comando no barramento, como sempre. Só que agora, no segundo ciclo, ele ativa os dados. Uma vez que o mesmo dispositivo está comandando as linhas AD, não há necessidade de um ciclo de retorno. Em T_7, a memória aceita os dados.

3.6.2 PCI Express

Embora o funcionamento do barramento PCI seja adequado para a maioria das aplicações, a necessidade de maior largura de banda de E/S está causando uma confusão na antes limpa arquitetura interna do PC. A Figura 3.52 deixa claro que o barramento PCI não é mais o elemento central que mantém unidas as partes do PC. O chip ponte se apossou de parte desse papel.

A essência do problema é que há cada vez mais dispositivos de E/S muito rápidos para o barramento PCI. Elevar a frequência de *clock* do barramento não é uma boa solução porque então os problemas de atraso diferencial no barramento, interferência na fiação e efeitos de capacitância só ficariam piores. Toda vez que um dispositivo de E/S fica muito rápido para o barramento PCI (como as placas gráficas, disco rígido, redes etc.), a Intel acrescenta uma porta especial para o chip ponte para permitir que o dispositivo contorne o barramento PCI. Claro que isso tampouco é uma solução de longo prazo.

Outro problema com o barramento PCI é que as placas são muito grandes. Placas PCI padrão costumam ter 17,5 cm por 10,7 cm e placas inferiores possuem 12,0 cm por 3,6 cm. Nenhuma delas cabe em laptops e, com certeza, não em dispositivos móveis. Os fabricantes gostariam de produzir dispositivos menores ainda. Além disso, alguns deles gostariam de repartir o espaço interno do PC, colocando a CPU e a memória dentro de uma pequena caixa selada e o disco rígido dentro do monitor. Com as placas PCI é impossível fazer isso.

Diversas soluções foram propostas, mas a que tem mais probabilidade de vencer (e em grande parte porque a Intel está por trás dela) é denominada **PCI Express**. Ela tem pouco a ver com o barramento PCI e, na verdade, nem é um barramento, mas o pessoal do marketing não quer largar mão do famoso nome PCI. PCs que contêm essa solução já estão no mercado há algum tempo. Vamos ver como eles funcionam.

Arquitetura do PCI Express

O coração da solução PCI Express (em geral, abreviado como PCIe) é se livrar do barramento paralelo com seus muitos mestres e escravos e passar para um projeto baseado em conexões seriais ponto a ponto de alta velocidade. Essa solução representa uma ruptura radical com a tradição do barramento ISA/EISA/PCI e toma emprestadas muitas ideias do mundo das redes locais, em especial a Ethernet comutada. A ideia básica se resume no seguinte: no fundo, um PC é um conjunto de chips de CPU, memória, controladores de E/S que precisa ser interconectado. O que o PCI Express faz é fornecer um comutador de uso geral para conectar chips usando ligações seriais. Uma configuração típica é ilustrada na Figura 3.56.

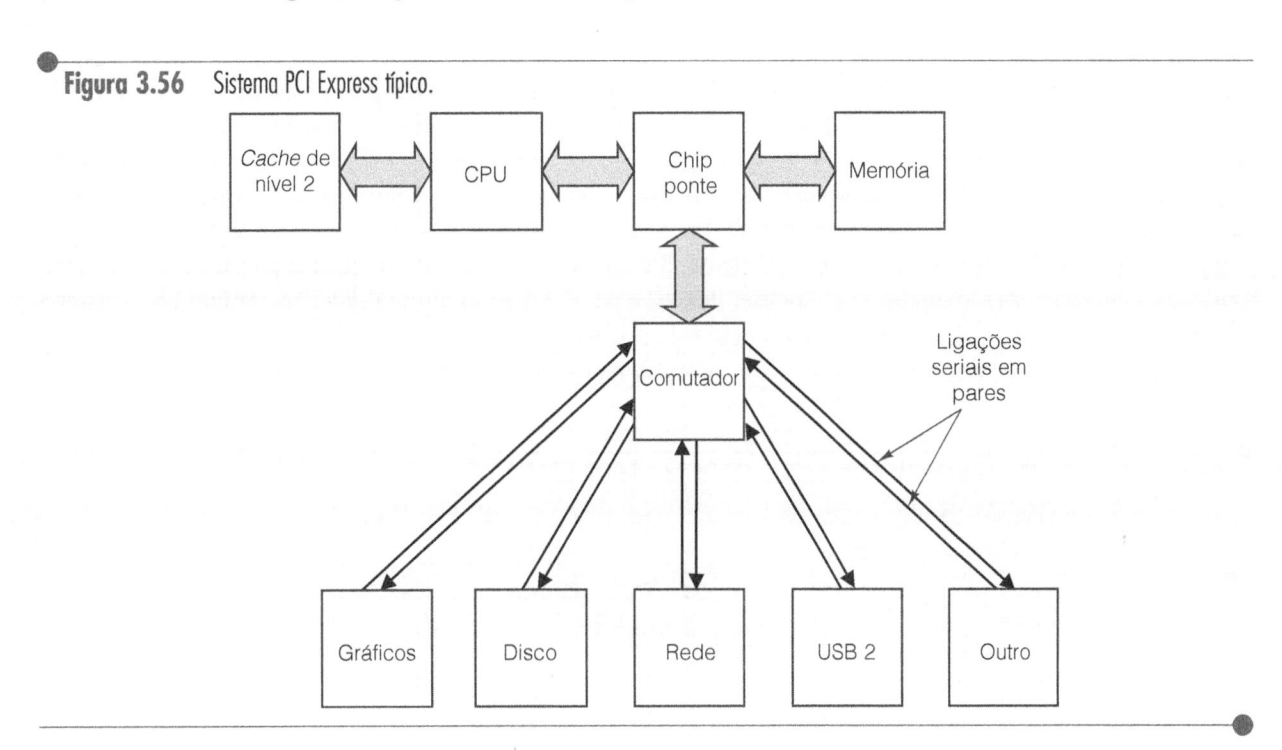

Figura 3.56 Sistema PCI Express típico.

Como mostra a figura, a CPU, a memória e a *cache* estão conectadas ao chip ponte no modo tradicional. A novidade aqui é um comutador conectado à ponte (talvez parte do próprio chip ponte ou integrado diretamente ao processador). Cada um dos chips de E/S tem uma conexão ponto a ponto dedicada com o comutador. Cada conexão consiste em um par de canais unidirecionais, um que vai para o comutador e outro que vem dele. Cada canal é composto de dois fios, um para o sinal e outro para o terra, para dar imunidade contra ruído alto durante a transmissão de alta velocidade. Essa arquitetura substituirá a atual por um modelo muito mais uniforme, no qual todos os dispositivos são tratados igualmente.

A arquitetura PCI Express tem três pontos de diferença em relação ao antigo barramento PCI. Já vimos dois deles: um comutador centralizado contra um barramento *multidrop* e a utilização de conexões seriais ponto a ponto estreitas contra um barramento paralelo largo. O terceiro é mais sutil. O modelo conceitual que fundamenta o PCI é o de um mestre de barramento que emite um comando a um escravo para ler uma palavra ou um bloco de palavras. O modelo do PCI Express é o de um dispositivo que envia um pacote de dados a outro dispositivo. O conceito de um **pacote**, que consiste em um cabeçalho e em uma carga útil, é tirado do mundo das redes. O **cabeçalho** contém informação de controle, o que elimina a necessidade dos muitos sinais de controle presentes no barramento PCI. A **carga útil** contém os dados a transferir. Na verdade, um PC com PCI Express é uma miniatura de rede de comutação de pacotes.

Além dessas três importantes rupturas com o passado, também há diversas pequenas diferenças. A quarta é que o código de detecção de erro é usado somente nos pacotes, o que dá um grau de confiabilidade mais alto do que o barramento PCI. A quinta é que a conexão entre um chip e o comutador é mais longa do que era, até 50 cm, para permitir a repartição do sistema. A sexta é que o sistema pode ser expandido porque um dispositivo pode perfeitamente ser outro comutador, o que permite uma árvore de comutadores. A sétima é que dispositivos podem ser acrescentados ou removidos do sistema enquanto ele está em operação. Por fim, uma vez que conectores seriais são muito menores do que os antigos conectores PCI, podem-se fabricar dispositivos e computadores muito menores. Em resumo, o PCI Express é uma grande ruptura em relação ao barramento PCI.

- **Pilha de protocolos do PCI Express**

Condizente com o modelo de uma rede de comutação de pacotes, o sistema PCI Express tem uma pilha de protocolos em camadas. Um **protocolo** é um conjunto de regras que governam a conversa entre duas partes. Uma pilha de protocolos é uma hierarquia de protocolos que tratam de questões diferentes em camadas diferentes. Por exemplo, considere uma carta comercial. Ela obedece a certas convenções referentes à localização e ao conteúdo do cabeçalho, ao endereço do destinatário, à data, aos cumprimentos, ao corpo, à assinatura e assim por diante. Podemos dizer que tudo isso junto é um protocolo de carta. Além disso, há outro conjunto de convenções referentes ao envelope, como tamanho, local e formato do endereço do remetente, local e formato do endereço do destinatário, local do selo e assim por diante. Essas duas camadas e seus protocolos são independentes. Por exemplo, é possível dar um formato completamente diferente à carta, mas usar o mesmo envelope, e vice-versa. Protocolos em camadas são um projeto modular flexível e há décadas são muito usados no mundo dos softwares de rede. A novidade, no caso, é montá-los no hardware do "barramento".

A pilha de protocolos do PCI Express é mostrada na Figura 3.57(a). Ela é discutida a seguir.

Figura 3.57 (a) Pilha de protocolos do PCI Express. (b) Formato de um pacote.

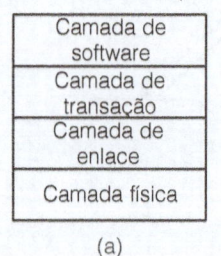

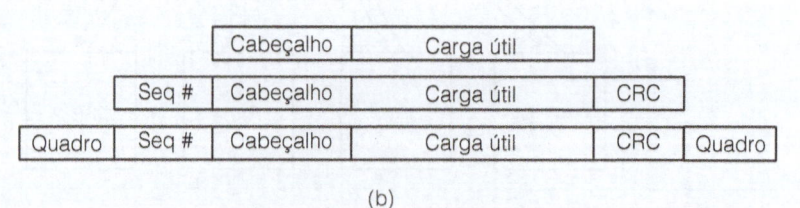

Vamos examinar as camadas de baixo para cima. A camada mais baixa é a **camada física**. Ela trata da movimentação de bits de um remetente para um destinatário por uma conexão ponto a ponto. Cada conexão ponto a ponto consiste em um ou mais pares de enlaces *simplex* (isto é, unidirecionais). No caso mais simples, há um par em cada direção, mas também é permitido ter 2, 4, 8, 16 ou 32 pares. Cada enlace é denominado **via**. O número de vias em cada direção deve ser o mesmo. Produtos de primeira geração devem suportar uma taxa de dados de no mínimo 2,5 Gbps, mas espera-se que logo a velocidade passe para 10 Gbps em cada direção.

Diferente dos barramentos ISA/EISA/PCI, o PCI Express não tem um *clock* mestre. Os dispositivos têm liberdade para começar a transmitir tão logo tenham dados a enviar. Essa liberdade deixa o sistema mais rápido, mas também leva a um problema. Suponha que um bit 1 seja codificado como +3 volts e um bit 0, como 0 volt. Se os primeiros bytes forem todos 0s, como o destinatário sabe que dados estão sendo transmitidos? Afinal, uma sequência de 0 bits parece o mesmo que um enlace ocioso. O problema é resolvido usando o que denominamos **codificação 8b/10b**. Nesse esquema, 10 bits são usados para codificar 1 byte de dados reais em um símbolo de 10 bits. Entre os 1.024 símbolos de 10 bits possíveis, foram escolhidos como legais os que têm suficientes transições de *clock* para manter remetente e destinatário sincronizados nas fronteiras de bits, mesmo sem um *clock* mestre. Uma consequência da codificação 8b/10b é que um enlace que tenha uma capacidade bruta de 2,5 Gbps só pode transmitir 2 Gbps (líquidos) de dados de usuário.

Enquanto a camada física lida com transmissão de bits, a **camada de enlace** trata de transmissão de pacotes. Ela pega o cabeçalho e a carga útil passados para ela pela camada de transação e acrescenta a eles um número de sequência e um código de correção de erro denominado **CRC (Cyclic Redundancy Check – verificação por redundância cíclica)**. O CRC é gerado pela execução de certo algoritmo no cabeçalho e nos dados da carga útil. Quando um pacote é recebido, o destinatário efetua alguns cálculos no cabeçalho e nos dados e compara o resultado com o CRC anexado ao pacote. Se forem compatíveis, ele devolve um curto **pacote de reconhecimento** confirmando sua correta chegada. Se não forem, o destinatário solicita uma retransmissão. Desse modo, a integridade dos dados melhora muito em relação ao sistema de barramento PCI, que não tem nenhuma prescrição para verificação e retransmissão de dados enviados pelo barramento.

Para evitar que um transmissor rápido soterre um receptor lento com pacotes que ele não pode manipular, é usado um mecanismo de **controle de fluxo** que funciona da seguinte maneira: o receptor concede ao transmissor certo número de créditos que correspondem em essência à quantidade de espaço de *buffer* de que ele dispõe para armazenar pacotes que chegam. Quando os créditos se esgotam, o transmissor tem de parar de enviar pacotes até receber mais créditos. Esse esquema, que é muito usado em todas as redes, evita a perda de dados em consequência da incompatibilidade entre as velocidades do transmissor e do receptor.

A **camada de transação** trata das ações do barramento. Ler uma palavra da memória requer duas transações: uma iniciada pela CPU ou canal DMA que está requisitando alguns dados e outra iniciada pelo alvo que está fornecendo os dados. Mas a camada de transação faz mais do que manipular leituras e escritas puras. Ela adiciona valor à transmissão de pacotes bruta oferecida pela camada de enlace. Para começar, ela pode dividir cada via em até oito **circuitos virtuais**, cada um manipulando uma classe de tráfego diferente. A camada de transação pode rotular pacotes de acordo com sua classe de tráfego, o que pode incluir atributos como "alta prioridade", "baixa prioridade", "não escute", "pode ser entregue fora da ordem" e outros mais. O comutador pode usar esses rótulos para decidir qual pacote manipulará em seguida.

Cada transação usa um dos quatro espaços de endereços:

1. Espaço da memória (para leituras e escritas comuns).
2. Espaço de E/S (para endereçar registradores de dispositivos).
3. Espaço de configuração (para inicialização do sistema etc.).
4. Espaço de mensagem (para sinalização, interrupções etc.).

Os espaços de memória e E/S são semelhantes aos dos sistemas existentes. O espaço de configuração pode ser usado para executar características como *plug-and-play*. O espaço de mensagem assume o papel de muitos dos sinais de controle existentes. É necessário ter algo parecido com esse espaço porque nenhuma das linhas de controle do PCI existe no PCI Express.

A **camada de software** faz a interface entre sistema PCI Express e sistema operacional. Ela pode emular o barramento PCI, possibilitando a execução de sistemas operacionais existentes não modificados em sistemas PCI Express. Claro que uma operação como essa não irá explorar todo poder do PCI Express, mas a compatibilidade é um mal necessário até que os sistemas operacionais sejam modificados para utilizar totalmente o PCI Express. A experiência mostra que isso pode levar algum tempo.

O fluxo de informações é ilustrado na Figura 3.57(b). Quando é dado um comando à camada de software, esta o passa para a camada de transação, que o formula em termos de um cabeçalho e uma carga útil. Então, essas duas partes são passadas para a camada de enlace, que acrescenta um número de sequência à sua parte anterior e um CRC à posterior. Em seguida, esse pacote ampliado é passado à camada física, que acrescenta informações de enquadramento de dados a cada extremidade para formar o pacote físico, que é, por fim, transmitido. Na extremidade receptora ocorre o processo inverso – cabeçalho de enlace e as informações que acompanham o bloco de dados (*trailer*) são removidos e o resultado é passado para a camada de transação.

O conceito do acréscimo de informações adicionais aos dados à medida que ele desce pela pilha de protocolos já é usado há décadas no mundo das redes com grande sucesso. A grande diferença entre uma rede e o PCI

Express é que, no mundo das redes, o código nas várias camadas quase sempre é um software que faz parte do sistema operacional. No PCI Express, ele faz parte do hardware do dispositivo.

O PCI Express é um assunto complicado. Para mais informações, consulte Mayhew e Krishnan, 2003; e Solari e Congdon, 2005. Ele ainda está evoluindo. Em 2007, o PCIe 2.0 foi lançado. Ele admite 500 MB/s por via em até 32 vias, para uma largura de banda total de 16 GB/s. Depois veio o PCIe 3.0 em 2011, que mudou a codificação de 8b/10b para 128b/130b e pode rodar a 8 bilhões de transações por segundo, o dobro do PCIe 2.0.

3.6.3 Barramento serial universal (USB)

O barramento PCI e o PCI Express são bons para anexar periféricos de alta velocidade a um computador, mas são muito caros para dispositivos de E/S de baixa velocidade, como teclados e mouses. Cada dispositivo padrão de E/S era conectado ao computador de modo especial, com alguns encaixes ISA e PCI livres para adicionar novos dispositivos. Infelizmente, esse esquema teve problemas desde o início.

Por exemplo, cada novo dispositivo de E/S costuma vir com sua própria placa ISA ou PCI. Muitas vezes, o usuário é responsável pelo ajuste de comutadores e pontes na placa e por assegurar que tais ajustes não entrem em conflito com as outras placas. Então, ele precisa abrir a torre, inserir cuidadosamente a placa, fechar a torre e reiniciar o computador. Para muitos usuários, esse processo é difícil e sujeito a erros. Além disso, o número de encaixes ISA e PCI é muito limitado (em geral, dois ou três). Placas *plug-and-play* eliminam o ajuste das pontes, mas ainda assim o usuário tem de abrir o computador para inserir a placa e o número de encaixes do barramento continua limitado.

Para tratar desse problema, em 1993, representantes de sete empresas (Compaq, DEC, IBM, Intel, Microsoft, NEC e Northern Telecom) se reuniram para buscar a melhor maneira de anexar dispositivos de E/S a um computador. Desde então, centenas de outras empresas se juntaram a elas. O padrão resultante, lançado oficialmente em 1998, é denominado **USB (Universal Serial Bus – barramento serial universal)**, e é amplamente executado em computadores pessoais. Uma descrição mais detalhada desse barramento pode ser encontrada em Anderson (1997) e Tan (1997).

Alguns dos objetivos das empresas que conceberam o USB original e iniciaram o projeto eram os seguintes:

1. Usuários não terão de ajustar comutadores ou pontes em placas ou dispositivos.
2. Usuários não terão de abrir a torre para instalar novos dispositivos de E/S.
3. Haverá apenas um tipo de cabo, que servirá para conectar todos os dispositivos.
4. A energia para os dispositivos de E/S deve ser fornecida por esse cabo.
5. Até 127 dispositivos poderão ser ligados a um único computador.
6. O sistema deve suportar dispositivos de tempo real (por exemplo, som, telefone).
7. Os dispositivos poderão ser instalados com o computador em funcionamento.
8. Não será preciso reiniciar o computador após a instalação do dispositivo.
9. O custo de produção do novo barramento e de seus dispositivos de E/S não deve ser alto.

O USB cumpre todos esses objetivos. É projetado para dispositivos de baixa velocidade, como teclados, mouses, câmeras fotográficas, *scanners*, telefones digitais e assim por diante. A versão 1.0 tem uma largura de banda de 1,5 Mbps, que é suficiente para teclados e mouses. A versão 1.1 funciona em 12 Mbps, que é suficiente para impressoras, câmeras digitais e muitos outros dispositivos. A versão 2.0 tem suporte para dispositivos com até 480 Mbps, que é suficiente para trabalhar com drives de disco externos, *webcams* de alta definição e interfaces de rede. O USB versão 3.0, recentemente definido, empurra as velocidades para acima de 5 Gbps; só o tempo dirá quais aplicações novas e ávidas por largura de banda aproveitarão essa interface com largura de banda ultra-alta.

Um sistema USB consiste em um **hub-raiz** (*root hub*) que é ligado ao barramento principal (veja a Figura 3.51). Esse *hub* tem soquetes para cabos que podem ser conectados a dispositivos de E/S ou a *hubs* de expansão, para fornecer mais soquetes, de modo que a topologia de um sistema USB é uma árvore cuja raiz está no *hub*, dentro do computador. Há diferentes conectores na extremidade dos cabos do *hub*-raiz e na extremidade do dispositivo para evitar que, por acidente, os usuários liguem dois soquetes entre si.

O cabo consiste em quatro fios: dois para dados, um para energia (+5 volts) e um para terra. O sistema de sinalização transmite um 0 como uma transição de tensão e um 1 como ausência de uma transição da tensão, portanto, longas carreiras de 0s geram um fluxo regular de pulsos.

Quando um novo dispositivo de E/S é ligado, o *hub*-raiz detecta esse evento e interrompe o sistema operacional, que então pesquisa para descobrir que dispositivo é e de quanta largura de banda USB ele precisa. Se o sistema operacional decidir que há suficiente largura de banda para o dispositivo, atribui um endereço exclusivo para ele (1–127) e descarrega esse endereço e outras informações em registradores de configuração dentro do dispositivo. Desse modo, novos dispositivos podem ser acrescentados com o computador em funcionamento, sem exigir nenhuma configuração da parte do usuário e sem ter de instalar novas placas ISA ou PCI. Placas não inicializadas começam com endereço 0, por isso, podem ser endereçadas. Para simplificar o cabeamento, muitos dispositivos USB contêm conexões internas que aceitam dispositivos USB adicionais. Por exemplo, um monitor poderia ter dois soquetes de conexão para acomodar os alto-falantes esquerdo e direito.

Em termos lógicos, o sistema USB pode ser visto como um conjunto de ramificações que saem do *hub*-raiz para os dispositivos de E/S. Cada dispositivo pode subdividir sua própria ramificação em até 16 ramos secundários para diferentes tipos de dados (por exemplo, áudio e vídeo). Dentro de cada ramo secundário, os dados fluem do *hub*-raiz até o dispositivo, ou ao contrário. Não há tráfego entre dois dispositivos de E/S.

Exatamente a cada 1,00 ± 0,05 ms, o *hub*-raiz transmite um novo quadro para manter todos os dispositivos sincronizados em relação ao tempo. Um quadro é associado a um caminho de bit e consiste em pacotes, o primeiro dos quais vem do *hub*-raiz até o dispositivo. Pacotes subsequentes no quadro também podem ir nessa direção ou voltar do dispositivo até o *hub*-raiz. A Figura 3.58 mostra uma sequência de quatro quadros.

Na Figura 3.58, não há nenhum serviço a ser realizado nos quadros 0 e 2, portanto, basta um pacote SOF (Start of Frame – início do quadro). Ele é sempre transmitido para todos os dispositivos. O quadro 1 é uma sondagem (*poll*), por exemplo, uma requisição para que um *scanner* devolva os bits que encontrou na imagem que está digitalizando. O quadro 3 consiste em entregar dados a algum dispositivo, por exemplo, uma impressora.

O USB suporta quatro tipos de quadros: de controle, isócrono, de volume e de interrupção. Quadros de controle são usados para configurar dispositivos, transmitir-lhes comandos e inquirir seu estado. Quadros isócronos são para dispositivos de tempo real, como microfones, alto-falantes e telefones, que precisam enviar ou aceitar dados a intervalos de tempo exatos. Eles têm um atraso muito previsível, mas não fazem retransmissões quando

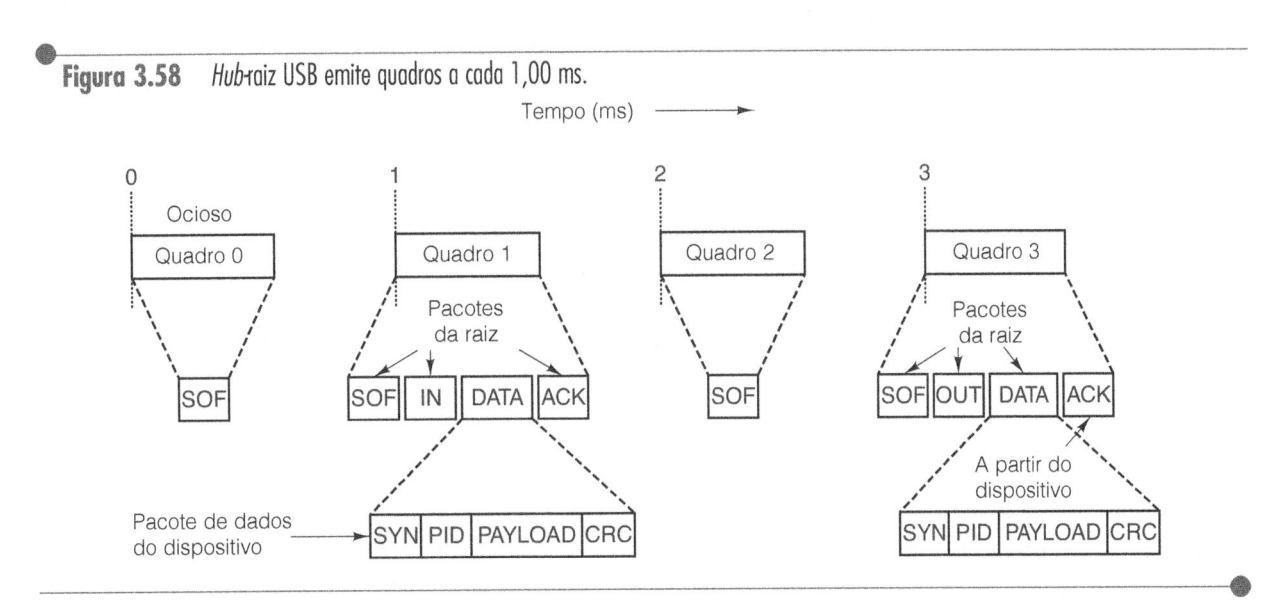

Figura 3.58 *Hub*-raiz USB emite quadros a cada 1,00 ms.

ocorrem erros. Quadros de volume são para grandes transferências de e para dispositivos para os quais não há requisitos de tempo real, como impressoras. Por fim, quadros de interrupção são necessários porque o USB não aceita interrupções. Por exemplo, em vez de fazer com que o teclado cause uma interrupção sempre que uma tecla é acionada, o sistema operacional pode fazer uma sondagem a cada 50 ms para coletar qualquer tecla acionada que esteja pendente.

Um quadro consiste em um ou mais pacotes, alguns possivelmente na mesma direção. Existem quatro tipos de pacotes: permissão (*token*), dados, apresentação (*handshake*) e especial. Pacotes de permissão vêm da raiz até um dispositivo e servem para controle do sistema. Os pacotes SOF, IN e OUT na Figura 3.58 são pacotes de permissão. O pacote SOF é o primeiro de cada quadro e marca seu início. Se não houver nenhum trabalho a realizar, o pacote SOF é o único no quadro. O pacote de permissão IN é uma sondagem, que pede ao dispositivo que retorne certos dados. Campos no pacote IN informam qual caminho está sendo sondado de modo que o dispositivo saiba quais dados retornar (se tiver múltiplos fluxos). O pacote de permissão OUT anuncia ao dispositivo que serão enviados dados a ele. Um quarto tipo de pacote de permissão, SETUP (não mostrado na figura), é usado para configuração.

Além do pacote de permissão há três outros tipos de pacote: DATA (usado para transmitir até 64 bytes de informação em qualquer direção), pacotes de apresentação e pacotes especiais. O formato de um pacote de dados é mostrado na Figura 3.58. Consiste em um campo de sincronização de 8 bits, um tipo de pacote (PID) de 8 bits, a carga útil (*payload*) e um CRC de 16 bits para detectar erros. São definidos três tipos de pacotes de apresentação: ACK (o pacote de dados anterior foi recebido corretamente), NAK (foi detectado um erro CRC) e STALL (favor esperar – agora estou ocupado).

Agora, vamos examinar a Figura 3.58 mais uma vez. A cada 1,00 ms um quadro deve ser enviado do *hub*-raiz, mesmo que não haja trabalho a realizar. Os quadros 0 e 2 consistem em apenas um pacote SOF, indicando que não há trabalho a executar. O quadro 1 é uma sondagem, portanto, começa com pacotes SOF e IN do computador ao dispositivo de E/S, seguidos por um pacote DATA do dispositivo para o computador. O pacote ACK informa ao dispositivo que os dados foram recebidos corretamente. Caso ocorra um erro, um NAK é devolvido ao dispositivo e o pacote é retransmitido quando for de volume, mas não quando os dados forem isócronos. A estrutura do quadro 3 é semelhante à do quadro 1, exceto que agora o fluxo de dados é do computador para o dispositivo.

Após a conclusão do padrão USB em 1998, o pessoal que o projetou não tinha nada para fazer, então, começou a trabalhar em uma nova versão de alta velocidade do USB, denominada **USB 2.0**. Esse padrão é semelhante ao antigo USB 1.1 e compatível com ele, exceto pela adição de uma terceira velocidade, 480 Mbps, às duas existentes. Além disso, há algumas pequenas diferenças, como interface entre *hub*-raiz e o controlador. O USB 1.1 tinha duas interfaces disponíveis. A primeira, **UHCI (Universal Host Controller Interface – interface universal de controlador de hospedeiro)**, foi projetada pela Intel e passava grande parte da carga para os projetistas de software (leia-se: Microsoft). A segunda, **OHCI (Open Host Controller Interface – interface aberta de controlador de hospedeiro)**, foi projetada pela Microsoft e passava grande parte da carga para os projetistas de hardware (leia-se: Intel). No USB 2.0, todos concordaram com uma nova interface única denominada **EHCI (Enhanced Host Controller Interface – interface melhorada de controlador de hospedeiro)**.

Agora que o USB funcionava a 480 Mbps, passou a competir com o barramento serial IEEE 1394, mais conhecido como FireWire, que funciona a 400 Mbps ou 800 Mbps. Visto que praticamente todo novo PC baseado no Intel agora vem com USB 2.0 ou USB 3.0 (ver a seguir), é provável que o 1394 desapareça no devido tempo. O desaparecimento não é tanto pela obsolescência quanto à guerra por territórios. O USB é um produto da indústria da computação, enquanto o 1394 vem do setor de eletrônica de consumo. Quando se trata de conectar câmeras a computadores, cada indústria queria que todos usassem seu cabo. Parece que o pessoal do computador ganhou essa.

Oito anos depois da introdução do USB 2.0, o padrão de interface USB 3.0 foi anunciado. O **USB 3.0** admite incríveis 5 Gbps de largura de banda pelo cabo, embora a modulação do enlace seja adaptativa, e provavelmente essa velocidade só poderá ser alcançada com cabeamento de qualidade profissional. Os dispositivos USB 3.0 são estruturalmente idênticos aos dispositivos USB anteriores, e executam totalmente o padrão USB 2.0. Se conectados a um soquete USB 2.0, eles operarão corretamente.

3.7 Interface

Um sistema de computador típico de pequeno a médio porte consiste em um chip de CPU, *chipset*, chips de memória e alguns controladores de E/S, todos conectados por um barramento. Às vezes, todos esses dispositivos estão integrados a um sistema-em-um-chip, como o TI OMAP4430. Já estudamos memórias, CPUs e barramentos com certo detalhe. Agora, chegou a hora de examinar a última parte do quebra-cabeça, as interfaces de E/S. É por meio dessas portas de E/S que o computador se comunica com o mundo exterior.

3.7.1 Interfaces de E/S

Há inúmeras interfaces de E/S disponíveis no mercado e novas são lançadas o tempo todo. Entre as interfaces comuns estão UARTs, USARTs, controladores de CRT, controladores de disco e PIOs. Uma **UART (Universal Asynchronous Receiver Transmitter – transmissor receptor assíncrono universal)** é uma interface de E/S que pode ler um byte do barramento de dados e entregá-lo um bit por vez a um terminal por meio de uma linha serial, ou receber dados de um terminal. Em geral, as UARTs permitem várias velocidades de 50 a 19.200 bps; largura de caracteres de 5 a 8 bits; 1, 1,5 ou 2 bits de fim; e fornecem paridade par, ímpar ou nenhuma paridade, tudo sob controle de programa. **USARTs (Universal Synchronous Asynchronous Receiver Transmitters – transmissor receptor assíncrono síncrono universal)** podem manipular transmissão síncrona usando uma variedade de protocolos, bem como executando todas as funções da UART. Como as UARTs se tornaram menos importantes com o desaparecimento dos *modems* de telefone, agora vamos estudar a interface paralela como exemplo de uma interface de E/S.

- **Interfaces PIO**

Uma interface **PIO (Parallel Input/Output – entrada e saída paralela)** típica é o Intel 8255A, mostrado na Figura 3.59. Ele tem uma série de linhas de E/S (por exemplo, 24 linhas de E/S no exemplo da figura) que podem fazer ligação com qualquer interface de dispositivo lógico digital, por exemplo, teclados, comutadores, luzes ou impressoras. Resumindo, o programa da CPU pode escrever um 0 ou 1, ou ler o estado de entrada de qualquer linha, o que dá grande flexibilidade. Um pequeno sistema com CPU que use uma interface PIO pode controlar diversos dispositivos físicos, como um robô, torradeira ou microscópio eletrônico. As interfaces PIO são encontradas frequentemente em sistemas embutidos.

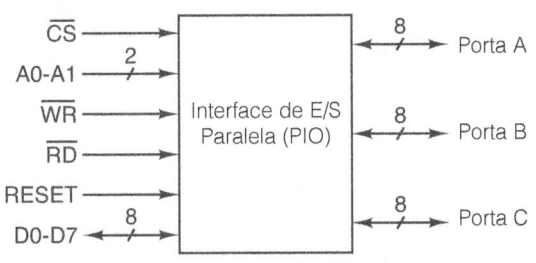

Figura 3.59 Uma interface PIO de 24 bits.

A interface PIO é configurada com um registrador de configuração de 3 bits, que especifica se as três portas independentes de 8 bits devem ser usadas para entrada (0) ou saída (1) do sinal digital. A definição do valor apropriado no registrador de configuração permitirá qualquer combinação de entrada e saída para as três portas. Associado com cada porta há um registrador com amostragem de 8 bits. Para estabelecer as linhas em uma porta de saída, a CPU apenas escreve um número de 8 bits no registrador correspondente, e esse número aparece nas linhas de saída e fica ali até que o registrador seja reescrito. Para usar uma porta para entrada, a CPU apenas lê o registrador de 8 bits correspondente.

É possível montar interfaces PIO mais sofisticadas. Por exemplo, um modo de operação popular fornece apresentação com dispositivos externos. Assim, para enviar a um dispositivo que nem sempre está pronto para aceitar dados, a interface PIO pode apresentar dados em uma porta de saída e esperar que o dispositivo devolva um pulso informando que aceitou os dados e quer mais. A lógica necessária para amostrar tais pulsos e torná-los disponíveis para a CPU inclui um sinal de pronto e mais uma fila de registradores de 8 bits para cada porta de saída.

Pelo diagrama funcional da interface PIO, podemos ver que, além dos 24 pinos para as três portas, ela tem oito linhas que se conectam diretamente com o barramento de dados, uma linha de seleção de chip (*chip select*), linhas de leitura e escrita, duas linhas de endereço e uma para reiniciar o chip. As duas linhas de endereço selecionam um dos quatro registradores internos correspondentes às portas A, B, C e ao registrador de configuração de porta. Em geral, as duas linhas de endereço estão conectadas aos bits de ordem baixa do barramento de endereço. A linha de seleção de chip permite que a interface PIO de 24 bits seja combinada para formar interfaces PIO maiores, acrescentando outras linhas de endereço e usando-as para selecionar a interface PIO apropriada, ativando sua linha de seleção de chip.

3.7.2 Decodificação de endereço

Até agora fomos propositalmente superficiais sobre como a seleção do chip é ativada na memória e nos chips de E/S que já vimos. Agora, é hora de examinar com mais cuidado como isso é feito. Vamos considerar um computador embutido simples de 16 bits que consiste em uma CPU, uma EPROM de 2 KB × 8 bytes para o programa, uma RAM de 2 KB × 8 bytes para os dados e uma interface PIO. Esse pequeno sistema pode ser usado como um protótipo para o cérebro de um brinquedo barato ou um eletrodoméstico simples. Uma vez em produção, a EPROM poderia ser substituída por uma ROM.

A interface PIO pode ser selecionada de um entre dois modos: como um verdadeiro dispositivo de E/S ou como parte da memória. Se optarmos por usá-la como um dispositivo de E/S, então devemos selecioná-la usando uma linha de barramento explícita que indica que um dispositivo de E/S está sendo referenciado, e não a memória. Se usarmos a outra abordagem, **E/S mapeada para a memória**, então temos de lhe designar 4 bytes do espaço de memória para as três portas e o registrador de controle. A escolha é, de certa forma, arbitrária. Escolheremos E/S mapeada para a memória porque ela ilustra alguns aspectos interessantes da interface de E/S.

A EPROM necessita de 2 KB de espaço de endereço, a RAM também precisa de 2 K de espaço de endereço e a PIO precisa de 4 bytes. Como o espaço de endereço de nosso exemplo é 64 K, temos de escolher onde colocar os três dispositivos. Uma opção possível é mostrada na Figura 3.60. A EPROM ocupa endereços até 2 K, a RAM ocupa endereços de 32 KB a 34 KB e a PIO ocupa os 4 bytes mais altos do espaço de endereço, 65.532 a 65.535. Do ponto de vista do programador, não faz diferença quais endereços são usados; contudo, isso não acontece quando se trata da interface. Se tivéssemos optado por endereçar a PIO via espaço de E/S, ela não precisaria de nenhum endereço de memória, mas precisaria de quatro espaços de endereço de E/S.

Com as designações de endereço da Figura 3.60, a EPROM deve ser selecionada por quaisquer endereços de memória de 16 bits da forma 00000xxxxxxxxxxx (binário). Em outras palavras, qualquer endereço de memória cujos 5 bits de ordem alta são todos 0s cai na parte inferior da memória de 2 KB, portanto, na EPROM. Por isso, a seleção de chip da EPROM poderia ser ligada a um comparador de 5 bits, com uma de suas entradas permanentemente ligada a 00000.

Uma maneira melhor de conseguir o mesmo efeito é usar uma porta OR de cinco entradas com as cinco entradas ligadas às linhas de endereço A11 a A15. Se, e somente se, todas a cinco linhas forem 0, a saída será 0,

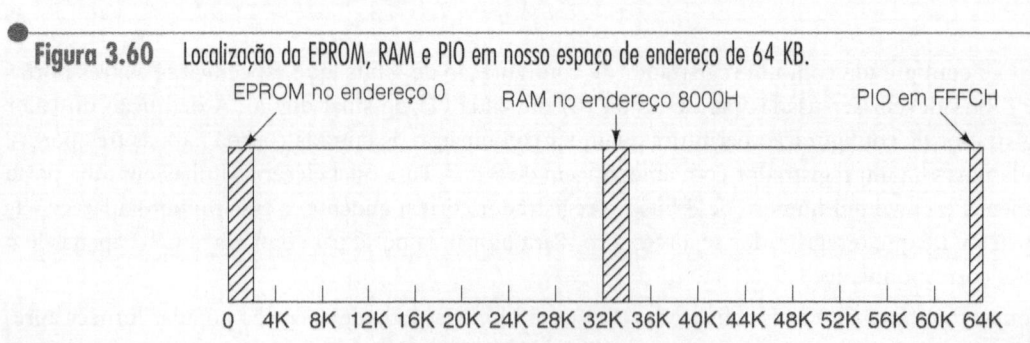

Figura 3.60 Localização da EPROM, RAM e PIO em nosso espaço de endereço de 64 KB.

o que ativa $\overline{CS}$ (que é ativado baixo). Esse método de endereçamento é ilustrado na Figura 3.61(a) e é chamado decodificação de endereço completo.

O mesmo princípio pode ser usado para a RAM. Contudo, a RAM deve responder a endereços binários da forma 10000xxxxxxxxxxx, portanto, é preciso um inversor adicional, como mostra a figura. A decodificação de endereços PIO é um pouco mais complicada, porque é selecionada pelos quatro endereços da forma 1111111111111xx. Um possível circuito que assegure $\overline{CS}$ só quando o endereço correto aparecer no barramento de endereço é mostrado na figura. Ele usa duas portas NAND de oito entradas para alimentar uma porta OR.

Contudo, se o computador de fato tiver apenas uma CPU, dois chips de memória e a PIO, podemos usar um truque para conseguir uma decodificação de endereço muito mais simples. Esse truque se baseia no fato de que todos os endereços da EPROM, e somente endereços da EPROM, têm um 0 no bit de ordem alta, A_{15}. Por conseguinte, basta ligar $\overline{CS}$ a A_{15} diretamente, como mostra a Figura 3.61(b).

Figura 3.61 (a) Decodificação total de endereço. (b) Decodificação parcial de endereço.

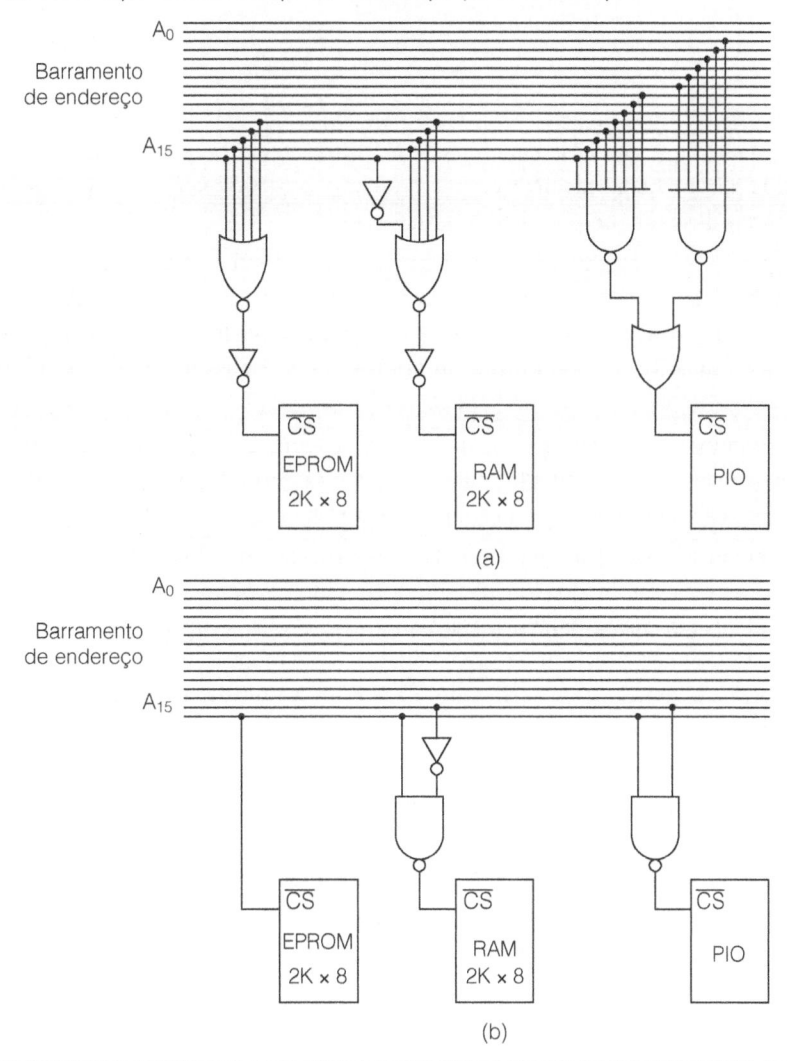

Nesse ponto, a decisão de colocar a RAM em 8000H pode parecer muito menos arbitrária. A decodificação da RAM pode ser feita observando que somente endereços válidos da forma 10xxxxxxxxxxxxxx estão na RAM, portanto, 2 bits de decodificação são suficientes. De modo semelhante, qualquer endereço que comece com 11 deve ser um endereço PIO. Agora, a lógica completa de decodificação são duas portas NAND e um inversor.

A lógica de decodificação de endereço da Figura 3.61(b) é denominada **decodificação parcial de endereço**, porque não são usados os endereços completos. Ela tem essa propriedade: uma leitura dos endereços 0001000000000000, 0001100000000000 ou 0010000000000000 dará o mesmo resultado. Na verdade, todo endereço na metade inferior do espaço de endereço selecionará a EPROM. Como os endereços extras não são usados, não há dano algum, mas se estivermos projetando um computador que poderá ser expandido no futuro (o que é improvável no caso de um brinquedo), devemos evitar a decodificação parcial porque ela ocupa muito espaço de endereço.

Outra técnica comum de decodificação de endereço é usar um decodificador como o mostrado na Figura 3.13. Conectando as três entradas às três linhas de endereço de ordem alta, obtemos oito saídas correspondentes aos endereços nos primeiros 8 K, nos 8 K seguintes e assim por diante. Para um computador com oito RAMs, cada uma com 8 K × 8, um chip como esse fornece decodificação completa. Para um computador com oito chips de memória de 2 K × 8, um único decodificador também é suficiente, contanto que cada um dos chips de memória esteja localizado em porções distintas de 8 KB do espaço de endereço. (Lembre-se de que observamos anteriormente que a posição dos chips de memória e E/S dentro do espaço de endereços tem importância.)

3.8 Resumo

Computadores são construídos com base em chips de circuito integrado que contêm minúsculos elementos comutadores denominados portas. As portas mais comuns são AND, OR, NAND, NOR e NOT. Circuitos simples podem ser montados ao se combinar diretamente portas individuais.

Circuitos mais complexos são multiplexadores, demultiplexadores, codificadores, decodificadores, deslocadores e ULAs. Funções booleanas arbitrárias podem ser programadas usando um FPGA. Se forem necessárias muitas funções booleanas, os FPGAs costumam ser mais eficientes. As leis da álgebra booleana podem ser usadas para transformar circuitos de uma forma para outra. Em muitos casos, é possível produzir circuitos mais econômicos dessa maneira.

A aritmética de computadores é efetuada por somadores. Um somador completo de um só bit pode ser construído usando dois meios-somadores. Um somador para uma palavra multibit pode ser construído com a conexão de vários somadores completos de tal modo que permita o vai-um para seu vizinho da esquerda.

Os componentes de memórias (estáticas) são *latches* e *flip-flops*, cada um dos quais pode armazenar um bit de informação. Esses bits podem ser combinados linearmente formando *latches* octais e *flip-flops*, ou por logaritmos formando memórias completas que usam palavras. Há memórias de vários tipos: RAM, ROM, PROM, EPROM, EEPROM e *flash*. RAMs estáticas não precisam ser renovadas; elas mantêm seus valores armazenados enquanto a energia estiver ligada. RAMs dinâmicas, por outro lado, devem ser renovadas periodicamente para compensar a fuga de corrente dos pequenos capacitores do chip.

Os componentes de um sistema de computador são conectados por barramentos. Muitos pinos – não todos – de um chip de CPU típico comandam diretamente uma linha de barramento. Tais linhas podem ser divididas em linhas de endereço, de dados e de controle. Barramentos síncronos são comandados por um *clock* mestre. Barramentos assíncronos usam trocas completas para sincronizar o escravo com o mestre.

O Core i7 é um exemplo de uma CPU moderna. Sistemas modernos que usam esse chip têm um barramento de memória, um barramento PCIe e um barramento USB. A interconexão PCIe é o modo mais comum de conectar as partes internas de um computador em altas velocidades. A ARM também é uma CPU moderna de alto nível, mas é voltada para sistemas embutidos e dispositivos móveis, onde o baixo consumo de energia é importante. O Atmel ATmega168 é um exemplo de um chip de baixo preço para aparelhos pequenos, baratos, e muitas outras aplicações sensíveis ao preço.

Comutadores, luzes, impressoras e muitos outros dispositivos de E/S podem fazer interface com computadores usando interfaces de E/S paralela. Esses chips podem ser configurados como parte do espaço de E/S ou do espaço de memória, conforme a necessidade. Eles podem ser total ou parcialmente decodificados, dependendo da aplicação.

Problemas

1. Circuitos analógicos estão sujeitos a ruído que pode distorcer sua saída. Os circuitos digitais são imunes ao ruído? Discuta sua resposta.

2. Um especialista em lógica entra em uma lanchonete *drive-in* e diz: "Quero um hambúrguer ou um cachorro-quente e batatas fritas". Infelizmente, o cozinheiro não sabe (ou não se importa) se "e" tem precedência sobre "ou". Para ele, tanto faz uma ou outra interpretação. Quais dos seguintes casos são interpretações válidas do pedido?

    a. Apenas um hambúrguer.

    b. Apenas um cachorro-quente.

    c. Apenas batatas fritas.

    d. Um cachorro-quente e batatas fritas.

    e. Um hambúrguer e batatas fritas.

    f. Um cachorro-quente e um hambúrguer.

    g. Todo os três.

    h. Nada – o especialista em lógica passa fome por ser um espertinho.

3. Um missionário perdido no sul da Califórnia para em um entroncamento da rodovia. Ele sabe que duas gangues de motociclistas frequentam a área; uma delas sempre diz a verdade e a outra sempre mente. Ele quer saber qual estrada leva à Disneylândia. Que pergunta deve fazer?

4. Use a tabela verdade para mostrar que $X = (X$ AND $Y)$ OR $(X$ AND NOT $Y)$.

5. Existem quatro funções booleanas de uma única variável e 16 funções de duas variáveis. Quantas funções de três variáveis existem? E de n variáveis?

6. Existem quatro funções booleanas de uma única variável e 16 funções de duas variáveis. Quantas funções de quatro variáveis existem?

7. Mostre como a função AND pode ser construída com base em duas portas NAND.

8. Usando o chip multiplexador de três variáveis da Figura 3.12, execute uma função cuja saída é paridade das entradas, isto é, a saída é 1 se, e somente se, um número par de entradas for 1.

9. Ponha seu "capacete de raciocínio". O chip multiplexador de três variáveis da Figura 3.12 pode calcular uma função arbitrária de *quatro* variáveis booleanas. Descreva como e, a título de exemplo, desenhe o diagrama lógico para a função que é 0 se a palavra inglesa para a fila da tabela verdade tiver um número par de letras, é 1 se tiver um número ímpar de letras (por exemplo, 0000 = zero = quatro letras → 0; 0111 = *seven* = cinco letras → 1; 1101 = *thirteen* = oito letras → 0). *Dica*: se denominarmos a quarta entrada variável D, as oito linhas de entrada podem ser ligadas a V_{cc}, terra, D ou $\overline{D}$.

10. Desenhe o diagrama lógico para um codificador de 2 bits, um circuito com quatro linhas de entrada, exatamente uma das quais é alta em qualquer instante dado, e duas linhas de saída cujo valor binário de 2 bits informa qual entrada é alta.

11. Desenhe o diagrama lógico para um demultiplexador de 2 bits, um circuito cuja única linha de entrada é direcionada para uma das quatro linhas de saída dependendo do estado das duas linhas de controle.

12. O que esse circuito faz?

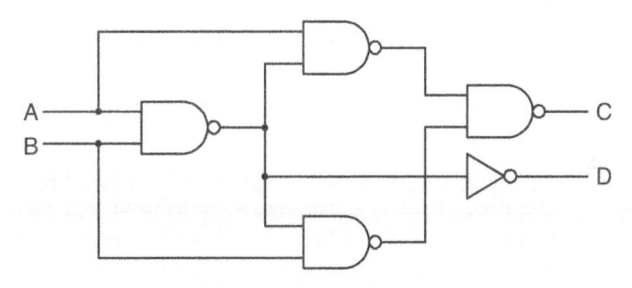

13. Um chip comum é um somador de 4 bits. Quatro desses chips podem ser conectados para formar um somador de 16 bits. Quantos pinos você espera que tenha o chip do somador de 4 bits? Por quê?

14. Um somador de bits pode ser construído fazendo um arranjo em cascata de n somadores completos em série com o vem-um no estágio i, C_i, vindo da saída o estágio $i - 1$. O vem-um para o estágio 0, C_0, é 0. Se cada estágio levar T nanossegundos para produzir sua soma e vai-um, o vem-um para o estágio i não será válido até iT nanossegundos após o início da adição. Para n grande, o tempo requerido para o vai-um fazer o transporte (*ripple*) até o estágio de ordem alta pode ser inaceitavelmente longo. Projete um somador que funcione com mais rapidez. *Dica*: cada C_i pode ser expresso em termos dos bits de operando A_{i-1} e B_{i-1}, bem como do vai-um C_{i-1}. Usando essa relação, é possível expressar C_i como uma função das entradas para os estágios 0 a $i - 1$, de modo que todos os vai-um possam ser gerados simultaneamente.

15. Vamos admitir que todas as portas da Figura 3.18 tenham um atraso de propagação de 1 ns e que podemos ignorar todos os outros atrasos. Qual o menor tempo para esse circuito ter certeza de que um bit de saída é válido?

16. A ULA da Figura 3.19 é capaz de fazer adições de complemento 2 de oito bits. Ela também pode fazer subtrações de complemento 2? Se puder, explique como. Caso contrário, modifique-a para que possa efetuar subtrações.

17. Uma ULA de 16 bits é composta de 16 ULAs de 1 bit, cada uma com um tempo de adição de 10 ns. Se houver 1 ns adicional de atraso de propagação de uma ULA para a seguinte, quanto tempo leva para aparecer o resultado de uma soma de 16 bits?
18. Às vezes, é útil que uma ULA de 8 bits como a da Figura 3.19 gere a constante −1 como saída. Proponha dois modos para fazer isso. Especifique os valores dos seis sinais de controle para cada um deles.
19. Qual é o estado quiescente das entradas S e R para um *latch* SR composto de duas portas NAND?
20. O circuito da Figura 3.25 é um *flip-flop* que é disparado na borda ascendente do *clock*. Modifique esse circuito para produzir um *flip-flop* que é disparado na borda descendente.
21. A memória 4 × 3 da Figura 3.28 usa 22 portas AND e três portas OR. Se o circuito tivesse de ser expandido para 256 × 8, quantas portas de cada seriam necessárias?
22. Para ajudar a pagar o novo computador pessoal que comprou, você está prestando consultoria a novos fabricantes de chips SSI. Um de seus clientes está pensando em produzir um chip que contém 4 *flip-flops* D, cada um contendo Q e também $\overline{Q}$, a pedido de um cliente potencialmente importante. O projeto proposto agrupa todos os quatro sinais de *clock*, também a pedido. Não há *preset* nem *clear*. Sua tarefa é fazer uma avaliação profissional do projeto.
23. À medida que cada vez mais memória é espremida em um único chip, o número de pinos necessários para endereçá-la também aumenta. Muitas vezes, é inconveniente ter grandes números de pinos de endereço em um chip. Proponha um meio de endereçar 2^n palavras de memória usando menos do que n pinos.
24. Um computador com um barramento de dados de 32 bits de largura usa chips de memória RAM dinâmica de 1 M × 1. Qual é a menor memória (em bytes) que esse computador pode ter?
25. Referindo-nos ao diagrama temporal da Figura 3.38, suponha que você desacelerou o relógio para um período de 20 ns em vez de 10 ns, como mostra a figura, mas que as restrições de temporização permaneceram inalteradas. Na pior das hipóteses, quanto tempo a memória teria para colocar os dados no barramento durante T_3 após $\overline{MREQ}$ estar ativado?
26. Novamente com referência à Figura 3.38, suponha que o *clock* permaneceu a 100 MHz, mas T_{DS} foi aumentado para 4 ns. Poderiam ser usados chips de memória de 10 ns?
27. Na Figura 3.38(b), T_{ML} é especificado para ser no mínimo 2 nanossegundos. Você pode imaginar um chip no qual ele seja negativo? Especificamente, a CPU poderia ativar $\overline{MREQ}$ antes de o endereço estar estável? Por que ou por que não?
28. Considere que a transferência de bloco da Figura 3.42 foi realizada no barramento da Figura 3.38. Quanto mais largura de banda obtemos usando uma transferência de bloco em comparação com transferências individuais para blocos longos? Agora, considere que a largura do barramento é 32 bits, e não 8 bits. Responda à pergunta outra vez.
29. Indique os tempos de transição das linhas de endereço da Figura 3.39 como T_{A1} e T_{A2}, e os tempos de transição de $\overline{MREQ}$ como T_{MREQ1} e T_{MREQ2} e assim por diante. Anote todas as desigualdades implicadas pela troca completa.
30. Chips *multicore*, com várias CPUs no mesmo substrato, estão se tornando populares. Que vantagens elas têm em relação a um sistema consistindo de vários PCs conectados por uma Ethernet?
31. Por que os chips *multicore* apareceram de repente? Existem fatores tecnológicos que tenham preparado o caminho para eles? A lei de Moore tem alguma influência aqui?
32. Qual é a diferença entre o barramento de memória e o barramento PCI?
33. A maioria dos barramentos de 32 bits permite leituras e escritas de 16 bits. Há alguma ambiguidade sobre onde colocar os dados? Discuta.
34. Muitas CPUs têm um tipo especial de ciclo de barramento para reconhecimento de interrupção. Por quê?
35. Um computador de 32 bits com um barramento de 400 MHz requer quatro ciclos para ler uma palavra de 32 bits. Que largura de banda do barramento a CPU consome na pior das hipóteses, ou seja, considerando leituras ou escritas de ponta a ponta o tempo inteiro?
36. Um computador de 64 bits com um barramento de 400 MHz requer quatro ciclos para ler uma palavra de 64 bits. Que largura de banda do barramento a CPU consome na pior das hipóteses, ou seja, considerando leituras ou escritas de ponta a ponta o tempo inteiro?
37. Uma CPU de 32 bits com linhas de endereço A2–A31 requer que todas as referências à memória sejam alinhadas. Isto é, palavras têm de ser endereçadas em múltiplos de 4 bytes, meias-palavras têm de ser endereçadas em bytes pares. Os bytes podem estar em qualquer lugar. Há quantas combinações legais para leituras de memória e quantos pinos são necessários para expressá-las? Dê duas respostas e justifique cada uma com um caso.
38. Chips de CPU modernos possuem um, dois ou até mesmo três níveis de *cache* no chip. Por que são necessários vários níveis de *cache*?

39. Suponha que uma CPU tenha uma *cache* de nível 1 e uma de nível 2, com tempos de acesso de 1 ns e 2 ns, respectivamente. O tempo de acesso à memória principal é 10 ns. Se 20% dos acessos resultarem em presença na *cache* de nível 1 e 60% dos acessos resultarem em presença na *cache* de nível 2, qual é o tempo médio de acesso?

40. Calcule a largura de banda de barramento necessária para apresentar um filme em cores (1.280 × 960) a 30 quadros por segundo. Considere que os dados devam passar duas vezes pelo barramento, uma vez do CD-ROM para a memória e uma vez da memória para a tela.

41. Qual dos sinais da Figura 3.55 não é estritamente necessário para o funcionamento do protocolo de barramento?

42. Um sistema PCI Express tem enlaces de 10 Mbps (capacidade bruta). Quantos fios de sinal são necessários em cada direção para operação 16x? Qual é a capacidade bruta em cada direção? Qual é a capacidade líquida em cada direção?

43. Um computador tem instruções que requerem dois ciclos de barramento cada: um para buscar a instrução e um para buscar os dados. Cada ciclo de barramento leva 10 ns e cada instrução leva 20 ns (isto é, o tempo de processamento interno é desprezível). O computador também tem um disco com 2.048 setores de 512 bytes por trilha. O tempo de rotação do disco é 5 ms. A que porcentagem de sua velocidade normal o computador é reduzido durante uma transferência DMA se cada transferência DMA de 32 bits leva um ciclo de barramento?

44. A carga útil máxima de um pacote de dados isócrono no barramento USB é 1.023 bytes. Supondo que um dispositivo pode enviar só um pacote de dados por quadro, qual é a máxima largura de banda para um único dispositivo isócrono?

45. Que efeito causaria o acréscimo de uma terceira linha de entrada sobre uma porta NAND selecionando a PIO da Figura 3.61(b) se essa nova linha fosse conectada a A_{13}?

46. Escreva um programa para simular o comportamento de uma matriz $m \times n$ de portas NAND com duas entradas. Esse circuito, contido em um chip, tem j pinos de entrada e k pinos de saída. Os valores de j, k, m e n são parâmetros da simulação em tempo de compilação. O programa deve iniciar lendo em uma "lista de fiação" onde cada fio especifica uma entrada e uma saída. Uma entrada é um dos j pinos de entrada ou a saída de alguma porta NAND. Uma saída ou é um dos k pinos de saída ou uma entrada para alguma porta NAND. Entradas não usadas são 1 lógico. Após ler a lista de fiação, o programa deve imprimir a saída para cada uma das 2^j entradas possíveis. Chips de porta vetorial como esse são muito usados para colocar circuitos sob encomenda em um chip porque a maior parte do trabalho (depositar o arranjo vetorial no chip) é independente do circuito a ser executado. Somente a fiação é específica para cada projeto.

47. Escreva um programa, na sua linguagem de programação favorita, para ler duas expressões booleanas quaisquer e verificar se elas representam a mesma função. A linguagem de entrada deve incluir letras únicas, como variáveis booleanas, operandos AND, OR e NOT, e parênteses. Cada expressão deve caber em uma linha de entrada. O programa deve calcular tabelas verdade para ambas as funções e compará-las.

Capítulo 4

O nível de microarquitetura

O nível acima do lógico digital é o nível de microarquitetura. Sua função é executar o nível ISA (Instruction Set Architecture – arquitetura do conjunto de instruções) acima dele, como ilustrado na Figura 1.2. O projeto do nível de microarquitetura depende da ISA que está sendo implementada, bem como das metas de custo e desempenho do computador. Muitas ISAs modernas, em particular projetos RISC, têm instruções simples que normalmente podem ser executadas em um único ciclo de *clock*. ISAs mais complexas, como a Core i7, podem exigir muitos ciclos para executar uma única instrução. Executar uma instrução pode requerer localizar os operandos na memória, ler esses operandos e armazenar resultados de volta na memória. A sequência de operações dentro de uma única instrução muitas vezes leva a uma abordagem de controle diferente da adotada para ISAs simples.

4.1 Um exemplo de microarquitetura

O ideal seria que nós apresentássemos este tópico explicando os princípios gerais do projeto de microarquitetura. Infelizmente, não há princípios gerais; cada microarquitetura é um caso especial. Por conseguinte, resolvemos discutir um exemplo detalhado. Para nossa ISA que servirá de exemplo, escolhemos um subconjunto da Java Virtual Machine, como prometemos no Capítulo 1. Esse subconjunto contém somente instruções com inteiros, portanto, nós o denominamos **IJVM** para enfatizar que ele trata somente de inteiros.

Começaremos pela descrição da microarquitetura sobre a qual realizaremos a IJVM, arquitetura que tem algumas instruções complexas. Muitas dessas arquiteturas costumam ser executadas ao se recorrer à microprogramação, como discutimos no Capítulo 1. Embora a IJVM seja pequena, é um bom ponto de partida para descrever o controle e a sequência de instruções.

Nossa microarquitetura conterá um microprograma (em ROM) cuja tarefa é buscar, decodificar e executar instruções IJVM. Não podemos usar o interpretador Oracle JVM para o microprograma porque precisamos de um microprograma diminuto, que comande com eficiência portas individuais no hardware propriamente dito. Por comparação, o interpretador Oracle JVM foi escrito em C por questão de portabilidade, e não pode controlar o hardware de forma alguma.

Como o hardware utilizado consiste apenas nos componentes básicos descritos no Capítulo 3, em teoria, se o leitor entender completamente esse capítulo, deverá estar habilitado a sair e comprar uma sacola de transistores e montar esse subconjunto da máquina JVM. Os estudantes que conseguirem executar essa tarefa com sucesso ganharão créditos extras (e um exame psiquiátrico completo).

Um modelo conveniente para o projeto de microarquitetura é pensar no projeto como um problema de programação no qual cada instrução no nível ISA é uma função a ser chamada por um programa mestre. Nesse modelo, o programa mestre é um laço simples, sem fim, que determina uma função a ser invocada, chama a função e então começa de novo, algo muito parecido com a Figura 2.3.

O microprograma tem um conjunto de variáveis denominado **estado** do computador, que pode ser acessado por todas as funções. Cada função altera ao menos algumas das variáveis que compõem o estado. Por exemplo, o contador de programa (Program Counter – PC) é parte do estado. Ele indica a localização da memória que contém a próxima função (isto é, instrução ISA) a ser executada. Durante a execução de cada instrução, o PC é incrementado para indicar a próxima instrução a ser executada.

Instruções IJVM são curtas e fáceis. Cada instrução tem alguns campos, em geral um ou dois, e cada um deles tem alguma finalidade específica. O primeiro campo de toda instrução é o *opcode* (abreviatura de *operation code* – código de operação), que identifica a instrução, informando se ela é um ADD ou um BRANCH, ou qualquer outra coisa. Muitas instruções têm um campo adicional que especifica o operando. Por exemplo, instruções que acessam uma variável local precisam de um campo que identifique *qual* variável.

Esse modelo de execução, às vezes denominado **ciclo buscar-decodificar-executar**, é útil em termos abstratos e também pode ser a base para execução de ISAs como a IJVM, isto é, que tenham instruções complexas. Logo adiante, descreveremos como ela funciona, qual é o aspecto da microarquitetura e como ela é controlada pelas microinstruções; cada uma delas controla o caminho de dados durante um ciclo. A lista de microinstruções forma o microprograma, que apresentaremos e discutiremos detalhadamente.

4.1.1 O caminho de dados

O **caminho de dados** é a parte da CPU que contém a ULA, suas entradas e suas saídas. O caminho de dados de nossa microarquitetura de exemplo é mostrado na Figura 4.1. Embora tenha sido cuidadosamente otimizado para interpretar programas IJVM, ele guarda uma razoável semelhança com o caminho de dados usado na maioria das máquinas. Contém vários registradores de 32 bits, aos quais atribuímos nomes simbólicos como PC, SP e MDR. Embora alguns desses nomes sejam familiares, é importante entender que esses registradores são acessíveis apenas no nível de microarquitetura (pelo microprograma). Eles recebem esses nomes porque em geral contêm um valor correspondente à variável do mesmo nome na arquitetura do nível de ISA. A maior parte dos registradores pode dirigir seu conteúdo para o barramento B. A saída da ULA comanda o deslocador e em seguida o barramento C, cujo valor pode ser escrito em um ou mais registradores ao mesmo tempo. Por enquanto, não há nenhum barramento A; incluiremos um mais adiante.

A ULA é idêntica à mostrada nas figuras 3.18 e 3.19. Sua função é determinada por seis linhas de controle. O segmento de reta diagonal com rótulo "6" na Figura 4.1 indica que há seis linhas de controle de ULA, a saber: F_0 e F_1 para determinar a operação da ULA; ENA e ENB para habilitar as entradas individualmente; INVA para inverter a entrada esquerda e INC para forçar um vai-um para o bit de ordem baixa, somando 1 ao resultado. Contudo, nem todas as 64 combinações de linhas de controle de ULA fazem algo de útil.

Algumas das combinações mais interessantes são mostradas na Figura 4.2. Nem todas essas funções são necessárias para a IJVM, mas, para a JVM completa, muitas delas viriam a calhar. Em muitos casos, há várias possibilidades de conseguir o mesmo resultado. Nessa tabela, + significa "mais" aritmético e – significa "menos" aritmético; assim, por exemplo, –A significa o complemento de dois de A.

Figura 4.1 Caminho de dados da microarquitetura de exemplo usada neste capítulo.

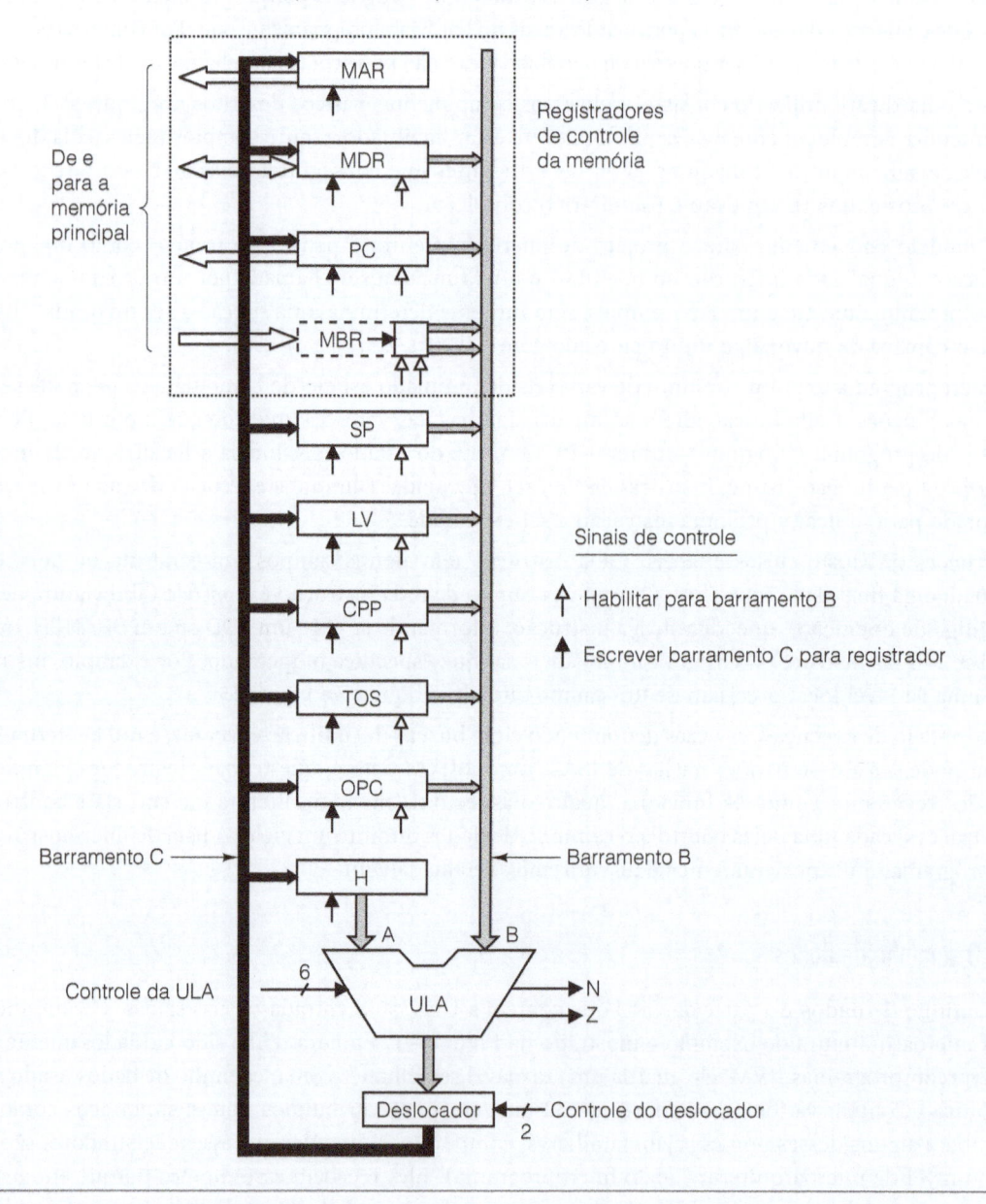

A ULA da Figura 4.1 precisa de duas entradas de dados: uma entrada esquerda (A) e uma entrada direita (B). Ligado à entrada esquerda está um registrador de retenção, H. Ligado à entrada direita está o barramento B, que pode ser carregado por cada uma de nove fontes, indicadas pelas nove setas cinza que chegam até ele. Um projeto alternativo, com dois barramentos completos, tem um conjunto diferente de opções de projeto e será discutido mais adiante neste capítulo.

H pode ser carregado com a escolha de uma função da ULA que passe diretamente da entrada direita (vinda do barramento B) para a saída da ULA. Uma função desse tipo seria somar as entradas da ULA, porém, com ENA negado, de modo que a entrada esquerda é forçada a zero. Adicionar zero ao valor no barramento B resulta somente no valor no barramento B. Então, esse resultado pode ser passado pelo deslocador sem modificação e armazenado em H.

Além das funções citadas, duas outras linhas de controle podem ser usadas independentemente para controlar a saída da ULA. **SLL8** (Shift Left Logical) desloca o conteúdo para a esquerda por 1 byte, preenchendo os 8 bits menos significativos com zeros. **SRA1** (Shift Right Arithmetic) desloca o conteúdo para a direita por 1 bit, deixando inalterado o bit mais significativo.

Figura 4.2 Combinações úteis de sinais de ULA e a função executada.

F_0	F_1	ENA	ENB	INVA	INC	Função
0	1	1	0	0	0	A
0	1	0	1	0	0	B
0	1	1	0	1	0	$\overline{A}$
1	0	1	1	0	0	$\overline{B}$
1	1	1	1	0	0	A + B
1	1	1	1	0	1	A + B + 1
1	1	1	0	0	1	A + 1
1	1	0	1	0	1	B + 1
1	1	1	1	1	1	B – A
1	1	0	1	1	0	B – 1
1	1	1	0	1	1	–A
0	0	1	1	0	0	A AND B
0	1	1	1	0	0	A OR B
0	1	0	0	0	0	0
1	1	0	0	0	1	1
1	1	0	0	1	0	–1

É explicitamente possível ler e escrever o mesmo registrador em um único ciclo. Por exemplo, é permitido colocar SP no barramento B, desativar a entrada esquerda da ULA, habilitar o sinal INC e armazenar o resultado em SP, desse modo incrementando SP em 1 (veja a oitava linha na Figura 4.2). Como um registrador pode ser lido e escrito no mesmo ciclo sem produzir lixo? A solução é que leitura e escrita na verdade são executadas em instantes diferentes dentro do ciclo. Quando um registrador é selecionado como a entrada direita da ULA, seu valor é colocado no barramento B no início do ciclo e ali é mantido durante todo o ciclo. Depois, a ULA realiza seu trabalho, produzindo um resultado que passa pelo deslocador e entra no barramento C. Próximo ao final do ciclo, quando se sabe que as saídas da ULA e deslocador são estáveis, um sinal de *clock* ativa o armazenamento do conteúdo do barramento C e o passa para um ou mais dos registradores. Um deles pode perfeitamente ser aquele que forneceu sua saída ao barramento B. A temporização exata do caminho de dados possibilita ler e escrever o mesmo registrador em um único ciclo, como descreveremos a seguir.

- **Temporização do caminho de dados**

A temporização desses eventos é mostrada na Figura 4.3. Um pulso curto é produzido no início de cada ciclo de *clock*. Ele pode ser derivado do *clock* principal, como ilustra a Figura 3.20(c). Na borda descendente do pulso, os bits que comandarão todas as portas são ajustados, o que leva um tempo finito e conhecido, Δw. Depois, o registrador necessário no barramento B é selecionado e conduzido até este. Demora Δx para o valor ficar estável. Então, a ULA e o deslocador começam a operar com dados válidos. Após outro Δy, as saídas da ULA e do deslocador estão estáveis. Após um Δz adicional, os resultados se propagam ao longo do barramento C até os registradores, onde podem ser carregados na borda ascendente do próximo pulso. A carga deve ser acionada pela borda ascendente do próximo pulso e de forma rápida, de modo que, se alguns dos registradores de entrada forem alterados, o efeito não será sentido no barramento C até muito tempo após os registradores terem sido carregados.

Figura 4.3 Diagrama de temporização de um ciclo de caminho de dados.

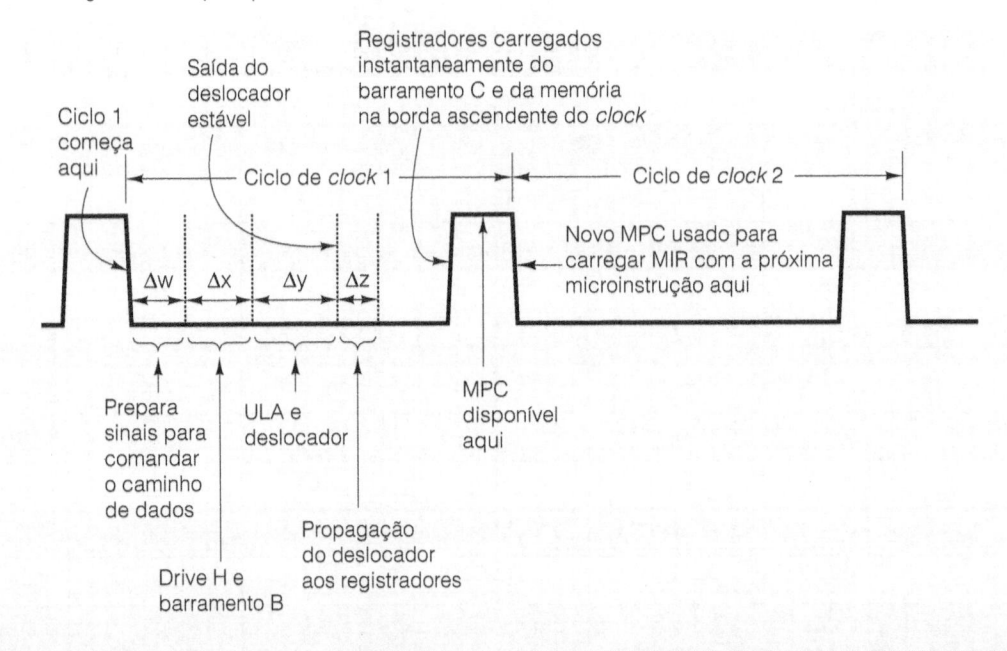

Também na borda ascendente do pulso, o registrador que comanda o barramento B para de fazê-lo preparando-se para o próximo ciclo. MPC, MIR e a memória são mencionados na figura; em breve, discutiremos seus papéis.

É importante perceber que, ainda que não haja nenhum elemento de armazenamento no caminho de dados, há um tempo de propagação finito por ele. Uma alteração de valor no barramento B só provocará uma alteração no barramento C após um tempo finito (por causa dos atrasos finitos de cada etapa). Por conseguinte, mesmo que um armazenamento altere um dos registradores de entrada, o valor estará guardado em segurança no registrador muito antes que o valor (agora incorreto) que está sendo colocado no barramento B (ou H) possa alcançar a ULA.

Fazer esse esquema funcionar requer rígida temporização, um ciclo de *clock* longo, um tempo mínimo de propagação pela ULA conhecido e uma carga rápida dos registradores pelo barramento C. Contudo, com cuidadosa engenharia, o caminho de dados pode ser projetado de modo que funcione corretamente o tempo todo. Na verdade, as máquinas reais funcionam desse modo.

Um modo um pouco diferente de ver o ciclo de caminho de dados é imaginá-lo fragmentado em subciclos implícitos. O início do subciclo 1 é acionado pela borda descendente do *clock*. As atividades que ocorrem durante os subciclos são mostradas a seguir, junto com as extensões dos subciclos (entre parênteses).

1. Os sinais de controle são ajustados (Δw).
2. Os registradores são carregados no barramento B (Δx).
3. Operação da ULA e deslocador (Δy).
4. Os resultados se propagam ao longo do barramento C de volta aos registradores (Δz).

O intervalo de tempo após Δz oferece alguma tolerância, pois os tempos não são exatos. Na borda ascendente do próximo ciclo de *clock*, os resultados são armazenados nos registradores.

Dissemos que é melhor imaginar os subciclos como *implícitos*. Com isso, queremos dizer que não há nenhum pulso de *clock* ou outros sinais explícitos que indiquem à ULA quando operar ou que digam aos resultados que entrem no barramento C. Na verdade, a ULA e o deslocador funcionam o tempo todo. Contudo, suas entradas são lixo até um tempo $\Delta w + \Delta x$ após a borda descendente do *clock*. Do mesmo modo, suas saídas são lixo até que $\Delta w + \Delta x + \Delta y$ tenha transcorrido após a borda descendente do *clock*. Os únicos sinais explícitos que comandam o caminho de dados são a borda descendente do *clock*, que inicia o ciclo do caminho de dados, e a borda ascendente, que carrega os registradores a partir do barramento C. As outras fronteiras de subciclos são determinadas implicitamente pelos tempos de propagação inerentes dos circuitos envolvidos. Cabe aos engenheiros de projeto garantir que o tempo $\Delta w + \Delta x + \Delta y + \Delta z$ venha suficientemente antes da borda ascendente do *clock* para fazer as cargas de registrador funcionarem de modo confiável o tempo todo.

Operação de memória

Nossa máquina tem dois modos diferentes de se comunicar com a memória: uma porta de memória de 32 bits, endereçável por palavra, e outra de 8 bits, endereçável por byte. A porta de 32 bits é controlada por dois registradores, MAR (**Memory Address Register** – registrador de endereço de memória) e MDR (**Memory Data Register** – registrador de dados de memória), como mostra a Figura 4.1. A porta de 8 bits é controlada por um registrador, PC, que lê 1 byte para os 8 bits de ordem baixa do MBR. Essa porta só pode ler dados da memória; ela não pode escrever dados na memória.

Cada um desses registradores (e todos os outros na Figura 4.1) é comandado por um ou dois **sinais de controle**. Uma seta clara sob um registrador indica um sinal de controle que habilita a saída do registrador para o barramento B. Visto que MAR não tem conexão com o barramento B, não tem sinal de habilitação. H também não tem esse sinal porque está sempre habilitado, por ser a única entrada esquerda possível da ULA.

Uma seta negra sob um registrador indica um sinal de controle que escreve (isto é, carrega) o registrador a partir do barramento C. Uma vez que MBR não pode ser carregado a partir do barramento C, não tem um sinal de escrita (embora tenha dois outros sinais de habilitação, descritos mais adiante). Para iniciar uma leitura ou escrita da memória, os registradores de memória adequados devem ser carregados e em seguida deve ser emitido um sinal de leitura ou escrita para a memória (não mostrado na Figura 4.1).

MAR contém endereços de *palavras*, de modo que os valores 0, 1, 2 etc. se referem a palavras consecutivas. PC contém endereços de *bytes*, portanto, os valores 0, 1, 2 etc. se referem a bytes consecutivos. Assim, colocar um 2 em PC e iniciar uma leitura de memória lerá o byte 2 da memória e o colocará nos 8 bits de ordem baixa do MBR. Colocar 2 em MAR e iniciar uma leitura de memória lerá os bytes 8–11 (isto é, palavra 2) da memória e os colocará em MDR.

Essa diferença de funcionalidade é necessária porque MAR e PC serão usados para referenciar duas partes diferentes da memória. A necessidade dessa distinção ficará mais clara adiante. Por enquanto, basta dizer que a combinação MAR/MDR é usada para ler e escrever palavras de dados de nível ISA e a combinação PC/MBR é empregada para ler o programa executável de nível ISA, que consiste em uma sequência de bytes. Todos os outros registradores que contêm endereços usam endereço de palavras, como o MAR.

Na implementação física propriamente dita, há apenas uma memória real que funciona com bytes. Permitir que MAR conte palavras (isso é necessário por causa do modo como a JVM é definida) enquanto a memória física conta bytes depende de um truque simples. Quando o MAR é colocado no barramento de endereço, seus 32 bits não são mapeados diretamente para as 32 linhas de endereço, 0–31. Em vez disso, o bit 0 do MAR é ligado à linha 2 do barramento de endereço, o bit 1 do MAR é ligado à linha 3 do barramento de endereço e assim por diante. Os 2 bits superiores do MAR são descartados, visto que só são necessários para endereços de palavra acima de 2^{32}, nenhum dos quais é válido para nossa máquina de 4 GB. Usando esse mapeamento, quando MAR é 1, o endereço 4 é colocado no barramento; quando MAR é 2, o endereço 8 é colocado no barramento e assim por diante. Esse estratagema está ilustrado na Figura 4.4.

Como já mencionamos, dados lidos da memória por uma porta de memória de 8 bits são devolvidos em MBR, um registrador de 8 bits. MBR pode ser copiado (*gated*) para o barramento B por um entre dois modos: com ou sem sinal. Quando é preciso o valor sem sinal, a palavra de 32 bits colocada no barramento B contém o valor MBR nos 8 bits de ordem baixa e zeros nos 24 bits superiores. Valores sem sinal são úteis para indexar em uma tabela ou quando um inteiro de 16 bits tem de ser montado a partir de 2 bytes consecutivos (sem sinal) na sequência de instrução.

A outra opção para converter o MBR de 8 bits em uma palavra de 32 bits é tratá-lo como um valor com sinal entre –128 e +127 e usar esse valor para gerar uma palavra de 32 bits com o mesmo valor numérico. Essa conversão é feita duplicando o bit de sinal do MBR (o bit mais à esquerda) nas 24 posições superiores de bits do barramento B, um processo denominado **extensão de sinal**. Quando essa opção é escolhida, os 24 bits superiores serão todos 0s ou todos 1s, dependendo do bit mais à esquerda do MBR de 8 bits ser um 0 ou um 1.

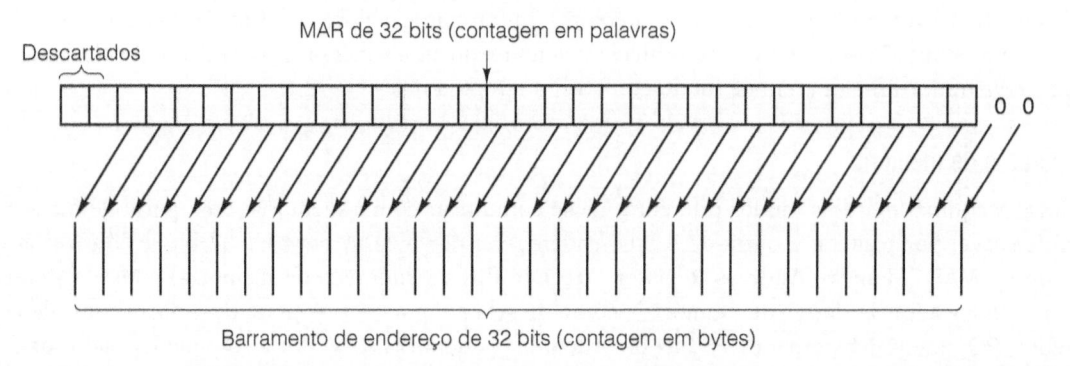

Figura 4.4 Mapeamento dos bits em MAR para o barramento de endereço.

A opção de converter o MBR de 8 bits em um valor de 32 bits com sinal ou sem sinal no barramento B é determinada por qual dos dois sinais de controle (setas claras sob MBR na Figura 4.1) for ativado. A necessidade dessas duas opções é a razão de haver duas setas presentes. A capacidade de fazer o MBR de 8 bits agir como uma fonte de 32 bits para o barramento B é indicada pelo retângulo tracejado na figura.

4.1.2 Microinstruções

Para controlar o caminho de dados da Figura 4.1 precisamos de 29 sinais, que podem ser divididos em cinco grupos funcionais, como descreveremos a seguir:

- 9 sinais para controlar escrita de dados do barramento C para registradores.
- 9 sinais para controlar habilitação de registradores dirigidos ao barramento B para a entrada da ULA.
- 8 sinais para controlar as funções da ULA e do deslocador.
- 2 sinais (não mostrados) para indicar leitura/escrita na memória via MAR/MDR.
- 1 sinal (não mostrado) para indicar busca na memória via PC/MBR.

Os valores desses 29 sinais de controle especificam as operações para um ciclo do caminho de dados. Um ciclo consiste em copiar valores dos registradores para o barramento B, propagar os sinais pela ULA e pelo deslocador, dirigi-los ao barramento C e, por fim, escrever os resultados no registrador ou registradores adequados. Além disso, se um sinal de leitura de dados da memória for ativado, a operação de memória é iniciada no final do ciclo de caminho de dados, após o MAR ter sido carregado. Os dados da memória estão disponíveis no final do ciclo *seguinte* em MBR ou MDR e podem ser usados no ciclo que *vem depois daquele*. Em outras palavras, uma leitura de memória em qualquer porta iniciada no final do ciclo k entrega dados que não podem ser usados no ciclo $k + 1$, porém, somente no ciclo $k + 2$ ou mais tarde.

Esse comportamento que parece anti-intuitivo é explicado pela Figura 4.3. Os sinais de controle da memória não são gerados no ciclo de *clock* 1 até que MAR e PC sejam carregados na borda ascendente do *clock*, próximo ao final do ciclo de *clock* 1. Consideraremos que a memória coloca seus resultados nos barramentos de memória dentro de um ciclo, portanto, que MBR e/ou MDR podem ser carregados na próxima borda ascendente do *clock*, junto com os outros registradores.

Em outras palavras, carregamos MAR no final de um ciclo de caminho de dados e iniciamos a memória logo após. Por conseguinte, na realidade não podemos esperar que os resultados de uma operação de leitura estejam em MDR no início do próximo ciclo, em especial se a largura do pulso de *clock* for curta. Não há tempo suficiente se a memória demora um ciclo de *clock*. Um ciclo de caminho de dados deve ser interposto entre o início de uma leitura de memória e a utilização do resultado. É claro que outras operações podem ser executadas durante aquele ciclo, mas não as que necessitam da palavra de memória.

Supor que a memória leva um ciclo para operar equivale a supor que a taxa de presença na *cache* de nível 1 é 100%. Essa suposição nunca é verdadeira, mas a complexidade introduzida por um tempo de ciclo de memória de duração variável é mais do que o que queremos discutir aqui.

Uma vez que MBR e MDR são carregados na borda ascendente do *clock*, com todos os outros registradores, eles podem ser lidos durante ciclos em que está sendo realizada uma nova leitura de memória. Eles retornam aos valores antigos, já que a leitura ainda não teve tempo de sobrescrevê-los. Aqui não há ambiguidade alguma; até que novos valores sejam carregados em MBR e MDR na borda ascendente do *clock*, os precedentes ainda estão ali e podem ser usados. Note que é possível fazer leituras seguidas em dois ciclos consecutivos, uma vez que uma leitura leva apenas um. Além disso, ambas as memórias podem funcionar ao mesmo tempo. Contudo, tentar ler e escrever o mesmo byte em simultâneo gera resultados indefinidos.

Embora talvez seja desejável escrever a saída no barramento C em mais de um registrador, nunca é aconselhável habilitar mais de um por vez no barramento B. Na verdade, algumas implementações reais sofrerão dano físico se isso for feito. Com um pequeno aumento no conjunto de circuitos podemos reduzir o número de bits necessários para selecionar entre as possíveis fontes para comandar o barramento B. Há somente nove registradores de entrada possíveis que podem comandar o barramento B (onde cada versão do MBR com sinal e sem sinal é contada como uma versão individual). Portanto, podemos codificar as informações do barramento B em 4 bits e usar um decodificador para gerar os 16 sinais de controle, sete dos quais não são necessários. Em um projeto comercial, os arquitetos seriam atacados por um desejo desesperado de se livrar de um dos registradores de modo que 3 bits fizessem o trabalho. Como acadêmicos, podemos nos dar ao enorme luxo de desperdiçar 1 bit para obter um projeto mais limpo e mais simples.

Nesse ponto, podemos controlar o caminho de dados com 9 + 4 + 8 + 2 + 1 = 24 sinais, daí 24 bits. Contudo, esses 24 bits só controlam o caminho de dados por um ciclo. A segunda parte do controle é determinar o que fazer no ciclo seguinte. Para incluir isso no projeto do controlador, criaremos um formato para descrever as operações a serem realizadas usando os 24 bits de controle mais dois campos adicionais: NEXT_ADDRESS e JAM. O conteúdo de cada um desses campos será discutido em breve. A Figura 4.5 mostra um formato possível, dividido em seis grupos (listados abaixo da instrução) e contendo os seguintes 36 sinais:

Addr — Contém o endereço de uma microinstrução potencial seguinte.

JAM — Determina como a próxima microinstrução é selecionada.

ULA — Funções da ULA e do deslocador.

C — Seleciona quais registradores são escritos a partir do barramento C.

Mem — Funções de memória.

B — Seleciona a fonte do barramento B; é codificado como mostrado.

A ordem dos grupos é, em princípio, arbitrária, embora na verdade a tenhamos escolhido com muito cuidado para minimizar cruzamentos de linhas na Figura 4.6. Cruzamentos de linhas em diagramas esquemáticos como essa figura costumam corresponder a cruzamento de fios em chips, o que causa problemas em projetos bidimensionais, portanto, é melhor minimizá-los.

Figura 4.5 Formato da microinstrução para a Mic-1 (descrita em breve adiante).

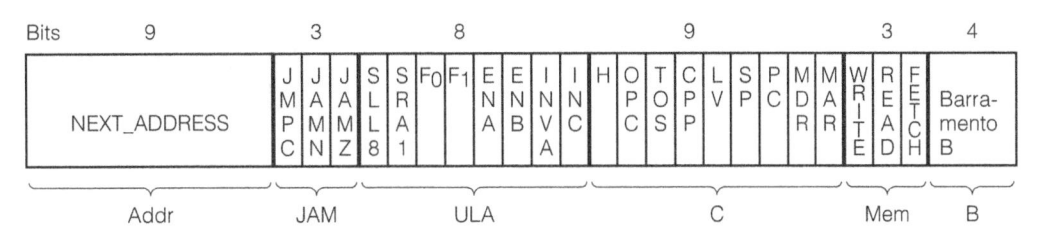

Registradores do barramento B

0 = MDR   1 = PC   2 = MBR   3 = MBRU   4 = SP   5 = LV   6 = CPP   7 = TOS   8 = OPC   9-15 nenhum

Figura 4.6 Diagrama de blocos completo de nossa microarquitetura de exemplo, a Mic-1.

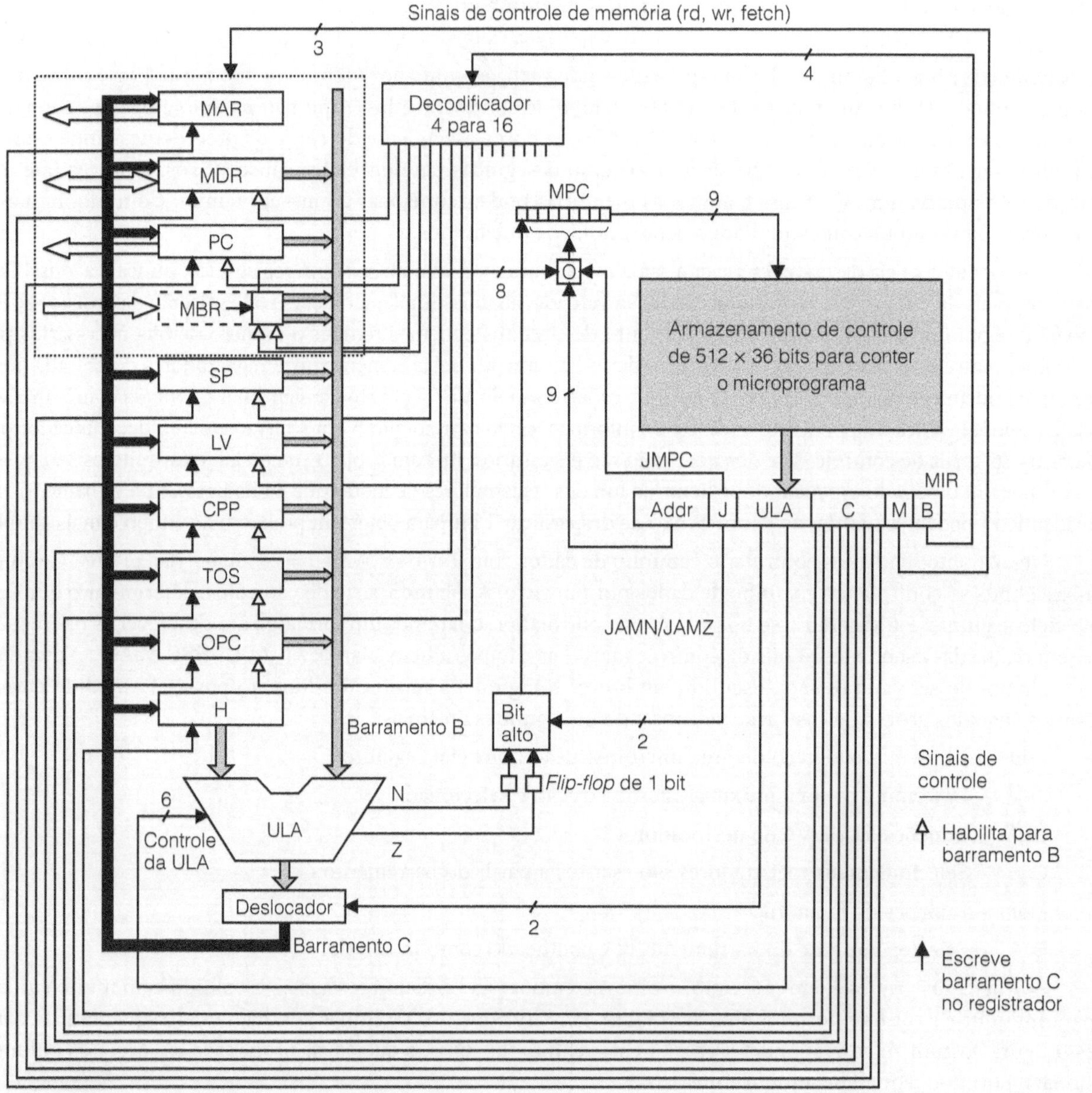

4.1.3 Controle de microinstrução: a Mic-1

Até aqui, descrevemos como o caminho de dados é controlado, mas ainda não explicamos como é decidido qual dos sinais de controle deve ser habilitado em cada ciclo. Isso é determinado por um **sequenciador**, que é responsável por escalonar a sequência de operações necessárias para a execução de uma única instrução ISA.

O sequenciador deve produzir dois tipos de informação a cada ciclo:

1. O estado de cada sinal de controle no sistema.
2. O endereço da microinstrução que deve ser executada em seguida.

A Figura 4.6 é um diagrama de blocos detalhado da microarquitetura completa de nossa máquina de exemplo, que denominaremos **Mic-1**. Ela pode parecer imponente de início, mas vale a pena estudá-la com cuidado. Quando você entender totalmente cada retângulo e cada linha dessa figura, terá avançado bastante no entendimento do nível de microarquitetura. O diagrama de blocos tem duas partes: o caminho de dados, à esquerda, que já discutimos em detalhes, e a seção de controle, à direita, que estudaremos agora.

O maior item e também o mais importante na parte do controle da máquina é uma memória denominada **armazenamento de controle**. É conveniente imaginá-la como uma memória que contém o microprograma completo, embora às vezes ele seja executado como um conjunto de portas lógicas. Em geral, vamos nos referir a ele como o armazenamento de controle para evitar confusão com a memória principal, acessada por meio de MBR e MDR. Contudo, em termos funcionais, o armazenamento de controle é uma memória que apenas contém microinstruções em vez de instruções ISA. No caso da nossa máquina de exemplo, ele contém 512 palavras, cada uma consistindo em uma microinstrução de 36 bits do tipo ilustrado na Figura 4.5. Na verdade, nem todas essas palavras são necessárias, mas (por razões que explicaremos em breve) precisamos de endereços para 512 palavras distintas.

Em um aspecto importante, o armazenamento de controle é bem diferente da memória principal: instruções na memória principal são sempre executadas em ordem de endereço (exceto para os desvios); microinstruções não são. O ato de incrementar o contador de programa na Figura 2.3 expressa o fato de que a instrução padrão (*default*) a executar após a instrução corrente é a instrução seguinte àquela corrente na memória. Microprogramas precisam de mais flexibilidade (porque as sequências de microinstruções tendem a ser curtas), e, portanto, não costumam ter essa propriedade. Em vez disso, cada microinstrução especifica explicitamente sua sucessora.

Uma vez que, em termos funcionais, o armazenamento de controle é uma memória (só de leitura), ele precisa de seu próprio registrador de endereço de memória e de seu próprio registrador de dados de memória. Não precisa ler nem escrever sinais porque está sendo lido continuamente. Denominaremos o registrador de endereço de memória do armazenamento de controle **MPC** (**MicroProgram Counter** – contador de microprograma). Esse nome é irônico, já que as localizações nele são explicitamente não ordenadas, portanto, o conceito de contagem não é útil (mas quem somos nós para discutir uma tradição?). O registrador de dados de memória é denominado **MIR** (**MicroInstruction Register** – registrador de microinstrução). Sua função é conter a microinstrução corrente, cujos bits comandam os sinais de controle que operam o caminho de dados.

O registrador MIR na Figura 4.6 contém os mesmos seis grupos da Figura 4.5. Os grupos Addr e J (de JAM) controlam a seleção da microinstrução seguinte e serão discutidos em breve. O grupo ULA contém os 8 bits que selecionam a função ULA e comandam o deslocador. Os bits C fazem os registradores individuais carregarem a saída da ULA vinda do barramento C. Os bits M controlam operações de memória.

Por fim, os últimos 4 bits comandam o decodificador que determina o que entra no barramento B. Nesse caso, preferimos usar um decodificador padrão 4 para 16, mesmo que sejam requeridas apenas nove possibilidades. Em um projeto mais afinado, poderia ser usado um decodificador 4 para 9. Nesse caso, o compromisso é usar um circuito padrão que possa ser encontrado em uma biblioteca de circuitos em vez de projetar um circuito fabricado sob especificação. Usar o circuito padrão é mais simples e a probabilidade de introduzir bugs é menor. Construir seu próprio circuito usa menos área de chip, mas leva mais tempo para projetar e há sempre a possibilidade de você errar.

A operação da Figura 4.6 é a seguinte. No início de cada ciclo de *clock* (a borda descendente na Figura 4.3), MIR é carregado a partir da palavra no armazenamento de controle apontada pelo MPC. O tempo de carga do MIR é indicado na figura por Δw. Se pensarmos em termos de subciclos, MIR é carregado durante o primeiro.

Assim que a microinstrução é estabelecida em MIR, os vários sinais se propagam para dentro do caminho de dados. Um registrador é copiado para o barramento B, a ULA sabe qual operação realizar e a atividade é frenética. Esse é o segundo subciclo. Após um intervalo $\Delta w + \Delta x$ a partir do início do ciclo, as entradas da ULA estão estáveis.

Após mais um Δy, tudo se acomoda e as saídas da ULA, N, Z e do deslocador estão estáveis. Então, os valores N e Z são salvos em um par de *flip-flops* de 1 bit. Esses bits, como os registradores que são carregados a partir do barramento C e na memória, são salvos na borda ascendente do *clock*, próximo ao final do ciclo do caminho de dados. A saída da ULA não é serializada, mas apenas alimentada no deslocador. A atividade da ULA e do deslocador ocorre durante o subciclo 3.

Após um intervalo adicional, Δz, a saída do deslocador alcançou os registradores via barramento C. Então, estes podem ser carregados perto do final do ciclo (borda ascendente do pulso de *clock* na Figura 4.3). O subciclo 4 consiste em carregar os registradores e *flip-flops* N e Z e termina um pouco após a borda ascendente do *clock*, quando todos os resultados foram salvos e os produtos das operações de memória anteriores estão disponíveis e o MPC foi carregado. O processo continua até alguém se entediar e desligar a máquina.

Em paralelo com o comando do caminho de dados, o microprograma tem de determinar qual microinstrução executar em seguida, porque elas precisam ser executadas na ordem em que aparecem no armazenamento de controle. O cálculo do endereço da próxima microinstrução começa após MIR ter sido carregado e estar estável. Primeiro, o campo NEXT_ADDRESS de 9 bits é copiado para MPC. Enquanto essa cópia está ocorrendo, o campo JAM é inspecionado. Se tiver valor 000, nada mais é feito; quando a cópia de NEXT_ADDRESS estiver concluída, o MPC apontará a próxima microinstrução.

Se um ou mais dos bits JAM for 1, é preciso mais trabalho. Se JAMN estiver ativado, o *flip-flop* N de 1 bit sofre uma operação OR com o bit de ordem alta do MPC. De modo semelhante, se JAMZ estiver ativado, é o *flip-flop* Z de 1 bit que passa pela operação OR. Se ambos estiverem ajustados, ambos passam por OR. A razão de os *flip-flops* N e Z serem necessários é que, após a borda ascendente do *clock* (enquanto o *clock* está alto), o barramento B não está mais sendo comandado, portanto, as saídas da ULA não podem mais ser tomadas como corretas. Salvar os *flags* de estado da ULA em N e Z torna os valores corretos disponíveis e estáveis para o cálculo do MPC, não importa o que esteja ocorrendo na ULA.

Na Figura 4.6, a lógica que faz tal cálculo é denominada "bit alto". A função booleana que ela calcula é

F = (JAMZ AND Z) OR (JAMN AND N) OR NEXT_ADDRESS[8]

Note que, em todos os casos, MPC só pode assumir um de dois valores possíveis:

1. O valor de NEXT_ADDRESS.
2. O valor de NEXT_ADDRESS com o bit de ordem alta que passa por uma operação OR com 1.

Não existe nenhuma outra possibilidade. Se o bit de ordem alta de NEXT_ADDRESS já for 1, usar JAMN ou JAMZ não tem sentido.

Note que, quando os bits JAM são todos zeros, o endereço da próxima microinstrução a ser executada é simplesmente o número de 9 bits em seu campo NEXT_ADDRESS. Quando ou JAMN ou JAMZ é 1, há dois sucessores potenciais: NEXT_ADDRESS e NEXT_ADDRESS com operação OR com 0x100 (considerando que NEXT_ADDRESS ≤ 0xFF). (Note que 0x indica que o número que vem em seguida está em hexadecimal.) Esse ponto é ilustrado na Figura 4.7. A microinstrução corrente, na localização 0x75, tem NEXT_ADDRESS = 0x92 e JAMZ ajustado para 1. Por conseguinte, o próximo endereço da microinstrução depende do bit Z armazenado durante a operação de ULA anterior. Se o bit Z for 0, a próxima microinstrução vem de 0x92. Se o bit Z for 1, a próxima microinstrução vem de 0x192.

O terceiro bit no campo JAM é JMPC. Se ele estiver ativado, os 8 bits MBR passam por uma operação OR bit a bit com os 8 bits de ordem baixa do campo NEXT_ADDRESS que vem da microinstrução corrente. O resultado é enviado a MPC. O retângulo com o rótulo "O" na Figura 4.6 faz uma OR de MBR com NEXT_ADDRESS se JMPC for 1, mas apenas passa NEXT_ADDRESS diretamente para MPC se JMPC for 0. Quando JMPC é 1, os 8 bits de ordem baixa de NEXT_ADDRESS em geral são zero. O bit de ordem alta pode ser 0 ou 1, portanto, o valor de NEXT_ADDRESS usado com JMPC normalmente é 0x000 ou 0x100. A razão para usar às vezes 0x000 e às vezes 0x100 será discutida mais adiante.

A capacidade de efetuar OR entre MBR e NEXT_ADDRESS e armazenar o resultado em MPC permite uma execução eficiente de um desvio (*jump*) multivias. Note que qualquer um dos 256 endereços pode ser especificado, determinado exclusivamente pelos bits presentes em MBR. Em uma utilização típica, MBR contém um código de operação, que chamaremos de *opcode*, portanto, a utilização de JMPC resultará em uma seleção única para a próxima microinstrução a ser executada para todo *opcode* possível. Esse método é útil para fazer desvios rápidos diretamente para a função correspondente ao *opcode* que acabou de ser buscado.

Entender a temporização da máquina é crítico para o que vem a seguir, portanto, talvez valha a pena repeti-la. Faremos isso em termos de subciclos, uma vez que é fácil de visualizar, mas os únicos eventos de *clock* reais são a borda descendente, que inicia o ciclo, e a borda ascendente, que carrega os registradores e os *flip-flops* N e Z. Favor consultar a Figura 4.3 mais uma vez.

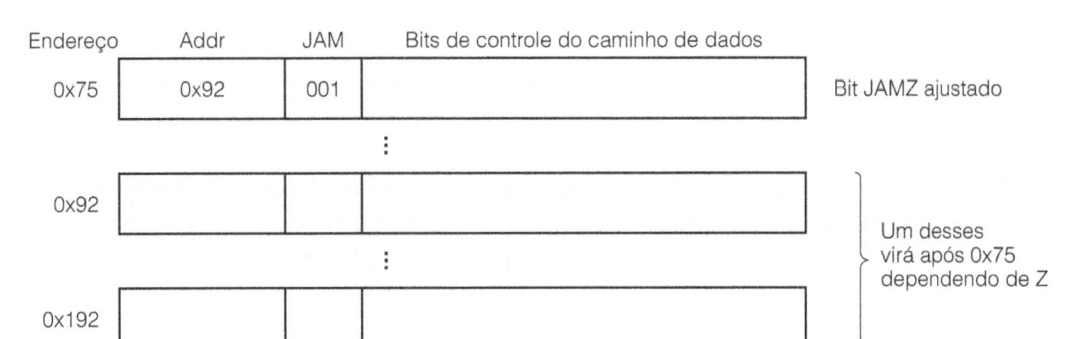

Figura 4.7 Microinstrução com JAMZ ajustado para 1 tem duas sucessoras potenciais.

Endereço	Addr	JAM	Bits de controle do caminho de dados	
0x75	0x92	001		Bit JAMZ ajustado
⋮				
0x92				Um desses virá após 0x75 dependendo de Z
⋮				
0x192				

Durante o subciclo 1, iniciado pela borda descendente do *clock*, MIR é carregado a partir do endereço contido em MPC no instante em questão. Durante o subciclo 2, os sinais de MIR se propagam e o barramento B é carregado a partir do registrador selecionado. Durante o subciclo 3, a ULA e o deslocador funcionam e produzem um resultado estável. Durante o subciclo 4, os valores do barramento C, dos barramentos de memória e da ULA tornam-se estáveis. Na borda ascendente do *clock*, os registradores são carregados a partir do barramento C, *flip-flops* N e Z são carregados e MBR e MDR obtêm seus resultados da operação de memória iniciada no final do ciclo de caminho de dados anterior (se houver algum). Assim que o valor de MBR estiver disponível, MPC é carregado em preparação para a próxima microinstrução. Assim, MPC obtém seu valor em algum instante durante o meio do intervalo quando o *clock* está alto, mas após MBR/MDR estarem prontos. Ele poderia ser ativado no nível (em vez de ativado pela borda) ou ativado pela borda com um atraso fixo após a borda ascendente do *clock*. O que realmente importa é que MPC não seja carregado até que os registradores dos quais ele depende (MBR, N e Z) estejam prontos. Tão logo o *clock* caia, MPC pode endereçar o armazenamento de controle e um novo ciclo pode começar.

Note que cada ciclo é autossuficiente. Ele especifica o que ocorre no barramento B, o que a ULA e o deslocador têm de fazer, onde o barramento C deve ser armazenado e, por fim, qual deve ser o próximo valor de MPC.

Vale a pena fazer uma observação final sobre a Figura 4.6. Estamos tratando o MPC como um registrador propriamente dito, com 9 bits de capacidade de armazenamento, que é carregado enquanto o *clock* está alto. Na realidade, não há necessidade alguma de um registrador ali. Todas as suas entradas podem ser alimentadas diretamente para o armazenamento de controle. Basta que elas estejam presentes no armazenamento de controle na borda descendente do *clock* quando MIR é selecionado e lido. Na verdade, não há necessidade alguma de armazená-las em MPC. Por essa razão, o MPC pode perfeitamente ser executado como um **registrador virtual**, que é apenas um lugar de reunião para sinais, mais como se fosse um painel de conexão eletrônico do que um registrador real. Transformar o MPC em um registrador virtual simplifica a temporização: agora, os eventos acontecem somente nas bordas descendentes e ascendentes do *clock* e em nenhum outro lugar. Porém, se for mais fácil para você imaginar um MPC como um registrador real, esse ponto de vista também é válido.

4.2 Exemplo de ISA: IJVM

Vamos continuar nosso exemplo introduzindo o nível ISA da máquina a ser interpretado pelo microprograma que é executado na microarquitetura da Figura 4.6 (IJVM). Por conveniência, às vezes vamos nos referir a Instruction Set Architecture (ISA) como a **macroarquitetura**, para contrastá-la com a microarquitetura. Contudo, antes de descrever a IJVM, vamos fazer uma ligeira digressão com o intuito de motivação.

4.2.1 Pilhas

Praticamente todas as linguagens de programação trabalham com o conceito de procedimentos (métodos), que têm variáveis locais. Essas variáveis podem ser acessadas de dentro dos procedimentos, mas deixam de ser acessíveis assim que o procedimento é devolvido. Portanto, surge a pergunta: "Em que lugar da memória essas variáveis devem ser mantidas?".

A solução mais simples, dar a cada variável um endereço de memória absoluto, não funciona. O problema é que um procedimento pode chamar a si mesmo. Estudaremos esses procedimentos recursivos no Capítulo 5. Por enquanto, basta dizer que, se um procedimento for ativado – isto é, chamado – duas vezes, é impossível armazenar suas variáveis em localizações absolutas de memória porque a segunda chamada irá interferir com a primeira.

Em vez disso, é usada uma estratégia diferente. Uma área da memória, denominada **pilha**, é reservada para variáveis, mas variáveis individuais não obtêm endereços absolutos nela. Em vez disso, um registrador, por exemplo, LV, é preparado para apontar para a base das variáveis locais para o procedimento em questão. Na Figura 4.8(a), um procedimento A, que tem variáveis locais a1, a2 e a3, foi chamado, portanto, foi reservado armazenamento para suas variáveis locais, começando na localização de memória apontada por LV. Outro registrador, SP, aponta para a palavra mais alta das variáveis locais de A. Se LV for 100 e as palavras tiverem 4 bytes, então SP será 108. Variáveis são referenciadas dando seu deslocamento (distância) em relação a LV. A estrutura de dados entre LV e SP (e incluindo ambas as palavras apontadas) é denominada **quadro de variáveis locais** de A.

Figura 4.8 Utilização de uma pilha para armazenar variáveis locais. (a) Enquanto A está ativo. (b) Após A chamar B. (c) Após B chamar C. (d) Após C e B retornarem e A chamar D.

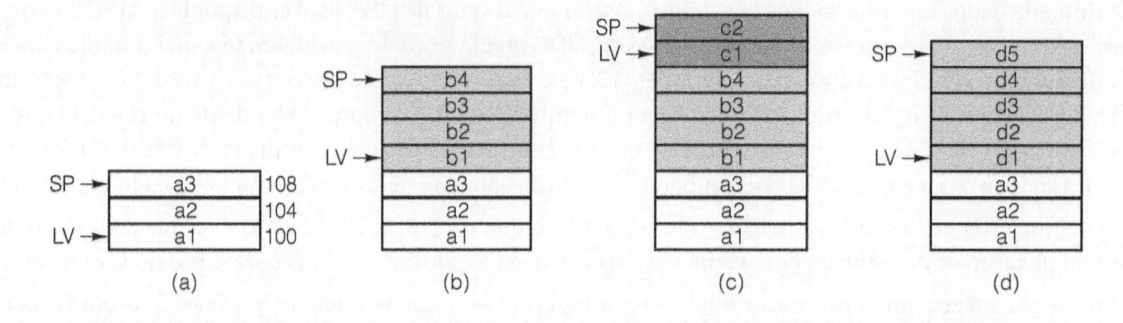

						SP →	c2		
						LV →	c1	SP →	d5
			SP →	b4			b4		d4
				b3			b3		d3
				b2			b2		d2
			LV →	b1			b1	LV →	d1
SP →	a3	108		a3			a3		a3
	a2	104		a2			a2		a2
LV →	a1	100		a1			a1		a1
(a)			(b)			(c)		(d)	

Agora, vamos considerar o que acontece se A chamar outro procedimento, B. Onde deveriam ser armazenadas as quatro variáveis locais de B (b1, b2, b3, b4)? *Resposta*: na pilha, em cima das variáveis de A, conforme mostra a Figura 4.8(b). Observe que LV foi ajustado pela chamada de procedimento para que aponte para as variáveis locais de B em vez das de A. As variáveis locais de B podem ser referenciadas dando seu deslocamento em relação a LV. De modo semelhante, se B chamar C, LV e SP são ajustados novamente para alocar espaço para as duas variáveis de C, como mostra a Figura 4.8(c).

Quando C retorna, B torna-se ativo de novo e a pilha volta a ser ajustada para a Figura 4.8(b), de modo que LV agora aponta outra vez para as variáveis locais de B. Da mesma forma, quando B retorna, voltamos à situação da Figura 4.8(a). Sob todas as condições, LV aponta para a base do quadro da pilha para o procedimento ativo no momento em questão e SP aponta para o topo do quadro da pilha.

Agora, suponha que A chama D, que tem cinco variáveis locais. Essa é a situação da Figura 4.8(d), na qual as variáveis locais de D usam a mesma memória que as de B usaram, bem como parte das de C. Com essa organização, a memória só é alocada para procedimentos que estão ativos no momento em questão. Quando um procedimento retorna, a memória usada por suas variáveis locais é liberada.

Pilhas têm outra utilização além de conter variáveis locais. Elas podem ser usadas para reter operandos durante o cálculo de uma expressão aritmética. Quando usada dessa maneira, a pilha é denominada **pilha de operandos**. Suponha, por exemplo, que, antes de chamar B, A tenha de calcular

a1 = a2 + a3;

Um modo de efetuar essa soma é passar *a2* para a pilha, como ilustra a Figura 4.9(a). Nesse caso, SP foi incrementado pelo número de bytes em uma palavra, por exemplo, 4, e o primeiro operando foi armazenado no endereço agora apontado por SP. Em seguida, *a3* é passada para a pilha, conforme mostra a Figura 4.9(b). (Como parte da notação, usaremos uma fonte Helvetica para todos os fragmentos de programa, como fizemos anteriormente. Também usaremos essa fonte para *opcodes* em linguagem de montagem e registradores de máquina, mas, em texto corrente, variáveis de programa e procedimentos serão dados em *itálico*. A diferença é que nomes de variáveis de programas e nomes de procedimento são escolhidos pelo usuário; nomes de *opcodes* e registradores vêm com a máquina.)

Figura 4.9 Utilização de uma pilha de operandos para efetuar um cálculo aritmético.

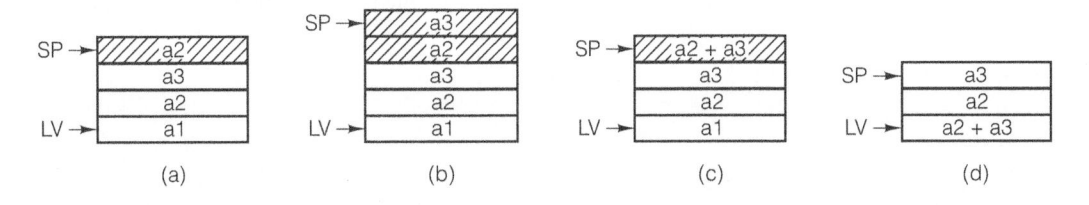

Agora, o cálculo propriamente dito pode ser feito executando uma instrução que retira duas palavras da pilha, soma as duas e devolve o resultado para a pilha, conforme a Figura 4.9(c). Por fim, a palavra que está no topo pode ser retirada da pilha e armazenada de novo na variável local *a1*, como ilustrado na Figura 4.9(d).

Os quadros de variáveis locais e as pilhas de operandos podem ser misturados. Por exemplo, ao calcular uma expressão como $x^2 + f(x)$, parte dela (por exemplo, x^2) pode estar em uma pilha de operandos quando a função *f* é chamada. O resultado da função é deixado na pilha, em cima de x^2, de modo que a próxima instrução pode somá-la.

Vale a pena observar que, enquanto todas as máquinas usam uma pilha para armazenar variáveis locais, nem todas usam uma pilha de operandos como essa para efetuar aritmética. Na verdade, a maioria delas não usa, mas a JVM e a IJVM trabalham assim, e é por isso que apresentamos aqui as operações com a pilha. Vamos estudá-las com mais detalhes no Capítulo 5.

4.2.2 Modelo de memória IJVM

Agora, estamos prontos para estudar a arquitetura da IJVM. Em essência, ela consiste em uma memória que pode ser vista de dois modos: um arranjo de 4.294.967.296 bytes (4 GB) ou um arranjo de 1.073.741.824 palavras, cada uma consistindo em 4 bytes. Diferente da maioria das ISAs, a Java Virtual Machine (máquina virtual Java) não deixa nenhum endereço absoluto de memória diretamente visível no nível ISA, mas há vários endereços implícitos que fornecem a base para um ponteiro. Instruções IJVM só podem acessar a memória indexando a partir desses ponteiros. Em qualquer instante, as seguintes áreas de memória são definidas:

1. *O conjunto de constantes.* Essa área não pode ser escrita por um programa IJVM e consiste em constantes, cadeias e ponteiros para outras áreas da memória que podem ser referenciadas. Ele é carregado quando o programa é trazido para a memória e não é alterado depois. Há um registrador implícito, CPP, que contém o endereço da primeira palavra do conjunto de constantes.

2. *O quadro de variáveis locais.* Para cada invocação de um método é alocada uma área para armazenar variáveis durante o tempo de vida da invocação, denominada **quadro de variáveis locais**. No início desse quadro estão os parâmetros (também denominados argumentos) com os quais o método foi invocado. O quadro de variáveis locais não inclui a pilha de operandos, que é separada. Contudo, por questões de eficiência, nossa implementação prefere executar a pilha de operandos logo acima do quadro de variáveis locais. Há um registrador implícito que contém o endereço da primeira localização

do quadro de variáveis locais. Nós o denominaremos **LV**. Os parâmetros passados na chamada do método são armazenados no início do quadro de variáveis locais.

3. *A pilha de operandos*. É garantido que o quadro não exceda certo tamanho, calculado com antecedência pelo compilador Java. O espaço da pilha de operandos é alocado diretamente acima do quadro de variáveis locais, como ilustrado na Figura 4.10. Em nossa implementação, é conveniente imaginar a pilha de operandos como parte do quadro de variáveis locais. De qualquer modo, há um registrador implícito que contém o endereço da palavra do topo da pilha. Note que, diferente do **CPP** e do **LV**, esse ponteiro, **SP**, muda durante a execução do método à medida que operandos são passados para a pilha ou retirados dela.

4. *A área de método*. Por fim, há uma região da memória que contém o programa, à qual nos referimos como a área de "texto" em um processo UNIX. Há um registrador implícito que contém o endereço da instrução a ser buscada em seguida. Esse ponteiro é denominado contador de programa (Program Counter) ou **PC**. Diferente das outras regiões da memória, a área de método é tratada como um vetor de bytes.

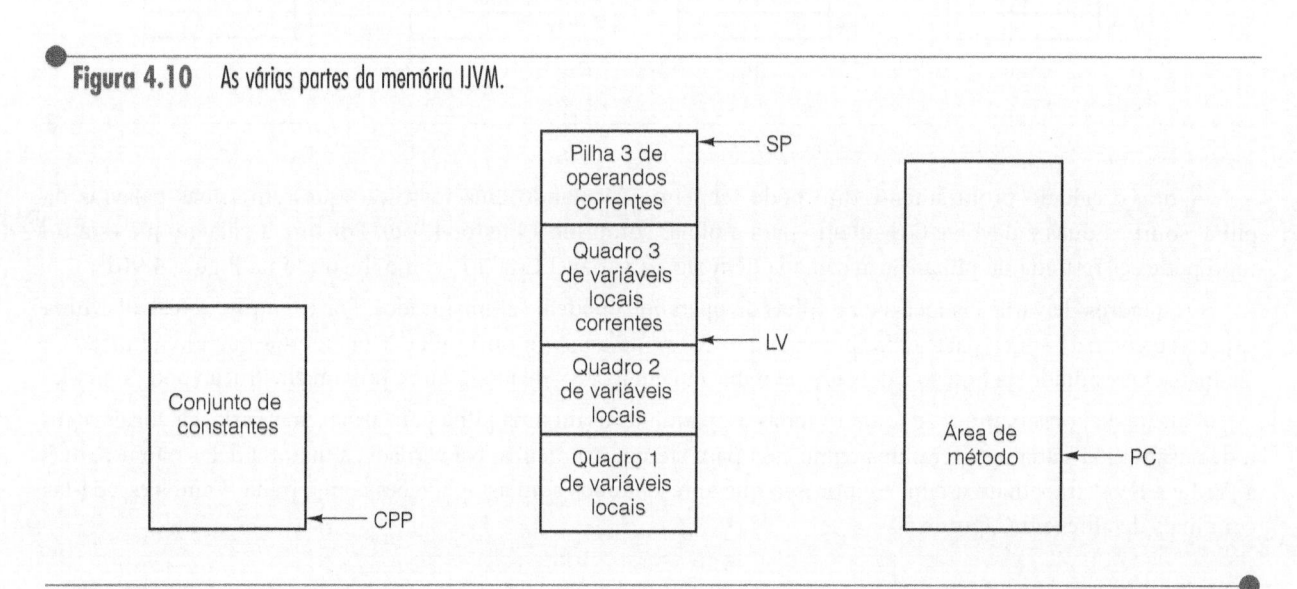

Figura 4.10 As várias partes da memória IJVM.

É preciso esclarecer uma questão em relação aos ponteiros. Os registradores **CPP**, **LV** e **SP** são todos ponteiros para *palavras*, não para *bytes*, e são deslocados pelo número de palavras. Para o subconjunto de inteiros que escolhemos, todas as referências a itens no conjunto de constantes, o quadro de variáveis locais e as pilhas são palavras, e todos os deslocamentos usados para indexar esses quadros são deslocamentos de palavras. Por exemplo, LV, LV + 1 e LV + 2 se referem às primeiras três palavras do quadro de variáveis locais. Em comparação, LV, LV + 4 e LV + 8 se referem a palavras em intervalos de quatro palavras (16 bytes).

Ao contrário, **PC** contém um endereço de byte, e uma adição ou subtração ao **PC** altera o endereço por um número de bytes, e não por um número de palavras. O endereçamento para **PC** é diferente dos outros e esse fato é aparente na porta de memória especial fornecida para **PC** na Mic-1. Lembre-se de que a largura dessa porta é de apenas 1 byte. Incrementar o **PC** por um fator de um e iniciar uma leitura resulta em uma busca pelo próximo *byte*. Incrementar o **SP** por um fator de um e iniciar uma leitura resulta em uma busca pela próxima *palavra*.

4.2.3 Conjunto de instruções da IJVM

O conjunto de instruções da IJVM é mostrado na Figura 4.11. Cada instrução consiste em um *opcode* e às vezes um operando, tal como um deslocamento de memória ou uma constante. A primeira coluna dá a codificação hexadecimal da instrução. A segunda dá seu mnemônico em linguagem de montagem. A terceira dá uma breve descrição de seu efeito.

Figura 4.11 Conjunto de instruções da IJVM. Os operandos *byte, const* e *varnum* são de 1 byte. Os operandos *disp, index* e *offset* são de 2 bytes.

Hexa	Mnemônico	Significado
0x10	BIPUSH *byte*	Carregue o byte para a pilha
0x59	DUP	Copie a palavra do topo da pilha e passe-a para a pilha
0xA7	GOTO *offset*	Desvio incondicional
0x60	IADD	Retire duas palavras da pilha; carregue sua soma
0x7E	IAND	Retire duas palavras da pilha; carregue AND booleano
0x99	IFEQ *offset*	Retire palavra da pilha e desvie se for zero
0x9B	IFLT *offset*	Retire palavra da pilha e desvie se for menor do que zero
0x9F	IF_ICMPEQ *offset*	Retire duas palavras da pilha; desvie se iguais
0x84	IINC *varnum const*	Some uma constante a uma variável local
0x15	ILOAD *varnum*	Carregue variável local para pilha
0xB6	INVOKEVIRTUAL *disp*	Invoque um método
0x80	IOR	Retire duas palavras da pilha; carregue OR booleano
0xAC	IRETURN	Retorne do método com valor inteiro
0x36	ISTORE *varnum*	Retire palavra da pilha e armazene em variável local
0x64	ISUB	Retire duas palavras da pilha; carregue sua diferença
0x13	LDC_W *index*	Carregue constante do conjunto de constantes para pilha
0x00	NOP	Não faça nada
0x57	POP	Apague palavra no topo da pilha
0x5F	SWAP	Troque as duas palavras do topo da pilha uma pela outra
0xC4	WIDE	Instrução prefixada; instrução seguinte tem um índice de 16 bits

São fornecidas instruções para passar para a pilha uma palavra que pode vir de diversas fontes. Entre essas fontes estão o conjunto de constantes (LDC_W), o quadro de variáveis locais (ILOAD) e a própria instrução (BIPUSH). Uma variável também pode ser retirada da pilha e armazenada no quadro de variáveis locais (ISTORE). Duas operações aritméticas (IADD e ISUB), bem como duas operações lógicas booleanas (IAND e IOR), podem ser efetuadas usando as duas palavras de cima da pilha como operandos. Em todas as operações aritméticas e lógicas, duas palavras são retiradas da pilha e o resultado é devolvido a ela. São fornecidas quatro instruções de desvio, uma incondicional (GOTO) e três condicionais (IFEQ, IFLT e IF_ICMPEQ). Todas as instruções de ramificação, se tomadas, ajustam o valor de PC conforme o tamanho de seus deslocamentos (16 bits com sinal), que vem após o *opcode* na instrução. Esse deslocamento é adicionado ao endereço do *opcode*. Há também instruções IJVM para trocar as duas palavras do topo da pilha uma pela outra (SWAP), duplicando a palavra do topo (DUP) e retirando-a (POP).

Algumas instruções têm vários formatos, o que permite uma forma abreviada para versões comumente usadas. Na IJVM, incluímos dois dos vários mecanismos que a JVM usa para fazer isso. Em um caso, ignoramos a forma abreviada em favor da mais geral. Em outro caso, mostramos como a instrução prefixada WIDE pode ser usada para modificar a instrução resultante.

Por fim, há uma instrução (INVOKEVIRTUAL) para invocar (chamar) outro método e outra instrução (IRETURN) para sair dele e devolver o controle ao método que o invocou. Pela complexidade do mecanismo, simplificamos de leve a definição, possibilitando produzir um mecanismo direto para invocar uma chamada e um retorno. A restrição é que, diferente da Java, só permitimos que um método invoque outro existente dentro de seu próprio objeto. Essa restrição prejudica seriamente a orientação de objetos, mas nos permite apresentar um mecanismo muito mais simples, evitando o requisito de localizar o método dinamicamente. (Se você não estiver familiarizado com programação orientada a objeto, pode ignorar essa observação sem susto. O que fizemos foi levar Java de volta a uma linguagem não orientada a objeto, como C ou Pascal.) Em todos os computadores, exceto JVM, o endereço do procedimento para chamar é determinado diretamente pela instrução CALL, portanto, nossa abordagem é, na verdade, o caso normal, e não a exceção.

O mecanismo para invocar um método é o seguinte. Primeiro, o chamador passa para a pilha uma referência (ponteiro) ao objeto a ser chamado. (Essa referência não é necessária na IJVM, visto que nenhum outro objeto pode ser especificado, mas é mantida para preservar a consistência com a JVM.) Na Figura 4.12(a), essa referência é indicada por OBJREF. Em seguida, o chamador passa os parâmetros do método para a pilha, nesse exemplo, *Parâmetro 1*, *Parâmetro 2* e *Parâmetro 3*. Finalmente, INVOKEVIRTUAL é executada.

A instrução INVOKEVIRTUAL inclui um deslocamento que indica a posição no conjunto de constantes que contêm o endereço de início dentro da área de método para o método que está sendo invocado. Contudo, embora o código do método resida na localização apontada por esse ponteiro, os primeiros 4 bytes na área de método contêm dados especiais. Os primeiros 2 bytes são interpretados como um inteiro de 16 bits que indica o número de parâmetros para o método (os parâmetros em si já foram passados para a pilha). Nessa contagem, OBJREF é contado como um parâmetro: parâmetro 0. Esse inteiro de 16 bits, junto com o valor de SP, fornece a localização de OBJREF. Note que LV aponta para OBJREF, e não para o primeiro parâmetro real. Para onde o LV aponta é uma escolha um tanto arbitrária.

Os 2 bytes seguintes na área de método são interpretados como outro inteiro de 16 bits, que indica o tamanho da área de variáveis locais para o método que está sendo chamado. Isso é necessário porque uma nova pilha será estabelecida para o método, começando imediatamente acima do quadro de variáveis locais. Por fim, o quinto byte na área de método contém o primeiro *opcode* a ser executado.

A sequência real que ocorre para INVOKEVIRTUAL é a seguinte, e está retratada na Figura 4.12. Os dois bytes de índice sem sinal que seguem o *opcode* são usados para construir um índice na tabela do conjunto de constantes (o primeiro byte é o byte de ordem alta). A instrução calcula o endereço da base do novo quadro de variáveis locais subtraindo o número de parâmetros do ponteiro da pilha e ajustando LV para apontar para OBJREF. Nesse local, sobrescrevendo OBJREF, a implementação guarda o endereço do local onde o antigo PC deve ser armazenado. Esse endereço é calculado adicionando o tamanho do quadro de variáveis locais (parâmetros + variáveis locais) ao endereço contido em LV. Imediatamente acima do endereço onde o antigo PC deve ser armazenado está o endereço onde o antigo LV deve ser armazenado. Logo acima daquele endereço está o início da pilha para o procedimento que acabou de ser chamado. O SP é ajustado para apontar para o antigo LV, que é o endereço logo abaixo do primeiro local vazio na pilha. Lembre-se de que o SP sempre aponta para a palavra no topo da pilha. Se esta estiver vazia, ele aponta para o primeiro local abaixo do final, porque nossas pilhas crescem para cima, na direção de endereços mais altos. Em nossas figuras, as pilhas sempre crescem para cima, na direção dos endereços mais altos, no topo da página.

A última operação necessária para efetuar INVOKEVIRTUAL é ajustar PC para apontar para o quinto byte no espaço de código do método.

A instrução IRETURN inverte as operações da instrução INVOKEVIRTUAL, conforme mostra Figura 4.13. Ela libera o espaço usado pelo método que retorna. Também restaura a pilha a seu estado anterior, exceto que (1) a palavra OBJREF (agora sobrescrita) e todos os parâmetros foram retirados da pilha e (2) o valor retornado foi colocado no topo da pilha, no local antes ocupado por OBJREF. Para restaurar o antigo estado, a instrução IRETURN deve ser capaz de restaurar os ponteiros PC e LV para seus antigos valores. Ela faz isso acessando o ponteiro de ligação (que é a palavra identificada pelo ponteiro LV corrente). Lembre-se de que, nesse local, onde a OBJREF estava armazenada originalmente, a instrução INVOKEVIRTUAL armazenou o endereço contendo o PC antigo. Essa palavra e a palavra acima dela são recuperadas para restaurar PC e LV para seus valores antigos. O valor de retorno, que estava armazenado no topo da pilha do método que está encerrando, é copiado para o local onde a OBJREF estava armazenada, e SP é restaurado para apontar para esse local. Portanto, o controle é devolvido à instrução imediatamente após a instrução INVOKEVIRTUAL.

Figura 4.12 (a) Memória antes de executar INVOKEVIRTUAL. (b) Após executá-la.

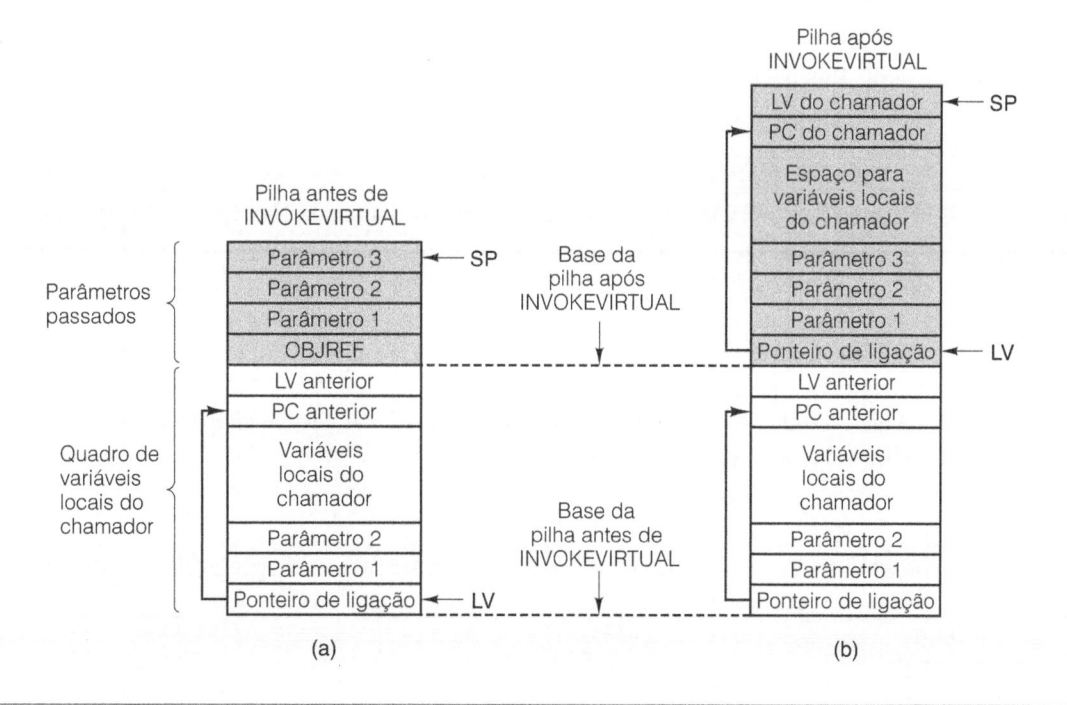

Figura 4.13 Memória antes de executar IRETURN. (b) Após executá-la.

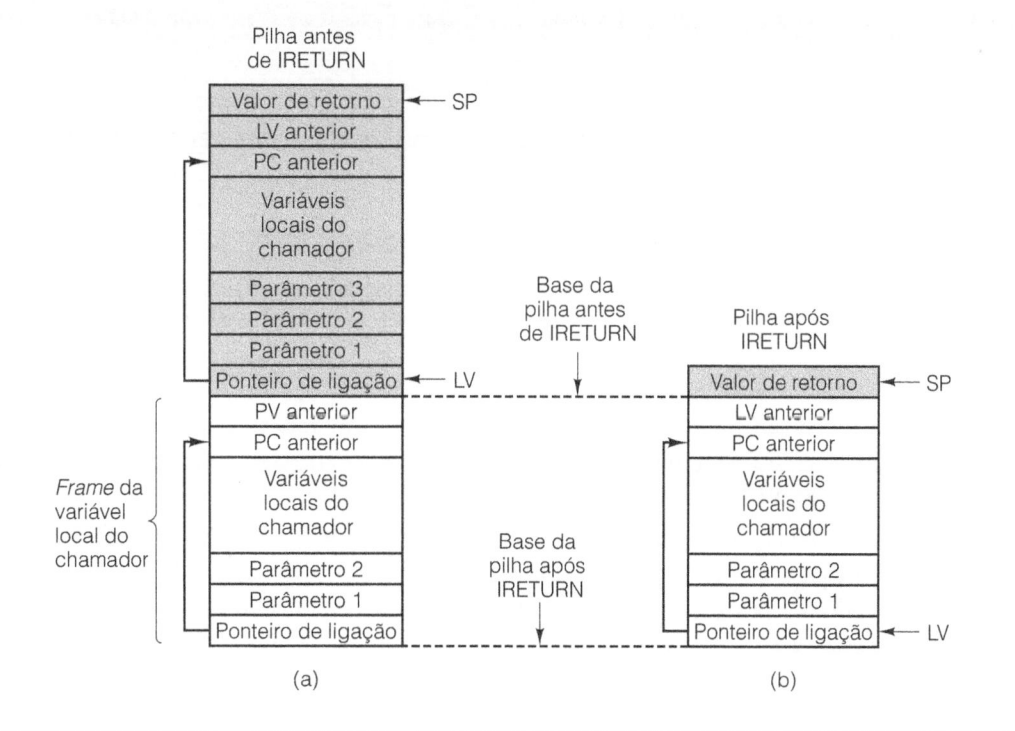

Até aqui, nossa máquina não tem nenhuma instrução de entrada/saída. Tampouco vamos adicionar alguma. Ela não precisa dessas instruções, nem a Java Virtual Machine, e a especificação oficial para a JVM sequer menciona E/S. A teoria é que uma máquina que não efetua entrada nem saída é "segura". (Na JVM, leitura e escrita são realizadas por meio de uma chamada a métodos especiais de E/S.)

4.2.4 Compilando Java para a IJVM

Agora, vamos ver como Java e IJVM estão relacionadas uma com a outra. Na Figura 4.14(a), mostramos um fragmento simples de código Java. Quando alimentado em um compilador Java, este provavelmente produziria a linguagem de montagem IJVM mostrada na Figura 4.14(b). Os números de linhas de 1 a 15 à esquerda do programa de linguagem de montagem não fazem parte da saída do compilador; o mesmo vale para os comentários (que começam com //). Eles estão ali para ajudar a explicar a figura seguinte. Então, o *assembler* Java traduziria o programa de montagem para o programa binário mostrado na Figura 4.14(c). (Na verdade, o compilador Java faz sua própria montagem e produz o programa binário diretamente.) Para este exemplo, consideremos que *i* é a variável local 1, *j* é a variável local 2 e *k* é a variável local 3.

Figura 4.14 (a) Fragmento em Java. (b) Linguagem de montagem Java correspondente. (c) Programa IJVM em hexadecimal.

(a)		(b)		(c)
i = j + k;	1	ILOAD j	// i = j + k	0x15 0x02
if (i == 3)	2	ILOAD k		0x15 0x03
k = 0;	3	IADD		0x60
else	4	ISTORE i		0x36 0x01
j = j – 1;	5	ILOAD i	// if (i == 3)	0x15 0x01
	6	BIPUSH 3		0x10 0x03
	7	IF_ICMPEQ L1		0x9F 0x00 0x0D
	8	ILOAD j	// j = j – 1	0x15 0x02
	9	BIPUSH 1		0x10 0x01
	10	ISUB		0x64
	11	ISTORE j		0x36 0x02
	12	GOTO L2		0xA7 0x00 0x07
	13	L1: BIPUSH 0	// k = 0	0x10 0x00
	14	ISTORE k		0x36 0x03
	15	L2:		

O código compilado é direto. Primeiro, *j* e *k* são passadas para a pilha, somadas e o resultado é armazenado em *i*. Então, *i* e a constante 3 são passadas para a pilha e comparadas. Se forem iguais, é tomado um desvio para *L1*, onde *k* é ajustada para 0. Se forem diferentes, a comparação falha e o código logo após **IF_ICMPEQ** é executado. Feito isso, ele desvia para *L2*, onde as partes **then** e **else** se fundem.

A pilha de operandos para o programa IJVM da Figura 4.14(b) é mostrada na Figura 4.15. Antes de o código começar a executar, ela está vazia, o que é indicado pela linha horizontal acima do 0. Após a primeira **ILOAD**, *j* está na pilha, como indicado por *j* no retângulo acima de 1 (o que significa que a instrução 1 foi executada). Depois da segunda **ILOAD**, duas palavras estão na pilha, como mostrado acima de 2. Após a **IADD**, há somente uma palavra na pilha, que contém a soma *j* + *k*. Quando a palavra do topo é retirada e armazenada em *i*, a pilha está vazia, como mostrado acima do 4.

A instrução 5 (**ILOAD**) inicia a declaração **if** passando *i* para a pilha (em 5). Em seguida, vem a constante 3 (em 6). Após a comparação, a pilha está novamente vazia (7). A instrução 8 é o início da parte **else** do fragmento de programa Java. A parte **else** continua até a instrução 12, quando então desvia para a parte **then** e vai para o rótulo *L2*.

Figura 4.15 Pilha após cada instrução da Figura 4.14(b).

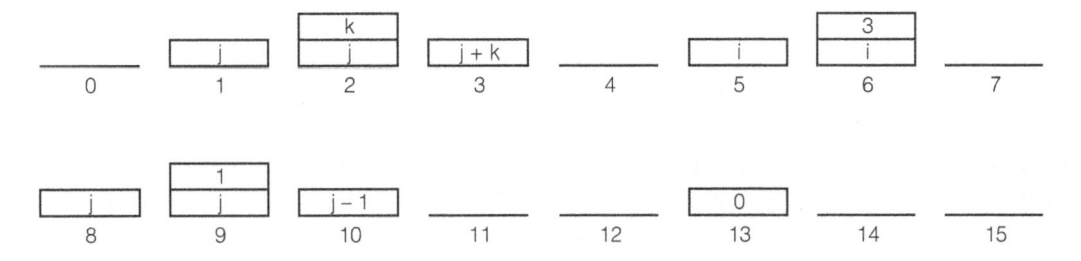

	j	k j	j+k		i	3 i	
0	1	2	3	4	5	6	7

j	1 j	j−1			0		
8	9	10	11	12	13	14	15

4.3 Exemplo de implementação

Agora que já especificamos em detalhes a micro e a macroarquitetura, resta a questão da implementação. Em outras palavras, como é um programa que está rodando na primeira e interpretando a última, e como ele funciona? Antes de podermos responder a essas perguntas, devemos considerar com cuidado a notação que usaremos para descrever a implementação.

4.3.1 Microinstruções e notação

Em princípio, poderíamos descrever o armazenamento de controle em linguagem binária, 36 bits por palavra. Mas, em linguagens de programação convencionais, é um grande benefício introduzir uma notação que transmita a essência das questões que precisamos tratar e, ao mesmo tempo, oculte os detalhes que podem ser ignorados ou que podem ser mais bem tratados automaticamente. Nesse caso, é importante perceber que a linguagem que escolhemos pretende ilustrar os conceitos, e não facilitar projetos eficientes. Se esse fosse nosso objetivo, usaríamos uma notação diferente para maximizar a flexibilidade disponível para o projetista. Um aspecto em que essa questão é importante é a escolha de endereços. Uma vez que a memória não é ordenada logicamente, não há nenhuma "próxima instrução" natural a ser subentendida quando especificamos uma sequência de operações. Grande parte do poder dessa organização de controle deriva da capacidade do projetista [ou do *montador* (*assembler*)] de selecionar endereços com eficiência. Portanto, começamos introduzindo uma linguagem simbólica simples que dá uma descrição completa de cada operação sem explicar completamente como todos os endereços poderiam ter sido determinados.

Nossa notação especifica todas as atividades que ocorrem num único ciclo de *clock* em uma única linha. Em teoria, poderíamos usar uma linguagem de alto nível para descrever as operações. Contudo, o controle ciclo por ciclo é muito importante porque dá oportunidade de realizar várias operações ao mesmo tempo e é necessário que possamos analisar cada um para entender e verificar as operações. Se a meta for uma execução rápida e eficiente (se os outros aspectos forem iguais, rápido e eficiente é sempre melhor que lento e ineficiente), então, cada ciclo conta. Em uma implementação real, há muitos truques sutis ocultos no programa, que usam sequências ou operações obscuras para economizar um único ciclo que seja. Há uma grande compensação por economizar ciclos: uma instrução de quatro ciclos que pode ser reduzida em dois agora será executada com uma velocidade duas vezes maior – e essa aceleração é obtida toda vez que executamos a instrução.

Uma abordagem possível é simplesmente fazer uma lista dos sinais que deveriam ser ativados a cada ciclo de *clock*. Suponha que, em determinado ciclo, queremos incrementar o valor de SP. Também queremos iniciar uma operação de leitura e queremos que a próxima instrução seja a que reside no local 122 do armazenamento de controle. Poderíamos escrever

ReadRegister = SP, ULA = INC, WSP, Read, NEXT_ADDRESS = 122

onde WSP significa "escreva no registrador SP". Essa notação é completa, mas difícil de entender. Em vez disso, combinaremos as operações de modo natural e intuitivo para captar o efeito daquilo que está acontecendo:

SP = SP + 1; rd

Vamos dar à nossa Microlinguagem Assembly de alto nível o nome "MAL" (palavra de raiz latina que significa "doente", o que com certeza você ficará se tiver de escrever muito código utilizando essa linguagem). A MAL é projetada para refletir as características da microarquitetura. Durante cada ciclo, qualquer um dos registradores pode ser escrito, mas o normal é que somente um o seja. Apenas um registrador pode ser copiado para o lado B da ULA. No lado A, as opções são +1, 0, –1 e o registrador H. Assim, podemos usar uma declaração de atribuição simples, como em Java, para indicar a operação a ser executada. Por exemplo, para copiar algo de SP para MDR, podemos dizer

MDR = SP

Para indicar a utilização das funções ULA, exceto passar pelo barramento B, podemos escrever, por exemplo,

MDR = H + SP

que adiciona o conteúdo do registrador H a SP e escreve o resultado no MDR. O operador + é comutativo – o que significa que a ordem dos operandos não importa –, portanto, a declaração anterior também pode ser escrita como

MDR = SP + H

e gerar a mesma microinstrução de 36 bits, ainda que, em termos estritos, H deve ser o operando esquerdo da ULA.

Temos de tomar o cuidado de usar somente operações válidas. As operações válidas mais importantes são mostradas na Figura 4.16, na qual SOURCE pode ser qualquer um dentre MDR, PC, MBR, MBRU, SP, LV, CPP, TOS ou OPC (MBRU implica a versão sem sinal de MBR). Todos esses registradores podem agir como fontes para a ULA no barramento B. De modo semelhante, DEST pode ser qualquer um dentre MAR, MDR, PC, SP, LV, CPP, TOS, OPC ou H; todos eles são destinos possíveis para a saída da ULA no barramento C. Esse formato pode ser enganoso, pois muitas declarações aparentemente razoáveis são ilegais. Por exemplo,

MDR = SP + MDR

parece perfeitamente razoável, mas não há nenhum modo de executá-la em um ciclo no caminho de dados da Figura 4.6. Essa restrição existe porque, para uma adição (exceto um incremento ou decremento), um dos operandos tem de ser o registrador H. Da mesma forma,

H = H – MDR

poderia ser útil, mas também ela é impossível porque a única fonte possível de um subtraendo – valor que está sendo subtraído – é o registrador H. Cabe ao montador rejeitar declarações que pareçam válidas, mas que, na verdade, são ilegais.

Ampliamos a notação para permitir múltiplas atribuições pela utilização de múltiplos sinais de igual. Por exemplo, adicionar 1 a SP e armazená-lo de volta em SP, bem como escrevê-lo em MDR, pode ser conseguido por

SP = MDR = SP + 1

Para indicar leituras e escritas de memória de palavras de dados de 4 bytes, basta acrescentar rd e wr à microinstrução. Buscar um byte pela porta de 1 byte é indicado por fetch. Atribuições e operações de memória podem ocorrer no mesmo ciclo, o que é indicado escrevendo-as na mesma linha.

Para evitar qualquer confusão, vamos repetir que a Mic-1 tem dois modos de acessar a memória. Leituras e escritas de palavras de dados de 4 bytes usam MAR/MDR e são indicadas nas microinstruções por rd e wr, respectivamente. Leituras de *opcodes* de 1 byte a partir da sequência de instruções usam PC/MBR e são indicadas por fetch nas microinstruções. Ambos os tipos de operações de memória podem ocorrer simultaneamente.

Contudo, o mesmo registrador não pode receber um valor da memória e o caminho de dados no mesmo ciclo. Considere o código

MAR = SP; rd

MDR = H

O efeito da primeira microinstrução é atribuir um valor da memória a MDR no final da segunda microinstrução. Contudo, esta também atribui um valor a MDR ao mesmo tempo. Essas duas atribuições estão em conflito e não são permitidas porque os resultados são indefinidos.

Figura 4.16 Todas as operações permitidas. Qualquer uma das operações anteriores pode ser estendida somando "<< 8" a elas para deslocar o resultado para a esquerda por 1 byte. Por exemplo, uma operação comum é H = MBR << 8.

DEST = H
DEST = SOURCE
DEST = $\overline{H}$
DEST = $\overline{SOURCE}$
DEST = H + SOURCE
DEST = H + SOURCE + 1
DEST = H + 1
DEST = SOURCE + 1
DEST = SOURCE − H
DEST = SOURCE − 1
DEST = −H
DEST = H AND SOURCE
DEST = H OR SOURCE
DEST = 0
DEST = 1
DEST = −1

Lembre-se de que cada microinstrução deve fornecer explicitamente o endereço da próxima a ser executada. Todavia, é comum ocorrer que uma microinstrução seja chamada somente por uma outra, a saber, por aquela que está na linha imediatamente acima dela. Para facilitar o trabalho do microprogramador, o microassembler atribui um endereço a cada microinstrução, não necessariamente consecutivas no armazenamento de controle, e preenche o próximo campo NEXT_ADDRESS de modo que microinstruções escritas em linhas consecutivas são executadas consecutivamente.

Todavia, às vezes o microprogramador quer desviar, condicional ou incondicionalmente. A notação para desvios incondicionais é fácil:

goto *label*

e pode ser incluída em qualquer microinstrução para nomear explicitamente sua sucessora. Por exemplo, a maioria das sequências de microinstrução termina com um retorno à primeira instrução do laço principal, portanto, a última instrução em cada uma dessas sequências normalmente inclui

goto Main1

Note que o caminho de dados está disponível para operações normais mesmo durante a microinstrução que contém um goto. Afinal, toda microinstrução individual contém um campo NEXT_ADDRESS. A tarefa de goto é instruir o microassembler a colocar um valor específico nesse campo em vez de no endereço onde ele decidiu colocar a microinstrução na linha seguinte. Em princípio, toda linha deveria ter uma declaração goto; apenas como uma conveniência para o microprogramador, quando o endereço visado for a próxima linha, ele pode ser omitido.

Para desvios condicionais, precisamos de uma notação diferente. Lembre-se de que JAMN e JAMZ usam os bits N e Z, que são ajustados com base na saída da ULA. Às vezes, é preciso testar um registrador para ver se ele é zero, por exemplo. Um modo de fazer isso seria passá-lo pela ULA e armazená-lo em si mesmo. Escrever

TOS = TOS

parece peculiar, embora exerça sua função (ajustar o *flip-flop* Z com base no TOS). Contudo, para que os microprogramas pareçam melhores, agora estendemos MAL adicionando dois registradores imaginários, N e Z, aos quais se podem designar atribuições. Por exemplo,

Z = TOS

passa TOS pela ULA, ajustando assim os *flip-flops* Z (e N), mas não faz um armazenamento em qualquer registrador. Usar Z ou N como um destino equivale a dizer ao microassembler que ajuste todos os bits no campo C da Figura 4.5 para 0. O caminho de dados executa um ciclo normal, com todas as operações normais permitidas, mas nenhum registrador é escrito. Note que não importa se o destino é N ou Z; a microinstrução gerada pelo microassembler é idêntica. Programadores que escolhem intencionalmente a forma "errada" deveriam, como castigo, ser obrigados a trabalhar em um IBM PC original de 4,77 MHz durante uma semana.

A sintaxe para dizer ao microassembler que ajuste o bit JAMZ é

if (Z) goto L1; else goto L2

Uma vez que o hardware requer que os 8 bits de ordem baixa desses dois endereços sejam idênticos, cabe ao microassembler designá-los a endereços com essa propriedade. Por outro lado, visto que L2 pode estar em qualquer lugar nas 256 palavras que estão mais embaixo no armazenamento de controle, o microassembler tem bastante liberdade para achar um par disponível.

Normalmente, essas duas declarações serão combinadas; por exemplo:

Z = TOS; if (Z) goto L1; else goto L2

O efeito dessa declaração é que MAL gera uma microinstrução na qual TOS é passada pela ULA (mas não é armazenada em lugar algum) de modo que seu valor ajusta o bit Z. Logo após Z ser carregado a partir do bit de condição da ULA, ele passa por uma operação OR com o bit de ordem alta do MPC, forçando o endereço da próxima microinstrução a ser buscado em L2 ou L1 (que deve ser exatamente 256 mais do que L2). O MPC estará estável e pronto a ser utilizado para buscar a próxima microinstrução.

Por fim, precisamos de uma notação para usar o bit JMPC. A notação que usaremos será

goto (MBR OR *value*)

Essa sintaxe diz ao microassembler para usar *value* para NEXT_ADDRESS e ajustar o bit JMPC de modo que MBR e NEXT_ADDRESS sejam combinados por uma operação OR, e o resultado, armazenado em MPC. Se *value* for 0, que é o caso normal, basta escrever

goto (MBR)

Note que somente os 8 bits de ordem baixa de MBR são ligados ao MPC (veja a Figura 4.6), portanto, a questão da extensão de sinal (isto é, MBR *versus* MBRU) não surge aqui. Além disso, note que o MBR disponível no final do ciclo em questão é o que é utilizado. Uma busca iniciada *nessa* microinstrução está muito atrasada para afetar a escolha da próxima microinstrução.

4.3.2 Implementação de IJVM que usa a Mic-1

Chegamos enfim ao ponto em que podemos juntar todas as partes. A Figura 4.17 é o microprograma que executa em Mic-1 e interpreta a IJVM. É um programa surpreendentemente curto – somente 112 microinstruções no total. São dadas três colunas para cada microinstrução: o rótulo simbólico, o microcódigo propriamente dito e um comentário. Note que microinstruções consecutivas não precisam ser localizadas em endereços consecutivos no armazenamento de controle, como já havíamos comentado.

Figura 4.17 Microprograma para o Mic-1.

Rótulo	Operações	Comentários
Main1	PC = PC + 1; fetch;[1] goto (MBR)	MBR contém *opcode*; obtenha o próximo byte; despache
nop1	goto Main1	Não faça nada
iadd1	MAR = SP = SP – 1; rd	Leia a palavra seguinte à do topo da pilha
iadd2	H = TOS	H = topo da pilha
iadd3	MDR = TOS = MDR + H; wr; goto Main1	Some as duas palavras do topo; escreva para o topo da pilha
isub1	MAR = SP = SP – 1; rd	Leia a palavra seguinte à do topo da pilha
isub2	H = TOS	H = topo da pilha
isub3	MDR = TOS = MDR – H; wr; goto Main1	Efetue subtração; escreva para topo da pilha
iand1	MAR = SP = SP – 1; rd	Leia a palavra seguinte à do topo da pilha
iand2	H = TOS	H = topo da pilha
iand3	MDR = TOS = MDR AND H; wr; goto Main1	Faça AND; escreva para novo topo da pilha
ior1	MAR = SP = SP – 1; rd	Leia a palavra seguinte à do topo da pilha
ior2	H = TOS	H = topo da pilha
ior3	MDR = TOS = MDR OR H; wr; goto Main1	Faça OR; escreva para novo topo da pilha
dup1	MAR = SP = SP + 1	Incremente SP e copie para MAR
dup2	MDR = TOS; wr; goto Main1	Escreva nova palavra da pilha
pop1	MAR = SP = SP – 1; rd	Leia a palavra seguinte à do topo da pilha
pop2		Espere nova TOS ser lida da memória
pop3	TOS = MDR; goto Main1	Copie nova palavra para TOS
swap1	MAR = SP – 1; rd	Ajuste MAR para SP – 1; leia 2ª palavra da pilha
swap2	MAR = SP	Ajuste MAR para palavra do topo
swap3	H = MDR; wr	Salve TOS em H; escreva 2ª palavra para topo da pilha
swap4	MDR = TOS	Copie TOS antigo para MDR
swap5	MAR = SP – 1; wr	Ajuste MAR para SP – 1; escreva como 2ª palavra na pilha
swap6	TOS = H; goto Main1	Atualize TOS
bipush1	SP = MAR = SP + 1	MBR = o byte para passar para a pilha
bipush2	PC = PC + 1; fetch	Incremente PC, busque próximo *opcode*
bipush3	MDR = TOS = MBR; wr; goto Main1	Estenda sinal da constante e passe para a pilha
iload1	H = LV	MBR contém índice; copie LV para H
iload2	MAR = MBRU + H; rd	MAR = endereço de variável local para passar para pilha
iload3	MAR = SP = SP + 1	SP aponta para novo topo da pilha; prepare escrita
iload4	PC = PC + 1; fetch; wr	Incremente PC; obtenha próximo *opcode*; escreva topo da pilha
iload5	TOS = MDR; goto Main1	Atualize TOS

---

1 N.R.: O termo "fetch" indica a leitura de um byte da área de programa.

Rótulo	Operações	Comentários
istore1	H = LV	MBR contém índice; copie LV para H
istore2	MAR = MBRU + H	MAR = endereço de variável local onde armazenar
istore3	MDR = TOS; wr	Copie TOS para MDR; escreva palavra
istore4	SP = MAR = SP − 1; rd	Leia a palavra seguinte à do topo da pilha
istore5	PC = PC + 1; fetch	Incremente PC; busque próximo *opcode*
istore6	TOS = MDR; goto Main1	Atualize TOS
wide1	PC = PC + 1; fetch	Busque byte de operando ou próximo *opcode*
wide2	goto (MBR OR 0x100)	Ramificação multivias com bit alto ajustado
wide_iload1	PC = PC + 1; fetch	MBR contém 1º byte de índice; busque 2º
wide_iload2	H = MBRU << 8	H = 1º byte de índice deslocado 8 bits para esquerda
wide_iload3	H = MBRU OR H	H = índice de 16 bits de variável local
wide_iload4	MAR = LV + H; rd; goto iload3	MAR = endereço de variável local a carregar
wide_istore1	PC = PC + 1; fetch	MBR contém 1º byte de índice; busque 2º
wide_istore2	H = MBRU << 8	H = 1º byte de índice deslocado 8 bits para esquerda
wide_istore3	H = MBRU OR H	H = índice de 16 bits de variável local
wide_istore4	MAR = LV + H; goto istore3	MAR = endereço de variável local no qual armazenar
ldc_w1	PC = PC + 1; fetch	MBR contém 1º byte de índice; busque 2º
ldc_w2	H = MBRU << 8	H = 1º byte de índice << 8
ldc_w3	H = MBRU OR H	H = índice de 16 bits dentro do conjunto de constantes
ldc_w4	MAR = H + CPP; rd; goto iload3	MAR = endereço de constante no conjunto de constantes
iinc1	H = LV	MBR contém índice; copie LV para H
iinc2	MAR = MBRU + H; rd	Copie LV + índice para MAR; leia variável
iinc3	PC = PC + 1; fetch	Busque constante
iinc4	H = MDR	Copie variável para H
iinc5	PC = PC + 1; fetch	Busque próximo *opcode*
iinc6	MDR = MBR + H; wr; goto Main1	Ponha soma em MDR; atualize variável
goto1	OPC = PC − 1	Salve endereço de *opcode*
goto2	PC = PC + 1; fetch	MBR = 1º byte de deslocamento; busque 2º byte
goto3	H = MBR << 8	Desloque e salve primeiro byte com sinal em H
goto4	H = MBRU OR H	H = deslocamento de desvio de 16 bits
goto5	PC = OPC + H; fetch	Adicione deslocamento a OPC
goto6	goto Main1	Espere para buscar o próximo *opcode*
iflt1	MAR = SP = SP − 1; rd	Leia a palavra seguinte à do topo da pilha
iflt2	OPC = TOS	Salve TOS em OPC temporariamente
iflt3	TOS = MDR	Ponha novo topo da pilha em TOS
iflt4	N = OPC; if (N) goto T; else goto F	Desvio de bit N

Rótulo	Operações	Comentários
ifeq1	MAR = SP = SP − 1; rd	Leia a palavra seguinte à do topo da pilha
ifeq2	OPC = TOS	Salve TOS em OPC temporariamente
ifeq3	TOS = MDR	Ponha novo topo da pilha em TOS
ifeq4	Z = OPC; if (Z) goto T; else goto F	Desvio de bit Z
if_icmpeq1	MAR = SP = SP − 1; rd	Leia a palavra seguinte à do topo da pilha
if_icmpeq2	MAR = SP = SP − 1	Ajuste MAR para ler novo topo da pilha
if_icmpeq3	H = MDR; rd	Copie segunda palavra da pilha para H
if_icmpeq4	OPC = TOS	Salve TOS em OPC temporariamente
if_icmpeq5	TOS = MDR	Ponha novo topo da pilha em TOS
if_icmpeq6	Z = OPC − H; if (Z) goto T; else goto F	Se 2 palavras do topo da pilha forem iguais, vá para T, senão vá para F
T	OPC = PC − 1; goto goto2	O mesmo que goto1; necessário para endereço de destino
F	PC = PC + 1	Salte primeiro byte de deslocamento
F2	PC = PC + 1; fetch	PC agora aponta para próximo *opcode*
F3	goto Main1	Espere por busca de *opcode*
invokevirtual1	PC = PC + 1; fetch	MBR = byte de índice 1; incremente PC, obtenha 2º byte
invokevirtual2	H = MBRU << 8	Desloque e salve primeiro byte em H
invokevirtual3	H = MBRU OR H	H = deslocamento de ponteiro de método em relação a CPP
invokevirtual4	MAR = CPP + H; rd	Obtenha ponteiro para método da área CPP
invokevirtual5	OPC = PC + 1	Salve PC de retorno em OPC temporariamente
invokevirtual6	PC = MDR; fetch	PC aponta para novo método; obtenha contagem de parâmetros
invokevirtual7	PC = PC + 1; fetch	Busque 2º byte da contagem de parâmetro
invokevirtual8	H = MBRU << 8	Desloque e salve primeiro byte em H
invokevirtual9	H = MBRU OR H	H = número de parâmetros
invokevirtual10	PC = PC + 1; fetch	Busque 1º byte de # locais
invokevirtual11	TOS = SP − H	TOS = endereço de OBJREF − 1
invokevirtual12	TOS = MAR = TOS + 1	TOS = endereço de OBJREF (novo LV)
invokevirtual13	PC = PC + 1; fetch	Busque 2º byte de # locais
invokevirtual14	H = MBRU << 8	Desloque e salve primeiro byte em H
invokevirtual15	H = MBRU OR H	H = # locais
invokevirtual16	MDR = SP + H + 1; wr	Sobrescreva OBJREF com ponteiro de enlace
invokevirtual17	MAR = SP = MDR	Ajuste SP, MAR para localização para conter PC antigo
invokevirtual18	MDR = OPC; wr	Salve PC antigo acima das variáveis locais
invokevirtual19	MAR = SP = SP + 1	SP aponta para localização para conter LV antigo
invokevirtual20	MDR = LV; wr	Salve LV antigo acima do PC salvo
invokevirtual21	PC = PC + 1; fetch	Busque primeiro *opcode* do novo método

Rótulo	Operações	Comentários
invokevirtual22	LV = TOS; goto Main1	Ajuste LV para apontar para quadro LV
ireturn1	MAR = SP = LV; rd	Reajuste SP, MAR para obter ponteiro de ligação
ireturn2		Espere por leitura
ireturn3	LV = MAR = MDR; rd	Ajuste LV para ponteiro de ligação; obtenha PC antigo
ireturn4	MAR = LV + 1	Ajuste MAR para ler LV antigo
ireturn5	PC = MDR; rd; fetch	Restaure PC; busque próximo *opcode*
ireturn6	MAR = SP	Ajuste MAR para escrever TOS
ireturn7	LV = MDR	Restaure LV
ireturn8	MDR = TOS; wr; goto Main1	Salve valor de retorno no topo de pilha original

A essa altura a escolha de nomes para a maioria dos registradores na Figura 4.1 já deve ser óbvia: **CPP**, **LV** e **SP** são usados para conter os ponteiros para o conjunto de constantes, variáveis locais e o topo da pilha, enquanto **PC** contém o endereço do próximo byte a ser buscado no fluxo de instruções. **MBR** é um registrador de 1 byte que contém os bytes da sequência de instrução, à medida que eles chegam da memória para ser interpretados. **TOS** e **OPC** são registradores extras. Sua utilização é descrita a seguir.

Em certas ocasiões, é garantido que cada um desses registradores contenha certo valor, mas cada um pode ser usado como um registrador transitório, se necessário. No início e no final de cada instrução, **TOS** contém o valor do endereço de memória apontado por **SP**, a palavra que está no topo da pilha. Esse valor é redundante, uma vez que sempre pode ser lido da memória, mas tê-lo em um registrador muitas vezes economiza uma referência à memória. Para algumas poucas instruções, manter **TOS** significa *mais* operações de memória. Por exemplo, a instrução **POP** joga fora a palavra do topo e, portanto, deve buscar a nova palavra do topo da pilha na memória e passá-la para **TOS**.

O registrador **OPC** é um registrador temporário. Ele não tem nenhuma utilização predeterminada. É usado, por exemplo, para salvar o endereço do *opcode* para uma instrução de desvio enquanto o **PC** é incrementado para acessar parâmetros. Também é usado como um registrador temporário nas instruções de desvio condicional da IJVM.

Como todos os interpretadores, o microprograma da Figura 4.17 tem um laço principal que busca, decodifica e executa instruções do programa que está sendo interpretado, nesse caso, instruções IJVM. Seu laço principal começa na linha de rótulo **Main1**. Inicia com a invariante de que o **PC** tenha sido previamente carregado com um endereço de um local da memória que contém um *opcode*. Além do mais, esse *opcode* já foi trazido para dentro do **MBR**. Contudo, observe que isso implica que, quando voltarmos a esse local, devemos assegurar que o **PC** foi atualizado para apontar o próximo *opcode* a ser interpretado e o próprio byte do *opcode* já foi trazido para dentro do **MBR**.

Essa sequência inicial de instruções é executada no início de cada instrução, então, é importante que ela seja a mais curta possível. Por meio de um projeto muito cuidadoso do hardware e do software da Mic-1, conseguimos reduzir o laço principal a uma única microinstrução. Uma vez iniciada a máquina, toda vez que essa microinstrução for executada, o *opcode* IJVM a executar já está presente no **MBR**. A tarefa dessa microinstrução é desviar para o microcódigo para executar a instrução IJVM e também iniciar a busca do byte após o *opcode*, que pode ser um byte de operando ou o próximo *opcode*.

Agora podemos revelar a razão real por que cada microinstrução nomeia sua sucessora em vez de executá-las em sequência. Todos os endereços do armazenamento de controle correspondentes a *opcodes* devem ser reservados para a primeira palavra do interpretador de instrução correspondente. Assim, pela Figura 4.11, vemos que o código que interpreta **POP** começa em 0x57 e o código que interpreta **DUP** começa em 0x59. (Como o MAL consegue colocar **POP** em 0x57? Possivelmente, há um arquivo em algum lugar que o informa.)

Infelizmente, o código para POP tem três microinstruções de comprimento, portanto, se colocado em palavras consecutivas, interferiria com o início de DUP. Uma vez que todos os endereços do armazenamento de controle correspondentes a *opcodes* são de fato reservados, as microinstruções, exceto a inicial em cada sequência, devem ser colocadas nos espaços entre os endereços reservados. Por essa razão, há muitos saltos para lá e para cá; dessa maneira, ter um microdesvio explícito – microinstrução que desvia – a cada poucas microinstruções para saltar de buraco em buraco seria muito desperdício.

Para ver como o interpretador trabalha, vamos considerar, por exemplo, que MBR contém o valor 0x60, isto é, o *opcode* para IADD (veja a Figura 4.11). No laço principal de uma só microinstrução realizamos três coisas:

1. Incrementamos o PC, que fica contendo o endereço do primeiro byte após o *opcode*.
2. Iniciamos uma busca do próximo byte para MBR. Mais cedo ou mais tarde, esse byte sempre será necessário, seja como um operando para a instrução IJVM corrente, seja como o próximo *opcode* (como no caso da instrução IADD, que não tem bytes de operando).
3. Executamos um desvio multivias até o endereço contido em MBR no início de Main1. Esse endereço é igual ao valor numérico do *opcode* que está sendo executado no momento em questão. Ele foi colocado ali pela microinstrução anterior. Não se esqueça de observar que o valor que está sendo buscado nessa microinstrução não desempenha nenhum papel no desvio multivias.

A busca do próximo byte é iniciada aqui, portanto, ele estará disponível no início da terceira microinstrução. Ele pode ser ou não necessário nesse momento, porém, mais cedo ou mais tarde, será necessário. Portanto, em todo caso, iniciar a busca agora não poderá fazer mal algum.

Se acaso os bytes em MBR forem todos zeros, o *opcode* para uma instrução NOP, a microinstrução seguinte, é a que tem rótulo nop1, buscada da localização 0. Como essa instrução nada faz, ela apenas desvia de volta ao início do laço principal, onde a sequência é repetida, mas com um novo *opcode* buscado em MBR.

Mais uma vez destacamos que as microinstruções na Figura 4.17 não são consecutivas na memória e que Main1 não está no endereço 0 do armazenamento de controle (porque nop1 tem de estar no endereço 0). Cabe ao microassembler colocar cada microinstrução em um endereço adequado e ligá-las em sequências curtas usando o campo NEXT_ADDRESS. Cada sequência começa no endereço correspondente ao valor numérico do *opcode* IJVM que interpreta (por exemplo, POP começa em 0x57), mas o resto da sequência pode estar em qualquer lugar do armazenamento de controle, e não necessariamente no endereço consecutivo.

Agora, considere a instrução IJVM IADD. A microinstrução para a qual o laço principal desviou é a que tem o rótulo iadd1. Essa instrução inicia o trabalho específico de IADD:

1. O TOS já está presente, mas a palavra anterior à que está no topo da pilha deve ser buscada na memória.
2. O TOS deve ser adicionado à palavra anterior à do topo da pilha que foi buscada na memória.
3. O resultado, que deve ser passado para a pilha, deve ser armazenado de volta na memória, bem como armazenado no registrador TOS.

Para buscar o operando na memória, é necessário decrementar o ponteiro da pilha e escrevê-lo em MAR. Note que, por conveniência, esse endereço também é o endereço que será usado para a escrita subsequente. Além do mais, visto que tal localização será o novo topo da pilha, esse valor deve ser atribuído a SP. Portanto, uma única operação pode determinar o novo valor de SP e MAR, decrementar SP e escrevê-lo em ambos os registradores.

Essas coisas são realizadas no primeiro ciclo, iadd1, e a operação de leitura é iniciada. Além disso, MPC obtém o valor do campo NEXT_ADDRESS de iadd1, que é o endereço de iadd2, onde quer que ele possa estar. Então, iadd2 é lida do armazenamento de controle. Durante o segundo ciclo, enquanto espera o operando ser lido da memória, copiamos a palavra do topo da pilha do TOS para H, onde ela ficará disponível para a adição quando a leitura for concluída.

No início do terceiro ciclo, **iadd3**, **MDR** contém o somando buscado na memória. Neste ciclo, ele é adicionado ao conteúdo de **H**, e o resultado é armazenado de volta em **MDR**, bem como em **TOS**. Também é iniciada uma operação de escrita, armazenando a nova palavra de topo de pilha de volta à memória. Neste ciclo, o **goto** tem o efeito de atribuir o endereço de **Main1** ao **MPC**, o que nos leva de volta ao ponto de partida para a execução da próxima instrução.

Se o *opcode* IJVM subsequente, agora contido em **MBR**, for 0x64 (**ISUB**), quase exatamente a mesma sequência de eventos ocorre de novo. Após a execução de **Main1**, o controle é transferido para a microinstrução em 0x64 (**isub1**). Essa microinstrução é seguida por **isub2** e **isub3**, e então novamente **Main1**. A única diferença entre essa sequência e a anterior é que em **isub3**, o conteúdo de **H** é subtraído de **MDR** em vez de somado a ele.

A interpretação de **IAND** é quase idêntica à de **IADD** e **ISUB**, exceto que as duas palavras do topo da pilha passam por uma operação AND bit a bit em vez de serem somadas ou subtraídas. Algo semelhante acontece para **IOR**.

Se o *opcode* IJVC for **DUP**, **POP** ou **SWAP**, a pilha deve ser ajustada. A instrução **DUP** apenas duplica a palavra do topo da pilha. Uma vez que o valor dessa palavra já está armazenado em **TOS**, a operação é tão simples quanto incrementar **SP** para apontar para a nova localização e armazenar **TOS** naquela localização. A instrução **POP** é quase tão simples, apenas decrementa **SP** para descartar a palavra que está no topo da pilha. Contudo, para manter a palavra do topo em **TOS**, agora é necessário ler a nova palavra do topo na memória e escrevê-la em **TOS**. Por fim, a instrução **SWAP** envolve permutar entre si os valores em duas localizações de memória: as duas palavras do topo da pilha. A operação é facilitada de certa forma pelo fato de o **TOS** já conter um desses valores, portanto, ele não precisa ser lido da memória. Essa instrução será discutida com mais detalhes mais adiante.

A instrução **BIPUSH** é um pouco mais complicada porque o *opcode* é seguido por um único byte, conforme mostra a Figura 4.18. O byte deve ser interpretado como um inteiro com sinal. Esse byte, que já foi buscado para **MBR** em **Main1**, deve ser estendido em sinal para 32 bits e passado para o topo da pilha. Portanto, essa sequência deve estender em sinal o byte em **MBR** para 32 bits e copiá-lo para **MDR**. Por fim, **SP** é incrementado e copiado para **MAR**, permitindo que o operando seja escrito para o topo da pilha. No caminho, esse operando também deve ser copiado para o **TOS**. Além disso, antes de retornar para o programa principal, note que o **PC** deve ser incrementado de modo que o próximo *opcode* estará disponível em **Main1**.

Figura 4.18 Formato da instrução BIPUSH.

| BIPUSH (0x10) | BYTE |

Em seguida, considere a instrução **ILOAD**. Ela também tem um byte após o *opcode*, como ilustra a Figura 4.19(a), mas esse byte é um índice (sem sinal) para identificar a palavra no espaço de variáveis locais que será passada para a pilha. Uma vez que há somente 1 byte, apenas 2^8 = 256 palavras podem ser distinguidas, a saber, as primeiras 256 palavras no espaço de variáveis locais. A instrução **ILOAD** requer uma leitura (para obter a palavra), bem como uma escrita (para passá-la para o topo da pilha). Para determinar o endereço para leitura, entretanto, o deslocamento, contido em **MBR**, deve ser adicionado ao conteúdo de **LV**. Uma vez que ambos, **MBR** e **LV**, só podem ser acessados pelo barramento B, **LV** primeiro é copiado para **H** (em **iload1**), então **MBR** é adicionado. O resultado dessa adição é copiado para **MAR** e uma leitura é iniciada (em **iload2**).

Figura 4.19 (a) ILOAD com um índice de 1 byte. (b) WIDE ILOAD com um índice de 2 bytes.

| ILOAD (0x15) | INDEX |

(a)

| WIDE (0xC4) | ILOAD (0x15) | INDEX BYTE 1 | INDEX BYTE 2 |

(b)

Contudo, a utilização de MBR como um índice é um pouco diferente do que em BIPUSH, onde ele era estendido em sinal. No caso de um índice, o deslocamento é sempre positivo, portanto, o deslocamento do byte deve ser interpretado como um inteiro sem sinal, diferente de BIPUSH, onde era interpretado como um inteiro de 8 bits com sinal. A interface de MBR ao barramento B é projetada para possibilitar ambas as operações. No caso de BIPUSH (inteiro de 8 bits com sinal), a operação adequada é a extensão de sinal, isto é, o bit da extrema esquerda no MBR de 1 byte é copiado para os 24 bits superiores no barramento B. No caso de ILOAD (inteiro de 8 bits sem sinal), a operação adequada é preencher com zeros. Nesse caso, os 24 bits superiores do barramento B são simplesmente fornecidos com zeros. Essas duas operações são distinguidas por sinais separados que indicam qual operação deve ser executada (veja a Figura 4.6). No microcódigo, isso é indicado por MBR (estendido em sinal, como em BIPUSH 3) ou MBRU (sem sinal, como em iload2).

Enquanto está esperando que a memória forneça o operando (em iload3), SP é incrementado para conter o valor para armazenar o resultado, o novo topo da pilha. Esse valor também é copiado para MAR em preparação para escrever o operando para o topo. Mais uma vez, o PC deve ser incrementado para buscar o próximo *opcode* (em iload4). Por fim, MDR é copiado para TOS para refletir o novo topo da pilha (em iload5).

ISTORE é a operação inversa de ILOAD, isto é, uma palavra é retirada do topo da pilha e armazenada na localização especificada pela soma de LV e do índice contido na instrução. Ela usa o mesmo formato de ILOAD, mostrado na Figura 4.19(a), exceto que o *opcode* é 0x36 em vez de 0x15. Essa instrução é um pouco diferente do que poderíamos esperar porque a palavra do topo da pilha já é conhecida (em TOS), portanto, ela pode ser armazenada de imediato. Contudo, a nova palavra do topo da pilha deve ser buscada. Assim, são necessárias uma escrita, bem como uma leitura, mas elas podem ser realizadas em qualquer ordem (ou até em paralelo, se isso fosse possível).

Ambas, ILOAD e ISTORE, são restritas, já que só podem acessar as primeiras 256 variáveis locais. Ao passo que para grande parte dos programas esse espaço de variáveis locais seja mais do que suficiente, claro que é necessário poder acessar uma variável onde quer que ela esteja localizada no espaço de variáveis locais. Para fazer isso, a IJVM usa o mesmo mecanismo empregado na JVM: um *opcode* especial WIDE (largo), conhecido como **byte de prefixo**, seguido pelo *opcode* ILOAD ou ISTORE. Quando essa sequência ocorre, as definições de ILOAD e ISTORE são modificadas, com um índice de 16 bits após o *opcode*, em vez de um índice de 8 bits, como mostra a Figura 4.19(b).

WIDE é decodificada do modo usual, levando um desvio para wide1 que manipula o *opcode* WIDE. Embora o *opcode* para alargar (ou ampliar – *widen*) já esteja disponível em MBR, wide1 busca o primeiro byte após o *opcode*, porque a lógica do microprograma sempre espera que ele esteja ali. Então, é feito um segundo desvio multivias em wide2, agora usando o byte após a WIDE para despachar. Contudo, já que WIDE ILOAD requer microcódigo diferente do de ILOAD, e WIDE ISTORE requer microcódigo diferente do de ISTORE etc., o segundo desvio multivias não pode só usar o *opcode* como endereço de destino, do mesmo modo que faz Main1.

Em vez disso, wide2 efetua uma operação OR de 0x100 com o *opcode* enquanto o coloca em MPC. O resultado é que a interpretação de WIDE ILOAD começa em 0x115 (em vez de 0x15), a interpretação de WIDE ISTORE começa em 0x136 (e não 0x36) e assim por diante. Desse modo, todo *opcode* WIDE começa em um endereço 256 palavras mais alto, isto é, 0x100, no armazenamento de controle que o *opcode* regular correspondente. A sequência inicial de microinstruções para ambas, ILOAD e WIDE ILOAD, é mostrada na Figura 4.20.

Uma vez alcançado o código para implementar WIDE ILOAD (0x115), a diferença entre ele e o ILOAD normal é apenas que o índice deve ser construído concatenando 2 bytes de índice em vez de simplesmente estender em sinal um byte único. A concatenação e subsequente adição devem ser efetuadas em etapas, primeiro copiando INDEX BYTE 1 em H deslocado 8 bits para a esquerda. Visto que o índice é um inteiro sem sinal, o MBR é estendido em zeros usando MBRU. Agora, o segundo byte do índice é adicionado (a operação de adição é idêntica à concatenação, já que o byte de ordem baixa de H agora é zero, garantindo que não haverá vai-um entre os bytes) e, de novo, o resultado é armazenado em H. Daí em diante, a operação pode seguir exatamente como se fosse uma ILOAD padrão. Em vez de duplicar as instruções finais de ILOAD (iload3 a iload5), apenas desviamos de wide_iload4 para iload3. Todavia, note que PC deve ser incrementado duas vezes durante a execução da instrução de modo que passe a apontar para o próximo *opcode*. A instrução ILOAD o incrementa uma vez; a sequência WIDE_ILOAD também o incrementa uma vez.

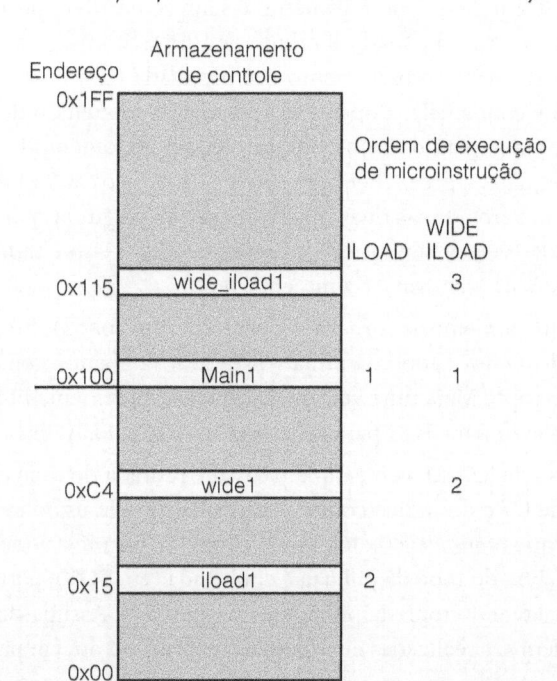

Figura 4.20 Sequência inicial de microinstruções para ILOAD e WIDE ILOAD. Os endereços são exemplos.

Endereço	Armazenamento de controle	ILOAD	WIDE ILOAD
0x1FF			
0x115	wide_iload1		3
0x100	Main1	1	1
0xC4	wide1		2
0x15	iload1	2	
0x00			

Ordem de execução de microinstrução

A mesma situação ocorre para WIDE_ISTORE: após a execução das primeiras quatro microinstruções (wide_istore1 até wide_istore4), a sequência é a mesma de ISTORE após as duas primeiras instruções, portanto, wide_istore4 desvia para istore3.

Nosso próximo exemplo é uma instrução LDC_W. Esse *opcode* tem duas diferenças em relação a ILOAD. A primeira é que ele tem um deslocamento sem sinal de 16 bits (como a versão larga, ou ampliada, de ILOAD). A segunda, ele é indexado a partir de CPP em vez de LV, pois sua função é ler do conjunto de constantes em vez do quadro de variáveis locais. (Na verdade, há uma forma curta de LDC_W (LDC), mas não incluímos em IJVM, já que a forma longa incorpora todas as possíveis variações da forma curta, mas toma 3 bytes em vez de 2.)

A instrução IINC é a única da IJVM, exceto a instrução ISTORE, que pode modificar uma variável local. Ela o faz incluindo dois operandos, cada um de 1 byte de comprimento, como apresenta a Figura 4.21.

Figura 4.21 A instrução IINC tem dois campos de operando diferentes.

IINC (0x84)	INDEX	CONST

A instrução IINC usa INDEX para especificar o deslocamento em relação ao início do quadro de variáveis locais. Ela lê aquela variável, incrementando-a por CONST, um valor contido na instrução, e volta a armazená-la no mesmo local. Note que essa instrução pode incrementar por uma quantidade negativa, isto é, CONST é uma constante de 8 bits com sinal, na faixa –128 a +127. A JVM completa inclui uma versão ampliada da IINC, onde cada operando tem 2 bytes de comprimento.

Agora, chegamos à primeira instrução de desvio da IJVM: GOTO. A função exclusiva dessa instrução é alterar o valor de PC, de modo que a próxima instrução IJVM executada seja a que está no endereço calculado adicionando o deslocamento de 16 bits (com sinal) ao endereço *opcode* do desvio. Uma complicação que surge nesse caso é que o deslocamento é relativo ao valor que o PC tinha no início da decodificação da instrução, e não ao valor que ele tem depois que os 2 bytes de deslocamento foram buscados.

Para esclarecer esse ponto, na Figura 4.22(a) vemos a situação no início de Main1. O *opcode* já está em MBR, mas o PC ainda não foi incrementado. Na Figura 4.22(b), vemos a situação no início de goto1. A essa altura, o PC já foi incrementado, mas o primeiro byte do deslocamento ainda não foi buscado para MBR. Uma microinstrução depois, temos a Figura 4.22(c), na qual o antigo PC, que aponta para o *opcode*, foi salvo em OPC e o primeiro byte do deslocamento está em MBR. Esse valor é necessário porque o deslocamento da instrução GOTO da IJVM é relativa a ele e não ao valor corrente de PC. Na verdade, essa é a razão primordial por que precisamos do registrador.

Figura 4.22 Situação no início de várias microinstruções. (a) Main1. (b) goto1. (c) goto2. (d) goto3 (e) goto4.

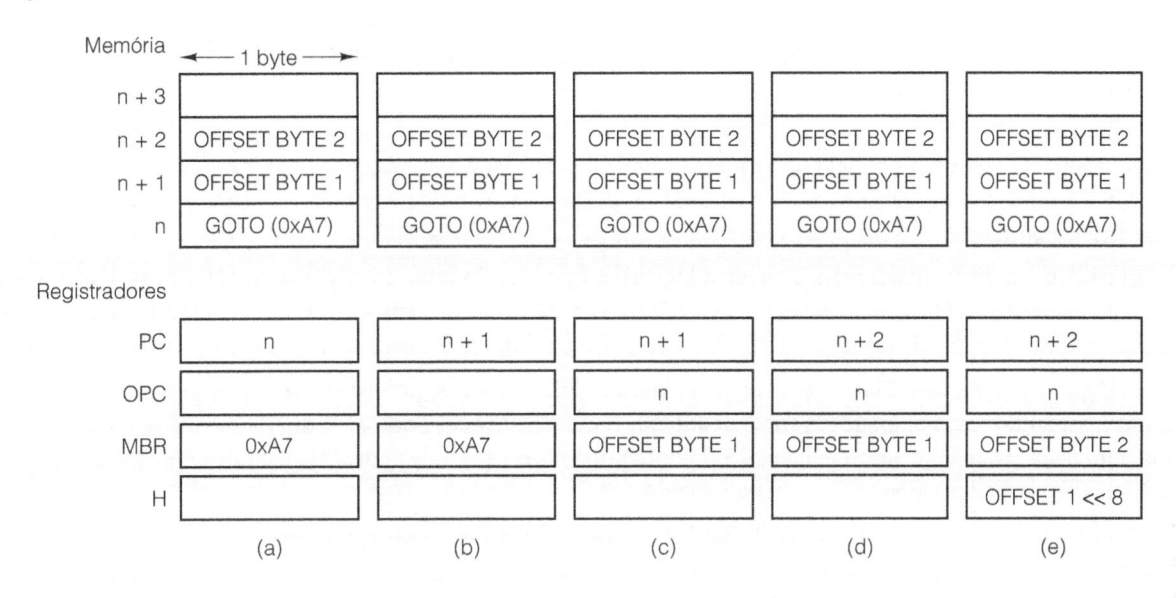

Memória	(a)	(b)	(c)	(d)	(e)
n + 3					
n + 2	OFFSET BYTE 2	OFFSET BYTE 2	OFFSET BYTE 2	OFFSET BYTE 2	OFFSET BYTE 2
n + 1	OFFSET BYTE 1	OFFSET BYTE 1	OFFSET BYTE 1	OFFSET BYTE 1	OFFSET BYTE 1
n	GOTO (0xA7)	GOTO (0xA7)	GOTO (0xA7)	GOTO (0xA7)	GOTO (0xA7)

Registradores	(a)	(b)	(c)	(d)	(e)
PC	n	n + 1	n + 1	n + 2	n + 2
OPC			n	n	n
MBR	0xA7	0xA7	OFFSET BYTE 1	OFFSET BYTE 1	OFFSET BYTE 2
H					OFFSET 1 << 8

A microinstrução em goto2 inicia a busca do segundo byte de deslocamento, o que leva à Figura 4.22(d) no início de goto3. Depois que o primeiro byte do deslocamento foi deslocado 8 bits para a esquerda e copiado para H, chegamos em goto4 e à Figura 4.22(e). Agora, temos o primeiro byte de deslocamento desviado para a esquerda em H, o segundo byte de deslocamento em MBR e a base em OPC. Construindo o deslocamento de 16 bits completo em H e então o adicionando à base, obtemos o novo endereço para colocar em PC, em goto5. Não se esqueça de observar que usamos MBRU em goto4 em vez de MBR porque não queremos extensão de sinal do segundo byte. Na verdade, o deslocamento de 16 bits é construído efetuando uma operação OR com as duas metades. Por fim, temos de buscar o próximo *opcode* antes de voltar a Main1 porque o código que ali está espera o próximo *opcode* em MBR. O último ciclo, goto6, é necessário porque os dados da memória podem ser buscados a tempo de aparecer em MBR durante Main1.

Os deslocamentos usados na instrução goto da IJVM são valores de 16 bits com sinal, com um mínimo de –32768 e um máximo de +32767. Isso significa que desvios para qualquer lado para rótulos mais distantes do que esses valores não são possíveis. Essa propriedade pode ser considerada um *bug* ou uma característica na IJVM (e também na JVM). A turma do *bug* diria que a definição da JVM não deveria restringir seu estilo de programação. A turma da qualidade diria que o trabalho de muitos programadores sofreria uma melhoria radical se eles tivessem pesadelos com a temida mensagem do compilador:

Program is too big and hairy. You must rewrite it. Compilation aborted.

(Programa muito grande e confuso. Você precisa reescrevê-lo. Compilação abortada.)

Infelizmente (de nosso ponto de vista), essa mensagem só aparece quando uma cláusula **then** ou **else** passa de 32 KB, o que normalmente representa 50 páginas de Java.

Agora, considere as três instruções IJVM de desvio condicional: IFLT, IFEQ e IF_ICMPEQ. As duas primeiras retiram a palavra que está no topo da pilha, desviando se a palavra for menor do que zero ou igual a zero, respectivamente. IF_ICMPEQ retira as duas palavras do topo da pilha e desvia se, e somente se, elas forem iguais. Em todos os três casos, é necessário ler uma nova palavra do topo da pilha para armazenar no TOS.

O controle para essas três instruções é semelhante: o operando ou operandos são primeiro colocados em registradores, depois o novo valor do topo de pilha é lido para o TOS e, por fim, são realizados o teste e o desvio. Considere IFLT em primeiro lugar. A palavra a testar já está em TOS, porém, como IFLT retira uma palavra da pilha, o novo topo tem de ser lido para armazenar em TOS. Essa leitura é iniciada em iflt1. Em iflt2, a palavra a ser testada é salva em OPC por enquanto, portanto, o novo valor pode ser colocado em TOS dentro em pouco sem perder o valor corrente. Em iflt3, a nova palavra do topo da pilha está disponível em MDR, portanto, é copiada para TOS. Por fim, em iflt4, a palavra a ser testada, agora salva em OPC, é passada pela ULA sem ser armazenada e o bit N é amostrado e testado. Essa microinstrução também contém um desvio, que escolhe T se o teste foi bem-sucedido e F, caso contrário.

Se bem-sucedido, o restante da operação é, em essência, a mesma que no início da instrução GOTO, e a sequência simplesmente continua no meio da sequência GOTO, com **goto2**. Se malsucedida, é necessária uma sequência curta (F, F2 e F3) para pular o resto da instrução (o deslocamento) antes de voltar a Main1 para continuar com a instrução seguinte.

O código em **ifeq2** e **ifeq3** segue a mesma lógica, só que usando o bit Z em vez do bit N. Em ambos os casos, cabe ao *assembler* de MAL reconhecer que os endereços T e F são especiais e garantir que seus endereços sejam colocados em endereços de armazenamento de controle cuja diferença seja apenas o bit da extrema esquerda.

A lógica para IF_ICMPEQ é bastante semelhante à IFEQ, exceto que nesse caso precisamos ler também o segundo operando. Esse operando é armazenado em H em **if_icmpeq3**, onde a leitura da nova palavra do topo da pilha é iniciada. Mais uma vez, a palavra do topo da pilha corrente é salva em OPC e a nova é instalada em TOS. Por fim, o teste em **if_icmpeq6** é semelhante a **ifeq4**.

Agora, consideramos a execução de INVOKEVIRTUAL e IRETURN, as instruções para invocar um procedimento de chamada e retorno, como descrito na Seção 4.2.3. INVOKEVIRTUAL é uma sequência de 22 microinstruções e é a mais complexa instrução realizada em IJVM. Sua operação foi mostrada na Figura 4.12. A instrução usa seu deslocamento de 16 bits para determinar o endereço do método a ser invocado. Em nossa implementação, esse deslocamento é simplesmente um deslocamento no conjunto de constantes. Sua localização nesse conjunto aponta o método a ser invocado. Contudo, lembre-se de que os primeiros 4 bytes de cada método *não* são instruções, e sim dois ponteiros de 16 bits. O primeiro dá o número de palavras de parâmetro – incluindo OBJREF (veja a Figura 4.12). O segundo dá o tamanho da área de variáveis locais em palavras. Esses campos são buscados por meio da porta de 8 bits e montados exatamente como se fossem deslocamentos de 16 bits dentro de uma instrução.

Então, a informação de enlace necessária para restaurar a máquina a seu estado anterior – o endereço do início da área de variáveis antiga e o PC antigo – é armazenada imediatamente acima da área de variáveis locais recém-criada e abaixo da nova pilha. Por fim, o *opcode* da próxima instrução é buscado e o PC é incrementado antes de retornar a Main1 para iniciar a próxima instrução.

IRETURN é uma instrução simples que não contém operandos. Ela apenas usa o endereço armazenado na primeira palavra da área de variáveis locais para recuperar a informação de ligação, então, restaura SP, LV e PC a seus valores anteriores e copia o valor de retorno do topo da pilha corrente para o topo da pilha original, conforme ilustra a Figura 4.13.

4.4 Projeto do nível de microarquitetura

Como quase tudo na ciência da computação, o projeto da microarquitetura está repleto de compromissos. Computadores têm muitas características desejáveis, entre elas velocidade, custo, confiabilidade, facilidade de utilização, requisitos de energia e tamanho físico. Contudo, um compromisso comanda as decisões mais importantes que os projetistas de CPU devem tomar: velocidade *versus* custo. Nesta seção, estudaremos esse assunto detalhadamente, para ver o que pode ser permutado pelo que, que grau de desempenho pode ser alcançado e a que preço em hardware e complexidade.

4.4.1 Velocidade *versus* custo

Embora a tecnologia mais rápida tenha resultado no maior dos aumentos de velocidade em qualquer período de tempo considerado, esse assunto não se enquadra no escopo deste livro. Melhorias de velocidade graças à organização, embora menos espetaculares do que as propiciadas por circuitos mais rápidos, ainda assim são impressionantes. Velocidade pode ser medida de várias maneiras, mas dadas uma tecnologia de circuitos e uma ISA, há três abordagens básicas para aumentar a velocidade de execução:

1. Reduzir o número de ciclos de *clock* necessários para executar uma instrução.
2. Simplificar a organização de modo que o ciclo de *clock* possa ser mais curto.
3. Sobrepor a execução de instruções.

As duas primeiras são óbvias, mas há uma surpreendente variedade de oportunidades de projeto que pode afetar drasticamente o número de ciclos de *clock*, o período de *clock*, ou – em grande parte das vezes – ambos. Nesta seção, daremos um exemplo de como a codificação e a decodificação de uma operação podem afetar o ciclo de *clock*.

O número de ciclos de *clock* necessários para executar um conjunto de operações é conhecido como **comprimento do caminho**. Às vezes, o comprimento do caminho pode ser encurtado adicionando-se hardware especializado. Por exemplo, adicionando um incrementador – conceitualmente, um somador com um lado ligado de modo permanente a "some 1" (add 1) – ao PC, não precisamos mais usar a ULA para fazer avançar o PC, eliminando ciclos. O preço a pagar é mais hardware. Todavia, essa capacidade não ajuda tanto como seria de esperar. Na maioria das instruções, os ciclos consumidos para incrementar o PC também são ciclos em que uma operação de leitura está sendo executada. Em todo caso, a instrução seguinte não pode ser executada mais cedo porque ela depende dos dados que vêm da memória.

Reduzir o número de ciclos de instrução necessários para buscar instruções requer mais do que apenas um circuito adicional para incrementar o PC. Para acelerar a busca de instrução em qualquer grau significativo, a terceira técnica – sobreposição de execução – deve ser explorada. Separar o circuito de busca de instruções – a porta de memória de 8 bits e os registradores MBR e PC – é mais efetivo se, em termos funcionais, a unidade for montada independentemente do caminho de dados principal. Desse modo, ela pode buscar o próximo *opcode* ou operando por conta própria, talvez até mesmo executando fora de sincronia em relação ao restante da CPU e buscando uma ou mais instruções com antecedência.

Uma das fases que mais consome o tempo da execução de muitas das instruções é buscar um deslocamento de 2 bytes, estendê-lo adequadamente e acumular no registrador H em preparação para uma adição, por exemplo, em um desvio para PC ± *n* bytes. Uma solução potencial – construir uma porta de memória de 16 bits de largura – complica muito a operação porque, na verdade, a memória tem 32 bits de largura. Os 16 bits necessários podem se espalhar por fronteiras de palavras, de modo que até mesmo uma única leitura de 32 bits não buscará necessariamente ambos os bytes necessários.

Sobrepor a execução de instruções é, de longe, o mais interessante e oferece a melhor oportunidade para drásticos aumentos de velocidade. A simples sobreposição da busca e execução de instruções dá um resultado surpreendentemente efetivo. Entretanto, técnicas mais sofisticadas avançam muito mais, sobrepondo a execução de muitas instruções. Na verdade, essa ideia está no coração do projeto de computadores modernos. Mais adiante, discutiremos algumas das técnicas básicas para sobrepor a execução de instruções e apresentaremos o motivo para as mais sofisticadas.

Velocidade é apenas uma metade do quadro; custo é a outra. O custo pode ser medido de vários modos, mas uma definição precisa é problemática. Algumas medidas são muito simples, tal como uma contagem do número de componentes, o que era válido em particular na época em que os processadores eram compostos de componentes discretos, que eram comprados e montados. Hoje, o processador inteiro está contido em um único chip, mas chips maiores e mais complexos são muito mais caros do que os menores, mais simples. Componentes individuais – por exemplo, transistores, portas ou unidades funcionais – podem ser contados, mas quase sempre o número resultante não é tão importante quanto a quantidade de área requerida no circuito integrado. Quanto mais área for requerida para as funções incluídas, maior será o chip, e o custo de fabricação deste cresce com rapidez muito maior do que sua área. Por essa razão, projetistas costumam falar de custo em termos utilizados na área imobiliária, isto é, a área exigida por um circuito (imagino que seja medida em pico-hectares).

Um dos circuitos mais exaustivamente estudados na história é o somador binário. Há milhares de projetos e os mais rápidos são muito mais velozes do que os mais lentos – e também muito mais complexos. O projetista de sistemas tem de decidir se a maior velocidade vale o preço do espaço.

Somadores não são os únicos componentes que têm muitas opções. Praticamente qualquer componente do sistema pode ser projetado para executar de modo mais rápido ou mais lento, com um diferencial de custo. O desafio para o projetista é identificar os componentes que mais podem melhorar o sistema e então aumentar a velocidade deles. O interessante é que muitos componentes individuais podem ser substituídos por um muito mais veloz e causar pouco ou nenhum efeito sobre a velocidade. Nas seções seguintes, examinaremos algumas das questões de projeto e os compromissos correspondentes.

Um dos fatores fundamentais para determinar a velocidade em que um *clock* pode executar é a quantidade de trabalho que deve ser realizada em cada ciclo de *clock*. É óbvio que, quanto mais trabalho a ser realizado, mais longo será o ciclo. Claro que não é assim tão simples, porque o hardware é muito bom para fazer coisas em paralelo. Portanto, na verdade, o que determina o comprimento do ciclo de *clock* é a sequência de operações que devem ser executadas *em série* em um único ciclo.

Um aspecto que pode ser controlado é a quantidade de decodificação que deve ser realizada. Lembre-se, por exemplo, de que na Figura 4.6 vimos que, embora qualquer um de nove registradores pudesse ser lido para a ULA a partir do barramento B, precisávamos de apenas 4 bits na palavra de microinstrução para especificar qual registrador devia ser selecionado. Infelizmente, essas economias têm um preço. O circuito de decodificação agrega atraso ao caminho crítico, e isso significa que qualquer registrador que habilite seus dados para o barramento B receberá o comando um pouquinho mais tarde e obterá seus dados no barramento um pouquinho mais tarde. Isso provoca um efeito em cascata, com a ULA recebendo suas entradas um pouco mais tarde e produzindo seus resultados um pouco mais tarde. Por fim, o resultado estará disponível no barramento C para ser escrito nos registradores também um pouco mais tarde. Como esse atraso muitas vezes é o fator que determina o comprimento do ciclo de *clock*, isso pode significar que o *clock* não pode funcionar com tanta rapidez e todo o computador deve funcionar um pouco mais lentamente. Assim, há uma permuta entre velocidade e custo. A redução do armazenamento de controle em 5 bits por palavra é obtida ao custo da redução da velocidade do *clock*. O engenheiro deve levar em conta os objetivos do projeto ao decidir qual é a opção correta. Para uma implementação de alto desempenho, usar um decodificador talvez não seja uma boa ideia; para uma de baixo custo, pode ser.

4.4.2 Redução do comprimento do caminho de execução

A Mic-1 foi projetada para ser moderadamente simples e moderadamente rápida, embora admitamos que há uma enorme tensão entre esses dois objetivos. Em poucas palavras, máquinas simples não são rápidas e máquinas rápidas não são simples. A CPU da Mic-1 também usa uma quantidade mínima de hardware: 10 registradores, a ULA simples da Figura 3.19 repetida 32 vezes, um deslocador, um decodificador, um armazenamento de controle e um pouquinho de cola aqui e ali. O sistema inteiro poderia ser montado com menos de 5.000 transistores mais o tanto que o armazenamento de controle (ROM) e a memória principal (RAM) precisarem.

Agora que já vimos como IJVM pode ser executada de modo direto em microcódigo com pouco hardware, é hora de examinar implementações alternativas, mais rápidas. A seguir, vamos estudar modos de reduzir o número de microinstruções por instrução ISA (isto é, reduzir o comprimento do caminho de execução). Depois disso, vamos considerar outras técnicas.

Incorporação do laço do interpretador ao microcódigo

Na Mic-1, o laço principal consiste em uma microinstrução que deve ser executada no início de cada instrução IJVM. Em alguns casos, é possível sobrepô-la à instrução anterior. Na verdade, isso já foi conseguido, ao menos em parte. Note que, quando Main1 é executada, o *opcode* a ser interpretado já está em MBR. O *opcode* está ali porque foi buscado pelo laço principal anterior (se a instrução anterior não tinha operandos) ou durante a execução da instrução anterior.

Esse conceito de sobrepor o início da instrução pode ser levado mais adiante e, na realidade, em alguns casos o laço principal pode ser reduzido a nada. Isso pode ocorrer da seguinte maneira. Considere cada sequência de microinstruções que termina desviando para Main1. Em cada lugar, a microinstrução do laço principal pode ser agregada ao final da sequência, em vez de ao início da próxima, e o desvio multivias agora é repetido em muitos lugares, mas sempre com o mesmo conjunto de alvos. Em alguns casos, a microinstrução Main1 pode ser incorporada a microinstruções anteriores, já que elas nem sempre são totalmente utilizadas.

Na Figura 4.23, é mostrada a sequência dinâmica de instruções para uma instrução POP. O laço principal ocorre antes e depois de cada instrução; na figura, mostramos apenas a ocorrência após a instrução POP. Note que a execução dessa instrução leva quatro ciclos de *clock*: três para as microinstruções específicas para POP e um para o laço principal.

Figura 4.23 Sequência original de microprograma para executar POP.

Rótulo	Operações	Comentários
pop1	MAR = SP = SP − 1; rd	Leia a palavra seguinte à do topo da pilha
pop2		Espere novo TOS ser lido da memória
pop3	TOS = MDR; goto Main1	Copie nova palavra para TOS
Main1	PC = PC + 1; fetch; goto (MBR)	MBR contém o *opcode*; obtenha próximo byte; despache

Na Figura 4.24, a sequência foi reduzida a três instruções que incorporam as instruções do laço principal, aproveitando um ciclo de *clock* no qual a ULA não é usada em pop2 para economizar um ciclo e novamente em Main1. Não se esqueça de observar que o final dessa sequência desvia diretamente para o código específico para a instrução seguinte, portanto, são requeridos apenas três ciclos no total. Esse pequeno estratagema reduz em um ciclo o tempo de execução da próxima microinstrução; portanto, por exemplo, uma IADD subsequente passa de quatro ciclos para três. Assim, isso equivale a aumentar a velocidade do *clock* de 250 MHz (microinstruções de 4 ns) para 333 MHz (microinstruções de 3 ns) sem pagar nada.

Figura 4.24 Sequência de microprograma melhorada para executar POP.

Rótulo	Operações	Comentários
pop1	MAR = SP = SP − 1; rd	Leia a palavra seguinte à do topo da pilha
Main1.pop	PC = PC + 1; fetch	MBR contém *opcode*; busque próximo byte
pop3	TOS = MDR; goto (MBR)	Copie nova palavra para TOS; despache em *opcode*

A instrução **POP** se encaixa particularmente nesse tratamento porque ela tem um ciclo ocioso no meio que não usa a ULA. Contudo, o laço principal usa a ULA. Por isso, reduzir o comprimento da instrução por um fator dentro dela requer achar um ciclo na instrução no qual a ULA não está em uso. Esses ciclos ociosos não são comuns, mas ocorrem; portanto, vale a pena incorporar **Main1** ao final de cada sequência de microinstrução. Tudo isso custa um pouco de armazenamento de controle. Assim, temos nossa primeira técnica para reduzir o comprimento do caminho:

Incorpore o laço do interpretador ao final de cada sequência de microcódigo.

Arquitetura de três barramentos

O que mais podemos fazer para reduzir o comprimento do caminho de execução? Outra solução fácil é ter dois barramentos completos de entrada para ULA, um barramento A e um B, o que dá três barramentos no total. Todos os registradores (ou ao menos a maioria deles) devem ter acesso a ambos os barramentos de entrada. A vantagem de ter dois barramentos de entrada é que então é possível adicionar qualquer registrador a qualquer outro registrador em um só ciclo. Para ver o valor dessa característica, considere a execução de **ILOAD** na Mic-1, apresentada novamente na Figura 4.25.

Figura 4.25 Código Mic-1 para executar ILOAD.

Rótulo	Operações	Comentários
iload1	H = LV	MBR contém índice; copie LV para H
iload2	MAR = MBRU + H; rd	MAR = endereço de variáveis locais a buscar
iload3	MAR = SP = SP + 1	SP aponta para novo topo da pilha; prepare escrita
iload4	PC = PC + 1; fetch; wr	Incremente PC; obtenha novo *opcode*; escreva topo da pilha
iload5	TOS = MDR; goto Main1	Atualize TOS
Main1	PC = PC + 1; fetch; goto (MBR)	MBR contém *opcode*; obtenha próximo byte; despache

Vemos aqui que, em **iload1**, LV é copiado para H. A única razão para LV ser copiado para H é que, assim, ele poder ser adicionado a MBRU em **iload2**. Em nosso projeto original de dois barramentos, não há nenhum modo de adicionar registradores arbitrários, portanto, primeiro um deles tem de ser copiado para H. Com nosso novo projeto de três barramentos, podemos economizar um ciclo, conforme mostra a Figura 4.26. Nesse caso, adicionamos o laço do interpretador a ILOAD, mas isso nem aumenta nem diminui o comprimento do caminho de execução. Ainda assim, o barramento adicional reduziu o tempo total de execução de **ILOAD** de seis para cinco ciclos. Agora, temos nossa segunda técnica para reduzir o comprimento de caminho:

Passe de um projeto de dois barramentos para um projeto de três barramentos.

Figura 4.26 Código de três barramentos para executar ILOAD.

Rótulo	Operações	Comentários
iload1	MAR = MBRU + LV; rd	MAR = endereço de variável local a buscar
iload2	MAR = SP = SP + 1	SP aponta para novo topo da pilha; prepare escrita
iload3	PC = PC + 1; fetch; wr	Incremente PC; obtenha novo *opcode*; escreva topo da pilha
iload4	TOS = MDR	Atualize TOS
iload5	PC = PC + 1; fetch; goto (MBR)	MBR já contém *opcode*; busque byte de índice

Unidade de busca de instrução

Vale a pena usar essas duas técnicas, mas, para conseguir uma melhoria drástica, precisamos de algo muito mais radical. Vamos voltar atrás um pouco e examinar as partes comuns de toda instrução: a busca e a decodificação dos campos da instrução. Observe que, para cada instrução, podem ocorrer as seguintes operações:

1. O PC é passado pela ULA e incrementado.
2. O PC é usado para buscar o próximo byte na sequência de instruções.
3. Operandos são lidos da memória.
4. Operandos são escritos para a memória.
5. A ULA efetua um cálculo e os resultados são armazenados de volta.

Se uma instrução tiver campos adicionais (para operandos), cada campo deve ser buscado explicitamente, um byte por vez, e montado antes de poder ser usado. Buscar e montar um campo ocupa a ULA por no mínimo um ciclo por byte para incrementar o PC, e então de novo para montar o índice ou deslocamento resultante. A ULA é usada em praticamente todos os ciclos para uma série de operações que têm a ver com buscar a instrução e montar os campos dentro da instrução, além do "trabalho" real da instrução.

Para sobrepor o laço principal, é necessário liberar a ULA de algumas dessas tarefas. Isso poderia ser feito com a introdução de uma segunda ULA, embora não seja necessária uma completa para grande parte da atividade. Observe que, em muitos casos, ela é apenas usada como um caminho para copiar um valor de um registrador para outro. Esses ciclos poderiam ser eliminados introduzindo-se caminhos de dados adicionais que não passem pela ULA. Como exemplo, pode-se conseguir algum benefício criando um caminho de TOS a MDR, ou de MDR a TOS, uma vez que a palavra do topo da pilha é muitas vezes copiada entre esses dois registradores.

Na Mic-1, grande parte da carga pode ser retirada da ULA criando uma unidade independente para buscar e processar as instruções. Essa unidade, denomina **IFU** (**Instruction Fetch Unit – unidade de busca de instrução**), pode incrementar o PC independentemente e buscar bytes antes de eles serem necessários. Essa unidade requer apenas um incrementador, um circuito muito mais simples do que um somador completo. Levando essa ideia mais adiante, a IFU também pode montar operandos de 8 e 16 bits de modo que eles estejam prontos para uso imediato sempre que necessário. Há no mínimo dois modos de fazer isso:

1. A IFU pode interpretar cada *opcode*, determinando quantos campos adicionais devem ser buscados, e montá-los em um registrador pronto para a utilização pela unidade de execução principal.
2. A IFU pode aproveitar a natureza sequencial das instruções e disponibilizar os próximos fragmentos de 8 e 16 bits todas as vezes, quer isso tenha ou não algum sentido. Então, a unidade de execução principal pode requisitar o que precisar.

Mostramos os rudimentos do segundo esquema na Figura 4.27. Em vez de um unico MBR de 8 bits, agora há dois MBRs: o MBR1 de 8 bits e o MBR2 de 16 bits. A IFU monitora o(s) byte(s) mais recentemente consumido(s) pela unidade de execução principal. Também disponibiliza o próximo byte em MBR1 como na Mic-1, exceto que percebe automaticamente quando MBR1 é lido, busca o próximo byte por antecipação e o carrega em MBR1 de imediato. Como na Mic-1, ela tem duas interfaces com o barramento B: MBR1 e MBR1U. A primeira é estendida em sinal para 32 bits; a outra é estendida para zero.

De modo semelhante, o MBR2 oferece a mesma funcionalidade, mas contém os próximos 2 bytes. Também tem duas interfaces com o barramento B: MBR2 e MBR2U, que copiam os valores de 32 bits estendidos em sinal e estendidos em zeros, respectivamente.

A IFU é responsável por buscar uma sequência de bytes, e faz isso usando uma porta de memória convencional de 4 bytes, buscando palavras inteiras de 4 bytes antes da hora e carregando os bytes consecutivos em um registrador de deslocamento que os fornece um ou dois por vez, na ordem em que foram buscados. A função do registrador de deslocamento é manter uma fila de bytes da memória, para alimentar MBR1 e MBR2.

Figura 4.27 Unidade de busca para a Mic-1.

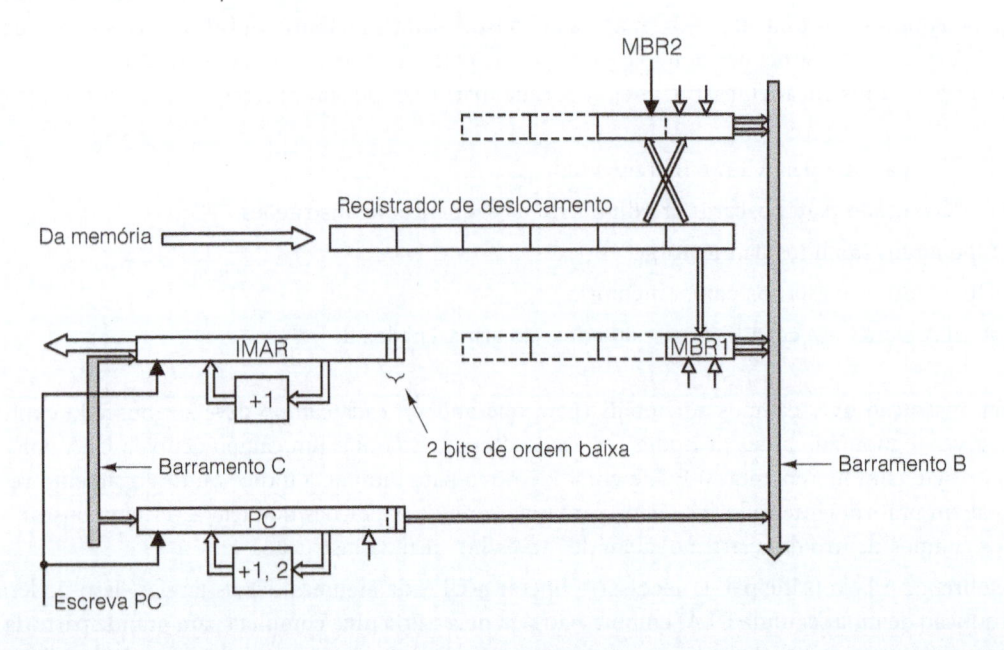

Em todas as vezes, MBR1 contém o byte mais antigo no registrador de deslocamento e MBR2 contém os 2 bytes mais antigos (byte mais antigo na esquerda), para formar um inteiro de 16 bits (veja a Figura 4.19(b)). Os 2 bytes em MBR2 podem ser de palavras de memória diferentes, porque instruções IJVM não se alinham em fronteiras de palavras na memória.

Sempre que MBR1 é lido, o registrador de deslocamento desloca 1 byte para a direita. Sempre que MBR2 é lido, ele desloca 2 bytes para a direita. Então, MBR1 e MBR2 são recarregados a partir do byte mais antigo e do par de bytes mais antigo, respectivamente. Se agora restar espaço suficiente no registrador de deslocamento para mais outra palavra inteira, a IFU inicia um ciclo de memória para lê-la. Admitimos que, quando qualquer um dos registradores MBR é lido, ele é preenchido outra vez no início do ciclo seguinte, de modo que pode ser lido em ciclos consecutivos.

O projeto da IFU pode ser modelado por uma **FSM** (**Finite State Machine – máquina de estado finito**), como ilustra a Figura 4.28. Todas as FSMs consistem em duas partes: **estados**, representados por círculos, e **transições**, representadas por arcos que vão de um estado a outro. Cada estado representa uma situação possível na qual a FSM pode estar. Essa FSM particular tem sete estados, correspondentes aos estados do registrador de deslocamento da Figura 4.27. Os sete estados correspondem à quantidade de bytes que estão naquele registrador no momento em questão, um número entre 0 e 6, inclusive.

Cada arco representa um evento que pode ocorrer. Três eventos diferentes podem ocorrer nesse caso. O primeiro deles é a leitura de 1 byte do MBR1. Esse evento faz o registrador de deslocamento ser ativado e 1 byte ser deslocado para fora da extremidade direita, que reduz o estado por um fator de 1. O segundo evento é a leitura de 2 bytes do MBR2, o que reduz o estado por um fator de dois. Essas duas transições fazem MBR1 e MBR2 serem recarregados. Quando a FSM passa para os estados 0, 1 ou 2, é iniciada uma referência à memória para buscar uma nova palavra (considerando que a memória já não esteja ocupada lendo uma). A chegada da palavra adianta o estado por um fator de 4.

Para trabalhar corretamente, a IFU deve bloquear quando requisitada a fazer algo que não pode, tal como fornecer o valor de MBR2 quando há somente 1 byte no registrador de deslocamento e a memória ainda está ocupada buscando uma nova palavra. Além disso, ela só pode fazer uma coisa por vez, portanto, eventos que estão chegando devem ser serializados. Por fim, sempre que o PC é alterado, a IFU deve ser atualizada. Esses detalhes a tornam mais complicada do que mostramos. Ainda assim, muitos dispositivos de hardware são construídos como FSMs.

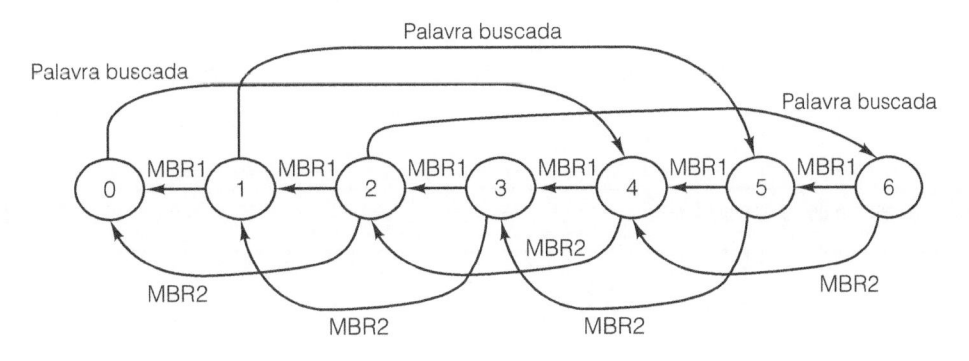

Figura 4.28 Máquina de estado finito para implementar a IFU.

Transições
MBR1: ocorre quando MBR1 é lido
MBR2: ocorre quando MBR2 é lido
Palavra buscada: ocorre quando uma palavra da memória é lida e 4 bytes são colocados no registrador de deslocamento

A IFU tem seu próprio registrador de endereço de memória, denominado IMAR, que é usado para endereçar a memória quando uma nova palavra tem de ser buscada. Esse registrador tem seu próprio incrementador dedicado, de modo que a ULA principal não é necessária para incrementá-lo nem para buscar a próxima palavra. A IFU deve monitorar o barramento C de modo que, sempre que PC for carregado, o novo valor de PC é copiado para IMAR. Uma vez que o novo valor em PC pode não estar sobre uma fronteira de palavra, a IFU tem de buscar a palavra necessária e fazer o ajuste adequado do registrador de deslocamento.

Com a IFU, a unidade de execução principal escreve para o PC somente quando for necessário alterar a natureza sequencial do fluxo de bytes da instrução. Ela escreve por causa de uma instrução de desvio bem-sucedida e em virtude da INVOKEVIRTUAL e IRETURN.

Já que o microprograma não mais incrementa o PC explicitamente, porque *opcodes* são buscados, a IFU deve manter o PC atualizado. Ela o faz percebendo quando um byte da instrução foi consumido, isto é, quando MBR1 ou MBR2, ou as versões sem sinal, foram lidos. Associado com o PC há um incrementador separado, capaz de incrementar por fatores de 1 ou 2, dependendo de quantos bytes foram consumidos. Assim, o PC sempre contém o endereço do primeiro byte que não foi consumido. No início de cada instrução, MBR contém o endereço do *opcode* para aquela instrução.

Note que há dois incrementadores separados e eles executam funções diferentes. O PC conta *bytes* e incrementa por um fator de 1 ou 2. O IMAR conta *palavras*, e incrementa somente por um fator de 1 (para 4 bytes novos). Como o MAR, o IMAR está ligado "obliquamente" ao barramento de endereço, sendo que o bit 0 do IMAR está conectado à linha de endereço 2, e assim por diante, para efetuar uma conversão implícita de endereços de palavras para endereços de bytes.

Como detalharemos em breve, não ter de incrementar o PC no laço principal representa um grande ganho, porque a microinstrução na qual ele é incrementado costuma fazer pouco mais do que isso. Se tal microinstrução puder ser eliminada, o caminho de execução pode ser reduzido. Nesse caso, a permuta é mais hardware por uma máquina mais rápida, portanto, nossa terceira técnica para reduzir o comprimento do caminho é:

Busque instruções na memória com uma unidade funcional especializada.

4.4.3 O projeto com busca antecipada: a Mic-2

A IFU pode reduzir muito o comprimento do caminho da instrução média. Primeiro, ela elimina todo o laço principal, visto que o final de cada instrução apenas desvia diretamente para a próxima. Segundo, evita ocupar a ULA com a tarefa de incrementar o PC. Terceiro, reduz o comprimento do caminho sempre que um índice de 16 bits ou um deslocamento é calculado, porque ela monta o valor de 16 bits e o passa diretamente para a ULA como um valor de 32 bits, evitando a necessidade de montagem em H. A Figura 4.29 mostra a Mic-2, uma versão melhorada da Mic-1 à qual foi acrescentada a IFU da Figura 4.27. O microcódigo para a máquina melhorada é ilustrado na Figura 4.30.

Figura 4.29 O caminho de dados para a Mic-2.

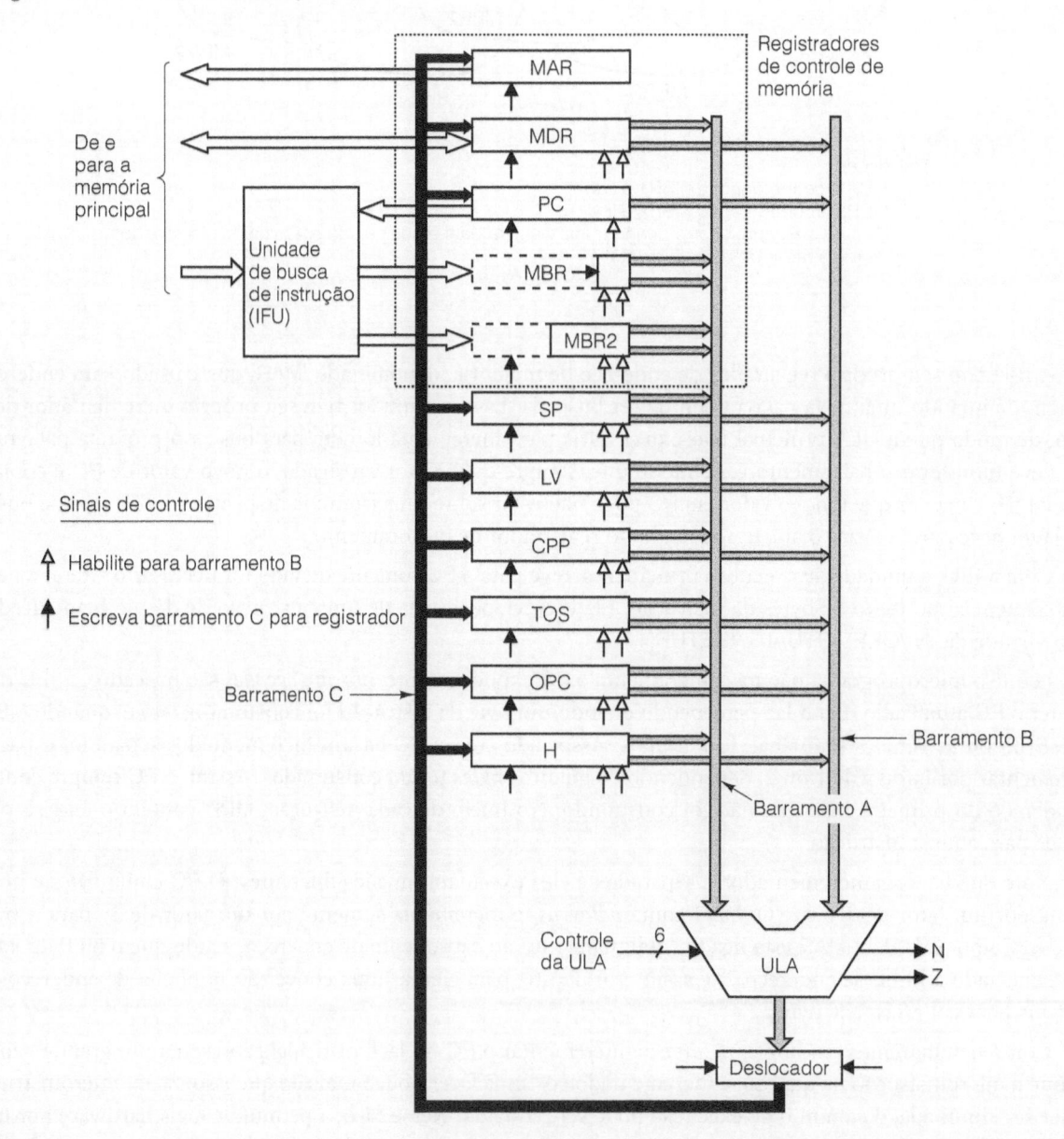

Figura 4.30 Microprograma para o Mic-2.

Rótulo	Operações	Comentários
nop1	goto (MBR)	Desvie para a próxima instrução
iadd1	MAR = SP = SP – 1; rd	Leia a palavra seguinte à do topo da pilha
iadd2	H = TOS	H = topo da pilha
iadd3	MDR = TOS = MDR + H; wr; goto (MBR1)	Some duas palavras do topo; escreva para novo topo da pilha
isub1	MAR = SP = SP – 1; rd	Leia a palavra seguinte à do topo da pilha
isub2	H = TOS	H = topo da pilha
isub3	MDR = TOS = MDR – H; wr; goto (MBR1)	Subtraia TOS da palavra anterior na pilha
iand1	MAR = SP = SP – 1; rd	Leia a palavra seguinte à do topo da pilha
iand2	H = TOS	H = topo da pilha
iand3	MDR = TOS = MDR AND H; wr; goto (MBR1)	AND palavra anterior da pilha com TOS
ior1	MAR = SP = SP – 1; rd	Leia a palavra seguinte à do topo da pilha
ior2	H = TOS	H = topo da pilha
ior3	MDR = TOS = MDR OR H; wr; goto (MBR1)	OR palavra anterior da pilha com TOS
dup1	MAR = SP = SP + 1	Incremente SP; copie para MAR
dup2	MDR = TOS; wr; goto (MBR1)	Escreva nova palavra da pilha
pop1	MAR = SP = SP – 1; rd	Leia a palavra seguinte à do topo da pilha
pop2		Espere pela leitura
pop3	TOS = MDR; goto (MBR1)	Copie nova palavra para TOS
swap1	MAR = SP – 1; rd	Leia a segunda palavra da pilha; ajuste MAR para SP
swap2	MAR = SP	Prepare para escrever nova 2ª palavra
swap3	H = MDR; wr	Salve novo TOS; escreva 2ª palavra para pilha
swap4	MDR = TOS	Copie antigo TOS para MDR
swap5	MAR = SP – 1; wr	Escreva antigo TOS para 2º lugar na pilha
swap6	TOS = H; goto (MBR1)	Atualize TOS
bipush1	SP = MAR = SP + 1	Ajuste MAR para escrever para novo topo da pilha
bipush2	MDR = TOS = MBR1; wr; goto (MBR1)	Atualize pilha em TOS e memória
iload1	MAR = LV + MBR1U; rd	Passe LV + índice para MAR; leia operando
iload2	MAR = SP = SP + 1	Incremente SP; passe novo SP para MAR
iload3	TOS = MDR; wr; goto (MBR1)	Atualize pilha em TOS e memória
istore1	MAR = LV + MBR1U	Ajuste MAR para LV + índice
istore2	MDR = TOS; wr	Copie TOS para armazenamento
istore3	MAR = SP = SP – 1; rd	Decremente SP; leia novo TOS
istore4		Espere por leitura
istore5	TOS = MDR; goto (MBR1)	Atualize TOS

Rótulo	Operações	Comentários
wide1	goto (MBR1 OR 0x100)	Próximo endereço é 0x100 com operação OR efetuada com *opcode*
wide_iload1	MAR = LV + MBR2U; rd; goto iload2	Idêntica a iload1 mas usando índice de 2 bytes
wide_istore1	MAR = LV + MBR2U; goto istore2	Idêntica a istore1 mas usando índice de 2 bytes
ldc_w1	MAR = CPP + MBR2U; rd; goto iload2	O mesmo que wide_iload1 mas indexando a partir de CPP
iinc1	MAR = LV + MBR1U; rd	Ajuste MAR para LV + índice para leitura
iinc2	H = MBR1	Ajuste H para constante
iinc3	MDR = MDR + H; wr; goto (MBR1)	Incremente por constante e atualize
goto1	H = PC – 1	Copie PC para H
goto2	PC = H + MBR2	Some deslocamento e atualize PC
goto3		Tem de esperar que IFU busque novo *opcode*
goto4	goto (MBR1)	Despache para a próxima instrução
iflt1	MAR = SP = SP – 1; rd	Leia a palavra seguinte à do topo da pilha
iflt2	OPC = TOS	Salve TOS em OPC temporariamente
iflt3	TOS = MDR	Ponha novo topo da pilha em TOS
iflt4	N = OPC; if (N) goto T; else goto F	Desvie no bit N
ifeq1	MAR = SP = SP – 1; rd	Leia a palavra seguinte à do topo da pilha
ifeq2	OPC = TOS	Salve TOS em OPC temporariamente
ifeq3	TOS = MDR	Ponha novo topo da pilha em TOS
ifeq4	Z = OPC; if (Z) goto T; else goto F	Desvie no bit Z
if_icmpeq1	MAR = SP = SP – 1; rd	Leia a palavra seguinte à do topo da pilha
if_icmpeq2	MAR = SP = SP – 1	Ajuste MAR para ler novo topo da pilha
if_icmpeq3	H = MDR; rd	Copie segunda palavra da pilha para H
if_icmpeq4	OPC = TOS	Salve TOS em OPC temporariamente
if_icmpeq5	TOS = MDR	Ponha novo topo da pilha em TOS
if_icmpeq6	Z = H – OPC; if (Z) goto T; else goto F	Se 2 palavras do topo forem iguais, vá para T, senão vá para F
T	H = PC – 1; goto goto2	O mesmo que goto1
F	H = MBR2	Toque bytes em MBR2 para descartar
F2	goto (MBR1)	
invokevirtual1	MAR = CPP + MBR2U; rd	Ponha endereço de ponteiro de método em MAR
invokevirtual2	OPC = PC	Salve Return PC em OPC
invokevirtual3	PC = MDR	Ajuste PC para 1º byte do código de método
invokevirtual4	TOS = SP – MBR2U	TOS = endereço de OBJREF – 1
invokevirtual5	TOS = MAR = H = TOS + 1	TOS = endereço de OBJREF
invokevirtual6	MDR = SP + MBR2U + 1; wr	Sobrescreva OBJREF com ponteiro de ligação
invokevirtual7	MAR = SP = MDR	Ajuste SP, MAR à localização para conter PC antigo

Rótulo	Operações	Comentários
invokevirtual8	MDR = OPC; wr	Prepare para salvar PC antigo
invokevirtual9	MAR = SP = SP + 1	Incremente SP para apontar para a localização para conter LV antigo
invokevirtual10	MDR = LV; wr	Salve LV antigo
invokevirtual11	LV = TOS; goto (MBR1)	Ajuste LV para apontar para o parâmetro de ordem zero
ireturn1	MAR = SP = LV; rd	Reajuste SP, MAR para ler ponteiro de ligação
ireturn2		Espere por ponteiro de ligação
ireturn3	LV = MAR = MDR; rd	Ajuste LV, MAR para ponteiro de ligação; leia PC antigo
ireturn4	MAR = LV + 1	Ajuste MAR para apontar para LV antigo; leia LV antigo
ireturn5	PC = MDR; rd	Restaure PC
ireturn6	MAR = SP	
ireturn7	LV = MDR	Restaure LV
ireturn8	MDR = TOS; wr; goto (MBR1)	Salve valor de retorno no topo da pilha original

Como exemplo do modo de funcionamento da Mic-2, examine a IADD. Ela pega a segunda palavra em uma pilha e efetua a adição como antes, só que agora, quando termina, ela não tem de ir até Main1 para incrementar PC e despachar para a próxima microinstrução. Quando a IFU vê que MBR1 foi referenciado em iadd3, seu registrador de deslocamento interno empurra tudo para a direita e recarrega MBR1 e MBR2. Ela também faz a transição para um estado um grau mais baixo do que o corrente. Se o novo estado for 2, a IFU começa a buscar uma palavra da memória. Tudo isso é feito em hardware – o microprograma não tem de fazer nada. É por isso que a IADD pode ser reduzida de quatro para três microinstruções.

A Mic-2 melhora algumas instruções mais do que outras. LDC_W passa de nove microinstruções para apenas três, reduzindo seu tempo de execução por um fator de três. Por outro lado, SWAP só passa de oito para seis microinstruções. O que de fato conta para o desempenho geral é o ganho para as instruções mais comuns. Podemos citar ILOAD (eram 6, agora são 3), IADD (eram 4, agora são 3) e IF_ICMPEQ (eram 13, agora são 10 para o caso do desvio tomado; eram 10, agora são 8 para o caso do desvio não tomado). Para medir a melhoria, teríamos de escolher e executar alguns padrões de comparação, mas é claro que tudo isso representa um grande ganho.

4.4.4 Projeto com *pipeline*: a Mic-3

A Mic-2 é uma melhoria clara em relação à Mic-1. É mais rápida e usa menos armazenamento de controle, embora o custo da IFU sem dúvida seja maior do que o ganho obtido por ter um armazenamento de controle menor. Portanto, ela é uma máquina bem mais rápida por um preço pouca coisa mais alto. Vamos ver se podemos fazê-la ficar ainda mais rápida.

Que tal tentar reduzir o tempo de ciclo? Ele é determinado, em considerável proporção, pela tecnologia subjacente. Quanto menores os transistores e mais curtas as distâncias físicas entre eles, mais rapidamente o *clock* pode ser executado. Para uma determinada tecnologia, o tempo requerido para executar uma operação completa de caminho de dados é fixo (ao menos de nosso ponto de vista). Ainda assim, temos certa liberdade e em breve a exploraremos ao máximo.

Nossa outra opção é introduzir mais paralelismo na máquina. No momento, a Mic-2 é altamente sequencial. Ela coloca registradores em seus barramentos, espera que a ULA e o deslocador os processem para depois escrever os resultados de volta nos registradores. Exceto pela IFU, há pouco paralelismo presente. Adicionar paralelismo é uma oportunidade real.

Como já dissemos, o ciclo de *clock* é limitado pelo tempo necessário para que os sinais se propaguem pelo caminho de dados. A Figura 4.3 mostra um desdobramento do atraso em vários componentes durante cada ciclo. Há três componentes importantes no ciclo do caminho de dados propriamente dito:

1. O tempo para levar os registradores selecionados até os barramentos A e B.
2. O tempo para que a ULA e o deslocador realizem seu trabalho.
3. O tempo para os resultados voltarem aos registradores e serem armazenados.

Na Figura 4.31, mostramos uma nova arquitetura e três barramentos, incluindo a IFU, mas com três registradores adicionais, cada um inserido no meio de cada barramento. Os registradores são escritos em todo o ciclo. Na realidade, eles repartem o caminho de dados em partes distintas que agora podem funcionar de modo independente. Denominaremos isso **Mic-3**, ou modelo *pipeline*.

Figura 4.31 Caminho de dados de três barramentos usados em Mic-3.

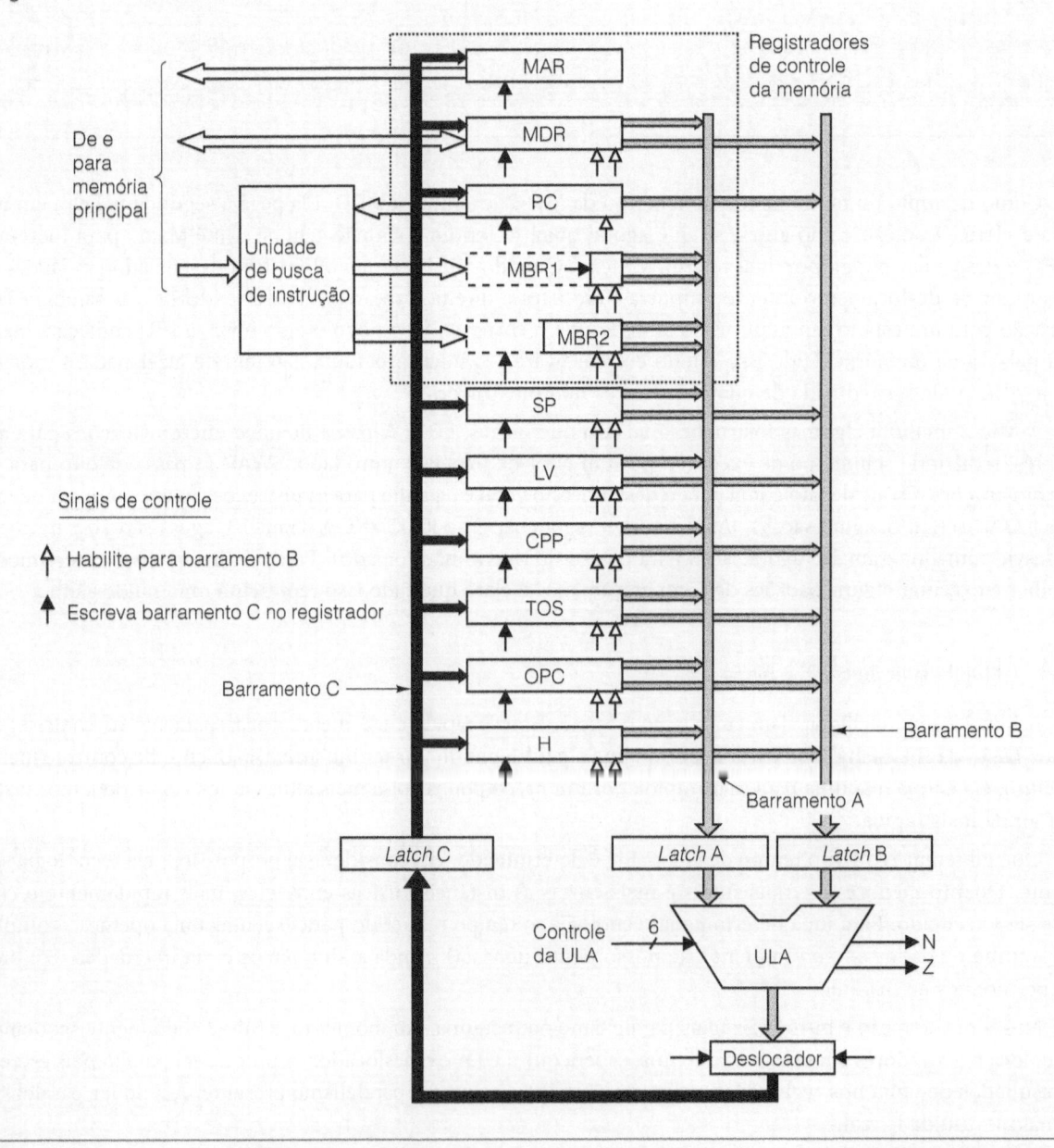

Como esses registradores extras podem ajudar? Agora, leva três ciclos de *clock* para usar o caminho de dados: um para carregar os *latches* A e B, um para executar a ULA e deslocador e carregar o *latch* C, e um para armazenar o *latch* C de volta nos registradores. Certamente, isso é pior do que tínhamos antes.

Estamos loucos? (*Dica:* Não!) Inserir os registradores tem dupla finalidade:

1. Podemos aumentar a velocidade do *clock* porque o atraso máximo agora é mais curto.
2. Podemos usar todas as partes do caminho de dados durante cada ciclo.

Desmembrando o caminho de dados em três partes, o atraso máximo é reduzido e o resultado é que a frequência do *clock* pode ser mais alta. Vamos supor que, desmembrando o ciclo do caminho de dados em três intervalos de tempo, o comprimento de cada um seja cerca de 1/3 do original, de modo que podemos triplicar a velocidade do *clock*. (Isso não é de todo realidade, já que também adicionamos dois registradores ao caminho de dados, mas serve como uma primeira aproximação.)

Como estamos considerando que todas as leituras e escritas da memória podem ser satisfeitas na *cache* de nível 1, e que esta é feita do mesmo material que os registradores, continuaremos a supor que uma operação de memória leva um ciclo. Porém, na prática, isso pode não ser fácil de conseguir.

O segundo ponto trata do rendimento, e não da velocidade, de uma instrução individual. Na Mic-2, durante a primeira e a terceira partes de cada ciclo de *clock*, a ULA fica ociosa. Desmembrando o caminho de dados em três pedaços, poderemos usar a ULA em cada ciclo, obtendo três vezes mais trabalho da máquina.

Agora, vamos ver como o caminho de dados da Mic-3 funciona. Antes de começar, precisamos de uma notação para lidar com os registradores. A óbvia é denominar os registradores A, B e C e tratá-los como os outros registradores, tendo em mente as restrições do caminho de dados. A Figura 4.32 mostra um exemplo de sequência de código, a execução de SWAP para a Mic-2.

Figura 4.32 Código Mic-2 para SWAP.

Rótulo	Operações	Comentários
swap1	MAR = SP − 1; rd	Leia a segunda palavra da pilha; ajuste MAR a SP
swap2	MAR = SP	Prepare para escrever nova segunda palavra
swap3	H = MDR; wr	Salve novo TOS; escreva segunda palavra para pilha
swap4	MDR = TOS	Copie TOS antigo para MDR
swap5	MAR = SP − 1; wr	Escreva TOS antigo para o segundo lugar na pilha
swap6	TOS = H; goto (MBR1)	Atualize TOS

Agora, vamos reimplementar essa sequência na Mic-3. Lembre-se de que o caminho de dados agora requer três ciclos para operar: um para carregar A e B, um para efetuar a operação e carregar C e um para escrever o resultado de volta para os registradores. Denominaremos cada um desses pedaços **microetapa**.

A implementação de SWAP para Mic-3 é mostrada na Figura 4.33. No ciclo 1, começamos em swap1 copiando SP para B. Não importa o que acontece em A porque, para subtrair 1 de B, ENA é negado (veja a Figura 4.2). Para simplificar, não mostramos atribuições que não são usadas. No ciclo 2, efetuamos a subtração. No ciclo 3, o resultado é armazenado em MAR e a operação de leitura é iniciada no final do ciclo 3, após MAR ter sido armazenado. Já que leituras de memória agora levam um ciclo, essa não estará concluída até o final do ciclo 4, o que é indicado mostrando a atribuição MDR no ciclo 4. O valor em MDR não pode ser lido antes do ciclo 5.

Figura 4.33 A implementação de SWAP na Mic-3.

Ciclo	Swap1 MAR = SP − 1; rd	Swap2 MAR = SP	Swap3 H = MDR; wr	Swap4 MDR = TOS	Swap5 MAR = SP − 1; wr	Swap6 TOS = H; goto (MBR1)
1	B = SP					
2	C = B − 1	B = SP				
3	MAR = C; rd	C = B				
4	MDR = Mem	MAR = C				
5			B = MDR			
6			C = B	B = TOS		
7			H = C; wr	C = B	B = SP	
8			Mem = MDR	MDR = C	C = B − 1	B = H
9					MAR = C; wr	C = B
10					Mem = MDR	TOS = C
11						goto (MBR1)

Vamos voltar ao ciclo 2. Agora, podemos começar a desmembrar **swap2** em microetapas e iniciá-las também. No ciclo 2, podemos copiar SP para B, então passá-lo pela ULA no ciclo 3 e por fim armazená-lo em MAR no ciclo 4. Até aqui, tudo bem. Deve estar claro que, se pudermos continuar nesse ritmo, iniciando uma nova microinstrução a cada ciclo, triplicaremos a velocidade da máquina. Esse ganho vem do fato de que podemos emitir uma nova microinstrução a cada ciclo de *clock*, que a Mic-3 tem três vezes mais ciclos de *clock* por segundo do que a Mic-2. Na verdade, construímos uma CPU com *pipeline*.

Infelizmente, encontramos um empecilho no ciclo 3. Gostaríamos de começar a trabalhar em **swap3**, mas a primeira coisa que ela faz é passar MDR pela ULA, e MDR não estará disponível na memória até o início do ciclo 5. A situação em que uma microetapa não pode iniciar porque está esperando um resultado que uma microetapa anterior ainda não produziu é denominada **dependência verdadeira** ou **dependência RAW**. Dependências costumam ser denominadas **ocorrências** (*hazards*). RAW quer dizer Read After Write (leitura após escrita) e indica que uma microetapa quer ler um registrador que ainda não foi escrito. A única coisa sensata a fazer nesse caso é atrasar o início de **swap3** até MDR estar disponível no ciclo 5. Esperar por um valor necessário é denominado **protelação** (*stalling*). Depois disso, podemos continuar iniciando microinstruções a cada ciclo, pois não há mais dependências, embora **swap6** escape por um triz, uma vez que lê H no ciclo após **swap3** escrevê-lo. Se **swap5** tivesse tentado ler H, ela (**swap6**) teria sido protelada por um ciclo.

Embora o programa Mic-3 leve mais ciclos do que o programa Mic-2, ainda assim é mais rápido. Se denominarmos o tempo de ciclo da Mic-3 ΔT ns, então, ela vai requerer 11 ΔT ns para executar **SWAP**. Por comparação, a Mic-2 leva 6 ciclos a 3 ΔT cada, para um total de 18 ΔT. O *pipeline* deixou a máquina mais rápida, ainda que tivéssemos de protelar uma vez para evitar uma dependência.

Pipeline é uma técnica fundamental em todas as CPUs modernas, portanto, é importante entendê-lo bem. Na Figura 4.34, vemos o caminho de dados da Figura 4.31 ilustrado graficamente como um *pipeline*. A primeira coluna representa o que está acontecendo no ciclo 1, a segunda representa o ciclo 2 e assim por diante (considerando que não haja protelação). A região sombreada no ciclo 1 para a instrução 1 indica que a IFU está ocupada buscando a instrução 1. Uma batida de *clock* mais tarde, durante o ciclo 2, os registradores requisitados pela instrução 1 estão sendo carregados nos registradores A e B enquanto, ao mesmo tempo, a IFU está ocupada buscando a instrução 2, de novo mostrada pelos dois retângulos sombreados no ciclo 2.

Figura 4.34 Ilustração gráfica do funcionamento do *pipeline*.

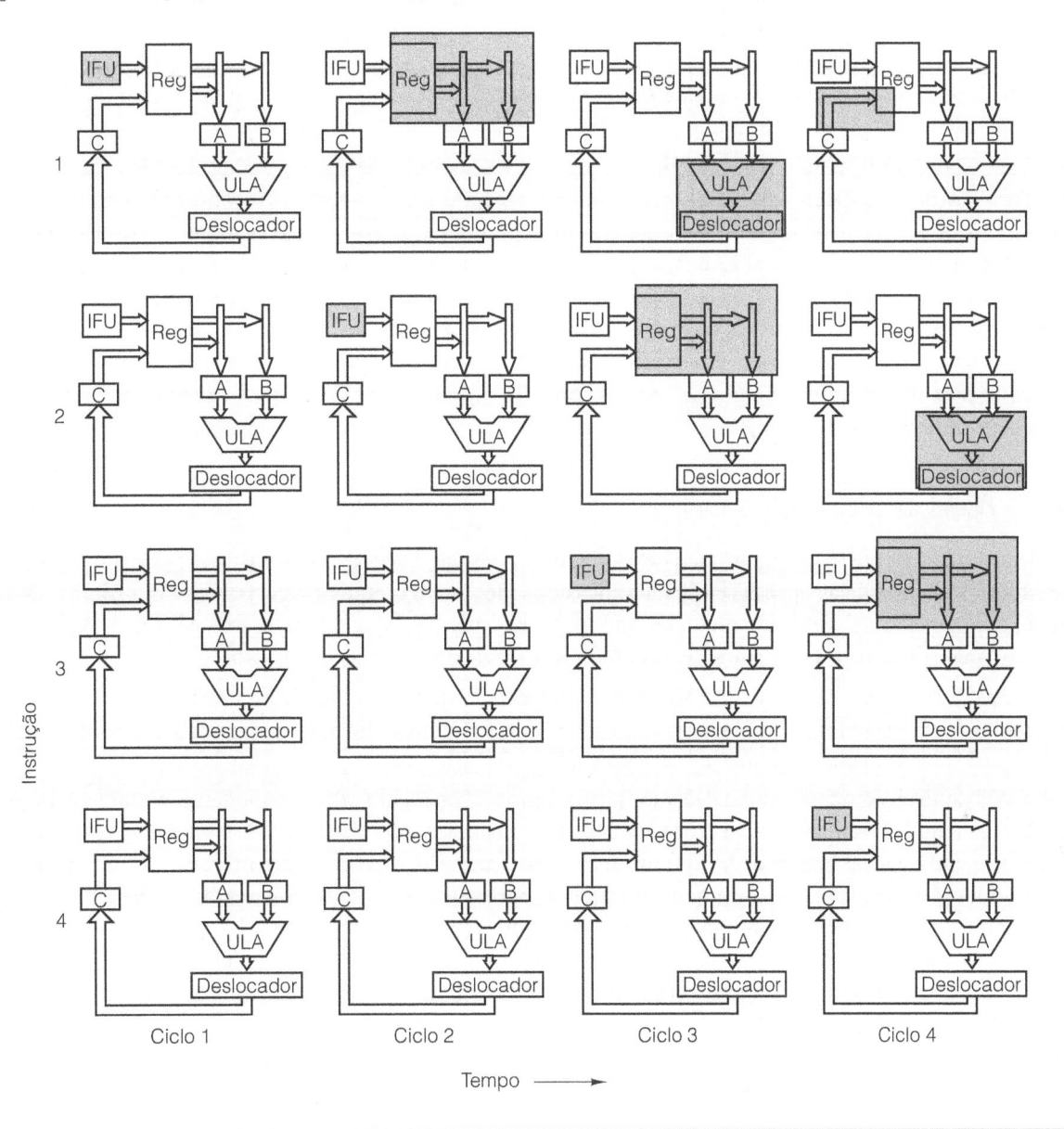

Durante o ciclo 3, a instrução 1 está usando a ULA e o deslocador para executar sua operação e os registradores A e B estão sendo carregados para a instrução 2, e a instrução 3 está sendo buscada. Por fim, durante o ciclo 4, quatro instruções estão sendo processadas ao mesmo tempo. Os resultados da instrução 1 estão sendo armazenados, o trabalho da ULA para a instrução 2 está sendo realizado, os registradores A e B para a instrução 3 estão sendo carregados e a instrução 4 está sendo buscada.

Se tivéssemos mostrado o ciclo 5 e os subsequentes, o padrão teria sido o mesmo do ciclo 4: todas as quatro partes do caminho de dados que podem executar independentemente estariam fazendo isso. Esse projeto representa um *pipeline* de quatro estágios: para busca de instrução, acesso a operando, operações de ULA e escrita de volta para os registradores. Isso é semelhante ao *pipeline* da Figura 2.4(a), exceto pela ausência do estágio de decodificação. A questão importante a entender aqui é que, embora uma única instrução leve quatro ciclos de *clock* para executar, a cada ciclo uma nova instrução é iniciada e uma velha instrução é concluída.

Outro modo de ver a Figura 4.34 é seguir cada instrução na página em sentido horizontal. Para a instrução 1, no ciclo 1 a IFU está trabalhando nela. No ciclo 2, seus registradores estão sendo colocados nos barramentos A e B. No ciclo 3, a ULA e o deslocador estão trabalhando para ela. Por fim, no ciclo 4, seus resultados estão sendo armazenados de volta nos registradores. O que se deve notar nesse caso é que há quatro seções do hardware disponíveis, e durante cada ciclo, uma determinada instrução usa só um deles, liberando as outras seções para instruções diferentes.

Uma analogia útil para nosso projeto com *pipeline* é uma linha de montagem de uma fábrica de automóveis. Para abstrair os aspectos essenciais desse modelo, imagine que um gongo é tocado a cada minuto, quando então todos os automóveis passam para uma estação seguinte na linha. Em cada estação, os trabalhadores que ali estão executam alguma operação no carro que está à sua frente no momento em questão, como adicionar o volante ou instalar os freios. A cada batida do gongo (1 ciclo), um novo carro é introduzido no início da linha de montagem e um carro é concluído. Assim, ainda que leve centenas de ciclos para terminar um carro, a cada ciclo um carro inteiro é concluído. A fábrica pode produzir um carro por minuto, independente do tempo que realmente leva para montar um carro. Essa é a força do *pipelining*, e ela se aplica igualmente bem a CPUs e fábricas de automóveis.

4.4.5 *Pipeline* de sete estágios: a Mic-4

Uma questão a que não demos o devido destaque é o fato de que toda microinstrução seleciona sua própria sucessora. A maioria delas apenas seleciona a instrução seguinte na sequência corrente, mas a última, tal como **swap6**, muitas vezes faz um desvio multivias que atrapalha o *pipeline*, já que é impossível continuar fazendo busca antecipada após o desvio. Precisamos de um modo melhor de lidar com essa questão.

Nossa última microarquitetura é a Mic-4. Suas partes principais estão ilustradas na Figura 4.35, embora muitos detalhes tenham sido suprimidos em benefício da clareza. Como a Mic-3, ela tem uma IFU que busca palavras da memória antecipadamente e mantém os vários **MBRs**.

A IFU também alimenta o fluxo de bytes que está entrando para um novo componente, a **unidade de decodificação**. Essa unidade tem uma ROM interna indexada por *opcode* IJVM. Cada entrada (linha) contém duas partes: o comprimento daquela instrução IJVM e um índice para outra ROM, a de micro-operação. O comprimento da instrução IJVM é usado para permitir que a unidade de decodificação faça a análise sintática (*parse*) da sequência de bytes que está entrando dividindo-a em instruções, de modo que ela sempre sabe quais bytes são *opcodes* e quais são operandos. Se o comprimento da instrução em questão for 1 byte (por exemplo, POP), então, a unidade de decodificação sabe que o próximo byte é um *opcode*. Contudo, se o comprimento da instrução em questão for 2 bytes, a unidade de decodificação sabe que o próximo byte é um operando, seguido imediatamente por um outro *opcode*. Quando o prefixo WIDE é visto, o próximo byte é transformado em um *opcode* largo especial, por exemplo, WIDE + ILOAD se torna WIDE_ILOAD.

A unidade de decodificação despacha o índice na micro-operação ROM que encontrou em sua tabela para o próximo componente, a **unidade de enfileiramento**. Essa unidade contém alguma lógica e mais duas tabelas internas, uma em ROM e uma em RAM. A ROM contém o microprograma, sendo que cada instrução IJVM tem certo número de entradas consecutivas denominadas **micro-operações**. As entradas devem estar em ordem, portanto, não são permitidos truques como o desvio de wide_iload2 para iload2 na Mic-2. Cada sequência IJVM deve ser escrita por extenso, duplicando sequências em alguns casos.

As micro-operações são semelhantes às microinstruções da Figura 4.5, exceto que os campos NEXT_ADDRESS e JAM estão ausentes e um novo campo codificado é necessário para especificar a entrada do barramento A. Dois novos bits também são fornecidos: Final e Goto. O bit Final é marcado na última micro-operação de cada sequência de micro-operação IJVM para sinalizá-la. O bit Goto é ajustado para marcar micro-operações que são microdesvios condicionais. Elas têm um formato diferente do das micro-operações normais, consistindo nos bits JAM e um índice para a ROM de micro-operação. Microinstruções que fizeram alguma coisa antes com o caminho de dados e também realizaram um microdesvio condicional (por exemplo, iflt4) agora têm de ser subdivididas em duas micro-operações.

Figura 4.35 Principais componentes da Mic-4.

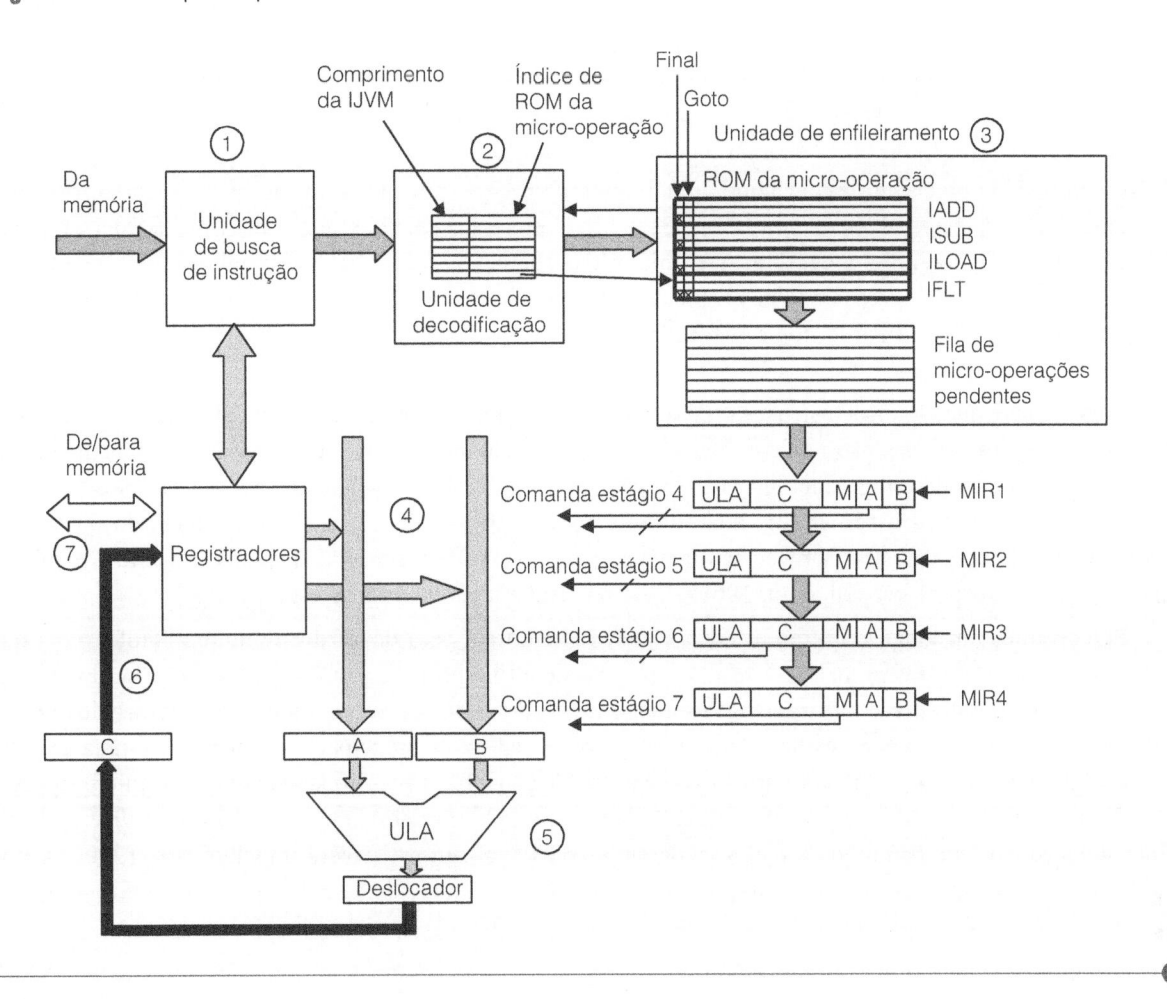

A unidade de enfileiramento funciona da seguinte maneira. Ela recebe um índice de ROM de micro-operação da unidade de decodificação. Depois, examina a micro-operação e a copia em uma fila interna. Em seguida, também copia a próxima micro-operação para a fila, bem como a seguinte depois dessa e assim até encontrar uma cujo bit Final é 1. Ela copia essa também, e então para. Considerando que não tenha encontrado uma micro-operação com o bit Goto ligado e que ainda tenha muito espaço de sobra na fila, a unidade de enfileiramento então devolve um sinal de reconhecimento à de decodificação. Quando esta vê o reconhecimento, envia o índice da próxima instrução IJVM para a unidade de enfileiramento.

Desse modo, por fim, a sequência de instruções IJVM na memória é convertida em uma sequência de micro-operações em uma fila. Essas micro-operações alimentam os MIRs, que enviam os sinais para controlar o caminho de dados. Contudo, há outro fator que temos de considerar agora: os campos em cada micro-operação não estão ativos ao mesmo tempo. Os campos A e B estão ativos durante o primeiro ciclo, o campo ULA está ativo durante o segundo ciclo, o campo C está ativo durante o terceiro ciclo, e quaisquer operações de memória ocorrem no quarto ciclo.

Para fazer com que isso funcione adequadamente, introduzimos quatro MIRs independentes na Figura 4.35. No início de cada ciclo de *clock* (o tempo Δw na Figura 4.3), MIR3 é copiado para MIR4, MIR2 é copiado para MIR3, MIR1 é copiado para MIR2, e MIR1 é carregado com uma nova micro-operação da fila. Então, cada MIR emite seus sinais de controle, mas só alguns deles são usados. Os campos A e B de MIR1 são usados para selecionar os registradores que serão enviados aos barramentos A e B, mas o campo ULA em MIR1 não é usado e não é conectado a nada mais no caminho de dados.

Um ciclo de *clock* mais tarde, essa micro-operação passou para MIR2 e os registradores que ela selecionou agora estão seguros nos registradores A e B esperando pelas aventuras que hão de vir. Seu campo de ULA agora é usado para comandar a ULA. No próximo ciclo, seu campo C escreverá os resultados de volta nos registradores. Depois disso, ela passará para MIR4 e iniciará quaisquer operações de memória necessárias usando o MAR agora carregado (e MDR, para uma escrita).

Um último aspecto da Mic-4 precisa de um pouco de discussão agora: microdesvios. Algumas instruções IJVM, como IFLT, precisam desviar condicionalmente com base, por exemplo, no bit N. Quando ocorre um microdesvio, o *pipeline* não pode continuar. Para lidar com isso, adicionamos o bit Goto à micro-operação. Quando a unidade de enfileiramento atinge uma micro-operação que tenha esse bit ajustado enquanto a está copiando para a fila, ela percebe que há problemas à frente e se abstém de enviar um reconhecimento à unidade de decodificação. O resultado é que a máquina ficará parada nesse ponto até que o microdesvio tenha sido resolvido.

É concebível que algumas instruções IJVM que estão além desse desvio já tenham sido alimentadas na unidade de decodificação, mas não na de enfileiramento, já que ela não devolve um sinal de reconhecimento (isto é, continuação) quando atinge uma micro-operação na qual o bit Goto está ligado. São necessários hardware e mecanismos especiais para acabar com a confusão e voltar à trilha certa, mas eles estão além do escopo deste livro. Quando Edsger Dijkstra escreveu seu famoso artigo "GOTO Statement Considered Harmful" [declaração GOTO considerada perigosa (Dijkstra, 1968a)], ele não tinha ideia do quanto estava certo.

Percorremos um longo caminho desde a Mic-1. Ela era uma peça de hardware muito simples, com quase todo o controle em software. A Mic-4 tem um projeto de alto *pipelining*, com sete estágios e hardware muito mais complexo. O *pipeline* é mostrado em esquema na Figura 4.36. Os números dentro dos círculos referem-se diretamente aos componentes na Figura 4.35. A Mic-4 faz busca antecipada automática de uma sequência de bytes da memória, decodifica-a para instruções IJVM, converte-a para uma sequência de micro-operações usando uma ROM e a enfileira para usar quando necessário. Os primeiros três estágios do *pipeline* podem ser vinculados ao *clock* do caminho de dados se desejado, mas nem sempre haverá trabalho a fazer. Por exemplo, a IFU certamente não pode alimentar um novo *opcode* IJVM à unidade de decodificação em cada ciclo de *clock* porque instruções IJVM levam vários ciclos para executar e a fila logo transbordaria.

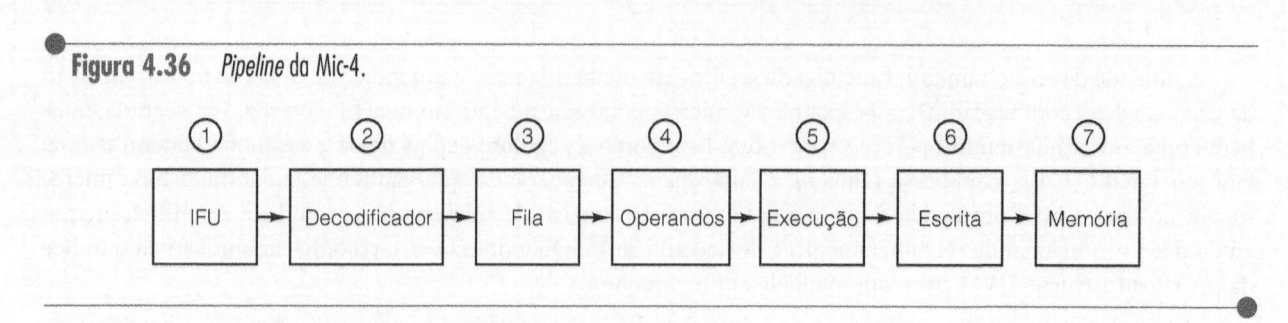

Figura 4.36 *Pipeline* da Mic-4.

① IFU → ② Decodificador → ③ Fila → ④ Operandos → ⑤ Execução → ⑥ Escrita → ⑦ Memória

Em cada ciclo de *clock*, os MIRs são deslocados para frente e a micro-operação que está no final da fila é copiada para o MIR1 para iniciar sua execução. Os sinais de controle dos quatro MIRs então se espalham pelo caminho de dados, fazendo com que ocorram ações. Cada MIR controla uma parte diferente do caminho de dados e, portanto, microetapas diferentes.

Neste projeto, temos uma CPU de alto *pipelining* que permite que as etapas individuais sejam muito curtas e, por isso, que a frequência de *clock* seja alta. Muitas CPUs são projetadas essencialmente dessa maneira, em especial, as que têm de executar um conjunto de instruções mais antigo (CISC). Por exemplo, o conceito da implementação do Core i7 é semelhante ao da Mic-4 em alguns aspectos, como veremos mais adiante neste capítulo.

4.5 Melhoria de desempenho

Todos os fabricantes de computadores querem que seus sistemas funcionem com a maior rapidez possível. Nesta seção, veremos algumas técnicas avançadas que estão sendo investigadas para melhorar o desempenho do sistema (em especial, CPU e memória). Pela natureza de alta competitividade da indústria de computadores, a defasagem entre novas ideias que podem tornar um computador mais rápido e sua incorporação a produtos é surpreendentemente curta. Por conseguinte, a maioria das ideias que discutiremos já está em uso em uma grande maioria de produtos.

As ideias que discutiremos podem ser classificadas, de modo geral, em duas grandes categorias. Melhorias de implementação e melhorias de arquitetura. Melhorias de implementação são modos de construir uma nova CPU ou memória para fazer o sistema funcionar mais rápido sem mudar a arquitetura. Modificar a implementação sem alterar a arquitetura significa que programas antigos serão executados na nova máquina, um importante argumento de venda. Um modo de melhorar a implementação é usar um *clock* mais rápido, mas esse não é o único. Os ganhos de desempenho obtidos na família 80386 a 80486, Pentium e projetos mais recentes, como o Core i7, se devem a implementações melhores, porque, em essência, a arquitetura permaneceu a mesma em todos eles.

Alguns tipos de melhorias só podem ser feitos com a alteração da arquitetura. Às vezes, essas alterações são incrementais, como adicionar novas instruções ou registradores, de modo que programas antigos continuarão a ser executados nos novos modelos. Nesse caso, para conseguir um desempenho completo, o software tem de ser alterado, ou ao menos recompilado com um novo compilador que aproveita as novas características.

Contudo, passadas algumas décadas, os projetistas percebem que a antiga arquitetura durou mais do que sua utilidade e que o único modo de progredir é começar tudo de novo. A revolução RISC na década de 1980 foi uma dessas inovações; outra está no ar agora. Vamos examinar um exemplo (Intel IA-64) no Capítulo 5.

No restante desta seção, estudaremos quatro técnicas diferentes para melhorar o desempenho da CPU. Começaremos com três melhorias de implementação já estabelecidas e depois passaremos para uma que precisa de um pouco de suporte da arquitetura para funcionar melhor. Essas técnicas são memória *cache*, previsão de desvio, execução fora da ordem com renomeação de registrador e execução especulativa.

4.5.1 Memória *cache*

Um dos aspectos mais desafiadores do projeto de um computador em toda a história tem sido oferecer um sistema de memória capaz de fornecer operandos ao processador à velocidade em que ele pode processá-los. A recente alta taxa de crescimento na velocidade do processador não foi acompanhada de um aumento correspondente na velocidade das memórias. Se comparadas com as CPUs, as memórias estão ficando mais lentas há décadas. Dada a enorme importância da memória primária, essa situação limitou muito o desenvolvimento de sistemas de alto desempenho e estimulou a pesquisa a encontrar maneiras de contornar o problema da velocidade das memórias que são muito menores do que as velocidades das CPUs e, em termos relativos, estão ficando piores a cada ano.

Processadores modernos exigem muito de um sistema de memória, tanto em termos de latência (o atraso na entrega de um operando) quanto de largura de banda (a quantidade de dados fornecida por unidade de tempo). Infelizmente, há um grande antagonismo entre esses dois aspectos. Muitas técnicas para aumentar a largura de banda também aumentam a latência. Por exemplo, as técnicas de *pipelining* usadas na Mic-3 podem ser aplicadas a um sistema de memória que tenha várias memórias sobrepostas e elas serão manipuladas com eficiência. Lamentavelmente, assim como na Mic-3, isso resulta em maior latência para operações individuais de memória. À medida que aumentam as velocidades de *clock* do processador, fica cada vez mais difícil prover um sistema de memória capaz de fornecer operandos em um ou dois ciclos de *clock*.

Um modo de atacar esse problema é providenciar *caches*. Como vimos na Seção 2.2.5, uma *cache* guarda as palavras de memória usadas mais recentemente em uma pequena memória rápida, o que acelera o acesso a elas. Se uma porcentagem grande o suficiente das palavras de memória estiver na *cache*, a latência efetiva da memória pode ter enorme redução.

Uma das técnicas mais efetivas para melhorar a largura de banda e também a latência é a utilização de várias *caches*. Uma técnica básica que funciona com grande eficácia é introduzir uma *cache* separada para instruções e dados. É possível obter muitos benefícios com *caches* separadas para instruções e dados, algo que muitas vezes denominamos *cache* **dividida**. Primeiro, as operações de memória podem ser iniciadas de modo independente em cada *cache*, o que efetivamente dobra a largura de banda do sistema de memória. É essa a razão por que faz sentido fornecer duas portas de memória separadas, como fizemos na Mic-1: cada porta tem sua própria *cache*. Note que cada uma tem acesso independente à memória principal.

Hoje, muitos sistemas de memória são mais complicados do que isso, e uma *cache* adicional, denominada **cache de nível 2**, pode residir entre as *caches* de instrução e dados e a memória principal. Na verdade, pode haver três ou mais níveis de *cache* à medida que se exigem sistemas de memória mais sofisticados. Na Figura 4.37, vemos um sistema com três níveis. O próprio chip da CPU contém uma pequena *cache* de instrução e uma pequena *cache* de dados, em geral de 16 KB a 64 KB. Então, há a *cache* de nível 2, que não está no chip da CPU, mas pode ser incluída no pacote da CPU próxima ao chip da CPU e conectada a ela por um caminho de alta velocidade. Em geral, ela é unificada, contendo um misto de dados e instruções. Um tamanho típico para a *cache* L2 é de 512 KB a 1 MB. A *cache* de terceiro nível está na placa do processador e consiste em alguns poucos megabytes de SRAM, que é muito mais rápida do que a memória principal DRAM. As *caches* são em geral inclusivas, sendo que o conteúdo total da de nível 1 está na de nível 2 e todo o conteúdo da *cache* de nível 2 está na de nível 3.

Figura 4.37 Sistema com três níveis de *cache*.

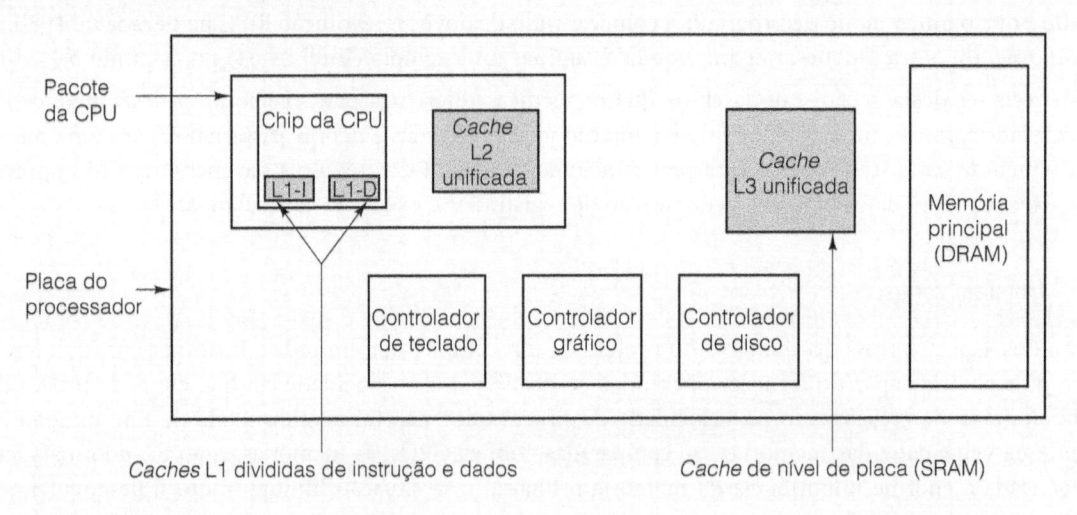

Caches dependem de dois tipos de endereço de localidade para cumprir seu objetivo. **Localidade espacial** é a observação de que localizações de memória com endereços numericamente similares a uma localização de memória cujo acesso foi recente provavelmente serão acessadas no futuro próximo. *Caches* exploram essa propriedade trazendo mais dados do que os requisitados, na expectativa de poder antecipar requisições futuras. **Localidade temporal** ocorre quando localizações de memória recentemente acessadas são acessadas outra vez. Isso pode ocorrer, por exemplo, com localizações de memórias próximas ao topo da pilha, ou com instruções dentro de um laço. A localidade temporal é explorada em projetos de *cache*, principalmente pela escolha do que descartar quando ocorre uma ausência na *cache*. Muitos algoritmos de substituição de *cache* exploram a localidade temporal descartando as entradas que não tiveram acesso recente.

Todas as *caches* usam o modelo a seguir. A memória principal é dividida em blocos de tamanho fixo, designados **linhas de** *cache*. Uma linha típica consiste em 4 a 64 bytes consecutivos. As linhas são numeradas em sequência, começando em 0; portanto, se tivermos uma linha de 32 bytes de tamanho, a linha 0 vai do byte 0 ao byte 31, a linha 1 do byte 32 ao 63, e assim por diante. Em qualquer instante, algumas linhas estão na *cache*. Quando a memória é referenciada, o circuito de controle da *cache* verifica se a palavra referenciada está nela naquele instante. Caso positivo, o valor que ali está pode ser usado, evitando uma viagem até a memória principal. Se a palavra não estiver lá, alguma linha de entrada é removida da *cache* e a linha necessária é buscada na memória ou na *cache* de nível mais baixo para substituí-la. Existem muitas variações desse esquema, mas em todas elas a ideia é manter as linhas mais utilizadas na *cache* o quanto possível, para maximizar o número de referências à memória satisfeitas pela *cache*.

- ## *Caches* de mapeamento direto

A *cache* mais simples é conhecida como **cache de mapeamento direto**. Um exemplo de *cache* de mapeamento direto de um só nível é mostrado na Figura 4.38(a). Esse exemplo contém 2.048 entradas. Cada entrada (linha) pode conter exatamente uma linha de *cache* da memória principal. Se a linha tiver 32 bytes de tamanho, para esse exemplo, a *cache* pode conter 2.048 entradas de 32 bytes, ou 64 KB no total. Cada entrada de *cache* consiste em três partes:

1. O bit **Valid** indica se há ou não quaisquer dados válidos nessa entrada. Quando o sistema é iniciado, todas as entradas são marcadas como inválidas.
2. O campo **Tag** consiste em um único valor de 16 bits que identifica a linha de memória correspondente da qual vieram os dados.
3. O campo **Data** contém uma cópia dos dados na memória. Ele contém uma linha de *cache* de 32 bytes.

Figura 4.38 (a) *Cache* de mapeamento direto. (b) Endereço virtual de 32 bits.

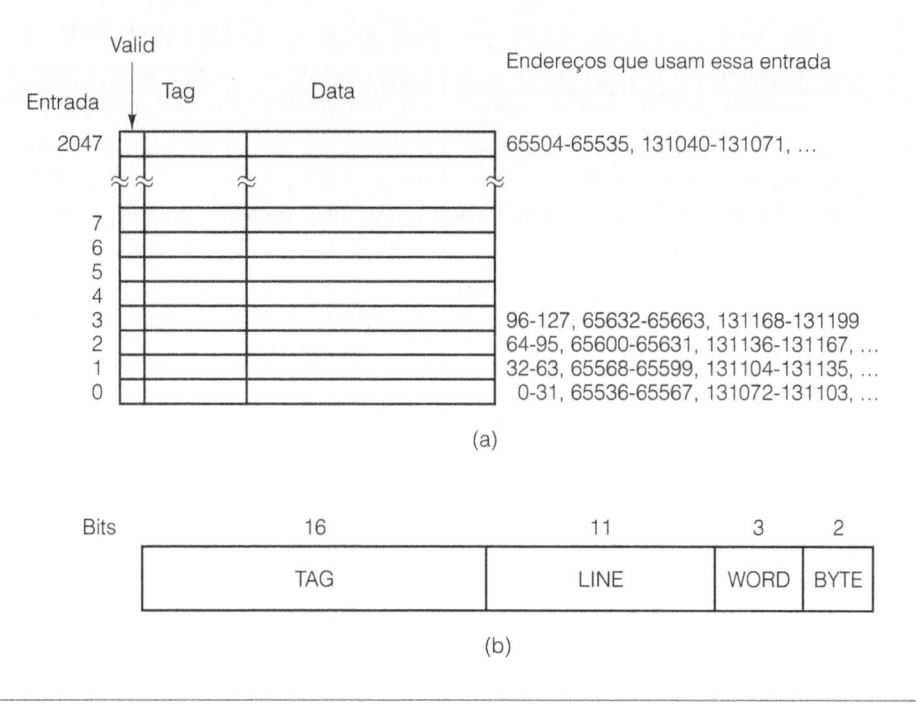

Em uma *cache* de mapeamento direto, uma determinada palavra de memória pode ser armazenada em exatamente um lugar dentro da *cache*. Dado um endereço de memória, há somente um lugar onde procurar por ele. Se não estiver nesse lugar, então ele não está na *cache*. Para armazenar e recuperar dados da *cache*, o endereço é desmembrado em quatro componentes, como ilustra a Figura 4.38(b):

1. O campo TAG corresponde aos bits Tag armazenados em uma entrada de *cache*.
2. O campo LINE indica qual entrada de *cache* contém os dados correspondentes, se eles estiverem presentes.
3. O campo WORD informa qual palavra dentro de uma linha é referenciada.
4. O campo BYTE em geral não é usado, mas se for requisitado apenas um byte, ele informa qual byte dentro da palavra é necessário. Para uma *cache* que fornece apenas palavras de 32 bits, esse campo será sempre 0.

Quando a CPU produz um endereço de memória, o hardware extrai os 11 bits LINE do endereço e os utiliza para indexá-lo na *cache* para achar uma das 2.048 entradas. Se essa entrada for válida, o campo TAG do endereço de memória e o campo Tag na entrada da *cache* são comparados. Sendo compatíveis, a entrada de *cache* contém a palavra que está sendo requisitada, uma situação denominada **presença na *cache***. Se ocorrer uma presença na *cache*, uma palavra que está sendo lida pode ser pega, eliminando a necessidade de ir até a memória. Somente a palavra necessária é extraída da entrada da *cache*. O resto da entrada não é usado. Se a entrada for inválida ou os *tags* não forem compatíveis, a entrada necessária não está presente, uma situação denominada **ausência da *cache***. Nesse caso, a linha de *cache* de 32 bytes é buscada na memória e armazenada na linha da *cache*, substituindo o que lá estava. Contudo, se a linha de *cache* existente sofreu modificação desde que foi carregada, ela deve ser escrita de volta na memória principal antes de ser sobrescrita.

A despeito da complexidade da decisão, o acesso à palavra necessária pode ser extraordinariamente rápido. Assim que o endereço for conhecido, a exata localização da palavra é conhecida, *se ela estiver presente na* cache. Isso significa que é possível ler a palavra da *cache* e entregá-la ao processador ao mesmo tempo em que está sendo determinado se essa é a palavra correta (por comparação de *tags*). Portanto, na verdade o processador recebe uma palavra da *cache* simultaneamente ou talvez até antes de saber se essa é a palavra requisitada.

Esse esquema de mapeamento põe linhas de memória consecutivas em linhas de *cache* consecutivas. De fato, até 64 KB de dados contíguos podem ser armazenados na *cache*. Contudo, quando a diferença entre o endereço de duas linhas for exatamente 64 KB (65.536 bytes) ou qualquer múltiplo inteiro desse número, elas não podem ser armazenadas na *cache* ao mesmo tempo (porque têm o mesmo valor de LINE). Por exemplo, se um programa acessar dados na localização X e em seguida executar uma instrução que precisa dos dados na localização $X + 65.536$ (ou em qualquer outra localização dentro da mesma linha), a segunda instrução forçará a linha de *cache* a ser recarregada, sobrescrevendo o que lá estava. Se isso acontecer com certa frequência, pode resultar em mau desempenho. Na verdade, o pior comportamento possível de uma *cache* é ainda pior do que se não houvesse nenhuma, já que cada operação de memória envolve ler uma linha de *cache* inteira em vez de apenas uma palavra.

Caches de mapeamento direto são as mais comuns e funcionam com bastante eficácia, porque com elas é possível fazer colisões como a descrita ocorrerem apenas raramente, ou nunca ocorrerem. Por exemplo, um compilador muito esperto pode levar em conta as colisões de *cache* quando colocar instruções e dados na memória. Note que o caso particular descrito não ocorreria em um sistema com *caches* de instruções e dados separados, porque as requisições conflitantes seriam atendidas por *caches* diferentes. Assim, vemos um segundo benefício de ter duas *caches* em vez de uma: mais flexibilidade para lidar com padrões de memória conflitantes.

- *Caches* **associativas de conjunto**

Como já dissemos, muitas linhas diferentes competem na memória pelas mesmas posições na *cache* (*cache slots*). Se um programa que utiliza a *cache* da Figura 4.38(a) usar muito as palavras nos endereços 0 e 65.536, haverá conflitos constantes porque cada referência potencialmente expulsaria a outra. Uma solução para esse problema é permitir duas ou mais linhas em cada entrada de *cache*. Uma *cache* com n entradas possíveis para cada endereço é denominada uma *cache* **associativa de conjunto de *n* vias**. Uma *cache* associativa de conjunto de quatro vias é ilustrada na Figura 4.39.

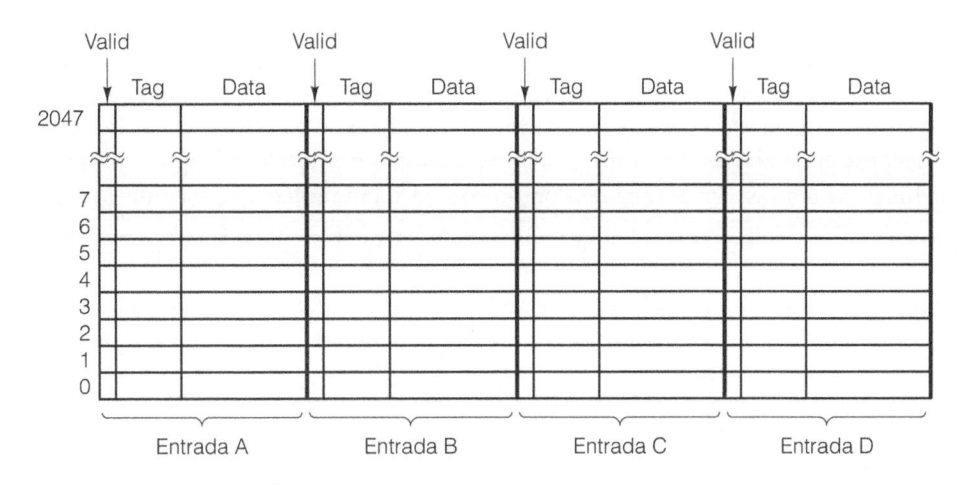

Figura 4.39 *Cache associativa de conjunto de quatro vias.*

Uma *cache* associativa de conjunto é inerentemente mais complicada do que uma de mapeamento direto porque, embora a linha de *cache* correta a examinar possa ser calculada do endereço de memória que está sendo referenciado, um conjunto de *n* linhas de *cache* deve ser verificado para ver se a palavra necessária está presente. Ainda assim, a experiência mostra que *caches* de duas vias e de quatro vias funcionam bem o suficiente para que esses circuitos extras valham a pena.

A utilização de *caches* associativas de conjunto oferece uma opção ao projetista. Quando uma nova linha deve ser trazida para dentro da *cache*, qual dos itens nela presentes deve ser descartado? É claro que a decisão ideal requer uma olhadela no futuro, mas um algoritmo muito bom para a maioria das finalidades é o **LRU** (**Least Recently Used – usado menos recentemente**). Esse algoritmo mantém uma ordenação de cada conjunto de localizações que poderia ser acessado de uma determinada localização de memória. Sempre que qualquer das linhas presentes é acessada, ele atualiza a lista, marcando aquela entrada como a mais recentemente acessada. Quando chega a hora de substituir uma entrada, a que está no final da lista (aquela acessada menos recentemente) é a descartada.

Levada ao extremo, uma *cache* de 2.048 vias que contém 2.048 linhas de entrada também é possível. Nesse caso, todos os endereços de memória mapeiam para um único conjunto, portanto, a consulta requer comparar o endereço contra todos os 2.048 *tags* na *cache*. Note que agora cada entrada deve ter lógica de compatibilização de *tag*. Visto que o campo LINE tem comprimento 0, o campo TAG é o endereço inteiro, exceto para os campos WORD e BYTE. Além do mais, quando uma linha de *cache* é substituída, todas as 2.048 localizações são possíveis candidatas a substituição. Manter uma lista ordenada de 2.048 linhas requer muita contabilidade, o que torna a substituição da LRU inviável. (Lembre-se de que essa lista tem de ser atualizada a cada operação de memória, e não apenas quando ocorre uma ausência na *cache*.) O surpreendente é que *caches* de alto grau de associatividade não melhoram muito o desempenho em relação às de baixo grau sob a maioria das circunstâncias e, em alguns casos, até funcionam pior. Por essas razões, a associatividade de conjunto além de quatro vias é relativamente incomum.

Por fim, escritas propõem um problema especial para as *caches*. Quando um processador escreve uma palavra e a palavra está na *cache*, é óbvio que ele tem de atualizar a palavra ou descartar a entrada da *cache*. Praticamente todos os modelos atualizam a *cache*. Mas, e quanto a atualizar a cópia na memória principal? Essa operação pode ser adiada até mais tarde, quando a linha de *cache* estiver pronta para ser substituída pelo algoritmo LRU. Essa escolha é difícil, e nenhuma das opções é claramente preferível. A atualização imediata da entrada na memória principal é denominada **escrita direta** (***write through***). Essa abordagem geralmente é mais simples de realizar e mais confiável, uma vez que a memória está sempre atualizada – é útil, por exemplo, se ocorrer um erro e for necessário recuperar o estado da memória. Infelizmente, também requer mais tráfego de escrita para a memória, portanto, execuções mais sofisticadas tendem a empregar a alternativa, conhecida como **escrita retardada** (*write deferred*) ou **escrita retroativa** (*write back*).

Há um problema relacionado com as escritas que é preciso atacar: e se ocorrer uma escrita para uma localização que não está na *cache* naquele momento? Os dados devem ser trazidos para dentro da *cache* ou apenas escritos na memória? Mais uma vez, nenhuma das respostas é sempre a melhor. A maioria dos projetos que retardam escritas para a memória tende a trazer os dados para dentro quando há uma ausência de escrita, uma técnica conhecida como **alocação de escrita**. Por outro lado, a maioria dos projetos que empregam escrita direta tende a não alocar uma linha em uma escrita porque essa opção complica um projeto que, quanto ao mais, seria simples. Alocação de escrita é melhor apenas se houver escritas repetidas para a mesma palavra ou palavras diferentes dentro de uma linha de *cache*.

O desempenho da *cache* é crítico para o desempenho do sistema porque a defasagem entre a velocidade da CPU e a da memória é muito grande. Por conseguinte, a pesquisa de melhores estratégias de *caching* ainda é um tópico muito discutido (Sanchez e Kozyrakis, 2011; e Gaur et al., 2011).

4.5.2 Previsão de desvio

Computadores modernos têm alto grau de *pipelining*. O *pipeline* da Figura 4.36 tem sete estágios; computadores de última geração às vezes têm dez estágios ou até mais. O *pipeline* funciona melhor com código linear, de modo que a unidade de busca pode apenas ler palavras consecutivas da memória e as enviar para a unidade de decodificação antes de haver necessidade delas.

O único problema com esse maravilhoso modelo é que ele não é nem um pouco realista. Programas não são sequências de código linear – estão repletos de instruções de desvio. Considere as declarações simples da Figura 4.40(a). Uma variável, i, é comparada com 0 (provavelmente o teste mais comum na prática). Dependendo do resultado, um de dois valores possíveis é atribuído a outra variável, k.

Figura 4.40 (a) Fragmento de programa. (b) Sua tradução para uma linguagem de montagem genérica.

```
    if (i == 0)                    CMP i,0      ; compare i com 0
        k = 1;                     BNE Else     ; Desvie se for diferente
    else                  Then:    MOV k,1      ; Mova 1 para k
        k = 2;                     BR Next      ; Desvio incondicional
                          Else:    MOV k,2      ; Mova 2 para k
                          Next:
        (a)                              (b)
```

Uma tradução possível para a linguagem de montagem é mostrada na Figura 4.40(b). Estudaremos a linguagem de montagem mais adiante neste livro e os detalhes não são importantes agora, mas, dependendo da máquina e do compilador, é provável que haja um código mais ou menos como o da Figura 4.40(b). A primeira instrução compara i com 0. A segunda desvia para o rótulo *Else* (o início de uma cláusula **else**) se i não for 0. A terceira instrução atribui 1 a k. A quarta desvia para saltar a próxima declaração. O compilador convenientemente colocou ali um rótulo, *Next*, portanto, há um lugar para o qual desvia. A quinta instrução atribui 2 a k.

Nesse caso, devemos observar que duas das cinco instruções são desvios. Além do mais, uma delas, **BNE**, é um desvio condicional (tomado se, e somente se, alguma condição for cumprida, nesse caso, que os dois operandos da **CMP** anterior não sejam iguais). A sequência de código linear mais longa no caso são duas instruções. Por conseguinte, buscar instruções a alta velocidade para alimentar o *pipeline* é muito difícil.

À primeira vista, pode parecer que desvios incondicionais, como a instrução **BR Next** na Figura 4.40(b), não são um problema. Afinal, não há nenhuma ambiguidade sobre aonde ir. Por que a unidade de busca não pode apenas continuar a ler as instruções a partir do endereço visado (o lugar para onde o desvio levará)?

O problema está na natureza do *pipelining*. Na Figura 4.36, por exemplo, vemos que a decodificação da instrução ocorre no segundo estágio. Assim, a unidade de busca tem de decidir de onde buscar em seguida antes de saber que tipo de instrução acabou de obter. Somente um ciclo mais tarde ela pode saber que acabou de pegar um desvio incondicional e, a essa altura, já começou a buscar a instrução que vem após esse desvio. Por conseguinte, um número substancial de máquinas com *pipeline* (como a UltraSPARCIII) tem a seguinte propriedade: a instrução *seguinte* a um desvio incondicional é executada, ainda que logicamente não devesse ser. A posição após um desvio é denominada **posição de retardo** (*delay slot*). O Core i7 (e a máquina usada na Figura 4.40(b)) não tem essa propriedade, mas a complexidade interna para contornar o problema costuma ser enorme. Um compilador otimizador tentará encontrar alguma instrução útil para colocar na posição de retardo, mas com frequência não há nada disponível, então, ele é forçado a inserir ali uma instrução NOP. Assim, o programa fica correto, mas também maior e mais lento.

Por mais que desvios incondicionais sejam irritantes, os desvios condicionais são piores. Além de também terem posições de retardo, agora a unidade de busca não sabe de onde ler até muito mais adiante no *pipeline*. As primeiras máquinas com *pipeline* apenas **protelavam** até saberem se o desvio seria tomado ou não. Uma protelação de três ou quatro ciclos em cada desvio condicional, em especial se 20% das instruções forem desvios condicionais, arrasa o desempenho.

Por conseguinte, o que a maioria das máquinas faz quando chega a um desvio condicional é prever se ele vai ser tomado ou não. Seria maravilhoso se pudéssemos apenas ligar uma bola de cristal em um encaixe PCI livre para ajudar na previsão, mas até agora essa abordagem não deu frutos.

Na falta de tal periférico, foram arquitetadas várias maneiras de fazer a previsão. Um modo muito simples é o seguinte: considere que todos os desvios condicionais para trás serão tomados e todos os desvios para frente não serão tomados. O raciocínio que fundamenta a primeira parte é que os desvios para trás costumam estar localizados no final de um laço. A maioria dos laços é executada várias vezes, portanto, prever que um desvio de volta ao início do laço será tomado, em geral é um bom palpite.

A segunda parte é mais tumultuada. Alguns desvios para frente ocorrem quando são detectadas condições de erro em software (por exemplo, um arquivo não pode ser aberto). Erros são raros, portanto, quase todos os desvios associados a eles não são tomados. É claro que há uma grande quantidade de desvios para frente que não estão relacionados com o tratamento de erros, portanto, a taxa de sucesso não é tão boa quanto a dos desvios para trás. Embora não seja fantástica, essa regra é, no mínimo, melhor do que nada.

Se um desvio for previsto corretamente, não há nada de especial a fazer. A execução apenas continua no endereço de destino. O problema começa quando o desvio é previsto de forma errada. Imaginar para onde ir e ir para lá não é difícil. A parte difícil é desfazer as instruções que já foram executadas e não deveriam ter sido.

Há dois modos de resolver isso. O primeiro é permitir que as instruções buscadas após um desvio condicional previsto executem até que tentem mudar o estado da máquina (por exemplo, armazenando em um registrador). Em vez de sobrescrever o registrador, o valor calculado é colocado em um registrador transitório (secreto) e somente copiado para o registrador real após saber que a previsão estava correta. O segundo é registrar o valor de qualquer registrador que esteja pronto para ser sobrescrito – por exemplo, em um registrador transitório secreto –, de modo que a máquina possa ser levada de volta ao estado em que estava no momento em que tomou o desvio mal previsto. Ambas as soluções são complexas e requerem contabilidade de nível industrial para conseguir efetuá-las direito. Além do mais, se um segundo desvio condicional for atingido antes de se saber se a previsão do primeiro estava correta, as coisas podem ficar complicadas de fato.

- **Previsão dinâmica de desvios**

Claro que previsões exatas têm grande valor, uma vez que permitem que a CPU funcione a toda velocidade. Como consequência, grande parte da pesquisa em curso tem como objetivo melhorar algoritmos de previsão de desvio (Chen et al., 2003; Falcon et al., 2004; Jimenez, 2003; e Parikh et al., 2004). Uma abordagem é a CPU manter uma tabela histórica (em hardware especial) na qual registra desvios condicionais à medida que eles ocorrem, de modo que eles possam ser consultados quando ocorrerem novamente. A versão mais simples desse esquema é mostrada na Figura 4.41(a). Nesse exemplo, a tabela histórica contém uma linha para cada instrução de desvio condicional. A linha contém o endereço da instrução de desvio junto com um bit que informa se ele foi tomado da última vez que foi executado. Usando esse esquema, a previsão é apenas que o desvio irá para o mesmo lugar da última vez. Se a previsão estiver errada, o bit na tabela de histórico é alterado.

Figura 4.41 (a) Histórico de desvio de 1 bit. (b) Histórico de desvio de 2 bits. (c) Mapeamento entre endereço de instrução de desvio e endereço de destino.

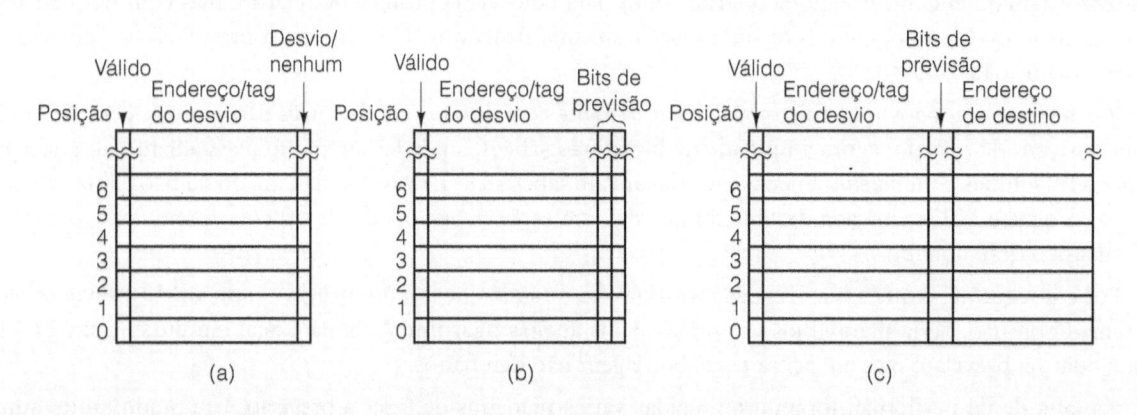

Há diversos modos de organizar a tabela de histórico. Na verdade, são exatamente os mesmos modos usados para organizar uma *cache*. Considere uma máquina com instruções de 32 bits que são alinhadas por palavra de modo que os 2 bits de ordem baixa de cada endereço de memória sejam 00. Com uma tabela de histórico de mapeamento direto que contém 2^n entradas, os $n + 2$ bits de ordem baixa de uma instrução de desvio podem ser extraídos e deslocados 2 bits para a direita. Esse número de n bits pode ser usado como um índice para a tabela de histórico, onde é feita uma verificação para ver se o endereço ali armazenado é compatível com o endereço do desvio. Como acontece com uma *cache*, não há necessidade de armazenar os $n + 2$ bits de ordem baixa, portanto, eles podem ser omitidos (isto é, somente os bits mais altos de endereço – o *tag* – são armazenados). Se houver compatibilidade, ou seja, uma presença na tabela, o bit de previsão é usado para prever o desvio. Se o *tag* errado estiver presente ou a entrada for inválida, ocorre uma ausência na tabela (ou não há compatibilidade), exatamente como na *cache*. Nesse caso, pode ser usada a regra do desvio para frente e para trás.

Se a tabela de histórico de desvio tiver, por exemplo, 4.096 entradas, então os desvios nos endereços 0, 16384, 32768, ... serão conflitantes, um problema semelhante ao que encontramos na *cache*. A mesma solução é possível: uma entrada associativa de duas vias, quatro vias ou n vias. Assim como para a *cache*, o caso limite é uma única entrada associativa de n vias, que requer associatividade total de consulta.

Dada uma tabela de tamanho suficiente e suficiente associatividade, esse esquema funciona bem na maioria das situações. Contudo, sempre ocorre um problema sistemático. Quando por fim se atingir a saída de um laço, é feita uma previsão errada para o desvio e, pior ainda, a má previsão mudará o bit na tabela de histórico para indicar uma futura previsão de "nenhum desvio". Na próxima vez que se entrar no laço, haverá uma previsão errada de desvio ao final da primeira iteração. Se o laço estiver dentro de um laço externo, ou dentro de um procedimento que é chamado muitas vezes, esse erro pode acontecer com frequência.

Para eliminar essa má previsão, podemos dar uma segunda chance à entrada da tabela. Por tal método, a previsão só é alterada após duas previsões incorretas. Essa abordagem requer dois bits de previsão na tabela de histórico, um para o que o desvio "deve" fazer e um para o que fez da última vez, como mostra a Figura 4.41(b).

Um modo ligeiramente diferente de considerar esse algoritmo é vê-lo como uma máquina de estado finito de quatro estados, como ilustra a Figura 4.42. Após uma série de previsões sucessivas certas de "nenhum desvio", a FSM estará no estado 00 e preverá "nenhum desvio" na próxima vez. Se essa previsão estiver errada, ela passará para o estado 01, mas preverá "nenhum desvio" também na proxima vez. Só se essa previsão estiver errada, ela passará agora para o estado 11 e preverá desvios o tempo todo. Na verdade, o bit da extrema esquerda do estado é a previsão e o da extrema direita é o que o desvio fez da última vez. Embora esse projeto use apenas 2 bits para o histórico, um projeto que monitora 4 ou 8 bits de histórico também é possível.

Figura 4.42   Máquina de estado finito de 2 bits para previsão de desvio.

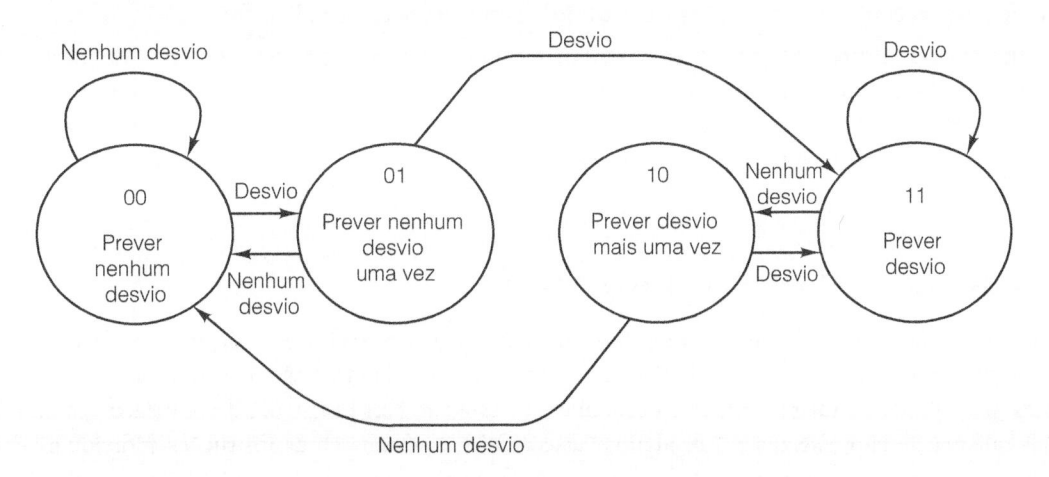

Essa não é nossa primeira FSM. A Figura 4.28 também era uma FSM. Na realidade, todos os nossos microprogramas podem ser considerados FSMs, uma vez que cada linha representa um estado específico no qual a máquina pode estar, com transições bem definidas para um conjunto finito de outros estados. FSMs são muito usadas em todos os aspectos do projeto de hardware.

Até aqui, consideramos que o alvo de cada desvio condicional era conhecido, ou como um endereço explícito para o qual desviar (contido dentro da própria instrução), ou como um deslocamento relativo com referência à instrução corrente (isto é, um número com sinal para adicionar ao contador de programa). Muitas vezes, essa suposição é válida, mas algumas instruções de desvio calculam o endereço de destino efetuando a aritmética nos registradores e então se dirigem para aquele endereço. Mesmo que a FSM da Figura 4.42 preveja com exatidão que o desvio será tomado, essa previsão de nada serve se o endereço de destino for desconhecido. Um modo de lidar com essa situação é armazenar na tabela de histórico o endereço ao qual o desvio se dirigiu da última vez, como mostra a Figura 4.41(c). Desse modo, se a tabela informar que da última vez que o desvio no endereço 516 foi tomado ele foi para o endereço 4.000, se a previsão agora for "desvio", a suposição de trabalho será um desvio para 4.000 novamente.

Uma abordagem diferente para a previsão de desvio é monitorar se os últimos k desvios condicionais encontrados foram tomados, pouco importando quais instruções eram. Esse número de k bits, mantido no **registrador de deslocamento da tabela de histórico**, é então comparado em paralelo com todas as entradas de uma tabela de histórico que tenham uma chave de k bits e, se ocorrer um sucesso, a previsão encontrada será usada. Por mais surpreendente que seja, essa técnica funciona bastante bem.

Previsão estática de desvio

Todas as técnicas de previsão de desvio discutidas até agora são dinâmicas, isto é, são realizadas em tempo de execução, durante a execução do programa. Elas também se adaptam ao comportamento corrente do programa, o que é bom. A desvantagem é que elas requerem hardware especializado e caro e muita complexidade no chip.

Um modo diferente de trabalhar é fazer com que o compilador ajude. Quando o compilador vir uma declaração como

for (i = 0; i < 1000000; i++) { ... }

ele sabe muito bem que o desvio no final do laço será tomado quase toda vez. Se ao menos houvesse um meio de ele informar ao hardware, muito esforço seria poupado.

Embora seja uma alteração de arquitetura, e não apenas uma questão de execução, algumas máquinas, como a UltraSPARC III, têm um segundo conjunto de instruções de desvio condicional, além das normais, que são necessárias por compatibilidade. As novas contêm um bit no qual o compilador pode especificar que ele acha que o desvio será tomado (ou não tomado). Quando uma dessas é encontrada, a unidade de busca apenas faz o que lhe disseram para fazer. Além do mais, não há necessidade de desperdiçar precioso espaço da tabela de histórico de desvios com essas instruções, reduzindo assim o conflito que ali acontece.

Por fim, nossa última técnica de previsão de desvio é baseada na determinação de perfil (Fisher e Freudenberger, 1992). Essa também é uma técnica estática, mas em vez de fazer o compilador tentar adivinhar quais desvios serão tomados e quais não serão, o programa é executado (normalmente em um simulador) e o comportamento do desvio é capturado. Essa informação é alimentada no compilador, que então usa as instruções de desvio condicional especial para informar ao hardware o que ele deve fazer.

4.5.3 Execução fora de ordem e renomeação de registrador

Grande parte das CPUs modernas tem *pipeline* e também são superescalares, conforme mostra a Figura 2.6. Em geral, isso significa que há uma unidade de busca que retira palavras de instrução da memória antes que elas sejam necessárias, para alimentar uma unidade de decodificação. Esta emite as instruções decodificadas para as unidades funcionais adequadas para execução. Em alguns casos, ela pode desmembrar instruções individuais em micro--operações antes de emiti-las para as unidades funcionais, dependendo do que as unidades funcionais podem fazer.

Claro que o projeto da máquina é mais simples se as instruções forem executadas na ordem em que são buscadas (considerando, por enquanto, que o algoritmo de previsão de desvio nunca faça uma previsão errada). Contudo, a execução em ordem nem sempre resulta em desempenho ideal, devido às dependências entre instruções. Se uma instrução precisar de um valor calculado pela anterior, a segunda não pode começar a executar até que a primeira tenha produzido o valor necessário. Nessa situação (uma dependência RAW), a segunda instrução tem de esperar. Também existem outros tipos de dependência, como veremos em breve.

Em uma tentativa de contornar esses problemas e produzir melhor desempenho, algumas CPUs permitem saltar instruções dependentes para chegar a instruções futuras que não são dependentes. Não é preciso dizer que o algoritmo de escalonamento de instruções internas usado deve causar o mesmo efeito que causaria se o programa fosse executado na ordem escrita. Agora, demonstraremos como a reordenação de instruções funciona usando um exemplo detalhado.

Para ilustrar a natureza do problema, começaremos com uma máquina que sempre emite instruções na ordem do programa e também requer que sua execução seja concluída na ordem do programa. A significância dessa última exigência ficará clara mais adiante.

Nosso exemplo de máquina tem oito registradores visíveis para o programador, R0 até R7. Todas as instruções aritméticas usam três registradores: dois para os operandos e um para o resultado, igual à Mic-4. Vamos considerar que, se uma instrução for decodificada no ciclo n, a execução inicia no ciclo $n + 1$. Para uma instrução simples, como uma adição ou subtração, a escrita retroativa no registrador de destino ocorre ao final do ciclo $n + 2$. Para uma instrução mais complicada, como uma multiplicação, a escrita retroativa ocorre ao final do ciclo $n + 3$. Para tornar o exemplo realista, permitiremos que a unidade de decodificação emita até duas instruções por ciclo de *clock*. Há várias CPUs escalares comerciais que podem emitir quatro ou até seis por ciclo de *clock*.

Nosso exemplo de sequência de execução é mostrado na Figura 4.43. Nesse caso, a primeira coluna dá o número do ciclo e a segunda dá o número da instrução. A terceira coluna relaciona a instrução decodificada. A quarta informa qual instrução está sendo emitida (com um máximo de duas por ciclo de *clock*). A quinta informa qual instrução foi retirada, ou concluída. Lembre-se de que nesse exemplo estamos exigindo emissão em ordem, bem como conclusão em ordem, portanto, a instrução $k + 1$ não pode ser emitida até que a k tenha sido emitida e a instrução $k + 1$ não pode ser retirada (ou seja, não pode ser escrita retroativamente no registrador de destino) até que k tenha sido retirada. As outras 16 colunas são discutidas logo adiante.

Figura 4.43 CPU superescalar com emissão em ordem e conclusão em ordem.

Ciclo	#	Decodificado	Emit.	Ret.	Registradores lidos									Registradores escritos								
					0	1	2	3	4	5	6	7	0	1	2	3	4	5	6	7
1	1	R3=R0*R1	1		1	1										1				
	2	R4=R0+R2	2		2	1	1									1	1			
2	3	R5=R0+R1	3		3	2	1									1	1	1		
	4	R6=R1+R4	–		3	2	1									1	1	1		
3					3	2	1									1	1	1		
4				1	2	1	1										1	1		
				2	1	1												1		
				3																
5			4			1			1										1	
	5	R7=R1*R2	5			2	1		1										1	1
6	6	R1=R0–R2	–			2	1		1										1	1
7				4		1	1													1
8				5																
9			6		1		1							1						
	7	R3=R3*R1	–		1		1							1						
10					1		1							1						
11				6																
12			7			1	1							1						
	8	R1=R4+R4	–			1	1							1						
13						1	1							1						
14						1	1							1						
15				7																
16			8						2					1						
17									2					1						
18				8																

Após decodificar a instrução, a unidade de decodificação tem de decidir se pode ou não emiti-la imediatamente. Para tomar essa decisão, a unidade de decodificação precisa conhecer o estado de todos os registradores. Se, por exemplo, a instrução corrente precisar de um registrador cujo valor ainda não foi calculado, ela não pode ser emitida e a CPU deve protelar.

A utilização do registrador será monitorada com um dispositivo denominado **tabela de pontuação** (*scoreboard*), encontrado pela primeira vez no CDC 6600. A tabela tem um pequeno contador para cada registrador, que informa quantas vezes um determinado registrador é usado como uma fonte por instruções que estão sendo executadas naquele momento. Se, por exemplo, o número máximo de instruções que podem ser executadas ao mesmo tempo for 15, então um contador de 4 bits será suficiente. Quando uma instrução é emitida, as entradas da tabela de pontuação para seus registradores de operandos são incrementadas. Quando uma instrução é retirada, as entradas são decrementadas.

A tabela de pontuação também tem contadores para monitorar os registradores usados como destino. Uma vez que só é permitida uma escrita por vez, esses contadores podem ter um bit de largura. As 16 colunas da extrema direita na Figura 4.43 mostram a tabela de pontuação.

Em máquinas reais, a tabela também monitora a utilização da unidade funcional, para evitar emitir uma instrução para a qual não há nenhuma unidade funcional disponível. Para simplificar, consideraremos que há sempre uma, portanto, não mostraremos as unidades funcionais na tabela de pontuação.

A primeira linha da Figura 4.43 mostra I1 (instrução 1), que multiplica R0 por R1 e coloca o resultado em R3. Uma vez que nenhum desses registradores está em uso ainda, a instrução é emitida e a tabela de pontuação é atualizada para refletir que R0 e R1 estão sendo lidos, e R3 está sendo escrito. Nenhuma instrução subsequente pode escrever para qualquer um deles, nem pode ler R3, até que I1 seja retirada. Visto que essa instrução é uma multiplicação, ela será concluída no final do ciclo 4. Os valores da tabela de pontuação mostrados em cada linha refletem seus estados após a emissão da instrução que está naquela linha. Entradas em branco são 0s.

Visto que nosso exemplo é uma máquina superescalar que pode emitir duas instruções por ciclo, a segunda instrução (I2) é emitida durante o ciclo 1. Ela soma R0 e R2 e armazena o resultado em R4. Para ver se essa instrução pode ser emitida, são aplicadas as seguintes regras:

1. Se qualquer operando estiver sendo escrito, não emita (dependência RAW).
2. Se o registrador de resultado estiver sendo lido, não emita (dependência WAR).
3. Se o registrador de resultado estiver sendo escrito, não emita (dependência WAW).

Já vimos dependências RAW, que ocorrem quando uma instrução precisa usar como fonte um resultado que uma instrução prévia ainda não produziu. As outras duas dependências são menos sérias – são, em essência, conflitos de recursos. Em uma **dependência WAR (Write After Read – escrita após leitura)**, uma instrução está tentando sobrescrever um registrador que uma instrução anterior pode não ter terminado de ler ainda. Uma **dependência WAW (Write After Write – escrita após escrita)** é parecida. Muitas vezes, elas podem ser evitadas obrigando a segunda instrução a colocar seus resultados em algum outro lugar (talvez temporariamente). Se não existir nenhuma das três dependências citadas e a unidade funcional de que a instrução necessita estiver disponível, a instrução é emitida. Nesse caso, I2 usa um registrador (R0) que está sendo lido por uma instrução pendente, mas essa sobreposição é permitida, portanto, I2 é emitida. De modo semelhante, I3 é emitida durante o ciclo 2.

Agora, chegamos à I4, que precisa usar R4. Infelizmente, vemos pela linha 3 que R4 está sendo escrita. Nesse caso, temos uma dependência RAW, portanto, a unidade de decodificação protela até que R4 fique disponível. Durante a protelação, a unidade de decodificação para de retirar instruções da unidade de busca. Quando os *buffers* internos da unidade de busca estiverem cheios, ela para de fazer a busca antecipada.

Vale a pena notar que a próxima instrução na ordem do programa, I5, não tem conflitos com nenhuma das instruções pendentes. Ela poderia ter sido decodificada e emitida se não fosse pelo fato de esse projeto exigir que as instruções sejam emitidas em ordem.

Agora, vamos ver o que acontece durante o ciclo 3. I2, por ser uma adição (dois ciclos), termina no final do ciclo 3. Infelizmente, ela não pode ser retirada (e liberar R4 para I4). Por que não? A razão é que esse projeto também requer retirada em ordem. Por quê? Que mal poderia acontecer por fazer o armazenamento em R4 agora e marcá-lo como disponível?

A resposta é sutil, mas importante. Suponha que instruções pudessem concluir fora de ordem. Então, se ocorresse uma interrupção, seria muito difícil salvar o estado da máquina de modo que ele pudesse ser restaurado mais tarde. Em particular, não seria possível afirmar que todas as instruções até algum endereço tinham sido executadas e que todas as instruções depois dele, não. Essa característica é denominada **interrupção exata** e é desejável em uma CPU (Moudgill e Vassiliadis, 1996). A retirada fora de ordem torna as interrupções inexatas, e é por isso que algumas máquinas requerem conclusão de instrução em ordem.

Voltando a nosso exemplo, no final do ciclo 4, todas as três instruções pendentes podem ser retiradas, portanto, I4 pode ser enfim emitida no ciclo 5, junto com a I5 recém-decodificada. Sempre que uma instrução é retirada, a unidade de decodificação tem de verificar se há uma instrução protelada que agora possa ser emitida.

No ciclo 6, I6 é protelada por que ela precisa escrever para R1, mas R1 está ocupado. Por fim, ela é iniciada no ciclo 9. A sequência inteira de oito instruções leva 18 ciclos para ser concluída devido a muitas dependências, ainda que o hardware seja capaz de emitir duas instruções em cada ciclo. Entretanto, note que, ao ler a coluna *Emit.* da Figura 4.43 de cima para baixo, todas as instruções foram emitidas em ordem. Da mesma forma, a coluna *Ret.* mostra que elas também foram retiradas na ordem.

Agora, vamos considerar um projeto alternativo: execução fora de ordem. Nesse projeto, instruções podem ser emitidas e também podem ser retiradas fora de ordem. A mesma sequência de oito instruções é mostrada na Figura 4.44, só que agora são permitidas emissão fora de ordem e retirada fora de ordem.

Figura 4.44 Operação de uma CPU superescalar com emissão de instrução fora de ordem e conclusão de instrução fora de ordem.

Ciclo	#	Decodificado	Emit.	Ret.	Registradores lidos									Registradores escritos								
					0	1	2	3	4	5	6	7	0	1	2	3	4	5	6	7
1	1	R3=R0*R1	1		1	1										1				
	2	R4=R0+R2	2		2	1	1									1	1			
2	3	R5=R0+R1	3		3	2	1									1	1	1		
	4	R6=R1+R4	–		3	2	1									1	1	1		
3	5	R7=R1*R2	5		3	3	2									1	1	1	1	
	6	S1=R0–R2	6		4	3	3									1	1	1		1
				2	3	3	2									1		1		1
4			4		3	4	2	1								1		1	1	1
	7	R3=R3*S1	–		3	4	2	1								1		1	1	1
	8	S2=R4+R4	8		3	4	2	3								1		1	1	1
				1	2	3	2	3										1	1	1
				3	1	2	2	3											1	1
5				6		2	1	3					1						1	1
6			7			2	1	1	3				1		1				1	1
				4		1	1	1	2				1		1					1
				5				1	2				1		1					
				8				1							1					
7								1							1					
8								1							1					
9				7																

A primeira diferença ocorre no ciclo 3. Ainda que I4 tenha sido protelada, temos permissão para decodificar e emitir I5, uma vez que ela não conflita com qualquer instrução pendente. Contudo, saltar instruções causa um novo problema. Suponha que I5 tenha usado um operando calculado pela instrução que foi saltada, I4. Com a tabela de pontuação corrente, não teríamos notado isso. Por conseguinte, temos de estender a tabela para monitorar os armazenamentos feitos por instruções que foram saltadas. Isso pode ser feito adicionando um segundo mapa de bits, 1 bit por registrador, para monitorar armazenamentos feitos por instruções proteladas. (Esses contadores não são mostrados na figura.) Agora, a regra de emissão tem de ser estendida para evitar a emissão de qualquer instrução que tenha um operando escalonado para ser armazenado por uma instrução que veio antes, mas que foi saltada.

Vamos voltar e examinar I6, I7 e I8 na Figura 4.43. Nela, vemos que I6 calcula um valor em R1 que é usado por I7. Contudo, vemos também que o valor nunca é usado de novo porque I8 sobrescreve R1. Não há nenhuma razão real para usar R1 como o lugar para conter o resultado de I6. Pior ainda, R1 é uma péssima escolha de registrador intermediário, embora seja perfeitamente razoável para um compilador ou programador acostumado com a ideia de execução sequencial sem nenhuma sobreposição de instruções.

Na Figura 4.44, introduzimos uma nova técnica para resolver esse problema: **registrador de renomeação**. A sábia unidade de decodificação transfere a utilização de R1 em I6 (ciclo 3) e I7 (ciclo 4) para um registrador secreto, S1, que não é visível para o programador. Agora, I6 pode ser emitida ao mesmo tempo em que I5. CPUs modernas costumam ter dezenas de registradores secretos para usar com renomeação de registrador. Essa técnica muitas vezes pode eliminar dependências WAR e WAW.

Em I8, usamos outra vez a renomeação de registrador. Desta vez, R1 é renomeado para S2, de modo que a adição pode ser iniciada antes que R1 esteja livre, no final do ciclo 6. Se acaso o resultado realmente tiver de estar em R1 desta vez, o conteúdo de S2 sempre pode ser copiado de volta para lá a tempo. Melhor ainda, todas as futuras instruções que precisem dele podem ter suas fontes renomeadas para o registrador onde elas de fato estão armazenadas. Seja como for, desse modo a adição I8 conseguiu começar mais cedo.

Em muitas máquinas reais, a renomeação está profundamente embutida no modo como os registradores são organizados. Há muitos registradores secretos e uma tabela que mapeia os registradores visíveis ao programador para os registradores secretos. Assim, o registrador real que está sendo usado para, por exemplo, R0, é localizado examinando-se a entrada 0 dessa tabela de mapeamento. Desse modo, não existe nenhum registrador real R0, mas apenas uma vinculação entre o nome R0 e um dos registradores secretos. Essa vinculação muda muitas vezes durante a execução, para evitar dependências.

Note que, na Figura 4.44, quando lemos a quarta coluna de cima para baixo, as instruções não foram emitidas em ordem. Tampouco foram retiradas em ordem. A conclusão desse exemplo é simples: usando a execução fora de ordem e a renomeação de registrador, podemos acelerar o cálculo por um fator de dois.

4.5.4 Execução especulativa

Na seção anterior, introduzimos o conceito de reordenação de instruções de modo a melhorar o desempenho. Embora não o tenhamos mencionado explicitamente, o foco estava sobre a reordenação de instruções dentro de um único bloco básico. Agora, está na hora de examinar essa questão mais de perto.

Programas de computador podem ser desmembrados em **blocos básicos**, em que cada um consiste em uma sequência linear de código com um ponto de entrada no início e uma saída no final. Um bloco básico não contém qualquer estrutura de controle (por exemplo, instruções if ou declarações while), de modo que sua tradução para linguagem de máquina não contém nenhum desvio. Os blocos básicos são conectados por declarações de controle.

Um programa nessa forma pode ser representado por um gráfico orientado, conforme mostra a Figura 4.45. Nesse exemplo, calculamos as somas dos cubos dos inteiros pares e ímpares até algum limite e as acumulamos em *evensum* e *oddsum*, respectivamente. Dentro de cada bloco básico, as técnicas de reordenação da seção anterior funcionam bem.

Figura 4.45 (a) Fragmento de programa. (b) Gráfico de blocos básicos correspondente.

```
evensum = 0;
oddsum = 0;
i = 0;
while (i < limit) {
    k = i * i * i;
    if (((i/2) * 2) == i)
        evensum = evensum + k;
    else
        oddsum = oddsum + k;
    i = i + 1;
}
            (a)
```

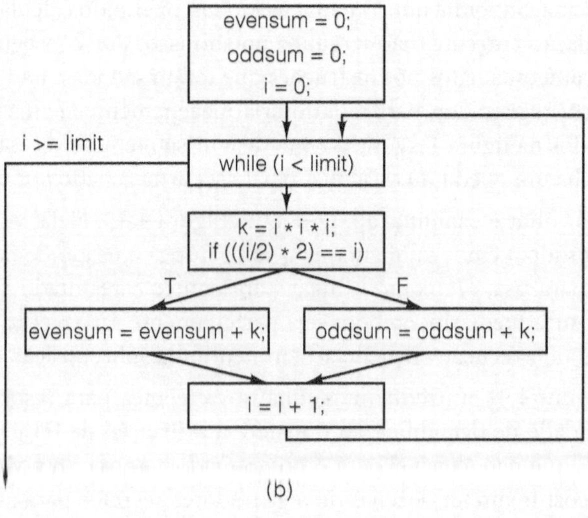

(b)

O problema é que a maioria dos blocos básicos é curta e não há paralelismo suficiente para explorá-los de modo efetivo. Por conseguinte, a próxima etapa é permitir que a reordenação cruze as fronteiras de blocos básicos na tentativa de preencher todas as posições de emissão. Os maiores ganhos ocorrem quando uma operação potencialmente lenta pode ser passada para cima no gráfico para ser iniciada mais cedo. Essa instrução pode ser uma instrução **LOAD**, uma operação de ponto flutuante ou até mesmo o início de uma longa cadeia de dependência. A transferência de um código para cima através de um desvio é denominada **elevação**.

Imagine que, na Figura 4.45, todas as variáveis fossem mantidas em registradores, exceto *evensum* e *oddsum*, por falta de registradores. Portanto, talvez fizesse sentido passar suas instruções LOAD para o topo do laço antes de calcular *k*, para iniciá-las cedo, de modo que os valores estarão disponíveis quando necessários. Claro que somente uma delas será necessária em cada iteração, portanto, a outra LOAD será desperdiçada, mas se a *cache* e a memória tiverem *pipelining* e houver posições de emissão disponíveis, talvez ainda valesse a pena fazer isso. A execução de código antes mesmo de saber se ele será necessário é denominada **execução especulativa**. Usar essa técnica requer suporte do compilador e do hardware, bem como algumas extensões na arquitetura. Em geral, reordenar instruções atravessando fronteiras de blocos básicos está além da capacidade do hardware, portanto, o compilador deve mover as instruções explicitamente.

A execução especulativa introduz alguns problemas interessantes. Um deles é que nenhuma das instruções especulativas tem resultados irrevogáveis, porque mais tarde pode-se descobrir que elas não deveriam ter sido executadas. Na Figura 4.45, é bom buscar *evensum* e *oddsum*, e também é bom efetuar a adição tão logo *k* esteja disponível (mesmo antes da declaração if), mas não é bom armazenar os resultados de volta na memória. Em sequências de código mais complicadas, um modo comum de evitar que o código especulativo sobrescreva registradores antes de se saber se isso é desejado é renomear todos os registradores de destino usados pelo código especulativo. Desse modo, apenas registradores temporários são modificados, portanto, não há problema algum se, afinal, o código não for necessário. Se o código for necessário, os registradores transitórios são copiados para os verdadeiros registradores de destino. Como você pode imaginar, a tabela de pontuação para monitorar tudo isso não é simples, mas, com hardware suficiente, pode ser feita.

Entretanto, há outro problema introduzido pelo código especulativo que não pode ser resolvido por renomeação de registrador. O que acontece se uma instrução executada por especulação causar uma exceção? Um exemplo doloroso, mas não fatal, é uma instrução LOAD que causa uma ausência da *cache* em uma máquina cuja linha de *cache* é de tamanho grande (por exemplo, 256 bytes) e a memória é muito mais lenta do que a CPU e a *cache*. Se um LOAD que é realmente necessário fizer a máquina parar de vez durante muitos ciclos enquanto a linha de *cache* está sendo carregada, bom, são coisas da vida, já que a palavra é necessária. Contudo, protelar a máquina para buscar uma palavra que, afinal, não é necessária, é contraproducente. Muitas dessas "otimizações" podem fazer a CPU ficar mais lenta do que se ela não as tivesse. Se a máquina tiver memória virtual, que é discutida no Capítulo 6, um LOAD especulativo pode até causar uma falta de página, o que requer uma operação de disco para trazer a página necessária. Falsas faltas de página podem causar um efeito terrível sobre o desempenho, portanto, é importante evitá-las.

Uma solução presente em várias máquinas modernas é inserir uma instrução SPECULATIVE-LOAD que tenta buscar a palavra na *cache*, mas, se ela não estiver lá, desiste. Se o valor estiver na *cache* quando for mesmo necessário, ele pode ser usado ou não; caso não esteja, o hardware tem de entrar em cena e obtê-lo imediatamente. Se o valor se revelar não necessário, nada de ruim aconteceu pela ausência da *cache*.

Uma situação muito pior pode ser ilustrada com a seguinte declaração:

if (x > 0) z = y/x;

em que *x*, *y* e *z* são variáveis de ponto flutuante. Suponha que as variáveis são todas buscadas com antecedência para registradores e que a divisão com ponto flutuante (uma operação lenta) é elevada para cima do teste if. Infelizmente, *x* é 0 e a exceção resultante, isto é, a divisão por zero, encerra o programa. O resultado líquido é que a especulação causou a falha de um programa correto. Pior ainda, o programador inseriu um código explícito para evitar essa situação e, mesmo assim, ela aconteceu. Provavelmente, o programador não ficará feliz com isso.

Uma solução possível é ter versões especiais e instruções que poderiam causar exceções. Além disso, um bit denominado **bit envenenado** é adicionado a cada registrador. Quando uma instrução especulativa especial falhar, em vez de causar uma exceção, ela ajusta o bit envenenado no registrador de resultado. Se mais adiante uma instrução normal chegar a esse registrador, a armadilha ocorre nesse momento (como deveria). Contudo, se o resultado nunca é usado, o bit envenenado mais cedo ou mais tarde é eliminado e não há prejuízo algum.

4.6 Exemplos do nível de microarquitetura

Nesta seção, apresentaremos exemplos resumidos de três processadores de alta tecnologia, mostrando como eles empregam os conceitos explorados neste capítulo. Os exemplos terão que ser breves porque máquinas reais são de uma complexidade enorme, contendo milhões de portas. Os exemplos são os mesmos que usamos até agora: Core i7, OMAP4430 e ATmega168.

4.6.1 A microarquitetura da CPU Core i7

Por fora, o Core i7 parece uma máquina CISC tradicional, com um conjunto de instruções imenso e desajeitado que suporta operações com inteiros de 8, 16 e 32 bits, bem como operações de ponto flutuante de 32 bits e 64 bits. Tem somente oito registradores visíveis por processador e não há dois deles que sejam exatamente iguais. Os comprimentos de instruções variam de 1 a 17 bytes. Resumindo, é uma arquitetura herdada que parece fazer tudo errado.

Entretanto, por dentro, contém um núcleo RISC moderno, enxuto e de alto grau de *pipelining*, que trabalha a uma taxa de *clock* de extrema rapidez e que provavelmente crescerá nos anos vindouros. É impressionante como os engenheiros da Intel conseguiram construir um processador de última geração para implementar uma arquitetura antiga. Nesta seção, examinaremos a microarquitetura do Core i7 para ver como ela funciona.

- **Visão geral da microarquitetura Sandy Bridge do Core i7**

A microarquitetura do Core i7, denominada microarquitetura **Sandy Bridge**, é uma ruptura total em relação às microarquiteturas Intel anteriores, incluindo as antigas P4 e P6. Uma visão geral esquemática da microarquitetura do Core i7 é dada na Figura 4.46.

Figura 4.46 Diagrama de blocos do Core i7.

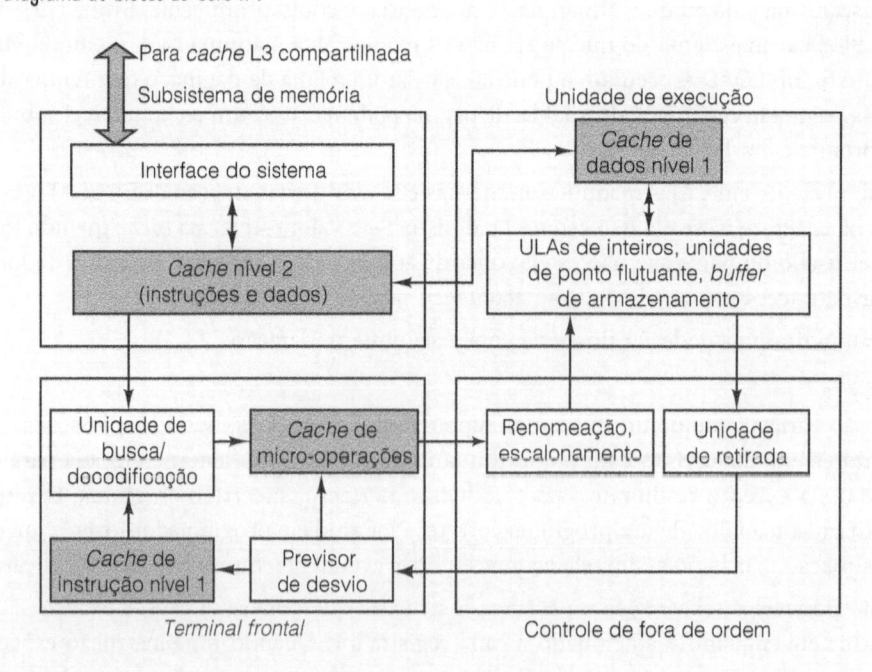

O Core i7 consiste em quatro subseções principais: o subsistema de memória, o terminal frontal, o controle de fora de ordem e as unidades de execução. Vamos examiná-las uma por uma, começando na parte superior esquerda e percorrendo o chip em sentido anti-horário.

Cada processador no Core i7 contém um subsistema de memória com uma *cache* L2 (de nível 2) unificada, bem como a lógica para acessar a *cache* L3 (nível 3). Uma única *cache* L3 grande é compartilhada por todos os processadores, e essa é a última parada antes de sair do chip da CPU e fazer a longa jornada até a RAM externa pelo barramento de memória. As *caches* L2 do Core i7 têm um tamanho de 256 KB, e cada uma é organizada como uma *cache* associativa de 8 vias com linhas de 64 bytes. A *cache* L3 compartilhada varia em tamanho de 1 MB a 20 MB. Se você pagar mais à Intel, terá mais *cache* em retorno. Independentemente do seu tamanho, a L3 é organizada como uma *cache* associativa em 12 vias, com linhas de *cache* de 64 bytes. Caso haja uma ausência de *cache* L3, o acesso é enviado à RAM externa por meio do barramento de RAM DDR3.

Associada à *cache* L1 estão duas unidades de busca antecipada (que não aparecem na figura) que tentam buscar dados com antecedência de níveis inferiores do sistema de memória para a *cache* L1, antes de eles serem necessários. Uma unidade de busca antecipada consulta o próximo bloco de memória quando detecta que um "fluxo" de sequência da memória está sendo buscado para o processador. Um segundo buscador antecipado, mais sofisticado, cuida da sequência de endereços dos *loads* e *stores* do programa específico. Se eles prosseguirem a um passo regular (por exemplo, 0x1000... 0x1020... 0x1040...), ele buscará o próximo elemento que provavelmente será acessado de modo antecipado ao programa. Essa pré-busca orientada a passo faz maravilhas para programas que estão marchando pelas fileiras de variáveis estruturadas.

O subsistema de memória na Figura 4.46 está conectado tanto ao terminal frontal quanto à *cache* de dados L1. O terminal frontal é responsável por buscar instruções do sistema de memória, decodificando-as para micro-operações parecidas com RISC e armazenando-as em duas *caches* de armazenamento de instrução. Todas as instruções buscadas são colocadas na *cache* de instrução L1 (nível 1). Esta tem um tamanho de 32 KB e é organizada como uma *cache* associativa de 8 vias com blocos de 64 bytes. À medida que as instruções são buscadas da *cache* L1, elas entram nos decodificadores que determinam a sequência de micro-operações usada para implementar a instrução no *pipeline* de execução. O mecanismo decodificador une a lacuna entre um conjunto de instruções CISC antigo e um caminho de dados RISC moderno.

As micro-operações decodificadas são alimentadas na **cache de micro-operações**, que a Intel chama de *cache* de instruções L0 (de nível 0). Ela é semelhante a uma *cache* de instruções tradicional, mas tem muito espaço extra para armazenar as sequências de micro-operações produzidas pelas instruções individuais. Quando as micro-operações decodificadas, em vez das instruções originais, são colocadas em *cache*, não é preciso decodificar a instrução em execuções subsequentes. À primeira vista, você poderia pensar que a Intel fez isso para acelerar o *pipeline* (e, na verdade, isso agiliza o processo de produção de uma instrução), mas a empresa afirma que a *cache* de micro-operações foi incluída para reduzir o consumo de potência do terminal frontal. Com a *cache* de micro-operações no lugar, o restante do terminal frontal dorme em um modo de baixa potência sem *clock* durante 80% do tempo.

A previsão de desvio também é realizada no terminal frontal. O previsor de desvio é responsável por descobrir quando o fluxo do programa sai da busca de sequência pura, e deve ser capaz de fazer isso muito antes que as instruções de desvio sejam executadas. O previsor de desvio no Core i7 é incrível. Infelizmente para nós, os detalhes dos previsores de desvio do processador são segredos mantidos para a maior parte dos projetos. Isso porque o desempenho do previsor geralmente é o componente mais crítico da velocidade geral do projeto. Quanto mais exatidão na previsão os projetistas puderem espremer de cada micrômetro quadrado de silício, melhor o desempenho do projeto inteiro. Assim, as empresas escondem esses segredos a sete chaves, e até mesmo ameaçam os funcionários com processo criminal se qualquer um deles decidir compartilhar essas joias de conhecimento. Basta dizer, no entanto, que todos eles acompanham de que modo os desvios anteriores seguiram e usam isso para fazer previsões. Os detalhes de exatamente o que eles registram e como eles armazenam e consultam a informação é um algoritmo altamente secreto. Afinal, se você tivesse um modo infalível de prever o futuro, é bem provável que não o colocaria na Web para todo mundo ver.

Instruções são alimentadas da *cache* de micro-operações para o escalonador fora de ordem, na ordem ditada pelo programa, porém, elas não são necessariamente emitidas na ordem do programa. Quando é encontrada uma micro-operação que não pode ser executada, o escalonador a retém mas continua processando o fluxo de instruções para emitir instruções subsequentes para as quais todos os recursos (registradores, unidades funcionais etc.)

estão disponíveis. A renomeação de registradores também é feita aqui, para permitir que instruções com uma dependência WAR ou WAW prossigam sem atraso.

Embora instruções possam ser emitidas fora de ordem, o requisito de interrupções exatas da arquitetura do Core i7 significa que as instruções ISA devem ser retiradas (isto é, seus resultados devem ficar visíveis) na ordem original do programa. A unidade de retirada executa essa tarefa.

No *back end* do processador, temos as unidades de execução que efetuam as instruções de inteiros, de ponto flutuante e especializadas. Existem várias dessas unidades e elas funcionam em paralelo. Elas obtêm seus dados do arquivo do registrador e da *cache* de dados L1.

- **O *pipeline* da Sandy Bridge do Core i7**

A Figura 4.47 é uma versão simplificada da microarquitetura Sandy Bridge, mostrando o *pipeline*. Na parte superior, está o terminal frontal, cuja tarefa é buscar instruções na memória e prepará-las para execução. O terminal frontal recebe novas instruções x86 da *cache* de instruções L1. Ele as decodifica para micro-operações para armazenamento na *cache* de micro-operações, que retém mais ou menos 1,5 K micro-operações. Uma *cache* de micro-operações desse tamanho dá um desempenho comparável ao de uma *cache* L0 convencional de 6 KB. A *cache* de micro-operações contém grupos de seis micro-operações em uma única linha de rastreamento. Para sequências mais longas de micro-operações, várias linhas de rastreamento podem ser interligadas.

Figura 4.47 Visão simplificada do caminho de dados do Core i7.

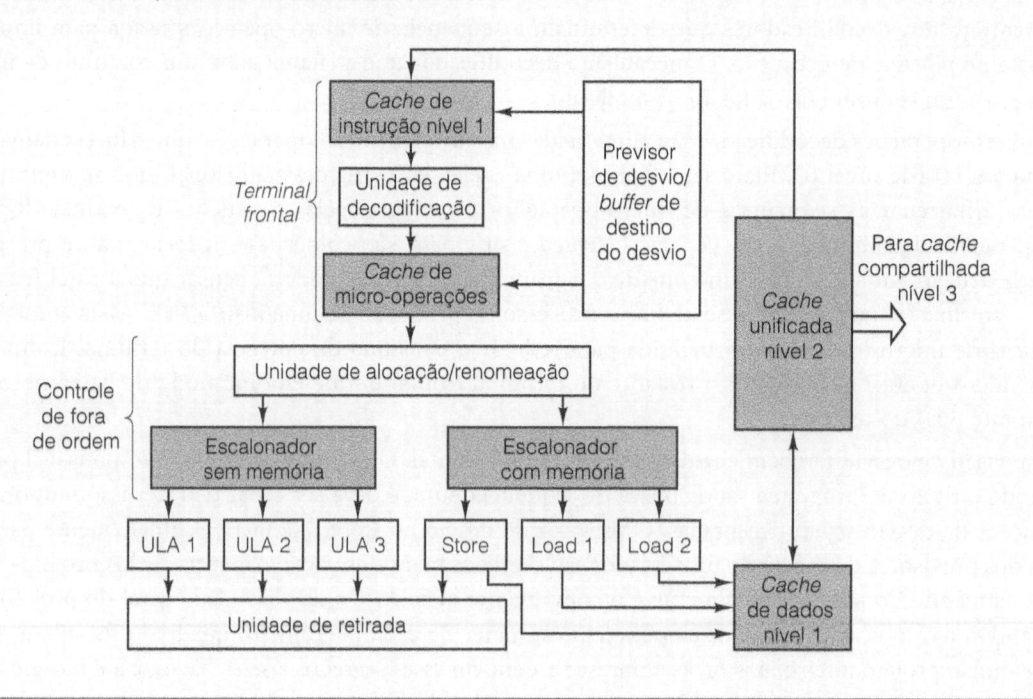

Se a unidade de decodificação encontrar um desvio condicional, ela consulta sua direção prevista no **Previsor de Desvio**. O previsor de desvio contém o histórico dos desvios encontrados no passado e usa esse histórico para descobrir se um desvio condicional será ou não tomado da próxima vez que for encontrado. É aí que é usado o algoritmo altamente secreto.

Se a instrução de desvio não estiver na tabela, é usada previsão estática. Um desvio para trás é entendido como parte de um laço e admite-se que deve ser tomado. A exatidão dessas previsões estáticas é extremamente alta. Um desvio para frente é entendido como parte de uma declaração if e admite-se que não deve ser tomado. A exatidão dessas previsões estáticas é bem mais baixa do que a de desvios para trás.

Para um desvio tomado, o **BTB** (**Branch Target Buffer** – *buffer* de alvo de desvio) é consultado para determinar o endereço de destino. O BTB mantém o endereço de destino do desvio na última vez que ele foi tomado. Quase sempre, esse endereço está correto (na verdade, ele está sempre correto para desvios com um deslocamento constante). Os desvios indiretos, como os usados pelas chamadas de função virtual e comandos switch da C++, vão para muitos endereços, e eles podem ser interpretados incorretamente pelo BTB.

A segunda parte do *pipeline*, a lógica de controle fora de ordem, é alimentada a partir da *cache* de micro-operações. À medida que cada micro-operação chega ao terminal frontal, até quatro por ciclo, a **unidade de alocação/renomeação** a registra em uma tabela de 168 entradas denominada **ROB** (ReOrder Buffer – *buffer* de reordenação). Essa entrada monitora o estado da micro-operação até ela ser retirada. Em seguida, a unidade de alocação/renomeação verifica para ver se os recursos de que a micro-operação necessita estão disponíveis. Se estiverem, ela é enfileirada para execução em uma das filas do **escalonador**. São mantidas filas separadas para micro-operações da memória e para as que não são da memória. Se uma micro-operação não puder ser executada, ela é retardada, mas as subsequentes são processadas, o que leva à execução fora de ordem das micro-operações. Essa estratégia foi projetada para manter todas as unidades funcionais o mais ocupadas possível. Até 154 instruções podem estar no ar a qualquer instante e até 64 dessas podem ser carregadas da memória e até 36 podem ser armazenamentos para a memória.

Às vezes, uma micro-operação é protelada porque precisa escrever para um registrador que está sendo lido ou escrito por uma micro-operação anterior. Esses conflitos são denominados dependências WAR e WAW, respectivamente, como vimos antes. Renomeando o alvo da nova micro-operação para permitir que ela escreva seu resultado em um dos 160 registradores transitórios em vez de no alvo pretendido, mas ainda ocupado, pode ser possível escalonar a micro-operação para execução imediatamente. Se não houver nenhum registrador transitório disponível, ou se a micro-operação tiver uma dependência RAW (que nunca poderá ser ignorada), o alocador observa a natureza do problema na entrada do ROB. Quando todos os recursos requisitados ficam disponíveis mais tarde, a micro-operação é colocada em uma das filas do escalonador.

O escalonador envia as micro-operações para as seis unidades funcionais quando elas estiverem prontas para executar. As unidades funcionais são as seguintes:

1. ULA 1 e a unidade de multiplicação de ponto flutuante.
2. ULA 2 e a unidade de adição/subtração de ponto flutuante.
3. ULA 3 e a unidade de processamento de desvio e comparações de ponto flutuante.
4. Instruções *store*.
5. Instruções *load* 1.
6. Instruções *load* 2.

Uma vez que os escalonadores e as ULAs podem processar uma operação por ciclo, um Core i7 de 3 GHz tem o desempenho do escalonador para realizar 18 bilhões de operações por segundo; porém, o processador na realidade nunca alcançará esse nível de vazão. Visto que o terminal frontal fornece no máximo quatro micro-operações por ciclo, seis micro-operações só podem ser emitidas em curtas rajadas, pois logo as filas do escalonador se esvaziarão. Além disso, cada unidade de memória usa quatro ciclos para processar suas operações, de modo que elas poderiam contribuir para a vazão de execução máxima apenas em pequenas rajadas. Apesar de serem capazes de saturar totalmente os recursos de execução, as unidades funcionais oferecem uma capacidade de execução significativa, e é por isso que o controle de fora de ordem tem tanto trabalho para encontrar trabalho para ela realizarem.

As três ULAs de inteiros não são idênticas. A ULA 1 pode executar todas as operações aritméticas, lógicas, multiplicações e desvios. A ULA 2 pode efetuar apenas operações aritméticas e lógicas. A ULA 3 pode realizar operações aritméticas e lógicas e resolver desvios. Da mesma forma, as duas unidades de ponto flutuante também não são idênticas. A primeira pode realizar aritmética de ponto flutuante, incluindo multiplicações, enquanto a segunda só pode realizar adições, subtrações e movimentações de ponto flutuante.

As unidades de ULA e ponto flutuante são alimentadas por um par de arquivos de registradores de 128 entradas, um para inteiros e um para números de ponto flutuante. Eles fornecem todos os operandos para as instruções a serem executadas e um repositório para resultados. Devido à renomeação de registradores, oito deles contêm os registradores visíveis no nível ISA (**EAX**, **EBX**, **ECX**, **EDX** etc.), porém, quais oito deles retêm os valores "reais" varia ao longo do tempo à medida que o mapeamento muda durante a execução.

A arquitetura Sandy Bridge introduziu a Advanced Vector Extensions (AVX), que admite operações de vetor com dados paralelos de 128 bits. As operações de vetor incluem vetores de ponto flutuante e inteiros, e essa nova extensão ISA representa um aumento de duas vezes no tamanho dos vetores agora admitidos em comparação com as extensões ISA SSE e SSE2 anteriores. Como a arquitetura executa operações de 256 bits somente com caminhos de dados e unidades funcionais de 128 bits? Ela coordena, de modo inteligente, duas portas de escalonador de 128 bits para produzir uma única unidade funcional de 256 bits.

A *cache* de dados L1 é firmemente acoplada ao *back end* da arquitetura paralela Sandy Bridge. Ela é uma *cache* de 32 KB e mantém inteiros números de ponto flutuante e outros tipos de dados. Diferente da *cache* de micro-operações, ela não é decodificada de modo algum e apenas retém uma cópia dos bytes na memória. A *cache* de dados L1 é uma *cache* associativa de 8 vias com 64 bytes por linha. É uma *cache* de escrita direta, o que significa que, quando uma linha de *cache* é modificada, é imediatamente copiada de volta para a *cache* L2 quando sai da *cache* de dados L1. A *cache* pode manipular duas operações de leitura e uma de escrita por ciclo de *clock*. Esses múltiplos acessos são executados usando **banking**, que divide a *cache* em *subcaches* separadas (8 no caso da Sandy Bridge). Desde que todos os três acessos sejam para bancos separados, eles podem prosseguir em sequência; caso contrário, todos menos um dos acessos conflitantes ao banco terão que ser protelados. Quando uma palavra necessária não estiver presente na *cache* L1, uma requisição é enviada à L2 que, ou responde imediatamente, ou busca a linha de *cache* na L3 compartilhada e então responde. Até dez requisições da *cache* L1 à *cache* L2 podem estar em curso a qualquer instante.

Como micro-operações são executadas fora de uma ordem, não são permitidos armazenamentos (*stores*) na *cache* L1 até que todas as instruções anteriores à que causou o armazenamento tenham sido retiradas. A tarefa da **unidade de retirada** é retirar instruções, em ordem, e monitorar onde elas estão. Se ocorrer uma interrupção, as instruções que ainda não foram retiradas são abortadas, portanto, o Core i7 tem "interrupções precisas", de modo que, na ocorrência de uma interrupção, todas as instruções foram concluídas até um determinado ponto, e nenhuma instrução após essa interrupção tem qualquer efeito.

Se uma instrução de armazenamento foi retirada, mas instruções anteriores ainda estiverem em curso, a *cache* L1 não pode ser atualizada, portanto, os resultados são colocados em um *buffer* especial de armazenamento pendente. Esse *buffer* tem 36 entradas, correspondentes aos 36 armazenamentos que podem estar em execução ao mesmo tempo. Se uma carga subsequente tentar ler os dados armazenados, ela pode ser passada do *buffer* de armazenamento pendente para a instrução, mesmo que ainda não esteja na *cache* de dados L1. Esse processo é denominado repasse de **armazenamento para carga**. Embora tal mecanismo de encaminhamento possa parecer simples, na prática é muito complicado de se realizar, pois os armazenamentos intervenientes podem ainda não ter calculado seus endereços. Nesse caso, a microarquitetura pode não saber definitivamente qual armazenamento no *buffer* produzirá o valor necessário. O processo de determinação de qual armazenamento oferece o valor para uma carga é chamado de **desambiguação**.

A essa altura, deve estar claro que o Core i7 tem uma microarquitetura de alta complexidade cujo projeto foi dirigido pela necessidade de executar o antigo conjunto de instruções Pentium em um núcleo RISC moderno, de alto grau de *pipelining*. Ele cumpre esse objetivo desmembrando instruções Pentium em micro-operações, colocando-as em *cache* e alimentando-as no *pipeline* quatro por vez para execução em um conjunto de ULAs capaz de executar até seis micro-operações por ciclo em condições ideais. Micro-operações são executadas fora de ordem, mas retiradas em ordem e os resultados são armazenados nas *caches* L1 e L2 em ordem.

4.6.2 A microarquitetura da CPU OMAP4430

No núcleo do sistema-em-um-chip OMAP4430 estão dois processadores ARM Cortex A9. O Cortex A9 é uma microarquitetura de alto desempenho, que executa o conjunto de instruções ARM (versão 7). O processador foi projetado pela ARM Ltd. e está incluído com pequenas variações em uma grande variedade de dispositivos embutidos. A ARM não fabrica o processador, mas apenas fornece o projeto para os fabricantes de silício que desejam incorporá-lo em seu projeto de sistema-em-um-chip (Texas Instruments, neste caso).

O processador Cortex A9 é uma máquina de 32 bits, com registradores de 32 bits e um caminho de dados de 32 bits. Assim como a arquitetura interna, o barramento de memória tem 32 bits de largura. Diferente do Core i7, o Cortex A9 é uma arquitetura RISC verdadeira, o que significa que ela não precisa de um mecanismo complexo para converter antigas instruções CISC em micro-operações para execução. Na verdade, as instruções do núcleo já são instruções ARM do tipo das micro-operações. Contudo, nos últimos anos foram adicionadas instruções gráficas e de multimídia, que requerem hardware especial para sua execução.

● **Visão geral da microarquitetura Cortex A9 do OMAP4430**

O diagrama de blocos da microarquitetura Cortex A9 é dado na Figura 4.48. No todo, ele é muito mais simples do que a microarquitetura Sandy Bridge do Core i7 porque tem uma arquitetura ISA mais simples para implementar. Ainda assim, alguns dos componentes básicos são semelhantes aos usados no Core i7. As semelhanças são, em sua maioria, comandadas pela tecnologia, restrições de energia ou por razões econômicas. Por exemplo, os dois projetos empregam uma hierarquia de *cache* multinível para atender as rigorosas restrições de custo das aplicações embutidas típicas; porém, o último nível do sistema de memória *cache* do Cortex A9 (L2) tem apenas 1 MB de tamanho, muito menor do que no Core i7, que admite *caches* de último nível (L3) de até 20 MB. As diferenças, ao contrário, se devem principalmente à diferença entre ter ou não ter de preencher a lacuna entre um conjunto de instrução CISC antigo e um núcleo RISC moderno.

Figura 4.48 Diagrama de blocos da microarquitetura Cortex A9 da CPU OMAP4430.

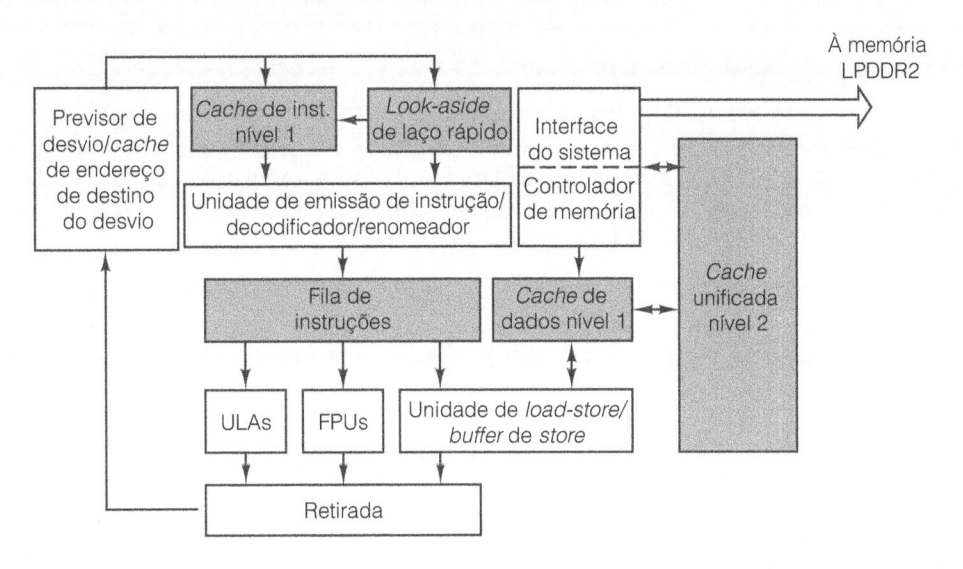

Na parte superior da Figura 4.48 está a *cache* de instruções associativa de 4 vias e 32 KB, que usa linhas de *cache* de 32 bytes. Já que a maioria das instruções ARM é de 4 bytes, há espaço para cerca de 8 K instruções nessa *cache*, bem maior que a de micro-operações do Core i7.

A **unidade de emissão de instrução** prepara até quatro instruções para execução por ciclo de *clock*. Se houver uma ausência na *cache* L1, menos instruções serão emitidas. Quando é encontrado um desvio condicional, um previsor de desvio com 4 K entradas é consultado para prever se busca a próxima instrução ou a que está no endereço de destino. Se for previsto o caminho tomado, a *cache* de endereço de destino do desvio com 1 K entrada é consultada em busca do endereço de destino previsto. Além disso, se o terminal frontal detectar que o programa está executando um laço estreito (ou seja, um pequeno laço não aninhado), ele o carregará na *cache look-aside* de laço rápido. Essa otimização acelera a busca de instruções e reduz o consumo de energia, pois as *caches* e os previsores de desvio podem estar em um modo de baixo consumo de energia enquanto o laço estreito está sendo executado.

A saída da unidade de missão de instrução flui para os decodificadores, que determinam quais recursos e entradas são necessários pelas instruções. Assim como o Core i7, as instruções são renomeadas após a decodificação, para eliminar dependências WAR que podem atrasar a execução fora de ordem. Depois da renomeação, as instruções são colocadas na fila de despacho de instruções, que as emitirá quando as entradas estiverem prontas para as unidades funcionais, potencialmente fora de ordem.

A fila de despacho de instruções envia instruções para as unidades funcionais, como mostra a Figura 4.48. A unidade de execução de inteiros contém duas ULAs, bem como um pequeno *pipeline* para instruções de desvio. O arquivo de registradores físicos, que mantém registradores ISA e alguns temporários, também estão contidos lá. O *pipeline* do Cortex A9 opcionalmente pode conter um ou mais mecanismos de computação, que atuam como unidades funcionais extras. O ARM admite um mecanismo para cálculo de ponto flutuante, chamado **VFP**, e um mecanismo de cálculo de vetor SIMD, chamado **NEON**.

A unidade de *load/store* manipula várias instruções de carga e armazenamento, e tem caminhos para a *cache* de dados e o *buffer* de armazenamento. A **cache de dados** é uma tradicional *cache* de dados L1 associativa de quatro vias e 32 KB que usa uma linha de 32 bytes de tamanho. O **buffer de armazenamento** mantém os armazenamentos que ainda não gravaram seu valor na *cache* de dados (na retirada). Uma carga que é executada tentará primeiro buscar seu valor do *buffer* de armazenamento, usando o encaminhamento *store-to-load*, como o do Core i7. Se o valor não estiver disponível no *buffer* de armazenamento, ele o buscará da *cache* de dados. Um resultado possível de uma execução de carga é uma indicação, do *buffer* de armazenamento, que ele deve esperar, pois um armazenamento anterior com um endereço desconhecido está bloqueando sua execução. No evento de ausência de dados na *cache* de dados L1, o bloco de memória será buscado da *cache* unificada L2. Em certas circunstâncias, o Cortex A9 também realiza a busca antecipada em hardware da *cache* L2 para a *cache* de dados L1, de modo a melhorar o desempenho de cargas e armazenamentos.

O chip OMAP 4430 também contém lógica para controlar o acesso à memória. Essa lógica é subdividida em duas partes: a interface de sistema e o controlador de memória. A interface de sistema faz a ligação com a memória por um barramento LPDDR2 de 32 bits de largura. Todas as requisições de memória para o mundo exterior passam por essa interface. O barramento LPDDR2 admite um endereço de 26 bits (palavra, não byte) para 8 bancos por canal LPDDR2. O OMAP4430 tem dois deles, de modo que pode endereçar até 4 GB de RAM externa.

O controlador de memória mapeia endereços virtuais de 32 bits para endereços físicos de 32 bits. O Cortex A9 suporta memória virtual (discutida no Capítulo 6), com um tamanho de página de 4 KB. Para acelerar o mapeamento, são fornecidas tabelas especiais denominadas **TLBs** (**Translation Lookaside Buffers** – *buffers* de **tradução lateral**), para comparar o endereço virtual corrente que está sendo referenciado com os endereços referenciados no passado recente. Duas dessas tabelas são fornecidas para o mapeamento de endereços de instruções e dados.

- *Pipeline* no Cortex A9 da CPU OMAP4430

O Cortex A9 tem um *pipeline* de 11 estágios, ilustrado em forma simplificada na Figura 4.49. Os 11 estágios são designados por nomes de estágios curtos, mostrados no lado esquerdo da figura. Vamos agora examinar rapidamente cada um. O estágio *Fe*1 (Fetch #1) está no início do *pipeline*. É nele que o endereço da próxima instrução a ser buscada é usado para indexar a *cache* de instruções e iniciar uma previsão de desvio. Em geral, esse endereço é um a mais que o da instrução anterior. Porém, essa ordem sequencial pode ser quebrada por diversos motivos, como quando uma instrução anterior é um desvio que foi previsto para ser tomado, ou quando uma interrupção precisa ser atendida. Como a busca de instrução e previsão de desvio ocupam mais de um ciclo, o estágio *Fe*2 (Fetch #2) oferece tempo extra para executar essas operações. No estágio *Fe*3 (Fetch #3), as instruções buscadas (até quatro) são colocadas na fila de instruções.

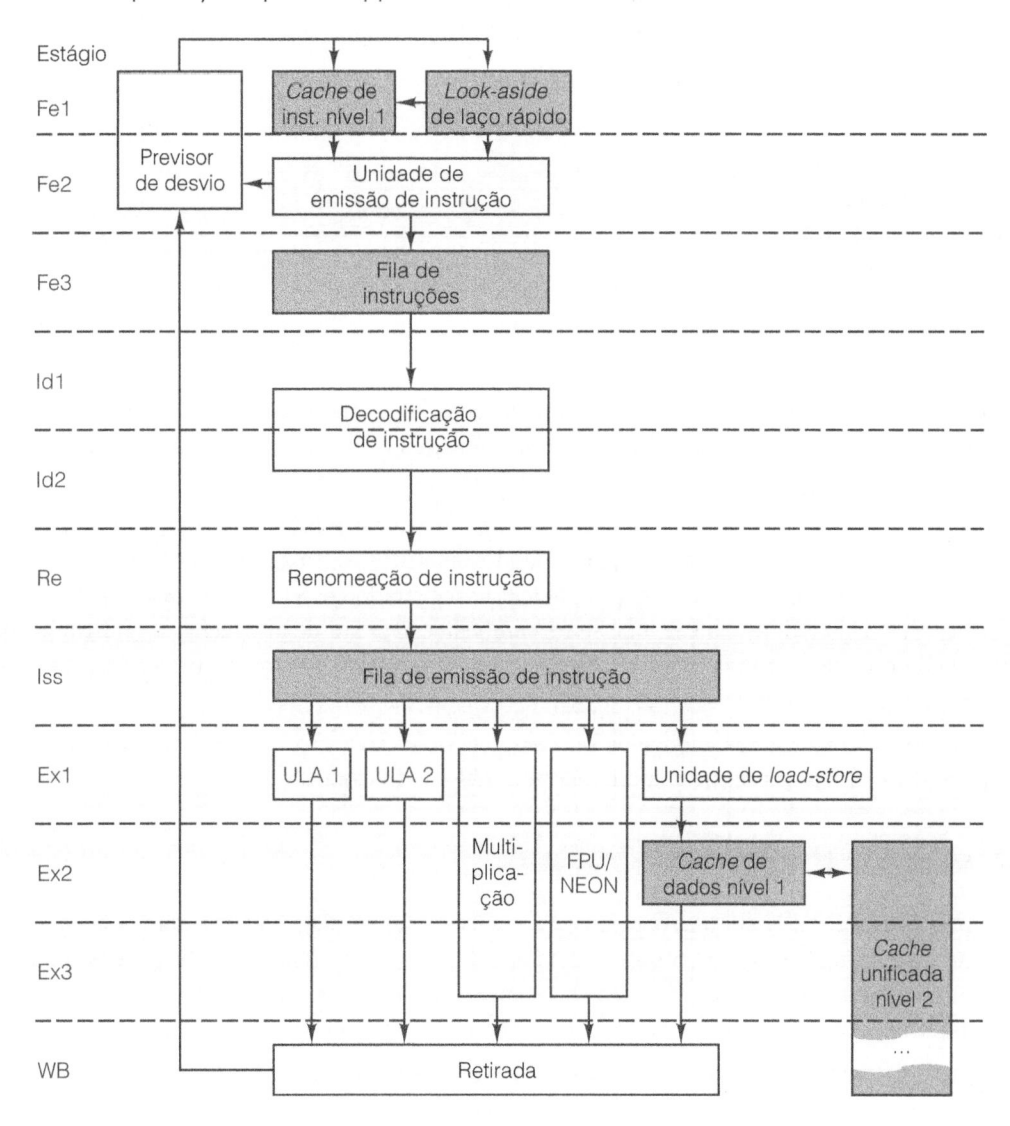

Figura 4.49 Uma representação simplificada do *pipeline* do Cortex A9 da CPU OMAP4430.

Os estágios *De*1 e *De*2 (Decodificação) decodificam as instruções. Essa etapa determina de quais entradas as instruções precisarão (registradores e memória) e quais recursos elas exigirão para serem executadas (unidades funcionais). Quando a decodificação estiver concluída, as instruções entram no estágio *Re* (Renomeação), onde os registradores acessados são renomeados para eliminar dependências WAR e WAW durante a execução fora de ordem. Esse estágio contém a tabela de renomeação que registra qual registrador físico mantém todos os registradores arquitetônicos. Usando essa tabela, qualquer registrador de entrada pode ser facilmente renomeado. O registrador de saída deverá receber um novo registrador físico, que é retirado de um conjunto de registradores físicos não usados. O registrador físico designado estará em uso pela instrução até que ela seja retirada.

Em seguida, as instruções entram no estágio *Iss* (Instruction Issue – emissão de instrução), em que elas são lançadas para a fila de emissão de instrução. A fila de emissão observa instruções cujas entradas estão todas prontas. Quando prontas, suas entradas de registrador são adquiridas (do arquivo de registrador físico ou do barramento de contorno) e então a instrução é enviada aos estágios de execução. Assim como o Core i7, o Cortex A9 potencialmente emite instruções fora da ordem do programa. Até quatro instruções podem ser emitidas a cada ciclo. A escolha das instruções é restringida pelas unidades funcionais disponíveis.

Os estágios *Ex* (Execução) são onde as instruções são de fato executadas. Quase todas as instruções aritméticas, booleanas e de deslocamento utilizam as ULAs de inteiros e são concluídas em um ciclo. Cargas e armazenamentos utilizam dois ciclos (se estiverem presentes na *cache* L1), e multiplicações utilizam três ciclos. Os estágios *Ex* contêm várias unidades funcionais, que são:

1. ULA 1 de inteiros.
2. ULA 2 de inteiros.
3. Unidade de multiplicação.
4. ULA de ponto flutuante e vetor de SIMD (opcional com suporte a VFP e NEON).
5. Unidade de carga e armazenamento (*load/store*).

Instruções de desvio condicional também são processadas no primeiro estágio *Ex* e sua direção (desvio/sem desvio) é determinada. No caso de um erro de previsão, um sinal é enviado de volta ao estágio *Fe*1 e o *pipeline* é anulado.

Depois de concluir sua execução, as instruções entram no estágio *WB* (WriteBack), onde cada uma atualiza de imediato o arquivo de registrador físico. Depois, quando a instrução é a mais antiga em andamento, ela gravará o resultado do seu registrador no arquivo arquitetônico de registradores. Se houver uma interrupção, são esses valores, e não os dos registradores físicos, que se tornam visíveis. O ato de armazenar o registrador no arquivo arquitetônico é equivalente à retirada no Core i7. Além disso, no estágio *WB*, quaisquer instruções de armazenamento agora completam a escrita de seus resultados na *cache* de dados L1.

Essa descrição do Cortex A9 está longe de ser completa, mas deve dar uma ideia razoável de como ele funciona e de quais são as diferenças entre sua microarquitetura e a do Core i7.

4.6.3 A microarquitetura do microcontrolador ATmega168

Nosso último exemplo de uma microarquitetura é a da Atmel ATmega168, mostrada na Figura 4.50. Essa microarquitetura é bem mais simples do que as do Core i7 e do OMAP4430. A razão para essa simplicidade é que o chip é muito pequeno e barato para atender ao mercado de projetos embutidos. Dessa forma, o objetivo principal era fazer um chip barato, não rápido. Barato e simples são bons amigos; barato e rápido, não.

O coração do ATmega168 é o barramento principal de 8 bits. Ligado a ele estão vários registradores e bits de estado, ULA, memória e dispositivos de E/S. Vamos descrevê-los brevemente agora. O arquivo de registradores contém 32 registradores de 8 bits, que são usados para armazenar valores temporários do programa. O registrador de **estado e controle** mantém os códigos de condição da última operação da ULA (ou seja, sinal, excesso, negativo, zero e vai-um), mais um bit que indica se uma interrupção está pendente. O **contador de programa** mantém o endereço da instrução em execução. Para realizar uma operação na ULA, primeiro os operandos são lidos do registrador e enviados à ULA. A saída da ULA pode ser escrita em qualquer um dos registradores passíveis de escrita por meio do barramento principal.

O ATmega168 tem diversas memórias para dados e instruções. A SRAM de dados tem 1 KB, muito grande para ser totalmente endereçada com um endereço de 8 bits no barramento principal. Assim, a arquitetura AVR permite que os endereços sejam construídos com um par sequencial de registradores de 8 bits, produzindo assim um endereço de 16 bits que admite até 64 KB de memória de dados. A EEPROM oferece até 1 KB de armazenamento não volátil, onde os programas podem escrever variáveis que precisam sobreviver a uma falta de energia.

Existe um mecanismo semelhante para endereçar a memória do programa, mas 64 KB de código é muito pouco, até mesmo para sistemas embutidos, de baixo custo. Para permitir que mais memória de instruções seja endereçada, a arquitetura AVR define três registradores de página de RAM (RAMPX, RAMPY e RAMPZ), cada um com 8 bits de largura. O registrador de página de RAM é concatenado com um par de registradores de 16 bits para produzir um endereço de programa de 24 bits, permitindo assim 16 MB de espaço de endereço de instruções.

Figura 4.50 Microarquitetura do ATmega168.

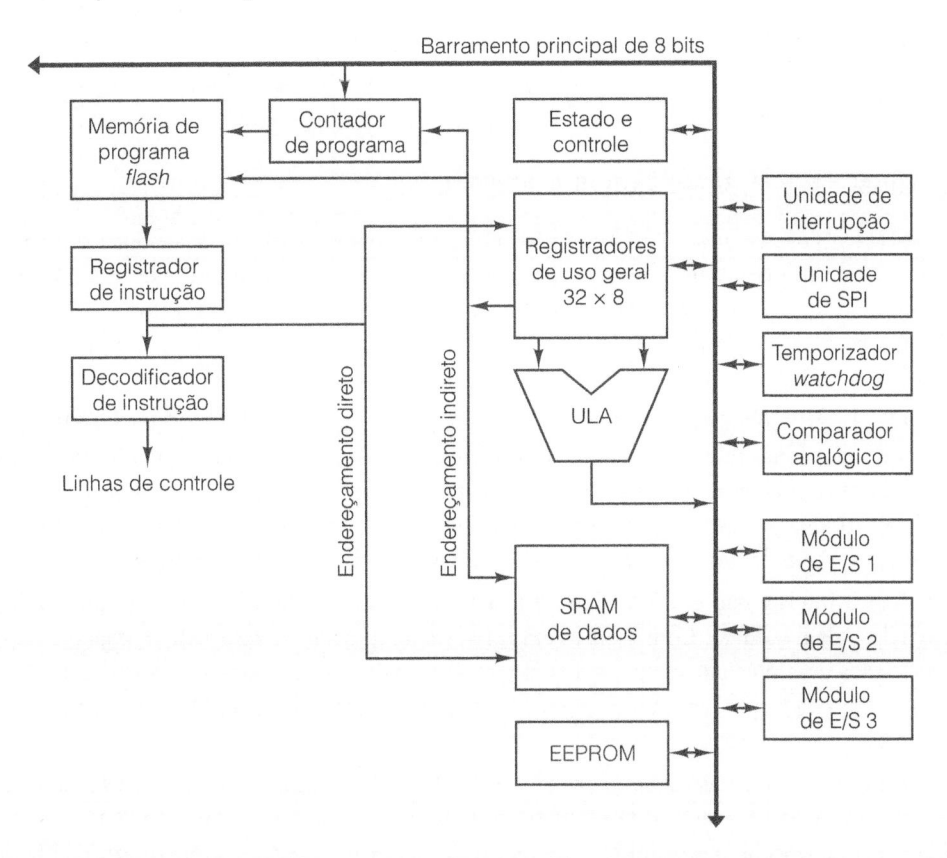

Para e pense nisso por um instante. 64 KB de código é muito pouco para um microcontrolador que poderia controlar um brinquedo ou um pequeno aparelho. Em 1964, a IBM lançou o System 360 Model 30, que tinha 64 KB de memória total (sem truques para aumentá-la). Ele era vendido por US$ 250 mil, que é cerca de US$ 2 milhões em dólares de hoje. O ATmega168 custa cerca de US$ 1, ou menos se você comprar em quantidade. Se você verificar, digamos, o custo de venda de um Boeing, verá que os preços de aeronaves não caíram por um fator de 250.000 nos últimos 50 anos ou mais. E nem os valores de carros ou televisores, ou qualquer outra coisa, exceto computadores.

Além disso, o ATmega168 tem um controlador de interrupção no chip, interface de porta serial (SPI) e temporizadores, que são essenciais para aplicações de tempo real. Há também três portas de E/S digitais de 8 bits, que lhe permitem controlar até 24 botões externos, luzes, sensores, acionadores e assim por diante. É a presença dos temporizadores e portas de E/S, mais do que qualquer outra coisa, que possibilita o uso do ATmega168 para aplicações embutidas sem quaisquer chips adicionais.

O ATmega168 é um processador síncrono, com a maior parte das instruções usando apenas um ciclo de *clock*, embora algumas usem mais. O processador é paralelo, de modo que, enquanto uma instrução está sendo buscada, a anterior está sendo executada. Entretanto, o *pipeline* tem apenas dois estágios, busca e execução. Para executar instruções em um ciclo, o ciclo de *clock* deve acomodar a leitura do registrador do arquivo de registradores, seguida pela execução da instrução na ULA, seguida pela escrita do registrador de volta ao arquivo de registradores. Como todas essas operações ocorrem em um ciclo de *clock*, não é preciso de lógica de contorno (*bypass*) ou detecção de protelação (*stall*). As instruções do programa são executadas em ordem, em um ciclo, e sem sobreposição com outras instruções.

Embora pudéssemos entrar em mais detalhes sobre o ATmega168, a descrição que demos e a Figura 4.50 oferecem uma ideia básica. O ATmega168 tem um único barramento principal (para reduzir a área do chip), um conjunto heterogêneo de registradores e uma série de memórias e dispositivos de E/S pendurados no barramento principal. A cada ciclo do caminho de dados, dois operandos são lidos do arquivo de registradores e passam pela ULA, com os resultados enviados de volta a um registrador, assim como nos computadores mais modernos.

4.7 Comparação entre i7, OMAP4430 e ATmega168

Nossos três exemplos são muito diferentes, porém, ainda assim exibem certa dose de características em comum. O Core i7 tem um conjunto de instruções CISC antigo que os engenheiros da Intel adorariam jogar na Baía de São Francisco, caso isso não violasse as leis antipoluição das águas da Califórnia. O OMAP4430 é um projeto RISC puro, com um conjunto de instruções enxuto e esperto. O ATmega168 é um processador simples de 8 bits para aplicações embutidas. Ainda assim, o coração de cada um deles é um conjunto de registradores e uma ou mais ULAs que efetuam operações aritméticas e booleanas simples em operandos de registradores.

A despeito de suas óbvias diferenças externas, o Core i7 e o OMAP4430 têm unidades de execução bastante semelhantes. Ambas as unidades de execução aceitam micro-operações que contêm um *opcode*, dois registradores de origem e um registrador de destino. Ambos podem executar uma micro-operação em um ciclo. Ambos têm alto grau de *pipelining*, previsão de desvio e *caches* de instruções (I) e de dados (D) divididas.

Essa semelhança interna não é um acidente ou nem mesmo causada pela eterna rotatividade de empregos dos engenheiros do Vale do Silício. Como vimos em nossos exemplos de Mic-3 e Mic-4, é fácil e natural construir um caminho de dados com *pipeline* que pega dois registradores de origem, passa-os por uma ULA e armazena os resultados em um registrador. A Figura 4.34 mostra esse *pipeline* graficamente. Com a tecnologia atual, esse é o projeto mais eficaz.

A principal diferença entre as CPUs Core i7 e OMAP4430 é o modo como elas vão de seu conjunto de instrução ISA até a unidade de execução. O Core i7 tem de fragmentar suas instruções CISC para colocá-las no formato de três registradores de que a unidade de execução necessita. É isso que faz o terminal frontal na Figura 4.47 – desmembra instruções grandes em micro-operações caprichadas e jeitosas. O OMAP4430 não tem de fazer nada porque suas instruções nativas já são micro-operações caprichadas e jeitosas. É por isso que grande parte das novas ISAs são do tipo RISC – para oferecer melhor compatibilidade entre o conjunto de instruções ISA e o mecanismo interno de execução.

É instrutivo comparar nosso projeto final, a Mic-4, com esses dois exemplos do mundo real. A Mic-4 é muito parecida com o Core i7. A tarefa de ambos é interpretar um conjunto de instrução ISA que não é RISC. Ambos fazem isso desmembrando as instruções ISA em micro-operações com um *opcode*, dois registradores de origem e um de destino. Em ambos os casos, as micro-operações são depositadas em uma fila para execução mais tarde. A política estrita do projeto da Mic-4 prevê emissão, execução, retirada em ordem, ao passo que o Core i7 tem uma política de emissão em ordem, execução fora de ordem, retirada em ordem.

Na realidade, Mic-4 e OMAP4430 não podem ser comparados, porque o conjunto de instruções ISA do OMAP4430 é composto de instruções RISC (isto é, micro-operações de três registradores). Essas instruções não têm de ser desmembradas e podem ser executadas como se apresentam, cada uma em um único ciclo de caminho de dados.

Em comparação com Core i7 e OMAP4430, o ATmega168 é realmente uma máquina simples. Tende mais para RISC do que para CISC porque grande parte de suas instruções simples pode ser executada em um ciclo de *clock* e não precisa ser desmembrada. Ele não tem *pipelining*, nem *cache*, e tem emissão, execução e retirada em ordem. Em sua simplicidade, é muito mais semelhante à Mic-1.

4.8 Resumo

O coração de todo computador é o caminho de dados. Ele contém alguns registradores, um, dois ou três barramentos e uma ou mais unidades funcionais, como ULAs e deslocadores. O laço de execução principal consiste em buscar alguns operandos em registradores e enviá-los pelos barramentos à ULA e a outras unidades funcionais para execução. Então, os resultados são armazenados de volta nos registradores.

O caminho de dados pode ser controlado por um sequenciador que busca microinstruções em um armazenamento de controle. Cada microinstrução contém bits que controlam o caminho de dados por um ciclo. Esses bits especificam quais operandos selecionar, qual operação executar e o que fazer com os resultados. Além disso, cada microinstrução especifica sua sucessora, em geral explicitamente por conter seu endereço. Algumas microinstruções modificam esse endereço de base efetuando operações OR com bits no endereço antes de usá-lo.

A máquina IJVM é uma máquina de pilha com *opcodes* de 1 byte que passam palavras para a pilha, retiram-nas da pilha e combinam palavras (por exemplo, somando-as) na pilha. Uma execução microprogramada foi dada à microarquitetura Mic-1. Adicionando uma unidade de busca de instrução para carregar os bytes antecipadamente no fluxo de instruções, foi possível eliminar muitas referências ao contador de programa e a máquina ficou muito mais veloz.

Há muitas maneiras de projetar o nível de microarquitetura. Existem muitos compromissos, incluindo projetos com dois barramentos e três barramentos, campos de microinstrução codificados e não codificados, presença ou ausência de busca antecipada, alto grau ou baixo grau de *pipelining* e muito mais. A Mic-1 é uma máquina simples, controlada por software, com execução sequencial e nenhum paralelismo. Por comparação, a Mic-4 é uma microarquitetura de alto grau de paralelismo com sete estágios de *pipeline*.

O desempenho pode ser melhorado de várias maneiras, sendo que a memória *cache* é uma das principais. *Caches* de mapeamento direto e *caches* associativas de conjunto costumam ser usadas para acelerar referências à memória. Previsão de desvio – estática e dinâmica – é importante, assim como execução fora de ordem e execução especulativa.

Nossas três máquinas de exemplo – Core i7, OMAP4430 e ATmega168 – têm, todas, microarquiteturas que não são visíveis aos programadores de linguagem de montagem ISA. O Core i7 tem um esquema complexo para converter instruções ISA em micro-operações, colocá-las em *cache* e alimentá-las em um núcleo RISC superescalar para execução fora de ordem, renomeação de registradores e todos os truques do repertório para extrair a última gota possível de velocidade do hardware. O OMAP4430 tem alto grau de *pipelining*, porém, no mais, é relativamente simples, com emissão em ordem, execução em ordem e retirada em ordem. O ATmega168 é muito simples, com um único barramento principal direto, ao qual estão ligados um punhado de registradores e uma ULA.

Problemas

1. Quais são as quatro etapas que as CPUs utilizam para executar instruções?

2. Na Figura 4.6, o registrador do barramento B está codificado em um campo de 4 bits, mas o barramento C é representado com um mapa de bits. Por quê?

3. Na Figura 4.6, há um retângulo denominado "bit alto". Apresente um diagrama de circuito para ele.

4. Quando o campo JMPC em uma microinstrução é desabilitado, é efetuada uma operação OR entre MBR e NEXT_ADDRESS para formar o endereço da próxima microinstrução. Há alguma circunstância na qual faz sentido que NEXT_ADDRESS seja 0x1FF e use JMPC?

5. Suponha que no exemplo da Figura 4.14(a) a declaração

    k = 5;

    é adicionada após a declaração if. Qual seria o novo código de montagem? Considere que o compilador é um compilador otimizador.

6. Dê duas traduções IJVM diferentes para a seguinte declaração Java:

    i = k + n + 5;

7. Dê a declaração Java que produziu o seguinte código IJVM:

    ILOAD j
    ILOAD n
    ISUB
    BIPUSH 7
    ISUB
    DUP
    IADD
    ISTORE i

8. No texto, mencionamos que, quando traduzimos a declaração

    if (Z) goto L1; else goto L2

    para binário, L2 tem de estar nas últimas 256 palavras do armazenamento de controle. Não seria igualmente possível que L1 estivesse em, por exemplo, 0x40 e L2, em 0x140? Explique sua resposta.

9. No microprograma para Mic-1, em if_icmpeq3, MDR é copiado para H. Algumas linhas mais adiante ele é subtraído de TOS para verificar a igualdade. Com certeza seria melhor ter aqui uma declaração:

    if_icmpeq3   Z = TOS – MDR; rd

    Por que isso não é feito?

10. Quanto tempo leva uma Mic-1 de 2,5 GHz para executar a seguinte declaração Java:

    i = j + k;

    Dê sua resposta em nanossegundos.

11. Repita a pergunta anterior, agora para uma Mic-2 de 2,5 GHz. Com base nesse cálculo, quanto tempo um programa que executa durante 100 s na Mic-1 demoraria na Mic-2?

12. Escreva um microcódigo para a Mic-1 a fim de executar a instrução JVM POPTWO. Essa instrução retira duas palavras do topo da pilha.

13. Na máquina JVM completa, há *opcodes* especiais de 1 byte para armazenar de 0 até 3 locais na pilha em vez de usar a instrução geral ILOAD. Como a IJVM deve ser modificada para fazer o melhor uso dessas instruções?

14. A instrução ISHR (deslocamento aritmético de inteiro para a direita) existe em JVM, mas não em IJVM. Ela usa os dois valores do topo da pilha, substituindo-os por um valor único, o resultado. A segunda palavra a partir do topo de uma pilha é o operando a ser deslocado. Seu conteúdo é deslocado para a direita por um valor entre 0 e 31, inclusive, dependendo do valor dos 5 bits menos significativos da palavra que está no topo da pilha (os outros 27 da palavra do topo são ignorados). O bit de sinal é duplicado para a direita por tantos bits quanto for o inteiro de deslocamento. O *opcode* para ISHR é 122 (0x7A).

    a. Qual é a operação aritmética equivalente ao deslocamento para a esquerda por uma contagem de 2?

    b. Estenda o microcódigo para incluir essa instrução como uma parte da IJVM.

15. A instrução ISHL (deslocamento de inteiro para a esquerda) existe em JVM, mas não em IJVM. Ela usa os dois valores do topo da pilha, substituindo-os por um valor único, o resultado. A segunda palavra a partir do topo da pilha é o operando a ser deslocado. Seu conteúdo é deslocado para a esquerda por um valor entre 0 e 31, inclusive, dependendo do valor dos 5 bits menos significativos da palavra que está no topo da pilha (os outros 27 da palavra do topo são ignorados). Zeros são deslocados para a direita por tantos bits quanto for o inteiro de deslocamento. O *opcode* para ISHL é 120 (0x78).

    a. Qual é a operação aritmética equivalente ao deslocamento para a esquerda por uma contagem de 2?

    b. Estenda o microcódigo para incluir essa instrução como uma parte da IJVM.

16. A instrução JVM INVOKEVIRTUAL precisa saber quantos parâmetros ela tem. Por quê?

17. Execute a instrução JVM DLOAD para a Mic-2. Ela tem um índice de 1 byte e passa a variável local que está nessa posição para a pilha. Então, ela também passa para a pilha a próxima palavra mais alta.

18. Desenhe uma máquina de estado finito para a contagem de pontos no jogo de tênis. As regras do tênis são as seguintes. Para ganhar, você precisa de um mínimo de quatro pontos e deve ter no mínimo dois pontos a mais do que seu adversário. Comece com um estado (0, 0) que indica que nenhum ponto foi marcado ainda. Depois, adicione um estado (1, 0), que significa que A marcou um ponto. Denomine A o arco de (0, 0) a (1, 0). Agora, adicione um estado (0, 1) que indica que B marcou um ponto e denomine B o arco de (0, 0). Continue adicionando estados e arcos até que todos os estados possíveis tenham sido incluídos.

19. Reconsidere o problema anterior. Há quaisquer estados que poderiam ser agrupados sem mudar o resultado de qualquer jogo? Caso a resposta seja positiva, quais são equivalentes?

20. Desenhe uma máquina de estado finito para previsão de desvio que seja mais persistente do que a Figura 4.42. Ela deve alterar previsões somente após três previsões erradas consecutivas.

21. O registrador de deslocamento da Figura 4.27 tem uma capacidade máxima de 6 bytes. Uma versão mais barata da IFU poderia ser construída com um registrador de deslocamento de 5 bytes? E de 4 bytes?

22. Agora que já estudamos IFUs mais baratas na pergunta anterior, vamos examinar IFUs mais caras. Haveria alguma razão para termos nas IFUs mais caras um registrador de deslocamento muito maior, por exemplo, de 12 bytes? Justifique sua resposta.

23. No microprograma para a Mic-2, o código para if_icmpeq6 vai para T quando Z é ajustado para 1. Contudo, o código em T é o mesmo que goto1. Seria possível ir para goto1 diretamente? Fazer isso deixaria a máquina mais rápida?

24. Na Mic-4, a unidade de decodificação mapeia o *opcode* IJVM para o índice da ROM onde as micro-operações correspondentes estão armazenadas. Parece

mais simples apenas omitir o estágio de decodificação e alimentar o *opcode* IJVM diretamente no enfileiramento. Ela poderia usar o *opcode* IJVM como um índice para a ROM, do mesmo modo que faz a Mic-1. O que está errado nesse plano?

25. Por que os computadores são equipados com vários níveis de *cache*? Não seria melhor apenas ter uma grande *cache*?

26. Um computador tem uma *cache* de dois níveis. Suponha que 60% das referências à memória obtêm presença na *cache* de primeiro nível, 35% na de segundo nível, e 5% encontram ausência da *cache*. Os tempos de acesso são 5 ns, 15 ns e 60 ns, respectivamente, e os tempos para a *cache* de nível 2 e para a memória começam a ser contados no momento em que elas sabem que são necessários (por exemplo, o acesso à *cache* de nível 2 nem mesmo inicia até ocorrer uma ausência da de nível 1). Qual é o tempo médio de acesso?

27. No final da Seção 4.5.1, dissemos que uma alocação de escrita vence somente se houver possibilidade de várias escritas sequenciais para a mesma linha de *cache*. E o caso de uma escrita seguida por várias leituras – também não seria um grande vencedor?

28. No primeiro rascunho deste livro, a Figura 4.39 mostrava uma *cache* associativa de três vias em vez de uma de quatro vias. Um dos revisores teve um ataque de nervos dizendo que isso provocaria uma terrível confusão para os estudantes porque 3 não é uma potência de 2 e os computadores fazem tudo em binário. Uma vez que o cliente sempre tem razão, a figura foi alterada para uma *cache* associativa de quatro vias. O revisor tinha razão? Discuta sua resposta.

29. Muitos arquitetos de computador gastam muito tempo tornando seu *pipeline* mais profundo. Por quê?

30. Um computador com *pipeline* de cinco estágios trata dos desvios condicionais protelando durante os três ciclos seguintes após chegar a um desses desvios. Qual seria o prejuízo causado por essa protelação se 20% de todas as instruções forem desvios condicionais? Ignore todas as fontes de protelação, exceto os desvios condicionais.

31. Suponha que um computador faz busca antecipada de até 20 instruções. Todavia, na média, quatro delas são desvios condicionais, cada um com probabilidade de 90% de previsão correta. Qual é a probabilidade de a busca antecipada estar no caminho certo?

32. Suponha que temos de alterar o projeto da máquina usada na Figura 4.43 para ter 16 registradores em vez de 8. Então, trocamos I6 para usar R8 como seu destino. O que acontece nos ciclos a partir do ciclo 6?

33. Dependências em geral causam problemas em CPUs com *pipeline*. Há alguma otimização que possa ser feita com dependências WAW que poderia realmente melhorar a situação? Qual?

34. Reescreva o interpretador Mic-1 mas agora com LV apontando para a primeira variável local em vez de para o ponteiro de ligação.

35. Escreva um simulador para uma *cache* de mapeamento direto de uma via. Considere o número de entradas e o tamanho da linha como parâmetros da simulação. Faça alguns experimentos e escreva um relatório sobre o que constatou.

Capítulo 5

O nível de arquitetura do conjunto de instrução

Este capítulo discute em detalhes o nível da arquitetura do conjunto de instrução (ISA – Instruction Set Architecture). Esse nível está posicionado entre o da microarquitetura e o do sistema operacional, como vimos na Figura 1.2. Historicamente, ele foi desenvolvido antes de quaisquer outros níveis e, na verdade, na origem era o único. Até hoje, não é raro ouvir esse nível ser chamado de "a arquitetura" de uma máquina ou, às vezes (incorretamente), como a "linguagem de montagem".

O nível ISA tem um significado especial que o torna importante para arquitetos de sistemas: é a interface entre o software e o hardware. Embora seja possível o hardware executar diretamente programas escritos em C, C++, Java ou alguma outra linguagem de alto nível, isso não seria uma boa ideia. A vantagem em desempenho da compilação em relação à interpretação seria perdida. Além do mais, para ter muita utilidade prática, a maioria dos computadores deve ser capaz de executar programas escritos em várias linguagens, e não apenas em uma.

A abordagem de base adotada por todos os projetistas de sistemas e traduzir programas escritos em várias linguagens de alto nível para uma forma intermediária comum – nível ISA – e construir hardware que possa executar programas diretamente no nível ISA. O nível ISA define a interface entre os compiladores e o hardware. É a linguagem que ambos têm de entender. A relação entre os compiladores, o nível ISA e o hardware pode ser vista na Figura 5.1.

O ideal é que, ao projetar uma nova máquina, os arquitetos conversem com os escritores de compiladores e também com os engenheiros de hardware para descobrir quais características cada um deles quer no nível ISA. Se os escritores de compiladores quiserem alguma característica que os engenheiros não podem realizar de modo eficiente em custo (por exemplo, uma instrução desvie-e-processe-folha-de-pagamento), ela não entra no hardware. Da mesma forma, se a turma do hardware tiver alguma nova característica elegante que quer acrescentar (por exemplo, uma memória na qual as palavras cujos endereços são números primos sejam super-rápidas), mas a turma do software não consegue imaginar como gerar código para usá-la, ela não passará da prancheta. Após muita negociação e simulação, surgirá uma ISA perfeitamente otimizada para as linguagens de programação pretendidas, que será implementada.

Figura 5.1 O nível ISA é a interface entre os compiladores e o hardware.

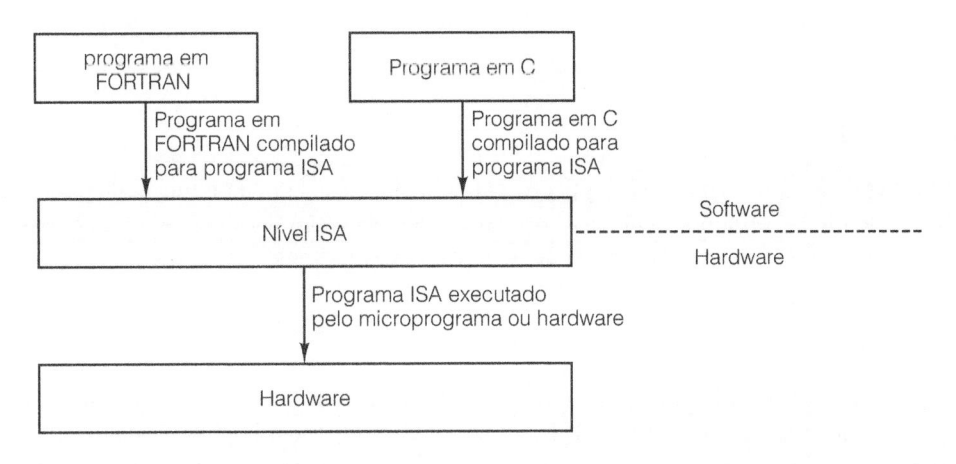

```
   programa em              Programa em C
    FORTRAN
        |                        |
   Programa em             Programa em C
   FORTRAN compilado       compilado para
   para programa ISA       programa ISA
        |                        |
        +------------+-----------+
                     |
                 Nível ISA                    Software
                                         ---------------
                     |                       Hardware
           Programa ISA executado
           pelo microprograma ou hardware
                     |
                 Hardware
```

Isso é a teoria. Agora, vamos à triste realidade. Quando surge uma nova máquina, a primeira pergunta que todos os clientes potenciais fazem é: "Ela é compatível com sua antecessora?". A segunda é: "Ela pode executar meu sistema operacional antigo?". A terceira é: "Ela executará todos os meus programas de aplicação existentes sem modificação?". Se qualquer uma das respostas a essas perguntas for "não", os projetistas terão muitas explicações a dar. É raro que os clientes se disponham a jogar fora todos os seus programas antigos e começar tudo de novo.

Essa atitude pressiona muito os arquitetos de computadores a manter a mesma ISA entre modelos, ou ao menos torná-la **compatível com os modelos anteriores**. Com isso, queremos dizer que a nova máquina deve ser capaz de executar programas antigos sem alteração. Contudo, é totalmente aceitável que a nova máquina tenha novas instruções e outras características que só possam ser exploradas por novo software. Em termos da Figura 5.1, contanto que os projetistas garantam que a ISA seja compatível com os modelos anteriores, eles têm toda a liberdade para fazer o que quiserem com o hardware porque, na verdade, quase ninguém se importa muito com o hardware real (ou nem mesmo sabe o que ele faz). Eles podem passar de um projeto microprogramado para execução direta, ou adicionar paralelismo ou facilidades superescalares ou qualquer outra coisa que queiram, contanto que mantenham a compatibilidade com a ISA anterior. A meta é garantir que velhos programas sejam executados na nova máquina. Então, o desafio se torna construir máquinas melhores sujeitas às restrições de compatibilidade.

O que acabamos de dizer não tem a intenção de dar a entender que o projeto da ISA não importa. Uma boa ISA tem vantagens significativas em relação a uma ruim, em particular quando se trata de comparar capacidade computacional bruta com custo. Se quanto ao mais os projetos forem equivalentes, as ISAs podem ser responsáveis por uma diferença de até 25% em desempenho. O que queremos deixar claro é que as forças do mercado dificultam (mas não impossibilitam) descartar uma ISA antiga e introduzir uma nova. Não obstante, de vez em quando surge uma nova ISA de uso geral e, em mercados especializados (por exemplo, sistemas embutidos ou processadores multimídia), elas ocorrem com muito mais frequência. Por conseguinte, é importante entender o projeto da ISA.

O que faz uma ISA ser boa? Há dois fatores primordiais. Primeiro, ela deve definir um conjunto de instruções que pode ser executado com eficiência em tecnologias atuais e futuras, resultando em projetos efetivos em custo por várias gerações. Um mau projeto é mais difícil de realizar e pode exigir um número muito maior de portas para implementar um processador e mais memória para executar programas. Além disso, a execução pode ser mais lenta porque a ISA encobre oportunidades de sobrepor operações, exigindo projetos muito mais sofisticados para obter desempenho equivalente. Um projeto que aproveita as peculiaridades de determinada tecnologia pode ter um êxito fugaz e produzir uma única geração de implementações com custo eficaz e então ser ultrapassado por ISAs mais avançadas.

Segundo, uma boa ISA deve fornecer um alvo claro para o código compilado. Regularidade e completude de uma faixa de opções são aspectos importantes que nem sempre estão presentes em uma ISA. Essas propriedades são importantes para um compilador, que pode ter problemas para escolher a melhor opção entre alternativas limitadas, em particular quando algumas alternativas que parecem óbvias não são permitidas pela ISA. Em resumo, uma vez que a ISA é a interface entre hardware e software, ela tem de contentar os projetistas de hardware (fácil de implementar com eficiência) e satisfazer os projetistas de software (fácil de gerar bom código para ela).

5.1 Visão geral do nível ISA

Vamos começar nosso estudo do nível ISA perguntando o que ele é. Essa pergunta pode parecer simples, mas é mais complicada do que poderíamos imaginar à primeira vista. Na seção seguinte, abordaremos algumas dessas questões. Em seguida, vamos examinar modelos de memória, registradores e instruções.

5.1.1 Propriedades do nível ISA

Em princípio, o nível ISA é definido pelo modo como a máquina se apresenta a um programador de linguagem de máquina. Já que mais ninguém (normal) faz muita programação em linguagem de máquina, vamos redefinir isso dizendo que código de nível ISA é o que um compilador produz (ignorando, por enquanto, chamadas ao sistema operacional e a linguagem de montagem simbólica). Para produzir código de nível ISA, o escritor de compilador tem de saber qual é o modelo de memória, quais e quantos são os registradores, quais tipos de dados e instruções estão disponíveis, e assim por diante. O conjunto de todas essas informações define o nível ISA.

De acordo com essa definição, questões como se a microarquitetura é microprogramada ou não, se ela tem paralelismo ou não, se ela é superescalar ou não, e assim por diante, não fazem parte do nível ISA, porque não são visíveis para o escritor de compilador. Todavia, essa observação não é de todo verdadeira, porque algumas dessas propriedades afetam o desempenho e isso é visível para o escritor do compilador. Considere, por exemplo, um projeto superescalar que pode emitir instruções uma atrás da outra no mesmo ciclo, contanto que uma seja uma instrução de número inteiro e outra de ponto flutuante. Se o compilador alternar instruções de número inteiro e instruções de número de ponto flutuante, obterá desempenho visivelmente melhor do que se não fizer isso. Assim, os detalhes da operação superescalar *são* visíveis no nível ISA, portanto, a separação entre as camadas não é tão clara como poderia parecer de início.

Para algumas arquiteturas, o nível ISA é especificado por um documento formal de definição, muitas vezes produzido por um consórcio do setor. Para outras, não. Por exemplo, a ARM v7 (ISA ARM versão 7) tem uma definição oficial publicada pela ARM Ltd. A finalidade de um documento de definição é possibilitar que diferentes realizadores construam a máquina e todas elas executem exatamente o mesmo software e obtenham resultados idênticos.

No caso da ISA ARM, a ideia é permitir que vários fabricantes de chips produzam chips ARM idênticos em termos funcionais, e diferentes apenas em desempenho e preço. Para essa ideia dar certo, os fabricantes têm de saber o que um chip ARM deve fazer (no nível ISA). Por conseguinte, o documento de definição informa qual é o modelo da memória, quais registradores estão presentes, o que as instruções fazem e assim por diante, mas não qual é o aspecto da microarquitetura.

Esses documentos de definição contêm seções **normativas**, que impõem requisitos, e seções **informativas**, cuja intenção é ajudar o leitor, mas não fazem parte da definição formal. As seções normativas usam com frequência palavras como *deve*, *não pode* e *deveria* para requerer, proibir e sugerir aspectos da arquitetura, respectivamente. Por exemplo, uma sentença como

Executar um opcode reservado deverá causar uma exceção.

informa que, se um programa executar um *opcode* que não é definido, ele deve causar uma exceção e não pode ser apenas ignorado. Uma técnica alternativa poderia ser deixar essa questão em aberto, quando então a sentença poderia ser

O efeito da execução de um opcode reservado é definido pela implementação.

Isso significa que o escritor do compilador não pode contar com qualquer comportamento particular, o que dá a diferentes implementadores a liberdade de opções diferentes. A maioria das especificações de arquitetura é acompanhada de conjuntos de testes para verificar se uma execução que se afirma compatível com a especificação realmente o é.

O motivo por que a ARM v7 tem um documento que define seu nível ISA é claro: todos os chips ARM executarão o mesmo software. Por muitos anos, não houve um documento de definição formal para a ISA IA-32 (às vezes, denominada ISA x86), pois a Intel não queria abrir a guarda para que outros fabricantes produzissem chips compatíveis com a Intel. Na verdade, a Intel já apelou para a justiça para tentar impedir que outros fabricantes clonassem seus chips, mas perdeu a causa. Porém, no final da década de 1990, a empresa lançou uma especificação completa do conjunto de instruções IA-32. Talvez isso tenha acontecido porque eles sentiram o erro e quiseram ajudar os companheiros arquitetos e programadores, ou talvez porque os Estados Unidos, o Japão e a Europa estivessem investigando a Intel por suposta violação das leis antitruste. Essa ISA bem documentada ainda está sendo atualizada no site para desenvolvedores (http://developer.intel.com). A versão lançada com o Core i7 da Intel possui 4.161 páginas, o que nos faz lembrar novamente que o Core i7 é um computador com conjunto *complexo* de instruções.

Outra propriedade importante do nível ISA é que, na maioria das máquinas, há no mínimo dois modos. O **modo núcleo** (*kernel*) deve executar o sistema operacional e permite que todas as instruções sejam executadas. O **modo usuário** (*user*) deve executar programas de aplicação e não permite que certas instruções sensíveis (como as que manipulam a *cache* diretamente) sejam executadas. Neste capítulo, focalizaremos principalmente instruções e propriedades do modo usuário.

5.1.2 Modelos de memória

Todos os computadores dividem a memória em células que têm endereços consecutivos. O tamanho de célula mais comum no momento é 8 bits, mas células de 1 bit a 60 bits já foram usadas no passado (veja a Figura 2.10). Uma célula de 8 bits é denominada **byte** (ou **octeto**). A razão para usar bytes de 8 bits é que os caracteres ASCII têm 7 bits, de modo que um caractere ASCII (mais um bit de paridade muito pouco utilizado) se encaixa em um byte. Outros códigos, como Unicode e UTF-8, utilizam múltiplos de 8 bits para representar caracteres.

Em geral, os bytes são agrupados em palavras de 4 bytes (32 bits) ou 8 bytes (64 bits) com instruções disponíveis para manipular palavras inteiras. Muitas arquiteturas precisam que as palavras sejam alinhadas em seus limites naturais; assim, por exemplo, uma palavra de 4 bytes pode começar no endereço 0, 4, 8 etc., mas não no endereço 1 ou 2. De modo semelhante, uma palavra de 8 bytes pode começar no endereço 0, 8 ou 16, mas não no endereço 4 ou 6. O alinhamento de palavras de 8 bytes é ilustrado na Figura 5.2.

Figura 5.2 Palavra de 8 bytes em uma memória *little-endian*. (a) Alinhada. (b) Não alinhada. Algumas máquinas requerem que palavras na memória sejam alinhadas.

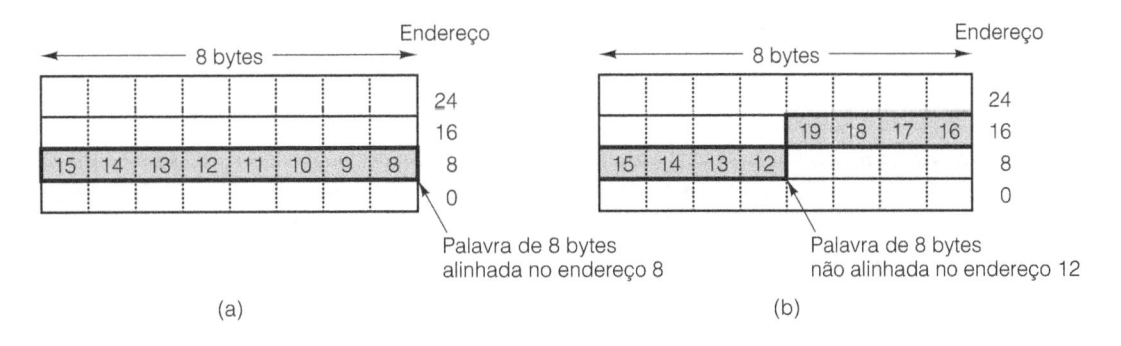

O alinhamento costuma ser exigido porque memórias funcionam com mais eficiência desse modo. O Core i7, por exemplo, que busca 8 bytes por vez na memória, usa uma interface DDR3, que admite apenas acessos alinhados em 64 bits. Assim, o Core i7 não poderia fazer uma referência desalinhada à memória nem que quisesse, porque a interface de memória exige endereços que sejam múltiplos de 8.

Contudo, esse requisito de alinhamento às vezes causa problemas. O Core i7 permite que programas ISA referenciem palavras que começam em qualquer endereço, uma propriedade que remonta ao 8088, que tinha um barramento de dados de 1 byte de largura (e, assim, nenhum requisito de alinhamento de referências à memória em limites de 8 bytes). Se um programa Core i7 ler uma palavra de 4 bytes no endereço 7, o hardware tem de fazer uma referência à memória para obter os bytes de 0 a 7 e uma segunda referência à memória para obter os bytes de 8 a 15. Então, a CPU tem de extrair os 4 bytes requisitados dos 16 bytes lidos da memória e montá-los na ordem correta para formar uma palavra de 4 bytes. Fazer isso regularmente não leva a uma velocidade fantástica.

Ter a capacidade de ler palavras em endereços arbitrários requer lógica extra no chip, o que o torna maior e mais caro. Os engenheiros projetistas adorariam livrar-se dela e apenas exigir que todos os programas fizessem referências à memória alinhadas por palavra. O problema é que, sempre que os engenheiros dizem "E quem se importa com executar programas 8088 antigos e bolorentos que referenciam a memória de modo errado?", o pessoal de marketing tem uma resposta curta e rápida: "Nossos clientes".

A maioria das máquinas tem um único espaço de endereço linear no nível ISA, que se estende do endereço 0 até algum máximo, geralmente $2^{32} - 1$ bytes ou $2^{64} - 1$ bytes. Contudo, algumas têm espaços de endereços separados para instruções e dados, de modo que uma busca de instrução no endereço 8 vai para um espaço de endereço diferente de uma busca de dados no endereço 8. Esse esquema é mais complexo do que ter um único espaço de endereço, mas tem duas vantagens. Primeiro, torna-se possível ter 2^{32} bytes de programa e 2^{32} bytes adicionais de dados usando apenas endereços de 32 bits. Segundo, como todas as escritas vão automaticamente para o espaço de dados, fica impossível sobrescrever por acidente o programa, eliminando assim uma fonte de *bugs* de programas. Separar espaços de instrução e dados também torna os ataques por *malware* muito mais difíceis de serem bem-sucedidos, pois ele não pode alterar o programa – não consegue sequer endereçá-lo.

Observe que ter um espaço de endereços separado para instruções e dados não é o mesmo que ter uma *cache* de nível 1 dividida. No primeiro caso, a quantidade total de espaço de endereço é duplicada e leituras de qualquer endereço dão resultados diferentes, dependendo de a leitura ser de uma instrução ou de uma palavra de dados. Com uma *cache* dividida, ainda há apenas um espaço de endereço, só que *caches* diferentes armazenam partes diferentes desse espaço.

Ainda outro aspecto do modelo de memória de nível ISA é a semântica da memória. É muito natural esperar que uma instrução **LOAD** que ocorre após uma instrução **STORE**, e que referencia o mesmo endereço, retornará o valor que acabou de ser armazenado. Todavia, como vimos no Capítulo 4, em muitos projetos, as microinstruções são reordenadas. Assim, há um perigo real de que a memória não terá o comportamento esperado. O problema fica ainda pior em um multiprocessador, no qual cada uma das várias CPUs envia uma sequência de requisições de escrita e leitura (talvez reordenadas) a uma memória compartilhada.

Projetistas de sistemas podem adotar qualquer uma de diversas técnicas para resolver esse problema. Em um extremo, todas as requisições de memória podem ser serializadas, portanto, cada uma é concluída antes de a próxima ser emitida. Essa estratégia prejudica o desempenho, mas resulta na semântica de memória mais simples (todas as operações são executadas estritamente na ordem do programa).

No outro extremo, não são dadas garantias de espécie alguma. Para forçar uma ordenação na memória, o programa deve executar uma instrução **SYNC**, que bloqueia a emissão de todas as novas operações de memória até que todas as anteriores tenham sido concluídas. Esse esquema atribui uma grande carga aos compiladores, porque eles têm de entender, com detalhes, como a microarquitetura subjacente funciona, embora dê aos projetistas de hardware a máxima liberdade para otimizar a utilização da memória.

Também são possíveis modelos de memória intermediários, nos quais o hardware bloqueia automaticamente a emissão de certas referências à memória (por exemplo, as que envolvem uma dependência RAW ou WAR), mas não bloqueia outras. Embora seja um aborrecimento ter todas essas peculiaridades causadas pela microarquitetura expostas no nível ISA (ao menos para os escritores de compiladores e programadores em linguagem *assembly*), essa é a tendência. Ela é causada pelas execuções subjacentes, como reordenação de microinstruções, paralelismo profundo, vários níveis de *cache* e assim por diante. Veremos outros exemplos desses efeitos não naturais adiante neste capítulo.

5.1.3 Registradores

Todos os computadores têm alguns registradores visíveis no nível ISA. Eles estão lá para controlar a execução do programa, reter resultados temporários e para outras finalidades. Em geral, os registradores visíveis no nível de microarquitetura, como TOS e MAR na Figura 4.1, não o são no nível ISA. Contudo, alguns deles, como o contador de programa e o ponteiro de pilha, são visíveis em ambos os níveis. Por outro lado, registradores visíveis no nível ISA são sempre visíveis no nível da microarquitetura, já que é ali que são implementados.

Registradores de nível ISA podem ser divididos em duas categorias: de uso especial e de uso geral. Os de uso especial incluem coisas como o contador de programa e o ponteiro de pilha, bem como outros registradores com uma função específica. Ao contrário, os registradores de uso geral estão ali para conter as variáveis locais fundamentais e resultados intermediários de cálculos. Sua função principal é prover acesso rápido a dados muito usados (basicamente evitando acessos à memória). Máquinas RISC, com suas CPUs velozes e memórias (relativamente) lentas, costumam ter ao menos 32 registradores de uso geral, e a tendência em novos projetos de CPU é ter ainda mais.

Em algumas máquinas, os registradores de uso geral são completamente simétricos e intercambiáveis. Se os registradores forem todos equivalentes, um compilador pode usar R1 para reter um resultado temporário, mas também pode usar R25 da mesma forma. A escolha de registrador não importa.

Todavia, em outras máquinas, alguns dos registradores de uso geral podem ser um tanto especiais. Por exemplo, no Core i7 há um registrador denominado EDX, que pode ser usado como registrador geral, mas que também recebe metade do produto em uma multiplicação e retém metade do dividendo em uma divisão.

Mesmo quando os registradores de uso geral são completamente intercambiáveis, é comum que o sistema operacional ou compiladores adotem convenções sobre como eles são usados. Por exemplo, alguns registradores podem conter parâmetros para procedimentos chamados e outros podem ser usados como transitórios. Se um compilador colocar uma variável local importante em R1 e depois chamar um procedimento de biblioteca que pensa que R1 é um registrador transitório disponível para ele, quando o procedimento de biblioteca retornar, R1 poderá conter lixo. Se houver convenções em nível de sistema sobre como os registradores devem ser usados, aconselhamos os compiladores e programadores em linguagem *assembly* a adotá-las para evitar problemas.

Além dos registradores de nível ISA visíveis aos programas do usuário, há sempre uma grande quantidade de registradores de uso especial, disponíveis somente em modo núcleo. Eles controlam as várias *caches*, memória, dispositivos de E/S e outros recursos de hardware da máquina. São usados apenas pelo sistema operacional, de modo que compiladores e usuários não precisam conhecê-los.

Um registrador de controle, que é algo como um híbrido de núcleo/usuário, é o **registrador de *flags*** ou **PSW** (**Program Status Word** – palavra de estado do programa). Esse registrador contém vários bits diversos, necessários pela CPU. Os mais importantes são os **códigos de condição**. Esses bits são ajustados a cada ciclo da ULA e refletem o estado do resultado da operação mais recente. Entre os bits de condição típicos estão:

N – Marcado quando o resultado foi Negativo.

Z – Marcado quando o resultado foi Zero.

V – Marcado quando o resultado causou um transbordo (*overflow*)

C – Marcado quando o resultado causou um vai-um (*Carry*) do bit da extrema esquerda.

A – Marcado quando houve um vai-um do bit 3 (vai-um Auxiliar – veja a seguir).

P – Marcado quando o resultado teve Paridade par.

Os códigos de condição são importantes porque as instruções de comparação e desvio condicional (também denominadas instruções de salto condicional) os utilizam. Por exemplo, a instrução CMP normalmente subtrai dois operandos e ajusta os códigos de condição com base na diferença. Se os operandos forem iguais, então a diferença será zero, e o bit de código de condição Z no registrador PSW será marcado. Uma instrução BEQ (Branch EQual) subsequente testa o bit Z e desvia se ele estiver marcado.

O **PSW** contém mais do que apenas códigos de condição, mas o conteúdo total varia de uma máquina para outra. Campos adicionais típicos são o modo da máquina (por exemplo, usuário ou núcleo), o bit de rastreamento (usado para depuração), o nível de prioridade da CPU e o estado de habilitação de interrupção. Muitas vezes, o **PSW** pode ser lido em modo usuário, mas alguns dos campos só podem ser escritos em modo núcleo (por exemplo, o bit de modo usuário/núcleo).

5.1.4 Instruções

A principal característica do nível ISA é o seu conjunto de instruções de máquina, que controlam o que a máquina pode fazer. Há sempre instruções **LOAD** e **STORE** (de uma forma ou de outra) para mover dados entre a memória e registradores e instruções **MOVE** para copiar dados entre os registradores. Instruções aritméticas estão sempre presentes, assim como instruções booleanas e aquelas para comparar itens de dados e desviar conforme os resultados. Já vimos algumas instruções ISA típicas (veja a Figura 4.11) e estudaremos muitas mais neste capítulo.

5.1.5 Visão geral do nível ISA do Core i7

Neste capítulo, discutiremos três ISAs muito diferentes: a IA-32 da Intel, incorporada no Core i7; a arquitetura ARM v7, executada no sistema-em-um-chip OMAP4430; e a arquitetura de 8 bits AVR, usada pelo microcontrolador ATmega168. A intenção não é dar uma descrição exaustiva de quaisquer delas, mas demonstrar aspectos importantes de uma ISA e mostrar como esses aspectos podem variar de uma ISA para outra. Vamos começar com o Core i7.

O processador Core i7 evoluiu por muitas gerações, e sua linhagem pode ser rastreada até alguns dos mais antigos microprocessadores que já foram construídos, como discutimos no Capítulo 1. Embora a ISA básica mantenha total suporte para execução de programas escritos para os processadores 8086 e 8088 (que tinham a mesma ISA), também contém sobras do 8080, um processador de 8 bits popular na década de 1970. O 8080, por sua vez, sofreu forte influência das restrições de compatibilidade com o processador 8008, mais antigo ainda, que era baseado no 4004, um chip de 4 bits usado na época em que os dinossauros vagavam pela Terra.

Do ponto de vista estrito do software, o 8086 e o 8088 eram máquinas normais de 16 bits (embora o 8088 tivesse um barramento de dados de 8 bits). O sucessor deles, o 80286, também era uma máquina de 16 bits. Sua principal vantagem era um espaço de endereço maior, embora poucos programas o usassem, já que ele consistia em 16.384 segmentos de 64 KB, em vez de uma memória linear de 2^{30} bytes.

O 80386 foi a primeira máquina de 32 bits da família Intel. Todas as que vieram depois dela (80486, Pentium, Pentium Pro, Pentium II, Pentium III, Pentium 4, Celeron, Xeon, Pentium M, Centrino, Core 2 duo, Core i7 etc.) têm na essência a mesma arquitetura de 32 bits do 80386, denominada **IA-32**, e portanto é essa que focalizaremos aqui. A única alteração importante na arquitetura desde o 80386 foi a introdução das instruções MMX, SSE e SSE2 em versões mais recentes da série x86. Essas instruções têm alto grau de especialização e foram projetadas para melhorar o desempenho em aplicações multimídia. Outra extensão importante foi o x86 de 64 bits (normalmente denominado x86-64), que aumentou os cálculos de inteiros e o tamanho do endereço virtual para 64 bits. Embora quase todas as extensões fossem introduzidas pela Intel e, mais tarde, executadas pelos concorrentes, esse foi um caso em que a AMD introduziu uma extensão que a Intel teve de adotar.

O Core i7 tem três modos de operação, dois dos quais o fazem agir como um 8088. No **modo real**, todas as características que foram acrescentadas desde o 8088 são desligadas e o Core i7 se comporta como um simples 8088. Se algum programa fizer algo errado, a máquina inteira falha. Se a Intel tivesse projetado seres humanos, ela teria inserido um bit que os faria voltar ao modo chimpanzé – grande parte do cérebro desativada, não falaria, dormiria em árvores, comeria principalmente bananas etc.

Um degrau acima é o **modo virtual 8086**, que possibilita executar antigos programas 8088 de modo protegido. Nesse modo, um sistema operacional real está no controle de toda a máquina. Para executar um programa 8088 antigo, o sistema operacional cria um ambiente isolado especial que age como um 8088, exceto que, se seu programa falhar, o sistema operacional é avisado, em vez de a máquina falhar. Quando um usuário do Windows inicia uma janela MS-DOS, o programa ali executado é iniciado em modo virtual 8086 para proteger o próprio Windows contra o mau comportamento de programas MS-DOS.

O modo final é o modo protegido, no qual o Core i7 age de fato como um Core i7 em vez de um 8088 muito caro. Há quatro níveis de privilégio disponíveis, controlados por bits no PSW. O nível 0 corresponde ao modo núcleo em outros computadores e tem acesso total à máquina. É usado pelo sistema operacional. O nível 3 é para programas do usuário. Ele bloqueia o acesso a certas instruções críticas e controla registradores para impedir que um programa do usuário trapaceiro faça a máquina inteira falhar. Os níveis 1 e 2 pouco são usados.

O Core i7 tem um espaço de endereço enorme, com memória dividida em 16.384 segmentos, cada um indo do endereço 0 ao endereço $2^{32} - 1$. Contudo, a maioria dos sistemas operacionais (incluindo o UNIX e todas as versões do Windows) aceita apenas um segmento; portanto, o que a maioria dos programas de aplicação vê, na verdade, é um espaço de endereço linear de 2^{32} bytes e, às vezes, parte desse espaço está ocupado pelo sistema operacional. Todos os bytes no espaço de endereço têm seu próprio endereço, sendo que as palavras têm 32 bits de comprimento. Palavras são armazenadas em formato *little-endian* (o byte menos significativo tem o endereço mais baixo).

Os registradores do Core i7 são mostrados na Figura 5.3. Os quatro primeiros, EAX, EBX, ECX e EDX, são registradores de 32 bits, mais ou menos de uso geral, embora cada um tenha suas próprias peculiaridades. O EAX é o principal registrador aritmético; o EBX é bom para conter ponteiros (endereços de memória); o ECX tem uma função na execução de laços; o EDX é necessário para multiplicação e divisão e, junto com o EAX, retém produtos e dividendos de 64 bits. Cada um deles contém um registrador de 16 bits nos 16 bits de ordem baixa e um de 8 bits nos 8 bits de ordem baixa. Esses registradores facilitam a manipulação de quantidades de 16 e 8 bits, respectivamente. O 8088 e o 80286 tinham só os registradores de 8 e 16 bits. Os registradores de 32 bits foram adicionados com o 80386, junto com o prefixo E, que representa Extended (estendido).

Figura 5.3 Principais registradores do Core i7.

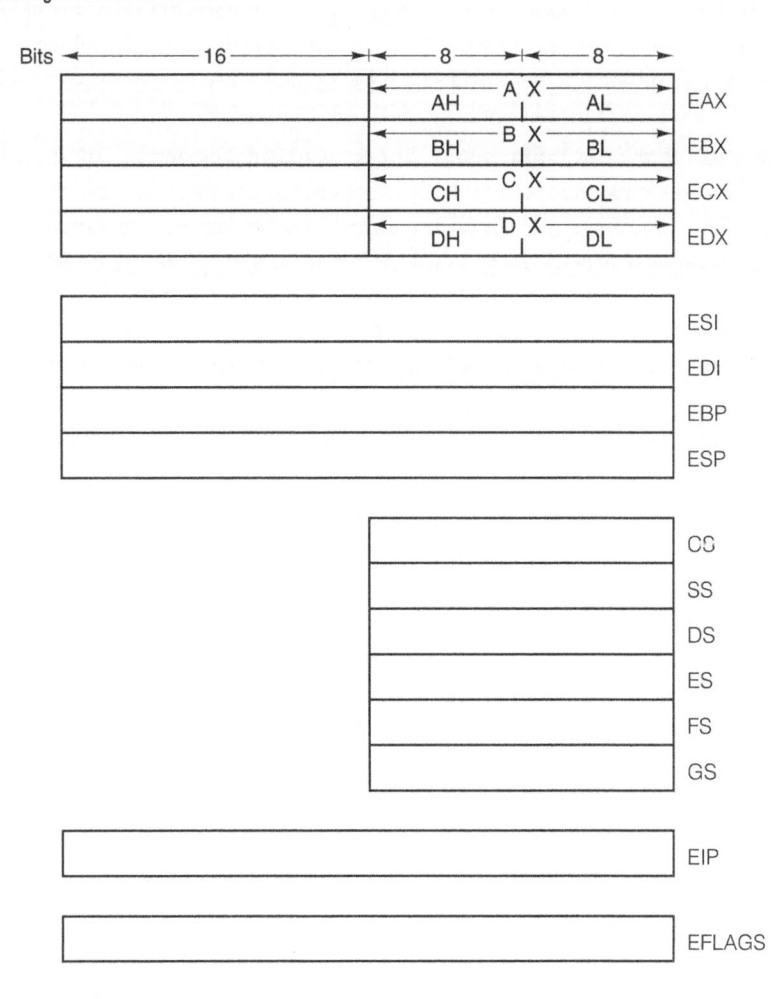

Os quatro seguintes são, de certa forma, de uso geral, porém, com mais peculiaridades. A tarefa dos registradores **ESI** e **EDI** é conter ponteiros para a memória, em especial para as instruções de manipulação de cadeias por hardware, nas quais o **ESI** aponta para a cadeia de fonte e **EDI** aponta para a cadeia de destino. O registrador **EBP** também é um registrador de ponteiro. Ele é usado para apontar para a base do quadro de pilha corrente, o mesmo que LV na IJVM. Quando um registrador como **EBP** é usado para apontar para a base do quadro de pilha local, costuma ser denominado **ponteiro de quadro**. Por fim, **ESP** é o ponteiro de pilha.

O próximo grupo de registradores, de **CS** até **GS**, são registradores de segmento. Até certo ponto, eles são trilobitas eletrônicos, fósseis antigos que restaram de uma época em que o 8088 tentava endereçar 2^{20} bytes de memória usando endereços de 16 bits. Basta dizer que, quando o Core i7 é ajustado para usar um único espaço de endereços linear de 32 bits, eles podem ser ignorados sem problema algum. O seguinte é o **EIP**, que é o contador de programa (Extended Instruction Pointer – ponteiro de instrução estendido). Por fim, chegamos ao **EFLAGS**, que é o **PSW**.

5.1.6 Visão geral do nível da ISA ARM do OMAP4430

A arquitetura ARM foi apresentada pela primeira vez em 1985 pela Acorn Computer. Era inspirada nas pesquisas realizadas em Berkeley na década de 1980 (Patterson, 1985; Patterson e Séquin, 1982). A arquitetura ARM original (denominada ARM2) era uma arquitetura de 32 bits que aceitava um espaço de endereço de 26 bits. O OMAP4430 utiliza a microarquitetura ARM Cortex A9, que executa a versão 7 da ARM, e essa é a ISA que descreveremos neste capítulo. Para manter a coerência com o resto do livro, aqui vamos nos referir à OMAP4430 mas, no nível ISA, todos os projetos baseados na ARM Cortex A9 implementam a mesma ISA.

A estrutura de memória do OMAP4430 é limpa e simples: a memória endereçável é um arranjo linear de 2^{32} bytes. Processadores ARM são *bi-endian*, de modo que acessam a memória com a ordem *big-endian* ou *little-endian*. A escolha é feita com base em um bloco de memória do sistema que é lido logo após a inicialização do processador. Para garantir que o bloco de memória seja lido corretamente, ele deve estar no formato *little-endian*, mesmo que a máquina deva ser configurada para operação em *big-endian*.

É importante que a ISA tenha um limite maior do que as execuções necessitam, porque é quase certo que futuras implementações precisarão aumentar o tamanho da memória que o processador pode acessar. O espaço de endereços de 32 bits da ISA ARM está dando muito trabalho a diversos projetistas, pois muitos sistemas baseados na ARM, como smartphones, já têm mais de 2^{32} bytes de memória. Até agora, os projetistas têm trabalhado em torno desses problemas tornando a maior parte da memória um armazenamento de *drive flash*, que é acessado com uma interface de disco com suporte para um espaço de endereços maior, orientado a bloco. Para resolver essa limitação com potencial para matar o mercado, a ARM (a empresa) publicou recentemente a definição da ISA ARM versão 8, que aceita espaços de endereços de 64 bits.

Um dos problemas mais sérios encontrados por arquiteturas bem-sucedidas é que suas ISAs limitavam a quantidade de memória endereçável. Na ciência da computação, o único erro que não pode ser contornado é não ter bits suficientes. Um dia nossos netos nos perguntarão como, antigamente, os computadores conseguiam fazer algo tendo somente endereços de 32 bits e apenas 4 GB de memória real, quando um joguinho médio precisa de 1 TB só para ser iniciado.

A ISA ARM é limpa, embora a organização dos registradores seja um tanto complexa, em uma tentativa de simplificar algumas codificações de instrução. A arquitetura mapeia o contador de programa para o arquivo de registradores de inteiros (como o registrador **R15**), pois isso permite que sejam criados desvios com operações da ULA que tenham **R15** como registrador de destino. A experiência tem mostrado que a organização de registradores não vale o trabalho que dá, mas aquela antiga regra de compatibilidade não permite que nos livremos dela.

A ISA ARM tem dois grupos de registradores: 16 de uso geral de 32 bits e 32 de ponto flutuante de 32 bits (se houver suporte para o coprocessador VFP). Os registradores de uso geral são denominados **R0** até **R15**, embora outros nomes sejam usados em certos contextos. Os nomes alternativos e as funções dos registradores são mostrados na Figura 5.4.

Figura 5.4 Registradores gerais da ARM versão 7.

Registrador	Nome alternativo	Função
R0–R3	A1–A4	Mantém parâmetros para o procedimento que está sendo chamado
R4–R11	V1–V8	Mantém variáveis locais para o procedimento atual
R12	IP	Registrador de chamada dentro do procedimento (para chamadas de 32 bits)
R13	SP	Ponteiro de pilha
R14	LR	Registrador de ligação (endereço de retorno para função atual)
R15	PC	Contador de programa

Todos os registradores gerais têm 32 bits de largura e podem ser lidos e escritos por diversas instruções de carga e armazenamento. Os usos atribuídos na Figura 5.4 são baseados, em parte, na convenção, mas também, em parte, no modo como o hardware os trata. Em geral, não é sensato nos desviarmos das utilizações relacionadas na figura, a menos que sejamos faixa preta em ARM e que realmente, mas realmente, saibamos o que estamos fazendo. Cabe ao compilador ou programador a responsabilidade de garantir que o programa acesse os registradores de modo correto e efetue neles o tipo certo de aritmética. Por exemplo, é muito fácil carregar números de ponto flutuante nos registradores gerais e então efetuar adição de inteiros neles, uma operação que produzirá total e absoluto absurdo, mas que a CPU realizará com alegria se assim for instruída.

Os registrados Vx são usados para reter constantes, variáveis e ponteiros que são necessários em procedimentos, embora possam ser armazenados e recarregados em entradas e saídas de procedimento, se for preciso. Os registradores Ax são usados para passar parâmetros a procedimentos a fim de evitar referências à memória. Mais adiante, explicaremos como isso funciona.

Quatro registradores dedicados são usados para finalidades especiais. O registrador IP contorna as limitações da instrução de chamada funcional da ARM (BL), que não pode endereçar totalmente todos os seus 2^{32} bytes de espaço de endereços. Se o destino de uma chamada estiver muito distante para que seja expresso pela instrução, esta chamará um trecho de código "embutido", que usa o endereço no registrador IP como destino da chamada de função. O registrador SP indica o topo da pilha atual e flutua à medida que as palavras são colocadas na pilha ou retiradas dela. O terceiro registrador de uso especial é LR. Ele é usado para manter o endereço de retorno nas chamadas de procedimento. O quarto, como já dissemos, é o contador de programa PC. Guardar um valor nesse registrador redireciona a busca de instruções para aquele endereço recém-depositado no PC. Outro registrador importante na arquitetura ARM é o de estado do programa (PSR), que mantém o estado dos cálculos anteriores da ULA, incluindo Zero, Negativo e Transbordo, entre outros bits.

A ISA ARM (quando configurada com o coprocessador VFP) também tem 32 registradores de ponto flutuante de 32 bits. Esses registradores podem ser acessados diretamente, como 32 valores de ponto flutuante com precisão simples, ou como 16 valores de ponto flutuante de 64 bits com precisão dupla. O tamanho do registrador de ponto flutuante acessado é determinado pela instrução; em geral, todas as instruções ARM de ponto flutuante vêm com variantes de precisão simples e dupla.

A arquitetura ARM é uma **arquitetura carregar/armazenar**. Isto é, as únicas operações que acessam a memória diretamente são as instruções LOAD e STORE, para mover dados entre os registradores e a memória. Todos os operandos para instruções aritméticas e lógicas devem vir de registradores, ou ser fornecidos pela instrução (e não pela memória), e todos os resultados devem ser salvos em um registrador (e não na memória).

5.1.7 Visão geral do nível ISA AVR do ATmega168

Nosso terceiro exemplo é o ATmega168. Diferente do Core i7 (que é mais usado em máquinas de uso geral e conjuntos de servidores) e do OMAP4430 (que é usado principalmente em telefones, tablets e outros dispositivos móveis), o ATmega168 é usado em sistemas embutidos de classe mais baixa, como sinais de trânsito e rádios--relógio, para controlar o dispositivo e gerenciar botões ou teclas, luzes e outras partes da interface de usuário. Nesta seção, faremos uma breve introdução técnica à ISA AVR do ATmega168.

O ATmega168 tem um único modo e nenhuma proteção de hardware, já que nunca executa programas múltiplos que pertencem a usuários potencialmente hostis. O modelo de memória é de extrema simplicidade. Há 16 KB de memória para programas e um segundo 1 KB de memória para dados. Cada um tem seu próprio espaço de endereços, de modo que um endereço irá referenciar uma memória diferente, dependendo se o acesso é para a memória de programas ou dados. Os espaços de programa e dados são separados, para possibilitar a execução do espaço de programa em memória *flash* e o de dados em SRAM.

Várias implementações diferentes de memória são possíveis, dependendo do quanto o projetista quer pagar pelo processador. Na mais simples, o ATmega48, há uma memória *flash* de 4 KB para o programa e uma SRAM de 512 bytes para dados. Ambas, *flash* e RAM, estão dentro do chip. Essa quantidade de memória costuma ser suficiente para pequenas aplicações, e ter toda a memória no chip da CPU representa uma grande vantagem. O ATmega88 tem duas vezes mais memória em chip: 8 KB de ROM e 1 KB de SRAM.

O ATmega168 usa uma organização de memória em duas camadas, oferecendo mais segurança ao programa. A memória *flash* para programas é dividida em uma *seção de carregador de inicialização* e uma *seção de aplicação*, com o tamanho de cada uma sendo determinado pelos bits de "fusível", que são programados uma vez quando o microcontrolador é ligado inicialmente. Por motivos de segurança, somente o código executado pela seção de carregador de inicialização pode atualizar a memória *flash*. Com esse recurso, qualquer código pode ser colocado na área de aplicação (incluindo aplicações baixadas de terceiros), com a certeza de que ela nunca sujará outro código no sistema (pois o código da aplicação estará rodando pelo espaço da aplicação, que não pode escrever na memória *flash*). Para amarrar de verdade um sistema, um fornecedor pode assinar o código digitalmente. Com código assinado, o carregador de inicialização carrega o código na memória *flash* apenas se ele estiver assinado digitalmente por um fornecedor de software aprovado. Dessa forma, o sistema só rodará código que tenha sido "abençoado" por um fornecedor de software confiável. A técnica é bastante flexível, pois até mesmo o carregador de inicialização pode ser substituído, se o novo código tiver sido assinado digitalmente de forma apropriada. Isso é semelhante ao modo como Apple e TiVo garantem que o código rodando em seus dispositivos é seguro contra danos.

O ATmega168 contém 32 registradores de uso geral de 8 bits, que são acessados por instruções por meio de um campo de 5 bits, especificando qual deles usar. Os registradores são denominados R0 até R31. Uma propriedade peculiar dos registradores do ATmega168 é que eles também estão presentes no espaço de memória. O byte 0 do espaço de dados é equivalente a R0 do conjunto de registradores 0. Quando uma instrução muda R0 e mais tarde lê o byte de memória 0, ele encontra lá o novo valor de R0. De modo semelhante, o byte 1 da memória é R1, e assim por diante, até o byte 31. O arranjo pode ser visto na Figura 5.5.

Diretamente acima dos 32 registradores de uso geral, nos endereços de memória 32 a 95, existem 64 bytes de memória reservados para acessar registradores de dispositivo de E/S, incluindo os dispositivos internos do sistema-em-um-chip.

Além dos quatro conjuntos de oito registradores, o ATmega168 tem uma pequena quantidade de registradores de uso especial, cujos mais importantes aparecem na Figura 5.5. O *registrador de estado* (SREG) contém, da esquerda para a direita, o bit de habilitação de interrupção, o de carga/armazenamento, o bit auxiliar de vai-um, o bit de sinal, o de transbordo, o *flag* de negativo, o *flag* de zero e o bit de vai-um. Todos esses bits de estado, exceto o de habilitação de interrupção, são marcados como resultado de operações aritméticas.

O bit I do registrador de estado permite que as interrupções sejam habilitadas ou desabilitadas de modo global. Se o bit I for 0, todas as interrupções são desabilitadas. Limpar esse bit permite desabilitar quaisquer outras interrupções em uma única instrução. Marcar o bit permite que quaisquer interrupções atualmente pendentes sejam executadas, bem como as futuras. Cada dispositivo tem, associado a ele, um bit de habilitação de interrupção. Se o bit de habilitação do dispositivo estiver marcado e o bit I de habilitação global de interrupção estiver marcado, o dispositivo pode interromper o processador.

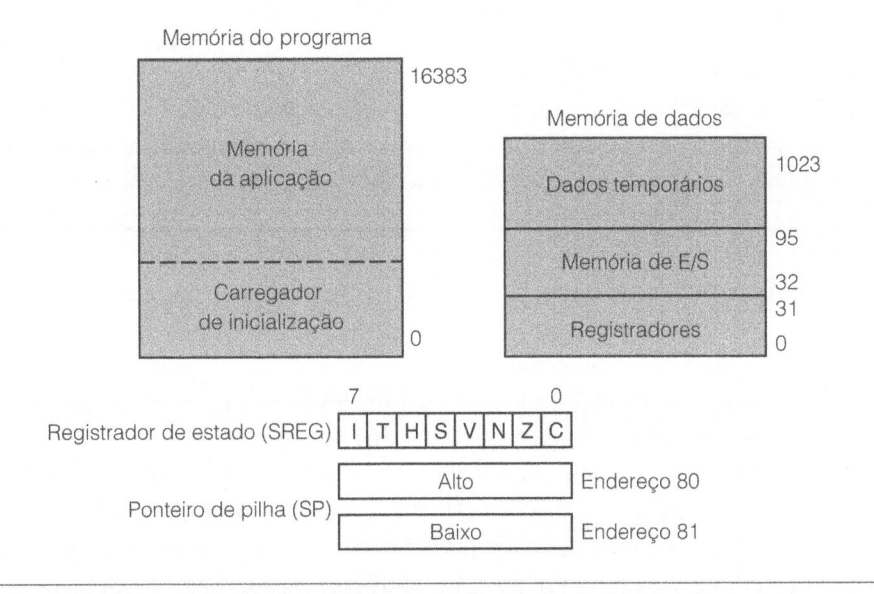

Figura 5.5 Registrador no chip e organização de memória do ATmega168.

O ponteiro de pilha SP mantém o endereço atual na memória de dados onde as instruções PUSH e POP acessarão seus dados, semelhante à instrução de mesmo nome na JVM da Java, do Capítulo 4. O ponteiro de pilha está localizado na memória de E/S, no endereço 80. Um único byte de memória com 8 bits é muito pequeno para endereçar 1.024 bytes da memória de dados, de modo que o ponteiro de pilha é composto de dois locais consecutivos na memória, formando um endereço de 16 bits.

5.2 Tipos de dados

Todos os computadores precisam de dados. Na verdade, há muitos sistemas de computação cujo único propósito é processar dados financeiros, comerciais, científicos, de engenharia ou outros. Os dados têm de ser representados de alguma forma específica no interior do computador. No nível ISA, são usados vários tipos de dados diferentes, que serão explicados a seguir.

Uma questão fundamental é se há ou não suporte de hardware para um tipo particular de dados. Suporte de hardware significa que uma ou mais instruções esperam dados em um formato particular e o usuário não tem liberdade de escolher um diferente. Por exemplo, os contadores têm o hábito peculiar de escrever números negativos com um sinal de menos à direita do número em vez de à esquerda, onde os cientistas da computação o colocam. Suponha que, em um esforço de impressionar o patrão, o chefe do centro de computação de um escritório de contabilidade altere todos os números, em todos os computadores, para usar o bit da extrema direita (e não o da extrema esquerda) como o bit de sinal. Sem dúvida, isso impressionaria muito o patrão – porque, de pronto, todo o software deixaria de funcionar corretamente. O hardware espera certo formato para inteiros e não funciona direito quando recebe qualquer outra coisa.

Agora, considere outro escritório de contabilidade, que acabou de firmar um contrato para verificar a dívida federal (quanto o governo dos Estados Unidos deve a todos os cidadãos). Usar aritmética de 32 bits não funcionaria nesse caso, porque os números envolvidos são maiores do que 2^{32} (cerca de 4 bilhões). Uma solução é usar dois inteiros de 32 bits para representar cada número, o que dá 64 bits no total. Se a máquina não suportar esse tipo de número de **dupla precisão**, toda a aritmética efetuada com eles teria de ser executada em software, mas as duas partes podem estar em qualquer ordem, já que o hardware não se importa. Esse é um exemplo de tipo de dados sem suporte de hardware e, por isso, sem uma determinada representação requerida em hardware. Nas seções seguintes, examinaremos tipos de dados suportados pelo hardware e, por conseguinte, dados para os quais são exigidos formatos específicos.

5.2.1 Tipos de dados numéricos

Os tipos de dados podem ser divididos em duas categorias: numéricos e não numéricos. O principal entre os tipos de dados numéricos são os inteiros. Eles podem ter muitos comprimentos, em geral 8, 16, 32 e 64 bits. Inteiros contam coisas (por exemplo, o número de chaves de fenda que uma loja de ferragens tem em estoque), identificam coisas (por exemplo, números de contas correntes) e muito mais. A maioria dos computadores modernos armazena inteiros em notação binária de complemento de dois, embora outros sistemas já tenham sido usados no passado. Números binários serão discutidos no Apêndice A.

Alguns computadores suportam inteiros sem sinal, bem como inteiros com sinal. No caso de um inteiro sem sinal, não há bit de sinal e todos os bits contêm dados. Esse tipo de dado tem a vantagem de um bit extra, portanto, por exemplo, uma palavra de 32 bits pode conter um único inteiro sem sinal na faixa de 0 a $2^{32} - 1$, inclusive. Ao contrário, um inteiro de 32 bits com sinal, representado por complemento de dois, só pode manipular números até $2^{31} - 1$, mas, é claro, também pode manipular números negativos.

Para números que não podem ser expressos como um inteiro, como 3,5, são usados números de ponto flutuante. Esses números serão discutidos no Apêndice B. Eles têm comprimentos de 32, 64 ou, às vezes, 128 bits. A maioria dos computadores tem instruções para efetuar aritmética de ponto flutuante. Muitos deles têm registradores separados para conter operandos inteiros e para conter operandos de ponto flutuante.

Algumas linguagens de programação, em especial COBOL, permitem números decimais como um tipo de dado. Máquinas que querem ser amigáveis à linguagem COBOL costumam suportar números decimais em hardware, normalmente codificando um dígito decimal em 4 bits e então empacotando dois dígitos decimais por byte (formato decimal em código binário). Todavia, a aritmética binária não funciona direito em números decimais empacotados, portanto, são necessárias instruções especiais de correção de aritmética decimal. Essas instruções precisam conhecer o vai-um do bit 3. É por essa razão que o código de condição muitas vezes contém um bit auxiliar de vai-um. A propósito, o problema do Y2K (*bug* do ano 2000), tão comentado, foi causado por programadores COBOL que decidiram que poderiam representar o ano com dois dígitos decimais (8 bits) em vez de quatro dígitos decimais (ou um número binário de 8 bits), que podem manter ainda mais valores (256) do que dois dígitos decimais (100). Grande otimização!

5.2.2 Tipos de dados não numéricos

Embora quase todos os primeiros computadores ganhassem suas vidas triturando números, computadores modernos são usados com frequência para aplicações não numéricas, como e-mail, navegar pela Web, fotografia digital e criação e reprodução de multimídia. Para essas aplicações, são necessários outros tipos de dados, que muitas vezes são suportados por instruções de nível ISA. Nesse caso, é clara a importância dos caracteres, embora nem todos os computadores ofereçam suporte de hardware para eles. Os códigos mais comuns são ASCII e Unicode. Eles suportam caracteres de 7 bits e de 16 bits, respectivamente. Ambos foram discutidos no Capítulo 2.

Não é incomum que o nível ISA tenha instruções especiais destinadas a manipular cadeias de caracteres, isto é, carreiras consecutivas de caracteres. Essas cadeias às vezes são delimitadas por um caractere especial na extremidade. Como alternativa, um campo de comprimento de cadeia pode ser usado para monitorar essa extremidade. As instruções podem executar cópia, busca, edição e outras funções nas cadeias.

Valores booleanos também são importantes. Um valor booleano pode assumir um de dois valores: verdadeiro ou falso. Em teoria, um único bit pode representar um booleano, com 0 para falso e 1 para verdadeiro (ou vice-versa). Na prática, é usado um byte ou uma palavra por valor booleano, porque bits individuais em um byte não têm seus endereços próprios e, portanto, são difíceis de acessar. Um sistema comum usa a seguinte convenção: 0 significa falso e qualquer outra coisa significa verdadeiro.

A única situação em que um valor booleano é normalmente representado por 1 bit é quando há todo um vetor de valores, portanto, uma palavra de 32 bits pode conter 32 valores booleanos. Essa estrutura de dados é denominada **mapa de bits** e ocorre em muitos contextos. Por exemplo, pode ser usado para monitorar os blocos livres em um disco. Se o disco tiver *n* blocos, então, o mapa de bits tem *n* bits.

Nosso último tipo de dados é o ponteiro, que é apenas um endereço de máquina. Já vimos ponteiros repetidas vezes. Nas máquinas Mic-*x*, SP, PC, LV e CPP são todos exemplos de ponteiros. Acessar uma variável a uma distância fixa de um ponteiro, que é o modo como a instrução ILOAD funciona, é extremamente comum em todas as máquinas. Embora os ponteiros sejam úteis, eles também são a origem de diversos erros de programação, geralmente com consequências muito sérias. Eles devem ser usados com grande cuidado.

5.2.3 Tipos de dados no Core i7

O Core i7 suporta inteiros em complemento de dois com sinal, inteiros sem sinal, números decimais em código binário e números de ponto flutuante padrão IEEE 754, como mostra a Figura 5.6. Por causa de suas origens como uma humilde máquina de 8 bits/16 bits, ele manipula bem inteiros com esse comprimento, com numerosas instruções para efetuar operações aritméticas e operações booleanas, e fazer comparações entre elas. Opcionalmente, o processador pode ser executado no modo de 64 bits, que também aceita registradores e operações de 64 bits. Operandos não têm de estar alinhados na memória, mas o desempenho é melhor se os endereços de palavras forem múltiplos de 4 bytes.

Figura 5.6 Tipos de dados numéricos do Core i7. Os tipos suportados estão marcados com ×. Tipos marcados com "64 bits" são aceitos somente no modo de 64 bits.

Tipo	8 bits	16 bits	32 bits	64 bits
Inteiro com sinal	×	×	×	× (64 bits)
Inteiro sem sinal	×	×	×	× (64 bits)
Inteiro decimal em código binário	×			
Ponto flutuante			×	×

O Core i7 também é bom na manipulação de caracteres ASCII de 8 bits: existem instruções especiais para copiar e pesquisar cadeias de caracteres. Essas instruções podem ser usadas com cadeias cujo tamanho é conhecido antes e com cadeias cuja extremidade é marcada. Elas são frequentemente usadas em bibliotecas de manipulação de cadeia de caracteres.

5.2.4 Tipos de dados na CPU ARM do OMAP4430

A CPU ARM do OMAP4430 suporta uma larga faixa de formatos de dados, como mostra a Figura 5.7. Só para inteiros, ela pode suportar operandos de 8, 16 e 32 bits, com e sem sinal. O tratamento de tipos de dados pequenos no OMAP4430 é um pouco mais inteligente do que no Core i7. Internamente, o OMAP4430 é uma máquina de 32 bits com caminhos de dados e instruções de 32 bits. Para cargas e armazenamentos, o programa pode especificar o tamanho e o sinal do valor a ser carregado (por exemplo, *load signed* byte: LDRSB). O valor é então convertido por instruções de carga para um valor comparável em 32 bits. De modo semelhante, armazenamentos também especificam o tamanho e o sinal do valor a ser escrito na memória, e eles só acessam a parte especificada do registrador de entrada.

Figura 5.7 Tipos de dados numéricos do OMAP4430. Os tipos suportados estão marcados com.

Tipo	8 bits	16 bits	32 bits	64 bits
Inteiro com sinal	x	x	x	
Inteiro sem sinal	x	x	x	
Inteiro decimal em código binário				
Ponto flutuante			x	x

Inteiros com sinal usam o complemento de dois. Operandos de ponto flutuante de 32 e 64 bits estão incluídos e se ajustam ao padrão IEEE 754. Números decimais em código binário não são aceitos. Todos os operandos devem estar alinhados na memória. Tipos de dados de caracteres e de cadeia não são aceitos por instruções especiais de hardware – são manipulados totalmente no software.

5.2.5 Tipos de dados da CPU AVR do ATmega168

O ATmega168 tem um número muito limitado de tipos de dados. Com uma única exceção, todos os registradores têm 8 bits de largura, portanto, inteiros também têm 8 bits de largura. Caracteres também têm 8 bits de largura. Basicamente, o único tipo de dado que é de fato suportado pelo hardware para operações aritméticas é o byte de 8 bits, como mostra a Figura 5.8.

Figura 5.8 Tipos de dados numéricos do ATmega168. Os tipos suportados são marcados com x.

Tipo	8 bits	16 bits	32 bits	64 bits
Inteiro com sinal	x			
Inteiro sem sinal	x	x		
Inteiro decimal em código binário				
Ponto flutuante				

Para facilitar os acessos à memória, o ATmega168 também inclui suporte limitado para ponteiros de 16 bits sem sinal. Os ponteiros de 16 bits X, Y e Z podem ser formados pela concatenação dos pares de registradores de 8 bits R26/R27, R28/R29 e R30/R31, respectivamente. Quando uma carga usa X, Y ou Z como um operando de endereço, o processador também pode incrementar ou decrementar o valor como for preciso.

5.3 Formatos de instrução

Uma instrução consiste em um *opcode*, normalmente em conjunto com alguma informação adicional, tais como de onde vêm os operandos e para onde vão os resultados. O tópico geral que trata de especificar onde os operandos estão (isto é, seus endereços) é denominado **endereçamento**, e será discutido em detalhes mais adiante nesta seção.

A Figura 5.9 mostra diversos formatos possíveis para instruções de nível 2. Instruções sempre têm um *opcode* que indica o que a instrução faz. Pode haver zero, um, dois ou três endereços presentes.

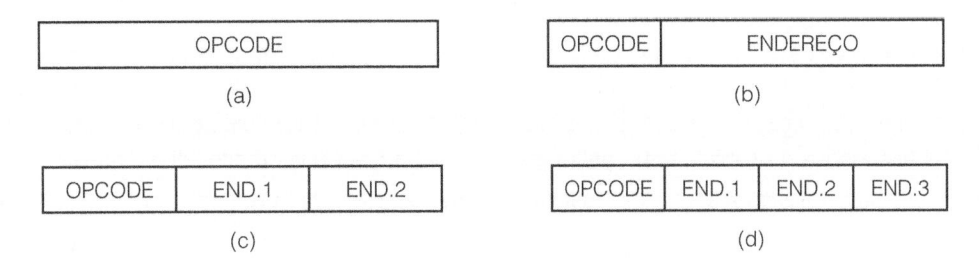

Figura 5.9 Quatro formatos comuns de instrução: (a) Instrução sem endereço. (b) Instrução de um endereço. (c) Instrução de dois endereços. (d) Instrução de três endereços.

OPCODE
(a)

OPCODE	ENDEREÇO
(b)

OPCODE	END.1	END.2
(c)

OPCODE	END.1	END.2	END.3
(d)

Em algumas máquinas, todas as instruções têm o mesmo comprimento; em outras, pode haver muitos comprimentos diferentes. Instruções podem ser mais curtas, mais longas ou do mesmo comprimento da palavra. Ter instruções do mesmo comprimento da palavra é mais simples e facilita a decodificação, mas muitas vezes desperdiça espaço, já que, desse modo, todas as instruções precisam ser tão longas quanto a mais longa. A Figura 5.10 mostra algumas relações possíveis entre comprimento de instrução e comprimento de palavra.

Figura 5.10 Algumas relações possíveis entre comprimento de instrução e de palavra.

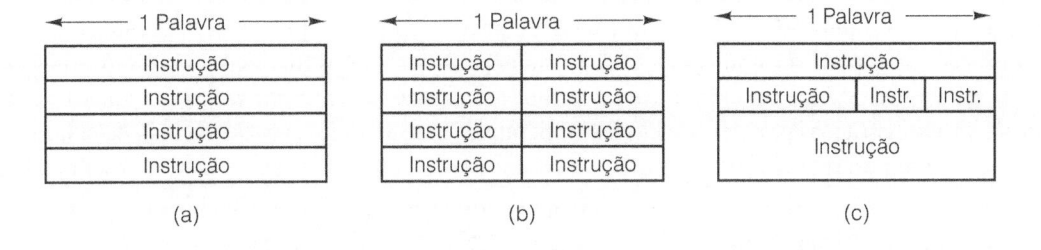

5.3.1 Critérios de projeto para formatos de instrução

Quando uma equipe de projeto de computador tem de escolher formatos de instruções para sua máquina, deve considerar vários fatores. A dificuldade dessa decisão não deve ser subestimada. A decisão sobre formato de instrução deve ser tomada no início do projeto de um novo computador. Se ele for um sucesso comercial, o conjunto de instruções pode sobreviver por 40 anos ou mais. A capacidade de acrescentar novas instruções e de explorar outras oportunidades que surgem durante um longo período de tempo é de grande importância, mas somente se a arquitetura (e a empresa que a estiver construindo) sobreviver por tempo suficiente para que a arquitetura seja um sucesso.

A eficiência de determinada ISA depende muito da tecnologia com a qual o computador deve ser implementado. Essa tecnologia passará por grandes alterações durante um longo período e algumas das escolhas da ISA serão vistas (usando uma visão normal) como infelizes. Por exemplo, se os acessos à memória são rápidos, um projeto baseado em pilha (como IJVM) é bom, mas, se forem lentos, o negócio é ter muitos registradores (como a CPU ARM do OMAP4430). Os leitores que acharem que essa escolha é fácil estão convidados a pegar uma folha de papel e anotar suas previsões, para computadores daqui a 20 anos, sobre (1) uma velocidade de *clock* de CPU típica e (2) um tempo de acesso típico à RAM. Dobre bem esse papel e guarde-o por 20 anos. Depois, desdobre-o e leia. Os menos humildes podem esquecer a folha de papel e publicar suas previsões na Internet agora.

É claro que até os projetistas que têm a melhor visão do futuro talvez não consigam fazer as escolhas certas. E, mesmo que pudessem, teriam de lidar com o curto prazo também. Se essa elegante ISA for um pouco mais cara que a ISA feia fabricada agora pelos concorrentes, a empresa talvez não sobreviva o suficiente para que o mundo aprecie sua elegância.

Se todas as outras coisas forem iguais, instruções curtas são melhores do que as longas. Um programa que consiste em n instruções de 16 bits ocupa apenas metade do espaço de memória ocupado por n instruções de 32 bits. Com o declínio dos preços da memória, esse fator poderá ser menos importante no futuro, se não fosse pelo fato de que a metástase do software é ainda mais rápida do que a queda dos preços de memória.

Além do mais, minimizar o tamanho das instruções pode torná-las mais difíceis de codificar ou mais difíceis de sobrepor. Portanto, é preciso contrabalançar o tamanho mínimo da instrução com o tempo requerido para decodificá-la e executá-la.

Outra razão para minimizar o comprimento da instrução já é importante e está ficando ainda mais importante com processadores mais rápidos: a largura de banda da memória (o número de bits/s que a memória pode fornecer). O crescimento impressionante das velocidades de processadores na última década não foi equiparado por crescimentos iguais na largura de banda de memória. Uma restrição cada vez mais comum imposta aos processadores surge da incapacidade do sistema de memória de fornecer instruções e operandos com a velocidade com que o processador pode consumi-los. Cada memória tem uma largura de banda que é determinada por sua tecnologia e por seu projeto de engenharia. O gargalo da largura de banda se aplica não somente à memória principal, mas também a todas as *caches*.

Se a largura de banda de uma *cache* de instrução for t bps e o comprimento médio da instrução for r bits, a *cache* pode entregar no máximo t/r instruções por segundo. Note que esse é um *limite superior* para a taxa à qual o processador pode executar instruções, embora hoje haja esforços de pesquisa dedicados a romper até mesmo essa barreira que parece impossível. É claro que a taxa à qual as instruções podem ser executadas (isto é, a velocidade do processador) pode ser limitada pelo comprimento da instrução. Instruções mais curtas significam um processador mais rápido. Como processadores modernos são capazes de executar várias instruções a cada ciclo de *clock*, buscar várias instruções por ciclo de *clock* é imperativo. Esse aspecto da *cache* de instrução faz do tamanho das instruções um importante critério de projeto, que tem importantes implicações para o desempenho.

Um segundo critério de projeto é espaço suficiente no formato da instrução para expressar todas as operações desejadas. Uma máquina com 2^n operações que tenha todas as instruções menores do que n bits é impossível. Simplesmente não haveria espaço suficiente no *opcode* para indicar qual instrução é a necessária. E a história já mostrou mais de uma vez a insensatez de não deixar um número substancial de *opcodes* livres para futuros acréscimos ao conjunto de instruções.

Um terceiro critério se refere ao número de bits em um campo de endereço. Considere o projeto de uma máquina com um caractere de 8 bits e uma memória principal que deve conter 2^{32} caracteres. Os projetistas poderiam preferir atribuir endereços consecutivos a unidades de 8, 16, 24 ou 32 bits, bem como outras possibilidades.

Imagine o que aconteceria se a equipe de projeto se dividisse em duas facções antagonistas, uma defendendo o byte de 8 bits como unidade básica de memória e outra defendendo a palavra de 32 bits. O primeiro grupo proporia uma memória de 2^{32} bytes, numerados 0, 1, 2, 3, ..., 4.294.967.295. O último grupo proporia uma memória de 2^{30} palavras numeradas 0, 1, 2, 3, ..., 1.073.741.823.

O primeiro grupo diria que, para comparar dois caracteres na organização de palavra de 32 bits, o programa não somente teria de buscar as palavras que contêm os caracteres, mas também teria de extrair cada caractere de sua palavra para poder compará-los. Essa operação custa instruções extras e, portanto, desperdiça espaço. A organização de 8 bits, por outro lado, dá um endereço para cada caractere, o que torna a comparação muito mais fácil.

Os defensores da palavra de 32 bits revidariam, destacando que sua proposta requer apenas 2^{30} endereços separados, o que resulta em um comprimento de endereço de somente 30 bits, ao passo que a proposta de bytes de 8 bits requer 32 bits para endereçar a mesma memória. Um endereço mais curto significa uma instrução mais curta que, além de ocupar menos espaço, também exige menos tempo de busca. Como alternativa, eles poderiam manter o endereço de 32 bits para referenciar uma memória de 16 GB em vez de uma memória insignificante de 4 GB.

Esse exemplo demonstra que, para obter melhor resolução de memória, é preciso pagar o preço de endereços mais longos e, por conseguinte, instruções mais longas. A última palavra em resolução é uma organização de memória na qual todos os bits são diretamente endereçáveis (por exemplo, o Burroughs B1700). No outro extremo, está uma memória que consiste em palavras muito longas (por exemplo, a série CDC Cyber tinha palavras de 60 bits).

Modernos sistemas de computação chegaram a uma solução intermediária que, de certo modo, ficou com o pior das duas. Eles requerem todos os bits necessários para endereçar bytes individuais, mas os acessos à memória leem uma, duas ou às vezes quatro palavras por vez. Ler 1 byte da memória no Core i7, por exemplo, traz um mínimo de 8 bytes e provavelmente toda uma linha de *cache* de 64 bytes.

5.3.2 Expansão de *opcodes*

Na seção anterior, vimos como há um compromisso entre endereços curtos e boa resolução de memória. Nesta seção, examinaremos novas permutas que envolvem *opcodes* e endereços. Considere uma instrução de $(n + k)$ bits com um *opcode* de k bits e um único endereço de n bits. Essa instrução permite 2^k operações diferentes e 2^n células de memória endereçáveis. Como alternativa, os mesmos $(n + k)$ bits poderiam ser desmembrados em um *opcode* de $(k - 1)$ bits e um endereço de $(n + 1)$ bits, o que significa apenas a metade do número de instruções, mas duas vezes mais memória endereçável, ou a mesma quantidade de memória, mas com o dobro da resolução. Um *opcode* de $(k + 1)$ bits e um endereço de $(n - 1)$ bits dá mais operações, mas o preço é um número menor de células endereçáveis ou uma resolução pior e a mesma quantidade de memória endereçável. É possível fazer permutas bastante sofisticadas entre bits de *opcode* e bits de endereço, bem como as mais simples que acabamos de descrever. O esquema discutido nos parágrafos seguintes é denominado **expansão de *opcode***.

O conceito de expansão de *opcode* pode ser visto com mais clareza com um exemplo simples. Considere uma máquina na qual as instruções têm 16 bits de comprimento e os endereços têm 4 bits de comprimento, como mostra a Figura 5.11. Essa situação poderia ser razoável para uma máquina que tem 16 registradores (por conseguinte, um endereço de registrador de 4 bits), na qual ocorrem todas as operações aritméticas. Um projeto poderia ser um *opcode* de 4 bits e três endereços em cada instrução, o que dá 16 instruções de três endereços.

Figura 5.11 Instrução com um *opcode* de 4 bits e três campos de endereço de 4 bits.

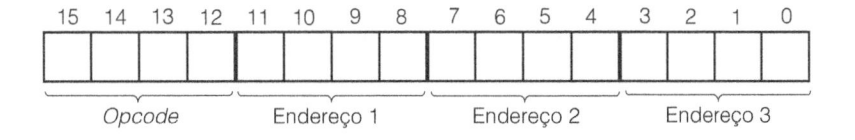

Contudo, se os projetistas precisarem de 15 instruções de três endereços, 14 instruções de dois endereços, 31 instruções de um endereço e 16 instruções sem absolutamente endereço algum, podem usar *opcodes* de 0 a 14 como instruções de três endereços, mas interpretar o *opcode* 15 de modo diferente (veja a Figura 5.12).

O *opcode* 15 significa que o *opcode* está contido nos bits de 8 a 15 em vez de 12 a 15. Os bits de 0 a 3 e de 4 a 7 formam dois endereços, como sempre. As 14 instruções de dois endereços têm todas 1111 nos 4 bits da extrema esquerda, e números de 0000 a 1101 nos bits de 8 a 11. Instruções que têm 1111 nos 4 bits da extrema esquerda e 1110 ou 1111 nos bits de 8 a 11 terão tratamento especial, isto é, serão tratadas como se seus *opcodes* estivessem nos bits de 4 a 15. O resultado é 32 novos *opcodes*. Como são necessários apenas 31, o *opcode* 111111111111 é interpretado para significar que o *opcode* real está nos bits 0 a 15, o que dá 16 instruções sem nenhum endereço.

Figura 5.12 Expansão de *opcode* que permite 15 instruções de três endereços, 14 instruções de dois endereços, 31 instruções de um endereço e 16 instruções sem endereço. Os campos marcados com *xxxx*, *yyyy* e *zzzz* são campos de endereço de 4 bits.

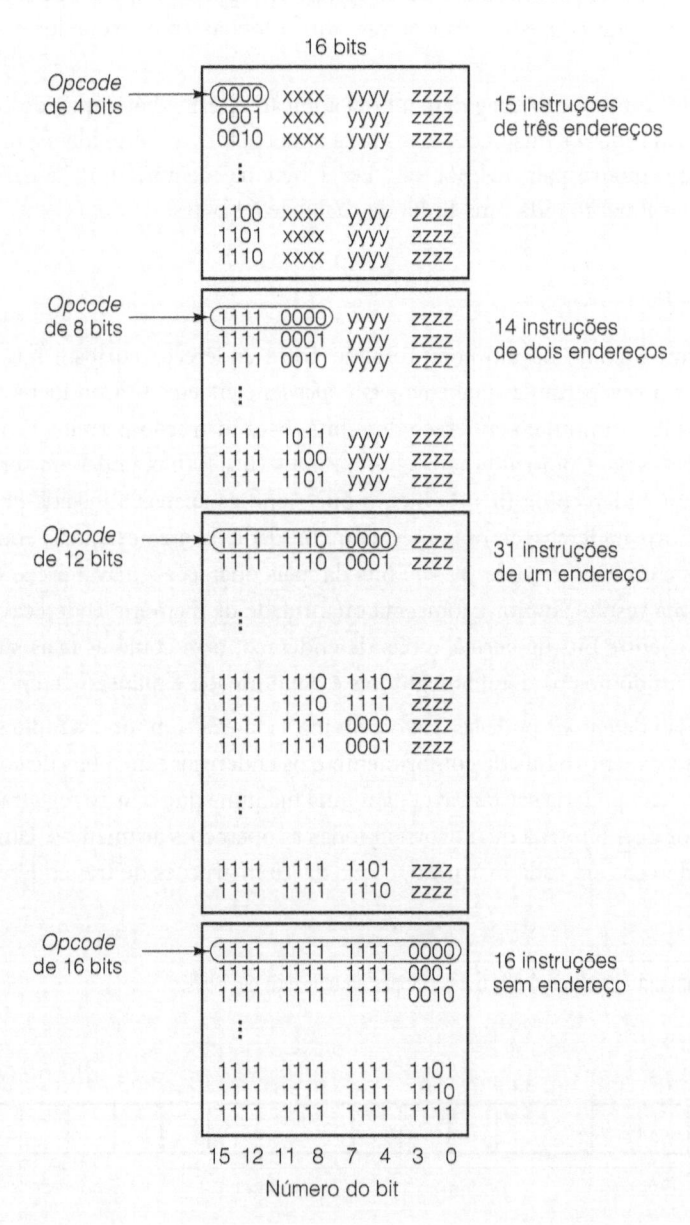

```
                           16 bits
   Opcode         ┌─────────────────────────────┐
   de 4 bits   ──▶│ 0000  xxxx  yyyy  zzzz      │  15 instruções
                  │ 0001  xxxx  yyyy  zzzz      │  de três endereços
                  │ 0010  xxxx  yyyy  zzzz      │
                  │   ⋮                         │
                  │ 1100  xxxx  yyyy  zzzz      │
                  │ 1101  xxxx  yyyy  zzzz      │
                  │ 1110  xxxx  yyyy  zzzz      │
                  ├─────────────────────────────┤
   Opcode         │ 1111  0000  yyyy  zzzz      │  14 instruções
   de 8 bits   ──▶│ 1111  0001  yyyy  zzzz      │  de dois endereços
                  │ 1111  0010  yyyy  zzzz      │
                  │   ⋮                         │
                  │ 1111  1011  yyyy  zzzz      │
                  │ 1111  1100  yyyy  zzzz      │
                  │ 1111  1101  yyyy  zzzz      │
                  ├─────────────────────────────┤
   Opcode         │ 1111  1110  0000  zzzz      │  31 instruções
   de 12 bits  ──▶│ 1111  1110  0001  zzzz      │  de um endereço
                  │   ⋮                         │
                  │ 1111  1110  1110  zzzz      │
                  │ 1111  1110  1111  zzzz      │
                  │ 1111  1111  0000  zzzz      │
                  │ 1111  1111  0001  zzzz      │
                  │   ⋮                         │
                  │ 1111  1111  1101  zzzz      │
                  │ 1111  1111  1110  zzzz      │
                  ├─────────────────────────────┤
   Opcode         │ 1111  1111  1111  0000      │  16 instruções
   de 16 bits  ──▶│ 1111  1111  1111  0001      │  sem endereço
                  │ 1111  1111  1111  0010      │
                  │   ⋮                         │
                  │ 1111  1111  1111  1101      │
                  │ 1111  1111  1111  1110      │
                  │ 1111  1111  1111  1111      │
                  └─────────────────────────────┘
                   15 12 11  8  7  4  3  0
                           Número do bit
```

Ao longo dessa nossa discussão, o *opcode* ficou cada vez mais longo: as instruções de três endereços têm um *opcode* de 4 bits, as instruções de dois endereços têm um *opcode* 8 bits, as instruções de um endereço têm um *opcode* de 12 bits e as instruções sem endereço têm um *opcode* de 16 bits.

A ideia de expandir *opcodes* demonstra um compromisso entre o espaço para *opcodes* e o espaço para outras informações. Na prática, *opcodes* expandidos não são tão limpos e regulares como em nosso exemplo. Na verdade, há dois modos individuais de explorar a capacidade de usar tamanhos variáveis de *opcodes*. Primeiro, todas as instruções podem ser mantidas com o mesmo comprimento, atribuindo os *opcodes* mais curtos às instruções que precisam de mais bits para especificar outras coisas. Segundo, o tamanho da instrução *média* pode ser minimizado com a escolha dos *opcodes* mais curtos para instruções comuns e dos mais longos para instruções raras.

Levando a ideia de *opcodes* de comprimento variável ao extremo, é possível minimizar o comprimento da instrução média codificando cada instrução para minimizar o número de bits necessário. Infelizmente, isso resultaria em instruções de vários tamanhos, que não teriam alinhamento regular em fronteiras de bytes. Embora já tenham existido ISAs que possuíam essa propriedade (por exemplo, a malfadada Intel 432), a importância do alinhamento é tão grande para a rápida decodificação de instruções que esse grau de otimização é quase certamente contraproducente.

5.3.3 Formatos de instruções do Core i7

Os formatos de instruções do Core i7 são de alta complexidade e irregularidade, com até seis campos de comprimento variável, cinco dos quais opcionais. O padrão geral é mostrado na Figura 5.13. Esse estado de coisas ocorreu porque a arquitetura evoluiu por muitas gerações e adotou algumas opções desastrosas no início. Em nome da compatibilidade, não foi possível reverter essas primeiras decisões mais tarde. Em geral, para instruções de dois operandos, se um estiver na memória, o outro não pode estar. Por isso, existem instruções para somar dois registradores, somar um registrador com memória e somar memória com um registrador, mas não para somar uma palavra de memória com outra palavra de memória.

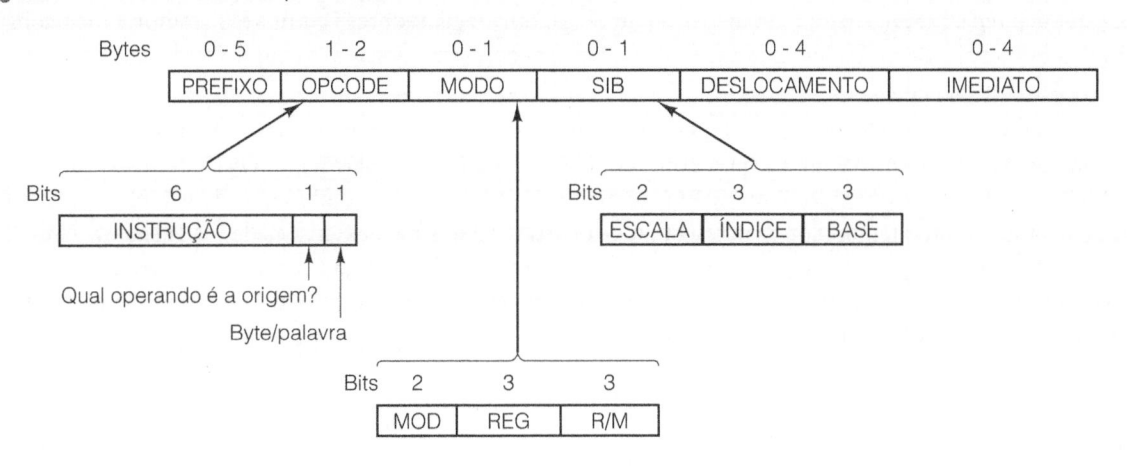

Figura 5.13 Formatos de instrução do Core i7.

Nas primeiras arquiteturas Intel, todos os *opcodes* tinham 1 byte, embora o conceito de um byte de prefixo fosse usado de modo amplo para modificar algumas instruções. Um **byte de prefixo** é um *opcode* extra introduzido na frente de uma instrução para alterar sua ação. A instrução WIDE em IJVM é um exemplo de byte de prefixo. Infelizmente, em algum ponto da evolução, a Intel esgotou seus *opcodes*, portanto, um deles, o 0xFF, foi designado como **código de escape** para permitir um segundo byte de instrução.

Os bits individuais nos *opcodes* do Core i7 não dão muita informação sobre a instrução. A única estrutura no campo de *opcode* é a utilização do bit de ordem baixa em algumas instruções para indicar byte/palavra, e a utilização do bit adjacente para indicar se o endereço de memória (se estiver presente) é origem ou destino. Portanto, em geral, o *opcode* deve ser decodificado por completo para determinar que classe de operação deve ser executada – e, assim, qual é o comprimento da instrução. Isso dificulta implementações de alto desempenho, uma vez que é preciso decodificação extensiva antes mesmo de poder determinar onde a próxima instrução começa.

Em seguida ao byte de *opcode* na maioria das instruções que referenciam um operando na memória, vem um segundo byte que informa tudo sobre o operando. Esses 8 bits são subdivididos em um campo MOD de 2 bits e dois campos de registradores de 3 bits, REG e R/M. Às vezes, os 3 primeiros bits desse byte são usados como extensão para o *opcode*, o que dá um total de 11 bits para o *opcode*. Contudo, o campo de modo de 2 bits significa que há apenas quatro maneiras de endereçar operandos e um deles deve ser sempre um registrador. Pela lógica, qualquer um dos **EAX**, **EBX**, **ECX**, **EDX**, **ESI**, **EDI**, **EBP**, **ESP** deveria ser especificável como qualquer um dos registradores, mas as regras de codificação proíbem algumas combinações e os usam somente para casos especiais. Alguns modos exigem um byte adicional, denominado **SIB** (**Scale, Index, Base** – escala, índice, base). Esse esquema não é ideal, mas é uma solução de compromisso dadas as demandas conflitantes da compatibilidade e o desejo de agregar novas características que não foram previstas no início.

Além de tudo isso, algumas instruções têm 1, 2 ou 4 bytes a mais que especificam um endereço de memória (deslocamento) e possivelmente mais outros 1, 2 ou 4 bytes que contêm uma constante (operando imediato).

5.3.4 Formatos de instruções da CPU ARM do OMAP4430

A ISA ARM do OMAP4430 consiste inteiramente em instruções de 16 e 32 bits, alinhadas na memória. As instruções em geral são simples e especificam apenas uma ação. Uma instrução aritmética típica especifica dois registradores para fornecer os operandos de origem e um único registrador de destino. As instruções de 16 bits são versões reduzidas da instrução de 32 bits. Elas realizam as mesmas operações, mas só permitem dois operandos de registrador (isto é, o registrador de destino precisa ser o mesmo de uma das entradas) e apenas os oito primeiros registradores podem ser especificados como entradas. Os arquitetos da ARM chamaram essa versão menor da ISA ARM de Thumb ISA.

Outras variantes permitem que as instruções forneçam uma constante de 3, 8, 12, 16 ou 24 bits sem sinal em vez de um dos registradores. Para uma instrução de carga, dois registradores (ou um registrador e uma constante de 8 bits com sinal) são somados para especificar o endereço de memória a ser lido. Os dados são escritos no outro registrador especificado.

O formato das instruções da ARM de 32 bits é ilustrado na Figura 5.14. O leitor atento notará que alguns dos formatos têm os mesmos campos (por exemplo, **LONG MULTIPLY** e **SWAP**). No caso da instrução **SWAP**, o decodificador sabe que a instrução é um **SWAP** somente quando vê que a combinação de valores de campo para o **MUL** é inválida. Com o tempo, foram acrescentados novos formatos para extensões de instrução e a Thumb ISA. Na época em que este livro foi escrito, a contagem estava em 21, e aumentava a cada dia. (Será que falta muito para vermos alguma empresa anunciar "A mais complexa máquina RISC do mundo"?) Porém, a maior parte das instruções ainda usa os formatos mostrados na figura.

Figura 5.14 Formatos de instrução da ARM de 32 bits.

31	2827			1615		87		0	Tipo de instrução
Cond	0 0 I	Opcode	S	Rn	Rd	Operand2			Processamento de dados/Transferência do PSR
Cond	0 0 0 0 0 0	A	S	Rd	Rn	RS	1 0 0 1	Rm	Multiplicação
Cond	0 0 0 0 1	U A	S	RdHi	RdLo	RS	1 0 0 1	Rm	Multiplicação longa (LONG MULTIPLY)
Cond	0 0 0 1 0	B 0	0	Rn	Rd	0 0 0 0	1 0 0 1	Rm	Troca (SWAP)
Cond	0 1 I	P U B W	L	Rn	Rd	Deslocamento			Load/Store de byte/palavra
Cond	1 0 0	P U S W	L	Rn	Lista de registradores				Load/Store múltiplo
Cond	0 0 0	P U 1 W	L	Rn	Rd	Deslocamento 1	1 S H 1	Deslocamento 2	Transferência de meia palavra: deslocamento imediato
Cond	0 0 0	P U 0 W	L	Rn	Rd	0 0 0 0	1 S H 1	Rm	Transferência de meia palavra: deslocamento de registrador
Cond	1 0 1	L		Deslocamento					Desvio
Cond	0 0 0 1	0 0 1 0		1 1 1 1	1 1 1 1	1 1 1 1	0 0 0 1	Rn	Ponto de desvio
Cond	1 1 0	P U N W	L	Rn	CRd	CPNum	Deslocamento		Transferência de dados do coprocessador
Cond	1 1 1 0	Op1		CRn	CRd	CPNum	Op2 0	CRm	Operação de dados do coprocessador
Cond	1 1 1 0	Op1	L	CRn	Rd	CPNum	Op2 1	CRm	Transferência de registrador do coprocessador
Cond	1 1 1 1			Número de SWI					Interrupção de software

Os bits 26 e 27 de cada instrução são a primeira parada para determinar o formato da instrução e dizer ao hardware onde achar o restante do *opcode*, se houver mais. Por exemplo, se os bits 26 e 27 forem ambos zero e o bit 25 for zero (operando não é um imediato), e o deslocamento do operando de entrada não for inválido (o que indica que a instrução é uma multiplicação ou ponto de desvio), então, as duas origens são registradores. Se o bit 25 for um, então, uma origem é um registrador e a outra é uma constante na faixa de 0 a 4.095. Nos dois casos, o destino é sempre um registrador. Existe espaço de codificação suficiente para até 16 instruções, todas elas usadas atualmente.

Com instruções de 32 bits, não é possível incluir uma constante de 32 bits na instrução. A instrução MOVT reserva os 16 bits mais altos de um registrador de 32 bits, deixando espaço para outra instrução definir os 16 bits mais baixos restantes. Essa é a única instrução a usar esse formato.

Toda instrução de 32 bits tem o mesmo campo de 4 bits nos bits mais significativos (bits 28 a 31). Esse é o campo de condição, que torna qualquer instrução uma **instrução predicada**. Uma instrução predicada é executada em geral no processador, mas, antes de escrever seu resultado em um registrador (ou memória), ela primeiro verifica a condição da instrução. Para instruções ARM, a condição é baseada no estado do registrador de estado do processador (PSR). Esse registrador mantém as propriedades aritméticas da última operação aritmética (por exemplo, zero, negativo, estourado etc.). Se a condição não for atendida, o resultado da instrução condicional é descartado.

O formato da instrução de desvio codifica o maior valor imediato, usado para calcular um endereço de destino para desvios e chamadas de procedimento. Essa instrução é especial porque é a única na qual os 24 bits de dados são necessários para especificar um endereço. Para essa instrução, há um único *opcode* de 3 bits. O endereço é o endereço de destino dividido por quatro, o que torna a faixa alcançável aproximadamente $\pm 2^{25}$ bytes em relação à instrução corrente.

De modo nítido, para especificar as instruções, os projetistas da ISA ARM quiseram utilizar totalmente cada combinação de bits, incluindo combinações de operandos que seriam inválidas. Essa técnica gera uma lógica de decodificação extremamente complicada, mas, ao mesmo tempo, permite que o número máximo de operações seja codificado em uma instrução de 16 ou 32 bits com tamanho fixo.

5.3.5 Formatos de instruções da CPU AVR do ATmega168

O ATmega168 tem seis formatos simples de instrução, como ilustrado na Figura 5.15. As instruções são de 2 ou 4 bytes. O formato 1 consiste em um *opcode* e dois operandos de registrador, ambos sendo entradas e um também sendo a saída da instrução. Esse formato é usado, por exemplo, pela instrução ADD para registradores.

O formato 2 também tem 16 bits e consiste em 16 *opcodes* adicionais e um número de registrador de 5 bits. Ele aumenta o número de operações codificadas na ISA ao custo de reduzir o número de operandos da instrução para um. Instruções que usam esse formato realizam uma operação unária, tomando uma única entrada de registrador e escrevendo a saída da operação no mesmo registrador. Alguns exemplos desse tipo de instrução são "negue" e "incremente".

O formato 3 tem um operando imediato sem sinal de 8 bits. Para acomodar um valor imediato grande em uma instrução de 16 bits, as instruções que usam essa codificação só podem ter um operando de registrador (usado como entrada e saída) e o registrador só pode ser R16–R31 (o que limita a codificação do operando a 4 bits). Além disso, o número de bits do *opcode* é reduzido à metade, permitindo que apenas quatro instruções usem esse formato (SUBCI, SUBI, ORI e ANDI).

O formato 4 codifica a instrução de carga e armazenamento, que inclui um operando imediato sem sinal de 6 bits. O registrador de base é um registrador fixo não especificado na codificação da instrução, pois é decorrente do *opcode* de carga/armazenamento.

Os formatos 5 e 6 são usados para saltos e chamadas de procedimento. O primeiro formato inclui um valor imediato com sinal de 12 bits, que é somado ao valor do PC da instrução para calcular o destino da instrução. O último formato expande o deslocamento para 22 bits, fazendo com que a instrução AVR tenha 32 bits de comprimento.

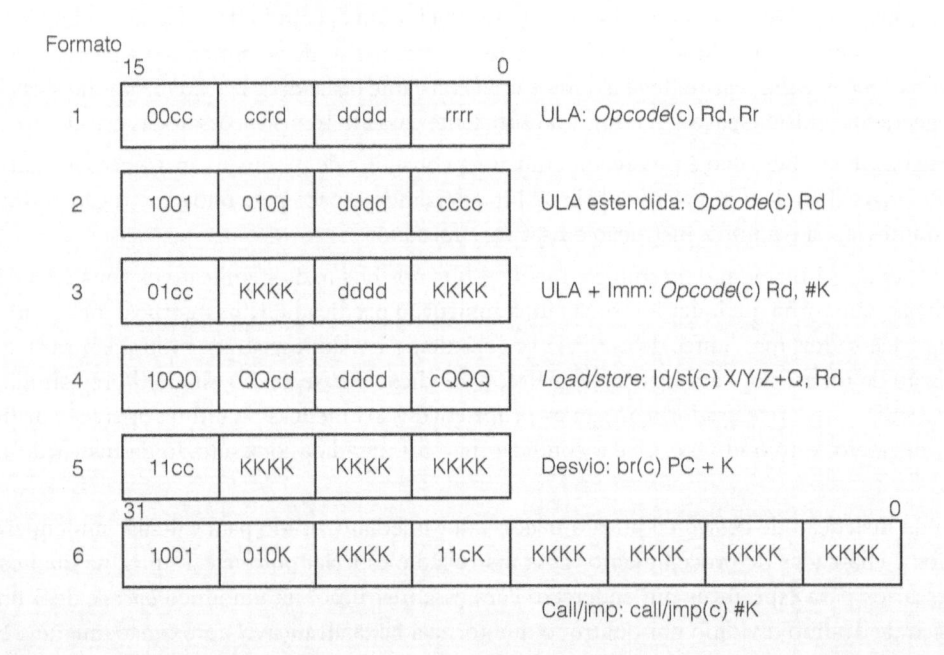

Figura 5.15 Formatos de instrução do ATmega168.

Formato	15			0	
1	00cc	ccrd	dddd	rrrr	ULA: *Opcode*(c) Rd, Rr
2	1001	010d	dddd	cccc	ULA estendida: *Opcode*(c) Rd
3	01cc	KKKK	dddd	KKKK	ULA + Imm: *Opcode*(c) Rd, #K
4	10Q0	QQcd	dddd	cQQQ	*Load/store*: ld/st(c) X/Y/Z+Q, Rd
5	11cc	KKKK	KKKK	KKKK	Desvio: br(c) PC + K

	31							0
6	1001	010K	KKKK	11cK	KKKK	KKKK	KKKK	KKKK

Call/jmp: call/jmp(c) #K

5.4 Endereçamento

Grande parte das instruções tem operandos, portanto, é necessário algum modo de especificar onde eles estão. Esse assunto, que discutiremos agora, é denominado **endereçamento**.

5.4.1 Modos de endereçamento

Até aqui, demos pouca atenção ao modo como os bits de um campo de endereço são interpretados para achar o operando. Agora, chegou a hora de investigar esse assunto, denominado **modos de endereçamento**. Como veremos, existem muitas formas de fazer isso.

5.4.2 Endereçamento imediato

O modo mais simples de uma instrução especificar um operando é a parte da instrução referente ao endereço conter o operando de fato em vez de um endereço ou outra informação que descreva onde ele está. Tal operando é denominado **operando imediato** porque ele é automaticamente buscado na memória, ao mesmo tempo em que a própria instrução; por conseguinte, ele está de pronto disponível para uso. Uma possível instrução imediata para carregar o registrador R1 com a constante 4 é mostrada na Figura 5.16.

Figura 5.16 Instrução imediata para carregar 4 no registrador 1.

MOV	R1	4

O endereçamento imediato tem a vantagem de não exigir uma referência extra à memória para buscar o operando. A desvantagem é que só uma constante pode ser fornecida desse modo. Além disso, o número de valores é limitado pelo tamanho do campo. Ainda assim, muitas arquiteturas usam essa técnica para especificar constantes inteiras pequenas.

5.4.3 Endereçamento direto

Um método para especificar um operando na memória é dar seu endereço completo. Esse modo é denominado **endereçamento direto**. Assim como o imediato, o endereçamento direto tem uso restrito: a instrução sempre acessará exatamente a mesma localização de memória. Portanto, embora o valor possa mudar, sua localização não pode. Assim, o endereçamento direto só pode ser usado para acessar variáveis globais cujos endereços sejam conhecidos no momento da compilação. Não obstante, muitos programas têm variáveis globais, portanto, esse modo é muito utilizado. Os detalhes de como o computador sabe quais endereços são imediatos e quais são diretos serão discutidos mais adiante.

5.4.4 Endereçamento de registrador

Endereçamento de registrador é conceitualmente o mesmo que endereçamento direto, mas especifica um registrador em vez de uma localização de memória. Como os registradores são tão importantes (pelo acesso rápido e endereços curtos), esse modo de endereçamento é o mais comum na maioria dos computadores. Muitos compiladores fazem todo o possível para determinar quais variáveis serão acessadas com maior frequência (por exemplo, o índice de um laço) e as colocam em registradores.

Esse modo de endereçamento é conhecido simplesmente como **modo registrador**. Em arquiteturas carregue/armazene, como a arquitetura ARM do OMAP4430, quase todas as instruções usam apenas esse modo de endereçamento. A única vez em que esse modo de endereçamento não é usado é quando um operando é transferido da memória para um registrador (instrução LDR) ou de um registrador para a memória (instrução STR). Mesmo quando se trata dessas instruções, um dos operandos é um registrador – de onde a palavra de memória deve vir ou para onde deve ir.

5.4.5 Endereçamento indireto de registrador

Nesse modo, o operando que está sendo especificado vem da memória ou vai para ela, mas seu endereço não está ligado à instrução, como no endereçamento direto. Em vez disso, está contido em um registrador. Quando um endereço é usado dessa maneira, ele é denominado **ponteiro**. Uma grande vantagem do endereçamento indireto de registrador é que ele pode referenciar a memória sem pagar o preço de ter um endereço de memória completo na instrução. Além disso, também pode usar diferentes palavras de memória em diferentes execuções da instrução.

Para ver por que poderia ser útil usar uma palavra diferente em cada execução, imagine um laço que percorre os elementos de um vetor unidimensional de inteiros de 1.024 elementos para calcular a soma dos elementos no registrador R1. Fora do laço, algum outro registrador, por exemplo, R2, pode ser ajustado para apontar para o primeiro elemento do vetor, e outro registrador, por exemplo, R3, pode ser ajustado para apontar para o primeiro endereço que se encontra logo após o vetor. Com 1.024 inteiros de 4 bytes cada, se o vetor começar em A, o primeiro endereço logo após o vetor será $A + 4096$. Um código em linguagem de montagem típico para efetuar esse cálculo é mostrado na Figura 5.17 para uma máquina de dois endereços.

Nesse pequeno programa, usamos vários modos de endereçamento. As três primeiras instruções usam o modo registrador para o primeiro operando (o destino) e o modo imediato para o segundo operando (uma constante indicada pelo sinal #). A segunda instrução coloca o *endereço* de A em R2, não o conteúdo. É isso que o sinal # informa ao *assembler*. De modo semelhante, a terceira instrução coloca em R3 o endereço da primeira palavra logo após o vetor.

Figura 5.17 Programa em linguagem de montagem genérico para calcular a soma dos elementos de um vetor.

```
        MOV R1,#0        ; acumule a soma em R1, inicialmente 0
        MOV R2,#A        ; R2 = endereço do vetor A
        MOV R3,#A+4096   ; R3 = endereço da primeira palavra logo após A
LOOP:   ADD R1,(R2)      ; indireto de registrador via R2 para obter operando
        ADD R2,#4        ; incremente R2 de uma palavra (4 bytes)
        CMP R2,R3        ; já terminamos?
        BLT LOOP         ; se R2 < R3, não terminamos, portanto, continue
```

É interessante notar nesse caso que o corpo do laço não contém nenhum endereço de memória. Ele usa o modo registrador e o modo indireto de registrador na quarta instrução. Usa o modo registrador e o modo indireto de registrador na quarta instrução. Usa o modo registrador e o modo imediato na quinta instrução e o modo registrador duas vezes na sexta instrução. O BLT poderia usar um endereço de memória, mas provavelmente especifica o endereço para o qual desviar com um deslocamento de 8 bits em relação à própria instrução BLT. Evitando por completo a utilização de endereços de memória, produzimos um laço curto e rápido. A propósito, na realidade, esse programa é para o Core i7 – apenas renomeamos as instruções e registradores e alteramos a notação para facilitar a leitura, porque a sintaxe da linguagem padrão de montagem do Core i7 (MASM) é quase bizarra, um resquício da vida passada da máquina como um 8088.

Vale a pena observar que, em teoria, há outro modo de fazer esse cálculo sem usar endereçamento indireto de registrador. O laço poderia conter uma instrução para somar *A* com R1, tal como

ADD R1,A

Então, a cada iteração do laço, a própria instrução poderia ser incrementada por um fator de 4, de modo que, após uma iteração, ela seria

ADD R1,A+4

e assim por diante, até concluir.

Um programa que modifica a si mesmo é denominado programa **automodificador**. Quem teve essa ideia foi ninguém menos do que John von Neumann; ela fazia sentido nos primeiros computadores, que não tinham endereçamento indireto de registrador. Hoje, programas automodificadores são considerados de mau gosto e difíceis de entender. Eles também não podem ser compartilhados por vários processos ao mesmo tempo. Além do mais, sequer funcionam corretamente em máquinas que têm uma *cache* dividida de nível 1 se a *cache* de instrução não tiver circuitos para fazer escritas retroativas (porque os projetistas presumiram que os programas não se automodificam). Por fim, programas automodificadores também falharão em máquinas com espaços separados para instrução e dados. De modo geral, essa é uma ideia que chegou e (felizmente) já se foi.

5.4.6 Endereçamento indexado

Muitas vezes, é útil poder referenciar palavras de memória cujo deslocamento em relação a um registrador é conhecido. Vimos alguns exemplos na IJVM, na qual variáveis locais são referenciadas dando seu deslocamento em relação a LV. **Endereçamento indexado** é o nome que se dá ao endereçamento de memória que fornece um registrador (explícito ou implícito) mais um deslocamento constante.

O acesso à variável local em IJVM usa um ponteiro para a memória (LV) em um registrador mais um pequeno deslocamento na própria instrução, como mostra a Figura 4.19(a). Contudo, também é possível fazer isso do outro modo: o ponteiro de memória na instrução e o pequeno deslocamento no registrador. Para ver como isso funciona, considere o seguinte cálculo. Temos dois vetores unidimensionais de 1.024 palavras cada, *A* e *B*, e desejamos calcular A_i AND B_i para todos os pares e então efetuar uma operação OR com esses 1.024 produtos booleanos para ver se há ao menos um par diferente de zero no conjunto. Uma técnica seria colocar o endereço de A em um registrador, o endereço de B em um segundo registrador, e então percorrê-los juntos no mesmo passo, semelhante ao que fizemos na Figura 5.17. Esse modo de fazê-lo funcionaria com certeza, mas há outra maneira melhor e mais geral, ilustrada na Figura 5.18.

Figura 5.18 Programa em linguagem de montagem genérico para calcular a operação OR de A_i AND B_i para dois vetores de 1.024 elementos.

```
         MOV R1,#0          ; acumule o OR em R1, inicialmente 0
         MOV R2,#0          ; R2 = índice, i, do produto atual: A[i] AND B[i]
         MOV R3,#4096       ; R3 = primeiro valor de índice a não usar
LOOP:    MOV R4,A           ; R4 = A[i]
         AND R4,B(R2)       ; R4 = A[i] AND B[i]
         OR R1,R4           ; OR de todos os produtos booleanos para R1
         ADD R2,#4          ; i = i + 4 (passo em unidades de 1 palavra = 4 bytes)
         CMP R2,R3          ; já terminamos?
         BLT LOOP           ; se R2 < R3, não terminamos, portanto, continue
```

A operação desse programa é direta. Aqui, precisamos de quatro registradores:

1. R1 – Contém o OR acumulado dos termos do produto booleano.
2. R2 – O índice, i, que é usado para percorrer os vetores.
3. R3 – A constante 4.096, que é o valor mais baixo de i a não usar.
4. R4 – Um registrador transitório para conter cada produto à medida que é formado.

Após inicializar os registradores, entramos no laço de seis instruções. A instrução em *LOOP* traz A_i para R4. Aqui, o cálculo da origem usa o modo indexado. Um registrador, R2, e uma constante, o endereço de A, são somados e usados para referenciar a memória. A soma dessas duas quantidades vai para a memória, mas não é armazenada em nenhum registrador visível ao usuário. A notação

MOV R4,A(R2)

significa que o destino usa o modo registrador com R4, ao passo que o registrador e a origem usam o modo indexado, sendo A o deslocamento e R2 o registrador. Se A tiver o valor, por exemplo, 124.300, a instrução de máquina para isso provavelmente é parecida com a mostrada na Figura 5.19.

Na primeira vez que o laço é percorrido, R2 é 0 (porque foi inicializado assim), portanto, a palavra de memória endereçada é A_0, no endereço 124.300. Essa palavra é carregada em R4. Na próxima vez que o laço é percorrido, R2 é 4, portanto, a palavra de memória endereçada é A_1, em 124.304, e assim por diante.

Figura 5.19 Possível representação de MOV R4,A(R2).

MOV	R4	R2	124300

Como tínhamos prometido, nesse caso o deslocamento na instrução em si é o ponteiro de memória e o valor no registrador é um inteiro pequeno, que é incrementado durante o cálculo. Essa forma requer um campo de deslocamento na instrução grande o suficiente para conter um endereço, claro, de modo que é menos eficiente do que fazê-lo da outra maneira; entretanto, ainda assim, muitas vezes essa é a melhor solução.

5.4.7 Endereçamento de base indexado

Algumas máquinas têm um modo de endereçamento no qual o endereço de memória é calculado somando dois registradores mais um deslocamento (opcional). Esse modo às vezes é denominado **endereçamento de base indexado**. Um dos registradores é a base e o outro é o índice. Esse modo teria sido útil aqui. Fora do laço poderíamos ter posto o endereço de A em R5 e o endereço de B em R6. Então, poderíamos ter substituído a instrução em LOOP e sua sucessora por

```
LOOP:     MOV R4,(R2+R5)
          AND R4,(R2+R6)
```

O ideal seria que houvesse um modo de endereçamento para endereçar indiretamente a soma de dois registradores sem nenhum deslocamento. Como alternativa, até mesmo uma instrução com um deslocamento de 8 bits teria sido uma melhoria em relação ao código original, já que poderíamos ajustar ambos os deslocamentos para 0. Entretanto, se eles forem sempre de 32 bits, nada ganharíamos nesse modo. Na prática, contudo, máquinas que têm tal modo costumam ter uma forma com um deslocamento de 8 bits ou 16 bits.

5.4.8 Endereçamento de pilha

Já observamos ser muito desejável que as instruções de máquina sejam as mais curtas possíveis. O limite final na redução de comprimentos de endereços é não ter endereços. Como vimos no Capítulo 4, instruções de zero endereço, como IADD, são possíveis em conjunção com uma pilha. Nesta seção, examinaremos mais de perto o endereçamento de pilha.

Notação polonesa invertida

É uma antiga tradição da matemática colocar o operador entre os operandos, como em $x + y$, em vez de após os operandos, como em $x\ y\ +$. A forma com o operador entre os operandos é denominada **infixa**. A forma com o operador após os operandos é denominada **pós-fixa** ou **notação polonesa invertida**, que deve seu nome ao lógico polonês J. Lukasiewicz (1958), pesquisador das propriedades dessa notação.

A notação polonesa invertida tem diversas vantagens sobre a notação infixa para expressar fórmulas algébricas. Primeiro, qualquer fórmula pode ser expressa sem parênteses. Segundo, ela é conveniente para avaliar fórmulas em computadores com pilhas. Terceiro, operadores infixos têm precedência, o que é arbitrário e indesejável. Por exemplo, sabemos que $a \times b + c$ significa $(a \times b) + c$, e não $a \times (b + c)$ porque foi definido arbitrariamente que a multiplicação tem precedência sobre a adição. Mas um deslocamento para a esquerda tem precedência sobre AND booleano? Quem sabe? A notação polonesa invertida elimina esse inconveniente.

Existem diversos algoritmos para converter fórmulas infixas em notação polonesa invertida. A que forneceremos logo adiante é uma adaptação de uma ideia de E. W. Dijkstra. Considere que uma fórmula é composta dos seguintes símbolos: variáveis, operadores diádicos (dois operandos) + – * / e parênteses à esquerda e à direita. Para marcar as extremidades de uma fórmula, vamos inserir o símbolo ⊥ após o último símbolo e antes do primeiro símbolo.

A Figura 5.20 mostra uma linha férrea de Vitória a Belo Horizonte, com um ramal no meio em direção ao Rio de Janeiro. Cada símbolo na fórmula é representado por um vagão ferroviário. O trem corre na direção oeste (para a esquerda). Quando cada vagão chega ao desvio, tem de parar um pouco antes e perguntar se deve ir direto para Belo Horizonte ou desviar a rota para o Rio. Vagões que contêm variáveis sempre vão direto para Belo Horizonte e nunca para o Rio. Vagões que contêm todos os outros símbolos têm de perguntar qual é o conteúdo do vagão mais próximo na linha que vai para o Rio antes de entrar no desvio.

Figura 5.20 Cada vagão ferroviário representa um símbolo na fórmula a ser convertida de notação infixa para notação polonesa invertida.

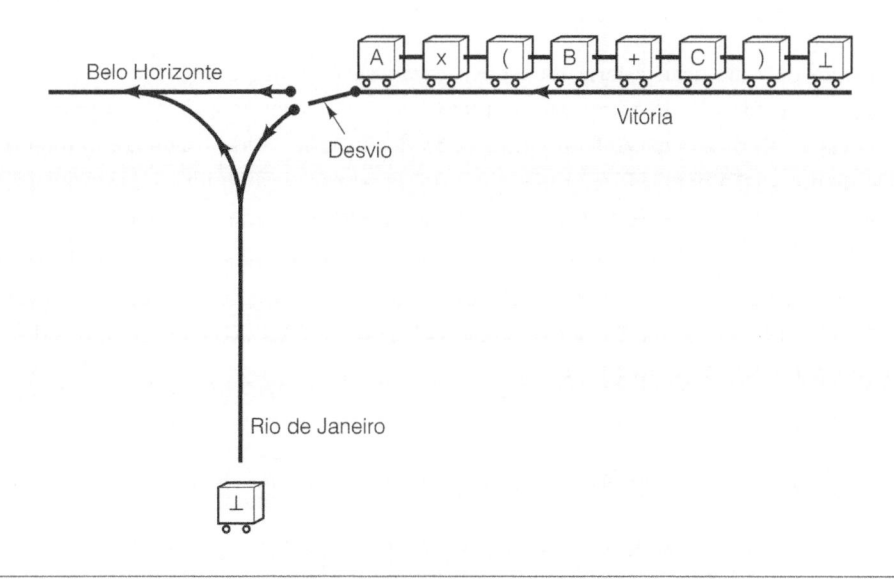

Os dados da Figura 5.21 mostram o que acontece, dependendo do conteúdo do próximo vagão na linha para o Rio e do vagão que está parado no desvio. O primeiro ⊥ sempre vai para o Rio. Os números se referem às seguintes situações:

1. O vagão que está no desvio vai para o Rio.
2. O vagão mais recente na linha para o Rio faz o retorno e vai para Belo Horizonte.
3. O vagão que está no desvio e o vagão mais recente na linha do Rio são desviados e desaparecem (isto é, são apagados).
4. Pare. Os símbolos agora em Belo Horizonte representam a fórmula em notação polonesa invertida quando lida da esquerda para a direita.
5. Pare. Houve um erro. A fórmula original não foi equilibrada adequadamente.

Figura 5.21 Tabela de decisão usada pelo algoritmo de notação infixa para notação polonesa invertida.

<table>
<tr><th colspan="2" rowspan="2"></th><th colspan="7">Vagão no desvio</th></tr>
<tr><th>⊥</th><th>+</th><th>−</th><th>×</th><th>/</th><th>(</th><th>)</th></tr>
<tr><th rowspan="6">Vagão que chegou mais recentemente à linha do Rio de Janeiro</th><th>⊥</th><td>4</td><td>1</td><td>1</td><td>1</td><td>1</td><td>1</td><td>5</td></tr>
<tr><th>+</th><td>2</td><td>2</td><td>2</td><td>1</td><td>1</td><td>1</td><td>2</td></tr>
<tr><th>−</th><td>2</td><td>2</td><td>2</td><td>1</td><td>1</td><td>1</td><td>2</td></tr>
<tr><th>×</th><td>2</td><td>2</td><td>2</td><td>2</td><td>2</td><td>1</td><td>2</td></tr>
<tr><th>/</th><td>2</td><td>2</td><td>2</td><td>2</td><td>2</td><td>1</td><td>2</td></tr>
<tr><th>(</th><td>5</td><td>1</td><td>1</td><td>1</td><td>1</td><td>1</td><td>3</td></tr>
</table>

Após a realização de cada ação é feita uma nova comparação entre o vagão que está no desvio naquele momento, que pode ser o mesmo da comparação anterior ou o próximo vagão, e o último na linha do Rio. O processo continua até alcançar a etapa 4. Note que a linha do Rio está sendo usada como uma pilha, sendo que o direcionamento de um vagão para o Rio é uma operação de passar para a pilha, e fazer o vagão que já está na linha do Rio retornar e enviá-lo para Belo Horizonte é uma operação de tirar da pilha.

A ordem das variáveis é a mesma na notação infixa e na notação polonesa invertida. A ordem dos operadores, entretanto, nem sempre é a mesma. Na notação polonesa invertida, eles aparecem na ordem em que serão realmente executados durante a avaliação da expressão. A Figura 5.22 dá diversos exemplos de fórmulas infixas e suas equivalentes em notação polonesa invertida.

Figura 5.22 Alguns exemplos de expressões infixas e seus equivalentes em notação polonesa invertida.

Notação infixa	Notação polonesa invertida
A + B × C	A B C × +
A × B + C	A B × C +
A × B + C × D	A B × C D × +
(A + B) / (C − D)	A B + C D − /
A × B / C	A B × C /
((A + B) × C + D) / (E + F + G)	A B + C × D + E F + G + /

Avaliação de fórmulas em notação polonesa invertida

A notação polonesa invertida é a ideal para avaliar fórmulas em um computador com uma pilha. A fórmula consiste em *n* símbolos, cada um sendo um operando ou um operador. O algoritmo para avaliar uma fórmula em notação polonesa invertida é simples. Examine a cadeia da notação da esquerda para a direita. Quando encontrar um operando, passe-o para a pilha. Quando encontrar um operador, execute a instrução correspondente.

A Figura 5.23 mostra a avaliação de

(8 + 2 × 5) / (1 + 3 × 2 – 4)

em IJVM. A fórmula correspondente em notação polonesa invertida é

8 2 5 × + 1 3 2 × + 4 – /

Introduzimos IMUL e IDIV na figura como instruções de multiplicação e divisão, respectivamente. O número no topo da pilha é o operando da direita, não o da esquerda. Esse ponto é importante para a divisão (e a subtração), visto que a ordem dos operandos é significativa (diferente da adição e da multiplicação). Em outras palavras, IDIV foi cuidadosamente definida, portanto, passar primeiro numerador, depois o denominador e então efetuar a operação dá o resultado correto. Note como é fácil gerar código para IJVM com a notação polonesa invertida: basta percorrer a fórmula em notação polonesa invertida e extrair uma instrução por símbolo. Se for uma constante ou variável, produza uma instrução para passá-lo para a pilha. Se for um operador, produza uma instrução para efetuar a operação.

Figura 5.23 Utilização de uma pilha para avaliar uma fórmula em notação polonesa invertida.

Passo	Cadeia restante	Instrução	Pilha
1	8 2 5 × + 1 3 2 × + 4 – /	BIPUSH 8	8
2	2 5 × + 1 3 2 × + 4 – /	BIPUSH 2	8, 2
3	5 × + 1 3 2 × + 4 – /	BIPUSH 5	8, 2, 5
4	× + 1 3 2 × + 4 – /	IMUL	8, 10
5	+ 1 3 2 × + 4 – /	IADD	18
6	1 3 2 × + 4 – /	BIPUSH 1	18, 1
7	3 2 × + 4 – /	BIPUSH 3	18, 1, 3
8	2 × + 4 – /	BIPUSH 2	18, 1, 3, 2
9	× + 4 – /	IMUL	18, 1, 6
10	+ 4 – /	IADD	18, 7
11	4 – /	BIPUSH 4	18, 7, 4
12	– /	ISUB	18, 3
13	/	IDIV	6

5.4.9 Modos de endereçamento para instruções de desvio

Até aqui, examinamos apenas instruções que operam sobre dados. Instruções de desvio (e chamadas de procedimento) também precisam de modos de endereçamento para especificar o endereço de destino. Os modos que vimos até aqui também funcionam, em grande parte, para desvios. O endereçamento direto é, sem dúvida, uma possibilidade, bastando incluir o endereço de destino completo na instrução.

Contudo, outros modos também fazem sentido. O endereçamento indireto de registrador permite que o programa calcule o endereço de destino, coloque-o em um registrador e então vá até lá. Esse modo dá a maior flexibilidade, já que o endereço de destino é calculado em tempo de execução. Mas também oferece a maior oportunidade para criar *bugs* que são quase impossíveis de achar.

Outro modo razoável é o indexado, cujo deslocamento em relação a um registrador é uma distância conhecida. Tem as mesmas propriedades do modo de endereçamento indireto de registrador.

Outra opção é o endereçamento em relação ao PC (contador de programa). Nesse modo, o deslocamento (com sinal) na própria instrução é adicionado ao contador de programa para obter o endereço de destino. Na verdade, esse é simplesmente o modo indexado, usando o PC como registrador.

5.4.10 Ortogonalidade de *opcodes* e modos de endereçamento

Do ponto de vista do software, instruções e endereçamento deveriam ter uma estrutura regular, com um número mínimo de formatos de instrução. Essa estrutura facilita ao compilador produzir bom código. Todos os *opcodes* devem permitir todos os modos de endereçamento onde quer que faça sentido. Além do mais, todos os registradores devem estar disponíveis para todos os modos de registrador, incluindo o ponteiro de quadro (FP), o ponteiro de pilha (SP) e o contador de programa (PC).

Como exemplo de um projeto limpo para uma máquina de três endereços, considere os formatos de instrução de 32 bits da Figura 5.24. São admitidos até 256 *opcodes*. No formato 1, cada instrução tem dois registradores de origem e um de destino. Todas as instruções aritméticas e lógicas usam esse formato.

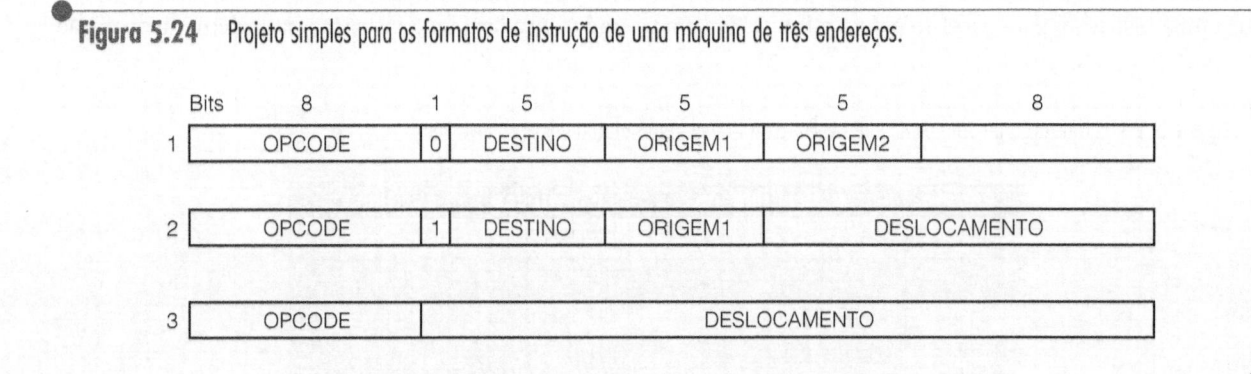

Figura 5.24 Projeto simples para os formatos de instrução de uma máquina de três endereços.

Bits	8	1	5	5	5	8
1	OPCODE	0	DESTINO	ORIGEM1	ORIGEM2	
2	OPCODE	1	DESTINO	ORIGEM1	DESLOCAMENTO	
3	OPCODE		DESLOCAMENTO			

O campo de 8 bits não utilizado da extremidade pode ser usado ainda para diferenciar a instrução. Por exemplo, um *opcode* poderia ser alocado para todas as operações de ponto flutuante, usando o campo extra para fazer a distinção entre elas. Além disso, se o bit 23 estiver marcado, o formato 2 é usado e o segundo operando não é mais um registrador, mas uma constante imediata de 13 bits, com sinal. As instruções LOAD e STORE também podem usar esse formato para referenciar memória no modo indexado.

É preciso uma pequena quantidade de instruções adicionais, como desvios condicionais, mas elas poderiam se ajustar com facilidade ao formato 3. Por exemplo, um *opcode* poderia ser designado a cada desvio (condicional), chamada de procedimento etc., deixando 24 bits para um deslocamento em relação ao PC. Admitindo que esse deslocamento seja contado em palavras, a faixa seria ±32 MB. Além disso, alguns *opcodes* poderiam ser reservados para instruções LOAD e STORE, que precisam dos deslocamentos longos do formato 3. Eles não seriam totalmente gerais (por exemplo, apenas R0 poderia ser carregado ou armazenado), porém, seu uso seria muito raro.

Agora, considere um projeto para uma máquina de dois endereços que pode usar uma palavra de memória para qualquer um dos operandos. O projeto é mostrado na Figura 5.25. Essa máquina pode somar uma palavra de memória a um registrador, somar um registrador a uma palavra de memória, somar um registrador a outro ou somar uma palavra de memória a outra. Hoje, os acessos à memória são relativamente caros, portanto, esse projeto ainda não é popular, mas, se os progressos na tecnologia de *cache* ou memória tornarem os acessos à memória baratos no futuro, produzir código para esse projeto será particularmente fácil e eficiente. O PDP-11 e o VAX foram máquinas que alcançaram imenso sucesso e dominaram o mundo dos minicomputadores durante duas décadas usando projetos semelhantes a esse.

Nesse projeto temos, mais uma vez, um *opcode* de 8 bits, mas agora temos 12 bits para especificar a origem e 12 bits para especificar o destino. Para cada operando, 3 bits dão o modo, 5 bits dão o registrador e 4 bits dão o deslocamento. Com 3 bits de modo podemos suportar modos imediato, direto, registrador, indireto de registrador, indexado e de pilha, e ainda sobra espaço para dois modos futuros. Esse projeto é limpo e regular, fácil de compilar, além de ser bastante flexível, em especial se o contador de programa, o ponteiro de pilha e o ponteiro de variável local estiverem entre os registradores gerais que podem ser acessados pelo modo normal.

Figura 5.25 Projeto simples para os formatos de instrução de uma máquina de dois endereços.

Bits	8	3	5	4	3	5	4
	OPCODE	MODO	REG	DESL.	MODO	REG	DESL.

(Endereço direto ou deslocamento opcional de 32 bits)
(Endereço direto ou deslocamento opcional de 32 bits)

O único problema é que, para endereçamento direto, precisamos de mais bits para o endereço. A solução adotada pelo PDP-11 e o VAX foi adicionar uma palavra extra à instrução para o endereço de cada operando endereçado diretamente. Também poderíamos usar um de dois modos de endereçamento disponíveis em lugar de um modo indexado com um deslocamento de 32 bits após a instrução. Assim, na pior das hipóteses, por exemplo, um ADD de memória para memória cujos dois operandos fossem endereçados diretamente, ou utilizassem uma forma indexada longa, teria 96 bits de comprimento e usaria três ciclos de barramento (um para a instrução, dois para seus endereços). Além disso, três outros ciclos seriam necessários para buscar os dois operandos e escrever o resultado. Por outro lado, a maioria dos projetos RISC exigiria no mínimo 96 bits, talvez mais, para somar uma palavra qualquer na memória com outra, e usaria no mínimo quatro ciclos de barramento, dependendo de como os operandos fossem endereçados.

Há muitas alternativas possíveis para a Figura 5.25. Nesse projeto, é possível executar a declaração

i = j;

em uma instrução de 32 bits, contanto que ambas, *i* e *j*, estejam entre as 16 primeiras variáveis locais. Por outro lado, para variáveis além de 16, temos de ir a deslocamentos de 32 bits. Uma opção seria outro formato com um único deslocamento de 8 bits em vez de dois de 4 bits, mais uma regra informando que a origem ou o destino poderiam usá-lo, mas não ambos. As possibilidades e compromissos são ilimitados, e os projetistas de máquinas devem jogar com muitos fatores para obter um bom resultado.

5.4.11 Modos de endereçamento do Core i7

Os modos de endereçamento do Core i7 são muito irregulares e diferentes dependendo de determinada instrução estar em modo de 16, 32 ou 64 bits. Vamos ignorar os modos de 16 e 64 bits; o modo de 32 bits já é ruim o suficiente. Os modos suportados são imediato, direto, registrador, indireto de registrador, indexado e um especial para endereçar elementos de vetores. O problema é que nem todos os modos se aplicam a todas as instruções e nem todos os registradores podem ser usados em todos os modos. Isso dificulta muito mais a tarefa do escritor de compilador e resulta em código pior.

O byte MODE da Figura 5.13 controla os modos de endereçamento. Um dos operandos é especificado pela combinação dos campos MOD e R/M. O outro é sempre um registrador e é dado pelo valor do campo REG. As 32 combinações que podem ser especificadas pelo campo MOD de 2 bits e pelo campo R/M de 3 bits estão relacionadas na Figura 5.26. Se ambos os campos forem zero, por exemplo, o operando é lido do endereço de memória contido no registrador EAX.

As colunas 01 e 10 envolvem modos nos quais um registrador é somado a um deslocamento de 8 ou 32 bits que vem após a instrução. Se for selecionado um deslocamento de 8 bits, antes de ser somado ele é estendido em sinal para 32 bits. Por exemplo, uma instrução ADD com R/M = 011, MOD = 01 e um deslocamento de 6 calcula a soma EBX + 6 e lê a palavra de memória naquele endereço para um dos operandos. EBX não é modificado.

A coluna MOD = 11 oferece uma opção de dois registradores. Para instruções de palavra, é usada a primeira opção; para instruções de bytes, é usada a segunda. Observe que a tabela não é totalmente regular. Por exemplo, não há nenhum modo de endereçar indiretamente por EBP e nenhum modo de ter deslocamento em relação a ESP.

Figura 5.26 Modos de endereçamento de 32 bits do Core i7. M[x] é a palavra de memória em x.

R/M	MOD 00	MOD 01	MOD 10	MOD 11
000	M[EAX]	M[EAX + OFFSET8]	M[EAX + OFFSET32]	EAX ou AL
001	M[ECX]	M[ECX + OFFSET8]	M[ECX + OFFSET32]	ECX ou CL
010	M[EDX]	M[EDX + OFFSET8]	M[EDX + OFFSET32]	EDX ou DL
011	M[EBX]	M[EBX + OFFSET8]	M[EBX + OFFSET32]	EBX ou BL
100	SIB	SIB com OFFSET8	SIB com OFFSET32	ESP ou AH
101	Direto	M[EBP + OFFSET8]	M[EBP + OFFSET32]	EBP ou CH
110	M[ESI]	M[ESI + OFFSET8]	M[ESI + OFFSET32]	ESI ou DH
111	M[EDI]	M[EDI + OFFSET8]	M[EDI + OFFSET32]	EDI ou BH

Em alguns modos, um byte adicional denominado **SIB** (**Scale, Index, Base – escala, índice, base**) vem logo após o byte MODE (veja a Figura 5.13). O byte SIB especifica um fator de escala, bem como dois registradores. Quando um byte SIB está presente, o endereço do operando é calculado multiplicando o registrador de índice por 1, 2, 4 ou 8 (dependendo de **SCALE**), somando-o ao registrador de base e, por fim, somando um deslocamento de 8 ou 32 bits, dependendo de MOD. Quase todos os registradores podem ser usados como índice ou base.

Os modos SIB são úteis para acessar elementos de vetores. Por exemplo, considere a declaração Java

    for (i = 0; i < n; i++) a[i] = 0;

em que *a* é um vetor de inteiros de 4 bytes local ao procedimento corrente. De modo geral, o EBP é usado para apontar para a base do quadro de pilha que contém as variáveis locais e vetores, como mostra a Figura 5.27. O compilador poderia manter i em EAX. Para acessar *a*[i], ele usaria um modo SIB cujo endereço de operando fosse a soma de 4 × EAX, EBP e 8. Essa instrução poderia armazenar em *a*[i] com uma única instrução.

Figura 5.27 Acesso a *a*[i].

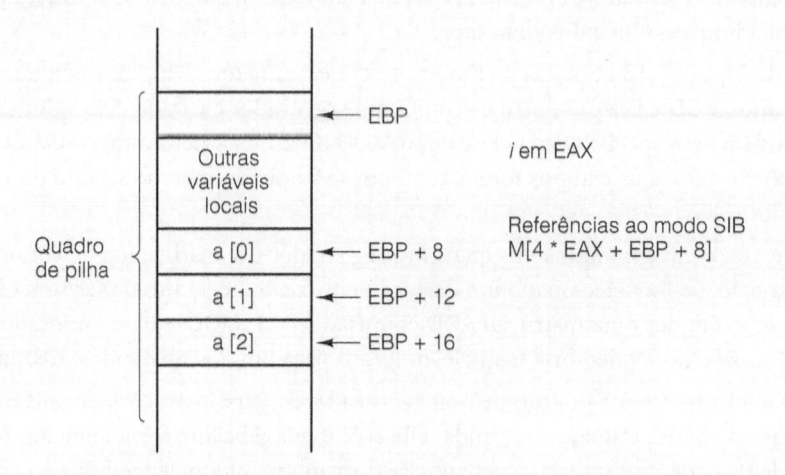

Esse modo vale a pena? Difícil dizer. Não há dúvida de que essa instrução, usada de modo adequado, economiza alguns ciclos. A frequência com que é usada depende do compilador e da aplicação. O problema é que ela ocupa certa quantidade de área de chip que poderia ter sido usada de um modo diferente se essa instrução não estivesse presente. Por exemplo, a *cache* de nível 1 poderia ser maior, ou o chip poderia ser menor, o que permitiria talvez uma velocidade de *clock* ligeiramente mais alta.

Esses são os tipos de compromissos que os projetistas enfrentam constantemente. Em geral, são realizadas extensivas simulações de execução antes de moldar qualquer coisa em silício, mas tais simulações exigem que se tenha uma boa ideia da possível carga de trabalho. Apostar que os projetistas do 8088 não incluíram um navegador Web em seu conjunto de teste é ganhar na certa. Ainda assim, um grande número de descendentes daquele produto agora é usado principalmente para navegar na Web, portanto, as decisões tomadas há 20 anos podem estar de todo erradas para as aplicações atuais. Todavia, em nome da compatibilidade, uma vez que uma característica entra no chip, é impossível tirá-la.

5.4.12 Modos de endereçamento da CPU ARM do OMAP4430

No OMAP4430, todas as instruções usam endereçamento imediato ou de modo registrador, exceto as que endereçam a memória. Para o modo registrador, os 5 bits apenas informam qual registrador usar. Para o modo imediato, uma constante de 12 bits (sem sinal) fornece os dados. Não há nenhum outro modo presente para as instruções aritméticas, lógicas e similares.

Dois tipos de instruções endereçam a memória: cargas (LDR) e armazenamentos (STR). Instruções LDR e STR têm três modos para endereçar a memória. O primeiro calcula a soma de dois registradores e endereça indiretamente por ela. O segundo calcula o endereço como a soma de um registrador de base e um deslocamento de 13 bits com sinal. O terceiro calcula um endereço igual ao contador de programa (PC) mais um deslocamento de 13 bits com sinal. Esse terceiro modo, chamado endereçamento relativo ao PC, é útil para carregar constantes do programa que estão armazenadas com o código do programa.

5.4.13 Modos de endereçamento da AVR do ATmega168

O ATmega168 tem uma estrutura de endereçamento razoavelmente regular. Há quatro modos básicos. O primeiro é o modo de registrador, no qual o operando está em um registrador. Registradores podem ser usados como origens e destinos. O segundo é o modo imediato, em que um valor imediato de 8 bits sem sinal pode ser codificado em uma instrução.

Os modos restantes são usáveis apenas por instruções de carga e armazenamento. O terceiro modo é o endereçamento direto, no qual o operando está na memória em um endereço contido na própria instrução. Para instruções de 16 bits, o endereço direto é limitado a 7 bits (assim, só os endereços de 0 a 127 podem ser carregados). A arquitetura AVR também define uma instrução de 32 bits, que acomoda um endereço direto de 16 bits, admitindo até 64 KB de memória.

O quarto modo é o indireto de registrador, no qual um registrador contém um ponteiro para o operando. Como registradores normais têm 8 bits de largura, instruções de carga e armazenamento usam pares de registradores para expressar um endereço de 16 bits. Um par pode endereçar até 64 KB de memória. A arquitetura admite o uso de três pares de registradores: X, Y e Z, que são formados a partir dos pares R26/R27, R28/R29 e R30/R31, respectivamente. Para carregar um endereço no registrador X, por exemplo, o programa teria de carregar um valor de 8 bits nos registradores R26 e R27, usando duas instruções de carga.

5.4.14 Discussão de modos de endereçamento

Neste ponto, já estudamos diversos modos de endereçamento. Os usados pelo Core i7, OMAP4430 e ATmega168 estão resumidos na Figura 5.28. Todavia, como já dissemos, nem todo modo pode ser usado em toda instrução.

Figura 5.28 Comparação entre modos de endereçamento.

Modo de endereçamento	Core i7	ARM do OMAP4430	AVR do ATmega168
Imediato	×	×	×
Direto	×		×
Registrador	×	×	×
Indireto de registrador	×	×	×
Indexado	×	×	
De base indexado		×	

Na prática, não são necessários muitos modos de endereçamento para uma ISA eficaz. Visto que, hoje, a maioria dos códigos escritos nesse nível será gerada por compiladores (com a possível exceção do ATmega168), o aspecto mais importante dos modos de endereçamento de uma arquitetura é que haja poucas opções e que elas sejam claras, com custos (em termos de tempo de execução e tamanho de código) que possam ser calculados imediatamente. Em geral, isso significa que uma máquina deve adotar uma posição extrema: ou deve oferecer todas as opções possíveis ou apenas uma. Qualquer coisa entre essas duas significa que o compilador terá de decidir entre opções sem ter o conhecimento ou a sofisticação suficiente para fazê-lo.

Assim, as arquiteturas mais limpas em geral têm somente um número muito pequeno de modos de endereçamento, com limitações estritas à sua utilização. Na prática, ter os modos imediato, direto, registrador e indexado costuma ser suficiente para quase todas as aplicações. Além disso, todo registrador (incluindo ponteiro de variável local, ponteiro de pilha e contador de programa) deve ser usável onde quer que haja necessidade de um registrador. Modos de endereçamento mais complicados conseguem reduzir o número de instruções, porém, à custa da introdução de sequências de operações que não podem ser facilmente executadas em paralelo com outras operações sequenciais.

Agora, concluímos nosso estudo dos vários compromissos possíveis entre *opcodes* e endereços e várias formas de endereçamento. Quando você abordar um novo computador, deve examinar as instruções e os modos de endereçamento não apenas para verificar quais estão disponíveis, mas também para entender por que essas opções foram escolhidas e quais teriam sido as consequências de opções alternativas.

5.5 Tipos de instrução

Instruções de nível ISA podem ser divididas em cerca de meia dúzia de grupos que guardam relativa semelhança de uma máquina para outra, ainda que possam ser diferentes nos detalhes. Todo computador tem algumas instruções fora do comum, acrescentadas para manter a compatibilidade com modelos anteriores, ou porque o arquiteto teve uma ideia brilhante, ou talvez porque uma agência do governo pagou a um fabricante para incluí-las. Logo adiante, tentaremos abranger todas as categorias mais comuns, sem que isso signifique que seremos completos.

5.5.1 Instruções para movimento de dados

Copiar dados de um lugar para outro é a mais fundamental de todas as operações. Por copiar queremos dizer a criação de um novo objeto, com padrão de bits idêntico ao original. Esse uso da palavra "movimento", ou "mudança", é um pouco diferente de sua utilização em linguagem corrente. Quando dizemos que Mário se mudou do Rio de Janeiro para São Paulo, isso não significa que tenha sido criada uma cópia idêntica de Mário em São Paulo e que o original ainda esteja no Rio. Quando dizemos que o conteúdo do local de memória 2000 "foi mudado" ou "foi movido" para algum registrador, isso sempre significa que uma cópia idêntica foi criada no registrador e que o original continua intocável no local 2000. Um nome melhor para instruções de movimento de dados seria instruções de "duplicação de dados", mas o termo "movimento de dados" já está consagrado.

Há duas razões por que dados podem ser copiados de um local para outro. Uma é fundamental: a atribuição de valores a variáveis. A atribuição

A = B

é efetuada com a cópia do valor que está no endereço de memória B para o local A porque o programador disse que é para fazer isso. A segunda razão para copiar dados é representá-los para acesso e utilização eficientes. Como já vimos, muitas instruções só podem acessar variáveis quando estas estão disponíveis em registradores. Uma vez que há duas fontes possíveis para um item de dado (memória ou registrador) e que há dois destinos possíveis para um item de dado (memória ou registrador), há quatro tipos diferentes possíveis de cópia. Alguns computadores têm quatro instruções para os quatro casos. Outros têm uma única instrução para todos os quatro casos. Há outros ainda que usam LOAD para ir da memória até um registrador, STORE para ir de um registrador até a memória, MOVE para ir de um registrador até outro registrador e nenhuma instrução para uma cópia de memória para memória.

Instruções de movimento de dados devem indicar, de alguma forma, a quantidade de dados a ser movida. Em algumas ISAs, existem instruções para mover quantidades variáveis de dados que vão de 1 bit até a memória inteira. Em máquinas de comprimento de palavra fixo, a quantidade a ser movida muitas vezes é exatamente uma palavra. Qualquer coisa a mais ou a menos deve ser executada por uma rotina de software que usa deslocamento e junção. Algumas ISAs fornecem capacidade adicional para copiar menos do que uma palavra (normalmente em incrementos de bytes) e para copiar várias palavras. Copiar várias palavras é complicado, em particular se o número máximo for grande, porque tal operação às vezes gasta muito tempo e pode ter de ser interrompida no meio. Algumas máquinas de comprimento de palavra variável têm instruções que especificam apenas endereços de origem e destino, mas não a quantidade. O movimento continua até que seja encontrado, nos dados, um campo de final de dado.

5.5.2 Operações diádicas

Operações diádicas são as que combinam dois operandos para produzir um resultado. Todas as ISAs têm instruções para efetuar adição e subtração de inteiros. A multiplicação e a divisão de inteiros também são quase um padrão. Achamos desnecessário explicar por que computadores são equipados com instruções aritméticas.

Outro grupo de operações diádicas inclui as instruções booleanas. Embora existam 16 funções booleanas de duas variáveis, poucas máquinas têm instruções para todas as 16, se é que alguma tem. Em geral, estão presentes as operações AND, OR e NOT; às vezes, também aparecem as operações EXCLUSIVE OR, NOR e NAND.

Uma utilização importante da operação AND é extrair bits de palavras. Considere, por exemplo, uma máquina com palavras de 32 bits de comprimento, na qual estão armazenados quatro caracteres de 8 bits por palavra. Suponha que seja necessário separar o segundo caractere dos outros três para imprimi-lo; quer dizer, é necessário criar uma palavra que contenha aquele caractere nos 8 bits da extrema direita, conhecida como **justificada à direita**, com zeros nos 24 bits da extrema esquerda.

Para extrair o caractere, a palavra que o contém passa por uma operação AND com uma constante denominada **máscara**. O resultado dessa operação é que os bits indesejados são todos alterados para zeros – isto é, são mascarados, como mostramos a seguir.

10110111 10111100 11011011 10001011	A
00000000 11111111 00000000 00000000	B (máscara)
00000000 10111100 00000000 00000000	A AND B

Em seguida, o resultado seria deslocado 16 bits para a direita para isolar o caractere a ser extraído na extremidade direita da palavra.

Uma utilização importante da operação OR é empacotar bits em uma palavra, em que empacotar significa o inverso de extrair. Para alterar os 8 bits da extrema direita de uma palavra de 32 bits sem mexer nos outros 24 bits, primeiro os 8 bits indesejados são mascarados e então o novo caractere passa por uma operação OR, como mostramos a seguir.

```
10110111 10111100 11011011 10001011    A
11111111 11111111 11111111 00000000    B (máscara)
10110111 10111100 11011011 00000000    A AND B
00000000 00000000 00000000 01010111    C
10110111 10111100 11011011 01010111    (A AND B) OR C
```

A operação AND tende a remover os bits 1, porque nunca há uma quantidade maior do que 1 no resultado do que em qualquer dos operandos. A operação OR tende a inserir 1 porque sempre há no mínimo tantos bits 1 no resultado quanto no operando que tiver o maior número de bits 1. A operação EXCLUSIVE OR, por outro lado, é simétrica, e tende, na média, nem a inserir nem a remover os bits 1. Essa simetria em relação a 1 e 0 é útil ocasionalmente, por exemplo, na geração de números aleatórios.

Hoje, a maioria dos computadores também admite um conjunto de instruções de ponto flutuante que correspondem mais ou menos a operações aritméticas com inteiros. Grande parte das máquinas oferece ao menos dois comprimentos de números de ponto flutuante, os mais curtos para ganhar em velocidade e os mais longos para ocasiões em que a maior precisão é necessária. Embora haja muitas variações possíveis para formatos de ponto flutuante, agora um único padrão é adotado quase universalmente: IEEE 754. Números de ponto flutuante e IEEE 754 serão discutidos no Apêndice B.

5.5.3 Operações monádicas

Operações monádicas têm um só operando e produzem um só resultado. Como é preciso especificar um endereço a menos do que para uma operação diádica, às vezes as instruções são mais curtas, embora seja comum ter de especificar outras informações.

Instruções para deslocar ou rodar o conteúdo de uma palavra ou byte são bastante úteis e costumam ser fornecidas em diversas variações. Deslocamentos são operações nas quais os bits são movidos para a esquerda ou para a direita, com bits que são empurrados para fora na extremidade da palavra e, portanto, perdidos. Rotações são deslocamentos nos quais os bits empurrados para fora por uma extremidade reaparecem na outra. A diferença entre um deslocamento e uma rotação é ilustrada a seguir.

```
00000000 00000000 00000000 01110011    A
00000000 00000000 00000000 00011100    A deslocado 2 bits para a direita
11000000 00000000 00000000 00011100    A rodado 2 bits para a direita
```

Deslocamentos e rotações para a esquerda e para a direita são ambos úteis. Se uma palavra de n bits for rodada k bits para a esquerda, o resultado será o mesmo caso ela tivesse sido rodada $n - k$ bits para a direita.

Deslocamentos para a direita costumam ser executados com extensão de sinal, o que significa que posições desocupadas na extremidade esquerda da palavra são preenchidas com o bit de sinal original, 0 ou 1. É como se o bit de sinal fosse arrastado para a direita. Entre outras coisas, isso significa que um número negativo continuará negativo. Essa situação é ilustrada a seguir para deslocamentos de 2 bits para a direita.

```
11111111 11111111 11111111 11110000    A
00111111 11111111 11111111 11111100    A deslocado sem extensão de sinal
11111111 11111111 11111111 11111100    A deslocado com extensão de sinal
```

Uma utilização importante do deslocamento é na multiplicação e na divisão por potências de 2. Se um inteiro positivo for deslocado para a esquerda k bits, o resultado, a não ser que haja transbordo (*overflow*), é o número original multiplicado por 2^k. Se um inteiro positivo for deslocado k bits para a direita, o resultado é o número original dividido por 2^k.

O deslocamento pode ser usado para acelerar certas operações aritméticas. Considere, por exemplo, calcular $18 \times n$ para algum inteiro positivo n. Como $18 \times n = 16 \times n + 2 \times n$, $16 \times n$ pode ser obtido deslocando uma cópia de n 4 bits para a esquerda. $2 \times n$ pode ser obtido deslocando n 1 bit para a esquerda. A soma desses dois números é $18 \times n$.

A multiplicação foi efetuada por um movimento, dois deslocamentos e uma adição, o que costuma ser mais rápido do que uma multiplicação. É claro que o compilador só pode usar esse estratagema quando um fator for uma constante.

Todavia, deslocar números negativos, mesmo com extensão de sinal, dá resultados bem diferentes. Considere, por exemplo, o número de complemento de um, –1. Se deslocado 1 bit para a direita, ele gera –3. Outro deslocamento de 1 bit para a esquerda gera –7:

11111111 11111111 11111111 11111110	–1 em complemento de um
11111111 11111111 11111111 11111100	–1 deslocado 1 bit para a esquerda = –3
11111111 11111111 11111111 11111000	–1 deslocado 2 bits para a esquerda = –7

Deslocar números negativos para a esquerda em complemento de um não permite a multiplicação por 2. No entanto, deslocar para a direita simula corretamente a divisão.

Agora, considere uma representação em complemento de dois do número –1. Quando deslocado 6 bits para a direita com extensão de sinal, ele gera –1, o que é incorreto porque a parte inteira de –1/64 é 0:

11111111 11111111 11111111 11111111	–1 em complemento de dois
11111111 11111111 11111111 11111111	–1 deslocado 6 bits para a direita = –1

Em geral, o deslocamento para a direita introduz erros porque trunca para menos (em direção ao inteiro mais negativo), o que é incorreto na aritmética de inteiros para números negativos. O deslocamento para a esquerda, entretanto, simula a multiplicação por 2.

Operações de rotação são úteis para empacotar e desempacotar sequências de bits de palavras. Se quisermos testar todos os bits em uma palavra, rodar a palavra 1 bit por vez para qualquer lado sucessivamente coloca cada bit no bit de sinal, onde ele pode ser testado com facilidade, e também restaura a palavra a seu valor original quando todos os bits tiverem sido testados. Operações de rotação são mais puras do que operações de deslocamento porque nenhuma informação é perdida: uma operação de rotação qualquer pode ser desfeita com outra operação de rotação.

Certas operações diádicas ocorrem com tanta frequência com determinados operandos que, às vezes, as ISAs têm operações monádicas para efetuá-las rapidamente. Mover zero para uma palavra de memória ou registrador é extremamente comum na inicialização de um cálculo. Claro que mover zero é um caso especial das instruções gerais de movimento de dados. Por questão de eficiência, muitas vezes é fornecida uma operação CLR com um único endereço: o local a ser apagado, isto é, definido como zero.

A operação de somar 1 a uma palavra também é comumente usada para contagem. Uma forma monádica da instrução ADD é a operação INC, que soma 1. A operação NEG é outro exemplo. Negar X é, na verdade, calcular $0 - X$, uma subtração diádica; porém, mais uma vez, por causa de sua utilização frequente, às vezes é fornecida uma instrução NEG separada. Nesse caso, é importante observar a diferença entre a operação aritmética NEG e a operação lógica NOT. A operação NEG produz o **inverso aditivo** de um número (o número que, quando somado ao original, dá 0). A operação NOT simplesmente inverte todos os bits individuais na palavra. As operações são muito similares e, na verdade, para um sistema que usa representação de complemento de um, elas são idênticas. (Em aritmética de complemento de dois, a instrução NEG é executada primeiro invertendo todos os bits individuais, e então somando 1.)

Instruções diádicas e monádicas costumam ser agrupadas conforme sua utilização, em vez de pelo número de operandos que requerem. Um grupo abrange operações aritméticas, incluindo negação. O outro grupo inclui operações lógicas e deslocamento, visto que essas duas categorias na maioria das vezes são usadas em conjunto para realizar extração de dados.

5.5.4 Comparações e desvios condicionais

Quase todos os programas precisam da capacidade de testar seus dados e alterar a sequência de instruções a ser executada com base nos resultados. Um exemplo é a função raiz quadrada, $\sqrt{x}$. Se x for negativo, o **procedimento** emite uma mensagem de erro; caso contrário, calcula a raiz quadrada. Uma função *sqrt* tem de testar x e em seguida desviar, dependendo de ele ser negativo ou não.

Um método comum para fazer isso é providenciar instruções de desvio condicional que testam alguma condição e desviam para um determinado endereço de memória se a condição for cumprida. Às vezes, um bit na instrução indica se o desvio deve ocorrer se a condição for cumprida ou se a condição não for cumprida, respectivamente. Muitas vezes, o endereço de destino não é absoluto, mas relativo à instrução corrente.

A condição mais comum a ser testada é se um determinado bit na máquina é 0 ou não. Se uma instrução testar o bit de sinal de um número e desviar para RÓTULO se ele for 1, as declarações que começam em RÓTULO serão executadas se o número for negativo, e as declarações que vêm após o desvio condicional serão executadas se o número for 0 ou positivo.

Muitas máquinas têm bits de código de condição que são usados para indicar condições específicas. Por exemplo, pode haver um bit de transbordo que é marcado em 1 sempre que uma operação aritmética der um resultado incorreto. Testando esse bit, verificamos o transbordo na operação aritmética anterior, de modo que, se ocorreu um transbordo, pode-se fazer um desvio para uma rotina de erro e executar ações corretivas.

De modo semelhante, alguns processadores têm um bit de vai-um que é marcado quando um vai-um transborda para o bit da extrema esquerda, por exemplo, se dois números negativos forem somados. Um vai-um do bit da extrema esquerda é bem normal e não deve ser confundido com um transbordo. Testar o bit de vai-um é necessário para a aritmética de precisão múltipla (isto é, quando um inteiro é representado por duas ou mais palavras).

Testar o valor zero é importante para laços e muitas outras finalidades. Se todas as instruções de desvio condicional testarem somente 1 bit, testar uma determinada palavra para 0 precisaria de um teste separado para cada bit para garantir que nenhum era um 1. Para evitar essa situação, muitas máquinas têm uma instrução para testar uma palavra e desviar se ela for zero. É claro que essa solução apenas passa a responsabilidade para a microarquitetura. Na prática, o hardware contém um registrador cujos bits passam todos por uma operação OR para dar um único bit que informa se o registrador contém quaisquer bits 1. O bit Z na Figura 4.1 normalmente seria calculado por uma operação OR com todos os bits de saída da ULA e então se inverteria o resultado.

Comparar duas palavras ou caracteres para ver se são iguais, ou, se não forem, qual deles é maior, também é importante, por exemplo, na classificação. Para executar esse teste, são necessários três endereços: dois para os itens de dados e um para o endereço para onde desviar se a condição for verdadeira. Computadores cujo formato de instrução permite três endereços por instrução não têm problema algum, mas os que não têm esse formato de instrução devem fazer alguma coisa para contornar esse problema.

Uma solução comum é fornecer uma instrução que faz uma comparação e ajusta um ou mais bits de condição para registrar o resultado. Uma instrução subsequente pode testar os bits de condição e desviar se os dois valores comparados forem iguais, ou diferentes, ou se o primeiro for maior e assim por diante. O Core i7, a CPU ARM do OMAP4430 e a CPU AVR do ATmega168 usam essa técnica.

Há alguns pontos sutis envolvidos na comparação de dois números. Por exemplo, comparação não é tão simples quanto a subtração. Se um número positivo muito grande for comparado com um número negativo muito grande, a subtração resultará em transbordo, já que o resultado da subtração não pode ser representado. Ainda assim, a instrução de comparação deve determinar se o teste especificado foi satisfeito e retornar a resposta correta – não há transbordo algum em comparações.

Outro ponto sutil em relação à comparação de números é decidir se os números devem ser ou não considerados com sinal. Números binários de três bits podem ser ordenados conforme um de dois modos. Do menor para o maior:

Sem sinal	Com sinal	
000	100	(o menor)
001	101	
010	110	
011	111	
100	000	
101	001	
110	010	
111	011	(o maior)

A coluna da esquerda mostra os inteiros positivos de 0 a 7 em ordem crescente. A coluna da direita mostra os inteiros com sinal de –4 a +3 em complemento de dois. A resposta à pergunta "011 é maior do que 100?" depende de considerar ou não que os números têm sinal. A maioria das ISAs tem instruções para tratar ambas as ordenações.

5.5.5 Instruções de chamada de procedimento

Um **procedimento** é um grupo de instruções que realiza alguma tarefa e pode ser invocado (chamado) de diversas partes do programa. O termo **sub-rotina** muitas vezes é usado em vez de procedimento, em especial quando se refere a programas em linguagem de montagem. Em C, procedimentos são denominados **funções**, embora não sejam necessariamente funções no sentido matemático. Em Java, o termo usado é **método**. Quando o procedimento conclui sua tarefa, deve retornar à declaração após a chamada. Portanto, o endereço de retorno deve ser transmitido ao procedimento ou salvo em algum lugar de modo que possa ser localizado quando for hora de retornar.

O endereço de retorno pode ser colocado em qualquer um de três lugares: na memória, em um registrador ou na pilha. A pior solução é, de longe, mas muito longe, colocá-lo em um único local de memória fixa. Nesse esquema, se o procedimento chamou outro, a segunda chamada faria com que o endereço de retorno da primeira fosse perdido.

Uma pequena melhoria é fazer a instrução de chamada de procedimento armazenar o endereço de retorno na primeira palavra do procedimento, sendo a primeira instrução executável a segunda palavra. Então, o procedimento pode retornar desviando indiretamente para a primeira palavra ou, se o hardware colocar o *opcode* para desvio na primeira palavra junto com o endereço de retorno, desviando diretamente para ele. O procedimento pode chamar outros procedimentos porque cada um tem espaço para um endereço de retorno. Se o procedimento chamar a si próprio, esse esquema falha, porque o primeiro endereço de retorno será destruído pela segunda chamada. A capacidade de um procedimento de chamar a si mesmo, denominada **recursão**, é de extrema importância para programadores práticos, bem como teóricos. Além do mais, se o procedimento A chamar o procedimento B, o procedimento B chamar o procedimento C, e o procedimento C chamar o procedimento A (recursão indireta ou em série – *daisy-chain*), esse esquema também falha. O esquema para armazenar o endereço de retorno na primeira palavra de um procedimento foi usado no CDC 6600, o computador mais rápido do mundo durante grande parte da década de 1960. A principal linguagem usada no 6600 era FORTRAN, que proibia a recursão, de modo que funcionava na época. Mas essa foi, e ainda é, uma ideia terrível.

Uma melhoria maior é a instrução de chamada de procedimento colocar o endereço de retorno em um registrador, deixando ao procedimento a responsabilidade de armazená-lo em um lugar seguro. Se o procedimento for recursivo, terá de colocar o endereço de retorno em um lugar diferente cada vez que for chamado.

A melhor coisa para a instrução de chamada de procedimento fazer com o endereço de retorno é passá-lo para uma pilha. Quando o procedimento concluir, ele retira o endereço de retorno da pilha e o coloca no contador de programa. Se essa forma de chamada de procedimento estiver disponível, a recursão não causa nenhum problema especial; o endereço de retorno será automaticamente salvo de um modo tal que impeça a destruição de endereços de retorno anteriores. A recursão funciona muito bem sob essas condições. Vimos essa forma de salvar o endereço de retorno em IJVM na Figura 4.12.

5.5.6 Controle de laço

A necessidade de executar um grupo de instruções por um número fixo de vezes ocorre com frequência e, por isso, algumas máquinas têm instruções que facilitam essa operação. Todos os esquemas envolvem um contador que é aumentado ou reduzido de alguma constante cada vez que o laço é percorrido. O contador também é testado uma vez, cada vez que o laço é percorrido. Se certa condição ocorrer, o laço é concluído.

Um método inicializa um contador fora do laço e então imediatamente começa a executar o código do laço. A última instrução atualiza o contador e, se a condição de término ainda não estiver satisfeita, desvia de volta à primeira instrução do laço. Caso contrário, ele é concluído e passa adiante, executando a primeira instrução após o laço. Essa forma de fazer laço é caracterizada como laço do tipo "teste no final" (ou pós-teste) e é ilustrada na linguagem C na Figura 5.29(a). (Aqui, não poderíamos usar Java, porque ela não tem um comando **goto**.)

Figura 5.29 (a) Laço do tipo "teste no final". (b) Laço do tipo "teste no início".

```
                  i = 1;                                    i = 1;
                                              L1:           if (i > n) goto L2;
        L1:       primeira declaração;                      primeira declaração;
                  .                                         .
                  .                                         .
                  .                                         .
                  última declaração;                        última declaração;
                  i = i + 1;                                i = i + 1;
                  if (i < n) goto L1;                       goto L1;
                                              L2:
                     (a)                                       (b)
```

O laço do tipo teste no final tem a seguinte propriedade: o laço sempre será executado ao menos uma vez, mesmo que *n* seja menor ou igual a 0. Considere, como exemplo, um programa que mantém registros do pessoal de uma empresa. Em certo ponto, o programa está lendo informações sobre determinado empregado. Ele lê *n*, o número de filhos que o empregado tem e executa um laço *n* vezes, uma vez para cada filho, e lê o nome, sexo e data de aniversário da criança, de modo que a empresa possa lhe enviar um presente, que é um dos benefícios adicionais oferecidos por ela. Se o empregado não tiver filhos, *n* será 0, mas o laço ainda será executado mais uma vez e enviará presentes, e dará resultado incorreto.

A Figura 5.29(b) mostra outro modo de executar o teste, que funciona bem mesmo para *n* menor ou igual a 0. Note que o teste é diferente nos dois casos, de modo que, se uma única instrução ISA fizer o incremento e também o teste, os projetistas são forçados a escolher um método ou o outro.

Considere o código que deveria ser produzido para a declaração

for (i = 0; i < n; i++) { declarações }

Se o compilador não tiver nenhuma informação sobre *n*, terá de utilizar o método da Figura 5.29(b) para tratar corretamente do caso de *n* ≤ 0. Contudo, se o compilador puder determinar que *n* > 0, por exemplo, verificando onde *n* é atribuído, poderia usar o código melhor da Figura 5.29(a). O padrão FORTRAN antes afirmava que todos os laços deveriam ser executados uma vez, para permitir que o código mais eficiente da Figura 5.29(a) fosse gerado todas as vezes. Esse defeito foi corrigido em 1977, quando até mesmo a comunidade FORTRAN começou a perceber que ter uma declaração de laço com semântica esquisita que às vezes dava a resposta errada não era uma boa ideia, ainda que economizasse uma instrução de desvio por laço. C e Java sempre fizeram isso corretamente.

5.5.7 Entrada/Saída

Nenhum outro grupo de instruções exibe tanta variedade entre máquinas quanto as instruções de E/S. Há três esquemas diferentes de E/S em uso corrente em computadores pessoais. São eles:

1. E/S programada com espera ocupada.
2. E/S por interrupção.
3. E/S por DMA.

Agora, discutiremos cada um deles.

O método de E/S mais simples possível é a **E/S programada**, que é mais usada em microprocessadores de baixa tecnologia, por exemplo, em sistemas embutidos ou em sistemas que têm de responder rapidamente a mudanças externas (sistemas de tempo real). Essas CPUs costumam ter uma única instrução de entrada e uma única instrução de saída. Cada uma das instruções seleciona um dos dispositivos de E/S. Um único caractere é transferido entre um registrador fixo no processador e o dispositivo de E/S selecionado. O processador deve executar uma sequência explícita de instruções para todo e qualquer caractere lido ou escrito.

Como um exemplo simples desse método, considere um terminal com quatro registradores de 1 byte, como mostra a Figura 5.30. Dois registradores são usados para entrada, um de estado e um de dados, e dois para saída, também um para estado um para dados. Cada um tem um endereço exclusivo. Se a E/S usada for do tipo mapeada para a memória, todos os quatro registradores são parte do espaço de endereço da memória do computador e podem ser lidos e escritos usando instruções comuns. Caso contrário, são fornecidas instruções especiais de E/S, por exemplo, IN e OUT, para ler e escrever nos registradores. Em ambos os casos, a E/S é executada por transferência de dados e informação de estado entre a CPU e esses registradores.

Figura 5.30 Registradores de dispositivo para um terminal simples.

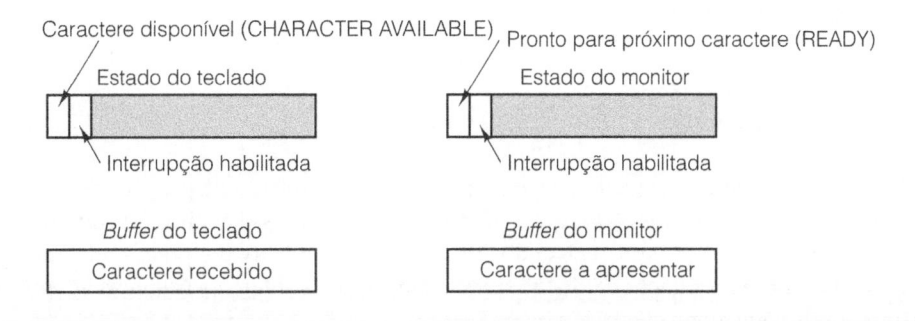

Caractere disponível (CHARACTER AVAILABLE)
Estado do teclado
Interrupção habilitada

Pronto para próximo caractere (READY)
Estado do monitor
Interrupção habilitada

Buffer do teclado
Caractere recebido

Buffer do monitor
Caractere a apresentar

O registrador de estado do teclado tem 2 bits que são usados e 6 bits que não o são. O bit da extrema esquerda (7) é marcado em 1 pelo hardware sempre que um caractere chegar. Se o software tiver marcado antes o bit 6, é gerada uma interrupção; caso contrário, ela não é gerada (interrupções serão discutidas em breve). Quando usa E/S programada para obter entrada, a CPU normalmente se encontra em um laço estreito que lê repetidas vezes o registrador de estado do teclado à espera do bit 7 para então continuar. Quando isso acontece, o software lê o registrador de *buffer* do teclado para obter o caractere. Ao ler o registrador de dados do teclado, o registrador faz com que o bit CHARACTER AVAILABLE (caractere disponível, bit 7) seja retornado para 0.

A saída funciona de modo semelhante. Para escrever um caractere na tela, o software primeiro lê o registrador de estado do monitor para ver se o bit READY (pronto para próximo caractere) é 1. Se não for, executa o laço até que o bit vá para 1, o que indica que o dispositivo está pronto para aceitar um caractere. Tão logo o terminal esteja pronto, o software escreve um caractere para o registrador de *buffer* do monitor, o que faz com que ele seja transmitido para a tela, e também com que o dispositivo libere o bit READY no registrador de estado do monitor. Quando o caractere for apresentado na tela e o terminal estiver pronto para tratar o próximo caractere, o controlador automaticamente ajusta o bit READY para 1 novamente.

Como um exemplo de E/S programada, considere o procedimento Java da Figura 5.31. Esse procedimento é chamado com dois parâmetros: um vetor de caracteres para saída e o número de caracteres presentes no vetor, até 1 K. O corpo do procedimento é um laço que envia caracteres para a saída um por vez. Para cada caractere, primeiro a CPU tem de esperar até que o dispositivo esteja pronto, e então envia o caractere. Os procedimentos *in* e *out* seriam típicas rotinas de linguagem de montagem para ler e escrever os registradores do dispositivo especificados pelo primeiro parâmetro de ou para a variável especificada como o segundo parâmetro. A divisão por 128, implícita pelo deslocamento, se livra dos 7 bits de ordem baixa deixando o bit READY no bit 0.

A principal desvantagem da E/S programada é que a CPU gasta grande parte de seu tempo em um laço estreito esperando que o dispositivo fique pronto. Essa abordagem é denominada **espera ocupada**. Se a CPU não tiver nada mais a fazer (por exemplo, a CPU de uma máquina de lavar), a espera ocupada pode servir (embora até um simples controlador muitas vezes precise monitorar vários eventos concorrentes). Todavia, se houver outro trabalho a fazer, como executar outros programas, a espera ocupada é um desperdício, portanto, é preciso um método de E/S diferente.

Figura 5.31 Exemplo de E/S programada.

```
public static void output_buffer(char buf[ ], int count) {
    // Produza um bloco de dados para o dispositivo
    int status, i, ready;
    for (i = 0; i < count; i++) {
        do {
            status = in(display_status_reg);      // obtenha estado
            ready = (status >> 7) & 0x01;         // isole o bit de pronto
        } while (ready != 1);
        out(display_buffer_reg, buf[i]);
    }
}
```

O modo de se livrar da espera ocupada é fazer com que a CPU inicie o dispositivo de E/S e diga a ele para gerar uma interrupção quando concluir. A Figura 5.30 nos mostra como isso é feito. Ajustando o bit **INTERRUPT ENABLE** (interrupção habilitada) em um registrador de dispositivo, o software pode requisitar que o hardware lhe dê um sinal quando a E/S for concluída. Estudaremos em detalhes interrupções mais adiante neste capítulo, quando chegarmos ao fluxo de controle.

Vale a pena mencionar que, em muitos computadores, o sinal de interrupção é gerado por uma operação AND entre o bit **INTERRUPT ENABLE** e o bit **READY**. Se o software primeiro habilitar interrupções (antes de iniciar a E/S), uma interrupção acontecerá de imediato, porque o bit **READY** será 1. Assim, pode ser necessário primeiro iniciar o dispositivo; então, logo após, habilitar interrupções. Escrever um byte para o registrador de estado não altera o bit **READY**, que é só de leitura.

Embora a E/S por interrupção seja um grande passo à frente em comparação com a E/S programada, está longe de ser perfeita. O problema é que é requerida uma interrupção para todo caractere transmitido. Como processar uma interrupção é caro, precisamos de um meio de nos livrar da maioria das interrupções.

A solução está em voltar à E/S programada, mas contratar alguém para fazê-la. (A solução para muitos problemas é ter alguém para fazer o serviço.) A Figura 5.32 mostra como isso é feito. Aqui, acrescentamos ao sistema um novo chip, um controlador **DMA** (**Direct Memory Access – acesso direto à memória**), com acesso direto ao barramento.

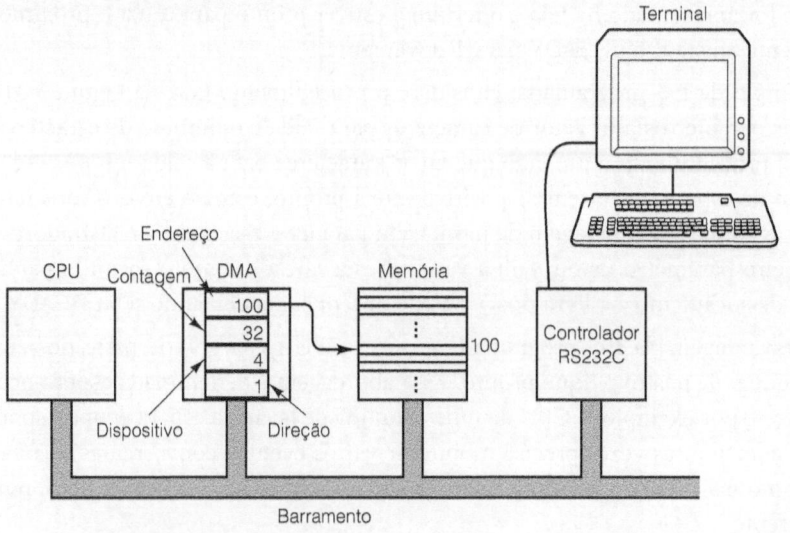

Figura 5.32 Sistema com um controlador DMA.

O chip DMA contém, no mínimo, quatro registradores, e todos podem ser carregados por software executado na CPU. O primeiro contém o endereço de memória a ser lido ou escrito. O segundo contém a quantidade de bytes (ou palavras) a ser transferida. O terceiro especifica o número do dispositivo ou espaço de endereço de E/S a utilizar, especificando, assim, qual é o dispositivo de E/S desejado. O quarto informa se dados devem ser lidos ou escritos para o dispositivo de E/S.

Para escrever um bloco de 32 bytes do endereço de memória 100 para um terminal (por exemplo, dispositivo 4), a CPU escreve os números 32, 100 e 4 nos três primeiros registradores DMA e então o código para WRITE (por exemplo, 1) no quarto, como mostra a Figura 5.32. Uma vez inicializado desse modo, o controlador DMA faz uma requisição ao barramento para ler o byte 100 da memória, do mesmo modo que a CPU leria da memória. Após ter obtido esse byte, o controlador DMA faz uma requisição de E/S ao dispositivo 4 para escrever o byte para ele. Após a conclusão de ambas as operações, o controlador DMA incrementa em 1 seu registrador de endereço e decrementa em 1 seu registrador de contagem. Se a contagem do registrador ainda for maior do que 0, outro byte é lido da memória e então escrito para o dispositivo.

Quando a contagem por fim chega a 0, o controlador DMA para de transferir dados e ativa a linha de interrupção no chip da CPU. Com DMA, a CPU tem de inicializar apenas alguns registradores. Logo após, ela está livre para fazer qualquer outra coisa até que a transferência completa seja concluída, quando então obtém uma interrupção do controlador DMA. Alguns desses controladores têm dois, três ou mais conjuntos de registradores, portanto, podem controlar várias transferências simultâneas.

Embora o DMA alivie muito a CPU da carga de E/S, o processo ainda tem um custo. Se um dispositivo de alta velocidade, como um disco, estiver sendo executado por DMA, serão necessários muitos ciclos de barramento, tanto para referências à memória quanto para referências aos dispositivos. Durante esses ciclos, a CPU terá de esperar (a prioridade do DMA no barramento é sempre maior do que a da CPU porque, em geral, dispositivos de E/S não podem tolerar atrasos). O processo de um controlador DMA tirar ciclos da CPU é denominado **roubo de ciclo**. Ainda assim, o ganho por não ter de tratar uma interrupção por byte (ou palavra) transferido compensa em muito a perda devido ao roubo de ciclo.

5.5.8 Instruções do Core i7

Nesta seção e nas duas seguintes, estudaremos os conjuntos de instruções de nossas três máquinas de exemplo: o Core i7, a CPU ARM do OMAP4430 e a CPU AVR do ATmega168. Cada um deles tem um núcleo de instruções que costumam ser geradas por compiladores, e mais um conjunto de instruções que raramente são usadas, ou o são somente pelo sistema operacional. Em nossa discussão, focalizaremos as instruções comuns. Vamos começar com o Core i7. Ele é o mais complicado. Depois disso, vamos descer a colina.

O conjunto de instruções do Core i7 é uma mistura de instruções que fazem sentido no modo de 32 bits e instruções que remontam à sua vida anterior como um 8088. Na Figura 5.33, mostramos uma pequena seleção das instruções de inteiros mais comuns que os compiladores e programadores talvez usem nos dias atuais. Essa lista está longe de ser completa, porque não inclui instruções de ponto flutuante, instruções de controle e nem mesmo algumas das instruções de inteiros mais exóticas (como usar um byte de 8 bits em AL para realizar consulta de tabela). Não obstante, ela dá uma boa ideia do que o Core i7 pode fazer.

Muitas das instruções do Core i7 referenciam um ou dois operandos, seja em registradores, seja na memória. Por exemplo, a instrução ADD de dois operandos soma a origem ao destino, e a instrução INC de um operando incrementa (soma 1 a) seu operando. Algumas das instruções têm diversas variantes que guardam estreita relação com elas. Por exemplo, as instruções de deslocamento podem deslocar para a direita ou para a esquerda e podem dar ou não tratamento especial ao bit de sinal. Grande parte das instruções tem uma variedade de diferentes codificações, dependendo da natureza dos operandos.

Na Figura 5.33, os campos SRC são fontes de informação e não são alterados. Por comparação, os campos DST são destinos e normalmente são modificados pela instrução. Há algumas regras sobre o que é permitido a uma fonte ou a um destino que variam erraticamente de instrução para instrução, mas não entraremos nesse assunto aqui. Muitas instruções têm três variantes, para operandos de 8, 16 e 32 bits, respectivamente. Elas são distinguidas por *opcodes* diferentes e/ou por um bit na instrução. A lista da Figura 5.33 dá ênfase às instruções de 32 bits.

Figura 5.33 Seleção de instruções de inteiros do Core i7.

Movimentos

MOV DST,SRC	Mova SRC para DST
PUSH SRC	Passe SRC para a pilha
POP DST	Retire uma palavra da pilha e passe-a para DST
XCHG DS1,DS2	Permute DS1 e DS2
LEA DST,SRC	Carregue endereço efetivo de SRC para DST
CMOVcc DST,SRC	Movimento condicional

Aritmética

ADD DST,SRC	Some SRC com DST
SUB DST,SRC	Subtraia SRC de DST
MUL SRC	Multiplique EAX por SRC (sem sinal)
IMUL SRC	Multiplique EAX por SRC (com sinal)
DIV SRC	Divida EDX:EAX por SRC (sem sinal)
IDIV SRC	Divida EDX:EAX por SRC (com sinal)
ADC DST,SRC	Some SRC com DST, então, some bit vai-um
SBB DST,SRC	Subtraia SRC e faça vai-um de DST
INC DST	Some 1 a DST
DEC DST	Subtraia 1 de DST
NEG DST	Negue DST (subtraia DST de 0)

Decimais de código binário

DAA	Ajuste decimal
DAS	Ajuste decimal para subtração
AAA	Ajuste decimal para adição
AAS	Ajuste ASCII para subtração
AAM	Ajuste ASCII para multiplicação
AAD	Ajuste ASCII para divisão

Booleanas

AND DST,SRC	AND booleana entre SRC e DST
OR DST,SRC	OR booleana entre SRC e DST
XOR DST,SRC	Exclusive OR booleana entre SRC e DST
NOT DST	Substitua DST por complemento de 1

Deslocamento/rotação

SAL/SAR DST,#	Desloque DST para esquerda/direita # bits
SHL/SHR DST,#	Desloque logicamente DST para esquerda/direita # bits
ROL/ROR DST,#	Rode DST para esquerda/direita # bits
RCL/RCR DST,#	Rode DST até # bits de vai-um

Teste/comparação

TEST SRC1,SRC2	Efetue AND booleana de operandos, ajuste *flags*
CMP SRC1,SRC2	Ajuste *flags* com base em SRC1-SRC2

Transferência de controle

JMP ADDR	Salte para ADDR
Jxx ADDR	Saltos condicionais com base em *flags*
CALL ADDR	Chame procedimento em ADDR
RET	Retorne do procedimento
IRET	Retorne da interrupção
LOOPxx	Efetue laço até cumprir condição
INT n	Inicie uma interrupção de software
INTO	Interrompa se bit de transbordo estiver marcado

Cadeia de caracteres

LODS	Carregue cadeia
STOS	Armazene cadeia
MOVS	Mova cadeia
CMPS	Compare duas cadeias
SCAS	Examine cadeias

Códigos de condição

STC	Marque bit de vai-um em registrador EFLAGS
CLC	Limpe bit de vai-um em registrador EFLAGS
CMC	Complemente bit de vai-um em registrador EFLAGS
STD	Marque bit de direção em registrador EFLAGS
CLD	Limpe bit de direção em registrador EFLAGS
STI	Marque bit de interrupção em registrador EFLAGS
CLI	Limpe bit de interrupção em registrador EFLAGS
PUSHFD	Passe registrador EFLAGS para pilha
POPFD	Retire registrador EFLAGS da pilha
LAHF	Carregue AH a partir do registrador EFLAGS
SAHF	Armazene AH em registrador EFLAGS

Diversas

SWAP DST	Mude o lado do bit menos significativo de DST
CWQ	Estenda EAX para EDX:EAX para divisão
CWDE	Estenda número de 16 bits em AX para EAX
ENTER SIZE,LV	Crie quadro de pilha com bytes SIZE
LEAVE	Desfaça quadro de pilha montado por ENTER
NOP	Nenhuma operação
HLT	Pare
IN AL,PORT	Entre um byte de PORT para AL
OUT PORT,AL	Saia com um byte de AL para PORT
WAIT	Espere por uma interrupção

SRC = origem   # = contagem de deslocamento/rotação
DST = destino   LV = # locais

Por conveniência, dividimos as instruções em vários grupos. O primeiro contém instruções que movem dados pela máquina, entre registradores, a memória e a pilha. O segundo efetua aritmética, com sinal e sem sinal. Para multiplicação e divisão, o produto ou dividendo de 64 bits é armazenado em EAX (parte de ordem baixa) e EDX (parte de ordem alta).

O terceiro grupo efetua aritmética decimal em código binário (BCD – Binary Coded Decimal), tratando cada byte como dois *nibbles* de 4 bits. Cada *nibble* contém um dígito decimal (0 a 9). Não são usadas as combinações de bits 1010 a 1111. Assim, um inteiro de 16 bits pode conter um número decimal de 0 a 9999. Embora ineficiente, essa forma de armazenamento elimina a necessidade de converter entrada decimal para binária e depois convertê-la novamente para decimal para saída. Essas instruções são usadas para efetuar aritmética nos números BCD. São muito usadas em programas COBOL.

As instruções booleanas de deslocamento/rotação manipulam os bits em uma palavra ou byte de várias maneiras. Várias combinações são fornecidas.

Os dois grupos seguintes dizem respeito a teste e comparação e então a saltos com base nos resultados. Os resultados de instruções de teste e comparação são armazenados em vários bits do registrador EFLAGS. Jxx representa um conjunto de instruções que salta condicionalmente, dependendo dos resultados da comparação anterior (isto é, dos bits em EFLAGS).

O Core i7 tem várias instruções para carregar, armazenar, mover, comparar e examinar cadeias de caracteres ou palavras. Essas instruções podem ter um byte de prefixo especial denominado REP, que as faz serem repetidas até que uma certa condição seja cumprida, como ECX, que é decrementada após cada iteração, até chegar a 0. Desse modo, blocos arbitrários de dados podem ser movidos, comparados e assim por diante. O grupo seguinte gerencia os códigos de condição.

O último grupo é um apanhado de instruções que não se encaixam em nenhum outro grupo. Inclui conversões, gerenciamento de quadro de pilha, parar a CPU e E/S.

O Core i7 tem vários **prefixos**, dentre os quais já mencionamos um (REP). Cada um deles é um byte especial que pode preceder a maioria das instruções, semelhante a WIDE em IJVM. REP faz a instrução que vem depois dele ser repetida até ECX chegar a 0, como já dissemos. REPZ e REPNZ executam repetidas vezes a instrução seguinte até o código de condição Z ser marcado, ou não marcado, respectivamente. LOCK reserva o barramento para toda a instrução, para permitir sincronização de multiprocessador. Outros prefixos são usados para obrigar uma instrução a operar em modo de 16 bits ou em modo de 32 bits, o que não só muda o comprimento dos operandos, mas também redefine completamente os modos de endereçamento. Por fim, o Core i7 tem um esquema de segmentação complexo, com código, dados, pilha e segmentos extras, um remanescente do 8088. São fornecidos prefixos para obrigar as referências à memória a usar segmentos específicos, mas não nos preocuparemos com eles (ainda bem).

5.5.9 Instruções da CPU ARM do OMAP4430

Quase todas as instruções ARM de inteiros de modo usuário que um compilador poderia gerar estão relacionadas na Figura 5.34. Não damos aqui instruções de ponto flutuante, nem de controle (por exemplo, gerenciamento de *cache*, inicialização de sistema), instruções que envolvem espaços de endereços, exceto os de usuário, nem extensões de instrução, como Thumb. O conjunto é surpreendentemente pequeno: a ISA ARM do OMAP4430 é de fato um computador com conjunto reduzido de instruções.

Figura 5.34 As principais instruções de inteiros da CPU ARM do OMAP4430.

Cargas

LDRSB DST,ADDR	Carregue byte com sinal (8 bits)
LDRB DST,ADDR	Carregue byte sem sinal (8 bits)
LDRSH DST,ADDR	Carregue meia palavra com sinal (16 bits)
LDRH DST,ADDR	Carregue meia palavra sem sinal (16 bits)
LDR DST,ADDR	Carregue palavra (32 bits)
LDM S1,REGLIST	Carregue múltiplas palavras

Armazenamentos

STRB DST,ADDR	Armazene byte (8 bits)
STRH DST,ADDR	Armazene meia palavra (16 bits)
STR DST,ADDR	Armazene palavra (32 bits)
STM SRC,REGLIST	Armazene múltiplas palavras

Aritmética

ADD DST,S1,S2IMM	Some
ADC DST,S1,S2IMM	Some com vai-um
SUB DST,S1,S2IMM	Subtraia
SBC DST,S1,S2IMM	Subtraia com vai-um
RSB DST,S1,S2IMM	Reverta a subtração
RSC DST,S1,S2IMM	Reverta a subtração com vai-um
MUL DST,S1,S2	Multiplique
MLA DST,S1,S2,S3	Multiplique e acumule
UMULL D1,D2,S1,S2	Multiplique longo sem sinal
SMULL D1,D2,S1,S2	Multiplique longo com sinal
UMLAL D1,D2,S1,S2	MLA longo sem sinal
SMLAL D1,D2,S1,S2	MLA longo com sinal
CMP S1,S2IMM	Compare e defina PSR

Deslocamentos/rotações

LSL DST,S1,S2IMM	Desloque logicamente para a esquerda
LSR DST,S1,S2IMM	Desloque logicamente para a direita
ASR DST,S1,S2IMM	Desloque aritmética para a direita
ROR DSR,S1,S2IMM	Rode para a direita

Booleanas

TST DST,S1,S2IMM	Teste bits
TEQ DST,S1,S2IMM	Teste equivalência
AND DST,S1,S2IMM	AND booleano
EOR DST,S1,S2IMM	EXCLUSIVE OR booleano
ORR DST,S1,S2IMM	OR booleano
BIC DST,S1,S2IMM	Apague bit

Transferência de controle

Bcc IMM	Desvie para PC + IMM
BLcc IMM	Desvie com link para PC + IMM
BLcc S1	Desvie com link para soma de registrador

Diversas

MOV DST,S1	Mova registrador
MOVT DST,IMM	Mova imm para bits superiores
MVN DST,S1	Efetua a inversão lógica (NOT) do registrador
MRS DST,PSR	Leia PSR
MSR PSR,S1	Escreva PSR
SWP DST,S1,ADDR	Troque palavra de reg/mem
SWPB DST,S1,ADDR	Troque byte de reg/mem
SWI IMM	Interrupção de software

S1 = registrador de origem
S2IMM = registrador de origem ou imediato
S3 = registrador de origem (quando 3 são usados)
DST = registrador de destino
D1 = registrador de destino (1 de 2)
D2 = registrador de destino (2 de 2)

ADDR = endereço de memória
IMM = valor imediato
REGLIST = lista de registradores
PSR = registrador de estado do processador
cc = condição de desvio

As instruções **LDR** e **STR** são diretas, com versões para 1, 2 e 4 bytes. Quando um número com menos de 32 bits é carregado em um registrador (32 bits), pode ser estendido em sinal ou estendido em zeros. Existem instruções para as duas opções.

O próximo grupo é para aritmética, que opcionalmente pode definir os bits do código de condição do registrador de estado do processador. Em máquinas CISC, grande parte das instruções ajusta os códigos de condição, mas em uma máquina RISC isso é indesejável porque restringe a liberdade de o compilador mover instruções para lá e para cá quando tentar escaloná-las a fim de tolerar atrasos da instrução. Se a ordem original de instruções for A ... B ... C, sendo que A marca os códigos de condição e B testa os códigos, o compilador não pode inserir C entre A e B se C marcar os códigos de condição. Por essa razão, são fornecidas duas versões de muitas instruções, e o compilador costuma usar a que não marca os códigos de condição, a menos que esteja em seus planos testá-las mais tarde. O programador especifica a definição dos códigos de condição acrescentando um "S" ao final do nome do *opcode* da instrução, por exemplo, ADDS. Um bit na instrução indica ao processador que os códigos de condição devem ser marcados. Multiplicação e multiplicação com acumulador também são suportadas.

O grupo de deslocamento contém um deslocamento para a esquerda e dois para a direita, cada um operando sobre registradores de 32 bits. A instrução de rotação à direita realiza uma rotação circular de bits dentro do registrador, de modo que o bit que sai da posição menos significativa reaparece como o mais significativo. Os deslocamentos são mais usados para manipulação de bits. A maioria das máquinas CISC tem um grande número de instruções de deslocamento e rotação, praticamente todas elas totalmente inúteis. Poucos escritores de compiladores passarão noites em claro chorando sua ausência.

O grupo de instruções booleanas é parecido com o grupo aritmético. Inclui operações AND, EOR, ORR, TST, TEQ e BIC. O valor das últimas três é questionável, mas elas podem ser efetuadas em um ciclo e requerem quase nenhum hardware, então, foram mantidas. Até projetistas de máquinas RISC às vezes sucumbem à tentação.

O próximo grupo de instruções contém as transferências de controle. *Bcc* representa um conjunto de instruções que desviam em várias condições. *BLcc* é semelhante porque desvia em várias condições, mas também deposita o endereço da próxima instrução no registrador de ligação (R14). Essa instrução é útil para efetuar chamadas de procedimento. Diferente de todas as outras arquiteturas RISC, não há uma instrução explícita de desvio para endereço de registrador. Ela pode ser simulada com facilidade usando uma instrução MOV com o destino definido para o contador de programa (R15).

Há duas maneiras de chamar procedimentos. A primeira instrução *BLcc* usa o formato de "desvio" da Figura 5.14 com um deslocamento de *palavra* relativo ao PC de 24 bits. Esse valor é suficiente para atingir qualquer instrução dentro de 32 MB a partir da chamada, em qualquer direção. A segunda salta para o endereço no registrador especificado. Isso pode ser usado para efetuar chamadas de procedimento ligadas dinamicamente (por exemplo, funções virtuais da C++) ou chamadas além do alcance dos 32 MB.

O último grupo contém alguns remanescentes. MOVT é necessária porque não há um modo de colocar um operando imediato de 32 bits em um registrador. Isso pode ser feito usando MOVT para marcar os bits de 16 a 31 e depois fazer com que a próxima instrução forneça os bits restantes, usando o formato imediato. As instruções MRS e MSR permitem a leitura e a escrita da palavra de estado do processador (PSR). As instruções SWP realizam trocas indivisíveis entre um registrador e um local da memória. Essas instruções efetuam os primitivos de sincronismo de multiprocessador, que veremos no Capítulo 8. Por fim, a instrução SWI inicia uma interrupção de software, que é um modo sofisticado de dizer que ela inicia uma chamada do sistema.

5.5.10 Instruções da CPU AVR do ATmega168

O ATmega168 tem um conjunto de instruções simples, mostrado na Figura 5.35. Cada linha dá o mnemônico, uma breve descrição e um fragmento de pseudocódigo que detalha a operação da instrução. Como era de se esperar, há uma variedade de instruções MOV para mover dados entre os registradores. Há instruções para passar e retirar de uma pilha, a qual é apontada pelo ponteiro de pilha (SP) de 16 bits na memória. A memória pode ser acessada tanto por um endereço imediato, registrador indireto, ou registrador indireto mais um deslocamento. Para permitir 64 KB de endereçamento, a carga com um endereço imediato é uma instrução de 32 bits. O modo de endereçamento indireto utiliza pares de registradores X, Y e Z, que combinam os dois registradores de 8 bits para formar um único ponteiro de 16 bits.

Figura 5.35 Conjunto de instruções da CPU AVR do ATmega168.

Instrução	Descrição	Semântica
ADD DST,SRC	Some	DST ← DST + SRC
ADC DST,SRC	Some com vai-um	DST ← DST + SRC + C
ADIW DST,IMM	Some imediato com palavra	DST+1:DST ← DST+1:DST + IMM
SUB DST,SRC	Subtraia	DST ← DST − SRC
SUBI DST,IMM	Subtraia imediato	DST ← DST − IMM
SBC DST,SRC	Subtraia com vai-um	DST ← DST − SRC − C
SBCI DST,IMM	Subtraia imediato com vai-um	DST ← DST − IMM − C
SBIW DST,IMM	Subtraia imediato da palavra	DST+1:DST ← DST+1:DST − IMM
AND DST,SRC	AND lógico	DST ← DST AND SRC
ANDI DST,IMM	AND lógico com imediato	DST ← DST AND IMM
OR DST,SRC	OR lógico	DST ← DST OR SRC
ORI DST,IMM	OR lógico com imediato	DST ← DST OR IMM
EOR DST,SRC	EXCLUSIVE OR	DST ← DST XOR SRC
COM DST	Complemento de um	DST ← 0xFF − DST
NEG DST	Complemento de dois	DST ← 0x00 − DST
SBR DST,IMM	Marque bit(s) no registrador	DST ← DST OR IMM
CBR DST,IMM	Limpe bit(s) no registrador	DST ← DST AND (0xFF − IMM)
ING DST	Incremente	DST ← DST + 1
DEC DST	Decremente	DST ← DST − 1
TST DST	Teste se é zero ou negativo	DST ← DST AND DST
CLR DST	Limpe registrador	DST ← DST XOR DST
SER DST	Marque registrador	DST ← 0xFF
MUL DST,SRC	Multiplique sem sinal	R1:R0 ← DST * SRC
MULS DST,SRC	Multiplique com sinal	R1:R0 ← DST * SRC
MULSU DST,SRC	Multiplique com sinal e sem sinal	R1:R0 ← DST * SRC
RJMP IMM	Salte em relação ao PC	PC ← PC + IMM + 1
IJMP	Salte indireto para Z	PC ← Z (R30:R31)
JMP IMM	Salte	PC ← IMM
RCALL IMM	Chamada relativa	STACK ← PC+2, PC ← PC + IMM + 1
ICALL	Chamada indireta para (Z)	STACK ← PC+2, PC ← Z (R30:R31)
CALL	Chamada	STACK ← PC+2, PC ← IMM
RET	Retorne	PC ← STACK
CP DST,SRC	Compare	DST − SRC
CPC DST,SRC	Compare com vai-um	DST − SRC − C
CPI DST,IMM	Compare com imediato	DST − IMM
BRcc IMM	Desvie em condição	if cc(true) PC ← PC + IMM + 1
MOV DST,SRC	Copie registrador	DST ← SRC
MOVW DST,SRC	Copie par de registradores	DST+1:DST ← SRC+1:SRC
LDI DST,IMM	Carregue imediato	DST ← IMM
LDS DST,IMM	Carregue direto	DST ← MEM[IMM]
LD DST,XYZ	Carregue indireto	DST ← MEM[XYZ]
LDD DST,XYZ+IMM	Carregue indireto com deslocamento	DST ← MEM[XYZ+IMM]
STS IMM,SRC	Carregue direto	MEM[IMM] ← SRC
ST XYZ,SRC	Carregue indireto	MEM[XYZ] ← SRC
STD XYZ+IMM,SRC	Carregue indireto com deslocamento	MEM[XYZ+IMM] ← SRC
PUSH REGLIST	Coloque registrador na pilha	STACK ← REGLIST
POP REGLIST	Retire registrador da pilha	REGLIST ← STACK
LSL DST	Deslocamento lógico à esquerda por um	DST ← DST LSL 1
LSR DST	Deslocamento lógico à direita por um	DST ← DST LSR 1
ROL DST	Rotação à esquerda por um	DST ← DST ROL 1
ROR DST	Rotação à direita por um	DST ← DST ROR 1
ASR DST	Deslocamento aritmético à direita por um	DST ← DST ASR 1

SRS = registrador de origem
DST = registrador de destino
IMM = valor imediato

XYZ = par de registradores X, Y ou Z
MEM[A] = accessar a memória no endereço A

O ATmega168 tem instruções aritméticas simples para somar, subtrair e multiplicar, sendo que esta última usa dois registradores. Incrementar e decrementar também são operações possíveis e muito usadas. Instruções booleanas, de deslocamento e de rotação também estão presentes. A instrução de desvio e chamada pode visar um endereço imediato, um relativo ao PC ou um contido no par de registradores Z.

5.5.11 Comparação de conjuntos de instruções

Os três exemplos de conjuntos de instrução são muito diferentes. O Core i7 é uma clássica máquina CISC de dois endereços de 32 bits, com uma longa história, modos de endereçamento peculiares e muito irregulares e muitas instruções que referenciam a memória.

A CPU ARM do OMAP4430 é uma moderna RISC de três endereços de 32 bits, com arquitetura carga/armazenamento, poucos modos de endereçamento e um conjunto de instruções compacto e eficiente. A arquitetura AVR do ATmega168 é um minúsculo processador embutido, projetado para caber em um único chip.

Cada máquina é como é por uma boa razão. O projeto do Core i7 foi determinado por três fatores principais:

1. Compatibilidade.
2. Compatibilidade.
3. Compatibilidade.

Dada a tecnologia atual, ninguém projetaria uma máquina tão irregular com um número tão pequeno de registradores, todos diferentes. Isso dificulta a escrita de compiladores. A falta de registradores também obriga os compiladores a despejar variáveis constantemente na memória e então carregá-las de novo, um negócio caro, mesmo com dois ou três níveis de *cache*. O fato de o Core i7 ser tão rápido, mesmo com as limitações dessa ISA, é um testemunho da qualidade dos engenheiros da Intel. Mas, como vimos no Capítulo 4, a implementação é de extrema complexidade.

A CPU ARM do OMAP4430 representa um projeto de ISA de última geração. Ela tem uma ISA completa de 32 bits. Possui muitos registradores e um conjunto de instrução que dá ênfase a operações com três registradores, e mais um pequeno grupo de instruções LOAD e STORE. Todas as instruções têm o mesmo tamanho, embora o número de formatos tenha saído um pouco de controle. Ainda assim, ela se presta a uma implementação direta e eficiente. Grande parte dos novos projetos tende a se parecer com a arquitetura ARM do OMAP4430, mas com menos formatos de instrução.

A CPU AVR do ATmega168 tem um conjunto de instruções simples e de razoável regularidade com um número relativamente baixo de instruções e poucos modos de endereçamento. Ela se distingue por ter 32 registradores de 8 bits, acesso rápido aos dados, um modo para acessar registradores no espaço de memória e instruções de manipulação de bit surpreendentemente poderosas. O maior motivo de sua fama é que ela pode ser efetuada com um número muito pequeno de transistores, o que possibilita colocar um grande número deles em um substrato e, por conseguinte, mantém muito baixo o custo por CPU.

5.6 Fluxo de controle

Fluxo de controle se refere à sequência em que as instruções são executadas dinamicamente, isto é, durante a execução do programa. Em geral, na ausência de desvios e chamadas de procedimento, instruções executadas em sequência são buscadas em locais consecutivos de memória. Chamadas de procedimento causam alteração no fluxo de controle, interrompendo o procedimento que está sendo executado naquele momento e iniciando o procedimento chamado. Corrotinas são relacionadas com procedimentos e causam alterações semelhantes no fluxo de controle. Elas são úteis para simular processos paralelos. Exceções e interrupções também causam alteração no fluxo de controle quando ocorrem condições especiais. Todos esses tópicos serão discutidos nas seções seguintes.

5.6.1 Fluxo de controle sequencial e desvios

A maioria das instruções não altera o fluxo de controle. Após uma instrução ser executada, a que vem depois dela na memória é buscada e executada. Após cada instrução, o contador de programa é aumentado pelo comprimento da instrução. Se isso for observado por um intervalo de tempo longo em comparação com o tempo médio de instrução, o contador de programa é mais ou menos uma função linear do tempo, aumentando com o comprimento médio da instrução por tempo médio de instrução. Em outras palavras, a ordem dinâmica na qual o processador de fato executa as instruções é a mesma em que elas aparecem na listagem do programa, como mostra a Figura 5.36(a). Se um programa contém desvios, essa relação simples entre a ordem na qual as instruções aparecem na memória e a ordem em que elas são executadas já não vale mais. Quando há desvios presentes, o contador de programa deixa de ser uma função monotônica crescente do tempo, como mostra a Figura 5.36(b). O resultado é que fica difícil visualizar a sequência de execução de instruções com base na listagem do programa.

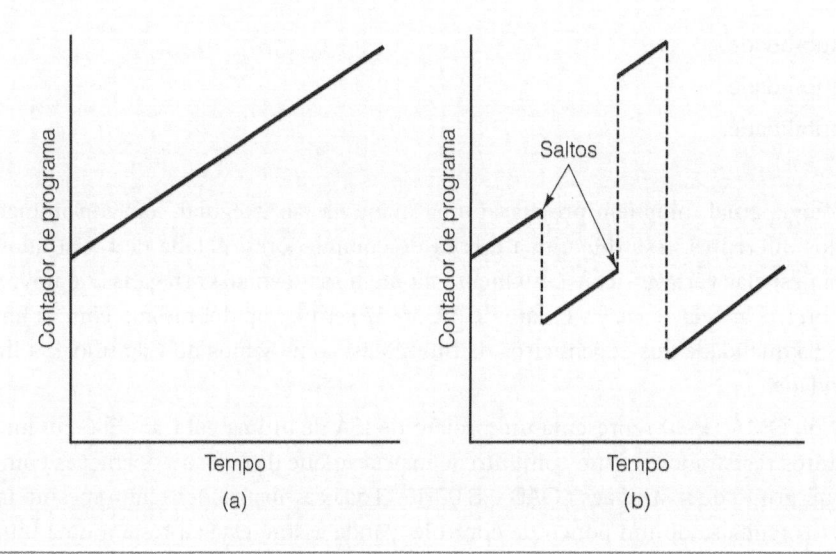

Figura 5.36 Contador de programa como função de tempo (ajustada). (a) Sem desvios. (b) Com desvios.

Quando os programadores têm problemas para monitorar a sequência na qual o processador executará as instruções, tendem a cometer erros. Essa observação levou Dijkstra (1968a) a escrever a carta, controvertida na ocasião, intitulada "GOTO Statement Considered Harmful" ("Comando GOTO considerado perigoso"), na qual sugeria evitar comandos **goto**. Essa carta deu origem à revolução da programação estruturada, da qual um dos dogmas é a substituição de declarações **goto** por formas de controle de fluxo mais estruturadas, como laços **while**. É claro que esses programas compilam até programas de nível 2 que contêm muitos desvios, porque a implementação de **if**, **while** e outras estruturas de controle de alto nível requer desvios para todos os lados.

5.6.2 Procedimentos

A técnica mais importante para estruturar programas é o procedimento. De certo ponto de vista, uma chamada de procedimento altera o fluxo de controle exatamente como um desvio, mas, diferente deste, quando conclui a execução de sua tarefa, ela devolve o controle à declaração ou instrução que vem após a chamada.

Contudo, de outro ponto de vista, um corpo de procedimento pode ser considerado algo que define uma nova instrução em um nível mais alto. Dessa perspectiva, uma chamada de procedimento pode ser entendida como uma única instrução, ainda que o procedimento possa ser bastante complicado. Para entender um fragmento de código que contém uma chamada de procedimento, basta saber *o que* ele faz, e não *como* o faz.

Um tipo de procedimento de particular interesse é o **procedimento recursivo**, isto é, um procedimento que chama a si mesmo, direta ou indiretamente, por meio de uma cadeia de outros procedimentos. Estudar procedimentos recursivos dá uma boa ideia de como são implantadas as chamadas de procedimento e o que realmente são variáveis locais. Agora, daremos um exemplo de procedimento recursivo.

"Torres de Hanói" é um antigo problema que tem solução simples envolvendo recursão. Em certo mosteiro em Hanói, havia três estacas de ouro. Ao redor da primeira havia uma série de 64 discos concêntricos de ouro, cada um com um orifício no meio para a estaca. Cada disco tem um diâmetro um pouco menor do que o que está abaixo dele. A segunda e terceira estacas estavam inicialmente vazias. Os monges desse mosteiro estão muito ocupados transferindo todos os discos para a estaca 3, um por vez, mas nunca um disco maior pode ficar por cima de um menor. Diz a lenda que, quando eles terminarem, o mundo acaba. Se você quiser fazer uma experiência prática, pode usar discos de plástico e em número menor, mas, quando resolver o problema, nada acontecerá. Para conseguir o efeito do fim do mundo, você precisa ter 64 discos, e de ouro. A Figura 5.37 mostra a configuração inicial para $n = 5$ discos.

Figura 5.37 Configuração inicial para o problema Torres de Hanói para cinco discos.

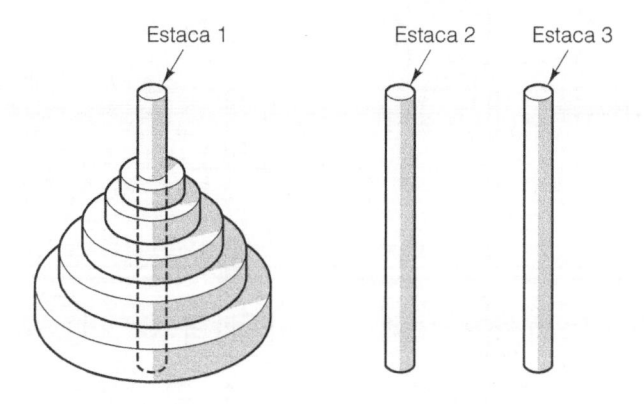

A solução para mover n discos da estaca 1 para a 3 consiste, primeiro, em mover $n-1$ discos da estaca 1 para a 2, e então mover 1 disco da estaca 1 para a 3, em seguida mover $n-1$ discos da estaca 2 para a 3. Essa solução é ilustrada na Figura 5.38.

Para resolver o problema, precisamos de um procedimento para mover n discos da estaca i para a estaca j. Quando esse procedimento é chamado, por

torres(n, i, j)

a solução é impressa. Primeiro, o procedimento faz um teste para ver se $n = 1$. Se for, a solução é simples – basta mover um disco de i para j. Se $n \neq 1$, a solução consiste em três partes, como já discutimos, sendo cada uma delas uma chamada de procedimento recursivo.

A solução completa é mostrada na Figura 5.39. A chamada

torres(3, 1, 3)

para resolver o problema da Figura 5.38 gera mais três chamadas. Especificamente, ela faz as chamadas

torres(2, 1, 2)
torres(1, 1, 3)
torres(2, 2, 3)

A primeira e terceira irão gerar três chamadas cada, para um total de sete.

Figura 5.38 Etapas requeridas para resolver o problema das Torres de Hanói para três discos.

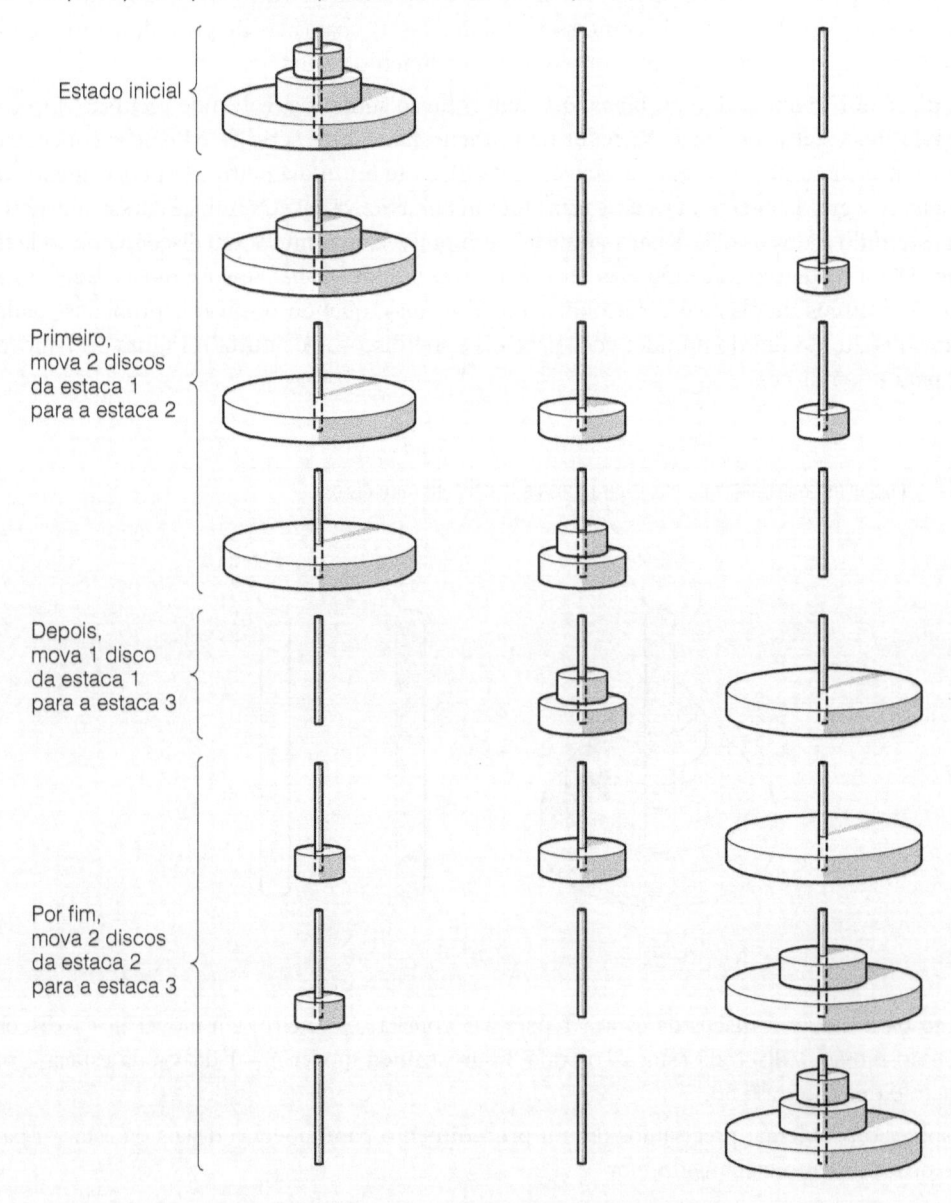

Estado inicial

Primeiro, mova 2 discos da estaca 1 para a estaca 2

Depois, mova 1 disco da estaca 1 para a estaca 3

Por fim, mova 2 discos da estaca 2 para a estaca 3

Para ter procedimentos recursivos, precisamos de uma pilha para armazenar os parâmetros e variáveis locais para cada chamada, o mesmo que tínhamos na IJVM. Cada vez que um procedimento é chamado, um novo quadro de pilha é alocado para o procedimento que está no topo da pilha. O quadro mais recente é o quadro corrente. Em nossos exemplos, a pilha cresce para cima, dos endereços de memória baixos para os endereços altos, exatamente como na IJVM. Portanto, o quadro mais recente tem endereços mais altos do que todos os outros.

Além do ponteiro de pilha, que aponta para o topo da pilha, muitas vezes é conveniente ter um ponteiro de quadro (**FP** – *frame pointer*), que aponta para um local fixo dentro do quadro. Ele poderia apontar para o ponteiro de ligação, como na IJVM, ou para a primeira variável local. A Figura 5.39 mostra o quadro de pilha para uma máquina com uma palavra de 32 bits. A chamada original para *torres* passa n, i e j para a pilha e então executa uma instrução **CALL** que passa o endereço de retorno para a pilha, no endereço 1.012. Na entrada, o procedimento armazena o antigo valor de **FP** na pilha em 1.016 e então adianta o ponteiro de pilha para alocar armazenamento para as variáveis locais. Com apenas uma variável local de 32 bits (k), **SP** é incrementado em 4, passando para 1.020. A situação, depois que todas essas coisas foram feitas, é mostrada na Figura 5.40(a).

Figura 5.39 Procedimento para resolver o problema das Torres de Hanói.

```
public void torres(int n, int i, int j) {
    int k;

    if (n == 1)
        System.out.println("Mova um disco de" + i + "para" + j);
    else {
        k = 6 - i - j;
        torres(n - 1, i, k);
        torres(1, i, j);
        torres(n - 1, k, j);
    }
}
```

Figura 5.40 Pilha em diversos pontos durante a execução da Figura 5.39.

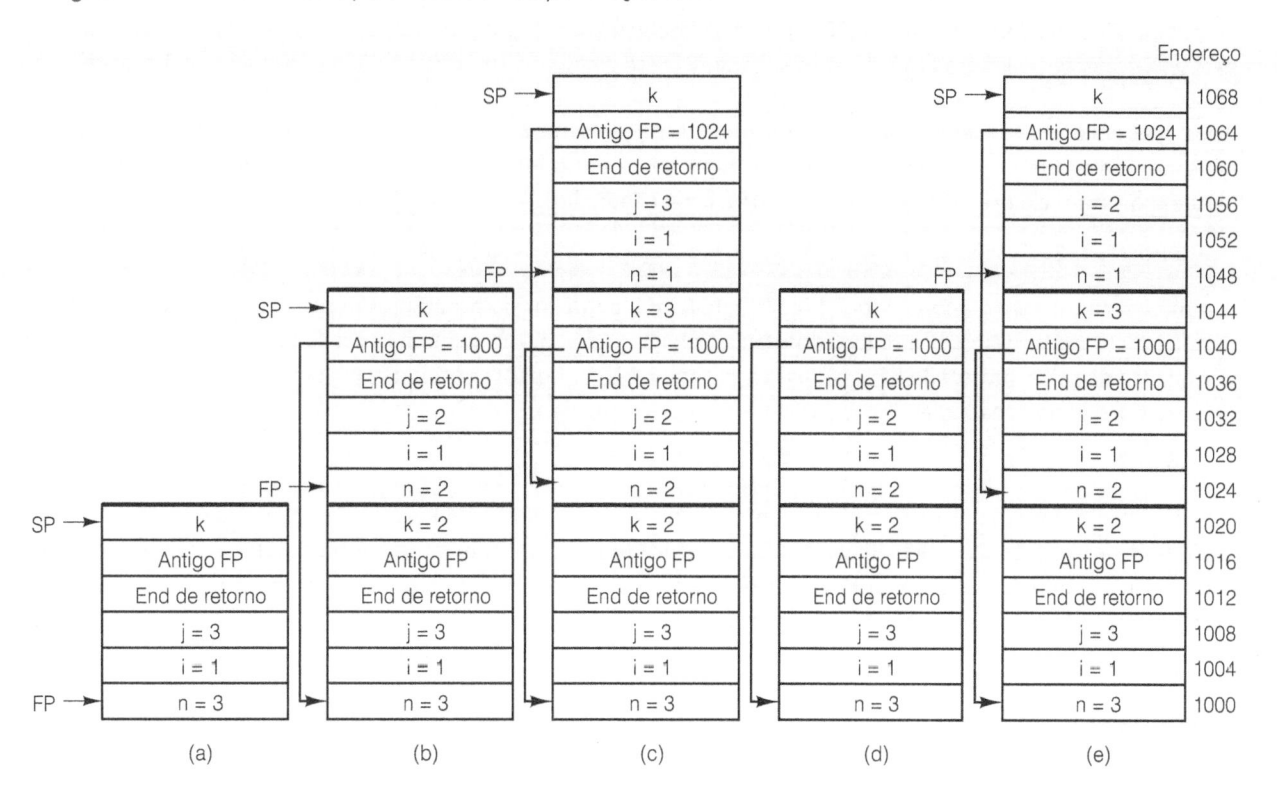

A primeira coisa que um procedimento deve fazer quando chamado é salvar o FP anterior (de modo que possa ser restaurado na saída do procedimento), copiar SP para FP e talvez incrementá-lo por uma palavra, dependendo do lugar para onde, no novo quadro, o FP apontar. Nesse exemplo, o FP aponta para a primeira variável local, porém, em IJVM, LV apontava para um ponteiro de ligação. Máquinas diferentes manuseiam o ponteiro de quadro de modos ligeiramente diferentes, às vezes colocando-o na parte inferior do quadro de pilha, às vezes no topo e às vezes no meio, como na Figura 5.40. A esse respeito, vale a pena comparar a Figura 5.40 com a Figura 4.12 para ver dois modos diferentes de controlar o ponteiro de ligação. Outros modos também são possíveis. Em todos os casos, a chave é a capacidade de, mais tarde, poder fazer um procedimento retornar e restaurar o estado da pilha ao que era exatamente antes da chamada do procedimento corrente.

O código que salva o ponteiro de quadro antigo, ajusta o novo e adianta o ponteiro de pilha para reservar espaço para variáveis locais é denominado **prólogo de procedimento**. À saída do procedimento, a pilha tem de ser limpa novamente, o que é chamado **epílogo de procedimento**. Uma das características mais importantes de qualquer computador é o tamanho e a rapidez do prólogo e do epílogo de seus procedimentos. Se eles forem longos e lentos, as chamadas de procedimento serão caras. Programadores que adoram no altar da eficiência aprenderão a evitar escrever muitos procedimentos curtos e, em vez disso, escrever programas grandes, monolíticos e não estruturados. As instruções ENTER e LEAVE do Core i7 foram projetadas para executar com eficiência grande parte do trabalho de prólogo e epílogo do procedimento. É claro que elas têm um modelo particular para o modo de gerenciamento do ponteiro de quadro e, se o compilador tiver um modelo diferente, elas não podem ser usadas.

Agora, vamos voltar ao problema das Torres de Hanói. Cada chamada de procedimento acrescenta um novo quadro à pilha e cada retorno de procedimento retira um quadro da pilha. Para ilustrar o uso de uma pilha na implementação de procedimentos recursivos, rastrearemos as chamadas começando com

   torres(3, 1, 3)

A Figura 5.40(a) mostra a pilha logo após essa chamada ter sido feita. Primeiro, o procedimento testa para ver se $n = 1$ e, ao descobrir que $n = 3$, preenche k e faz a chamada

   torres(2, 1, 2)

Após essa chamada ser concluída, a pilha está conforme mostra a Figura 5.40(b) e o procedimento começa de novo no início (um procedimento chamado sempre começa no início). Desta vez, o teste para $n = 1$ falha novamente, portanto, ele preenche k mais uma vez e faz a chamada

   torres(1, 1, 3)

A pilha, portanto, está como mostra a Figura 5.40(c) e o contador de programa aponta para o início do procedimento. Desta vez, o teste é bem-sucedido e uma linha é impressa. Em seguida, o procedimento retorna retirando um quadro de pilha, ajustando FP e SP para a Figura 5.40(d). Então, continua executando no endereço de retorno, que é a segunda chamada:

   torres(1, 1, 2)

Isso acrescenta um novo quadro à pilha, como mostra a Figura 5.40(e). Outra linha é impressa; após o retorno, um quadro é retirado da pilha. As chamadas de procedimento continuam desse modo até a chamada original concluir a execução e o quadro da Figura 5.40(a) ser removido da pilha. Para entender melhor como a recursão funciona, recomendamos que você simule a execução completa de

   torres(3, 1, 3)

usando lápis e papel.

5.6.3 Corrotinas

Na sequência de chamada normal, há uma clara distinção entre o procedimento que chama e o procedimento que é chamado. Considere um procedimento A, à esquerda, que chama um procedimento B, à direita na Figura 5.41.

O procedimento B executa durante algum tempo e então volta para A. À primeira vista, você poderia considerar essa situação simétrica, porque nem A nem B é um programa principal, porque ambos são procedimentos. (O procedimento A pode ter sido chamado pelo programa principal, mas isso é irrelevante.) Além do mais, primeiro o controle é transferido de A para B – a chamada – e mais tarde é transferido de B para A – o retorno.

Figura 5.41 Quando um procedimento é chamado, a execução do procedimento sempre começa na primeira declaração do procedimento.

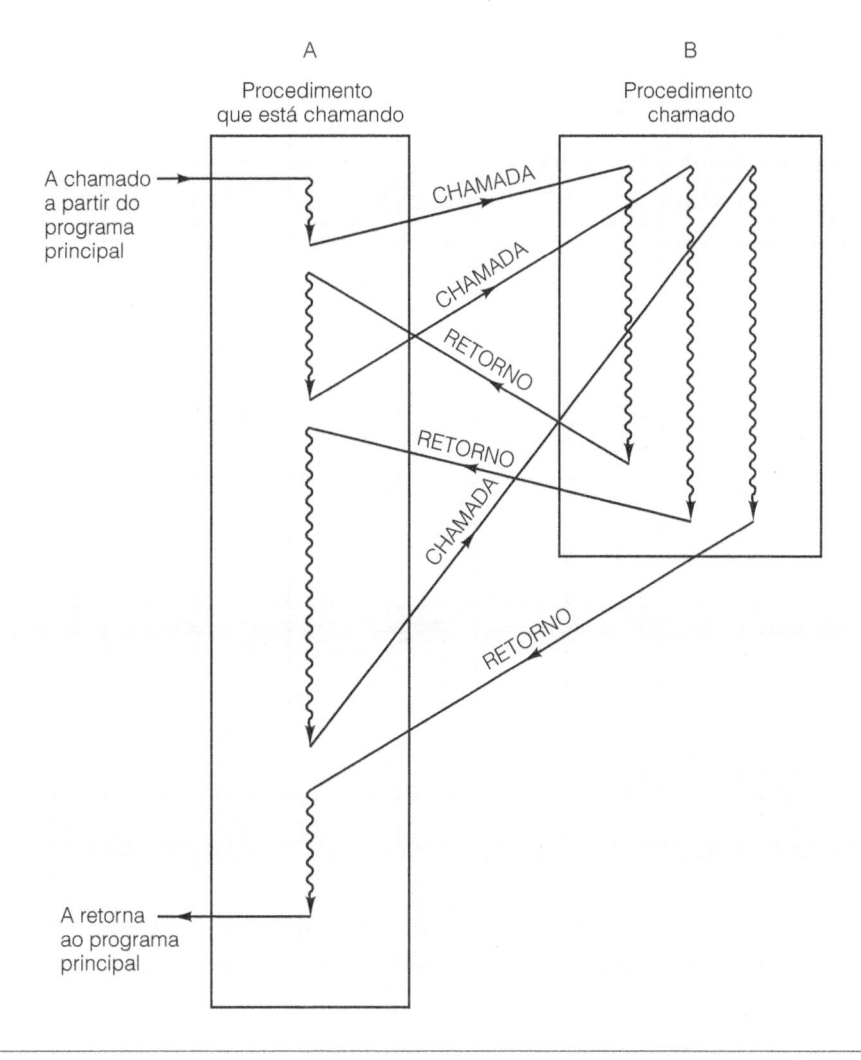

A assimetria surge do fato de que, quando o controle passa de A para B, o procedimento B começa a executar no início; quando B retorna para A, a execução não começa no início de A, mas na declaração logo após a chamada. Se A executar durante algum tempo e chamar B de novo, a execução começa no início de B novamente, e não na declaração logo após o retorno anterior. Se, no curso da execução, A chamar B muitas vezes, B começa no início mais uma vez e todas as vezes, ao passo que A nunca reinicia. Ele apenas continua.

Essa diferença é refletida no método pelo qual o controle é passado entre A e B. Quando A chama B, usa a instrução de chamada de procedimento, que coloca o endereço de retorno (isto é, o endereço da declaração seguinte à chamada) em algum lugar útil, por exemplo, no topo da pilha. Em seguida, coloca o endereço de B no contador de programa para concluir a chamada. Quando B retorna, não usa a instrução de chamada, e sim a instrução de retorno, que simplesmente retira o endereço de retorno da pilha e o coloca dentro do contador de programa.

Às vezes, é útil ter dois procedimentos, A e B, cada um dos quais chama o outro como um procedimento, como mostra a Figura 5.42. Quando B retorna A, desvia para a declaração seguinte a chamada a B, como citado anteriormente. Quando A transfere o controle para B, não vai até o início (exceto na primeira vez), mas até a declaração seguinte à mais recente "retorno", isto é, à mais recente chamada de A. Dois procedimentos que funcionam dessa maneira são denominados **corrotinas**.

Figura 5.42 Quando uma corrotina é reiniciada, a execução começa na declaração de onde ela partiu da vez anterior, e não no início.

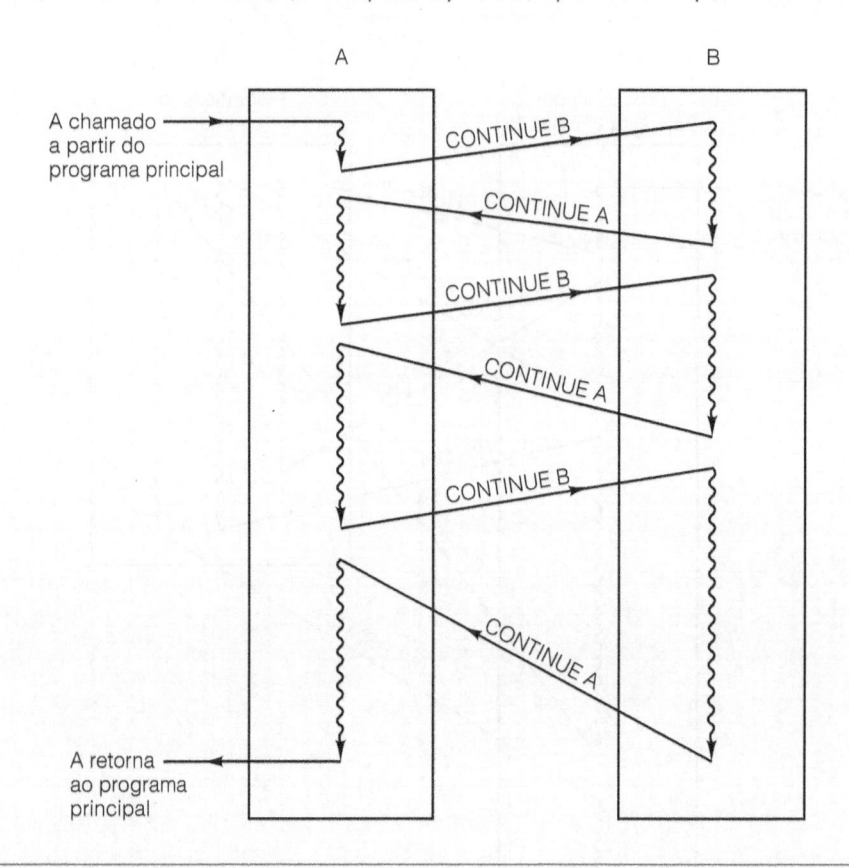

Uma utilização comum de corrotinas é simular o processamento paralelo em uma única CPU. Cada corrotina executa em pseudoparalelismo com as outras, como se ela tivesse sua própria CPU. Esse estilo de programação facilita a programação de algumas aplicações. Também é útil para testar software que mais tarde executará em um multiprocessador.

Nem a instrução CALL normal nem a instrução RETURN normal funcionam para chamar corrotinas, porque o endereço para onde desviar vem da pilha como um retorno, mas, diferente de um retorno, a própria chamada de corrotina coloca um endereço de retorno em algum lugar para o subsequente retorno a ele. Seria bom se houvesse uma instrução para permutar o topo da pilha com o contador de programa. Em detalhe, essa instrução primeiro retiraria o endereço de retorno antigo da pilha para dentro de um registrador interno, em seguida passaria o contador de programa para a pilha e, por fim, copiaria o registrador interno para o contador de programa. Como uma palavra é retirada da pilha e uma palavra é passada para ela, o ponteiro de pilha não se altera. Essa instrução raramente existe, portanto, ela tem de ser simulada, assim como várias instruções na maioria dos casos.

5.6.4 Exceções

Uma exceção (*trap*) é um tipo de chamada de procedimento automática iniciada por alguma condição causada pelo programa, em geral uma condição importante, mas que ocorre raramente. Um bom exemplo é o transbordo (*overflow*). Em muitos computadores, se o resultado de uma operação aritmética for maior do que o maior número que pode ser representado, ocorre uma exceção, o que significa que o fluxo de controle passa para algum local fixo de memória em vez de continuar em sequência. Nesse local fixo há um desvio para uma chamada de procedimento denominada **tratador de exceção** que executa alguma ação adequada, como imprimir uma mensagem de erro. Se o resultado de uma operação estiver dentro da faixa, não ocorre a exceção.

O ponto essencial de uma exceção é que ela é iniciada por alguma condição excepcional causada pelo próprio programa e detectada pelo hardware ou microprograma. Um método alternativo de tratar um transbordo é ter um registrador de 1 bit que é marcado em 1 sempre que ocorrer um transbordo. Um programador que quiser verificar o transbordo deve incluir uma instrução explícita de "desviar se bit de transbordo estiver marcado" após cada instrução aritmética, o que é lento e desperdiça espaço. Exceções poupam tempo e memória em comparação com a verificação controlada pelo programador.

A exceção pode ser efetuada por um teste explícito realizado pelo microprograma (ou hardware). Se um transbordo for detectado, o endereço da exceção é carregado no contador de programa. O que é uma exceção em um nível pode estar sob controle do programa em um nível mais baixo. Quando o microprograma faz o teste, ainda há economia de tempo em comparação com um teste de programador, porque é fácil sobrepor o teste com alguma outra coisa. Também poupa memória, porque só precisa ocorrer em um lugar, por exemplo, o laço principal do microprograma, pouco importando a quantidade de instruções aritméticas que ocorram no programa principal.

Algumas das condições comuns que podem causar exceções são transbordo ou erro de ponto flutuante, transbordo de inteiros, violação de proteção, *opcode* indefinido, transbordo de pilha, tentativa de iniciar dispositivo de E/S inexistente, tentativa de buscar uma palavra em endereço de número ímpar e divisão por zero.

5.6.5 Interrupções

Interrupções são mudanças no fluxo de controle que não são causadas pelo programa em execução, mas por alguma outra coisa, em geral relacionada à E/S. Por exemplo, um programa pode instruir o disco a iniciar a transferência de informação e ajustá-lo para providenciar uma interrupção tão logo a transferência esteja concluída. Assim como a exceção, a interrupção para o programa em execução e transfere o controle para um tratador de interrupção, que executa alguma ação adequada. Quando termina, o tratador de interrupção devolve o controle ao programa interrompido, que deve reiniciar o processo exatamente no mesmo estado de quando ocorreu a interrupção, o que significa restaurar todos os registradores internos a seu estado anterior à interrupção.

A diferença essencial entre exceções e interrupções é a seguinte: *exceções* são síncronas com o programa e *interrupções* são assíncronas. Se o programa for executado um milhão de vezes com a mesma entrada, as exceções ocorrerão no mesmo lugar toda vez, mas as interrupções podem variar, dependendo, por exemplo, de quando, exatamente, quem estiver no terminal pressionar a tecla *Enter*. A razão para a possibilidade de reprodução de exceções e a impossibilidade dessa reprodução é que as exceções são causadas diretamente pelo programa, e interrupções, no máximo, são causadas indiretamente pelo programa.

Para ver como as interrupções funcionam de fato, vamos considerar um exemplo comum: um computador quer enviar uma linha de caracteres para um terminal. O software do sistema primeiro reúne todos os caracteres que devem ser escritos para o terminal em um *buffer*, inicializa uma variável global *ptr* para apontar o início do *buffer* e ajusta uma segunda variável global *count* igual ao número de caracteres a ser enviado. Então, verifica se o terminal está pronto. Se estiver, o computador envia o primeiro caractere (por exemplo, usando registradores como os da Figura 5.30). Após iniciar a E/S, a CPU está livre para executar outro programa ou fazer outra coisa.

No seu devido tempo, o caractere é apresentado na tela. A interrupção agora pode começar. De forma simplificada, as etapas são as seguintes.

AÇÕES DO HARDWARE

1. O controlador de dispositivo ativa uma linha de interrupção no barramento de sistema para iniciar a sequência de interrupção.

2. Tão logo esteja preparada para tratar da interrupção, a CPU ativa um sinal de reconhecimento de interrupção no barramento.
3. Quando o controlador de dispositivo vê que seu sinal de interrupção foi reconhecido, coloca um inteiro pequeno nas linhas de dados para se identificar. Esse número é denominado **vetor de interrupção**.
4. A CPU retira o vetor de interrupção do barramento e o salva temporariamente.
5. Então, a CPU passa o contador de programa e a **PSW** para a pilha.
6. Em seguida, a CPU localiza um novo contador de programa usando o vetor de interrupção como um índice para uma tabela na parte inferior da memória. Se o contador for de 4 bytes, por exemplo, então o vetor de interrupção n corresponde ao endereço $4n$. Esse novo contador de programa aponta para o início da rotina de serviço da interrupção para o dispositivo que causou a interrupção. Muitas vezes, a **PSW** também é carregada ou modificada (por exemplo, para desabilitar mais interrupções).

AÇÕES DO SOFTWARE

7. A primeira coisa que a rotina de serviço de interrupção faz é salvar todos os registradores que ela usa para poderem ser restaurados mais tarde. Eles podem ser salvos na pilha ou em uma tabela de sistema.
8. Cada vetor de interrupção é em geral compartilhado por todos os dispositivos de determinado tipo, portanto, ainda não se sabe qual terminal causou a interrupção. O número do terminal pode ser encontrado pela leitura de algum registrador de dispositivo.
9. Agora pode ser lida qualquer outra informação sobre a interrupção, tal como códigos de estado.
10. Se ocorrer um erro de E/S, ele pode ser tratado nesse caso.
11. As variáveis globais, *ptr* e *count*, são atualizadas. A primeira é incrementada para apontar para o próximo byte, e a última é decrementada para indicar que resta 1 byte a menos para ser enviado. Se *count* ainda for maior do que 0, há mais caracteres a enviar. Copia o caractere agora apontado por *ptr* para o registrador de *buffer* de saída.
12. Se requerido, é produzido um código especial para informar ao dispositivo ou ao controlador de interrupção que a interrupção foi processada.
13. Restaura todos os registradores salvos.
14. Executa a instrução **RETURN FROM INTERRUPT**, devolvendo a CPU ao modo e estado em que ela estava exatamente antes de acontecer a interrupção. Então, o computador continua de onde estava.

Um conceito fundamental para interrupções é a **transparência**. Quando uma interrupção acontece, algumas ações são realizadas e alguns códigos executados, mas, quando tudo terminar, o computador deve retornar ao estado idêntico em que estava antes da interrupção. Uma rotina de interrupção que tem essa propriedade é denominada transparente. Quando todas as interrupções o são, é muito mais fácil entendê-las.

Se um computador tiver apenas um dispositivo de E/S, então as interrupções sempre funcionam como acabamos de descrever e nada mais há a dizer a respeito delas. Entretanto, um computador de grande porte tem muitos dispositivos de E/S e vários deles podem estar em execução ao mesmo tempo, possivelmente atendendo a diferentes usuários. Existe uma probabilidade não zero de que, enquanto uma rotina de interrupção estiver executando, um segundo dispositivo de E/S queira gerar *sua* interrupção.

Duas abordagens podem ser adotadas para esse problema. Uma é que a primeira coisa que todas as rotinas de interrupção devem fazer é desabilitar interrupções subsequentes, antes mesmo de salvar os registradores. Essa abordagem simplifica as coisas porque, então, as interrupções são processadas estritamente em sequência, embora isso às vezes gere problemas para dispositivos que não possam tolerar muito atraso. Se o primeiro ainda não tiver sido processado quando o segundo chegar, podem-se perder dados.

Quando um computador tem dispositivos de E/S críticos em relação ao tempo, uma abordagem mais promissora de projeto é designar uma prioridade a cada dispositivo de E/S, alta para dispositivos muito críticos e baixa para os menos críticos. De modo semelhante, a CPU também deve ter prioridades, em geral determinadas por um campo na PSW. Quando um dispositivo de prioridade *n* interrompe, a rotina de interrupção também deve executar em prioridade *n*.

Enquanto uma rotina de interrupção de prioridade *n* estiver executando, qualquer tentativa de um dispositivo de prioridade mais baixa para causar uma interrupção é ignorada até que a rotina de interrupção esteja concluída e a CPU volte a executar código de prioridade mais baixa. Por outro lado, interrupções de dispositivos de prioridade mais alta devem ter permissão de acontecer sem qualquer demora.

Como as próprias rotinas de interrupção estão sujeitas a interrupção, a melhor maneira de manter a administração em dia é garantir que todas as interrupções sejam transparentes. Vamos considerar um exemplo simples de várias interrupções. Um computador tem três dispositivos de E/S, uma impressora, um disco e uma linha RS232 (serial), com prioridades 2, 4 e 5, respectivamente. No início ($t = 0$), um programa do usuário está rodando quando, de repente, em $t = 10$, ocorre uma interrupção da impressora. A rotina de serviço de interrupção (ISR) da impressora é iniciada, como mostra a Figura 5.43.

Figura 5.43 Exemplo de sequência temporal de interrupções múltiplas.

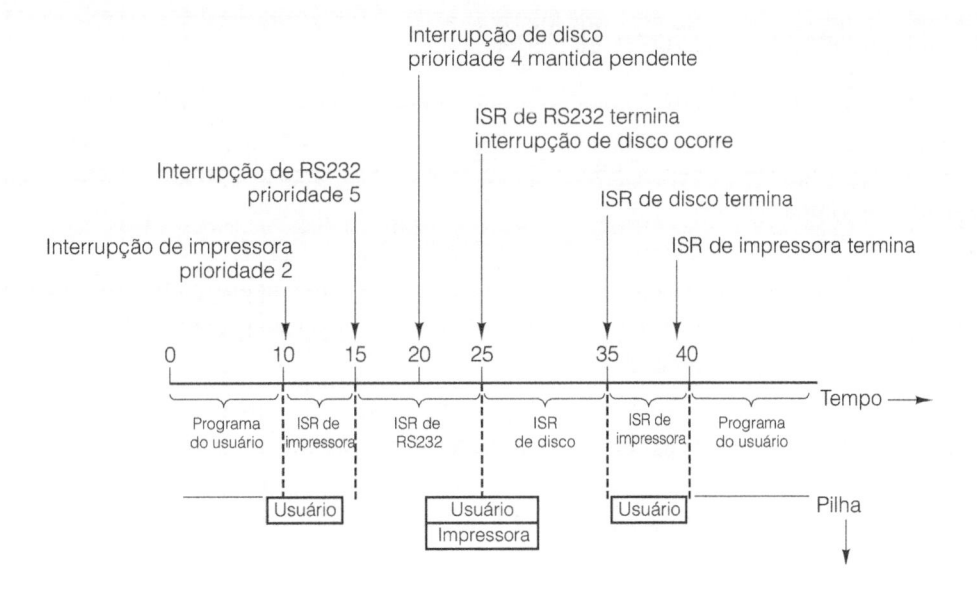

Em $t = 15$, a linha RS232 quer atenção e gera uma interrupção. Uma vez que a linha RS232 tem prioridade mais alta (5) do que a impressora (2), a interrupção acontece. O estado da máquina, que agora está executando a rotina de serviço de interrupção da impressora, é passado para a pilha, e a rotina de serviço de interrupção de RS232 é iniciada.

Um pouco mais tarde, em $t = 20$, o disco conclui e quer serviço. Contudo, sua prioridade (4) é mais baixa do que a da rotina de interrupção que está executando nesse momento (5), portanto, o hardware da CPU não reconhece a interrupção e ela é mantida pendente. Em $t = 25$, a rotina de RS232 está concluída, portanto, ela volta ao estado em que estava um pouco antes de acontecer a interrupção de RS232, ou seja, ao executar a rotina de serviço de interrupção da impressora na prioridade 2. Tão logo a CPU muda para prioridade 2, antes mesmo que uma instrução possa ser executada, a interrupção de disco em prioridade 4 recebe permissão de entrar e a rotina de serviço do disco é executada. Quando termina, a rotina da impressora consegue continuar. Por fim, em $t = 40$, todas as rotinas de serviço de interrupção já terminaram e o programa do usuário continua de onde parou.

Desde o 8088, os chips de CPU da Intel têm dois níveis de interrupção (prioridades): mascaráveis e não mascaráveis. Interrupções não mascaráveis em geral só são usadas para sinalizar quase catástrofes, tais como erros de paridade de memória. Todos os dispositivos de E/S usam uma interrupção mascarável.

Quando um dispositivo de E/S emite uma interrupção, a CPU usa o vetor de interrupção para indexar uma tabela de 256 entradas para achar o endereço da rotina de serviço de interrupção. As entradas da tabela são descritores de segmento de 8 bytes e a tabela pode começar em qualquer lugar da memória. Um registrador global aponta para seu início.

Com um único nível de interrupção usável, não há modo de a CPU permitir que um dispositivo de alta prioridade interrompa uma rotina de serviço de interrupção de média prioridade e, ao mesmo tempo, proíba um dispositivo de baixa prioridade de fazer o mesmo. Para resolver esse problema, as CPUs da Intel costumam ser usadas com um controlador de interrupção externo (por exemplo, um 8259A). Quando a primeira interrupção chega, por exemplo, em prioridade *n*, a CPU é interrompida. Se uma interrupção subsequente chegar e tiver uma prioridade mais alta, o controlador de interrupção interrompe uma segunda vez. Se a segunda interrupção tiver prioridade mais baixa, ela é retida até que a primeira tenha concluído. Para fazer esse esquema funcionar, o controlador de interrupção deve saber quando a rotina de serviço de interrupção corrente está concluída, portanto, a CPU deve lhe enviar um comando quando a interrupção corrente estiver totalmente processada.

5.7 Um exemplo detalhado: as Torres de Hanói

Agora que já estudamos a ISA de três máquinas, vamos reunir todas as peças e examinar em detalhe o mesmo exemplo de programa para as duas máquinas maiores. Nosso exemplo é o programa das Torres de Hanói. Demos uma versão Java desse programa na Figura 5.39. Nas seções seguintes, daremos programas em código de montagem para as Torres de Hanói.

Entretanto, faremos uma pequena trapaça. Em vez de dar a tradução da versão Java, para o Core i7 e a CPU ARM do OMAP4430, daremos a tradução de uma versão em C, para evitar alguns problemas com E/S em Java. A única diferença é a substituição da chamada Java para *println* pela declaração padrão em C

printf("Mova um disco de %d para %d\n", i, j)

Para nossa finalidade, a sintaxe das cadeias do formato *printf* não é importante. Em essência, a cadeia é impressa literalmente, exceto que *%d* significa "imprima o próximo inteiro em decimal". A única coisa relevante nesse caso é que o procedimento é chamado com três parâmetros: uma cadeia de formato e dois inteiros.

A razão para usar a versão em C para o Core i7 e a CPU ARM do OMAP4430 é que a biblioteca Java de E/S não está disponível em forma nativa para essas máquinas, ao passo que a biblioteca em C está. A diferença é mínima e afeta somente a única declaração de imprimir.

5.7.1 As Torres de Hanói em linguagem de montagem do Core i7

A Figura 5.44 dá uma tradução possível da versão em C das Torres de Hanói para o Core i7. Em sua maior parte, a tradução é razoavelmente direta. O registrador EBP é usado como o ponteiro de quadro. As duas primeiras palavras são usadas para ligação, de modo que o primeiro parâmetro real, *n* (ou N aqui, porque é indiferente se MASM é escrita em maiúsculas ou minúsculas), está em EBP + 8, seguido por *i* e *j* em EBP + 12 e EBP + 16, respectivamente. A variável local, *k*, está em EBP + 20.

O procedimento começa estabelecendo o novo quadro no final do antigo, copiando ESP para o ponteiro de quadro, EBP. Então ele compara *n* com 1, desviando para a cláusula **else** se *n* > 1. O código **then** passa três valores para a pilha: o endereço da cadeia de formato, *i* e *j*, e chama a si mesmo.

Figura 5.44 Torres de Hanói para o Core i7.

```
            .686 ;                              ; compile para processador da classe Core i7
        .MODEL FLAT
        PUBLIC _torres                          ; exporte 'torres'
        EXTERN _printf:NEAR                     ; importe printf
        .CODE
        _torres:    PUSH EBP                    ; salve EBP (ponteiro de quadro) e decremente ESP
                    MOV EBP, ESP                ; ajuste novo ponteiro de quadro acima de ESP
                    CMP [EBP+8], 1              ; se (n == 1)
                    JNE L1                      ; desvie se n não for 1
                    MOV EAX, [EBP+16]           ; printf(" ...", i, j);
                    PUSH EAX                    ; note que os parâmetros i, j e a cadeia
                    MOV EAX, [EBP+12]           ; de formato são passados para a pilha em ordem
                    PUSH EAX                    ; inversa. Essa é a convenção de chamada em C
                    PUSH OFFSET FLAT:format     ; OFFSET FLAT significa endereço de formato
                    CALL _printf                ; chame printf
                    ADD ESP, 12                 ; retire parâmetros da pilha
                    JMP Fim                     ; terminamos
        L1:         MOV EAX, 6                  ; inicie k = 6 - i - j
                    SUB EAX, [EBP+12]           ; EAX = 6 - i
                    SUB EAX, [EBP+16]           ; EAX = 6 - i - j
                    MOV [EBP+20], EAX           ; k = EAX
                    PUSH EAX                    ; inicie torres(n - 1, i, k)
                    MOV EAX, [EBP+12]           ; EAX = i
                    PUSH EAX                    ; passe i
                    MOV EAX, [EBP+8]            ; EAX = n
                    DEC EAX                     ; EAX = n - 1
                    PUSH EAX                    ; passe n - 1
                    CALL _torres                ; chame torres(n - 1, i, 6 - i - j)
                    ADD ESP, 12                 ; retire parâmetros da pilha
                    MOV EAX, [EBP+16]           ; inicie torres(1, i, j)
                    PUSH EAX                    ; passe j
                    MOV EAX, [EBP+12]           ; EAX = i
                    PUSH EAX                    ; passe i
                    PUSH 1                      ; passe 1
                    CALL _torres                ; chame torres(1, i, j)
                    ADD ESP, 12                 ; retire parâmetros da pilha
                    MOV EAX, [EBP+12]           ; inicie torres(n - 1, 6 - i - j, i)
                    PUSH EAX                    ; passe i
                    MOV EAX, [EBP+20]           ; EAX = k
                    PUSH EAX                    ; passe k
                    MOV EAX, [EBP+8]            ; EAX = n
                    DEC EAX                     ; EAX = n - 1
                    PUSH EAX                    ; passe n - 1
                    CALL _torres                ; chame torres(n - 1, 6 - i - j, i)
                    ADD ESP, 12                 ; ajuste ponteiro de pilha
        Fim:        LEAVE                       ; prepare para sair
                    RET 0                       ; retorne ao chamador
        .DATA
        format      DB "Mova disco de %d para %d\n"   ; cadeia de formato
        END
```

Os parâmetros são passados em ordem inversa, o que é exigido por programas em C. Isso é necessário para colocar o ponteiro para a cadeia de formato no topo da pilha. Uma vez que *printf* tem um número variável de parâmetros, se estes fossem passados em ordem direta, *printf* não saberia qual a profundidade da cadeia de formato na pilha.

Após a chamada, 12 é somado ao ESP para retirar os parâmetros da pilha. É claro que eles não são apagados de verdade da memória, mas o ajuste de ESP os torna inacessíveis para operações normais de pilha.

A cláusula else, que começa em L1, é direta. Em primeiro lugar, ela calcula 6 – i – j e armazena esse valor em k. Não importa quais valores i e j tenham, a terceira estaca é sempre 6 – i – j. Salvá-lo em k poupa o trabalho de recalcular o valor uma segunda vez.

Em seguida, o procedimento chama a si mesmo três vezes, cada vez com parâmetros diferentes. Após a chamada, a pilha é limpa. E isso é tudo.

Às vezes, os procedimentos recursivos confundem as pessoas no princípio, mas, quando vistos nesse nível, eles são diretos. Tudo o que acontece é que os parâmetros são passados para a pilha e o procedimento chama a si mesmo.

5.7.2 As Torres de Hanói em linguagem de montagem da CPU ARM do OMAP4430

Agora, vamos tentar novamente, só que, desta vez, para a ARM do OMAP4430. O código está relacionado na Figura 5.45. Como o código da ARM do OMAP4430 é especialmente difícil de ler, mesmo como código de montagem, e ainda que tenhamos muita prática, tomamos a liberdade de definir alguns símbolos no início, para deixá-lo mais claro. Para que isso funcione, o programa tem de ser executado por meio de um programa denominado *cpp*, o pré-processador C, antes de montá-lo. Além disso, usamos letras minúsculas aqui, porque o *assembler* da ARM do OMAP4430 insiste nelas (caso algum leitor queira digitar o programa em seu computador).

Figura 5.45 Torres de Hanói para a ARM do OMAP4430.

```
#define Param0               r0
#define Param1               r1
#define Param2               r2
#define FormatPtr            r0
#define k                    r7
#define n_minus_1            r5

        .text
torres: push {r3, r4, r5, r6, r7, lr}          @ salve endereço de retorno e registradores mexidos
        mov r4, Param1
        mov r6, Param2
        cmp Param0, #1                          @ (n == 1)?
        bne else                                @ se não, salte para sequência de código else
        movw FormatPtr, #:lower16:format        @ carregue ponteiro da cadeia de formato
        movt FormatPtr, #:upper16:format
        bl printf                               @ mova para imprimir
        pop {r3, r4, r5, r6, r7, pc}

else:   rsb k, r1, #6
        subs k, k, r2                           @ k = 6 – i – j
        add n_minus_1, r0, #–1
        mov r0, n_minus_1                       @ calcule (n – 1) para chamada recursiva
        mov r2, k
        bl torres
        mov r0, #1                              @ chame torres(n – 1, i, k)
        mov r1, r4
        mov r2, r6
        bl torres
        mov r0, n_minus_1                       @ chame torres(1, k, j)
        mov r1, k
        mov r2, r6
        bl torres
        pop {r3, r4, r5, r6, r7, pc}            @ chame torres(n – 1, k, j)
                                                @ restaure registradores mexidos e retorne ao chamador

        .global main
main:   push {lr}
        mov Param0, #3                          @ salve endereço de retorno do chamador
        mov Param1, #1
        mov Param2, Param0
        bl torres
        pop {pc}
                                                @ chame torres(3, 1, 3)
format: .ascii "Mova um disco de %d para %d\n\0"  @ retire endereço de retorno, retorne ao chamador
```

Em termos de algoritmo, a versão ARM do OMAP4430 é idêntica à versão Core i7. Ambas testam n para começar, desviando para a cláusula else se n > 1. A principal complexidade da versão ARM se deve a algumas propriedades da ISA.

Para começar, a ARM do OMAP4430 tem de passar o endereço da cadeia de formato para *printf*, mas a máquina não pode apenas mover o endereço para o registrador que contém o parâmetro que está saindo porque não há nenhum modo de colocar uma constante de 32 bits em um registrador em uma única instrução. É preciso duas instruções para fazer isso, MOVW e MOVT.

A próxima coisa a notar é que os ajustes da pilha são tratados automaticamente pelas instruções PUSH e POP no início e no final das funções. Essas instruções também cuidam de salvar e restaurar o endereço de retorno, salvando o registrador LR na entrada e restaurando o PC na saída da função.

5.8 A arquitetura IA-64 e o Itanium 2

A Intel está chegando depressa ao ponto em que já espremeu quase a última gota de sumo da ISA IA-32 e da linha de processadores Core i7. Novos modelos ainda podem se beneficiar dos avanços da tecnologia de fabricação, o que significa transistores menores – e, portanto, maiores velocidades de *clock*. Todavia, descobrir novos truques para acelerar ainda mais a implementação está ficando cada vez mais difícil à medida que as limitações impostas pela ISA IA-32 aumentam cada vez mais.

Alguns engenheiros acharam que a única solução real era abandonar a IA-32 como linha principal de desenvolvimento e passar para uma ISA totalmente nova. Na verdade, foi para isso que a Intel começou a trabalhar. De fato, ela tinha planos para duas novas arquiteturas. A EMT-64 é uma versão mais larga da tradicional ISA do Pentium, com registradores de 64 bits e espaço de endereços de 64 bits. Essa nova ISA resolve o problema do espaço de endereços, mas ainda tem todas as complexidades da execução de suas antecessoras. Ela pode ser mais bem considerada como um Pentium mais largo.

A outra nova arquitetura, desenvolvida em conjunto pela Intel e Hewlett-Packard, é denominada **IA-64**. É uma máquina completa de 64 bits do início ao fim, e não uma extensão de uma máquina de 32 bits já existente. Além do mais, em muitos aspectos é uma ruptura radical em relação à arquitetura IA-32. O mercado inicial são os servidores de alta tecnologia, mas, com o tempo, pode migrar para o mundo dos computadores de mesa. De qualquer modo, a arquitetura é tão radicalmente diferente de tudo que estudamos até agora que vale a pena estudá-la só por essa razão. A primeira implementação da arquitetura IA-64 é a série Itanium. No restante desta seção, estudaremos a arquitetura IA-64 e a CPU Itanium 2 que a implementa.

5.8.1 O problema da ISA IA-32

Antes de entrar nos detalhes da IA-64 e do Itanium 2, é bom revisar o que está errado na ISA IA-32 para ver quais problemas a Intel estava tentando resolver com a nova arquitetura. O principal fato da vida que causa todo o problema é que a IA-32 é uma ISA antiga com todas as propriedades erradas para a tecnologia atual. É uma ISA CISC com instruções de comprimento variável e inúmeros formatos diferentes que são difíceis de codificar com rapidez durante a execução. A tecnologia atual funciona melhor com ISAs RISC que têm um único comprimento de instrução e um *opcode* de comprimento fixo, fácil de decodificar. As instruções IA-32 podem ser desmembradas em micro-operações semelhantes à RISC durante a execução, mas isso requer hardware (área de chip), toma tempo e agrega complexidade ao projeto. Esse é o primeiro golpe.

A IA-32 também tem uma ISA de dois endereços, com base em memória. A maioria das instruções referencia a memória, e grande parte dos programadores e compiladores não se preocupa muito com referenciar a memória o tempo todo. A tecnologia atual favorece ISAs do tipo carregue/armazene, que só referenciam a memória para passar operandos para registradores, porém, quanto ao mais, efetuam todos os seus cálculos usando instruções de registrador com três endereços de memória. Como as velocidades de *clock* das CPUs estão crescendo com rapidez muito maior do que as velocidades de memória, o problema ficará pior com o tempo. Esse é o segundo golpe.

A IA-32 tem um conjunto de registradores pequeno e irregular. Além de dar um nó nos compiladores, essa pequena quantidade de registradores de uso geral (quatro ou seis, dependendo de como você conta ESI e EDI) requer que resultados intermediários sejam despejados na memória o tempo todo, gerando referências extras à memória, mesmo quando a lógica não as exige. Esse é o terceiro golpe. A IA-32 perde por nocaute técnico.

Agora, vamos para o segundo *round*. A pequena quantidade de registradores causa muitas dependências, em especial dependências WAR desnecessárias, porque os resultados têm de ir para algum lugar e não há registradores extras disponíveis. Contornar a falta de registradores requer que a execução realize renomeação internamente – uma tarefa tediosa como poucas – para registradores secretos dentro do *buffer* de reordenação. Para evitar bloqueios por ausências da *cache* muito frequentes, as instruções têm de ser executadas fora de ordem. Contudo, a semântica da IA-32 especifica interrupções precisas, portanto, as instruções fora de ordem têm de ser retiradas em ordem. Tudo isso exige muito hardware complexo. Mais um golpe.

Realizar todo esse trabalho depressa requer profundo paralelismo. Por sua vez, tal paralelismo significa que as instruções que entram nele levam muitos ciclos antes de ser concluídas. Por conseguinte, é essencial que a previsão de desvio seja muito precisa para garantir que as instruções certas estão entrando no paralelismo. Como uma má previsão requer a descarga do paralelismo, com grande custo, até mesmo uma taxa bastante baixa de má previsão pode causar uma degradação substancial do desempenho. Outro golpe certeiro.

Para atenuar os problemas causados pela má previsão, o processador tem de fazer execução especulativa, com todos os problemas que isso acarreta, em especial quando referências à memória no caminho errado causam uma exceção. Cruzado de direita.

Podemos passar por uma luta de boxe inteira, mas a essa altura já deve ter ficado claro que há um problema real. E nem sequer mencionamos o fato de que os endereços de 32 bits da IA-32 limitam programas individuais a 4 GB de memória, o que é um grande problema nos servidores. O EMT-64 resolve esse problema, mas não todos os outros.

Levando tudo isso em conta, a situação da IA-32 pode ser comparada favoravelmente com o estado da mecânica celestial um pouco antes de Copérnico. A teoria dominante na astronomia naquela época era de que a Terra era fixa e imóvel no espaço e que os planetas se moviam em círculos com epiciclos ao seu redor. Contudo, à medida que as observações ficavam melhores e mais desvios em relação a esse modelo podiam ser claramente observados, epiciclos eram adicionados a epiciclos até que todo o modelo desabou sob o peso de sua complexidade interna.

Agora, a Intel está nessa mesma situação embaraçosa. Uma enorme fração de todos os transistores do Core i7 é dedicada a decompor instruções CISC, distinguir o que pode ser feito em paralelo, resolver conflitos, fazer previsões, sanar as consequências de previsões incorretas e outros controles, sobrando uma quantidade surpreendentemente pequena deles para executar o trabalho real que o usuário solicitou. A conclusão a que a Intel está chegando é a única sensata: detonar a coisa toda (IA-32) e começar de novo com um quadro limpo (IA-64). A EMT-64 ainda tem um pouco de fôlego, mas, na realidade, tenta disfarçar a questão da complexidade.

5.8.2 O modelo IA-64: computação por instrução explicitamente paralela

A ideia fundamental da IA-64 é transferir trabalho do tempo de execução para o tempo de compilação. No Core i7, durante a execução a CPU reordena instruções, renomeia registradores, escalona unidades funcionais e realiza muitas outras tarefas para determinar como manter todos os recursos de hardware totalmente ocupados. No modelo IA-64, o compilador decifra todas essas coisas com antecedência e produz um programa que pode ser executado tal como é, sem que o hardware tenha de fazer malabarismos durante a execução. Por exemplo, em vez de dizer ao compilador que a máquina tem oito registradores, quando na verdade tem 128, e então tentar imaginar durante o tempo de execução como evitar dependências, no modelo IA-64 o compilador sabe quantos registradores a máquina de fato tem, de modo que, antes de tudo, pode produzir um programa que não tem nenhum conflito de registrador. De maneira semelhante, nesse modelo o compilador monitora quais unidades funcionais estão ocupadas e não emite instruções que usam unidades funcionais que não estão disponíveis. O modelo que torna o paralelismo subjacente no hardware visível para o compilador é denominado **EPIC (Explicitly Parallel Instruction Computing – computação com instruções explicitamente paralelas)**. Até certo ponto, EPIC pode ser considerada sucessora da RISC.

O modelo IA-64 tem várias características que aceleram o desempenho. Entre elas, estão redução de referências à memória, escalonamento de instruções, redução de desvios condicionais e especulação. Agora, estudaremos cada uma delas separadamente e discutiremos como elas são implementadas no Itanium 2.

5.8.3 Redução de referências à memória

O Itanium 2 tem um modelo de memória simples. A memória consiste em até 2^{64} bytes de memória linear. Instruções estão disponíveis para acessar memória em unidades de 1, 2, 4, 8, 16 e 10 bytes, a última para números de ponto flutuante de 80 bits padrão IEEE 745. Referências à memória não precisam estar alinhadas por suas fronteiras naturais, mas o desempenho incorre em uma penalidade se não estiverem. A memória pode ser *big-endian* ou *little-endian*, o que é determinado por um bit em um registrador que pode ser carregado pelo sistema operacional.

O acesso à memória é um enorme gargalo em todos os computadores modernos porque as CPUs são muito mais rápidas do que a memória. Um modo de reduzir referências à memória é ter uma *cache* de nível 1 grande no chip e uma de nível 2 maior ainda próxima ao chip. Todos os projetos modernos têm essas duas *caches*. Mas não devemos nos restringir às *caches* na busca de outros modos de reduzir referências à memória, e a IA-64 usa alguns desses modos.

O melhor modo de acelerar referências à memória é, antes de qualquer coisa, evitá-las. A implementação Itanium 2 do modelo IA-64 tem 128 registradores de uso geral de 64 bits. Os primeiros 32 são estáticos, mas os 96 restantes são usados como uma pilha de registradores, muito semelhante ao esquema de janela de registradores em outros processadores RISC, como o UltraSPARC. Contudo, diferente do UltraSPARC, o número de registradores visíveis para o programa é variável e pode mudar de um procedimento para outro. Assim, cada procedimento tem acesso a 32 registradores estáticos e a algum número (variável) de registradores de alocação dinâmica.

Quando um procedimento é chamado, o registrador ponteiro de pilha é avançado, de modo que os parâmetros de entrada são visíveis em registradores, mas nenhum registrador é alocado para variáveis locais. É o próprio procedimento que decide de quantos registradores precisa e avança o registrador ponteiro de pilha para alocá-los. Esses registradores não precisam ser salvos na entrada nem restaurados na saída, embora, se o procedimento precisar modificar um registrador estático, deve ter o cuidado de salvá-lo explicitamente antes e restaurá-lo mais tarde. Por ter número variável de registradores disponíveis e talhados para o que cada procedimento precisa, os registradores, um recurso escasso, não são desperdiçados, e chamadas de procedimento podem se aprofundar antes de os registradores terem de ser descarregados para a memória.

O Itanium 2 também tem 128 registradores de ponto flutuante em formato IEEE 745, que não funcionam como uma pilha de registradores. Esse número muito grande de registradores significa que muitos cálculos com ponto flutuante podem manter todos os seus resultados intermediários em registradores e evitar o armazenamento temporário de resultados na memória.

Também há 64 registradores de predicados de 1 bit, oito registradores de desvio e 128 registradores de aplicação de uso especial utilizados para várias finalidades, tal como passar parâmetros entre programas de aplicação e o sistema operacional. Uma visão geral dos registradores do Itanium 2 é dada na Figura 5.46.

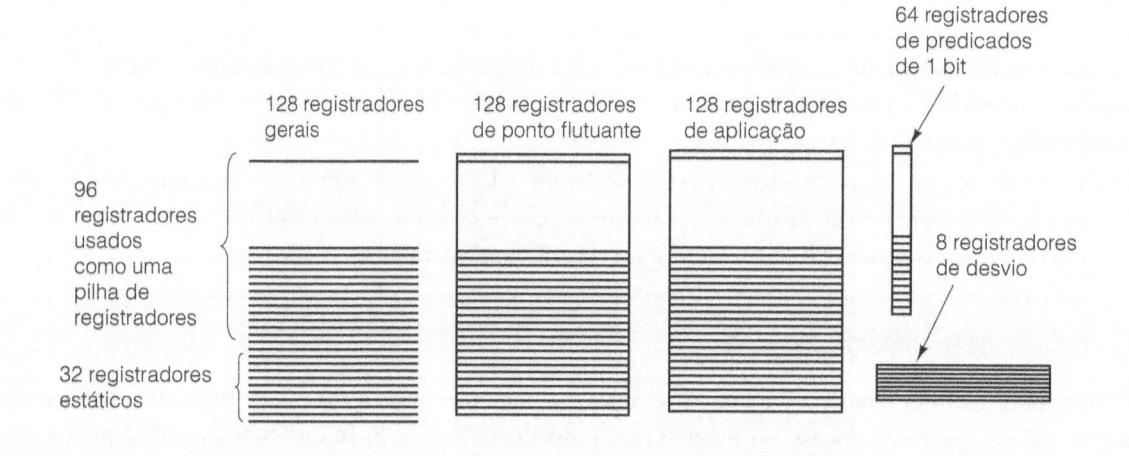

Figura 5.46 Registradores do Itanium 2.

96 registradores usados como uma pilha de registradores

32 registradores estáticos

128 registradores gerais

128 registradores de ponto flutuante

128 registradores de aplicação

64 registradores de predicados de 1 bit

8 registradores de desvio

5.8.4 Escalonamento de instruções

Um dos principais problemas do Core i7 é a dificuldade de escalonar as várias instruções pelas várias unidades funcionais e evitar dependências. São necessários mecanismos de alta complexidade para manipular todas essas questões em tempo de execução, e uma grande fração da área do chip é dedicada a seu gerenciamento. A IA-64 e o Itanium 2 evitam todos esses problemas porque é o compilador que faz o trabalho. A ideia fundamental é que o programa consista em uma sequência de **grupos de instruções**. Dentro de certas fronteiras, todas as instruções dentro de um grupo não entram em conflito umas com as outras, não usam mais unidades funcionais e recursos do que a máquina tem, não contêm dependências RAW e WAW e têm somente dependências WAR restritas. Grupos de instruções consecutivos parecem estar sendo executados estritamente em sequência, sendo que o segundo grupo não começa até que o primeiro seja concluído. Entretanto, a CPU pode iniciar o segundo grupo, em parte, assim que perceber que é seguro fazer isso.

Como consequência dessas regras, a CPU fica livre para escalonar as instruções dentro de um grupo na ordem que preferir, possivelmente em paralelo, se puder, sem ter de se preocupar com conflitos. Se o grupo de instruções violar as regras, o comportamento do programa é indefinido. Cabe ao compilador reordenar o código de montagem gerado pelo programa-fonte de modo a satisfazer todos esses requisitos. Para compilação rápida enquanto um programa está sendo depurado, o compilador pode colocar cada instrução em um grupo diferente, o que é fácil de fazer, mas resulta em mau desempenho. Quando é hora de produzir código de produção, o compilador pode gastar um longo tempo a otimizá-lo.

Instruções são organizadas em **pacotes** de 128 bits, como mostra a parte superior da Figura 5.47. Cada pacote contém três instruções de 41 bits e um gabarito de 5 bits. Um grupo de instruções não precisa ter um número inteiro de pacotes; pode começar e terminar no meio de um pacote.

Existem mais de cem formatos de instrução. Um formato típico, nesse caso, para operações de ULA como **ADD**, que soma dois registradores e envia o resultado para um terceiro, é mostrado na Figura 5.47. O primeiro campo, GRUPO DE OPERAÇÃO, é o grupo principal e informa a classe geral da instrução, como uma operação de ULA com inteiros. O próximo campo, TIPO DE OPERAÇÃO, dá a operação específica requerida, tal como **ADD** ou **SUB**. Em seguida, vêm os três campos de registrador. Por fim, temos o REGISTRADOR DE PREDICADO, que será descrito em breve.

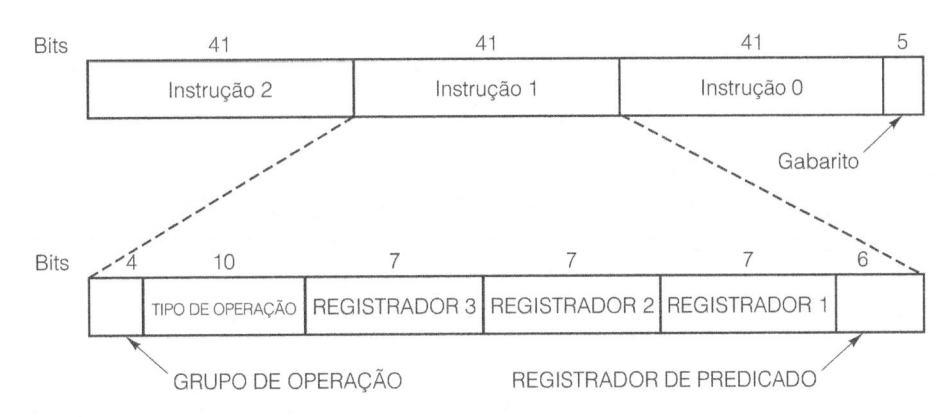

Figura 5.47 O pacote IA-64 contém três instruções.

[Diagrama: Bits 41 | 41 | 41 | 5 — Instrução 2 | Instrução 1 | Instrução 0 | Gabarito. Detalhe: Bits 4 | 10 | 7 | 7 | 7 | 6 — TIPO DE OPERAÇÃO | REGISTRADOR 3 | REGISTRADOR 2 | REGISTRADOR 1 — GRUPO DE OPERAÇÃO, REGISTRADOR DE PREDICADO]

O gabarito do pacote informa quais unidades funcionais o pacote necessita e também a posição da fronteira de um grupo de instrução presente, se houver. As principais unidades funcionais são a ULA de inteiros, as instruções não ULA de inteiros, operações de memória, operações de ponto flutuante, desvios e outras. É claro que, com seis unidades e três instruções, a ortogonalidade completa exigiria 216 combinações, mais outras 216 para indicar um marcador de grupo de instrução após a instrução 0, mais outras 216 para indicar um marcador de grupo de instrução após a instrução 1, e ainda mais outras 216 para indicar um marcador de grupo de instrução após a instrução 2. Com só 5 bits disponíveis, apenas um número muito limitado dessas combinações é permitido. Por outro lado, permitir três instruções de ponto flutuante em um pacote não funcionaria, nem mesmo se houvesse um modo de especificar isso, já que a CPU não pode iniciar três instruções de ponto flutuante em simultâneo. Combinações permitidas são as que, na verdade, são viáveis.

5.8.5 Redução de desvios condicionais: predicação

Outra característica importante da IA-64 é a nova maneira com que ela lida com desvios condicionais. Se houvesse um meio de se livrar da maioria deles, as CPUs poderiam ser mais simples e mais rápidas. À primeira vista, poderia parecer impossível ficar livre de desvios condicionais porque programas estão repletos de declarações do tipo if. Contudo, a IA-64 usa uma técnica denominada **predicação**, que pode reduzir muito seu número (August et al., 1998; e Hwu, 1998). Agora, vamos fazer uma descrição resumida dessa técnica.

Em arquiteturas tradicionais, todas as instruções são incondicionais, no sentido de que, quando a CPU atinge uma instrução, ela apenas a executa. Não há nenhum debate interno do tipo: "Fazer ou não fazer, eis a questão". Ao contrário, em uma arquitetura predicada, as instruções contêm condições (predicados) que informam quando devem e quando não devem ser executadas. Essa mudança de paradigma de instruções incondicionais para instruções predicadas é o que possibilita que nos livremos de (muitos) desvios condicionais. Em vez de ter de escolher entre uma ou outra sequência de instruções incondicionais, todas as instruções são fundidas em uma única sequência de instruções predicadas, usando diferentes predicados para diferentes instruções.

Para ver como funciona a predicação, vamos começar com o exemplo simples da Figura 5.48, que mostra a **execução condicional**, uma precursora da predicação. Na Figura 5.48(a), vemos uma declaração if. Na Figura 5.48(b), vemos sua tradução para três instruções: uma instrução de comparação, uma de desvio condicional e uma de movimentação.

Figura 5.48 (a) Declaração if. (b) Código genérico de montagem para (a). (c) Instrução condicional.

```
    if (R1 == 0)           CMP R1,0           CMOVZ R2,R3,R1
        R2 = R3;           BNE L1
                           MOV R2,R3
                       L1:
        (a)                   (b)                   (c)
```

Na Figura 5.48(c), nos livram do desvio condicional usando uma nova instrução, **CMOVZ**, que é uma movimentação condicional. Sua função é verificar se o terceiro registrador, **R1**, é 0. Se for, ele copia **R3** para **R2**. Se não for, nada faz.

Uma vez que temos uma instrução que pode copiar dados quando algum registrador for 0, a partir daí é um pequeno passo para uma instrução que possa copiar dados quando algum registrador não for 0, por exemplo, **CMOVN**. Se ambas as instruções estiverem disponíveis, estamos na rota da execução condicional completa. Imagine uma declaração **if** com várias atribuições na parte **then** e várias outras atribuições na parte **else**. A declaração inteira pode ser traduzida para código que define algum registrador como 0 se a condição for falsa e como outro valor se ela for verdadeira. Em seguida à definição do registrador, as atribuições da parte **then** podem ser compiladas em uma sequência de instruções **CMOVN** e as atribuições da parte **else** podem ser compiladas em uma sequência de instruções **CMOVZ**.

Todas essas instruções, a definição do registrador, as **CMOVN** e as **CMOVZ** formam um único bloco básico sem nenhum desvio condicional. As instruções podem até mesmo ser reordenadas, seja pelo compilador (incluindo elevar as atribuições para antes do teste), seja durante a execução. O único senão é que a condição tem de ser conhecida na hora em que as instruções devem ser retiradas (próximo ao final do paralelismo). Um exemplo simples que mostra a parte **then** e a parte **else** é dado na Figura 5.49.

Figura 5.49 (a) Declaração if. (b) Código genérico de montagem para (a). (c) Execução condicional.

```
    if (R1 == 0) {         CMP R1,0           CMOVZ R2,R3,R1
        R2 = R3;           BNE L1             CMOVZ R4,R5,R1
        R4 = R5;           MOV R2,R3          CMOVN R6,R7,R1
    } else {               MOV R4,R5          CMOVN R8,R9,R1
        R6 = R7;           BR L2
        R8 = R9;       L1: MOV R6,R7
    }                      MOV R8,R9
                       L2:
        (a)                   (b)                   (c)
```

Embora tenhamos mostrado instruções condicionais muito simples aqui (na verdade, tiradas da ISA IA-32), na IA-64 todas elas são predicadas. Isso significa que a execução de toda instrução pode ser transformada em condicional. O campo extra de 6 bits a que nos referimos antes seleciona um dos 64 registradores de predicado de 1 bit. Assim, uma declaração **if** será compilada para código que marca um dos registradores de predicado como 1 se a condição for verdadeira e como 0 se ela for falsa. De maneira simultânea e automática, ela marca outro registrador de predicado como o valor inverso. Usando predicação, as instruções de máquina que formam as cláusulas **then** e **else** serão fundidas em uma única cadeia de instruções, as primeiras usando o predicado e as últimas seu inverso. Quando o controle passa por lá, apenas um conjunto de instruções será executado.

Embora simples, o exemplo da Figura 5.50 mostra a ideia básica de como a predicação pode ser usada para eliminar desvios. A instrução CMPEQ compara dois registradores e define o registrador de predicado P4 como 1 se eles forem iguais e como 0 se forem diferentes. Também ajusta um registrador emparelhado, por exemplo, P5, para a condição inversa. Agora, as instruções para as partes if e then podem ser colocadas uma atrás da outra, cada uma condicionada conforme algum registrador de predicado (mostrado entre sinais < e >). Nesse caso, pode ser colocado um código arbitrário, contanto que cada instrução seja adequadamente predicada.

Figura 5.50 (a) Declaração if. (b) Código genérico de montagem para (a). (c) Execução predicada.

```
if (R1 == R2)              CMP R1,R2           CMPEQ R1,R2,P4
     R3 = R4 + R5;         BNE L1              <P4> ADD R3,R4,R5
else                       MOV R3,R4           <P5> SUB R6,R4,R5
     R6 = R4 - R5          ADD R3,R5
                           BR L2
                       L1: MOV R6,R4
                           SUB R6,R5
                       L2:
        (a)                   (b)                     (c)
```

Na IA-64, essa ideia é levada ao extremo, com instruções de comparação para definir os registradores de predicado, bem como instruções aritméticas e outras cuja execução dependa de algum registrador de predicado. Instruções predicadas podem ser alimentadas no paralelismo em sequência, sem nenhuma protelação nem problemas. É por isso que são tão úteis.

O modo como a previsão realmente funciona na IA-64 é que toda instrução é executada. No final do paralelismo, quando é hora de retirar uma instrução, é feita uma verificação para ver se o predicado é verdadeiro. Se for, a instrução é retirada normalmente e seus resultados são escritos de volta no registrador de destino. Se o predicado for falso, não é feita nenhuma escrita de volta, de modo que a instrução não tem nenhum efeito. A predicação é discutida em detalhes em Dulong (1998).

5.8.6 Cargas especulativas

Outra característica da IA-64 que acelera a execução é a presença de instruções LOAD especulativas. Se uma LOAD for especulativa e falhar, em vez de causar uma exceção, ela apenas para, e um bit associado com o registrador a ser carregado é definido, marcando o registrador como inválido. Esse é exatamente o bit envenenado apresentado no Capítulo 4. Se acaso o registrador envenenado for utilizado mais tarde, a exceção ocorre nesse instante; caso contrário, ela nunca acontece.

O modo normal de utilizar a especulação é o compilador elevar instruções LOAD para posições acima antes de serem necessárias. Começando cedo, elas podem ser concluídas antes que os resultados sejam necessários. No local em que o compilador precisa usar o registrador que acabou de ser carregado, ele insere uma instrução CHECK. Se o valor estiver presente, CHECK age como uma NOP, e a execução continua imediatamente. Se o valor não estiver presente, a próxima instrução deve protelar. Se ocorreu uma exceção e o bit envenenado estiver ligado, a exceção pendente ocorre nesse ponto.

Em resumo, uma máquina que efetue a arquitetura IA-64 obtém sua velocidade de várias fontes. No núcleo, está uma máquina RISC de última geração, com paralelismo, do tipo carregue/armazene e três endereços. Essa já é uma grande melhoria em relação à arquitetura IA-32 extremamente complexa.

Além disso, a IA-64 tem um modelo de paralelismo explícito que requer que o compilador decifre quais instruções podem ser executadas ao mesmo tempo sem conflitos e as agrupe em pacotes. Desse modo, a CPU pode escalonar cegamente um pacote sem ter de pensar muito. Passar o trabalho do tempo de execução para o tempo de compilação é certeza de vitória.

Em seguida, a predicação permite que as declarações em ambos os ramos de uma declaração if sejam fundidas em uma única cadeia, eliminando o desvio condicional e, por isso, a previsão do caminho que deverá seguir. Por fim, LOADs especulativas possibilitam buscar operandos com antecedência, sem penalidade se mais tarde se descobrir que, afinal, não são necessários.

Em suma, a arquitetura Itanium é um projeto impressionante, que parece atender melhor a arquitetos e usuários. Então, você está usando um processador Itanium no seu computador, estamos usando um no nosso, sua mãe está usando um, você conhece alguém que esteja usando um? Resposta: não, não, não e (provavelmente) não. Mais de uma década após o lançamento, sua adoção pode ser descrita educadamente como medíocre. Mas a Intel ainda está comprometida a produzir sistemas baseados no Itanium, embora sejam limitados a servidores de última geração.

Portanto, vamos voltar aos desafios originais que motivaram a criação da IA-64. O Itanium foi projetado para resolver as muitas deficiências na arquitetura IA-32. Visto que não foi muito adotado, como a Intel enfrentou essas deficiências? Conforme veremos no Capítulo 8, a chave para prosseguir com a linha IA-32 não foi remodelar a ISA, mas sim adotar a computação paralela, via projetos de multiprocessadores no chip. Para mais informação sobre o Itanium 2 e sua microarquitetura, veja McNairy e Soltis, 2003, e Rusu et al., 2004.

5.9 Resumo

O nível de arquitetura do conjunto de instrução é o que a maioria das pessoas chama de "linguagem de máquina", embora, em máquinas CISC, ele geralmente esteja embutido em uma camada de microcódigo inferior. Nesse nível, a máquina tem uma memória composta de bytes ou palavras, que consiste em algum número de megabytes ou gigabytes e instruções como MOVE, ADD e BEQ.

Grande parte dos computadores modernos tem uma memória organizada como uma sequência de bytes, com 4 ou 8 bytes agrupados em palavras. Em geral, também há entre 8 e 32 registradores presentes, cada um contendo uma palavra. Em algumas máquinas (por exemplo, o Core i7), referências a palavras na memória não têm de estar alinhadas em fronteiras naturais na memória, enquanto em outras sim (como no caso da ARM do OMAP4430). Porém, mesmo se as palavras não tiverem de ser alinhadas, o desempenho é melhor se elas estiverem.

Instruções costumam ter um, dois ou três operandos que são endereçados usando modos de endereçamento imediato, direto, registrador, indexado ou outros. Algumas máquinas têm uma grande quantidade de modos de endereçamento complexos. Em muitos casos, os compiladores são incapazes de usá-los de um modo eficaz, e por isso não são usados. Em geral, há instruções disponíveis para mover dados, para operações diádicas e monádicas, incluindo operações aritméticas e booleanas, para desvios, chamadas de procedimento, laços e, às vezes, para E/S. Instruções típicas movem uma palavra da memória para um registrador (ou vice-versa), somam, subtraem, multiplicam ou dividem dois registradores ou um registrador e uma palavra de memória, ou comparam dois itens em registradores ou na memória. Não é incomum um computador ter bem mais de 200 instruções em seu repertório. Máquinas CISC geralmente têm muito mais.

O controle de fluxo no nível 2 é conseguido com a utilização de uma variedade de primitivas, incluindo desvios, chamadas de procedimento, chamadas de corrotinas, exceções e interrupções. Desvios são usados para encerrar uma sequência de instrução e iniciar outra nova em um local (possivelmente distante) na memória. Procedimentos são usados como um mecanismo de abstração, para permitir que uma parte do programa seja isolada como uma unidade e chamada de vários lugares. A abstração usando procedimentos de uma forma ou de outra é a base de toda a programação moderna. Sem procedimentos, ou o equivalente, seria impossível escrever qualquer software moderno. Corrotinas permitem que dois *threads* de controle trabalhem simultaneamente. Exceções são usadas para sinalizar situações excepcionais, como transbordo aritmético. Interrupções permitem que a E/S ocorra em paralelo com o processo principal de computação, sendo que a CPU obtém um sinal tão logo a E/S tenha sido concluída.

As Torres de Hanói são um problema divertido cuja interessante solução recursiva examinamos. Soluções iterativas para ele já foram descobertas, mas elas são muito mais complicadas e menos elegantes do que a solução recursiva que estudamos.

Por fim, a arquitetura IA-64 usa o modelo EPIC de computação para facilitar aos programas a exploração do paralelismo. Ela usa grupos de instruções, predicação e instruções LOAD especulativas para ganhar velocidade. Em suma, ela pode representar um avanço significativo em relação ao Core i7, mas coloca grande parte da carga da paralelização no compilador. Ainda assim, trabalhar em tempo de compilação é sempre melhor do que fazê-lo em tempo de execução.

Problemas

1. Uma palavra em um computador *little-endian* com palavras de 32 bits tem o valor numérico de 3. Se ela for transmitida para um computador *big-endian* byte por byte e ali armazenada com o byte 0 no byte 0, o byte 1 no 1, e assim por diante, qual é seu valor numérico na máquina *big-endian* se for lido como um inteiro de 32 bits?

2. Diversos computadores e sistemas operacionais no passado usaram espaços separados para instruções e dados, permitindo até 2^k endereços de programa e também 2^k endereços de dados usando um endereço de k bits. Por exemplo, para $k = 32$, um programa poderia acessar 4 GB de instruções e também 4 GB de dados, resultando em um espaço de endereços total de 8 GB. Como é impossível que um programa escreva sobre si mesmo quando esse esquema é usado, como o sistema operacional poderia carregar os programas na memória?

3. Projete um *opcode* de expansão para permitir que todos os seguintes sejam codificados em uma instrução de 32 bits:

    15 instruções com dois endereços de 12 bits e um número de registrador de 4 bits

    650 instruções com um endereço de 12 bits e um número de registrador de 4 bits

    80 instruções sem nenhum endereço nem registrador

4. Certa máquina tem instruções de 16 bits e endereços de 6 bits. Algumas instruções têm um endereço e outras têm dois. Se houver n instruções de dois endereços, qual é o número máximo de instruções de um endereço?

5. É possível projetar um *opcode* de expansão que permita que os seguintes sejam codificados em uma instrução de 12 bits? Um registrador tem 3 bits.

    4 instruções com três registradores

    255 instruções com um registrador

    16 instruções com zero registradores

6. Dados os valores de memória a seguir, e uma máquina de um endereço com um acumulador, quais valores as seguintes instruções carregam no acumulador?

    palavra 20 contém 40

    palavra 30 contém 50

    palavra 40 contém 60

    palavra 50 contém 70

    a. LOAD IMMEDIATE 20
    b. LOAD DIRECT 20
    c. LOAD INDIRECT 20
    d. LOAD IMMEDIATE 30
    e. LOAD DIRECT 30
    f. LOAD INDIRECT 30

7. Compare máquinas de 0, 1, 2 e 3 endereços escrevendo programas para calcular

    X = (A + B × C) / (D – E × F)

    para cada uma das quatro máquinas. As instruções disponíveis para uso são as seguintes:

0 endereço	1 endereço	2 endereços	3 endereços
PUSH M	LOAD M	MOV (X = Y)	MOV (X = Y)
POP M	STORE M	ADD (X = X+Y)	ADD (X = Y+Z)
ADD	ADD M	SUB (X = X–Y)	SUB (X = Y–Z)
SUB	SUB M	MUL (X = X*Y)	MUL (X = Y*Z)
MUL	MUL M	DIV (X = X/Y)	DIV (X = Y/Z)
DIV	DIV M		

M é um endereço de memória de 16 bits, e X, Y e Z são endereços de 16 bits ou registradores de 4 bits. A máquina de 0 endereço usa uma pilha, a de 1 endereço usa um acumulador e as outras duas têm 16 registradores e instruções que operam sobre todas as combinações de localizações de memória e registradores. SUB X,Y subtrai Y de X e SUB X,Y,Z subtrai Z de Y e coloca o resultado em X. Com *opcodes* de 8 bits e comprimentos de instrução múltiplos de 4 bits, quantos bits a máquina precisa para calcular X?

8. Planeje um mecanismo de endereçamento que permita que um conjunto arbitrário de 64 endereços, não necessariamente contíguos, em um espaço de endereço grande, seja especificável em um campo de 6 bits.

9. Cite uma desvantagem de código automodificador que não foi mencionada no texto.

10. Converta as seguintes fórmulas de notação infixa para a notação polonesa invertida.
    a. A + B + C + D − E
    b. (A − B) × (C + D) + E
    c. (A × B) + (C × D) − E
    d. (A − B) × (((C − D × E) / F) / G) × H

11. Quais dos seguintes pares de fórmulas em notação polonesa invertida são matematicamente equivalentes?
    a. A B + C + e A B C + +
    b. A B − C − e A B C − −
    c. A B × C + e A B C + ×

12. Converta as seguintes fórmulas em notação polonesa invertida para notação infixa.
    a. A B − C + D ×
    b. A B / C D / +
    c. A B C D E + × × /
    d. A B C D E × F / + G − H / × +

13. Escreva três fórmulas em notação polonesa invertida que não podem ser convertidas para notação infixa.

14. Converta as seguintes fórmulas booleanas em notação infixa para notação polonesa invertida.
    a. (A AND B) OR C
    b. (A OR B) AND (A OR C)
    c. (A AND B) OR (C AND D)

15. Converta a seguinte fórmula em notação infixa para notação polonesa invertida e gere um código IJVM para avaliá-la.

    (5 × 2 + 7) − (4 / 2 + 1)

16. Quantos registradores têm a máquina cujos formatos de instruções são dados na Figura 5.24?

17. Na Figura 5.24, o bit 23 é usado para distinguir entre a utilização do formato 1 e do formato 2. Nenhum bit é fornecido para distinguir a utilização do formato 3. Como o hardware sabe quando usá-lo?

18. Em programação, é comum que um programa precise determinar onde uma variável X está em relação ao intervalo A a B. Se houvesse uma instrução de três endereços disponível com os operandos A, B e X, quantos bits de código de condição teriam de ser ajustados por essa instrução?

19. Descreva uma vantagem e uma desvantagem do endereçamento relativo ao contador de programa.

20. O Core i7 tem um bit de código de condição que registra o vai-um do bit 3 após uma operação aritmética. Para que serve isso?

21. Um de seus amigos aparece no seu quarto às 3 horas da manhã, sem fôlego, para lhe contar sua nova ideia brilhante: uma instrução com dois *opcodes*. Você deve mandá-lo ao Cartório de Registro de Patentes ou de volta à prancheta? Explique.

22. Testes na forma

    if (k == 0) ...

    if (a > b) ...

    if (k < 5) ...

    são comuns na programação. Invente uma instrução para realizá-los de modo eficiente. Que campos estão presentes na sua instrução?

23. Para o número binário de 16 bits 1001 0101 1100 0011, mostre o efeito de:
    a. Um deslocamento de 4 bits para a direita com preenchimento zero.
    b. Um deslocamento de 4 bits para a direita com extensão de sinal.
    c. Um deslocamento de 4 bits para a esquerda.
    d. Uma rotação de 4 bits para a esquerda.
    e. Uma rotação de 4 bits para a direita.

24. Como você pode limpar uma palavra de memória em uma máquina que não tem nenhuma instrução CLR?

25. Calcule a expressão booleana (A AND B) OR C para

    A = 1101 0000 1010 0011

    B = 1111 1111 0000 1111

    C = 0000 0000 0010 0000

26. Invente um modo de trocar duas variáveis A e B sem usar uma terceira variável ou registrador. Dica: pense na instrução EXCLUSIVE OR.

27. Em certo computador, é possível mover um número de um registrador para outro, deslocar cada um deles para a esquerda por diferentes quantidades e somar os resultados em menos tempo do que leva uma multiplicação. Em qual condição essa sequência de instrução é útil para calcular "constante × variável"?

28. Máquinas diferentes têm densidades de instrução diferentes (número de bytes requerido para realizar algum processo de computação). Dados os seguintes fragmentos de código Java, traduza cada um em linguagem de montagem Core i7 e IJVM. Em seguida, calcule quantos bytes cada expressão requer para cada máquina. Considere que i e j são variáveis locais na memória; porém, quanto ao mais, faça as suposições mais otimistas em todos os casos.

    a. i = 3;
    b. i = j;
    c. i = j − 1;

29. As instruções de laço discutidas no texto eram para manipular laços **for**. Invente uma instrução que poderia ser útil para manipular laços **while**.

30. Suponha que os monges de Hanói possam mover 1 disco por minuto (eles não têm pressa de terminar o trabalho porque as oportunidades de emprego para pessoas que têm essa habilidade peculiar são limitadas em Hanói). Quanto tempo levará para resolverem todo o problema dos 64 discos? Expresse seu resultado em anos.

31. Por que os dispositivos de E/S colocam o vetor de interrupção no barramento? Seria possível armazenar aquela informação em uma tabela de memória?

32. Um computador usa DMA para ler de seu disco. O disco tem 64 setores de 512 bytes por trilha. O tempo de rotação do disco é 16 ms. O barramento tem 16 bits de largura e transferências do barramento levam 500 ns cada. A instrução média de CPU requer dois ciclos de barramento. De quanto é o atraso causado pelo DMA?

33. A transferência de DMA descrita na Figura 5.32 exige 2 transferências de barramento para mover dados entre um dispositivo de E/S e a memória. Descreva como o desempenho do DMA pode ser melhorado usando a arquitetura de barramento da Figura 3.35.

34. Por que rotinas de serviço de interrupção têm prioridades associadas a elas enquanto procedimentos normais não têm prioridades?

35. A arquitetura IA-64 contém um grande número de registradores (64), o que não é comum. A escolha desse número tão grande está relacionada com a utilização de predicação? Se a resposta for positiva, como estão relacionados? Se a resposta for negativa, por que há tantos registradores?

36. No texto, é discutido o conceito de instruções **LOAD** especulativas. Contudo, não há nenhuma menção de instruções **STORE** especulativas. Por que não? Elas são, basicamente, o mesmo que instruções **LOAD** especulativas ou há outra razão por que não foram discutidas?

37. Quando duas redes locais devem ser conectadas, um computador denominado ponte é inserido entre elas e conectado a ambas. Cada pacote transmitido em qualquer uma das redes causa uma interrupção na ponte para permitir que ela verifique se o pacote tem de ser repassado. Suponha que tratar a interrupção e inspecionar o pacote leve 250 μs por pacote, mas a transmissão, se for necessária, será executada por hardware de DMA, sem sobrecarregar a CPU. Se todos os pacotes tiverem 1 KB, qual é a taxa máxima de dados que pode ser tolerada em cada rede sem causar perda de pacotes pela ponte?

38. Na Figura 5.40, o ponteiro de quadro aponta para a primeira variável local. Que informação o programa necessita para retornar de um procedimento?

39. Escreva uma sub-rotina em linguagem de montagem para converter um inteiro binário com sinal para ASCII.

40. Escreva uma sub-rotina em linguagem de montagem para converter uma fórmula infixa para notação polonesa invertida.

41. O Torres de Hanói não é o único pequeno procedimento recursivo muito apreciado por cientistas da computação. Outro favorito imbatível é $n!$, em que $n! = n(n-1)!$ sujeito à condição limitadora $0! = 1$. Escreva um procedimento em sua linguagem de montagem favorita para calcular $n!$.

42. Se você não estiver convencido de que a recursão é às vezes indispensável, tente programar o Torres de Hanói sem usar recursão e sem simular a solução recursiva mantendo uma pilha em um vetor. Porém, advertimos de antemão que você provavelmente não conseguirá achar a solução.

Capítulo 6

O sistema operacional

O tema deste livro é que um computador moderno é construído como uma série de níveis, e cada um acrescenta funcionalidade ao nível que está abaixo dele. Até agora, vimos o nível lógico digital, o de microarquitetura e o de arquitetura do conjunto de instrução. Agora, chegou a hora de passar para outro nível e entrar no âmbito do sistema operacional.

Um sistema operacional é um programa que, do ponto de vista do programador, acrescenta diversas novas instruções e características, acima e além do que o nível ISA fornece. Em geral, o sistema operacional é executado, em grande parte, em software, mas não há nenhuma razão teórica por que ele não possa ser colocado em hardware, exatamente como acontece com os microprogramas (quando estão presentes). Para abreviar, denominaremos o nível que ele implementa como o nível **OSM (Operating System Machine)**, ou seja, nível de **máquina de sistema operacional**, mostrado na Figura 6.1.

Embora o nível OSM e o nível ISA sejam ambos abstratos (no sentido de que não são o verdadeiro nível de hardware), há uma importante diferença entre eles. O conjunto de instruções do nível OSM é o conjunto completo de instruções disponíveis para programadores de aplicação. Contém quase todas as instruções de nível ISA, bem como o conjunto de novas instruções que o sistema operacional adiciona. Estas são denominadas chamadas de sistema. Uma **chamada de sistema** chama um serviço predefinido do sistema operacional, na verdade, uma de suas instruções. Uma chamada de sistema típica é ler dados de um arquivo. As chamadas de sistema serão impressas em letras minúsculas em fonte Helvetica.

O nível OSM é sempre interpretado. Quando um programa usuário executa uma instrução OSM, como ler alguns dados de um arquivo, o sistema operacional executa essa instrução passo a passo, do mesmo modo que um microprograma executaria uma instrução ADD passo a passo. Contudo, quando um programa executa uma instrução de nível ISA, ela é efetuada diretamente pelo nível de microarquitetura subjacente, sem qualquer assistência do sistema operacional.

Figura 6.1 Posicionamento do nível de máquina de sistema operacional.

```
Nível 3  | Nível de máquina de sistema operacional |
                    Sistema operacional
Nível 2  | Nível de arquitetura do conjunto de instruções |
                    Microprograma ou hardware
Nível 1  | Nível de microarquitetura |
```

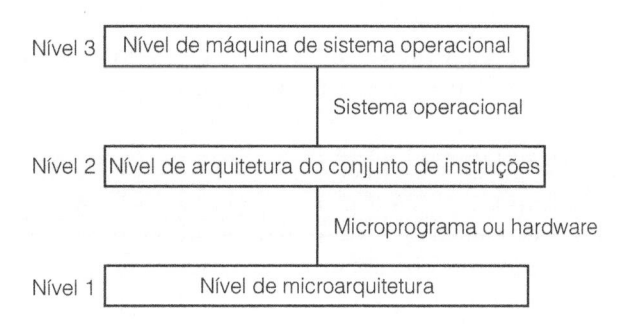

Neste livro, poderemos oferecer apenas a mais breve das introduções ao assunto de sistemas operacionais. Focalizaremos três tópicos importantes: o primeiro é a memória virtual, uma técnica fornecida por muitos sistemas operacionais modernos para fazer com que a máquina pareça ter mais memória do que na realidade tem. O segundo é E/S de arquivo, um conceito de nível mais alto do que as instruções de E/S que estudamos no capítulo anterior. O terceiro tópico é o processamento paralelo – como vários processos podem executar, se comunicar e sincronizar. O conceito de um processo é importante e o descreveremos em detalhes mais adiante neste capítulo. Por enquanto, podemos entender um processo como um programa em execução e todas as suas informações de estado (memória, registradores, contador de programa, estado de E/S e assim por diante). Após discutir esses princípios em termos gerais, mostraremos como eles se aplicam aos sistemas operacionais de duas de nossas máquinas de exemplo, o Core i7 (rodando o Windows 7) e a CPU ARM do OMAP4430 (rodando o Linux). Como o microcontrolador ATmega168 costuma ser usado em sistemas embutidos, ele não tem um sistema operacional.

6.1 Memória virtual

No início da história dos computadores, as memórias eram pequenas e caras. O IBM 650, o líder dos computadores científicos de sua época (final da década de 1950), tinha somente 2.000 palavras de memória. Um dos primeiros compiladores ALGOL 60 foi escrito para um computador que tinha apenas 1.024 palavras de memória. Um antigo sistema de tempo compartilhado funcionava muito bem em um PDP-1 com tamanho total de memória de apenas 4.096 palavras de 18 bits para o sistema operacional e programas do usuário combinados. Naquela época, o programador gastava muito tempo tentando comprimir programas na minúscula memória. Muitas vezes, era necessário usar um algoritmo cuja execução era muito mais lenta do que a de outro algoritmo melhor, só porque o algoritmo melhor era muito grande – isto é, um programa que o utilizasse não poderia ser encaixado na memória do computador.

A solução tradicional para esse problema era usar uma memória secundária, como um disco. O programador dividia o programa em algumas partes, denominadas **sobreposições** (*overlays*), cada uma das quais podia caber na memória. Para executar o programa, a primeira sobreposição era trazida para a máquina e executava durante algum tempo. Quando terminava, lia a próxima sobreposição e a chamava, e assim por diante. O programador era responsável por fragmentar o programa em sobreposições, decidir em que lugar da memória secundária cada uma seria mantida, resolver o transporte delas entre memória principal e memória secundária e, em geral, gerenciar todo o processo de sobreposição sem nenhum auxílio do computador.

Embora tenha sido muito utilizada durante anos, essa técnica envolvia muito trabalho para o gerenciamento de sobreposição. Em 1961, um grupo de pesquisadores em Manchester, Inglaterra, propôs um método para executar o processo de sobreposição automaticamente, sem que o programador soubesse o que estava acontecendo (Fotheringham, 1961). Esse método, agora denominado **memória virtual**, tinha a óbvia vantagem de livrar o programador de grande parte de uma irritante contabilidade. A memória virtual foi usada pela primeira vez em alguns computadores durante a década de 1960, a maioria deles associada com projetos de pesquisa na área de sistemas de computação. No início da década de 1970, a memória virtual já estava disponível na maioria dos computadores. Agora, até computadores de um só chip, incluindo o Core i7 e a CPU ARM do OMAP4430, têm sistemas de memória virtual altamente sofisticados. Vamos examiná-los mais adiante neste capítulo.

6.1.1 Paginação

A ideia proposta pelo grupo de Manchester foi separar os conceitos de espaço de endereço e localizações de memória. Considere, como exemplo, um computador típico naquela época, que poderia ter tido um campo de endereço de 16 bits em suas instruções e 4.096 palavras de memória. Um programa nesse computador podia acessar 65.536 palavras de memória. A razão é que existem 65.536 (2^{16}) endereços de 16 bits, cada um correspondente a uma palavra de memória diferente. Note que o número de palavras endereçáveis depende somente do número de bits em um endereço, e não está relacionado, de modo algum, com o número de palavras de memória realmente disponível. O **espaço de endereço** para esse computador consiste nos números 0, 1, 2, ..., 65.535, porque esse é o conjunto de possíveis endereços. Contudo, o computador pode perfeitamente ter menos do que 65.535 palavras de memória.

Antes da invenção da memória virtual, as pessoas faziam uma distinção entre os endereços abaixo de 4.096 e os iguais ou acima de 4.096. Embora raramente expresso em tantas palavras, essas duas partes eram consideradas o espaço de endereço útil e o de endereço inútil, nessa ordem (aqueles acima de 4.095 eram inúteis porque não correspondiam a endereços de memória em si). As pessoas não distinguiam espaço de endereço e endereços de memória porque o hardware impunha uma correspondência um-para-um entre eles.

A ideia de separar o espaço de endereço e os endereços de memória é a seguinte. Em qualquer instante, 4.096 palavras de memória podiam ser acessadas diretamente, mas elas não precisam corresponder a endereços de memória 0 a 4.095. Por exemplo, poderíamos "dizer" ao computador que, dali em diante, sempre que o endereço 4.096 fosse referenciado, a palavra de memória no endereço 0 deveria ser usada; sempre que o endereço 4.097 fosse referenciado, a palavra de memória no endereço 1 deveria ser usada; sempre que o endereço 8.191 fosse referenciado, a palavra de memória no endereço 4.095 deveria ser usada, e assim por diante. Ou seja, definimos um mapeamento do espaço de endereço para endereços de memória propriamente ditos, conforme mostra a Figura 6.2.

Figura 6.2 Mapeamento no qual endereços virtuais 4.096 a 8.191 são mapeados para endereços da memória principal 0 a 4.095.

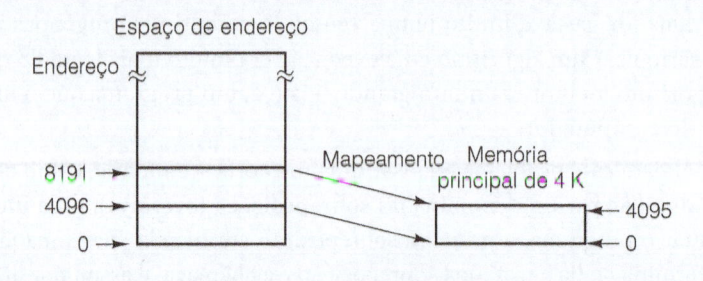

Em termos desse quadro de mapear endereços do espaço de endereço para locais da memória propriamente ditos, uma máquina de 4 KB sem memória virtual apenas tem um mapeamento fixo entre os endereços 0 a 4.095 e as 4.096 palavras de memória. Uma pergunta interessante é: "O que acontece se um programa desviar para um endereço entre 8.192 e 12.287?". Se a máquina não tiver memória virtual, o programa causaria uma exceção que imprimiria uma mensagem rude, por exemplo: "Memória referenciada não existente", e encerraria o programa. Se a máquina tiver memória virtual, ocorreriam as seguintes etapas:

1. O conteúdo da memória principal seria salvo em disco.
2. Palavras 8.192 a 12.287 estariam localizadas no disco.
3. Palavras 8.192 a 12.287 seriam carregadas para a memória principal.
4. O mapa de endereços seria alterado para mapear endereços 8.192 a 12.287 para localizações de memória 0 a 4.095.
5. A execução continuaria como se nada de incomum tivesse acontecido.

Essa técnica de sobreposição automática é denominada **paginação**, e os trechos de programa lidos do disco são denominados **páginas**.

Também é possível um modo mais sofisticado de mapear endereços do espaço de endereço para locais de memória propriamente ditos. Por questão de ênfase, denominaremos os endereços que o programa pode referenciar como **espaço de endereço virtual**, e os endereços de memória ligados (físicos) propriamente ditos como **espaço de endereço físico**. Um **mapa de memória** ou **tabela de páginas** especifica o endereço físico correspondente para cada endereço virtual. Vamos supor que haja espaço suficiente em disco para armazenar todo o espaço de endereço virtual (ou, pelo menos, a parte dele que está sendo usada).

Programas são escritos como se houvesse memória principal suficiente para todo o espaço de endereço virtual, ainda que não seja esse o caso. Programas podem ler de qualquer palavra do espaço de endereço virtual, ou armazenar em qualquer palavra do espaço de endereço virtual, ou desviar para qualquer instrução localizada em qualquer lugar dentro do espaço de endereço virtual, sem se preocupar com o fato de que, na realidade, não há suficiente memória física. De fato, o programador pode escrever programas sem nem mesmo estar ciente de que a memória virtual existe. O computador apenas parece ter uma grande memória.

Esse ponto é crucial e será comparado mais adiante com a segmentação, na qual o programador deve estar ciente da existência de segmentos. Mais uma vez, por questão de ênfase, a paginação dá ao programador a ilusão de uma memória principal linear grande, contínua, do mesmo tamanho do espaço de endereço virtual. Na realidade, a memória principal disponível pode ser menor (ou maior) do que o espaço de endereço virtual. A simulação dessa grande memória principal por paginação não pode ser detectada pelo programa (exceto pela execução de testes de temporização). Sempre que um endereço for referenciado, a instrução ou a palavra de dados adequada parece estar presente. Como o programador pode programar como se a paginação não existisse, diz-se que o mecanismo de paginação é **transparente**.

Afinal, a ideia de que um programador poder usar algumas características não existentes sem se preocupar em como elas funcionam não é novidade para nós. O conjunto de instruções de nível ISA muitas vezes inclui uma instrução MUL, ainda que a microarquitetura subjacente não tenha um dispositivo de multiplicação no hardware. A ilusão de que a máquina pode multiplicar costuma ser sustentada por microcódigo. De modo semelhante, a máquina virtual fornecida pelo sistema operacional pode dar a impressão de que todos os endereços virtuais são sustentados por memória real, ainda que isso não seja verdade. Somente escritores (e estudantes) de sistema operacional têm de saber como a ilusão é suportada.

6.1.2 Implementação de paginação

Um requisito essencial para uma memória virtual é um disco para guardar todo o programa e todos os dados. O disco poderia ser um disco rotativo ou um disco em estado sólido. No restante deste livro, vamos nos referir a "disco" ou a "disco rígido" para simplificar, mas entenda que isso inclui também os discos em estado sólido. Em termos conceituais, é mais simples definir a cópia do programa que está no disco como o programa original e as porções trazidas para a memória principal de vez em quando como cópias, em vez do contrário. Claro, é importante manter o original atualizado. Quando são feitas alterações na cópia que está na memória principal, elas também têm de ser refletidas no original (em seu devido tempo).

O espaço de endereço virtual é desmembrado em várias páginas do mesmo tamanho. No momento, são comuns tamanhos na faixa de 512 a 64 KB por página, embora tamanhos de até 4 MB sejam usados às vezes.

O tamanho da página é sempre uma potência de 2, por exemplo, 2^k, de modo que todos os endereços podem ser representados em k bits. O espaço de endereço físico também é desmembrado em partes de modo semelhante e cada porção é do mesmo tamanho de uma página, de modo que cada parte da memória principal é capaz de conter exatamente uma página. Essas partes para onde vão as páginas são denominadas **quadros de página**. Na Figura 6.2, a memória principal contém somente um quadro de página. Na prática, os projetos costumam conter milhares delas.

A Figura 6.3(a) ilustra um modo possível de dividir os primeiros 64 KB de um espaço de endereço virtual – em páginas de 4 KB. (Note que, neste caso, estamos falando de 64 KB e 4 K de endereços. Um endereço poderia ser um byte, mas também poderia perfeitamente ser uma palavra em um computador no qual palavras consecutivas tivessem endereços consecutivos.) A memória virtual da Figura 6.3 seria implementada por meio de uma tabela de páginas com tantas entradas quantas fossem as páginas no espaço de endereço virtual. Aqui, para simplificar, mostramos somente as primeiras 16 entradas. Quando o programa tenta referenciar uma palavra nos primeiros 64 KB de seu espaço de endereço virtual, seja para buscar instruções, seja para buscar ou armazenar dados, ele primeiro gera um endereço virtual entre 0 e 65.532 (admitindo que endereços de palavra devem ser divisíveis por 4). Indexação, endereçamento indireto e todas as técnicas comuns podem ser usadas para gerar esse endereço.

Figura 6.3 (a) Os primeiros 64 KB do espaço de endereço virtual divididos em 16 páginas, cada página com 4 K. (b) Memória principal de 32 KB dividida em oito quadros de página de 4 KB cada.

Quadro de página	Endereços virtuais
15	61440 – 65535
14	57344 – 61439
13	53248 – 57343
12	49152 – 53247
11	45056 – 49151
10	40960 – 45055
9	36864 – 40959
8	32768 – 36863
7	28672 – 32767
6	24576 – 28671
5	20480 – 24575
4	16384 – 20479
3	12288 – 16383
2	8192 – 12287
1	4096 – 8191
0	0 – 4095

(a)

Quadro de página	32 KB da parte inferior da memória principal — Endereços físicos
7	28672 – 32767
6	24576 – 28671
5	20480 – 24575
4	16384 – 20479
3	12288 – 16383
2	8192 – 12287
1	4096 – 8191
0	0 – 4095

(b)

A Figura 6.3(b) mostra uma memória física que consiste em oito quadros de página de 4 KB. Essa memória poderia ser limitada a 32 KB porque (1) isso é tudo que a máquina tinha (um processador embutido em uma lavadora ou em um forno de micro-ondas poderia não precisar de mais), ou (2) o resto da memória foi alocado a outros programas.

Agora, considere como um endereço virtual de 32 bits pode ser mapeado para um endereço físico de memória principal. Afinal, a única coisa que a memória entende são endereços de memória principal, e não endereços virtuais, portanto, são aqueles que lhe devem ser dados. Todo computador com memória virtual tem um dispositivo para fazer o mapeamento virtual para físico. Esse dispositivo é denominado **MMU** (**Memory Management Unit – unidade de gerenciamento de memória**). Ele pode estar no chip da CPU, ou em um chip separado que funciona em estreita relação com o da CPU. Uma vez que nosso exemplo de MMU mapeia de um endereço virtual de 32 bits para um endereço físico de 15 bits, ele precisa de um registrador de entrada de 32 bits e um registrador de saída de 15 bits.

Para ver como a MMU funciona, considere o exemplo da Figura 6.4. Quando um endereço virtual de 32 bits é apresentado à MMU, ela o separa em um número de página virtual de 20 bits e em um deslocamento de 12 bits dentro da página (porque as páginas de nosso exemplo são de 4 K). O número de página virtual é usado como um índice para a tabela de páginas a fim de achar a entrada para a página referenciada. Na Figura 6.4, o número de página virtual é 3, portanto, é selecionada a entrada 3 da tabela de páginas, como ilustra a figura.

Figura 6.4 Formação de um endereço de memória principal a partir de um endereço virtual.

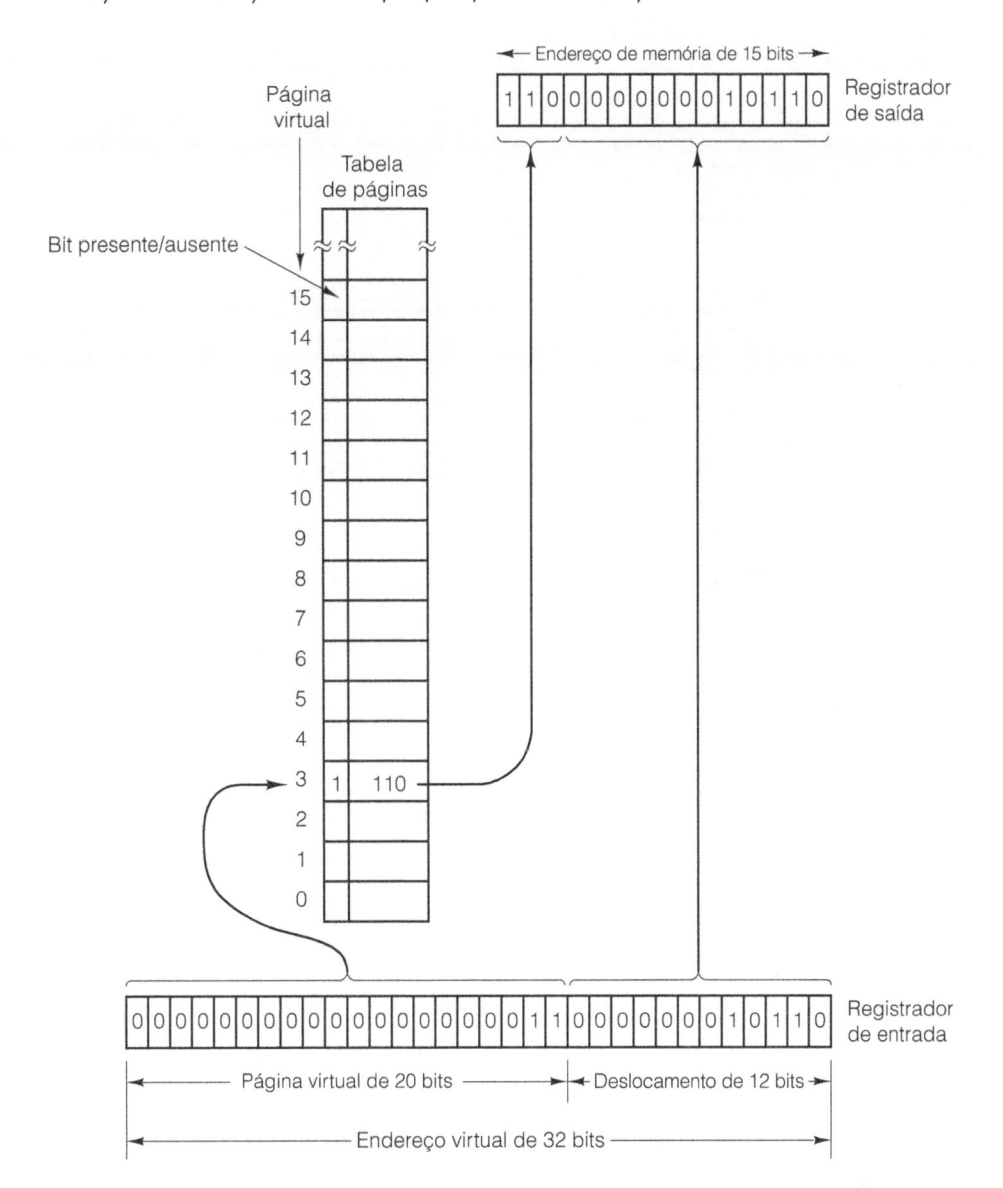

A primeira coisa que a MMU faz com a entrada de tabela de página é verificar se a página referenciada está na memória principal naquele momento. Afinal, com 2^{20} páginas virtuais e somente oito quadros de página, nem todas as páginas virtuais podem estar na memória ao mesmo tempo. A MMU faz essa verificação examinando o **bit presente/ausente** na entrada da tabela de páginas. Em nosso exemplo, o bit é 1, o que significa que a página está na memória no momento em questão.

A próxima etapa é pegar o valor do quadro de página da entrada selecionada (6 nesse caso) e copiá-lo para os 3 bits superiores do registrador de saída de 15 bits. São necessários três bits porque há oito quadros de página na memória física. Em paralelo a essa operação, os 12 bits menos significativos do endereço virtual (o campo de deslocamento da página) são copiados para os 12 bits de ordem baixa do registrador de saída, como ilustra a figura. Esse endereço de 15 bits agora é enviado para a *cache* ou para a memória, para consulta.

A Figura 6.5 mostra um possível mapeamento entre páginas virtuais e quadros de páginas físicas. A página virtual 0 está no quadro de página 1. A página virtual 1 está no quadro de página 0. A página virtual 2 não está na memória principal. A página virtual 3 está no quadro de página 2. A página virtual 4 não está na memória principal. A página virtual 5 está no quadro de página 6, e assim por diante.

Figura 6.5 Possível mapeamento das 16 primeiras páginas virtuais para uma memória principal com oito quadros de página.

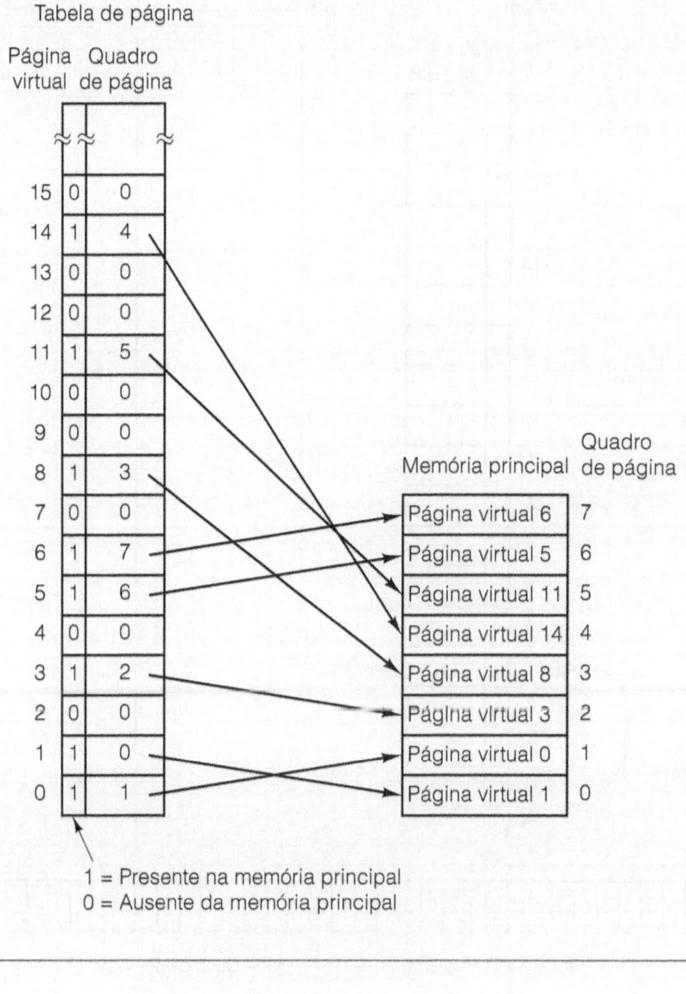

6.1.3 Paginação por demanda e o modelo de conjunto de trabalho

Na discussão anterior, admitimos que a página virtual referenciada estava na memória principal. Contudo, essa suposição nem sempre será verdadeira, porque não há espaço suficiente nessa memória para todas as páginas virtuais. Quando é feita uma referência a um endereço em uma página que não está presente na memória principal, isso é denominado **falta de página**. Após ocorrer uma falta de página, é necessário que o sistema operacional leia a página requerida do disco, registre seu novo local na memória física na tabela de página e depois repita a instrução que causou a falha.

É possível iniciar um programa que executa em uma máquina com memória virtual mesmo quando não houver nada do programa na memória principal. Basta ajustar a tabela de páginas para indicar que toda e qualquer página virtual está na memória secundária, e não na principal. Quando a CPU tenta buscar a primeira instrução, obtém imediatamente uma falta de página, e isso faz com que a página que contém a primeira instrução seja carregada na memória e registrada na tabela de página. Então, a primeira instrução pode começar. Se ela tiver dois endereços, e estes estiverem em páginas diferentes, e ambas forem diferentes da página da instrução, ocorrerão mais duas faltas de página e mais duas páginas serão trazidas antes que a instrução possa, por fim, ser executada. A próxima instrução pode causar mais algumas faltas de página e assim por diante.

Esse método de operar uma memória virtual é denominado **paginação por demanda**, por analogia com o conhecido algoritmo de alimentação de bebês por demanda: quando o bebê chora, você o alimenta (ao contrário de alimentá-lo segundo um horário definido). Na paginação por demanda, as páginas são trazidas para a memória somente quando ocorre uma requisição de uma página, e não antecipadamente.

A questão de usar ou não paginação por demanda só é relevante quando um programa for iniciado pela primeira vez. Assim que ele estiver executando por algum tempo, as páginas necessárias já terão sido coletadas na memória principal. Se o computador compartilhar tempo e os processos forem permutados após 100 ms de execução ou por aí, cada programa será reinicializado muitas vezes durante o curso de sua execução. Como o mapa de memória é exclusivo de cada programa e é substituído quando os programas são trocados, por exemplo, em um sistema de tempo compartilhado, a questão com frequência se torna crítica.

A abordagem alternativa é baseada na observação de que grande parte dos programas não referencia seu espaço de endereços de modo uniforme, mas as referências tendem a se aglomerar em um número pequeno de páginas. Esse conceito é denominado **princípio da localidade**. Uma referência à memória pode buscar uma instrução, buscar dados ou armazená-los. A qualquer instante t há um conjunto que consiste em todas as páginas usadas pelas k referências mais recentes à memória. Denning (1968) denominou isso **conjunto de trabalho** (*working set*).

Como o conjunto de trabalho em geral varia devagar com o tempo, é possível fazer uma previsão razoável de quais páginas serão necessárias quando o programa for reiniciado, com base em seu conjunto de trabalho na ocasião em que foi interrompido da última vez. Então, essas páginas poderiam ser carregadas antecipadamente antes de iniciar o programa (supondo que elas caibam).

6.1.4 Política de substituição de página

O ideal é que o conjunto de páginas que o programa usa muito e ativamente, denominado **conjunto de trabalho**, possa ser mantido na memória para reduzir faltas de página. Contudo, é raro que os programadores saibam quais páginas estão no conjunto de trabalho, portanto, o sistema operacional tem de descobrir esse conjunto dinamicamente. Quando um programa referencia uma página que não está na memória principal, a página solicitada deve ser buscada no disco. Todavia, para lhe abrir espaço, em geral alguma outra página terá de ser devolvida ao disco. Portanto, precisamos de um algoritmo que decida qual página deve ser removida.

Escolher aleatoriamente uma página para remover talvez não seja uma boa ideia. Se, por acaso, a página que contém a instrução faltante for a escolhida, ocorrerá outra falta de página tão logo haja uma tentativa de buscar a próxima instrução. Grande parte dos sistemas operacionais tenta prever qual das páginas na memória é a menos útil, no sentido de que sua ausência causaria menor efeito adverso possível sobre o programa em execução. Um modo de fazer isso é prever quando ocorrerá a próxima referência a cada página e remover a página cuja próxima referência prevista estiver no futuro mais longínquo. Em outras palavras, em vez de extrair uma página que será necessária em breve, tenta-se selecionar uma que não será necessária por um longo tempo.

Um algoritmo popular extrai a página menos recentemente usada porque é alta a probabilidade *a priori* de ela não estar no conjunto de trabalho atual. Ele é denominado algoritmo **LRU** (**Least Recently Used – usada menos recentemente**) e, embora costume funcionar bem, há situações patológicas, como a descrita a seguir, na qual o LRU falha miseravelmente.

Imagine um programa que esteja executando um grande laço que se estende por nove páginas virtuais em uma máquina que tem espaço para apenas oito páginas na memória física. Após o programa chegar à página 7, a memória principal estará conforme mostra Figura 6.6(a). Em dado instante, é feita uma tentativa para buscar uma instrução na página virtual 8, o que causa uma falta de página. É preciso decidir qual página deve ser extraída. O algoritmo LRU escolherá a página virtual 0, porque foi usada menos recentemente. A página virtual 0 é removida e a 8 é trazida para substituí-la, resultando na situação mostrada na Figura 6.6(b).

Figura 6.6 Falha do algoritmo LRU.

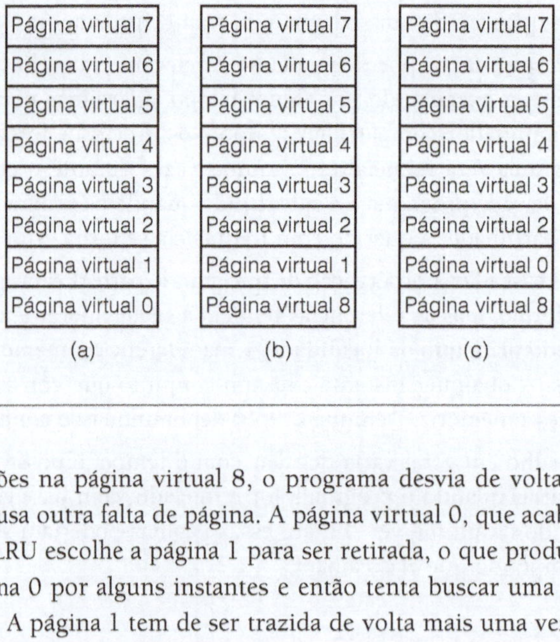

Página virtual 7	Página virtual 7	Página virtual 7
Página virtual 6	Página virtual 6	Página virtual 6
Página virtual 5	Página virtual 5	Página virtual 5
Página virtual 4	Página virtual 4	Página virtual 4
Página virtual 3	Página virtual 3	Página virtual 3
Página virtual 2	Página virtual 2	Página virtual 2
Página virtual 1	Página virtual 1	Página virtual 0
Página virtual 0	Página virtual 8	Página virtual 8
(a)	(b)	(c)

Após executar as instruções na página virtual 8, o programa desvia de volta para o início do laço, para a página virtual 0. Essa etapa causa outra falta de página. A página virtual 0, que acabou de ser extraída, tem de ser trazida de volta. O algoritmo LRU escolhe a página 1 para ser retirada, o que produz a situação na Figura 6.6(c). O programa continua na página 0 por alguns instantes e então tenta buscar uma instrução na página virtual 1, causando uma falta de página. A página 1 tem de ser trazida de volta mais uma vez e a página 2 será extraída.

A essa altura já deve estar evidente que, neste caso, o algoritmo LRU está fazendo a pior escolha toda vez (outros algoritmos também falham em condições semelhantes). Contudo, se o tamanho da memória principal disponível for maior do que o do conjunto de trabalho, o LRU tende a minimizar o número de faltas de página.

Outro algoritmo de substituição de página é o **FIFO** (**First-In First-Out – primeiro a entrar, primeiro a sair**). O FIFO remove a página menos recentemente carregada, independente de quando essa página foi referenciada pela última vez. Há um contador associado a cada quadro de página e, de início, todos os contadores estão definidos como 0. Após cada falta de página ter sido tratada, o contador de cada página que se encontra na memória no momento é aumentado em um, e o contador da página que acabou de ser trazida é definido como 0. Quando se torna necessário escolher uma página para remover, aquela cujo contador estiver mais alto é a escolhida. Uma vez que seu contador é o mais alto, ela testemunhou o maior número de faltas de página. Isso significa que ela foi carregada na memória antes de qualquer uma das outras páginas e, portanto (esperamos), tem a maior chance *a priori* de não ser mais necessária.

Se o conjunto de trabalho for maior do que o número de quadros de página disponíveis, nenhum algoritmo dará bons resultados, a menos que seja um oráculo, e as faltas de página serão frequentes. Quando um programa gera faltas de página com frequência e continuamente, diz-se que ele está fazendo **paginação excessiva** (*thrashing*). Nem é preciso dizer que isso é uma característica indesejável em seu sistema. Se um programa usar uma grande quantidade de espaço de endereço virtual, mas tiver um conjunto de trabalho pequeno, que muda lentamente e cabe na memória principal disponível, ele dará poucos problemas. Essa observação é verdadeira ainda que, no decorrer de sua vida útil, o programa use um número de palavras de memória virtual centenas de vezes maior do que o número de palavras de memória principal da máquina.

Se uma página que está prestes a ser extraída não tiver sido modificada desde que foi lida (uma ocorrência provável se a página contiver programa em vez de dados), não é necessário escrevê-la de volta no disco, porque ali já existe uma cópia exata. Se ela foi modificada desde que foi lida, a cópia que está no disco não é mais exata, e a página deve ser reescrita.

Se houver um meio de saber se a página não mudou desde que foi lida (a página está limpa), ou se, na verdade, algo foi armazenado nela (página está suja), pode-se evitar que as páginas limpas sejam reescritas, o que poupa muito tempo. Muitos computadores têm 1 bit por página na MMU, que está ajustado para 0 quando a página é carregada e ajustado para 1 pelo microprograma ou hardware sempre que nela houver um armazenamento (isto é, sempre que ela ficar suja). Examinando esse bit, o sistema operacional pode descobrir se a página está limpa ou suja e, por conseguinte, se é preciso reescrevê-la ou não.

6.1.5 Tamanho de página e fragmentação

Se por acaso acontecer de o programa e os dados do usuário preencherem exatamente um número inteiro de páginas, não haverá nenhum espaço desperdiçado quando eles estiverem na memória. Caso contrário, haverá algum espaço não utilizado na última página. Por exemplo, se o programa e os dados precisarem de 26.000 bytes em uma máquina com 4.096 bytes por página, as primeiras seis páginas estarão cheias, totalizando 6 × 4.096 = 24.576 bytes, e a última conterá 26.000 − 24.576 = 1.424 bytes. Uma vez que há espaço para 4.096 bytes por página, 2.672 bytes serão desperdiçados. Sempre que a sétima página estiver presente na memória, esses bytes ocuparão a memória principal, mas não terão qualquer função útil. O problema desses bytes desperdiçados é denominado **fragmentação interna** (porque o espaço desperdiçado é interno a alguma página).

Se o tamanho da página for *n* bytes, a quantidade média de espaço desperdiçado na última página de um programa por fragmentação interna será *n*/2 bytes – uma situação que sugere usar um tamanho pequeno para minimizar o desperdício. Por outro lado, uma página de tamanho pequeno significa muitas páginas, bem como uma grande tabela. Se a tabela de páginas for mantida em hardware, uma grande tabela de páginas significa que será preciso mais registradores para armazená-la, o que aumenta o custo do computador. Além disso, será preciso mais tempo para carregar e salvar esses registradores sempre que um programa for iniciado ou interrompido.

Além do mais, páginas pequenas fazem uso ineficiente da largura de banda do disco. Dado que vamos esperar cerca de 10 ms antes que a transferência possa começar (busca + atraso rotacional), grandes transferências são mais eficientes do que as pequenas. Com uma taxa de transferência de 100 MB/s, transferir 8 KB adiciona somente 70 μs em comparação com transferir 1 KB.

Todavia, páginas pequenas também têm a vantagem de, se o conjunto de trabalho consistir em um grande número de regiões pequenas e separadas no espaço de endereço virtual, pode haver menos acessos ao disco (paginação excessiva) com uma página de tamanho pequeno do que com uma de tamanho grande. Por exemplo, considere uma matriz de 10.000 × 10.000 elementos, *A*, armazenada com *A*[1,1], *A*[2,1], *A*[3,1] e assim por diante, em palavras consecutivas de 8 bytes. Esse armazenamento ordenado por coluna significa que os elementos de linha 1, *A*[1,1], *A*[1,2], *A*[1,3], e seguintes, começarão com 80.000 bytes de separação. Um programa que esteja efetuando um cálculo extensivo com todos os elementos dessa linha usaria 10.000 regiões, cada uma separada da próxima por 79.992 bytes. Se o tamanho de página fosse 8 KB, seria necessário um armazenamento total de 80 MB para conter todas as páginas que estão sendo usadas.

Por outro lado, um tamanho de 1 KB exigiria somente 10 MB de RAM para conter todas as páginas. Se a memória disponível fosse 32 MB, com um tamanho de página de 8 KB, o programa faria paginação excessiva, mas com um tamanho de 1 KB isso não aconteceria. Considerando todos os aspectos, a tendência favorece páginas de tamanhos maiores. Na prática, 4 KB é o mínimo atualmente.

6.1.6 Segmentação

A memória virtual discutida anteriormente é unidimensional porque os endereços virtuais vão de 0 até algum endereço máximo, um endereço após o outro. Há muitos problemas para os quais poderia ser melhor ter dois ou mais espaços de endereços virtuais separados do que ter só um. Por exemplo, um compilador pode ter muitas tabelas que são montadas à medida que a compilação prossegue; entre elas:

1. A tabela de símbolos, que contém os nomes e atributos de variáveis.
2. O texto-fonte que está sendo salvo para a listagem impressa.
3. Uma tabela que contém todas as constantes inteiras e de ponto flutuante usadas.
4. A árvore de análise (*parse*), que contém a análise sintática do programa.
5. A pilha usada para chamadas de procedimento dentro do compilador.

Cada uma das quatro primeiras tabelas cresce de modo continuamente à medida que a compilação prossegue. A última aumenta e diminui de modo imprevisível durante a compilação. Em uma memória unidimensional, essas cinco tabelas teriam de ser alocadas como partes contíguas do espaço de endereços virtuais, como na Figura 6.7.

Figura 6.7 Em um espaço de endereço unidimensional com tabelas que aumentam, uma tabela pode encostar em outra.

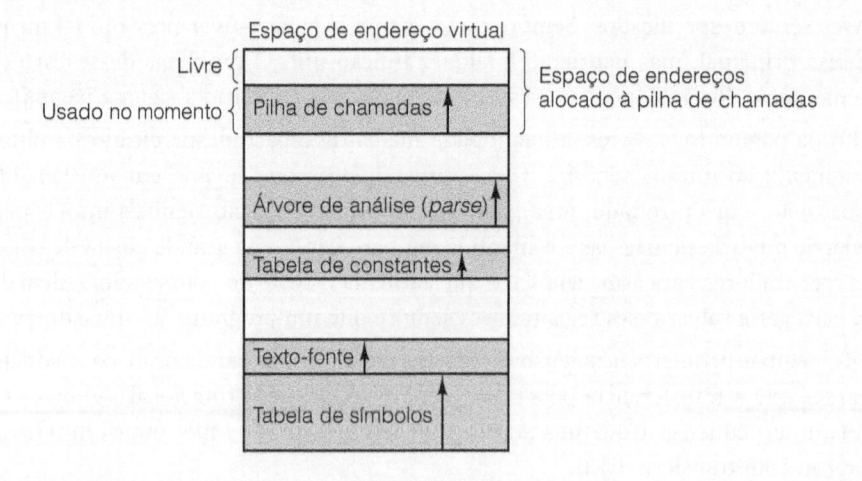

Considere o que acontece se um programa tiver um número excepcionalmente grande de variáveis. A parte do espaço de endereços alocada para a tabela de símbolos poderia ser preenchida por inteiro mesmo que houvesse muito espaço disponível em outras tabelas. É claro que o compilador poderia apenas emitir uma mensagem dizendo que a compilação não pode continuar porque há muitas variáveis, mas isso não parece muito justo quando há espaço não utilizado nas outras tabelas.

Outra possibilidade é o compilador se fazer de Robin Hood, tomando espaço das tabelas que têm muito, e dando-o às tabelas que têm pouco espaço. Essas mudanças podem ser feitas, mas é o mesmo que administrar nossas próprias sobreposições – um aborrecimento na melhor das hipóteses e um trabalho tedioso e mal recompensado na pior delas.

O que realmente precisamos é de um modo de livrar o programador da obrigação de gerenciar a expansão e contração de tabelas, do mesmo modo como a memória virtual elimina a preocupação de organizar o programa em sobreposições.

Uma solução direta é fornecer muitos espaços de endereço completamente independentes, denominados **segmentos**. Um segmento consiste em uma sequência linear de endereços, de 0 até algum máximo. O comprimento de cada um pode ser qualquer coisa desde 0 até o máximo permitido. Diferentes segmentos podem, e costumam ter, comprimentos diferentes. Além do mais, comprimentos de segmentos às vezes mudam durante a execução. O comprimento de um segmento de pilha pode ser aumentado sempre que algo for passado para ela e reduzido sempre que algo for dela retirado.

Como cada segmento constitui um espaço de endereço separado, diferentes segmentos podem se expandir ou encolher independentemente, sem que um afete o outro. Se uma pilha em certo segmento precisar de mais espaço de endereços para crescer, pode consegui-lo, porque não há nada mais em seu espaço de endereço com o qual ela possa se chocar. É claro que um segmento pode ser preenchido completamente, mas eles costumam ser muito grandes, portanto, essa ocorrência é rara. Para especificar um endereço nessa memória segmentada ou bidimensional, o programa deve fornecer um endereço de duas partes: um número de segmento e um endereço dentro dele. A Figura 6.8 ilustra uma memória segmentada que está sendo usada para as tabelas de compilador que discutimos antes.

Figura 6.8 Uma memória segmentada permite que cada tabela cresça e encolha independentemente das outras tabelas.

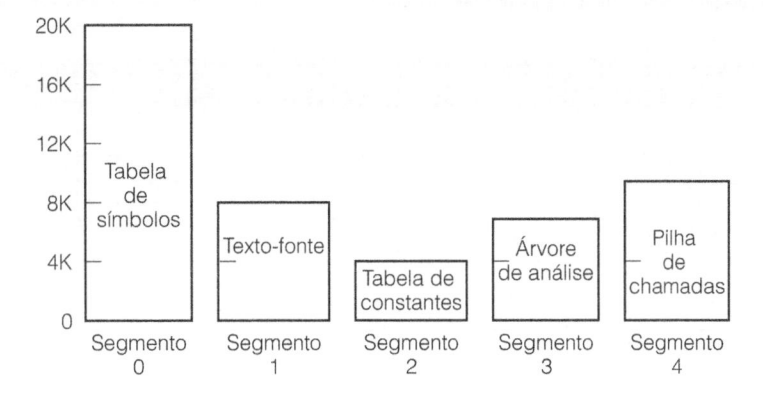

Destacamos que um segmento é uma entidade *lógica,* da qual o programador está ciente e a qual usa como uma entidade lógica única. Um segmento poderia conter um procedimento, ou um vetor, ou uma pilha, ou um conjunto de variáveis escalares, mas, em geral, não contém uma mistura de tipos diferentes.

Uma memória segmentada tem outras vantagens além de simplificar o manuseio de estruturas de dados que podem aumentar e encolher. Se cada procedimento ocupar um segmento separado, tendo o endereço 0 como inicial, a interconexão de procedimentos compilados em separado é muito simplificada. Depois que todos os procedimentos que constituem um programa forem compilados e interconectados, uma chamada de procedimento para o que está no segmento *n* usará o endereço de duas partes (*n*, 0) para endereçar a palavra 0 (o ponto de entrada).

Se, na sequência, o procedimento no segmento *n* for modificado e recompilado, nenhum outro procedimento precisará ser alterado (porque nenhum endereço de início foi modificado), mesmo que a nova versão seja maior do que a antiga. Com uma memória unidimensional, os procedimentos normalmente são empacotados bem apertados, um ao lado do outro, sem nenhum espaço de endereço entre eles. Por conseguinte, alterar o tamanho de um procedimento pode afetar o endereço de início de outros não relacionados. Isso, por sua vez, requer modificar todos os procedimentos que chamam qualquer um dos que foram movidos, de modo a incorporar seus novos endereços de início. Se um programa contiver centenas de procedimentos, esse processo pode ser custoso.

A segmentação também facilita compartilhar procedimentos ou dados entre vários programas. Se um computador tiver vários programas executando em paralelo (seja processamento paralelo verdadeiro ou simulado) e todos usarem certos procedimentos de biblioteca, é desperdício de memória principal fornecer a cada um deles uma cópia particular. Alocando cada procedimento a um segmento separado, eles podem ser compartilhados com facilidade, o que elimina a necessidade de ter mais de uma cópia física de qualquer procedimento compartilhado na memória principal. O resultado é que se poupa memória.

Como cada segmento forma uma entidade lógica da qual o programador está ciente, tal como um procedimento, ou um vetor, ou uma pilha, segmentos diferentes podem ter diferentes tipos de proteção. Um segmento de procedimento poderia ser especificado como só de execução, proibindo tentativas de leitura ou de escrita. Um vetor de ponto flutuante poderia ser especificado como de leitura/escrita, mas não de execução; desse modo, tentativas de desvio para ele seriam descobertas. Essa proteção muitas vezes é útil para identificar erros de programação.

É bom que você entenda por que a proteção faz sentido em uma memória segmentada, mas não em uma memória unidimensional (isto é, linear). Em uma memória segmentada, o usuário está ciente do que existe em cada segmento. Por exemplo, ele normalmente não conteria um procedimento e uma pilha, mas um ou outro. Uma vez que cada segmento contém apenas um tipo de objeto, ele pode ter a proteção adequada para aquele tipo em particular. Paginação e segmentação são comparadas na Figura 6.9.

Figura 6.9 Comparação entre paginação e segmentação.

Consideração	Paginação	Segmentação
O programador precisa estar ciente dela?	Não	Sim
Quantos espaços de endereços lineares há?	1	Muitos
O espaço de endereço virtual pode ser maior do que o tamanho da memória?	Sim	Sim
Tabelas de tamanhos variáveis podem ser manipuladas com facilidade?	Não	Sim
Por que a técnica foi inventada?	Para simular memórias grandes	Para fornecer vários espaços de endereço

Em certo sentido, o conteúdo de uma página é acidental. O programador nem mesmo está ciente do fato de que está ocorrendo paginação. Embora fosse possível colocar alguns bits em cada entrada da tabela de páginas de modo a especificar o acesso permitido, para utilizar esse recurso o programador teria de monitorar em que lugar de seu espaço de endereço estariam as fronteiras das páginas. O problema dessa ideia é que a paginação foi inventada exatamente para eliminar esse tipo de administração. Como o usuário de uma memória segmentada tem a ilusão de que todos os segmentos estão na memória principal o tempo todo, esses segmentos podem ser endereçados sem que ele, o usuário, tenha de se preocupar com a administração da eventual sobreposição.

6.1.7 Implementação de segmentação

A segmentação pode ser realizada de dois modos: permutação (ou *swapping*) e paginação (ou *paging*). No primeiro esquema, certo conjunto de segmentos está na memória em determinado instante. Se for feita uma referência a um segmento que não está na memória naquele momento, esse segmento é trazido para a memória. Se não houver espaço para ele, um ou mais segmentos devem ser escritos para um disco antes (a menos que ali já exista uma cópia limpa, caso em que a cópia da memória pode ser abandonada). Em certo sentido, a permutação de segmentos não é diferente da paginação por demanda: segmentos vêm e vão conforme a necessidade.

Todavia, há uma diferença essencial entre a implementação de segmentação e a de paginação: páginas têm tamanho fixo, mas segmentos não. A Figura 6.10(a) mostra um exemplo de memória física que contém inicialmente cinco segmentos. Agora, considere o que acontece se o segmento 1 for extraído e o segmento 7, que é menor, for colocado em seu lugar. Chegamos à configuração de memória da Figura 6.10(b). Entre o segmento 7 e o 2 há uma área não utilizada, isto é, uma lacuna. Então, o segmento 4 é substituído pelo 5, como na Figura 6.10(c), e o segmento 3 é substituído pelo 6, como na Figura 6.10(d). Após o sistema executar durante algum tempo, a memória estará dividida em várias porções, algumas contendo segmentos e outras contendo lacunas. Esse fenômeno é denominado **fragmentação externa** (porque o espaço é desperdiçado fora dos segmentos, externamente, nas lacunas entre eles). Às vezes, a fragmentação externa é denominada **tabuleiro de xadrez**.

Figura 6.10 (a)–(d) Desenvolvimento de fragmentação externa. (e) Remoção da fragmentação externa por compactação.

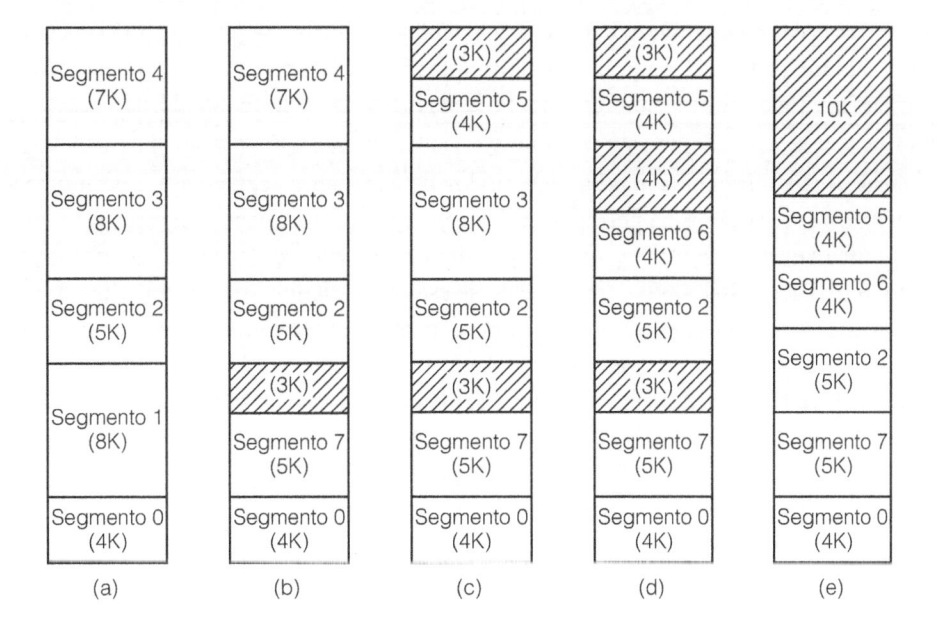

Considere o que aconteceria se o programa referenciasse o segmento 3 na hora em que a memória estivesse sofrendo fragmentação externa, como na Figura 6.10(d). O espaço total nas lacunas é 10 K, mais do que suficiente para o segmento 3; porém, como o espaço está distribuído em pedaços pequenos e inúteis, o segmento 3 simplesmente não pode ser carregado. Para isso, outro tem de ser removido antes.

Um modo de evitar a fragmentação externa é o seguinte: toda vez que aparecer uma lacuna, mover os segmentos que a seguem para mais perto do local 0 da memória, o que elimina aquela lacuna, mas deixa uma grande no final. Como alternativa, poderíamos esperar até que a fragmentação externa se torne bastante séria (por exemplo, mais do que certa porcentagem da memória total desperdiçada em lacunas) antes de executar a compactação (removendo as lacunas). A Figura 6.10(e) mostra como a memória da Figura 6.10(d) ficaria após a compactação. A intenção de compactar memória é reunir todas as lacunas pequenas e inúteis em uma grande, na qual um ou mais segmentos podem ser colocados. A compactação tem uma óbvia desvantagem: perde-se algum tempo para executá-la. Compactar depois que cada lacuna é criada consome tempo demais.

Se o tempo requerido para compactar memória for tão grande que não se possa aceitar, é preciso um algoritmo para determinar qual lacuna usar para dado segmento. O gerenciamento de lacunas requer manter uma lista dos endereços e tamanhos de todas elas. Um algoritmo popular, denominado **melhor ajuste**, escolhe a menor lacuna na qual o segmento necessário caberá. A ideia é corresponder lacunas com segmentos, para evitar partir um pedaço de uma grande lacuna que mais tarde poderá ser necessária para um segmento grande.

Outro algoritmo popular, denominado **primeiro ajuste**, percorre a lista de lacunas em círculos e escolhe a primeira grande o suficiente para conter o segmento. É óbvio que isso leva menos tempo do que verificar a lista inteira e achar o melhor ajuste. O surpreendente é que o algoritmo do primeiro ajuste também é melhor em termos de desempenho global do que o algoritmo do melhor ajuste, porque esse último tende a gerar muitas lacunas pequenas, totalmente inúteis (Knuth, 1997).

Os algoritmos do primeiro ajuste e do melhor ajuste tendem a reduzir o tamanho médio da lacuna. Sempre que um segmento for colocado em uma lacuna maior do que ele, o que acontece quase toda vez (ajustes exatos são raros), a lacuna é dividida em duas partes. Uma é ocupada pelo segmento e a outra é a nova lacuna. Essa nova lacuna é sempre menor que a antiga. A menos que haja um processo de compensação para recriar lacunas grandes a partir de pequenas, ambos os algoritmos, o primeiro ajuste e o melhor ajuste, acabarão enchendo a memória com pequenas lacunas inúteis.

Um desses processos de compensação é o que descreveremos a seguir. Sempre que um segmento for removido da memória e um ou ambos de seus vizinhos mais próximos forem lacunas e não segmentos, lacunas adjacentes podem ser reunidas em uma única lacuna grande. Se o segmento 5 fosse removido da Figura 6.10(d), as duas lacunas ao redor dele e os 4 KB usados pelo segmento seriam fundidos em uma única lacuna de 11 KB.

No início desta seção, afirmamos que há dois modos de executar a segmentação: permutação e paginação. Até agora, a discussão concentrou-se na permutação (*swapping*). Nesse esquema, segmentos inteiros são passados de um lado para outro entre a memória e o disco, por demanda. O outro modo é dividindo cada segmento em páginas de tamanho fixo e acessá-las por demanda. Nesse esquema, algumas das páginas de um segmento podem estar na memória e algumas no disco. Para paginar um segmento, é preciso uma tabela de páginas separada para cada segmento. Uma vez que um segmento é apenas um espaço de endereço linear, todas as técnicas que vimos até agora aplicam-se a cada segmento. Aqui, a única característica nova é que cada segmento tem sua própria tabela de páginas.

Um sistema operacional antigo que combinava segmentação com paginação é o **MULTICS (MULTiplexed Information and Computing Service)**, de início um esforço conjunto do MIT, Bell Labs e General Electric (Corbató e Vyssotsky, 1965; e Organick, 1972). Os endereços do MULTICS tinham duas partes: um número de segmento e um endereço dentro do segmento. Havia um segmento descritor para cada processo, contendo um descritor por segmento. Quando um endereço virtual era apresentado ao hardware, o número do segmento era usado como um índice para o segmento de descritores, a fim de localizar o descritor do segmento que estava sendo acessado, conforme mostra a Figura 6.11. O descritor apontava para a tabela de páginas, permitindo que cada segmento fosse paginado pelo modo normal. Para acelerar o desempenho, as combinações segmento/página mais recentemente usadas eram mantidas em uma **memória associativa** de 16 entradas em hardware, que permitia que elas fossem consultadas rapidamente. Embora o MULTICS já tenha desaparecido há muito, ele foi usado por bastante tempo, desde 1965 até 30 de outubro de 2000, quando o último sistema MULTICS foi desativado. Não foram muitos os sistemas operacionais que duraram 35 anos. Além do mais, seu espírito continua vivo porque a memória virtual de todas as CPUs da Intel, desde a 386, foi modelada seguindo de perto esse modelo. A história e outros aspectos do MULTICS são descritos em <*www.multicians.org*>.

Figura 6.11 Conversão de um endereço MULTICS de duas partes em um endereço da memória principal.

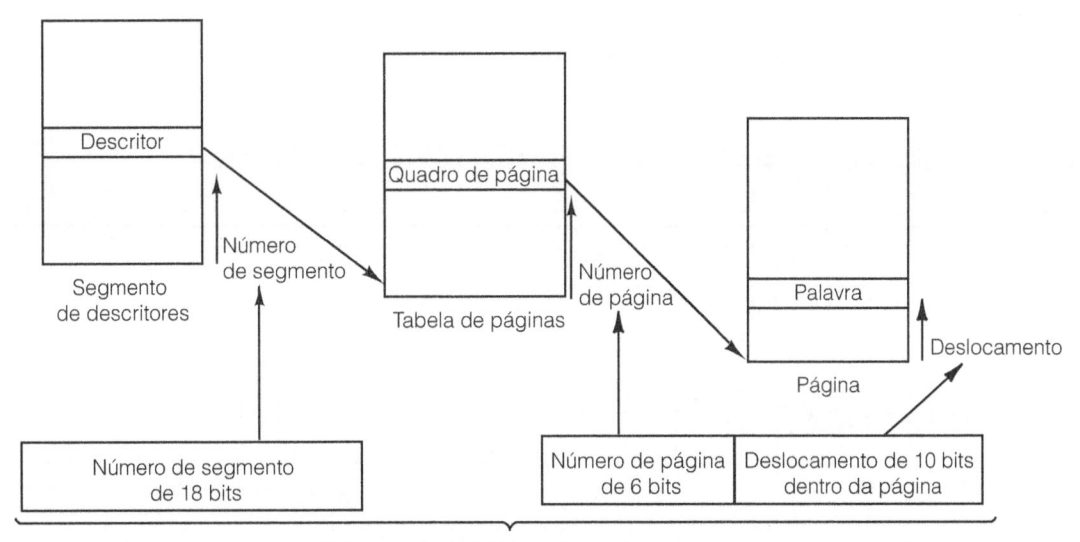

[Diagrama: Segmento de descritores → Descritor → Tabela de páginas (Quadro de página) → Página (Palavra, Deslocamento). Endereço MULTICS de duas partes: Número de segmento de 18 bits | Número de página de 6 bits | Deslocamento de 10 bits dentro da página]

6.1.8 Memória virtual no Core i7

O Core i7 tem um sistema sofisticado de memória virtual que suporta paginação por demanda, segmentação pura e segmentação com paginação. O coração da memória virtual do Core i7 consiste em duas tabelas: a **LDT** (Local Descriptor Table – tabela de descritores locais) e a **GDT** (Global Descriptor Table – tabela de descritores globais). Cada programa tem sua própria LDT, mas há uma única GDT, compartilhada por todos os programas no computador. A LDT descreve segmentos locais a cada programa, incluindo seu código, dados, pilha e assim por diante, ao passo que a GDT descreve segmentos de sistema, incluindo o próprio sistema operacional.

Como descrevemos no Capítulo 5, para acessar um segmento, um programa Core i7 carrega primeiro um seletor para ele em um dos registradores de segmento. Durante a execução, CS contém o seletor para o segmento de código, DS contém o seletor para o segmento de dados e assim por diante. Cada seletor é um número de 16 bits, conforme ilustra a Figura 6.12.

Figura 6.12 Seletor do Core i7.

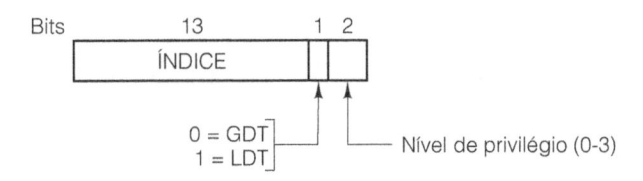

[Diagrama: Bits 13 | 1 | 2 — ÍNDICE; 0 = GDT, 1 = LDT; Nível de privilégio (0-3)]

Um dos bits do seletor informa se o segmento é local ou global (isto é, se ele está na LDT ou na GDT). Outros 13 bits especificam o número de entrada da LDT ou GDT, portanto, cada tabela está restrita a conter 8 KB (2^{13}) descritores de segmentos. Os outros 2 bits estão relacionados com proteção e serão descritos mais adiante. O descritor 0 é inválido e, se for usado, causa uma exceção. Ele pode ser carregado com segurança em um registrador de segmento para indicar que este não está disponível no momento, mas causa uma exceção se for usado.

No instante em que um seletor é carregado em um registrador de segmento, o descritor correspondente é buscado na LDT ou GDT e armazenado em registradores internos da MMU, de modo que possa ser acessado rapidamente. Um descritor consiste em 8 bytes, incluindo endereço de base do segmento, o tamanho e outras informações do segmento, como descrito na Figura 6.13.

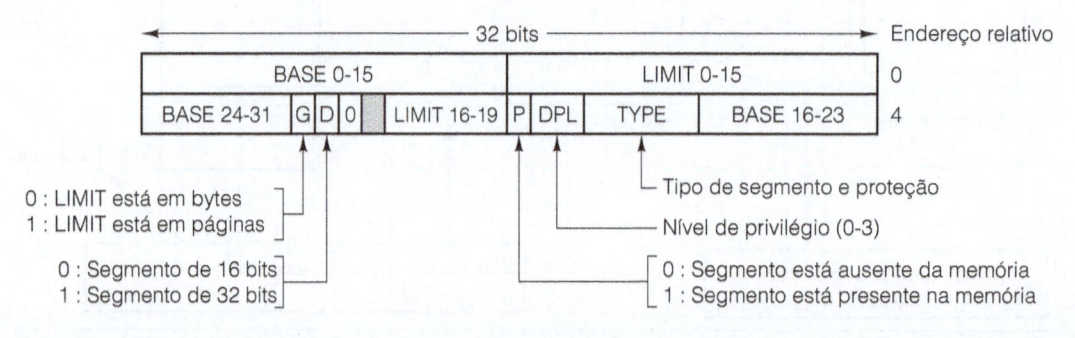

Figura 6.13 Descritor de segmento de código do Core i7. Segmentos de dados são ligeiramente diferentes.

```
◄──────────── 32 bits ────────────►   Endereço relativo
┌────────────────────┬────────────────────┐
│     BASE 0-15      │     LIMIT 0-15     │   0
├──────────┬─┬─┬─┬───┼─┬───┬──────┬───────┤
│BASE 24-31│G│D│0│LIMIT 16-19│P│DPL│ TYPE │BASE 16-23│   4
└──────────┴─┴─┴─┴───────────┴─┴───┴──────┴──────────┘
```

0 : LIMIT está em bytes
1 : LIMIT está em páginas

0 : Segmento de 16 bits
1 : Segmento de 32 bits

Tipo de segmento e proteção

Nível de privilégio (0-3)

0 : Segmento está ausente da memória
1 : Segmento está presente na memória

O formato do seletor foi escolhido com inteligência para facilitar a localização do descritor. Em primeiro lugar, é selecionada a LDT ou a GDT, com base no bit 2 do seletor. Depois, o seletor é copiado para um registrador transitório da MMU e os 3 bits de ordem baixa são definidos como 0, o que equivale a multiplicar o número de seletor de 13 bits por 8. Por fim, o endereço inicial da LDT ou da GDT (mantido em registradores internos da MMU) é somado ao seletor, para dar um ponteiro direto para o descritor. Por exemplo, o seletor 72 referencia a entrada 9 na GDT, que está localizada no endereço GDT + 72.

Vamos acompanhar as etapas pelas quais um par (seletor, deslocamento) é convertido em um endereço físico. Logo que o hardware souber qual registrador de segmento está sendo usado, pode achar o descritor completo correspondente àquele seletor em seus registradores internos. Se o segmento não existir (seletor 0) ou não estiver na memória no momento em questão (bit **P** é 0), ocorre uma exceção. O primeiro caso é um erro de programação; o último requer que o sistema operacional vá pegá-lo.

Em seguida, o hardware verifica se o deslocamento está além da extremidade do segmento, caso em que ocorre uma exceção. Pela lógica, deveria haver simplesmente um campo de 32 bits no descritor informando o tamanho do segmento, mas ali há somente 20 bits disponíveis, por isso é usado um esquema diferente. Se o bit **G** (granularidade) do campo for 0, o campo **LIMIT** é o tamanho exato do segmento, até 1 MB. Se for 1, o campo **LIMIT** dá o tamanho do segmento em páginas, em vez de bytes. O tamanho da página do Core i7 nunca é menor do que 4 KB, portanto, 20 bits são suficientes para segmentos de até 2^{32} bytes.

Considerando que o segmento está na memória e o deslocamento está dentro da faixa, o Core i7 então soma o campo **BASE** de 32 bits que está no descritor com o deslocamento para formar o que é denominado **endereço linear**, conforme apresenta a Figura 6.14. O campo **BASE** é desmembrado em três pedaços e espalhado pelo descritor para manter a compatibilidade com o 80286, no qual o **BASE** só tem 24 bits. Com isso, o campo **BASE** permite que cada segmento inicie em um lugar qualquer dentro do espaço de endereço linear de 32 bits.

Se a paginação estiver desabilitada (por um bit em um registrador de controle global), o endereço linear é interpretado como o endereço físico e enviado para a memória para leitura ou escrita. Portanto, com a paginação desabilitada, temos um esquema de segmentação puro, no qual o endereço-base de cada segmento é dado em seu descritor. A propósito, é permitida a superposição de segmentos, provavelmente porque daria muito trabalho e levaria muito tempo verificar se todos estavam separados.

Figura 6.14 Conversão de um par (seletor, deslocamento) para um endereço linear.

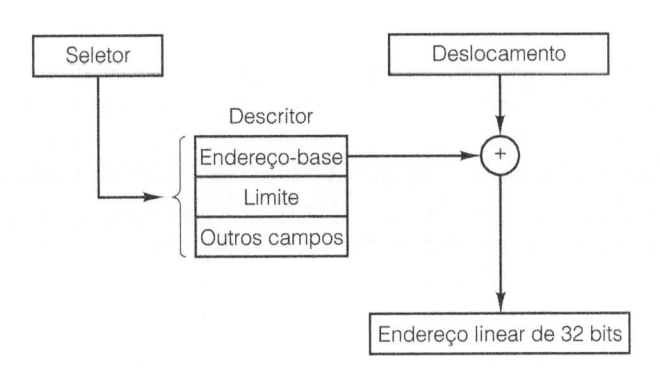

Por outro lado, se a paginação estiver habilitada, o endereço linear é interpretado como virtual e mapeado para o endereço físico com a utilização de tabelas de páginas, muito parecido com o esquema apresentado em nossos exemplos. A única complicação é que, com um endereço virtual de 32 bits e uma página de 4 KB, um segmento poderia conter 1 milhão de páginas, portanto, é usado um mapeamento de dois níveis para reduzir o tamanho da tabela de páginas para segmentos pequenos.

Cada programa em execução tem um **diretório de páginas** que consiste em 1.024 entradas de 32 bits e está localizado em um endereço apontado por um registrador global. Cada entrada nesse diretório aponta para uma tabela de páginas que também contém 1.024 entradas de 32 bits. As entradas da tabela de páginas apontam para o quadro de páginas. O esquema é mostrado na Figura 6.15.

Figura 6.15 Mapeamento de um endereço linear para um endereço físico.

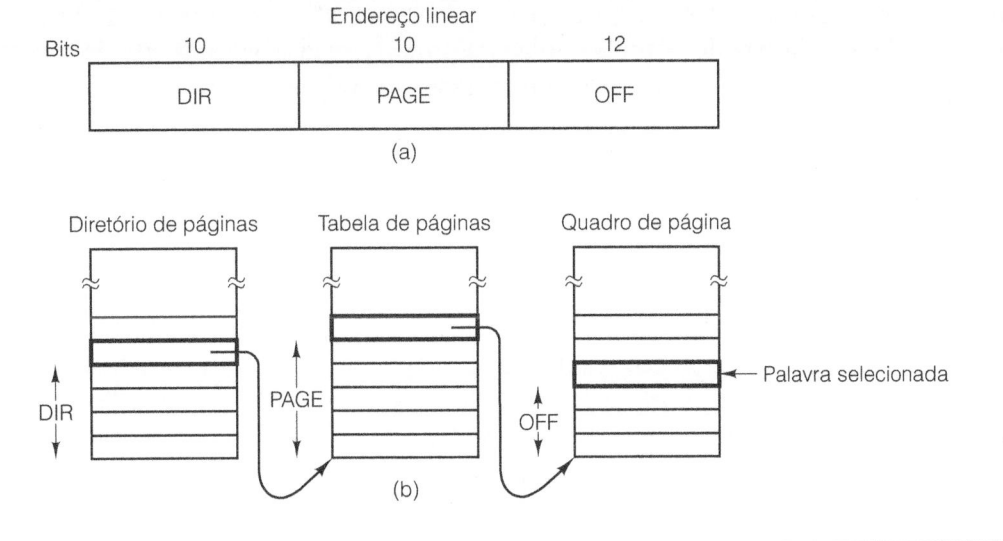

Na Figura 6.15(a), vemos um endereço linear desmembrado em três campos: DIR, PAGE e OFF. O campo DIR é usado em primeiro lugar como um índice para o diretório de páginas para localizar um ponteiro para a tabela de páginas adequada. Então, o campo PAGE é usado como um índice para a tabela de páginas para achar o endereço físico do quadro de página. Por fim, OFF é somado ao endereço do quadro de página para obter o endereço físico do byte ou da palavra endereçada.

As entradas da tabela de páginas têm 32 bits cada, 20 dos quais têm um número de quadro de página. Os bits restantes contêm bits de acesso e bits sujos, definidos pelo hardware em proveito do sistema operacional, bits de proteção e outros bits úteis.

Cada tabela de páginas tem entradas para 1.024 quadros de página de 4 KB, portanto, uma única tabela de páginas trata de 4 megabytes de memória. Um segmento mais curto do que 4 M terá um diretório de páginas com uma única entrada, um ponteiro para sua única tabela de páginas. Desse modo, a sobrecarga para segmentos curtos é de apenas duas páginas, em vez do milhão de páginas que seria necessário em uma tabela de páginas de um só nível.

Para evitar fazer referências repetidas à memória, a MMU do Core i7 tem suporte especial do hardware para consultar de modo rápido as combinações DIR–PAGE mais recentemente usadas e mapeá-las para o endereço físico do quadro de página correspondente. Só quando a combinação corrente não tiver sido usada recentemente é que as etapas mostradas na Figura 6.15 são de fato executadas.

Um pouco de raciocínio revelará que, quando é usada a paginação, na verdade não há nenhum motivo para o campo BASE no descritor ser diferente de zero. Tudo o que BASE faz é causar um pequeno deslocamento para usar uma entrada no meio do diretório de páginas, em vez de no início. A única e real razão para incluir BASE é permitir segmentação pura (não paginada) e manter a compatibilidade com o antigo 80286, que não tinha paginação.

Também vale a pena mencionar que, se determinada aplicação não precisar de segmentação, mas se contentar com um espaço de endereço de 32 bits único, paginado, isso é fácil de obter. Então, todos os registradores de segmento podem ser montados com o mesmo seletor, cujo descritor tem BASE = 0 e LIMIT ajustado para o máximo. Assim, o deslocamento da instrução será o endereço linear, com apenas um único espaço de endereço usado – portanto, paginação tradicional.

Agora terminamos nosso estudo da memória virtual no Core i7. Vimos apenas uma pequena parte (embora bastante utilizada) do sistema de memória virtual do Core i7; o leitor motivado poderá se aprofundar na documentação do Core i7 para aprender sobre as extensões do endereço virtual de 64 bits e o suporte para espaços de endereços físicos virtualizados. Todavia, antes de sairmos desse tema, vale a pena falar um pouco sobre proteção, uma vez que esse assunto está bastante relacionado com a memória virtual. O Core i7 suporta quatro níveis de proteção, sendo o nível 0 o mais privilegiado e o nível 3 o menos privilegiado. Eles são mostrados na Figura 6.16. A cada instante, um programa em execução está em certo nível, indicado por um campo de 2 bits em sua PSW (Program Status Word – palavra de estado de programa), um registrador de hardware que contém os bits de código de condição e vários outros bits de estado. Além do mais, cada segmento no sistema pertence a certo nível.

Figura 6.16 Proteção no Core i7.

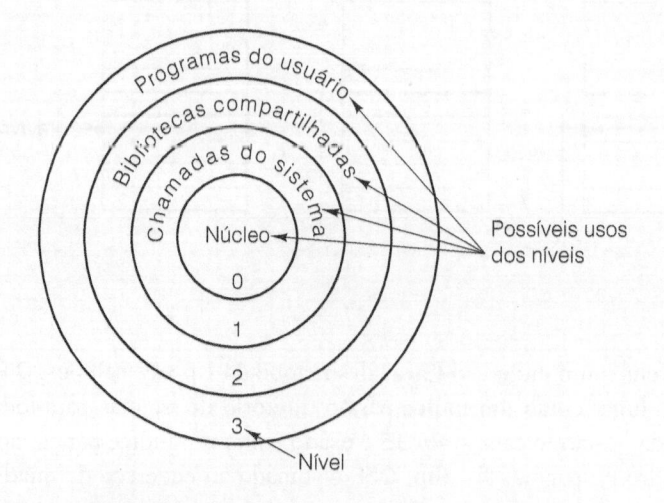

Contanto que um programa se restrinja a usar segmentos em seu próprio nível, tudo funciona bem. Tentativas de acessar dados em um nível mais alto são permitidas. Tentativas de acessar dados em um nível mais baixo são ilegais e causam exceções. Tentativas de chamar procedimentos em um nível diferente (mais alto ou mais baixo) são permitidas, mas de modo cuidadosamente controlado. Para fazer uma chamada entre níveis, a instrução CALL deve conter um seletor em vez de um endereço. Esse seletor designa um descritor denominado **porta de chamada**, que dá o endereço do procedimento a ser chamado. Assim, não é possível desviar para o meio de um segmento de código arbitrário em um nível diferente. Só pontos de entrada oficiais podem ser usados.

Uma utilização possível desse mecanismo é sugerida na Figura 6.16. No nível 0, achamos o núcleo do sistema operacional, que manipula E/S, gerenciamento de memória e outros assuntos críticos. No nível 1, o tratador de chamada de sistema está presente. Aqui, programas usuários podem chamar procedimentos de modo a executar chamadas de sistema, mas apenas uma lista protegida e específica de procedimentos pode ser chamada. O nível 2 contém procedimentos de biblioteca, possivelmente compartilhados por muitos programas em execução. Programas do usuário podem chamar esses procedimentos, mas não modificá-los. Por fim, programas do usuário são executados no nível 3, que tem a menor proteção. Assim como o esquema de gerenciamento de memória do Core i7, o sistema de proteção é baseado no MULTICS.

Exceções e interrupções usam um mecanismo semelhante nas portas de chamada. Elas também referenciam descritores em vez de endereços absolutos, e esses descritores apontam para procedimentos específicos a ser executados. O campo TYPE na Figura 6.13 distingue entre segmentos de código, segmentos de dados e as várias espécies de portas.

6.1.9 Memória virtual na CPU ARM do OMAP4430

A CPU ARM do OMAP4430 é uma máquina de 32 bits e suporta uma memória virtual paginada baseada em endereços virtuais de 32 bits, que são traduzidos para um espaço de endereços físicos de 32 bits. Dessa forma, uma CPU ARM pode suportar até 2^{32} bytes (4 GB) de memória física. Quatro tamanhos de página são suportados: 4 KB, 64 KB, 1 MB e 16 MB. Os mapeamentos implícitos por esses quatro tamanhos de página são ilustrados na Figura 6.17.

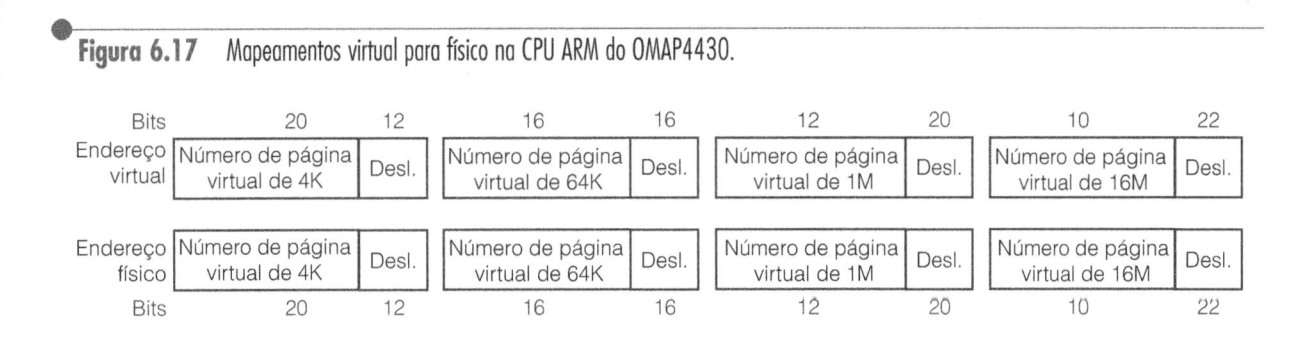

Figura 6.17 Mapeamentos virtual para físico na CPU ARM do OMAP4430.

A CPU ARM do OMAP4430 usa uma estrutura de tabela de páginas semelhante à do Core i7. O mapeamento da tabela de página para uma página de endereço virtual de 4 KB aparece na Figura 6.18(a). A tabela de descritores de primeiro nível é indexada com os 12 bits mais significativos do endereço virtual. A entrada da tabela de descritores de primeiro nível indica o endereço físico da tabela de descritores de segundo nível. Esse endereço, combinado com os 8 bits seguintes do endereço virtual, produz o endereço de descritor de página. O descritor de página contém o endereço do quadro de página física e informações de permissão com relação aos acessos à página.

O mapeamento de memória virtual da CPU ARM do OMAP4430 acomoda quatro tamanhos de página. Tamanhos de página de 1 MB e 16 MB são mapeados com um descritor de página localizado na tabela de descritores de primeiro nível. Não é preciso usar tabelas de segundo nível nesse caso, pois todas as entradas apontariam para a mesma página física grande. Os descritores de página de 64 KB estão localizados na tabela de descritores de segundo nível. Como cada entrada da tabela de descritores de segundo nível mapeia 4 KB da página de endereço virtual para uma página de endereço físico de 4 KB, páginas de 64 KB exigem 16 descritores idênticos na tabela de descritores de segundo nível. Agora, por que programador lúcido do sistema operacional declararia uma página como tendo 64 KB de tamanho quando o mesmo espaço seria exigido para mapear a página para páginas de 4 KB mais flexíveis? Porque, como veremos em breve, páginas de 64 KB exigem menos entradas na TLB, que são um recurso crítico para o bom desempenho.

Nada atrasa mais um programa do que um gargalo constritivo na memória. Se você olhou com atenção a Figura 6.18, provavelmente notou que, para cada acesso à memória do programa, dois acessos adicionais são necessários para a tradução de endereço. Esse aumento de 200% nos acessos à memória para a tradução do endereço virtual faria qualquer programa rastejar. Para evitar esse gargalo, a CPU ARM do OMAP4430 incorpora uma tabela em hardware denominada **TLB** (**Translation Lookaside Buffer – buffer de tradução lateral**) que mapeia com rapidez números de página virtual para números de quadro de página física. Para o tamanho de página de 4 KB há 2^{20} números de página virtual, isto é, mais de 1 milhão. É claro que nem todas podem ser mapeadas.

Figura 6.18 Estruturas de dados usadas na tradução de endereços virtuais na CPU ARM do OMAP4430. (a) Tabela de tradução de endereços. (b) TLB.

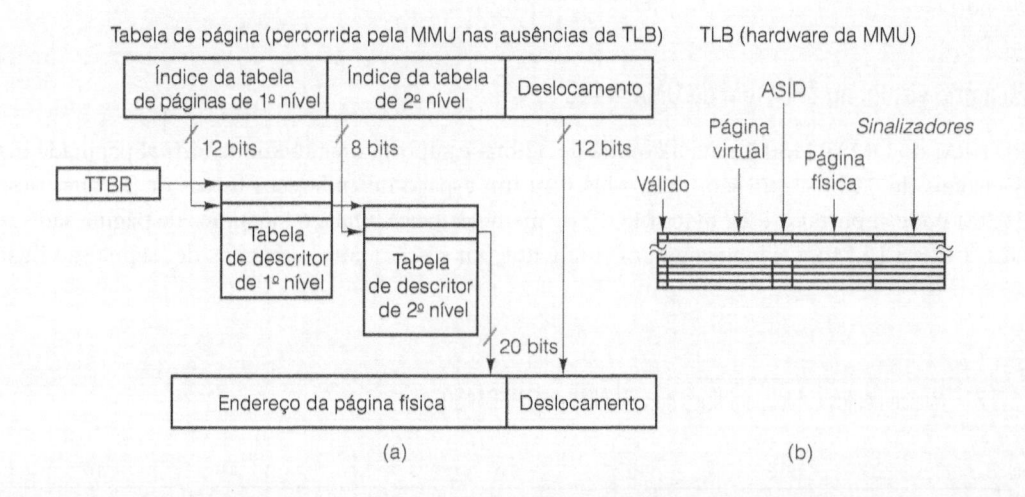

Em vez disso, a TLB contém só os números de páginas virtuais mais recentemente usadas. A monitoração de instruções e páginas de dados é feita em separado, sendo que a TLB retém os 128 números de páginas virtuais mais recentemente usadas em cada categoria. Cada entrada da TLB contém um número de página virtual e o número do quadro de página físico correspondente. Quando um número de processo, denominado **identificador de espaço de endereço** (**ASID – Address Space IDentifier**), e um endereço virtual dentro desse contexto são apresentados à MMU, ela usa circuitos especiais para comparar o número de página virtual contido no contexto com todas as linhas da TLB para aquele contexto ao mesmo tempo. Se for encontrada uma correspondência, o número de quadro de página naquela linha da TLB é combinado com o deslocamento tomado do endereço virtual para formar um endereço físico de 32 bits e produzir alguns sinalizadores (*flags*), como bits de proteção. A TLB é ilustrada na Figura 6.18(b).

Todavia, se nenhuma correspondência for encontrada, ocorre uma **ausência da TLB**, que faz o hardware "percorrer" as tabelas de páginas. Quando a nova entrada do descritor de página física está localizada na tabela de páginas, ela é verificada para ver se a página está na memória e, se sim, sua tradução de endereço correspondente é carregada na TLB. Se a página não estiver na memória, uma ação padrão de ausência de página é iniciada. Como a TLB tem apenas algumas linhas, é bem provável que ela afaste uma linha existente na TLB. Acessos futuros à página afastada terão mais uma vez que percorrer as tabelas de página para obter o mapeamento do endereço.

Se muitas páginas estiverem sendo visitadas muito rapidamente, a TLB causará paginação excessiva, e a maior parte dos acessos à memória exigirá um aumento de 200% para a tradução de endereço.

É interessante comparar os sistemas de memória virtual do Core i7 e da CPU ARM do OMAP4430. O Core i7 suporta segmentação pura, paginação pura e segmentos paginados. A CPU ARM do OMAP4430 só tem paginação. Tanto o Core i7 quanto o OMAP4430 usam hardware para percorrer a tabela de páginas para recarregar a TLB no evento de uma ausência da TLB. Outras arquiteturas, como SPARC e MIPS, apenas dão o controle ao sistema operacional no evento de ausência da TLB. Essas arquiteturas definem instruções privilegiadas especiais para manipular a TLB, de modo que o sistema operacional possa realizar as consultas na tabela de página e as cargas na TLB necessárias para a tradução do endereço.

6.1.10 Memória virtual e *caching*

Embora à primeira vista memória virtual (paginada por demanda) e *caching* não pareçam relacionadas, em termos de conceito elas são muito similares. Com memória virtual, todo o programa é mantido em disco e desmembrado em páginas de tamanho fixo. Algum subconjunto dessas páginas está na memória principal. Se o programa usar, na maior parte, as páginas na memória, haverá poucas faltas de página e o programa rodará com rapidez. Com *caching*, todo o programa é mantido na memória principal e desmembrado em blocos de *cache* de tamanho fixo. Algum subconjunto desses blocos é mantido na *cache*. Se o programa usar, na maior parte, os blocos na *cache*, haverá poucas ausências desta e a execução do programa será rápida. Conceitualmente, as duas são idênticas, só que operam em níveis diferentes na hierarquia.

É claro que também há algumas diferenças entre memória virtual e *caching*. Uma delas é que as ausências da *cache* são manipuladas pelo hardware, enquanto faltas de página são manipuladas pelo sistema operacional. Além disso, blocos de *cache* típicos são muito menores do que páginas (por exemplo, 64 bytes *versus* 8 KB). E mais, o mapeamento entre páginas virtuais e quadros de páginas é diferente, sendo que as tabelas de páginas são organizadas indexando para os bits de ordem alta do endereço virtual, ao passo que *caches* indexam para os bits de ordem baixa do endereço de memória. Não obstante, é importante entender que são diferenças de implementação. O conceito subjacente é muito similar.

6.2 Virtualização do hardware

Tradicionalmente, arquiteturas de hardware têm sido projetadas com a expectativa de que trabalhem com mais de um sistema operacional de uma só vez. A proliferação de recursos de computação compartilhados, como servidores de computação em nuvem, se beneficia da capacidade de executar vários sistemas operacionais ao mesmo tempo. Por exemplo, os serviços de hospedagem na Internet em geral oferecem um sistema completo para clientes dispostos a pagar, no qual podem ser criados serviços Web. Seria caro demais instalar um novo computador na sala de servidores toda vez que um novo cliente fosse cadastrado. Em vez disso, os serviços de hospedagem costumam usar a **virtualização** para dar suporte à execução de vários sistemas completos, inclusive o sistema operacional, em um servidor. Apenas quando os servidores existentes se tornam muito sobrecarregados é que o serviço de hospedagem precisa instalar um novo servidor físico no *pool* de servidores.

Embora existam técnicas de virtualização somente por software, elas em geral atrapalham o desempenho do sistema virtual e exigem modificações específicas no sistema operacional ou utilizam analisadores de código complexos para reescrever programas em plena execução. Essas desvantagens levaram os arquitetos a melhorarem o nível OSM da arquitetura para dar suporte à virtualização eficiente diretamente no hardware.

A **virtualização do hardware**, ilustrada na Figura 6.19, é uma combinação de suporte de hardware e software que permite a execução simultânea de múltiplos sistemas operacionais em um único computador físico. Para o usuário, cada **máquina virtual** rodando no computador *host* parece ser um sistema de computação completamente independente. O **hipervisor** é um componente de software, semelhante ao núcleo do sistema operacional, que cria e gerencia instâncias de máquinas virtuais. O hardware oferece os eventos visíveis ao software que são necessários para o hipervisor executar políticas de compartilhamento para a CPU, armazenamento e dispositivos de E/S.

Figura 6.19 A virtualização por hardware permite que vários sistemas operacionais sejam executados simultaneamente no mesmo hardware hospedeiro. O hipervisor executa o compartilhamento da memória e dispositivos de E/S do hospedeiro.

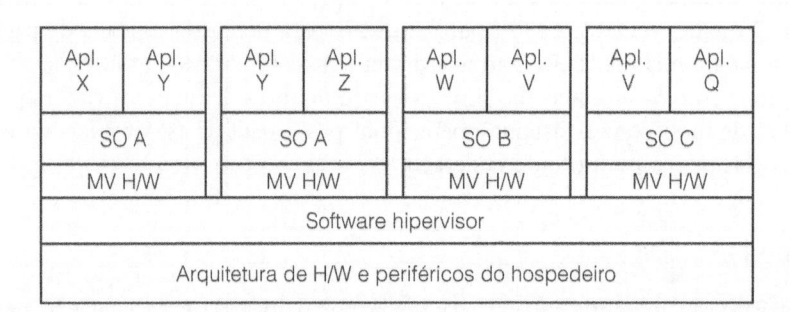

Apl. X	Apl. Y	Apl. Y	Apl. Z	Apl. W	Apl. V	Apl. V	Apl. Q
SO A		SO A		SO B		SO C	
MV H/W		MV H/W		MV H/W		MV H/W	
Software hipervisor								
Arquitetura de H/W e periféricos do hospedeiro								

A existência de várias máquinas virtuais em um computador hospedeiro, cada uma talvez executando um sistema operacional diferente, oferece muitos benefícios. Em sistemas de servidor, a virtualização dá aos administradores de sistemas a capacidade de colocar diversas máquinas virtuais no mesmo servidor físico e mudar as máquinas virtuais em execução entre os servidores, para distribuir melhor a carga total. Máquinas virtuais também dão aos administradores de sistemas um controle mais minucioso sobre o acesso aos dispositivos de E/S. Por exemplo, a largura de banda de uma porta de rede virtualizada poderia ser particionada com base nos níveis de serviço dos usuários. Para usuários individuais, a virtualização oferece a capacidade de executar vários sistemas operacionais ao mesmo tempo.

Para realizar a virtualização no hardware, todas as instruções na arquitetura só precisam acessar os recursos da máquina virtual atual. Para quase todas as instruções, esse é um requisito trivial. Por exemplo, a instrução aritmética só precisa acessar o arquivo de registradores, que pode ser virtualizado copiando os registradores da máquina virtual para o arquivo de registradores do processador hospedeiro em trocas de contexto da máquina virtual.

A virtualização de instruções de acesso à memória (por exemplo, cargas e armazenamentos) é ligeiramente mais complicada, pois essas instruções só devem acessar a memória física alocada à máquina virtual em execução. Em geral, um processador que dá suporte à virtualização do hardware oferecerá uma facilidade adicional de mapeamento de página, que mapeia as páginas de memória física da máquina virtual às da máquina hospedeira. Por fim, as instruções de E/S (incluindo E/S mapeada na memória) não devem acessar diretamente os dispositivos de E/S físicos, pois muitas políticas de virtualização particionam o acesso aos dispositivos de E/S. Esse controle de E/S minucioso normalmente é implementado com interrupções ao hipervisor sempre que uma máquina virtual tentar acessar um dispositivo de E/S. O hipervisor pode então implementar a política de acesso ao recurso de E/S à sua escolha. Em geral, algum conjunto de dispositivos de E/S é aceito e os sistemas operacionais rodando nas máquinas virtuais, denominados **sistemas operacionais convidados**, deverão usar esses dispositivos aceitos.

6.2.1 Virtualização do hardware no Core i7

A virtualização do hardware no Core i7 é aceita pelas extensões de máquina virtual (VMX), uma combinação de extensões de instrução, memória e interrupção, que permitem o gerenciamento eficaz de máquinas virtuais. Com VMX, a virtualização de memória é executada com o sistema **EPT** (**Extended Page Table – tabela de página estendida**), que é habilitado com a virtualização do hardware. A EPT traduz os endereços de página física da máquina virtual para endereços físicos do hospedeiro. A EPT realiza esse mapeamento com uma estrutura de tabela de página multinível adicional que é atravessada durante uma ausência de TLB da máquina virtual. O hipervisor mantém essa tabela e, ao fazer isso, ele pode executar qualquer política de compartilhamento de memória física desejada.

A virtualização de operações de E/S, para E/S mapeada na memória e instruções de E/S, é implementada por meio do suporte estendido a interrupções, definido na **VMCS** (**Virtual-Machine Control Structure – estrutura de controle da máquina virtual**). Uma interrupção do hipervisor é chamada sempre que uma máquina virtual acessa um dispositivo de E/S. Quando a interrupção é recebida pelo hipervisor, ela pode realizar a operação de E/S no software usando as políticas necessárias para permitir o compartilhamento do dispositivo de E/S entre as máquinas virtuais.

6.3 Instruções de E/S de nível OSM

O conjunto de instruções de nível ISA é completamente diferente do da microarquitetura. As operações que podem ser executadas e também os formatos das instruções são bem diferentes nos dois níveis. A existência ocasional de algumas instruções que são as mesmas em ambos os níveis é, basicamente, acidental.

Ao contrário, o conjunto de instruções de nível OSM contém grande parte das instruções de nível ISA com a adição de algumas instruções novas, porém importantes, e a remoção de algumas poucas instruções potencialmente perigosas. Entrada/saída é uma das áreas em que os dois níveis apresentam consideráveis diferenças. A razão para essas diferenças é simples: um usuário que pudesse executar as instruções de E/S reais de nível ISA poderia ler dados confidenciais armazenados em qualquer lugar do sistema, escrever em diretórios de outros usuários e, em geral, se transformar em um grande transtorno porque seria uma ameaça à segurança do próprio sistema. Segundo, programadores normais, sensatos, não querem fazer E/S no nível ISA porque ela é tediosa e complexa ao extremo. Realizar uma E/S requer ajustar campos e bits em vários registradores de dispositivos, esperar até que a operação seja concluída e então verificar para ver o que aconteceu. Só para dar um exemplo da verificação, os discos têm bits de registrador de dispositivo para detectar os seguintes erros, entre muitos outros:

1. O braço do disco não realizou uma busca adequada.
2. Memória inexistente especificada como *buffer*.
3. E/S de disco começou antes do término da anterior.
4. Erro de temporização de leitura.
5. Disco endereçado inexistente.
6. Cilindro endereçado inexistente.
7. Setor endereçado inexistente.
8. Erro de soma de verificação na leitura.
9. Erro de verificação de escrita após operação de escrita.

Quando ocorre um desses erros, o bit correspondente em um registrador de dispositivo é ajustado. Poucos usuários querem se incomodar com a monitoração de todos esses bits de erro e uma grande quantidade de informações de estado adicionais.

6.3.1 Arquivos

Um modo de organizar a E/S virtual é usar uma abstração denominada **arquivo**. Em sua forma mais simples, um arquivo consiste em uma sequência de bytes escrita em um dispositivo de E/S. Se este for um dispositivo de armazenamento, como um disco, o arquivo pode ser lido de volta mais tarde; se o dispositivo não for de armazenamento (por exemplo, uma impressora), não pode ser lido de volta, é claro. Um disco pode conter muitos arquivos, cada um com algum tipo particular de dados, por exemplo, uma figura, uma planilha ou o texto do capítulo de um livro. Arquivos diferentes têm comprimentos e outras propriedades diferentes. A abstração de um arquivo permite que a E/S virtual seja organizada de maneira simples.

Para o sistema operacional, um arquivo é em geral apenas uma sequência de bytes, como descrevemos antes. Qualquer outra estrutura cabe aos programas de aplicação. A E/S de arquivo é feita por chamadas de sistema para abrir, ler, escrever e fechar arquivos. Antes de ler um arquivo, ele precisa ser aberto. O processo de abertura permite que o sistema operacional localize o arquivo em disco e traga informações da memória necessárias para acessá-lo.

Uma vez aberto, um arquivo pode ser lido. A chamada de sistema **read** deve ter os seguintes parâmetros, no mínimo:

1. Uma indicação de qual arquivo aberto deve ser lido.
2. Um ponteiro para um *buffer* na memória onde os dados serão mantidos.
3. O número de bytes a serem lidos.

A chamada **read** coloca os dados requisitados no *buffer*. Em geral, ela retorna a quantidade de bytes lidos de fato, que pode ser menor do que a requisitada (você não pode ler 2.000 bytes de um arquivo de 1.000 bytes).

Associado com cada arquivo aberto há um ponteiro que informa qual byte será lido em seguida. Após um **read**, o ponteiro avança conforme o número de bytes lido, portanto, **read**s consecutivos leem blocos de dados consecutivos do arquivo. Em geral, há um modo de ajustar esse ponteiro para um valor específico, de modo que os programas acessem aleatoriamente qualquer parte do arquivo. Quando um programa encerra a leitura de um arquivo, pode fechá-lo para informar ao sistema operacional que não usará mais o arquivo, o que permite que o sistema libere o espaço de tabela que está sendo usado para conter informações sobre o arquivo.

Computadores de grande porte (*mainframes*) ainda estão em uso (especialmente para manter sites de e-commerce muito grandes), e alguns deles ainda trabalham com sistemas operacionais tradicionais (embora muitos trabalhem com Linux). Sistemas operacionais de *mainframe* tradicionais têm uma ideia mais sofisticada do que é um arquivo, e vale a pena revisar esse modelo, só para mostrar que o UNIX não é o único modo de fazer as coisas. Nesses sistemas tradicionais, um arquivo é uma sequência de **registros lógicos**, cada um com uma estrutura bem definida. Por exemplo, um registro lógico poderia ser uma estrutura de dados que consiste em cinco itens: duas cadeias de caracteres, "Nome" e "Supervisor"; dois números inteiros, "Departamento" e "Escritório"; e um valor booleano "SexoFeminino". Alguns sistemas operacionais fazem uma distinção entre arquivos nos quais todos os registros em um arquivo têm a mesma estrutura e aqueles que contêm uma mistura de diferentes tipos de registros.

A instrução de entrada virtual básica lê o próximo registro do arquivo especificado e o coloca na memória principal começando no endereço especificado, como ilustrado na Figura 6.20. Para realizar essa operação, a instrução virtual deve ser informada de qual arquivo ler e em que lugar da memória colocar o registro. Muitas vezes, há opções para ler um registro específico, definido por sua posição no arquivo ou por sua chave.

Figura 6.20 Leitura de um arquivo que consiste em registros lógicos. (a) Antes de ler registro 19. (b) Após ler registro 19.

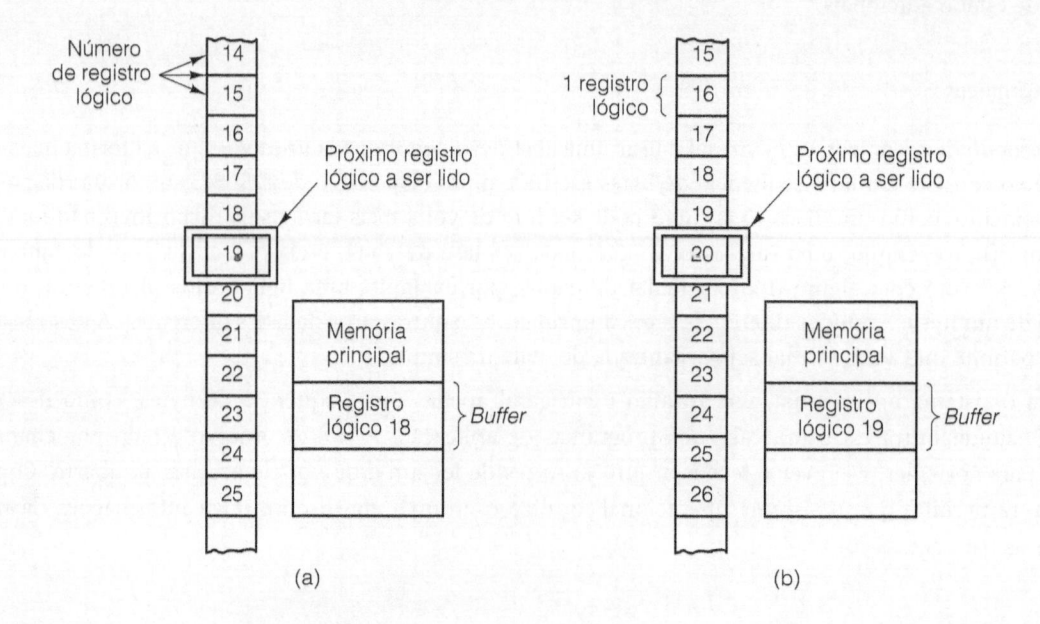

A instrução de saída virtual básica escreve um registro lógico da memória para um arquivo. Instruções write sequenciais consecutivas produzem registros lógicos consecutivos no arquivo.

6.3.2 Implementação de instruções de E/S de nível OSM

Para entender como são realizadas instruções de E/S virtuais, é necessário examinar como os arquivos são organizados e armazenados. Há uma questão básica que todos os sistemas de arquivo devem encarar: a alocação de armazenamento. A unidade de alocação (às vezes chamada de bloco) pode ser um único setor de disco, mas muitas vezes consiste em um bloco de setores consecutivos.

Outra propriedade fundamental da implementação de um sistema de arquivos é se um arquivo é armazenado em unidades de alocação consecutivas ou não. A Figura 6.21 descreve um disco simples com uma superfície que contém cinco trilhas de 12 setores cada. A Figura 6.21(a) mostra um esquema de alocação no qual o setor é a unidade básica de alocação de espaço e em que um arquivo consiste em setores consecutivos. A alocação consecutiva de blocos de arquivo é muito usada em CD-ROMs. A Figura 6.21(b) mostra um esquema de alocação no qual o setor é a unidade básica de alocação e em que o arquivo não precisa ocupar setores consecutivos. Esse esquema é a norma para discos rígidos (e, claro, para discos em estado sólido).

Figura 6.21 Estratégias de alocação de disco. (a) Arquivo em setores consecutivos. (b) Arquivo em setores não consecutivos.

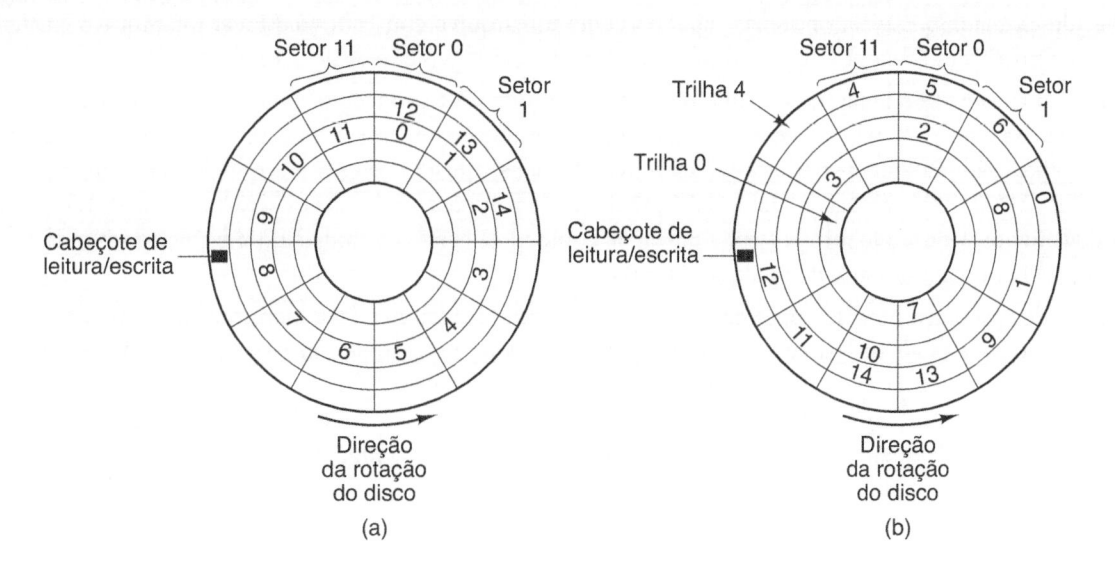

Há uma importante distinção entre a visão que um programador de aplicação tem de um arquivo e a visão que o sistema operacional tem desse arquivo. O programador o vê como uma sequência linear de bytes ou registros lógicos. O sistema operacional o vê como uma coleção de unidades de alocação ordenadas no disco, se bem que não necessariamente consecutivas.

Para entregar o byte ou registro lógico n de algum arquivo por requisição, o sistema operacional precisa ter algum método para localizar os dados. Se o arquivo for alocado consecutivamente, o sistema operacional só precisa saber a localização do início do arquivo para calcular a posição do byte ou registro lógico necessário.

Se o arquivo não for alocado de modo consecutivo, não é possível calcular a posição de um byte ou registro lógico qualquer a partir somente de sua posição de início. Em vez disso, é preciso uma tabela, denominada **índice de arquivo**, que dá as unidades de alocação e seus endereços de disco propriamente ditos. O índice de arquivo pode ser organizado como uma lista de endereços de blocos de disco (usada pelo UNIX), como uma lista de execuções de blocos consecutivos (usada pelo Windows 7) ou como uma lista de registros lógicos que dão o endereço de disco e o deslocamento para cada um. Às vezes, cada registro lógico tem uma **chave** e os programas podem se referir a ele por sua chave, em vez de por seu número de registro lógico. Nesse caso, a última organização é requerida, e cada entrada contém não só a localização do registro em disco, mas também sua chave. Essa organização é comum em *mainframes*.

Um método alternativo de localizar unidades de alocação de um arquivo é organizá-lo como uma lista encadeada. Cada unidade de alocação contém o endereço de sua sucessora. Um modo de executar esse esquema com eficiência é manter a tabela com todos os endereços das sucessoras na memória principal. Por exemplo, para um disco com 64K de unidades de alocação, o sistema operacional poderia ter uma tabela na memória com 64K de linhas, cada uma dando o índice de sua sucessora. Por exemplo, se um arquivo ocupasse as unidades de alocação 4, 52 e 19, a linha 4 na tabela conteria um 52, a linha 52 conteria um 19, e a linha 19 conteria um código especial (por exemplo, 0 ou −1) para indicar o final de arquivo. Os sistemas de arquivos usados por MS-DOS, Windows 95 e Windows 98 funcionavam dessa maneira. Versões mais novas do Windows (2000, XP, Vista e 7) ainda suportam esse sistema, mas também têm seu próprio sistema de arquivos nativo, que funciona mais como o UNIX.

Até agora, discutimos arquivos alocados consecutivamente e arquivos alocados não consecutivamente, mas não especificamos por que são usados dois tipos. Em arquivos alocados consecutivamente, a administração de blocos é mais simples, mas quando o tamanho máximo de arquivo não é conhecido com antecedência, é raro poder usar essas técnicas. Se um arquivo começasse no setor *j* e lhe fosse permitido crescer para setores consecutivos, ele poderia encostar em um arquivo no setor *k* e não ter espaço para se expandir. Se o arquivo não for alocado consecutivamente, não haverá problema algum, porque blocos sucessivos podem ser colocados em qualquer lugar do disco. Se um disco contiver uma quantidade de arquivos que estão crescendo e cujos tamanhos finais não são conhecidos, seria impossível armazenar cada um como um arquivo consecutivo. Mover um arquivo existente às vezes é possível, mas é sempre dispendioso em termos de tempo e recursos do sistema.

Por outro lado, se o tamanho máximo de todos os arquivos for conhecido com antecedência, como acontece na gravação de um CD-ROM, o programa de gravação pode alocar com antecedência uma carreira de setores cujos comprimentos são exatamente iguais a cada arquivo. Assim, se quisermos gravar arquivos com comprimentos de 1.200, 700, 2.000 e 900 setores em um CD-ROM, eles podem apenas começar nos setores 0, 1.200, 1.900 e 3.900, respectivamente (ignorando, nesse caso, a tabela de conteúdo). Uma vez conhecido o primeiro setor do arquivo, é simples achar qualquer parte de qualquer arquivo.

Para alocar espaço no disco para um arquivo, o sistema operacional deve monitorar quais blocos estão disponíveis e quais já estão em uso armazenando outros arquivos. No caso de um CD-ROM, o cálculo é feito com antecedência, uma vez só, para todos os arquivos, e é definitivo; porém, quando se trata de um disco rígido, os arquivos vêm e vão o tempo todo. Um método consiste em manter uma lista de todas as lacunas, sendo uma lacuna definida como qualquer quantidade de unidades de alocação contíguas. Essa lista é denominada **lista de livres**. A Figura 6.22(a) ilustra a lista de livres para o disco da Figura 6.21(b).

Figura 6.22 Dois modos de monitorar setores disponíveis. (a) Lista de livres. (b) Mapa de bits.

Trilha	Setor	Número de setores na lacuna
0	0	5
0	6	6
1	0	10
1	11	1
2	1	1
2	3	3
2	7	5
3	0	3
3	9	3
4	3	8

(a)

Setor

Trilha	0	1	2	3	4	5	6	7	8	9	10	11
0	0	0	0	0	0	1	0	0	0	0	0	0
1	0	0	0	0	0	0	0	0	0	0	1	0
2	1	0	1	0	0	0	1	0	0	0	0	0
3	0	0	0	1	1	1	1	1	0	0	0	0
4	1	1	1	0	0	0	0	0	0	0	0	1

(b)

Um método alternativo é manter um mapa de bits, com 1 bit por unidade de alocação, conforme mostra a Figura 6.22(b). Um bit 1 indica que a unidade de alocação já está ocupada, e um bit 0 indica que ela está disponível.

O primeiro método tem a vantagem de facilitar encontrar uma lacuna de determinado comprimento. Todavia, tem a desvantagem do tamanho variável. À medida que arquivos são criados e destruídos, o comprimento da lista sofrerá variações, uma característica indesejável. A tabela de bits tem a vantagem de seu tamanho constante. Além do mais, mudar o estado de uma unidade de alocação de disponível para ocupada é só uma questão de mudar 1 bit. Contudo, é difícil achar um bloco de determinado tamanho. Ambos os métodos requerem que a lista ou tabela de alocação seja atualizada quando um arquivo no disco for alocado ou devolvido.

Antes de encerrar o assunto da implementação de sistema de arquivos, vale a pena comentar o tamanho da unidade de alocação. Nesse caso, vários fatores desempenham um papel fundamental. Primeiro, o tempo de busca e o atraso rotacional dominam acessos a disco. Como já foram investidos 5–10 ms para chegar no início de uma unidade de alocação, é muito melhor ler 8 KB (cerca de 80 µs) do que 1 KB (cerca de 10 µs), já que ler 8 KB como oito unidades de 1 KB exigirá oito buscas. A eficiência da transferência é um ponto a favor de grandes unidades. É claro que, à medida que discos em estado sólido se tornam mais baratos e mais comuns, esse argumento deixa de ser verdadeiro, pois esses dispositivos não possuem tempo de busca.

Também a favor de grandes unidades de alocação é o fato de que ter unidades pequenas significa ter muitas unidades de alocação. Por sua vez, muitas unidades de alocação implicam grandes índices de arquivo ou grandes tabelas de listas encadeadas na memória. Como uma nota histórica, o MS-DOS começou com a unidade de alocação tendo um setor (512 bytes) e números de 16 bits sendo usados para identificar os setores. Quando os discos ultrapassaram 65.536 setores, o único modo de usar todo o espaço no disco e ainda usar números de 16 bits para identificar as unidades de alocação foi usar unidades de alocação cada vez maiores. A primeira versão do Windows 95 tinha o mesmo problema, mas uma versão subsequente usava números de 32 bits. O Windows 98 suportava ambos os tamanhos.

Contudo, em favor de unidades de alocação pequenas está o fato de que poucos arquivos ocupam exatamente um número inteiro delas. Por conseguinte, sempre será desperdiçado algum espaço na última de quase todos os arquivos. Se o arquivo for muito maior do que a unidade de alocação, o espaço desperdiçado médio será metade de uma unidade de alocação. Quanto maior a unidade, maior a quantidade de espaço desperdiçado. Se o arquivo médio for muito menor do que ela, a maior parte do espaço de disco será desperdiçada.

Por exemplo, em uma versão MS-DOS ou Windows 95 *release* 1 com partição de disco de 2 GB, as unidades de alocação eram de 32 KB, portanto, um arquivo de 100 caracteres desperdiçava 32.668 bytes de espaço de disco. A eficiência de armazenamento conta a favor de unidades de alocação pequenas. Devido ao preço cada vez menor dos discos grandes, a eficiência no tempo (isto é, o desempenho mais rápido) tende a ser o fator mais importante hoje, de modo que as unidades de alocação tendem a aumentar com o tempo e o espaço desperdiçado no disco, simplesmente ser aceito.

6.3.3 Instruções de gerenciamento de diretório

Nos primórdios da computação, as pessoas guardavam seus programas e dados em cartões perfurados em arquivos nos seus escritórios. À medida que cresciam em tamanho e quantidade de programas e dados, essa situação se tornou cada vez mais indesejável. Não demorou muito e surgiu a ideia de usar a memória secundária do computador (por exemplo, disco) como local de armazenamento para programas e dados como uma alternativa aos arquivos de escritório. Informações que podem ser acessadas diretamente no computador sem a necessidade de intervenção humana são denominadas **em linha** (*online*), ao contrário das informações **fora de linha** (*offline*), que requerem intervenção humana (por exemplo, inserir uma fita, CD-ROM, *pendrive* ou cartão de memória SD) antes que o computador possa acessá-las.

Informações em linha são armazenadas em arquivos, portanto, acessíveis aos programas por meio das instruções de E/S de arquivo já discutidas. Todavia, são necessárias instruções adicionais para monitorar informações armazenadas em linha, reuni-las em unidades convenientes e protegê-las contra utilização não autorizada.

O modo usual de um sistema operacional organizar arquivos em linha é agrupá-los em **diretórios**. A Figura 6.23 mostra um exemplo de organização de diretório. São fornecidas chamadas de sistema para as seguintes funções, no mínimo:

1. Criar um arquivo e entrar em um diretório.
2. Apagar um arquivo de um diretório.
3. Renomear um arquivo.
4. Mudar o estado de proteção de um arquivo.

Figura 6.23 Diretório de arquivos de usuário e o conteúdo de uma entrada típica em um diretório de arquivo.

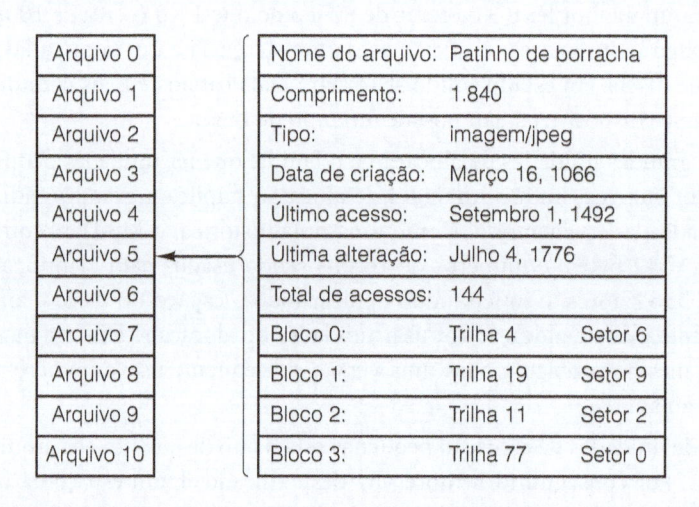

Arquivo 0	Nome do arquivo:	Patinho de borracha
Arquivo 1	Comprimento:	1.840
Arquivo 2	Tipo:	imagem/jpeg
Arquivo 3	Data de criação:	Março 16, 1066
Arquivo 4	Último acesso:	Setembro 1, 1492
Arquivo 5	Última alteração:	Julho 4, 1776
Arquivo 6	Total de acessos:	144
Arquivo 7	Bloco 0:	Trilha 4 Setor 6
Arquivo 8	Bloco 1:	Trilha 19 Setor 9
Arquivo 9	Bloco 2:	Trilha 11 Setor 2
Arquivo 10	Bloco 3:	Trilha 77 Setor 0

Todos os sistemas operacionais modernos permitem que os usuários mantenham mais de um diretório de arquivos. Cada diretório é, em si, um arquivo típico e, como tal, pode figurar na lista de outro, o que dá origem a uma árvore de diretórios. Diretórios múltiplos são de particular utilidade para programadores que trabalham em diversos projetos, porque eles podem agrupar todos os arquivos relacionados a um projeto em um só diretório. Enquanto eles estiverem trabalhando naquele projeto, não serão perturbados por arquivos não relacionados com ele. Os diretórios também são uma maneira conveniente de compartilhar arquivos entre membros de um grupo.

6.4 Instruções de nível OSM para processamento paralelo

Alguns algoritmos de computação podem ser programados com maior conveniência para dois ou mais processos cooperativos que executam em paralelo (isto é, ao mesmo tempo, em processadores diferentes), em vez de para um único processo. Outros processos de computação podem ser divididos em porções, que então podem ser executadas em paralelo para reduzir o tempo transcorrido para o processo de computação total. Para que vários processos trabalhem juntos em paralelo, são necessárias algumas instruções virtuais. Elas serão discutidas nas próximas seções.

As leis da física dão mais uma razão para o atual interesse em processamento paralelo. Segundo a teoria especial da relatividade de Einstein, é impossível transmitir sinais elétricos com velocidade maior do que a da luz, que é cerca de 30 cm/ns no vácuo, menor em fios de cobre ou fibras óticas. Esse limite tem importantes implicações para a organização de computadores. Por exemplo, se uma CPU precisar de dados da memória principal que está a 30 cm de distância, levará ao menos 1 ns para que a requisição chegue até lá e mais um nanossegundo para que a resposta volte até a CPU. Por conseguinte, para superar a barreira do nanossegundo, os computadores terão de ser extremamente minúsculos. Uma abordagem alternativa para acelerar computadores é construir máquinas com muitas CPUs. Um computador com mil CPUs de 1 ns pode (em teoria) ter a mesma capacidade de computação de uma CPU com um tempo de ciclo de 0,001 ns, mas o primeiro pode ser muito mais fácil e mais barato de construir. A computação paralela é discutida com detalhes no Capítulo 8.

Em um computador com mais de uma CPU, cada um dos diversos processos cooperativos pode ser designado à sua própria CPU, o que lhes permite prosseguir simultaneamente. Se houver apenas um processador disponível, o efeito do processamento paralelo pode ser simulado fazendo o processador executar cada processo por vez durante um curto período de tempo. Em outras palavras, o processador pode ser compartilhado entre vários processos.

A Figura 6.24 mostra a diferença entre processamento verdadeiramente paralelo, com mais de um processador físico, e paralelo simulado, com só um processador físico. Mesmo quando o processamento paralelo é simulado, é útil considerar que cada processo tem seu próprio processador virtual dedicado. Os mesmos problemas de comunicação que surgem quando há processamento verdadeiramente paralelo também surgem no caso simulado. Nos dois casos, a depuração dos problemas é muito difícil.

Figura 6.24 (a) Processamento verdadeiramente paralelo com várias CPUs. (b) Processamento paralelo simulado pela comutação dinâmica de uma única CPU entre três processos.

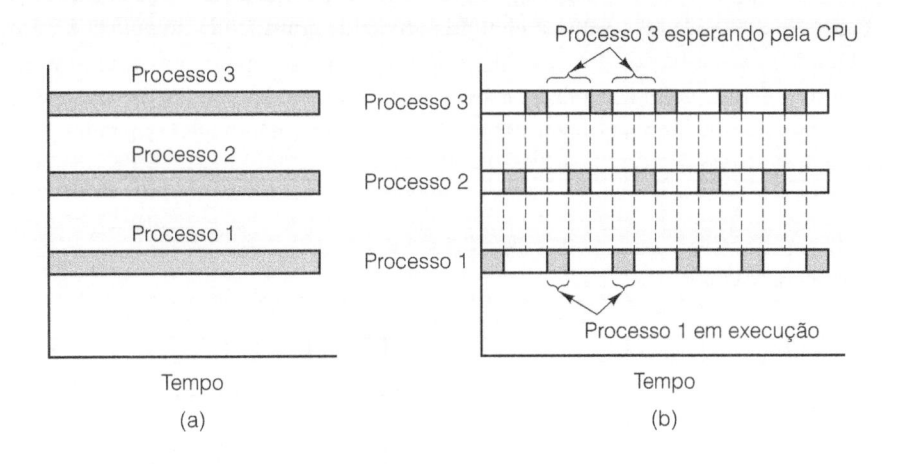

6.4.1 Criação de processo

Quando um programa deve ser executado, ele deve rodar como parte de algum processo. Esse processo, como todos os outros, é caracterizado por um estado e um espaço de endereço por meio do qual o programa e os dados podem ser acessados. O estado inclui no mínimo o contador de programa, uma palavra de estado de programa, um ponteiro de pilha e os registradores gerais.

A maioria dos sistemas operacionais modernos permite que processos sejam criados e encerrados dinamicamente. Para tirar total proveito dessa característica e obter processamento paralelo, é preciso uma chamada de sistema para criar um novo processo. Essa chamada de sistema pode apenas fazer um clone do processo chamado, ou permitir ao chamador a criação de um processo que especifique seu estado inicial, incluindo seu programa, dados e endereço de início.

Em alguns casos, a criação de um processo (pai) mantém controle parcial, ou até mesmo total, do processo criado (filho). Com essa finalidade, existem instruções virtuais para permitir que um processo-pai interrompa, reinicie, examine e encerre seus filhos. Em outros casos, um pai tem menos controle sobre seus filhos: uma vez criado um processo, não há nenhum modo de um pai interrompê-lo, reiniciá-lo, examiná-lo ou encerrá-lo à força. Então, os dois processos rodam independentemente um do outro.

6.4.2 Condições de disputa

Em muitos casos, processos paralelos precisam se comunicar e sincronizar de modo a realizar seu trabalho. Nesta seção, será examinada a sincronização de processos e algumas das dificuldades serão explicadas por meio de um exemplo detalhado. Uma solução para essas dificuldades será dada na seção seguinte.

Considere uma situação em que há dois processos independentes, o processo 1 e o processo 2, que se comunicam por meio de um *buffer* compartilhado na memória principal. Por simplicidade, vamos denominar o processo 1 **produtor** e o processo 2 **consumidor**. O produtor calcula números primos e os coloca no *buffer* um por vez. O consumidor retira esses números do *buffer* um por vez e os imprime.

Esses dois processos executam em paralelo a taxas diferentes. Se o produtor descobre que o *buffer* está cheio, ele vai dormir, isto é, suspende temporariamente sua operação à espera de um sinal do consumidor. Mais tarde, quando o consumidor tiver retirado um número do *buffer*, ele envia um sinal ao produtor para acordá-lo; isto é, ele o reinicia. De modo semelhante, se o consumidor descobre que o *buffer* está vazio, ele vai dormir. Quando o produtor tiver colocado um número no *buffer* vazio, ele acorda o consumidor adormecido.

Nesse exemplo, usaremos um *buffer* circular para comunicação entre processos. Os ponteiros *in* e *out* serão usados da seguinte maneira: *in* aponta para a próxima palavra livre (onde o produtor colocará o próximo número primo) e *out* aponta para o próximo número a ser retirado pelo consumidor. Quando *in* = *out*, o *buffer* está vazio, conforme mostra a Figura 6.25(a). Após o produtor ter gerado alguns primos, a situação é a mostrada na Figura 6.25(b). A Figura 6.25(c) ilustra o *buffer* após o consumidor ter retirado alguns desses números primos para imprimir. A Figura 6.25(d)–(f) representa o efeito da atividade continuada do *buffer*. A parte de cima deste é logicamente contígua à parte de baixo; isto é, o *buffer* dá uma volta completa. Quando houver uma repentina rajada de entrada e *in* tiver feito a volta completa e estiver apenas uma palavra atrás de *out* (por exemplo, *in* = 52 e *out* = 53), o *buffer* está cheio. A última palavra não é usada; se fosse, não haveria maneira de dizer se *in* = *out* significa um *buffer* cheio ou vazio.

Figura 6.25 Uso de um *buffer* circular.

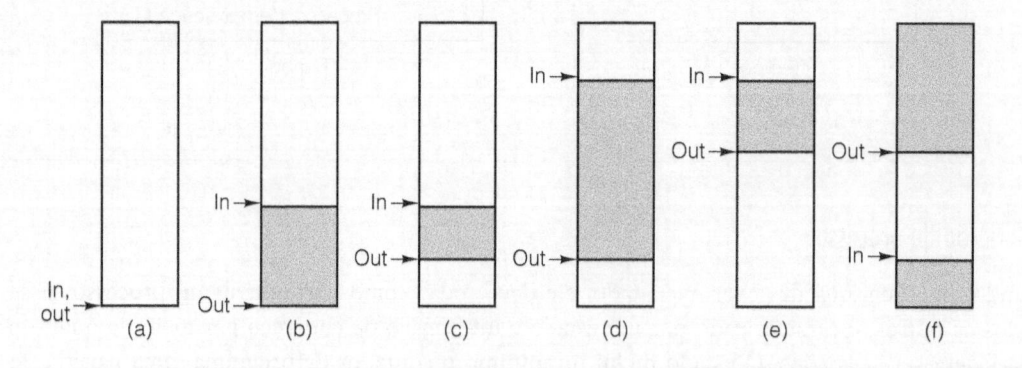

A Figura 6.26 mostra um modo simples de implementar o problema produtor-consumidor em Java. Essa solução usa três classes: principal (*m*), produtor (*producer*) e consumidor (*consumer*). A classe principal contém algumas definições de constantes, os ponteiros de *buffer in* e *out*, e o próprio *buffer* que, nesse exemplo, contém 100 números primos que vão de *buffer*[0] a *buffer*[99]. As classes produtor e consumidor fazem o trabalho propriamente dito.

Essa solução usa *threads* Java para simular processos paralelos. Com essa solução, temos uma classe produtor e uma classe consumidor, que são instanciadas nas variáveis *p* e *c*, respectivamente. Cada uma dessas classes é derivada de uma classe básica *Thread*, que tem um método *run*. O método *run* contém o código para o *thread*. Quando o método *start* de um objeto derivado de *Thread* é invocado, um novo *thread* é iniciado.

Figura 6.26 Processamento paralelo com uma condição de disputa fatal.

```java
public class m {
    final public static int BUF_SIZE = 100;              // buffer executa de 0 a 99
    final public static long MAX_PRIME = 100000000000L;  // pare aqui
    public static int in = 0, out = 0;                   // ponteiros para os dados
    public static long buffer[ ] = new long[BUF_SIZE];   // primos armazenados aqui
    public static producer p;                            // nome do produtor
    public static consumer c;                            // nome do consumidor

    public static void main(String args[ ]) {            // classe principal
        p = new producer( );                             // crie o produtor
        c = new consumer( );                             // crie o consumidor
        p.start( );                                      // inicie o produtor
        c.start( );                                      // inicie o consumidor
    }
    // Essa é uma função para incrementar in e out de modo cíclico
    public static int next(int k) {if (k < BUF_SIZE - 1) return(k+1); else return(0);}
}

class producer extends Thread {                          // classe produtor
    public void run( ) {                                 // código do produtor
        long prime = 2;                                  // variável transitória

        while (prime < m.MAX_PRIME) {
            prime = next_prime(prime);                   // declaração P1
            if (m.next(m.in) == m.out) suspend( );       // declaração P2
            m.buffer[m.in] = prime;                      // declaração P3
            m.in = m.next(m.in);                         // declaração P4
            if (m.next(m.out) == m.in) m.c.resume( );    // declaração P5
        }
    }
    private long next_prime(long prime){ ... }           // função que calcula o próximo primo
}

class consumer extends Thread {                          // classe consumidor
    public void run( ) {                                 // código do consumidor
        long emirp = 2;                                  // variável transitória

        while (emirp < m.MAX_PRIME) {
            if (m.in == m.out) suspend( );               // declaração C1
            emirp = m.buffer[m.out];                     // declaração C2
            m.out = m.next(m.out);                       // declaração C3
            if (m.out == m.next(m.next(m.in))) m.p.resume( ); // declaração C4
            System.out.println(emirp);                   // declaração C5
        }
    }
}
```

Cada *thread* é como um processo, exceto pelo fato de que todos eles dentro de um único programa Java executam no mesmo espaço de endereço. Essa característica é conveniente para que eles possam compartilhar um *buffer*. Se o computador tiver duas ou mais CPUs, cada *thread* pode ser escalonado em uma CPU diferente, o que permite paralelismo verdadeiro. Se houver só uma CPU, os *threads* compartilham tempo na mesma CPU. Continuamos a nos referir ao produtor e ao consumidor como processos (visto que estamos realmente interessados em processos paralelos), ainda que Java suporte somente *threads* paralelos e não processos verdadeiramente paralelos.

A função utilitária *next* permite fácil incremento de *in* e *out*, sem ter de escrever código para verificar a condição de volta completa toda vez. Se o parâmetro para *next* for 98 ou menos, o próximo inteiro mais alto é retornado. Contudo, se o parâmetro for 99, atingimos o final do *buffer*, portanto, 0 é retornado.

Precisamos de um modo pelo qual qualquer um dos processos vá dormir por conta própria quando não puder continuar. Os projetistas de Java entenderam a necessidade dessa habilidade e incluíram os métodos *suspend* (dormir) e *resume* (despertar) na classe *Thread* já na primeira versão de Java. Eles são usados na Figura 6.26.

Agora chegamos ao código propriamente dito para o produtor e o consumidor. Primeiro, o produtor gera um novo número primo em P1. Observe a utilização de *m.MAX_PRIME* aqui. O prefixo *m* seguido pelo ponto é necessário para indicar que queremos dizer o *MAX_PRIME* definido na classe *m*. Pela mesma razão, esse prefixo também é necessário para *in*, *out*, *buffer* e *next*.

Então, o produtor verifica (em P2) para ver se *in* está uma posição atrás de *out*. Se estiver (por exemplo, *in* = 62 e *out* = 63), o *buffer* está cheio e o produtor vai dormir chamando *suspend* em P2. Se o *buffer* não estiver cheio, o novo número primo é inserido no *buffer* (P3) e *in* é incrementado (P4). Se o novo valor de *in* estiver uma posição à frente de *out* (P5) (por exemplo, *in* = 17 e *out* = 16), *in* e *out* eram iguais antes de *in* ter sido incrementado. O produtor conclui que o *buffer* estava vazio e que o consumidor estava, e ainda está, dormindo. Por conseguinte, o produtor chama *resume* para despertar o consumidor (P5). Por fim, o produtor começa a procurar o próximo número primo.

Em termos estruturais, o programa do consumidor é semelhante. Primeiro, é feito um teste (C1) para ver se o *buffer* está vazio. Se estiver, não há nenhum trabalho para o consumidor, portanto, ele vai dormir. Se o *buffer* não estiver vazio, ele retira o próximo número a ser impresso (C2) e incrementa *out* (C3). Se *out* estiver duas posições à frente de *in* nesse ponto (C4), ele deveria estar uma posição à frente de *in* antes de ser incrementado dessa última vez. Como *in* = *out* − 1 é a condição de "*buffer* cheio", o produtor devia estar dormindo e, portanto, o consumidor o acorda com *resume*. Por fim, o número é impresso (C5) e o ciclo se repete.

Infelizmente, esse projeto contém uma falha fatal, como ilustrado na Figura 6.27. Lembre-se de que os dois processos executam sem sincronia e a velocidades diferentes, possivelmente variáveis. Considere o caso em que sobra somente um número no *buffer*, na entrada 21, e *in* = 22 e *out* = 21, como mostra a Figura 6.27(a). O produtor está na declaração P1 procurando um número primo e o consumidor está ocupado em C5 imprimindo o número na posição 20. O consumidor termina de imprimir o número, faz o teste em C1 e retira o último número do *buffer* em C2. Então, incrementa *out*. Nesse instante, ambos, *in* e *out*, têm o valor 22. O consumidor imprime o número e em seguida vai para C1, onde busca *in* e *out* na memória para compará-los, como mostra a Figura 6.27(b).

Nesse exato momento, após o consumidor ter buscado *in* e *out*, mas antes de tê-los comparado, o produtor acha o próximo número primo, coloca-o no *buffer* em P3 e incrementa *in* em P4. Agora, *in* = 23 e *out* = 22. Em P5, o produtor descobre que *in* = *next*(*out*). Em outras palavras, *in* é 1 a mais do que *out*, o que significa que agora há um item no *buffer*. Por conseguinte, o produtor conclui (incorretamente) que o consumidor deve estar dormindo, portanto, envia um sinal de despertar (isto é, chama *resume*), como ilustra a Figura 6.27(c). Claro que o consumidor ainda está acordado, portanto, o sinal de despertar é perdido. O produtor começa a procurar o próximo número primo.

Nesse instante, o consumidor continua. Ele já buscou *in* e *out* da memória antes que o produtor colocasse o último número no *buffer*. Como ambos têm valor 22, o consumidor vai dormir. Agora, o produtor acha um novo número primo. Verifica os ponteiros e encontra *in* = 24 e *out* = 22, portanto, entende que há dois números no *buffer* (verdadeiro) e que o consumidor está acordado (falso). O produtor continua em laço até que, por fim, enche o *buffer* e vai dormir. Agora, ambos os processos estão dormindo e assim ficarão para sempre.

Nesse caso, a grande dificuldade é que, entre o instante em que consumidor buscou *in* e *out* e o instante em que foi dormir, o produtor se esgueirou para dentro do *buffer*, descobriu que *in* = *out* + 1, entendeu que o consumidor estava dormindo (mas ele ainda não estava) e enviou um sinal de despertar que foi perdido porque o consumidor ainda estava acordado. Essa dificuldade é conhecida como **condição de disputa**, porque o sucesso do método depende de quem vence a corrida para testar *in* e *out* após *out* ter sido incrementado.

O problema das condições de disputa é bem conhecido. Na verdade, é tão sério que, vários anos após a introdução da linguagem Java, a Sun mudou a classe *Thread* e removeu as chamadas *suspend* e *resume* porque levavam a condições de disputa com muita frequência. A solução oferecida foi baseada na linguagem, mas, como aqui estamos estudando sistemas operacionais, discutiremos uma outra solução suportada por muitos sistemas operacionais, incluindo UNIX e Windows 7.

Figura 6.27 Falha do mecanismo de comunicação produtor-consumidor.

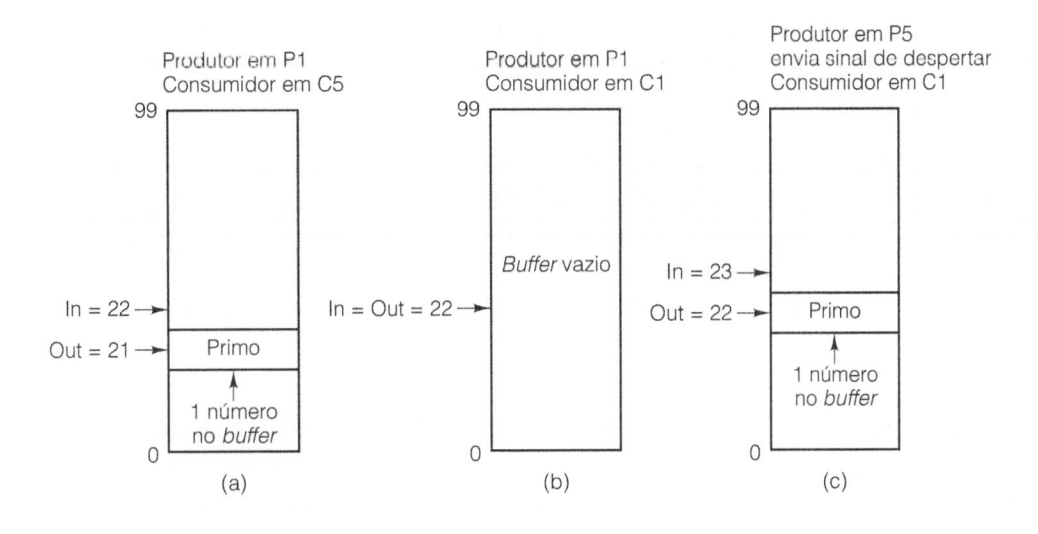

(a) Produtor em P1, Consumidor em C5: In = 22, Out = 21, Primo, 1 número no buffer.

(b) Produtor em P1, Consumidor em C1: In = Out = 22, Buffer vazio.

(c) Produtor em P5 envia sinal de despertar, Consumidor em C1: In = 23, Out = 22, Primo, 1 número no buffer.

6.4.3 Sincronização de processos usando semáforos

A condição de disputa pode ser resolvida pelo menos de duas maneiras. Uma solução consiste em equipar cada processo com um "bit de espera para despertar". Sempre que uma instrução de despertar for enviada a um processo que ainda está executando, seu bit de espera para despertar é ajustado. Sempre que o processo for dormir quando o bit de espera para despertar estiver marcado, o processo é imediatamente reiniciado e o bit de espera para despertar é apagado. O bit de espera para despertar armazena o sinal de despertar supérfluo para uso futuro.

Embora resolva a condição de disputa quando há somente dois processos, esse método falha no caso geral de comunicação entre n processos, porque pode acontecer que $n - 1$ sinais de despertar tenham de ser salvos. É claro que cada processo poderia estar equipado com $n - 1$ bits de espera para despertar, de modo a permitir que ele contasse até $n - 1$ no sistema unário, mas essa solução não é funcional.

Dijkstra (1968b) propôs uma solução mais geral para o problema da sincronização de processos paralelos. Em algum lugar da memória há algumas variáveis inteiras não negativas denominadas **semáforos**. Duas chamadas de sistema que operam nos semáforos, **up** e **down**, são fornecidas pelo sistema operacional. Up adiciona 1 a um semáforo e down subtrai 1 de um semáforo.

Se uma operação **down** for executada em um semáforo que é maior do que 0 no momento, o semáforo é decrementado de 1 e o processo que está executando **down** continua. Contudo, se ele estiver em 0, a operação **down** não pode concluir; o processo que está executando **down** é posto para dormir e continua adormecido até que outro processo execute **up** nesse semáforo. Para que possam ser monitorados, processos adormecidos são encadeados em uma fila.

A instrução **up** verifica se o semáforo está em 0. Se estiver, o outro processo está dormindo nele e o semáforo é aumentado em 1. O processo que está dormindo pode então concluir a operação **down** que o suspendeu, reiniciando o semáforo para 0 e permitindo que ambos os processos continuem. Uma instrução **up** em um semáforo que não está em zero apenas o aumenta em 1. Em essência, um semáforo proporciona um contador para armazenar sinais de despertar para utilização futura, de modo que eles não sejam perdidos. Uma propriedade essencial de instruções de semáforo é que, tão logo um processo tenha iniciado uma instrução em um semáforo, nenhum outro processo pode acessá-lo até que o primeiro tenha concluído sua instrução ou tenha sido suspenso quando tentava executar uma instrução **down** em um 0. A Figura 6.28 resume as propriedades essenciais das chamadas de sistema **up** e **down**.

Figura 6.28 Efeito de uma operação de semáforo.

Instrução	Semáforo = 0	Semáforo > 0
Up	Semáforo = semáforo + 1; se o outro processo foi interrompido na tentativa de concluir uma instrução down nesse semáforo, agora ele pode concluir down e continuar executando	Semáforo = semáforo + 1
Down	Processo para até que o outro processo execute uma instrução up nesse semáforo.	Semáforo = semáforo − 1

Como mencionamos antes, Java tem uma solução baseada em linguagem para lidar com condições de disputa e agora estamos discutindo sistemas operacionais. Por isso, precisamos de um meio para expressar a utilização de semáforos em Java, ainda que ele não esteja na linguagem nem nas classes padronizadas. Vamos fazer isso admitindo que foram escritos dois métodos nativos, *up* e *down*, que fazem as chamadas de sistema **up** e **down**, respectivamente. Executando essas chamadas com inteiros ordinários como parâmetros, temos um modo de expressar a utilização de semáforos em programas Java.

A Figura 6.29 mostra como a condição de disputa pode ser eliminada por meio da utilização de semáforos. Dois deles são acrescentados à classe *m*: *available* (disponível), que é inicialmente 100 (o tamanho do *buffer*), e *filled* (preenchido), que é inicialmente 0. O produtor começa executando em P1 na Figura 6.29 e o consumidor começa executando em C1, como antes. A chamada *down* em *filled* interrompe o processador consumidor imediatamente. Quando o produtor tiver encontrado o primeiro número primo, chama *down* tendo *available* como parâmetro, definindo *available* como 99. Em P5, ele chama *up* tendo *filled* como parâmetro, fazendo *filled* igual a 1. Essa ação libera o consumidor, que agora pode concluir sua chamada *down* que estava suspensa. Nesse ponto, *filled* é 0 e ambos os processos estão executando.

Agora, vamos reexaminar a condição de disputa. Em dado instante, *in* = 22, *out* = 21, o produtor está em P1 e o consumidor está em C5. O consumidor termina o que estava fazendo e chega a C1, onde chama *down* em *filled*, que tinha o valor 1 antes da chamada e 0 depois dela. Então, o consumidor retira o último número do *buffer* e aumenta *available*, que passa para 100. O consumidor imprime o número e vai para C1. Um pouco antes de o consumidor poder chamar *down*, o produtor encontra o próximo primo e executa as declarações P2, P3 e P4 em rápida sucessão.

Nesse ponto, *filled* é 0. O produtor está prestes a aumentá-lo com uma **up** e o consumidor está prestes a chamar *down*. Se o consumidor executar sua instrução em primeiro lugar, será suspenso até que o produtor o libere (chamando *up*). Por outro lado, se o produtor executar em primeiro lugar, o semáforo será ajustado para 1 e o consumidor não será suspenso de modo algum. Em ambos os casos, nenhum sinal de despertar fica perdido. É claro que essa era nossa meta quando introduzimos semáforos.

A propriedade essencial das operações de semáforo é que elas são indivisíveis. Uma vez iniciada uma operação de semáforo, nenhum outro processo pode usar o semáforo até que o primeiro processo tenha concluído a operação ou então tenha sido suspenso na tentativa. Ademais, com semáforos, não se perdem sinais de despertar. Por comparação, as declarações **if** da Figura 6.26 não são indivisíveis. Entre a avaliação da condição e a execução da declaração selecionada, outro processo pode enviar um sinal de despertar.

Na verdade, o problema da sincronização de processo foi eliminado declarando que as chamadas do sistema **up** e **down** feitas por *up* e *down* são indivisíveis. Para que essas operações sejam indivisíveis, o sistema operacional deve proibir que dois ou mais processos usem o mesmo semáforo ao mesmo tempo. No mínimo, uma vez feita uma chamada de sistema **up** ou **down**, nenhum outro código do usuário será executado até que a chamada tenha sido concluída. Em sistemas com um único processador, às vezes são implementados semáforos pela desabilitação de interrupções durante operações de semáforo. Em sistemas multiprocessadores, essa estratégia não funciona.

Sincronização por semáforos é uma técnica que funciona para qualquer quantidade de processos. Vários processos podem estar dormindo, tentando concluir uma chamada de sistema **down** no mesmo semáforo. Quando, por fim, algum outro processo executa uma chamada **up** naquele semáforo, um dos processos que está à espera obtém permissão de concluir sua chamada **down** e continuar executando. O valor do semáforo permanece 0 e os outros processos continuam esperando.

Figura 6.29 Processamento paralelo usando semáforos.

```
public class m {
    final public static int BUF_SIZE = 100;                       // buffer vai de 0 a 99
    final public static long MAX_PRIME = 100000000000L;           // pare aqui
    public static int in = 0, out = 0;                            // ponteiros para os dados
    public static long buffer[ ] = new long[BUF_SIZE];            // primos armazenados aqui
    public static producer p;                                     // nome do produtor
    public static consumer c;                                     // nome do consumidor
    public static int filled = 0, available = 100;                // semáforos

    public static void main(String args[ ]) {                     // classe principal
        p = new producer( );                                      // crie o produtor
        c = new consumer( );                                      // crie o consumidor
        p.start( );                                               // inicie o produtor
        c.start( );                                               // inicie o consumidor
    }
    // Essa é uma função para incrementar in e out de modo cíclico
    public static int next(int k) {if (k < BUF_SIZE – 1) return(k+1); else return(0);}
}

class producer extends Thread {                                   // classe produtor
    native void up(int s); native void down(int s);               // métodos em semáforos
    public void run( ) {                                          // código do produtor
        long prime = 2;                                           // variável transitória

        while (prime < m.MAX_PRIME) {
            prime = next_prime(prime);                            // declaração P1
            down(m.available);                                    // declaração P2
            m.buffer[m.in] = prime;                               // declaração P3
            m.in = m.next(m.in);                                  // declaração P4
            up(m.filled);                                         // declaração P5
        }
    }

    private long next_prime(long prime){ ... }                    // função que calcula o próximo primo
}

class consumer extends Thread {                                   // classe consumidor
    native void up(int s); native void down(int s);               // métodos em semáforos
    public void run( ) {                                          // código do consumidor
        long emirp = 2;                                           // variável transitória

        while (emirp < m.MAX_PRIME) {
            down(m.filled);                                       // declaração C1
            emirp = m.buffer[m.out];                              // declaração C2
            m.out = m.next(m.out);                                // declaração C3
            up(m.available);                                      // declaração C4
            System.out.println(emirp);                            // declaração C5
        }
    }
}
```

Uma analogia pode esclarecer melhor a natureza dos semáforos. Imagine um piquenique com 20 times de voleibol divididos em 10 jogos (processos), cada time jogando em sua própria quadra, e um grande cesto (o semáforo) que contém as bolas do jogo. Infelizmente, há apenas sete bolas disponíveis. Em qualquer instante, há entre zero e sete bolas no cesto (o semáforo tem um valor entre 0 e 7). Colocar uma bola no cesto é um **up** porque aumenta o valor do semáforo; retirar uma bola do cesto é um **down** porque reduz o valor.

No início do piquenique, cada quadra envia um jogador para pegar uma bola na cesta. Sete deles, em sequência, conseguem pegar uma bola (concluem **down**); três são forçados a esperar por uma bola (isto é, não concluem **down**). Seus jogos são suspensos temporariamente. Em um dado instante, um dos outros jogos termina e uma bola é devolvida ao cesto (executa um **up**). Essa operação permite que um dos três jogadores que estão esperando perto do cesto obtenha uma bola (conclua um **down** inacabado), o que permite que um jogo continue. Os outros dois jogos permanecem suspensos até que mais duas bolas sejam devolvidas ao cesto. Quando mais duas bolas voltarem (mais dois **up** são executados), os dois últimos jogos podem prosseguir.

6.5 Exemplos de sistemas operacionais

Nesta seção, continuaremos a discutir nossos exemplos de sistemas, o Core i7 e a CPU ARM do OMAP4430. Para cada um examinaremos um sistema operacional usado naquele processador. No caso do Core i7, usaremos o Windows; para a CPU ARM do OMAP4430, usaremos o UNIX. Uma vez que o UNIX é mais simples e, sob muitos aspectos, mais elegante, começaremos com ele. Ademais, ele foi projetado e implementado em primeiro lugar e teve grande influência no Windows 7, portanto, essa ordem faz mais sentido do que o inverso.

6.5.1 Introdução

Nesta seção, daremos uma breve introdução de nossos dois exemplos de sistemas operacionais, UNIX e Windows 7, focalizando a história, a estrutura e as chamadas de sistema.

● **UNIX**

O UNIX foi desenvolvido no Bell Labs no início da década de 1970. A primeira versão foi escrita por Ken Thompson em *assembler* para o minicomputador PDP-7, que foi logo seguida por uma versão para o PDP-11, escrita em uma nova linguagem denominada C, que foi inventada e implementada por Dennis Ritchie. Em 1974, Ritchie e seu colega, Ken Thompson, publicaram um artigo sobre o UNIX (Ritchie e Thompson, 1974) que marcou época. Mais tarde, eles receberam o prestigioso prêmio ACM Turing Award (Ritchie, 1984; Thompson, 1984) pelo trabalho que descreveram nesse artigo. A publicação estimulou muitas universidades a pedir uma cópia do UNIX ao Bell Labs. Uma vez que, na época, a AT&T, empresa matriz do Bell Labs, era um monopólio regulamentado e não tinha permissão para atuar no negócio de computadores, ela não se opôs a licenciar o UNIX para universidades, mediante uma modesta taxa.

Por uma dessas coincidências que muitas vezes moldam a história, o PDP-11 era o computador preferido dos departamentos de ciência da computação de quase todas as universidades, e os sistemas operacionais que acompanhavam o PDP-11 tinham grande fama de terríveis, tanto entre professores quanto entre alunos. O UNIX logo preencheu esse vácuo, além do mais era fornecido com o código-fonte completo, o que permitia que todos fizessem experimentos intermináveis com ele.

Uma das muitas universidades que adquiriram um UNIX logo de início foi a Universidade da Califórnia em Berkeley. Como o código-fonte completo estava disponível, Berkeley conseguiu fazer alterações substanciais no programa. As mais importantes foram uma versão para o minicomputador VAX e a adição de memória virtual paginada, a extensão dos nomes de arquivo de 14 para 255 caracteres e a inclusão do protocolo de rede TCP/IP, que agora é usado na Internet (em grande parte porque ele estava no UNIX de Berkeley).

Enquanto Berkeley fazia todas essas mudanças, a própria AT&T continuava a desenvolver o UNIX, o que resultou no System III em 1982 e, em seguida, no System V em 1984. No final da década de 1980, estavam em uso duas versões diferentes e bastante incompatíveis: UNIX de Berkeley e o System V. Essa divisão no mundo do UNIX, junto com o fato de não existir qualquer padrão para formatos de programas binários, inibiu muito o sucesso comercial do UNIX, porque os fabricantes de software não podiam escrever e montar um pacote de programas UNIX com a expectativa de que eles executariam em qualquer sistema UNIX (como era comum com o MS-DOS). Após muita polêmica, foi criado um padrão denominado **POSIX (Portable Operating System-IX)** pelo IEEE Standards Board. Esse padrão também é conhecido por seu número de padrão no IEEE, P1003, e mais tarde tornou-se um padrão internacional (International Standard).

O padrão é dividido em muitas partes, cada uma abrangendo uma área diferente do UNIX. A primeira parte, P1003.1, define as chamadas de sistema; a segunda, P1003.2, define os programas utilitários básicos e assim por diante. O padrão P1003.1 define cerca de 60 chamadas de sistema que todos os sistemas que seguem o padrão devem suportar. São as chamadas básicas para ler e gravar arquivos, criar novos processos e assim por diante. Praticamente todos os sistemas UNIX agora suportam as chamadas do sistema P1003.1. Todavia, muitos sistemas UNIX também suportam chamadas de sistema extras, em especial as definidas pelo System V e/ou as presentes no UNIX de Berkeley. Em geral, elas adicionam até 200 chamadas de sistema ao conjunto.

Em 1987, o autor deste livro (Tanenbaum) lançou o código-fonte para uma versão pequena do UNIX, denominado MINIX, para utilização em universidades (Tanenbaum, 1987). Um dos alunos que estudou o MINIX em sua universidade em Helsinque e o executou no PC que tinha em casa foi Linus Torvalds. Após se familiarizar totalmente com o MINIX, Torvalds decidiu escrever um clone desse código-fonte, que denominou Linux e se tornou muito popular.

Muitos sistemas operacionais usados hoje em plataformas ARM são baseados no Linux. Ambos, MINIX e Linux, estão de acordo com o padrão POSIX, e quase tudo que for dito sobre o UNIX neste capítulo também se aplica a eles, a menos que digamos o contrário.

Uma divisão aproximada das chamadas de sistema do Linux por categoria é dada na Figura 6.30. As chamadas de sistema de gerenciamento de arquivo e de diretório são as maiores e as mais importantes categorias. Linux é compatível principalmente com POSIX P1003.1, embora os desenvolvedores tenham se desviado da especificação em certas áreas. Porém, em geral, não é difícil fazer com que programas compatíveis com POSIX sejam montados e executados no Linux.

Figura 6.30 Divisão aproximada de chamadas de sistema do UNIX.

Categoria	Alguns exemplos
Gerenciamento de arquivo	Abrir, ler, escrever, fechar e bloquear arquivos
Gerenciamento de diretório	Criar e apagar diretórios; mover arquivos de um lado para outro
Gerenciamento de processo	Gerar, encerrar, monitorar e sinalizar processos
Gerenciamento de memória	Compartilhar memória entre processos; proteger páginas
Obter/ajustar parâmetros	Obter ID de usuário, grupo, processo; definir prioridade
Datas e horários	Definir horários de acesso a arquivos; usar temporizador de intervalo; execução de perfil
Rede	Estabelecer/aceitar conexão; enviar/receber mensagens
Diversos	Habilitar contabilidade; manipular cotas de disco; reiniciar o sistema

Uma área que se deve em grande parte ao UNIX de Berkeley, mais do que ao System V, é o trabalho em rede. Berkeley inventou o conceito de um **soquete**, que é a extremidade final de uma conexão de rede. As tomadas de quatro pinos para conexão de telefones servem como modelo para esse conceito. Um processo UNIX pode criar um soquete, ligar-se a ele e estabelecer uma conexão com um soquete em uma máquina distante. Então, pode trocar dados em ambas as direções por meio dessa conexão, em geral usando o protocolo TCP/IP. Visto que a tecnologia de rede existe no UNIX há décadas, sendo muito estável e madura, uma fração substancial dos servidores da Internet executa UNIX.

Como há muitas implementações de UNIX, é difícil dizer muita coisa sobre a estrutura do sistema operacional, visto que cada uma é um pouco diferente de todas as outras. Todavia, em geral, a Figura 6.31 se aplica à maioria delas. Na parte de baixo há uma camada de *drivers* de dispositivo que separam o sistema de arquivos do hardware puro. No começo, cada *driver* de dispositivo era escrito como uma entidade independente, separada de todas as outras. Esse arranjo gerou grande duplicação de esforços, uma vez que muitos *drivers* têm de lidar com fluxo de controle, tratamento de erros, prioridades, separar dados de controle e assim por diante. Essa observação levou Dennis Ritchie a desenvolver uma estrutura denominada **fluxos** (*streams*) para escrever *drivers* como módulos. Com um fluxo, é possível estabelecer uma conexão de duas vias de um processo usuário para um dispositivo de hardware e inserir um ou mais módulos ao longo do caminho. O processo do usuário passa dados para o fluxo, que então são processados ou transformados por cada módulo, até chegarem ao hardware. Para dados que chegam, ocorre o processamento inverso.

Figura 6.31 Estrutura de um sistema UNIX típico.

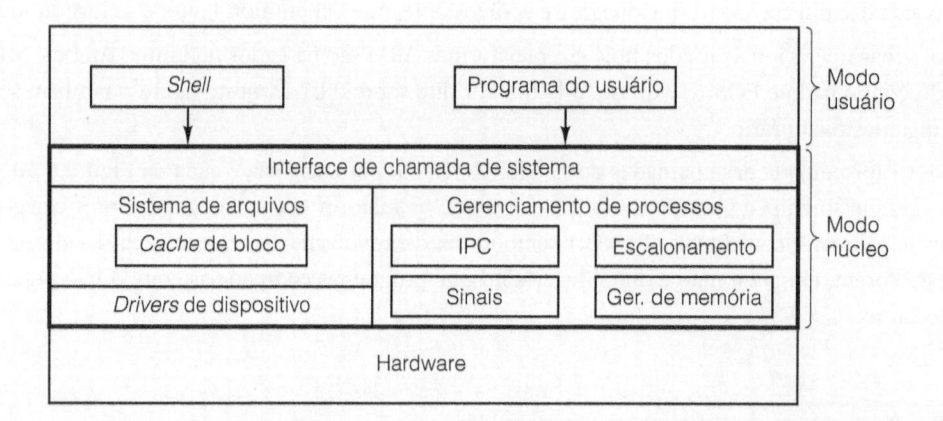

Em cima dos *drivers* de dispositivo vem o sistema de arquivos, que gerencia nomes de arquivo, diretórios, alocação de bloco de disco, proteção e muito mais. Parte do sistema de arquivos é uma **cache de blocos** para conter os blocos mais recentemente lidos do disco, caso logo eles sejam de novo necessários. Diversos desses sistemas foram usados ao longo dos anos, incluindo o sistema de arquivos rápido de Berkeley (McKusick et al., 1984), e sistemas de arquivos estruturados em *log* (Rosenblum e Ousterhout, 1991; e Seltzer et al., 1993).

A outra parte do núcleo UNIX é a de gerenciamento de processos. Entre suas várias outras funções, ela manipula a IPC (InterProcess Communication – comunicação entre processos), que permite aos processos se comunicarem um com o outro e se sincronizarem, para evitar condições de disputa. Vários mecanismos são fornecidos. O código de gerenciamento de processos também manipula escalonamento de processos, que é baseado em prioridades. Os sinais, que são uma forma (assíncrona) de interrupção de software, são gerenciados aqui. Por fim, também o gerenciamento de memória é feito aqui. A maioria dos sistemas UNIX suporta memória virtual paginada por demanda, às vezes com algumas características extras, como capacidade de vários processos compartilharem regiões comuns de espaço de endereço.

Desde seu início, o UNIX tentou ser um sistema pequeno, de modo a reforçar a confiabilidade e o desempenho. As primeiras versões do UNIX eram inteiramente baseadas em texto, e usavam terminais que podiam apresentar 24 ou 25 linhas de 80 caracteres ASCII. A interface de usuário era manipulada por um programa de nível usuário denominado **shell**, ou **interpretador de comandos**, que oferecia uma interface de linha de comando. Uma vez que a *shell* não fazia parte do núcleo, era fácil adicionar novas *shells* ao UNIX e, com o passar do tempo, várias foram inventadas, cada vez mais sofisticadas.

Mais tarde, quando surgiram os terminais gráficos, o MIT desenvolveu um sistema de janelas para o UNIX, denominado **X Windows**. Um pouco mais tarde, uma **GUI** (**Graphical User Interface – interface gráfica de usuário**) totalmente desenvolvida, denominada **Motif**, foi colocada sobre o X Windows. Para se manter fiel à filosofia do UNIX de ter um núcleo pequeno, quase todos os códigos do X Windows e suas GUIs correspondentes executam em modo usuário, fora do núcleo.

● **Windows 7**

Quando foi lançado em 1981, o IBM PC original vinha equipado com um sistema operacional de 16 bits, de modo real, monousuário, baseado em linhas de comando, denominado MS-DOS 1.0. Esse sistema operacional consistia em 8 KB de código residente na memória. Dois anos depois, apareceu um sistema muito mais poderoso, de 24 KB, o MS-DOS 2.0, que continha um processador de linha de comando (*shell*), com várias características emprestadas do UNIX. Em 1984, quando a IBM lançou o PC/AT, baseado no 286, ele veio equipado com o MS-DOS 3.0, então com 36 KB. Ao longo dos anos, o MS-DOS continuou a incorporar novas características, mas ainda era um sistema baseado em linhas de comando.

Inspirada pelo sucesso do Apple Macintosh, a Microsoft decidiu dar ao MS-DOS uma interface gráfica de usuário, à qual deu o nome de **Windows**. As primeiras três versões do Windows, culminando no Windows 3.x, não eram sistemas operacionais verdadeiros, mas interfaces gráficas de usuário sobre o MS-DOS, que ainda estava no controle da máquina. Todos os programas executavam no mesmo espaço de endereço e um *bug* em qualquer um deles poderia fazer todo o sistema parar de vez.

O lançamento do Windows 95 em 1995 ainda não eliminou o MS-DOS, embora tenha introduzido uma nova versão, 7.0. Juntos, o Windows 95 e o MS-DOS 7.0 continham grande parte das características de um sistema operacional totalmente desenvolvido, incluindo memória virtual, gerenciamento de processos e multiprogramação. Todavia, o Windows 95 não era um programa de 32 bits completo. Continha grandes partes do antigo código de 16 bits (bem como alguns de 32 bits) e ainda usava o sistema de arquivos do MS-DOS, com quase todas as suas limitações. As únicas mudanças importantes no sistema de arquivos foram a adição de nomes de arquivo longos no lugar dos nomes de arquivo de 8 + 3 caracteres permitidos no MS-DOS, e a capacidade de ter mais de 65.536 blocos em um disco.

Mesmo com o lançamento do Windows 98 em 1998, o MS-DOS continuava lá (agora na versão 7.1) e executava código de 16 bits. Embora um pouco mais de funcionalidade tenha migrado da parte do MS-DOS para a parte do Windows, e um *layout* de disco adequado para discos maiores agora fosse o padrão, na essência o Windows 98 não era muito diferente do Windows 95. A principal diferença era a interface de usuário, que promovia uma integração mais estreita entre o computador, a Internet e, até certo ponto, a televisão. Foi essa integração que atraiu a atenção do Departamento de Justiça dos Estados Unidos, que entrou com um processo judicial contra a Microsoft alegando que a empresa era um monopólio ilegal. O Windows 98 foi seguido pelo Windows Millennium Edition (ME), de vida curta, que era um Windows 98 ligeiramente melhorado.

Enquanto ocorriam todos esses desenvolvimentos, a Microsoft também se ocupava de um sistema operacional de 32 bits, completamente novo, que estava sendo escrito a partir do zero. Esse novo sistema foi denominado **Windows New Technology**, ou **Windows NT**. De início, esse sistema era apenas uma substituição melhorada de todos os outros sistemas operacionais para PCs com processadores Intel (além de chips MIPS PowerPC); porém, por alguma razão, demorou um pouco para engrenar, e mais tarde foi redirecionado para a faixa de mercado de maior poder aquisitivo, onde encontrou um nicho em grandes servidores. A segunda versão do NT foi denominada Windows 2000 e tornou-se a versão principal, também para o mercado de computadores de mesa. O sucessor do Windows 2000 foi o XP, mas as alterações foram relativamente pequenas (melhor compatibilidade e mais alguns recursos). Em 2007, foi lançado o Windows Vista. O Vista executava muitas melhorias gráficas em relação ao Windows XP, e acrescentava muitas novas aplicações do usuário, como uma central de mídia. A adoção do Vista foi lenta por causa de seu desempenho fraco e da grande demanda de recursos. Apenas dois anos depois, o Windows 7 foi lançado, que por todos os relatos é uma versão ajustada do Windows Vista. O Windows 7 funciona muito melhor em hardware mais antigo, e exige muito menos recursos de hardware.

O Windows 7 é vendido em seis versões diferentes. Três são para usuários domésticos em diversos países, duas visam usuários de negócios e uma combina todos os recursos de todas as versões. Essas versões são quase idênticas e diferem principalmente no foco, recursos avançados e otimizações feitas. Vamos nos ater aos recursos básicos e não faremos qualquer outra distinção entre essas versões.

Antes de entrarmos na interface que o Windows 7 apresenta aos programadores, vamos dar uma rápida olhada em sua estrutura interna, conforme ilustra a Figura 6.32. Ela consiste em diversos módulos que são estruturados em camadas e trabalham juntos para executar o sistema operacional. Cada módulo tem alguma função em particular e uma interface bem definida com outros módulos. Quase todos eles são escritos em C, embora parte da interface gráfica de dispositivo seja escrita em C++ e algumas pequenas partes das camadas inferiores sejam escritas em linguagem de montagem.

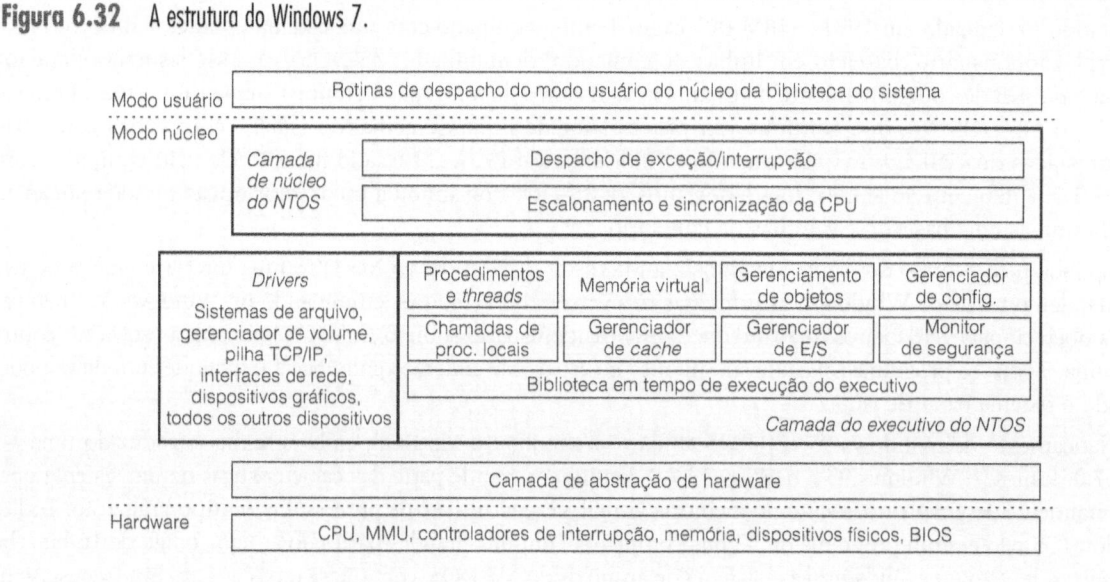

Figura 6.32 A estrutura do Windows 7.

Modo usuário	Rotinas de despacho do modo usuário do núcleo da biblioteca do sistema			
Modo núcleo				
Camada de núcleo do NTOS	Despacho de exceção/interrupção			
	Escalonamento e sincronização da CPU			
Drivers Sistemas de arquivo, gerenciador de volume, pilha TCP/IP, interfaces de rede, dispositivos gráficos, todos os outros dispositivos	Procedimentos e *threads*	Memória virtual	Gerenciamento de objetos	Gerenciador de config.
	Chamadas de proc. locais	Gerenciador de *cache*	Gerenciador de E/S	Monitor de segurança
	Biblioteca em tempo de execução do executivo			
				Camada do executivo do NTOS
	Camada de abstração de hardware			
Hardware	CPU, MMU, controladores de interrupção, memória, dispositivos físicos, BIOS			

A camada mais baixa é denominada **camada de abstração de hardware** (HAL – Hardware Abstraction Layer). Sua função é apresentar o restante do sistema operacional com dispositivos de hardware abstratos, sem as imperfeições e idiossincrasias das quais o hardware real é tão ricamente dotado. Entre os dispositivos modelados estão *caches* fora do chip, temporizadores, barramentos de E/S, controladores de interrupção e controladores de DMA. Expondo-os ao restante do sistema operacional de forma idealizada, torna-se mais fácil portar o Windows 7 para outras plataformas de hardware, pois a maioria das modificações exigidas se concentra em um só lugar.

Acima da HAL, o código é dividido em duas partes principais, o **executivo NTOS** e os *drivers* do **Windows**, o que inclui sistemas de arquivos, redes e código gráfico. Em cima disso está a camada do núcleo. Todo esse código roda no modo protegido do núcleo.

O executivo gerencia as abstrações fundamentais usadas no Windows 7, inclusive *threads*, processos, memória virtual, objetos do núcleo e configurações. Aqui também estão os gerenciadores para chamadas de procedimento local, a *cache* de arquivos, E/S e segurança.

A camada do núcleo cuida do tratamento de exceções, bem como o escalonamento e a sincronização.

Fora do núcleo estão os programas do usuário e a biblioteca do sistema usada como interface para o sistema operacional. Ao contrário dos sistemas UNIX, a Microsoft não encoraja os programas do usuário a fazerem chamadas diretas ao sistema. Em vez disso, eles devem fazer chamadas de procedimento na biblioteca. Para padronizar as diferentes versões do Windows (por exemplo, XP, Vista e Windows 7), a Microsoft definiu um conjunto de chamadas, denominado **API** (**Application Programming Interface** – **interface de programação de aplicação**) **Win32**. Estes são procedimentos de biblioteca que ou fazem chamadas de sistema para conseguir que o trabalho seja realizado ou, em alguns casos, realizam trabalho diretamente no procedimento da biblioteca do espaço de usuário. Embora muitas chamadas de biblioteca do Windows 7 tenham sido incluídas desde que a Win32 foi definida, estas são as chamadas básicas e vamos nos concentrar nelas. Mais tarde, quando o Windows foi portado para máquinas de 64 bits, a Microsoft mudou o nome Win32 para abranger ambas as versões, de 32 bits e 64 bits, mas, para nossa finalidade, é suficiente examinar a versão de 32 bits.

A filosofia da API Win32 é completamente diferente da filosofia do UNIX. Nessa última, as chamadas de sistema são todas conhecidas do público e formam uma interface mínima: remover ainda que uma só delas reduziria a funcionalidade do sistema operacional. A filosofia da Win32 é proporcionar uma interface muito abrangente, que muitas vezes oferece três ou quatro modos de fazer a mesma coisa, e inclui muitas funções que claramente não deveriam ser (e não são) chamadas de sistema, tal como uma chamada da API para copiar um arquivo inteiro.

Muitas chamadas da API Win32 criam objetos de núcleo de um ou outro tipo, incluindo arquivos, processos, *threads*, conexões etc. Toda chamada que cria um objeto de núcleo retorna ao chamador um resultado denominado **manipulador** (*handle*). Na sequência, esse manipulador pode ser usado para executar operações sobre o objeto. Manipuladores são específicos do processo que criou o objeto ao qual o manipulador se refere. Eles não podem ser passados diretamente para outro processo e ali serem usados (assim como descritores de arquivos do UNIX não podem ser passados para outro processo e ali serem usados). Contudo, em certas circunstâncias, é possível duplicar um manipulador e passá-lo a outros processos de modo protegido, permitindo-lhes o acesso controlado a objetos que pertençam a outros processos. Todo objeto pode ter um descritor de segurança associado, que informa, com detalhes, quem pode e quem não pode executar quais tipos de operações no objeto.

Às vezes, diz-se que o Windows 7 é orientado a objeto porque o único modo de manipular objetos de núcleo é invocando métodos (funções da API) sobre seus manipuladores, que são retornados quando os objetos são criados. Por outro lado, faltam-lhe algumas das propriedades mais básicas de sistemas orientados a objeto, como herança e polimorfismo.

6.5.2 Exemplos de memória virtual

Nesta seção, estudaremos a memória virtual no UNIX e no Windows 7. Em grande parte, elas são bastante semelhantes do ponto de vista do programador.

- **Memória virtual do UNIX**

O modelo de memória do UNIX é simples. Cada processo tem três segmentos: código, dados e pilha, como ilustrado na Figura 6.33. Em uma máquina com um único espaço de endereço linear, o código geralmente é colocado próximo à parte de baixo da memória, seguido pelos dados. A pilha é colocada na parte de cima da memória. O tamanho do código é fixo, mas os dados e a pilha podem crescer, até mesmo em direções opostas. Esse modelo é fácil de implementar em praticamente qualquer máquina e é usado por variantes do Linux que rodam nas CPUs ARM do OMAP4430.

Figura 6.33 Espaço de endereço de um único processo UNIX.

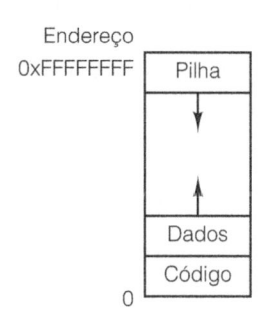

Endereço
0xFFFFFFFF
Pilha
Dados
Código
0

Ademais, se a máquina tiver paginação, todo o espaço de endereço pode ser paginado sem que os programas saibam. A única coisa que eles notam é que é permitido ter programas maiores que a memória física da máquina. Sistemas UNIX que não têm paginação em geral trocam processos inteiros entre memória e disco para permitir que um número arbitrariamente grande de processos compartilhe o tempo da CPU.

No caso do UNIX de Berkeley, a descrição anterior (memória virtual paginada por demanda) é basicamente toda a história. Todavia, o System V (e também o Linux) incluem diversas características que permitem aos usuários gerenciar sua memória virtual de modos mais sofisticados. A mais importante delas é a capacidade de um processo mapear (parte de) um arquivo para parte de seu espaço de endereço. Por exemplo, se um arquivo de 12 KB for mapeado no endereço virtual 144 K, uma leitura para palavra no endereço 144 KB lê a primeira palavra do arquivo. Desse modo, a E/S de arquivo pode ser realizada sem fazer chamadas de sistema. Uma vez que alguns arquivos podem ultrapassar o tamanho do espaço de endereços virtuais, também é possível mapear apenas uma parte de um arquivo, em vez de todo ele. O mapeamento é feito em primeiro lugar abrindo o arquivo e recebendo de volta um descritor de arquivo, *fd*, que é usado para identificar o arquivo a ser mapeado. Então, o processo faz uma chamada

paddr = mmap(virtual_address, length, protection, flags, fd, file_offset)

a qual mapeia um número de bytes igual a *length*, que começam em *file_offset* no arquivo, para o espaço de endereços virtuais, que começa em *virtual_address*. Como alternativa, o parâmetro *flags* pode ser ajustado para solicitar ao sistema que escolha um endereço virtual, que ele então retorna como *paddr*. A região mapeada deve ser um número inteiro de páginas e alinhada em uma fronteira de página. O parâmetro *protection* pode especificar qualquer combinação de permissão de leitura, escrita ou execução. O mapeamento pode ser removido mais tarde com unmap.

Vários processos podem ser mapeados no mesmo arquivo ao mesmo tempo. São oferecidas duas opções de compartilhamento. Na primeira, todas as páginas são compartilhadas, portanto, as escritas feitas por um processo são visíveis para todos os outros. Essa opção fornece um caminho de comunicação de alta largura de banda entre processos. A outra opção compartilha as páginas contanto que nenhum processo as modifique. Contudo, tão logo qualquer processo tente escrever em uma página, obtém uma falha de proteção, e isso faz com que o sistema operacional lhe dê uma cópia particular da página, na qual ele pode escrever. Esse esquema, conhecido como **cópia na escrita**, é usado quando cada um dos vários processos precisa da ilusão de ser o único mapeado para um arquivo. Nesse modelo, o compartilhamento é uma otimização, e não parte da semântica.

● **Memória virtual do Windows 7**

No Windows 7, todo processo do usuário tem seu próprio espaço de endereço virtual. Em sua versão de 32 bits, endereços virtuais têm 32 bits de comprimento, de modo que cada processo tem 4 GB de espaço de endereço virtual. Os 2 GB mais baixos estão disponíveis para o código e os dados do processo; os 2 GB mais altos permitem acesso (limitado) à memória de núcleo, exceto em versões de servidor (Server) do Windows, nas quais a divisão pode ser de 3 GB para o usuário e 1 GB para o núcleo. O espaço de endereço virtual é paginado por demanda, com um tamanho de página fixo (4 KB no Core i7). O espaço de endereço para a versão de 64 bits do Windows 7 é semelhante, porém, o espaço de código e de dados é nos 8 terabytes inferiores do espaço de endereço virtual.

Cada página virtual pode estar em um de três estados: livre, reservada ou comprometida. Uma **página livre** não está em uso em um dado momento e uma referência a ela causa uma falta de página. Quando um processo é iniciado, todas as suas páginas estão em estado livre até que o programa e os dados iniciais sejam mapeados para seu espaço de endereço. Tão logo código ou dados sejam mapeados para uma página, diz-se que a página está **comprometida**. Uma referência a uma página comprometida é mapeada usando o hardware de memória virtual e é bem-sucedida se a página estiver na memória principal. Caso contrário, ocorre uma falta de página e o sistema operacional acha a página e a traz do disco. Uma página virtual também pode estar em estado **reservado**, o que significa que ela não está disponível para ser mapeada até que a reserva seja removida explicitamente. Páginas reservadas são usadas quando uma carreira de páginas consecutivas pode ser necessária no futuro, como para a pilha. Além dos atributos livre, reservada e comprometida, as páginas também têm outros, tais como pode ser lida (*readable*), pode ser escrita (*writable*) e pode ser executada (*executable*). Os 64 KB da parte de cima e os 64 KB da parte de baixo da memória estão sempre livres, para pegar erros de ponteiro (ponteiros não inicializados costumam ser 0 ou −1).

Cada página comprometida tem uma página sombra no disco, onde ela é mantida quando não estiver na memória principal. Páginas livres e reservadas não têm páginas sombras, portanto, referências a elas causam faltas de página (o sistema não pode trazer uma página do disco se não houver nenhuma nele). As páginas sombras no disco são organizadas em um ou mais arquivos de paginação. O sistema operacional monitora qual página virtual é mapeada para qual parte de qual arquivo de paginação. Para texto de programa (só de execução), o arquivo binário executável contém as páginas sombras; para as de dados, são usados arquivos especiais de paginação.

O Windows 7, assim como o System V, permite que arquivos sejam mapeados diretamente para regiões dos espaços de endereço virtual (isto é, carreiras de páginas). Assim que um arquivo tiver sido mapeado para o espaço de endereço, ele pode ser lido ou escrito usando referências comuns de memória.

Arquivos mapeados na memória são implementados do mesmo modo que outras páginas comprometidas, só que páginas sombras podem estar no disco em vez de no arquivo de paginação. O resultado é que, quando um arquivo é mapeado, a versão que está na memória pode não ser idêntica à do disco (devido a escritas recentes para o espaço de endereço virtual). Contudo, quando o arquivo é desmapeado, ou descarregado explicitamente, a versão do disco é atualizada a partir da memória.

O Windows 7 permite de maneira explícita que dois ou mais processos sejam mapeados para o mesmo arquivo ao mesmo tempo, possivelmente em endereços virtuais diferentes. Lendo e escrevendo palavras de memória, os processos agora podem se comunicar e passar dados de um para outro em largura de banda muito alta, já que nenhuma cópia é necessária. Processos diferentes podem ter permissões de acesso diferentes. Uma vez que todos os processos que usam um arquivo mapeado compartilham as mesmas páginas, alterações feitas por um deles serão de imediato visíveis para todos os outros, mesmo que o arquivo de disco ainda não tenha sido atualizado.

A API Win32 contém várias funções que permitem a um processo gerenciar sua memória virtual explicitamente. As mais importantes dessas funções estão relacionadas na Figura 6.34. Todas elas operam em uma região que consiste em uma única página ou em uma sequência de duas ou mais páginas que são consecutivas no espaço de endereço virtual.

Figura 6.34 Principais chamadas da API do Windows 7 para gerenciar a memória virtual.

Função da API	Significado
VirtualAlloc	Reserva ou compromete uma região
VirtualFree	Libera ou descompromete uma região
VirtualProtect	Altera a proteção ler/escrever/executar em uma região
VirtualQuery	Consulta o estado de uma região
VirtualLock	Transforma uma região da memória em residente, isto é, desabilita paginação para ela
VirtualUnlock	Torna uma região paginável do modo normal
CreateFileMapping	Cria um objeto de mapeamento de arquivo e lhe designa (opcionalmente) um nome
MapViewOfFile	Mapeia (parte de) um arquivo para o espaço de endereço
UnmapViewOfFile	Remove um arquivo mapeado do espaço de endereço
OpenFileMapping	Abre um objeto de mapeamento de arquivo previamente criado

As quatro primeiras funções da API são autoexplicativas. As duas seguintes dão a um processo a capacidade de conectar certo número de páginas na memória de modo que elas não sejam retiradas por paginação e desfazer essa propriedade. Um programa de tempo real poderia precisar dessa capacidade, por exemplo. Apenas programas que executam em nome do administrador do sistema podem prender páginas na memória. Além disso, há um limite imposto pelo sistema operacional para evitar que até mesmo esses processos fiquem muito gananciosos. Embora não sejam mostradas na Figura 6.34, o Windows 7 também tem funções da API para permitir que um processo acesse a memória virtual de um processo diferente sobre o qual obteve o controle (isto é, para o qual tem um manipulador – *handle*).

As quatro últimas funções da API relacionadas servem para gerenciar arquivos de memória mapeada. Para mapear um arquivo, primeiro é preciso criar um objeto de mapeamento do arquivo com CreateFileMapping. Essa função retorna um manipulador para o objeto de mapeamento de arquivo e opcionalmente registra um nome no sistema de arquivos para que outro processo possa usá-lo. As duas funções seguintes mapeiam e desmapeiam arquivos, respectivamente. Um arquivo mapeado é (parte de) um arquivo de disco que pode ser lido ou escrito apenas acessando o espaço de endereço virtual, sem E/S explícita. A última pode ser usada por um processo para mapear um arquivo que, no momento, também está mapeado para um processo diferente. Desse modo, dois ou mais processos podem compartilhar regiões de seus espaços de endereço.

Essas funções da API são as funções básicas sobre as quais é construído o resto do sistema de gerenciamento de memória. Por exemplo, há funções da API para alocar e liberar estruturas de dados em um ou mais *heaps*. *Heaps* são usados para armazenar estruturas de dados criadas e destruídas dinamicamente. Os *heaps* não são removidos pelo sistema operacional nas suas coletas de lixo, portanto, cabe ao usuário do software liberar blocos de memória virtual que não estão mais em uso. (Coleta de lixo é a remoção automática de estruturas de dados não utilizadas pelo sistema.) A utilização de *heaps* no Windows 7 é semelhante ao uso da função *malloc* em sistemas UNIX, exceto que pode haver vários *heaps* gerenciados independentemente.

6.5.3 Exemplos de E/S virtual em nível de sistema operacional

O coração de qualquer sistema operacional é proporcionar serviços a programas do usuário, em grande parte serviços de E/S como ler e escrever arquivos. Ambos, UNIX e Windows 7, oferecem uma ampla variedade de serviços de E/S para programas do usuário. O Windows 7 tem uma chamada equivalente para a maioria das chamadas de sistema UNIX, mas o contrário não é verdadeiro, porque o Windows 7 tem muito mais chamadas e cada uma delas é muito mais complicada do que sua correspondente no UNIX.

- **E/S em UNIX**

Grande parte da popularidade do sistema UNIX pode ser atribuída à sua simplicidade que, por sua vez, é um resultado direto da organização do sistema de arquivos. Um arquivo normal é uma sequência linear de bytes de 8 bits que começa em 0 e em geral vai até um máximo de $2^{64} - 1$ bytes. O sistema operacional em si não impõe aos arquivos nenhuma estrutura de registro, embora muitos programas do usuário definam arquivos de texto ASCII como sequências de linhas, cada uma terminada com um caractere de nova linha (*line feed*).

Associado com todo arquivo aberto há um ponteiro para o próximo byte a ser lido ou escrito. As chamadas de sistema **read** e **write** leem e escrevem dados começando na posição do arquivo indicada pelo ponteiro. Ambas aumentam o ponteiro após a operação e uma quantidade igual ao número de bytes transferidos. Contudo, é possível acesso aleatório a arquivos ajustando explicitamente o ponteiro de arquivo para um valor específico.

Além de arquivos normais, o sistema UNIX também suporta arquivos especiais, que são usados para acessar dispositivos de E/S. Cada dispositivo de E/S costuma ter um ou mais arquivos especiais designados a ele. Lendo e escrevendo do arquivo especial associado, um programa pode ler e escrever do dispositivo de E/S. Discos, impressoras, terminais e muitos outros dispositivos são manipulados dessa maneira.

As principais chamadas de sistema de arquivos do UNIX estão relacionadas na Figura 6.35. A chamada **creat** (sem o *e*) pode ser usada para criar um novo arquivo. Ela não é mais estritamente necessária porque agora **open** também cria um novo arquivo. **Unlink** remove um arquivo, admitindo que o arquivo esteja só em um diretório.

Open é usada para abrir arquivos existentes (e criar novos). O *flag* **mode** informa como abri-lo (para leitura, para escrita etc.). A chamada retorna um inteiro de baixo valor denominado **descritor de arquivo** (fd, de "*file descriptor*"), que identifica o arquivo em chamadas subsequentes. Quando este não for mais necessário, **close** é chamada para liberar o descritor de arquivo.

A E/S de arquivo propriamente dita é feita com **read** e **write**, cada uma das quais tem um descritor de arquivo que indica qual arquivo usar, um *buffer* de onde os dados vêm e para onde vão, e um byte de contagem (*count*) que informa a quantidade de dados a serem transmitidos. **Lseek** é usada para posicionar o ponteiro de arquivo, o que possibilita o acesso aleatório a arquivos.

Figura 6.35 Principais chamadas de sistema de arquivos UNIX.

Chamada de sistema	Significado
creat(name, mode)	Cria um arquivo; *mode* especifica o modo de proteção
unlink(name)	Apaga um arquivo (admitindo que há só um link para ele)
open(name, mode)	Abre ou cria um arquivo e retorna um descritor de arquivo
close(fd)	Fecha um arquivo
read(fd, buffer, count)	Lê *count* bytes para o buffer
write(fd, buffer, count)	Escreve *count* bytes do buffer
lseek(fd, offset, w)	Move o ponteiro de arquivo conforme solicitado por *offset* e *w*
stat(name, buffer)	Retorna no *buffer* informações sobre um arquivo
chmod(name, mode)	Altera o modo de proteção de um arquivo
fcntl(fd, cmd, ...)	Realiza várias operações de controle, como bloquear (parte de) um arquivo

Stat retorna informações sobre um arquivo, entre elas seu tamanho, quando foi acessado pela última vez, proprietário e outros. **Chmod** altera o modo de proteção de um arquivo, por exemplo, para permitir ou proibir sua leitura por usuários que não sejam o proprietário. Por fim, **fcntl** executa várias operações diversas em um arquivo, tais como bloqueá-lo e desbloqueá-lo.

A Figura 6.36 ilustra como funcionam as principais chamadas de E/S de arquivo. Esse código é mínimo e não inclui a necessária verificação de erro. Antes de entrar no laço, o programa abre um arquivo existente, *data*, e cria um novo arquivo, *newf*. Cada chamada retorna um descritor de arquivo, *infd* e *outfd*, respectivamente. Os segundos parâmetros para as duas chamadas são bits de proteção que especificam que os arquivos devem ser lidos e escritos. Ambas as chamadas retornam um descritor de arquivo. Se **open** ou **creat** falharem, é retornado um descritor de arquivo negativo, indicando que a chamada falhou.

Figura 6.36 Fragmento de programa para copiar um arquivo usando chamadas de sistema UNIX. Esse fragmento está em C porque Java oculta as chamadas de sistema de nível baixo e estamos tentando expô-las.

```
/* Abre os descritores de arquivo. */
infd = open("data", 0);
outfd = creat("newf", ProtectionBits);

/* Laço de cópia. */
do {
    count = read(infd, buffer, bytes);
    if (count > 0) write(outfd, buffer, count);
} while (count > 0);

/* Fecha os arquivos. */
close(infd);
close(outfd);
```

Figura 6.37 Parte de um sistema de diretório típico do UNIX.

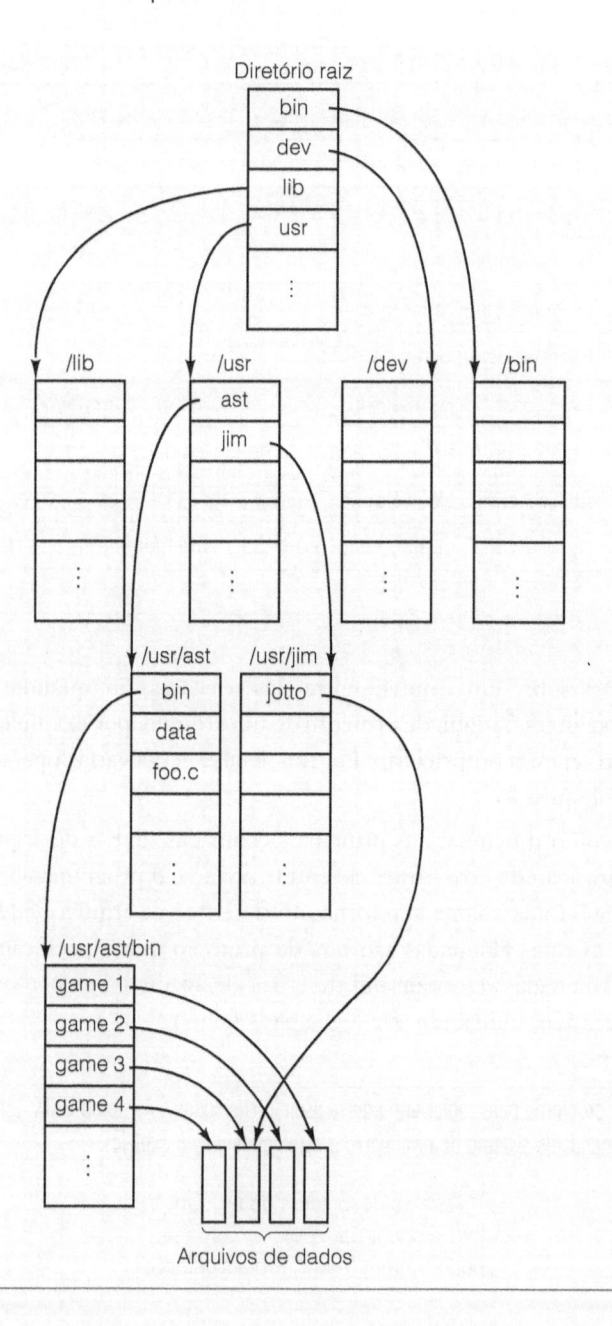

A chamada para **read** tem três parâmetros: um descritor de arquivo, um *buffer* e um contador de bytes. A chamada tenta ler para dentro do *buffer* o número desejado de bytes do arquivo indicado. O número de bytes de fato lido é retornado em *count*, que será menor do que *bytes* se o arquivo foi muito curto. A chamada **write** deposita os bytes recém-lidos no arquivo de saída. O laço continua até que o arquivo de entrada tenha sido lido por completo, quando então o laço encerra e ambos os arquivos são fechados.

Descritores de arquivo em UNIX são inteiros e de pequeno valor (quase sempre abaixo de 20). Descritores de arquivo 0, 1 e 2 são especiais e correspondem a uma **entrada padrão**, **saída padrão** e **erro padrão**, respectivamente. Em geral o primeiro se refere ao teclado, o segundo ao monitor e o terceiro também ao monitor, mas podem ser redirecionados a arquivos pelo usuário. Muitos programas UNIX obtêm sua entrada da entrada padrão e escrevem a saída processada na saída padrão. Esses programas costumam ser denominados **filtros**.

O sistema de arquivos guarda estreita relação com o de diretórios. Cada usuário pode ter vários diretórios, sendo que cada um contém arquivos, bem como subdiretórios. Sistemas UNIX em geral são configurados com um diretório principal denominado **diretório raiz**, que contém subdiretórios *bin* (para programas executados com frequência), *dev* (para os arquivos especiais de dispositivo de E/S), *lib* (para bibliotecas) e *usr* (para diretórios do usuário), conforme mostra a Figura 6.37. Nesse exemplo, o diretório *usr* contém subdiretórios para *ast* e *jim*. O diretório *ast* contém dois arquivos, *data* e *foo.c*, e um subdiretório, *bin*, que contém quatro games.

Quando vários discos ou partições de disco estão presentes, eles podem ser montados na árvore de nomes, de modo que todos os arquivos em todos os discos aparecem na mesma hierarquia de diretórios, todos podendo ser alcançados a partir do diretório raiz.

Os arquivos podem ser nomeados dando seu **caminho** a partir do diretório raiz. Um caminho contém uma lista de todos os diretórios percorridos desde a raiz até o arquivo, sendo que os nomes de diretórios são separados por barras normais. Por exemplo, o nome de caminho absoluto de *game2* é /usr/ast/bin/game2. Um caminho que começa na raiz é denominado **caminho absoluto**.

A todo instante, cada programa em execução tem um **diretório de trabalho**. Nomes de caminhos também podem ser relativos ao diretório de trabalho, caso em que não começam com uma barra, para distingui-los dos nomes de caminhos absolutos. Tais caminhos são denominados **caminhos relativos**. Quando /usr/ast é o diretório de trabalho, *game3* pode ser acessado usando o caminho bin/game3. Um usuário pode criar um *link* (atalho) para o arquivo de alguém usando a chamada de sistema link. No exemplo que acabamos de dar, ambos, /usr/ast/bin/game3 e */usr/jim/jotto*, acessam o mesmo arquivo. Para evitar ciclos no sistema de diretórios, não são permitidos *links* para diretórios. As chamadas **open** e **creat** adotam como argumentos nomes de caminhos absolutos ou relativos.

As principais chamadas de sistema de gerenciamento de diretório em UNIX estão relacionadas na Figura 6.38. Mkdir cria um novo diretório e **rmdir** apaga um diretório existente (vazio). As três chamadas seguintes são usadas para ler entradas de diretório. A primeira abre o diretório, a seguinte lê entradas dele e a última fecha o diretório. Chdir muda o diretório de trabalho.

Figura 6.38 Principais chamadas de gerenciamento de diretório do UNIX.

Chamada de sistema	Significado
mkdir(name, mode)	Cria um novo diretório
rmdir(name)	Apaga um diretório vazio
opendir(name)	Abre um diretório para leitura
readdir(dirponter)	Lê a próxima entrada em um diretório
close dir(dirponter)	Fecha um diretório
chdir(dirname)	Muda diretório de trabalho para *dirname*
link(name1, name2)	Cria uma entrada de diretório *name2* que aponta para *name1*
unlink(name)	Remove *name* de seu diretório

Link cria uma nova entrada de diretório, sendo que esta aponta para um arquivo existente. Por exemplo, a entrada */usr/jim/jotto* pode ter sido criada pela chamada

link("/usr/ast/bin/game3", "/usr/jim/jotto")

ou por uma chamada equivalente que usa nomes de caminho relativos, dependendo do diretório de trabalho do programa que está fazendo a chamada. Unlink remove a entrada de diretório. Se o arquivo tiver somente um *link*, é apagado. Se tiver dois ou mais *links*, é mantido. Não importa se um *link* removido é o original ou uma cópia feita mais tarde. Uma vez feito um *link*, ele é um cidadão de primeira classe, indistinguível do original. A chamada

   unlink("/usr/ast/bin/game3")

torna *game3* acessível somente por meio do caminho */usr/jim/jotto* dali em diante. **Link** e **unlink** podem ser usadas dessa maneira para "mover" arquivos de um diretório para outro.

Associado com todo arquivo (incluindo diretórios, porque eles também são arquivos) há um mapa de bits que informa quem pode acessar o arquivo. O mapa contém três campos RWX: o primeiro controla as permissões ler (Read), escrever (Write), executar (eXecute) para o proprietário; o segundo para outros que pertencem ao grupo do proprietário e o terceiro para todos os outros. Assim, RWX R-X --X significa que o proprietário pode ler, escrever e executar o arquivo (é óbvio que é um programa executável, ou "executar" estaria desligada), ao passo que outros em seu grupo podem ler ou executar o arquivo e estranhos só podem executá-lo. Com essas permissões, estranhos podem usar o programa, mas não podem roubá-lo (copiá-lo) porque não têm permissão de leitura. A designação de usuários a grupos é feita pelo administrador do sistema, em geral denominado **superusuário**. Ele também tem o poder de anular o mecanismo de proteção e ler, escrever e executar qualquer arquivo.

Agora, vamos estudar de modo sucinto como arquivos e diretórios são executados em UNIX. Se o leitor quiser informações mais completas, consulte Vahalia (1996). Associado com cada arquivo (e cada diretório, porque um diretório também é um arquivo) está um bloco de informações de 64 bytes denominado *i-node* (*index node* – nó de índice). O *i-node* informa quem é o proprietário do arquivo, quais são as permissões, onde achar os dados e coisas similares. Os *i-nodes* para os arquivos em cada disco estão localizados ou em sequência numérica no início do disco ou, se este for dividido em grupos de cilindros, no início de um grupo de cilindros. Assim, dado um número de *i-node*, o sistema UNIX pode localizá-lo apenas calculando seu endereço de disco.

Uma entrada de diretório consiste em duas partes: um nome de arquivo e um número de *i-node*. Quando um programa executa

   open("foo.c", 0)

o sistema examina o diretório de trabalho em busca do nome de arquivo, "foo.c", de modo a localizar o número de *i-node* para aquele arquivo. Quando achar esse número, então ele pode ler o *i-node*, que informa tudo sobre o arquivo.

Quando é especificado um nome de caminho mais longo, as etapas básicas delineadas anteriormente são repetidas diversas vezes até que todo o caminho tenha sido analisado. Por exemplo, para localizar o número de *i-node* para */usr/ast/data*, primeiro o sistema investiga o diretório raiz em busca de uma entrada *usr*. Ao achar o *i-node* para *usr*, ele pode ler aquele arquivo (um diretório é um arquivo em UNIX). Nesse arquivo, ele procura uma entrada *ast*, localizando então o número de *i-node* para o arquivo */usr/ast*. Ao ler do */usr/ast*, o sistema pode então achar a entrada para *data* e, assim, o número de *i-node* para */usr/ast/data*. Dado o número de *i-node* para o arquivo, então ele consegue descobrir tudo sobre o arquivo pelo *i-node*.

O formato, conteúdo e *layout* de um *i-node* variam um pouco de sistema para sistema (em especial, quando se está usando rede), mas os seguintes itens são típicos e podem ser encontrados em cada *i-node*.

1. O tipo do arquivo, os 9 bits de proteção RWX e alguns outros bits.
2. O número de *links* para o arquivo (o número de entradas de diretório para ele).
3. A identidade do proprietário.
4. O grupo do proprietário.
5. O comprimento do arquivo em bytes.
6. Treze endereços de disco.
7. A última vez em que o arquivo foi lido.
8. A última vez em que o arquivo foi escrito.
9. A última vez em que o *i-node* foi alterado.

O tipo de arquivo distingue arquivos comuns, diretórios e dois tipos de arquivos especiais, para dispositivos de E/S estruturados em blocos e não estruturados, respectivamente. O número de *links* e a identificação do proprietário já foram discutidos. O comprimento do arquivo é um número inteiro que dá o byte mais alto que tem um valor. Para criar um arquivo, é perfeitamente válido fazer um lseek para posicionar em 1.000.000 e escrever 1 byte, o que resulta em um arquivo de comprimento 1.000.001. Todavia, o arquivo *não* exigiria armazenamento para todos os bytes que "faltam".

Os dez primeiros endereços de disco apontam para blocos de dados. Com um tamanho de bloco de 1.024 bytes, arquivos de até 10.240 bytes podem ser manipulados dessa maneira. O endereço 11 aponta para um bloco de disco, denominado **bloco indireto**, que contém mais endereços de disco. Com um bloco de 1.024 bytes e endereços de disco de 32 bits, o bloco indireto teria 256 endereços de disco. Arquivos até 10.240 + 256 × 1.024 = 272.384 bytes são manipulados dessa maneira. Para arquivos ainda maiores, o endereço 12 aponta para um bloco que contém os endereços de 256 blocos indiretos, que trata de arquivos de até 272.384 + 256 × 256 × 1.024 = 67.381.248 bytes. Se esse esquema de **bloco indireto duplo** ainda for muito pequeno, o endereço de disco 13 é usado para apontar para um **bloco indireto triplo** que contém os endereços de 256 blocos indiretos duplos. Usando os endereços diretos, únicos, indiretos duplos e indiretos triplos, até 16.843.018 blocos podem ser endereçados, o que dá um tamanho de arquivo máximo teórico de 17.247.250.432 bytes. Se os endereços de disco tiverem 64 bits em vez de 32, e os blocos de disco forem de 4 KB, então os arquivos poderão ser muito, mas muito grandes mesmo. Blocos de disco livres são mantidos em uma lista encadeada. Quando é preciso um novo bloco, o próximo é retirado da lista. O resultado é que blocos de cada arquivo ficam espalhados por todo o disco.

Para tornar a E/S de disco mais eficiente, quando um arquivo é aberto, seu *i-node* é copiado para uma tabela na memória principal e ali é mantido para facilitar a referência enquanto o arquivo estiver aberto. Ademais, um conjunto (*pool*) de blocos de disco recentemente referenciados é mantido na memória. Como grande parte dos arquivos é lida em sequência, muitas vezes acontece de uma referência a um arquivo precisar do mesmo bloco de disco que a anterior. Para fortalecer esse efeito, o sistema também tenta ler o *próximo* bloco em um arquivo, antes de ele ser referenciado, de modo a acelerar o processamento. Toda essa otimização permanece oculta para o usuário; quando um usuário emite uma chamada read, o programa é suspenso até que os dados requisitados estejam disponíveis no *buffer*.

Com essa informação básica, agora podemos ver como funciona a E/S de arquivo. Open faz o sistema pesquisar os diretórios em busca do caminho especificado. Se a pesquisa for bem-sucedida, o *i-node* é lido para uma tabela interna. Reads e writes exigem que o sistema calcule o número de bloco a partir da posição corrente do arquivo. Os endereços de disco dos dez primeiros blocos sempre estão na memória principal (no *i-node*); blocos de números mais altos exigem que um ou mais blocos indiretos sejam lidos antes. Lseek só muda o ponteiro de posição corrente sem fazer nenhuma E/S.

Agora também ficou simples entender link e unlink. Link consulta seu primeiro argumento para achar o número de *i-node*. Então, cria uma entrada de diretório para o segundo argumento, colocando o número de *i-node* do primeiro arquivo naquela entrada. Por fim, ela incrementa em um a contagem de *links* no *i-node*. Unlink remove uma entrada de diretório e decrementa a contagem de *links* no *i-node*. Se a contagem for zero, o arquivo é removido e todos os blocos são devolvidos à lista de livres.

● E/S no Windows 7

O Windows 7 suporta vários sistemas de arquivos, e os mais importantes deles são o **NTFS** (**NT File System** – sistema de arquivos do NT) e o **FAT** (**File Allocation Table** – tabela de alocação de arquivos). O primeiro é um novo sistema de arquivos desenvolvido para o NT; o último é o velho sistema de arquivos do MS-DOS, que também foi usado nos Windows 95/98 (porém, com suporte para nomes de arquivo mais longos). Dado que o sistema de arquivos FAT é obsoleto (exceto para *pendrives* e cartões de memória SD, por exemplo), passaremos a estudar o NTFS.

Os nomes de arquivos no NTFS podem ter até 255 caracteres de comprimento e estão em Unicode, e isso permite a quem vive em países que não usam o alfabeto latino (por exemplo, Japão, Índia e Israel) escrever nomes de arquivos em seu idioma nativo. (Na verdade, internamente, o Windows 7 usa Unicode por toda a parte; versões a partir do Windows 2000 têm um único código binário que, além de poder ser usado em qualquer país, emprega o idioma local, porque todos os menus, mensagens de erro etc. são mantidos em arquivos de configuração que dependem do país.)

O NTFS dá total suporte a nomes que são diferentes se escritos em maiúsculas ou minúsculas (portanto, *algo* é diferente de *ALGO*). A API Win32 não dá total suporte a nomes de arquivos que são diferentes se escritos em minúsculas ou maiúsculas e, no caso de nomes de diretório, essa vantagem se perde em programas que usam Win32.

Como no UNIX, um arquivo é apenas uma sequência linear de bytes, embora até um máximo de $2^{64} - 1$ bytes. Também como no UNIX, há ponteiros de arquivos, mas sua largura é 64 bits, e não 32 bits, para tratar dos arquivos com comprimento máximo. As chamadas de função da API Win32 para manipulação de arquivos e diretórios são semelhantes às suas correspondentes no UNIX, exceto que a maioria tem mais parâmetros e o modelo de segurança é diferente. Abrir um arquivo retorna um manipulador (*handle*), que então é usado para ler e escrever o arquivo. Contudo, diferente do UNIX, os manipuladores não são inteiros de baixo valor, pois são usados para identificar todos os objetos do núcleo, dos quais existem potencialmente milhões. As principais funções da API Win32 para gerenciamento de arquivos aparecem na Figura 6.39.

Figura 6.39 Principais funções da API Win32 para E/S de arquivo. A segunda coluna dá a equivalente mais próxima no UNIX.

Função da API	UNIX	Significado
CreateFile	open	Cria um arquivo ou abre um arquivo existente; retorna um manipulador
DeleteFile	unlink	Exclui uma entrada de arquivos existentes de um diretório
CloseHandle	close	Fecha um arquivo
ReadFile	read	Lê dados de um arquivo
WriteFile	write	Escreve dados em um arquivo
SetFilePointer	lseek	Ajusta o ponteiro de arquivo para um local específico no arquivo
GetFileAttributes	stat	Retorna as propriedades do arquivo
LockFile	fcntl	Bloqueia uma região do arquivo para proporcionar exclusão mútua
UnlockFile	fcntl	Desbloqueia uma região do arquivo previamente bloqueada

Agora, vamos examinar de modo breve essas chamadas. **CreateFile** pode ser usada para criar um novo arquivo e retornar um manipulador para ele. Essa função da API também é usada para abrir arquivos existentes, porque não há nenhuma função **open** na API. A lista não apresenta os parâmetros para as funções da API do Windows 7 porque eles são muito numerosos. Por exemplo, **CreateFile** tem sete parâmetros, a saber:

1. Um ponteiro para o nome do arquivo a criar ou abrir.
2. Sinalizadores (*flags*) que informam se o arquivo pode ser lido, escrito ou ambos.
3. Sinalizadores (*flags*) que informam se vários processos podem abrir o arquivo ao mesmo tempo.
4. Um ponteiro para o descritor de segurança, que informa quem pode acessar o arquivo.
5. Sinalizadores (*flags*) que informam o que fazer se o arquivo existir/não existir.
6. Sinalizadores (*flags*) que lidam com atributos como arquivamento, compressão etc.
7. O manipulador (*handle*) de um arquivo cujos atributos devem ser clonados para o novo arquivo.

As próximas seis funções da API na Figura 6.39 são bastante similares às chamadas de sistema correspondentes no UNIX. Porém, note que, em princípio, a E/S no Windows 7 é assíncrona, embora seja possível que um processo espere o término das E/S. As duas últimas funções admitem que uma região de um arquivo seja bloqueada e desbloqueada para permitir que um processo obtenha exclusão mútua garantida a ele.

Usando essas funções da API é possível escrever um procedimento para copiar um arquivo, análogo à versão UNIX da Figura 6.36. Tal procedimento (sem nenhuma verificação de erro) é mostrado na Figura 6.40. Foi projetado para imitar a estrutura da Figura 6.36. Na prática, não teríamos de programar uma função para cópia de arquivo, uma vez que CopyFile é uma função da API (que executa algo parecido com esse programa, como um procedimento de biblioteca).

Figura 6.40 Fragmento de programa para copiar um arquivo usando as funções da API do Windows 7. O fragmento está em C porque Java oculta as chamadas de sistema de nível baixo e nós estamos tentando expô-las.

```
/* Abra arquivos para entrada e saída. */
inhandle = CreateFile("data", GENERIC_READ, 0, NULL, OPEN_EXISTING, 0, NULL);
outhandle = CreateFile("newf", GENERIC_WRITE, 0, NULL, CREATE ALWAYS,
        FILE_ATTRIBUTE_NORMAL, NULL);

/* Copie o arquivo. */
do {
        s = ReadFile(inhandle, buffer, BUF_SIZE, &count, NULL);
        if (s > 0 && count > 0) WriteFile(outhandle, buffer, count, &ocnt, NULL);
} while (s > 0 && count > 0);

/* Feche os arquivos. */
CloseHandle(inhandle);
CloseHandle(outhandle);
```

O Windows 7 suporta um sistema hierárquico de arquivos, semelhante ao sistema de arquivos do UNIX. Todavia, o separador de nomes de componentes é \ em vez de /, um fóssil herdado do MS-DOS. Há um conceito de um diretório de trabalho corrente, e os nomes de caminhos podem ser relativos ou absolutos. Uma diferença significativa, entretanto, é que o UNIX permite que os sistemas de arquivos em discos e máquinas diferentes sejam montados juntos em uma única árvore de nomeação em uma raiz única, ocultando assim a estrutura de disco de todo o software. As versões mais antigas do Windows (antes do Windows 2000) não tinham essa propriedade, portanto, nomes absolutos de arquivo devem começar com uma letra de *drive* que indique qual é o disco lógico pretendido, como em *C:\windows\system\algo.dll*. A partir do Windows 2000 foi acrescentado o estilo UNIX de montagem de sistemas de arquivo.

As principais funções da API de gerenciamento de diretório são dadas na Figura 6.41, mais uma vez acompanhadas de suas equivalentes mais próximas em UNIX. Esperamos que as funções sejam autoexplicativas.

O Windows 7 tem um mecanismo de segurança muito mais elaborado do que a maioria dos sistemas UNIX. Embora haja centenas de funções da API relativas à segurança, a breve descrição que faremos a seguir dá a ideia geral. Quando um usuário faz *login*, seu processo inicial recebe uma **ficha de acesso** dada pelo sistema operacional. A ficha de acesso contém o **SID** (Security ID) do usuário, uma lista de grupos de segurança aos quais ele pertence, quaisquer privilégios especiais disponíveis e alguns outros itens. A razão da ficha de acesso é concentrar todas as informações de segurança em um lugar fácil de achar. Todos os processos criados por esses processos herdam a mesma permissão de acesso.

Um dos parâmetros que podem ser fornecidos quando qualquer objeto é criado é seu **descritor de segurança**. O descritor de segurança contém uma lista de entradas denominada **ACL** (**Access Control List – lista de controle de acesso**). Cada entrada permite ou proíbe, a algum SID ou grupo, a realização de algum conjunto de operações sobre o objeto. Por exemplo, um arquivo poderia ter um descritor de segurança especificando que Leonora não tem nenhum acesso a ele, Ricardo pode ler o arquivo e Linda pode ler ou escrever, e todos os membros do grupo XYZ podem ler o comprimento do arquivo e nada mais. Padrões também podem ser estabelecidos para negar acesso a qualquer um que não esteja relacionado explicitamente.

Figura 6.41 Principais funções da API Win32 para gerenciamento de diretório. A segunda coluna mostra a equivalente mais próxima no UNIX, quando ela existe.

Função da API	UNIX	Significado
CreateDirectory	mkdir	Cria um novo diretório
RemoveDirectory	rmdir	Remove um diretório vazio
FindFirstFile	opendir	Inicializa e começa a ler as entradas em um diretório
FindNextFile	readdir	Lê a próxima entrada de diretório
MoveFile		Move um arquivo de um diretório para outro
SetCurrentDirectory	chdir	Muda o diretório de trabalho corrente

Quando um processo tenta realizar alguma operação sobre um objeto usando um manipulador, o gerenciador de segurança pega a ficha de acesso do processo e primeiro compara o nível de integridade no descritor de segurança do objeto com o da ficha. Um processo não pode obter um manipulador com permissão de escrita para qualquer objeto com um nível de integridade mais alto. Os níveis de integridade são usados principalmente para restringir o que o código carregado pelos navegadores Web podem fazer para modificar o sistema. Após a verificação do nível de integridade, o gerenciador de segurança percorre a lista de entradas na ACL pela ordem. Logo que encontrar uma entrada que combine com a SID do chamado ou com um dos grupos do chamado, o privilégio de acesso ali encontrado é considerado definitivo. Por essa razão, é comum colocar entradas que negam acesso antes de entradas que permitem acesso na ACL, de modo que o usuário a quem o acesso foi negado não possa entrar por meios escusos por ser membro de um grupo que tem acesso legítimo. O descritor de segurança também contém informações usadas para auditoria dos acessos ao objeto.

Agora, vamos dar uma rápida olhada no modo de implementação de arquivos e diretórios no Windows 7. Cada disco é dividido estaticamente em volumes independentes, equivalentes às partições de disco em UNIX. Cada volume contém mapas de bits, arquivos, diretórios e outras estruturas de dados para gerenciar suas informações. Cada volume é organizado como uma sequência linear de *clusters* (agrupamentos); o tamanho do *cluster* é fixo para cada volume e está na faixa de 512 bytes a 64 KB, dependendo do tamanho do volume. *Clusters* são referenciados por seu deslocamento em relação ao início do volume utilizando números de 64 bits.

A principal estrutura de dados do volume é a **MFT (Master File Table – tabela mestra de arquivos)**, que tem uma entrada para cada arquivo e diretório no volume. Essas entradas são semelhantes aos *i-nodes* em UNIX. A MFT é, em si, um arquivo e, como tal, pode ser colocada em qualquer lugar do volume. Essa propriedade é útil no caso de haver blocos de disco defeituosos no início do volume, onde a MFT seria de costume armazenada. Sistemas UNIX em geral armazenam certas informações-chave no início de cada volume e, no caso (extremamente improvável) de um desses blocos ser danificado de modo irreparável, o volume inteiro precisa ser reposicionado.

A MFT é mostrada na Figura 6.42. Ela começa com um cabeçalho que contém informações sobre o volume tais como (ponteiros para) o diretório raiz, o arquivo de inicialização, o arquivo de blocos defeituosos, administração da lista de livres etc. Depois disso vem uma entrada por arquivo ou diretório de 1 KB, exceto quando o tamanho do *cluster* for 2 KB ou mais. Cada entrada contém todos os metadados (informações administrativas) sobre o arquivo ou diretório. São permitidos vários formatos, um dos quais é mostrado na Figura 6.42.

O campo padrão de informações contém informações como marcas de tempo necessárias pelo POSIX, a contagem de ligações estritas (*hard links*), os bits de somente leitura e arquivamento etc. É um campo de comprimento fixo e está sempre presente. O comprimento do nome de arquivo é variável até 255 caracteres Unicode. Para que sejam acessíveis a antigos programas de 16 bits, esses arquivos também podem ter um nome MS-DOS, composto de oito caracteres alfanuméricos seguidos opcionalmente por um ponto e uma extensão de até três caracteres alfanuméricos. Se o nome de arquivo obedecer à regra de nomeação 8+3 do MS-DOS, não é usado um nome MS-DOS secundário.

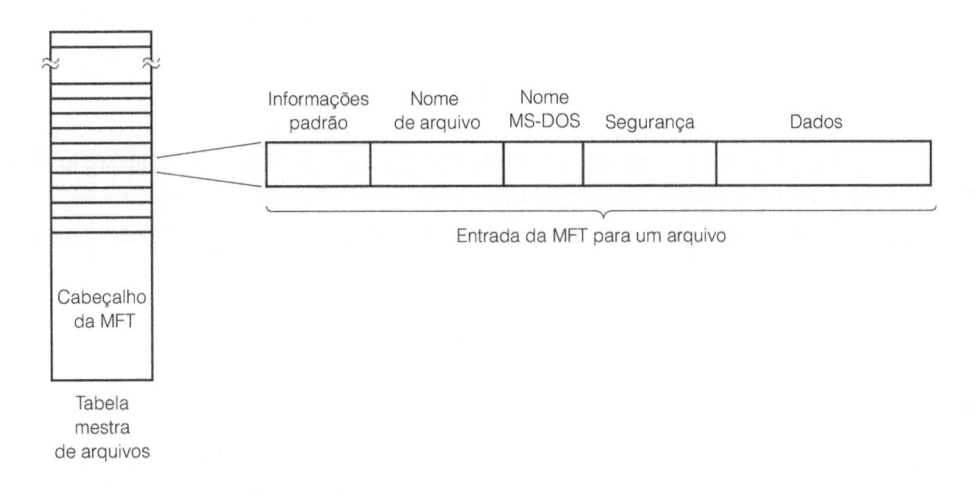

Figura 6.42 Tabela mestra de arquivos do Windows 7.

[Diagrama: Tabela mestra de arquivos com Cabeçalho da MFT, e entrada da MFT para um arquivo contendo: Informações padrão | Nome de arquivo | Nome MS-DOS | Segurança | Dados]

Em seguida, vêm as informações de segurança. Em versões até o Windows NT 4.0, inclusive, o campo de segurança continha o descritor de segurança propriamente dito. A partir do Windows 2000, todas as informações de segurança foram centralizadas em um único arquivo, sendo que o campo de segurança simplesmente aponta para a parte relevante desse arquivo.

No caso de arquivos pequenos, os dados do arquivo estão contidos na entrada MFT, o que poupa um acesso a disco para buscá-la. Essa ideia é denominada **arquivo imediato** (Mullender e Tanenbaum, 1984). No caso de arquivos um pouco maiores, esse campo contém ponteiros para os *clusters* que contêm os dados ou, o que é mais comum, carreiras de *clusters* consecutivos, de modo que um único número de *cluster* e um comprimento podem representar uma quantidade qualquer de dados do arquivo. Se uma única entrada MFT não for grande o suficiente para conter quaisquer que sejam as informações que ela deva conter, uma ou mais entradas adicionais podem ser encadeadas com ela.

O tamanho máximo de arquivo é 2^{64} bytes (isto é, 2^{67} bits). Para ter uma ideia desse tamanho, imagine que o arquivo tenha sido escrito em sistema binário e cada 0 ou 1 ocupe 1 mm de espaço. A lista de 2^{67} mm teria 15 anos-luz de comprimento e se estenderia até muito além do sistema solar, ida e volta até Alfa Centauro.

O sistema de arquivos NTFS tem muitas outras propriedades interessantes, incluindo compressão de dados e tolerância a falhas usando transações atômicas. Informações adicionais sobre ele podem ser encontradas em Russinovich e Solomon, 2005.

6.5.4 Exemplos de gerenciamento de processo

Tanto UNIX quanto Windows 7 permitem que uma tarefa seja subdividida em vários processos que podem executar em (pseudo)paralelismo e se comunicar entre si, no estilo do exemplo de produtor-consumidor que já discutimos. Nesta seção, discorreremos sobre como processos são gerenciados em ambos os sistemas. Os dois suportam paralelismo dentro de um único processo usando *threads*, portanto, isso também será abordado.

● **Gerenciamento de processo em UNIX**

Em qualquer instante, um processo UNIX pode criar um subprocesso que é uma réplica exata de si mesmo executando a chamada de sistema **fork**. O processo original é denominado **pai** e o novo processo é denominado **filho**. Logo após a chamada fork, os dois processos são idênticos e até compartilham os mesmos descritores de arquivo. Daí em diante, cada um segue seu próprio caminho e faz o que quiser, independentemente do outro.

Em muitos casos, o processo filho realiza certas manipulações com os descritores de arquivo e então executa a chamada de sistema **exec**, que substitui seu programa e dados pelo programa e dados encontrados em um arquivo executável especificado como parâmetro para a chamada **exec**. Por exemplo, quando um usuário digita um comando *xyz* em um terminal, o interpretador de comandos (*shell*) executa **fork** para criar um processo-filho. Esse processo-filho então executa **exec** para rodar o programa *xyz*.

Os dois processos correm em paralelo (com ou sem **exec**), a menos que o pai deseje esperar que o filho termine antes de continuar. Se o pai quiser esperar, ele executa a chamada de sistema **wait** ou **waitpid**, que o faz ficar suspenso até que o filho termine, executando **exit**. Após o filho encerrar, o pai continua.

Processos podem executar **fork** quantas vezes quiserem, dando origem a uma árvore de processos. Na Figura 6.43, por exemplo, o processo *A* executou **fork** duas vezes, criando dois filhos, *B* e *C*. Então, *B* também executou **fork** duas vezes e *C* a executou uma só vez, resultando na árvore final de seis processos.

Figura 6.43 Árvore de processos em UNIX.

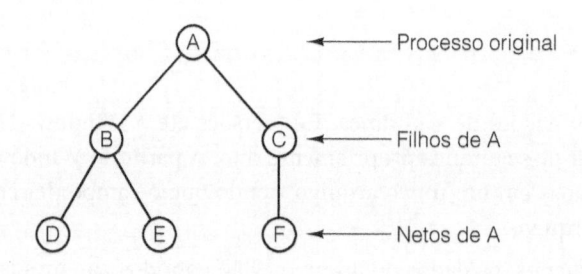

Processos em UNIX podem se comunicar um com o outro por meio de uma estrutura denominada *pipe* (**conexão** ou **tubulação**). Um *pipe* é um tipo de *buffer* no qual um processo pode escrever um fluxo de dados e um outro pode retirá-lo. Bytes são sempre retirados de um *pipe* na ordem em que foram escritos. Acesso aleatório não é possível. *Pipes* não preservam fronteiras de mensagem; portanto, se um processo fizer quatro escritas de 128 bytes e o outro fizer uma leitura de 512 bytes, o leitor obterá todos os dados ao mesmo tempo, sem nenhuma indicação de que foram escritos em várias operações.

Em System V e Linux, outro modo de comunicação entre processos é a utilização de **filas de mensagens**. Um processo pode criar uma nova fila de mensagens ou abrir uma fila existente usando **msgget**. Com uma fila de mensagens, o processo envia mensagens usando **msgsnd** e as recebe usando **msgrecv**. Há muitas diferenças entre mensagens enviadas dessa maneira e dados amontoados em um *pipe*. Primeiro, fronteiras de mensagens são preservadas, ao passo que um *pipe* é apenas um fluxo de bytes. Segundo, mensagens têm prioridades, portanto, as mais urgentes podem passar à frente das menos importantes. Terceiro, há tipos de mensagens e, se desejado, uma **msgrecv** pode especificar um tipo particular.

Outro mecanismo de comunicação é a capacidade de dois ou mais processos compartilharem uma região de seus respectivos espaços de endereço. O UNIX manipula essa memória compartilhada mapeando as mesmas páginas para o espaço de endereço virtual de todos os processos compartilhantes. O resultado é que uma escrita realizada por um processo em uma região compartilhada é imediatamente visível para os outros processos. Esse mecanismo proporciona um caminho de comunicação entre processos de largura de banda muito alta. As chamadas de sistema envolvidas na memória compartilhada atendem por nomes como **shmat** e **shmop**.

Outro aspecto do System V e do Linux é a disponibilidade de semáforos que, basicamente, funcionam como descrito no exemplo de produtor-consumidor dado neste texto.

Mais uma facilidade proporcionada por todos os sistemas UNIX é a capacidade de ter múltiplos *threads* de controle em um único processo. Estes, em geral denominados apenas *threads*, são como processos leves que compartilham um espaço de endereço comum e tudo o que está associado com ele, como descritores de arquivo, variáveis de ambiente e temporizadores importantes. Contudo, cada *thread* tem seu próprio contador de programa, seus próprios registradores e sua própria pilha. Quando um *thread* bloqueia (isto é, tem de parar por certo tempo até a E/S concluir ou algum outro evento acontecer), outros no mesmo processo continuam aptos a executar. Dois *threads* no mesmo processo, que operam como produtor e consumidor, são semelhantes, mas não idênticos, a dois processos, cada um com um único *thread*, que estão compartilhando um segmento de memória que contém um *buffer*. As diferenças têm a ver com o fato de que, no último caso, cada processo tem seus próprios descritores de arquivo etc., ao passo que, no primeiro, todos esses itens são compartilhados. Vimos a utilização de *threads* Java no exemplo produtor-consumidor que demos antes. Muitas vezes, o sistema de execução Java usa um *thread* do sistema operacional para cada um de seus *threads*, mas não precisa fazer isso.

Como exemplo de onde os *threads* poderiam ser úteis, considere um servidor da World Wide Web. Esse servidor poderia manter, na memória principal, uma *cache* de páginas Web comumente utilizadas. Se chegar uma requisição para uma página Web que está na *cache*, ela é entregue de imediato. Caso contrário, será buscada no disco. Infelizmente, esperar pelo disco toma muito tempo (em geral 20 ms), durante o qual o processo é bloqueado e não pode atender a novas requisições que chegam, mesmo as que são para páginas Web que estão na *cache*.

A solução é ter vários *threads* no processo servidor e todos eles compartilharem a mesma *cache* de páginas Web. Quando um *thread* bloquear, outros poderão manipular novas requisições. Para evitar bloqueios sem *threads*, poderíamos ter vários processos servidores, mas isso provavelmente acarretaria duplicar a *cache*, o que desperdiçaria memória valiosa.

O padrão UNIX para *threads* é denominado **pthreads** e é definido por POSIX (P1003.1C). Contém chamadas para gerenciar e sincronizar *threads*, mas não define se estes são gerenciados pelo núcleo ou inteiramente em espaço do usuário. As chamadas de *thread* mais usadas estão relacionadas na Figura 6.44.

Figura 6.44 Principais chamadas de *thread* POSIX.

Chamada de thread	Significado
pthread_create	Cria um novo *thread* no espaço de endereço do chamado
pthread_exit	Encerra o *thread* que está chamando
pthread_join	Espera que um *thread* encerre
pthread_mutex_init	Cria um novo *mutex*
pthread_mutex_destroy	Destrói um *mutex*
pthread_mutex_lock	Bloqueia um *mutex*
pthread_mutex_unlock	Desbloqueia um *mutex*
pthread_cond_init	Cria uma variável de condição
pthread_cond_destroy	Destrói uma variável de condição
pthread_cond_wait	Espera em uma variável de condição
pthread_cond_signal	Libera um *thread* que está esperando em uma variável de condição

Vamos fazer um breve exame das chamadas de *thread* mostradas na Figura 6.44. A primeira chamada, **pthread_create**, cria um novo *thread*. Após a conclusão bem-sucedida, há mais um *thread* executando no espaço de endereço do chamador do que antes da chamada. Um *thread* que já realizou seu trabalho e quer encerrar chama **pthread_exit**. Um *thread* pode esperar que outro saia, chamando **pthread_join**. Se o *thread* esperado já saiu, a **pthread_join** encerra imediatamente. Caso contrário, ela bloqueia.

Threads podem sincronizar usando *mutexes*. Um *mutex* protege algum recurso, como um *buffer* compartilhado por dois *threads*. Para garantir que só um *thread* por vez acesse o recurso compartilhado, *threads* devem travar o *mutex* antes de usar o recurso e destravá-lo quando concluírem seu trabalho. Contanto que todos os *threads* obedeçam a esse protocolo, podem-se evitar condições de disputa. *Mutexes* são como semáforos binários (semáforos que podem assumir somente os valores de 0 e 1). O nome "*mutex*" se deve ao fato de que *mutexes* são utilizados para garantir exclusão mútua (*mutual exclusion*) em algum recurso.

Mutexes podem ser criados e destruídos pelas chamadas pthread_mutex_init e pthread_mutex_destroy, respectivamente. Um *mutex* pode estar em um de dois estados: travado ou destravado. Quando um *thread* precisa travar um *mutex* destravado (usando pthread_mutex_lock), a trava é ajustada e o *thread* continua. Contudo, quando um *thread* tenta travar um *mutex* que já está travado, ele bloqueia. Quando o *thread* que colocou a trava antes tiver concluído a utilização do recurso, deve destravar o *mutex* correspondente chamando pthread_mutex_unlock.

A finalidade dos *mutexes* é travar por curto prazo, como para proteger uma variável compartilhada. Não são cogitados para sincronização de longo prazo, tal como esperar que uma unidade de fita fique livre. Para sincronização de longo prazo são fornecidas **variáveis de condição**. Essas variáveis são criadas e destruídas por chamadas a pthread_cond_init e pthread_cond_destroy, respectivamente.

Uma variável de condição é usada fazendo com que um *thread* espere nela e um outro a sinalize. Por exemplo, ao descobrir que a unidade de fita de que necessita está ocupada, o *thread* faria pthread_cond_wait em uma variável de condição que todos os *threads* concordaram em associar com a unidade de fita. Quando o *thread* que está usando a unidade de fita por fim concluir seu trabalho (talvez horas mais tarde) ele usa pthread_cond_signal para liberar exatamente um *thread* que está esperando naquela variável de condição (se houver algum esperando). Se nenhum *thread* estiver esperando, o sinal é perdido. Variáveis de condição não contam como semáforos. Algumas outras operações também são definidas por *threads*, *mutexes* e variáveis de condição.

● Gerenciamento de processo no Windows 7

O Windows 7 suporta múltiplos processos, que podem se comunicar e sincronizar. Cada processo contém no mínimo um *thread*. Juntos, processos e *threads* (que podem ser escalonados pelo próprio processo) proporcionam um conjunto geral de ferramentas para gerenciar paralelismo em uniprocessadores (máquinas com uma única CPU), bem como em multiprocessadores (máquinas com várias CPUs).

Novos processos são criados usando a função da API CreateProcess. Essa função tem dez parâmetros, cada qual com muitas opções. Esse projeto é decerto muito mais complicado do que o esquema UNIX, no qual **fork** não tem parâmetros e **exec** tem apenas três: ponteiros para o nome do arquivo a executar, o vetor de parâmetros de linhas de comando (analisadas) e as cadeias de ambiente. Em termos gerais, os dez parâmetros de CreateProcess são os seguintes:

1. Um ponteiro para o nome do arquivo executável.
2. A linha de comando em si (não analisada).
3. Um ponteiro para um descritor de segurança para o processo.
4. Um ponteiro para um descritor de segurança para o *thread* inicial.
5. Um bit que indica se o novo processo herda os manipuladores do criador.
6. Sinalizadores diversos (por exemplo, modo erro, prioridade, depuração, consoles).
7. Um ponteiro para as cadeias de ambiente.
8. Um ponteiro para o nome do diretório de trabalho corrente do novo processo.
9. Um ponteiro para uma estrutura que descreve a janela inicial na tela.
10. Um ponteiro para uma estrutura que retorna 18 valores para o chamado.

O Windows 7 não impõe nenhum tipo de hierarquia pai-filho nem qualquer outra hierarquia. Todos os processos são criados de modo igual. Contudo, visto que 1 dos 18 parâmetros retornados para o processo criador é um manipulador para o novo processo (o que permite considerável controle sobre o novo processo), há uma hierarquia implícita em termos de quem tem um manipulador para quem. Embora esses manipuladores não possam ser passados diretamente para outros processos, há um modo de um processo tornar uma manipulador adequado para outro e então dar-lhe o manipulador, portanto, a hierarquia de processo implícita pode não durar muito.

Cada processo no Windows 7 é criado com um único *thread*, mas um processo pode criar mais *threads* mais tarde. Criar um *thread* é mais simples do que criar um processo: CreateThread tem apenas seis parâmetros, em vez de dez: o descritor de segurança, o tamanho da pilha, endereço de início, um parâmetro definido pelo usuário, o estado inicial do *thread* (pronto ou bloqueado) e a ID do *thread*. O núcleo é que cria o *thread*, portanto, ele está claramente ciente dos *threads* (isto é, eles não são implementados apenas no espaço do usuário, como é o caso em alguns outros sistemas).

Quando o núcleo faz o escalonamento, ele examina apenas os *threads* executáveis e não presta atenção alguma ao processo em que cada um se encontra. Isso significa que o núcleo está sempre ciente de quais *threads* estão prontos e quais estão bloqueados. Como são objetos de núcleo, eles têm descritores de segurança e manipuladores. Visto que um manipulador para um *thread* pode ser passado para outro processo, é possível fazer um processo controlar (ou mesmo criar) *threads* em um processo diferente. Esse recurso é útil para depuradores, por exemplo.

Há uma grande variedade de modos de comunicação possíveis entre processos, incluindo *pipes*, *pipes* nomeados (*named pipes*), soquetes (*sockets*), chamadas remotas de procedimento (RPCs – Remote Procedure Calls) e arquivos compartilhados. *Pipes* têm dois modos: byte e mensagem, selecionados na hora da criação. *Pipes* de modo byte funcionam do mesmo modo que em UNIX. *Pipes* de modo mensagem são um pouco parecidos, mas preservam fronteiras de mensagens, de modo que quatro escritas de 128 bytes serão lidas como quatro mensagens de 128 bytes, e não como uma de 512 bytes, como aconteceria em *pipes* de modo byte. Também existem *pipes* nomeados, que têm os mesmos dois modos dos normais. *Pipes* nomeados podem ser usados em uma rede; *pipes* normais, não.

Soquetes são como *pipes*, exceto que em geral conectam processos em máquinas diferentes. Todavia, também podem ser usados para conectar processos na mesma máquina. Em geral, não há muita vantagem em utilizar uma conexão por soquete em vez de um *pipe* ou *pipe* nomeado para comunicação interna à máquina.

Chamadas remotas de procedimento são um modo de o processo A fazer o processo B chamar um procedimento no espaço de endereço de B em favor de A e retornar o resultado para A. Há várias restrições aos parâmetros. Por exemplo, não faz sentido passar um ponteiro para um processo diferente. Em vez disso, os objetos apontados precisam ser reunidos e enviados ao processo de destino.

Por fim, processos podem compartilhar memória mapeando para o mesmo arquivo ao mesmo tempo. Então, todas as escritas feitas por um processo aparecem no espaço de endereço dos outros processos. Com esse mecanismo, o *buffer* compartilhado usado em nosso exemplo produtor-consumidor pode ser executado com facilidade.

Assim como o Windows 7 fornece vários mecanismos de comunicação entre processos, ele também oferece diversos mecanismos de sincronização, incluindo semáforos, *mutexes*, seções críticas e eventos. Todos esses mecanismos funcionam em *threads*, e não em processos, de modo que, quando um *thread* bloqueia em um semáforo, outros naquele processo (se houver algum) não são afetados e continuam a executar.

Um semáforo é criado usando a função da API CreateSemaphore, que pode inicializá-lo para um dado valor e também definir um valor máximo. Semáforos são objetos de núcleo e, por isso, têm descritores de segurança e manipuladores. O manipulador para um semáforo pode ser duplicado usando DuplicateHandle e passado para um outro processo, de modo que vários processos podem sincronizar no mesmo semáforo. Também estão presentes chamadas para up e down, embora tenham os nomes um tanto peculiares de ReleaseSemaphore (up) e WaitForSingleObject (down). Também é possível dar um temporizador para WaitForSingleObject, de modo que o *thread* chamador seja liberado a uma certa altura, ainda que o semáforo permaneça em 0 (embora temporizadores reintroduzam disputas).

Mutexes também são objetos de núcleo usados para sincronização, porém, mais simples do que semáforos porque não têm contadores. São, em essência, travas, com funções da API para travar (WaitForSingleObject) e destravar (ReleaseMutex). Assim como os de semáforo, manipuladores de *mutex* também podem ser duplicados e passados entre processos, de modo que *threads* em diferentes processos podem acessar o mesmo *mutex*.

O terceiro mecanismo de sincronização é baseado em **seções críticas**, que são semelhantes a *mutexes*, porém locais no espaço de endereço do *thread* criador. Como não são objetos de núcleo, as seções críticas não têm manipuladores nem descritores de segurança e não podem ser passadas entre processos. Travamento e destravamento são realizados com EnterCriticalSection e LeaveCriticalSection, respectivamente. Como essas funções da API são executadas inteiramente em espaço usuário, são muito mais rápidas do que *mutexes*. O Windows 7 também oferece variáveis de condição, travas leves de leitor/escritor, operações sem trava e outros mecanismos de sincronização que só funcionam entre os *threads* de um único processo.

O último mecanismo de sincronização usa objetos de núcleo denominados **eventos**. Um *thread* pode esperar que um evento ocorra com WaitForSingleObject. Um *thread* pode liberar um único *thread* que está esperando por um evento com SetEvent ou pode liberar todos os *threads* que estão esperando por um evento com PulseEvent. Eventos possuem diversos tipos e também têm uma variedade de opções. O Windows usa eventos para sincronizar no término da E/S assíncrona e também para outras finalidades.

Eventos, *mutexes* e semáforos podem ser nomeados e armazenados no sistema de arquivos, assim como *pipes* nomeados. Dois ou mais processos podem sincronizar abrindo o mesmo evento, *mutex* ou semáforo, em vez de fazer um deles criar o objeto e então duplicar manipuladores para os outros, embora, sem dúvida, essa última técnica também seja uma opção.

6.6 Resumo

O sistema operacional pode ser considerado um intérprete para certas características de arquitetura não encontradas no nível ISA. Entre as principais estão memória virtual, instruções de E/S virtual e facilidades de processamento paralelo.

Memória virtual é uma característica de arquitetura cuja finalidade é permitir que programas usem espaço de endereço maior do que a memória física da máquina, ou proporcionar um mecanismo consistente e flexível para proteção e compartilhamento de memória. Ela pode ser implementada como paginação pura, segmentação pura ou uma combinação das duas. Na paginação pura, o espaço de endereço é desmembrado em páginas virtuais de tamanhos iguais. Algumas delas são mapeadas para quadros de página físicos. Outras não são mapeadas. Uma referência a uma página mapeada é traduzida pela MMU para o endereço físico correto. Uma referência a uma página não mapeada causa uma falta de página. Ambos, o Core i7 e a CPU ARM do OMAP4430, têm MMUs que suportam memória virtual e paginação.

A mais importante abstração de E/S presente nesse nível é a de arquivo. Um arquivo consiste em uma sequência de bytes ou registros lógicos que podem ser lidos e escritos sem saber como discos, fitas e outros dispositivos de E/S funcionam. Arquivos podem ser acessados em sequência, aleatoriamente por número de registro, ou aleatoriamente por chave. Diretórios podem ser usados para agrupar arquivos. Arquivos podem ser armazenados em setores consecutivos ou espalhados pelo disco. No último caso, normal em discos rígidos, são necessárias estruturas de dados para localizar todos os blocos de um arquivo. O armazenamento livre em discos pode ser monitorado usando uma lista ou um mapa de bits.

Processamento paralelo geralmente é suportado e é implementado simulando múltiplos processadores que compartilham tempo em uma única CPU. Interação não controlada entre processos pode levar a condições de disputa. Para resolver esse problema, são introduzidas primitivas de sincronização, das quais os semáforos são um exemplo simples. Usando semáforos, problemas de produtor-consumidor podem ser resolvidos com simplicidade e elegância.

Dois exemplos de sistemas operacionais sofisticados são UNIX e Windows 7. Ambos suportam paginação e arquivos mapeados na memória. Também suportam sistemas hierárquicos de arquivos, sendo que os arquivos consistem em sequências de bytes. Por fim, ambos suportam processos e *threads* e proporcionam meios de sincronizá-los.

Problemas

1. Por que um sistema operacional interpreta somente algumas das instruções de nível 3, enquanto um microprograma interpreta todas as instruções de nível ISA?

2. Uma máquina tem espaço de endereço virtual de 32 bits endereçável por byte. O tamanho da página é 4 KB. Quantas páginas de espaço de endereço virtual existem?

3. É necessário que o tamanho da página seja uma potência de 2? Uma página de 4.000 bytes de tamanho, por exemplo, poderia ser implementada, em teoria? Caso a resposta seja positiva, isso seria prático?

4. Uma memória virtual tem um tamanho de página de 1.024 palavras, oito páginas virtuais e quatro quadros de páginas físicas. A tabela de páginas é a seguinte:

Página virtual	Quadro de página
0	3
1	1
2	não está na memória principal
3	não está na memória principal
4	2
5	não está na memória principal
6	0
7	não está na memória principal

   a. Faça uma lista de todos os endereços virtuais que causarão faltas de página.

   b. Quais são os endereços físicos para 0, 3.728, 1.023, 1.024, 1.025, 7.800 e 4.096?

5. Um computador tem 16 páginas de espaço de endereço virtual mas apenas quatro quadros de página. De início, a memória está vazia. Um programa referencia as páginas virtuais na ordem

   0, 7, 2, 7, 5, 8, 9, 2, 4

   a. Quais referências causam uma falta de página com LRU?

   b. Quais referências causam uma falta de página com FIFO?

6. Na Seção 6.1.4, foi apresentado um algoritmo para executar uma estratégia de substituição de páginas FIFO. Invente uma estratégia mais eficiente. *Dica*: é possível atualizar o contador na página recém-carregada sem mexer nas outras.

7. Nos sistemas paginados discutidos no texto, o tratador de falta de página era parte do nível ISA e, por isso, não estava presente no espaço de endereço de qualquer programa de nível OSM. Na realidade, o tratador de falta de página também ocupa páginas e poderia, ele mesmo, ser removido sob certas circunstâncias, por exemplo, política de substituição de páginas FIFO. O que aconteceria se o tratador de falta de página não estivesse presente quando ocorresse uma falta de página? Como isso poderia ser consertado?

8. Nem todos os computadores têm um bit de hardware que é automaticamente ajustado quando uma página sofre uma escrita. Não obstante, é útil monitorar quais páginas foram modificadas para evitar supor o pior dos casos e escrever todas as páginas de volta para o disco após a utilização. Admitindo que cada página tenha bits de hardware para habilitar acesso para leitura, escrita e execução em separado, como o sistema operacional pode monitorar quais páginas estão limpas e quais estão sujas?

9. Uma memória segmentada tem segmentos paginados. Cada endereço virtual tem um número de segmento de 2 bits, um número de página de 2 bits e um deslocamento de 11 bits dentro da página. A memória principal contém 32 KB divididos em páginas de 2 KB. Cada segmento é somente de leitura, ou de leitura/execução, ou de leitura/escrita, ou de leitura/escrita/execução. As tabelas de páginas e a proteção são as seguintes:

Segmento 0		Segmento 1		Segmento 2	Segmento 3	
Somente de leitura		Leitura/execução		Leitura/escrita/execução	Leitura/escrita	
Página virtual	Quadro de página	Página virtual	Quadro de página		Página virtual	Quadro de página
0	9	0	Em disco	Tabela de páginas não está na memória principal	0	14
1	3	1	0		1	1
2	Em disco	2	15		2	6
3	12	3	8		3	Em disco

Para cada um dos seguintes acessos à memória virtual, diga qual é o endereço físico calculado. Se ocorrer uma falta, informe o tipo.

Acesso	Segmento	Página	Deslocamento dentro da página
1. busque dados	0	1	1
2. busque dados	1	1	10
3. busque dados	3	3	2.047
4. armazene dados	0	1	4
5. armazene dados	3	1	2
6. armazene dados	3	0	14
7. desvie para	1	3	100
8. busque dados	0	2	50
9. busque dados	2	0	5
10. desvie para	3	0	60

10. Alguns computadores permitem E/S diretamente para espaço de usuário. Por exemplo, um programa poderia iniciar uma transferência de disco para um *buffer* dentro de um processo usuário. Isso causa algum problema se for usada compactação para implementar a memória virtual? Discuta sua resposta.

11. Sistemas operacionais que permitem arquivos mapeados na memória sempre requerem que um arquivo seja mapeado em fronteiras de páginas. Por exemplo, com páginas de 4 KB, um arquivo pode ser mapeado começando no endereço virtual 4.096, mas não começando no endereço virtual 5.000. Por quê?

12. Quando um registrador de segmento é carregado no Core i7, o descritor correspondente é buscado e carregado em uma parte invisível do registrador de segmento. Em sua opinião, por que os projetistas da Intel decidiram fazer isso?

13. Um programa no Core i7 referencia o segmento local 10 com deslocamento 8.000. O campo **BASE** do segmento LDT 10 contém 10.000. Qual entrada de página de diretório o Core i7 utiliza? Qual é o número da página? Qual é o deslocamento?

14. Discuta alguns algoritmos possíveis para remover segmentos em uma memória não paginada, mas segmentada.

15. Compare a fragmentação interna com a fragmentação externa. O que pode ser feito para atenuar cada uma delas.

16. Supermercados enfrentam constantemente um problema semelhante à substituição de páginas em sistemas de memória virtual. Eles têm uma quantidade fixa de espaço de prateleira para exibir um número cada vez maior de produtos. Se aparecer um novo produto importante, por exemplo, ração canina 100% eficiente, alguns produtos existentes devem ser retirados do estoque para abrir espaço para ele. Os algoritmos de substituição óbvios são LRU e FIFO. Qual deles você preferiria?

17. Em certos aspectos, *caching* e paginação são muito parecidos. Em ambos os casos há dois níveis de memória (*cache* e memória principal no primeiro e memória principal e disco no último). Neste capítulo, comentamos alguns argumentos em favor de páginas de disco grandes e páginas de disco pequenas. Os mesmos argumentos são válidos para tamanhos de linhas de *cache*?

18. Por que muitos sistemas de arquivo requerem que um arquivo seja explicitamente aberto com uma chamada de sistema **open** antes de ser lido?

19. Compare os métodos de mapa de bits e de lista de lacunas para monitorar o espaço livre em um disco com 800 cilindros, cada um com 5 trilhas de 32 setores. Quantas lacunas seriam necessárias antes que uma lista de lacunas ficasse maior do que o mapa de bits? Suponha que a unidade de alocação é o setor e que a lacuna requer uma entrada de tabela de 32 bits.

20. Um terceiro esquema de alocação de lacunas, além do melhor ajuste e do primeiro ajuste, é o pior ajuste, onde um processo recebe espaço da maior lacuna restante. Que vantagem pode ser obtida usando o algoritmo do pior ajuste?

21. Descreva uma finalidade para a chamada de sistema **open** que não foi mencionada no texto.

22. Para poder fazer algumas previsões de desempenho de disco é útil ter um modelo de alocação de armazenamento. Suponha que o disco é visto como um espaço de endereço linear de $N \gg 1$ setores, consistindo em uma carreira de blocos de dados, depois uma lacuna, depois outra carreira de blocos de dados, e assim por diante. Se medidas empíricas mostrarem que as distribuições de probabilidade para comprimentos de dados e lacunas são as mesmas, com a chance de qualquer uma delas ser i setores sendo igual a 2^{-i}, qual é o número de lacunas esperado no disco?

23. Em certo computador, um programa pode criar tantos arquivos quantos precisar e todos os arquivos podem crescer dinamicamente durante a execução, sem dar ao sistema operacional qualquer informação antecipada sobre seu tamanho final. Em sua opinião, os arquivos são armazenados em setores consecutivos? Explique sua resposta.

24. Estudos de diferentes sistemas de arquivo mostraram que mais da metade dos arquivos são de alguns poucos KB ou menos, e a grande maioria é menor do que uns 8 KB. Por outro lado, os 10% correspondentes aos maiores arquivos em geral ocupam cerca de 95% de todo o espaço de disco em uso. Com esses dados em mãos, a que conclusão você pode chegar sobre o tamanho do bloco de disco?

25. Considere o seguinte método pelo qual um sistema operacional poderia executar instruções de semáforo. Sempre que a CPU estiver prestes a fazer um **up** ou um **down** em um semáforo (uma variável inteira na memória), em primeiro lugar ela estabelece a prioridade da CPU ou mascara bits de modo tal que desabilite todas as interrupções. Então, ela busca o semáforo, modifica-o e desvia de acordo. Por fim, ela habilita interrupções novamente. Esse método funciona se

    a. Houver uma única CPU que troca processos a cada 100 ms?

    b. Duas CPUs compartilharem uma memória comum na qual o semáforo está localizado?

26. A descrição de semáforos na Seção 6.3.3 declara: "Para que possam ser monitorados, processos adormecidos são encadeados em uma fila". Qual é a vantagem obtida com o uso de uma fila para os processos adormecidos, em vez de despertar um processo adormecido qualquer quando um **up** for realizado?

27. A Nevercrash Operating System Company vem recebendo queixas de alguns de seus clientes sobre seu último lançamento, que inclui operações de semáforo. Eles acham imoral que os processos bloqueiem (o que chamam de "dormir no trabalho"). Uma vez que a política da empresa é dar aos clientes o que eles desejam, foi proposto adicionar uma terceira operação, **peek** (espiar), para suplementar **up** e **down**. **Peek** apenas examina o semáforo sem alterá-lo nem bloquear o processo. Desse modo, programas que acham que é imoral bloquear podem inspecionar o semáforo antes, para ver se é seguro fazer uma **down**. Essa ideia funcionará se três ou mais processos usarem o semáforo? E se dois processos usarem o semáforo?

28. Monte uma tabela para mostrar quais dos processos (P1, P2 e P3) estão executando e quais estão bloqueados como uma função de tempo de 0 a 1.000 ms. Todos os três processos executam instruções **up** e **down** no mesmo semáforo. Quando dois processos são bloqueados e é realizado um **up**, o processo que tiver o número mais baixo é reiniciado, isto é, P1 obtém preferência sobre P2 e P3, e assim por diante. No início, todos os três estão executando e o semáforo está em 1.

    Em t = 100 P1 faz um **down**

    Em t = 200 P1 faz um **down**

    Em t = 300 P2 faz um **up**

    Em t = 400 P3 faz um **down**

    Em t = 500 P1 faz um **down**

    Em t = 600 P2 faz um **up**

    Em t = 700 P2 faz um **down**

    Em t = 800 P1 faz um **up**

    Em t = 900 P1 faz um **up**

29. Em um sistema de reservas de passagens aéreas é necessário garantir que, enquanto um processo estiver ocupado usando um arquivo, nenhum outro processo poderá usá-lo. Caso contrário, dois processos diferentes, que trabalham para duas agências de viagens diferentes, poderiam, inadvertidamente, vender a última poltrona em algum voo. Invente um método de sincronização que use semáforos para garantir que somente um processo por vez possa acessar cada arquivo (considerando que os processos obedecem às regras).

30. Para possibilitar a implementação de semáforos em um computador com várias CPUs que compartilham uma memória comum, os arquitetos de computadores costumam fornecer uma instrução TSL (Test e Set Lock – teste e defina trava). **TSL X** testa a localização X. Se o conteúdo for zero, elas são ajustadas para 1 em um único ciclo indivisível de memória, e a próxima instrução é saltada. Se for diferente de zero, a **TSL** age como uma *no-op*. Usando **TSL**, é possível escrever procedimentos *lock* e *unlock* com as seguintes propriedades: *lock(x)* verifica para ver se *x* está travada. Se não estiver, ele trava *x* e devolve o controle. Se *x* já estiver travada, ele espera até que *x* seja destravada, então trava *x* e devolve o controle; *unlock* libera uma trava existente. Se todos os processos travarem a tabela de semáforos antes de usá-la, somente um processo por vez poderá mexer nas variáveis e ponteiros, evitando assim as disputas. Escreva *lock* e *unlock* em linguagem de montagem. (Considere tudo o que for razoável.)

31. Mostre os valores de *in e out* para um *buffer* circular de 65 palavras de comprimento após cada uma das seguintes operações. Ambas iniciam em 0.

    a. 22 palavras são colocadas
    b. 9 palavras são retiradas
    c. 40 palavras são colocadas
    d. 17 palavras são retiradas
    e. 12 palavras são colocadas
    f. 45 palavras são retiradas
    g. 8 palavras são colocadas
    h. 11 palavras são retiradas

32. Suponha que uma versão do UNIX use blocos de disco de 2 KB e armazene 512 endereços de disco por bloco indireto (único, duplo e triplo). Qual seria o tamanho máximo de um arquivo? (Considere que os ponteiros de arquivo têm 64 bits de largura.)

33. Suponha que a chamada de sistema UNIX

    unlink("/usr/ast/bin/game3")

    fosse executada no contexto da Figura 6.37. Descreva cuidadosamente quais são as alterações feitas no sistema de diretórios.

34. Imagine que você tivesse de executar o sistema UNIX em um microcomputador cuja memória principal fosse pequena. Após consideráveis ajustes aqui e ali, ele ainda não cabe muito bem, portanto, você escolheu aleatoriamente uma chamada de sistema para sacrificar em prol do bem geral. Você escolheu *pipe*, que cria os *pipes* usados para enviar fluxos de bytes de um processo para outro. Ainda é possível, de alguma forma, implementar redirecionamento de E/S? E *pipelines*? Discuta os problemas e as possíveis soluções.

35. O Comitê de Justiça para os Descritores de Arquivo está organizando um protesto contra o sistema UNIX porque, toda vez que este retorna um descritor de arquivo, sempre retorna o número mais baixo que não está atualmente em uso. Por conseguinte, descritores de arquivo de número mais alto quase nunca são utilizados. O plano é retornar o número mais baixo que ainda não foi utilizado pelo programa em vez do número mais baixo que não está atualmente em uso. O Comitê declara que a execução é trivial, que não afetará os programas existentes e que é mais justo. O que você acha?

36. No Windows 7, é possível estabelecer uma lista de controle de acesso de modo tal que Roberta não tenha nenhum acesso a um arquivo, mas todo o resto do pessoal tenha acesso a ele. Em sua opinião, como isso é implementado?

37. Descreva dois modos diferentes de programar problemas de produtor-consumidor usando *buffers* compartilhados e semáforos no Windows 7. Pense em como implementar o *buffer* compartilhado em cada caso.

38. É comum testar algoritmos de substituição de página por simulação. Neste exercício, você deve escrever um simulador para uma memória virtual baseada em páginas, para uma máquina com 64 páginas de 1 KB. O simulador deve manter uma única tabela de 64 entradas, uma por página, que contém o número de página física correspondente àquela página virtual. O simulador deve ler um arquivo que contém endereços virtuais em sistema decimal, um endereço por linha. Se a página correspondente estiver na memória, apenas registre uma presença de página. Se ela não estiver na memória, chame um procedimento de substituição de página para escolher a página que será despejada (isto é, uma entrada na tabela para ser sobrescrita). Na realidade, não ocorre transporte de página. Gere um arquivo que consiste em endereços aleatórios e teste o desempenho para LRU e FIFO. Em seguida, gere um arquivo de endereços no qual x por cento dos endereços são quatro bytes mais altos do que o anterior (para simular localidade). Execute testes para diversos valores de x e informe os respectivos resultados.

39. O programa da Figura 6.26 tem uma condição de disputa fatal porque dois *threads* acessam variáveis compartilhadas de modo não controlado, sem usar semáforos nem qualquer outro método de exclusão mútua. Execute esse programa para ver quanto tempo ele leva até parar. Se você não conseguir fazê-lo parar, modifique-o para aumentar o tamanho da janela de vulnerabilidade, colocando algum processamento de cálculo entre o ajuste de *m.in* e *m.out* e testando-os. Quanto cálculo você tem de colocar antes que ele falhe, por exemplo, uma vez por hora?

40. Escreva um programa para UNIX ou Windows 7 que tome como entrada o nome de um diretório. O programa deve imprimir uma lista dos arquivos no diretório, uma linha por arquivo e, depois do nome do arquivo, imprimir o tamanho do arquivo. Imprima nomes de arquivos na ordem em que ocorrem no diretório. Posições não utilizadas no diretório devem ser listadas como (não utilizadas).

Capítulo 7

O nível de linguagem de montagem

Nos capítulos 4, 5 e 6 discutimos três níveis diferentes presentes na maioria dos computadores contemporâneos. Este capítulo trata principalmente de outro nível que, em essência, também está presente em todos os computadores modernos: o nível da linguagem de montagem (ou *assembly*). O nível da linguagem de montagem tem uma característica significativamente diferente em relação aos níveis de microarquitetura, ISA e máquina do sistema operacional – é implantado por tradução em vez de interpretação.

Programas que convertem um programa de usuário escrito em alguma linguagem para outra são denominados **tradutores**. A linguagem na qual o programa original é escrito é denominada **linguagem-fonte**, e a linguagem para a qual ela é convertida é denominada **linguagem-alvo**. Ambas, linguagem-fonte e linguagem-alvo, definem níveis. Se houver um processador disponível que possa executar diretamente programas escritos em linguagem-fonte, não há nenhuma necessidade de traduzir o programa-fonte para a linguagem-alvo.

A tradução é usada quando há um processador (hardware ou um interpretador) disponível para a linguagem-alvo, mas não para a linguagem-fonte. Se a tradução foi realizada de modo correto, a execução do programa traduzido dará resultados idênticos aos que a execução do programa-fonte daria se houvesse um processador disponível para ele. Por conseguinte, é possível implementar um novo nível para o qual não há nenhum processador, em primeiro lugar traduzindo programas escritos para esse nível para um nível-alvo e em seguida executando os programas no nível-alvo resultante.

É importante observar a diferença entre tradução, de um lado, e interpretação, de outro. Na tradução, o programa original na linguagem-fonte não é executado diretamente. Em vez disso, ele é convertido para um programa equivalente denominado **programa-objeto** ou **programa binário executável**, cuja execução é realizada somente após a conclusão da tradução. Há duas etapas distintas na tradução:

1. Geração de um programa equivalente na linguagem-alvo.
2. Execução do programa recém-gerado.

Essas duas etapas não ocorrem ao mesmo tempo. A segunda etapa só começa após a conclusão da primeira. Na interpretação, há apenas uma etapa: execução do programa-fonte original. Não é preciso gerar com antecedência qualquer programa equivalente, embora, às vezes, o programa-fonte seja convertido para uma forma intermediária (por exemplo, código de bytes Java) para facilitar a interpretação.

Enquanto o programa-objeto está sendo executado, apenas três níveis estão em evidência: o nível da microarquitetura, o nível ISA e o nível de máquina do sistema operacional. Por conseguinte, três programas – o programa-objeto do usuário, o sistema operacional e o microprograma (se houver algum) – podem ser encontrados na memória do computador durante a execução. Todos os vestígios do programa-fonte original desapareceram. Assim, o número de níveis presentes durante o tempo de execução pode ser diferente do número de níveis presentes antes da tradução. Entretanto, deve-se observar que, embora definamos um nível pelas instruções e construções linguísticas disponíveis para seus programadores (e não pela técnica de execução), outros autores às vezes fazem maior distinção entre níveis implementados por interpretadores durante a execução e níveis implementados por tradução.

7.1 Introdução à linguagem de montagem

De modo geral, tradutores podem ser divididos em dois grupos, dependendo da relação entre a linguagem-fonte e a linguagem-alvo. Quando a linguagem-fonte é, basicamente, uma representação simbólica para uma linguagem de máquina numérica, o tradutor é denominado *assembler* (montador) e a linguagem-fonte é denominada **linguagem de montagem** (linguagem *assembly*). Quando a linguagem-fonte é uma linguagem de alto nível como Java ou C e a linguagem-alvo é uma linguagem de máquina numérica ou uma representação simbólica de uma linguagem de máquina numérica, o tradutor é denominado **compilador**.

7.1.1 O que é uma linguagem de montagem?

Uma linguagem de montagem pura é uma linguagem na qual cada declaração produz exatamente uma instrução de máquina. Em outras palavras, há uma correspondência um-para-um entre instruções de máquina e declarações no programa de montagem. Se cada linha no programa em linguagem de montagem contiver exatamente uma declaração e cada palavra de máquina contiver exatamente uma instrução de máquina, então um programa de montagem de n linhas produzirá um programa em linguagem de máquina de n instruções.

A razão por que as pessoas usam linguagem de montagem, ao contrário de programação em linguagem de máquina (em binário ou hexadecimal), é que é muito mais fácil programar. A utilização de nomes simbólicos e endereços simbólicos em vez de binários ou hexadecimais faz uma enorme diferença. A maioria das pessoas pode se lembrar de que as abreviaturas para somar, subtrair, multiplicar e dividir são ADD, SUB, MUL e DIV, mas poucas conseguem se recordar dos valores numéricos correspondentes que a máquina usa. O programador de linguagem de montagem só precisa se lembrar dos nomes simbólicos porque o *assembler* os traduz para instruções de máquina.

As mesmas observações se aplicam a endereços. O programador de linguagem de montagem pode dar nomes simbólicos a locais de memória e deixar para o *assembler* a preocupação de fornecer os valores numéricos corretos. O programador de linguagem de máquina deve sempre trabalhar com os valores numéricos dos endereços. Como consequência, hoje ninguém programa em linguagem de máquina, embora isso acontecesse décadas atrás, antes da invenção dos *assemblers*.

Linguagens de montagem têm outra propriedade, além do mapeamento um-para-um de declarações nessa linguagem para instruções de máquina, que as distinguem de linguagens de alto nível. O programador de linguagem de montagem tem acesso a todos os recursos e instruções disponíveis na máquina-alvo; o programador de linguagem de alto nível não tem. Por exemplo, se a máquina-alvo tem um bit de excesso (*overflow*), um programa em linguagem de montagem pode testá-lo, mas um programa em Java, não. O programa em linguagem de montagem pode executar todas as instruções presentes no conjunto de instruções da máquina-alvo, mas o programa em linguagem de alto nível, não. Em suma, tudo o que pode ser feito em linguagem de máquina pode ser feito em linguagem de montagem, mas muitas instruções, registradores e recursos semelhantes não estão disponíveis para utilização pelo programador de linguagem de alto nível. Linguagens para programação de sistemas, como a C, geralmente são um híbrido desses tipos, com a sintaxe de uma linguagem de alto nível, mas conservando muito do acesso à máquina de uma linguagem de montagem.

Uma diferença final que vale a pena explicitar é que um programa em linguagem de montagem só pode ser executado em uma família de máquinas, ao passo que um programa escrito em uma linguagem de alto nível tem a capacidade potencial de ser executado em muitos equipamentos. Essa capacidade de transferir software de um computador para outro é de grande importância prática para muitas aplicações.

7.1.2 Por que usar linguagem de montagem?

A programação em linguagem de montagem é difícil – não se iluda. Não é para covardes e fracos de coração. Além do mais, escrever um programa nessa linguagem demora muito mais do que fazer o mesmo programa em uma linguagem de alto nível. E também demora muito mais para depurar, além de a manutenção ser muito mais difícil. Dadas essas condições, por que alguém programaria em linguagem de montagem? Há duas razões: desempenho e acesso à máquina. Antes de tudo, um programador especializado em linguagem de montagem pode produzir muitas vezes código muito menor e muito mais rápido do que um programador de linguagem de alto nível. Para algumas aplicações, rapidez e tamanho são críticos. Muitas aplicações embutidas, como o código em um cartão inteligente (*smart card*) ou cartão RFID, *drivers* de dispositivos, bibliotecas de manipulação de *strings*, rotinas de BIOS e os laços internos de aplicações de desempenho crítico caem nessa categoria.

Segundo, alguns procedimentos precisam de acesso completo ao hardware, algo que às vezes é impossível em linguagens de alto nível. Por exemplo, os tratadores de interrupções e exceções de baixo nível em um sistema operacional e os controladores de dispositivos em muitos sistemas embutidos de tempo real se encontram nessa categoria.

Além dessas razões para programar em linguagem de montagem, há também duas razões para estudá-la. Primeiro, um compilador deve ou produzir a saída usada por um *assembler* ou realizar o processo de montagem por si só. Assim, entender essa linguagem é essencial para compreender como funcionam os compiladores. Afinal, alguém precisa escrever o compilador (e seu *assembler*).

Segundo, estudar a linguagem de montagem expõe a máquina real à vista. Para estudantes de arquitetura de computadores, escrever um pouco de código de montagem é a única maneira de ter uma ideia de como realmente são as máquinas no nível da arquitetura.

7.1.3 Formato de uma declaração em linguagem de montagem

Embora a estrutura de uma declaração em linguagem de montagem seja muito parecida com a estrutura da instrução de máquina que ela representa, linguagens de montagem para máquinas diferentes são parecidas o bastante umas com as outras para permitir uma discussão de linguagem de montagem em geral. A Figura 7.1 mostra fragmentos de programas em linguagem de montagem para o x86 para efetuar o cálculo $N = I + J$. As declarações abaixo da linha em branco são comandos para o *assembler* reservar memória para as variáveis I, J e N e não são representações simbólicas de instruções de máquina.

Figura 7.1 Cálculo de $N = I + J$ no x86.

Etiqueta	Opcode	Operandos	Comentários
FORMULA:	MOV	EAX,I	; registrador EAX = I
	ADD	EAX,J	; registrador EAX = I + J
	MOV	N,EAX	; N = I + J
I	DD	3	; reserve 4 bytes com valor inicial 3
J	DD	4	; reserve 4 bytes com valor inicial 4
N	DD	0	; reserve 4 bytes com valor inicial 0

Existem vários *assemblers* para a família Intel (isto é, x86), cada um com uma sintaxe diferente. Neste capítulo, usaremos a linguagem Microsoft MASM para nossos exemplos. Existem muitos *assemblers* para o ARM, mas a sintaxe é comparável ao *assembler* do x86, de modo que um exemplo deverá ser suficiente.

Declarações em linguagem de montagem têm quatro partes: um campo de etiqueta, um de operação (*opcode*), um de operandos e um de comentários. Nenhum deles é obrigatório. Etiquetas, que são usadas para dar nomes simbólicos para endereços de memória, são necessárias em declarações executáveis de modo a possibilitar desvios para essas declarações. Também são necessárias para palavras de dados, permitindo que os dados ali armazenados sejam acessíveis por nomes simbólicos. Se uma declaração tiver etiqueta, esta (em geral) começa na coluna 1.

O exemplo da Figura 7.1 tem quatro etiquetas: FORMULA, I, J e N. O MASM requer dois-pontos em etiquetas de código, mas não nas de dados. Não há nada de fundamental nessa diferença. Outros *assemblers* podem ter demandas diferentes. Nada na arquitetura subjacente sugere a preferência por uma ou outra notação. Uma vantagem da notação com dois-pontos é que, com ela, uma etiqueta pode aparecer sozinha em uma linha, com o *opcode* na coluna 1 da linha seguinte. Esse estilo às vezes é conveniente para compiladores. Sem os dois-pontos, não haveria como diferenciar uma etiqueta sozinha em uma linha de um *opcode* também sozinho em uma linha. Os dois-pontos eliminam essa ambiguidade potencial.

Uma característica desastrosa de alguns *assemblers* é que etiquetas estão restritas a seis ou oito caracteres. Por comparação, a maioria das linguagens de alto nível permite a utilização de nomes de comprimento arbitrário. Nomes longos, bem escolhidos, facilitam muito mais a leitura e a compreensão dos programas por outras pessoas.

Cada máquina tem alguns registradores, de modo que precisam de nomes. Os registradores do x86 têm nomes como **EAX**, **EBX**, **ECX** e assim por diante.

O campo de *opcode* contém ou uma abreviatura simbólica para ele – se a declaração for uma representação simbólica para uma instrução de máquina – ou um comando para o próprio *assembler*. A escolha de um nome adequado é apenas uma questão de gosto, e diferentes projetistas de linguagem de montagem muitas vezes fazem escolhas diferentes. Os projetistas do *assembler* MASM decidiram usar **MOV** tanto para carregar o registrador a partir da memória quanto para armazenar um registrador na memória, mas poderiam ter escolhido **MOVE** ou **LOAD** e **STORE**.

Os programas de montagem em geral precisam reservar espaço para variáveis. Os projetistas da linguagem de montagem MASM escolheram **DD** (*Define Double*), já que uma palavra no 8088 tinha 16 bits.

O campo de operando de uma declaração em linguagem de montagem é usado para especificar os endereços e registradores usados como operando pela instrução de máquina. O campo de operando de uma instrução de adição de inteiros informa o que será somado a quê. O de uma instrução de desvio informa para onde desviar. Operandos podem ser registradores, constantes, localizações de memória e assim por diante.

O campo de comentários oferece um lugar onde os programadores podem colocar explicações úteis sobre o funcionamento do programa para benefício de outros programadores que queiram usar ou modificar o programa mais tarde (ou para benefício do programador original um ano depois). Um programa em linguagem de montagem sem essa documentação é quase incompreensível para todos os programadores, entre eles muitas vezes também o seu autor. É um campo exclusivamente para consumo de seres humanos; não tem efeito algum sobre o processo de montagem nem sobre o programa gerado.

7.1.4 Pseudoinstruções

Além de especificar quais instruções de máquina executar, um programa em linguagem de montagem também pode conter comandos para o próprio *assembler*, por exemplo, pedir que ele reserve algum armazenamento ou ejete uma nova página na listagem. Tais comandos são denominados **pseudoinstruções** ou, às vezes, **diretivas de *assembler***. Já vimos uma pseudoinstrução típica na Figura 7.1: DD. Algumas outras estão relacionadas na Figura 7.2. Elas foram tiradas do *assembler* Microsoft MASM para o x86.

Figura 7.2 Algumas das pseudoinstruções disponíveis no *assembler* MASM.

Pseudoinstrução	Significado
SEGMENT	Inicie um novo segmento (texto, dados etc.) com certos atributos
ENDS	Encerre o segmento corrente
ALIGN	Controle o alinhamento da próxima instrução ou dados
EQU	Defina um novo símbolo igual a uma expressão dada
DB	Aloque armazenamento para um ou mais bytes (inicializados)
DW	Aloque armazenamento para um ou mais itens de dados (palavras) de 16 bits (inicializados)
DD	Aloque armazenamento para um ou mais itens de dados (duplos) de 32 bits (inicializados)
DQ	Aloque armazenamento para um ou mais itens de dados (quádruplos) de 64 bits (inicializados)
PROC	Inicie um procedimento
ENDP	Encerre um procedimento
MACRO	Inicie uma definição de macro
ENDM	Encerre uma definição de macro
PUBLIC	Exporte um nome definido neste módulo
EXTERN	Importe um nome definido de outro módulo
INCLUDE	Busque e inclua um outro arquivo
IF	Inicie a montagem condicional baseada em uma expressão dada
ELSE	Inicie a montagem condicional se a condição IF acima for falsa
ENDIF	Termine a montagem condicional
COMMENT	Defina um novo caractere de início de comentário
PAGE	Gere uma quebra de página na listagem
END	Termine o programa de montagem

A pseudoinstrução SEGMENT inicia um novo segmento e ENDS encerra um segmento. É permitido iniciar um segmento de texto, com código, então iniciar um de dados e, em seguida, voltar ao segmento de texto e assim por diante.

ALIGN impõe à próxima linha, em geral dados, um endereço que é um múltiplo de seu argumento. Por exemplo, se o segmento atual já tiver 61 bytes de dados, então, após ALIGN 4, o próximo endereço alocado será 64.

EQU é usada para dar um nome simbólico a uma expressão. Por exemplo, após a pseudoinstrução

BASE EQU 1000

o símbolo BASE pode ser usado em todos os lugares no lugar de 1000. A expressão que vem depois de EQU pode envolver vários símbolos definidos combinados com operadores aritméticos e outros, por exemplo, em

LIMIT EQU 4 * BASE + 2000

Grande parte dos *assemblers*, incluindo o MASM, requer que um símbolo seja definido antes de ser usado em uma expressão como essa.

As quatro pseudoinstruções seguintes, DB, DW, DD e DQ, alocam armazenamento para uma ou mais variáveis de tamanhos 1, 2, 4 ou 8 bytes, respectivamente. Por exemplo,

TABLE DB 11, 23, 49

aloca espaço para 3 bytes e os inicializa com 11, 23 e 49, respectivamente. Também define o símbolo *TABLE* e o ajusta com o endereço onde 11 é armazenado.

As pseudoinstruções PROC e ENDP definem o início e o final de procedimentos de linguagem de montagem, respectivamente. Procedimentos em linguagem de montagem têm a mesma função que procedimentos em outras linguagens de programação. De modo semelhante, MACRO e ENDM delimitam o escopo de uma definição de macro. Estudaremos macros mais adiante neste capítulo.

As duas pseudoinstruções seguintes, PUBLIC e EXTERN, controlam a visibilidade de símbolos. É comum escrever programas como um conjunto de arquivos. Muitas vezes, um procedimento que está em um arquivo precisa chamar um procedimento ou acessar uma palavra de dados definida em outro arquivo. Para possibilitar essas referências cruzadas entre arquivos, um símbolo que deve ficar disponível para outros arquivos é exportado usando PUBLIC. De modo semelhante, para evitar que o *assembler* se queixe da utilização de um símbolo que não está definido no arquivo corrente, o símbolo pode ser declarado como EXTERN, o que informa ao *assembler* que ele será definido em algum outro arquivo. Símbolos que não são declarados em nenhuma dessas pseudoinstruções têm como escopo o arquivo local. Esse padrão (*default*) significa que usar, por exemplo, *FOO* em múltiplos arquivos não gera um conflito porque cada definição é local a seu próprio arquivo.

A pseudoinstrução INCLUDE faz com que o *assembler* busque outro arquivo e o inclua no corpo do arquivo corrente. Esses arquivos incluídos costumam conter definições, macros e outros itens necessários em múltiplos arquivos.

Muitos *assemblers* suportam montagem condicional. Por exemplo,

WORDSIZE EQU 32
IF WORDSIZE GT 32
WSIZE: DD   64
ELSE
WSIZE: DD   32
ENDIF

aloca uma única palavra de 32 bits e chama seu endereço *WSIZE*. A palavra é inicializada com 64 ou 32, dependendo do valor de *WORDSIZE*, nesse caso, 32. Em geral, essa construção seria usada para escrever um programa que poderia ser montado para o modo de 32 bits ou para o de 64 bits. Por abranger todo o código dependente de máquina em IF e ENDIF, e então mudar uma única definição, *WORDSIZE*, o programa pode ser ajustado automaticamente para montar para qualquer um dos dois tamanhos. Usando essa técnica, é possível manter um único programa-fonte para várias máquinas-alvo (diferentes), o que facilita o desenvolvimento e a manutenção de software. Em muitos casos, todas as definições dependentes de máquina, como *WORDSIZE*, são reunidas em um único arquivo, com versões diferentes para máquinas diferentes. Incluindo o arquivo de definições correto, o programa pode ser recompilado com facilidade para computadores diferentes.

A pseudoinstrução COMMENT permite que o usuário altere o delimitador de comentário para algo diferente de ponto-e-vírgula. PAGE é usada para controlar a listagem que o *assembler* pode produzir, se requisitado. Por fim, END marca o final do programa.

Existem muitas outras pseudoinstruções em MASM. Outros *assemblers* x86 têm um conjunto diferente de pseudoinstruções disponíveis porque elas não são ditadas pela arquitetura subjacente, mas pelo gosto do escritor do *assembler*.

7.2 Macros

Programadores de linguagem de montagem com frequência precisam repetir sequências de instruções várias vezes dentro de um programa. O modo mais óbvio de fazer isso é escrever as instruções requeridas onde quer que sejam necessárias. Se uma sequência for longa, entretanto, ou tiver de ser usada muitas vezes, escrevê-la repetidas vezes torna-se tedioso.

Uma abordagem alternativa é transformar a sequência em um procedimento e chamá-la sempre que necessário. Essa estratégia tem a desvantagem de requerer uma instrução de chamada de procedimento e uma instrução de retorno a ser executada toda vez que uma sequência for necessária. Se as sequências forem curtas (por exemplo, duas instruções) mas usadas com frequência, a sobrecarga da chamada de procedimento pode reduzir de modo significativo a velocidade do programa. Macros proporcionam uma solução fácil e eficiente para o problema de precisar repetidas vezes das mesmas (ou de quase as mesmas) sequências de instruções.

7.2.1 Definição, chamada e expansão de macro

Uma **definição de macro** é um modo de dar um nome a um pedaço de texto. Após uma macro ser definida, o programador pode escrever o nome dela em vez do pedaço de programa. Uma macro é, na verdade, uma abreviatura para um pedaço de texto. A Figura 7.3(a) mostra um programa em linguagem de montagem para o x86 que troca o conteúdo das variáveis *p* e *q* duas vezes. Essas sequências poderiam ser descritas como macros, como mostra a Figura 7.3(b). Após sua definição, toda vez que ocorrer *SWAP*, ela será substituída pelas quatro linhas:

MOV EAX,P
MOV EBX,Q
MOV Q,EAX
MOV P,EBX

O programador definiu *SWAP* como uma abreviatura para as quatro declarações mostradas anteriormente.

Figura 7.3 Código em linguagem de montagem para trocar P e Q duas vezes. (a) Sem uma macro. (b) Com uma macro.

MOV	EAX,P	SWAP	MACRO
MOV	EBX,Q		MOV EAX,P
MOV	Q,EAX		MOV EBX,Q
MOV	P,EBX		MOV Q,EAX
			MOV P,EBX
MOV	EAX,P		ENDM
MOV	EBX,Q		
MOV	Q,EAX		SWAP
MOV	P,EBX		
			SWAP
	(a)		(b)

Embora *assemblers* diferentes tenham notações ligeiramente diferentes para definir macros, todos requerem as mesmas partes básicas em uma definição de macro:

1. Um cabeçalho de macro que dê o nome da macro que está sendo definida.
2. O texto que abrange o corpo da macro.
3. Uma pseudoinstrução que marca o final da definição (por exemplo, ENDM).

Quando o *assembler* encontra uma definição de macro, ele a salva em uma tabela de definição para uso subsequente. Desse ponto em diante, sempre que o nome da macro (*SWAP* no exemplo da Figura 7.3) aparecer como um *opcode*, o *assembler* o substitui pelo corpo da macro. A utilização de um nome de macro como um *opcode* é conhecida como **chamada de macro** e sua substituição pelo corpo da macro é denominada **expansão de macro**.

A expansão de macro ocorre durante o processo de montagem e não durante a execução do programa. Esse ponto é importante. O programa da Figura 7.3(a) e o da Figura 7.3(b) produzirão exatamente o mesmo código de linguagem de máquina. Examinando apenas o programa em linguagem de máquina, é impossível dizer se houve ou não macros envolvidas em sua geração. A razão é que, logo que a expansão de macro é concluída, suas definições são descartadas pelo *assembler*. Não resta vestígio algum delas no programa gerado.

Chamadas de macro não devem ser confundidas com chamadas de procedimento. A diferença básica é que a primeira é uma instrução para o *assembler* substituir o nome da macro pelo corpo dela. Uma chamada de procedimento é uma instrução de máquina que é inserida no programa-objeto e que mais tarde será executada para chamar o procedimento. A Figura 7.4 compara chamadas de macro com as de procedimento.

Figura 7.4 Comparação de chamadas de macro com chamadas de procedimento.

Item	Chamada de macro	Chamada de procedimento
Quando a chamada é feita?	Durante montagem	Durante execução do programa
O corpo é inserido no programa-objeto em todos os lugares em que a chamada é feita?	Sim	Não
Uma instrução de chamada de procedimento é inserida no programa-objeto e executada mais tarde?	Não	Sim
Deve ser usada uma instrução de retorno após a conclusão da chamada?	Não	Sim
Quantas cópias do corpo aparecem no programa-objeto?	Uma por chamada de macro	Uma

Em termos conceituais, é melhor imaginar a realização do processo de montagem em duas etapas. Na etapa um, todas as definições de macro são salvas e as chamadas de macro são expandidas. Na etapa dois, o texto resultante é processado como se estivesse no programa original. Segundo essa visão, o programa-fonte é lido e então transformado em um novo programa do qual todas as definições de macro foram removidas e no qual todas as chamadas de macro foram substituídas pelos seus corpos. A saída resultante, um programa em linguagem de montagem que não contém nenhuma macro, é então alimentada no *assembler*.

É importante ter em mente que um programa é uma cadeia de caracteres que inclui letras, dígitos, espaços, sinais de pontuação e retornos ao início da linha ("*carriage returns*"). Expansão de macro consiste em substituir certas subcadeias por outras cadeias de caracteres. Um processador de macros é uma técnica para manipular cadeias de caracteres sem considerar seu significado.

7.2.2 Macros com parâmetros

O processador de macros que acabamos de descrever pode ser usado para encurtar programas nos quais exatamente a mesma sequência de instruções ocorre repetidas vezes. Contudo, muitas vezes um programa contém diversas sequências de instruções que são quase (mas não de todo) idênticas, como ilustrado na Figura 7.5(a). Aqui, a primeira sequência permuta *P* e *Q* e a segunda sequência permuta *R* e *S*.

Figura 7.5 Sequências de declarações quase idênticas. (a) Sem uma macro. (b) Com uma macro.

```
        MOV   EAX,P           CHANGE   MACRO P1, P2
        MOV   EBX,Q                    MOV EAX,P1
        MOV   Q,EAX                    MOV EBX,P2
        MOV   P,EBX                    MOV P2,EAX
                                       MOV P1,EBX
        MOV   EAX,R                    ENDM
        MOV   EBX,S
        MOV   S,EAX                    CHANGE P, Q
        MOV   R,EBX
                                       CHANGE R, S
            (a)                            (b)
```

Assemblers de macros tratam o caso de sequências praticamente idênticas permitindo que definições de macro forneçam **parâmetros formais** e que chamadas de macro forneçam **parâmetros reais**. Quando uma macro é expandida, cada parâmetro formal que aparece no corpo da macro é substituído pelo parâmetro real correspondente. Os parâmetros reais são colocados no campo de operando da chamada de macro. A Figura 7.5(b) mostra o programa da Figura 7.5(a) reescrito usando uma macro com dois parâmetros. Os símbolos *P1* e *P2* são os parâmetros formais. Cada ocorrência de *P1* dentro de um corpo de macro é substituída pelo primeiro parâmetro real quando a macro é expandida. De modo semelhante, *P2* é substituído pelo segundo parâmetro real. Na chamada de macro

    CHANGE P, Q

P é o primeiro e *Q* é o segundo parâmetro real. Assim, os programas executáveis produzidos por ambas as partes da Figura 7.5 são idênticos. Eles contêm exatamente as mesmas instruções com os mesmos operandos.

7.2.3 Características avançadas

A maioria dos processadores de macros tem uma grande quantidade de características avançadas para facilitar a vida do programador de linguagem de montagem. Nesta seção, vamos examinar algumas das características avançadas do MASM. Um problema que ocorre com todos os *assemblers* que suportam macros é a duplicação de rótulos. Suponha que uma macro contenha uma instrução de desvio condicional e um rótulo para o qual ela desvia. Se ela é chamada duas ou mais vezes, o rótulo será duplicado, o que causa um erro de montagem. Uma solução é fazer com que o programador forneça um rótulo diferente em cada chamada, como um parâmetro. Uma solução diferente (usada pelo MASM) é permitir que um rótulo seja declarado **LOCAL** e que o *assembler* gere automaticamente um rótulo diferente a cada expansão da macro. Alguns outros *assemblers* têm uma regra que impõe que rótulos numéricos são automaticamente locais.

O MASM e grande parte dos outros *assemblers* permitem que macros sejam definidas dentro de outras macros. Essa característica é muito útil em combinação com a montagem condicional. Em geral, a mesma macro é definida em ambas as partes de uma declaração IF, assim:

```
M1      MACRO
            IF WORDSIZE GT 16
M2      MACRO
            ...
            ENDM
        ELSE
M2      MACRO
            ...
            ENDM
        ENDIF
        ENDM
```

De qualquer modo, a macro M2 será definida, mas a definição dependerá de o programa ser montado em uma máquina de 16 bits ou em uma de 32 bits. Se M1 não for chamada, M2 não será definida de modo algum.

Por fim, macros podem chamar outras macros, incluindo elas mesmas. Se uma macro for recursiva, isto é, chamar a si mesma, deve passar para si mesma um parâmetro que é trocado a cada expansão, e a macro deve testar o parâmetro e encerrar recursão quando alcançar certo valor. Caso contrário, o *assembler* pode ser colocado em um laço infinito. Se isso acontecer, o *assembler* deve ser terminado explicitamente pelo usuário.

7.2.4 Implementação de um processador de macros em um *assembler*

Para implementar um processador de macros, um *assembler* deve ser capaz de realizar duas funções: salvar definições de macro e expandir chamadas de macro. Vamos examinar essas duas funções, uma por vez.

O *assembler* deve manter uma tabela com todos os nomes de macros e, junto com cada nome, um ponteiro para sua definição armazenada, de modo que ela possa ser recuperada quando necessário. Alguns *assemblers* têm uma tabela separada para nomes de macros e alguns têm uma tabela de *opcodes* combinados, na qual são mantidas todas as instruções de máquina, pseudoinstruções e nomes de macro.

Quando uma definição de macro é encontrada, é criada uma entrada da tabela que contém o nome da macro, o número de parâmetros formais e um ponteiro para uma outra tabela – a tabela de definição de macros – onde o corpo da macro será mantido. Nesse mesmo momento também é construída uma lista dos parâmetros formais para utilização no processamento da definição. Então, o corpo da macro é lido e armazenado na tabela de definição. Parâmetros formais que ocorrem dentro do corpo são indicados por algum símbolo especial. Como exemplo, a representação interna da definição de macro de CHANGE na qual o ponto-e-vírgula representa retorno ao início da linha (*carriage return*) e & é o símbolo de parâmetro formal é mostrada a seguir:

MOV EAX,&P1; MOV EBX,&P2; MOV &P2,EAX; MOV &P1,EBX;

Dentro da tabela de definição de macros, o corpo da macro é simplesmente uma cadeia de caracteres.

Durante a etapa um da montagem, *opcodes* são consultados e macros são expandidas. Sempre que uma definição de macro for encontrada, ela é armazenada na tabela. Quando uma macro é chamada, o *assembler* para temporariamente de ler entradas do dispositivo de entrada e, em lugar disso, começa a ler do corpo armazenado da macro. Parâmetros formais extraídos do corpo armazenado da macro são substituídos pelos parâmetros reais fornecidos na chamada. A presença do & na frente dos parâmetros formais facilita seu reconhecimento pelo *assembler*.

7.3 O processo de montagem

Nas seções seguintes, vamos descrever resumidamente como um *assembler* funciona. Embora cada máquina tenha uma linguagem de montagem diferente, o processo de montagem é semelhante o suficiente para que possamos descrevê-lo em termos gerais.

7.3.1 Assemblers de duas etapas

Como um programa em linguagem de montagem consiste em uma série de declarações de uma linha cada, poderia parecer natural ter um *assembler* que lesse uma declaração, em seguida a traduzisse para linguagem de máquina e, por fim, passasse a linguagem de máquina gerada para um arquivo e, ao mesmo tempo, passasse a porção correspondente da listagem, se houvesse alguma, para outro arquivo. Então, esse processo seria repetido até que todo o programa fosse transferido. Infelizmente, essa estratégia não funciona.

Considere a situação em que a primeira declaração seja um desvio para L. O *assembler* não pode montar essa declaração antes de saber o endereço da declaração L. A declaração L pode estar próxima ao final do programa, o que impossibilita ao *assembler* achar o endereço sem antes ler quase o programa inteiro. Essa dificuldade é denominada **problema da referência antecipada**, porque um símbolo, L, foi usado antes de ser definido, isto é, foi feita uma referência a um símbolo cuja definição só ocorrerá mais tarde.

Referências antecipadas podem ser tratadas de duas maneiras. Na primeira, o *assembler* pode, de fato, ler o programa-fonte duas vezes. Cada leitura do programa-fonte é denominada **passagem**; qualquer tradutor que leia o programa de entrada duas vezes é denominado **tradutor de duas passagens**. Na passagem um, as definições de símbolos, incluindo rótulos de declarações, são coletadas e armazenadas em uma tabela. Quando a etapa dois começa, os valores de todos os símbolos são conhecidos; assim, não resta nenhuma referência antecipada e cada declaração pode ser lida, montada e produzida. Embora essa técnica exija uma passagem extra pela entrada, em termos de conceito ela é simples.

A segunda abordagem consiste em ler o programa de montagem uma vez, convertê-lo para uma forma intermediária e armazenar essa forma intermediária em uma tabela na memória. Então, é feita uma segunda passagem sobre a tabela, em vez de sobre o programa-fonte. Se houver memória suficiente (ou memória virtual), essa abordagem poupa tempo de E/S. Se for preciso produzir uma listagem, então toda a declaração-fonte, incluindo todos os comentários, tem de ser salva. Se não for preciso uma listagem, então a forma intermediária pode ser reduzida ao mínimo essencial.

De qualquer modo, outra tarefa da passagem um é salvar todas as definições de macro e expandir as chamadas à medida que são encontradas. Portanto, definir os símbolos e expandir as macros em geral são combinados em uma única passagem.

7.3.2 Passagem um

A principal função da passagem um é montar uma tabela denominada **tabela de símbolos**, que contém o valor de todos os símbolos. Um símbolo é um rótulo ou um valor ao qual é atribuído um nome simbólico por meio de uma pseudoinstrução, como

BUFSIZE EQU 8192

Ao atribuir um valor a um símbolo no campo de rótulo de uma instrução, o *assembler* tem de saber qual endereço aquela instrução terá durante a execução do programa. Para monitorar o endereço em tempo de execução da instrução que está sendo montada, o *assembler* mantém uma variável durante a montagem, conhecida como **ILC** (**Instruction Location Counter** – contador de localização de instrução). Ela é definida como 0 no início da passagem um e incrementada pelo comprimento da instrução para cada instrução processada, conforme mostra a Figura 7.6. Esse exemplo é para o x86.

Figura 7.6 O contador de localização de instrução (ILC) monitora o endereço no qual as instruções serão carregadas na memória. Neste exemplo, as declarações antes de MARIA ocupam 100 bytes.

Rótulo	Opcode	Operandos	Comentários	Comprimento	ILC
MARIA:	MOV	EAX, I	EAX = I	5	100
	MOV	EBX, J	EBX = J	6	105
ROBERTA:	MOV	ECX, K	ECX = K	6	111
	IMUL	EAX, EAX	EAX = I * I	2	117
	IMUL	EBX, EBX	EBX = J * J	3	119
	IMUL	ECX, ECX	ECX = K * K	3	122
MARILYN:	ADD	EAX, EBX	EAX = I * I + J * J	2	125
	ADD	EAX, ECX	EAX = I * I + J * J + K * K	2	127
STEPHANY:	JMP	DONE	desviar para DONE	5	129

A passagem um da maioria dos *assemblers* usa no mínimo três tabelas internas: a tabela de símbolos, a de pseudoinstruções e a de *opcodes*. Se necessário, também é mantida uma tabela de literais. A tabela de símbolos tem uma entrada para cada símbolo, como ilustrado na Figura 7.7. Símbolos são definidos usando-os como rótulos ou por definição explícita (por exemplo, EQU). Cada entrada da tabela de símbolos contém o símbolo em si (ou um ponteiro para ele), seu valor numérico e, às vezes, outras informações. Essas informações adicionais podem incluir:

1. O comprimento do campo de dados associado com o símbolo.
2. Os bits de relocação. (O símbolo muda de valor se o programa for carregado em um endereço diferente daquele considerado pelo *assembler*?)
3. Se o símbolo deve ser acessível ou não fora do procedimento.

Figura 7.7 Tabela de símbolos para o programa da Figura 7.6.

Símbolo	Valor	Outras informações
MARIA	100	
ROBERTA	111	
MARILYN	125	
STEPHANY	129	

A tabela de *opcodes* contém pelo menos uma entrada para cada *opcode* (mnemônico) simbólico na linguagem de montagem. A Figura 7.8 mostra parte de uma tabela de *opcodes*. Cada entrada contém o *opcode* simbólico, dois operandos, o valor numérico do *opcode*, o comprimento da instrução e um número de tipo que separa os *opcodes* em grupos, dependendo do número e tipo de operandos.

Figura 7.8 Alguns excertos da tabela de *opcodes* para um *assembler* x86.

Opcode	Primeiro operando	Segundo operando	Opcode hexa	Comprimento da instrução	Classe da instrução
AAA	—	—	37	1	6
ADD	EAX	immed32	05	5	4
ADD	reg	reg	01	2	19
AND	EAX	immed32	25	5	4
AND	reg	reg	21	2	19

Como exemplo, considere o *opcode* ADD. Se uma instrução ADD contiver EAX como o primeiro operando e uma constante de 32 bits (**immed32**) como o segundo, então é usado o *opcode* 0x05 e o comprimento da instrução é de 5 bytes. (Constantes que podem ser expressas em 8 ou 16 bits usam *opcodes* diferentes, não mostrados.) Se ADD for usada com dois registradores como operandos, a instrução tem 2 bytes, com *opcode* 0x01. A classe de instrução (arbitrária) 19 seria dada a todas as combinações *opcode*-operando que seguissem as mesmas regras e devessem ser processadas do mesmo modo que ADD com dois operandos de registradores. A classe da instrução designa efetivamente um procedimento dentro do *assembler* que é chamado para processar todas as instruções de um dado tipo.

Alguns *assemblers* permitem que os programadores escrevam instruções usando endereçamento imediato, ainda que não exista nenhuma instrução correspondente na linguagem-alvo. Essas instruções "pseudoimediatas" são manipuladas como a seguir. O *assembler* aloca memória para o operando imediato no final do programa e gera uma instrução que o referencia. Por exemplo, o *mainframe* IBM 360 e seus sucessores não têm instruções imediatas. Não obstante, programadores podem escrever

    L 14,=F'5'

para carregar o registrador 14 com uma constante de palavra inteira de valor 5. Desse modo, o programador evita escrever explicitamente uma pseudoinstrução para alocar uma palavra com valor 5, dando-lhe um rótulo, e então usar esse rótulo na instrução L. Constantes para as quais o *assembler* reserva memória automaticamente são denominadas **literais**. Além de poupar alguma escrita ao programador, as literais melhoram a legibilidade de um programa, tornando o valor da constante aparente na declaração-fonte. A passagem um do *assembler* deve montar uma tabela com todas as literais usadas no programa. Todos os nossos três exemplos de computador têm instruções imediatas, portanto, seus *assemblers* não fornecem literais. Instruções imediatas são bem comuns hoje em dia, mas antes não eram. É provável que a ampla utilização de literais deixou claro para os projetistas de máquinas que o endereçamento imediato era uma boa ideia. Se elas forem necessárias, uma tabela de literais é mantida durante a montagem, fazendo uma nova entrada toda vez que for encontrada uma literal. Após a passagem um, essa tabela é ordenada e as entradas duplicadas são removidas.

A Figura 7.9 mostra um procedimento que poderia servir como base para a passagem um de um *assembler*. O estilo de programação é digno de nota por si só. Os nomes de procedimentos foram escolhidos para dar uma boa indicação do que estes fazem. O mais importante é que a Figura 7.9 representa um esboço de passagem um que, embora não seja completo, proporciona um bom ponto de partida. É curto o suficiente para ser entendido com facilidade e deixa claro qual é a etapa seguinte – a saber, escrever os procedimentos nele usados.

Alguns desses procedimentos serão relativamente curtos, como *check_for_symbol*, que apenas retorna o símbolo como uma cadeia de caracteres se houver um símbolo e null se não houver. Outros, como *get_length_of_type1* e *get_length_of_type2*, podem ser mais longos e podem chamar outros procedimentos. Em geral, o número de tipos não será dois, é claro, mas dependerá da linguagem que está sendo montada e de quantas instruções ela tem.

Estruturar programas dessa maneira tem outras vantagens além da facilidade de programação. Se o *assembler* estiver sendo escrito por um grupo de pessoas, os vários procedimentos podem ser divididos entre os programadores. Todos os detalhes (detestáveis) da obtenção de entrada estão ocultos em *read_next_line*. Se eles mudarem – por exemplo, por causa de uma mudança de sistema operacional –, apenas um procedimento subsidiário é afetado, e não há necessidade de alterações no procedimento *pass_one* em si.

À medida que lê o programa, a passagem um tem de analisar cada linha para achar o *opcode* (por exemplo, ADD), examinar seu tipo (basicamente o padrão de operandos) e calcular o comprimento da instrução. Essas informações também são necessárias na passagem dois, portanto, é possível escrevê-las explicitamente para eliminar a necessidade de analisar a linha partindo do zero na próxima vez. Contudo, reescrever o arquivo de entrada provoca a ocorrência de mais E/S. Se é melhor fazer mais E/S para eliminar análise ou menos E/S e fazer mais análise, isso depende das velocidades relativas da CPU e do disco, da eficiência do sistema de arquivo e de outros fatores. Neste exemplo, vamos escrever um arquivo temporário que contém o tipo, o *opcode*, o comprimento e a própria linha de entrada. É essa linha que a passagem dois lê em vez da entrada bruta do arquivo.

Quando a pseudoinstrução END é lida, a passagem um termina. A tabela de símbolos e as tabelas de literais podem ser ordenadas nesse ponto, se necessário. A tabela de literais ordenadas pode ser verificada em busca de entradas duplas, que podem ser removidas.

Figura 7.9 Passagem um de um *assembler* simples.

```
public static void pass_one( ) {
   // Esse procedimento é um esboço de passagem um para um assembler simples
   boolean more_input = true;                      // sinal que para a passagem um
   String line, symbol, literal, opcode;           // campos da instrução
   int location_counter, length, value, type;      // variáveis diversas
   final int END_STATEMENT = –2;                   // sinaliza final da entrada

   location_counter = 0;                           // monta a primeira instrução em 0
   initialize_tables( );                           // inicialização geral

   while (more_input) {                            // more_input ajustada para falso por END
      line = read_next_line( );                    // obtenha uma linha de entrada
      length = 0;                                  // # bytes na instrução
      type = 0;                                    // de que tipo (formato) é a instrução

      if (line_is_not_comment(line)) {
         symbol = check_for_symbol(line);          // essa linha é rotulada?
         if (symbol != null)                       // se for, registre símbolo e valor
            enter_new_symbol(symbol, location_counter);
         literal = check_for_literal(line);        // a linha contém uma literal?
         if (literal != null)                      // se contiver, entre a linha na tabela
            enter_new_literal(literal);

         // Agora determine o tipo de opcode. –1 significa opcode ilegal.
         opcode = extract_opcode(line);            // localize mnemônico do opcode
         type = search_opcode_table(opcode);       // ache formato, por exemplo OP REG1,REG2
         if (type < 0)                             // se não for um opcode, é uma pseudoinstrução?
            type = search_pseudo_table(opcode);
         switch(type) {                            // determine o comprimento dessa instrução
            case 1: length = get_length_of_type1(line);  break;
            case 2: length = get_length_of_type2(line);  break;
            // outros casos aqui
         }
      }
      write_temp_file(type, opcode, length, line);  // informação útil para a passagem dois
      location_counter = location_counter + length; // atualize loc_ctr
      if (type == END_STATEMENT) {                  // terminamos a entrada?
         more_input = false;                        // se terminamos, execute tarefas de preparo
         rewind_temp_for_pass_two( );               // tais como rebobinar o arquivo temporário
         sort_literal_table( );                     // e ordenar a tabela de literais
         remove_redundant_literals( );              // e remover literais duplicadas
      }
   }
}
```

7.3.3 Passagem dois

A função da passagem dois é gerar o programa-objeto e talvez imprimir a listagem de montagem. Além disso, a passagem dois deve produzir certas informações de que o ligador (*linker*) necessita para ligar procedimentos montados em tempos diferentes em um único arquivo executável. A Figura 7.10 mostra um rascunho de um procedimento para passagem dois.

Figura 7.10 Passagem dois de um *assembler* simples.

```
public static void pass_two( ) {
    // Esse procedimento é um esboço de passagem dois para um assembler simples.
    boolean more_input = true;              // sinal que para a passagem dois
    String line, opcode;                    // campos da instrução
    int location_counter, length, type;     // variáveis diversas
    final int END_STATEMENT = -2;           // sinaliza final da entrada
    final int MAX_CODE = 16;                // máximo de bytes de código por instrução
    byte code[ ] = new byte[MAX_CODE];      //contém código gerado por instrução

    location_counter = 0;                   // monta a primeira instrução em 0

    while (more_input) {                    // more_input ajustada para falso por END
        type = read_type( );                // obtém campo de tipo da próxima linha
        opcode = read_opcode( );            // obtém campo de opcode da próxima linha
        length = read_length( );            // obtém comprimento de campo da próxima linha
        line = read_line( );                // obtém a linha de entrada propriamente dita

        if (type != 0) {                    // tipo 0 é para linhas de comentário
            switch(type) {                  // gerar o código de saída
                case 1: eval_type1(opcode, length, line, code);  break;
                case 2: eval_type2(opcode, length, line, code);  break;
                // outros casos aqui
            }
        }
        write_output(code);                 // escreva o código binário
        write_listing(code, line);          // imprima uma linha na listagem
        location_counter = location_counter + length;    // atualize loc_ctr
        if (type == END_STATEMENT) {        // terminamos a entrada?
            more_input = false;             // se terminamos, execute tarefas de manutenção
            finish_up( );                   // execute tarefas de manutenção gerais e termine
        }
    }
}
```

A operação de passagem dois é mais ou menos semelhante à da passagem um: ela lê as linhas uma por vez e as processa. Visto que escrevemos o tipo, o *opcode* e o comprimento no início de cada linha (no arquivo temporário), tudo isso é lido para poupar um pouco de análise. O trabalho principal da geração de código é realizado pelos procedimentos *eval_type1*, *eval_type2* e assim por diante. Cada um manipula um padrão particular, tal como um *opcode* e dois operandos de registrador. Gera o código binário para a instrução, retorna-o em *code* e então ele é escrito. O mais provável é que *write_output* apenas acumule o código binário em um *buffer* e escreva o arquivo no disco em grandes porções para reduzir o tráfego.

A declaração-fonte original e o código-objeto dela gerado, em hexadecimal, podem então ser impressos ou colocados em um *buffer* para impressão posterior. Após o ILC ser ajustado, a próxima declaração é buscada.

Até agora, admitimos que o programa-fonte não contenha erro algum. Qualquer um que já tenha escrito um programa, em qualquer linguagem, sabe como essa suposição é irreal. Alguns dos erros mais comuns são:

1. Um símbolo foi usado, mas não definido.
2. Um símbolo foi definido mais de uma vez.
3. O nome no campo de *opcode* não é um *opcode* válido.
4. Um *opcode* é fornecido com um número insuficiente de operandos.
5. Um *opcode* é fornecido com um número demasiado de operandos.
6. Um número contém um caractere inválido, como 143G6.
7. Utilização ilegal de registrador (por exemplo, um desvio para um registrador).
8. A declaração **END** está faltando.

Programadores são muito engenhosos quando se trata de achar novos tipos de erros para cometer. Erros de símbolos não definidos muitas vezes são causados por erros de digitação, portanto, um *assembler* esperto poderia tentar entender qual dos símbolos definidos é mais parecido com o símbolo não definido e usá-lo em seu lugar. Pouco pode ser feito para corrigir a maioria dos outros erros. A melhor coisa que um *assembler* pode fazer com uma declaração errada é imprimir uma mensagem de erro e tentar continuar a montagem.

7.3.4 Tabela de símbolos

Durante a passagem um do processo de montagem, o *assembler* acumula informações sobre símbolos e seus valores que devem ser armazenadas na tabela de símbolos para consulta durante a passagem dois. Há vários modos diferentes disponíveis para organizar a tabela de símbolos. Logo adiante, descreveremos alguns de modo breve. Todos eles tentam simular uma **memória associativa** que, em termos conceituais, é um conjunto de pares (símbolo, valor). Dado o símbolo, a memória associativa deve produzir o valor.

A técnica de implementação mais simples é, de fato, executar a tabela de símbolos como um arranjo de pares, cujo primeiro elemento é (ou aponta para) o símbolo e cujo segundo elemento é (ou aponta para) o valor. Dado um símbolo para procurar, a rotina da tabela de símbolos apenas pesquisa linha por linha até achar um símbolo compatível. Esse método é fácil de programar, porém é lento porque, na média, metade da tabela terá de ser pesquisada em cada consulta.

Outro modo de organizar a tabela de símbolos é ordenar por símbolos e usar o algoritmo de **busca binária** para procurar um símbolo. Esse algoritmo funciona comparando a entrada do meio da tabela com o símbolo. Se ele vier antes da entrada do meio, em ordem alfabética, deve estar localizado na primeira metade da tabela. Se vier após a entrada do meio, deve estar na segunda metade da tabela. Se o símbolo for igual à entrada do meio, a busca termina.

Considerando que a entrada do meio não seja igual ao símbolo procurado, ao menos sabemos em qual metade da tabela procurá-lo. Agora, a busca binária pode ser aplicada à metade correta, o que resultará ou em uma compatibilidade ou no quarto correto da tabela. Utilizando aplicação recursiva do algoritmo, uma tabela com tamanho de *n* entradas pode ser pesquisada em cerca de $\log_2 n$ tentativas. É óbvio que esse modo é muito mais rápido do que a pesquisa linear, mas requer manter a tabela ordenada.

Um modo completamente diferente de simular uma memória associativa é uma técnica conhecida como **codificação *hash*** ou ***hashing***. Essa abordagem requer uma função "*hash*" que mapeia símbolos para inteiros na faixa de 0 a $k - 1$. Uma função possível é multiplicar os códigos ASCII dos caracteres presentes nos símbolos, ignorar o vai-um e tomar o módulo da divisão *k* resultante ou dividi-lo por um número primo. Na verdade, quase qualquer função da entrada que der uma distribuição uniforme de valores de *hash* servirá. Símbolos podem ser armazenados em uma tabela que consista em *k* **partições** numeradas de 0 a $k - 1$. Todos os pares (símbolo, valor) cujo símbolo resultar em *i* após a operação de *hash* são armazenados em uma lista encadeada que é apontada pela posição *i* na tabela de *hash*. Com *n* símbolos e *k* posições na tabela de *hash*, a lista média terá comprimento *n/k*. Escolhendo *k* mais ou menos igual a *n*, os símbolos podem ser localizados com cerca de apenas uma consulta em média. Ajustando *k*, podemos reduzir o tamanho da tabela à custa de consultas mais lentas. A codificação *hash* é ilustrada na Figura 7.11.

Figura 7.11 Codificação *hash*. (a) Símbolos, valores e os códigos *hash* derivados. (b) Tabela *hash* de oito entradas com listas encadeadas de símbolos e valores.

Andy	14025	0
Anton	31253	4
Cathy	65254	5
Dick	54185	0
Erik	47357	6
Frances	56445	3
Frank	14332	3
Gerrit	32334	4
Hans	44546	4
Henri	75544	2
Jan	17097	5
Jaco	64533	6
Maarten	23267	0
Reind	63453	1
Roel	76764	7
Willem	34544	6
Wiebren	34344	1

(a)

(b)

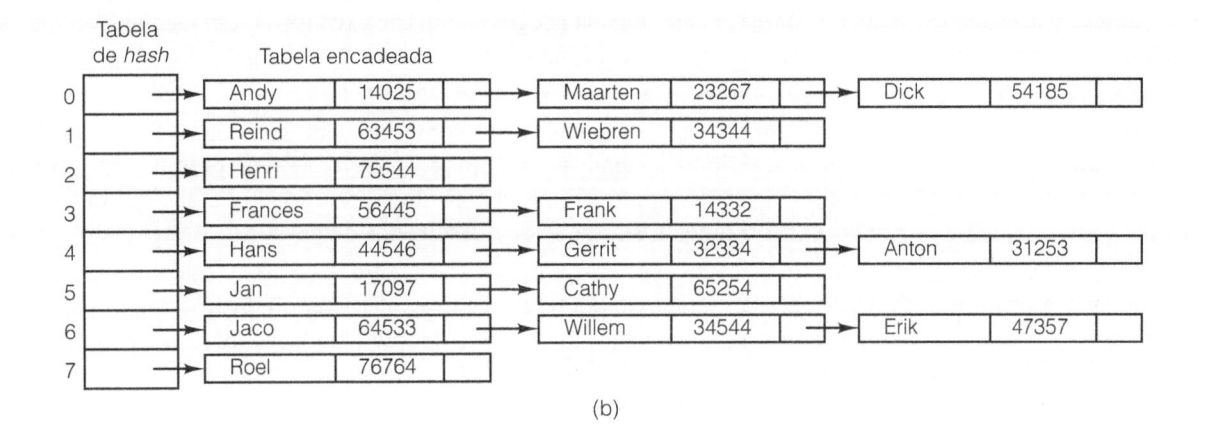

7.4 Ligação e carregamento

A maioria dos programas consiste em mais de um procedimento. Em geral, compiladores e *assemblers* traduzem um procedimento por vez e colocam a saída traduzida em disco. Antes que um programa possa ser executado, todos os procedimentos traduzidos devem ser encontrados e interligados adequadamente. Se não houver memória virtual disponível, o programa ligado deve ser carregado também na memória principal. Programas que executam essas funções têm vários nomes, entre eles **ligador**, **carregador de ligação** e **editor de ligação**. A tradução completa de um programa-fonte requer duas etapas, como mostra a Figura 7.12:

1. Compilação ou montagem dos procedimentos-fonte.
2. Ligação de módulos-objeto.

A primeira etapa é executada pelo compilador ou *assembler* e a segunda é realizada pelo ligador.

Figura 7.12 A geração de um programa binário executável a partir de um conjunto de procedimentos-fonte traduzidos independentemente requer a utilização de um ligador.

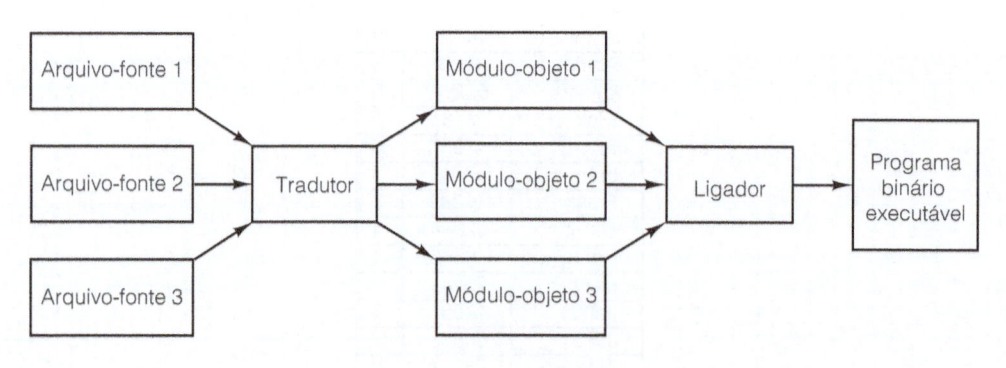

```
Arquivo-fonte 1 ─┐      ┌─→ Módulo-objeto 1 ─┐
                 │      │                    │
Arquivo-fonte 2 ─┼→ Tradutor ─→ Módulo-objeto 2 ─┼→ Ligador ─→ Programa binário executável
                 │      │                    │
Arquivo-fonte 3 ─┘      └─→ Módulo-objeto 3 ─┘
```

A tradução de procedimento-fonte para módulo-objeto representa uma mudança de nível porque a linguagem-fonte e a linguagem-alvo têm instruções e notação diferentes. O processo de ligação, entretanto, não representa uma mudança de nível, já que a entrada, bem como a saída do ligador, são programas para a mesma máquina virtual. A função do ligador é reunir procedimentos traduzidos em separado e ligá-los uns aos outros para que sejam executados como uma unidade denominada **programa binário executável**. Em sistemas Windows, os módulos-objeto têm a extensão .*obj* e os programas binários executáveis têm extensão .*exe*. Em UNIX, os módulos-objeto têm extensão .*o*; programas binários executáveis não têm extensão.

Compiladores e *assemblers* traduzem cada procedimento-fonte como uma entidade separada por uma boa razão. Se um compilador ou *assembler* tivesse de ler uma série de procedimentos-fonte e produzir de imediato um programa em linguagem de máquina pronto para executar, alterar uma única declaração em um único procedimento-fonte exigiria que todos os procedimentos-fonte fossem traduzidos de novo.

Se for utilizada a técnica de módulo-objeto separado mostrada na Figura 7.12, basta traduzir outra vez o procedimento modificado, e não os que não foram alterados, embora seja necessário religar todos os módulos-objeto de novo. Todavia, normalmente a ligação é muito mais rápida do que a tradução; por isso, esse processo de duas etapas de tradução e ligação pode poupar grande quantidade de tempo durante o desenvolvimento de um programa. Esse ganho é de especial importância para programas que têm centenas de milhares de módulos.

7.4.1 Tarefas realizadas pelo ligador

No início da passagem um do processo de montagem, o contador de localização de instrução está definido em 0. Essa etapa equivale a admitir que o módulo-objeto estará localizado no endereço (virtual) 0 durante a execução. A Figura 7.13 mostra quatro módulos-objeto para uma máquina genérica. Nesse exemplo, cada módulo começa com uma instrução **BRANCH** para uma instrução **MOVE** dentro do módulo.

Para executar o programa, o ligador traz os módulos-objeto para a memória principal para formar a imagem do programa binário executável, conforme mostra a Figura 7.14(a). A ideia é fazer uma imagem exata do espaço de endereço virtual do programa executável dentro do ligador e posicionar todos os módulos-objeto em suas localizações corretas. Se não houver memória (virtual) suficiente para formar a imagem, pode-se usar um arquivo em disco. Em geral, uma pequena seção da memória com início no endereço zero é usada para vetores de interrupção, comunicação com o sistema operacional, captura de ponteiros não inicializados ou outras finalidades, portanto, os programas costumam começar acima de 0. Nessa figura, iniciamos os programas, arbitrariamente, no endereço 100.

O programa da Figura 7.14(a), embora carregado para a imagem do arquivo binário executável, ainda não está pronto para execução. Considere o que aconteceria se a execução começasse com a instrução no início do módulo *A*. O programa não desviaria para a instrução **MOVE** como deveria, porque essa instrução agora está em 300. Na verdade, todas as instruções de referência à memória falhariam pela mesma razão. É claro que algo tem de ser feito.

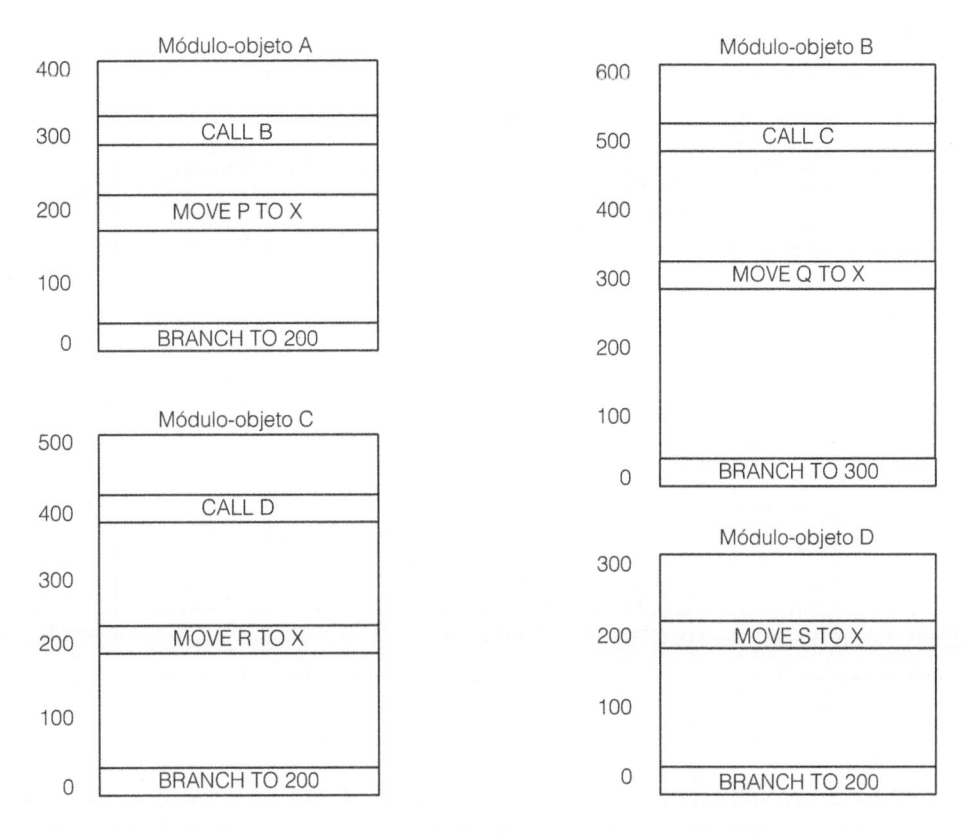

Figura 7.13 Cada módulo tem seu próprio espaço de endereço com início em 0.

Módulo-objeto A		Módulo-objeto B	
400		600	
300	CALL B	500	CALL C
200	MOVE P TO X	400	
100		300	MOVE Q TO X
0	BRANCH TO 200	200	
		100	
		0	BRANCH TO 300

Módulo-objeto C		Módulo-objeto D	
500		300	
400	CALL D	200	MOVE S TO X
300		100	
200	MOVE R TO X	0	BRANCH TO 200
100			
0	BRANCH TO 200		

Esse problema, denominado **problema da relocação**, ocorre porque cada módulo-objeto na Figura 7.13 representa um espaço de endereço separado. Em uma máquina com espaço de endereço segmentado, como o x86, em teoria, cada módulo-objeto poderia ter seu próprio espaço de endereço em seu próprio segmento. Contudo, o OS/2 é o único sistema operacional para o x86 que suporta esse conceito. Todas as versões de Windows e UNIX suportam apenas um espaço de endereço linear, portanto, os módulos-objeto devem ser fundidos em um único espaço de endereço.

Além do mais, as instruções de chamada de procedimento na Figura 7.14(a) também não funcionarão. No endereço 400, o programador pretendia chamar o módulo-objeto *B*, porém, como cada procedimento é traduzido sozinho, o *assembler* não tem meios de saber qual endereço inserir na instrução CALL B. O endereço do módulo-objeto *B* não é conhecido até o momento da ligação. Este é denominado problema da **referência externa**. Ambos os problemas que acabamos de citar podem ser resolvidos de maneira simples pelo ligador.

O ligador funde os espaços de endereços separados dos módulos-objeto em um único espaço de endereço linear, conforme as quatro etapas seguintes:

1. Ele constrói uma tabela de todos os módulos-objeto e seus comprimentos.
2. Com base nessa tabela, o ligador designa um endereço de início a cada módulo-objeto.
3. Ele acha todas as instruções que referenciam a memória e adiciona a cada uma delas uma **constante de relocação** igual ao endereço de início de seu módulo.
4. Ele acha todas as instruções que referenciam outros procedimentos e insere os endereços desses procedimentos no lugar adequado.

Figura 7.14 (a) Os módulos-objeto da Figura 7.13 após o posicionamento na imagem binária, mas antes da relocação e da ligação. (b) Os mesmos módulos-objeto após a ligação e após a relocação.

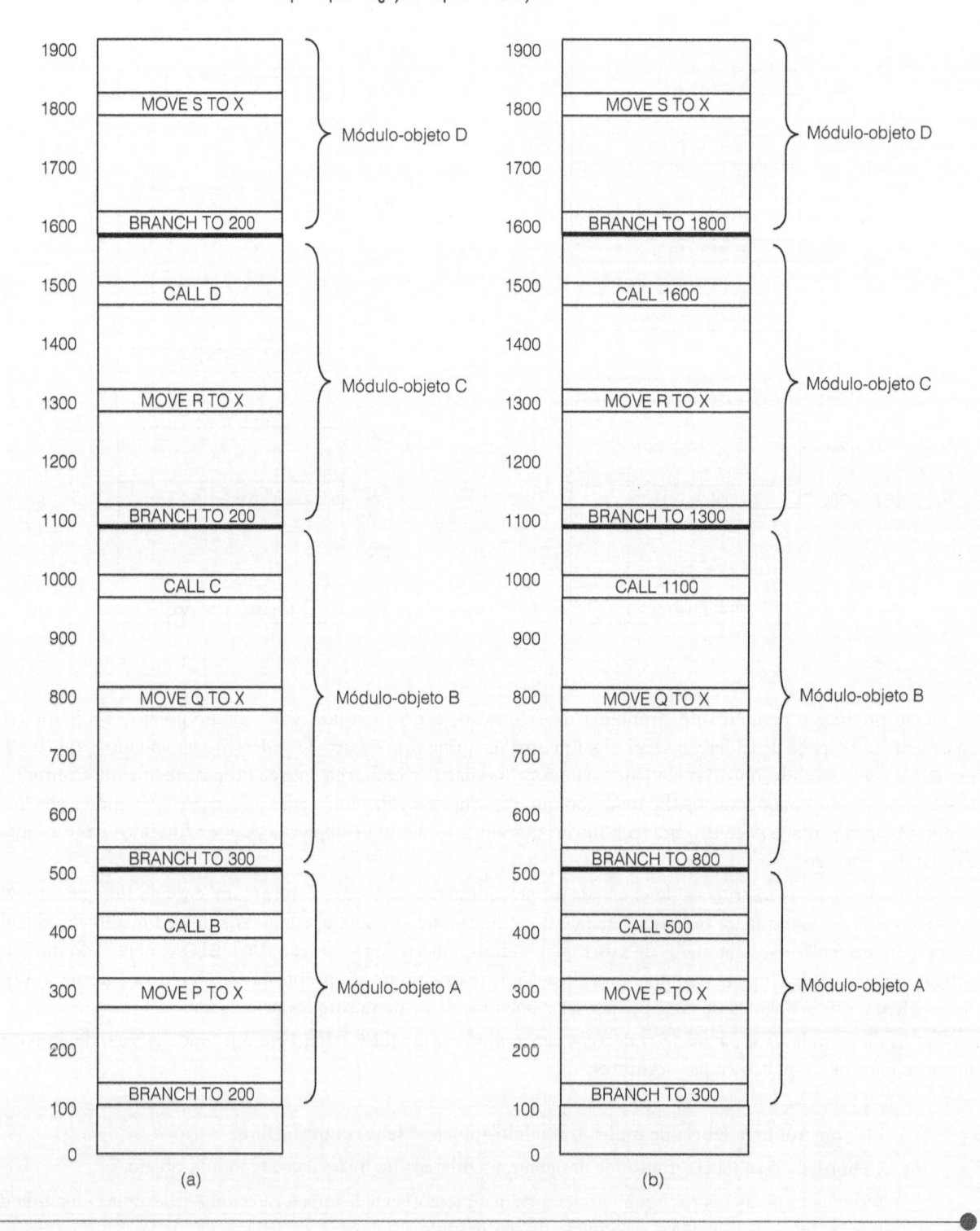

(a)		(b)	
Endereço	Conteúdo	Endereço	Conteúdo
1800	MOVE S TO X	1800	MOVE S TO X
1600	BRANCH TO 200	1600	BRANCH TO 1800
1500	CALL D	1500	CALL 1600
1300	MOVE R TO X	1300	MOVE R TO X
1100	BRANCH TO 200	1100	BRANCH TO 1300
1000	CALL C	1000	CALL 1100
800	MOVE Q TO X	800	MOVE Q TO X
500	BRANCH TO 300	500	BRANCH TO 800
400	CALL B	400	CALL 500
300	MOVE P TO X	300	MOVE P TO X
100	BRANCH TO 200	100	BRANCH TO 300

Módulo-objeto D: 1600-1900
Módulo-objeto C: 1100-1600
Módulo-objeto B: 500-1100
Módulo-objeto A: 100-500

A tabela de módulos-objeto construída na etapa 1 é mostrada para os módulos da Figura 7.14 a seguir. Ela dá o nome, o comprimento e o endereço de início de cada módulo.

Módulo	Comprimento	Endereço de início
A	400	100
B	600	500
C	500	1.100
D	300	1.600

A Figura 7.14(b) mostra o aspecto do espaço de endereço da Figura 7.14(a) após o ligador ter realizado essas etapas.

7.4.2 Estrutura de um módulo-objeto

Módulos-objeto costumam conter seis partes, como mostra a Figura 7.15. A primeira parte contém o nome do módulo, certas informações de que o ligador precisa, como os comprimentos das várias partes do módulo, e, às vezes, a data de montagem.

Figura 7.15 Estrutura interna de um módulo-objeto produzido por um tradutor. O campo *Identificação* vem em primeiro lugar.

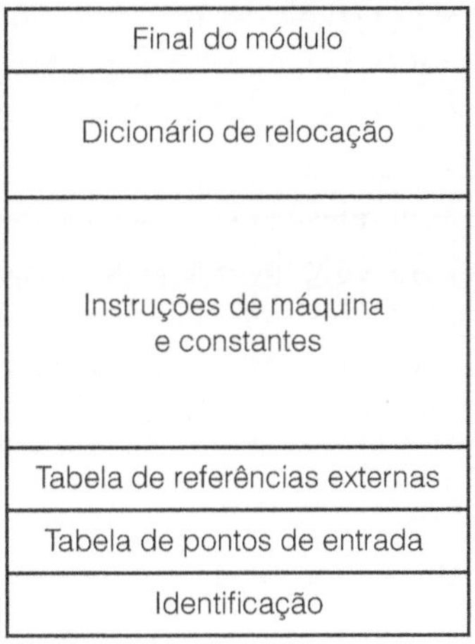

```
┌─────────────────────────────────┐
│        Final do módulo          │
├─────────────────────────────────┤
│     Dicionário de relocação     │
├─────────────────────────────────┤
│                                 │
│     Instruções de máquina       │
│         e constantes            │
│                                 │
├─────────────────────────────────┤
│  Tabela de referências externas │
├─────────────────────────────────┤
│   Tabela de pontos de entrada   │
├─────────────────────────────────┤
│         Identificação           │
└─────────────────────────────────┘
```

A segunda parte do módulo-objeto é uma lista dos símbolos definidos no módulo que outros módulos podem referenciar, acompanhados de seus valores. Por exemplo, se o modulo consistir em um procedimento denominado *bigbug*, a tabela de pontos de entrada conterá a cadeia de caracteres "*bigbug*", acompanhada do endereço ao qual ela corresponde. Um programador de linguagem de montagem indica quais símbolos devem ser declarados como **pontos de entrada** usando uma pseudoinstrução como PUBLIC na Figura 7.2.

A terceira parte do módulo-objeto consiste em uma lista dos símbolos que são usados no módulo, mas que são definidos em outros, junto com uma lista das instruções de máquinas que usam cada símbolo. O ligador precisa dessa última lista para poder inserir os endereços corretos nas instruções que usam símbolos externos. Um procedimento pode chamar outros procedimentos traduzidos independentemente, declarando como externos os nomes dos procedimentos chamados. O programador de linguagem de montagem indica quais símbolos devem ser declarados como **símbolos externos** usando uma pseudoinstrução como EXTERN na Figura 7.2. Em alguns computadores, pontos de entrada e referências externas são combinados em uma única tabela.

A quarta parte do módulo-objeto são o código montado e as constantes. Essa parte é a única que será carregada na memória para ser executada. As outras cinco partes serão usadas pelo ligador para ajudá-lo a fazer seu trabalho e então serão descartadas antes do início da execução.

A quinta parte do módulo-objeto é o dicionário de relocação. Como mostra a Figura 7.14, instruções que contêm endereços de memória devem ser somadas a uma constante de relocação. Visto que o ligador não tem nenhum meio de determinar, por inspeção, quais das palavras de dados na parte quatro contêm instruções de máquina e quais contêm constantes, a informação sobre quais endereços devem ser relocados é dada nessa tabela. A informação pode tomar a forma de uma tabela de bits, com 1 bit por endereço que tem possibilidade de ser relocado, ou uma lista explícita de endereços que deverão ser relocados.

A sexta parte é uma marca qualquer de final de módulo, talvez uma soma de verificação para pegar erros enquanto lê o módulo no qual deve começar a execução.

A maioria dos ligadores requer duas passagens. Na passagem um, o ligador lê todos os módulos-objeto e constrói uma tabela de nomes e comprimentos de módulos, bem como uma global de símbolos, que contém todos os pontos de entrada e referências externas. Na passagem dois, os módulos-objeto são lidos, relocados e ligados, um módulo por vez.

7.4.3 Tempo de vinculação e relocação dinâmica

Em um sistema com multiprogramação, um programa pode ser lido para a memória principal, executar durante algum tempo, ser escrito para o disco, e então lido de volta para a memória principal para ser executado de novo. Em um sistema de grande porte, com muitos programas, é difícil garantir que um programa seja lido de volta para as mesmas localizações toda vez.

A Figura 7.16 mostra o que aconteceria se o programa já relocado da Figura 7.14(b) fosse recarregado no endereço 400 em vez de no 100, onde o ligador o colocou de início. Todos os endereços de memória estão incorretos; além do mais, a informação de relocação há muito foi descartada. Mesmo que a informação de relocação ainda estivesse disponível, o custo de ter de relocar todos os endereços toda vez que o programa fosse chaveado seria muito alto.

O problema de mover programas que foram ligados e relocados está relacionado muito de perto com o momento em que a vinculação final de nomes simbólicos a endereços de memória físicos absolutos é concluída. Quando um programa é escrito, ele contém nomes simbólicos para endereços de memória, por exemplo, BR L. O momento em que é determinado o endereço da memória principal correspondente a L é denominado **tempo de vinculação**. Há pelo menos seis possibilidades para o momento de vinculação:

1. Quando o programa é escrito.
2. Quando o programa é traduzido.
3. Quando o programa é ligado, mas antes de ser carregado.
4. Quando o programa é carregado.
5. Quando um registrador de base usado para endereçamento é carregado.
6. Quando a instrução que contém o endereço é executada.

Se uma instrução que contém um endereço de memória for movida após a vinculação, ela será incorreta (considerando que o objeto ao qual se refere também foi movido). Se o tradutor produzir um binário executável como saída, a vinculação ocorreu durante o tempo da tradução e o programa deve ser executado no endereço em que o tradutor esperava que fosse. O método de ligação descrito na seção anterior vincula nomes simbólicos a endereços absolutos durante a ligação, e é por isso que mover programas após a ligação falha, conforme mostra a Figura 7.16.

Há dois assuntos relacionados envolvidos aqui. Primeiro, há a questão do momento em que nomes simbólicos são ligados a endereços virtuais. Segundo, há a questão do momento em que endereços virtuais são ligados a endereços físicos. A vinculação está concluída apenas quando ambas as operações tiverem ocorrido. Quando o ligador funde os espaços de endereços separados dos módulos-objeto em um único espaço de endereço linear, na verdade ele está criando um espaço de endereço virtual. A relocação e a ligação servem para vincular nomes simbólicos a endereços virtuais específicos. Essa observação é verdadeira quer a memória virtual esteja sendo utilizada ou não.

Figura 7.16 Programa binário relocado da Figura 7.14(b) movido 300 endereços para cima. Muitas instruções agora se referem a um endereço de memória incorreto.

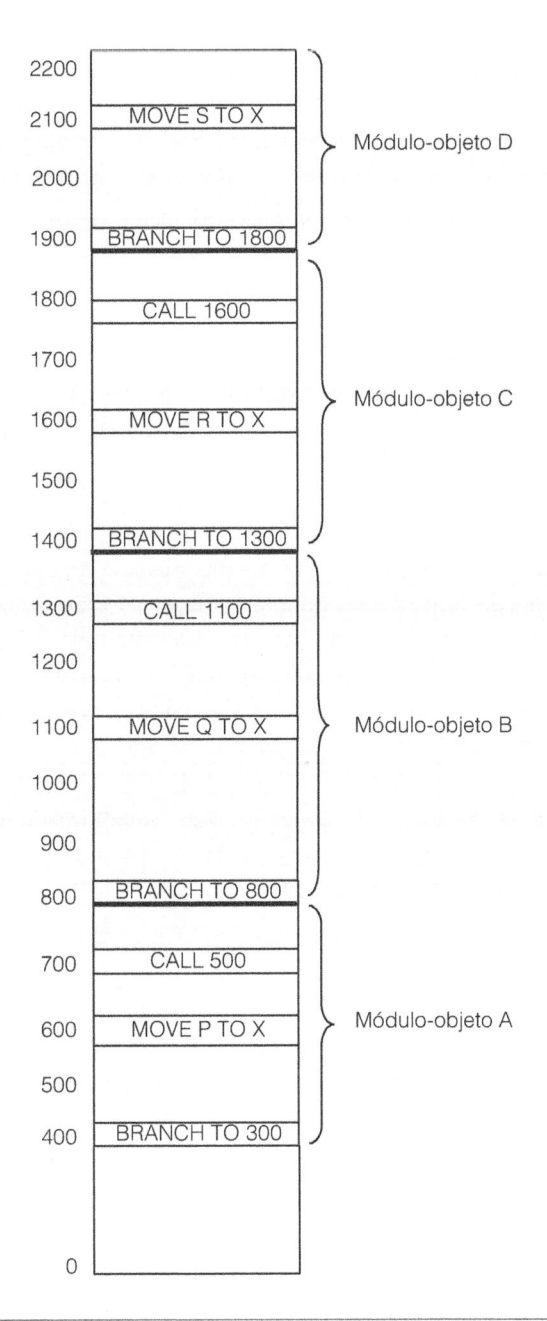

Endereço	Conteúdo	Módulo
2200		
2100	MOVE S TO X	Módulo-objeto D
2000		
1900	BRANCH TO 1800	
1800		
1800	CALL 1600	
1700		
1600	MOVE R TO X	Módulo-objeto C
1500		
1400	BRANCH TO 1300	
1300	CALL 1100	
1200		
1100	MOVE Q TO X	Módulo-objeto B
1000		
900		
800	BRANCH TO 800	
700	CALL 500	
600	MOVE P TO X	Módulo-objeto A
500		
400	BRANCH TO 300	
0		

Considere, por enquanto, que o espaço de endereço da Figura 7.14(b) fosse paginado. É claro que os endereços virtuais correspondentes aos nomes simbólicos A, B, C e D já foram determinados, mesmo que seus endereços físicos de memória principal ainda dependam do conteúdo da tabela de páginas no momento em que forem usados. Na realidade, um programa binário executável é uma vinculação de nomes simbólicos a endereços virtuais.

Qualquer mecanismo que permita que o mapeamento de endereços virtuais para endereços de memória física seja trocado com facilidade também facilitará a movimentação de programas pela memória principal, mesmo depois de aqueles endereços terem sido ligados a um espaço de endereço virtual. Um desses mecanismos é a paginação. Após a movimentação de um programa na memória principal, somente sua tabela de páginas precisa ser alterada, e não o programa em si.

Um segundo mecanismo é a utilização de um registrador de relocação em tempo de execução. O CDC 6600 e seus sucessores tinham um registrador desses. Em máquinas que usam essa técnica de relocação, o registrador sempre aponta para o endereço de memória física do início do programa corrente. O hardware acrescenta o registrador de relocação a todos os endereços de memória antes de enviá-los à memória. Todo o processo de relocação é transparente para os programas do usuário – eles nem sabem o que está ocorrendo. Quando um programa é movido, o sistema operacional deve atualizar o registrador de relocação. Esse mecanismo é menos geral do que a paginação porque o programa inteiro deve ser movido como uma unidade (a menos que haja registradores de relocação de dados e de código separados, como no Intel 8088, caso em que ele tem de ser movido como duas unidades).

Um terceiro mecanismo é possível em máquinas que podem referenciar a memória relativa em relação ao contador de programa. Muitas instruções de desvio são relativas ao contador de programa, o que ajuda. Sempre que um programa é movido na memória principal, só o contador de programa precisa ser atualizado. Um programa no qual todas as referências à memória ou são relativas ao contador de programa ou são absolutas (por exemplo, a registradores de dispositivos de E/S em endereços absolutos) é denominado **independente de posição**. Um procedimento independente de posição pode ser colocado em qualquer lugar dentro do espaço de endereço virtual sem necessidade de relocação.

7.4.4 Ligação dinâmica

A estratégia de ligação discutida na Seção 7.4.1 tem a propriedade de que todos os procedimentos que um programa poderia chamar são ligados antes que este inicie a execução. Em um computador com memória virtual, concluir toda a ligação antes de iniciar a execução não aproveita todas as capacidades da memória virtual. Muitos programas têm procedimentos que são chamados apenas em circunstâncias fora do comum. Por exemplo, compiladores têm procedimentos para compilar declarações raramente usadas, além de procedimentos para tratar condições de erro que ocorrem raramente.

Um modo mais flexível de ligar procedimentos compilados em separado é ligar cada procedimento no momento em que ele é chamado pela primeira vez. Esse processo é denominado **ligação dinâmica**. O pioneiro em sua utilização foi o MULTICS, cuja implementação, em certos aspectos, ainda é insuperável. Nas seções seguintes, estudaremos a ligação dinâmica em vários sistemas.

● **Ligação dinâmica em MULTICS**

Na forma MULTICS de ligação dinâmica, há um segmento associado a cada programa, denominado **segmento de ligação**, que contém um bloco de informações para cada procedimento que poderia ser chamado. Esse bloco começa com uma palavra reservada para o endereço virtual do procedimento e é seguida pelo nome do procedimento, que é armazenado como uma cadeia de caracteres.

Quando a ligação dinâmica está sendo usada, chamadas de procedimento na linguagem-fonte são traduzidas para instruções que endereçam indiretamente a primeira palavra do bloco de ligação correspondente, conforme mostra a Figura 7.17(a). O compilador preenche essa palavra com um endereço inválido ou com um padrão de bits especial que força uma exceção.

Quando é chamado um procedimento que está em um segmento diferente, a tentativa de endereçar a palavra inválida indiretamente causa uma exceção para o ligador dinâmico. Então, este acha a cadeia de caracteres na palavra que vem após o endereço inválido e pesquisa o diretório de arquivos do usuário em busca de um procedimento compilado com esse nome. Depois, é atribuído um endereço virtual a esse procedimento, quase sempre em seu próprio segmento privado, e esse endereço virtual sobrescreve o endereço inválido no segmento de ligação, como indicado na Figura 7.17(b). Em seguida, a instrução que causou a falha de ligação é executada novamente, o que permite ao programa continuar de onde estava antes da exceção.

Todas as referências subsequentes a esse procedimento serão executadas sem causar falha de ligação, porque a palavra indireta agora contém um endereço virtual válido. Por conseguinte, o ligador virtual é invocado somente na primeira vez em que um procedimento é chamado.

Figura 7.17 Ligação dinâmica. (a) Antes de *EARTH* ser chamado. (b) Após *EARTH* ser chamado e ligado.

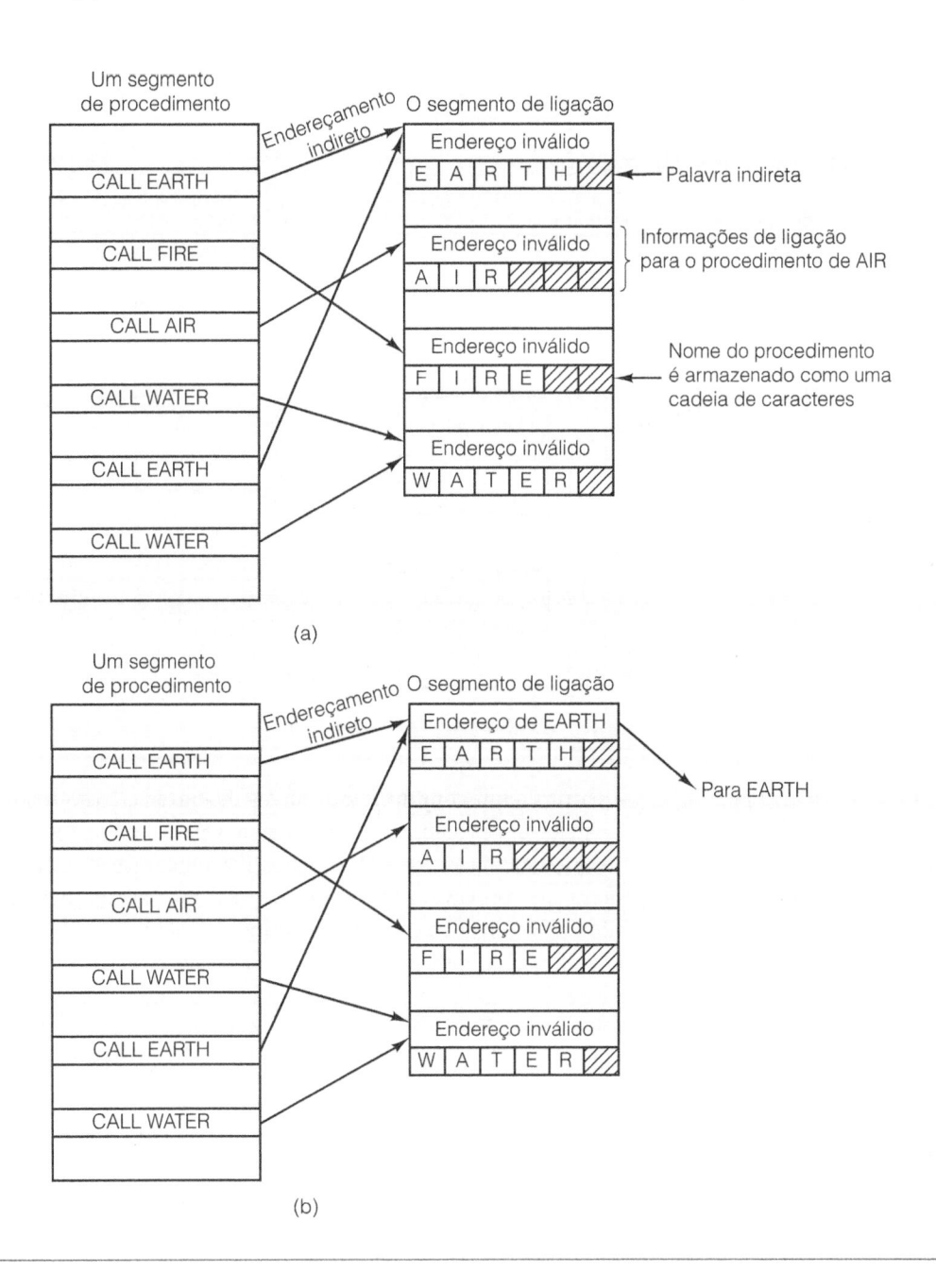

Ligação dinâmica no Windows

Todas as versões do sistema operacional Windows, incluindo NT, suportam ligação dinâmica e dependem muito dela. A ligação dinâmica usa um formato de arquivo especial denominado **DLL** (**Dynamic Link Library – biblioteca de ligação dinâmica**). DLLs podem conter procedimentos, dados ou ambos. Elas são usadas para permitir que dois ou mais processos compartilhem procedimentos de biblioteca ou dados. Muitas DLLs têm extensão *.dll*, mas também há outras extensões em uso, incluindo *.drv* (para biblioteca de *drivers*) e *.fon* (para bibliotecas de fontes tipográficas).

A forma mais comum de uma DLL é uma biblioteca que consiste em um conjunto de procedimentos que podem ser carregados na memória e acessados por vários processos ao mesmo tempo. A Figura 7.18 ilustra dois programas que compartilham um arquivo DLL que contém quatro procedimentos, A, B, C e D. O programa 1 usa o procedimento A; o programa 2 usa o procedimento C, embora pudessem sem problemas ter usado o mesmo procedimento.

Figura 7.18 Utilização de um arquivo DLL por dois processos.

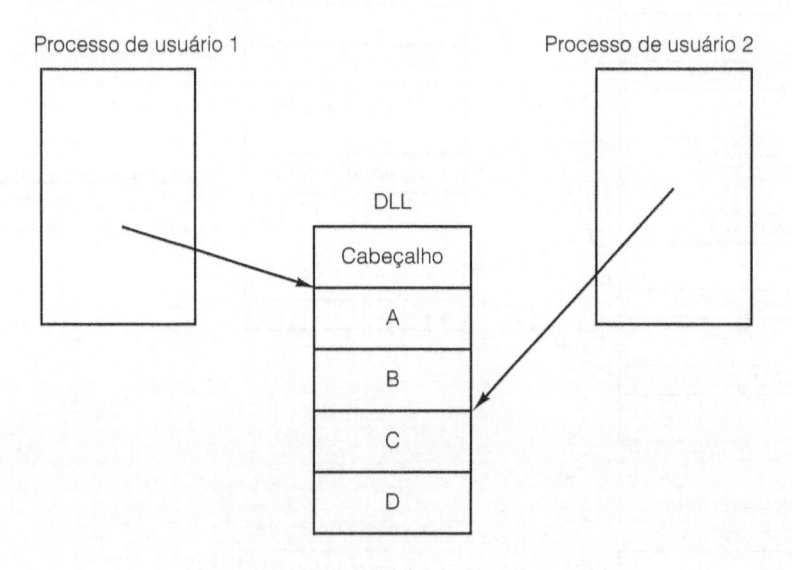

Uma DLL é construída pelo ligador a partir de um conjunto de arquivos de entrada. Na verdade, construir um arquivo DLL é muito parecido com construir um programa binário executável, exceto que é dado um sinalizador especial ao ligador para informá-lo que deve fazer uma DLL. DLLs costumam ser construídas a partir de conjuntos de procedimentos de biblioteca que provavelmente serão necessários para múltiplos processos. Os procedimentos de interface para a biblioteca de chamadas e para as grandes bibliotecas gráficas do sistema Windows são exemplos comuns de DLLs. A vantagem de usar DLLs é poupar espaço na memória e em disco. Se alguma biblioteca de uso comum fosse ligada estaticamente a cada programa que a utiliza, ela apareceria em muitos binários executáveis no disco e na memória, desperdiçando espaço. Com DLLs, cada biblioteca aparece apenas uma vez em disco e uma vez na memória.

Além de poupar espaço, essa técnica facilita a atualização de procedimentos de biblioteca, mesmo depois que os programas que as estão usando tenham sido compilados e ligados. No caso de pacotes de softwares comerciais, em que é raro os usuários terem o código-fonte, usar DLLs significa que o fabricante do software pode eliminar os *bugs* nas bibliotecas distribuindo novos arquivos DLL pela Internet, sem precisar fazer quaisquer alterações nos programas binários principais.

A principal diferença entre uma DLL e um binário executável é que uma DLL não pode ser iniciada e executada por si própria (porque não tem programa principal). Ela também tem informações diferentes no cabeçalho. Ademais, a DLL como um todo tem vários procedimentos extras que não são relacionados com os na biblioteca. Por exemplo, há um procedimento que é chamado sempre que um novo processo é vinculado à DLL, e outro que é chamado sempre que um processo é desvinculado dela. Esses procedimentos podem alocar e desalocar memória ou gerenciar outros recursos de que a DLL necessita.

Há dois modos de um programa se vincular a uma DLL. No primeiro, denominado **ligação implícita**, o programa usuário está ligado estaticamente a um arquivo especial denominado **biblioteca de importação**, que é gerado por um programa utilitário que extrai certas informações da DLL. A biblioteca de importação fornece o vínculo que permite ao programa usuário acessar a DLL. Um programa usuário pode ser ligado a várias bibliotecas de importação. Quando um programa que usa ligação implícita é carregado na memória para execução, o Windows o examina para ver quais DLLs ele usa e verifica se todas elas já estão na memória. As que não estão são carregadas de imediato (mas não necessariamente inteiras, visto que são paginadas). Em seguida, são feitas algumas alterações nas estruturas de dados nas bibliotecas de importação, para que os procedimentos chamados possam ser localizados, de modo parecido com as mudanças mostradas na Figura 7.17. Elas também têm de ser mapeadas para o espaço de endereço virtual do programa. Nesse ponto, o programa usuário está pronto para executar e pode chamar os procedimentos que estão nas DLLs como se eles estivessem estaticamente vinculados a ele.

A alternativa à ligação implícita é (sem nenhuma surpresa) a **ligação explícita**. Essa técnica não requer bibliotecas de importação e não faz as DLLs serem carregadas ao mesmo tempo que o programa usuário. Em vez disso, o programa usuário faz uma chamada explícita durante o tempo de execução para se vincular a uma DLL e, em seguida, faz chamadas adicionais para obter os endereços dos procedimentos de que necessita. Uma vez encontrados, o programa usuário pode chamar os procedimentos. Após tudo isso, ele faz uma chamada final para se desvincular da DLL. Quando o último processo se desvincula de uma DLL, esta pode ser removida da memória.

É importante entender que um procedimento em uma DLL não tem qualquer identidade própria (como acontece com um *thread* ou um processo). Ele executa no *thread* chamador e usa a pilha do chamador para suas variáveis locais. Pode ter dados estáticos específicos de processo (bem como dados compartilhados) e, quanto ao mais, se comporta do mesmo modo que um procedimento ligado estaticamente. A única diferença essencial é o modo como a vinculação é realizada.

● Ligação dinâmica no UNIX

O sistema UNIX tem um mecanismo que é, em essência, semelhante às DLLs no Windows, denominado **biblioteca compartilhada**. Como um arquivo DLL, uma biblioteca compartilhada é um arquivamento que contém vários procedimentos ou módulos de dados que estão presentes na memória durante o tempo de execução e que podem ser vinculados a vários processos ao mesmo tempo. A biblioteca padrão C e grande parte do código de rede são bibliotecas compartilhadas.

O UNIX suporta apenas ligação implícita, portanto, uma biblioteca compartilhada consiste em duas partes: uma **biblioteca hospedeira**, ligada estaticamente com o arquivo executável, e uma **biblioteca-alvo**, que é chamada durante a execução. Embora os detalhes sejam diferentes, os conceitos são os mesmos que os das DLLs.

7.5 Resumo

Embora a maioria dos programas pudesse e devesse ser escrita em uma linguagem de alto nível, existem situações nas quais é necessária uma linguagem de montagem, ao menos em parte. Programas para computadores portáteis pobres em recursos, tais como *smart cards*, processadores embutidos em eletrodomésticos e agendas digitais portáteis sem fio são candidatos potenciais. Um programa em linguagem de montagem é uma representação simbólica para algum programa subjacente em linguagem de máquina. Ele é traduzido para a linguagem de máquina por um programa denominado *assembler*.

Quando a execução extremamente rápida é crítica para o sucesso de alguma aplicação, uma abordagem melhor do que escrever tudo em linguagem de montagem é primeiro escrever todo o programa em uma linguagem de alto nível, então medir onde ele está gastando seu tempo e, por fim, reescrever somente as partes do programa que são muito usadas. Na prática, em geral uma pequena fração do código é responsável por uma grande fração do tempo de execução.

Muitos *assemblers* têm um recurso de macro que permite ao programador dar nomes simbólicos a sequências de código muito usadas para inclusão subsequente. Em geral, essas macros podem ser parametrizadas de modo direto. Macros são executadas por um tipo de algoritmo de processamento literal de cadeias.

A maioria dos *assemblers* é de duas passagens. A passagem um é dedicada a montar uma tabela de símbolos para rótulos, literais e identificadores especificamente declarados. Os símbolos podem ser mantidos sem ordenação e então pesquisados linha por linha, ou primeiro ordenados e depois pesquisados usando busca binária, ou passar por uma operação de *hash*. Se não for preciso apagar os símbolos durante a passagem um, o *hashing* costuma ser o melhor método. A passagem dois faz a geração de código. Algumas pseudoinstruções são executadas na passagem um e algumas na passagem dois.

Programas montados de modo independente podem ser interligados para formar um programa binário executável que pode ser executado. Esse trabalho é feito pelo ligador. Suas principais tarefas são relocação e vinculação de nomes. Ligação dinâmica é uma técnica na qual certos procedimentos só são ligados quando forem chamados. As DLLs do Windows e as bibliotecas compartilhadas do UNIX usam ligação dinâmica.

Problemas

1. Para certo programa, 2% do código é responsável por 50% do tempo de execução. Compare o tempo de programação e o tempo de execução para as três estratégias seguintes. Considere que levaria 100 homens-mês para escrevê-los em C, e que o código de montagem é 10 vezes mais lento para escrever e quatro vezes mais eficiente.
   a. Todo o programa em C.
   b. Todo o programa em *assembler*.
   c. Primeiro todo em C e, então, os 2% fundamentais reescritos em *assembler*.

2. As considerações válidas para *assemblers* de duas passagens também valem para compiladores?
   a. Considere que os compiladores produzem módulos-objeto, e não código de montagem.
   b. Considere que os compiladores produzem linguagem de montagem simbólica.

3. A maioria dos *assemblers* para as CPUs Intel considera os endereços de destino como o primeiro operando e o endereço-fonte como o segundo operando. Quais problemas teriam de ser resolvidos para fazer isso na ordem inversa?

4. O programa a seguir pode ser montado em duas passagens? EQU é uma pseudoinstrução que iguala o rótulo à expressão no campo do operando.

   P EQU Q
   Q EQU R
   R EQU S
   S EQU 4

5. A Dirtcheap Software Company está planejando produzir um *assembler* para um computador com uma palavra de 48 bits. Para manter os custos baixos, o gerente de projeto, Dr. Sovina, decidiu limitar o comprimento dos símbolos permitidos de modo que cada símbolo possa ser armazenado em uma única palavra. Sovina declarou que os símbolos só podem conter letras, exceto a letra Q, que é proibida (para demonstrar aos clientes sua preocupação com a eficiência). Qual é o comprimento máximo de um símbolo? Descreva seu esquema de codificação.

6. Qual é a diferença entre uma instrução e uma pseudoinstrução?

7. Qual é a diferença entre contador de localização de instrução e o contador de programa (se é que há alguma)? Afinal, ambos monitoram a próxima instrução em um programa.

8. Mostre a tabela de símbolos depois que as seguintes declarações x86 foram encontradas. A primeira declaração é designada para o endereço 1.000.

EVEREST:	POP BX	(1 BYTE)
K2:	PUSH BP	(1 BYTE)
WHITNEY:	MOV BP,SP	(2 BYTES)
MCKINLEY:	PUSH X	(3 BYTES)
FUJI:	PUSH SI	(1 BYTE)
KIBO:	SUB SI,300	(3 BYTES)

9. Você pode imaginar circunstâncias nas quais uma linguagem de montagem permite que um rótulo seja o mesmo que um *opcode* (por exemplo, MOV como um rótulo)? Desenvolva sua resposta.

10. Mostre as etapas necessárias para pesquisar Ann Arbor usando busca binária na seguinte lista: Ann Arbor, Berkeley, Cambridge, Eugene, Madison, New Haven, Palo Alto, Pasadena, Santa Cruz, Stony Brook, Westwood e Yellow Springs. Ao calcular o elemento do meio de uma lista quando há um número par de elementos, use o elemento que vem logo após o índice do meio.

11. É possível usar busca binária em uma tabela cujo tamanho é um número primo?

12. Calcule o código *hash* para cada um dos seguintes símbolos somando as letras (A = 1, B = 2 etc.) e considerando o módulo da soma dividida pelo tamanho da tabela de *hash*. Essa tabela tem 19 posições numeradas de 0 a 18.

    els, jan, jelle, maaike

Cada símbolo gera um único valor de *hash*? Se não gerar, como pode ser resolvido um problema de colisão?

13. O método de codificação *hash* descrito no texto liga todas as entradas que têm o mesmo código de *hash* em uma lista encadeada. Um método alternativo é ter somente uma tabela de *n* posições e cada posição da tabela ter espaço para uma única chave e seu valor (ou ponteiros para elas). Se o algoritmo de *hash* gerar uma posição que já está cheia, é feita uma nova tentativa usando um segundo algoritmo de *hash*. Se a nova posição gerada também estiver cheia, é usado mais um algoritmo e assim por diante, até que se encontre uma posição vazia. Se a fração de posições cheias for *R*, quantas tentativas serão necessárias, em média, para registrar um novo símbolo?

14. À medida que a tecnologia progride, talvez um dia seja possível colocar milhares de CPUs idênticas em um chip, cada uma com algumas palavras de memória local. Se todas as CPUs puderem ler e escrever três registradores compartilhados, como uma memória associativa pode ser implementada?

15. O x86 tem uma arquitetura segmentada com vários segmentos independentes. Um *assembler* para essa máquina poderia perfeitamente ter uma pseudoinstrução **SEG N** que comandaria o *assembler* a colocar código e dados subsequentes no segmento *N*. Esse esquema tem alguma influência sobre o ILC?

16. É frequente que os programas estejam ligados a várias DLLs. Não seria mais eficiente colocar todos os procedimentos em uma grande DLL e então fazer a ligação com ela?

17. Uma DLL pode ser mapeada para os espaços de endereço virtual de dois processos em endereços virtuais diferentes? Se for possível, quais problemas surgiriam? Eles podem ser resolvidos? Se não for possível, o que pode ser feito para eliminá-los?

18. Um modo de fazer ligação (estática) é o seguinte: antes de percorrer a biblioteca, o ligador monta uma lista de procedimentos necessários, isto é, nomes definidos como **EXTERN** nos módulos que estão sendo ligados. Então, o ligador percorre a biblioteca linearmente, extraindo todo procedimento que estiver na lista de nomes necessários. Esse esquema funciona? Caso não funcione, diga por que e como isso pode ser remediado.

19. Um registrador pode ser usado como parâmetro propriamente dito em uma chamada de macro? E uma constante? Explique as razões por que pode ou por que não pode.

20. Você tem de implementar uma macro *assembler*. Por questão de estética, seu chefe decidiu que definições de macro não precisam preceder suas chamadas. Quais são as implicações dessa decisão sobre a implementação?

21. Pense em uma maneira de colocar uma macro *assembler* em um laço infinito.

22. Um ligador lê cinco módulos, cujos comprimentos são de 200, 800, 600, 500 e 700 palavras, respectivamente. Se forem carregados nessa ordem, quais são as constantes de relocação?

23. Escreva um pacote de tabela de símbolos que consista em duas rotinas: *enter*(*symbol*, *value*) e *lookup*(*symbol*, *value*). A primeira registra novos símbolos na tabela e a última os consulta. Use alguma forma de codificação *hash*.

24. Repita o problema anterior, mas, desta vez, em vez de usar uma tabela de *hash*, após a inclusão do último símbolo, ordene a tabela e use um algoritmo de busca binária para encontrar símbolos.

25. Escreva um *assembler* simples para o computador Mic-1 do Capítulo 4. Além de manipular as instruções de máquina, forneça um recurso para atribuir constantes a símbolos em tempo de montagem e um modo de montar uma constante em uma palavra de máquina. Estas deverão ser pseudoinstruções, claro.

26. Adicione um recurso de macro simples ao *assembler* do problema anterior.

Capítulo 8

Arquiteturas de computadores paralelos

Embora os computadores continuem a ficar cada vez mais rápidos, as demandas impostas a eles estão crescendo no mínimo com a mesma rapidez. Astrônomos querem simular toda a história do universo, desde o *big bang* até o final do espetáculo. Cientistas farmacêuticos adorariam projetar em seus computadores medicamentos por encomenda para doenças específicas, em vez de ter de sacrificar legiões de ratos. Projetistas de aeronaves poderiam inventar produtos mais eficientes no consumo de combustível se os computadores pudessem fazer todo o trabalho sem a necessidade de construir protótipos físicos para testar em túneis aerodinâmicos. Em suma, seja qual for a capacidade de computação disponível, para muitos usuários, em especial nas áreas da ciência, engenharia e industrial, ela nunca será suficiente.

Embora as velocidades de *clock* continuem subindo, velocidades de circuitos não podem aumentar indefinidamente. A velocidade da luz já é um grande problema para projetistas de computadores de alta tecnologia, e as perspectivas de conseguir que elétrons e fótons se movam com maior rapidez são desanimadoras. Questões de dissipação de calor estão transformando supercomputadores em condicionadores de ar de última geração. Por fim, como o tamanho dos transistores continua a diminuir, chegará um ponto em que cada transistor terá um número tão pequeno de átomos dentro dele que os efeitos da mecânica quântica (por exemplo, o princípio da incerteza de Heisenberg) podem se tornar um grande problema.

Portanto, para enfrentar problemas cada vez maiores, os arquitetos de computadores estão recorrendo cada vez mais a computadores paralelos. Apesar de talvez não ser possível construir uma máquina com uma única CPU e um tempo de ciclo de 0,001 ns, pode ser perfeitamente viável produzir uma com 1.000 CPUs com um tempo de ciclo de 1 ns cada. Embora esse último projeto use CPUs mais lentas do que o primeiro, sua capacidade total de computação é teoricamente a mesma. E é aqui que reside a esperança.

O paralelismo pode ser introduzido em vários níveis. No nível mais baixo, ele pode ser adicionado ao chip da CPU, por *pipeline* e projetos superescalares com várias unidades funcionais. Também pode ser adicionado por meio de palavras de instrução muito longas com paralelismo implícito. Características especiais podem ser adicionadas à CPU para permitir que ela manipule múltiplos *threads* de controle ao mesmo tempo. Por fim, várias CPUs podem ser reunidas no mesmo chip. Juntas, essas características podem equivaler, talvez, a um fator de 10 vezes em desempenho em relação a projetos puramente sequenciais.

No nível seguinte, placas extras de CPU com capacidade de processamento adicional podem ser acrescentadas a um sistema. Em geral, essas CPUs de encaixe têm funções especializadas, tais como processamento de pacotes de rede, processamento de multimídia ou criptografia. No caso de funções especializadas, o fator de ganho também pode ser de, talvez, 5 a 10.

Contudo, para conseguir um fator de cem, de mil, ou de milhão, é necessário replicar CPUs inteiras e fazer que todas elas funcionem juntas com eficiência. Essa ideia leva a grandes multiprocessadores e multicomputadores (computadores em *cluster*). Nem é preciso dizer que interligar milhares de processadores em um grande sistema gera seus próprios problemas, que precisam ser resolvidos.

Por fim, agora é possível envolver organizações inteiras pela Internet e formar grades de computação fracamente acopladas. Esses sistemas estão apenas começando a surgir, mas têm um potencial interessante para o futuro.

Quando duas CPUs ou dois elementos de processamento estão perto um do outro, têm alta largura de banda, o atraso entre eles é baixo e são muito próximos em termos computacionais, diz-se que são **fortemente acoplados**. Por outro lado, quando estão longe um do outro, têm baixa largura de banda e alto atraso e são remotos em termos computacionais, diz-se que são **fracamente acoplados**. Neste capítulo, vamos examinar os princípios de projeto para essas várias formas de paralelismo e estudar variados exemplos. Começaremos com os sistemas mais fortemente acoplados, os que usam paralelismo no chip, passaremos aos poucos para sistemas cada vez mais fracamente acoplados, e concluiremos com alguns comentários sobre computação em grade. Esse espectro é ilustrado em linhas gerais na Figura 8.1.

Toda a questão do paralelismo, de uma extremidade do espectro à outra, é um tópico de pesquisa muito atual e concorrido. Por isso, daremos um número muito maior de referências neste capítulo, de preferência a artigos recentes sobre o assunto. Muitas conferências e periódicos também publicam artigos sobre o assunto, e a literatura está crescendo rapidamente.

Figura 8.1 (a) Paralelismo no chip. (b) Coprocessador. (c) Multiprocessador. (d) Multicomputador. (e) Grade.

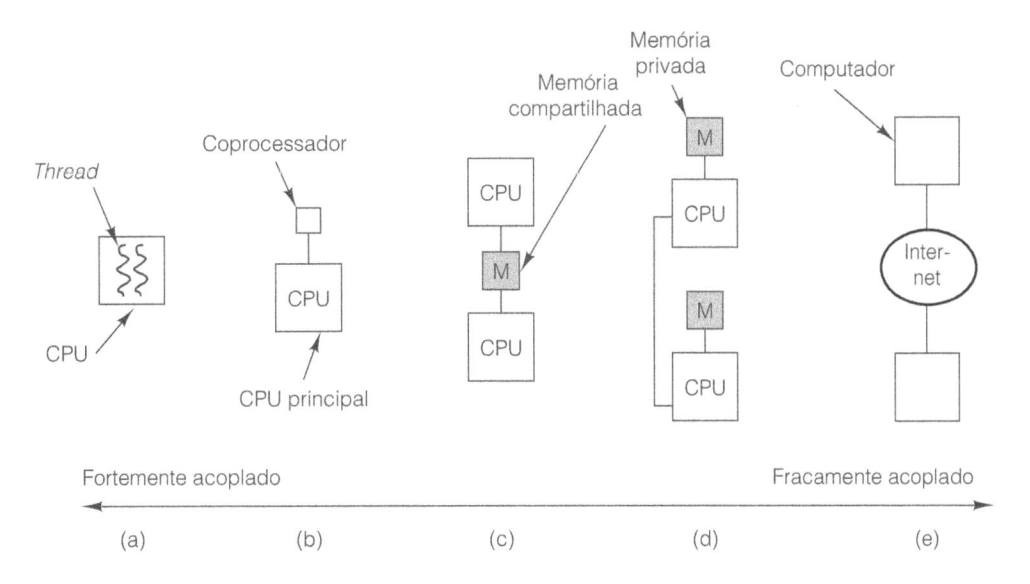

8.1 Paralelismo no chip

Um modo de aumentar a produtividade de um chip é conseguir que ele faça mais coisas ao mesmo tempo. Em outras palavras, explorar o paralelismo. Nesta seção, vamos estudar alguns modos de conseguir aumentar a velocidade por meio do paralelismo no nível do chip, incluídos paralelismo no nível da instrução, *multithreading* e a colocação de mais de uma CPU no chip. Essas técnicas são bem diferentes, mas cada uma delas ajuda à sua própria maneira. Mas, em todos os casos, a ideia é conseguir que mais atividades aconteçam ao mesmo tempo.

8.1.1 Paralelismo no nível da instrução

Um modo de conseguir paralelismo no nível mais baixo é emitir múltiplas instruções por ciclo de *clock*. Há duas variedades de CPUs de emissão múltipla: processadores superescalares e processadores VLIW. Na verdade, já comentamos alguma coisa sobre essas duas no livro, mas talvez seja útil revisar aqui esse material.

Vimos CPUs superescalares antes (por exemplo, na Figura 2.5). Na configuração mais comum, em certo ponto do *pipeline* há uma instrução pronta para ser executada. CPUs superescalares são capazes de emitir múltiplas instruções para as unidades de execução em um único ciclo de *clock*. O número real de instruções emitidas depende do projeto do processador, bem como das circunstâncias correntes. O hardware determina o número máximo que pode ser emitido, em geral duas a seis instruções. Contudo, se uma instrução precisar de uma unidade funcional que não está disponível ou de um resultado que ainda não foi calculado, ela não será emitida.

A outra forma de paralelismo no nível da instrução é encontrada em processadores **VLIW (Very Long Instruction Word – palavra de instrução muito longa)**. Na forma original, máquinas VLIW de fato tinham palavras longas que continham instruções que usavam múltiplas unidades funcionais. Considere, por exemplo, o *pipeline* da Figura 8.2(a), no qual a máquina tem cinco unidades funcionais e pode efetuar, simultaneamente, duas operações com inteiros, uma operação de ponto flutuante, um carregamento e um armazenamento. Uma instrução VLIW para essa máquina conteria cinco *opcodes* e cinco pares de operandos, um *opcode* e um par de operandos por unidade funcional. Com 6 bits por *opcode*, 5 bits por registrador e 32 bits por endereço de memória, as instruções poderiam facilmente ter 134 bits – bem compridas, de fato.

Contudo, esse projeto revelou ser muito rígido porque nem toda instrução podia utilizar todas as unidades funcionais, o que resultava em muitas NO-OP inúteis usadas como filtro, como ilustrado na Figura 8.2(b). Por conseguinte, modernas máquinas VLIW têm um modo de marcar um grupo de instruções que formam um conjunto com um bit de "final de grupo", conforme mostra a Figura 8.2(c). Então, o processador pode buscar o grupo inteiro e emiti-lo de uma vez só. Cabe ao compilador preparar grupos de instruções compatíveis.

Na verdade, VLIW transfere do tempo de execução para o tempo de compilação o trabalho de determinar quais instruções podem ser emitidas em conjunto. Essa opção não apenas simplifica o hardware e o torna mais rápido, mas também, visto que um compilador otimizador pode funcionar durante um longo tempo se for preciso, permite que se montem pacotes melhores do que o hardware poderia montar durante o tempo de execução. É claro que tal mudança radical na arquitetura da CPU será difícil de introduzir, como demonstra a lenta aceitação do Itanium, exceto para aplicações de nicho.

Vale a pena observar que o paralelismo no nível da instrução não é a única forma de paralelismo de baixo nível. Outra forma é o paralelismo no nível da memória, no qual há múltiplas operações de memória no ar ao mesmo tempo (Chou et al., 2004).

● A CPU VLIW TriMedia

Estudamos um exemplo de uma CPU VLIW, a Itanium-2, no Capítulo 5. Agora, vamos examinar um processador VLIW muito diferente, o **TriMedia**, projetado pela Philips, a empresa holandesa de equipamentos eletrônicos que também inventou o CD de áudio e o CD-ROM. A utilização pretendida do TriMedia é como um processador embutido em aplicações que fazem uso intensivo de imagem, áudio e vídeo, como reprodutores de CD, DVD e *players* MP3, gravadores de CD e DVD, televisores interativos, câmeras digitais, filmadoras e assim por diante. Dadas essas áreas de aplicação, não é surpresa que ele seja consideravelmente diferente da Itanium-2, que é uma CPU de uso geral, voltada para servidores de alta tecnologia.

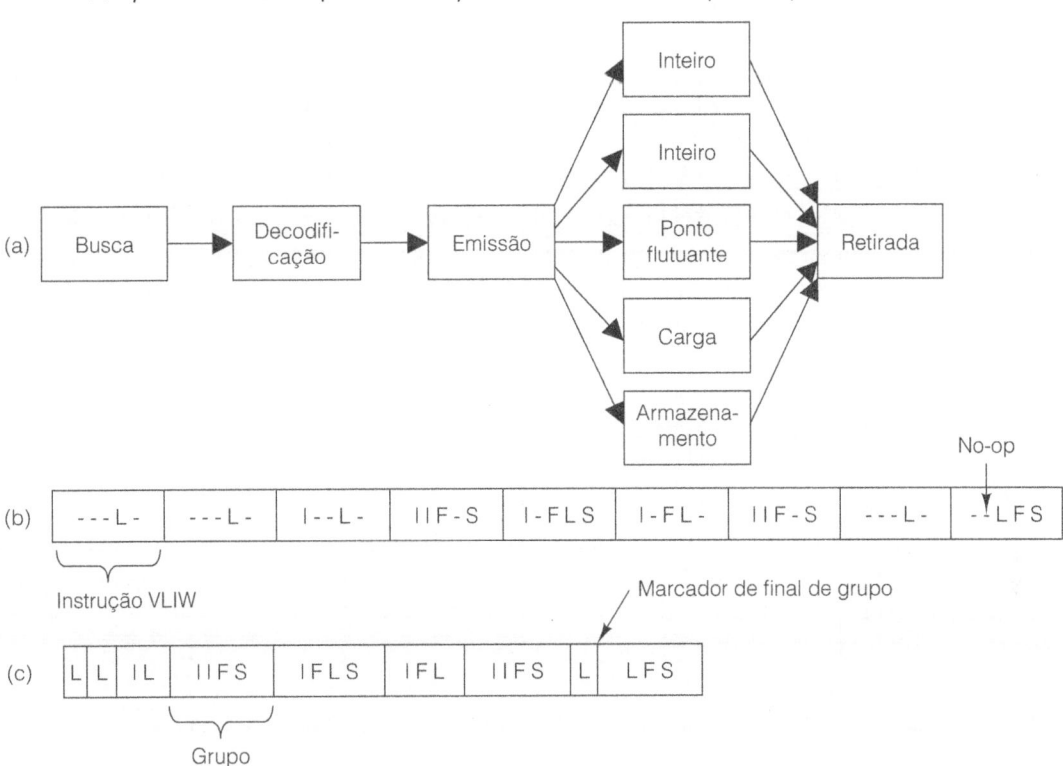

Figura 8.2 (a) *Pipeline* de CPU. (b) Sequência de instruções VLIW. (c) Fluxo de instruções com pacotes marcados.

O TriMedia é um verdadeiro processador VLIW, no qual todas as instruções contêm até cinco **operações**. Em condições completamente ideais, a cada ciclo de *clock* é iniciada uma instrução e são emitidas cinco operações. O *clock* funciona a 266 MHz ou 300 MHz; porém, como ele pode emitir cinco operações por ciclo, a velocidade efetiva de *clock* é cinco vezes mais alta. Na discussão a seguir, focalizaremos a implementação TM3260 do TriMedia; as diferenças em relação a outras versões são muito pequenas.

Uma instrução típica é ilustrada na Figura 8.3. As instruções variam de instruções padrões de inteiros de 8, 16 e 32 bits, passando por aquelas de ponto flutuante IEEE 754, até as de multimídia paralela. Como consequência das cinco emissões por ciclo e das instruções de multimídia paralela, o TriMedia é rápido o suficiente para decodificar vídeo digital de uma filmadora em tempo real em tamanho total e taxa de quadros total em software.

O TriMedia tem uma memória baseada em bytes, e os registradores de E/S são mapeados para o espaço de memória. Meias-palavras (16 bits) e palavras completas (32 bits) devem ser alinhadas em suas fronteiras naturais. Ela pode funcionar como *little-endian* ou *big-endian*, dependendo de um bit PSW que o sistema operacional pode ajustar. Esse bit afeta somente o modo com que as operações de carga e as de armazenamento transferem dados entre memória e registradores. A CPU contém uma *cache* dividida de 8 vias de conjuntos associativos com tamanho de linha de 64 bytes para a *cache* de instruções, bem como para a de dados. A *cache* de instruções é de 64 KB; a de dados é de 16 KB.

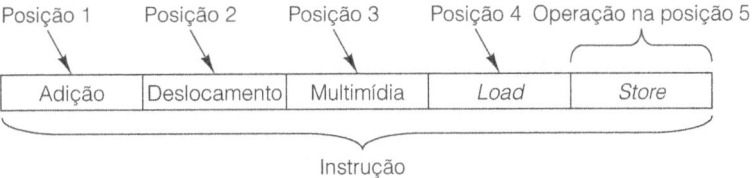

Figura 8.3 Instrução TriMedia típica, mostrando cinco operações possíveis.

Há 128 registradores de uso geral de 32 bits. O registrador R0 é travado com valor 0. O registrador R1 é travado em 1. Tentar mudar qualquer um deles provoca um ataque cardíaco na CPU. Os 126 registradores restantes são todos equivalentes em termos funcionais e podem ser utilizados para qualquer finalidade. Além disso, há também quatro registradores de uso especial de 32 bits: o contador de programa, a palavra de estado de programa e dois registradores relacionados a interrupções. Por fim, um registrador de 64 bits conta o número de ciclos de CPU desde sua última reinicialização. A 300 MHz, o contador leva cerca de dois mil anos para dar uma volta completa e reiniciar o ciclo de contagem.

O Trimedia TM3260 tem 11 unidades funcionais diferentes para efetuar operações aritméticas, lógicas e de controle de fluxo (bem como uma para controle de *cache* que não discutiremos aqui). Elas estão relacionadas na Figura 8.4. As duas primeiras colunas dão o nome da unidade e uma breve descrição do que ela faz. A terceira informa quantas cópias da unidade existem em hardware. A quarta dá a latência, isto é, quantos ciclos de *clock* ela leva para concluir. Nesse contexto, vale a pena observar que todas as unidades funcionais, exceto a unidade de ponto flutuante de raiz quadrada/divisão, têm paralelismo. A latência dada na tabela informa quanto tempo falta para o resultado de uma operação estar disponível, mas uma nova operação pode ser iniciada a cada ciclo. Assim, por exemplo, cada uma das três instruções consecutivas pode conter duas operações de carregamento, o que resulta em seis carregamentos em vários estágios de execução ao mesmo tempo.

Por fim, as últimas cinco colunas mostram quais posições de instrução podem ser utilizadas por qual unidade funcional. Por exemplo, operações de comparação de ponto flutuante devem aparecer somente na terceira posição de uma instrução.

Figura 8.4 Unidades funcionais da TM3260, sua quantidade, latência e as posições de instrução que usam.

Unidade	Descrição	#	Lat.	1	2	3	4	5
Constante	Operações imediatas	5	1	×	×	×	×	×
ULA de inteiros	Operações aritméticas, booleanas, de 32 bits	5	1	×	×	×	×	×
Deslocador	Deslocamentos multibits	2	1	×	×	×	×	×
Load/Store	Operações de memória	2	3				×	×
Int/FP MUL	Multiplicação de inteiros e PF de 32 bits	2	3		×	×		
ULA de PF	Aritmética de PF	2	3	×			×	
Comparação de PF	Compara PF	1	1			×		
Raiz/div de PF	Divisão e raiz quadrada em PF	1	17		×			
Desvio	Controle de fluxo	3	3		×	×	×	
ULA DSP	Aritmética de multimídia *dual* de 16 bits, quádrupla de 8 bits	2	3	×		×		×
MUL DSP	Multiplicação de multimídia *dual* de 16 bits, quádrupla de 8 bits	2	3		×	×		

A unidade de constante é usada para operações imediatas, como carregar em um registrador um número armazenado na própria operação. A ULA de inteiros efetua adição, subtração, as operações booleanas normais e operações de empacotamento/desempacotamento. O deslocador (*shifter*) pode mover um registrador em qualquer direção por um número especificado de bits.

A unidade de *Load/Store* (carregamento/armazenamento) traz palavras da memória para dentro de registradores e as escreve de volta na memória. O TriMedia é, na essência, uma CPU RISC aumentada, portanto, operações normais são efetuadas em registradores e a unidade de *Load/Store* é usada para acessar a memória. Transferências podem ser de 8, 16 ou 32 bits. Instruções aritméticas e lógicas não acessam a memória.

A unidade de multiplicação efetua multiplicações de inteiros e de ponto flutuante. As três unidades seguintes efetuam, na ordem, adições/subtrações, comparações, e raiz quadrada e divisões de ponto flutuante.

Operações de desvio são executadas pela unidade de desvio. Há um atraso fixo de 3 ciclos após um desvio, portanto, as três instruções (até 15 operações) que vêm após um desvio são sempre executadas, mesmo para desvios incondicionais.

Por fim, chegamos às duas unidades de multimídia, que executam as operações especiais de multimídia. O DSP no nome da unidade funcional refere-se a **Digital Signal Processor (processador de sinal digital)** que, na verdade, as operações de multimídia substituem. Mais adiante, faremos uma breve descrição das operações de multimídia. Um aspecto digno de nota é que todas elas utilizam **aritmética saturada** em vez de aritmética de complemento de dois usada pelas operações com inteiros. Quando uma operação produz um resultado que não pode ser expresso por causa de excesso, em vez de gerar uma exceção ou dar resultado lixo, é usado o número válido mais próximo. Por exemplo, com números de 8 bits sem sinal, somar 130 com 130 dá 255.

Como nem toda operação pode aparecer em toda posição, muitas vezes acontece de uma instrução não conter todas as cinco operações potenciais. Quando uma posição não é usada, ela é compactada para minimizar a quantidade de espaço desperdiçada. Operações que estão presentes ocupam 26, 34 ou 42 bits. Dependendo do número de operações que de fato estão presentes, as instruções TriMedia variam entre 2 e 28 bytes, incluindo algum cabeçalho fixo.

O TriMedia não verifica durante a execução se as operações um uma instrução são compatíveis. Se não forem, ele as executa mesmo assim e obtém a resposta errada. Deixar a verificação de fora foi uma decisão deliberada para poupar tempo e transistores. O Core i7 faz verificação em tempo de execução para ter certeza de que todas as operações superescalares são compatíveis, mas a um custo imenso em termos de complexidade, tempo e transistores. O TriMedia evita esse custo passando a carga do escalonamento para o compilador, que tem todo o tempo do mundo para otimizar com cuidado o posicionamento de operações em palavras de instrução. Por outro lado, se uma operação precisar de uma unidade funcional que não está disponível, a instrução protelará até que ela fique disponível.

Como na Itanium-2, as operações do TriMedia são predicadas. Cada operação (com duas pequenas exceções) especifica um registrador que é testado antes de ser executada. Se o bit de ordem baixa do registrador estiver marcado (valor 1), a operação é executada; caso contrário, ela é saltada. Cada uma das (até) cinco operações é predicada individualmente. Um exemplo de uma operação predicada é

IF R2 IADD R4, R5 –> R8

que testa R2 e, se o bit de ordem baixa for 1, soma R4 com R5 e armazena o resultado em R8. Uma operação pode ser transformada em incondicional usando R1 (que é sempre 1) como o registrador de predicado. Usar R0 (que é sempre 0) a transforma em uma *no-op*.

As operações multimídia do TriMedia podem ser agrupadas nos 15 grupos relacionados na Figura 8.5. Muitas das operações envolvem *clipping* (corte), que especifica um operando e uma faixa e obriga o operando a entrar na faixa usando os valores mais baixo ou mais alto para operandos que caem fora da faixa. O *clipping* pode ser feito em operandos de 8, 16 ou 32 bits. Por exemplo, quando o *clipping* é realizado dentro de uma faixa de 0 a 255 sobre 40 e 340, os resultados cortados são 40 e 255, respectivamente. O grupo *clip* efetua operações de corte.

Os quatro grupos seguintes da Figura 8.5 efetuam a operação indicada com operandos de vários tamanhos, cortando os resultados para ajustá-los a uma faixa específica. O grupo mínimo, máximo examina dois registradores e acha o maior e o menor valor para cada byte. De modo semelhante, o grupo comparação considera dois registradores como quatro pares de bytes e compara cada par.

É raro que operações de multimídia sejam efetuadas com inteiros de 32 bits porque a maioria das imagens é composta de *pixels* RGB com valores de 8 bits para cada uma das cores vermelha, verde e azul. Quando uma imagem está sendo processada – por exemplo, comprimida –, ela é em geral representada por três componentes, um para cada cor (espaço RGB) ou por uma forma equivalente em termos lógicos (espaço YUV, que será discutido mais adiante neste capítulo). De qualquer modo, muito processamento é executado em arranjos retangulares que contêm inteiros de 8 bits sem sinal.

Figura 8.5 Principais grupos de operações que vêm com o TriMedia.

Grupo	Descrição
Clip	Corta 4 bytes ou 2 meias-palavras
Valor absoluto DSP	Valor cortado, com sinal, absoluto
Adição DSP	Adição cortada, com sinal
Subtração DSP	Subtração cortada, com sinal
Multiplicação DSP	Multiplicação cortada, com sinal
Mínimo, máximo	Obtém mínimo ou máximo de pares de quatro bytes
Comparação	Compara dois registradores byte por byte
Deslocamento	Desloca um par de operandos de 16 bits
Soma de produtos	Soma, com sinal, produtos de 8 ou 16 bits
Merge, pack, swap	Manipulação de bytes e meias-palavras
Médias quadráticas de byte	Média quádrupla, sem sinal, byte por byte
Médias de byte	Média de quatro elementos, sem sinal, byte por byte
Multiplicações de byte	Multiplicação, sem sinal, de 8 bits
Estimativa de movimento	Soma, sem sinal, de valores absolutos de diferenças de 8 bits com sinal
Diversos	Outras operações aritméticas

O TriMedia tem um grande número de operações projetadas especificamente para o processamento eficiente de matrizes de inteiros de 8 bits sem sinal. Como um exemplo simples, considere o canto superior esquerdo de uma matriz de valores de 8 bits armazenados em memória (*big-endian*), como ilustra a Figura 8.6(a). O bloco 4 × 4 mostrado nesse canto contém 16 valores de 8 bits rotulados de *A* até *P*. Suponha, por exemplo, que a imagem precisa ser transposta, para produzir a Figura 8.6(b). Como essa tarefa deve ser realizada?

Figura 8.6 (a) Matriz de elementos de 8 bits. (b) Matriz transposta. (c) Matriz original buscada em quatro registradores. (d) Matriz transposta em quatro registradores.

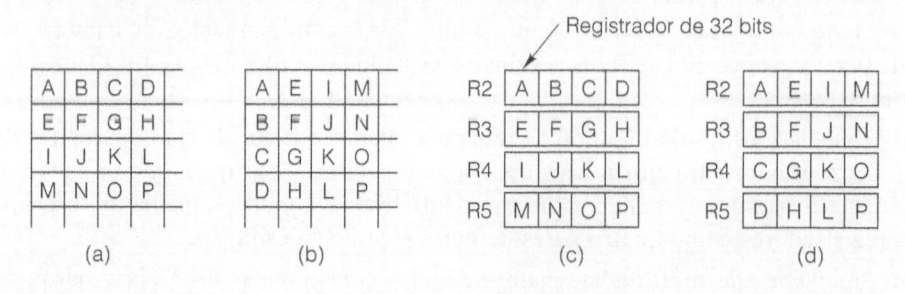

Um modo de fazer a transposição é usar 12 operações, cada qual carregando um byte em um registrador diferente, seguidas de mais 12 operações, cada qual armazenando um byte em sua localização correta. (*Nota:* os quatro bytes na diagonal não são movidos na transposição.) O problema dessa abordagem é que ela requer 24 operações (longas e lentas) que referenciam a memória.

Uma abordagem alternativa é começar com quatro operações, cada qual carregando uma palavra dentro de quatro registradores diferentes, R2 a R5, como mostra a Figura 8.6(c). Então, as quatro palavras produzidas são montadas por operações de mascaramento e deslocamento para conseguir a saída desejada, conforme mostra a Figura 8.6(d). Por fim, essas palavras são armazenadas na memória. Embora esse modo de fazer a transposição reduza o número de referências à memória de 24 para 8, o mascaramento e o deslocamento são caros por causa das muitas operações requeridas para extrair e inserir cada byte na posição correta.

O TriMedia proporciona uma solução melhor do que essas duas. Ela começa trazendo as quatro palavras para registradores. Todavia, em vez de construir a saída usando mascaramento e deslocamento, são utilizadas operações especiais que extraem e inserem bytes em registradores para construir a saída. O resultado é que, com oito referências à memória e oito dessas operações especiais de multimídia, pode-se realizar a transposição. Primeiro, o código contém uma operação com duas operações de carregamento nas posições 4 e 5, para carregar palavras em R2 e R3, seguida por outra operação como essa para carregar R4 e R5.

As instruções que contêm essas operações podem usar as posições 1, 2 e 3 para outras finalidades. Quando todas as palavras forem carregadas, as oito operações especiais de multimídia podem ser empacotadas em duas instruções para construir a saída, seguidas por duas operações para armazená-las. No total, são necessárias apenas seis instruções, e 14 das 30 posições nessas instruções ficam disponíveis para outras operações. Na verdade, todo o trabalho pode ser realizado com o equivalente efetivo a cerca de três instruções. Outras operações de multimídia são igualmente eficientes. Entre essas operações poderosas e as cinco posições de emissão por instrução, o TriMedia é muito eficiente para efetuar os tipos de cálculos necessários em processamento de multimídia.

8.1.2 *Multithreading* no chip

Todas as CPUs modernas, com paralelismo (*pipeline*), têm um problema inerente: quando uma referência à memória encontra uma ausência das *caches* de nível 1 e nível 2, há uma longa espera até que a palavra requisitada (e sua linha de *cache* associada) sejam carregadas na *cache*, portanto, o *pipeline* para. Uma abordagem para lidar com essa situação, denominada **multithreading no chip**, permite que a CPU gerencie múltiplos *threads* de controle ao mesmo tempo em uma tentativa de mascarar essas protelações. Em suma, se o *thread* 1 estiver bloqueado, a CPU ainda tem uma chance de executar o *thread* 2, de modo a manter o hardware totalmente ocupado.

Embora a ideia básica seja bastante simples, existem múltiplas variantes, que examinaremos agora. A primeira abordagem, **multithreading de granulação fina**, é ilustrada na Figura 8.7 para uma CPU que tem a capacidade de emitir uma instrução por ciclo de *clock*. Na Figura 8.7(a)–(c), vemos três *threads*, A, B e C, para 12 ciclos de máquina. Durante o primeiro ciclo, o *thread* A executa a instrução A1. Essa instrução conclui em um ciclo, portanto, no segundo, a instrução A2 é iniciada. Infelizmente, essa instrução encontra uma ausência de *cache* de nível 1, portanto, dois ciclos são desperdiçados enquanto a palavra necessária é buscada na *cache* de nível 2. O *thread* continua no ciclo 5. De modo semelhante, os *threads* B e C também protelam por vezes, como ilustrado na figura. Nesse modelo, se uma instrução protelar, as subsequentes não podem ser emitidas. É claro que, mesmo com uma tabela de escalonamento mais sofisticada, às vezes podem ser emitidas novas instruções, mas, nesta discussão, vamos ignorar tal possibilidade.

Figura 8.7 (a)–(c) Três *threads*. Os retângulos vazios indicam que o *thread* parou esperando por memória. (d) *Multithreading* de granulação fina. (e) *Multithreading* de granulação grossa.

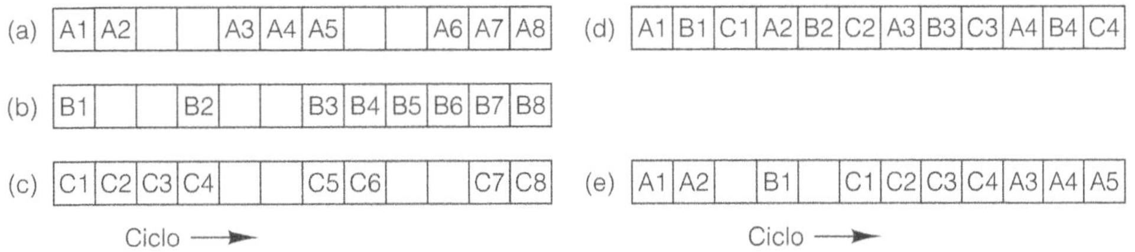

(a) | A1 | A2 | | | A3 | A4 | A5 | | | A6 | A7 | A8 |

(b) | B1 | | | B2 | | | B3 | B4 | B5 | B6 | B7 | B8 |

(c) | C1 | C2 | C3 | C4 | | | C5 | C6 | | | C7 | C8 |

(d) | A1 | B1 | C1 | A2 | B2 | C2 | A3 | B3 | C3 | A4 | B4 | C4 |

(e) | A1 | A2 | | | B1 | | | C1 | C2 | C3 | C4 | A3 | A4 | A5 |

Ciclo →

O *multithreading* de granulação fina mascara as protelações executando os *threads* segundo uma política de alternância circular, com um *thread* diferente em ciclos consecutivos, como ilustrado na Figura 8.7(d). Quando chega o quarto ciclo, a operação de memória iniciada em *A1* foi concluída, portanto, a instrução *A2* pode ser executada, ainda que necessite do resultado de *A1*. Nesse caso, a protelação máxima é dois ciclos, portanto, com três *threads*, a operação protelada sempre é concluída a tempo. Se uma protelação de memória demorasse quatro ciclos, precisaríamos de quatro *threads* para garantir a operação contínua e assim por diante.

Uma vez que *threads* diferentes nada têm a ver um com o outro, cada um precisa de seu próprio conjunto de registradores. Quando uma instrução é emitida, é preciso incluir, com ela, um ponteiro para seu conjunto, de modo que, se um registrador for referenciado, o hardware saberá qual conjunto de registradores usar. Por conseguinte, o número máximo de *threads* que podem ser executados de uma vez só é fixado na ocasião em que o chip é projetado.

Operações de memória não são a única razão para protelação. Às vezes, uma instrução precisa de um resultado calculado por uma instrução anterior que ainda não foi concluída. Às vezes, uma instrução não pode iniciar porque ela vem após um desvio condicional cuja direção ainda não é conhecida. Em geral, se o *pipeline* tiver *k* estágios, mas houver no mínimo *k threads* para fazer alternância circular, nunca haverá mais de uma instrução por *thread* no *pipeline* a qualquer momento, portanto, não pode ocorrer nenhum conflito. Nessa situação, a CPU pode executar na velocidade total, sem nunca ficar ociosa.

É claro que pode não haver tantos *threads* disponíveis quantos são os estágios do *pipeline*, portanto, alguns projetistas preferem uma abordagem diferente, conhecida como **multithreading de granulação grossa**, ilustrada na Figura 8.7(e). Nesse caso, o *thread A* inicia e continua a emitir instruções até protelar, desperdiçando um ciclo. Nesse ponto, ocorre uma troca e *B1* é executado. Visto que a primeira instrução do *thread B* protela, acontece outra troca de *thread* e *C1* é executado no ciclo 6. Como se perde um ciclo sempre que uma instrução protela, o *multithreading* de granulação grossa é potencialmente menos eficiente do que o de granulação fina, mas tem a grande vantagem de precisar de um número muito menor de *threads* para manter a CPU ocupada. Em situações em que há um número insuficiente de *threads* ativos, para garantir que será encontrado um que pode ser executado, o *multithreading* de granulação grossa funciona melhor.

Embora tenhamos demonstrado que o *multithreading* de granulação grossa troca *threads* quando há uma protelação, essa não é a única opção. Outra possibilidade é trocar de imediato em qualquer instrução que poderia acarretar uma protelação, tal como uma instrução de carregamento, armazenamento ou desvio, antes mesmo de descobrir se ela de fato causa isso. Essa última estratégia permite que uma troca ocorra mais cedo (tão logo a instrução seja decodificada) e pode possibilitar evitar ciclos mortos. Na verdade, ela está dizendo: "Execute até achar que poderia haver um problema, então troque, só por precaução". Isso faz o *multithreading* de granulação grossa ficar mais parecido com o de granulação fina, com suas trocas frequentes.

Seja qual for o tipo de *multithreading* usado, é preciso ter algum meio de monitorar qual operação pertence a qual *thread*. Com o *multithreading* de granulação fina, a única possibilidade séria é anexar um identificador de *thread* a cada operação, para que sua identidade fique clara ao percorrer o *pipeline*. Com o *multithreading* de granulação grossa, existe outra maneira: ao trocar *threads*, limpe o *pipeline* e só então inicie o próximo *thread*. Desse modo, somente um *thread* por vez está no *pipeline* e sua identidade nunca é duvidosa. É claro que deixar o *pipeline* funcionar no vazio durante uma troca de *thread* só faz sentido se as trocas ocorrerem em intervalos muito mais longos do que o tempo gasto para esvaziar o *pipeline*.

Até aqui, consideramos que a CPU só pode emitir uma única instrução por ciclo. Todavia, como já vimos, CPUs modernas podem emitir múltiplas instruções por ciclo. Na Figura 8.8, consideramos que a CPU pode emitir duas instruções por ciclo de *clock*, mas mantivemos a regra que diz que, quando uma instrução protela, as subsequentes não podem ser emitidas. Na Figura 8.8(a), vemos como funciona o *multithreading* de granulação fina com uma CPU superescalar de emissão dual. Para o *thread A*, as duas primeiras instruções podem ser emitidas no primeiro ciclo, mas para o *thread B* encontramos logo um problema no próximo ciclo, portanto, somente uma instrução pode ser emitida, e assim por diante.

Figura 8.8 *Multithreading* com uma CPU superescalar de emissão dual. (a) *Multithreading* de granulação fina. (b) *Multithreading* de granulação grossa. (c) *Multithreading* simultâneo.

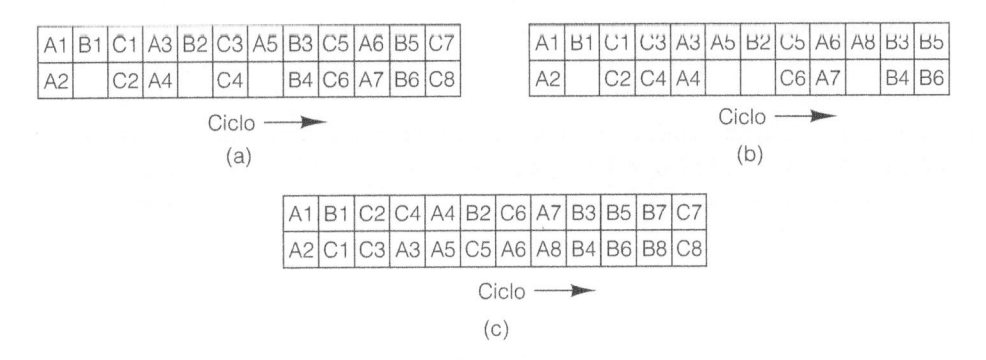

A1	B1	C1	A3	B2	C3	A5	B3	C5	A6	B5	C7
A2		C2	A4		C4		B4	C6	A7	B6	C8

Ciclo →
(a)

A1	B1	C1	C3	A3	A5	B2	C5	A6	A8	B3	B5
A2		C2	C4	A4			C6	A7		B4	B6

Ciclo →
(b)

A1	B1	C2	C4	A4	B2	C6	A7	B3	B5	B7	C7
A2	C1	C3	A3	A5	C5	A6	A8	B4	B6	B8	C8

Ciclo →
(c)

Na Figura 8.8(b), vemos como funciona o *multithreading* de granulação grossa com uma CPU de emissão dual, mas agora com um escalonador estático que não introduz um ciclo morto após uma instrução que protela. Em essência, os *threads* são executados um por vez, sendo que a CPU emite duas instruções por *thread* até atingir um que protela, ponto em que troca para o próximo *thread* no início do ciclo seguinte.

Com CPUs superescalares há um terceiro modo, denominado **multithreading simultâneo**, ilustrado na Figura 8.8(c). Essa técnica pode ser considerada um refinamento do *multithreading* de granulação grossa, na qual um único *thread* tem permissão de emitir duas instruções por ciclo pelo tempo que puder, mas, quando protelar, as instruções são tomadas imediatamente do próximo *thread* na sequência, para manter a CPU ocupada por completo. O *multithreading* simultâneo também pode ajudar a manter ocupadas todas as unidades funcionais. Quando uma instrução não puder ser iniciada porque uma unidade funcional de que ela necessita está ocupada, pode-se escolher uma instrução de um *thread* diferente no lugar daquela. Nessa figura, estamos considerando que B8 protela no ciclo 11, portanto, C7 é iniciada no ciclo 12.

Se quiser mais informações sobre *multithreading*, consulte Gebhart et al., 2011; e Wing-kei et al., 2011.

● *Hyperthreading* no Core i7

Agora que já vimos o *multithreading* no campo abstrato, vamos considerar um exemplo prático: o Core i7. No início da década de 2000, processadores como Pentium 4 não ofereciam os aumentos de desempenho de que a Intel precisava para manter suas vendas. Depois que o Pentium 4 já estava em produção, os arquitetos da Intel procuraram vários meios de aumentar sua velocidade sem mudar a interface de programadores, algo que jamais seria aceito. Logo surgiram cinco modos:

1. Aumentar a velocidade de *clock*.
2. Colocar duas CPUs em um chip.
3. Adicionar unidades funcionais.
4. Aumentar o comprimento do *pipeline*.
5. Usar *multithreading*.

Um modo óbvio de melhorar o desempenho é aumentar a velocidade de *clock* sem alterar mais nada. Isso é algo relativamente direto e bem entendido, portanto, cada novo chip lançado em geral é um pouco mais rápido do que seu predecessor. Infelizmente, um *clock* mais rápido também tem duas desvantagens principais que limitam o tanto de aumento que pode ser tolerado. Primeiro, um *clock* mais rápido usa mais energia, o que é um enorme problema para notebooks e outros dispositivos que funcionam com bateria. Segundo, a entrada de energia extra significa que o chip fica mais quente e que há mais calor para dissipar.

Colocar duas CPUs em um chip é relativamente direto, mas equivale a quase duplicar a área do chip se cada uma tiver suas próprias *caches* e, por isso, reduz por um fator de dois o número de chips por lâmina, o que dobra o custo de fabricação por unidade. Se os dois chips compartilharem uma *cache* em comum, do mesmo tamanho da original, a área do chip não é dobrada, mas o tamanho da *cache* por CPU é dividido ao meio, o que reduz o desempenho. Além disso, enquanto aplicações de servidores de alto desempenho muitas vezes podem utilizar totalmente múltiplas CPUs, nem todas as aplicações para computadores de mesa têm paralelismo inerente suficiente para justificar duas CPUs completas.

Adicionar unidades funcionais também é razoavelmente fácil, mas é importante conseguir o equilíbrio correto. Não adianta muito ter dez ULAs se o chip é incapaz de alimentar instruções no *pipeline* com rapidez suficiente para mantê-las todas ocupadas.

Um *pipeline* mais longo, com mais estágios, cada um realizando uma porção menor do trabalho em um período de tempo mais curto eleva o desempenho, mas também aumenta os efeitos negativos das previsões erradas de desvios, ausências da *cache*, interrupções e outros fatores que obstruem o fluxo normal no *pipeline*. Além do mais, para o total aproveitamento de um *pipeline* mais longo, a velocidade de *clock* tem de ser aumentada, o que significa que mais energia é consumida e mais calor é produzido.

Por fim, pode-se adicionar *multithreading*. Seu valor está em fazer um segundo *thread* utilizar hardware que, não fosse por isso, ficaria abandonado. Após algumas experimentações, ficou claro que um aumento de 5% na área do chip para suporte de *multithreading* resultaria em ganho de 25% em desempenho para muitas aplicações, o que significava uma boa escolha. A primeira CPU com *multithreading* da Intel foi a Xeon em 2002, porém, mais tarde ele foi adicionado ao Pentium 4, a partir da versão de 3,06 GHz e continuando com versões mais rápidas do processador Pentium, incluindo o Core i7. A Intel deu o nome de **hyperthreading** à implementação de *multithreading* usada nos seus processadores.

A ideia básica é permitir que dois *threads* (ou talvez processos, já que a CPU não pode distinguir entre *thread* e processo) executem ao mesmo tempo. Para o sistema operacional, o chip Core i7 com *hyperthreading* parece um processador dual em que ambas as CPUs compartilham em comum uma *cache* e a memória principal. O sistema operacional escalona os *threads* de modo independente. Se duas aplicações estiverem executando ao mesmo tempo, o sistema operacional pode executar ambos ao mesmo tempo. Por exemplo, se um *daemon* de correio estiver enviando ou recebendo e-mail em segundo plano enquanto um usuário está interagindo com algum programa em primeiro plano, o programa *daemon* e o programa usuário podem executar em paralelo, como se houvesse duas CPUs disponíveis.

Um software de aplicação projetado para executar como *threads* múltiplos pode usar ambas as CPUs virtuais. Por exemplo, programas de edição de vídeo em geral permitem que os usuários especifiquem certos filtros para aplicar a cada quadro dentro de algum limite. Esses filtros podem modificar o brilho, o contraste, o equilíbrio de cores e outras propriedades. Então, o programa pode designar uma CPU para processar os quadros de números pares e a outra para processar os de números ímpares e as duas conseguem executar em paralelo.

Uma vez que dois *threads* compartilham todos os recursos de hardware, é preciso uma estratégia para gerenciar o compartilhamento. A Intel identificou quatro estratégias úteis para compartilhamento de recursos em conjunto com *hyperthreading*: duplicação de recursos, partição de recursos, compartilhamento limitado e compartilhamento total. Vamos estudar cada uma delas por vez.

Para começar, alguns recursos são duplicados só para fazer o *threading*. Por exemplo, visto que cada *thread* tem seu próprio fluxo de controle, é preciso acrescentar um segundo contador de programa. Além disso, a tabela que mapeia os registradores de arquitetura (EAX, EBX etc.) para registradores físicos também tem de ser duplicada, assim como o controlador de interrupção, já que os *threads* podem ser interrompidos independentemente.

Em seguida, temos o **compartilhamento por partição de recursos**, no qual os recursos do hardware são divididos rigidamente entre os *threads*. Por exemplo, se a CPU tiver uma fila entre dois estágios de *pipeline* funcional, metade das posições poderia ser dedicada ao *thread* 1 e a outra metade ao *thread* 2. A partição é fácil de executar, não tem sobrecarga e impede que os *threads* interfiram uns com os outros. Se todos os recursos são repartidos, na verdade temos duas CPUs separadas. Como desvantagem, é fácil acontecer que, em algum ponto, um *thread* não esteja usando alguns de seus recursos de que o outro necessita, porém está proibido de acessar. Por conseguinte, recursos que poderiam ter sido usados produtivamente ficam ociosos.

O oposto do compartilhamento por partição de recursos é o **compartilhamento total de recursos**. Quando esse esquema é usado, qualquer *thread* pode adquirir quaisquer recursos de que precisar, conforme política do primeiro a chegar, primeiro a ser atendido. Contudo, imagine um *thread* rápido que consiste em adições e subtrações e um lento que consiste em multiplicações e divisões. Se as instruções forem buscadas na memória com maior rapidez do que as multiplicações e divisões podem ser efetuadas, a provisão de instruções buscadas para o *thread* lento e enfileiradas, mas ainda não alimentadas no *pipeline*, crescerá com o tempo.

Em dado instante, essa provisão ocupará toda a fila de instruções, o que ocasiona a parada do *thread* por falta de espaço nessa fila. O compartilhamento total resolve o problema de um recurso que fica ocioso enquanto outro *thread* o quer, mas cria um novo problema: um *thread* poderia tomar para si uma quantidade tão grande de recursos que provocaria a redução da velocidade do outro ou o faria parar por completo.

Um esquema intermediário é o **compartilhamento limitado**, no qual um *thread* pode adquirir recursos dinamicamente (não há partições fixas), mas apenas até um máximo. Quando há recursos duplicados, essa técnica permite flexibilidade sem o perigo de um *thread* morrer de fome pela incapacidade de adquirir uma parte do recurso. Por exemplo, se nenhum *thread* puder adquirir mais do que 3/4 da fila de instruções, não importa o que o *thread* lento faça, o *thread* rápido sempre poderá executar. O *hyperthreading* do Core i7 usa estratégias diferentes para recursos diferentes na tentativa de enfrentar os vários problemas que acabamos de citar. A duplicação é usada para recursos que cada *thread* requer o tempo todo, como o contador de programa, o mapa de registradores e o controlador de interrupção. Duplicar esses recursos aumenta a área do chip em apenas 5%, um preço modesto a pagar pelo *multithreading*. Recursos disponíveis com tal abundância que não há perigo de um único *thread* capturar todos eles, como linhas de *cache*, são totalmente compartilhados de um modo dinâmico. Por outro lado, recursos que controlam a operação do *pipeline*, como as várias filas dentro do *pipeline*, são repartidos e cada *thread* recebe metade das posições. O *pipeline* principal da microarquitetura Sandy Bridge usada no Core i7 é ilustrado na Figura 8.9; os retângulos brancos e cinza indicam como os recursos são alocados entre os *threads* brancos e cinza.

Figura 8.9 Compartilhamento de recursos entre *threads* na microarquitetura Core i7.

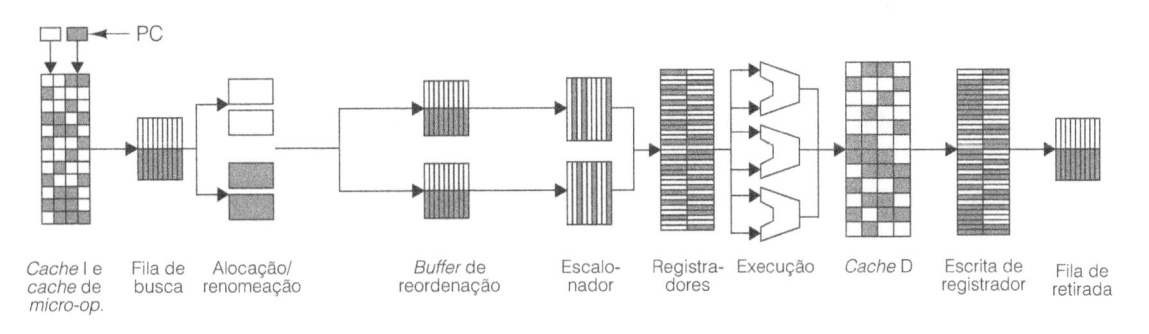

Nessa figura, podemos ver que todas as filas são repartidas, sendo que metade das posições em cada fila é reservada para cada *thread*. Nessa partição, nenhum *thread* pode estrangular o outro. O alocador e renomeador de registrador também é repartido. O escalonador é compartilhado dinamicamente, mas com um limite, para impedir que qualquer dos *threads* reivindique para si todas as posições. Os estágios restantes do *pipeline* são totalmente compartilhados.

Entretanto, nem tudo são flores no *multithreading* – também há uma desvantagem. Embora o particionamento seja barato, o compartilhamento dinâmico de qualquer recurso e, em especial, com um limite sobre quanto um *thread* pode pegar, requer contabilidade durante a execução, para monitorar a utilização. Além disso, podem surgir situações nas quais programas funcionam muito pior com *multithreading* do que sem ele. Por exemplo, imagine que temos dois *threads* e que cada um precisa de 3/4 da *cache* para funcionar bem. Se executados em separado, cada um funciona bem e encontra poucas ausências da *cache* (caras). Se executados juntos, cada um encontra um grande número de ausências da *cache* e o resultado líquido é bem pior do que se não houvesse *multithreading*.

Mais informações sobre *multithreading* e sua implementação dentro dos processadores Intel são dadas em Gerber e Binstock, 2004; e Gepner et al., 2011.

8.1.3 Multiprocessadores com um único chip

Embora o *multithreading* ofereça ganhos em desempenho significativos por um custo modesto, para algumas aplicações é preciso um ganho em desempenho muito maior do que ele pode oferecer. Para conseguir esse desempenho estão sendo desenvolvidos chips multiprocessadores. Há duas áreas de interesse para esses chips que contêm duas ou mais CPUs: servidores de alta tecnologia e equipamentos eletrônicos de consumo. A seguir, vamos fazer um breve estudo de cada uma delas.

● **Multiprocessadores homogêneos em um chip**

Com os avanços na tecnologia VLSI, agora é possível colocar duas ou mais CPUs de grande capacidade em um único chip. Visto que essas CPUs em geral compartilham a mesma *cache* de nível 2 e memória principal, elas se qualificam como um multiprocessador, como discutimos no Capítulo 2. Uma área de aplicação típica é um grande conjunto de hospedeiros Web (*server farm*) composto de muitos servidores. Ao colocar duas CPUs na mesma caixa, compartilhando não só memória, mas também discos e interfaces de rede, muitas vezes pode-se dobrar o desempenho do servidor sem dobrar o custo (porque, mesmo ao dobro do preço, o chip de CPU é apenas uma fração do custo total do sistema).

Há dois projetos predominantes para multiprocessadores de pequena escala em um único chip. No primeiro, mostrado na Figura 8.10(a), na realidade há só um chip, mas ele tem um segundo *pipeline*, o que pode dobrar a taxa de execução de instruções. No segundo, mostrado na Figura 8.10(b), há núcleos separados no chip e cada um contém uma CPU completa. Um **núcleo** é um grande circuito, tal como uma CPU, controlador de E/S ou *cache*, que pode ser colocado em um chip de forma modular, normalmente ao lado de outros núcleos.

Figura 8.10 Multiprocessadores com um único chip. (a) Chip com *pipeline* dual. (b) Chip com dois núcleos.

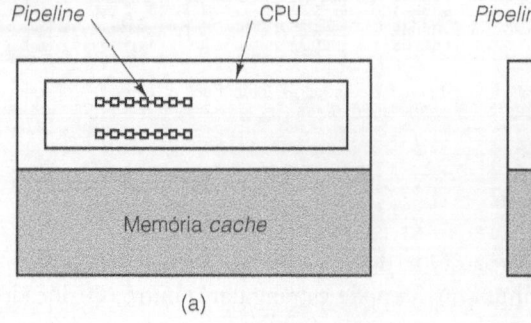

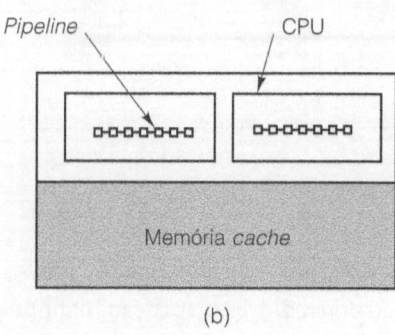

O primeiro projeto permite que recursos, como unidades funcionais, sejam compartilhados entre os processadores, o que permite que uma CPU use recursos que a outra não necessita. Por outro lado, essa técnica requer um novo projeto para o chip e não funciona muito bem para mais de duas CPUs. Por comparação, colocar dois ou mais núcleos de CPU no mesmo chip é algo relativamente fácil de fazer.

Discutiremos multiprocessadores mais adiante neste capítulo. Embora o foco dessa discussão esteja mais em multiprocessadores construídos a partir de chips com uma única CPU, grande parte também pode ser aplicada a chips com múltiplas CPUs.

O multiprocessador em um único chip Core i7

A CPU Core i7 é um processador em um único chip manufaturado com quatro ou mais núcleos em uma única pastilha de silício. A organização de alto nível de um processador Core i7 é ilustrada na Figura 8.11.

Figura 8.11 Arquitetura do multiprocessador em um único chip do Core i7.

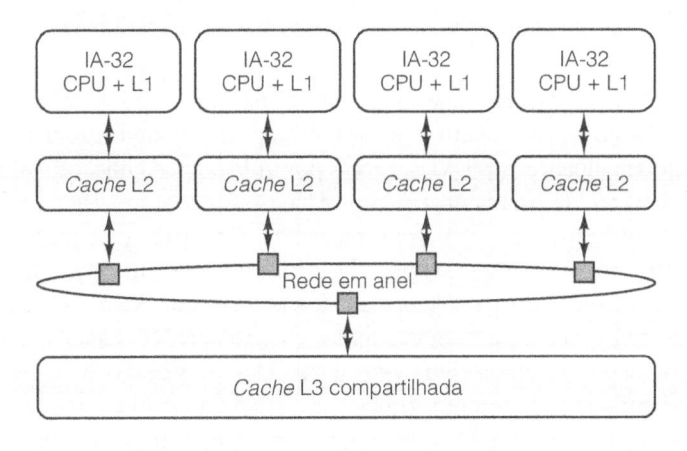

Cada processador no Core i7 tem suas próprias *caches* L1 privada para instrução e dados, mais sua própria *cache* L2 unificada privada. Os processadores são conectados às *caches* privadas com conexões ponto a ponto dedicadas. O próximo nível da hierarquia de memória é a *cache* de dados L3 compartilhada e unificada.

As *caches* L2 se conectam à *cache* compartilhada L3 usando uma **rede em anel**. Quando um pedido de comunicação entra na rede em anel, ele é encaminhado para o próximo nó na rede, onde é verificado se alcançou seu nó de destino. Esse processo continua de um nó para outro no anel, até que o nó de destino seja encontrado ou o pedido chegue a sua origem novamente (quando o destino não existe). A vantagem de uma rede em anel é que ela é um modo barato de conseguir alta largura de banda, com o custo de maior latência enquanto os pedidos saltam de um nó para outro. A rede em anel do Core i7 tem duas finalidades principais. Primeiro, ela oferece um modo de mover pedidos de memória e E/S entre as *caches* e processadores. Segundo, ela executa as verificações necessárias para garantir que cada processador esteja sempre tendo uma visão coerente da memória. Aprenderemos mais sobre essas verificações de coerência mais adiante neste capítulo.

Multiprocessadores heterogêneos em um chip

Uma área de aplicação completamente diferente que utiliza multiprocessadores em um único chip é a de sistemas embutidos, em especial em equipamentos eletrônicos audiovisuais de consumo, como aparelhos de televisão, DVDs, filmadoras, consoles de jogos, telefones celulares e assim por diante. Esses sistemas possuem requisitos de desempenho exigentes e restrições rígidas. Embora tendo aparências diferentes, cada vez mais esses aparelhos são só pequenos computadores, com uma ou mais CPUs, memórias, controladores de E/S e alguns dispositivos de E/S próprios. Um telefone celular, por exemplo, é um mero PC com uma CPU, memória, teclado diminuto, microfone, alto-falante e uma conexão de rede sem fio, dentro de um pequeno pacote.

Considere, como exemplo, um aparelho portátil de DVD. O computador que está dentro dele tem de manipular as seguintes funções:

1. Controle de um servomecanismo barato, não confiável, para posicionamento do cabeçote.
2. Conversão de analógico para digital.
3. Correção de erros.
4. Decriptação e gerenciamento de direitos digitais.
5. Descompressão de vídeo MPEG-2.
6. Descompressão de áudio.
7. Codificação da saída para aparelhos de televisão NTSC, PAL ou SECAM.

Esse trabalho deve ser realizado em rígidas restrições de tempo real, qualidade de serviço, energia, dissipação de calor, tamanho, peso e preço.

Discos de CD, DVD e Blu-ray contêm uma longa espiral na qual estão as informações, como ilustrado na Figura 2.25 (para um CD). Nesta seção, discutiremos os DVDs, pois eles ainda são mais comuns do que os discos Blu-ray, mas estes são muito semelhantes aos DVDs, exceto por utilizarem codificação MPEG-4 em vez de MPEG-2. Com toda mídia ótica, o cabeçote de leitura deve percorrer a espiral com precisão à medida que o disco gira. O preço é mantido baixo pela utilização de um projeto mecânico relativamente simples e pelo rígido controle da posição do cabeçote em software. O sinal que sai do cabeçote é um sinal analógico que deve ser convertido para forma digital antes de ser processado. Após ser digitalizado, é preciso extensa correção de erros porque DVDs são prensados e contêm muitos erros, que devem ser corrigidos em software. O vídeo é comprimido usando o padrão internacional MPEG-2, que requer cálculos complexos para a descompressão (parecidos com transformadas de Fourier). O áudio é comprimido usando um modelo psicoacústico que também requer cálculos sofisticados para descompressão. Por fim, áudio e vídeo têm de ser entregues em uma forma adequada para reprodução em aparelhos de televisão NTSC, PAL ou SECAM, dependendo do país para o qual o aparelho de DVD será despachado. Não é nenhuma surpresa que seja impossível fazer todo esse trabalho em tempo real, em software, com uma CPU barata de uso geral. Nesse caso, precisamos de um multiprocessador heterogêneo que contenha múltiplos núcleos, cada um especializado para uma tarefa particular. Um exemplo de aparelho de DVD é dado na Figura 8.12.

Figura 8.12 A estrutura lógica de um simples aparelho de DVD contém um multiprocessador heterogêneo com múltiplos núcleos para diferentes funções.

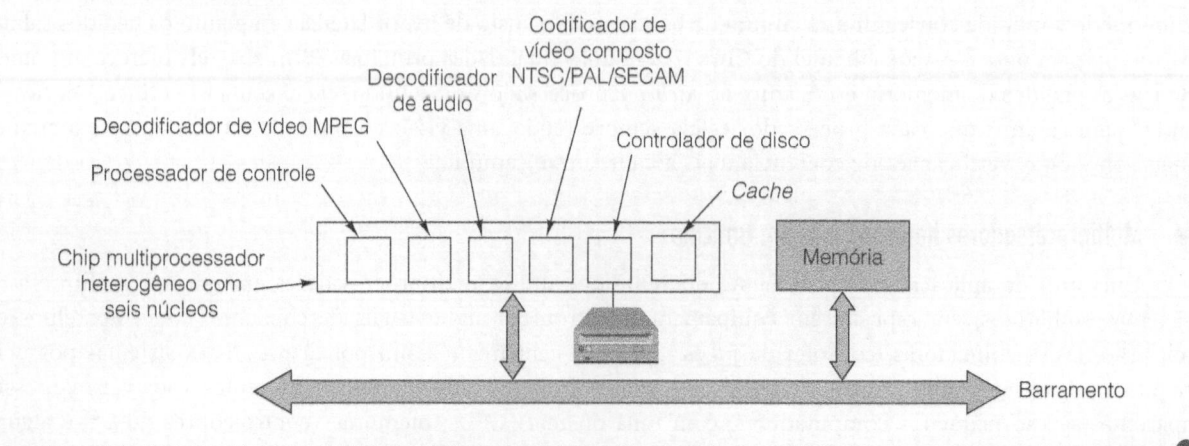

As funções dos núcleos na Figura 8.12 são todas diferentes, e cada uma é projetada com cuidado para ser muito boa no que faz pelo preço mais baixo possível. Por exemplo, o vídeo de DVD é comprimido usando um esquema conhecido como **MPEG-2** (que quer dizer **Motion Picture Experts Group** – grupo de especialistas em filmes –, que o inventou). O sistema consiste em dividir cada quadro em blocos de *pixels* e fazer uma transformação complexa em cada um. Um quadro pode consistir inteiramente em blocos transformados ou especificar que certo bloco é igual a outro já encontrado no quadro anterior, exceto por um par de *pixels* que foram alterados, porém localizado com um afastamento de (Δx, Δy) em relação à posição corrente. Esse cálculo em software é extremamente lento, mas é possível construir uma máquina de decodificação MPEG-2 que pode efetuá-lo em hardware com bastante rapidez. De modo semelhante, a decodificação de áudio e a recodificação de sinal de áudio-vídeo composto para ficar de acordo com um dos padrões mundiais de televisão podem ser mais bem executadas por processadores dedicados em hardware. Essas observações não tardaram a gerar chips multiprocessadores heterogêneos que contêm múltiplos núcleos projetados para aplicações audiovisuais. Contudo, como o processador de controle é uma CPU programável de uso geral, o chip multiprocessador também pode ser usado em outras aplicações semelhantes, como um gravador de DVD.

Outro dispositivo que requer um multiprocessador heterogêneo é o que está dentro de um telefone celular avançado. Os atuais às vezes têm máquinas fotográficas, videocâmeras, máquinas de jogos, *browsers* Web, leitores de e-mail e receptores de rádio por satélite, que usam a tecnologia de telefonia celular (CDMA ou GSM, dependendo do país) ou Internet sem fio (IEEE 802.11, também chamada WiFi); os futuros podem incluir todos esses. À medida que os dispositivos adquirem cada vez mais funcionalidade, com relógios que se transformam em mapas baseados em GPS e óculos que se transformam em rádios, a necessidade de multiprocessadores heterogêneos só aumentará.

Dentro em pouco, os chips terão dezenas de bilhões de transistores. Chips como esses são grandes demais para que se projete uma porta e um fio por vez. O esforço humano requerido faria com que os chips ficassem obsoletos quando fossem terminados. A única maneira viável é usar núcleos (basicamente, bibliotecas) que contenham subconjuntos grandes o suficiente e então colocá-los e interconectá-los no chip conforme necessário. Então, os projetistas têm de determinar qual núcleo de CPU usar para o processador de controle e quais processadores de uso especial acrescentar para ajudá-lo. Atribuir mais carga ao software que executa no processador de controle faz o sistema ficar mais lento, mas resulta em um chip menor (e mais barato). Ter vários processadores de uso especial para processamento de áudio e vídeo ocupa área do chip, aumentando o custo, mas resulta em desempenhos mais altos e uma taxa de *clock* mais baixa, o que significa menor consumo de energia e menos dissipação de calor. Assim, os projetistas de chips enfrentam cada vez mais esses compromissos macroscópicos em vez de se preocupar com onde vão colocar cada transistor.

Aplicações audiovisuais utilizam dados intensamente. Enormes quantidades de dados têm de ser processadas de modo muito rápido, portanto, o normal é que 50% a 75% da área do chip sejam dedicados à memória de uma forma ou outra, e a quantidade está crescendo. Neste caso, as questões de projeto são numerosas. Quantos níveis devem ser usados? As *caches* devem ser divididas ou unificadas? Qual deverá ser o tamanho de cada uma? Qual deverá ser a rapidez? Um pouco da memória também tem de ir para o chip? Ela deve ser SRAM ou SDRAM? As respostas para cada uma dessas perguntas têm importantes implicações para o desempenho, consumo de energia e dissipação de calor do chip.

Além do projeto de processadores e sistema de memória, outra questão de considerável consequência é o sistema de comunicação – como todos os núcleos se comunicam uns com os outros? No caso de sistemas pequenos, um único barramento costuma dar conta do negócio, mas para sistemas maiores ele logo se torna um gargalo. Muitas vezes, o problema pode ser resolvido migrando para múltiplos barramentos ou, talvez, para um anel que vai de um núcleo a outro. Nesse último caso, a arbitração é conduzida passando um pequeno pacote, denominado permissão, ao redor do anel. Para transmitir, primeiro um núcleo deve capturar a permissão. Ao concluir, ele devolve a permissão ao anel, de modo que ela possa continuar circulando. Esse protocolo evita colisões no anel.

Como exemplo de uma interconexão no chip, considere o **CoreConnect** da IBM, ilustrado na Figura 8.13. É uma arquitetura para conectar núcleos em um multiprocessador heterogêneo de um único chip. Trata-se de um projeto de sistema-em-um-chip especialmente completo. De certo modo, o CoreConnect é para multiprocessadores de chip único o que o barramento PCI foi para o Pentium – a cola que mantém juntas todas as partes. (Com os modernos sistemas Core i7, PCIe é a cola, mas é uma rede ponto a ponto, sem um barramento compartilhado, como PCI.) Contudo, ao contrário do barramento PCI, o CoreConnect foi projetado sem qualquer exigência de compatibilidade com equipamentos herdados ou protocolos e sem as restrições de barramentos de nível de placa, como limites ao número de pinos que o conector de borda pode ter.

Figura 8.13 Exemplo da arquitetura CoreConnect da IBM.

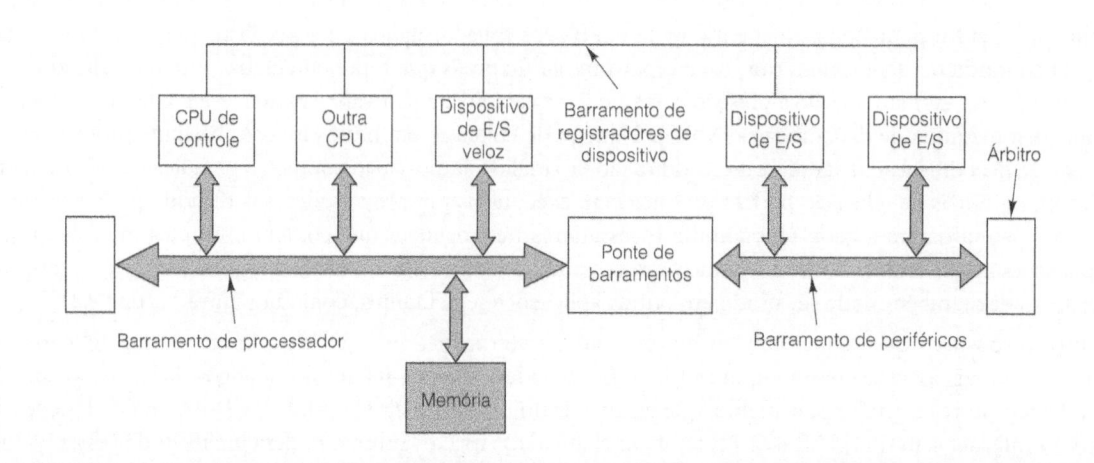

[Diagrama: CPU de controle, Outra CPU, Dispositivo de E/S veloz conectados ao Barramento de processador; Barramento de registradores de dispositivo; Ponte de barramentos conecta ao Barramento de periféricos com Dispositivos de E/S e Árbitro; Memória conectada à ponte.]

O CoreConnect consiste em três barramentos. O **barramento de processador** é de alta velocidade, síncrono, com *pipeline*, com 32, 64 ou 128 linhas de dados com *clocks* de 66, 133 ou 183 MHz. Assim, a vazão máxima é 23,4 Gbps (contra 4,2 Gbps para o barramento PCI). As características de *pipeline* permitem que os núcleos requisitem o barramento enquanto está ocorrendo uma transferência e permitem que diferentes núcleos usem linhas diferentes ao mesmo tempo, semelhante ao barramento PCI. O barramento de processador é otimizado para curtas transferências de blocos. Ele foi projetado para conectar núcleos rápidos, como CPUs, decodificadores MPEG-2, redes de alta velocidade e itens semelhantes.

Estender o barramento de processador ao chip inteiro reduziria seu desempenho, portanto, um segundo barramento está presente para dispositivos de E/S lentos, como UARTs, temporizadores, controladores USB, dispositivos de E/S serial e assim por diante. Esse **barramento de periféricos** foi projetado com o objetivo de simplificar sua interface com periféricos de 8, 16 e 32 bits usando não mais do que uma centena de portas. Ele também é síncrono, com uma vazão máxima de 300 Mbps. Os dois barramentos são conectados por uma ponte, não muito diferente das pontes que foram usadas para conectar os barramentos PCI e ISA em PCs, até o barramento ISA ser descontinuado há alguns anos.

O terceiro barramento é o **barramento de registradores de dispositivo**, de mútua apresentação, assíncrono, de velocidade muito baixa, utilizado para permitir que os processadores acessem os registradores de dispositivos de todos os periféricos de modo a controlar os dispositivos correspondentes. É destinado a transferências pouco frequentes de apenas alguns bytes por vez.

Ao fornecer barramento no chip, interface e estrutura padronizados, a IBM espera criar uma versão em miniatura do mundo do PCI, na qual muitos fabricantes produzam processadores e controladores fáceis de serem interconectados. Entretanto, uma diferença é que, no mundo do PCI, os fabricantes produzem e vendem as placas propriamente ditas que os montadores e usuários finais de PC compram. No mundo do CoreConnect, terceiros projetam núcleos, mas não os fabricam. Em vez disso, eles os licenciam como propriedade intelectual para empresas de eletrônicos de consumo e outras, que então projetam chips multiprocessadores heterogêneos por encomenda, baseados em seus próprios núcleos e em núcleos licenciados por terceiros. Visto que fabricar esses chips tão grandes e complexos requer maciço investimento em unidades industriais, na maioria dos casos as empresas de eletrônicos de consumo apenas fazem o projeto e subcontratam a fabricação do chip com um fabricante de semicondutores. Existem núcleos para várias CPUs (ARM, MIPS, PowerPC etc.), bem como para decodificadores MPEG, processadores de sinais digitais e todos os controladores de E/S padronizados.

O CoreConnect da IBM não é o único barramento no chip popular no mercado. O **AMBA (Advanced Microcontroller Bus Architecture – arquitetura de barramento avançado de microcontrolador)**, também é muito usado para conectar CPUs ARM a outras CPUs e dispositivos de E/S (Flynn, 1997). Outros barramentos no chip um pouco menos populares são o **VCI** (**Virtual Component Interconnect – interconexão de componentes virtuais**) e o **OCP-IP** (**Open Core Protocol-International Partnership – Aliança Internacional de Protocolo de Núcleo Aberto**), que também estão competindo por uma fatia do mercado (Bhakthavatchalu et al., 2010). Barramentos no chip são apenas o começo; há quem já esteja pensando em redes inteiras em um chip (Ahmadinia e Shahrabi, 2011).

Como os fabricantes de chips encontram uma dificuldade cada vez maior para elevar frequências de *clock* por causa de problemas de dissipação de calor, multiprocessadores em um único chip são um tópico que desperta muito interesse. Mais informações podem ser encontradas em Gupta et al., 2010; Herrero et al., 2010; e Mishra et al., 2011.

8.2 Coprocessadores

Agora que já vimos alguns dos modos de conseguir paralelismo no chip, vamos subir um degrau e ver como o computador pode ganhar velocidade com a adição de um segundo processador especializado. Há uma variedade desses **coprocessadores**, de pequenos a grandes. Nos *mainframes* IBM 360 e em todos os seus sucessores, existem canais independentes de E/S para fazer entrada/saída. De modo semelhante, o CDC 6600 tinha dez processadores independentes para efetuar E/S. Gráficos e aritmética de ponto flutuante são outras áreas em que são usados coprocessadores. Até mesmo um chip DMA pode ser visto como um coprocessador. Em alguns casos, a CPU dá ao coprocessador uma instrução ou um conjunto de instruções e ordena que ele as execute; em outros casos, ele é mais independente e funciona em grande parte por si só.

Em termos físicos, coprocessadores podem variar de um gabinete separado (os canais de E/S do 360) a uma placa de expansão (processadores de rede) ou uma área no chip principal (ponto flutuante). Em todos os casos, o que os distingue é o fato de que algum outro processador é o principal e que os coprocessadores estão lá para ajudá-lo. Agora, examinaremos três áreas em que é possível aumentar a velocidade: processamento de rede, multimídia e criptografia.

8.2.1 Processadores de rede

Grande parte dos computadores de hoje estão conectados a uma rede ou à Internet. Como resultado desse progresso tecnológico em hardware de rede, as redes agora são tão rápidas que ficou cada vez mais difícil processar em software todos os dados que entram e que saem. Por conseguinte, foram desenvolvidos processadores especiais de rede para lidar com o tráfego e muitos computadores de alta tecnologia agora têm um desses processadores. Nesta seção, antes de tudo, vamos dar uma breve introdução a redes e em seguida discutiremos como funcionam os processadores de rede.

- **Introdução a redes**

Redes de computadores podem ser de dois tipos gerais: **redes locais**, ou **LANs** (Local-Area Networks), que conectam vários computadores dentro de um edifício, *campus*, escritório ou residência, e **redes de longa distância** ou **WANs** (Wide-Area Networks), que conectam computadores espalhados por uma grande área geográfica. A LAN mais popular é denominada **Ethernet**. A Ethernet original consistia em um cabo grosso no qual eram forçosamente inseridos os fios que vinham de cada computador, usando uma derivação conhecida pelo eufemismo **conector vampiro**. Ethernets modernas ligam os computadores a um *switch* central, como ilustrado no lado direito da Figura 8.14. A Ethernet original se arrastava a 3 Mbps, mas a primeira versão comercial foi de 10 Mbps. Ela não demorou muito a ser substituída pela Fast Ethernet a 100 Mbps e, em seguida, pela Gigabit Ethernet a 1 Gbps. Já existe no mercado uma Ethernet de 10 gigabits e uma de 40 gigabits já está pronta para ser lançada.

A organização das WANs é diferente. Elas consistem em computadores especializados denominados **roteadores** conectados por fios ou fibras óticas, como mostra a parte do meio da Figura 8.14. Blocos de dados denominados **pacotes**, normalmente de 64 a cerca de 1.500 bytes, são movidos da máquina de origem e passam por um ou mais roteadores até alcançarem seu destino. Em cada salto, um pacote é armazenado na memória do roteador e então repassado ao próximo roteador ao longo do caminho, tão logo a linha de transmissão necessária esteja disponível. Essa técnica é denominada **comutação de pacotes armazena-e-encaminha**.

Figura 8.14 Como os usuários são conectados a servidores na Internet.

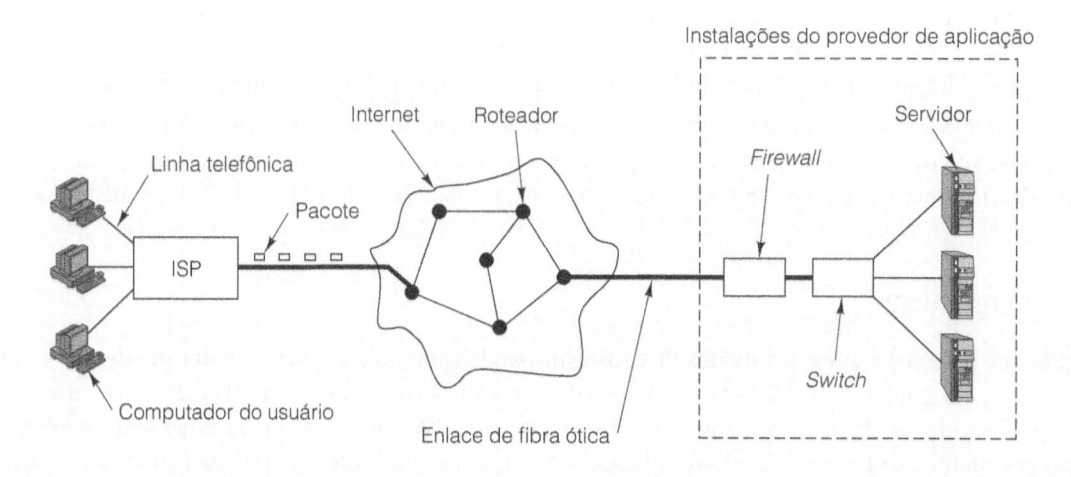

Embora muitos achem que Internet é uma WAN única, tecnicamente ela é um conjunto de muitas WANs conectadas umas às outras. Todavia, essa distinção não é importante para nossa finalidade. A Figura 8.14 dá uma visão da Internet do ponto de vista de um usuário doméstico. O computador do usuário em geral está conectado a um servidor Web pelo sistema telefônico, por meio de um modem discado de 56 kbps ou por ADSL, que foi discutido no Capítulo 2. (Como alternativa, pode ser usado um cabo de TV, caso em que o lado esquerdo da Figura 8.14 é ligeiramente diferente e a empresa de TV a cabo é o ISP.) O computador do usuário desmembra em pacotes os dados que serão enviados ao servidor e envia esses pacotes ao **ISP** (**Internet Service Provider – provedor de serviços de Internet**), uma empresa que oferece acesso à Internet aos seus clientes. O ISP tem uma conexão de alta velocidade (geralmente por fibra ótica) com uma das redes regionais ou *backbones* que compõem a Internet. Os pacotes do usuário são repassados salto por salto pela Internet até chegarem ao servidor Web.

A maioria das empresas que oferece serviços de Web tem um computador especializado denominado *firewall*, que filtra todo o tráfego que chega na tentativa de remover pacotes indesejados (por exemplo, pacotes de *hackers* que estejam tentando invadir a rede). O *firewall* está conectado à LAN local, normalmente um *switch* Ethernet, que roteia pacotes até o servidor desejado. É claro que a realidade é muito mais complicada do que mostramos, mas a ideia básica da Figura 8.14 continua válida.

O software de rede consiste em múltiplos **protocolos**, e cada um deles é um conjunto de formatos, sequências de troca e regras sobre o significado dos pacotes. Por exemplo, quando um usuário quer buscar uma página Web em um servidor, seu *browser* envia ao servidor um pacote que contém uma requisição *GET PAGE* usando o protocolo **HTTP** (**HyperText Transfer Protocol – protocolo de transferência de hipertexto**). O servidor sabe como processar essas requisições. Há muitos protocolos em uso e, com frequência, eles são combinados. Na maioria das situações, os protocolos são estruturados como uma série de camadas, sendo que as mais altas passam pacotes para as mais baixas para processamento e a camada mais baixa efetua a transmissão propriamente dita. No lado receptor, os pacotes percorrem seu caminho pelas camadas na ordem inversa.

Uma vez que processamento de protocolos é o que os processadores de rede fazem para ganhar a vida, é necessário explicar um pouco sobre protocolos antes de estudar os processadores de rede em si. Por enquanto, vamos voltar à requisição *GET PAGE*. Como ela é enviada ao servidor Web? O que acontece é que, em primeiro lugar, o *browser* estabelece uma conexão com o servidor Web usando um protocolo denominado **TCP** (**Transmission Control Protocol – protocolo de controle de transmissão**). O software que executa esse protocolo verifica se todos os pacotes foram recebidos corretamente e na ordem certa. Se um pacote se perder, o software TCP garante que ele seja retransmitido tantas vezes quantas forem necessárias até ser recebido.

Na prática, o que acontece é que o *browser* Web formata a requisição *GET PAGE* como uma mensagem HTTP correta e então a entrega ao software TCP para que seja transmitida pela conexão. O software TCP acrescenta um cabeçalho à frente da mensagem, que contém um número de sequência e outras informações. Naturalmente, esse cabeçalho é denominado **cabeçalho TCP**.

Isso feito, o software TCP pega o cabeçalho TCP e a carga útil (ou *payload*, que contém a requisição *GET PAGE*) e os passa a outro software que executa o **Protocolo IP (Internet Protocol)**. Esse software anexa à frente do pacote um cabeçalho IP que contém o endereço da origem (a máquina da qual o pacote está partindo), o endereço de destino (a máquina para a qual o pacote deve ir), por quantos saltos mais o pacote pode viver (para evitar que pacotes perdidos fiquem vagando eternamente pela rede), uma soma de verificação (para detectar erros de transmissão e de memória) e outros campos.

Em seguida, o pacote resultante (que agora é composto do cabeçalho IP, cabeçalho TCP e requisição *GET PAGE*) é passado para baixo, para a camada de enlace de dados, e é acrescentado um cabeçalho de enlace de dados à frente do pacote para a transmissão. A camada de enlace de dados também acrescenta uma soma de verificação ao final do pacote, denominada **CRC (Cyclic Redundancy Code – código de redundância cíclica)** para detectar erros de transmissão. A presença de somas de verificação na camada de enlace de dados e na de IP poderia parecer redundante, mas ela melhora a confiabilidade. A cada salto, o CRC é verificado e o cabeçalho e o CRC são removidos e recriados em um formato apropriado para o enlace de saída. A Figura 8.15 mostra o aspecto do pacote quando está na Ethernet. Em uma linha telefônica (para ADSL) ele é semelhante, exceto pelo "cabeçalho de linha telefônica" em vez de um cabeçalho Ethernet. O gerenciamento de cabeçalhos é importante e é uma das coisas que os processadores de rede podem fazer. Não é preciso dizer que apenas arranhamos a superfície da questão de redes de computadores. Se o leitor quiser um tratamento mais abrangente, consulte Tanenbaum e Wetherall, 2011.

Figura 8.15 Pacote tal como aparece na Ethernet.

Cabeçalho Ethernet	Cabeçalho IP	Cabeçalho TCP	Carga útil	C R C

Introdução a processadores de rede

Há muitos tipos de dispositivos conectados às redes. Usuários finais têm computadores pessoais (de mesa ou notebooks), é claro, porém, cada vez mais também têm máquinas de jogos, PDAs (*palmtops*) e *smartphones*. Empresas têm PCs e servidores como sistemas finais. Todavia, há também numerosos dispositivos que funcionam como sistemas intermediários em redes, entre eles roteadores, *switches*, *firewalls*, *proxies* da Web e balanceadores de carga. O interessante é que esses sistemas intermediários são os mais exigentes, já que são eles que devem movimentar o maior número de pacotes por segundo. Servidores também são exigentes, mas as máquinas do usuário não são.

Dependendo da rede e do pacote em si, um pacote que chega pode precisar de vários tipos de processamento antes de ser repassado para a linha de saída ou para o programa de aplicação. Esse processamento pode incluir decidir para onde enviar o pacote, fragmentá-lo, reconstruí-lo a partir de seus pedaços, gerenciar sua qualidade de serviço (em especial para fluxos de áudio e vídeo), gerenciar segurança (por exemplo, criptografar e decriptografar), compressão/descompressão e assim por diante.

Com a velocidade das LANs se aproximando de 40 gigabits/segundo e pacotes de 1 KB, um computador em rede pode ter de processar quase 5 milhões de pacotes/segundo. Quando os pacotes são de 64 bytes, o número deles que tem de ser processado por segundo sobe a quase 80 milhões. Executar todas as várias funções que acabamos de mencionar em 12–200 ns (além das múltiplas cópias do pacote que, sempre, são necessárias) simplesmente não é viável em software. A assistência do hardware é essencial.

Um tipo de solução de hardware para processamento rápido de pacotes é usar um **ASIC (Application-Specific Integrated Circuit – circuito integrado específico da aplicação)** por especificação. Esse chip é como um programa fixo que executa qualquer conjunto de funções de processamento para o qual foi projetado. Muitos roteadores atuais usam ASICs. Entretanto, os ASICs têm muitos problemas. Primeiro, o projeto de um ASIC é muito demorado e sua fabricação também. Eles são rígidos, portanto, se for necessária uma nova funcionalidade, será preciso projetar e fabricar um novo chip. Além do mais, o gerenciamento de *bugs* é um pesadelo, visto que o único modo de consertá-los é projetar, fabricar, despachar e instalar novos chips. Também são caros, a menos que o volume seja tão grande que permita amortizar o esforço do desenvolvimento com uma quantidade substancial de chips.

Uma segunda solução é o **FPGA (Field Programmable Gate Array – arranjo de portas programável em campo)**, um conjunto de portas que pode ser organizado conforme o circuito desejado modificando sua fiação em campo. O tempo de chegada ao mercado desses chips é muito mais curto do que o dos ASICs, e sua fiação pode ser modificada em campo removendo-os do sistema e inserindo-os em um dispositivo especial de reprogramação. Por outro lado, eles são complexos, lentos e caros e, por isso, não são atraentes, exceto para aplicações que têm um nicho de mercado específico.

Por fim, chegamos aos **processadores de rede**, dispositivos programáveis que podem manipular pacotes que chegam e que saem à velocidade dos fios, isto é, em tempo real. Um projeto comum é uma placa de expansão que contém um processador de rede em um chip junto com memória e lógica de apoio. Uma ou mais linhas de rede se conectam com a placa e são roteadas para o processador de rede. Ali, os pacotes são extraídos, processados e enviados por uma linha de rede diferente (por exemplo, para um roteador) ou enviados para o barramento do sistema principal (por exemplo, o barramento PCI) no caso de dispositivo de usuário final, como um PC. Uma placa de processador de rede e um chip típicos são ilustrados na Figura 8.16.

Figura 8.16 Placa e chip de um processador de rede típico.

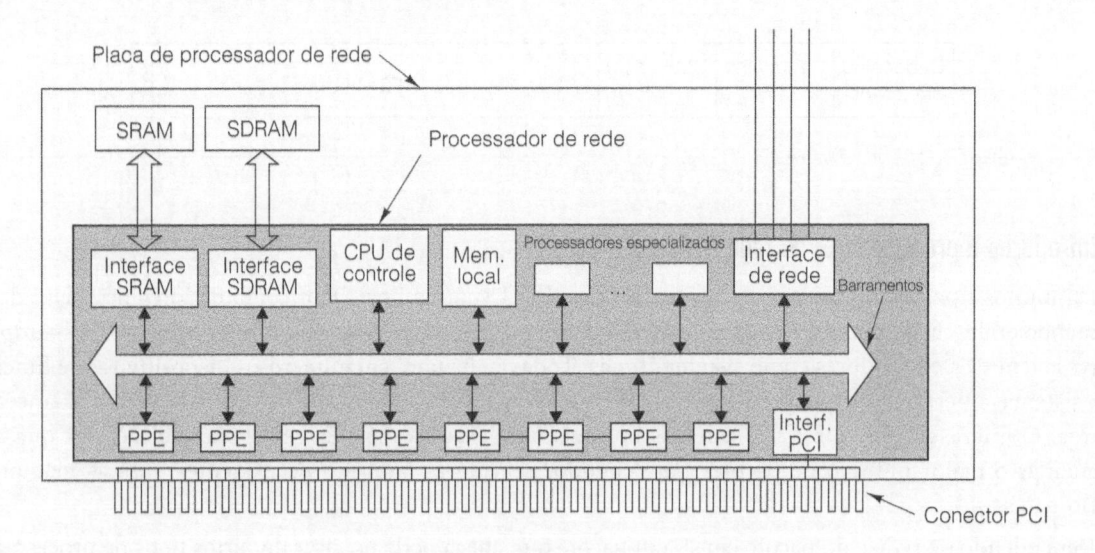

Tanto a SRAM quanto a SDRAM são fornecidas na placa e normalmente são usadas de modos diferentes. A SRAM é mais rápida, porém mais cara do que a SDRAM, portanto, há apenas uma pequena quantidade dela. A SRAM é usada para conter tabelas de roteamento e outras estruturas de dados fundamentais, enquanto a SDRAM contém os pacotes que estão sendo processados. Como a SRAM e a SDRAM são externas ao chip do processador de rede, os projetistas da placa têm flexibilidade para determinar quanto fornecer de cada uma. Desse modo, placas de baixa tecnologia com uma única linha de rede (por exemplo, para um PC ou um servidor) podem ser equipadas com uma pequena quantidade de memória, enquanto uma placa de alta tecnologia para um roteador de grande porte pode ser equipada com muito mais.

Chips de processadores de rede são otimizados para processar de modo rápido grandes quantidades de pacotes que entram e saem. Isso significa milhões de pacotes por segundo por linha de rede, e um roteador poderia ter, facilmente, meia dúzia de linhas. A única maneira de atingir tais taxas de processamento é construir processadores de rede munidos de alto grau de paralelismo. E, de fato, todos os processadores de rede consistem em vários **PPEs**, denominados pelos variados nomes **Protocol/Programmable/Packet Processing Engines (dispositivos de processamento de protocolo/programáveis/pacotes)**. Cada um é um núcleo RISC (talvez modificado) e uma pequena quantidade de memória interna para conter o programa e algumas variáveis.

Os PPEs podem ser organizados de dois modos diferentes. A organização mais simples é todos os PPEs idênticos. Quando um pacote chega ao processador de rede, seja um pacote de entrada que vem de uma linha de rede, seja um de saída que vem do barramento, ele é entregue a um PPE ocioso para processamento. Se não houver um, o pacote entra na fila da SDRAM na placa até que algum PPE seja liberado. Quando é usada essa organização, as conexões horizontais mostradas entre os PPEs na Figura 8.16 não existem porque os PPEs não têm nenhuma necessidade de se comunicar uns com os outros.

A outra forma de organização de PPEs é o *pipeline*. Nessa organização, cada PPE executa uma etapa de processamento e então alimenta um ponteiro para seu pacote de saída para o próximo PPE no *pipeline*. Desse modo, o *pipeline* de PPE age de modo muito parecido com os de CPU que estudamos no Capítulo 2. Em ambas as organizações, os PPEs são completamente programáveis.

Em projetos avançados, os PPEs têm *multithreading*, o que significa que eles têm vários conjuntos de registradores e um registrador em hardware que indica qual deles está em uso no momento. Essa característica é usada para executar vários programas ao mesmo tempo, permitindo que um programa (isto é, um *thread*) comute apenas alterando a variável "conjunto atual de registradores". Mais frequentemente, quando um PPE protela, por exemplo, quando referencia a SDRAM (o que toma vários ciclos de *clock*), ele pode comutar instantaneamente para um *thread* executável. Dessa maneira, um PPE pode conseguir alta utilização, mesmo quando bloqueia com frequência para acessar a SDRAM ou realizar alguma outra operação externa lenta.

Além dos PPEs, todos os processadores de rede contêm um processador de controle, quase sempre apenas uma CPU RISC padronizada de uso geral, para realizar todo o trabalho não relacionado com processamento de pacotes, tal como atualização das tabelas de roteamento. Seu programa e dados estão na memória no chip local. Além do mais, muitos chips de processadores de rede também contêm um ou mais processadores especializados para compatibilizar padrões ou outras operações críticas. Na realidade, esses processadores são pequenos ASICs que são bons para executar uma única operação simples, como consultar um endereço de destino na tabela de roteamento. Todos os componentes do processador de rede se comunicam por um ou mais barramentos paralelos no chip, que funcionam a velocidades de multigigabits/segundo.

Processamento de pacotes

Quando um pacote chega, ele passa por vários estágios de processamento, independentemente de o processador de rede ter uma organização paralela ou de *pipeline*. Alguns processadores de rede dividem essas etapas em operações executadas em pacotes que chegam (seja de uma linha de rede, seja de um barramento de sistema), denominadas **processamento de entrada**, e operações executadas em pacotes de saída, denominadas **processamento de saída**. Quando essa distinção é feita, todo pacote passa, primeiro, pelo processamento de entrada e, em seguida, pelo de saída. A fronteira entre o processamento de entrada e o de saída é flexível porque algumas etapas podem ser realizadas em quaisquer das duas partes (por exemplo, coletar estatísticas de tráfego).

A seguir, discutiremos uma ordenação potencial das várias etapas, mas observe que nem todos os pacotes precisam de todas as etapas e muitas outras ordenações são igualmente válidas.

1. **Soma de verificação.** Se o pacote de entrada estiver chegando da Ethernet, o CRC é recalculado para ser comparado com o que está no pacote e ter certeza de que não há erro de transmissão algum. Se o CRC Ethernet estiver correto, ou não estiver presente, a soma de verificação IP é recalculada e comparada com a que está no pacote para ter certeza de que o pacote IP não foi danificado por um bit defeituoso na memória do remetente após o cálculo da soma de verificação IP ali efetuado. Se todas as somas

estiverem corretas, o pacote é aceito para o processamento seguinte; caso contrário, é simplesmente descartado.

2. **Extração do campo.** O cabeçalho relevante é analisado e os campos fundamentais são extraídos. Em um *switch* Ethernet, só o cabeçalho Ethernet é examinado, ao passo que, em um roteador IP, o cabeçalho IP é inspecionado. Os campos fundamentais são armazenados em registradores (organização em PPEs paralelos) ou SRAM (organização em *pipeline*).

3. **Classificação de pacotes.** O pacote é classificado conforme uma série de regras programáveis. A classificação mais simples é distinguir pacotes de dados dos de controle, mas em geral são feitas distinções mais refinadas.

4. **Seleção de caminho.** A maioria dos processadores de rede tem um caminho rápido especial, otimizado, para tratar os pacotes de dados mais comuns; todos os outros pacotes são tratados de modo diferente, muitas vezes pelo processador de controle. Por conseguinte, é preciso escolher o caminho rápido ou o caminho lento.

5. **Determinação da rede de destino.** Pacotes IP contêm um endereço de destino de 32 bits. Não é possível (nem desejável) ter uma tabela de 2^{32} entradas para consultar o destino de cada pacote IP, de modo que a parte da extrema esquerda do endereço IP é o número da rede e o resto especifica a máquina naquela rede. Números de rede podem ter qualquer comprimento, portanto, determinar o número da rede de destino não é uma tarefa trivial e piora pelo fato de que várias combinações são possíveis e a mais longa é a que conta. Nessa fase, muitas vezes é usado um ASIC por encomenda.

6. **Consulta de rota.** Uma vez conhecido o número da rede de destino, a linha de saída a usar pode ser consultada em uma tabela na SRAM. Mais uma vez, nessa etapa pode ser usado um ASIC fabricado por encomenda.

7. **Fragmentação e reconstrução.** Programadores gostam de apresentar grandes cargas úteis à camada TCP para reduzir o número de chamadas de sistema necessárias, mas todos, TCP, IP e Ethernet, têm tamanhos máximos para os pacotes que podem manusear. Como consequência desses limites, cargas úteis e pacotes talvez tenham de ser fragmentados no lado remetente e seus pedaços reconstruídos no lado receptor. Essas são tarefas que o processador de rede pode realizar.

8. **Computação.** Às vezes, é necessário realizar computação pesada sobre a carga útil, por exemplo, comprimir/descomprimir dados e criptografar/decriptografar dados. Essas são tarefas que um processador de rede pode realizar.

9. **Gerenciamento de cabeçalho.** Às vezes, é preciso adicionar ou remover cabeçalhos, ou modificar alguns de seus campos. Por exemplo, o cabeçalho IP tem um campo que conta o número de saltos que o pacote ainda pode fazer antes de ser descartado. Toda vez que é retransmitido, esse campo deve ser decrementado, algo que o processador de rede pode fazer.

10. **Gerenciamento de fila.** Pacotes que chegam e saem muitas vezes têm de ser colocados em filas enquanto esperam sua vez de serem processados. Aplicações de multimídia talvez precisem de algum espaçamento de tempo entre pacotes para evitar instabilidade no sinal (*jitter*). Um *firewall* ou roteador pode precisar distribuir a carga que chega entre várias linhas de saída de acordo com certas regras. Todas essas tarefas podem ser executadas pelo processador de rede.

11. **Geração de soma de verificação.** Pacotes de saída precisam receber uma soma de verificação. A soma de verificação IP pode ser gerada pelo processador de rede, mas o CRC Ethernet é em geral calculado pelo hardware.

12. **Contabilidade.** Em alguns casos, é preciso uma contabilidade para o tráfego de pacotes, em especial quando uma rede está repassando tráfego para outras redes como um serviço comercial. O processador de rede pode fazer a contabilidade.

13. **Coleta de dados estatísticos.** Por fim, muitas organizações gostam de coletar dados estatísticos referentes a seu tráfego. Elas querem saber quantos pacotes vieram e quantos foram enviados, em que horários do dia e outras informações. O processador de rede é um bom local para fazer essa coleta.

Melhorias de desempenho

Desempenho é o que importa em processadores de rede. O que pode ser feito para melhorá-lo? Porém, antes de melhorar o desempenho, temos de definir o que ele significa. Um modo de medição é o número de pacotes repassados por segundo. Um segundo modo é o número de bytes transmitidos por segundo. Essas medições são diferentes e um esquema que funciona bem para pacotes pequenos pode não funcionar tão bem para pacotes grandes. Em particular, no caso de pacotes pequenos, melhorar o número de consultas de destino por segundo pode ajudar muito, mas, quando se trata de pacotes grandes, pode não ajudar.

O modo mais direto de melhorar o desempenho é aumentar a velocidade de *clock* do processador de rede. Claro que o desempenho não é linear em relação à velocidade de *clock*, visto que tempo de ciclo de memória e outros fatores também o influenciam. Além disso, um *clock* mais rápido significa que mais calor deve ser dissipado.

Introduzir mais PPEs e paralelismo costuma ser um método que dá ótimos resultados, em especial quando a organização consiste em PPEs paralelos. Um *pipeline* mais profundo também pode ajudar, mas só se o trabalho de processar um pacote puder ser subdividido em porções menores.

Outra técnica é adicionar processadores especializados ou ASICs para tratar operações específicas, que tomam muito tempo e são realizadas repetidas vezes, e que podem ser executadas com maior rapidez em hardware do que em software. Consultas, cálculos de somas de verificação e criptografia estão entre as muitas candidatas.

Adicionar mais barramentos internos e aumentar a largura dos barramentos existentes pode ajudar a ganhar velocidade porque os pacotes passam pelo sistema com maior rapidez. Por fim, substituir SDRAM por SRAM costuma ser entendido como algo que melhora o desempenho, mas, por certo, tem um preço.

É claro que há muito mais a dizer sobre processadores de rede. Algumas referências são Freitas et al., 2009; Lin et al., 2010; e Yamamoto e Nakao, 2011.

8.2.2 Processadores gráficos

Uma segunda área na qual coprocessadores são usados é o tratamento de processamento gráfico de alta resolução, como renderização 3D. CPUs comuns não são muito boas nas computações maciças necessárias para processar as grandes quantidades de dados requeridas nessas aplicações. Por essa razão, alguns PCs atuais e a maioria dos PCs futuros serão equipados com **GPUs** (**Graphics Processing Units** – unidades de processamento gráfico) para os quais passarão grandes porções do processamento geral.

A GPU Fermi NVIDIA

Estudaremos essa área cada vez mais importante por meio de um exemplo: a **GPU Fermi** NVIDIA, uma arquitetura usada em uma família de chips de processamento gráfico que estão disponíveis em diversas velocidades e tamanhos. A arquitetura da GPU Fermi aparece na Figura 8.17. Ela é organizada em 16 **SMs** (**Streaming Multiprocessors** – **multiprocessadores** *streaming*), tendo sua própria *cache* nível 1 privada com alta largura de banda. Cada multiprocessador *streaming* contém 32 núcleos CUDA, para um total de 512 núcleos CUDA por GPU Fermi. Um núcleo **CUDA** (**Compute Unified Device Architecture** – **arquitetura de elemento unificado de computação**) é um processador simples que dá suporte a cálculos com inteiros e ponto flutuante com precisão simples. Um único SM com 32 núcleos CUDA é ilustrado na Figura 2.7. Os 16 SMs compartilham acesso a uma única *cache* nível 2 unificada de 768 KB, que está conectada a uma interface DRAM de múltiplas portas. A interface do processador hospedeiro oferece um caminho de comunicação entre o sistema hospedeiro e a GPU por meio de uma interface de barramento DRAM compartilhada, em geral por meio de uma interface PCI-Express.

A arquitetura Fermi é projetada para executar, com eficiência, códigos de processamento de gráficos, vídeo e imagens, que costumam ter muitos cálculos redundantes espalhados por muitos *pixels*. Por causa dessa redundância, os multiprocessadores *streaming*, embora capazes de executar 16 operações por vez, exigem que todas as operações executadas em um único ciclo sejam idênticas. Esse estilo de processamento é denominado computação **SIMD** (**Single-Instruction Multiple Data** – **instrução única, múltiplos dados**), e tem a importante vantagem de que cada SM busca e decodifica apenas uma única instrução a cada ciclo. Somente compartilhando o processamento de instruções por todos os núcleos em um SM é que a NVIDIA consegue colocar 512 núcleos em uma única pastilha de silício. Se os programadores puderem aproveitar todos os recursos de computação (sempre um "se" muito grande e incerto), então o sistema oferece vantagens computacionais significativas sobre arquiteturas escalares tradicionais, como o Core i7 ou o OMAP4430.

Figura 8.17 A arquitetura da GPU Fermi.

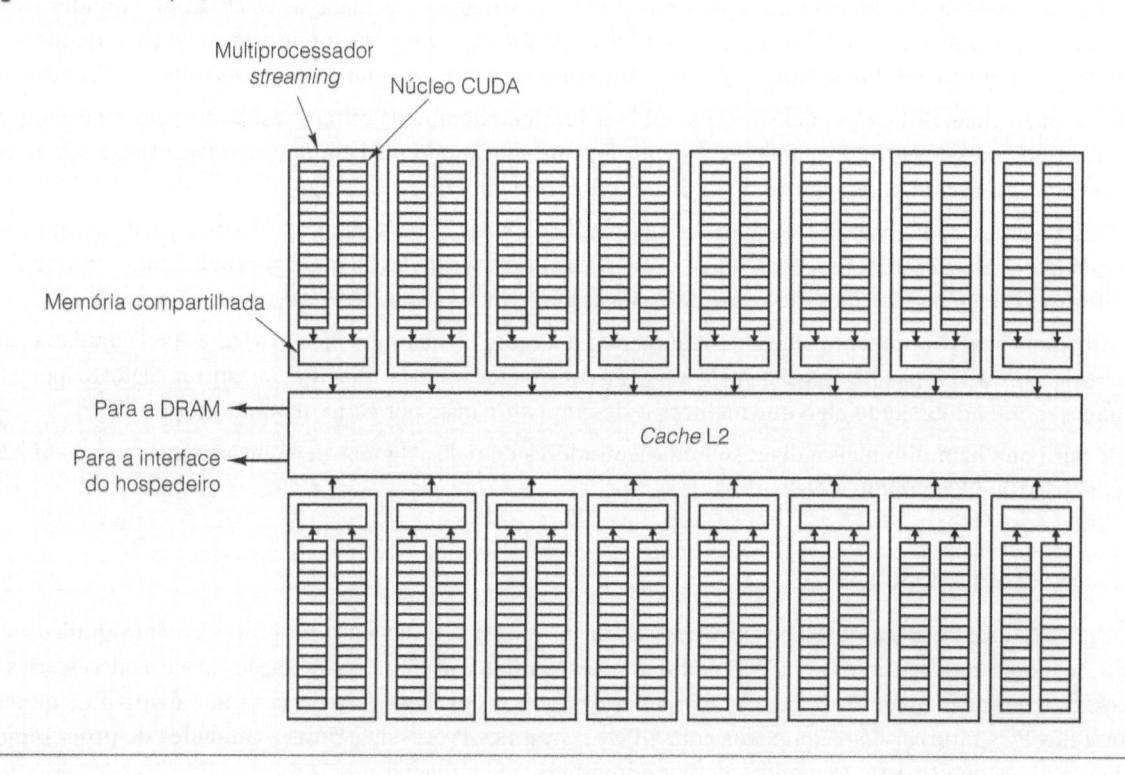

Os requisitos de processamento SIMD dentro dos SMs impõem restrições sobre o tipo de código que os programadores podem executar sobre essas unidades. De fato, cada núcleo CUDA precisa estar rodando o mesmo código em sincronismo para alcançar 16 operações ao mesmo tempo. Para aliviar esse peso ao programador, a NVIDIA desenvolveu a linguagem de programação CUDA, a qual especifica o paralelismo do programa usando *threads*. *Threads* são então agrupados em blocos, designados a processadores *streaming*. Desde que cada *thread* em um bloco execute exatamente a mesma sequência de código (ou seja, todos os desvios tomem a mesma decisão), até 16 operações serão executadas em simultâneo (supondo que haja 16 *threads* prontos para executar). Quando os *threads* em um SM tomarem decisões de desvio diferentes, haverá um efeito de diminuição de desempenho, denominado divergência de desvio, forçando os *threads* com caminhos de código diferentes a serem executados de modo serial no SM. A divergência de desvio reduz o paralelismo e atrasa o processamento da GPU. Felizmente, há uma grande faixa de atividades no processamento gráfico e de imagens, que poderá evitar a divergência de desvio e alcançar bons ganhos de velocidade. Também muitos outros códigos se beneficiaram da arquitetura no estilo SIMD sobre processadores gráficos, como imagens médicas, resolução de prova, previsão financeira e análise de gráficos. Essa ampliação das aplicações em potencial para GPUs lhes deu o novo apelido de **GPGPUs (General-Purpose Graphics Processing Units – unidades de processamento gráfico de uso geral)**.

Com 512 núcleos CUDA, a GPU Fermi pararia sem uma largura de banda de memória significativa. Para fornecer essa largura de banda, a GPU Fermi implementa uma hierarquia de memória moderna, conforme ilustrado na Figura 8.18. Todos os SMs têm uma memória compartilhada dedicada e uma *cache* de dados nível 1 privada. A memória compartilhada dedicada é endereçada diretamente pelos núcleos CUDA, e oferece compartilhamento rápido de dados entre *threads* dentro de um único SM. A *cache* de nível 1 agiliza os acessos aos dados da DRAM. Para acomodar a grande variedade de uso dos dados do programa, os SMs podem ser configurados com memória compartilhada de 16 KB e *cache* nível 1 de 48 KB ou memória compartilhada de 48 KB e *cache* nível 1 de 16 KB. Todos os SMs compartilham uma única *cache* nível 2 de 768 KB. A *cache* nível 2 oferece acesso mais rápido aos dados da DRAM que não couberem nas de nível 1. A *cache* nível 2 também oferece compartilhamento entre SMs, embora esse modo seja muito mais lento do que o que ocorre dentro da memória compartilhada de um SM. Além da *cache* nível 2 está a DRAM, que mantém os dados restantes, imagens e texturas, usados por programas rodando na GPU Fermi. Programas eficientes tentarão evitar o acesso à DRAM a todo custo, pois um único acesso pode levar centenas de ciclos para concluir.

Figura 8.18 Hierarquia de memória da GPU Fermi.

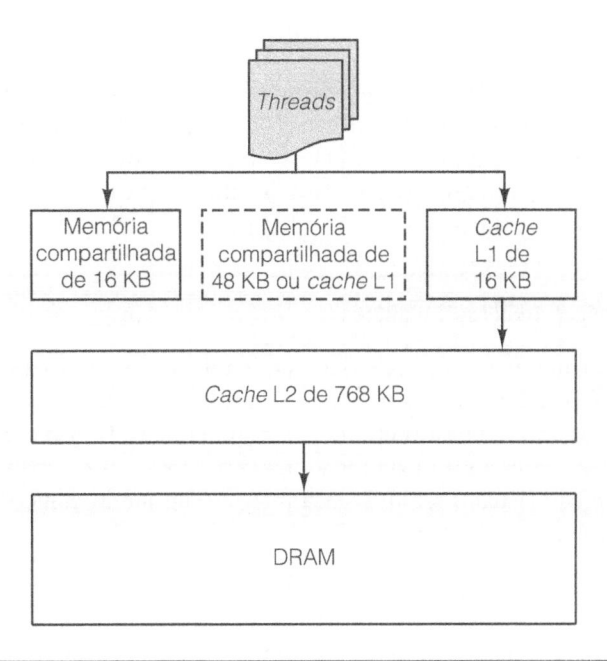

Para um programador esperto, a GPU Fermi representa, em termos de computação, uma das plataformas mais capazes que já foram criadas. Uma única GPU GTX 580 baseada em Fermi rodando a 772 MHz com 512 núcleos CUDA pode alcançar uma taxa de computação sustentada de 1,5 teraflop, consumindo 250 watts de potência. Essa estatística é ainda mais impressionante quando se considera que o preço de varejo de uma GPU GTX 580 é menor que 600 dólares. Por questão de comparação histórica, em 1990, o computador mais rápido do mundo, o Cray 2, tinha um desempenho de 0,002 teraflop e um preço (em dólares ajustados pela inflação) de 30 milhões de dólares. Ele também preenchia uma sala de tamanho modesto e vinha com um sistema de resfriamento líquido para dissipar os 150 kW de potência que consumia. O GTX 580 tem 750 vezes mais potência para 1/50.000 do preço, enquanto consome 1/600 dessa energia. Não é um mau negócio.

8.2.3 Criptoprocessadores

Uma terceira área na qual os coprocessadores são populares é segurança, em especial segurança em redes. Quando uma conexão é estabelecida entre um cliente e um servidor, em muitos casos eles devem primeiro se autenticar mutuamente. Então, é preciso estabelecer uma conexão segura e criptografada entre eles, para que os dados sejam transferidos com segurança, frustrando quaisquer bisbilhoteiros que poderiam estar invadindo a linha.

O problema da segurança é que, para consegui-la, é preciso usar criptografia, a qual faz uso muito intensivo de computação. Há dois tipos gerais de criptografia, denominados **criptografia de chave simétrica** e **criptografia de chave pública**. A primeira é baseada na mistura completa de bits, algo equivalente a jogar uma mensagem dentro de um liquidificador. A última é baseada em multiplicação e exponenciação de grandes números (por exemplo, 1.024 bits) e consome enormes quantidades de tempo.

Para tratar da computação necessária para criptografar os dados com segurança para transmissão ou armazenamento, várias empresas produziram coprocessadores criptográficos, às vezes na forma de placas de expansão para barramento PCI. Esses coprocessadores têm um hardware especial que os habilita a executar a criptografia necessária muito mais rápido do que poderia uma CPU comum. Infelizmente, uma discussão detalhada do modo de funcionamento dos criptoprocessadores exigiria, primeiro, explicar muita coisa sobre a criptografia em si, o que está fora do escopo deste livro. Se o leitor desejar mais informações sobre coprocessadores criptográficos, pode consultar Gaspar et al., 2010; Haghighizadeh et al., 2010; e Shoufan et al., 2011.

8.3 Multiprocessadores de memória compartilhada

Agora já vimos como se pode acrescentar paralelismo a chips únicos e a sistemas individuais adicionando um coprocessador. A próxima etapa é ver como múltiplas CPUs totalmente desenvolvidas podem ser combinadas para formar sistemas maiores. Sistemas com várias CPUs podem ser divididos em multiprocessadores e multicomputadores. Após vermos com atenção o que esses termos de fato significam, estudaremos primeiro multiprocessadores e, em seguida, multicomputadores.

8.3.1 Multiprocessadores *versus* multicomputadores

Em qualquer sistema de computação paralelo, CPUs que trabalham em partes diferentes do mesmo serviço devem se comunicar umas com as outras para trocar informações. O modo exato como elas devem fazer isso é assunto de muito debate na comunidade da arquitetura de computadores. Dois projetos distintos foram propostos e implementados: multiprocessadores e multicomputadores. A diferença fundamental entre os dois é a presença ou ausência de memória compartilhada. Essa diferença interfere no modo como são projetados, construídos e programados, bem como em sua escala e preço.

● **Multiprocessadores**

Um computador paralelo no qual todas as CPUs compartilham uma memória comum é denominado um **multiprocessador**, como indicado simbolicamente na Figura 8.19. Todos os processos que funcionam juntos em um multiprocessador podem compartilhar um único espaço de endereço virtual mapeado para a memória comum. Qualquer processo pode ler ou escrever uma palavra de memória apenas executando uma instrução **LOAD** ou **STORE**. Nada mais é preciso. O hardware faz o resto. Dois processos podem se comunicar pelo simples ato de um deles escrever dados para a memória e o outro os ler de volta.

A capacidade de dois (ou mais) processos se comunicarem apenas lendo e escrevendo na memória é a razão por que os multiprocessadores são populares. É um modelo fácil de entender pelos programadores e é aplicável a uma ampla faixa de problemas. Considere, por exemplo, um programa que inspeciona uma imagem de mapa de bits e relaciona todos os objetos ali encontrados. Uma cópia da imagem é mantida na memória, como mostra a Figura 8.19(b). Cada uma das 16 CPUs executa um único processo, ao qual foi designada uma das 16 seções a analisar. Não obstante, cada processo tem acesso à imagem inteira, que é essencial, visto que alguns objetos podem ocupar várias seções. Se um processo descobrir que um de seus objetos se estende para além da fronteira de uma seção, ele apenas segue o objeto na próxima seção lendo as palavras dessa seção. Nesse exemplo, alguns objetos serão descobertos por vários processos, portanto, é preciso certa coordenação no final para determinar quantas casas, árvores e aviões há.

Como todas as CPUs em um multiprocessador veem a mesma imagem de memória, há somente uma cópia do sistema operacional. Por conseguinte, há somente um mapa de páginas e uma tabela de processos. Quando um processo bloqueia, sua CPU salva seu estado nas tabelas do sistema operacional e então consulta essas tabelas para achar outro processo para executar. É essa imagem de único sistema que distingue um multiprocessador de um multicomputador, no qual cada computador tem sua própria cópia do sistema operacional.

Figura 8.19 (a) Multiprocessador com 16 CPUs que compartilham uma memória comum. (b) Imagem repartida em 16 seções, cada qual analisada por uma CPU diferente.

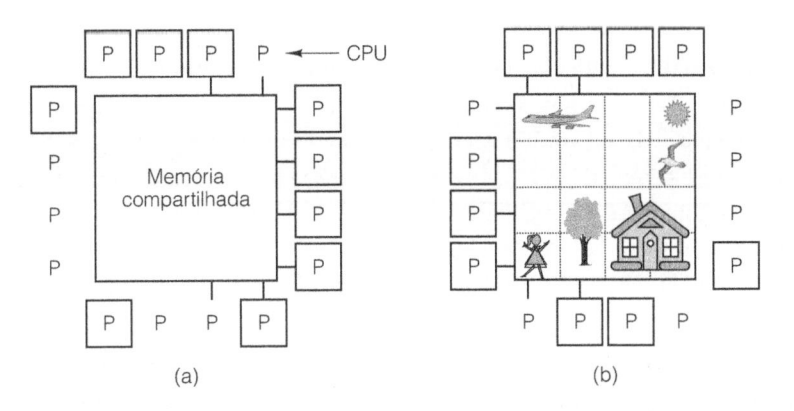

Um multiprocessador, como todos os computadores, deve ter dispositivos de E/S, como discos, adaptadores de rede e outros equipamentos. Em alguns sistemas multiprocessadores, somente certas CPUs têm acesso aos dispositivos de E/S e, por isso, têm uma função de E/S especial. Em outros, cada CPU tem igual acesso a todo dispositivo de E/S. Quando cada CPU tem igual acesso a todos os módulos de memória e a todos os dispositivos de E/S e é tratada pelo sistema operacional como intercambiável com as outras, o sistema é denominado **SMP** (**Symmetric MultiProcessor – multiprocessador simétrico**).

Multicomputadores

O segundo projeto possível para uma arquitetura paralela é um projeto no qual toda CPU tem sua própria memória privada, acessível somente a ela mesma e a nenhuma outra. Esse projeto é denominado **multicomputador** ou, às vezes, **sistema de memória distribuída**, e é ilustrado na Figura 8.20(a). O aspecto fundamental de um multicomputador que o distingue de um multiprocessador é que a CPU em um multicomputador tem sua própria memória local privada, a qual pode acessar apenas executando instruções LOAD e STORE, mas que nenhuma outra CPU pode acessar usando instruções LOAD e STORE. Assim, multiprocessadores têm um único espaço de endereço físico compartilhado por todas as CPUs, ao passo que multicomputadores têm um espaço de endereço físico para cada CPU.

Figura 8.20 (a) Multicomputador com 16 CPUs, cada uma com sua própria memória privada. (b) Imagem de mapa de bits da figura 8.19 dividida entre as 16 memórias.

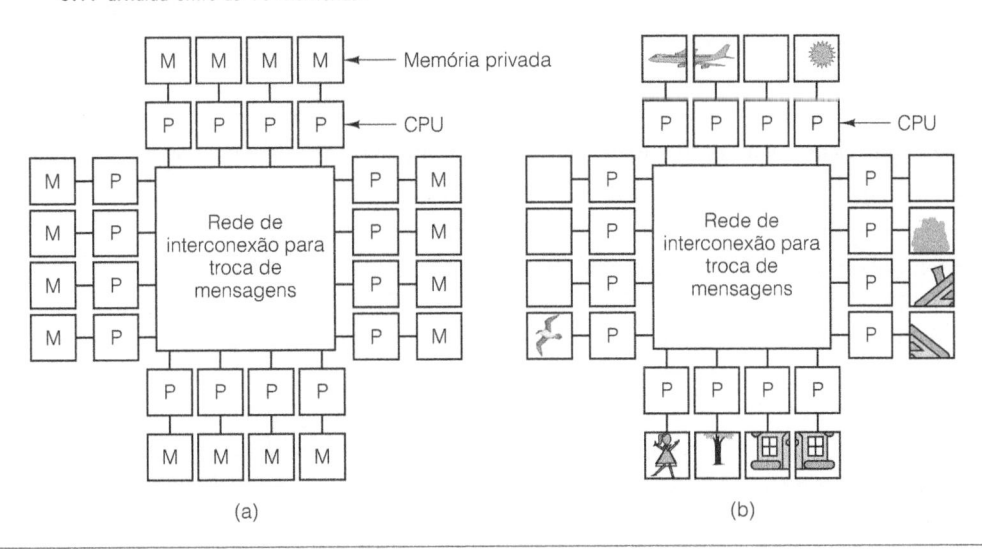

Uma vez que as CPUs em um multicomputador não podem se comunicar apenas lendo e escrevendo na memória comum, elas precisam de um mecanismo de comunicação diferente. O que elas fazem é passar mensagens uma para outra usando a rede de interconexão. Entre os exemplos de multicomputadores podemos citar o IBM BlueGene/L, o Red Storm e o *cluster* Google.

A ausência de memória compartilhada em hardware em um multicomputador tem importantes implicações para a estrutura do software. Ter um único espaço de endereço virtual do qual e para o qual todos os processos podem ler e escrever de e para toda a memória apenas executando instruções **LOAD** e **STORE** é impossível em um multicomputador. Por exemplo, se a CPU 0 (a que está no canto superior esquerdo) da Figura 8.19(b) descobrir que parte de seu objeto se estende até a seção designada à CPU 1, ainda assim ela continua a ler memória para acessar a cauda do avião. Por outro lado, se a CPU 0 da Figura 8.20(b) fizer a mesma descoberta, ela não pode simplesmente ler a memória da CPU. Em vez disso, ela precisa fazer algo bem diferente para obter os dados de que necessita.

Em particular, ela tem de descobrir (de algum modo) qual CPU tem os dados de que precisa e enviar a essa CPU uma mensagem requisitando uma cópia dos dados. Em seguida, normalmente ela bloqueará até que a requisição seja atendida. Quando a mensagem chegar à CPU 1, o software ali presente tem de analisá-la e enviar os dados necessários. Quando a mensagem de resposta voltar à CPU 0, o software é desbloqueado e pode continuar a executar.

Em um multicomputador, a comunicação entre processos costuma usar primitivas de software como **send** e **receive**. Isso dá ao software uma estrutura diferente e muito mais complicada do que para um multiprocessador. Também significa que subdividir os dados corretamente e posicioná-los em localizações ótimas é uma questão importante. Não é tão fundamental em um multiprocessador, visto que o posicionamento não afeta a correção ou a programabilidade, embora possa impactar o desempenho. Em suma, programar um multicomputador é muito mais difícil do que programar um multiprocessador.

Nessas condições, por que alguém construiria multicomputadores, quando multiprocessadores são mais fáceis de programar? A resposta é fácil: é muito mais simples e mais barato construir grandes multicomputadores do que multiprocessadores com o mesmo número de CPUs. Executar uma memória compartilhada, ainda que seja para algumas centenas de CPUs, é uma empreitada substancial, ao passo que construir um multicomputador com 10 mil CPUs, ou mais, é direto. Mais adiante neste capítulo estudaremos um multicomputador com mais de 50 mil CPUs.

Portanto, temos um dilema: multiprocessadores são difíceis de construir, mas fáceis de programar, enquanto multicomputadores são fáceis de construir, mas difíceis de programar. Essa observação gerou muito esforço para construir sistemas híbridos que são relativamente fáceis de construir e relativamente fáceis de programar. Esse trabalho levou à percepção de que a memória compartilhada pode ser executada de vários modos, cada qual com seu próprio conjunto de vantagens e desvantagens. Na verdade, grande parte da pesquisa atual na área de arquiteturas paralelas está relacionada à convergência entre arquiteturas de multiprocessador e multicomputador para formas híbridas que combinam as forças de cada uma. Nesse caso, o Santo Graal é achar projetos que sejam **escaláveis**, isto é, que continuem a funcionar bem à medida que mais e mais CPUs sejam adicionadas.

Uma técnica para a construção de sistemas híbridos é baseada no fato de que sistemas de computação modernos não são monolíticos, mas construídos como uma série de camadas – o tema deste livro. Essa percepção abre a possibilidade de implementar memória compartilhada em qualquer uma das várias camadas, como ilustra a Figura 8.21. Na Figura 8.21(a), vemos a memória compartilhada executada pelo hardware como um verdadeiro multiprocessador. Nesse projeto, há uma única cópia do sistema operacional com um único conjunto de tabelas, em particular, a tabela de alocação de memória. Quando um processo precisa de mais memória, recorre ao sistema operacional, que então procura em sua tabela uma página livre e mapeia a página para o espaço de endereço do processo chamador. No que concerne ao sistema operacional, há uma única memória, e ele monitora em software qual processo possui qual página. Há muitos modos de implementar memória compartilhada em hardware, como veremos mais adiante.

Figura 8.21 Várias camadas onde a memória compartilhada pode ser implementada. (a) Hardware. (b) Sistema operacional. (c) Sistema de execução da linguagem.

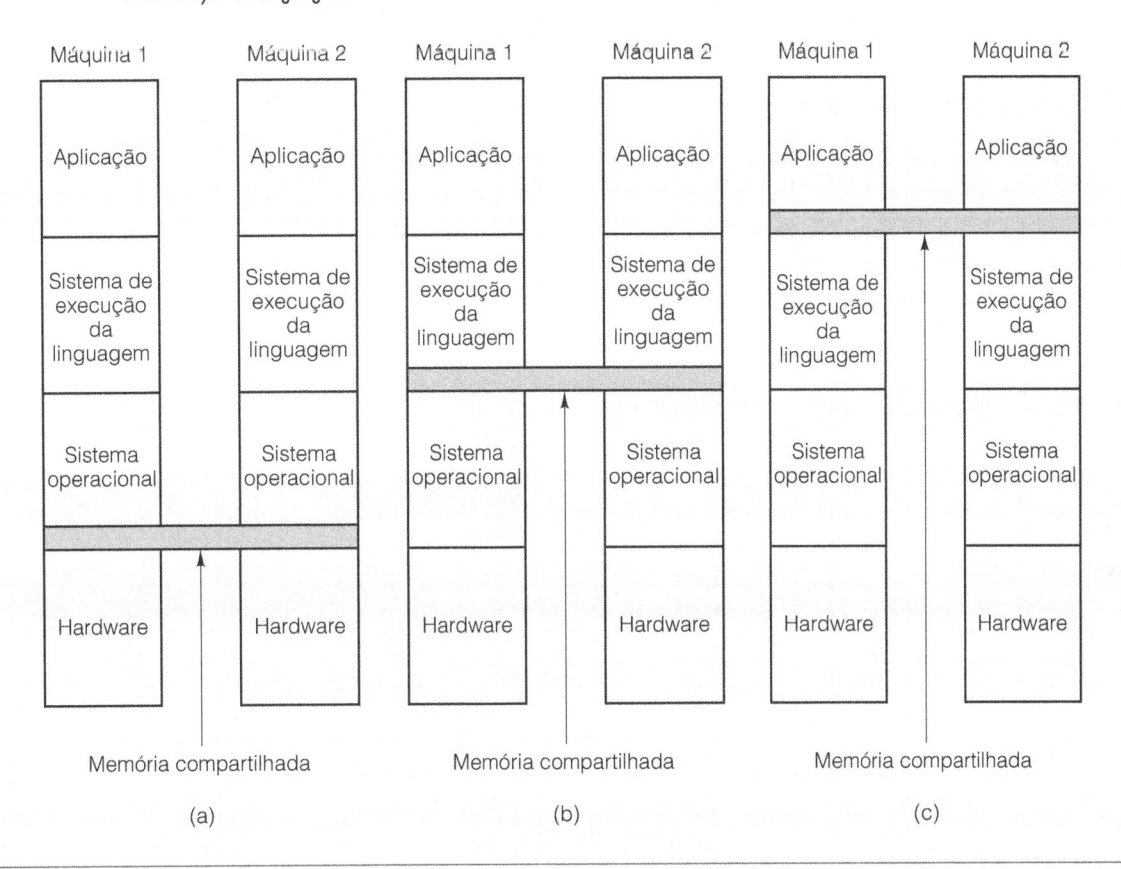

Uma segunda possibilidade é usar hardware de multicomputador e fazer com que o sistema operacional simule memória compartilhada proporcionando um único espaço de endereço virtual de compartilhamento de páginas no âmbito do sistema inteiro. Nessa técnica, denominada **DSM (Distributed Shared Memory – memória compartilhada distribuída)** (Li e Hudak, 1989), cada página está localizada em uma das memórias da Figura 8.20(a). Cada máquina tem memória virtual e tabelas de páginas próprias. Quando uma CPU faz uma LOAD ou uma STORE em uma página que ela não tem, ocorre uma exceção para o sistema operacional. Este, então, localiza a página e solicita à CPU que a contém no momento que desmapeie a página e a envie pela interconexão de rede. Quando chega, a página é mapeada para dentro e a instrução que falhou é reiniciada. Na verdade, o sistema operacional está apenas atendendo faltas de páginas a partir de memórias remotas em vez de a partir de disco. Para o usuário, parece que a máquina tem memória compartilhada. Examinaremos a DSM mais adiante neste capítulo.

Uma terceira possibilidade é fazer com que um sistema de execução em nível de usuário, possivelmente específico para uma linguagem, execute uma forma de memória compartilhada. Nessa abordagem, a linguagem de programação provê algum tipo de abstração de memória compartilhada, que então é realizada pelo compilador e pelo sistema de execução. Por exemplo, o modelo Linda é baseado na abstração de um espaço compartilhado de tuplas (registros de dados que contêm uma coleção de campos). Processos em qualquer máquina podem produzir entrada de uma tupla a partir do espaço compartilhado de tuplas ou produzir saída de uma tupla para o espaço compartilhado de tuplas. Como o acesso ao espaço de tuplas é todo controlado em software (pelo sistema de execução Linda), não é preciso nenhum hardware especial ou suporte de sistema operacional.

Outro exemplo de memória compartilhada específica de linguagem executada pelo sistema de execução é o modelo Orca de objetos de dados compartilhados. Em Orca, os processos compartilham objetos genéricos em vez de apenas tuplas e podem executar neles métodos específicos de objetos. Quando um método muda o estado interno de um objeto, cabe ao sistema de execução garantir que todas as cópias do objeto em todas as máquinas sejam atualizadas simultaneamente. Mais uma vez, como objetos são um conceito estritamente de software, a implementação pode ser feita pelo sistema de execução sem ajuda do sistema operacional ou do hardware. Examinaremos ambos, Linda e Orca, mais adiante neste capítulo.

Taxonomia de computadores paralelos

Agora, vamos voltar a nosso tópico principal, a arquitetura de computadores paralelos. Muitos tipos já foram propostos e construídos ao longo dos anos. Portanto, é natural perguntar se há alguma maneira de categorizá-los em uma taxonomia. Muitos pesquisadores tentaram, com resultados mistos (Flynn, 1972; e Treleaven, 1985). Infelizmente, o Carl von Linné[1] da computação paralela ainda está para surgir. O esquema de Flynn, o único que é muito usado, é dado na Figura 8.22, e mesmo este é, na melhor das hipóteses, uma aproximação muito grosseira.

Figura 8.22 Taxonomia de Flynn para computadores paralelos.

Fluxos de instruções	Fluxos de dados	Nome	Exemplos
1	1	SISD	Máquina clássica de Von Neumann
1	Múltiplos	SIMD	Supercomputador vetorial, processador de *array*
Múltiplos	1	MISD	Possivelmente nenhum
Múltiplos	Múltiplos	MIMD	Multiprocessador, multicomputador

A classificação de Flynn é baseada em dois conceitos – fluxos de instruções e fluxos de dados. Um fluxo de instruções corresponde a um contador de programa. Um sistema com n CPUs tem n contadores de programa, por conseguinte, n fluxos de instruções.

Um fluxo de dados consiste em um conjunto de operandos. Por exemplo, em um sistema de previsão do tempo, cada um de um grande número de sensores poderia emitir um fluxo de temperaturas em intervalos regulares.

Os fluxos de instruções e de dados são, até certo ponto, independentes, portanto, existem quatro combinações, como relacionadas na Figura 8.22. SISD é apenas o clássico computador sequencial de Von Neumann. Ele tem um fluxo de instruções, um fluxo de dados e faz uma coisa por vez. Máquinas SIMD têm uma única unidade de controle que emite uma instrução por vez, mas elas têm múltiplas ULAs para executá-las em vários conjuntos de dados simultaneamente. O ILLIAC IV (Figura 2.7) é o protótipo de tais máquinas. Elas estão ficando cada vez mais raras, mas computadores convencionais às vezes têm algumas instruções SIMD para processamento de material audiovisual. As instruções SSE do Core i7 são SIMD. Não obstante, há uma nova área na qual algumas das ideias do mundo SIMD estão desempenhando um papel: processadores de fluxo. Essas máquinas são projetadas especificamente para tratar demandas de entrega de multimídia e podem se tornar importantes no futuro (Kapasi et al., 2003).

As máquinas MISD são uma categoria um tanto estranha, com múltiplas instruções operando no mesmo dado. Não está claro se elas existem, embora haja quem considere MISD as máquinas com *pipeline*.

Por fim, temos MIMD, que são apenas múltiplas CPUs independentes operando como parte de um sistema maior. A maioria dos processadores paralelos cai nessa categoria. Ambos, multiprocessadores e multicomputadores são máquinas MIMD.

---

[1] Carl von Linné (1707–1778) foi o biólogo sueco que inventou o sistema usado hoje para classificar todas as plantas e animais em reino, filo, classe, ordem, família, gênero e espécie.

A taxonomia de Flynn para aqui, mas nós a ampliamos na Figura 8.23. A SIMD foi subdividida em dois subgrupos. O primeiro é para supercomputadores numéricos e outras máquinas que operam sobre vetores, efetuando a mesma operação em cada elemento do vetor. O segundo é para máquinas do tipo paralelo como ILLIAC IV, na qual uma unidade mestra de controle transmite instruções para muitas ULAs independentes.

Figura 8.23 Taxonomia de computadores paralelos.

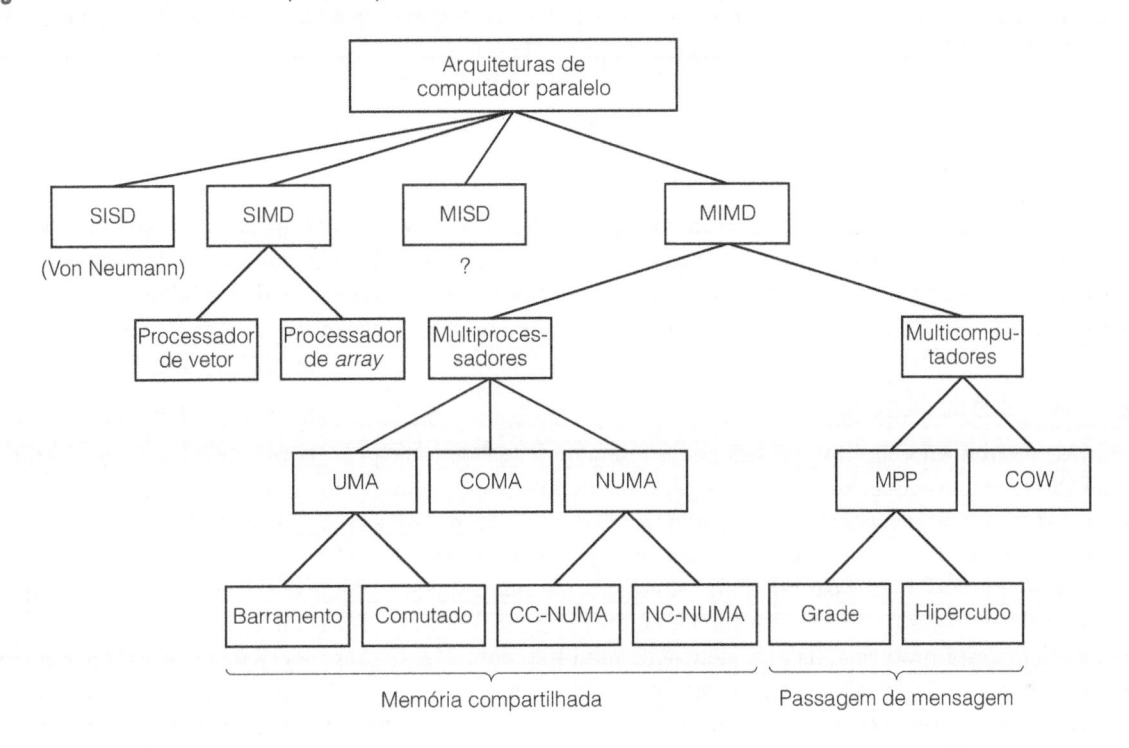

```
                    Arquiteturas de
                    computador paralelo
       ┌──────────┬──────┴──────┬──────────┐
      SISD       SIMD          MISD       MIMD
  (Von Neumann)                  ?
            ┌──────┬──────┐        ┌──────────────┬──────────────┐
      Processador Processador Multiproces-              Multicompu-
       de vetor   de array    sadores                    tadores
                         ┌──────┬──────┐              ┌──────┬──────┐
                        UMA    COMA   NUMA           MPP    COW
                   ┌────┬────┐      ┌────┬─────┐   ┌────┬────┐
              Barramento Comutado CC-NUMA NC-NUMA Grade Hipercubo
                   └──── Memória compartilhada ──┘ └─ Passagem de mensagem ─┘
```

Em nossa taxonomia, a categoria MIMD foi subdividida em multiprocessadores (máquinas de memória compartilhada) e multicomputadores (máquinas de troca de mensagens). Existem três tipos de multiprocessadores, distinguidos pelo modo como a memória compartilhada é neles implementada. Eles são denominados **UMA** (**Uniform Memory Access** – acesso uniforme à memória), **NUMA** (**NonUniform Memory Access** – acesso não uniforme à memória) e **COMA** (**Cache Only Memory Access** – acesso somente à memória *cache*). Essas categorias existem porque, em grandes multiprocessadores, a memória costuma ser subdividida em vários módulos. A propriedade distintiva das máquinas UMA é que cada CPU tem o mesmo tempo de acesso a todos os módulos de memória. Ou seja, cada palavra de memória pode ser lida tão depressa quanto qualquer outra. Se isso for tecnicamente impossível, a velocidade das referências mais rápidas é reduzida para que se compatibilizem com as mais lentas, portanto, os programadores não veem a diferença. É isso que "uniforme" significa nesse caso. Essa uniformidade torna o desempenho previsível, um fator importante para escrever código eficiente.

Por comparação, essa propriedade não é válida em um multiprocessador NUMA. Muitas vezes, há um módulo de memória próximo a cada CPU e acessá-lo é mais rápido do que acessar os distantes. O resultado é que, por questões de desempenho, o local onde o código e os dados são posicionados é importante. Máquinas COMA também são não uniformes, mas de um modo diferente. Estudaremos detalhadamente cada um desses tipos e suas subcategorias mais adiante.

A outra categoria principal de máquinas MIMD consiste nos multicomputadores, que, diferente dos multiprocessadores, não têm memória primária compartilhada no nível da arquitetura. Em outras palavras, o sistema operacional em uma CPU de multicomputador não pode acessar memória ligada a uma CPU diferente apenas executando uma instrução LOAD. Ela tem de enviar uma mensagem explícita e esperar uma resposta. A capacidade do sistema operacional de ler uma palavra distante apenas executando uma LOAD é o que distingue multiprocessadores de multicomputadores. Como mencionamos antes, mesmo em um multicomputador, programas do usuário podem ter a capacidade de acessar a memória remota usando instruções LOAD e STORE, mas essa ilusão é suportada pelo sistema operacional, e não pelo hardware. Essa diferença é sutil, mas muito importante. Como multicomputadores não têm acesso direto à memória remota, às vezes eles são denominados máquinas NORMA (NO Remote Memory Access – sem acesso à memória remota).

Os multicomputadores podem ser divididos em duas categorias gerais. A primeira contém os MPPs (Massively Parallel Processors – processadores de paralelismo maciço), que são supercomputadores caros que consistem em muitas CPUs fortemente acopladas por uma rede de interconexão proprietária de alta velocidade. O IBM SP/3 é um exemplo bem conhecido no mercado.

A outra categoria consiste em PCs ou estações de trabalho comuns, possivelmente montados em estantes e conectados por tecnologia de interconexão comercial, de prateleira. Em termos de lógica, não há muita diferença, mas supercomputadores enormes que custam muitos milhões de dólares são usados de modo diferente das redes de PCs montadas pelos usuários por uma fração do preço de um MPP. Essas máquinas caseiras são conhecidas por vários nomes, entre eles NOW (Network of Workstations – rede de estações de trabalho), COW (Cluster of Workstations – grupo de estações de trabalho), ou, às vezes, apenas *cluster* (grupo).

8.3.2 Semântica da memória

Ainda que todos os multiprocessadores apresentem às CPUs a imagem de um único espaço de endereço compartilhado, muitas vezes estão presentes muitos módulos de memória, cada um contendo alguma porção da memória física. As CPUs e memórias muitas vezes são conectadas por uma complexa rede de interconexão, como discutimos na Seção 8.1.2. Diversas CPUs podem estar tentando ler uma palavra de memória ao mesmo tempo em que várias outras CPUs estão tentando escrever a mesma palavra, e algumas das mensagens de requisição podem ser ultrapassadas por outras em trânsito e ser entregues em uma ordem diferente daquela em que foram emitidas. Além desse problema, há a existência de múltiplas cópias de alguns blocos de memória (por exemplo, em *caches*), o que pode resultar em caos com muita facilidade, a menos que sejam tomadas medidas rigorosas para evitá-lo. Nesta seção, veremos o que de fato significa memória compartilhada e como memórias podem reagir razoavelmente nessas circunstâncias.

Um modo de ver a semântica da memória é como um contrato entre o software e o hardware de memória (Adve e Hill, 1990). Se o software concordar em obedecer a certas regras, a memória concorda em entregar certos resultados e, então, a discussão fica centrada em quais são essas regras. Elas são denominadas **modelos de consistência** e muitos modelos diferentes já foram propostos e executados.

Para dar uma ideia do problema, suponha que a CPU 0 escreve o valor 1 em alguma palavra de memória e, um pouco mais tarde, a CPU 1 escreve o valor 2 para a mesma palavra. Agora, a CPU 2 lê a palavra e obtém o valor 1. O proprietário do computador deve levar sua máquina para consertar? Isso depende do que a memória prometeu (seu contrato).

- **Consistência estrita**

O modelo mais simples é o da **consistência estrita**. Nele, qualquer leitura para uma localização *x* sempre retorna o valor da escrita mais recente para *x*. Programadores adoram esse modelo, mas, na verdade, ele é efetivamente impossível de implementar de qualquer outro modo que não seja ter um único módulo de memória que apenas atende a todas as requisições segundo a política primeiro a chegar, primeiro a ser atendido, sem *cache* nem duplicação de dados. Essa implementação transformaria a memória em um imenso gargalo e, portanto, não é uma candidata séria, infelizmente.

- **Consistência sequencial**

O segundo melhor é um modelo denominado **consistência sequencial** (Lamport, 1979). Nesse caso, a ideia é que, na presença de múltiplas requisições de leitura (read) e escrita (write), o hardware escolhe (sem determinismo) alguma intercalação de todas as requisições, mas todas as CPUs veem a mesma ordem.

Para entender o que isso significa, considere um exemplo. Suponha que a CPU 1 escreve o valor 100 para a palavra *x*, e 1 ns mais tarde a CPU 2 escreve o valor 200 para a palavra *x*. Agora, suponha que 1 ns após a segunda escrita ter sido emitida (mas não necessariamente ainda concluída), duas outras CPUs, 3 e 4, leem a palavra *x* duas vezes cada uma em rápida sucessão, conforme mostra a Figura 8.24(a). Três possíveis ordenações dos seis eventos (duas escritas e quatro leituras) são mostradas na Figura 8.24 (b)–(d), respectivamente. Na Figura 8.24(b), a CPU 3 obtém (200, 200) e a CPU 4 obtém (200, 200). Na Figura 8.24(c), elas obtêm (100, 200) e (200, 200), respectivamente. Na Figura 8.24(d), elas obtêm (100, 100) e (200, 100), respectivamente. Todas essas são válidas, bem como algumas outras possibilidades que não são mostradas. Observe que não existe um único valor "correto".

Figura 8.24 (a) Duas CPUs escrevendo e duas CPUs lendo uma palavra de memória em comum. (b)–(d) Três modos possíveis de intercalar as duas escritas e as quatro leituras em relação ao tempo.

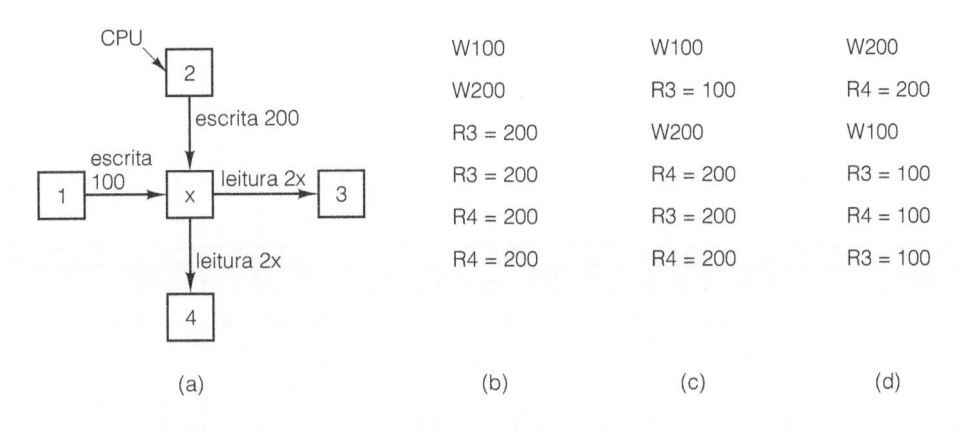

(b)	(c)	(d)
W100	W100	W200
W200	R3 = 100	R4 = 200
R3 = 200	W200	W100
R3 = 200	R4 = 200	R3 = 100
R4 = 200	R3 = 200	R4 = 100
R4 = 200	R4 = 200	R3 = 100

Contudo – e essa é a essência da consistência sequencial –, não importa o que aconteça, uma memória sequencialmente consistente nunca permitirá que a CPU 3 obtenha (100, 200) enquanto a CPU 4 obtém (200, 100). Se isso ocorresse, significaria que, de acordo com a CPU 3, a escrita de 100 pela CPU 1 concluiu após a escrita de 200 pela CPU 2. Tudo bem. Mas também significaria que, de acordo com a CPU 4, a escrita de 200 pela CPU 2 concluiu antes da escrita de 100 pela CPU 1. Em si, esse resultado também é possível. O problema é que a consistência sequencial garante uma única ordenação global de todas as escritas, que é visível para todas as CPUs. Se a CPU 3 observar que 100 foi escrito primeiro, então a CPU 4 também deve ver essa ordem.

Embora a consistência sequencial não seja uma regra tão poderosa quanto a estrita, ainda é muito útil. Na verdade, ela diz que, quando múltiplos eventos acontecem concorrentemente, há alguma ordem verdadeira na qual eles ocorrem, talvez determinada pela temporização e pelo acaso, mas existe uma ordenação verdadeira e todos os processadores observam essa mesma ordem. Embora essa afirmativa talvez pareça óbvia, a seguir discutiremos modelos de consistência que nem isso garantem.

● **Consistência de processador**

Um modelo de consistência menos rigoroso, mas que é mais fácil de implementar em grandes multiprocessadores, é a **consistência de processador** (Goodman, 1989). Ele tem duas propriedades:

1. Escritas por qualquer CPU são vistas por todas as CPUs na ordem em que foram emitidas.
2. Para cada palavra de memória, todas as CPUs veem todas as escritas para ela na mesma ordem.

Esses dois pontos são importantes. O primeiro diz que, se a CPU 1 emitir escritas com valores 1A, 1B e 1C para alguma localização de memória nessa sequência, então todos os outros processadores as veem nessa ordem também.

Em outras palavras, qualquer outro processador em um laço restrito que observasse 1A, 1B e 1C lendo as palavras escritas nunca verá o valor escrito por 1B e depois o escrito por 1A, e assim por diante. O segundo ponto é necessário para exigir que toda palavra de memória tenha um valor não ambíguo após várias CPUs escreverem para ela e, por fim, pararem. Todos têm de concordar sobre qual veio por último.

Mesmo com essas restrições, o projetista tem muita flexibilidade. Considere o que acontece se a CPU 2 emitir escritas 2A, 2B e 2C concorrentemente com as três escritas da CPU 1. Outras CPUs que estão ocupadas lendo a memória observarão alguma intercalação de seis escritas, tal como 1A, 1B, 2A, 2B, 1C, 2C ou 2A, 1A, 2B, 2C, 1B, 1C ou muitas outras. A consistência de processador *não* garante que toda CPU vê a mesma ordenação, diferente da consistência sequencial, que dá essa garantia. Assim, é perfeitamente legítimo que o hardware se comporte de tal maneira que algumas CPUs veem a primeira ordenação mencionada, algumas veem a segunda e algumas veem ainda outras. O que *é* garantido é que nenhuma CPU verá a sequência na qual 1B vem antes de 1A e assim por diante. A ordem com que cada CPU faz suas escritas é observada em todos os lugares.

Vale a pena notar que alguns autores definem consistência de processador de modo diferente e não requerem a segunda condição.

- **Consistência fraca**

Nosso próximo modelo, a **consistência fraca**, nem mesmo garante que escritas de uma única CPU sejam vistas em ordem (Dubois et al., 1986). Em uma memória fracamente consistente, uma CPU poderia ver 1A antes de 1B e outra CPU poderia ver 1A depois de 1B. Contudo, para colocar alguma ordem no caos, tais memórias têm variáveis de sincronização ou uma operação de sincronização. Quando uma sincronização é executada, todas as escritas pendentes são terminadas e nenhuma nova é iniciada até que todas as antigas – e a própria sincronização – estejam concluídas. Na verdade, uma sincronização "descarrega o *pipeline*" e leva a memória a um estado estável sem nenhuma operação pendente. Operações de sincronização são, em si, sequencialmente consistentes, isto é, quando múltiplas CPUs as emitem, alguma ordem é escolhida, mas todas as CPUs veem a mesma ordem.

Em consistência fraca, o tempo é dividido em épocas bem definidas delimitadas pelas sincronizações (sequencialmente consistentes), como ilustra a Figura 8.25. Nenhuma ordem relativa é garantida para 1A e 1B e diferentes CPUs podem ver as duas escritas em ordens diferentes, isto é, uma CPU pode ver 1A e então 1B e outra CPU pode ver 1B e então 1A. Essa situação é permitida. Contudo, todas as CPUs veem 1B antes de 1C porque a primeira operação de sincronização força 1A, 1B e 2A a concluírem antes que 1C, 2B, 3A ou 3B tenham permissão de iniciar. Assim, realizando operações de sincronização, o software pode impor alguma ordem na sequência de eventos, embora não a custo zero, visto que descarregar o *pipeline* de memória toma algum tempo e, portanto, atrasa o processamento da máquina. Fazer isso com frequência pode ser um problema.

Figura 8.25 A memória fracamente consistente usa operações de sincronização para dividir o tempo em épocas sequenciais.

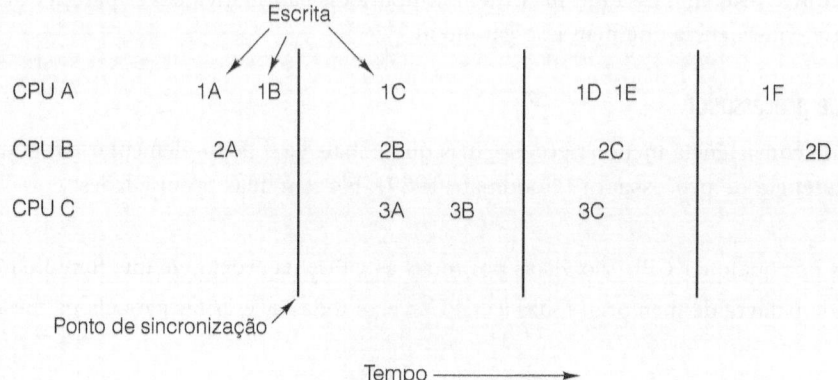

Consistência de liberação

A consistência fraca tem o problema de ser bastante ineficiente porque deve encerrar todas as operações de memória pendentes e deter todas as novas até que as operações correntes tenham terminado. A **consistência de liberação** melhora as coisas adotando um modelo semelhante ao das seções críticas (Gharachorloo et al., 1990). A ideia que fundamenta esse modelo é que, quando um processo sai de uma região crítica não é necessário forçar todas as escritas a concluírem imediatamente. Basta assegurar que elas estejam encerradas antes que qualquer processo entre naquela região crítica outra vez.

Nesse modelo, a operação de sincronização oferecida pela consistência fraca é subdividida em duas operações diferentes. Para ler ou escrever uma variável de dados compartilhada, uma CPU (isto é, seu software) deve realizar, primeiro, uma operação **acquire** na variável de sincronização para obter acesso exclusivo aos dados compartilhados. Então, a CPU pode usá-los como quiser, lendo e escrevendo à vontade. Ao concluir, a CPU realiza uma operação **release** na variável de sincronização para indicar que terminou. A release não obriga as escritas pendentes a concluir, mas ela própria não conclui até que as escritas emitidas antes estejam concluídas. Além do mais, novas operações de memória não são impedidas de iniciar imediatamente.

Quando a próxima operação **acquire** é emitida, é feita uma verificação para ver se todas as operações release anteriores foram concluídas. Se não foram, acquire é detida até que todas tenham concluído (e, portanto, que todas as escritas realizadas antes delas estejam concluídas). Desse modo, se a acquire seguinte ocorrer em um tempo longo o suficiente após a release mais recente, ela não tem de esperar antes de iniciar e pode entrar na região crítica sem demora. Se a acquire seguinte ocorrer logo após uma release, a acquire, e todas as instruções após ela, serão retardadas até todas as releases pendentes serem concluídas, garantindo assim que as variáveis na seção crítica tenham sido atualizadas. Esse esquema é um pouco mais complicado do que consistência fraca, mas tem a significativa vantagem de não atrasar instruções com tanta frequência para manter consistência.

A consistência de memória não é um assunto encerrado. Os pesquisadores ainda estão propondo novos modelos (Naeem et al., 2011; Sorin et al., 2011; e Tu et al., 2010).

8.3.3 Arquiteturas de multiprocessadores simétricos UMA

Os multiprocessadores mais simples são baseados em um único barramento, como ilustrado na Figura 8.26(a). Duas ou mais CPUs e um ou mais módulos de memória, todos usam o mesmo barramento para comunicação. Quando uma CPU quer ler uma palavra de memória, ela primeiro verifica se o barramento está ocupado. Se estiver ocioso, a CPU coloca nele o endereço da palavra que ela quer, ativa alguns sinais de controle e espera até que a memória coloque a palavra desejada no barramento.

Se o barramento estiver ocupado quando uma CPU quiser ler ou escrever na memória, a CPU apenas espera até que ele fique ocioso. E é aqui que está o problema desse projeto. Com duas ou três CPUs, a contenção pelo barramento será administrável; com 32 ou 64, será insuportável. O sistema ficará totalmente limitado pela largura de banda do barramento e a maioria das CPUs restará ociosa na maior parte do tempo.

Figura 8.26 Três multiprocessadores baseados em barramento. (a) Sem *cache*. (b) Com *cache*. (c) Com *cache* e memórias privadas.

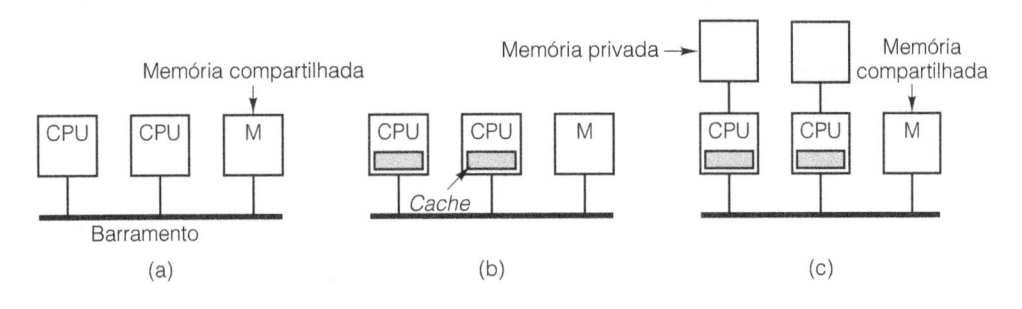

A solução para esse problema é acrescentar uma *cache* a cada CPU, como retratado na Figura 8.26(b). A *cache* pode estar dentro do chip da CPU, próxima ao chip da CPU, na placa do processador ou alguma combinação de todas as três. Uma vez que agora muitas leituras podem ser satisfeitas pela *cache* local, haverá muito menos tráfego no barramento e o sistema pode suportar mais CPUs. Assim, nesse caso, fazer *cache* é um grande ganho. Porém, como veremos em breve, manter as *caches* consistentes entre si não é trivial.

Ainda outra possibilidade é o projeto da Figura 8.26(c), no qual cada CPU tem não só uma *cache*, mas também uma memória local e privada que ela acessa por um barramento dedicado (privado). Para fazer a utilização ideal dessa configuração, o compilador deve colocar nas memórias privadas todo o texto de programa, todas as cadeias, constantes e outros dados somente de leitura, pilhas e variáveis locais. Então, a memória compartilhada só é usada para variáveis compartilhadas que podem ser escritas. Na maioria dos casos, esse posicionamento cuidadoso reduzirá muito o tráfego no barramento, mas requer cooperação ativa do compilador.

● *Caches* de escuta

Embora os argumentos de desempenho que acabamos de apresentar decerto sejam verdadeiros, atenuamos um problema fundamental um pouco depressa demais. Suponha que a memória seja sequencialmente consistente. O que acontece se a CPU 1 tiver uma linha em sua *cache* e então a CPU 2 tentar ler uma palavra na mesma linha? Na ausência de quaisquer regras especiais, também ela obteria uma cópia em sua *cache*. Em princípio, é aceitável fazer duas vezes a *cache* de uma mesma linha. Agora, suponha que a CPU 1 modifique a linha e então, imediatamente após, a CPU 2 leia sua cópia da linha a partir de sua *cache*. Ela obterá dados velhos, violando assim o contrato entre o software e a memória. O programa que está executando na CPU 2 não ficará satisfeito.

Esse problema, conhecido como **coerência de *cache*** ou **consistência de *cache***, é extremamente sério. Sem uma solução, não se pode usar a *cache* e os multiprocessadores baseados em barramento ficariam limitados a duas ou três CPUs. Como consequência de sua importância, muitas soluções foram propostas ao longo dos anos (por exemplo, Goodman, 1983; e Papamarcos e Patel, 1984). Embora todos esses algoritmos de *cache*, denominados **protocolos de coerência de *cache***, apresentem diferenças em detalhes, todos eles impedem que versões diferentes da mesma linha de *cache* apareçam simultaneamente em duas ou mais *caches*.

Em todas as soluções, o controlador de *cache* é projetado especialmente para permitir que ele escute o barramento monitorando todas as requisições de barramento de outras CPUs e *caches* e execute alguma ação em certos casos. Esses dispositivos são denominados **caches de escuta** ou, às vezes, **caches de espia**, porque "espiam" o barramento. O conjunto de regras executado pelas *caches*, CPUs e memória para impedir que diferentes versões dos dados apareçam em múltiplas *caches* forma o protocolo de coerência de *cache*. A unidade de transferência e armazenamento de uma *cache* é denominada uma **linha de *cache*** e seu comprimento típico é 32 ou 64 bytes.

O protocolo de coerência de *cache* mais simples de todos é denominado **escrita direta**. Ele pode ser mais bem entendido distinguindo os quatro casos mostrados na Figura 8.27. Quando uma CPU tenta ler uma palavra que não está em sua *cache* (isto é, há uma ausência da *cache* para leitura), seu controlador de *cache* carrega nela a linha que contém aquela palavra. A linha é fornecida pela memória, que, nesse protocolo, está sempre atualizada. Leituras subsequentes (isto é, presenças na *cache* para leitura) podem ser satisfeitas pela *cache*.

Figura 8.27 Protocolo de coerência de *cache* de escrita direta. Os retângulos vazios indicam que nenhuma ação foi realizada.

Ação	Requisição local	Requisição remota
Ausência da *cache* para leitura	Busque dados da memória	
Presença na *cache* para leitura	Use dados da *cache* local	
Ausência da *cache* para escrita	Atualize dados na memória	
Presença na *cache* para escrita	Atualize *cache* e memória	Invalide entrada de *cache*

Quando há uma ausência da *cache* para escrita, a palavra que foi modificada é escrita para a memória principal. A linha que contém a palavra referenciada *não* é carregada na *cache*. Quando há uma presença na *cache* para escrita, a *cache* é atualizada e, além disso, a palavra é escrita diretamente para a memória principal. A essência desse protocolo é que todas as operações de escrita resultam na escrita da palavra diretamente para a memória para mantê-la atualizada o tempo todo.

Agora, vamos observar todas essas ações de novo, mas, desta vez, do ponto de vista da escuta, mostrado na coluna à direita da Figura 8.27. Vamos dar nome de *cache* 1 à que realiza as ações e de *cache* 2 à de escuta. Quando a *cache* 1 encontra uma ausência da *cache* para leitura, ela faz uma requisição ao barramento para buscar uma linha da memória. A *cache* 2 vê isso, porém nada faz. Quando a *cache* 1 encontra uma presença na *cache* para leitura, a requisição é satisfeita localmente e não ocorre nenhuma requisição ao barramento, portanto, a *cache* 2 não está ciente das presenças na *cache* para leitura da *cache* 1.

Escritas são mais interessantes. Se a CPU 1 fizer uma escrita, a *cache* 1 fará uma requisição de escrita no barramento, tanto quando houver ausência da *cache*, como quando houver presença nela. Em todas as escritas a *cache* 2 verifica se ela tem a palavra que está sendo escrita. Se não tiver, de seu ponto de vista isso é uma requisição/ausência da *cache* remota e ela nada faz. (Para esclarecer um ponto sutil, note que, na Figura 8.27, uma ausência da *cache* remota significa que a palavra não está presente na *cache* de escuta; não importa se ela estava ou não na *cache* do originador. Assim, uma única requisição pode ser uma presença na *cache* localmente e uma ausência da *cache* na *cache* de escuta, e vice-versa.)

Agora, suponha que a *cache* 1 escreva uma palavra que *está* presente na *cache* da *cache* 2 (requisição remota/presença na *cache* para escrita). Se a *cache* 2 nada fizer, terá dados velhos, portanto, ela marca como inválida a entrada na *cache* que contém a palavra recém-modificada. Na verdade, ela remove o item da *cache*. Como todas as *caches* escutam todas as requisições ao barramento, sempre que uma palavra for escrita, o efeito líquido é atualizá-la na *cache* do originador, atualizá-la na memória e extraí-la de todas as outras. Desse modo, são evitadas versões inconsistentes.

É claro que a CPU da *cache* 2 está livre para ler a mesma palavra já no ciclo seguinte. Nesse caso, a *cache* 2 lerá a palavra da memória, que está atualizada. Nesse ponto, *cache* 1, *cache* 2 e a memória, todas terão cópias idênticas da palavra. Se qualquer das CPUs fizer uma escrita agora, a *cache* da outra será purgada e a memória será atualizada.

Muitas variações desse protocolo básico são possíveis. Por exemplo, em uma presença na *cache* para escrita, a *cache* de escuta em geral invalida sua entrada que contém a palavra que está sendo escrita. Como alternativa, poderia aceitar o novo valor e atualizar sua *cache* em vez de marcá-la como inválida. Em termos de conceito, atualizar a *cache* é o mesmo que invalidá-la, seguida por uma leitura da palavra na memória. Em todos os protocolos de *cache* deve ser feita uma escolha entre uma **estratégia de atualização** e uma **estratégia de invalidação**. Esses protocolos funcionam de maneira diferente em cargas diferentes. Mensagens de atualização carregam cargas úteis e, por isso, são maiores do que as de invalidação, mas podem evitar futuras ausências da *cache*.

Outra variante é carregar a *cache* de escuta quando houver ausência da *cache* para escrita. A correção do algoritmo não é afetada pelo carregamento, só o desempenho. A questão é: "Qual é a probabilidade de uma palavra recém-escrita ser escrita de novo em pouco tempo?". Se for alta, há algo a dizer em favor de carregar a *cache* quando houver ausência desta para escrita, conhecida como **política de alocação de escrita**. Se for baixa, é melhor não atualizar quando houver ausência da *cache* para escrita. Se a palavra for *lida* dentro de pouco tempo, de qualquer modo ela será carregada pela ausência da *cache* para leitura; ganha-se pouco por carregá-la quando houver uma ausência da *cache* para escrita.

Como acontece com muitas soluções simples, essa é ineficiente. Cada operação de escrita vai até a memória passando pelo barramento, portanto, mesmo com uma modesta quantidade de CPUs, o barramento se tornará um gargalo. Para manter o tráfego dentro de limites, foram inventados outros protocolos de *cache*. Uma propriedade que todos eles têm é que nem todas as escritas vão direto para a memória. Em vez disso, quando uma linha de *cache* é modificada, um bit é marcado dentro da *cache*, comunicando que a linha está correta, mas a memória não está. A certa altura, essa linha suja terá de ser escrita de volta na memória, porém, possivelmente depois que forem feitas muitas escritas nela. Esse tipo de protocolo é conhecido como **protocolo de escrita retroativa** (*write-back*).

● O protocolo MESI de coerência de *cache*

Um protocolo popular de coerência de *cache* de escrita retroativa é denominado **MESI**, representando as iniciais dos nomes dos quatro estados (M, E, S e I) que ele utiliza (Papamarcos e Patel, 1984). Ele é baseado no antigo **protocolo escreve uma vez** (*write-once*) (Goodman, 1983). O protocolo MESI é usado pelo Core i7 e por muitas outras CPUs para espiar o barramento. Cada entrada de *cache* pode estar em um dos quatro estados:

1. Inválido – A entrada da *cache* não contém dados válidos.
2. Compartilhado (*shared*) – múltiplas *caches* podem conter a linha; a memória está atualizada.
3. Exclusivo – nenhuma outra *cache* contém a linha; a memória está atualizada.
4. Modificado – a entrada é válida; a memória é inválida; não existem cópias.

Quando a CPU é iniciada pela primeira vez, todas as entradas de *cache* são marcadas como inválidas. Na primeira vez que a memória é lida, a linha referenciada é buscada na *cache* da CPU que está lendo a memória e marcada como no estado E (exclusivo), uma vez que ela é a única cópia dentro de uma *cache*, como ilustrado na Figura 8.28(a) para o caso da CPU 1 que está lendo a linha *A*. Leituras subsequentes por aquela CPU usam a entrada que está na *cache* e não passam pelo barramento. Outra CPU também pode buscar a mesma linha e colocá-la na *cache*, mas, por causa da escuta, o portador original (CPU 1) vê que não está mais sozinho e anuncia no barramento que ele também tem uma cópia. Ambas as cópias são marcadas como estado S (compartilhado), conforme mostra a Figura 8.28(b). Em outras palavras, o estado S significa que a linha está em uma ou em mais *caches* para leitura e a memória está atualizada. Leituras subsequentes por uma CPU para uma linha que ela colocou em *cache* no estado S não usam o barramento e não provocam mudança de estado.

Agora, considere o que acontece se a CPU 2 escrever para a linha de *cache* que ela está mantendo no estado S. Ela emite um sinal de invalidação no barramento, informando a todas as outras CPUs para descartar suas cópias. A cópia que está em *cache* agora passa para o estado M (modificado), como mostra a Figura 8.28(c). A linha não é escrita para a memória. Vale a pena observar que, se uma linha estiver no estado E quando for escrita, nenhum sinal é necessário para invalidar outras *caches*, porque todos sabem que não existe nenhuma outra cópia.

Em seguida, considere o que acontece se a CPU 3 ler a linha. A CPU 2, que agora possui a linha, sabe que a cópia na memória não é válida, portanto, ela ativa um sinal no barramento informando à CPU 3 que faça o favor de esperar enquanto ela escreve sua linha de volta para a memória. Quanto a CPU 2 concluir, a CPU 3 busca uma cópia e a linha é marcada como compartilhada em ambas as *caches*, como mostra a Figura 8.28(d). Após isso, a CPU 2 escreve a linha de novo, que invalida a cópia que está na *cache* da CPU 3, conforme mostra a Figura 8.28(e).

Por fim, a CPU 1 escreve uma palavra na linha. A CPU 2 vê que uma escrita está sendo tentada e ativa um sinal de barramento dizendo à CPU 1 fazer o favor de esperar enquanto ela escreve sua linha de volta na memória. Quando termina, a CPU 2 marca sua própria cópia como inválida, já que sabe que outra CPU está prestes a modificá-la. Nesse ponto, temos a situação em que uma CPU está escrevendo uma linha que não está na *cache*. Se a política de alocação de escrita estiver em uso, a linha será carregada na *cache* e marcada como em estado M, como ilustra a Figura 8.28(f). Se política de alocação de escrita não estiver em uso, a escrita irá diretamente até a memória e a linha não ficará em *cache* em lugar algum.

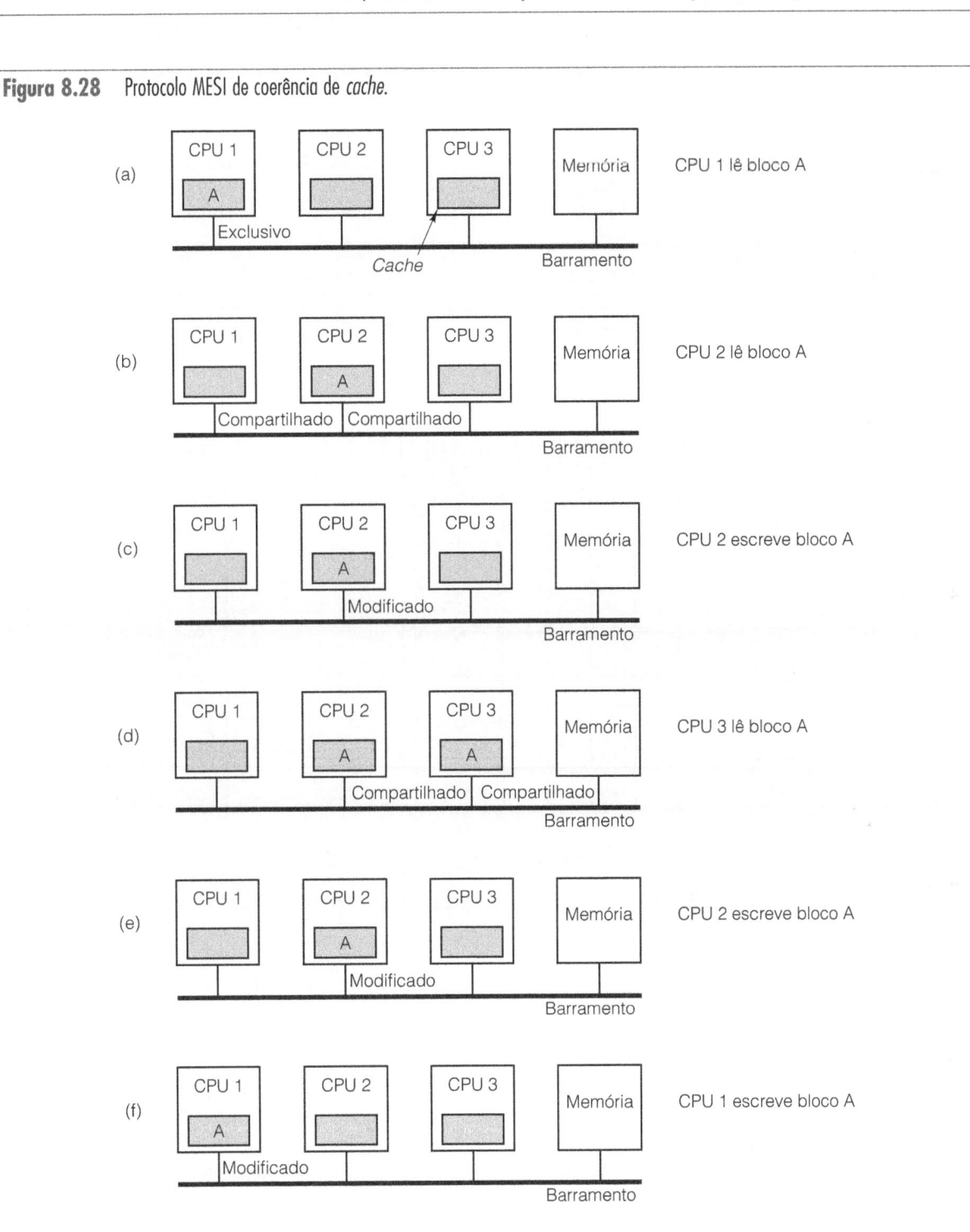

Figura 8.28 Protocolo MESI de coerência de *cache*.

(a) CPU 1 lê bloco A — CPU 1 contém A (Exclusivo)

(b) CPU 2 lê bloco A — CPU 1 e CPU 2 (Compartilhado | Compartilhado)

(c) CPU 2 escreve bloco A — CPU 2 (Modificado)

(d) CPU 3 lê bloco A — CPU 2 e CPU 3 (Compartilhado | Compartilhado)

(e) CPU 2 escreve bloco A — CPU 2 (Modificado)

(f) CPU 1 escreve bloco A — CPU 1 (Modificado)

Multiprocessadores UMA que usam *switches crossbar*

Mesmo com todas as possíveis otimizações, a utilização de um único barramento limita o tamanho do multiprocessador UMA a cerca de 16 ou 32 CPUs. Para passar disso é preciso um tipo diferente de rede de interconexão. O circuito mais simples para conectar n CPUs a k memórias é o **switch crossbar** mostrado na Figura 8.28. *Switches crossbar* são utilizados há décadas em centrais de comutação telefônica para conectar um grupo de linhas de entrada a um conjunto de linhas de saída de um modo arbitrário.

Em cada intersecção de uma linha horizontal (de entrada) com uma linha vertical (de saída) está um **ponto de cruzamento**. Um ponto de cruzamento é um pequeno *switch* que pode ser aberto ou fechado eletricamente, dependendo de as linhas horizontal e vertical deverem ser ou não ser conectadas. Na Figura 8.29(a), vemos três pontos de cruzamento fechados simultaneamente, o que permite conexões entre os pares (CPU, memória) (001, 000), (101, 101) e (110, 010) ao mesmo tempo. Muitas outras combinações também são possíveis. Na verdade, o número de combinações é igual ao número de modos diferentes em que oito torres podem ser posicionadas com segurança sobre um tabuleiro de xadrez.

Figura 8.29 (a) *Switch crossbar* 8 × 8. (b) Ponto de cruzamento aberto. (c) Ponto de cruzamento fechado.

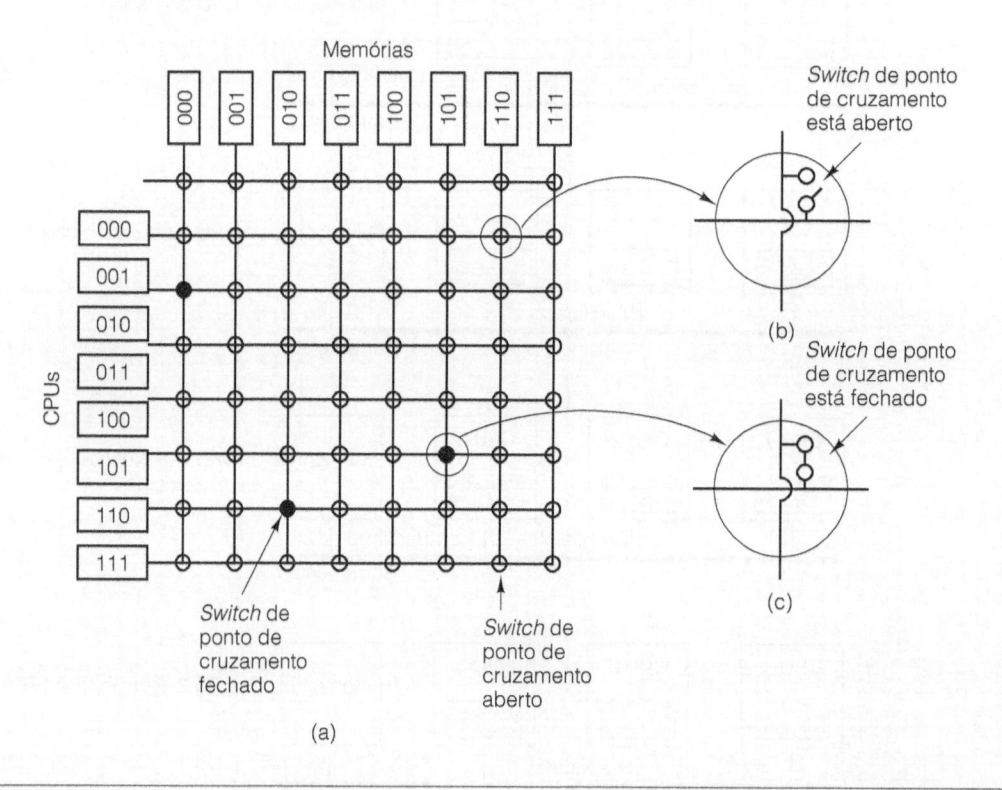

Uma das propriedades mais interessantes do *switch crossbar* é que ele é uma **rede sem bloqueio**, o que significa que a nenhuma CPU é negada a conexão de que necessita porque algum ponto de cruzamento ou linha já está ocupado (considerando que o módulo de memória em si esteja disponível). Além do mais, não é preciso planejamento antecipado. Ainda que já estejam estabelecidas sete conexões arbitrárias, sempre é possível conectar a CPU restante à memória restante. Mais adiante, veremos esquemas de interconexão que não têm essas propriedades.

Uma das piores propriedades do *switch crossbar* é o fato de que o número de pontos de cruzamento cresce com n^2. O projeto de *switches crossbar* é viável para sistemas de tamanho médio. Discutiremos um desses projetos, o Sun Fire E25K, mais adiante neste capítulo. Contudo, com mil CPUs e mil módulos de memória, precisamos de um milhão de pontos de cruzamento. Um *switch crossbar* desse tamanho não é viável. Precisamos de algo bem diferente.

- **Multiprocessadores UMA que usam redes de comutação multiestágios**

Esse "algo bem diferente" pode ser baseado no modesto *switch* 2 × 2 mostrado na Figura 8.30(a). Ele tem duas entradas e duas saídas. Mensagens que chegam a qualquer uma das linhas de entrada podem ser comutadas para qualquer das linhas de saída. Para a finalidade que pretendemos aqui, as mensagens conterão até quatro partes, conforme mostra a Figura 8.30(b). O campo *Módulo* informa qual memória usar. O campo *Endereço* especifica um endereço dentro de um módulo. O campo *Opcode* dá a operação, como READ ou WRITE. Por fim, o campo opcional *Valor* pode conter um operando, como uma palavra de 32 bits a ser escrita em uma operação WRITE. O *switch* inspeciona o campo *Módulo* e o utiliza para determinar se a mensagem deve ser enviada por X ou por Y.

Figura 8.30 (a) *Switch* 2 × 2. (b) Formato de mensagem.

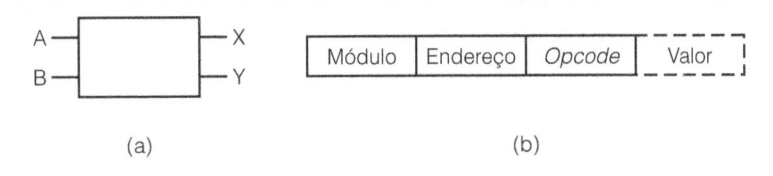

Nossos *switches* 2 × 2 podem ser organizados de muitos modos para construir **redes de comutação multiestágios** maiores. Uma possibilidade é a **rede ômega**, classe econômica, sem supérfluos, ilustrada na Figura 8.31. Nesse caso, conectamos oito CPUs a oito memórias usando 12 *switches*. De modo mais geral, para n CPUs e n memórias precisaríamos de $\log_2 n$ estágios, com $n/2$ *switches* cada, para um total de $(n/2)\log_2 n$ *switches*, o que é muito melhor do que n^2 pontos de cruzamento, em especial para valores grandes de n.

O padrão de fiação da rede ômega costuma ser denominado **embaralhamento perfeito**, pois a mistura dos sinais em cada estágio é parecida com um baralho que é cortado ao meio e então embaralhado carta por carta. Para ver como a rede ômega funciona, suponha que a CPU 011 queira ler uma palavra do módulo de memória 110. A CPU envia uma mensagem READ ao *switch* 1D que contém 110 no campo *Módulo*. O *switch* pega o primeiro bit de 110, isto é, o da extrema esquerda, e o utiliza para o roteamento. Um 0 roteia para a saída superior e um 1 roteia para a inferior. Como esse bit é um 1, a mensagem é roteada para 2D por meio da saída inferior.

Todos os *switches* do segundo estágio, incluindo 2D, usam o segundo bit para roteamento. Esse bit também é um 1, portanto, a mensagem agora é repassada para 3D por meio da saída inferior. Nesse ponto, o terceiro bit é testado e verifica-se que é 0. Por conseguinte, a mensagem sai pela saída superior e chega à memória 110, como desejado. O caminho percorrido por essa mensagem é marcado pela letra *a* na Figura 8.31.

Figura 8.31 Rede de comutação ômega.

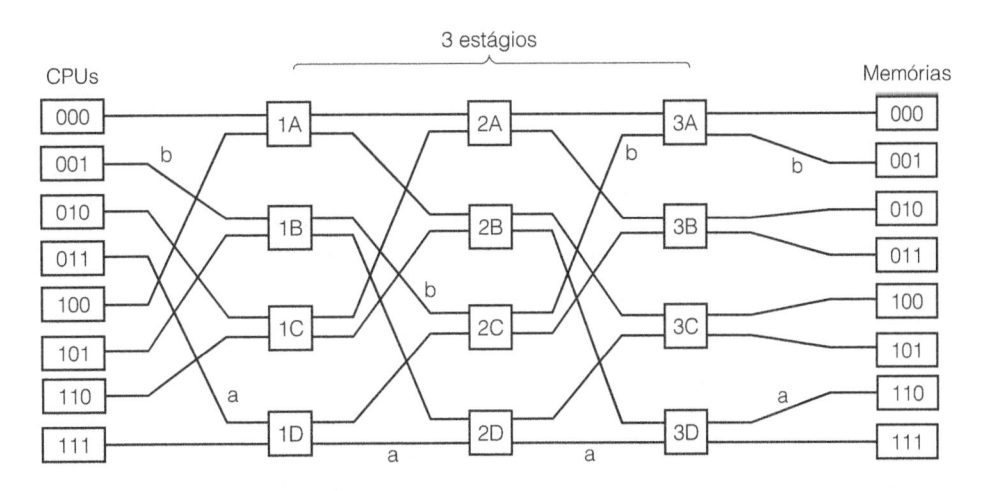

À medida que a mensagem percorre a rede de comutação, os bits da extremidade esquerda do módulo já não são mais necessários. Eles podem muito bem ser usados para registrar ali o número da linha de entrada, de modo que a resposta possa encontrar seu caminho de volta. Para o caminho *a*, as linhas de entrada são 0 (entrada superior para 1D), 1 (entrada inferior para 2D) e 1 (entrada inferior para 3D), respectivamente. A resposta é roteada de volta usando 011, só que, desta vez, ela é lida da direita para a esquerda.

Ao mesmo tempo em que tudo isso está acontecendo, a CPU 001 quer escrever uma palavra para o módulo de memória 001. Nesse caso, acontece um processo análogo e a mensagem é roteada pelas saídas superior, superior e inferior, respectivamente, marcadas com a letra *b*. Quando chega, seu campo *Módulo* lê 001, que representa o caminho que ela tomou. Uma vez que essas duas requisições não usam nenhum dos mesmos *switches*, linhas ou módulos de memória, elas podem prosseguir em paralelo.

Agora, considere o que aconteceria se a CPU 000 quisesse acessar simultaneamente o módulo de memória 000. Sua requisição entraria em conflito com a requisição da CPU 001 no *switch* 3A. Uma delas teria de esperar. Diferente do *switch crossbar*, a rede ômega é uma **rede com bloqueio**. Nem todos os conjuntos de requisições podem ser processados ao mesmo tempo. Podem ocorrer conflitos pela utilização de um fio ou de um *switch*, bem como entre requisições *para* a memória e respostas *da* memória.

É claramente desejável espalhar as referências à memória de maneira uniforme pelos módulos. Uma técnica comum é usar os bits de ordem baixa como o número de módulo. Considere, por exemplo, um espaço de endereço por bytes para um computador que acessa principalmente palavras de 32 bits. Os 2 bits de ordem baixa em geral serão 00, mas os 3 bits seguintes estarão uniformemente distribuídos. Usando esses 3 bits como o número de módulo, palavras endereçadas consecutivamente estarão em módulos consecutivos. Um sistema de memória no qual palavras consecutivas estão em módulos consecutivos é denominado **intercalado**. Memórias intercaladas maximizam o paralelismo porque grande parte das referências à memória é para endereços consecutivos. Também é possível projetar redes de comutação que não são bloqueantes e oferecem múltiplos caminhos de cada CPU a cada módulo de memória, para distribuir melhor o tráfego.

8.3.4 Multiprocessadores NUMA

A esta altura, deve estar claro que multiprocessadores UMA de um único barramento em geral são limitados a não mais do que algumas dezenas de CPUs e que multiprocessadores *crossbar* ou comutados precisam de muito hardware (caro) e não são assim tão maiores. Para chegar a mais de cem CPUs, alguma coisa tem de ser abandonada. Em geral, o que se abandona é a ideia de que todos os módulos de memória tenham o mesmo tempo de acesso. Essa concessão leva à ideia de multiprocessadores NUMA (**NonUniform Memory Access – acesso não uniforme à memória**). Como seus primos UMA, eles fornecem um único espaço de endereço para todas as CPUs, porém, diferentemente das máquinas UMA, o acesso a módulos de memória locais é mais rápido do que o acesso a módulos remotos. Assim, todos os programas UMA executarão sem alteração em máquinas NUMA, mas o desempenho será pior do que em uma máquina UMA à mesma velocidade de *clock*.

Todas as máquinas NUMA têm três características fundamentais que, juntas, as distinguem de outros multiprocessadores:

1. Há um único espaço de endereço visível a todas as CPUs.
2. O acesso à memória remota é feito usando instruções **LOAD** e **STORE**.
3. O acesso à memória remota é mais lento do que o acesso à memória local.

Quando o tempo de acesso à memória remota não é oculto (porque não há *cache*), o sistema é denominado **NC-NUMA**. Quando estão presentes *caches* coerentes, ele é denominado **CC-NUMA** (ao menos pelo pessoal do hardware). O pessoal do software costuma denominá-lo **DSM de hardware**, porque ele é em essência o mesmo que memória compartilhada distribuída por software, mas implementada pelo hardware usando uma página de tamanho pequeno.

Umas das primeiras máquinas NC-NUMA (embora o nome ainda não tivesse sido cunhado) foi a Carnegie-Mellon Cm*, ilustrada de forma simplificada na Figura 8.32 (Swan et al., 1977). Ela consistia em uma coleção de CPUs LSI-11, cada uma com alguma memória endereçada por meio de um barramento local. (A LSI-11 era uma versão de chip único do DEC PDP-11, um minicomputador popular na década de 1970.) Ademais, os sistemas LSI-11 eram conectados por um barramento de sistema. Quando uma requisição de memória entrava em uma MMU, especialmente modificada, era feita uma verificação para ver se a palavra necessária estava na memória local. Se estivesse, era enviada uma requisição pelo barramento local para obter a palavra. Se não, a requisição era roteada pelo barramento de sistema até o sistema que continha a palavra, que, então, respondia. É claro que a última demorava muito mais do que a primeira. Embora um programa pudesse ser executado com facilidade a partir da memória remota, isso levava dez vezes mais tempo do que se o mesmo programa fosse executado a partir da memória local.

Figura 8.32 Máquina NUMA com dois níveis de barramentos. O Cm* foi o primeiro multiprocessador a usar esse projeto.

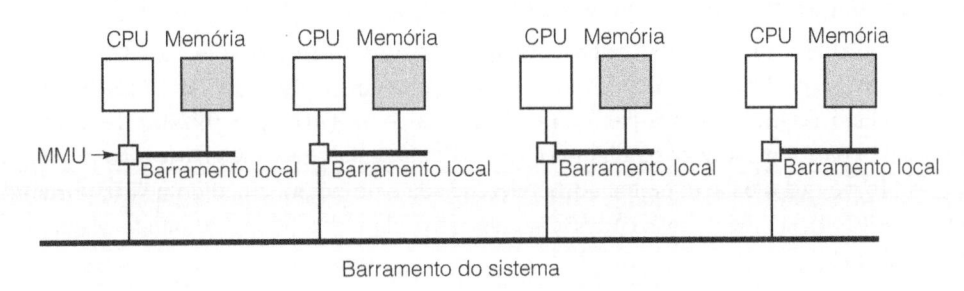

A coerência de memória é garantida em uma máquina NC-NUMA porque não há *cache* presente. Cada palavra de memória reside em exatamente um local, portanto, não há perigo de uma cópia ter dados velhos: não há cópias. Claro que agora é muito importante saber que página está em qual memória, porque a penalidade sobre o desempenho no caso de ela estar no lugar errado é muito grande. Por conseguinte, máquinas NC-NUMA usam software elaborado para mover páginas de um lado para outro de modo a maximizar o desempenho.

Em geral, há um processo residente denominado **scanner de páginas** que executa com intervalo de poucos segundos. Sua tarefa é examinar a estatística de utilização e mover páginas de um lado para outro na tentativa de melhorar o desempenho. Se a página parece estar no lugar errado, o *scanner* a desmapeia de modo que a próxima referência a ela causará uma falta de página. Quando ocorre a falta, é tomada uma decisão sobre onde colocá-la, possivelmente em uma memória diferente daquela em que estava antes. Para evitar paginação excessiva (*thrashing*), costuma haver alguma regra afirmando que, uma vez posicionada, a página é congelada no lugar durante algum tempo ΔT. Vários algoritmos foram estudados, mas a conclusão é que nenhum funciona melhor em todas as circunstâncias (LaRowe e Ellis, 1991). O melhor desempenho depende da aplicação.

Multiprocessadores NUMA com coerência de *cache*

Projetos de multiprocessadores como o da Figura 8.32 não se prestam muito bem à ampliação, porque não fazem *cache*. Ter de ir até a memória remota toda vez que uma palavra de memória não local for acessada é um grande empecilho ao desempenho. Contudo, se for adicionado *cache*, então é preciso adicionar também coerência de *cache*. Um modo de proporcionar coerência é escutar o barramento de sistema. Tecnicamente, não é difícil fazer isso, mas, se for ultrapassado certo número de CPUs, torna-se inviável. Para construir multiprocessadores grandes de fato é preciso usar uma técnica fundamentalmente diferente.

Hoje, a abordagem mais popular para construir multiprocessadores **CC-NUMA** (**Cache Coherent NUMA – NUMA com coerência de** *cache*) de grande porte é o **multiprocessador baseado em diretório**. A ideia é manter um banco de dados que informa onde está cada linha de *cache* e em que estado ela está. Quando uma linha de *cache* é referenciada, o banco de dados é pesquisado para descobrir onde ela está e se está limpa ou suja (modificada). Como é preciso pesquisar esse banco de dados a cada instrução que referenciar a memória, ele tem de ser mantido em hardware extremamente rápido de uso especial, que pode responder em uma fração de um ciclo de barramento.

Para tornar um pouco mais concreta a ideia de um multiprocessador baseado em diretório, vamos considerar o exemplo simples (hipotético) de um sistema de 256 nós, cada qual consistindo em uma CPU e 16 MB de RAM conectados à CPU por um barramento local. A memória total é 2^{32} bytes, dividida em 2^{26} linhas de *cache* de 64 bytes cada. A memória é alocada estaticamente entre os nós, com 0–16M no nó 0, 16–32M no nó 1 e assim por diante. Os nós são conectados por uma rede de interconexão, como mostra a Figura 8.33(a). A rede de interconexão poderia ser uma grade, um hipercubo ou outra topologia. Cada nó também contém as entradas de diretório para as 2^{18} linhas de *cache* de 64 bytes abrangendo sua memória de 2^{24} bytes. Por enquanto, vamos considerar que uma linha pode ser contida, no máximo, em uma *cache*.

Para ver como o diretório funciona, vamos acompanhar uma instrução **LOAD** da CPU 20 que referencia uma linha que está em *cache*. Primeiro, a CPU que está emitindo a instrução a apresenta à sua MMU (unidade de gerenciamento de memória), que a traduz para um endereço físico, por exemplo, 0x24000108. A MMU subdivide esse endereço nas três partes mostradas na Figura 8.33(b). Em decimal, essas três partes são nó 36, linha 4 e deslocamento 8. A MMU vê que a palavra de memória referenciada é do nó 36, e não do nó 20, portanto, envia uma mensagem de requisição pela rede de interconexão ao nó nativo da linha, 36, perguntando se sua linha 4 está em *cache* e, se sim, onde está.

Figura 8.33 (a) Multiprocessador de 256 nós baseado em diretório. (b) Divisão de um endereço de memória de 32 bits em campos. (c) Diretório no nó 36.

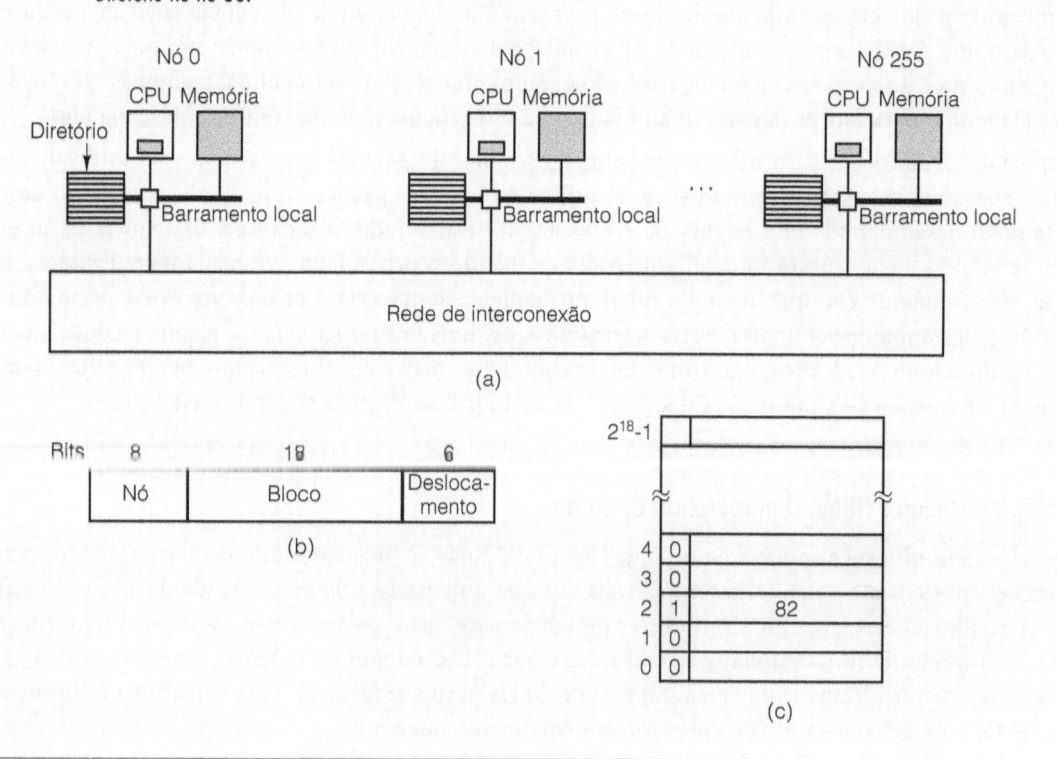

Quando a requisição chega ao nó 36 pela rede de interconexão, ela é roteada para o hardware de diretório. O hardware indexa para sua tabela de 2^{18} entradas, uma para cada linha de *cache*, e extrai a entrada 4. Pela Figura 8.33(c), vemos que a linha não está em *cache*, portanto, o hardware busca a linha 4 na RAM local, a envia de volta ao nó 20 e atualiza a entrada de diretório 4 para indicar que a linha agora está em *cache* no nó 20.

Agora, vamos considerar uma segunda requisição, desta vez perguntando sobre a linha 2 do nó 36. Pela Figura 8.33(c), vemos que essa linha está em *cache* no nó 82. Nesse ponto, o hardware poderia atualizar a entrada de diretório 2 para informar que a linha agora está no nó 20 e então enviar uma mensagem ao nó 82 instruindo-o a passar a linha para o nó 20 e invalidar sua *cache*. Note que, mesmo um "multiprocessador de memória compartilhada", por assim dizer, tem uma grande atividade oculta de troca de mensagens.

A propósito, vamos calcular quanta memória está sendo tomada pelos diretórios. Cada nó tem 16 MB de RAM e 2^{18} entradas de 9 bits para monitorar aquela RAM. Assim, o *overhead* do diretório é de cerca de 9×2^{18} bits divididos por 16 MB, ou mais ou menos 1,76%, o que, em geral, é aceitável (embora tenha de ser memória de alta velocidade, o que aumenta o custo). Mesmo com linhas de 32 bytes, o *overhead* seria de apenas 4%. Com linhas de *cache* de 128 bytes, ele estaria abaixo de 1%.

Uma limitação óbvia desse projeto é que uma linha só pode ser colocada em *cache* em um único nó. Para permitir *cache* de linhas em vários nós, precisaríamos de algum modo de localizar todas, por exemplo, para invalidá-las ou atualizá-las em uma escrita. Há várias opções para permitir *cache* em vários nós ao mesmo tempo.

Uma possibilidade é dar a cada entrada de diretório k campos para especificar outros nós, permitindo assim o *caching* de cada linha em até k nós. Uma segunda possibilidade é substituir o número do nó em nosso projeto simples por um mapa de bits, com um bit por nó. Nessa opção, não há nenhum limite à quantidade de cópias que pode haver, mas há um substancial aumento no *overhead*. Um diretório com 256 bits para cada linha de *cache* de 64 bytes (512 bits) implica um *overhead* de mais de 50%. Uma terceira possibilidade é manter um campo de 8 bits em cada entrada de diretório e usá-lo como o cabeçalho de uma lista encadeada que enfileira todas as cópias da linha de *cache*. Essa estratégia requer armazenamento extra em cada nó para ponteiros da lista encadeada e também demanda percorrer uma lista encadeada para achar todas as cópias quando isso for necessário. Cada possibilidade tem suas próprias vantagens e desvantagens, e todas as três têm sido usadas em sistemas reais.

Outra melhoria do projeto de diretório é monitorar se a linha de *cache* está limpa (memória residente está atualizada) ou suja (memória residente não está atualizada). Se chegar uma requisição de leitura para uma linha de *cache* limpa, o nó nativo pode cumprir a requisição de memória sem ter de repassá-la para uma *cache*. Contudo, uma requisição de leitura para uma linha de *cache* suja deve ser passada para o nó que contém a linha de *cache* porque somente ele tem uma cópia válida. Se for permitida apenas uma cópia de *cache*, como na Figura 8.33, não há vantagem real alguma em monitorar sua limpeza, porque qualquer nova requisição exige que seja enviada uma mensagem à cópia existente para invalidá-la.

Claro que monitorar se cada linha de *cache* está limpa ou suja implica que, quando uma linha de *cache* é modificada, o nó nativo tem de ser informado, mesmo se existir somente uma cópia de *cache*. Se existirem várias cópias, modificar uma delas requer que o resto seja invalidado, portanto, é preciso algum protocolo para evitar condições de disputa. Por exemplo, para modificar uma linha de *cache* compartilhada, um dos portadores poderia ter de requisitar acesso exclusivo *antes* de modificá-la. Tal requisição faria com que todas as outras cópias fossem invalidadas antes da concessão da permissão. Outras otimizações de desempenho para máquinas CC-NUMA são discutidas em Cheng e Carter, 2008.

O multiprocessador NUMA Sun Fire E25K

Como exemplo de um multiprocessador NUMA de memória compartilhada, vamos estudar a família Sun Fire da Sun Microsystems. Embora essa família contenha vários modelos, focalizaremos o E25K, que tem 72 chips de CPU UltraSPARC IV. Uma UltraSPARC IV é, basicamente, um par de processadores UltraSPARC III que compartilham uma *cache* e memória. O E15K é, em essência, o mesmo sistema, exceto que tem um uniprocessador em vez de chips de CPU com processadores duais. Existem membros menores também, mas, de nosso ponto de vista, o interessante é como funcionam os que têm o maior número de CPUs.

O sistema E25K consiste em até 18 conjuntos de placas, cada conjunto composto por uma placa CPU-memória, uma placa de E/S com quatro conectores PCI e uma placa de expansão que acopla a placa CPU-memória à placa de E/S e une o par ao plano central, que suporta as placas e contém a lógica de comutação. Cada placa CPU-memória contém quatro chips de CPU e quatro módulos de RAM de 8 GB. Por conseguinte, cada placa CPU-memória no E25K contém oito CPUs e 32 GB de RAM (quatro CPUs e quatro 32 GB de RAM no E15K). Assim, um E25K completo contém 144 CPUs, 576 GB de RAM e 72 conectores PCI. Ele é ilustrado na Figura 8.34. O interessante é que o número 18 foi escolhido por causa de limitações de empacotamento: um sistema com 18 conjuntos de placas era o maior que podia passar inteiro por uma porta. Enquanto programadores só pensam em 0s e 1s, engenheiros têm de se preocupar com questões como se o produto consegue passar pela porta e entrar no prédio do cliente.

Figura 8.34 Multiprocessador E25K da Sun Microsystems.

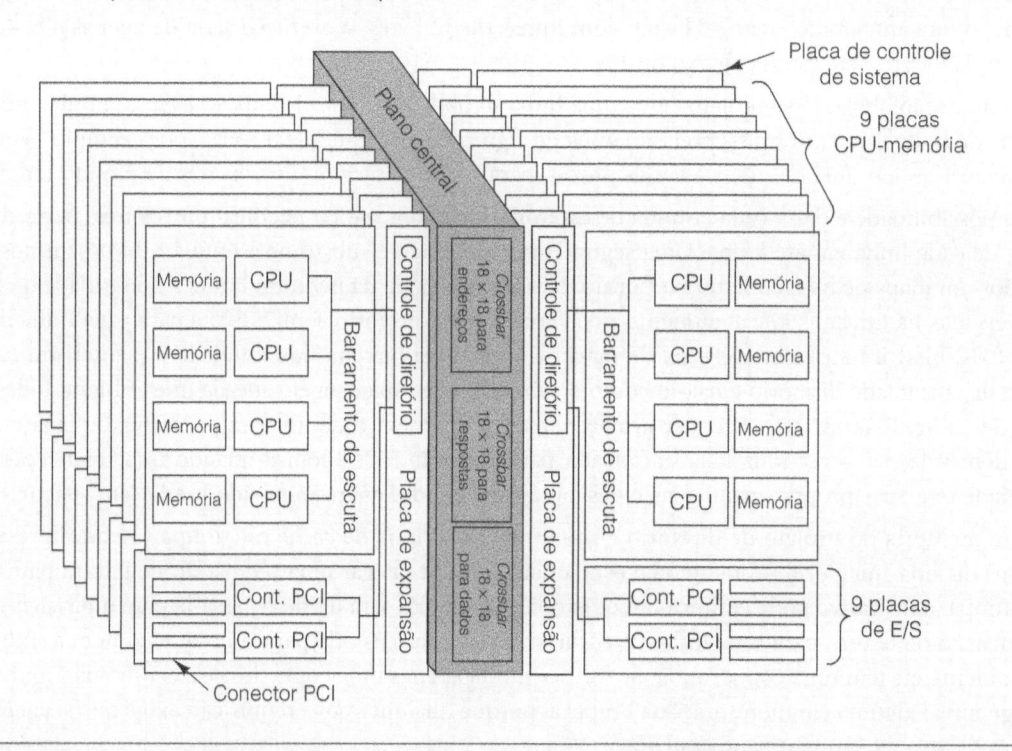

O plano central é composto de um conjunto de três *switches crossbar* 18 × 18 para conectar os 18 conjuntos de placas. Um *switch crossbar* é para as linhas de endereço, um é para respostas e um é para transferência de dados. Além das 18 placas de expansão, o plano central também tem um conjunto de placas de controle de sistema ligado a ele. Esse conjunto tem uma única CPU, mas também interfaces com CD-ROM, fita, linhas seriais e outros dispositivos periféricos necessários para inicializar, manter e controlar o sistema.

O coração de qualquer multiprocessador é o subsistema de memória. Como conectar 144 CPUs à memória distribuída? Os modos diretos – um grande barramento de escuta compartilhado ou um *switch crossbar* 144 × 72 – não funcionam bem. O primeiro falha porque o barramento é um gargalo e o último falha porque é muito difícil e muito caro construir o *switch*. Por isso, grandes multiprocessadores como o E25K são obrigados a usar um subsistema de memória mais complexo.

No nível do conjunto de placas é usada lógica de escuta, de modo que todas as CPUs locais podem verificar todas as requisições de memória que vêm do conjunto de placas para referências a blocos que estão em suas *caches* no momento. Assim, quando uma CPU necessita de uma palavra da memória, primeiro ela converte o endereço virtual para um endereço físico e verifica sua própria *cache*. (Endereços físicos têm 43 bits, mas restrições de empacotamento limitam a memória a 576 GB.) Se o bloco de *cache* de que ela necessita estiver em sua própria *cache*, a palavra é devolvida. Caso contrário, a lógica de escuta verifica se há uma cópia daquela palavra disponível em algum outro lugar do conjunto de placas. Se houver, a requisição é cumprida. Se não houver, a requisição é passada adiante por meio do *switch crossbar* 18 × 18 de endereço como descreveremos mais adiante. A lógica de escuta só pode fazer uma escuta por ciclo de *clock*. O *clock* do sistema funciona a 150 MHz, portanto, é possível realizar 150 milhões de escutas/segundo por conjunto de placas ou 2,7 bilhões de escutas/segundo no âmbito do sistema.

Embora em termos lógicos a lógica de escuta seja um barramento, como retratado na Figura 8.34, em termos físicos ela é uma árvore de dispositivos, cujos comandos são repassados para cima e para baixo dela. Quando uma CPU ou uma placa PCI produzem um endereço, este vai até um repetidor de endereços por meio de uma conexão ponto a ponto, como mostra a Figura 8.35. Os dois repetidores convergem para a placa de expansão, onde os endereços são enviados de volta árvore abaixo para cada dispositivo para verificar presenças. Esse arranjo é usado para evitar ter um barramento que envolva três placas.

Figura 8.35 O Sun Fire E25K usa uma interconexão de quatro níveis. As linhas tracejadas são caminhos de endereços. As linhas cheias são caminhos de dados.

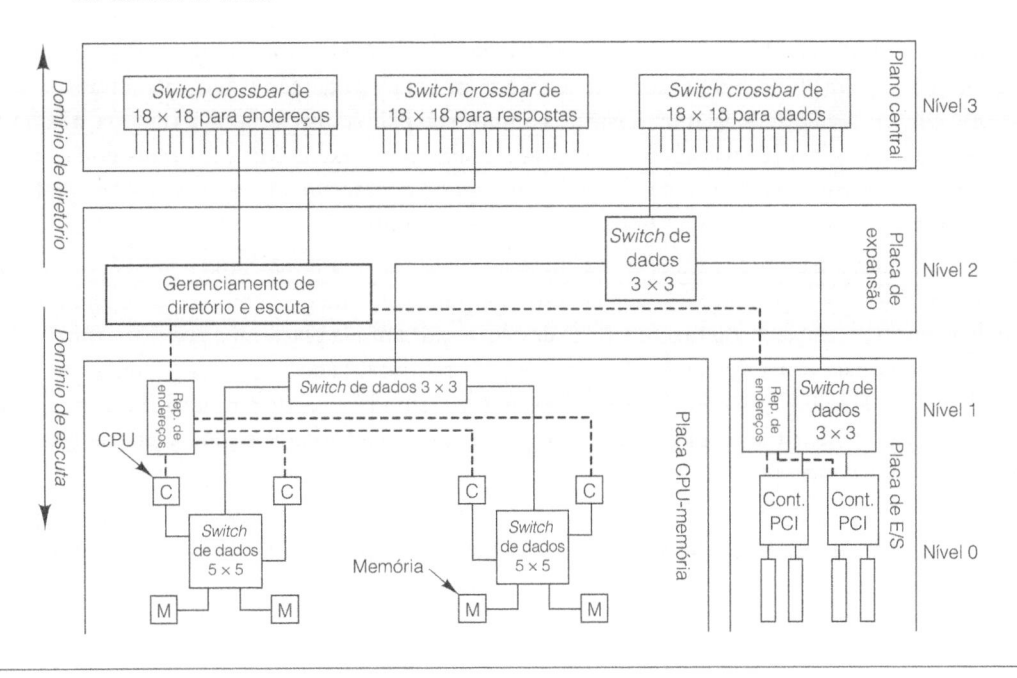

Transferências de dados usam uma interconexão de quatro níveis como ilustrado na Figura 8.35. Esse projeto foi escolhido por causa de seu alto desempenho. No nível 0, pares de chips de CPU e memórias são conectados por um pequeno *switch crossbar* que também tem uma conexão com o nível 1. Os dois grupos de pares CPU-memória são conectados por um segundo *switch crossbar* no nível 1. Os *switches crossbar* são ASICs fabricados por especificação. Para todos eles, todas as entradas estão disponíveis nas linhas, bem como nas colunas, embora nem todas as combinações sejam usadas (ou nem mesmo façam sentido). Toda a lógica de comutação nas placas é construída a partir de *crossbar*s 3 × 3.

Cada conjunto de placas consiste em três placas: a CPU-memória, a placa de E/S e a de expansão, que conecta as outras duas. A interconexão de nível 2 é outro *switch crossbar* 3 × 3 (na placa de expansão) que une a memória propriamente dita às portas de E/S (que são de mapeamento de memória em todas as UltraSPARCs). Todas as transferências de dados de ou para o conjunto de placas, seja para memória ou para uma porta de E/S, passam pelo *switch* de nível 2. Por fim, dados que têm de ser transferidos de ou para uma placa remota passam por um *switch crossbar* 18 × 18 de dados no nível 3. Transferências de dados são feitas 32 bytes por vez, portanto, leva dois ciclos de *clock* para transferir 64 bytes, que é a unidade de transferência normal.

Agora que já vimos como os componentes são organizados, vamos voltar nossa atenção ao modo como a memória compartilhada opera. No nível mais baixo, os 576 GB de memória são divididos em 2^{29} blocos de 64 bytes cada. Esses blocos são as unidades atômicas do sistema de memória. Cada bloco tem uma placa nativa onde ele reside quando não está em uso em algum outro lugar. A maioria fica em sua placa nativa por grande parte do tempo. Contudo, quando uma CPU precisa de um bloco de memória, seja de sua própria placa ou de uma das 17 placas remotas, primeiro ela requisita uma cópia para sua própria *cache* e então acessa a cópia na *cache*. Embora cada chip de CPU no E25K contenha duas CPUs, elas compartilham uma única *cache* física e, por isso, compartilham todos os blocos nela contidos.

Cada bloco de memória e linha de *cache* de cada chip de CPU pode estar em um de três estados:

1. Acesso exclusivo (para escrita).
2. Acesso compartilhado (para leitura).
3. Inválido (isto é, vazio).

Quando uma CPU precisa ler ou escrever uma palavra de memória, ela primeiro verifica sua própria *cache*. Se não encontrar a palavra ali, ela emite uma requisição local para o endereço físico, que é transmitida somente em seu próprio conjunto de placas. Se uma *cache* do conjunto de placas tiver a linha necessária, a lógica de escuta detecta a presença e cumpre a requisição. Se a linha estiver em modo exclusivo, ela é transferida ao requisitante e a cópia original é marcada como inválida. Se estiver em modo compartilhado, a *cache* não responde, visto que a memória sempre responde quando uma linha de *cache* estiver limpa.

Se a lógica de escuta não puder encontrar a linha de *cache* ou se a linha estiver presente e compartilhada, ela envia uma requisição pelo plano central à placa-mãe perguntando onde está o bloco de memória. O estado de cada bloco de memória é armazenado nos bits ECC do bloco, portanto, a placa-mãe pode determinar de imediato seu estado. Se o bloco não estiver compartilhado ou estiver compartilhado com uma ou mais placas remotas, a memória residente estará atualizada e a requisição pode ser atendida a partir da memória da placa-mãe. Nesse caso, uma cópia da linha de *cache* é transmitida pelo *switch crossbar* de dados em dois ciclos de *clock* e acabará chegando à CPU requisitante.

Se a requisição era para leitura, é feita uma entrada no diretório na placa-mãe anotando que um novo cliente está compartilhando a linha de *cache* e a transação está concluída. Contudo, se a requisição for para escrita, uma mensagem de invalidação tem de ser enviada a todas as outras placas (se houver alguma) que contiverem uma cópia dela. Assim, a placa que faz a requisição de escrita acaba ficando com a única cópia.

Agora, considere o caso em que o bloco requisitado está em estado exclusivo localizado em uma placa diferente. Quando a placa-mãe obtém a requisição, ela consulta a localização da placa remota no diretório e envia ao requisitante uma mensagem informando onde está a linha de *cache*. Agora, o requisitante envia a requisição para o conjunto de placas correto. Quando esta chega, a placa devolve a linha de *cache*. Se fosse uma requisição de leitura, a linha seria marcada como compartilhada e uma cópia enviada de volta à placa-mãe. Se fosse uma requisição de escrita, o respondedor invalidaria sua cópia para que o novo requisitante tivesse uma cópia exclusiva.

Uma vez que cada placa tem 2^{29} blocos de memória, na pior das hipóteses o diretório precisaria de 2^{29} entradas para monitorar todos eles. Como o diretório é muito menor do que 2^{29}, poderia acontecer de não haver espaço (que é pesquisado associativamente) para algumas entradas. Nesse caso, o diretório de origem tem de localizar o bloco transmitindo uma requisição de bloco de origem a todas as outras 17 placas. O *switch crossbar* de resposta desempenha um papel na coerência do diretório e protocolo de atualização dirigindo grande parte do tráfego no sentido inverso de volta ao remetente. A subdivisão do protocolo de tráfego em dois barramentos (de endereço e de resposta) e um terceiro barramento de dados aumenta a vazão do sistema.

Por distribuir a carga entre múltiplos dispositivos em placas diferentes, o Sun Fire E25K pode atingir desempenho muito alto. Além dos 2,7 bilhões de escutas/segundo que já mencionamos, o plano central pode tratar até nove transferências simultâneas, com nove placas enviando e nove recebendo. Uma vez que o *switch crossbar* para dados tem 32 bytes de largura, 288 bytes podem ser movidos através do plano central a cada ciclo de *clock*. A uma taxa de *clock* de 150 MHz, isso dá uma largura de banda agregada de pico de 40 GB/s quando todos os acessos forem remotos. Se o software puder posicionar páginas de modo a assegurar que a maioria dos acessos seja local, então a largura de banda do sistema pode ser consideravelmente maior do que 40 GB/s.

Se o leitor quiser mais informações técnicas sobre o Sun Fire, veja Charlesworth, 2002; e Charlesworth, 2001.

Em 2009, a Oracle comprou a Sun Microsystems, continuando com o desenvolvimento de servidores baseados em SPARC. O SPARC Enterprise M9000 é o sucessor do E25K. O M9000 incorpora processadores SPARC *quad-core* mais velozes, além de memória adicional e conectores PCIe. Um servidor M9000 totalmente equipado contém 256 processadores SPARC, 4 TB de DRAM e 128 interfaces de E/S PCIe.

8.3.5 Multiprocessadores COMA

Uma desvantagem das máquinas NUMA e CC-NUMA é que referências à memória remota são muito mais lentas do que referências à memória local. Em CC-NUMA, essa diferença em desempenho está oculta, até certo ponto, pela atividade de *cache*. Não obstante, se a quantidade de dados remotos necessários for muito maior do que a capacidade da *cache*, ausências desta ocorrerão constantemente e o desempenho será medíocre.

Assim, temos uma situação em que máquinas UMA têm excelente desempenho, mas seu tamanho é limitado e elas são muito caras. Máquinas NC-NUMA podem ser ampliadas para tamanhos um pouco maiores, mas requerem posicionamento de páginas manual ou semiautomático, muitas vezes com resultados mistos. O problema é que é difícil prever quais páginas serão necessárias em que lugares e, de qualquer modo, páginas costumam ser uma unidade muito grande para mover de um lado para outro. Máquinas CC-NUMA, como o Sun Fire E25K, podem experimentar mau desempenho se muitas CPUs precisarem de grandes quantidades de dados remotos. Levando tudo isso em conta, cada um desses projetos tem sérias limitações.

Um tipo alternativo de multiprocessador tenta contornar todos esses problemas usando a memória principal de cada CPU como uma *cache*. Nesse projeto, denominado **COMA** (*Cache Only Memory Access* – acesso somente à memória *cache*), as páginas não têm máquinas nativas fixas, como acontece em máquinas NUMA e CC-NUMA. Na verdade, as páginas não têm qualquer significado.

Em vez disso, o espaço de endereço físico é subdividido em linhas de *cache*, que migram pelo sistema por demanda. Blocos não têm máquinas nativas. Como nômades em alguns países do Terceiro Mundo, seu lar é onde eles estão naquele momento. Uma memória que apenas atrai linhas conforme necessário é denominada **memória de atração**. Usar a RAM principal com uma grande *cache* aumenta muito a taxa de presença na *cache* e, por conseguinte, o desempenho.

Infelizmente, como sempre, não existe almoço grátis. Sistemas COMA introduzem dois novos problemas:

1. Como as linhas de *cache* são localizadas?
2. Quando uma linha é expurgada da memória, o que acontece se ela for a última cópia?

O primeiro problema está relacionado ao fato de que, após a MMU ter traduzido um endereço virtual para um endereço físico, se a linha não estiver na *cache* verdadeira de hardware, não existe uma maneira fácil de dizer se ela está na memória principal. O hardware de paginação não ajuda nada nesse caso, porque cada página é composta de muitas linhas de *cache* individuais que vagueiam de modo independente. Além do mais, ainda que se saiba que uma linha não está na memória principal, onde ela está então? Não podemos perguntar à máquina "lar" porque essa máquina não existe.

Foram propostas algumas soluções para o problema da localização. Para ver se uma linha de *cache* está na memória principal, poderia ser adicionado novo hardware para monitorar o rótulo de cada linha em *cache*. Então, a MMU poderia comparar o rótulo da linha necessária com os rótulos de todas as linhas de *cache* na memória em busca de uma presença na *cache*. Essa solução precisa de hardware adicional.

Uma solução um pouco diferente é mapear páginas inteiras, mas não exigir que todas as linhas de *cache* estejam presentes. Nessa solução, o hardware precisaria de um mapa de bits por página, que desse um único bit por linha de *cache* indicando a presença ou ausência da linha. Nesse projeto, denominado **COMA simples**, se a linha de *cache* estiver presente, ela deve estar na posição correta em sua página, mas, se não estiver presente, qualquer tentativa de usá-la causa uma exceção para permitir que o software vá achá-la e trazê-la para dentro.

Isso resulta em procurar linhas que são de fato remotas. Uma solução é dar a cada página uma máquina de residência em termos do lugar onde está a entrada de diretório, mas não daquele onde estão os dados. Então, uma mensagem pode ser enviada à máquina nativa para, no mínimo, localizar a linha de *cache*. Outros esquemas envolvem organizar memória como uma árvore e procurar de baixo para cima até encontrar a linha.

O segundo problema na lista que acabamos de citar está relacionado com a não remoção da última cópia. Como em CC-NUMA, uma linha de *cache* pode estar em vários nós ao mesmo tempo. Quando ocorre uma ausência da *cache*, uma linha deve ser buscada, o que costuma significar que uma linha deve ser descartada. O que acontece se, por acaso, a linha escolhida for a última cópia? Nesse caso, ela não pode ser descartada.

Uma solução é voltar ao diretório e verificar se há outras cópias. Se houver, a linha pode ser descartada com segurança. Caso contrário, ela tem de ser migrada para algum outro lugar. Outra solução é identificar uma cópia de cada linha de *cache* como a cópia mestra e nunca jogá-la fora. Essa solução evita ter de verificar o diretório. Levando tudo em conta, COMA promete melhor desempenho do que CC-NUMA, mas poucas máquinas COMA foram construídas, portanto, é preciso mais experiência. As duas primeiras máquinas COMA construídas foram a KSR-1 (Burkhardt et al.,1992) e a Data Diffusion Machine (Hagersten et al., 1992). Artigos mais recentes sobre COMA são Vu et al., 2008; e Zhang e Jesshope, 2008.

8.4 Multicomputadores de troca de mensagens

Como vimos na Figura 8.23, os dois tipos de processadores paralelos MIMD são multiprocessadores e multicomputadores. Na seção anterior, estudamos os multiprocessadores. Vimos que eles aparecem para o sistema operacional como se tivessem memória compartilhada que pode ser acessada usando instruções comuns **LOAD** e **STORE**. Essa memória compartilhada pode ser executada de várias maneiras, como vimos, incluindo barramentos de escuta, *crossbar* de dados, redes de comutação multiestágios e vários esquemas baseados em diretório. Não obstante, programas escritos para um multiprocessador podem acessar qualquer localização na memória sem nada saber sobre a topologia interna ou o esquema de implementação. Essa ilusão é que torna os multiprocessadores tão atraentes e é a razão de os programadores gostarem desse modelo de programação.

Por outro lado, os multiprocessadores também têm suas limitações, e é por isso que os multicomputadores também são importantes. Antes de tudo, multiprocessadores não podem ser ampliados para grandes tamanhos. Vimos a enorme quantidade de hardware que a Sun teve de usar para aumentar o número de CPUs do E25K para 72. Por comparação, logo adiante estudaremos um multicomputador que tem 65.536 CPUs. Ainda faltam muitos anos para que alguém construa um multiprocessador comercial com 65.536 nós e, então, já estarão em uso multicomputadores com milhões de nós.

Ademais, a contenção pela memória em um multiprocessador pode afetar seriamente o desempenho. Se cem CPUs estiverem tentando ler e escrever as mesmas variáveis constantemente, a contenção pelas várias memórias, barramentos e diretórios pode resultar em um enorme impacto no desempenho.

Como consequência desses e de outros fatores, há um grande interesse em construir e usar computadores paralelos nos quais cada CPU tem sua própria memória privada, que não pode ser acessada diretamente por qualquer outra CPU. Eles são os multicomputadores. Programas em CPUs de multicomputadores interagem usando primitivas como **send** e **receive** para trocar mensagens explicitamente, porque uma não pode chegar até a memória da outra com instruções **LOAD** e **STORE**. Essa diferença muda completamente o modelo de programação.

Cada nó em um multicomputador consiste em uma ou algumas CPUs, alguma RAM (decerto compartilhada só entre as CPUs que estão naquele nó), um disco e/ou outros dispositivos de E/S e um processador de comunicação. Os processadores de comunicação estão conectados por uma rede de intercomunicação de alta velocidade dos tipos que discutimos na Seção 8.3.3. São usadas muitas topologias, esquemas de comutação e algoritmos de roteamento diferentes. O que todos os multicomputadores têm em comum é que, quando um programa de aplicação executa a primitiva **send**, o processador de comunicação é notificado e transmite um bloco de dados de usuário à máquina de destino, possivelmente após pedir e obter permissão. Um multicomputador genérico é mostrado na Figura 8.36.

Figura 8.36 Multicomputador genérico.

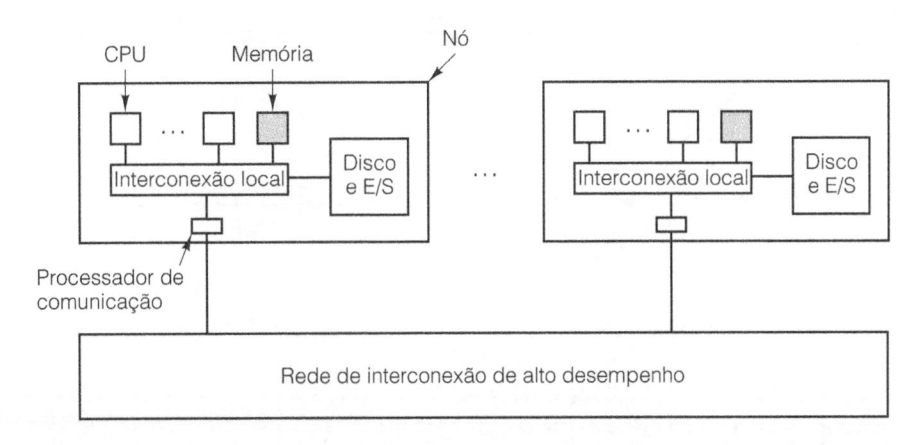

8.4.1 Redes de interconexão

Na Figura 8.36, vemos que multicomputadores são mantidos juntos por redes de interconexão. Agora, chegou a hora de examiná-las mais de perto. O interessante é que multiprocessadores e multicomputadores são surpreendentemente similares nesse aspecto, porque os primeiros muitas vezes têm vários módulos de memória que também devem se interconectar uns com os outros e com as CPUs. Assim, o material nesta seção com frequência se aplica a ambos os tipos de sistemas.

A razão fundamental por que redes de interconexão de multiprocessadores e multicomputadores são semelhantes é que, no fundo, ambos usam troca de mensagens. Até mesmo em uma máquina com uma única CPU, quando o processador quer ler ou escrever uma palavra, sua ação típica é ativar certas linhas no barramento e esperar por uma resposta. Fundamentalmente, essa ação é como trocar mensagens: o iniciador envia uma requisição e espera uma resposta. Em grandes multiprocessadores, a comunicação entre CPUs e memória remota quase sempre consiste em a CPU enviar à memória uma mensagem explícita, denominada **pacote**, requisitando alguns dados, e a memória que devolve um pacote de resposta.

Topologia

A topologia de uma rede de interconexão descreve como os enlaces e os computadores são organizados, por exemplo, como um anel ou uma grade. Projetos topológicos podem ser modelados como grafos, com os enlaces representados por arcos e os *switches* por nós, como mostra a Figura 8.37. Cada nó em uma rede de interconexão (ou em seu grafo) tem algum número de enlaces conectados a ele. Matemáticos denominam o número de enlaces de **grau** do nó; engenheiros o denominam *fanout*. Em geral, quanto maior o *fanout*, mais opções de roteamento há e maior é a tolerância à falha, isto é, a capacidade de continuar funcionando se um enlace falhar, fazendo um roteamento que contorna esse enlace. Se cada nó tiver k arcos e a fiação for executada de modo correto, é possível projetar a rede de modo que ela se mantenha totalmente conectada, mesmo que $k - 1$ enlaces falhem.

Outra propriedade de uma rede de interconexão (ou de seu grafo) é o seu **diâmetro**. Se medirmos a distância entre dois nós pelo número de arcos que têm de ser percorridos para chegar de um ao outro, o diâmetro de um grafo é a distância entre os dois nós que estão mais afastados (isto é, que têm a maior distância entre eles).

O diâmetro de uma rede de interconexão está relacionado ao pior atraso que pode ocorrer quando se enviam pacotes entre CPUs ou de CPU para memória, porque cada salto por um enlace toma uma quantidade finita de tempo. Quanto menor for o diâmetro, melhor será o desempenho no pior caso. Também importante é a distância média entre dois nós, pois ela está relacionada com o tempo médio de trânsito do pacote.

Figura 8.37 Várias topologias. Os pontos grossos representam *switches*. As CPUs e as memórias não são mostradas. (a) Estrela. (b) Malha de interconexão completa. (c) Árvore. (d) Anel. (e) Grade. (f) Toro duplo. (g) Cubo. (h) Hipercubo 4D.

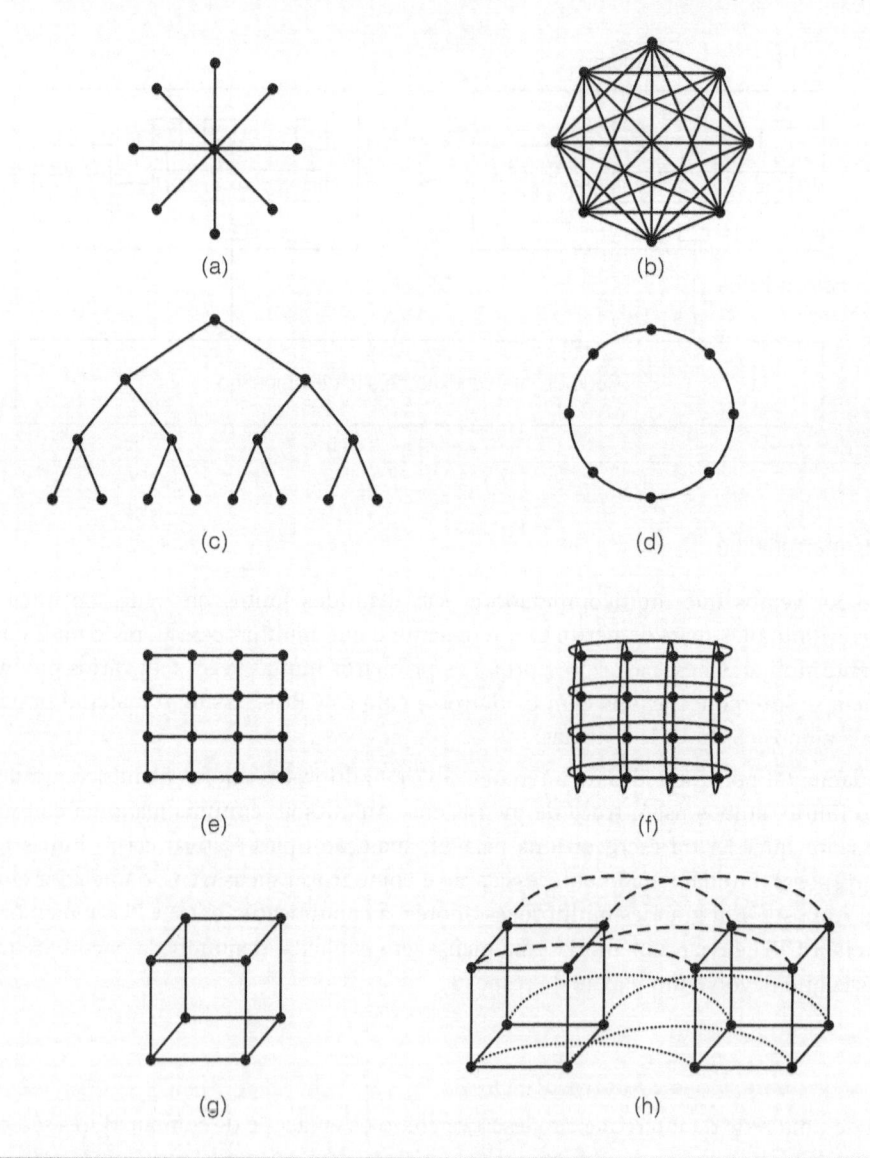

Ainda outra propriedade importante de uma rede de interconexão é sua capacidade de transmissão, isto é, quantos dados ela pode mover por segundo. Uma medida útil dessa capacidade é a **largura de banda de bisseção**. Para calcular essa quantidade, temos primeiro que dividir (conceitualmente) a rede em duas partes iguais (em termos do número de nós), porém não conectadas, removendo um conjunto de arcos de seu grafo. Então, calculamos a largura de banda total dos arcos que foram removidos. Pode haver muitos tipos diferentes de partição de rede em duas partes iguais. A largura de banda de bisseção é a mínima de todas as possíveis partições. A significância desse número é que, se ela for, por exemplo, 800 bits/s, então, se houver muita comunicação entre as duas metades, a vazão total pode ser limitada a apenas 800 bits/s, no pior caso. Muitos projetistas acham que a largura de banda de bisseção é a métrica mais importante de uma rede de interconexão. Muitas redes de interconexão são projetadas com o objetivo de maximizar a largura de banda de bisseção.

Redes de interconexão podem ser caracterizadas por sua **dimensionalidade**. Para nossas finalidades, a dimensionalidade é determinada pelo número de opções que há para chegar da origem ao destino. Se nunca houver alguma opção, isto é, se houver somente um caminho entre a origem e o destino, a rede tem dimensão zero. Se houver uma dimensão na qual possa ser feita uma opção, por exemplo, ir para o oeste ou ir para o leste, a rede é unidimensional. Se houver dois eixos de modo que um pacote possa ir para o leste ou para o oeste ou, como alternativa, possa ir para o norte ou para o sul, a rede é bidimensional e assim por diante.

Várias topologias são mostradas na Figura 8.37. São mostrados apenas os enlaces (linhas) e os *switches* (pontos). As memórias e CPUs (não mostradas) em geral estariam ligadas aos *switches* por interfaces. Na Figura 8.37(a), temos uma configuração de dimensão zero **em estrela**, na qual as CPUs e memórias estariam ligadas aos nós externos e o nó central só faria a comutação. Embora seja um projeto simples, no caso de um grande sistema é provável que o *switch* central seja um importante gargalo. Ademais, da perspectiva da tolerância à falha, esse projeto é ruim, uma vez que uma única falha no *switch* central destrói completamente o sistema.

Na Figura 8.37(b), temos outro projeto de dimensão zero que está na outra extremidade do espectro, uma **interconexão total**. Nesse caso, cada nó tem uma conexão direta para cada outro nó. Esse projeto maximiza a largura de banda de bisseção, minimiza o diâmetro e tem altíssima tolerância à falha (pode perder quaisquer seis enlaces e a rede ainda continuar totalmente conectada). Infelizmente, o número de enlaces requerido para k nós é $k(k-1)/2$, o que logo sai do controle para um k grande.

Outra topologia é a **árvore**, ilustrada na Figura 8.37(c). Um problema com esse projeto é que a largura de banda de bisseção é igual à capacidade do enlace. Como em geral haverá muito tráfego perto do topo da árvore, os poucos nós do topo se tornarão gargalos. Um modo de contornar esse problema é aumentar a largura de bisseção dando mais largura de banda aos enlaces que estão mais em cima. Por exemplo, os enlaces dos níveis mais baixos poderiam ter uma capacidade b, o próximo nível poderia ter uma capacidade $2b$ e os enlaces do nível superior poderiam ter $4b$ cada um. Esse projeto é denominado **árvore gorda** e foi usado em multicomputadores comerciais, como os CM-5 da Thinking Machines, que não existem mais.

O **anel** da Figura 8.37(d) é uma topologia unidimensional pela nossa definição, porque cada pacote enviado tem uma opção de ir para a direita ou para a esquerda. A **grade** ou **malha** da Figura 8.37(e) é um projeto bidimensional que tem sido usado em muitos sistemas comerciais. É de alta regularidade, fácil de ampliar para tamanhos maiores e tem um diâmetro que aumenta apenas com a raiz quadrada do número de nós. Uma variante da grade é o **toro duplo** da Figura 8.37(f), que é uma grade cujas extremidades são conectadas. Além de ser mais tolerante à falha do que a grade, seu diâmetro também é menor, porque as arestas opostas agora podem se comunicar em somente dois saltos.

Outra topologia popular é o toro tridimensional. Nesse caso, a topologia consiste em uma estrutura 3D com nós nos pontos (i, j, k) onde todas as coordenadas são números inteiros na faixa de $(1, 1, 1)$ a (l, m, n). Cada nó tem seis vizinhos, dois ao longo de cada eixo. Os nós nas extremidades têm enlaces que fazem a volta completa até a extremidade oposta, exatamente como os toros 2D.

O **cubo** da Figura 8.37(g) é uma topologia tridimensional regular. Ilustramos um cubo $2 \times 2 \times 2$, mas no caso geral ele poderia ser um cubo $k \times k \times k$. Na Figura 8.37(h), temos um cubo quadridimensional construído com dois cubos tridimensionais com os nós correspondentes conectados. Poderíamos fazer um cubo pentadimensional clonando a estrutura da Figura 8.37(h) e conectando os nós correspondentes para formar um bloco de quatro cubos. Para ir a seis dimensões, poderíamos replicar o bloco de quatro cubos e interconectar os nós correspondentes e assim por diante. Um cubo n dimensional formado dessa maneira é denominado **hipercubo**. Muitos computadores paralelos usam essa topologia porque o diâmetro cresce linearmente com a dimensionalidade. Em outras palavras, o diâmetro é o logaritmo de base 2 do número de nós, portanto, por exemplo, um hipercubo decadimensional tem 1.024 nós, mas um diâmetro de apenas 10, o que lhe confere excelentes propriedades de atraso. Note que, por comparação, 1.024 nós organizados como uma grade 32×32 têm um diâmetro de 62, mais do que seis vezes pior do que o hipercubo. O preço pago pelo diâmetro menor é que o *fanout* e, por isso, o número de enlaces (e o custo), é muito maior para o hipercubo. Ainda assim, o hipercubo é uma escolha comum para sistemas de alto desempenho.

Há vários formatos e tamanhos de multicomputadores, portanto, é difícil dar uma taxonomia clara para eles. Não obstante, há dois "estilos" que se destacam: os MPPs e os *clusters*. Estudaremos cada um por vez.

8.4.2 MPPs – processadores maciçamente paralelos

A primeira categoria consiste nos **MPPs** (*Massively Parallel Processors* – **processadores maciçamente paralelos**), que são imensos supercomputadores de muitos milhões de dólares. Eles são usados em ciências, em engenharia e na indústria para cálculos muito grandes, para tratar números muito grandes de transações por segundo ou para *data warehousing* (armazenamento e gerenciamento de imensos bancos de dados). De início, os MPPs eram usados principalmente como supercomputadores científicos, mas, agora, a maioria deles é usada em ambientes comerciais. Em certo sentido, essas máquinas são as sucessoras dos poderosos *mainframes* da década de 1960 (embora a conexão seja tênue, como se um paleontólogo declarasse que um bando de pardais são os descendentes do *Tyrannosaurus Rex*). Em grande proporção, os MPPs substituíram máquinas SIMD, supercomputadores vetoriais e processadores matriciais do topo da cadeia alimentar digital.

A maioria dessas máquinas usa CPUs padronizadas como seus processadores. Opções populares são o Pentium da Intel, a UltraSPARC da Sun e o PowerPC da IBM. O que destaca os MPPs é a utilização que fazem de uma rede de interconexão proprietária de desempenho muito alto, projetada para mover mensagens com baixa latência e a alta largura de banda. Esses dois aspectos são importantes porque a grande maioria de todas as mensagens é de pequeno tamanho (bem abaixo de 256 bytes), mas grande parte do tráfego total é causada por grandes mensagens (mais de 8 KB). Os MPPs também vêm com extensivos softwares e bibliotecas proprietárias.

Outro ponto que caracteriza os MPPs é sua enorme capacidade de E/S. Problemas grandes o suficiente para justificar a utilização de MPPs invariavelmente têm quantidades maciças de dados a processar, muitas vezes da ordem de terabytes. Esses dados devem ser distribuídos entre muitos discos e precisam ser movidos pela máquina a grande velocidade.

Por fim, outra questão específica dos MPPs é sua atenção com a tolerância à falha. Com milhares de CPUs, várias falhas por semana são inevitáveis. Abortar uma execução de 18 horas porque uma CPU falhou é inaceitável, em especial quando se espera ter uma falha dessas toda semana. Assim, grandes MPPs sempre têm hardware e software especiais para monitorar o sistema, detectar falhas e recuperar-se delas facilmente.

Embora fosse interessante estudar os princípios gerais do projeto MPP agora, na verdade não há muitos princípios. No fim das contas, um MPP é uma coleção de nós de computação mais ou menos padronizados, conectados por uma interconexão muito rápida dos tipos que já estudamos. Portanto, em vez disso, vamos estudar agora dois exemplos de MPPs: BlueGene/P e Red Storm.

- **BlueGene**

Como um primeiro exemplo de um processador maciçamente paralelo, examinaremos agora o sistema BlueGene da IBM. A IBM concebeu esse projeto em 1999 como um supercomputador maciçamente paralelo para resolver problemas com grandes quantidades de cálculos em áreas das ciências da vida, entre outras. Por exemplo, biólogos acreditam que a estrutura tridimensional de uma proteína determina sua funcionalidade, porém, calcular a estrutura 3D de uma pequena proteína a partir das leis da física levou anos nos supercomputadores daquela época. O número de proteínas encontradas nos seres humanos é de mais de meio milhão e muitas delas são muito grandes; sabe-se que seu desdobramento errado é responsável por certas doenças como a fibrose cística. É claro que determinar a estrutura tridimensional de todas as proteínas humanas exigiria aumentar em muitas ordens de grandeza a capacidade mundial de computação e modelar o desdobramento de proteínas é apenas um dos problemas para cujo tratamento o BlueGene foi projetado. Desafios de igual complexidade em dinâmica molecular, modelagem do clima, astronomia e até mesmo modelagem financeira também requerem melhorias em supercomputação de muitas ordens de grandeza.

A IBM achou que havia mercado suficiente para a supercomputação maciça e investiu 100 milhões de dólares no projeto e construção do BlueGene. Em novembro de 2001, o Livermore National Laboratory, comandado pelo Departamento de Energia dos Estados Unidos, entrou como parceiro e primeiro cliente para a primeira versão da família BlueGene, denominada **BlueGene/L**. Em 2007, a IBM implantou a segunda geração do supercomputador BlueGene, denominada **BlueGene/P**, que detalhamos aqui.

A meta do projeto BlueGene não era apenas fabricar o MPP mais rápido do mundo, mas também produzir o mais eficiente em termos de teraflops/dólar, teraflops/watt e teraflops/m^3. Por essa razão, a IBM rejeitou a filosofia que fundamentava os MPPs anteriores, que era utilizar os componentes mais rápidos que o dinheiro pudesse comprar. Em vez disso, tomou a decisão de produzir um componente com um sistema-em-um-chip que executaria a uma velocidade modesta e com baixo consumo de energia, de modo a produzir a maior máquina possível com alta densidade de empacotamento. O primeiro BlueGene/P foi entregue a uma universidade da Alemanha em novembro de 2007. O sistema continha 65.536 processadores e era capaz de oferecer 167 teraflops/s. Quando implantado, ele foi o computador mais rápido da Europa e o sexto mais rápido do mundo. O sistema também era considerado um dos supercomputadores mais eficientes em termos de potência de computação do mundo, capaz de produzir 371 megaflops/W, tornando sua eficiência de potência quase o dobro daquela de seu predecessor, o BlueGene/L. A primeira implantação do BlueGene/P foi atualizada em 2009 para incluir 294.912 processadores, dando-lhe um impulso computacional de 1 petaflop/s.

O coração do sistema BlueGene/P é o chip especial de nó ilustrado na Figura 8.38. Ele consiste em quatro núcleos de PowerPC 450 executando a 850 MHz. O PowerPC 450 é um processador superescalar de emissão dual com *pipeline*, popular em sistemas embutidos. Cada núcleo tem um par de unidades de ponto flutuante de emissão dual que, juntas, podem emitir quatro instruções de ponto flutuante por ciclo de *clock*. As unidades de ponto flutuante foram aumentadas com uma quantidade de instruções do tipo SIMD que às vezes são úteis em cálculos científicos sobre matrizes. Embora não seja nenhum preguiçoso em matéria de desempenho, esse chip claramente não é um multiprocessador de topo de linha.

Figura 8.38 Chip de processador sob especificação BlueGene/P.

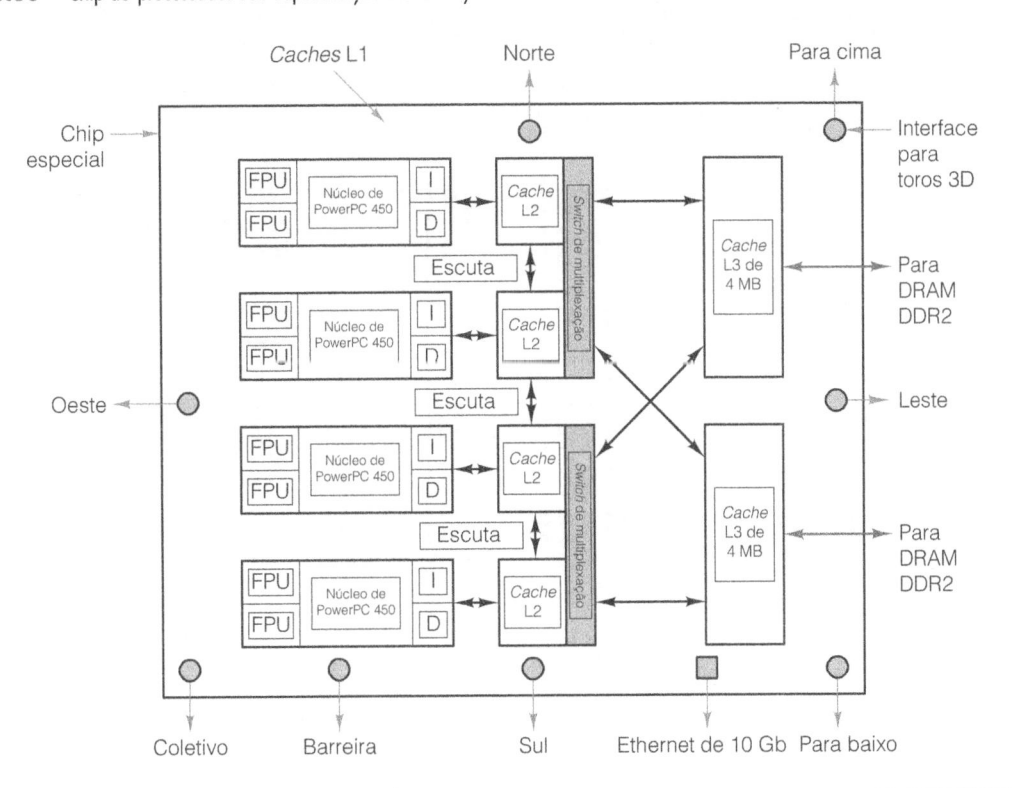

Há três níveis de *cache* presentes no chip. O primeiro nível consiste em uma *cache* L1 dividida com 32 KB para instruções e 32 KB para dados. O segundo é uma *cache* unificada de 2 KB. Na verdade, as *caches* L2 são *buffers* de busca antecipada, em vez de *caches* verdadeiras. Elas escutam uma à outra e mantêm consistência de *cache*. O terceiro nível é uma *cache* compartilhada com 4 MB que alimenta dados para as *caches* L2. Os quatro processadores compartilham acesso aos dois módulos de *cache* L3 de 4 MB. Há coerência entre as *caches* L1 nas quatro CPUs. Assim, quando uma parte compartilhada da memória reside em mais de uma *cache*, os acessos a esse armazenamento por um processador serão imediatamente visíveis aos outros três processadores. Uma referência à memória que encontrar uma ausência da *cache* L1, mas obtiver uma presença na L2, leva cerca de 11 ciclos de *clock*. Uma ausência da *cache* L2 que encontra uma presença na L3 leva cerca de 28 ciclos. Por fim, uma ausência da *cache* L3, que tem de ir até a DRAM principal, leva cerca de 75 ciclos.

As quatro CPUs são conectadas por meio de um barramento com alta largura de banda a uma rede de toros 3D, que exige seis conexões: para cima, para baixo, norte, sul, leste e oeste. Além disso, cada processador tem uma porta para a rede coletiva, usada para a transmissão de dados a todos os processadores. A porta de barreira é usada para agilizar as operações de sincronização, dando a cada processador acesso rápido a uma rede de sincronização especializada.

No próximo nível acima, a IBM projetou um cartão especial que contém dois dos chips mostrados na Figura 8.38 junto com 2 GB de DRAM DDR2. O chip e o cartão são mostrados na Figura 8.39(a)–(b), respectivamente.

Os cartões são montados em placas de encaixe, com 32 cartões por placa para um total de 32 chips (e, assim, 128 CPUs) por placa. Visto que cada cartão contém 2 GB de DRAM, as placas contêm 64 GB por peça. Uma placa é ilustrada na Figura 8.39(c). No nível seguinte, 32 dessas placas são conectadas em um gabinete, preenchendo um único gabinete com 4.096 CPUs. Um gabinete é ilustrado na Figura 8.39(d).

Por fim, um sistema completo, que consiste em 72 gabinetes com 294.912 CPUs, é retratado na Figura 8.39(e). Um PowerPC 450 pode emitir até 6 instruções/ciclo, de modo que um sistema BlueGene/P completo poderia emitir até 1.769.472 instruções por ciclo. A 850 MHz, isso dá ao sistema um desempenho possível de 1.504 petaflops/s. Porém, concorrências de dados, latência da memória e falta de paralelismo juntos conspiram para garantir que a vazão real do sistema seja muito menor. Programas reais rodando no BlueGene/P têm demonstrado taxas de desempenho de até 1 petaflop/s.

Figura 8.39 BlueGene/P. (a) Chip. (b) Cartão. (c) Placa. (d) Gabinete. (e) Sistema.

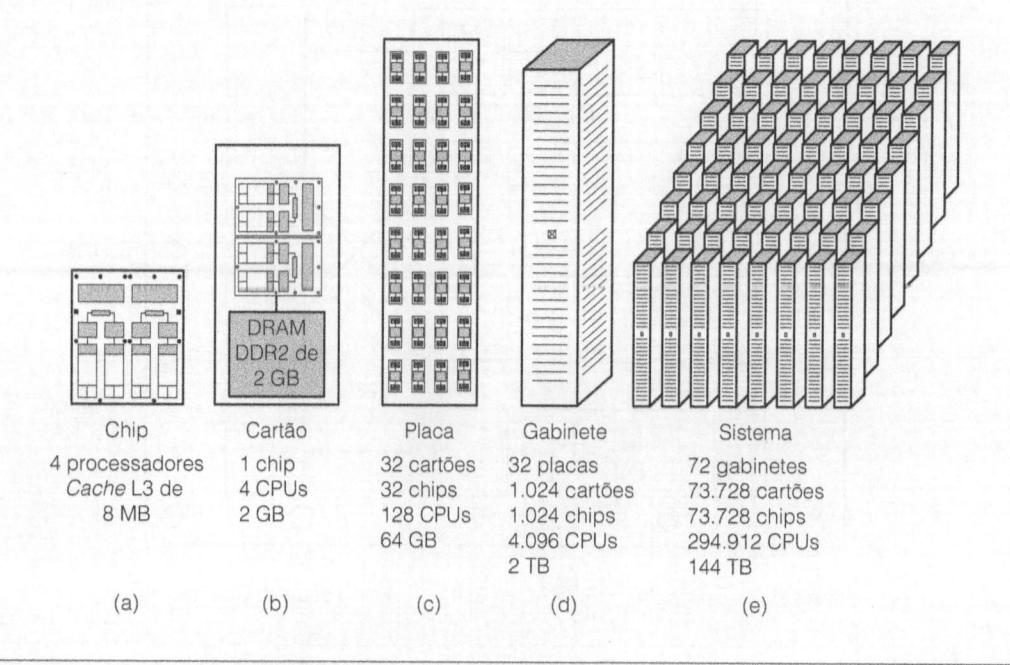

(a) Chip	(b) Cartão	(c) Placa	(d) Gabinete	(e) Sistema
4 processadores	1 chip	32 cartões	32 placas	72 gabinetes
Cache L3 de 8 MB	4 CPUs	32 chips	1.024 cartões	73.728 cartões
	2 GB	128 CPUs	1.024 chips	73.728 chips
		64 GB	4.096 CPUs	294.912 CPUs
			2 TB	144 TB

O sistema é um multicomputador no sentido de que nenhuma CPU tem acesso direto a qualquer memória, exceto aos 2 GB em seu próprio cartão. Embora as CPUs dentro de um chip de processador tenham memória compartilhada, os processadores no nível de cartão, gabinete e sistema não compartilham a mesma memória. Além disso, não há paginação por demanda porque não há discos locais a partir dos quais paginar. Em vez disso, o sistema tem 1.152 nós de E/S, que estão conectados a discos e a outros dispositivos periféricos.

Levando tudo em conta, embora o sistema seja extremamente grande, também é muito direto, com pouca tecnologia nova, exceto na área de empacotamento de alta densidade. A decisão de mantê-lo simples não foi acidental, uma vez que uma das metas principais era alta confiabilidade e disponibilidade. Por conseguinte, uma grande quantidade de cuidadosa engenharia foi dedicada às fontes de energia, ventiladores, resfriamento e cabeamento, tendo como objetivo um tempo médio entre falhas de pelo menos dez dias.

Para conectar todos os chips é preciso uma interconexão de alto desempenho, que possa ser ampliada. O projeto usado é um toro tridimensional que mede 72 × 32 × 32. Como consequência, cada CPU precisa de apenas seis conexões com a rede de toro, duas para outras CPUs que, em termos lógicos, estão acima e abaixo dela, ao norte e ao sul dela, a leste e a oeste dela. Essas seis conexões são denominadas leste, oeste, norte, sul, para cima e para baixo, respectivamente, na Figura 8.38. Em termos físicos, cada gabinete de 1.024 nós é um toro de 8 × 8 × 16. Pares de gabinetes vizinhos formam um toro de 8 × 8 × 32. Quatro pares de gabinetes na mesma linha formam um toro de 8 × 32 × 32. Por fim, todas as 9 linhas formam um toro de 72 × 32 × 32.

Portanto, todos os enlaces são ponto a ponto e funcionam a 3,4 Gbps. Uma vez que cada um dos 73.728 nós tem três enlaces para nós de números "mais altos", um em cada dimensão, a largura de banda total do sistema é 752 terabits/s. O conteúdo de informação deste livro é de cerca de 300 milhões de bits, incluindo toda a arte em formato PostScript encapsulado, portanto, o BlueGene/P poderia mover 2,5 milhões de cópias deste livro por segundo. Para onde elas iriam e quem as desejaria fica como exercício para o leitor.

A comunicação no toro 3D é feita na forma de roteamento **por atalho virtual**. Essa técnica é um pouco parecida com a comutação de pacotes armazena e reenvia, exceto que os pacotes não são armazenados inteiros antes de serem reenviados. Tão logo um byte chegue a um nó, ele pode ser repassado para o nó seguinte ao longo do caminho, antes mesmo de o pacote inteiro ter chegado. Ambos os tipos de roteamento são possíveis: o dinâmico (adaptativo) e o determinístico (fixo). Uma pequena quantidade de hardware de uso especial no chip é usada para implementar o atalho virtual.

Além do toro 3D principal usado para transporte de dados, há outras quatro redes de comunicação presentes. A segunda é uma rede combinada em forma de árvore. Muitas das operações realizadas em sistemas de alto grau de paralelismo tais como o BlueGene/P requerem participação de todos os nós. Por exemplo, considere achar o valor mínimo de um conjunto de 65.536 valores, um contido em cada nó. A rede combinada junta todos os nós em uma árvore e, sempre que dois nós enviarem seus respectivos valores a um nó de nível mais alto, ela seleciona o menor deles e o encaminha para cima. Desse modo, a quantidade de tráfego que chega à raiz é bem menor do que a que chegaria se todos os 65.536 nós enviassem uma mensagem para lá.

A terceira rede é a rede de barreiras, usada para implementar barreiras globais e interrupções. Alguns algoritmos funcionam em fases, sendo que cada nó deve esperar até que todos os outros tenham concluído a fase antes de iniciar a seguinte. A rede de barreira permite que o software defina as fases e forneça um meio de suspender todas as CPUs de cálculo que chegarem ao final de uma fase até que todas as outras também tenham chegado ao final, quando então todas são liberadas. Interrupções também usam essa rede.

Tanto a quarta quanto a quinta rede usam gigabit Ethernet. Uma delas conecta os nós de E/S aos servidores de arquivo, que são externos ao BlueGene/P, e à Internet. A outra é usada para depurar o sistema.

Cada um dos nós de CPU executa um pequeno núcleo especial, que suporta um único usuário e um único processo. Esse processo tem no máximo quatro *threads*, cada um executando em cada uma das CPUs no nó. Essa estrutura simples foi projetada para alto desempenho e alta confiabilidade.

Para confiabilidade adicional, o software de aplicação pode chamar um procedimento de biblioteca para fazer um ponto de verificação. Tão logo todas as mensagens pendentes tenham sido liberadas pela rede, pode-se criar e armazenar um ponto de verificação global de modo que, no evento de uma falha do sistema, a tarefa pode ser reiniciada a partir do ponto de verificação, em vez de a partir do início. Os nós de E/S executam um sistema operacional Linux tradicional e suportam múltiplos processos.

Continua o trabalho de desenvolvimento do sistema BlueGene da próxima geração, denominado BlueGene/Q. Esse sistema deverá estar disponível em 2012, e terá 18 processadores por chip de computação, que também possui *multithreading* simultâneo. Esses dois recursos deverão aumentar bastante o número de instruções por ciclo que o sistema pode executar. O sistema deverá alcançar velocidades de 20 petaflops/s. Para obter mais informações sobre o BlueGene, veja Adiga et al., 2002; Alam et al., 2008; Almasi et al., 2003a, 2003b; Blumrich et al., 2005; e IBM, 2008.

● Red Storm

Como nosso segundo exemplo de um MPP, vamos considerar a máquina Red Storm (também denominada Martelo de Thor) do Sandia National Laboratory. O Sandia é operado pela Lockheed Martin e executa trabalhos confidenciais e não confidenciais para o Departamento de Energia dos Estados Unidos. Parte do trabalho confidencial está relacionada ao projeto e à simulação de armas nucleares, que exige alta capacidade de cálculos.

O Sandia está nesse ramo há muito tempo e produziu muitos supercomputadores de tecnologia de ponta ao longo dos anos. Durante décadas, deu preferência a supercomputadores vetoriais, mas, com o tempo, a tecnologia e a economia tornaram os MPPs mais econômicos em termos de custo. Em 2002, o MPP existente na época, denominado ASCI Red, estava ficando um pouco enferrujado. Embora tivesse 9.460 nós, coletivamente eles tinham meros 1,2 TB de RAM e 12,5 TB de espaço de disco, e o sistema mal conseguia produzir 3 teraflops/s. Portanto, no verão de 2002, o Sandia escolheu a Cray Research, uma fabricante de supercomputadores há muito tempo no mercado, para construir um substituto para o ASCI Red.

O substituto foi entregue em agosto de 2004, um ciclo de projeto e execução excepcionalmente curto para uma máquina de tão grande porte. A razão de o computador conseguir ser projetado e entregue com tamanha rapidez é que o Red Storm usa quase que só peças de prateleira, exceto para um dos chips especialmente montados, usado para roteamento. Em 2006, o sistema foi atualizado com novos processadores; detalhamos aqui essa versão do Red Storm.

A CPU escolhida para o Red Storm foi a AMD Opteron *dual-core* a 2,4 GHz. A Opteron tem diversas características fundamentais que influenciaram a escolha. A primeira é que ela tem três modos operacionais. No modo herdado, ela executa programas binários padrão Pentium sem modificação. No modo de compatibilidade, o sistema operacional executa em modo 64 bits e pode endereçar 2^{64} bytes de memória, mas programas de aplicação executam em modo 32 bits. Por fim, em modo 64 bits, a máquina inteira é de 64 bits e todos os programas podem endereçar todo o espaço de endereço de 64 bits. Em modo 64 bits, é possível misturar e combinar software: programas de 32 bits e programas de 64 bits podem executar ao mesmo tempo, o que permite um fácil caminho de atualização.

A segunda característica fundamental que a Opteron tem é sua atenção ao problema da largura de banda da memória. Nos últimos anos, as CPUs estão ficando cada vez mais rápidas e a memória não consegue acompanhá-las, o que resulta em grande penalidade quando há uma ausência da *cache* de nível 2. A AMD integrou o controlador de memória na Opteron, de modo que ela pode executar à velocidade do *clock* do processador em vez de à velocidade do barramento de memória, o que melhora o desempenho da memória. O controlador pode manusear oito DIMMS de 4 GB cada, para um total máximo de memória de 32 GB por Opteron. No sistema Red Storm, cada Opteron tem apenas 2–4 GB. Contudo, à medida que a memória fica mais barata, não há dúvida de que mais será adicionada no futuro. Utilizando Opterons *dual-core*, o sistema foi capaz de duplicar a potência bruta de computação.

Cada Opteron tem seu próprio processador de rede dedicado, denominado **Seastar**, fabricado pela IBM. O Seastar é um componente crítico, uma vez que quase todo o tráfego entre os processadores passa pela rede Seastar. Sem a interconexão de alta velocidade oferecida por esses chips fabricados especialmente, o sistema logo ficaria atolado em dados.

Embora as Opterons estejam disponíveis no comércio como mercadoria de prateleira, o empacotamento do Red Storm é fabricado por encomenda. Cada placa Red Storm contém quatro Opterons, 4 GB de RAM, quatro Seastars, um processador RAS (Reliability, Availability, and Service – confiabilidade, disponibilidade e serviço) e um chip Ethernet de 100 Mbps, como ilustra a Figura 8.40.

Figura 8.40 Pacote de componentes do Red Storm.

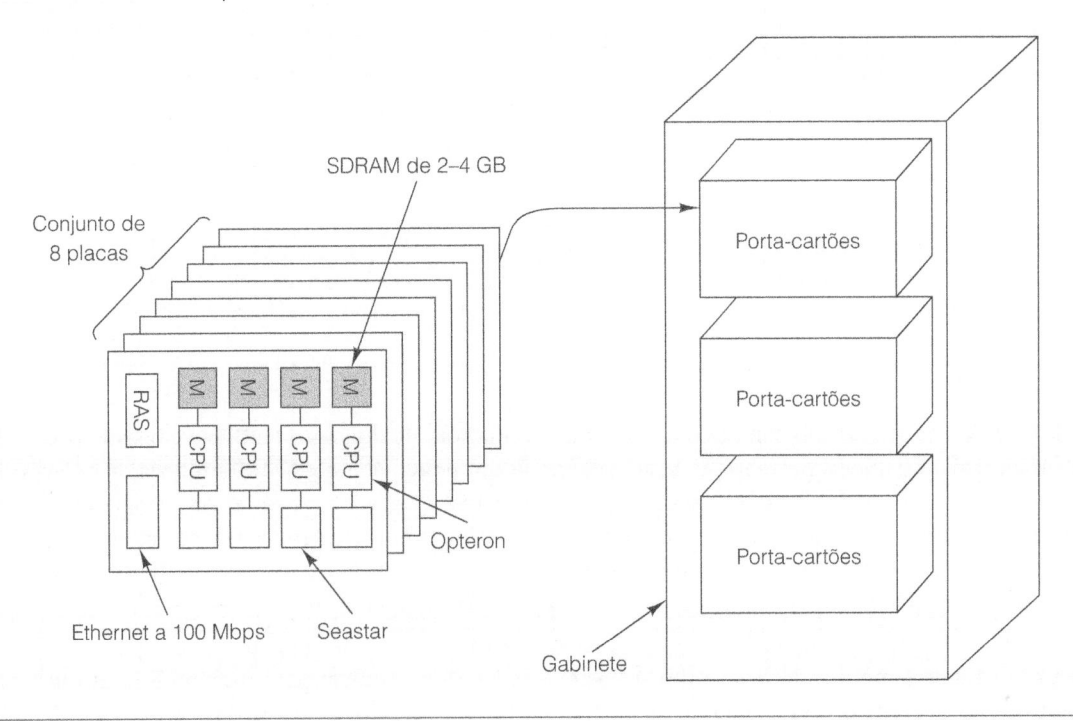

Um conjunto de oito placas é conectado a um painel traseiro e inserido em uma porta-cartões. Cada gabinete contém três porta-cartões para um total de 96 Opterons, mais as fontes de energia e ventiladores necessários. O sistema completo consiste em 108 gabinetes para nós de cálculo, o que dá um total de 10.368 Opterons (20.736 processadores) com 10 TB de SDRAM. Cada CPU só tem acesso à sua própria SDRAM. Não há nenhuma memória compartilhada. A capacidade teórica de computação do sistema é de 41 teraflops/s.

A interconexão entre as CPUs Opteron é feita pelos roteadores Seastar, um roteador por CPU Opteron. Elas são conectadas em um toro 3D de tamanho 27 × 16 × 24 com um Seastar em cada ponto da malha. Cada Seastar tem sete enlaces bidirecionais de 24 Gbps nas direções norte, leste, sul, oeste, para baixo, para cima e para a Opteron. O tempo de trânsito entre pontos adjacentes da malha e de 2 microssegundos, e pelo conjunto inteiro de nós é de apenas 5 microssegundos. Uma segunda rede que usa uma Ethernet de 100 Mbps é usada para serviço e manutenção.

Além dos 108 gabinetes de cálculo, o sistema também contém 16 gabinetes para processadores de E/S e de serviço. Cada um desses gabinetes contém 32 Opterons. Essas 512 CPUs são divididas: 256 para E/S e 256 para serviço. O resto do espaço é para discos, que são organizados como RAID 3 e RAID 5, cada um com um *drive* de paridade e um sobressalente de entrada automática. O espaço total de disco é 240 TB. A largura de banda sustentada em disco é 50 GB/s.

O sistema é repartido em seções confidencial e não confidencial, com *switches* entre as partes, de modo que podem ser acopladas ou desacopladas mecanicamente. Um total de 2.688 CPUs de cálculo está sempre na seção confidencial e outras 2.688 sempre na seção não confidencial. As restantes 4.992 CPUs de cálculo podem ser comutadas para qualquer seção, como demonstra a Figura 8.41. Cada uma das 2.688 Opterons confidenciais tem 4 GB de RAM; todas as outras têm 2 GB cada. O trabalho aparentemente confidencial utiliza mais memória. Os processadores de E/S e de serviço são subdivididos entre as duas partes.

O conjunto inteiro está abrigado em um novo edifício de 2.000 m² especialmente construído. O edifício e o local foram projetados de modo que o sistema possa ser ampliado para até 30 mil Opterons no futuro, se for necessário. Os nós de cálculo consomem 1,6 megawatt de energia; os discos consomem mais um megawatt. Somando os ventiladores e os aparelhos de ar condicionado, o pacote todo usa 3,5 MW.

Figura 8.41 Sistema Red Storm visto de cima.

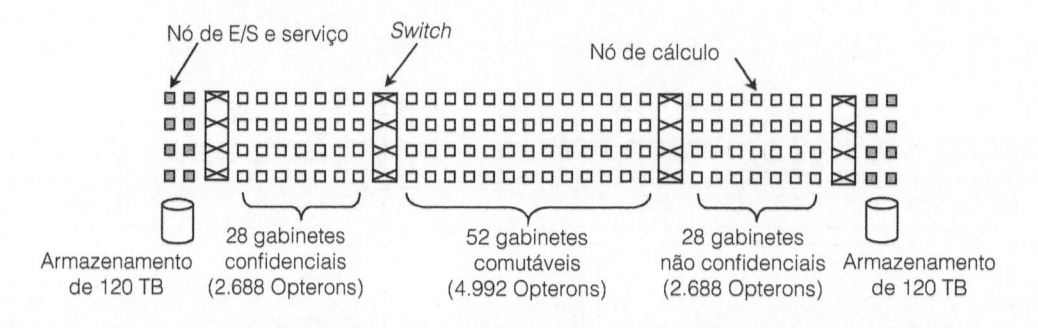

O hardware e o software do computador custaram 90 milhões de dólares. O edifício e o sistema de refrigeração custaram mais 9 milhões, portanto, o custo total ficou um pouco abaixo de 100 milhões de dólares, embora uma parte dessa quantia seja custo de engenharia não recorrente. Se você quiser encomendar um clone exato, 60 milhões de dólares seria um bom número para pensar. A Cray pretende vender versões menores do sistema a outros governos e a clientes comerciais sob o nome X3T.

Os nós de cálculo executam um núcleo leve denominado *catamount*. Os nós de E/S e serviço executam o Linux normal com uma pequena adição para suportar MPI (discutida mais adiante neste capítulo). Os nós RAS executam um Linux simplificado. Há muito software ASCI Red disponível para usar no Red Storm, incluindo alocadores de CPU, escalonadores, bibliotecas MPI, bibliotecas matemáticas, bem como programas de aplicação.

Com um sistema tão grande, conseguir alta confiabilidade é essencial. Cada placa tem um processador RAS para fazer manutenção do sistema e também há facilidades especiais de hardware. A meta é um MTBF (Mean Time Between Failures – tempo médio entre falhas) de 50 horas. O ASCI Red tinha MTBF para o hardware de 900 horas, mas era atormentado por uma queda de sistema operacional a cada 40 horas. Embora o novo hardware seja muito mais confiável do que o antigo, o ponto fraco continua sendo o software.

Se quiser mais informações sobre o Red Storm, consulte Brightwell et al., 2005, 2010.

Uma comparação entre BlueGene/P e Red Storm

Red Storm e BlueGene/P são comparáveis sob certos aspectos, porém diferentes sob outros, portanto, é interessante colocar alguns desses parâmetros fundamentais lado a lado, como apresentado na Figura 8.42.

As duas máquinas foram construídas na mesma época, portanto, suas diferenças não se devem à tecnologia, mas às diferentes visões dos projetistas e, até certo ponto, às diferenças entre os fabricantes, IBM e Cray. O BlueGene/P foi projetado desde o início como uma máquina comercial, que a IBM espera vender em grandes quantidades às empresas de biotecnologia, farmacêuticas e outras. O Red Storm foi construído sob contrato especial com o Sandia, embora a Cray também planeje construir uma versão menor para venda.

A visão da IBM é clara: combinar núcleos existentes para construir um chip especial que possa ser produzido em massa a baixo custo, executar a baixa velocidade e ser interligado em números muito grandes usando uma rede de comunicação de velocidade modesta. A visão do Sandia é igualmente clara, mas diferente: usar uma poderosa CPU de 64 bits de prateleira, projetar um chip de roteador muito rápido e acrescentar uma grande quantidade de memória para produzir um nó mais poderoso do que o BlueGene/P, de modo que uma quantidade menor deles será necessária e a comunicação entre eles será mais rápida.

Figura 8.42 Comparação entre BlueGene/P e Red Storm.

Item	BlueGene/P	Red Storm
CPU	PowerPC de 32 bits	Opteron de 64 bits
Clock	850 MHz	2,4 GHz
CPUs de cálculo	294.912	20.736
CPUs/placa	128	8
CPUs/gabinete	4.096	192
Gabinetes de cálculo	72	108
Teraflops/s	1.000	124
Memória/CPU	512 MB	2–4 GB
Memória total	144 TB	10 TB
Roteador	PowerPC	Seastar
Número de roteadores	73.728	10.368
Interconexão	Toros 3D de 72 × 32 × 32	Toros 3D de 27 × 16 × 24
Outras redes	Gigabit Ethernet	Fast Ethernet
Pode ser particionado?	Não	Sim
Sistema operacional	Proprietário	Proprietário
Sistema operacional de E/S	Linux	Linux
Fabricante	IBM	Cray Research
Caro?	Sim	Sim

As consequências dessas decisões se refletiram no empacotamento. Como a IBM construiu um chip especial combinando processador e roteador, conseguiu uma densidade de empacotamento mais alta: 4.096 CPUs/gabinete. Como o Sandia preferiu um chip de CPU de prateleira, sem modificação, e 2–4 GB de RAM por nó, ele só conseguiu colocar 192 processadores de cálculo em um gabinete. O resultado é que o Red Storm ocupa mais espaço e consome mais energia do que o BlueGene/P.

No mundo exótico da computação de laboratório de âmbito nacional, o importante é o desempenho. Nesse aspecto, o BlueGene/P ganha, 1.000 TF/s contra 124 TF/s, mas o Red Storm foi projetado para ser expansível; portanto, acrescentando mais Opterons ao problema, o Sandia provavelmente conseguiria elevar seu desempenho de forma significativa. A IBM poderia responder aumentando um pouco o *clock* (850 MHz não significa forçar muito a tecnologia existente). Em suma, os supercomputadores MPP ainda não chegaram nem perto de quaisquer limites da física e continuarão crescendo por muitos anos.

8.4.3 Computação de *cluster*

O outro estilo de multicomputador é o **computador de *cluster*** (Anderson et al., 1995; Martin et al., 1997). Em geral, consiste em centenas de milhares de PCs ou estações de trabalho conectadas por uma placa de rede disponível no mercado. A diferença entre um MPP e um *cluster* é análoga à diferença entre um *mainframe* e um PC. Ambos têm uma CPU, ambos têm RAM, ambos têm discos, ambos têm um sistema operacional e assim por diante.

Porém, os do *mainframe* são mais rápidos (exceto talvez o sistema operacional). No entanto, em termos qualitativos, eles são considerados diferentes e são usados e gerenciados de modo diferente. Essa mesma diferença vale para MPPs em comparação com *clusters*.

Historicamente, o elemento fundamental que tornava os MPPs especiais era sua interconexão de alta velocidade, mas o recente lançamento de interconexões de alta velocidade comerciais, de prateleira, começou a fechar essa lacuna. Levando tudo em conta, é provável que os *clusters* empurrem os MPPs para nichos cada vez menores, exatamente como os PCs transformaram os *mainframes* em especialidades esotéricas. O principal nicho para MPPs são supercomputadores de alto preço, para os quais o desempenho de pico é tudo o que interessa e, se você precisar perguntar o preço, é porque não pode bancar um deles.

Embora existam muitos tipos de *clusters*, há duas espécies que dominam: o centralizado e o descentralizado. O centralizado é um *cluster* de estações de trabalho ou PCs montado em uma grande estante em uma única sala. Às vezes, eles são empacotados de um modo bem mais compacto do que o usual para reduzir o tamanho físico e o comprimento dos cabos. Em geral, as máquinas são homogêneas e não têm periféricos, a não ser cartões de rede e, possivelmente, discos. Gordon Bell, o projetista do PDP-11 e do VAX, denominou essas máquinas **estações de trabalho sem cabeça** (porque não têm donos). Ficamos tentados a denominá-las COWs (vacas) sem cabeça, mas ficamos com medo que esse termo ferisse a suscetibilidade de muitas vacas sagradas, portanto, desistimos.

Clusters descentralizados consistem em estações de trabalho ou PCs espalhados por um prédio ou *campus*. Grande parte deles fica ociosa por muitas horas no dia, em especial à noite. Costumam ser conectados por uma LAN. Em geral, são heterogêneos e têm um conjunto completo de periféricos, embora ter um *cluster* com 1.024 mouses na verdade não é muito melhor do que ter um *cluster* sem mouse algum. O mais importante é que muitos deles têm proprietários que têm um apego emocional às suas máquinas e tendem a olhar com desconfiança algum astrônomo que queira simular o *big bang* nelas. Usar estações de trabalho ociosas para formar um *cluster* sempre significa dispor de algum meio de migrar tarefas para fora das máquinas quando seus donos as reivindicarem. A migração é possível, mas aumenta a complexidade do software.

De modo geral, os *clusters* são conjuntos pequenos, na faixa de uma dúzia a talvez 500 PCs. Contudo, também é possível construir *clusters* muito grandes com PCs de prateleira. O Google fez isso de modo interessante, que veremos agora.

Google

Google é um sistema de busca popular para achar informações na Internet. Embora sua popularidade venha, em parte, de sua interface simples e tempo de resposta rápido, seu projeto não é nada simples. Do ponto de vista do Google, o problema é que ele tem de achar, indexar e armazenar toda a World Wide Web (estimada em 40 bilhões de páginas), ser capaz de pesquisar a coisa toda em menos de 0,5 segundo e manipular milhares de consultas/segundo que vêm do mundo inteiro, 24 horas por dia. Ademais, ele não pode parar nunca, nem mesmo em face de terremotos, queda de energia elétrica, queda de redes de telecomunicações, falhas de hardware e *bugs* de software. E, é claro, tem de fazer tudo isso do modo mais barato possível. Montar um clone do Google definitivamente não é um exercício para o leitor.

Como o Google consegue? Para começar, ele opera várias centrais de dados no mundo inteiro. Além de essa técnica proporcionar *backups* no caso de alguma delas ser engolida por um terremoto, quando o <www.google.com> é consultado, o endereço IP do remetente é inspecionado e é fornecido o endereço da central de dados mais próxima. E é para lá que o *browser* envia a consulta.

Cada central de dados tem, no mínimo, uma conexão de fibra ótica OC-48 (2,488 Gbps) com a Internet, pela qual recebe consultas e envia respostas, bem como uma conexão de *backup* OC-12 (622 Mbps) com outro provedor de telecomunicações diferente, caso o primário falhe. Há fontes de energia ininterruptas e geradores de emergência a diesel em todas as centrais de dados para manter o espetáculo em cena durante quedas de energia. Por conseguinte, quando acontece um grande desastre natural, o desempenho sofrerá, mas o Google continuará funcionando.

Para entender melhor por que o Google escolheu essa arquitetura, é bom descrever de modo resumido como uma consulta é processada assim que chega à sua central de dados designada. Após chegar à central de dados (etapa 1 na Figura 8.43), o balanceador de carga roteia a consulta para um dos muitos manipuladores de consultas (2) e para o revisor ortográfico (3) e um servidor de anúncios publicitários (4) em paralelo. Então, as palavras procuradas são pesquisadas nos servidores de índice (5) em paralelo. Esses servidores contêm uma entrada para cada palavra na Web. Cada entrada relaciona todos os documentos (páginas Web, arquivos PDF, apresentações PowerPoint etc.) que contêm a palavra, organizados por relevância da página. A relevância da página é determinada por uma fórmula complicada (e secreta), mas o número de referências para uma página e suas respectivas relevâncias desempenha um papel importante.

Figura 8.43   Processamento de uma consulta no Google.

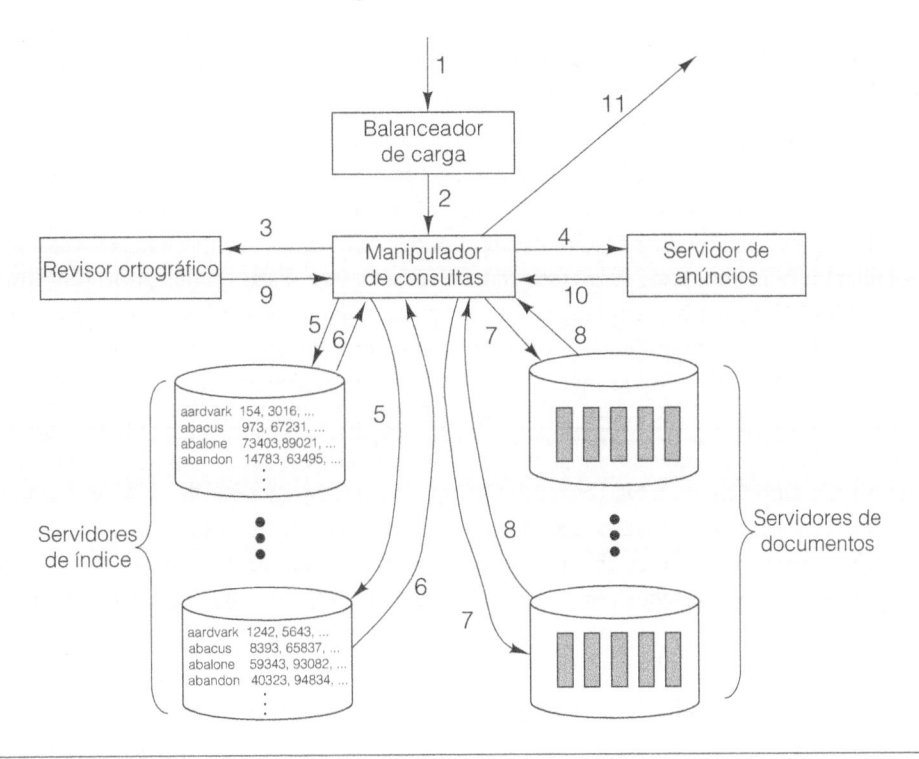

Para obter maior desempenho, o índice é subdividido em partes denominadas **fragmentos** que podem ser pesquisadas em paralelo. Ao menos em termos conceituais, o fragmento 1 contém todas as palavras no índice, cada uma delas acompanhada pelos IDs dos n documentos de importância mais alta que contêm aquela palavra. O fragmento 2 contém todas as palavras e os IDs dos n documentos de importância mais alta seguintes e assim por diante. À medida que a Web cresce, cada um desses fragmentos pode ser subdividido mais tarde, com as primeiras k palavras em um conjunto de fragmentos, as próximas k palavras em um segundo conjunto de fragmentos e assim por diante, de modo a conseguir cada vez mais paralelismo na busca.

Os servidores de índice retornam um conjunto de identificadores de documentos (6), que então são combinados de acordo com as propriedades booleanas da consulta. Por exemplo, se a pesquisa for para +digital +capivara +dança, então só os identificadores de documentos que aparecem em todos os três conjuntos são usados para a próxima etapa. Nessa etapa (7), os próprios documentos são referenciados para extrair seus títulos, URL e pedaços de texto que cercam os termos de pesquisa. Os servidores de documentos contêm muitas cópias de toda a Web em cada central de dados, que hoje são centenas de terabytes. Os documentos também são divididos em fragmentos para melhorar a pesquisa paralela. Embora o processamento de consultas não exija a leitura da Web inteira (ou até mesmo a leitura das dezenas de terabytes nos servidores de índice), ter de processar 100 MB por pesquisa é normal.

Quando os resultados são devolvidos ao manipulador de consultas (8), as páginas encontradas são reunidas e classificadas por importância. Se forem detectados potenciais erros de ortografia (9), eles são anunciados, e anúncios publicitários relevantes (10) são adicionados. Apresentar propaganda de anunciantes interessados em comprar termos de consulta específicos (por exemplo, "hotel" ou "filmadora") é o modo como o Google ganha seu dinheiro. Por fim, os resultados são formatados em HTML (HyperText Markup Language – linguagem de marcação de hipertexto) e enviados ao usuário como uma página Web.

Munidos dessas informações básicas, agora podemos examinar a arquitetura do Google. A maioria das empresas, quando confrontadas com um imenso banco de dados, taxa de transmissão maciça e a necessidade de alta confiabilidade, compraria o equipamento maior, mais rápido e mais confiável existente no mercado. O Google fez exatamente o oposto. Comprou PCs baratos, de desempenho modesto. Muitos deles. E, com eles, montou o maior *cluster* de prateleira do mundo. O princípio diretor dessa decisão foi simples: otimizar preço/desempenho.

A lógica que fundamentou essa decisão está na economia: PCs normais são muito baratos. Servidores de alta tecnologia não são, e grandes multiprocessadores, menos ainda. Assim, conquanto um servidor de alta tecnologia pudesse ter duas ou três vezes o desempenho de um PC desktop comum, normalmente seu preço seria 5 a 10 vezes mais alto, o que não é eficiente em termos de custo.

Claro que PCs baratos falham mais do que servidores de topo de linha, mas os últimos também falham, portanto, o software do Google tinha de ser projetado para funcionar com hardware que falhava, não importando qual equipamento estivesse usando. Uma vez escrito o software tolerante a falhas, na verdade não importava que a taxa de falha fosse 0,5% por ano ou 2% por ano, elas teriam de ser tratadas. A experiência do Google diz que cerca de 2% dos PCs falham a cada ano. Mais da metade das falhas se deve a discos defeituosos, seguidos por fontes de energia e chips de RAM. Uma vez construídas, as CPUs nunca falham. Na verdade, a maior fonte de quedas não é o hardware; é o software. A primeira reação a uma queda é apenas reinicializar, o que muitas vezes resolve o problema (o equivalente eletrônico de um médico dizer: "Tome duas aspirinas e vá para a cama").

Um típico PC moderno do Google consiste em um processador Intel de 2 GHz, 4 GB de RAM e um disco de cerca de 2 TB, o tipo de máquina que uma avó compraria para verificar seu e-mail de vez em quando. O único item especializado é um chip Ethernet. Não exatamente um chip de última geração, mas um muito barato. Os PCs são acondicionados em caixas de 1 unidade de altura (cerca de 5 cm de espessura) e empilhados em grupos de 40 em estantes de 50 centímetros, uma pilha na frente e uma atrás, para um total de 80 PCs por estante. Os PCs que estão em uma estante são conectados por Ethernet comutada e o *switch* está dentro da estante. As estantes em uma central de dados também são conectadas por Ethernet comutada, com dois *switches* redundantes por central de dados usados para sobreviver a falhas de *switches*.

O *layout* de uma típica central de dados Google é ilustrado na Figura 8.44. A fibra OC-48 de alta largura de banda de entrada é roteada para cada um de dois *switches* Ethernet de 128 portas. De modo semelhante, a fibra OC-12 de *backup* também é roteada para cada um dos dois *switches*. As fibras de entrada usam cartões especiais de entrada e não ocupam qualquer uma das 128 portas Ethernet.

Quatro enlaces Ethernet saem de cada estante: dois para o *switch* da esquerda e dois para o da direita. Nessa configuração, o sistema pode sobreviver à falha de qualquer dos dois *switches*. Uma vez que cada estante tem quatro conexões com o *switch* (dois dos 40 PCs da frente e dois dos 40 PCs de trás), é preciso quatro falhas de enlace ou duas falhas de enlace e uma de *switch* para tirar uma estante de linha. Com um par de *switches* de 128 portas e quatro enlaces de cada estante, até 64 estantes podem ser suportadas. Com 80 PCs por estante, uma central de dados pode ter até 5.120 PCs. Mas, é claro, as estantes não têm de conter exatamente 80 PCs e os *switches* podem ser maiores ou menores do que 128 portas; esses dados são apenas valores típicos de um *cluster* Google.

A densidade de energia também é uma questão fundamental. Um PC típico utiliza 120 watts, ou cerca de 10 kW por estante. Uma estante precisa de cerca de 3 m^2 para que o pessoal de manutenção possa instalar e remover PCs e para que o condicionamento de ar funcione. Esses parâmetros dão uma densidade de energia de mais de 3.000 watts/m^2. A maioria das centrais de dados é projetada para 600–1.200 watts/m^2, portanto, são necessárias medidas especiais para refrigerar as estantes.

Figura 8.44 *Cluster* Google típico.

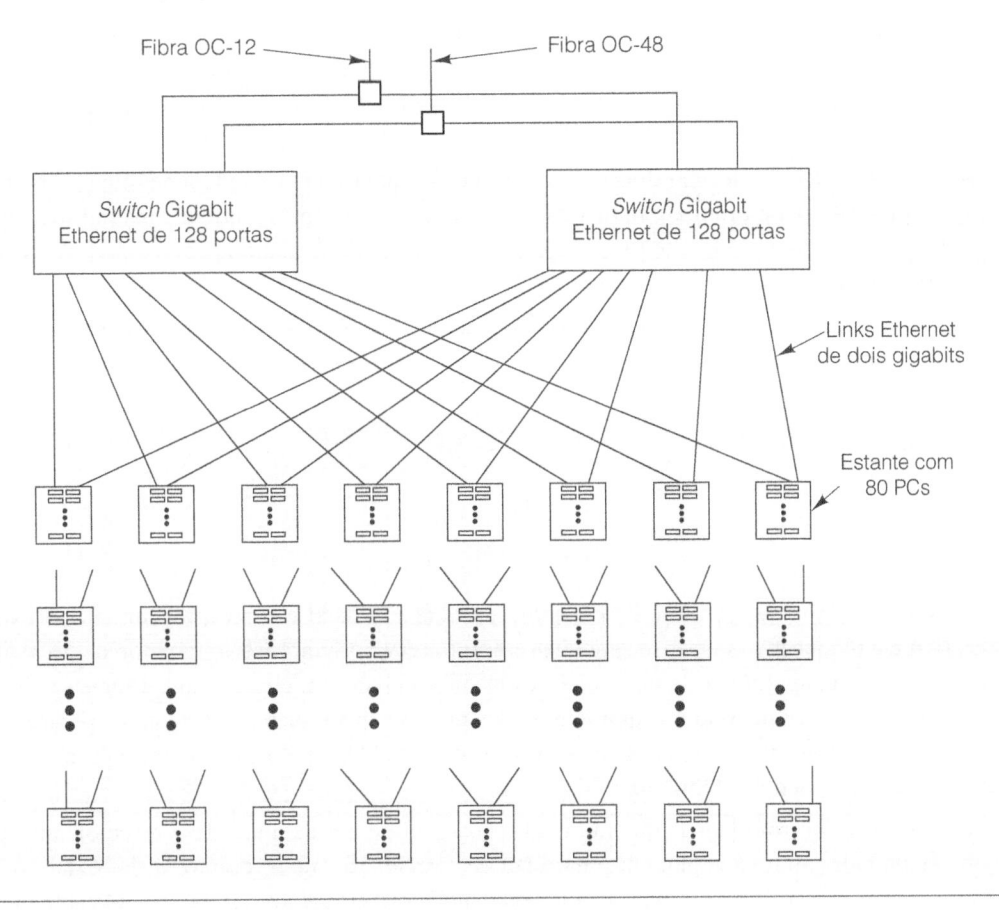

O Google aprendeu três coisas sobre implementar servidores Web maciçamente paralelos, que é bom repetir:

1. Componentes falham, portanto, planeje a falha.
2. Duplique tudo para manter a vazão e a disponibilidade.
3. Otimize preço/desempenho.

O primeiro item diz que você precisa ter software tolerante a falhas. Mesmo com o melhor dos equipamentos, se você tiver um número maciço de componentes, algum falhará e o software tem de ser capaz de tratar o erro. Quer você tenha uma falha por semana ou duas, com sistemas desse tamanho o software tem de ser capaz de tratá-las.

O segundo item indica que ambos, hardware e software, têm de ter alto grau de redundância. Além de melhorar as propriedades de tolerância a falhas, isso também melhora a vazão. No caso do Google, os PCs, discos, cabos e *switches* são todos replicados muitas vezes. Além do mais, o índice e os documentos são subdivididos em fragmentos e estes são muito replicados em cada central de dados, e as próprias centrais de dados também são replicadas.

O terceiro item é uma consequência dos dois primeiros. Se o sistema foi projetado corretamente para lidar com falhas, comprar componentes caros como RAIDs com discos SCSI é um erro. Até eles falharão, mas gastar dez vezes mais para reduzir a taxa de falhas à metade é uma má ideia. Melhor comprar dez vezes mais em hardware e tratar as falhas quando elas ocorrerem. No mínimo, ter mais hardware resultará em melhor desempenho quando tudo estiver funcionando.

Se quiser mais informações sobre o Google, veja Barroso et al., 2003; e Ghemawat et al., 2003.

8.4.4 Software de comunicação para multicomputadores

Programar um multicomputador requer software especial, quase sempre bibliotecas, para manipular a comunicação e a sincronização entre processos. Nesta seção, vamos falar um pouco sobre esse software. Na maioria das vezes, os mesmos pacotes de software executam em MPPs e *clusters*, portanto, é fácil portar aplicações entre plataformas.

Sistemas de troca de mensagens têm dois ou mais processos que executam independentemente um do outro. Por exemplo, um processo pode produzir alguns dados e um, ou outros mais, podem consumi-los. Não há qualquer garantia de que, quando o remetente tiver mais dados, os receptores estarão prontos para ele, pois cada um executa seu próprio programa.

A maioria dos sistemas de troca de mensagens fornece duas primitivas (em geral, chamadas de biblioteca), **send** e **receive**, mas diversos tipos de semânticas são possíveis. As três variantes principais são:

1. Troca síncrona de mensagens.
2. Troca de mensagens por *buffers*.
3. Troca de mensagens sem bloqueio.

Na **troca síncrona de mensagens**, se o remetente executa um **send** e o receptor ainda não executou um **receive**, o remetente é bloqueado (suspenso) até que o receptor execute um **receive**, quando então a mensagem é copiada. Quando o remetente obtiver de novo o controle após a chamada, ele sabe que a mensagem foi enviada e corretamente recebida. Esse método é o que tem a semântica mais simples e não requer operação alguma de *buffer*. Porém, uma séria desvantagem é que o remetente permanece bloqueado até que o receptor tenha adquirido a mensagem e reconhecido seu recebimento.

Na **troca de mensagens com *buffer***, quando uma mensagem é enviada antes de o receptor estar pronto, ela é colocada em algum *buffer*, por exemplo, em uma caixa de correio, até que o receptor a retire dali. Assim, nesse tipo de troca, um remetente pode continuar após um **send**, ainda que o receptor esteja ocupado com alguma outra coisa. Visto que a mensagem já foi enviada, o remetente está livre para reutilizar de imediato o *buffer* de mensagens. Esse esquema reduz o tempo que o remetente tem de esperar. Basicamente, tão logo ele tenha enviado a mensagem, poderá continuar. Todavia, agora, o remetente não tem nenhuma garantia de que a mensagem foi corretamente recebida. Ainda que a comunicação seja confiável, o receptor pode ter sofrido uma avaria antes de receber a mensagem.

Na **troca de mensagens sem bloqueio**, o remetente tem permissão para continuar imediatamente após fazer a chamada. A biblioteca apenas diz ao sistema operacional para fazer a chamada mais tarde, quando tiver tempo. Por conseguinte, o remetente mal fica bloqueado. A desvantagem desse método é que, quando o remetente continua após a **send**, talvez não possa reutilizar o *buffer* de mensagens porque a mensagem pode não ter sido enviada ainda. Ele precisa descobrir, de alguma forma, quando pode utilizar novamente o *buffer*. Uma ideia é fazer com que o remetente pergunte ao sistema. Outra é obter uma interrupção quando o *buffer* estiver disponível. Nenhuma delas simplifica o software.

Logo adiante, vamos discutir brevemente um sistema popular de troca de mensagens disponível em muitos multicomputadores: a MPI.

● **MPI – Interface de troca de mensagens**

Durante muitos anos, o pacote de comunicação mais popular para multicomputadores foi a PVM (**Parallel Virtual Machine – máquina virtual paralela**) (Geist et al., 1994; e Sunderram, 1990). Contudo, nos últimos anos ele vem sendo substituído em grande parte pela **MPI** (**Message-Passing Interface – interface de troca de mensagens**). A MPI é muito mais rica e mais complexa do que a PVM, tem muito mais chamadas de biblioteca, muito mais opções e muito mais parâmetros por chamada. A versão original da MPI, agora denominada MPI-1, foi ampliada pela MPI-2 em 1997. Mais adiante, daremos uma introdução muito sucinta à MPI-1 (que contém todos os aspectos básicos) e em seguida comentaremos um pouco o que foi adicionado na MPI-2. Se o leitor quiser mais informações sobre MPI, pode consultar Gropp et al., 1994; e Snir et al., 1996.

A MPI-1 não lida com criação nem gerenciamento de processo, como a PVM. Cabe ao usuário criar processos usando chamadas locais de sistema. Uma vez criados, os processos são organizados em grupos estáticos de processos, que não são alterados. É com esses grupos que a MPI trabalha.

A MPI é baseada em quatro conceitos principais: comunicadores, tipos de dados de mensagens, operações de comunicação e topologias virtuais. Um **comunicador** é um grupo de processos mais um contexto. Um contexto é um rótulo que identifica algo, como uma fase de execução. Quando mensagens são enviadas e recebidas, o contexto pode ser usado para impedir que mensagens não relacionadas interfiram umas com as outras.

Mensagens têm tipos e muitos tipos de dados são suportados, entre eles caracteres, números inteiros longos, normais e curtos, números de ponto flutuante de precisão simples e de precisão dupla, e assim por diante. Também é possível construir outros tipos derivados desses.

A MPI suporta um extenso conjunto de operações de comunicação. A mais básica é usada para enviar mensagens, como a seguir:

MPI_Send(*buffer*, quant, tipo_dado, destino, rótulo, comunicador)

Essa chamada envia ao destino um *buffer* com um número *quant* de itens do tipo de dados especificado. O campo *rótulo* rotula a mensagem de modo que o receptor possa dizer que só quer receber uma mensagem com aquele rótulo. O último campo informa em qual grupo de processos está o destinatário (o campo *destino* é apenas um índice para a lista de processos do grupo especificado). A chamada correspondente para receber uma mensagem é:

MPI_Recv(&*buffer*, quant, tipo_dado, origem, rótulo, comunicador, &*status*)

que anuncia que o receptor está procurando uma mensagem de certo tipo vinda de certa origem com certo rótulo.

A MPI suporta quatro modos básicos de comunicação. O modo 1 é síncrono, no qual o remetente não pode começar a enviar até que o receptor tenha chamado MPI_Recv. O modo 2 usa *buffer* e, com ele, a restrição que acabamos de citar não é válida. O modo 3 é o padrão, que é dependente da implementação e pode ser síncrono ou com *buffer*. O modo 4 é o modo pronto, no qual o remetente declara que o receptor está disponível (como no modo síncrono), mas não faz qualquer verificação. Cada uma dessas primitivas vem em uma versão com ou sem bloqueio, o que resulta em oito primitivas no total. A recepção tem só duas variantes: com e sem bloqueio.

A MPI suporta comunicação coletiva, incluindo *broadcast*, espalha/reúne, permuta total, agregação e barreira. Seja qual for a forma de comunicação coletiva, todos os processos em um grupo devem fazer a chamada e com argumentos compatíveis. Não fazer isso é um erro. Uma forma típica de comunicação coletiva são processos organizados em uma árvore, na qual os valores se propagam das folhas para a raiz, passando por algum processamento a cada etapa, por exemplo, somar valores ou apanhar o valor máximo.

Um conceito básico em MPI é a **topologia virtual**, na qual os processos podem ser organizados em topologia de árvore, anel, grade, toro ou outra, pelo usuário e por aplicação. Essa organização proporciona um meio de nomear caminhos de comunicação e facilita a comunicação.

A MPI-2 adiciona processos dinâmicos, acesso à memória remota, comunicação coletiva sem bloqueio, suporte para E/S escalável, processamento em tempo real e muitas outras novas características que fogem do escopo deste livro. Durante anos, foi travada uma batalha na comunidade científica entre os defensores da MPI e da PVM. O lado da PVM afirmava que a PVM era mais fácil de aprender e mais simples de usar. O lado da MPI dizia que a MPI faz mais e também destacava que ela é um padrão formal, apoiada por um comitê de padronização e um documento oficial de definição. O lado da PVM concordou, mas declarou que a falta de uma burocracia completa de padronização não é necessariamente uma desvantagem. Depois de muita discussão, parece que a MPI venceu.

8.4.5 Escalonamento

Programadores de MPI podem criar *jobs* com facilidade requisitando várias CPUs e executando durante períodos substanciais de tempo. Quando várias requisições independentes estão disponíveis vindas de diferentes usuários, cada uma necessitando de um número diferente de CPUs por períodos de tempo diferentes, o *cluster* precisa de um escalonador para determinar qual *job* é executado e quando.

No modelo mais simples, o escalonador de *jobs* requer que cada um especifique quantas CPUs necessita. Então, os *jobs* são executados em estrita ordem FIFO, como mostra a Figura 8.45(a). Nesse modelo, após um *job* ser iniciado, verifica-se se há número suficiente de CPUs disponíveis para iniciar o próximo *job* que está na fila de entrada. Se houver, este é iniciado e assim por diante. Caso contrário, o sistema espera até que mais CPUs fiquem disponíveis. A propósito, embora tenhamos sugerido que esse *cluster* tem oito CPUs, ele poderia perfeitamente ter 128 CPUs que são alocadas em unidades de 16 (o que resulta em oito grupos de CPUs) ou alguma outra combinação.

Figura 8.45 Escalonamento de um *cluster*. (a) FIFO. (b) Sem bloqueio de cabeça de fila. (c) Lajotas. As áreas sombreadas indicam CPUs ociosas.

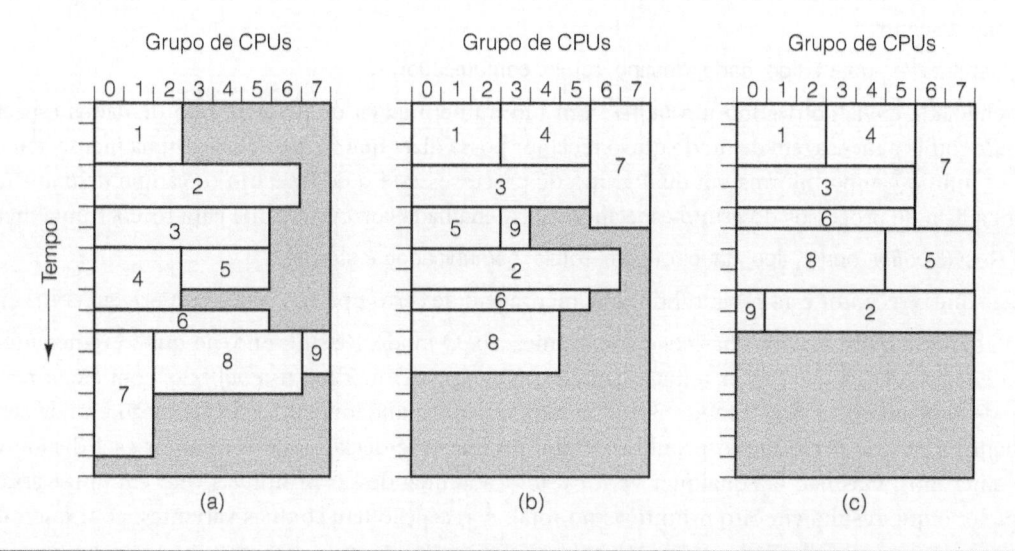

Um algoritmo de escalonamento melhor evita bloqueio de cabeça de fila saltando *jobs* que não cabem e escolhendo o primeiro que couber. Sempre que um *job* termina, uma fila de *jobs* remanescentes é verificada em ordem FIFO. Esse algoritmo resulta na Figura 8.45(b).

Um algoritmo de escalonamento ainda mais sofisticado requer que cada *job* apresentado especifique seu formato, isto é, quantas CPUs ele quer durante quantos minutos. Com essa informação, o escalonador de *jobs* pode tentar montar um esquema em lajotas com o tempo da CPU. Esse esquema é especialmente eficaz quando os *jobs* são apresentados durante o dia para execução à noite, de modo que o escalonador tem todas as informações sobre os *jobs* com antecedência e pode executá-los na melhor ordem, como ilustrado na Figura 8.45(c).

8.4.6 Memória compartilhada no nível de aplicação

Algo que deve ficar claro por nossos exemplos é que os multicomputadores podem ser ampliados para tamanhos maiores do que os multiprocessadores. Essa realidade levou ao desenvolvimento de sistemas de troca de mensagens como a MPI. Muitos programadores não apreciam esse modelo e gostariam de ter a ilusão de memória compartilhada, ainda que ela não estivesse realmente ali. Atingir esse objetivo seria o melhor de ambos os mundos: hardware grande e barato (pelo menos, por nó), além de facilidade de programação. Esse é Santo Graal da computação paralela.

Muitos pesquisadores concluíram que, embora a capacidade de ampliação da memória compartilhada no nível da arquitetura não seja boa, pode haver outros modos de alcançar o mesmo objetivo. Pela Figura 8.21, vemos que há outros níveis nos quais uma memória compartilhada pode ser introduzida. Nas seções seguintes, examinaremos alguns modos pelos quais a memória compartilhada pode ser introduzida em um multicomputador no modelo de programação, sem estar presente no nível do hardware.

Memória compartilhada distribuída

Uma classe de sistema de memória compartilhada no nível de aplicação é o sistema baseado em páginas. É conhecido pelo nome **DSM** (*Distributed Shared Memory* – **memória compartilhada distribuída**). A ideia é simples: um conjunto de CPUs em um multicomputador compartilha um espaço de endereço virtual paginado. Na versão mais simples, cada página é mantida na RAM de exatamente uma CPU. Na Figura 8.46(a), vemos um espaço de endereço virtual compartilhado que consiste em 16 páginas, distribuídas por quatro CPUs.

Quando uma CPU referencia uma página em sua própria RAM local, a escrita ou leitura apenas ocorre, sem mais demora. Contudo, quando referencia uma página em uma memória remota, obtém uma falta de página. Só que, em vez de a página faltante ser trazida do disco, o sistema de execução ou o sistema operacional envia uma mensagem ao nó que contém a página ordenando que ele a desmapeie e a envie. Após a página chegar, ela é mapeada e a instrução que falta é reiniciada, exatamente como uma falta de página normal. Na Figura 8.46(b), vemos a situação após a CPU 0 ter sofrido uma falta na página 10: ela é movida da CPU 1 para a CPU 0.

Figura 8.46 Espaço de endereço virtual que consiste em 16 páginas distribuídas por quatro nós de um multicomputador. (a) Situação inicial. (b) Após a CPU 0 referenciar a página 10. (c) Após a CPU 1 referenciar a página 10, neste caso considerando que ela é uma página somente de leitura.

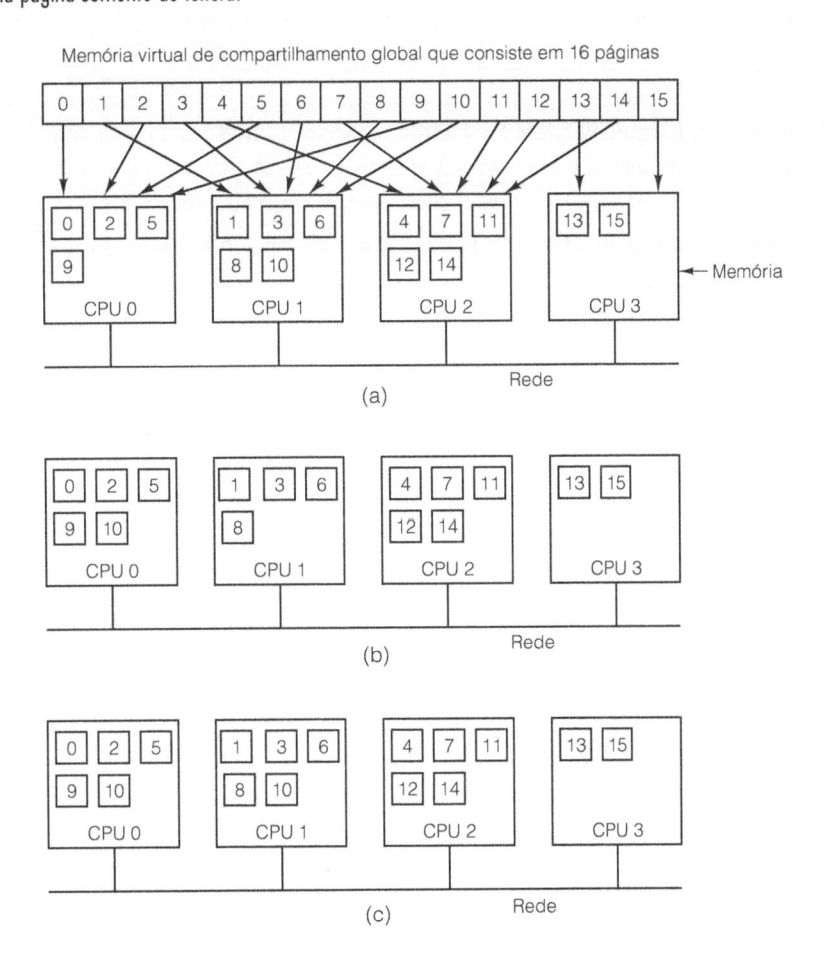

Essa ideia básica foi executada pela primeira vez no IVY (Li e Hudak, 1989). Ela proporciona uma memória totalmente compartilhada e sequencialmente consistente em um multicomputador. Contudo, há muitas otimizações possíveis para melhorar o desempenho. A primeira, presente no IVY, é permitir que as páginas marcadas como somente de leitura estejam presentes em vários nós ao mesmo tempo. Assim, quando ocorre uma falta de página, uma cópia dela é enviada para a máquina onde ocorreu a falta, mas a original fica onde está, já que não há nenhum perigo de conflitos. A situação de duas CPUs que compartilham uma página somente de leitura (página 10) é ilustrada na Figura 8.46(c).

Mesmo com essa otimização, o desempenho muitas vezes é inaceitável, em especial quando um processo está escrevendo ativamente algumas palavras no topo de alguma página e outro processo em uma CPU diferente está escrevendo ativamente algumas palavras no final da página. Visto que só existe uma cópia da página, ela ficará em constante ir e vir, uma situação conhecida como **falso compartilhamento**.

O problema do falso compartilhamento pode ser tratado de várias maneiras. No sistema Treadmarks, por exemplo, a memória sequencialmente consistente é abandonada em favor da consistência de liberação (Amza, 1996). Páginas que podem ser escritas conseguem estar presentes em múltiplos nós ao mesmo tempo, mas, antes de fazer uma escrita, um processo deve primeiro realizar uma operação **acquire** para sinalizar sua intenção. Nesse ponto, todas as cópias, exceto a mais recente, são invalidadas. Nenhuma outra cópia pode ser feita até que seja executada a **release** correspondente, quando então a página pode ser compartilhada novamente.

Uma segunda otimização feita em Treadmarks é mapear inicialmente cada página que pode ser escrita, em modo somente de leitura. Quando a página é escrita pela primeira vez, ocorre uma falha de proteção e o sistema faz uma cópia da página, denominada **gêmea**. Então, a página original é mapeada como de leitura-escrita e as escritas subsequentes podem prosseguir a toda velocidade. Quando ocorrer uma falta de página remota mais tarde, e a página tiver de ser despachada para onde ocorreu a falta, é realizada uma comparação palavra por palavra entre a página corrente e a gêmea. Somente as palavras que foram alteradas são enviadas, o que reduz o tamanho das mensagens.

Quando ocorre uma falta de página, a página que está faltando tem de ser localizada. Há várias soluções possíveis, incluindo as usadas em máquinas NUMA e COMA, tais como diretórios (residentes). Na verdade, muitas das soluções usadas em DSM também são aplicáveis a NUMA e COMA porque, na realidade, DSM é apenas uma execução em software de NUMA ou COMA na qual cada página é tratada como uma linha de *cache*.

DSM é uma área de pesquisa muito promissora. Entre os sistemas interessantes citamos CASHMERE (Kontothanassis et al., 1997; e Stets et al., 1997), CRL (Johnson et al., 1995), Shasta (Scales et al., 1996) e Treadmarks (Amza, 1996; e Lu et al., 1997).

- **Linda**

Sistemas DSM baseados em páginas como o IVY e o Treadmarks usam o hardware MMU para causar exceções de acesso às páginas faltantes. Embora calcular e enviar diferenças em vez da página inteira ajude, permanece o fato de que páginas não são uma unidade natural para compartilhamento, portanto, foram tentadas outras técnicas.

Uma delas é Linda, que fornece processos em várias máquinas com uma memória compartilhada distribuída com alto grau de estruturação (Carriero e Gelernter, 1989). Essa memória é acessada por meio de um pequeno conjunto de operações primitivas que podem ser adicionadas a linguagens existentes, como C e FORTRAN, para formar linguagens paralelas, nesse caso, C-Linda e FORTRAN-Linda.

O conceito unificador fundamental de Linda é o de um **espaço de tuplas** abstrato, que é global para o sistema inteiro e acessível a todos os seus processos. O espaço de tuplas é como uma memória global compartilhada, só que com certa estrutura embutida. O espaço de tuplas contém certa quantidade de **tuplas**, cada uma delas consistindo em um ou mais campos. Para C-Linda, os tipos de campos incluem inteiros, inteiros longos e números de ponto flutuante, bem como tipos compostos como vetores (incluindo cadeias) e estruturas (mas não outras tuplas). A Figura 8.47 mostra três exemplos de tuplas.

Figura 8.47 Três tuplas Linda.

("abc", 2, 5)
("matrix-1", 1, 6, 3.14)
("family", "is sister", Carolyn, Elinor)

São quatro as operações efetuadas em tuplas. A primeira, **out**, coloca uma tupla no espaço de tuplas. Por exemplo,

out("abc", 2, 5);

coloca a tupla ("abc", 2, 5) no espaço de tuplas. Os campos de **out** normalmente são constantes, variáveis ou expressões, como em

out("matrix–1", i, j, 3.14);

que produz uma tupla com quatro campos, o segundo e terceiro dos quais são determinados pelos valores correntes das variáveis *i* e *j*.

Tuplas são recuperadas do espaço de tuplas pela primitiva **in**. Elas são endereçadas pelo conteúdo em vez de pelo nome ou endereço. Os campos de **in** podem ser expressões ou parâmetros formais. Considere, por exemplo,

in("abc", 2, ? i);

Essa operação "pesquisa" o espaço de tuplas em busca de uma composta por uma cadeia "abc", pelo inteiro 2, e por um terceiro campo que contém qualquer inteiro (considerando que *i* é um inteiro). Se encontrada, ela é retirada do espaço de tuplas e o valor do terceiro campo é atribuído à variável *i*. A combinação e a remoção são atômicas, portanto, se dois processos executarem a mesma operação **in** simultaneamente, só um deles será bem-sucedido, a menos que duas ou mais tuplas compatíveis estejam presentes. O espaço de tuplas pode até conter múltiplas cópias da mesma tupla.

O algoritmo de combinação usado por **in** é direto. Os campos da primitiva **in**, denominados **gabarito**, são comparados, conceitualmente, com os campos correspondentes de toda tupla que estiver no espaço de tuplas. Ocorre uma combinação se todas as três condições a seguir forem cumpridas:

1. O gabarito e a tupla têm o mesmo número de campos.
2. Os tipos dos campos correspondentes são iguais.
3. Cada constante ou variável no gabarito é compatível com seu campo de tupla.

Parâmetros formais, indicados por um ponto de interrogação seguido por um nome ou tipo de variável, não participam da combinação (exceto para verificação do tipo), embora os que contêm um nome de variável sejam atribuídos após uma combinação bem-sucedida.

Se nenhuma tupla compatível estiver presente, o processo de chamada é suspenso até que outro processo insira a tupla necessária, quando então o processo chamador é automaticamente revivido e recebe a nova tupla. O fato de os processos bloquearem e desbloquearem automaticamente significa que, se um processo estiver prestes a produzir uma tupla e outro estiver prestes a recebê-la, não importa qual deles vai ocorrer primeiro.

Além de **out** e **in**, Linda também tem uma primitiva **read**, que é igual a **in**, exceto que não retira a tupla do espaço de tuplas. Também há uma primitiva **eval**, que faz com que seus parâmetros sejam avaliados em paralelo e a tupla resultante seja depositada no espaço de tuplas. Esse mecanismo pode ser usado para efetuar um cálculo arbitrário. É assim que processos paralelos são criados em Linda.

Um paradigma de programação comum em Linda é o **modelo operário replicado**. Esse modelo é baseado na ideia da **sacola de tarefas** cheia de *jobs* por fazer. O processo principal inicia **out** executando um laço que contém out("task-bag", job);

no qual uma descrição de *job* diferente é produzida para o espaço de tuplas a cada iteração. Cada operário começa obtendo uma tupla de descrição de *job* usando

in("task-bag", ?job);

que ele então executa. Quando termina, pega outra. Além disso, novos trabalhos podem ser colocados na sacola de tarefas durante a execução. Desse modo simples, o trabalho é dividido dinamicamente entre os operários, e cada operário é mantido ocupado o tempo todo, e tudo com relativamente pouca sobrecarga.

Existem várias implementações de Linda em sistemas multicomputadores. Em todas elas, uma questão fundamental é como distribuir as tuplas entre as máquinas e como localizá-las quando necessário. Entre as várias possibilidades estão *broadcasting* e diretórios. A replicação também é uma questão importante. Esses pontos são discutidos em Bjornson, 1993.

● Orca

Uma abordagem um pouco diferente para a memória compartilhada no nível de aplicação em um multicomputador é usar objetos como unidade de compartilhamento, em vez de apenas tuplas. Objetos consistem em estado interno (oculto) mais métodos para operar naquele estado. Por não permitir que o programador acesse o estado diretamente, são abertas muitas possibilidades para permitir o compartilhamento por máquinas que não têm memória física compartilhada.

O sistema baseado em objetos que dá a ilusão de memória compartilhada em sistemas multicomputadores é denominado Orca (Bal, 1991; Bal et al., 1992; e Bal e Tanenbaum, 1988). Orca é uma linguagem de programação tradicional (baseada em Modula 2), à qual foram adicionadas duas novas características: objetos e a capacidade de criar novos processos. Um objeto Orca é um tipo de dados abstrato, semelhante a um objeto em Java ou um pacote em Ada. Ele encapsula estruturas de dados internas e métodos escritos pelo usuário, denominados **operações**. Objetos são passivos, isto é, não contêm *threads* para os quais podem ser enviadas mensagens. Em vez disso, processos acessam os dados internos de um objeto invocando seus métodos.

Cada método Orca consiste em uma lista de pares (guarda, bloco de declarações). Uma guarda é uma expressão booleana que não contém nenhum efeito colateral, ou a guarda vazia, que é o mesmo que o valor *true*. Quando uma operação é invocada, todas as suas guardas são avaliadas em uma ordem não especificada. Se todas elas forem *false*, o processo invocador é atrasado até que uma se torne *true*. Quando é encontrada uma guarda que é avaliada como *true*, o bloco de declarações que vem depois dela é executado. A Figura 8.48 retrata um objeto *stack* com duas operações, *push* e *pop*.

Uma vez definida *stack*, podem-se declarar variáveis desse tipo, como em

s, t: stack;

que cria dois objetos *stack* e inicializa a variável *top* em cada um deles como 0. A variável inteira *k* pode ser passada para a pilha *s* pela declaração

s$push(k);

e assim por diante. A operação *pop* tem uma guarda, portanto, uma tentativa de retirar uma variável de uma pilha vazia suspenderá o processo chamador até que outro processo tenha passado alguma coisa para a pilha.

Orca tem uma declaração **fork** para criar um novo processo em um processador especificado pelo usuário. O novo processo executa o procedimento nomeado na declaração **fork**. Parâmetros, incluindo objetos, podem ser passados ao novo processo, e é assim que objetos ficam distribuídos entre as máquinas. Por exemplo, a declaração

for i **in** 1 .. n **do fork** foobar(s) **on** i; **od**;

gera um novo processo em cada uma das máquinas, de 1 a *n*, executando o programa *foobar* em cada uma delas. À medida que esses *n* novos processos (e o pai) executam em paralelo, todos eles podem passar itens para a pilha compartilhada e retirá-los da pilha como se todos eles estivessem executando em um multiprocessador de memória compartilhada. Sustentar a ilusão de memória compartilhada onde ela realmente não existe é tarefa do sistema de *run-time*.

Figura 8.48 Objeto pilha (stack) ORCA simplificado, com dados internos e duas operações.

```
Object implementation stack;
    top: integer;                           # armazenamento para a pilha
    stack: array [integer 0..N–1] of integer;

    operation push(item: integer);          # função retorna nada
    begin
        guard top < N – 1 do
            stack[top] := item;             # passe item para a pilha
            top := top + 1;                 # incremente o ponteiro de pilha
        od;
    end;

    operation pop( ): integer;              # função retornando um inteiro
    begin
        guard top > 0 do                    # suspenda se a pilha estiver vazia
            top := top – 1;                 # decremente o ponteiro de pilha
            return stack[top];              # retorne o item do topo
        od;
    end;

    begin
        top := 0;                           # inicialização
    end;
```

Operações sobre objetos compartilhados são atômicas e sequencialmente consistentes. O sistema garante que, se vários processos efetuarem operações no mesmo objeto compartilhado quase de modo simultâneo, o sistema escolhe alguma ordem e todos os processos veem a mesma ordem de eventos.

Orca integra dados compartilhados e sincronização de um modo que não está presente em sistemas DSM baseados em paginação. Dois tipos de sincronização são necessários em programas paralelos. O primeiro tipo é sincronização por exclusão mútua, para evitar que dois processos executem a mesma região crítica ao mesmo tempo. Para todos os efeitos, cada operação sobre um objeto compartilhado em Orca é como uma região crítica, porque o sistema garante que o resultado final é o mesmo que seria se todas as regiões críticas fossem executadas uma por vez (isto é, sequencialmente). Nesse aspecto, um objeto Orca é como uma forma distribuída de um monitor (Hoare, 1975).

O outro tipo é a sincronização de condição, na qual um processo bloqueia esperando por alguma condição válida. Em Orca, a sincronização de condição é feita com guardas. No exemplo da Figura 8.48, um processo que tente retirar um item de uma pilha vazia será suspenso até que a pilha não esteja mais vazia. Afinal, você não pode retirar uma palavra de uma pilha vazia.

O sistema de *run-time* de Orca trata da replicação de objeto, migração, consistência e invocação de operação. Cada objeto pode estar em um de dois estados: cópia única ou replicado. Um objeto em estado de cópia única existe somente em uma máquina, portanto, todas as requisições para ele são enviadas para essa máquina. Um objeto replicado está presente em todas as máquinas que contêm um processo que o está usando, o que facilita as operações de leitura (já que elas podem ser feitas localmente) à custa de encarecer as atualizações. Quando é executada uma operação que modifica um objeto replicado, em primeiro lugar ela deve obter um número de sequência dado por um processo centralizado que os emite. Então, é enviada uma mensagem a cada máquina que tem uma cópia do objeto, dizendo a ela que execute a operação. Uma vez que todas essas atualizações portam números de sequência, todas as máquinas executam as operações na mesma ordem, o que garante consistência sequencial.

8.4.7 Desempenho

O ponto principal da construção de um computador paralelo é fazer com que ele execute mais rápido do que uma máquina com um único processador. Se ele não cumprir esse simples objetivo, não vale a pena tê-lo. Além disso, ele deve cumprir o objetivo de uma maneira eficiente em relação ao custo. Uma máquina que é duas vezes mais rápida do que um uniprocessador a 50 vezes o custo muito provavelmente não será um sucesso de vendas. Nesta seção, examinaremos algumas das questões de desempenho associadas a arquiteturas de computadores paralelos.

● **Métrica de hardware**

Do ponto de vista do hardware, a métrica do desempenho que interessa são as velocidades de CPU e E/S e o desempenho da rede de interconexão. As velocidades de CPU e E/S são as mesmas de um uniprocessador, portanto, os parâmetros fundamentais de interesse em um sistema paralelo são os associados com dois itens fundamentais: latência e largura de banda, que agora examinaremos um por vez.

A latência de ida e volta é o tempo que leva para a CPU enviar um pacote e obter uma resposta. Se o pacote for enviado a uma memória, então a latência mede o tempo que leva para ler ou escrever uma palavra ou bloco de palavras. Se ele for enviado a outra CPU, a latência mede o tempo de comunicação entre processadores para pacotes daquele tamanho. Em geral, a latência que interessa é a de pacotes mínimos, muitas vezes uma única palavra ou uma pequena linha de *cache*.

A latência é composta de vários fatores e é diferente para interconexões de comutação de circuitos, armazenamento e repasse (*store-and-forward*), atalho virtual e *wormhole* roteada. No caso da comutação de circuitos, a latência é a soma do tempo de estabelecimento com o tempo de transmissão. Para estabelecer um circuito é preciso enviar um pacote de sondagem para reservar recursos e então devolver um relatório. Tão logo isso aconteça, o pacote de dados tem de ser montado. Quando o pacote estiver pronto, os bits podem fluir a toda velocidade, portanto, se o tempo total de montagem for T_s, o tamanho do pacote é p bits, e a largura de banda b bits/s, a latência de uma via é $T_s + p/b$. Se o circuito for *full duplex*, não há tempo de estabelecimento para a resposta, portanto, a latência mínima para enviar um pacote de p bits e obter uma resposta de p bits é $T_s + 2p/b$ s.

Na comutação de pacotes não é necessário enviar antes um pacote de sondagem ao destino, mas ainda há algum tempo interno de estabelecimento para montar o pacote, T_a. Nesse caso, o tempo de transmissão de uma via é $T_a + p/b$, mas isso é apenas o tempo de levar o pacote até o primeiro *switch*. Há um atraso finito dentro do *switch*, por exemplo, T_d, e então o processo é repetido no *switch* seguinte e assim por diante. O atraso T_d é composto do tempo de processamento mais o atraso de fila à espera da liberação de uma porta de saída. Se houver n *switches*, então a latência total de uma via é dada pela fórmula $T_a + n(p/b + T_d) + p/b$, cujo termo final se deve à cópia do último *switch* até o destino.

No melhor caso, as latências de uma via para atalho virtual e roteamento *wormhole* estão próximas a $T_a + p/b$ porque não há nenhum pacote de sondagem para estabelecer um circuito e nenhum atraso de armazenamento e repasse. Basicamente, é o tempo inicial de estabelecimento para montar o pacote, mais o tempo para empurrar os bits porta afora. Em todos os casos, é preciso adicionar o atraso de propagação, mas ele costuma ser pequeno.

A outra métrica de hardware é a largura de banda. Muitos programas paralelos, em especial em ciências naturais, movimentam grande quantidade de dados de um lado para outro, portanto, o número de bytes/s que o sistema pode mover é crítico para o desempenho. Há várias métricas para largura de banda. Já vimos uma delas – largura de banda de bisseção. Outra é a **largura de banda agregada**, que é calculada pela simples adição das capacidades de todos os enlaces. Esse número dá o número máximo de bits que podem estar em trânsito ao mesmo tempo. Ainda outra métrica importante é a largura de banda média na saída da CPU. Se cada CPU for capaz de produzir 1 MB/s, de pouco adianta a interconexão ter uma largura de bisseção de 100 GB/s. A comunicação será limitada pela quantidade de dados que cada CPU pode produzir.

Na prática, conseguir qualquer coisa que ao menos chegue perto da largura de banda teórica é muito difícil. Muitas fontes de sobrecarga contribuem para reduzir a capacidade. Por exemplo, há sempre alguma sobrecarga por pacote associada a cada pacote: montar o pacote, construir seu cabeçalho e mandá-lo embora. O envio de 1.024 pacotes de 4 bytes nunca alcançará a mesma largura de banda que o envio de um único pacote de 4.096 bytes. Infelizmente, para conseguir baixas latências é melhor usar pacotes menores, visto que os grandes bloqueiam as linhas e *switches* por muito tempo. Assim, há um conflito inerente entre conseguir baixas latências médias e alta utilização de largura de banda. Para algumas aplicações, uma delas é mais importante que a outra, e para outras aplicações pode ser o contrário. Entretanto, vale a pena observar que você sempre pode comprar mais largura de banda (instalando mais fios ou fios mais largos), mas não pode obter latências mais baixas. Por isso, em geral, é melhor errar para o lado das menores latências possíveis e se preocupar com largura de banda mais tarde.

● Métrica de software

A métrica de hardware, como a latência e a largura de banda, observa o que o hardware é capaz de fazer. Contudo, os usuários têm uma perspectiva diferente. Eles querem saber o ganho de rapidez na execução de seus programas em um computador paralelo em vez de em um uniprocessador. Para eles, a métrica fundamental é mais velocidade: quanto mais depressa um programa executa em um sistema de n processadores em comparação com um sistema com um só processador. Em geral, os resultados são mostrados em grafos como os da Figura 8.49. Nesse caso, vemos vários programas paralelos diferentes que executam em um multicomputador que consiste em 64 CPUs Pentium Pro. Cada curva mostra o ganho de velocidade de um programa com k CPUs como uma função de k. O ganho de velocidade perfeito é indicado pela linha pontilhada na qual usar k CPUs faz o programa funcionar k vezes mais rápido, para qualquer k. Poucos programas conseguem o ganho perfeito de velocidade, mas alguns chegam perto. O problema dos N corpos consegue um ótimo paralelismo; o *awari* (um jogo de tabuleiro africano) se sai razoavelmente bem, mas inverter certa matriz de linha do horizonte não chega a mais do que cinco vezes a velocidade original, não importando quantas CPUs estejam disponíveis. Os programas e resultados são discutidos em Bal et al., 1998.

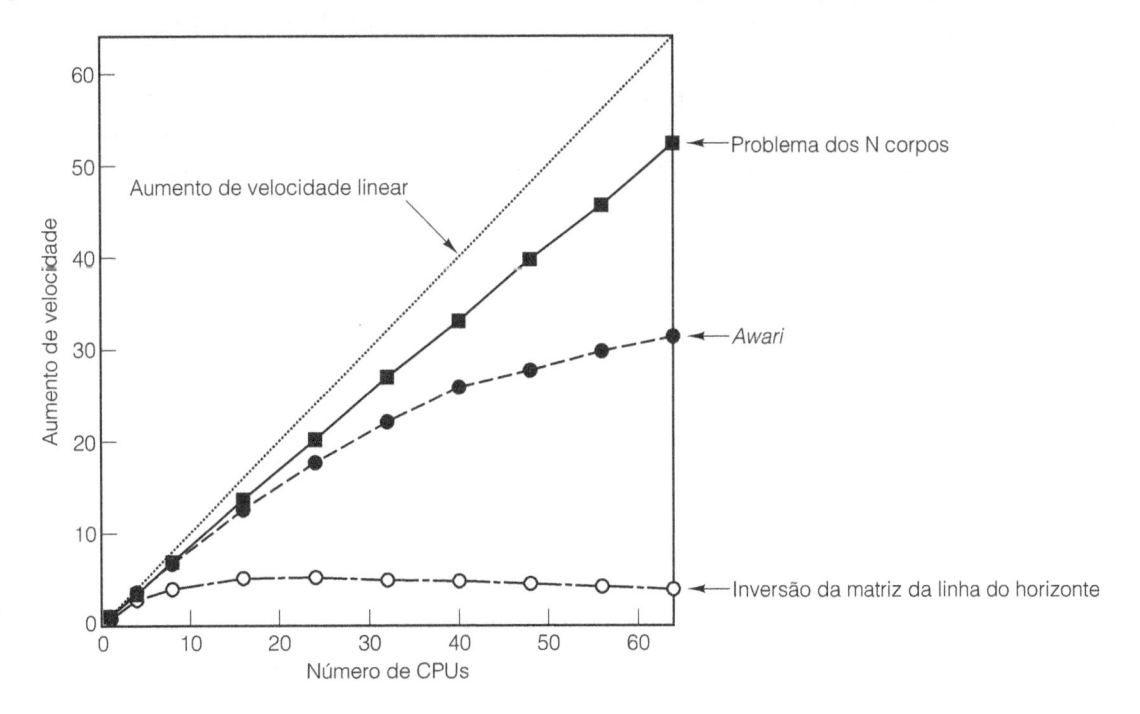

Figura 8.49 Programas reais alcançam menos do que o aumento perfeito de velocidade indicado pela linha pontilhada.

Parte da razão por que o ganho de velocidade perfeito é quase impossível de alcançar é que quase todos os programas têm algum componente sequencial, que costuma ser a fase de incialização, a leitura de dados ou a coleta de resultados. Nesse caso, não adianta ter muitas CPUs. Suponha que um programa execute por T segundos em um uniprocessador, sendo que uma fração f de seu tempo é código sequencial e uma fração $(1 - f)$ tem potencial para paralelismo, como mostra a Figura 8.50(a). Se esse último código puder executar em n CPUs sem nenhuma sobrecarga, seu tempo de execução pode ser reduzido de $(1 - f)T$ para $(1 - f)T/n$ na melhor das hipóteses, como mostra a Figura 8.50(b). Isso dá um tempo de execução total para as partes sequencial e paralela de $fT + (1 - f)T/n$. O aumento de velocidade é apenas o tempo de execução do programa original, T, dividido pelo novo tempo de execução:

$$\text{Aumento de velocidade} = \frac{n}{1 + (n - 1)f}$$

Figura 8.50 (a) Um programa tem uma parte sequencial e uma parte que pode utilizar paralelismo. (b) Efeito da execução de parte do programa em paralelo.

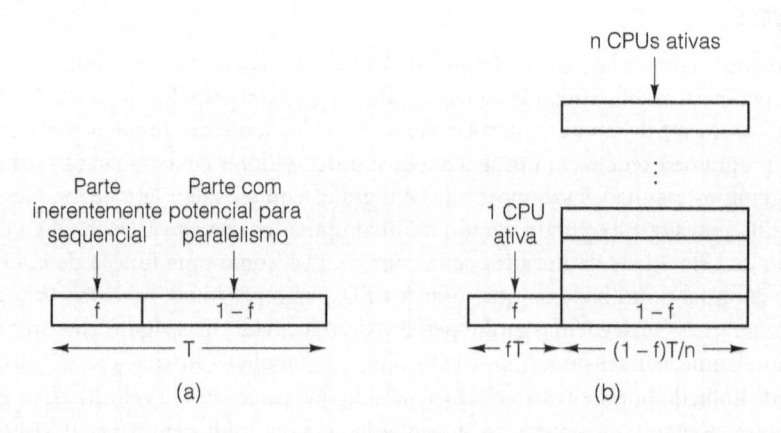

Para $f = 0$, podemos obter aumento de velocidade linear, mas, para $f > 0$, o aumento de velocidade perfeito não é possível por causa do componente sequencial. Esse resultado é conhecido como **lei de Amdahl**.

A lei de Amdahl não é a única razão por que o aumento perfeito de velocidade é quase impossível de conseguir. Latências de comunicação não zero, larguras de banda de comunicação finitas e ineficiências de algoritmos também podem desempenhar um papel. Além disso, mesmo que houvesse mil CPUs disponíveis, nem todos os programas podem ser escritos para fazer uso de tantas CPUs e a sobrecarga para inicializar todas pode ser significativa. Ademais, muitas vezes o algoritmo mais conhecido não é bom para ser usado em uma máquina paralela, portanto, é preciso usar um algoritmo abaixo do ideal no caso paralelo. Dito isso, há muitas aplicações para as quais seria muito desejável que o programa executasse com velocidade n vezes maior, ainda que para isso precisasse de $2n$ CPUs. Afinal, CPUs não são tão caras, e muitas empresas vivem com consideravelmente menos do que 100% de eficiência em outras partes de seus negócios.

● **Obtenção de alto desempenho**

O modo mais direto de melhorar o desempenho é adicionar CPUs ao sistema. Contudo, essa adição deve ser feita de um modo tal que evite a criação de gargalos. Um sistema no qual se pode adicionar CPUs e obter mais capacidade de computação correspondente é denominado **escalável**.

Para ver algumas implicações da escalabilidade, considere quatro CPUs conectadas por um barramento, como ilustrado na Figura 8.51(a). Agora, imagine ampliar esse sistema para 16 CPUs adicionando 12, conforme mostra a Figura 8.51(b). Se a largura de banda do barramento for b MB/s, então, com a quadruplicação do número de CPUs, também reduzimos a disponibilidade de largura de banda por CPU de $b/4$ MB/s para $b/16$ MB/s. Esse é um sistema não escalável.

Figura 8.51 (a) Sistema de 4 CPUs com um barramento. (b) Sistema de 16 CPUs com um barramento. (c) Sistema de 4 CPUs em grade. (d) Sistema de 16 CPUs em grade.

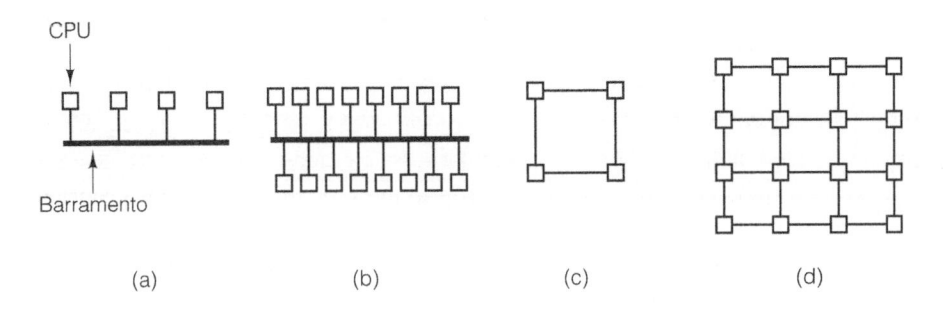

Agora, vamos fazer a mesma coisa com um sistema em grade, conforme mostra a Figura 8.51(c) e a Figura 8.51(d). Com essa topologia, adicionar novas CPUs também adiciona novos enlaces, portanto, ampliar o sistema não provoca a queda da largura de banda agregada por CPU, como acontece com um barramento. Na verdade, a razão entre enlaces e CPUs aumenta de 1,0 com 4 CPUs (4 CPUs, 4 enlaces) para 1,5 com 16 CPUs (16 CPUs, 24 enlaces), portanto, agregar CPUs melhora a largura de banda agregada por CPU.

Claro que a largura de banda não é a única questão. Adicionar CPUs ao barramento não aumenta o diâmetro da rede de interconexão nem a latência na ausência de tráfego, ao passo que adicioná-las à grade, sim. Para uma grade $n \times n$, o diâmetro é $2(n-1)$, portanto, na pior das hipóteses (e na média), a latência aumenta mais ou menos pela raiz quadrada do número de CPUs. Para 400 CPUs, o diâmetro é 38, ao passo que para 1.600 CPUs é 78, portanto, quadruplicar o número de CPUs aproximadamente dobra o diâmetro e, assim, a latência média.

O ideal seria que um sistema escalável mantivesse a mesma largura de banda média por CPU e uma latência média constante à medida que fossem adicionadas CPUs. Contudo, na prática, é viável manter suficiente largura de banda por CPU, mas, em todos os projetos práticos, a latência aumenta com o tamanho. Conseguir que ela aumente por logaritmo, como em um hipercubo, é quase o melhor que se pode fazer.

O problema do aumento da latência à medida que o sistema é ampliado é que a latência costuma ser fatal para o desempenho em aplicações de granulações fina e média. Se um programa precisar de dados que não estão em sua memória local, muitas vezes há uma demora substancial para ir buscá-los e, quanto maior o sistema, mais longo é o atraso, como acabamos de ver. Esse problema é válido para multiprocessadores, bem como para multicomputadores, já que, em ambos os casos, a memória física é invariavelmente subdividida em módulos dispersos.

Como consequência dessa observação, projetistas de sistemas muitas vezes fazem grandes esforços para reduzir, ou ao menos ocultar, a latência, usando diversas técnicas que mencionaremos agora. A primeira é a replicação de dados. Se for possível manter cópias de um bloco de dados em vários locais, a velocidade dos acessos a partir desses locais pode ser aumentada. Uma dessas técnicas de replicação é fazer *cache*, na qual uma ou mais cópias de blocos de dados são mantidas próximas de onde estão sendo usadas, bem como no lugar a que elas "pertencem". Contudo, outra estratégia é manter várias cópias pares – cópias que têm o mesmo *status* – em comparação com o relacionamento assimétrico primária/secundária usado em *cache*. Quando são mantidas várias cópias, não importando de que forma, as questões fundamentais são: onde são colocados os blocos de dados, quando e por quem. As respostas vão de posicionamento dinâmico por demanda pelo hardware a posicionamento intencional na hora do carregamento seguindo diretivas do compilador. Em todos os casos, gerenciar a consistência é uma questão.

Uma segunda técnica para ocultar latências é a **busca antecipada**. Se um item de dado puder ser buscado antes de ser necessário, o processo de busca pode ser sobreposto à execução normal, de modo que, quando o item for necessário, ele já estará lá. A busca antecipada pode ser automática ou por controle de programa. Quando uma *cache* carrega não apenas a palavra que está sendo referenciada, mas uma linha de *cache* inteira que contém a palavra, pode-se apostar que as palavras sucessivas também logo serão necessárias.

A busca antecipada pode ser controlada explicitamente. Quando o compilador percebe que precisará de alguns dados, pode inserir uma instrução explícita para buscá-los e colocar aquela instrução com antecedência suficiente para que os dados estejam lá em tempo. Essa estratégia requer que o compilador tenha conhecimento completo da máquina subjacente e de sua temporização, bem como controle sobre o local onde todos os dados são colocados. E as instruções LOAD especulativas funcionam melhor quando se tem certeza de que os dados serão necessários. Obter uma falta de página com uma LOAD para um caminho que, afinal, não é tomado, é muito custoso.

Uma terceira técnica é o *multithreading*, como já vimos. Se a mudança entre processos puder ser feita com suficiente rapidez, por exemplo, dando a cada um seu próprio mapa de memória e seus próprios registradores de hardware, então, quando um *thread* bloqueia por estar esperando a chegada de dados remotos, o hardware pode rapidamente mudar para algum outro que pode continuar. No caso-limite, a CPU executa a primeira instrução do *thread* um, a segunda instrução do *thread* dois e assim por diante. Desse modo, pode-se manter a CPU ocupada, mesmo em face de longas latências de memória para os *threads* individuais.

Uma quarta técnica para ocultar latência é usar escritas sem bloqueio. Em geral, quando é executada uma instrução STORE, a CPU espera até que a STORE tenha concluído antes de continuar. Com escritas sem bloqueio, a operação de memória é iniciada, mas o programa continua assim mesmo. É mais difícil continuar após uma instrução LOAD, mas com a execução fora de ordem até isso é possível.

8.5 Computação em grade

Muitos dos desafios atuais na ciência, engenharia, indústria, meio ambiente e outras áreas são de grande escala e interdisciplinares. Resolvê-los requer a experiência, as habilidades, conhecimentos, instalações, softwares e dados de múltiplas organizações e, muitas vezes, em países diferentes. Alguns exemplos são os seguintes:

1. Cientistas que estão desenvolvendo uma missão para Marte.
2. Um consórcio para construir um produto complexo (por exemplo, uma represa ou uma aeronave).
3. Uma equipe de socorro internacional para coordenar o auxílio prestado após um desastre natural.

Algumas dessas cooperações são de longo prazo, outras de prazos mais curtos, mas todas compartilham a linha comum que é conseguir que organizações individuais, com seus próprios recursos e procedimentos, trabalhem juntas para atingir uma meta comum.

Até há pouco tempo, conseguir que organizações diferentes, com sistemas operacionais de computador, bancos de dados e protocolos diferentes, trabalhassem juntas era muito difícil. Contudo, a crescente necessidade de cooperação interorganizacional em larga escala levou ao desenvolvimento de sistemas e tecnologia para conectar computadores muito distantes uns dos outros no que é denominado **grade**. Em certo sentido, a grade é a etapa seguinte ao longo do eixo da Figura 8.1. Ela pode ser considerada um *cluster* muito grande, internacional, fracamente acoplado e heterogêneo.

O objetivo da grade é proporcionar infraestrutura técnica para permitir que um grupo de organizações que compartilham uma mesma meta forme uma **organização virtual**. Essa organização virtual tem de ser flexível, com um quadro de associados grande e mutável, permitindo que seus membros trabalhem juntos em áreas que considerem apropriadas e, ao mesmo tempo, permitindo que eles mantenham controle sobre seus próprios recursos em qualquer grau que desejarem. Com essa finalidade, pesquisadores de grade estão desenvolvendo serviços, ferramentas e protocolos para habilitar o funcionamento dessas organizações virtuais.

A grade é inerentemente multilateral, com muitos participantes de mesmo *status*. Ela pode ser contrastada com estruturas de computação existentes. No modelo cliente-servidor, uma transação envolve duas partes: o servidor, que oferece algum serviço, e o cliente, que quer usar o serviço. Um exemplo típico é a Web, na qual usuários se dirigem a servidores Web para achar informações. A grade também é diferente de aplicações *peer-to-peer*, nas quais pares de indivíduos trocam arquivos. O e-mail é um exemplo comum dessa aplicação. Por ser diferente desses modelos, a grade requer novos protocolos e tecnologia.

A grade precisa ter acesso a uma ampla variedade de recursos. Cada recurso tem um sistema e organização específicos aos quais pertence e que decidem quanto desse recurso disponibilizará para a grade, em que horários e para quem. Em um sentido abstrato, a grade trata de acesso e gerenciamento de recursos.

Um modo de modelar a grade é a hierarquia em camadas da Figura 8.52. A **camada-base** na parte mais baixa é o conjunto de componentes com o qual a grade é construída. Inclui CPUs, discos, redes e sensores do lado do hardware, e programas e dados do lado do software. Esses são os recursos que a grade disponibiliza de um modo controlado.

Figura 8.52 Camadas da grade.

Camada	Função
Aplicação	Aplicações que compartilham recursos gerenciados de modos controlados
Coletiva	Descoberta, corretagem, monitoração e controle de grupos de recursos
De recursos	Acesso seguro e gerenciado a recursos individuais
Base	Recursos físicos: computadores, armazenamento, redes, sensores, programas e dados

Em um nível acima está a **camada de recursos**, que se preocupa com o gerenciamento de recursos individuais. Em muitos casos, um recurso que participa de uma grade tem um processo local que gerencia esse recurso e permite acesso controlado a ele por usuários remotos. Essa camada proporciona uma interface uniforme para que camadas mais altas possam inquirir as características e *status* de recursos individuais, monitorando esses recursos e os utilizando de modo seguro.

Em seguida, vem a **camada coletiva**, que manuseia grupos de recursos. Uma de suas funções é a descoberta de recursos, pela qual um usuário pode localizar ciclos de CPU disponíveis, espaço em disco ou dados específicos. A camada coletiva pode manter diretórios ou outros bancos de dados para fornecer essas informações. Também pode oferecer um serviço de corretagem, pelo qual os provedores e usuários de serviços são compatibilizados, possivelmente proporcionando alocação de recursos escassos entre usuários concorrentes. A camada coletiva também é responsável por replicar dados, gerenciar admissão de novos membros e recursos, pela contabilidade e pela manutenção das políticas de bancos de dados sobre quem pode usar o quê.

Ainda mais acima está a **camada de aplicação**, onde residem as aplicações do usuário. Ela usa as camadas mais baixas para adquirir credenciais que provam seu direito de usar certos recursos, apresentar requisições de utilização, monitorar o andamento dessas requisições, lidar com falhas e notificar o usuário dos resultados.

Segurança é fundamental para uma grade bem-sucedida. Os proprietários dos recursos quase sempre insistem em manter rígido controle e querem determinar quem vai usá-los, por quanto tempo, e o quanto. Sem boa segurança, nenhuma organização disponibilizaria seus recursos à grade. Por outro lado, se um usuário fosse obrigado a ter uma conta de *login* e uma senha para todo computador que quisesse usar, a utilização da grade seria insuportavelmente trabalhosa. Por conseguinte, a grade teve de desenvolver um modelo de segurança para tratar dessas preocupações.

Uma das principais características do modelo de segurança é a assinatura única. A primeira etapa para um usuário utilizar a grade é ser autenticado e adquirir uma credencial, um documento assinado digitalmente que especifica em nome de quem o trabalho deve ser realizado. Credenciais podem ser delegadas, de modo que, quando uma computação precisa criar subcomputações, os processos-filhos também podem ser identificados. Quando uma credencial é apresentada a uma máquina remota, ela tem de ser mapeada para o mecanismo local de segurança.

Em sistemas UNIX, por exemplo, usuários são identificados por IDs de usuários de 16 bits, mas outros sistemas têm outros esquemas. Por fim, a grade precisa de mecanismos para permitir que políticas de acesso sejam declaradas, mantidas e atualizadas.

Para proporcionar interoperabilidade entre diferentes organizações e máquinas são necessários padrões, tanto em termos dos serviços oferecidos, quanto dos protocolos usados para acessá-los. A comunidade das grades criou uma organização, a Global Grid Forum, para gerenciar o processo de padronização. Ela criou uma estrutura denominada **OGSA (Open Grid Services Architecture – arquitetura de serviços de grade aberta)** para posicionar os vários padrões e seu desenvolvimento. Sempre que possível, os padrões utilizam padrões já existentes, por exemplo, o WSDL (**Web Services Definition Language – linguagem para definição de serviços Web**), para descrever serviços OGSA. Os serviços que estão atualmente em fase de padronização pertencem a oito categorias gerais, como descrevemos a seguir, mas novas categorias serão criadas mais tarde.

1. Serviços de infraestrutura (habilitar comunicação entre recursos).
2. Serviços de gerenciamento de recursos (reserva e distribuição de recursos).
3. Serviços de dados (mover e replicar dados para onde forem necessários).
4. Serviços de contexto (descrever recursos necessários e políticas de utilização).
5. Serviços de informação (obter informações sobre disponibilidade de recursos).
6. Serviços de autogerenciamento (suportar uma qualidade de serviço declarada).
7. Serviços de segurança (impor políticas de segurança).
8. Serviços de gerenciamento de execução (gerenciar fluxo de trabalho).

Há muito mais que poderia ser dito sobre a grade, mas limitações de espaço nos impedem de estender mais esse tópico. Se o leitor quiser mais informações sobre a grade, pode consultar Abramson, 2011; Balasangameshwara e Raju, 2012; Celaya e Arronategui, 2011; Foster e Kesselman, 2003; e Lee et al., 2011.

8.6 Resumo

Está ficando cada vez mais difícil conseguir que os computadores funcionem com mais rapidez apenas aumentando a velocidade de *clock* por causa de problemas como maior dissipação de calor e outros fatores. Em vez disso, os projetistas estão buscando o paralelismo para conseguir ganhos de velocidade. O paralelismo pode ser introduzido em muitos níveis diferentes, desde o muito baixo, onde os elementos de processamento são muito fortemente acoplados, até o muito alto, onde eles são muito fracamente acoplados.

No nível baixo está o paralelismo no chip, no qual atividades paralelas ocorrem em um único chip. Uma forma é o paralelismo no nível da instrução, no qual uma instrução, ou uma sequência delas, emite diversas operações que podem ser executadas em paralelo por diferentes unidades funcionais. Uma segunda forma de paralelismo no chip é *multithreading*, no qual a CPU pode comutar como quiser entre múltiplos *threads*, instrução por instrução, criando um multiprocessador virtual. Uma terceira forma é o multiprocessador de chip único no qual dois ou mais núcleos são colocados no mesmo chip para permitir que executem ao mesmo tempo.

Em um nível acima encontramos os coprocessadores, em geral placas de expansão que agregam capacidade de processamento extra em alguma área especializada, como processamento de protocolos de rede ou multimídia. Esses processadores extras aliviam o trabalho da CPU principal, permitindo que ela faça outras coisas enquanto eles estão realizando suas tarefas especializadas.

No próximo nível encontramos os multiprocessadores de memória compartilhada. Os sistemas contêm duas ou mais CPUs totalmente desenvolvidas, que compartilham uma memória em comum. Multiprocessadores UMA se comunicam por meio de um barramento compartilhado (de escuta), um *switch crossbar* ou uma rede de comutação multiestágios. Eles são caracterizados por terem um tempo de acesso uniforme a todos os locais de memória.

Por comparação, multiprocessadores NUMA também apresentam todos os processos com o mesmo espaço de endereço compartilhado, mas, nesse caso, os acessos remotos levam um tempo bem mais longo do que os locais. Por fim, multiprocessadores COMA são mais uma variação na qual linhas de *cache* são movidas sob demanda um lado para outro da máquina, mas não têm uma residência real como em outros projetos.

Multicomputadores são sistemas com muitas CPUs que não compartilham uma memória em comum. Cada uma tem sua própria memória privada, com comunicação por troca de mensagens. MPPs são multicomputadores grandes com redes de comunicação especializadas como o BlueGene/P da IBM. *Clusters* são sistemas mais simples, que usam componentes de prateleira, como o sistema que sustenta o Google.

Multicomputadores costumam ser programados usando um pacote de troca de mensagens como MPI. Uma abordagem alternativa é usar memória compartilhada no nível da aplicação, como um sistema DSM baseado em páginas, o espaço de tuplas Linda, ou objetos Orca ou Globe. DSM simula memória compartilhada no nível de página, o que o torna semelhante a uma máquina NUMA, exceto pela penalidade maior para referências remotas.

Por fim, no nível mais alto e mais fracamente acoplado, estão as grades. São sistemas nos quais organizações inteiras são reunidas e interligadas pela Internet para compartilhar capacidade de processamento, dados e outros recursos.

Problemas

1. Instruções da arquitetura Intel x86 podem ter comprimentos de até 17 bytes. O x86 é uma CPU VLIW?

2. Como a tecnologia de projeto de processos permite que os engenheiros coloquem cada vez mais transistores em um chip, Intel e AMD escolheram aumentar o número de núcleos em cada chip. Existem outras opções viáveis que eles poderiam ter usado em vez disso?

3. Quais são os valores grampeados de 96, –9, 300 e 256 quando a faixa de grampeamento é 0–255?

4. As seguintes instruções TriMedia são permitidas? Se não forem, qual a razão?
   a. Adição de inteiros, subtração de inteiros, carga, adição de ponto flutuante, carga imediata.
   b. Subtração de inteiros, multiplicação de inteiros, carga imediata, deslocamento, deslocamento.
   c. Carga imediata, adição de ponto flutuante, multiplicação de ponto flutuante, desvio, carga imediata.

5. A Figura 8.7(d) e (e) mostra 12 ciclos de instruções. Para cada um, diga o que acontece nos três ciclos seguintes.

6. Em uma determinada CPU, uma instrução que encontra uma ausência da *cache* de nível 1, mas uma presença na *cache* de nível 2, leva k ciclos no total. Se for usado *multithreading* para mascarar ausências da *cache* de nível 1, quantos *threads* precisam ser executados ao mesmo tempo usando *multithreading* de granulação fina para evitar ciclos ociosos?

7. A GPU Fermi NVIDIA é semelhante em espírito a uma das arquiteturas que estudamos no Capítulo 2. Qual?

8. Uma bela manhã, a abelha-rainha de certa colmeia convoca todas as suas abelhas operárias e lhes comunica que a tarefa daquele dia é colher néctar de rosas. Então, as operárias saem voando em busca de rosas. Esse é um sistema SIMD ou um sistema MIMD?

9. Durante nossa discussão sobre modelos de consistência de memória, dissemos que um modelo de consistência é um tipo de contrato entre o software e a memória. Por que tal contrato é necessário?

10. Considere um multiprocessador que usa um barramento compartilhado. O que acontece se dois processadores tentarem acessar a memória global exatamente no mesmo instante?

11. Considere um multiprocessador que usa um barramento compartilhado. O que acontece se três processadores tentarem acessar a memória global exatamente no mesmo instante?

12. Suponha que, por razões técnicas, uma *cache* de escuta só pode escutar linhas de endereço, e não linhas de dados. Essa alteração afetaria o protocolo de escrita direta?

13. Como um modelo simples de um sistema multiprocessador com barramento, sem *cache*, suponha que uma instrução em cada quatro referência a memória, e que uma referência à memória ocupa o barramento durante um tempo de instrução inteiro. Se o barramento estiver ocupado, a CPU requisitante é colocada em uma fila FIFO. Qual será a diferença entre a velocidade de execução de um sistema com 64 CPUs e um sistema com uma CPU?

14. O protocolo de coerência de *cache* MESI tem quatro estados. Outros protocolos de coerência de *cache* de escrita retroativa têm somente três. Qual dos quatro estados MESI poderia ser sacrificado e quais seriam as consequências de cada escolha? Se você tivesse de optar por apenas três estados, quais escolheria?

15. Usando protocolo de coerência de *cache* MESI, há alguma situação na qual uma linha de *cache* está presente na *cache* local, mas para a qual ainda assim é necessária uma transação de barramento? Caso a resposta seja positiva, explique.

16. Suponha que haja n CPUs em um barramento comum. A probabilidade de qualquer uma das CPUs tentar usar o barramento em um dado ciclo é p. Qual é a chance de:

    a. O barramento estar ocioso (0 requisições)?

    b. Ser feita exatamente uma requisição?

    c. Ser feita mais de uma requisição?

17. Cite a principal vantagem e a principal desvantagem de um *switch crossbar*.

18. Quantos *switches crossbar* têm um Sun Fire E25K completo?

19. Suponha que o fio entre o *switch* 2A e o *switch* 3B na rede ômega da Figura 8.31 se rompa. Quem é desconectado de quem?

20. *Hot spots* (locais de memória que recebem grandes quantidades de referências) são claramente um grande problema em redes de comutação multiestágio. Também são um problema em sistemas baseados em barramento?

21. Uma rede de comutação ômega conecta 4.096 CPUs RISC, cada qual com um tempo de ciclo de 60 ns, a 4.096 módulos de memória infinitamente rápidos. Cada um dos elementos de comutação tem um atraso de 5 ns. Quantas posições de atraso são necessárias para uma instrução **LOAD**?

22. Considere uma máquina que usa uma rede de comutação ômega, como a mostrada na Figura 8.31. Suponha que o programa e a pilha para o processador i sejam mantidos no módulo de memória i. Proponha uma ligeira alteração na topologia que faça uma grande diferença no desempenho (o IBM RP3 e o BBN Butterfly usam essa topologia modificada). Qual é a desvantagem dessa sua nova topologia em comparação com a original?

23. Em um multiprocessador NUMA, referências à memória local levam 20 ns e referências remotas levam 120 ns. Certo programa faz um total de N referências à memória durante sua execução, das quais 1% é para uma página P. No início, essa página é remota, e copiá-la localmente leva C ns. Em quais condições a página deveria ser copiada localmente na ausência de utilização significativa por outros processadores?

24. Considere um multiprocessador CC-NUMA como o da Figura 8.33, porém com 512 nós de 8 MB cada. Se as linhas de *cache* têm 64 bytes, qual é a porcentagem de sobrecarga para os diretórios? Aumentar o número de nós aumenta a sobrecarga, reduz a sobrecarga ou não provoca nenhuma alteração?

25. Qual é a diferença entre NC-NUMA e CC-NUMA?

26. Calcule o diâmetro da rede para cada topologia mostrada na Figura 8.37.

27. Para cada topologia mostrada na Figura 8.37, determine o grau de tolerância à falha, definida como o número máximo de enlaces que podem ser perdidos sem repartir a rede em duas.

28. Considere a topologia de toro duplo da Figura 8.37(f), mas expandida para um tamanho $k \times k$. Qual é o diâmetro da rede? (*Dica*: considere k ímpar e k par separadamente.)

29. Uma rede de interconexão tem a forma de um cubo $8 \times 8 \times 8$. Cada enlace tem uma largura de banda *full duplex* de 1 GB/s. Qual é a largura de banda de bissecção da rede?

30. A lei de Amdahl limita o aumento potencial de velocidade que se pode conseguir em um computador paralelo. Calcule, como uma função de f, o aumento máximo de velocidade possível quando o número de CPUs se aproximar de infinito. Quais são as implicações desse limite para $f = 0,1$?

31. A Figura 8.51 mostra como a ampliação falha com um barramento, mas é bem-sucedida com uma grade. Considerando que cada barramento ou enlace tem uma largura de banda b, calcule a largura de banda média por CPU para cada um dos quatro casos. Então, amplie cada sistema para 64 CPUs e repita os cálculos. Qual é o limite à medida que o número de CPUs tende ao infinito?

32. No texto, foram discutidas três variações de **send**: síncrona, com bloqueio e sem bloqueio. Cite um quarto método que seja semelhante à **send** com bloqueio, mas tenha propriedades ligeiramente diferentes. Cite uma vantagem e uma desvantagem de seu método em comparação com a **send** com bloqueio.

33. Considere um multicomputador que está executando em uma rede com hardware de *broadcasting*, como a Ethernet. Por que é importante a razão entre operações de leitura (as que não atualizam variáveis de estado interno) e operações de escrita (as que atualizam variáveis de estado interno)?

Capítulo 9

Bibliografia

Este capítulo é uma bibliografia alfabética de todos os livros e artigos citados neste livro.

ABRAMSON, D. "Mixing Cloud and Grid Resources for Many Task Computing". *Proc. Int'l Workshop on Many Task Computing on Grids and Supercomputers*, ACM, p. 1–2, 2011.

ADAMS, M.; DULCHINOS, D. "OpenCable". *IEEE Commun. Magazine*, v. 39, p. 98–105, jun. 2001.

ADIGA, N. R. et al. "An Overview of the BlueGene/L Supercomputer". *Proc. Supercomputing 2002*, ACM, p. 1–22, 2002.

ADVE, S. V.; HILL, M. "Weak Ordering: A New Definition". *Proc. 17th Ann. Int'l Symp. on Computer Arch.*, ACM, p. 2–14, 1990.

AGERWALA, T.; COCKE, J. "High Performance Reduced Instruction Set Processors". *IBM T.J. Watson Research Center Technical Report RC12434*, 1987.

AHMADINIA, A.; SHAHRABI, A. "A Highly Adaptive and Efficient Router Architecture for Network-on-Chip". *Computer J*, v. 54, p. 1295–1307, ago. 2011.

ALAM, S.; BARRETT, R.; BAST, M.; FAHEY, M. R.; KUEHN, J., MCCURDY, ROGERS, J.; ROTH, P.; SANKARAN, R.; VETTER, J. S.; WORLEY, P.; YU, W. "Early Evaluation of IBM BlueGene/P". *Proc. ACM/IEEE Conf. on Supercomputing*, ACM/IEEE, 2008.

ALAMELDEEN, A. R.; WOOD, D. A. "Adaptive Cache Compression for High-Performance Processors". *Proc. 31st Ann. Int'l Symp. on Computer Arch.*, ACM, p. 212–223, 2004.

ALMASI, G. S. et al. "System Management in the BlueGene/L Supercomputer". *Proc. 17th Int'l Parallel and Distr. Proc. Symp.*, IEEE, 2003a.

ALMASI, G. S. et al. "An Overview of the Bluegene/L System Software Organization". *Par. Proc. Letters*, v. 13, 561–574, abr. 2003b.

AMZA, C.; COX, A.; DWARKADAS, S.; KELEHER, P.; LU, H.; RAJAMONY, R.; YU, W.; ZWAENEPOEL, W. "TreadMarks: Shared Memory Computing on a Network of Workstations". *IEEE Computer Magazine*, 29, p. 18–28, fev. 1996.

ANDERSON, D. *Universal Serial Bus System Architecture.* Reading, MA: Addison-Wesley, 1997.

ANDERSON, D.; BUDRUK, R.; SHANLEY, T. *PCI Express System Architecture*, Reading, MA: Addison-Wesley, 2004.

ANDERSON, T. E.; CULLER, D. E.; PATTERSON, D.A.; the NOW team: "A Case for NOW (Networks of Workstations)". *IEEE Micro Magazine*, 15, p. 54–64, jan. 1995.

AUGUST, D. I.; CONNORS, D. A.; MAHLKE, S. A.; SIAS, J. W.; CROZIER, K. M.; CHENG, B.-C.; EATON, P. R.; OLANIRAN, Q. B.; HWU, W.-M. "Integrated Predicated and Speculative Execution in the IMPACT EPIC Architecture". *Proc. 25th Ann. Int'l Symp. on Computer Arch.*, ACM, p. 227–237, 1998.

BAL, H. E. *Programming Distributed Systems.* Hemel Hempstead, England: Prentice Hall Int'l, 1991.

BAL, H. E.; BHOEDJANG, R.; HOFMAN, R.; JACOBS, C.; LANGENDOEN, K.; RUHL, T.; KAASHOEK, M. F. "Performance Evaluation of the Orca Shared Object System". *ACM Trans. on Computer Systems*, 16, p. 1–40, jan.–fev. 1998.

BAL, H. E.; KAASHOEK, M. F.; TANENBAUM, A. S. "Orca: A Language for Parallel Programming of Distributed Systems". *IEEE Trans. on Software Engineering*, 18, p. 190–205, mar. 1992.

BAL, H. E.; TANENBAUM, A. S. "Distributed Programming with Shared Data". *Proc. 1988 Int'l Conf. on Computer Languages*, IEEE, p. 82–91, 1988.

BALASANGAMESHWARA, J.; RAJU, N. "A Hybrid Policy for Fault Tolerant Load Balancing in Grid Computing Environments". *J. Network and Computer Applications*, 35, p. 412–422, jan. 2012.

BARROSO, L. A.; DEAN, J.; HOLZLE, U. "Web Search for a Planet: The Google Cluster Architecture". *IEEE Micro Magazine*, 23, p. 22–28, mar.–abr. 2003.

BECHINI, A.; CONTE, T. M.; PRETE, C. A. "Opportunities and Challenges in Embedded Systems". *IEEE Micro Magazine*, 24, p. 8–9, jul.–ago. 2004.

BHAKTHAVATCHALU, R.; DEEPTHY, G. R.; SHANOOJA, S. "Implementation of Reconfigurable Open Core Protocol Compliant Memory System Using VHDL". *Proc. Int'l Conf. on Industrial and Information Systems*, p. 213–218, 2010.

BJORNSON, R. D. *Linda on Distributed Memory Multiprocessors.* Ph.D. Thesis, Yale Univ., 1993.

BLUMRICH, M.; CHEN, D.; CHIU, G.; COTEUS, P.; GARA, A.; GIAMPAPA, M. E.; HARING, R. A.; HEIDELBERGER, P.; HOENICKE, D.; KOPCSAY, G. V.; OHMACHT, M.; STEIN-MACHER-BUROW, B. D.; TAKKEN, T.; VRANSAS, P.; LIEBSCH, T. "An Overview of the BlueGene/L System". *IBM J. Research and Devel.*, 49, mar.–maio 2005.

BOSE, P. "Computer Architecture Research: Shifting Priorities and Newer Challenges". *IEEE Micro Magazine*, 24, p. 5, nov.–dez. 2004.

BOUKNIGHT, W. J.; DENENBERG, S. A.; MCINTYRE, D. E.; RANDALL, J. M.; SAMEH, A. H.; SLOTNICK, D. L. "The Illiac IV System". *Proc. IEEE*, p. 369–388, abr. 1972.

BRADLEY, D. "A Personal History of the IBM PC". *IEEE Computer*, 44, p. 19–25, ago. 2011.

BRIDE, E. "The IBM Personal Computer: A Software-Driven Market". *IEEE Computer*, 44, p. 34–39, ago. 2011.

BRIGHTWELL, R.; CAMP, W.; COLE, B.; DEBENEDICTIS, E.; LELAND, R.; TOMPKINS, H.; MACCABE, A. B. "Architectural Specification for Massively Parallel Supercomputers: An Experience-and-Measurement-Based Approach". *Concurrency and Computation: Practice and Experience*, 17, p. 1–46, 2005.

BRIGHTWELL, R.; UNDERWOOD, K. D.; VAUGHAN, C.; STEVENSON, J. "Performance Evaluation of the Red Storm Dual-Core Upgrade". *Concurrency and Computation: Practice and Experience*, 22, p. 175–190, fev. 2010.

BURKHARDT, H.; FRANK, S.; KNOBE, B.; ROTHNIE, J. "Overview of the KSR-1 Computer System". *Technical Report KSR-TR-9202001*, Kendall Square Research Corp., Cambridge, MA, 1992.

CARRIERO, N.; GELERNTER, D. "Linda in Context". *Commun. of the ACM*, 32, p. 444–458, abr. 1989.

CELAYA, J.; ARRONATEGUI, U. "A Highly Scalable Decentralized Scheduler of Tasks with Deadlines". *Proc. 12th Int'l Conf. on Grid Computing*, IEEE/ACM, p. 58–65, 2011.

CHARLESWORTH, A. "The Sun Fireplane Interconnect". *IEEE Micro Magazine*, 22, p. 36–45, jan.–fev. 2002.

_____. "The Sun Fireplane Interconnect". *Proc. Conf. on High Perf. Networking and Computing*, ACM, 2001.

CHEN, L.; DROPSHO, S.; ALBONESI, D. H. "Dynamic Data Dependence Tracking and Its Application to Branch Prediction". *Proc. Ninth Int'l Symp. on High-Performance Computer Arch.*, IEEE, p. 65–78, 2003.

CHENG, L.; CARTER, J. B. "Extending CC-NUMA Systems to Support Write Update Optimizations". *Proc. 2008 ACM/IEEE Conf. on Supercomputing*, ACM/IEEE, 2008.

CHOU, Y.; FAHS, B.; ABRAHAM, S. "Microarchitecture Optimizations for Exploiting Memory-Level Parallelism". *Proc. 31st Ann. Int'l Symp. on Computer Arch.*, ACM, p. 76–77, 2004.

COHEN, D. "On Holy Wars and a Plea for Peace". *IEEE Computer Magazine*, 14, p. 48–54, out. 1981.

CORBATO, F. J.; VYSSOTSKY, V. A. "Introduction and Overview of the MULTICS System". *Proc. FJCC*, p. 185–196, 1965.

DENNING, P. J. "The Working Set Model for Program Behavior". *Commun. of the ACM*, 11, p. 323–333, maio 1968.

DIJKSTRA, E. W. "GOTO Statement Considered Harmful". *Commun. of the ACM*, 11, p. 147–148, mar. 1968a.

_____. "Co-operating Sequential Processes". in *Programming Languages*. F. Genuys (ed.), Nova York: Academic Press, 1968b.

DONALDSON, G.; JONES, D. "Cable Television Broadband Network Architectures". *IEEE Commun. Magazine*, 39, p. 122–126, jun. 2001.

DUBOIS, M.; SCHEURICH, C.; BRIGGS, F. A. "Memory Access Buffering in Multiprocessors". *Proc. 13th Ann. Int'l Symp. on Computer Arch.*, ACM, p. 434–442, 1986.

DULONG, C. "The IA-64 Architecture at Work". *IEEE Computer Magazine*, 31, p. 24–32, jul. 1998.

DUTTA-ROY, A. "An Overview of Cable Modem Technology and Market Perspectives". *IEEE Commun. Magazine*, 39, p. 81–88, jun. 2001.

FAGGIN, F.; HOFF, M. E., Jr., MAZOR, S. e SHIMA, M. "The History of the 4004". *IEEE Micro Magazine*, 16, p. 10–20, nov. 1996.

FALCON, A., STARK, J.; RAMIREZ, A.; LAI, K.; VALERO, M. "Prophet/Critic Hybrid Branch Prediction". *Proc. 31st Ann. Int'l Symp. on Computer Arch.*, ACM, p. 250–261, 2004.

FISHER, J. A.; FREUDENBERGER, S. M. "Predicting Conditional Branch Directions from Previous Runs of a Program". *Proc. Fifth Int'l Conf. on Arch. Support for Prog. Lang. and Operating Syst.*, ACM, p. 85–95, 1992.

FLYNN, D. "AMBA: Enabling Reusable On-Chip Designs". *IEEE Micro Magazine*, 17, p. 20–27, jul. 1997.

FLYNN, M. J. "Some Computer Organizations and Their Effectiveness". *IEEE Trans. on Computers*, C-21, p. 948–960, set. 1972.

FOSTER, I.; KESSELMAN, C. *The Grid 2: Blueprint for a New Computing Infrastructure*. San Francisco: Morgan Kaufman, 2003.

FOTHERINGHAM, J. "Dynamic Storage Allocation in the Atlas Computer Including an Automatic Use of a Backing Store". *Commun. of the ACM*, 4, p. 435–436, out. 1961.

FREITAS, H. C.; MADRUGA, F. L.; ALVES, M.; NAVAUX, P. "Design of Interleaved Multithreading for Network Processors on Chip". *Proc. Int'l Symp. on Circuits and Systems*, IEEE, 2009.

GASPAR, L.; FISCHER, V.; BERNARD, F.; BOSSUET, L.; COTRET, P. "HCrypt: A Novel Concept of Crypto-processor with Secured Key Management". *Int'l Conf. on Reconfigurable Computing and FPGAs*, 2010.

GAUR, J.; CHAUDHURI, C.; SUBRAMONEY, S. "Bypass and Insertion Algorithms for Exclusive Last-level Caches". *Proc. 38th Int'l Symp. on Computer Arch.*, ACM, 2011.

GEBHART, M.; JOHNSON, D. R.; TARJAN, D.; KECKLER, S. W.; DALLY, W. J.; LINDHOLM, E.; SKADRON, K. "Energy-efficient Mechanisms for Managing Thread Context in Throughput Processors". *Proc. 38th Int'l Symp. on Computer Arch.* ACM, 2011.

GEIST, A.; BEGUELIN, A.; DONGARRA, J.; JIANG, W.; MANCHECK, R.; SUNDERRAM, V. *PVM: Parallel Virtual Machine — A User's Guide and Tutorial for Networked Parallel Computing*. Cambridge, MA: MIT Press, 1994.

GEPNER, P., GAMAYUNOV, V.; FRASER, D. L. "The 2. Generation Intel Core Processor. Architectural Features Supporting HPC". *Proc. 10th Int'l Symp. on Parallel and Dist. Computing*, p. 17–24, 2011.

GERBER, R.; BINSTOCK, A. *Programming with Hyper-Threading Technology*. Santa Clara, CA: Intel Press, 2004.

GHARACHORLOO, K.; LENOSKI, D.; LAUDON, J.; GIBBONS, P. B.; GUPTA, A.; HENNESSY, J. L. "Memory Consistency and Event Ordering in Scalable Shared-Memory Multiprocessors". *Proc. 17th Ann. Int'l Symp. on Comp. Arch.*, ACM, p. 15–26, 1990.

GHEMAWAT, S.; GOBIOFF, H.; LEUNG, S.-T. "The Google File System". *Proc. 19th Symp. on Operating Systems Principles*, ACM, p. 29–43, 2003.

GOODMAN, J. R. "Using Cache Memory to Reduce Processor Memory Traffic". *Proc. 10th Ann. Int'l Symp. on Computer Arch.*, ACM, p. 124-131, 1983.

_____. "Cache Consistency and Sequential Consistency". *Tech. Rep. 61, IEEE Scalable Coherent Interface Working Group, IEEE*, 1989.

GOTH, G. "IBM PC Retrospective: There Was Enough Right to Make It Work". *IEEE Computer*, 44, p. 26-33, ago. 2011.

GROPP, W.; LUSK, E.; SKJELLUM, A. *Using MPI: Portable Parallel Programming with the Message Passing Interface.* Cambridge, MA: MIT Press, 1994.

GUPTA, N.; MANDAL, S.; MALAVE, J.; MANDAL, A.; MAHAPATRA, R. N. "A Hardware Scheduler for Real Time Multiprocessor System on Chip". *Proc. 23. Int'l Conf. on VLSI Design*, IEEE, 2010.

GURUMURTHI, S.; SIVASUBRAMANIAM, A.; KANDEMIR, M.; FRANKE, H. "Reducing Disk Power Consumption in Servers with DRPM". *IEEE Computer Magazine*, 36, p. 59-66, dez. 2003.

HAGERSTEN, E.; LANDIN, A.; HARIDI, S. "DDM—A Cache-Only Memory Architecture". *IEEE Computer Magazine*, 25, p. 44-54, set. 1992.

HAGHIGHIZADEH, F.; ATTARZADEH, H.; SHARIFKHANI, M. "A Compact 8-Bit AES Crypto-processor". *Proc. Second. Int'l Conf. on Computer and Network Tech.*, IEEE, 2010.

HAMMING, R.W. "Error Detecting and Error Correcting Codes". *Bell Syst. Tech. J.* 29, p. 147-160, abr. 1950.

HENKEL, J., HU, X. S.; BHATTACHARYYA, S. S. "Taking on the Embedded System Challenge". *IEEE Computer Magazine*, 36, p. 35-37, abr. 2003.

HENNESSY, J. L. "VLSI Processor Architecture". *IEEE Trans. on Computers*, C-33, p. 1221-1246, dez. 1984.

HERRERO, E., GONZALEZ, J.; CANAL, R. "Elastic Cooperative Caching: An Autonomous Dynamically Adaptive Memory Hierarchy for Chip Multiprocessors". *Proc. 23. Int'l Conf. on VLSI Design*, IEEE, 2010.

HOARE, C. A. R. "Monitors: An Operating System Structuring Concept". *Commun. of the ACM*, vol. 17, p. 549-557, out. 1974; Errata em *Commun. of the ACM*, 18, p. 95, fev. 1975.

HWU, W.-M. "Introduction to Predicated Execution". *IEEE Computer Magazine*, 31, p. 49-50, jan. 1998.

JIMENEZ, D. A. "Fast Path-Based Neural Branch Prediction". *Proc. 36th Int'l Symp. on Microarchitecture*, IEEE, p. 243-252, 2003.

JOHNSON, K. L.; KAASHOEK, M. F.; WALLACH, D. A. "CRL: High-Performance All-Software Distributed Shared Memory". *Proc. 15th Symp. on Operating Systems Principles*, ACM, p. 213-228, 1995.

KAPASI, U. J.; RIXNER, S.; DALLY, W. J.; KHAILANY, B.; AHN, J. H.; MATTSON, P.; OWENS, J. D. "Programmable Stream Processors". *IEEE Computer Magazine*, 36, p. 54-62, ago. 2003.

KAUFMAN, C.; PERLMAN, R.; SPECINER, M. *Network Security.* 2. ed., Upper Saddle River, NJ: Prentice Hall, 2002.

KIM, N. S.; AUSTIN, T.; BLAAUW, D.; MUDGE, T.; FLAUTNER, K.; HU, J. S.; IRWIN, M. J.; KANDEMIR, M.; NARAYANAN, V. "Leakage Current: Moore's Law Meets Static Power". *IEEE Computer Magazine*, 36, 68-75, dez. 2003.

KNUTH, D. E. *The Art of Computer Programming: Fundamental Algorithms.* 3. ed., Reading, MA: Addison-Wesley, 1997.

KONTOTHANASSIS, L.; HUNT, G.; STETS, R.; HARDAVELLAS, N.; CIERNIAD, M.; PARTHASARATHY, S.; MEIRA, W.; DWARKADAS, S.; SCOTT, M. "VM-Based Shared Memory on Low Latency Remote Memory Access Networks". *Proc. 24th Ann. Int'l Symp. on Computer Arch.*, ACM, p. 157-169, 1997.

LAMPORT, L. "How to Make a Multiprocessor Computer That Correctly Executes Multiprocess Programs". *IEEE Trans. on Computers*, C-28, p. 690-691, set. 1979.

LAROWE, R. P.; ELLIS, C. S. "Experimental Comparison of Memory Management Policies for NUMA Multiprocessors". *ACM Trans. on Computer Systems*, 9, p. 319-363, nov. 1991.

LEE, J.; KELEHER, P.; SUSSMAN, A. "Supporting Computing Element Heterogeneity in P2P Grids". *Proc. IEEE Int'l Conf. on Cluster Computing*, IEEE, p. 150-158, 2011.

LI, K.; HUDAK, P. "Memory Coherence in Shared Virtual Memory Systems". *ACM Trans. on Computer Systems*, 7, p. 321-359, nov. 1989.

LIN, Y.-N.; LIN, Y.-D.; LAI, Y.-C. "Thread Allocation in CMP-based Multithreaded Network Processors". *Parallel Computing*, 36, p. 104-116, fev. 2010.

LU, H.; COX, A. L.; DWARKADAS, S.; RAJAMONY, R.; ZWAENEPOEL, W. "Software Distributed Shared Memory Support for Irregular Applications". *Proc. Sixth Conf. on Prin. and Practice of Parallel Progr.*, p. 48-56, jun. 1997.

LUKASIEWICZ, J. *Aristotle's Syllogistic*. 2. ed. Oxford: Oxford University Press, 1958.

LYYTINEN, K.; YOO, Y. "Issues and Challenges in Ubiquitous Computing". *Commun. of the ACM*, vol. 45, p. 63–65, dez. 2002.

MARTIN, R. P.; VAHDAT, A. M.; CULLER, D. E.; ANDERSON, T. E. "Effects of Communication Latency, Overhead, and Bandwidth in a Cluster Architecture". *Proc. 24th Ann. Int'l Symp. on Computer Arch.*, ACM, p. 85–97, 1997.

MAYHEW, D.; KRISHNAN, V. "PCI Express and Advanced Switching: Evolutionary Path to Building Next Generation Interconnects". *Proc. 11th Symp. on High Perf. Interconnects*, IEEE, p. 21–29, ago. 2003.

MCKUSICK, M. K.; JOY, W. N.; LEFFLER, S. J.; FABRY, R. S. "A Fast File System for UNIX". *ACM Trans. on Computer Systems*, 2, p. 181–197, ago. 1984.

MCNAIRY, C.; SOLTIS, D. "Itanium 2 Processor Microarchitecture". *IEEE Micro Magazine*, 23, p. 44–55, mar.-abr. 2003.

MISHRA, A. K.; VIJAYKRISHNAN, N.; DAS, C. R. "A Case for Heterogeneous On-Chip Interconnects for CMPs". *Proc. 38th Int'l Symp. on Computer Arch.* ACM, 2011.

MORGAN, C. *Portraits in Computing*. Nova York: ACM Press, 1997.

MOUDGILL, M.; VASSILIADIS, S. "Precise Interrupts". *IEEE Micro Magazine*, 16, p. 58–67, jan. 1996.

MULLENDER, S. J.; TANENBAUM, A. S. "Immediate Files". *Software—Practice and Experience*, 14, p. 365–368, 1984.

NAEEM, A.; CHEN, X.; LU, Z.; JANTSCH, A. "Realization and Performance Comparison of Sequential and Weak Memory Consistency Models in Network-On-Chip Based Multicore Systems". *Proc. 16th Design Automation Conf. Asia and South Pacific*, IEEE, p. 154–159, 2011.

ORGANICK, E. *The MULTICS System*. Cambridge, MA: MIT Press, 1972.

OSKIN, M.; CHONG, F. T.; CHUANG, I. L. "A Practical Architecture for Reliable Quantum Computers". *IEEE Computer Magazine*, 35, p. 79–87, jan. 2002.

PAPAMARCOS, M.; PATEL., J. "A Low Overhead Coherence Solution for Multiprocessors with Private Cache Memories". *Proc. 11th Ann. Int'l Symp. on Computer Arch.*, ACM, p. 348–354, 1984.

PARIKH, D.; SKADRON, K.; ZHANG, Y.; STAN, M. "Power-Aware Branch Prediction: Characterization and Design". *IEEE Trans. on Computers*, 53, 168–186, fev. 2004.

PATTERSON, D. A. "Reduced Instruction Set Computers". *Commun. of the ACM*, 28, p. 8–21, jan. 1985.

PATTERSON, D. A.; GIBSON, G.; KATZ, R. "A Case for Redundant Arrays of Inexpensive Disks (RAID)". *Proc. ACM SIGMOD Int'l Conf. on Management of Data*, ACM, p. 109–166, 1988.

PATTERSON, D. A.; SEQUIN, C. H. "A VLSI RISC". *IEEE Computer Magazine*, 15, p. 8–22, set. 1982.

POUNTAIN, D. "Pentium: More RISC than CISC". *Byte*, 18, p. 195–204, set. 1993.

RADIN, G. "The 801 Minicomputer". *Computer Arch. News*, 10, p. 39–47, mar. 1982.

RAMAN, S. K.; PENTKOVSKI, V.; KESHAVA, J. "Implementing Streaming SIMD Extensions on the Pentium III Processor". *IEEE Micro Magazine*, 20, p. 47–57, jul.-ago. 2000.

RITCHIE, D. M. "Reflections on Software Research". *Commun. of the ACM*, 27, p. 758–760, ago. 1984.

RITCHIE, D. M.; THOMPSON, K. "The UNIX Time-Sharing System". *Commun. of the ACM*, 17, p. 365–375, jul. 1974.

ROBINSON, G. S. "Toward the Age of Smarter Storage". *IEEE Computer Magazine*, 35, p. 35–41, dez. 2002.

ROSENBLUM, M.; OUSTERHOUT, J. K. "The Design and Implementation of a Log-Structured File System". *Proc. Thirteenth Symp. on Operating System Principles*, ACM, p. 1–15, 1991.

RUSSINOVICH, M. E.; SOLOMON, D. A. *Microsoft Windows Internals*. 4. ed., Redmond, WA: Microsoft Press, 2005.

RUSU, S.; MULJONO, H.; CHERKAUER, B. "Itanium 2 Processor 6M". *IEEE Micro Magazine*, 24, p. 10–18, mar.–abr. 2004.

SAHA, D.; MUKHERJEE, A. "Pervasive Computing: A Paradigm for the 21st Century". *IEEE Computer Magazine*, 36, p. 25–31, mar. 2003.

SAKAMURA, K. "Making Computers Invisible". *IEEE Micro Magazine*, 22, p. 7–11, 2002.

SANCHEZ, D.; KOZYRAKIS, C. "Vantage: Scalable and Efficient Fine-Grain Cache Partitioning". *Proc. 38th Ann. Int'l Symp. on Computer Arch.*, ACM, p. 57–68, 2011.

SCALES, D. J.; GHARACHORLOO, K.; THEKKATH, C. A. "Shasta: A Low-Overhead Software-Only Approach for Supporting Fine-Grain Shared Memory". *Proc. Seventh Int'l Conf. on Arch. Support for Prog. Lang. and Oper. Syst.*, ACM, p. 174–185, 1996.

SELTZER, M.; BOSTIC, K.; MCKUSICK, M. K.; STAELIN, C. "An Implementation of a Log-Structured File System for UNIX". *Proc. Winter 1993 USENIX Technical Conf.*, p. 307-326, 1993.

SHANLEY, T.; ANDERSON, D. *PCI System Architecture*. 4. ed., Reading, MA: Addison-Wesley, 1999.

SHOUFAN, A.; HUBER, N.; MOLTER, H. G. "A Novel Cryptoprocessor Architecture for Chained Merkle Signature Schemes". *Microprocessors and Microsystems*, 35, p. 34-47, fev. 2011.

SINGH, G. "The IBM PC: The Silicon Story". *IEEE Computer*, 44, p. 40-45, ago. 2011.

SLATER, R. *Portraits in Silicon*. Cambridge, MA: MIT Press, 1987.

SNIR, M.; OTTO, S. W.; HUSS-LEDERMAN, S.; WALKER, D. W.; DONGARRA, J. *MPI: The Complete Reference Manual*. Cambridge, MA: MIT Press, 1996.

SOLARI, E.; CONGDON, B. *PCI Express Design; System Architecture*. Research Tech, Inc., 2005.

SOLARI, E.; WILLSE, G. *PCI and PCI-X Hardware and Software*. 6. ed., San Diego, CA: Annabooks, 2004.

SORIN, D. J.; HILL, M. D.; WOOD, D. A. *A Primer on Memory Consistency and Cache Coherence*. San Francisco: Morgan & Claypool, 2011.

STETS, R.; DWARKADAS, S.; HARDAVELLAS, N.; HUNT, G.; KONTOTHANASSIS, L.; PARTHASARATHY, S.; SCOTT, M. "CASHMERE-2L: Software Coherent Shared Memory on Clustered Remote-Write Networks". *Proc. 16th Symp. on Operating Systems Principles*, ACM, p. 170-183, 1997.

SUMMERS, C. K. *ADSL: Standards, Implementation, and Architecture*. Boca Raton, FL: CRC Press, 1999.

SUNDERRAM, V. B. "PVM: A Framework for Parallel Distributed Computing". *Concurrency: Practice and Experience*, 2, p. 315-339, dez. 1990.

SWAN, R. J.; FULLER, S. H.; SIEWIOREK, D. P. "Cm*— A Modular Multiprocessor". *Proc. NCC*, p. 645-655, 1977.

TAN, W. M. *Developing USB PC Peripherals*. San Diego, CA: Annabooks, 1997.

TANENBAUM, A. S.; WETHERALL, D. J. *Computer Networks*. 5. ed., Upper Saddle River, NJ: Prentice Hall, 2011.

THOMPSON, K. "Reflections on Trusting Trust". *Commun. of the ACM*, 27, p. 761-763, ago. 1984.

THOMPSON, J.; DREISIGMEYER, D. W.; JONES, T.; KIRBY, M.; LADD, J. "Accurate Fault Prediction of BlueGene/P RAS Logs via Geometric Reduction". *IEEE*, p. 8-14, 2010.

TRELEAVEN, P. "Control-Driven, Data-Driven, and Demand-Driven Computer Architecture". *Parallel Computing*, 2, 1985.

TU, X.; FAN, X.; JIN, H.; ZHENG, L.; PENG, X. "Transactional Memory Consistency: A New Consistency Model for Distributed Transactional Memory". *Proc. Third Int'l Joint Conf. on Computational Science and Optimization*, IEEE, 2010.

VAHALIA, U. *UNIX Internals*. Upper Saddle River, NJ: Prentice Hall, 1996.

VAHID, F. "The Softening of Hardware". *IEEE Computer Magazine*, 36, p. 27-34, abr. 2003.

VETTER, P.; GODERIS, D.; VERPOOTEN, L.; GRANGER, A. "Systems Aspects of APON/VDSL Deployment". *IEEE Commun. Magazine*, 38, p. 66-72, maio 2000.

VU, T. D., ZHANG, L.; JESSHOPE, C. "The Verification of the On-Chip COMA Cache Coherence Protocol". *Proc. 12th Int'l Conf. on Algebraic Methodology and Software Technology*, Springer-Verlag, p. 413-429, 2008.

WEISER, M. "The Computer for the 21st Century". *IEEE Pervasive Computing*, 1, p. 19-25, jan.–mar. 2002; publicado originalmente em *Scientific American*, set. 1991.

WILKES, M. V. "Computers Then and Now". *J. ACM*, 15, p. 1-7, jan. 1968.

_____. "The Best Way to Design an Automatic Calculating Machine". *Proc. Manchester Univ. Computer Inaugural Conf.*, 1951.

WING-KEI, Y.; HUANG, R.; XU, S.; WANG, S.-E.; KAN, E.; SUH, G. E. "SRAM-DRAM Hybrid Memory with Applications to Efficient Register Files in Fine-Grained Multi-Threading Architectures". *Proc. 38th Int'l Symp. on Computer Arch.* ACM, 2011.

YAMAMOTO, S.; NAKAO, A. "Fast Path Performance of Packet Cache Router Using Multi-core Network Processor". *Proc. Seventh Symp. on Arch. for Network and Comm. Sys.*, ACM/IEEE, 2011.

ZHANG, L.; JESSHOPE, C. "On-Chip COMA Cache-Coherence Protocol for Microgrids of Microthreaded Cores". *Proc. of 2007 European Conf. on Parallel Processing*, Springer-Verlag, p. 38-48, 2008.

Apêndice A

Números binários

A aritmética usada por computadores é um pouco diferente daquela utilizada pelas pessoas. A diferença mais importante é que computadores realizam operações com números cuja precisão é finita e fixa. Outra diferença é que a maioria dos computadores usa o sistema binário e não o decimal para representar números. Esses tópicos são o assunto deste apêndice.

A.1 Números de precisão finita

Quando estamos efetuando aritmética, em geral, nem pensamos na questão de quantos dígitos decimais são necessários para representar um número. Os físicos podem calcular que existem 10^{78} elétrons no universo sem se preocupar com o fato de que são necessários 79 dígitos decimais para escrever esse número por extenso. Alguém calculando o valor de uma função com lápis e papel e que precisa da resposta com até seis dígitos significativos simplesmente mantém resultados intermediários até sete dígitos, oito ou quantos forem necessários. Nunca surge o problema do papel não ser grande o bastante para números de sete dígitos.

Com computadores, as coisas são bem diferentes. Na maioria deles, a quantidade de memória disponível para armazenar um número é fixada no momento em que o equipamento é projetado. Com algum esforço, o programador pode representar números duas, três ou até muitas vezes maiores do que essa quantidade fixa, mas isso não muda a essência da dificuldade. A natureza finita do computador nos força a lidar somente com valores que podem ser representados em um número fixo de dígitos. Estes são chamados **números de precisão finita**.

Para estudar as propriedades dos números de precisão finita, vamos examinar o conjunto de inteiros positivos que podem ser representados por três dígitos decimais, sem qualquer ponto decimal ou sinal. Esse conjunto tem exatamente 1.000 membros: 000, 001, 002, 003, ..., 999. Com essa restrição, é impossível expressar certos tipos de números, como

1. Números maiores que 999.
2. Números negativos.
3. Frações.
4. Números irracionais.
5. Números complexos.

Uma propriedade importante da aritmética no conjunto de todos os inteiros refere-se ao **fechamento** com respeito às operações de adição, subtração e multiplicação. Em outras palavras, para cada par de inteiros i e j, $i + j$, $i - j$ e $i \times j$ também são inteiros. O conjunto de inteiros não é fechado quanto à divisão, porque existem valores de i e j para os quais i/j não pode ser expresso como um inteiro (por exemplo, 7/2 e 1/0).

Números de precisão finita não são fechados em relação a nenhuma dessas quatro operações básicas, como mostramos a seguir, usando números decimais de três dígitos como exemplo:

600 + 600 = 1.200   (muito grande)
003 − 005 = −2   (negativo)
050 × 050 = 2.500   (muito grande)
007 / 002 = 3,5   (não é um inteiro)

As violações podem ser divididas em duas classes mutuamente exclusivas: operações cujo resultado é maior que o maior número no conjunto (erro de excesso) ou menor que o menor número no conjunto (erro de falta) e operações cujo resultado não é muito grande nem muito pequeno, mas apenas não é um membro do conjunto. Das quatro violações citadas, as três primeiras são exemplos da violação pelo primeiro motivo, e a quarta é um exemplo de violação pelo segundo motivo.

Como computadores têm memórias finitas e, portanto, devem necessariamente realizar aritmética com números de precisão finita, os resultados de certos cálculos serão, do ponto de vista da matemática clássica, errados. Um dispositivo de cálculo que dá a resposta errada, embora esteja em perfeitas condições de funcionamento, pode parecer estranho de início, mas o erro é uma consequência lógica de sua natureza finita. Alguns computadores têm hardware especial que detecta erros de excesso.

A álgebra de números de precisão finita é diferente da álgebra normal. Como exemplo, considere a lei associativa:

$a + (b - c) = (a + b) - c$

Vamos avaliar ambos os lados para $a = 700$, $b = 400$, $c = 300$. Para calcular o lado esquerdo, primeiro calcule $(b - c)$, que é 100, e depois some esse valor a a, resultando em 800. Para resolver o lado direito, primeiro calcule $(a + b)$, que resulta em um excesso na aritmética finita de inteiros com três dígitos. O resultado pode depender da máquina que está sendo usada, mas não será 1.100. Subtrair 300 de algum número que não seja 1.100 não vai resultar em 800. A lei associativa não vale. A ordem das operações é importante.

Como outro exemplo, considere a lei distributiva:

$a \times (b - c) = a \times b - a \times c$

Vamos avaliar os dois lados para $a = 5$, $b = 210$, $c = 195$. O lado esquerdo é 5×15, que resulta em 75. O lado direito não é 75, pois $a \times b$ estoura.

A julgar por esses exemplos, pode-se concluir que embora os computadores sejam dispositivos de uso geral, sua natureza finita os torna especialmente inadequados para efetuar aritmética. Essa conclusão, claro, não é verdadeira, mas serve para ilustrar a importância de saber como as máquinas funcionam e quais são suas limitações.

A.2 Sistemas de números raiz, ou números de base

Um número decimal comum, com o qual todos estamos acostumados, consiste em uma sequência de dígitos decimais e, possivelmente, um ponto decimal (vírgula aritmética). A forma geral e sua interpretação normal são mostradas na Figura A.1. Escolhemos 10 como a base para exponenciação, denominada a **raiz** ou **base**, porque estamos usando números decimais, ou de base 10. Quando se trata de computadores, muitas vezes é conveniente usar outras bases que não sejam 10. As bases mais importantes são 2, 8 e 16. Os sistemas de números baseados nessas bases, ou raízes, são chamados **binários**, **octais** e **hexadecimais**.

Figura A.1 A forma geral de um número decimal.

$$d_n \ldots d_2 d_1 d_0 \,.\, d_{-1} d_{-2} d_{-3} \ldots d_{-k}$$

Posição de 100, Posição de 10, Posição de 1, Posição de 0,1, Posição de 0,01, Posição de 0,001

$$\text{Número} = \sum_{i=-k}^{n} d_i \times 10^i$$

Um sistema numérico de base k requer k símbolos diferentes para representar os dígitos de 0 a $k - 1$. Números decimais são formados a partir de 10 dígitos decimais

0 1 2 3 4 5 6 7 8 9

Por comparação, números binários não usam esses dez dígitos. Eles são todos construídos exclusivamente a partir dos dois dígitos binários

0 1

Números octais são formados a partir dos oito dígitos octais

0 1 2 3 4 5 6 7

Para números hexadecimais, 16 dígitos são necessários. Assim, precisamos de seis novos símbolos. Por convenção, usamos as letras maiúsculas de A a F para os seis dígitos depois do 9. Os números hexadecimais são, então, formados a partir dos dígitos

0 1 2 3 4 5 6 7 8 9 A B C D E F

A expressão "dígito binário" significando um 1 ou um 0 em geral é denominada **bit**. A Figura A.2 mostra o número decimal 2.001 expresso nos formatos binário, octal, decimal e hexadecimal. O número 7B9 obviamente é decimal, pois o símbolo B só pode ocorrer em números hexadecimais. Porém, o número 111 poderia estar em qualquer um dos quatro sistemas numéricos discutidos. Para evitar ambiguidade, costuma-se usar um subscrito 2, 8, 10 ou 16 para indicar a raiz quando ela não for óbvia pelo próprio contexto.

Figura A.2 O número 2.001 nos sistemas binário, octal, decimal e hexadecimal.

Binário   1   1   1   1   1   0   1   0   0   0   1
$1 \times 2^{10} + 1 \times 2^9 + 1 \times 2^8 + 1 \times 2^7 + 1 \times 2^6 + 0 \times 2^5 + 1 \times 2^4 + 0 \times 2^3 + 0 \times 2^2 + 0 \times 2^1 + 1 \times 2^0$
1024 + 512 + 256 + 128 + 64 + 0 + 16 + 0 + 0 + 0 + 1

Octal   3   7   2   1
$3 \times 8^3 + 7 \times 8^2 + 2 \times 8^1 + 1 \times 8^0$
1536 + 448 + 16 + 1

Decimal   2   0   0   1
$2 \times 10^3 + 0 \times 10^2 + 0 \times 10^1 + 1 \times 10^0$
2000 + 0 + 0 + 1

Hexadecimal   7   D   1
$7 \times 16^2 + 13 \times 16^1 + 1 \times 16^0$
1792 + 208 + 1

Como exemplo das notações binária, octal, decimal e hexadecimal, considere a Figura A.3, que mostra uma coleção de inteiros não negativos expressos em cada um desses quatro sistemas diferentes. Talvez algum arqueólogo daqui a milhares de anos descubra essa tabela e a considere a Pedra de Roseta dos sistemas numéricos do final do século XX e início do século XXI.

Figura A.3 Números decimais e seus equivalentes binários, octais e hexadecimais.

Decimal	Binario	Octal	Hexadecimal
0	0	0	0
1	1	1	1
2	10	2	2
3	11	3	3
4	100	3	3
5	101	5	5
6	110	6	6
7	111	7	7
8	1000	10	8
9	1001	11	9
10	1010	12	A
11	1011	13	B
12	1100	14	C
13	1101	15	D
14	1110	16	E
15	1111	17	F
16	10000	20	10
20	10100	24	14
30	11110	36	1E
40	101000	50	28
50	110010	62	32
60	111100	74	3C
70	1000110	106	46
80	1010000	120	50
90	1011010	132	5A
100	11001000	144	64
1000	1111101000	1750	3E8
2989	101110101101	5655	BAD

A.3 Conversão de uma base para outra

A conversão de números octais ou hexadecimais para números binários é fácil. Para converter um número binário para octal, divida-o em grupos de 3 bits, com os 3 bits imediatamente à esquerda (ou à direita) do ponto decimal (muitas vezes denominado ponto binário ou vírgula aritmética) formando um grupo, os 3 bits imediatamente à sua esquerda outro grupo e assim por diante. Cada grupo de 3 bits pode ser convertido diretamente para um único dígito octal, de 0 a 7, de acordo com a conversão dada nas primeiras linhas da Figura A.3. Pode ser preciso acrescentar um ou dois zeros à esquerda ou à direita para preencher um grupo e completar 3 bits. A conversão de octal para binário é igualmente trivial. Cada dígito octal é apenas substituído pelo número binário equivalente de 3 bits. A conversão de hexadecimal para binário é, na essência, a mesma que a de octal para binário, exceto que cada dígito hexadecimal corresponde a um grupo de 4 bits em vez de 3 bits. A Figura A.4 dá alguns exemplos de conversões.

Figura A.4 Exemplos de conversão octal para binário e hexadecimal para binário.

Exemplo 1

Hexadecimal	1 9 4 8 . B 6
Binário	0001100101001000.10110110 0
Octal	1 4 5 1 0 . 5 5 4

Exemplo 2

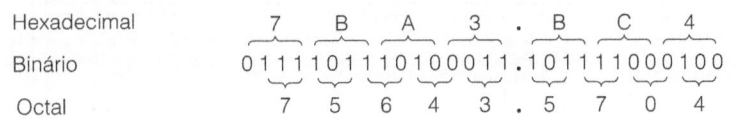

Hexadecimal	7 B A 3 . B C 4
Binário	0111101110100011.101111000100
Octal	7 5 6 4 3 . 5 7 0 4

A conversão de números decimais para binários pode ser feita de duas maneiras diferentes. O primeiro método resulta diretamente da definição dos números binários. A maior potência de 2 menor que o número é subtraída deste. Então, o processo é repetido na diferença. Quando o número tiver sido decomposto em potências de 2, o número binário poderá ser montado com 1s nas posições de bit correspondentes às potências de 2 usadas na decomposição e 0s em outros lugares.

O outro método (só para inteiros) consiste em dividir o número por 2. O quociente é escrito diretamente abaixo do número original e o resto, 0 ou 1, é escrito ao lado do quociente. Então, considera-se o quociente e o processo é repetido até chegar ao número 0. O resultado desse processo será duas colunas de números, os quocientes e os restos. O número binário agora pode ser lido diretamente na coluna do resto, começando por baixo. A Figura A.5 contém um exemplo de conversão de decimal para binário.

Inteiros binários também podem ser convertidos para decimal de duas maneiras. Um método consiste em somar as potências de 2 correspondentes aos bits 1 no número. Por exemplo,

$10110 = 2^4 + 2^2 + 2^1 = 16 + 4 + 2 = 22$

Figura A.5 Conversão do número decimal 1.492 para binário com divisões sucessivas por 2, começando no topo e prosseguindo para baixo. Por exemplo, 93 dividido por 2 dá um quociente de 46 e um resto de 1, escrito na linha abaixo dele.

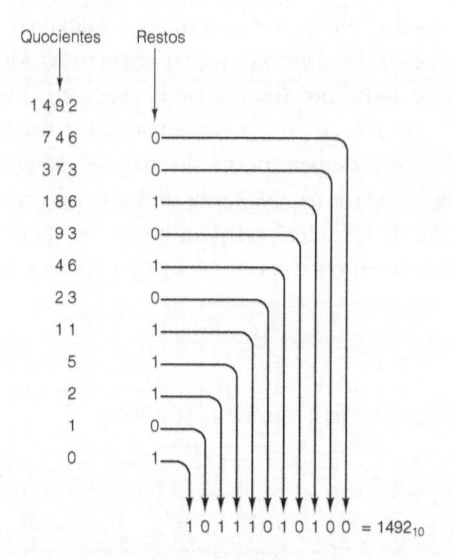

```
        Quocientes  Restos
           ↓          ↓
        1 4 9 2
          7 4 6      0
            3 7 3    0
              1 8 6  1
                9 3  0
                4 6  1
                2 3  0
                1 1  1
                  5  1
                  2  1
                  1  0
                  0  1

        1 0 1 1 1 0 1 0 1 0 0 = 1492₁₀
```

No outro método, o número binário é escrito verticalmente, um bit por linha, com o bit da extrema esquerda embaixo. A linha de baixo é denominada linha 1, a linha acima dela, linha 2, e assim por diante. O número decimal será montado em uma coluna paralela ao lado do número binário. Comece escrevendo 1 na linha 1. A entrada na linha n consiste em duas vezes a entrada na linha $n-1$, mais o bit na linha n (seja 0 ou 1). A entrada na linha de cima é a resposta. A Figura A.6 contém um exemplo desse método de conversão de número binário para decimal.

A conversão de decimal para octal e de decimal para hexadecimal pode ser realizada primeiro convertendo para binário e depois para o sistema desejado, ou subtraindo potências de 8 ou 16.

Figura A.6 Conversão do número binário 101110110111 para decimal com multiplicações sucessivas por 2, iniciando embaixo. Cada linha é formada multiplicando-se por 2 a que está abaixo dela e somando o bit correspondente. Por exemplo, 749 é duas vezes 374 mais o bit 1 na mesma linha que 749.

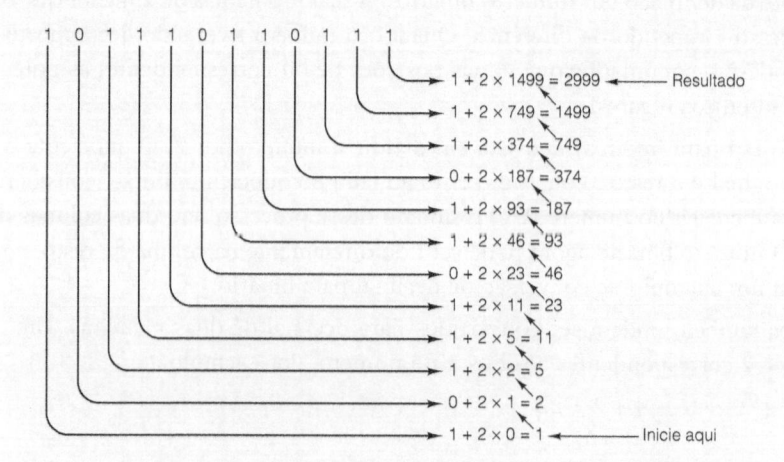

```
1 0 1 1 1 0 1 1 0 1 1 1

                1 + 2 × 1499 = 2999  ← Resultado
                1 + 2 × 749 = 1499
                1 + 2 × 374 = 749
                0 + 2 × 187 = 374
                1 + 2 × 93 = 187
                1 + 2 × 46 = 93
                0 + 2 × 23 = 46
                1 + 2 × 11 = 23
                1 + 2 × 5 = 11
                0 + 2 × 2 = 5
                1 + 2 × 1 = 2
                1 + 2 × 0 = 1   ← Inicie aqui
```

A.4 Números binários negativos

Quatro sistemas diferentes para representar números negativos já foram usados em computadores digitais em uma época ou outra da história. O primeiro é conhecido como **magnitude com sinal**. Nesse sistema, o bit da extrema esquerda é o bit de sinal (0 é + e 1 é –) e os restantes contêm a magnitude absoluta do número.

O segundo sistema, denominado **complemento de um**, também tem um bit de sinal, que é 0 para mais e 1 para menos. Para tornar um número negativo, substitua cada 1 por 0 e cada 0 por 1. Isso vale também para o bit de sinal. O complemento de 1 é obsoleto.

O terceiro sistema, chamado **complemento de dois**, também tem um bit de sinal que é 0 para mais e 1 para menos. Negar um número é um processo em duas etapas. Na primeira, cada 1 é substituído por um 0 e cada 0 por um 1, assim como no complemento de um. Na segunda, 1 é somado ao resultado. A adição binária é a mesma que a adição decimal, exceto que um vai-um é gerado se a soma for maior do que 1 em vez de maior do que 9. Por exemplo, a conversão de 6 para complemento de dois tem duas etapas:

```
00000110            (+6)
11111001            (–6 em complemento de um)
11111010            (–6 em complemento de dois)
```
Se ocorrer um vai-um no bit da extrema esquerda, ele é descartado.

O quarto sistema, que é chamado **excesso 2^{m-1}** para números de m bits, representa um número armazenando-o como a soma dele mesmo com 2^{m-1}. Por exemplo, para números de 8 bits, $m = 8$, o sistema é denominado excesso 128 e um número é armazenado como seu verdadeiro valor mais 128. Portanto, –3 se torna –3 + 128 = 125, e –3 é representado pelo número binário de 8 bits para 125 (01111101). Os números de –128 a +127 mapeiam para 0 a 255, todos os quais podem ser expressos como um inteiro positivo de 8 bits. O interessante é que esse sistema é idêntico ao complemento de dois com o bit de sinal invertido. A Figura A.7 contém exemplos de números negativos em todos os quatro sistemas.

Figura A.7 Números negativos de 8 bits em quatro sistemas.

N decimal	N binaria	–N magnitude com sinal	–N complemento de 1	–N complemento de 2	–N excesso 128
1	00000001	10000001	11111110	11111111	01111111
2	00000010	10000010	11111101	11111110	01111110
3	00000011	10000011	11111100	11111101	01111101
4	00000100	10000100	11111011	11111100	01111100
5	00000101	10000101	11111010	11111011	01111011
6	00000110	10000110	11111001	11111010	01111010
7	00000111	10000111	11111000	11111001	01111001
8	00001000	10001000	11110111	11111000	01111000
9	00001001	10001001	11110110	11110111	01110111
10	00001010	10001010	11110101	11110110	01110110
20	00010100	10010100	11101011	11101100	01101100
30	00011110	10011110	11100001	11100010	01100010
40	00101000	10101000	11010111	11011000	01011000
50	00110010	10110010	11001101	11001110	01001110
60	00111100	10111100	11000011	11000100	01000100
70	01000110	11000110	10111001	10111010	00111010
80	01010000	11010000	10101111	10110000	00110000
90	01011010	11011010	10100101	10100110	00100110
100	01100100	11100100	10011011	10011100	00011100
127	01111111	11111111	10000000	10000001	00000001
128	Não existe	Não existe	Não existe	10000000	00000000

Magnitude com sinal, bem como complemento de um, têm duas representações para zero: mais zero e menos zero. Essa situação é indesejável. O sistema de complemento de dois não tem esse problema porque o complemento de dois de mais zero também é mais zero. Contudo, o sistema de complemento de dois tem uma singularidade diferente. O padrão de bit que consiste em 1 seguido por 0s é seu próprio complemento. O resultado disso é que as faixas de números positivos e negativos ficam não simétricas; há um número negativo sem nenhuma contraparte positiva.

A razão para esses problemas não é difícil de achar: queremos um sistema de codificação com duas propriedades:

1. Somente uma representação para zero.
2. Exatamente a mesma quantidade de números positivos e negativos.

O problema é que qualquer conjunto de números com a mesma quantidade de números positivos e números negativos e só um zero tem um número ímpar de membros, ao passo que m bits permite um número par de padrões de bits. Sempre haverá um padrão de bits a mais ou um padrão de bits a menos, não importando qual representação seja escolhida. Esse padrão de bits extra pode ser usado para –0 ou para um número negativo grande, ou para qualquer outra coisa, mas, não importa qual seja usado, ele sempre será um incômodo.

A.5 Aritmética binária

A tabela de adição para números binários é dada na Figura A.8.

Figura A.8 A tabela de adição em binário.

Adendo	0	0	1	1
Augendo	+0	+1	+0	+1
Soma	0	1	1	0
Vai-um	0	0	0	1

Dois números binários podem ser somados, iniciando no bit da extrema direita e somando-se os bits correspondentes nas parcelas. Se for gerado um vai-um, ele é transportado uma posição à esquerda, assim como na aritmética decimal. Na aritmética do complemento de um, um vai-um gerado pela adição dos bits da extrema esquerda é somado ao bit da extrema direita. Esse processo é denominado vai-um de contorno. Na aritmética de complemento de dois, um vai-um gerado pela adição dos bits da extrema esquerda é simplesmente descartado. Alguns exemplos de aritmética binária podem ser vistos na Figura A.9.

Figura A.9 Adição em complemento de um e complemento de dois.

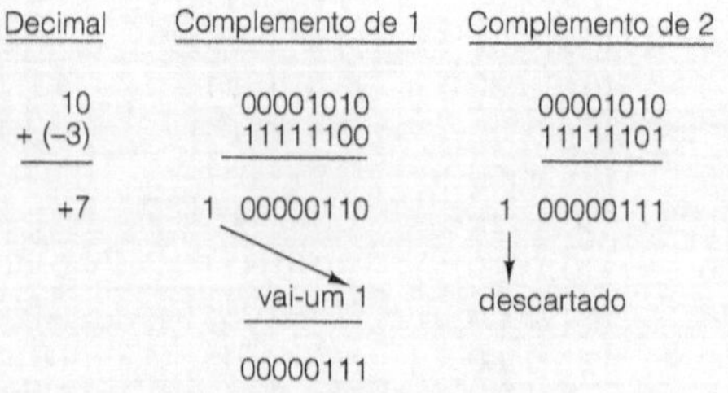

Decimal	Complemento de 1	Complemento de 2
10	00001010	00001010
+ (–3)	11111100	11111101
+7	1 00000110	1 00000111
	vai-um 1	descartado
	00000111	

Problemas

1. Converta os seguintes números para binário: 1.984, 4.000, 8.192.
2. Como 1001101001 (binário) é representado em decimal? E em octal? E em hexadecimal?
3. Quais dos seguintes são números hexadecimais válidos? BED, CAB, DEAD, DECADE, ACCEDED, BAG, DAD.
4. Expresse o número decimal 100 em todas as bases de 2 a 9.
5. Quantos inteiros positivos diferentes podem ser expressos em k dígitos usando números de base r?
6. A maioria das pessoas só pode contar até 10 nos dedos; porém, os cientistas de computador podem fazer melhor. Se você considerar cada dedo como um bit binário, com o dedo estendido indicando 1 e o dedo recolhido indicando 0, até quanto você pode contar usando as duas mãos? E com as duas mãos e os dois pés? Agora, use tanto as mãos como os pés, com o dedão de seu pé esquerdo representando um bit de sinal para números de complemento de dois. Qual é a faixa de números que pode ser expressa desse modo?
7. Efetue os seguintes cálculos em números de 8 bits de complemento de dois.

    ```
      00101101      11111111      00000000      11110111
    + 01101111    + 11111111    - 11111111    - 11110111
    ```

8. Repita o cálculo do problema anterior, mas agora em complemento de um.
9. Considere os seguintes problemas de adição para números binários de 3 bits no complemento de dois. Para cada soma, diga
    a. Se o bit de sinal do resultado é 1.
    b. Se os 3 bits de ordem baixa são 0.
    c. Se houve um excesso.

    ```
      000       000       111       100       100
    + 001     + 111     + 110     + 111     + 100
    ```

10. Números decimais com sinal, consistindo em n dígitos, podem ser representados em $n + 1$ dígitos sem um sinal. Números positivos têm 0 como dígito da extrema esquerda. Números negativos são formados subtraindo cada dígito de 9. Assim, o negativo de 014725 é 985274. Esses números são denominados números em complemento de nove e são semelhantes aos números binários em complemento de um. Expresse os seguintes como números em complemento de nove com três dígitos: 6, –2, 100, –14, –1, 0.
11. Determine a regra para adição de números em complemento de nove e depois efetue as adições a seguir:

    ```
      0001      0001      9997      9241
    + 9999    + 9998    + 9996    + 0802
    ```

12. Complemento de dez é semelhante ao complemento de dois. Um número negativo no complemento de dez é formado somando 1 ao número no complemento de nove correspondente, ignorando o vai-um. Qual é a regra da adição para números no complemento de dez?
13. Construa tabelas de multiplicação para números de base 3.
14. Multiplique 0111 e 0011 em binário.
15. Escreva um programa que aceite um número decimal com sinal como uma cadeia em ASCII e imprima sua representação em complemento de dois em binário, octal e hexadecimal.
16. Escreva um programa que aceite duas cadeias ASCII de 32 caracteres contendo 0s e 1s, cada uma representando um número binário de 32 bits em complemento de dois. O programa deverá imprimir sua soma como uma cadeia ASCII de 32 caracteres com 0s e 1s.

Apêndice B

Números de ponto flutuante

Em muitos cálculos, a faixa de números usados é muito grande. Por exemplo, um cálculo de astronomia poderia envolver a massa do elétron, 9×10^{-28} gramas, e a massa do Sol, 2×10^{33} gramas, uma faixa que ultrapassa 10^{60}. Esses números poderiam ser representados por

0000000000000000000000000000000000,0000000000000000000000000009
2000000000000000000000000000000000,0000000000000000000000000000

e todos os cálculos poderiam ser efetuados mantendo-se 34 dígitos à esquerda da vírgula e 28 casas à direita dela. Isso permitiria 62 dígitos significativos nos resultados. Em um computador binário, poderia ser usada aritmética de dupla precisão para fornecer significância suficiente. Porém, a massa do sol nem sequer é conhecida com exatidão até cinco dígitos significativos, muito menos 62. Na verdade, poucas medições de qualquer tipo podem (ou precisam) ser feitas com precisão de 62 dígitos significativos. Embora seja possível manter todos os resultados intermediários com 62 dígitos significativos e depois descartar 50 ou 60 deles antes de imprimir o resultado final, isso seria um desperdício de tempo de CPU e de memória.

Precisamos de um sistema que represente números em que a faixa de números que podem ser expressos é independente do número de dígitos significativos. Neste apêndice, discutiremos tal sistema. Ele é baseado na notação científica normalmente utilizada na física, química e engenharia.

B.1 Princípios de ponto flutuante

Um modo de separar a faixa da precisão é expressar números na conhecida notação científica

$n = f \times 10^e$

em que f é denominada a **fração**, ou **mantissa**, e e é um inteiro positivo ou negativo, chamado **expoente**. A versão para computador dessa notação é chamada **ponto flutuante**. Alguns exemplos de números expressos nessa forma são

$3,14 = 0,314 \times 10^1 = 3,14 \times 10^0$

$0,000001 = 0,1 \times 10^{-5} = 1,0 \times 10^{-6}$

$1941 = 0,1941 \times 10^4 = 1,941 \times 10^3$

A faixa é efetivamente determinada pelo número de dígitos no expoente e a precisão é definida pelo número de dígitos na mantissa. Como há mais de uma maneira de representar um número qualquer, em geral é escolhida uma forma como padrão. Para investigar as propriedades desse método de representar números, considere uma representação, R, com uma mantissa de três dígitos com sinal, na faixa $0,1 \leq |f| < 1$ ou zero e um expoente de dois dígitos com sinal. A faixa de grandeza desses números vai de $+0,100 \times 10^{-99}$ a $+0,999 \times 10^{+99}$, o que abrange quase 199 ordens de grandeza, ainda assim são necessários só cinco dígitos e dois sinais para armazenar um número.

Números de ponto flutuante podem ser usados para modelar o sistema de números reais da matemática, embora haja algumas diferenças. A Figura B.1 apresenta um esquema exagerado da linha de números reais. A linha de números reais é dividida em sete regiões:

1. Números negativos grandes menores que $-0,999 \times 10^{99}$.
2. Números negativos entre $-0,999 \times 10^{99}$ e $-0,100 \times 10^{-99}$.
3. Números negativos pequenos com grandezas menores que $0,100 \times 10^{-99}$.
4. Zero.
5. Números positivos pequenos com grandezas menores que $0,100 \times 10^{-99}$.
6. Números positivos entre $0,100 \times 10^{-99}$ e $0,999 \times 10^{99}$.
7. Números positivos grandes maiores que $0,999 \times 10^{99}$.

Figura B.1 A linha de números reais pode ser dividida em sete regiões.

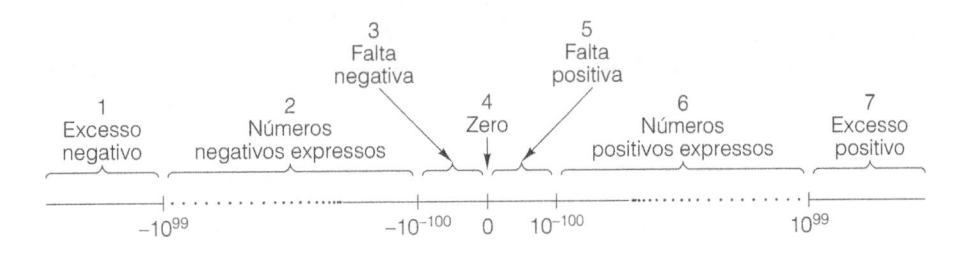

Uma diferença importante entre o conjunto de números que podem ser representados com três dígitos de mantissa e dois dígitos de expoente e os números reais é que os primeiros não podem ser usados para expressar quaisquer números nas regiões 1, 3, 5 ou 7. Se o resultado de uma operação aritmética gerar um número nas regiões 1 ou 7 (por exemplo, $10^{60} \times 10^{60} = 10^{120}$), haverá **erro de excesso** (*overflow*) e a resposta estará incorreta. O motivo para isso deve-se à natureza finita da representação para números e, portanto, é inevitável. De modo semelhante, um resultado nas regiões 3 ou 5 também não pode ser expresso. Essa situação é denominada **erro de falta** (*underflow*). Ele é menos sério do que o erro de excesso, pois 0 costuma ser uma aproximação satisfatória para os números nas regiões 3 e 5. Um saldo bancário de 10^{-102} dólares não será melhor do que um saldo de 0.

Outra diferença importante entre números de ponto flutuante e números reais é sua densidade. Entre dois números reais quaisquer, x e y, existe outro número real, não importando a proximidade entre x e y. Essa propriedade vem do fato de que para quaisquer números reais distintos, x e y, $z = (x + y)/2$ é um número real entre eles. Os números reais formam uma sequência contínua.

Números de ponto flutuante, ao contrário, não formam tal sequência. Exatos 179.100 números positivos podem ser expressos no sistema de cinco dígitos e dois sinais usado anteriormente, 179.100 números negativos e 0 (que pode ser expresso de várias maneiras), gerando um total de 358.201 números. Do número infinito de números reais entre -10^{+100} e $+0,999 \times 10^{99}$, somente 358.201 deles podem ser especificados por essa notação. Eles são simbolizados pelos pontos na Figura B.1. É bem possível que o resultado de um cálculo seja um dos outros números, embora esteja na região 2 ou 6. Por exemplo, $+0,100 \times 10^3$ dividido por 3 não pode ser expresso *exatamente* em nosso sistema de representação. Se o resultado de um cálculo não puder ser revelado na representação numérica sendo usada, a coisa óbvia a fazer é usar o número mais próximo que pode ser expresso. Esse processo é denominado **arredondamento**.

O espaçamento entre números adjacentes que podem ser expressos não é constante pela região 2 ou 6. A separação entre $+0,998 \times 10^{99}$ e $+0,999 \times 10^{99}$ é muito maior do que a separação entre $+0,998 \times 10^0$ e $+0,999 \times 10^0$. Contudo, quando a separação entre um número e seu sucessor é expressa como uma porcentagem desse número, não há variação sistemática pela região 2 ou 6. Em outras palavras, o **erro relativo** introduzido pelo arredondamento é mais ou menos o mesmo para números pequenos e números grandes.

Embora a discussão anterior fosse em termos de um sistema de representação com uma mantissa de três dígitos e um expoente de dois dígitos, as conclusões a que chegamos também são válidas para outros sistemas. Mudar o número de dígitos na mantissa ou expoente apenas desloca as fronteiras das regiões 2 e 6 e altera o número de pontos que podem ser expressos nessas regiões. Aumentar o número de dígitos na mantissa aumenta a densidade de pontos e, portanto, melhora a precisão das aproximações. Aumentar o número de dígitos no expoente aumenta o tamanho das regiões 2 e 6 e reduz as regiões 1, 3, 5 e 7. A Figura B.2 mostra as fronteiras aproximadas da região 6 para números decimais de ponto flutuante para diversos tamanhos de mantissa e expoente.

Figura B.2 Os limites inferior e superior aproximados de números decimais de ponto flutuante (não normalizados) que podem ser expressos.

Dígitos na mantissa	Dígitos no expoente	Limite inferior	Limite superior
3	1	10^{-12}	10^9
3	2	10^{-102}	10^{99}
3	3	10^{-1002}	10^{999}
3	4	10^{-10002}	10^{9999}
4	1	10^{-13}	10^9
4	2	10^{-103}	10^{99}
4	3	10^{-1003}	10^{999}
4	4	10^{-10003}	10^{9999}
5	1	10^{-14}	10^9
5	2	10^{-104}	10^{99}
5	3	10^{-1004}	10^{999}
5	4	10^{-10004}	10^{9999}
10	3	10^{-1009}	10^{999}
20	3	10^{-1019}	10^{999}

Uma variação dessa representação é usada nos computadores. Por questão de eficiência, a exponenciação tem base 2, 4, 8 ou 16, em vez de 10, e nesse caso, a mantissa consiste em uma cadeia de dígitos binários, de base 4, octais ou decimais. Se o dígito da extrema esquerda for zero, todos os dígitos podem ser deslocados uma posição para a esquerda e o expoente diminuído em 1, sem alterar o valor do número (exceto quando há falta). Uma mantissa com um dígito diferente de zero na extrema esquerda é denominada **normalizada**.

Números normalizados em geral são preferíveis, pois há somente uma forma, enquanto existem muitas formas não normalizadas. A Figura B.3 oferece alguns exemplos de números de ponto flutuante normalizados para duas bases de exponenciação. Nesses exemplos, são mostrados uma mantissa de 16 bits (incluindo o bit de sinal) e um expoente de 7 bits usando notação de excesso 64. O ponto de base (vírgula aritmética) está à esquerda do bit da extrema esquerda da mantissa – isto é, à direita do expoente.

Figura B.3 Exemplos de números de ponto flutuante normalizados.

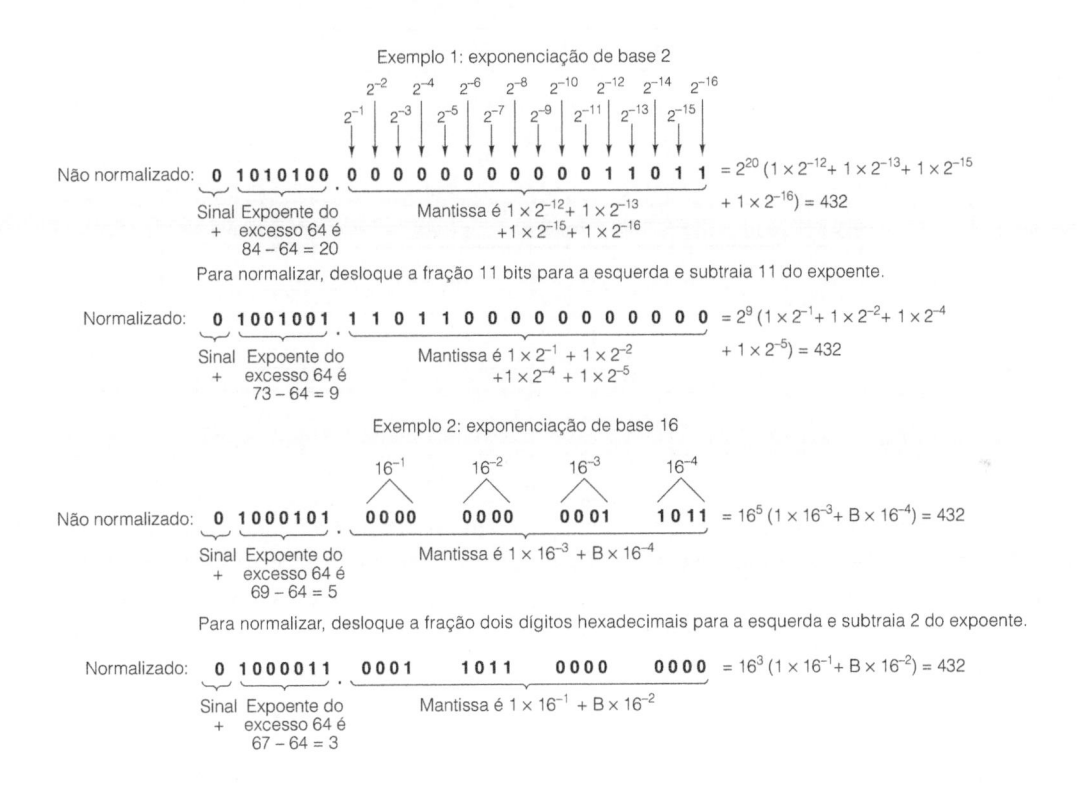

Exemplo 1: exponenciação de base 2

Não normalizado: 0 1010100 . 0000000000110 1 1 = $2^{20}(1 \times 2^{-12} + 1 \times 2^{-13} + 1 \times 2^{-15} + 1 \times 2^{-16})$ = 432

Sinal + Expoente do excesso 64 é 84 − 64 = 20
Mantissa é $1 \times 2^{-12} + 1 \times 2^{-13} + 1 \times 2^{-15} + 1 \times 2^{-16}$

Para normalizar, desloque a fração 11 bits para a esquerda e subtraia 11 do expoente.

Normalizado: 0 1001001 . 1101100000000000 = $2^{9}(1 \times 2^{-1} + 1 \times 2^{-2} + 1 \times 2^{-4} + 1 \times 2^{-5})$ = 432

Sinal + Expoente do excesso 64 é 73 − 64 = 9
Mantissa é $1 \times 2^{-1} + 1 \times 2^{-2} + 1 \times 2^{-4} + 1 \times 2^{-5}$

Exemplo 2: exponenciação de base 16

Não normalizado: 0 1000101 . 0000 0000 0001 1011 = $16^{5}(1 \times 16^{-3} + B \times 16^{-4})$ = 432

Sinal + Expoente do excesso 64 é 69 − 64 = 5
Mantissa é $1 \times 16^{-3} + B \times 16^{-4}$

Para normalizar, desloque a fração dois dígitos hexadecimais para a esquerda e subtraia 2 do expoente.

Normalizado: 0 1000011 . 0001 1011 0000 0000 = $16^{3}(1 \times 16^{-1} + B \times 16^{-2})$ = 432

Sinal + Expoente do excesso 64 é 67 − 64 = 3
Mantissa é $1 \times 16^{-1} + B \times 16^{-2}$

B.2 Padrão de ponto flutuante IEEE 754

Até por volta de 1980, cada fabricante de computador tinha seu próprio formato de ponto flutuante. Não é preciso dizer que todos eram diferentes. Pior ainda, alguns deles de fato efetuavam aritmética incorretamente, pois a de ponto flutuante tem algumas sutilezas que não são óbvias para o projetista de hardware comum.

Para remediar essa situação, no final da década de 1970, o IEEE instituiu um comitê para padronizar a aritmética de ponto flutuante. O objetivo não era apenas permitir que dados de ponto flutuante fossem trocados entre diferentes computadores, mas também dar aos projetistas de hardware um modelo comprovadamente correto. O trabalho resultante levou ao IEEE Standard 754 (IEEE, 1985). A maioria das CPUs de hoje (entre elas, as estudadas neste livro) possui instruções de ponto flutuante que obedecem ao padrão do IEEE. Diferente de muitos outros, que tendem a ser meras soluções de compromisso que não agradam a ninguém, esse padrão não é ruim, em grande parte porque foi, principalmente, o trabalho de uma única pessoa, o professor de matemática de Berkeley, William Kahan. O padrão será descrito no restante desta seção.

O padrão define três formatos: precisão simples (32 bits), precisão dupla (64 bits) e precisão estendida (80 bits). O formato de precisão estendida pretende reduzir erros de arredondamento. Ele é usado principalmente dentro das unidades aritméticas de ponto flutuante, de modo que não entraremos em mais detalhes. Os formatos de precisão simples e dupla utilizam base 2 para mantissas e notação de excesso para expoentes. Eles aparecem na Figura B.4.

Figura B.4 Formatos de ponto flutuante padrão IEEE. (a) Precisão simples. (b) Precisão dupla.

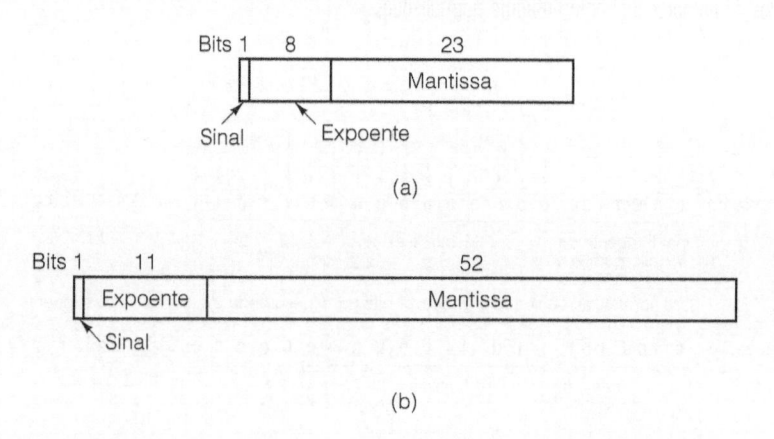

Os dois formatos começam com um bit de sinal para o número como um todo, sendo 0 positivo e 1 negativo. Em seguida, vem o expoente, usando excesso 127 para precisão simples e excesso 1.023 para precisão dupla. Os expoentes mínimo (0) e máximos (255 e 2.047) não são usados para números normalizados; eles possuem usos especiais, conforme descrevemos mais adiante. Por fim, temos as mantissas, de 23 e 52 bits, respectivamente.

Uma mantissa normalizada começa com um ponto binário, seguido por um bit 1, e depois o restante dela. Seguindo uma prática iniciada no PDP-11, os autores do padrão observaram que o bit 1 inicial da mantissa não precisa ser armazenado, pois é possível apenas admitir que ele está presente. Por conseguinte, o padrão define a mantissa de um modo ligeiramente diferente do normal. Ela consiste em um bit 1 implícito, um ponto binário implícito e depois 23 ou 52 bits quaisquer. Se todos os 23 ou 52 bits forem 0s, a mantissa terá o valor numérico 1,0; se todos esses bits forem 1s, ela é, numericamente, um pouco menor que 2,0. Para evitar confusão com uma mantissa convencional, a combinação do 1 implícito com o ponto binário implícito e com os 23 ou 52 bits explícitos é denominada um **significando**, em vez de uma mantissa. Todos os números normalizados têm um significando, s, no intervalo de $1 \leq s < 2$.

As características numéricas dos números de ponto flutuante padrão IEEE são dadas na Figura B.5. Como exemplos, considere os números 0,5, 1 e 1,5 no formato normalizado de precisão simples. Eles são representados em hexadecimal como 3F000000, 3F800000 e 3FC00000, respectivamente.

Figura B.5 Características dos números de ponto flutuante padrão IEEE.

Item	Precisão simples	Precisão dupla
Bits no sinal	1	1
Bits no expoente	8	11
Bits na mantissa	23	52
Bits, total	32	64
Sistema de expoente	Excesso 127	Excesso 1023
Faixa de expoente	−126 a +127	−1.022 a +1023
Menor número normalizado	2^{-126}	$2^{-1.022}$
Maior número normalizado	aprox. 2^{128}	aprox. $2^{1.024}$
Faixa decimal	aprox. 10^{-38} a 10^{38}	aprox. 10^{-308} a 10^{308}
Menor número não normalizado	aprox. 10^{-45}	aprox. 10^{-324}

Um dos problemas tradicionais com os números de ponto flutuante é como lidar com erros de falta, excesso e números não inicializados. O padrão IEEE trata desses problemas explicitamente, tomando emprestada sua técnica em parte do CDC 6600. Além dos números normalizados, o padrão tem quatro outros tipos numéricos, descritos a seguir e mostrados na Figura B.6.

Figura B.6 Tipos numéricos padrão IEEE.

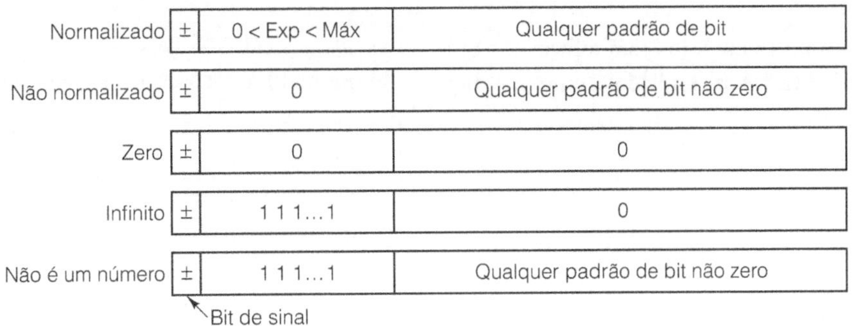

Normalizado	±	0 < Exp < Máx	Qualquer padrão de bit
Não normalizado	±	0	Qualquer padrão de bit não zero
Zero	±	0	0
Infinito	±	1 1 1 ... 1	0
Não é um número	±	1 1 1 ... 1	Qualquer padrão de bit não zero

↖ Bit de sinal

Surge um problema quando o resultado de um cálculo tem uma magnitude menor do que o menor número de ponto flutuante normalizado que pode ser representado nesse sistema. Antes, quase todo hardware adotava uma de duas técnicas: simplesmente definir o resultado como zero e continuar ou causar uma exceção de falta de ponto flutuante. Nenhuma dessas é realmente satisfatória, de modo que o IEEE inventou os **números não normalizados**. Esses números têm um expoente 0 e uma mantissa dada pelos 23 ou 52 bits seguintes. O bit 1 implícito à esquerda do ponto binário agora se torna um 0. Números não normalizados podem ser distinguidos dos normalizados porque não é permitido que os normalizados tenham um expoente 0.

O menor número de precisão simples normalizado tem 1 como expoente e 0 como mantissa, e representa $1,0 \times 2^{-126}$. O maior número não normalizado tem 0 como expoente e todos os dígitos 1 na mantissa, e representa cerca de $0,9999999 \times 2^{-126}$, que é quase a mesma coisa. Deve-se notar, entretanto, que esse número tem apenas 23 bits significativos, contra 24 para todos os números normalizados.

À medida que cálculos reduzem ainda mais esse resultado, o expoente continua firme em 0, mas os primeiros poucos bits da mantissa tornam-se zeros, o que reduz o valor, bem como o número de bits significativos na mantissa. O menor número não normalizado diferente de zero consiste em 1 no bit da extrema direita, sendo o restante 0. O expoente representa 2^{-126} e a mantissa representa 2^{-23}, de modo que o valor é 2^{-149}. Esse esquema oferece um erro de falta controlado, abrindo mão de significância em vez de saltar para 0 quando o resultado não puder ser expresso como um número normalizado.

Há dois zeros presentes nesse esquema, positivo e negativo, determinados pelo bit de sinal. Ambos têm um expoente 0 e uma mantissa 0. Também aqui o bit à esquerda do ponto binário é implicitamente 0, em vez de 1.

O erro por excesso não pode ser tratado de forma controlada. Não existem combinações de bits restantes. Em vez disso, uma representação especial é fornecida para infinito, consistindo em um expoente com todos os bits iguais a 1 (não permitido para números não normalizados) e uma mantissa igual a 0. Esse número pode ser usado como um operando e comporta-se de acordo com as regras normais da matemática para o infinito. Por exemplo, infinito mais qualquer coisa é infinito, e qualquer número finito dividido por infinito é zero. De modo semelhante, qualquer número finito dividido por zero resulta em infinito.

E o infinito dividido por infinito? O resultado é indefinido. Para tratar desse caso, outro formato especial é fornecido, chamado **NaN** (**Not a Number – não é um número**). Ele também pode ser usado como um operando com resultados previsíveis.

Problemas

1. Converta os seguintes números para o formato IEEE de precisão simples. Dê os resultados como oito dígitos hexadecimais.
   a. 9
   b. 5/32
   c. –5/32
   d. 6,125

2. Converta os seguintes números de ponto flutuante IEEE de precisão simples de hexadecimal para decimal:
   a. 42E48000H
   b. 3F880000H
   c. 00800000H
   d. C7F00000H

3. O formato de números de ponto flutuante de precisão simples no 370 tem um expoente de 7 bits no sistema excesso 64 e uma mantissa que contém 24 bits mais um bit de sinal, com o ponto binário na extremidade esquerda dela. A base para exponenciação é 16. A ordem dos campos é: bit de sinal, expoente, mantissa. Expresse o número 7/64 como um número normalizado nesse sistema em hexa.

4. Os números binários de ponto flutuante a seguir consistem em um bit de sinal, um excesso 64, expoente de base 2 e uma mantissa de 16 bits. Normalize-os.
   a. 0 1000000 0001010100000001
   b. 0 0111111 0000001111111111
   c. 0 1000011 1000000000000000

5. Para somar dois números de ponto flutuante, você precisa ajustar os expoentes (deslocando a mantissa) para torná-los iguais. Depois, você pode somar as mantissas e normalizar o resultado, se for preciso. Some os números IEEE de precisão simples 3EE00000H e 3D800000H e expresse o resultado normalizado em hexadecimal.

6. A empresa Tightwad Computer decidiu lançar uma máquina com números de ponto flutuante de 16 bits. O Modelo 0,001 tem um formato de ponto flutuante com um bit de sinal, expoente de 7 bits em excesso

64 e mantissa de 8 bits. O Modelo 0,002 tem um bit de sinal, expoente de 5 bits em excesso 16 e mantissa de 10 bits. Ambos usam exponenciação de base 2. Quais são o menor e o maior números positivos normalizados em cada modelo? Quantos dígitos decimais de precisão cada um tem, aproximadamente? Você compraria algum desses computadores?

7. Há uma situação na qual uma operação com dois números de ponto flutuante pode causar uma redução drástica no número de bits significativos no resultado. Qual é essa situação?

8. Alguns chips de ponto flutuante têm uma instrução de raiz quadrada embutida. Um algoritmo possível é um algoritmo iterativo (por exemplo, Newton-Raphson). Os algoritmos iterativos precisam de uma aproximação inicial e depois a melhoram constantemente. Como você poderia obter uma raiz quadrada aproximada de um número de ponto flutuante?

9. Escreva um procedimento para somar dois números de ponto flutuante com precisão simples no padrão IEEE. Cada número é representado por um vetor booleano de 32 elementos.

10. Escreva um procedimento para somar dois números de ponto flutuante com precisão simples que usam base 16 para o expoente e base 2 para a mantissa, mas não têm um bit 1 implícito à esquerda do ponto binário. Um número normalizado tem 0001, 0010, ..., 1111 como seus 4 bits da extrema esquerda da mantissa, mas não 0000. Um número é normalizado deslocando-se a mantissa 4 bits para a esquerda e subtraindo 1 do expoente.

Apêndice C

Programação em linguagem de montagem

Todo computador tem uma **ISA** (Instruction Set Architecture – arquitetura do conjunto de instrução), que é um conjunto de registradores, instruções e outras características visíveis para seus programadores de baixo nível. Essa ISA costuma ser denominada **linguagem de máquina**, embora o termo não seja de todo exato. Um programa nesse nível de abstração é uma longa lista de números binários, um por instrução, que informa quais instruções executar e quais são seus operandos. Programar com números binários é muito difícil, portanto, todas as máquinas têm uma **linguagem de montagem** (ou *assembly*), uma representação simbólica da arquitetura do conjunto de instruções com nomes simbólicos como ADD, SUB e MUL, em vez de números binários. Este apêndice é um tutorial sobre programação em linguagem de montagem para uma máquina específica, a Intel 8088, que era usada no IBM PC original e foi a base da qual se desenvolveu o moderno Pentium. O apêndice também abrange a utilização de algumas ferramentas que podem ser baixadas para ajudar a aprender programação em linguagem de montagem.

A finalidade deste apêndice não é produzir refinados programadores em linguagem de montagem, mas ajudar o leitor a aprender arquitetura de computadores por meio de experiência prática. Por essa razão, escolhemos uma máquina simples – a Intel 8088 – como exemplo de trabalho. Embora hoje as 8088s sejam raramente encontradas, todo Core i7 é capaz de executar programas 8088, portanto, as lições aprendidas aqui ainda se aplicam às máquinas modernas. Além do mais, grande parte das instruções básicas do Core i7 refere-se às mesmas que as do 8088, apenas usando registradores de 32 bits em vez dos de 16 bits. Assim, este apêndice também pode ser considerado uma introdução leve à programação em linguagem de montagem do Core i7.

Para poder programar qualquer máquina em linguagem de montagem, o programador tem de conhecer detalhadamente a arquitetura do conjunto de instruções da máquina. De acordo com isso, as seções C.1 a C.4 deste apêndice são dedicadas à arquitetura do 8088, sua organização de memória, modos de endereçamento e instruções. A Seção C.5 discute o *assembler* (ou montador), que é usado neste apêndice e está disponível gratuitamente, como descreveremos adiante. A notação empregada aqui é a usada por esse *assembler*. Outros *assemblers* usam notações diferentes, portanto, os leitores que já estão familiarizados com a programação de montagem do 8088 devem ficar atentos às diferenças. A Seção C.6 discute uma ferramenta interpretadora/rastreadora/depuradora que pode ser baixada para ajudar o principiante a depurar programas. A Seção C.7 descreve a instalação das ferramentas e como começar. A Seção C.8 contém programas, exemplos, exercícios e soluções.

C.1 Visão geral

Iniciaremos nosso passeio pela programação em linguagem de montagem fazendo alguns comentários sobre linguagem de montagem e dando, em seguida, um pequeno exemplo para ilustrá-la.

C.1.1 Linguagem de montagem

Todo *assembler* usa **mnemônicos**, isto é, palavras curtas como ADD, SUB e MUL para instruções de máquina como somar, subtrair e multiplicar para que fiquem mais fáceis de lembrar. Além disso, *assemblers* permitem a utilização de **nomes simbólicos** para constantes e **rótulos** para indicar endereços de instrução e memória. Ademais, grande parte dos *assemblers* suporta certo número de **pseudoinstruções**, que não são traduzidas para instruções ISA, mas que são comandos para o *assembler* que direcionam o processo de montagem.

Quando um programa em linguagem de montagem é alimentado em um programa denominado *assembler*, este o converte em um **programa binário** adequado para a execução propriamente dita. Então, ele pode ser executado no hardware em questão. Contudo, quando novatos começam a programar em linguagem de montagem, costumam cometer erros, e o programa binário apenas para, sem ter nenhuma pista sobre o que deu errado. Para facilitar a vida dos iniciantes, às vezes é possível executar o programa binário não no hardware em si, mas em um simulador, que executa uma instrução por vez e apresenta uma imagem detalhada do que está fazendo. Desse modo, a depuração fica muito mais fácil. Programas executados em um simulador rodam muito devagar, é claro, porém, quando a meta é aprender programa em linguagem de montagem, e não executar um *job* de produção, a perda de velocidade não é importante. Este apêndice é baseado em um conjunto de ferramentas que inclui um simulador como esse, denominado **interpretador** ou **rastreador**, porque ele interpreta e acompanha a execução do programa binário passo a passo, durante a execução. Os termos "simulador", "interpretador" e "rastreador" serão utilizados indiferentemente neste apêndice. Em geral, quando estivermos falando apenas sobre a execução de um programa, diremos "interpretador" e, quando estivermos falando sobre a utilização dele como uma ferramenta de depuração, diremos "rastreador", mas é o mesmo programa.

C.1.2 Um pequeno programa em linguagem de montagem

Para tornar algumas dessas ideias abstratas um pouco mais concretas, considere o programa e a imagem do rastreador da Figura C.1. Uma imagem da tela do rastreador é dada nessa figura. A Figura C.1(a) mostra um programa simples em linguagem de montagem para o 8088. Os números após os pontos de exclamação são os números das linhas da fonte, para facilitar a referência às partes do programa. Uma cópia desse programa pode ser encontrada na Sala Virtual, no diretório *examples*. Esse programa de montagem, como todos os outros discutidos neste apêndice, têm o sufixo *.s*, que indica que ele é um programa-fonte de linguagem de montagem. A tela do rastreador, mostrada na Figura C.1(b), contém sete janelas, cada uma com informações diferentes sobre o estado do programa binário que está sendo executado.

Agora, vamos examinar brevemente as sete janelas da Figura C.1(b). Na parte de cima, há três janelas, duas maiores e uma menor no meio. A janela na parte superior esquerda mostra o conteúdo do processador, que consiste nos valores correntes dos registradores de segmentos, CS, DS, SS e ES, dos registradores aritméticos, AH, AL, AX, e de outros.

Figura C.1 (a) Um programa em linguagem de montagem. (b) A tela correspondente do rastreador.

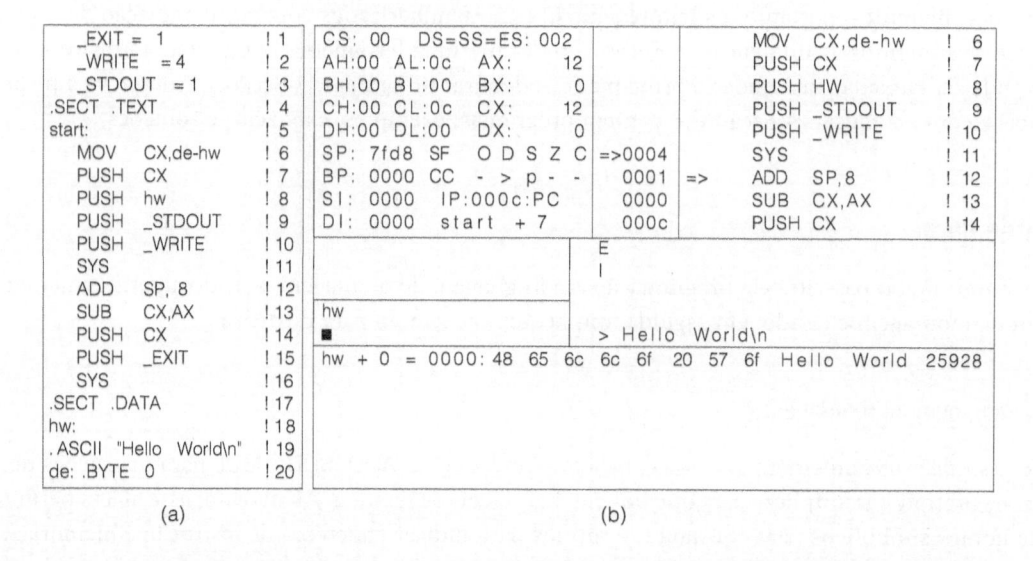

```
        _EXIT  = 1           ! 1
        _WRITE = 4           ! 2
        _STDOUT = 1          ! 3
.SECT .TEXT                  ! 4
start:                       ! 5
        MOV   CX,de-hw       ! 6
        PUSH  CX             ! 7
        PUSH  hw             ! 8
        PUSH  _STDOUT        ! 9
        PUSH  _WRITE         !10
        SYS                  !11
        ADD   SP, 8          !12
        SUB   CX,AX          !13
        PUSH  CX             !14
        PUSH  _EXIT          !15
        SYS                  !16
.SECT .DATA                  !17
hw:                          !18
  .ASCII "Hello World\n"     !19
de: .BYTE 0                  !20
          (a)
```

```
CS: 00    DS=SS=ES: 002                         MOV   CX,de-hw   ! 6
AH:00 AL:0c   AX:     12                        PUSH  CX         ! 7
BH:00 BL:00   BX:      0                        PUSH  HW         ! 8
CH:00 CL:0c   CX:     12                        PUSH  _STDOUT    ! 9
DH:00 DL:00   DX:      0                        PUSH  _WRITE     !10
SP: 7fd8 SF  O D S Z C   =>0004                 SYS              !11
BP: 0000 CC   - > p - -   0001   =>             ADD   SP,8       !12
SI: 0000    IP:000c:PC    0000                  SUB   CX,AX      !13
DI: 0000    start + 7     000c                  PUSH  CX         !14
                                         E
                                         I
hw
■                              > Hello  World\n
hw + 0 = 0000: 48 65 6c 6c 6f 20 57 6f   Hello World   25928
                   (b)
```

A janela do meio nessa linha de cima contém a pilha, uma área de memória usada para valores temporários.

A janela à direita nessa parte superior contém um fragmento do programa em linguagem de montagem e a seta indica qual instrução está sendo executada no momento em questão. À medida que o programa é executado, a instrução corrente muda e a seta se move para apontá-la. A força do rastreador é que, acionando a tecla de *Return* (*Enter*, nos teclados de PCs), uma única instrução é executada e todas as janelas são atualizadas, o que possibilita executar o programa em câmera lenta.

Abaixo da janela à esquerda há outra janela que contém a pilha de chamadas de sub-rotina que, em nosso exemplo, está vazia. Abaixo dela estão comandos para o próprio rastreador. À direita dessas duas janelas há uma janela para entrada, saída e mensagens de erro.

Embaixo dessas janelas há outra que mostra uma parte da memória. Essas janelas serão discutidas com mais detalhes mais à frente, mas a ideia básica deve estar clara: o rastreador mostra o programa-fonte, os registradores da máquina e uma boa quantidade de informações sobre o estado do programa que está em execução. À medida que cada instrução é executada, a informação é atualizada, o que permite ao usuário ver, com grande detalhe, o que o programa está fazendo.

C.2 O processador 8088

Cada processador, incluindo o 8088, tem um estado interno, no qual mantém certas informações fundamentais. Para essa finalidade, o processador tem um conjunto de **registradores** nos quais essas informações podem ser armazenadas e processadas. Provavelmente o mais importante deles é o PC (**Program Counter – contador de programa**) que contém a localização de memória, isto é, o endereço, da próxima instrução a ser executada. Esse registrador também é denominado IP (**Instruction Pointer – ponteiro de instrução**). Essa instrução está localizada em uma parte da memória principal denominada **segmento de código**. A memória principal no 8088 pode ter até um pouco mais de 1 MB de tamanho, mas o segmento de código corrente tem apenas 64 KB. O registrador CS na Figura C.1 informa onde o segmento de código de 64 KB começa dentro da memória de 1 MB. Um novo segmento de código pode ser ativado pela simples mudança do valor no registrador CS. De modo semelhante, também há um segmento de dados de 64 KB, que informa onde os dados começam. Na Figura C.1, sua origem é dada pelo registrador DS, que também pode ser alterado conforme necessário para acessar dados fora do segmento de dados corrente. Os registradores CS e DS são necessários porque o 8088 tem registradores de 16 bits, portanto, eles não podem conter, diretamente, os endereços de 20 bits necessários para referenciar toda a memória de 1 MB. É por isso que os registradores de segmentos de dados e de código foram introduzidos.

Os outros registradores contêm dados ou ponteiros para dados na memória principal. Em programas em linguagem de montagem, esses registradores podem ser acessados diretamente. À parte desses registradores, o processador também contém todo o equipamento necessário para executar as instruções, mas essas partes estão disponíveis para o programador somente por meio de instruções.

C.2.1 O ciclo do processador

A operação do 8088 (e de todos os outros computadores) consiste em executar instruções, uma após a outra. A execução de uma única instrução pode ser subdividida nas seguintes etapas:

1. Buscar a instrução na memória no segmento de código usando o PC.
2. Incrementar o contador de programa.
3. Decodificar a instrução buscada.
4. Buscar os dados necessários na memória e/ou nos registradores do processador.
5. Executar a instrução.
6. Armazenar os resultados da instrução na memória e/ou registradores.
7. Voltar à etapa 1 para iniciar a instrução seguinte.

A execução de uma instrução se parece um pouco com a de um programa muito pequeno. Na verdade, algumas máquinas realmente têm um pequeno programa, denominado **microprograma**, para executar suas instruções. Os microprogramas são descritos detalhadamente no Capítulo 4.

Do ponto de vista de um programador em linguagem de montagem, o 8088 tem um conjunto de 14 registradores. Eles são, de certo modo, o bloco de rascunho onde as instruções operam, e estão em constante uso, embora os resultados neles armazenados sejam muito voláteis. A Figura C.2 dá uma visão geral desses 14 registradores. É claro que essa figura e a janela de registradores do rastreador da Figura C.1 são muito semelhantes, pois representam a mesma informação.

Figura C.2 Os registradores do 8088.

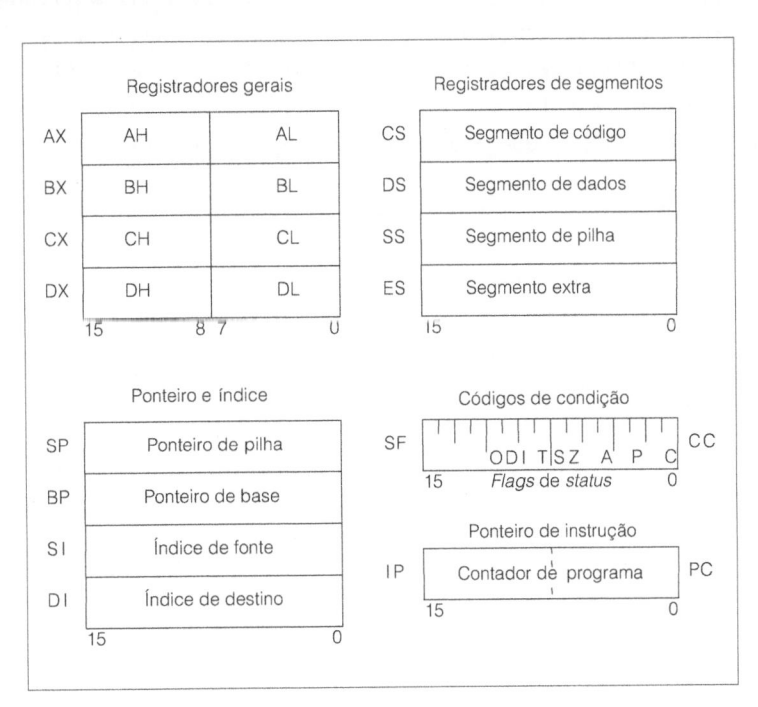

	Registradores gerais			Registradores de segmentos
AX	AH	AL	CS	Segmento de código
BX	BH	BL	DS	Segmento de dados
CX	CH	CL	SS	Segmento de pilha
DX	DH	DL	ES	Segmento extra

	Ponteiro e índice		Códigos de condição
SP	Ponteiro de pilha	SF	O D I T S Z A P C CC Flags de status
BP	Ponteiro de base		Ponteiro de instrução
SI	Índice de fonte	IP	Contador de programa PC
DI	Índice de destino		

Os registradores do 8088 têm 16 bits de largura. Não existem dois registradores que sejam completamente equivalentes em termos funcionais, porém alguns deles compartilham certas características, portanto, são divididos em grupos na Figura C.2. Agora, vamos discutir os diferentes grupos.

C.2.2 Os registradores gerais

Os registradores do primeiro grupo, AX, BX, CX e DX, são os **registradores gerais**. O primeiro desse grupo, AX, é denominado **registrador acumulador**. Ele é usado para coletar resultados de computações e é o alvo de muitas das instruções. Embora cada registrador possa executar grande quantidade de tarefas, em algumas instruções, esse AX é o destino implícito, por exemplo, na multiplicação.

O segundo registrador é o BX, o **registrador de base**. Para muitas finalidades, o BX pode ser usado da mesma maneira que o AX, mas ele tem um poder que o AX não possui. É possível colocar um endereço de memória em BX e então executar uma instrução cujo operando vem do endereço de memória contido em BX. Em outras palavras, BX pode conter um ponteiro para a memória, mas AX não. Para mostrar isso, comparamos duas instruções. Em primeiro lugar, temos

    MOV AX,BX

que copia para AX o conteúdo de BX. Em segundo lugar, temos

    MOV AX,(BX)

que copia para AX o conteúdo da palavra de memória cujo endereço está contido em BX. No primeiro exemplo, BX contém o operando fonte; no segundo, ele aponta para o operando fonte. Em ambos os exemplos, note que a instrução MOV tem um operando fonte e um destino, e que o destino está escrito antes da fonte.

O próximo é CX, o **registrador contador**. Além de realizar muitas outras tarefas, é usado em especial para conter contadores para laços. Ele é automaticamente decrementado na instrução LOOP, e os laços costumam ser encerrados quando CX chega a zero.

O quarto registrador do grupo geral é DX, o **registrador de dados**. Ele é usado junto com AX em instruções de comprimento de palavra dupla (isto é, 32 bits). Nesse caso, DX contém os 16 bits de ordem alta e AX possui os 16 bits de ordem baixa. Os inteiros de 32 bits costumam ser indicados pelo termo **longo**. O termo **duplo** é normalmente reservado para valores de ponto flutuante de 64 bits, embora há quem use "duplo" para inteiros de 32 bits. Neste tutorial, não haverá confusão, pois não discutiremos números de ponto flutuante.

Todos esses registradores gerais podem ser entendidos como um registrador de 16 bits ou como um par de registradores de 8 bits. Desse modo, o 8088 tem exatos oito registradores diferentes de 8 bits, que podem ser usados em instruções de byte e de caracteres. Nenhum dos outros registradores pode ser dividido em metades de 8 bits. Algumas instruções usam um registrador inteiro, como AX, porém outras instruções usam apenas metade de um registrador, como AL ou AH. Em geral, instruções que efetuam aritmética usam os registradores completos de 16 bits, mas as que lidam com caracteres em geral usam os de 8 bits. Todavia, é importante entender que AL e AH são apenas nomes para ambas as metades de AX. Quando AX é carregado com um novo valor, tanto AL quanto AH são mudados, respectivamente, para as metades inferior e superior do número de 16 bits colocado em AX. Para ver como AX, AH e AL interagem, considere a instrução

    MOV AX,258

que carrega o registrador AX com o valor decimal 258. Após essa instrução, o registrador de bytes AH contém o valor 1, e o registrador de bytes AL contém o número 2. Se essa instrução for seguida pela de soma de bytes

    ADDB AH,AL

então o registrador de bytes AH é incrementado pelo valor em AL (2), de modo que, agora, ele contém 3. O efeito dessa ação sobre o registrador AX é que seu valor agora é 770, o que equivale a 00000011 00000010 em notação binária, ou a 0x03 0x02 em notação hexadecimal. Os registradores de oito bytes de largura são quase intercambiáveis, com a exceção que AL sempre contém um dos operandos na instrução MULB, e é o destino implícito dessa operação, junto com AH. DIVB também usa o par AH : AL para o dividendo. O byte mais baixo do registrador de contador CL pode ser usado para conter o número de ciclos em instruções de deslocamento e rotação.

A Seção C.8, Exemplo 2, mostra algumas das propriedades dos registradores gerais por meio de uma discussão do programa *GenReg.s*.

C.2.3 Registradores de ponteiros

O segundo grupo de registradores consiste nos **registradores de ponteiros e índices**. O registrador mais importante desse grupo é o **ponteiro de pilha**, que é indicado por SP. Pilhas são importantes na maioria das linguagens de programação. A pilha é um segmento de memória que contém certas informações de contexto sobre o programa em execução. Em geral, quando um procedimento é chamado, parte da pilha é reservada para conter as variáveis locais do procedimento, o endereço para onde retornar quando o procedimento estiver concluído e outras informações de controle. A porção da pilha relativa a um procedimento é denominada seu **quadro de pilha**. Quando um procedimento chamado chama outro, um quadro de pilha adicional é alocado, em geral logo abaixo do quadro corrente. Chamadas adicionais alocam quadros de pilha adicionais abaixo dos atuais. Embora não seja obrigatório, pilhas quase sempre crescem para baixo, de endereços altos para baixos. Não obstante, o endereço numérico mais baixo ocupado na pilha é sempre denominado o topo dela.

Além de utilizadas para conter variáveis locais, pilhas também podem conter resultados temporários. O 8088 tem uma instrução, PUSH, que coloca uma palavra de 16 bits no topo da pilha. Essa instrução primeiro decrementa SP de 2, então armazena seu operando no endereço que SP está apontando agora. De modo semelhante, a instrução POP retira uma palavra de 16 bits do topo da pilha buscando o valor no topo e então incrementando SP em 2. O registrador SP aponta para o topo e é modificado por instruções PUSH, POP e CALL, sendo decrementado por PUSH, incrementado por POP e decrementado por CALL.

O próximo nesse grupo é BP, o **registrador de base**. Em geral, ele contém um endereço na pilha. Enquanto SP sempre aponta para o topo, BP pode apontar para qualquer local dentro da pilha. Na prática, um uso comum para BP é apontar para o início do quadro de pilha do procedimento corrente, de modo a ficar mais fácil achar as variáveis locais do procedimento. Assim, BP aponta para a parte de baixo do quadro de pilha corrente (a palavra de quadro de pilha que tem o endereço numérico mais alto) e SP aponta para o topo (a palavra de quadro de pilha corrente que tem o endereço numérico mais baixo). Assim, o quadro de pilha corrente é delimitado por BP e SP.

Nesse grupo, há dois registradores de índice: SI, o **índice de origem**, e DI, o **índice de destino**. Eles costumam ser usados em combinação com BP para endereçar dados na pilha, ou com BX para calcular os endereços de localização de dados de memória. Deixamos o tratamento mais extensivo desses registradores para a seção que trata de modos de endereçamento.

Um dos registradores mais importantes, que é um grupo em si, é o **ponteiro de instrução**, nome que a Intel dá para o contador de programa (PC). Ele não é endereçado diretamente pelas instruções, mas contém um endereço no segmento de código de programa da memória. O ciclo de instrução do processador começa pela busca da instrução apontada pelo PC. Então, esse registrador é incrementado antes que o restante da instrução seja executado. Desse modo, esse contador de programa aponta para a primeira após a instrução corrente.

O **registrador de flag** ou **registrador de código de condição** é, na verdade, um conjunto de registradores de um único bit. Alguns dos bits são marcados por instruções aritméticas e estão relacionados com o resultado, como segue:

Z – resultado é zero

S – resultado é negativo (bit de sinal)

V – resultado gerou um excesso

C – resultado gerou um vai-um

A – vai-um auxiliar (vai-um do bit 3)

P – paridade do resultado

Outros bits nesse registrador controlam a operação de certos aspectos do processador. O bit I habilita interrupções. O bit T habilita o modo de rastreamento, que é usado para depuração. Por fim, o bit D controla a direção das operações de cadeia de caracteres (*string*). Nem todos os 16 bits desse registrador de *flag* são utilizados; os que não são, estão ligados eletricamente a zero.

Há quatro registradores no **grupo de registradores de segmentos**. Lembre-se de que a pilha, os dados e os códigos de instrução, todos residem na memória principal, mas, geralmente, em partes diferentes. Os registradores de segmentos comandam essas partes diferentes da memória, que são denominadas **segmentos**. Esses registradores são denominados CS para o de segmentos de código, DS para o de segmentos de dados, SS para o de segmentos de pilha e ES para o de segmentos extras. Na maior parte do tempo, seus valores não são alterados. Na prática, o segmento de dados e o de pilha usam a mesma parte da memória, e os dados ficam na parte inferior do segmento e a pilha no topo. Explicaremos mais sobre esses registradores na Seção C.3.1.

C.3 Memória e endereçamento

O 8088 tem uma organização de memória um tanto deselegante por combinar uma memória de 1 MB com registradores de 16 bits. Com uma memória de 1 MB, são necessários 20 bits para representar um endereço de memória. Assim, é impossível armazenar um ponteiro para memória em qualquer dos registradores de 16 bits. Para contornar esse problema, a memória é organizada como segmentos, cada um deles de 64 KB, de modo que um endereço dentro de um segmento pode ser representado em 16 bits. Agora, vamos entrar em mais detalhes sobre a arquitetura da memória do 8088.

C.3.1 Organização da memória e segmentos

A memória do 8088, que consiste apenas em um vetor de bytes de 8 bits endereçáveis, é usada para o armazenamento de instruções, bem como para o armazenamento de dados e para a pilha. Para separar as partes da memória que são usadas para essas diferentes finalidades, o 8088 usa **segmentos** que são partes destacadas para certos usos. No 8088, tal segmento consiste em 65.536 bytes consecutivos. Há quatro segmentos:

1. O segmento de código.
2. O segmento de dados.
3. O segmento de pilha.
4. O segmento extra.

O segmento de código contém as instruções do programa. O conteúdo do registrador PC é sempre interpretado como um endereço de memória no segmento de código. Um valor de PC igual a 0 refere-se ao endereço mais baixo no segmento de código e não ao endereço absoluto de memória zero. O segmento de dados contém os dados inicializados e não inicializados para o programa. Quando BX contém um ponteiro, ele aponta para esse segmento de dados. O segmento de pilha contém variáveis locais e resultados intermediários passados para a pilha. Endereços em SP e BP estão sempre nesse segmento de pilha. O segmento extra é um registrador de segmentos avulsos que pode ser colocado em qualquer lugar da memória onde seja necessário.

Para cada um dos segmentos existe um registrador de segmentos correspondente: os de 16 bits CS, DS, SS e ES. O endereço de início de um segmento é o inteiro de 20 bits sem sinal que é construído deslocando o registrador de segmentos 4 bits para a esquerda e colocando zeros nas quatro posições da extrema direita. Isso significa que esses registradores sempre indicam múltiplos de 16, em um espaço de endereços de 20 bits. O registrador de segmentos aponta para a base do segmento. Endereços dentro do segmento podem ser construídos convertendo-se o valor de 16 bits do registrador para seu verdadeiro endereço de 20 bits, acrescentando quatro bits zero ao final, e somando o deslocamento a esse resultado. Na verdade, um endereço absoluto de memória é calculado multiplicando-se o registrador de segmentos por 16 e então somando o deslocamento ao resultado. Por exemplo, se DS for igual a 7, e BX for 12, então o endereço indicado por BX é 7 × 16 + 12 = 124. Em outras palavras, o endereço binário de 20 bits implícito por DS = 7 é 00000000000001110000. Somar o deslocamento de 16 bits 0000000000001100 (decimal 12) à origem do segmento dá o endereço de 20 bits 00000000000001111100 (decimal 124).

Para *toda* referência à memória, um dos registradores de segmentos é usado para construir o endereço de memória em si. Se alguma instrução contiver um endereço direto sem referência a um registrador, então esse endereço está automaticamente no segmento de dados e DS é usado para determinar a base do segmento. O endereço físico é achado somando-se essa base com o endereço na instrução. O endereço físico na memória do próximo código de instrução é obtido deslocando o conteúdo de CS por quatro casas binárias e somando o valor do contador de programa. Em outras palavras, o verdadeiro endereço de 20 bits implícito pelo registrador CS de 16 bits é calculado antes e, em seguida, o PC de 16 bits é somado a ele para formar um endereço absoluto de memória de 20 bits.

O segmento de pilha é composto por palavras de 2 bytes, portanto, o ponteiro de pilha, SP, deve sempre conter um número par. A pilha é preenchida dos endereços altos para os baixos. Assim, a instrução PUSH diminui o ponteiro de pilha em 2 e então armazena o operando no endereço de memória calculado a partir de SS e SP. O comando POP recupera o valor e incrementa SP em 2. Endereços no segmento de pilha mais baixos que os indicados por SP são considerados livres. Desse modo, a limpeza da pilha é conseguida apenas aumentando SP. Na prática, DS e SS são sempre iguais, portanto, um ponteiro de 16 bits pode ser usado para referenciar uma variável no segmento compartilhado de dados/pilha. Se DS e SS fossem diferentes, seria preciso um décimo sétimo bit em cada ponteiro para distinguir ponteiros para o segmento de dados daqueles para o segmento de pilha. Em retrospecto, ter um segmento de pilha separado provavelmente foi um erro.

Caso prefira que os endereços nos quatro registradores de segmentos fiquem bem distantes uns dos outros, então os quatro segmentos serão disjuntos, mas, se a memória disponível for restrita, isso não é necessário. Após a compilação, o tamanho do código de programa é conhecido. Então, é eficiente iniciar os segmentos de dados e pilha no primeiro múltiplo de 16 após a última instrução. Isso pressupõe que os segmentos de código e dados nunca usarão os mesmos endereços físicos.

C.3.2 Endereçamento

Quase toda instrução precisa de dados, sejam da memória, sejam dos registradores. O 8088 tem uma coleção razoavelmente versátil de modos de endereçamento para dar nomes a esses dados. Muitas instruções contêm dois operandos, em geral denominados de **destino** e de **origem**. Imagine, por exemplo, a instrução de cópia, ou a instrução de adição:

MOV AX,BX

ou

ADD CX,20

Nessas instruções, o primeiro operando é de destino e o segundo é de origem. (Qual deles vem em primeiro lugar é uma decisão arbitrária; também poderíamos ter invertido as posições.) Nem é preciso dizer que, nesse caso, o destino deve ser um **valor autorizado**, isto é, deve ser um lugar onde algo pode ser armazenado. Isso significa que constantes podem ser origens, mas não destinos.

Em seu projeto original, o 8088 requeria que ao menos um operando em uma instrução de dois operandos fosse um registrador. Isso para que a diferença entre **instruções de palavras** e **instruções de bytes** pudesse ser vista verificando se o registrador endereçado era um **registrador de palavras** ou um **registrador de bytes**. Na primeira versão do processador, essa ideia era imposta com tal rigor que era até mesmo impossível colocar uma constante na pilha, porque nem a origem nem o destino era um registrador naquela instrução. Versões posteriores eram menos rigorosas, mas, de qualquer modo, a ideia influenciou o projeto. Em alguns casos, um dos operandos não é mencionado. Por exemplo, na instrução MULB, somente o registrador AX é poderoso o suficiente para agir como um destino.

Também há várias instruções de um só operando, como incrementos, deslocamentos, negações etc. Nesses casos, não há qualquer requisito de registrador e a diferença entre as operações de palavras e bytes tem de ser deduzida apenas pelos *opcodes* (isto é, tipos de instrução).

O 8088 suporta quatro tipos básicos de dados: **byte** de 1 byte, **palavra** de 2 bytes, **longo** de 4 bytes e **decimal codificado em binário**, no qual dois dígitos decimais são empacotados em uma palavra. O último tipo não é suportado pelo interpretador.

Um endereço de memória sempre referencia um byte, entretanto, no caso de uma palavra ou de um longo, os locais de memória logo acima do byte indicado também são implicitamente referenciados. A palavra em 20 está nos locais de memória 20 e 21. O longo no endereço 24 ocupa os endereços 24, 25, 26 e 27. O 8088 é *little-endian*, o que significa que a parte de ordem baixa da palavra é armazenada no endereço mais baixo. No segmento de pilha, as palavras devem ser colocadas em endereços pares. A combinação AX DX, na qual AX contém a palavra de ordem baixa, é a única provisão feita para longos nos registradores do processador.

A tabela da Figura C.3 dá uma visão geral dos modos de endereçamento do 8088. Vamos discuti-los brevemente agora. O primeiro bloco horizontal da parte superior da tabela relaciona os registradores. Eles podem ser usados como operandos em quase todas as instruções, tanto como origens, quanto como destinos. Há oito registradores de palavras e oito registradores de bytes.

Figura C.3 Modos de endereçamento de operandos. O símbolo # indica um valor numérico ou rótulo.

Modo	Operando	Exemplos
Endereçamento de registrador		
Registrador de bytes	Registrador de bytes	AH, AL, BH, BL, CH, CL, DH, DL
Registrador de palavras	Registrador de palavras	AX, BX, CX, DX, SP, BP, SI, DI
Endereçamento de segmentos de dados		
Endereço direto	Endereço vem após *opcode*	(#)
Indireto de registrador	Endereço em registrador	(SI), (DI), (BX)
Deslocamento de registrador	Endereço em registrador + desloc.	#(SI), #(DI), #(BX)
Registrador com índice	Endereço é BX + SI/DI	(BX)(SI), (BX)(DI)
Registrador com índice e deslocamento	BX + SI DI + deslocamento	#(BX)(SI), #(BX)(DI)
Endereço de segmento de pilha		
Indireto de ponteiro de base	Endereço em registrador	(BP)
Deslocamento de ponteiro de base	Endereço é BP + deslocamento	#(BP)
Ponteiro de base com índice	Endereço é BP + SI/DI	(BP)(SI), (BP)(DI)
Desloc. de índice de ponteiro de base	BP + SI/DI + deslocamento	#(BP)(SI), #(BP)(DI)
Dados imediatos		
Byte/palavra imediato	Dados são parte da instrução	#
Endereço implícito		
Instrução push/pop	Endereço indireto (SP)	PUSH, POP, PUSHF, POPF
Flags de load/store	Registrador de *flag* de *status*	LAHF, STC, CLC, CMC
Traduzir XLAT	AL, BX	XLAT
Instruções de cadeias repetidas	(SI), (DI), (CX)	MOVS, CMPS, SCAS
Instruções de E/S	AX, AL	IN #, OUT #
Converte byte, palavra	AL, AX, DX	CBW, CWD

O segundo bloco horizontal, endereçamento de segmentos de dados, contém modos de endereçamento para o segmento de dados. Endereços desse tipo sempre contêm um par de parênteses, para indicar que o que se pretende representar é o conteúdo do endereço e não o valor. O modo mais fácil de endereçamento desse tipo é o **endereçamento direto**, no qual o endereço de dados do operando está na própria instrução. Exemplo:

ADD CX,(20)

no qual o conteúdo da palavra de memória nos endereços 20 e 21 é somado a CX. Locais de memória costumam ser representados por rótulos em vez de valores numéricos na linguagem de montagem, e a conversão é feita em tempo de montagem. Até mesmo em instruções CALL e JMP, o destino pode ser armazenado em uma localização de memória endereçada por um rótulo. Os parênteses que cercam os rótulos são essenciais (para o *assembler* que estamos usando) porque

   ADD CX,20

também é uma instrução válida, só que significa somar a constante 20 a CX, e não o conteúdo da palavra de memória 20. Na Figura C.3, o símbolo # é usado para indicar uma constante numérica, um rótulo ou uma expressão constante que envolva um rótulo.

No **endereçamento indireto de registrador**, o endereço do operando é armazenado em um dos registradores BX, SI ou DI. Nos três casos, o operando é encontrado no segmento de dados. Também é possível colocar uma constante na frente do registrador, caso em que o endereço é encontrado somando-se o registrador com a constante. Esse tipo de endereçamento, denominado **deslocamento de registrador**, é conveniente para vetores. Se, por exemplo, SI contiver 5, então o quinto caractere da cadeia no rótulo *FORMAT* pode ser carregado em AL por

   MOVB AL,FORMAT(SI)

A cadeia inteira pode ser examinada incrementando ou decrementando o registrador em cada etapa. Quando são usados operandos de palavra, o registrador deve ser alterado em dois a cada vez.

Também é possível colocar a base (isto é, o endereço numérico mais baixo) do vetor no registrador BX e reservar o registrador SI ou DI para contagem. Isso é denominado endereçamento de **registrador com índice**. Por exemplo:

   PUSH (BX)(DI)

busca o conteúdo do local do segmento de dados cujo endereço é dado pela soma dos registradores BX e DI. Em seguida, esse valor é passado para a pilha. Os dois últimos tipos de endereço podem ser combinados para obter endereçamento de **registrador com índice e deslocamento**, como em

   NOT 20(BX)(DI)

que complementa a palavra de memória em BX + DI + 20 e BX + DI + 21.

Todos os modos de endereçamento direto no segmento de dados também existem para o segmento de pilha, caso em que é usado o ponteiro de base BP, em vez do registrador de base BX. Desse modo, (BP) é o único modo de endereçamento de pilha indireto de registrador, mas existem outros modos mais complicados, até indireto de ponteiro de base com índice e deslocamento −1(BP)(SI). Esses modos são valiosos para endereçar variáveis locais e parâmetros de função, armazenados em endereços de pilha em sub-rotinas. Esse arranjo é descrito com mais detalhes na Seção C.4.5.

Todos os endereços que obedecem aos modos de endereçamento discutidos até agora podem ser usados como origens e destinos para operações. Eles são definidos, em conjunto, como **endereços efetivos**. Os modos de endereçamento nos dois blocos restantes não podem ser usados como destinos e não são denominados endereços efetivos. Eles só podem ser usados como origens.

O modo de endereçamento no qual o operando é um valor constante de byte ou palavra na própria instrução é denominado **endereçamento imediato**. Assim, por exemplo,

   CMP AX,50

compara AX com a constante 50 e ajusta os bits no registrador de *flags* conforme os resultados.

Por fim, algumas das instruções usam **endereçamento implícito**. Para essas instruções, o operando ou operandos estão implícitos na própria instrução. Por exemplo, a instrução

   PUSH AX

passa o conteúdo de AX para a pilha decrementando SP e depois copiando AX para o local agora apontado por SP. Entretanto, SP não é nomeado na instrução em si; o simples fato de ser uma instrução PUSH implica que SP é usado.

De forma semelhante, as instruções de manipulação de *flags* usam implicitamente o registrador de *flags* de *status* sem nomeá-lo. Diversas outras instruções também têm operandos implícitos.

O 8088 tem instruções especiais para mover (MOVS), comparar (CMPS) e examinar (SCAS) cadeias de caracteres. Com essas instruções, os registradores de índices SI e DI são alterados automaticamente após a operação. Esse comportamento é denominado modo de **autoincremento** ou de **autodecremento**. O *flag de direção* no registrador de *flags* de *status* é que indica se SI e DI são incrementados ou decrementados. Um valor 0 no *flag* de direção incrementa, enquanto um valor de 1 decrementa. A alteração é 1 para instruções de byte e 2 para instruções de palavra. De certo modo, o ponteiro de pilha também é de autoincremento e autodecremento: ele é decrementado de 2 no início de um PUSH e incrementado de 2 no final de um POP.

C.4 O conjunto de instruções do 8088

O coração de todo computador é o conjunto de instruções que ele pode executar. Para entender realmente um computador, é necessário compreender bem seu conjunto de instruções. Nas seções seguintes, discutiremos as instruções mais importantes do 8088. Algumas delas são mostradas na Figura C.4, na qual estão divididas em dez grupos.

C.4.1 Mover, copiar, efetuar aritmética

O primeiro grupo de instruções são as instruções para copiar e mover. De longe, a mais comum é a instrução MOV, que tem uma origem explícita e um destino explícito. Se a origem for um registrador, o destino pode ser um endereço efetivo. Nessa tabela, um operando de registrador é indicado por um *r* e um endereço efetivo é indicado por um *e*, portanto, essa combinação de operandos é denotada por *e←r*. Essa é a primeira entrada para MOV na coluna *Operandos*. Uma vez que na sintaxe da instrução o destino é o primeiro operando e a origem, o segundo operando, a seta ← é usada para indicar os operandos. Assim, *e←r* significa que um registrador é copiado para um endereço efetivo.

Na instrução MOV, a origem também pode ser um endereço efetivo, e o destino, um registrador, o que será indicado por *r←e*, a segunda entrada da instrução na coluna *Operandos*. A terceira possibilidade é dados imediatos como origem, e endereço efetivo como destino, o que resulta em *e←#*. Na tabela, dados imediatos são indicados pelo sinal (#). Visto que existem duas instruções, MOV para mover palavras e MOVB para mover bytes, o mnemônico da instrução termina com um *B* entre parênteses. Dessa forma, a linha realmente representa seis instruções diferentes.

Nenhum dos *flags* no registrador de código de condição é afetado por uma instrução MOV, portanto, nas últimas quatro colunas a entrada é "-". Note que as instruções de movimento não movem dados. Elas fazem cópias, o que significa que a origem não é modificada, como aconteceria com um movimento verdadeiro.

A segunda instrução na tabela é XCHG, que troca o conteúdo de um registrador com o conteúdo de um endereço efetivo. A tabela usa o símbolo ↔ para a troca. Nesse caso, existe uma versão para byte e também uma para palavra. Assim, a instruçao é indicada por XCHG e o campo *Operando* contém *r↔e*. A próxima instrução é LEA, que quer dizer *Load Effective Address* (carregue endereço efetivo). Ela calcula o valor numérico do endereço efetivo e o armazena em um registrador.

A seguir, vem PUSH, que passa seu operando para a pilha. O operando explícito pode ser uma constante (# na coluna *Operandos*) ou um endereço efetivo (*e* na coluna *Operandos*). Há também um operando implícito, SP, que não é mencionado na sintaxe da instrução. A tarefa da instrução é decrementar SP em 2 e então armazenar o operando no local agora apontado por SP.

Depois vem POP, que remove um operando da pilha para um endereço efetivo. As duas instruções seguintes, PUSHF e POPF, também têm operandos implícitos, enviando e retirando o registrador de *flags*, respectivamente. Esse também é o caso de XLAT, que carrega o registrador de byte AL a partir do endereço calculado por AL + BX. Essa instrução permite consulta rápida em tabelas de 256 bytes de tamanho.

As instruções IN e OUT foram definidas oficialmente no 8088, mas não foram implementadas no interpretador (e, por isso, não estão relacionadas na Figura C.4). Na verdade, são instruções para mover de e para um dispositivo de E/S. O endereço implícito é sempre o registrador AX, e o segundo operando na instrução é o número de porta do registrador de dispositivo desejado.

No segundo bloco da Figura C.4 estão as instruções de adição e subtração. Cada uma delas tem as mesmas três combinações de operandos de MOV: endereço efetivo para registrador, registrador para endereço efetivo e constante para endereço efetivo. Assim, a coluna *Operandos* da tabela contém r←e, e←r e e←#. Em todas essas quatro instruções, o *flag* de excesso, O, o *flag* de sinal, S, o *flag* de zero, Z, e o *flag* de vai-um, C, são todos ajustados com base no resultado da instrução. Isso significa, por exemplo, que O é marcado se o resultado não puder ser expresso corretamente no número permitido de bits e desmarcado se puder. Quando o maior número de 16 bits, 0x7fff (32.767 em decimal), for somado com ele mesmo, o resultado não pode ser expresso como um número de 16 bits com sinal, portanto, O é marcado para indicar o erro. Coisas semelhantes acontecem com os outros *flags* de *status* nessas operações. Se uma instrução causar algum efeito sobre um *flag* de *status*, isso é indicado por um asterisco (*) na coluna correspondente. Nas instruções ADC e SBB, o *flag* de vai-um no início da operação é usado como 1 (ou 0) extra, que é visto como um vai-um ou empréstimo da operação anterior. Essa facilidade é de especial utilidade para representar inteiros de 32 bits ou mais longos em várias palavras. Também existem versões de bytes para todas as adições e subtrações.

O bloco seguinte contém as instruções de multiplicação e divisão. Operandos inteiros com sinal requerem as instruções IMUL e IDIV; os sem sinal usam MUL e DIV. A combinação de registradores AH : AL é o destino implícito na versão de byte dessas instruções. Na versão de palavra, o destino implícito é a combinação de registradores AX : DX. Mesmo que o resultado da multiplicação seja só uma palavra ou um byte, o registrador DX ou AH é reescrito durante a operação. A multiplicação sempre é possível porque o destino contém bits suficientes. Os bits de excesso e vai-um são ajustados quando o produto não puder ser representado em uma só palavra, ou em um só byte. Os *flags* de zero e de negativo são indefinidos após uma multiplicação.

A divisão também usa as combinações DX : AX ou AH : AL como o destino. O quociente vai para AX ou AL e o resto para DX ou AH. Todos os quatro *flags* (vai-um, excesso, zero e negativo) são indefinidos após uma operação de divisão. Se o divisor for 0, ou se o quociente não couber no registrador, a operação executa uma exceção, que interrompe o programa a menos que esteja presente uma rotina de tratador de exceção. Ademais, é sensato tratar sinais de menos em software antes e depois da divisão porque, na definição do 8088, o sinal do resto é igual ao sinal do dividendo, ao passo que em matemática, um resto é sempre não negativo.

As instruções para decimais em código binário, entre as quais *Ascii Adjust for Addition* (AAA) (ajuste Ascii para adição) e *Decimal Adjust for Addition* (DAA) (ajuste decimal para adição), não são executadas pelo interpretador e não são mostradas na Figura C.4.

Figura C.4 Algumas das instruções mais importantes do 8088.

Mnemônico	Descrição	Operandos	Flags de status			
			O	S	Z	C
MOV(B)	Mover palavra, byte	r←e, e←r, e←#	-	-	-	-
XCHG(B)	Trocar palavra	r↔e	-	-	-	-
LEA	Carregar endereço efetivo	r←#e	-	-	-	-
PUSH	Passar para pilha	e, #	-	-	-	-
POP	Retirar da pilha	e	-	-	-	-
PUSHF	Passar flags para pilha	-	-	-	-	-
POPF	Retirar flags da pilha	-	-	-	-	-
XLAT	Traduzir AL	-	-	-	-	-
ADD(B)	Somar palavra	r←e, e←r, e←#	*	*	*	*
ADC(B)	Somar palavra com vai-um	r←e, e←r, e←#	*	*	*	*
SUB(B)	Subtrair palavra	r←e, e←r, e←#	*	*	*	*
SBB(B)	Subtrair palavra com empréstimo	r←e, e←r, e←#	*	*	*	*
IMUL(B)	Multiplicar com sinal	e	*	U	U	*
MUL(B)	Multiplicar sem sinal	e	*	U	U	*
IDIV(B)	Dividir com sinal	e	U	U	U	U
DIV(B)	Dividir sem sinal	e	U	U	U	U
CBW	Estender byte/palavra com sinal	-	-	-	-	-
CWD	Estender palavra/dupla com sinal	-	-	-	-	-
NEG(B)	Negar binário	e	*	*	*	*
NOT(B)	Complemento lógico	e	-	-	-	-
INC(B)	Incrementar destino	e	*	*	*	-
DEC(B)	Decrementar destino	e	*	*	*	-
AND(B)	AND lógico	e←r, r←e, e←#	0	*	*	0
OR(B)	OR lógico	e←r, r←e, e←#	0	*	*	0
XOR(B)	EXCLUSIVE OR lógico	e←r, r←e, e←#	0	*	*	0
SHR(B)	Deslocamento lógico para a direita	e←1, e←CL	*	*	*	*
SAR(B)	Deslocamento aritmético para a direita	e←1, e←CL	*	*	*	*
SAL(B) (=SHL(B))	Deslocar para a esquerda	e←1, e←CL	*	*	*	*
ROL(B)	Fazer rotação para a esquerda	e←1, e←CL	*	-	-	*
ROR(B)	Fazer rotação para a direita	e←1, e←CL	*	-	-	*
RCL(B)	Fazer rotação para a esquerda com vai-um	e←1, e←CL	*	-	-	*
RCR(B)	Fazer rotação para a direita com vai-um	e←1, e←CL	*	-	-	*
TEST(B)	Testar operandos	e↔r, e↔#	0	*	*	0
CMP(B)	Comparar operandos	e↔r, e↔#	*	*	*	*
STD	Ajustar flag de direção (↓)	-	-	-	-	-
CLD	Liberar flag de direção (↑)	-	-	-	-	-
STC	Ajustar flag de vai-um	-	-	-	-	1
CLC	Liberar flag de vai-um	-	-	-	-	0
CMC	Complementar vai-um	-	-	-	-	*
LOOP	Saltar para trás se CX ≥ 0 decrementado	rótulo	-	-	-	-
LOOPZ LOOPE	Para trás se Z = 1 e DEC(CX) ≥ 0	rótulo	-	-	-	-
LOOPNZ LOOPNE	Para trás se Z = 0 e DEC(CX) ≥ 0	rótulo	-	-	-	-
REP REPZ REPNZ	Repetir instrução de cadeia	instrução de cadeia	-	-	-	-
MOVS(B)	Mover cadeia de palavra	-	-	-	-	-
LODS(B)	Carregar cadeia de palavra	-	-	-	-	-
STOS(B)	Armazenar cadeia de palavra	-	-	-	-	-
SCAS(B)	Examinar cadeia de palavra	-	*	*	*	*
CMPS(B)	Comparar cadeia de palavra	-	*	*	*	*
JCC	Saltar conforme condições	rótulo	-	-	-	-
JMP	Saltar para rótulo	e, rótulo	-	-	-	-
CALL	Saltar para sub-rotina	e, rótulo	-	-	-	-
RET	Retornar de sub-rotina	-, #	-	-	-	-
SYS	Exceção de chamada de sistema	-	-	-	-	-

C.4.2 Operações lógicas, de bit e de deslocamento

O próximo bloco contém instruções para extensão de sinal, negação, complemento lógico, incremento e decremento. As operações de extensão de sinal não têm nenhum operando explícito, mas agem sobre as combinações de registradores DX : AX ou AH : AL. O operando único para as outras operações desse grupo pode ser achado em qualquer endereço efetivo. Os *flags* são afetados do modo esperado nos casos de NEG, INC e DEC, exceto que o vai-um não é afetado no incremento e decremento, o que é algo bastante inesperado e que alguns consideram como um erro de projeto.

O bloco de instruções seguinte é o grupo lógico de dois operandos cujas instruções se comportam como esperado. No grupo de deslocamento e rotação, todas as operações têm um endereço efetivo como seu destino, mas a origem é o registrador de bytes CL ou o número 1. Nos deslocamentos, todos os quatro *flags* são afetados; nas rotações, somente o vai-um e o excesso são afetados. O vai-um sempre obtém o bit que é deslocado ou que sai, na rotação, do bit de ordem alta ou de ordem baixa, dependendo da direção do deslocamento ou da rotação. Nas rotações com vai-um, RCR, RCL, RCRB e RCLB, o vai-um, junto com o operando no endereço efetivo, constituem uma combinação de registradores de deslocamento circular de 17 bits ou de 9 bits, que facilita deslocamentos e rotações de múltiplas palavras.

O próximo bloco de instruções é usado para manipular os bits de *flag*. A principal razão para isso é preparar para saltos condicionais. A seta dupla (↔) é usada em operações de comparação e teste para indicar os dois operandos, que não mudam durante a operação. Na operação TEST, o AND lógico dos operandos é calculado para ajustar ou liberar o *flag* de zero e o de sinal. O valor calculado não é armazenado em nenhum lugar e o operando não é modificado. Na CMP, a diferença entre os operandos é calculada e todos os quatro *flags* são marcados ou liberados como resultado da comparação. O *flag* de direção, que determina se os registradores SI e DI devem ser incrementados ou decrementados nas instruções de cadeia, pode ser ajustado ou liberado por STD e CLD, respectivamente.

O 8088 também tem um *flag* **de paridade** e um *flag* **auxiliar de vai-um**. O *flag* de paridade dá a paridade do resultado (par ou ímpar). O *flag* auxiliar verifica se houve excesso no meio byte (4 bits) de ordem baixa do destino. Também há instruções LAHF e SAHF, que copiam o byte de ordem baixa do registrador de *flag* em AH e vice-versa. O *flag* de excesso está no byte de ordem alta do registrador de código de condição e não é copiado nessas instruções. Essas instruções e *flags* são usadas principalmente para compatibilidade com os processadores 8080 e 8085.

C.4.3 Operações de laço e cadeias repetitivas

O bloco seguinte contém as instruções para executar laços. A instrução LOOP decrementa o registrador CX e salta para trás até o rótulo indicado se o resultado for positivo. As instruções LOOPZ, LOOPE, LOOPNZ e LOOPNE também testam o *flag* de zero para ver se o laço deve ser abortado antes de CX ser 0.

O destino de todas as instruções LOOP deve estar dentro de 128 bytes em relação à posição corrente do contador de programa porque a instrução contém um deslocamento de 8 bits com sinal. A quantidade de *instruções* (em comparação com bytes) que podem ser saltadas não pode ser calculada com exatidão, pois instruções diferentes têm comprimentos diferentes. Em geral, o primeiro byte define o tipo de uma instrução e, portanto, algumas delas precisam só de um byte no segmento de código. Muitas vezes, o segundo byte é utilizado para definir os registradores e modos de registradores da instrução e, se estas contiverem deslocamentos ou dados imediatos, o comprimento da instrução pode aumentar até quatro ou seis bytes. O comprimento médio da instrução é de cerca de 2,5 bytes por instrução, portanto, LOOP não pode saltar para trás mais do que cerca de 50 instruções.

Também existem alguns mecanismos especiais para laços em instruções de cadeia. Eles são REP, REPZ e REPNZ. De modo semelhante, todas as cinco instruções de cadeia no próximo bloco da Figura C.4 têm endereços implícitos e todas usam modo autoincremento ou modo autodecremento nos registradores de índices. Em todas essas instruções, o registrador SI aponta para dentro do **segmento de dados**, mas o registrador DI referencia o **segmento extra**, que é baseado em ES. Junto com a instrução REP, a MOVSB pode ser usada para mover cadeias completas em uma instrução. O comprimento da cadeia está contido no registrador CX. Uma vez que a instrução MOVSB não afeta os *flags*, não é possível verificar um byte zero ASCII durante a operação de cópia por meio da REPNZ, mas isso pode ser consertado usando-se primeiro uma REPNZ SCASB para obter um valor lógico em CX e, mais tarde, uma REP MOVSB. Esse ponto será ilustrado pelo exemplo de cópia de cadeia na Seção C.8. Em todas essas instruções, é preciso dar atenção extra ao registrador de segmentos ES, a menos que ES e DS tenham o mesmo valor. No interpretador é usado um modelo de memória pequena, de modo que ES = DS = SS.

C.4.4 Instruções Jump e Call

O último bloco trata de saltos condicionais e incondicionais, chamadas de sub-rotina e retornos. Aqui, a operação mais simples é a JMP. Ela pode ter um rótulo como destino ou o conteúdo de qualquer endereço efetivo. É feita uma distinção entre um **salto próximo** e um **salto distante**. Em um salto próximo, o destino está no segmento de código corrente, que não muda durante a operação. No distante, o registrador CS é alterado durante o salto. Na versão direta com um rótulo, o novo valor do registrador de segmento de código é fornecido na chamada após o rótulo; na versão com endereço efetivo, um longo é buscado na memória, tal que a palavra baixa corresponda ao rótulo de destino e a palavra alta ao novo valor do registrador de segmento de código.

É claro que não é surpresa que tal distinção exista. Para saltar para um endereço arbitrário dentro de um espaço de endereço de 20 bits, é preciso fazer alguma provisão para especificar mais que 16 bits. O modo de fazer isso é dar novos valores para CS e PC.

- **Saltos condicionais**

O 8088 tem 15 saltos condicionais e alguns deles têm dois nomes (por exemplo, JUMP GREATER OR EQUAL é a mesma instrução que JUMP NOT LESS THAN). Eles estão relacionados na Figura C.5. Todos eles só permitem saltos em uma distância de até 128 bytes da instrução. Se o destino não estiver dentro dessa faixa, é preciso usar uma construção de salto sobre salto. Nela, é usado o salto com a condição oposta para saltar sobre a próxima instrução. Se esta contiver um salto incondicional para o destino pretendido, então o efeito das duas instruções é apenas um salto de alcance maior do que o tipo pretendido. Por exemplo, em vez de

JB FARLABEL

temos

    JNA 1:f
    JMP FARLABEL
1:

Em outras palavras, se não for possível fazer JUMP BELOW, então é colocada uma JUMP NOT ABOVE em um rótulo 1 que esteja perto, seguida por um salto incondicional até *FARLABEL*. O efeito é o mesmo, com um custo um pouco mais alto em tempo e espaço. O *assembler* gera esses saltos sobre saltos automaticamente quando se espera que o destino esteja muito distante. Fazer esse cálculo corretamente é um pouco complicado. Suponha que a distância esteja próxima do limite, mas algumas das instruções intervenientes também sejam saltos condicionais. O mais externo não pode ser resolvido até que os tamanhos dos internos sejam conhecidos e assim por diante. Por segurança, o *assembler* erra em favor da precaução. Às vezes, gera um salto sobre salto quando não é estritamente necessário. Só gera um salto condicional direto quando tiver certeza absoluta de que o alvo está dentro da faixa.

A maioria dos saltos condicionais depende dos *flags* de *status* e é precedida por uma instrução de teste ou comparação. A instrução CMP subtrai o operando de origem do operando de destino, ajusta os códigos de condição e descarta o resultado. Nenhum dos operandos é alterado. Se o resultado for zero ou seu bit de sinal estiver ligado (isto é, se for negativo), o bit de *flag* correspondente é marcado. Se o resultado não puder ser expresso no número permitido de bits, o *flag* de excesso é marcado. Se houver um vai-um no bit de ordem alta, o *flag* de vai--um é marcado. Os saltos condicionais podem testar todos esses bits.

Figura C.5 Saltos condicionais.

Instrução	Descrição	Quando saltar
JNA, JBE	Abaixo ou igual	CF = 1 ou ZF = 1
JNB, JAE, JNC	Não abaixo de	CF = 0
JE, JZ	Zero, igual	ZF = 1
JNLE, JG	Maior que	SF = OF e ZF = 0
JGE, JNL	Maior que ou igual a	SF = OF
JO	Excesso	OF = 1
JS	Sinal negativo	SF = 1
JCXZ	CX é zero	CX = 0
JB, JNAE, JC	Abaixo	CF = 1
JNBE, JA	Acima	CF = 0 & ZF = 0
JNE, JNZ	Não zero, não igual	ZF = 0
JL, JNGE	Menor que	SF ≠ OF
JLE, JNG	Menor que ou igual a	SF ≠ OF ou ZF = 1
JNO	Não excesso	OF = 0
JNS	Não negativo	SF = 0

Se os operandos forem considerados operandos com sinal, devem ser utilizadas as instruções que usam GREATER THAN e LESS THAN. Se forem sem sinal, devem ser utilizadas as que usam ABOVE e BELOW.

C.4.5 Chamadas de sub-rotina

O 8088 tem uma instrução usada para chamar procedimentos, geralmente conhecidos em linguagem de montagem como **sub-rotinas**. Do mesmo modo que em instruções de salto, existem instruções de **chamada próxima** e instruções de **chamada distante**. No interpretador é executada somente a chamada próxima. O destino é um rótulo ou pode ser encontrado em um endereço efetivo. Parâmetros necessários para as sub-rotinas têm de ser passados para a pilha em primeiro lugar na ordem inversa, como ilustrado na Figura C.6. Em linguagem de montagem, os parâmetros costumam ser denominados **argumentos**, mas os termos são intercambiáveis. Após essas passagens, a instrução CALL é executada. A instrução começa passando o contador de programa corrente para a pilha. Desse modo, o endereço de retorno é salvo. O endereço de retorno é aquele no qual a execução da rotina chamadora tem de prosseguir quando a sub-rotina retornar.

Figura C.6 Um exemplo de pilha.

BP+8	...	
BP+6	Argumento 2	
BP+4	Argumento 1	
BP+2	Endereço de retorno	
BP	BP antigo	← BP
BP−2	Variável local 1	
BP−4	Variável local 2	
BP−6	Variável local 3	
BP−8	Resultado temporário	← SP

Em seguida, o novo contador de programa é carregado a partir do rótulo, ou do endereço efetivo. Se a chamada for distante, então o registrador CS é passado para a pilha antes do PC e ambos, o contador de programa e o registrador de segmento de código, são carregados a partir de dados imediatos ou a partir do endereço efetivo. Isso conclui a instrução CALL.

A instrução de retorno, RET, apenas retira o endereço de retorno da pilha, armazena-o no contador de programa e o programa continua na instrução imediatamente após a instrução CALL. Às vezes, a instrução RET contém um número positivo como dados imediatos. Admite-se que esse número seja o número de bytes dos argumentos que foram passados para a pilha antes da chamada; ele é adicionado a SP para limpar a pilha. Na variante distante, RETF, o registrador de segmento de código é retirado depois do contador de programa, como seria de se esperar.

Dentro da sub-rotina, os argumentos precisam estar acessíveis. Portanto, a sub-rotina muitas vezes inicia passando para a pilha o ponteiro de base e copiando o valor corrente de SP para BP. Isso significa que o ponteiro de base aponta para seu valor anterior. Agora, o endereço de retorno está em BP + 2 e o primeiro e segundo argumentos podem ser encontrados nos endereços efetivos BP + 4 e BP + 6. Se o procedimento precisar de variáveis locais, então o número requerido de bytes pode ser subtraído do ponteiro de pilha e essas variáveis podem ser endereçadas a partir do ponteiro de base com deslocamentos negativos. No exemplo da Figura C.6, há três variáveis locais de palavra única localizadas em BP − 2, BP − 4 e BP − 6, respectivamente. Desse modo, todo o conjunto de argumentos correntes e variáveis locais pode ser alcançado por meio do registrador BP.

A pilha é usada do modo comum para salvar resultados intermediários ou para preparar argumentos para a próxima chamada. Sem calcular a quantidade de pilha usada na sub-rotina, ela pode ser restaurada antes do retorno copiando o ponteiro de base para o ponteiro de pilha, retirando o BP antigo e, por fim, executando a instrução RET.

Durante uma chamada de sub-rotina, os valores dos registradores de processador às vezes mudam. É boa prática usar algum tipo de convenção tal que a rotina que está chamando não precise estar ciente dos registradores usados pela rotina que foi chamada. O modo mais simples de fazer isso é usar as mesmas convenções para chamadas de sistema e sub-rotinas normais. Admite-se que AX e DX possam mudar na rotina chamada. Se um desses registradores contiver informações valiosas, então é aconselhável que a rotina que está chamando os coloque na pilha antes de passar os argumentos. Se a sub-rotina também usar outros registradores, estes podem ser passados para a pilha imediatamente no início da sub-rotina e retirados antes da instrução RET. Em outras palavras, uma boa convenção é a rotina que chama salvar AX e DX se eles contiverem algo de importante e a rotina chamada salvar quaisquer outros registradores que ela sobrescrever.

C.4.6 Chamadas de sistema e sub-rotinas de sistema

Para separar as tarefas de abrir, fechar, ler e escrever arquivos da programação de montagem, programas são executados em um sistema operacional. Para permitir que o interpretador execute em múltiplas plataformas, um conjunto de sete chamadas de sistema e cinco funções é suportado pelo interpretador. Elas estão relacionadas na Figura C.7.

Figura C.7 Algumas chamadas de sistema e sub-rotinas UNIX disponíveis no interpretador.

No.	Nome	Argumentos	Valor de retorno	Descrição
5	_OPEN	*name, 0/1/2	descritor de arquivo	Abra arquivo
8	_CREAT	*name, *mode	descritor de arquivo	Crie arquivo
3	_READ	fd, buf, nbytes	# bytes	Leia nbytes para *buffer* buf
4	_WRITE	fd, buf, nbytes	# bytes	Escreva nbytes a partir de *buffer* buf
6	_CLOSE	fd	0 para sucesso	Feche arquivo com fd
19	_LSEEK	fd, offset(long), 0/1/2	posição (longo)	Mova ponteiro de arquivo
1	_EXIT	status		Feche arquivos e pare processo
117	_GETCHAR		leia caractere	Leia caractere da entrada-padrão
122	_PUTCHAR	char	escreva byte	Escreva caractere para saída-padrão
127	_PRINTF	*format, arg		Imprima formatado na saída-padrão
121	_SPRINTF	buf, *format, arg		Imprima formatado em *buffer* buf
125	_SSCANF	buf, *format, arg		Leia argumentos de *buffer* buf

Essas doze rotinas podem ser ativadas pela sequência de chamada-padrão; primeiro, passe os argumentos necessários para a pilha em ordem inversa, então passe o número da chamada e, por fim, execute a instrução de exceção de sistema **SYS** sem operandos. A rotina de sistema encontra todas as informações necessárias na pilha, incluindo o número da chamada do serviço de sistema requerido. Valores de retorno são colocados no registrador AX, ou na combinação de registradores DX : AX (quando o valor de retorno for um longo).

É garantido que todos os outros registradores manterão seus valores na instrução **SYS**. Além disso, os argumentos ainda estarão na pilha após a chamada. Visto que eles não são mais necessários, o ponteiro de pilha deve ser ajustado após a chamada (pela instrução que chama), a menos que sejam necessários para uma chamada subsequente.

Por conveniência, os nomes das chamadas de sistema podem ser definidos como constantes no início do programa *assembler*, de modo que elas possam ser chamadas pelo nome em vez de pelo número. Nos exemplos, serão discutidas várias chamadas de sistema, portanto, nesta seção, daremos somente um mínimo necessário de detalhes.

Nessas chamadas de sistema, arquivos são abertos pela chamada OPEN ou pela CREAT. Em ambos os casos, o primeiro argumento é o endereço do início de uma cadeia que contém o nome do arquivo. O segundo argumento na chamada OPEN é 0 (caso o arquivo deva ser aberto para leitura), 1 (caso deva ser aberto para escrita) ou 2 (para ambos). Se o arquivo precisar permitir escritas e ainda não existir, ele é criado pela chamada. Na chamada CREAT, é criado um arquivo vazio, com permissão ajustada de acordo com o segundo argumento. Ambas as chamadas, OPEN e CREAT, retornam um inteiro pequeno no registrador AX, que é denominado **descritor de arquivo** e que pode ser usado para ler, escrever e fechar o arquivo. Um valor de retorno negativo significa que a chamada falhou. No início do programa, três arquivos já estão abertos com descritores de arquivo: 0 para entrada-padrão, 1 para saída-padrão e 2 para saída de erro-padrão.

As chamadas READ e WRITE têm três argumentos: o descritor de arquivo, um *buffer* para conter os dados e o número de bytes a transferir. Uma vez que os argumentos são empilhados em ordem inversa, primeiro passamos o número de bytes, depois o endereço do início do *buffer*, em seguida o descritor de arquivo e, por fim, o número da chamada (READ ou WRITE). Essa ordem de empilhamento dos argumentos foi escolhida para ser igual à sequência de chamada padrão em linguagem C, na qual

    read(fd, buffer, bytes);

é implementada passando-se os parâmetros na ordem *bytes*, *buffer* e, por fim, *fd*.

A chamada CLOSE requer apenas o descritor de arquivo e retorna 0 em AX se o fechamento do arquivo foi bem-sucedido. A chamada EXIT requer o *status* de saída na pilha e não retorna.

A chamada **LSEEK** altera o **ponteiro de leitura/escrita** em um arquivo aberto. O primeiro argumento é o descritor de arquivo. Visto que o segundo argumento é um longo, a palavra de ordem alta deve ser passada para a pilha primeiro e, em seguida, a de ordem baixa, mesmo quando o deslocamento couber em uma palavra. O terceiro argumento indica se o novo ponteiro de leitura/escrita deve ser calculado em relação ao início do arquivo (caso 0), à posição atual (caso 1), ou em relação ao final do arquivo (caso 2). O valor de retorno é a nova posição do ponteiro em relação ao início de um arquivo e pode ser encontrado como um longo na combinação de registradores **DX : AX**.

Agora, chegamos às funções que não são chamadas de sistema. A função **GETCHAR** lê um caractere da entrada-padrão e o coloca em **AL**, sendo **AH** definido como zero. Caso falhe, **AX** é definida como –1. A chamada **PUTCHAR** escreve um byte na saída-padrão. O valor de retorno para uma escrita bem-sucedida é o byte escrito; para uma falha, é –1.

A chamada **PRINTF** produz saída de informação formatada. O primeiro argumento para a chamada é o endereço de uma cadeia de formato que informa como formatar a saída. A sequência "%d" indica que o próximo argumento é um inteiro na pilha, que é convertido à notação decimal quando impresso. Do mesmo modo, "%x" converte para hexadecimal e "%o" converte para octal. Além do mais, "%s" indica que o próximo argumento é uma cadeia que termina em nulo, que é passada para a chamada por meio de um endereço de memória na pilha. O número de argumentos extras na pilha deve combinar com o número de indicações de conversão na cadeia de formato.

Por exemplo, a chamada

printf("x = %d and y = %d\n", x, y);

imprime a cadeia com os valores numéricos de *x* e *y* substituídos no lugar das sequências "%d" na cadeia de formato. Mais uma vez, por compatibilidade com C, a ordem na qual os argumentos são passados é "y", "x" e, por fim, o endereço da cadeia de formato. A razão para essa convenção é que *printf* tem um número variável de parâmetros e, passando-os na ordem inversa, a cadeia de formato em si é sempre a última e, portanto, pode ser localizada. Se os parâmetros fossem passados da esquerda para a direita, a cadeia de formato estaria perdida na pilha e o procedimento *printf* não saberia onde encontrá-la.

Na chamada **PRINTF**, o primeiro argumento é o *buffer*, para receber a cadeia de saída, em vez da saída-padrão. Os outros argumentos são os mesmos que em **PRINTF**. A chamada **SSCANF** é o inverso da **PRINTF** no mesmo sentido de que o primeiro argumento é uma cadeia, que pode conter inteiros em notação decimal, octal ou hexadecimal, e o próximo é a cadeia de formato, que contém as indicações de conversão. Os outros argumentos são endereços de palavras de memória para receber as informações convertidas. Essas sub-rotinas de sistema são muito versáteis e um tratamento completo das possibilidades estaria muito além do escopo deste apêndice. Na Seção C.8, diversos exemplos mostram como elas podem ser usadas em diferentes situações.

C.4.7 Observações finais sobre o conjunto de instruções

Na definição oficial do 8088, existe um prefixo de **alteração de segmento** que facilita a possibilidade de usar endereços efetivos de um segmento diferente; isto é, o primeiro endereço de memória após a alteração é calculado usando o registrador do segmento indicado. Por exemplo, a instrução

ESEG MOV DX,(BX)

primeiro calcula o endereço de **BX** usando o segmento extra e, então, move o conteúdo para **DX**. Contudo, o segmento de pilha, no caso dos endereços que usam **SP**, e o segmento extra, no caso de cadeias de instruções com o registrador **DI**, não podem ser sobrepostos. Os registradores de segmentos **SS**, **DS** e **ES** podem ser usados na instrução **MOV**, mas é impossível mover dados imediatos para um registrador de segmentos, e esses registradores não podem ser usados em uma operação **XCHG**. A programação com mudança de registradores de segmentos e sobreposições (*overrides*) é bastante complicada, e deve ser evitada sempre que possível. O interpretador usa registradores de segmentos fixos, portanto, nesse caso, não há problemas.

Instruções de ponto flutuante estão disponíveis na maioria dos computadores, às vezes diretamente no processador, às vezes em um coprocessador separado e, às vezes, apenas interpretadas no software por meio de um tipo especial de exceção de ponto flutuante. A discussão dessas características está fora do escopo deste apêndice.

C.5 O *assembler*

Agora, já terminamos nossa discussão da arquitetura do 8088. O próximo tópico é o software usado para programar o 8088 em linguagem de montagem, em particular as ferramentas que fornecemos para aprender programação nessa linguagem. Primeiro, discutiremos o *assembler*, depois o rastreador e, em seguida, passamos para algumas informações práticas para sua utilização.

C.5.1 Introdução

Até agora, nos referimos às instruções por seus **mnemônicos**, isto é, por nomes simbólicos fáceis de lembrar como ADD e CMP. Registradores também foram denominados por nomes simbólicos, como AX e BP. Um programa escrito usando nomes simbólicos para instruções e registradores é denominado **programa em linguagem de montagem**. Para executar tal programa, é necessário primeiro traduzi-lo para os números binários que a CPU de fato entende. O programa que converte um programa em linguagem de montagem para números binários é um *assembler*. A saída do *assembler* é denominada **arquivo-objeto**. Muitos programas fazem chamadas às sub-rotinas já montadas e armazenadas em bibliotecas. Para executá-los, o arquivo-objeto recém-montado e as sub-rotinas de biblioteca que ele usa (também arquivos-objeto) devem ser combinados em um único **arquivo binário executável**, por meio de outro programa denominado **ligador** (*linker*). Só quando o ligador tiver montado o arquivo binário executável a partir de um ou mais arquivos-objeto é que a tradução está concluída por inteiro. Então, o sistema operacional pode ler o arquivo binário executável para a memória e executá-lo.

A primeira tarefa do *assembler* é montar uma **tabela de símbolos**, que é usada para mapear os nomes de constantes simbólicas e rótulos para os números binários que eles representam. Constantes que são definidas diretamente no programa podem ser colocadas na tabela de símbolos sem nenhum processamento. Esse trabalho é feito em uma passagem.

Rótulos representam endereços cujos valores não são imediatamente óbvios. Para calcular seus valores, o *assembler* percorre o programa linha por linha, operação denominada **primeira passagem**. Durante essa passagem, ele controla um **contador de local** em geral indicado pelo símbolo "." (**ponto**). Para cada instrução e reserva de memória que for encontrada nessa passagem, o contador de local é aumentado pelo valor correspondente ao tamanho da memória necessária para conter o item examinado. Assim, se o tamanho das duas primeiras instruções for 2 e 3 bytes, respectivamente, então um rótulo na terceira instrução terá o valor numérico 5. Por exemplo, se esse fragmento de código estiver no início de um programa, o valor de L será 5.

```
MOV AX,6
MOV BX,500
L:
```

No início da **segunda passagem**, o valor numérico de cada símbolo é conhecido. Uma vez que valores numéricos dos mnemônicos de instruções são constantes, agora a **geração de código** pode começar. As instruções são lidas novamente, uma por vez, e seus valores binários são escritos no arquivo-objeto. Quando a última instrução estiver montada, o arquivo-objeto estará concluído.

C.5.2 O *assembler as88*, baseado em ACK

Esta seção descreve os detalhes do *assembler*/ligador *as88*, que é disponibilizado na Sala Virtual e que funciona com o rastreador. Esse *assembler* é o Amsterdam Compiler Kit (ACK) e segue mais o modelo dos montadores UNIX do que o dos MS-DOS ou Windows. O símbolo de comentário nesse *assembler* é o ponto de exclamação (!). Qualquer coisa após um ponto de exclamação até o final da linha é um comentário e não afeta o arquivo-objeto produzido. Do mesmo modo, linhas vazias são permitidas, porém ignoradas.

Esse *assembler* usa três seções diferentes, nas quais o código traduzido e os dados serão armazenados. Essas seções estão relacionadas com os segmentos de memória da máquina. A primeira é a **seção TEXT**, para as instruções de processador. Em seguida, vem a **seção DATA**, para a inicialização da memória no segmento de dados, que é conhecido no início do processo. A última é a seção **BSS (Block Started by Symbol – bloco iniciado por símbolo)**, para a reserva de memória no segmento de dados que não é inicializado (isto é, é inicializado como 0). Cada seção tem seu próprio contador de local. A finalidade de ter seções é permitir que o *assembler* gere algumas instruções, depois alguns dados, em seguida algumas instruções, depois mais dados e assim por diante, e então fazer com que o ligador reorganize os pedaços de modo que todas as instruções estejam juntas no segmento de texto e todas as palavras de dados estejam juntas no segmento de dados. Cada linha de código de montagem produz saída para somente uma seção, mas linhas de código e linhas de dados podem ser intercaladas. Durante a execução, a seção TEXT é armazenada no segmento de texto e os dados e seções BSS são armazenados (consecutivamente) no segmento de dados.

Uma instrução ou palavra de dados no programa em linguagem de montagem pode começar com um rótulo. Um rótulo também pode aparecer sozinho em uma linha, caso em que é como se ele tivesse aparecido na próxima instrução ou palavra de dados. Por exemplo, em

    CMP AX,ABC
    JE L
    MOV AX,XYZ
    L:

L é um rótulo que se refere à instrução de palavra de dados que vem depois dela. São permitidos dois tipos de rótulo. O primeiro são os **rótulos globais**, identificadores alfanuméricos seguidos por dois-pontos (:). Todos esses rótulos devem ser exclusivos e não podem ser iguais a uma palavra reservada ou a um mnemônico de instrução. Segundo, só na seção TEXT, podemos ter rótulos locais, cada um consistindo em um único dígito seguido por dois-pontos (:). Um rótulo local pode ocorrer várias vezes. Quando um programa contém uma instrução tal como

    JE 2f

isso significa JUMP EQUAL para frente até o próximo rótulo 2. De modo semelhante,

    JNE 4b

significa JUMP NOT EQUAL para trás até o rótulo *4* mais próximo.

O *assembler* permite que as constantes recebam um nome simbólico usando a sintaxe

    identificador = expressão

na qual o identificador é uma cadeia alfanumérica, como em

    BLOCKSIZE = 1024

Como todos os identificadores em linguagem de montagem, somente os primeiros oito caracteres são significativos, portanto, *BLOCKSIZE* e *BLOCKSIZZ* são o mesmo símbolo, a saber, *BLOCKSIZ*. Expressões podem ser construídas com constantes, valores numéricos e operadores. Rótulos são considerados constantes porque no final da primeira passagem seus valores numéricos são conhecidos.

Valores numéricos podem ser **octais** (começando com um 0), **decimais** ou **hexadecimais** (começando com 0X ou 0x). Números hexadecimais usam as letras a–f ou A–F para os valores 10–15. Os operadores de inteiros são +, –, *, / e %, para adição, subtração, multiplicação, divisão e resto, respectivamente. Os operadores lógicos são &, ^ e ~, para AND bit a bit, OR bit a bit e complemento lógico (NOT), respectivamente. Expressões podem usar colchetes, [e], para agrupamento. Parênteses *NÃO* são usados, para evitar confusão com modos de endereçamento.

Rótulos em expressões devem ser manuseados de um modo sensato. Não podem ser subtraídos de rótulos de dados. A diferença entre rótulos comparáveis é um valor numérico, mas nem rótulos nem suas diferenças são permitidos como constantes em expressões multiplicativas ou lógicas. Expressões que são permitidas em definições de constantes também podem ser usadas como constantes em instruções do processador. Alguns *assemblers* têm facilidade de macro, pela qual múltiplas instruções podem ser agrupadas e receber um nome, porém o *as88* não tem essa característica.

Em toda linguagem de montagem há algumas diretivas que influenciam o processo de montagem em si, mas que não são traduzidas para código binário. Elas são denominadas **pseudoinstruções**. As pseudoinstruções do *as88* estão relacionadas na Figura C.8.

Figura C.8 As pseudoinstruções do *as88*.

Instrução	Descrição
.SECT .TEXT	Monte as linhas seguintes na seção TEXT
.SECT .DATA	Monte as linhas seguintes na seção DATA
.SECT .BSS	Monte as linhas seguintes na seção BSS
.BYTE	Monte os argumentos como uma sequência de bytes
.WORD	Monte os argumentos como uma sequência de palavras
.LONG	Monte os argumentos como uma sequência de longos
.ASCII "str"	Armazene *str* como uma cadeia ASCII sem um byte zero no final
.ASCIZ "str"	Armazene *str* como uma cadeia ASCII com um byte zero no final
.SPACE n	Avance o contador de local *n* posições
.ALIGN n	Avance o contador de local até uma fronteira de *n* bytes
.EXTERN	Identificador é um nome externo

O primeiro bloco de pseudoinstruções determina a seção na qual as linhas seguintes devem ser processadas pelo *assembler*. Em geral, a requisição de tal seção é feita em uma linha separada e pode ser colocada em qualquer lugar do código. Por razões de implementação, a primeira seção a ser usada deve ser a TEXT, depois a seção DATA e, em seguida, a seção BSS. Após essas referências iniciais, as seções podem ser usadas em qualquer ordem. Além disso, a primeira linha de uma seção deve ter um rótulo global. Não há outras restrições para a ordenação das seções.

O segundo bloco de pseudoinstruções contém as indicações de tipo de dados para o segmento de dados. Há quatro tipos: .BYTE, .WORD, .LONG e cadeia. Após um rótulo opcional e a palavra-chave da pseudoinstrução, os primeiros três tipos esperam, no restante da linha, uma lista de expressões constantes, separada por vírgulas. Para cadeias, há duas palavras-chave, ASCII e ASCIZ, e a única diferença é que a segunda palavra-chave adiciona um byte zero ao final da cadeia. Ambas requerem uma cadeia entre aspas duplas. Há várias sequências de escape permitidas em definições de cadeia. Apresentamos alguns deles na Figura C.9. Além desses, qualquer caractere específico pode ser inserido por uma barra invertida e uma representação octal, por exemplo, \377 (no máximo três dígitos, nenhum 0 requerido aqui).

Figura C.9 Alguns dos caracteres especiais permitidos pelo *as88*.

Símbolo de escape	Descrição
\n	Nova linha (avanço de linha)
\t	Tab
\\	Barra invertida
\b	Retrocesso
\f	Avanço de formulário
\r	Retorno de carro
\"	Aspas duplas

A pseudoinstrução SPACE apenas requer que o ponteiro de local seja incrementado pelo número de bytes dado nos argumentos. Essa palavra-chave é especialmente útil em seguida ao rótulo no segmento BSS para reservar memória para uma variável. A palavra-chave ALIGN é usada para avançar o ponteiro de local até a primeira fronteira de 2, 4 ou 8 bytes na memória para facilitar a montagem de palavras, longos etc. em um local de memória adequado. Por fim, a palavra-chave EXTERN anuncia que a rotina ou local de memória mencionado ficará disponível ao ligador para referências externas. A definição não precisa estar no arquivo corrente; ela também pode estar em algum outro lugar, contanto que o ligador possa manusear a referência.

Embora o *assembler* em si seja razoavelmente geral, quando ele é usado com o rastreador, vale a pena observar alguns pequenos pontos. O *assembler* aceita palavras-chave em maiúsculas ou minúsculas, mas o rastreador sempre as apresenta em maiúsculas. De modo semelhante, o *assembler* aceita ambos, "\r" (retorno de carro) e "\n" (nova linha) como indicação de uma nova linha, mas o rastreador usa a última. Além do mais, embora o *assembler* possa manusear programas subdivididos em vários arquivos, para usá-lo com o rastreador, o programa inteiro deve estar em um único arquivo com extensão ".$". Dentro dele, pode-se requisitar a inclusão de arquivos com o comando

#include nome_do_arquivo

Nesse caso, o arquivo requisitado também é escrito no arquivo combinado ".$" na posição da requisição. O *assembler* verifica se o arquivo *include* já foi processado e carrega apenas uma cópia. Isso é de especial utilidade se vários arquivos usarem o mesmo cabeçalho de arquivo. Nesse caso, somente uma cópia é incluída no arquivo-fonte combinado. Para incluir o arquivo, o *#include* deve ser o primeiro elemento da linha sem deixar espaços em branco na frente e o caminho do arquivo deve estar entre aspas duplas.

Se houver um único arquivo-fonte, por exemplo, *pr.s*, então se admite que o nome do projeto é *pr*, e o arquivo combinado será *pr.$*. Se houver mais de um arquivo-fonte, então o nome de base (*basename*) do primeiro arquivo é considerado o nome do projeto (*projname*) e usado para a definição do arquivo .$, que é gerado pelo *assembler* concatenando os arquivos-fonte. Esse comportamento pode ser cancelado se a linha de comando contiver um *flag* "–o projname" antes do primeiro arquivo-fonte, caso em que o nome do arquivo combinado será *projname.$*.

Note que há algumas desvantagens em usar *include* e mais de uma origem. É necessário que os nomes dos rótulos, variáveis e constantes sejam diferentes para todas as origens. Além do mais, o arquivo que for eventualmente montado para ser carregado é o arquivo *projname.$*, portanto, os números de linha mencionados pelo *assembler* em caso de erros e avisos são determinados em relação a esse arquivo. Para projetos muito pequenos, às vezes é mais simples colocar o programa inteiro em um arquivo e evitar *#include*.

C.5.3 Algumas diferenças com outros *assemblers* 8088

O *assembler as88* é modelado conforme o *assembler* padrão UNIX e, como tal, é diferente, em alguns aspectos, do Microsoft Macro Assembler MASM e do Borland 8088 Assembler TASM. Esses dois foram projetados para o sistema operacional MS-DOS e, em certos aspectos, as questões do *assembler* e as do sistema operacional estão intimamente relacionadas. Ambos, MASM e TASM, suportam todos os modelos de memória do 8088 permitidos pelo MS-DOS. Há, por exemplo, o modelo de memória **minúscula**, no qual todo o código e os dados devem caber em 64 KB; o modelo **pequeno**, no qual o segmento de código e o segmento de dados cada um tem 64 KB; e modelos **grandes**, que contêm vários segmentos de código e de dados. A diferença entre esses modelos depende da utilização dos registradores de segmentos. O modelo grande permite chamadas distantes e altera o registrador DS. O processador em si impõe algumas restrições aos registradores de segmentos (por exemplo, o registrador CS não é permitido como destino em uma instrução MOV). Para simplificar o rastreamento, o modelo de memória usado no *as88* é parecido com o modelo pequeno, embora o *assembler*, sem o rastreador, possa manipular os registradores de segmentos sem restrições adicionais.

Esses outros *assemblers* não têm uma seção .BSS e inicializam a memória somente nas seções DATA. Em geral, o arquivo do *assembler* começa com alguma informação de cabeçalho, em seguida passa para a seção DATA, que é indicada pela palavra-chave .data, seguida pelo texto do programa depois da palavra-chave .code. O cabeçalho tem uma palavra-chave title para nomear o programa, uma palavra-chave .model para indicar o modelo da memória e uma palavra-chave .stack para reservar memória para o segmento de pilha. Se o binário pretendido for um arquivo .com, então o modelo minúsculo é usado, todos os registradores de segmentos são iguais e no título desse segmento combinado são reservados 256 bytes para um "Prefixo de Segmento de Programa".

Em vez das diretivas .WORD, .BYTE e ASCIZ, esses *assemblers* têm palavras-chave DW para definir palavra e DB para definir byte. Após a diretiva DB, pode ser definida uma cadeia de caracteres dentro de um par de aspas duplas.

Rótulos para definições de dados não são seguidos por dois-pontos. Grandes porções da memória são inicializadas pela palavra-chave DUP, que é precedida por uma contagem e seguida de uma inicialização. Por exemplo, a declaração

LABEL DB 1000 DUP (0)

inicializa 1.000 bytes de memória com bytes de valor ASCII zero no rótulo *LABEL*.

Além disso, rótulos para sub-rotinas não são seguidos por dois-pontos, mas pela palavra-chave PROC. No final da sub-rotina, o rótulo é repetido e seguido pela palavra-chave ENDP, de modo que o *assembler* pode inferir o exato escopo de uma sub-rotina. Rótulos locais não são suportados.

As palavras-chave para as instruções são idênticas em MASM, TASM e *as88*. Além disso, a origem é colocada após o destino em instruções de dois operandos. Todavia, é prática comum usar registradores, em vez de uma pilha, para passar argumentos para funções. Contudo, se forem usadas rotinas de montagem dentro de programas C ou C++, é aconselhável usar a pilha para ficar de acordo com o mecanismo de chamada de sub-rotina em C. Essa não é uma diferença real, visto que, em *as88*, também é possível usar registradores em vez da pilha para argumentos.

A maior diferença entre MASM, TASM e *as88* está na realização de chamadas de sistema. Em MASM e TASM, o sistema é chamado por meio de uma interrupção de sistema INT. A mais comum é INT 21H, que é destinada às chamadas de função do MS-DOS. O número da chamada é colocado em AX, portanto, mais uma vez, temos passagem de argumentos em registradores. Há vetores de interrupção e números de interrupção diferentes para equipamentos diferentes, por exemplo, INT 16H para as funções de teclado do BIOS e INT 10H para o monitor. Para programar essas funções, o programador tem de estar ciente de uma grande quantidade de informações que dependem do dispositivo. Por comparação, as chamadas de sistema do UNIX disponíveis em *as88* são muito mais fáceis de usar.

C.6 O rastreador (*tracer*)

O rastreador-depurador deve executar em um terminal normal de 24 × 80 (VT100), com os comandos ANSI padronizados para terminais. Em máquinas UNIX ou Linux, o emulador de terminal no sistema X-window em geral cumpre os requisitos. Em máquinas Windows, o *driver ansi.sys* normalmente tem de ser carregado nos arquivos de inicialização do sistema como descrevemos adiante. Já vimos o *layout* da janela do rastreador nos exemplos do rastreador. Como se pode ver na Figura C.10, a tela do rastreador é subdividida em sete janelas.

Figura C.10 As janelas do rastreador.

Processador com registradores	Pilha	Texto do programa
		Arquivo-fonte
Pilha de chamadas de sub-rotinas		Campo de saída de erro
		Campo de entrada
Comandos do interpretador		Campo de saída
Valores de variáveis globais		
Segmento de dados		

A janela superior esquerda é a do processador, que exibe os registradores gerais em notação decimal e os outros registradores em hexadecimal. Uma vez que o valor numérico do contador de programa não é muito esclarecedor, a posição no código-fonte do programa em relação ao rótulo global anterior é fornecida na linha abaixo dele. Acima do campo de contador de programa são mostrados cinco códigos de condição. O excesso é indicado por um "v", o *flag* de direção por ">" para aumentar e por "<" para diminuir. O *flag* de sinal é "n" para negativo ou "p" para zero e positivo. O *flag* de zero é "z" se marcado, e o *flag* de vai-um marcado é "c". Um "–" indica um *flag* não marcado.

A janela superior do meio é usada para a pilha, que aparece em hexadecimal. A posição do ponteiro de pilha é indicada por uma seta "=>". Endereços de retorno e sub-rotinas são indicados por um dígito à frente do valor hexadecimal. A janela superior direita exibe uma parte do arquivo-fonte na vizinhança da próxima instrução a ser executada. A posição do contador de programa também é indicada por uma seta "=>".

Na janela sob o processador são exibidas as posições mais recentes das chamadas de sub-rotina de código--fonte. Diretamente abaixo dela está a janela de comandos do rastreador, que apresenta o comando previamente emitido na parte de cima e o cursor de comando na parte de baixo. Note que cada comando precisa ser seguido por um retorno do carro (*Enter*, em teclados de PC).

A janela de baixo pode conter seis itens de memória de dados globais. Cada item inicia com uma posição relativa a algum rótulo, seguida pela posição absoluta no segmento de dados. Logo após, dois-pontos, e então oito bytes em hexadecimal. As 11 posições seguintes são reservadas para caracteres, seguidas por quatro representações de palavra decimal. Os bytes, os caracteres e as palavras representam o mesmo conteúdo de memória, embora tenhamos três bytes extras para representação de caracteres. Isso é conveniente, porque não fica claro, desde o início, se os dados serão usados como inteiros com sinal ou sem sinal, ou como uma cadeia.

A janela do meio à direita é usada para entrada e saída. A primeira linha é para saída de erro do rastreador, a segunda linha para entrada e então há algumas linhas restantes para a saída. A saída de erro é precedida pela letra "E", a entrada por um "I" e a saída padrão por um ">". Na linha de entrada há uma seta "->" para indicar o ponteiro que deve ser lido em seguida. Se o programa chamar *read* ou *getchar*, a próxima entrada na linha de comando do rastreador estará indo para o campo de entrada. Além disso, nesse caso, é necessário terminar a linha de entrada com um retorno. A parte da linha que ainda não foi processada pode ser encontrada após a seta "->".

Em geral, o rastreador lê seus comandos e suas entradas a partir da entrada-padrão. Contudo, também é possível preparar um arquivo de comandos de rastreador e um arquivo de linhas de entrada a serem lidas antes de passar o controle para a entrada-padrão. Arquivos de comando do rastreador têm extensões .t e arquivos de entrada .i. Na linguagem de montagem, podem-se usar caracteres maiúsculos e minúsculos para palavras-chave, sub-rotinas de sistema e pseudoinstruções. Durante o processo de montagem, é feito um arquivo com extensão .$, no qual as palavras-chave em minúsculas são traduzidas para maiúsculas e caracteres de *carriage return* (CR) são descartados. Desse modo, para cada projeto, por exemplo, *pr*, podemos ter até seis arquivos diferentes:

1. *pr*.s para o código-fonte de montagem.
2. *pr*.$ para o arquivo-fonte composto.
3. *pr*.88 para o arquivo de carga.
4. *pr*.i para a entrada-padrão predefinida.
5. *pr*.t para comandos de rastreador predefinidos.
6. *pr*.# para ligar o código de montagem ao arquivo de carga.

O último arquivo é usado pelo rastreador para preencher a janela superior direita e o campo de contador de programa no monitor. Além disso, o rastreador verifica se o arquivo de carga foi criado após a última modificação do programa-fonte; se não foi, ele emite uma advertência.

C.6.1 Comandos do rastreador

A Figura C.11 apresenta uma relação de comandos do rastreador. Os mais importantes são o comando de retorno único, que é a primeira linha da tabela e que executa exatamente uma instrução de processador, e o comando de saída *q*, na última linha da tabela. Se for dado um número como um comando, então esse número de instruções é executado. O número *k* é equivalente a digitar um *Enter k* vezes. O mesmo efeito é conseguido se o número for seguido de um ponto de exclamação (!) ou de um *X*.

Figura C.11 Comandos do rastreador. Cada comando deve ser seguido por um *carriage return* (a tecla *Enter*). Um retângulo vazio indica que apenas um *carriage return* é necessário. Comandos sem campo *Address* na lista a seguir não têm endereço. O símbolo # representa um deslocamento de inteiro.

Endereço	Comando	Exemplo	Descrição
			Execute uma instrução
#	, !, X	24	Execute # instruções
/T+#	g, !,	/start+5g	Execute até linha # após rótulo T
/T+#	b	/start+5b	Ponha ponto de interrupção na linha # após rótulo T
/T+#	c	/start+5c	Remova ponto de interrupção na linha #
#	g	108g	Execute programa até linha # após rótulo T
	g	g	Execute programa até linha corrente novamente
	b	b	Ponha ponto de interrupção na linha corrente
	c	c	Remova ponto de interrupção na linha corrente
	n	n	Execute programa até próxima linha
	r	r	Execute até ponto de interrupção ou final
	=	=	Execute programa até mesmo nível de sub-rotina
	−	−	Execute até nível de sub-rotina menos 1
	+	+	Execute até nível de sub-rotina mais 1
/D+#		/buf+6	Apresente segmento de dados no *label*+#
/D+#	d, !	/buf+6d	Apresente segmento de dados no *label*+#
	R, CTRL L	R	Renove janelas
	q	q	Pare rastreamento, volte ao processador de comando

O comando g pode ser usado para ir até certa linha no arquivo-fonte. Há três versões desse comando. Se ele for precedido por um número de linha, então o rastreador executa até que essa linha seja encontrada. Com um rótulo /T, com ou sem +#, o número da linha na qual parar é calculado a partir do rótulo de instrução T. O comando g, sem qualquer indicação que o preceda, faz o rastreador executar comandos até que o número da linha corrente seja encontrado de novo.

O comando /label é diferente para um rótulo de instrução e para um rótulo de dados. No caso de rótulo de dados, uma linha na janela de baixo é preenchida ou substituída por um conjunto de dados que começam com aquele rótulo. Para um de instrução, ele é equivalente ao comando g. O rótulo pode ser seguido de um sinal de mais e um número (indicado por # na Figura C.11), para obter um deslocamento em relação ao rótulo.

É possível estabelecer um **ponto de interrupção** em uma instrução, o que é feito com o comando b, que, por opção, pode ser precedido por um rótulo de instrução, possivelmente com um deslocamento. Se for encontrada uma linha com um ponto de interrupção durante a execução, o rastreador interrompe. Para começar de novo a partir de um ponto de interrupção, é requerido um comando de retorno ou de execução. Se o rótulo e o número forem omitidos, então o ponto de interrupção é definido na linha atual. O ponto de interrupção pode ser liberado por um comando de liberação de ponto de interrupção, c, que pode ser precedido por rótulos e números, como o comando b. Há um comando de execução, r, no qual o rastreador executa até ser encontrado um ponto de interrupção, uma chamada de saída ou o final dos comandos.

O rastreador também monitora o nível de sub-rotina no qual o programa está executando. Isso é mostrado na janela abaixo da janela de processador e também pode ser visto por meio dos números de indicação na janela de pilha. Há três comandos que são baseados nesses níveis. O comando − faz o rastreador executar até que o nível de sub-rotina seja um a menos do que o atual. A tarefa desse comando é executar instruções até que a sub-rotina atual seja concluída. O inverso é o comando +, que executa o rastreador até encontrar o próximo nível de sub-rotina. O comando = executa até encontrar o mesmo nível e pode ser usado para executar uma sub-rotina no comando *CALL*. Se for usado =, os detalhes da sub-rotina não são mostrados na janela do rastreador. Há um comando relacionado, *n*, que executa até ser encontrada a próxima linha no programa. Esse comando é muito útil quando emitido como um comando *LOOP*; a execução para exatamente quando é executado o final do laço.

C.7 Como acessar

Antes de acessar pela primeira vez as ferramentas disponíveis como material de apoio, é necessário localizar o software para a sua plataforma. Temos versões pré-compiladas para Solaris, UNIX, Linux e Windows.

As ferramentas estão disponíveis em <sv.pearson.com.br>. Para mais informações, consulte a página XVII, no início deste livro.

C.8 Exemplos

Da Seção C.2 até a Seção C.4, discutimos o processador 8088, sua memória e suas instruções. Em seguida, na Seção C.5, estudamos a linguagem de montagem *as88* usada neste tutorial. Na Seção C.6, estudamos o rastreador. Por fim, na Seção C.7, descrevemos como montar o conjunto de ferramentas. Em teoria, essas informações são suficientes para escrever e depurar programas de montagem com as ferramentas fornecidas. Ainda assim, talvez seja útil para muitos leitores ver alguns exemplos detalhados de programas de montagem e como eles podem ser depurados com o rastreador. Tal é a finalidade desta seção. Todos os exemplos de programas discutidos aqui estão disponíveis no diretório *examples* do conjunto de ferramentas. Aconselhamos o leitor a montar e rastrear cada um deles à medida que é discutido.

C.8.1 Exemplo Hello World

Vamos iniciar com o exemplo da Figura C.12, *HlloWrld.s*. A listagem do programa aparece na janela esquerda. Uma vez que o símbolo de comentário do *assembler* é o ponto de exclamação (!), ele é usado na janela de programa para separar as instruções dos números de linha que vêm depois delas. As três primeiras linhas contêm definições de constantes, que conectam os nomes convencionais de duas chamadas de sistema e o arquivo de saída para suas correspondentes representações internas.

Figura C.12 (a) *HlloWrld.s*. (b) A janela correspondente no rastreador.

```
        _EXIT    = 1              ! 1
        _WRITE   = 4              ! 2
        _STDOUT  = 1              ! 3
.SECT .TEXT                       ! 4
start:                            ! 5
        MOV     CX,de-hw          ! 6
        PUSH    CX                ! 7
        PUSH    hw                ! 8
        PUSH    _STDOUT           ! 9
        PUSH    _WRITE            !10
        SYS                       !11
        ADD     SP, 8             !12
        SUB     CX,AX             !13
        PUSH    CX                !14
        PUSH    _EXIT             !15
        SYS                       !16
.SECT .DATA                       !17
hw:                               !18
        .ASCII "Hello World\n"    !19
de:     .BYTE 0                   !20
                (a)
```

```
CS: 00   DS=SS=ES: 002                MOV    CX,de-hw     ! 6
AH:00 AL:0c   AX:      12             PUSH   CX           ! 7
BH:00 BL:00   BX:       0             PUSH   HW           ! 8
CH:00 CL:0c   CX:      12             PUSH   _STDOUT      ! 9
DH:00 DL:00   DX:       0             PUSH   _WRITE       !10
SP: 7fd8 SF  O D S Z C =>0004         SYS                 !11
BP: 0000 CC    - > p - -  0001   =>   ADD    SP,8         !12
SI: 0000     IP.0000.PC   0000        SUB    CX,AX        !13
DI: 0000     start + 7    000c        PUSH   CX           !14
                                      E
                                      l
hw
■                                     > Hello World\n
hw + 0 = 0000: 48 65 6c 6c 6f 20 57 6f   Hello World 25928
                (b)
```

A pseudoinstrução .SECT, na linha 4, declara que as linhas seguintes devem ser consideradas parte da seção TEXT; isto é, instruções de processador. De modo semelhante, a linha 17 indica que o que vem a seguir deve ser considerado dados. A linha 19 inicializa uma cadeia de dados que consiste em 12 bytes, incluindo um espaço e uma nova linha (\n) no final.

As linhas 5, 18 e 20 contêm rótulos, que são indicados por dois-pontos (:). Esses rótulos representam valores numéricos, semelhantes a constantes. Contudo, nesse caso, o *assembler* tem de determinar os valores numéricos. Uma vez que *start* estará no começo da seção TEXT, seu valor será 0, mas o valor de quaisquer rótulos subsequentes na seção TEXT (não presentes neste exemplo), dependeriam de quantos bytes de código as precedem. Agora, considere a linha 6. Ela termina com a diferença entre dois rótulos, que é uma constante, em termos numéricos. Assim, a linha 6 é, para qualquer efeito, a mesma que

MOV CX,12

com a exceção que deixa o *assembler* determinar o comprimento da cadeia em vez de obrigar o programador a fazer isso. O valor indicado aqui é a quantidade de espaço nos dados reservada para a cadeia na linha 19. A instrução MOV na linha 6 é o comando de cópia, que requer que o valor *de-hw* seja copiado para CX.

As linhas 7 até 11 mostram como são feitas chamadas de sistema no conjunto de ferramentas. Essas cinco linhas são a tradução em código de montagem da chamada de função em linguagem C

write(1, hw, 12);

em que o primeiro parâmetro é o descritor de arquivo para a saída-padrão (1), o segundo é o endereço da cadeia a ser impressa (*hw*) e o terceiro é o comprimento da cadeia (12). As linhas 7 a 9 passam esses parâmetros para a pilha na ordem inversa, que é a sequência de chamada em C, e que é a usada pelo rastreador. A linha 10 passa para a pilha o número da chamada de sistema para *write* (4), e a linha 11 faz a chamada propriamente dita. Embora essa sequência de chamada imite o modo como um programa em linguagem de montagem funcionaria em um PC UNIX (ou Linux), no caso de um sistema operacional diferente, ela teria de ser ligeiramente modificada para usar as convenções de chamada daquele sistema. Contudo, o *assembler as88* e o rastreador *t88* usam as convenções de chamada do UNIX, ainda que estejam executando em Windows.

A chamada de sistema na linha 11 executa a impressão propriamente dita. A linha 12 faz uma limpeza na pilha, reajustando o ponteiro para o valor que tinha antes que as quatro palavras de 2 bytes fossem passadas para a pilha. Se a chamada *write* for bem-sucedida, o número de bytes escritos é retomado em AX. A linha 13 subtrai o resultado da chamada de sistema após a linha 11 do comprimento da cadeia original em CX para ver se a chamada foi bem-sucedida, isto é, para ver se todos os bytes foram escritos. Assim, o *status* de saída do programa será 0 quando houver sucesso e alguma outra coisa quando houver fracasso. As linhas 14 e 15 preparam para a chamada de sistema *exit* na linha 16 passando para a pilha o *status* de saída e o código de função para a chamada EXIT.

Note que, nas instruções MOV e SUB, o primeiro argumento é o destino e o segundo, a origem. Essa é a convenção usada por nosso *assembler*; outros podem inverter a ordem. Não há nenhuma razão particular para escolher uma ou outra.

Agora, vamos tentar montar e executar *HlloWrld.s.* Serão dadas instruções para as plataformas UNIX e Windows. Para Linux, Solaris, MacOS X e outras variantes do UNIX, o procedimento deve ser basicamente o mesmo que para o UNIX. Em primeiro lugar, inicie uma janela de *prompt* de comando (*shell*, ou interpretador de comandos). No Windows, a sequência de cliques é, em geral,

Iniciar > Programas > Acessórios > Prompt de comando

Em seguida, mude para o diretório *examples* usando o comando *cd* (*Change directory*). O argumento para esse comando depende do local onde o conjunto de ferramentas foi colocado no sistema de arquivos. Depois, verifique se os binários do *assembler* e do rastreador estão nesse diretório usando *ls* em sistemas UNIX e *dir* em sistemas Windows. Eles são denominados *as88* e *t88*, respectivamente. Em sistemas Windows, eles têm a extensão *.exe*, mas não é preciso digitá-la nos comandos. Se o *assembler* e o rastreador não estiverem ali, você deve achá-los e então copiá-los para esse diretório.

Agora, monte o programa de teste usando

as88 HlloWrld.s

Se o *assembler* estiver presente no diretório *examples*, mas esse comando der uma mensagem de erro, tente outra vez, digitando

    ./as88 HlloWrld.s

em sistemas UNIX ou

    .\as88 HlloWrld.s

em sistemas Windows.

Se o processo de montagem concluir corretamente, as seguintes mensagens serão apresentadas:

    Project HlloWrld listfile HlloWrld.$

    Project HlloWrld num file HlloWrld.#

    Project HlloWrld loadfile HlloWrld.88.

e os três arquivos correspondentes serão criados. Se não houver nenhuma mensagem de erro, dê o comando de rastreador:

    t88 HlloWrld

O visor do rastreador aparecerá com a seta na janela superior direita apontando para a instrução

    MOV CX,de-hw

da linha 6. Agora, aperte a tecla *Return* (*Enter*, em teclados de PC). Note que a instrução apontada desta vez é

    PUSH CX

e o valor de CX na janela da esquerda agora é 12. Aperte de novo a tecla *Return* e observe que a janela do meio na linha de cima desta vez contém o valor 000c, que é o hexadecimal para 12. Essa janela mostra a pilha, a qual agora tem uma palavra que contém 12. Novamente, aperte a tecla de retorno mais três vezes para ver a execução das instruções PUSH nas linhas 8, 9 e 10. Nesse ponto, a pilha terá quatro itens e o contador de programa na janela esquerda terá o valor 000b.

Na próxima vez que a tecla *Return* for acionada, a chamada de sistema será executada e a cadeia "Hello World\n" será apresentada na janela inferior direita. Note que, agora, o SP tem o valor 0x7ff0. Após o próximo *Return*, SP é incrementado em 8 e se torna 0x7ff8. Após mais quatro *Returns*, a chamada de sistema *exit* conclui e o rastreador sai.

Para ter certeza de que você entendeu como tudo funciona, busque o arquivo *HlloWrld.s* em seu editor favorito. É melhor não usar um processador de textos. Em sistemas UNIX, *ex*, *vi* ou *emacs* são boas opções. Em sistemas Windows, *notepad* (ou bloco de notas) é um editor simples, que em geral pode ser alcançado por

    Iniciar > Programas > Acessórios > Bloco de notas

Não use o Word, uma vez que a tela não parecerá certa e a saída poderá estar formatada incorretamente.

Modifique a cadeia na linha 19 para apresentar uma mensagem diferente, então, salve o arquivo, monte-o e execute-o com o rastreador. Agora, você está começando a fazer programação em linguagem de montagem.

C.8.2 Exemplo de registradores gerais

O próximo exemplo demonstra com mais detalhes como os registradores são apresentados e uma das ciladas da multiplicação no 8088. Na Figura C.13, parte do programa *genReg.s* é mostrada no lado esquerdo. À direita dessa janela estão duas janelas de registradores do rastreador correspondentes a diferentes estágios da execução do programa. A Figura C.13(b) mostra o estado do registrador após a execução da linha 7. A instrução

    MOV AX,258

na linha 4 carrega o valor 258 em AX, que resulta no carregamento do valor 1 em AH e do valor 2 em AL. Então, a linha 5 soma AL com AH e AH fica igual a 3. Na linha 6, o conteúdo da variável *times* (10) é copiado para CX. Na linha 7, o endereço da variável *muldat*, que é 2 porque ela está no segundo byte do segmento DATA, é carregado em BX. Esse é o momento mostrado na Figura C.13(b). Note que AH é 3, AL é 2 e AX é 770, o que era de se esperar, porque $3 \times 256 + 2 = 770$.

Figura C.13 (a) Parte de um programa. (b) A janela de registradores do rastreador após a execução da linha 7. (c) Os registradores.

```
start:                      ! 3
    MOV   AX,258            ! 4
    ADDB  AH,AL             ! 5
    MOV   CX,(times)        ! 6
    MOV   BX,muldat         ! 7
    MOV   AX,(BX)           ! 8
llp: MUL   2(BX)            ! 9
    LOOP  llp               ! 10
.SECT .DATA                 ! 11
times: .WORD 10             ! 12
muldat: .WORD 625,2         ! 13
           (a)
```

```
CS: 00   DS=SS=ES:002
AH:03 AL:02  AX:    770
BH:00 BL:02  BX:      2
CH:00 CL:0a  CX:     10
DH:00 DL:00  DX:      0
SP: 7fe0 SF   O D S Z C
BP: 0000 CC   - > p - -
SI: 0000    IP:0009:PC
DI: 0000    start + 4
          (b)
```

```
CS: 00   DS=SS=ES:002
AH:38 AL:80  AX:  14464
BH:00 BL:02  BX:      2
CH:00 CL:04  CX:      4
DH:00 DL:01  DX:      1
SP: 7fe0 SF   O D S Z C
BP: 0000 CC   v > p - c
SI: 0000    IP:0011:PC
DI: 0000    start + 7
          (c)
```

A instrução seguinte (linha 8) copia o conteúdo de *muldat* para AX. Assim, após o acionamento da tecla *Return*, AX será 625.

Agora, estamos prontos para entrar em um laço que multiplica o conteúdo de AX pela palavra endereçada por 2BX (isto é, *muldat* + 2), que tem o valor 2. O destino implícito da instrução MUL é a combinação de registradores longos DX : AX. Na primeira iteração do laço, o resultado cabe em uma palavra, portanto, AX contém o resultado (1.250) e DX permanece 0. O conteúdo de todos os registradores após 7 multiplicações é mostrado na Figura C.13.

Visto que AX começou em 625, o resultado após essas sete multiplicações por 2 é 80.000. Esse resultado não cabe em AX, mas o produto é contido no registrador de 32 bits formado pela concatenação de DX : AX, portanto, DX é 1 e AX é 14.464. Em termos numéricos, esse valor é 1 × 65.536 + 14.464, que é, de fato, 80.000. Note que CX é 4 aqui, porque a instrução LOOP o decrementa a cada iteração. Como ele começou em 10, após sete execuções da instrução MUL (mas somente seis iterações da instrução LOOP) temos CX ajustado para 4.

Na multiplicação seguinte aparece o problema. A multiplicação envolve AX, mas não DX, portanto, a MUL multiplica AX (14.464) por 2 para obter 28.928. Isso resulta no ajuste de AX para 28.928 e de DX para 0, o que é incorreto em termos numéricos.

C.8.3 Comando de chamada e registradores de ponteiros

O próximo exemplo, *vecprod.s*, é um pequeno programa que calcula o produto interno de dois vetores, *vec1* e *vec2*. A listagem do programa é mostrada na Figura C.14.

Figura C.14 O programa *vecprod.s*.

```
_EXIT = 1                    ! 1 defina o valor de _EXIT
_PRINTF = 127                ! 2 defina o valor de _PRINTF
.SECT .TEXT                  ! 3 inicie o segmento TEXT
inpstart:                    ! 4 defina rótulo inpstart
    MOV BP,SP                ! 5 salve SP em BP
    PUSH vec2                ! 6 passe o endereço de vec2 para a pilha
    PUSH vec1                ! 7 passe o endereço de vec1 para a pilha
    MOV CX,vec2-vec1         ! 8 CX = número de bytes no vetor
    SHR CX,1                 ! 9 CX = número de palavras no vetor
    PUSH CX                  ! 10 passe contagem de palavras para a pilha
    CALL vecmul              ! 11 chame vecmul
    MOV (inprod),AX          ! 12 mova AX
    PUSH AX                  ! 13 passe resultado a ser impresso para a pilha
    PUSH pfmt                ! 14 passe endereço de cadeia de formato para a pilha
    PUSH _PRINTF             ! 15 passe código de função de PRINTF para a pilha
    SYS                      ! 16 chame a função PRINTF
    ADD SP,12                ! 17 limpe a pilha
```

```
            PUSH 0                      ! 18 passe código de status para a pilha
            PUSH _EXIT                  ! 19 passe código de função de EXIT para a pilha
            SYS                         ! 20 chame a função EXIT

         vecmul:                        ! 21 início de vecmul(count, vec1, vec2)
            PUSH BP                     ! 22 salve BP na pilha
            MOV BP,SP                   ! 23 copie SP para BP para acessar argumentos
            MOV CX,4(BP)                ! 24 ponha contagem em CX para controlar laço
            MOV SI,6(BP)                ! 25 SI = vec1
            MOV DI,8(BP)                ! 26 DI = vec2
            PUSH 0                      ! 27 passe 0 para a pilha
         1: LODS                        ! 28 mova (SI) para AX
            MUL (DI)                    ! 29 multiplique AX por (DI)
            ADD −2(BP),AX               ! 30 some AX com valor acumulado na memória
            ADD DI,2                    ! 31 incremente DI para apontar para o próximo elemento
            LOOP 1b                     ! 32 se CX > 0, volte ao rótulo 1b
            POP AX                      ! 33 retire topo da pilha para AX
            POP BP                      ! 34 restaure BP
            RET                         ! 35 retorne da sub-rotina

         .SECT .DATA                    ! 36 inicie segmento DATA
         pfmt: .ASCIZ "Produto interno é: %d\n"  ! 37 defina cadeia
         .ALIGN 2                       ! 38 force endereço par
         vec1: .WORD 3,4,7,11,3         ! 39 vetor 1
         vec2: .WORD 2,6,3,1,0          ! 40 vetor 2
         .SECT .BSS                     ! 41 inicie segmento BSS
         inprod: .SPACE 2               ! 42 reserve espaço para inprod
```

A primeira parte do programa prepara para chamar *vecmul* salvando SP em BP e então passando os endereços de *vec2* e *vec1* para a pilha, de modo que *vecmul* terá acesso a eles. Então, o comprimento do vetor em bytes é carregado em CX na linha 8. Deslocando esse resultado um bit para a direita, na linha 9, CX agora contém o número de palavras no vetor, que então é passado para a pilha na linha 10. A chamada a *vecmul* é feita na linha 11.

Mais uma vez, vale a pena mencionar que os argumentos de sub-rotinas são, por convenção, passados para a pilha na ordem inversa, para ficarem compatíveis com a convenção de chamada em C. Desse modo, *vecmul* também pode ser chamado em C usando

   vecmul(count, vec1, vec2)

Durante a instrução CALL, o endereço de retorno é passado para a pilha. Se o programa for rastreado, então veremos que esse endereço vem a ser 0x0011.

A primeira instrução na sub-rotina é um PUSH do ponteiro de base, BP, na linha 22. BP é salvo porque precisaremos desse registrador para endereçar os argumentos e as variáveis locais da sub-rotina. Em seguida, o ponteiro de pilha é copiado para o registrador BP na linha 23, de modo que o novo valor do ponteiro de base está apontando para o valor antigo.

Agora, tudo está pronto para carregar os argumentos nos registradores e para reservar espaço para uma variável local. Nas três linhas seguintes, cada um dos argumentos é buscado na pilha e colocado em um registrador. Lembre-se de que a pilha funciona com palavras, portanto, endereços de pilha devem ser pares. O endereço de retorno está junto ao ponteiro de base antigo, assim, ele é endereçado por 2(BP). O argumento *count* vem em seguida e é endereçado por 4(BP). Ele é carregado em CX na linha 24. Nas linhas 25 e 26, SI é carregado com *vec1* e DI é carregado com *vec2*. Essa sub-rotina precisa de uma variável local com valor inicial 0 para salvar o resultado imediato, de modo que o valor 0 é passado para a pilha na linha 27.

O estado do processador pouco antes de entrar pela primeira vez no laço na linha 28 é mostrado na Figura C.15. A janela estreita no meio da linha do topo (à direita dos registradores) mostra a pilha. Na parte de baixo da pilha está o endereço de *vec2* (0x0022), com *vec1* (0x0018) acima dele e o terceiro argumento, o número de itens em cada vetor (0x0005) acima desse último. Em seguida, vem o endereço de retorno (0x0011). O número 1 à esquerda indica que ele é um endereço de retorno a um nível do programa principal. Na janela abaixo dos registradores, o mesmo número 1 é mostrado, dessa vez dando seu endereço simbólico. Acima do endereço de retorno na pilha está o antigo valor de BP (0x7fc0) e então o zero passado na linha 27. A seta que aponta para esse valor indica para onde SP aponta. A janela à direita da pilha mostra um fragmento do texto do programa, com a seta indicando a próxima instrução a ser executada.

Figura C.15 Execução de *vecprod.s* quando ele alcança a linha 28 pela primeira vez.

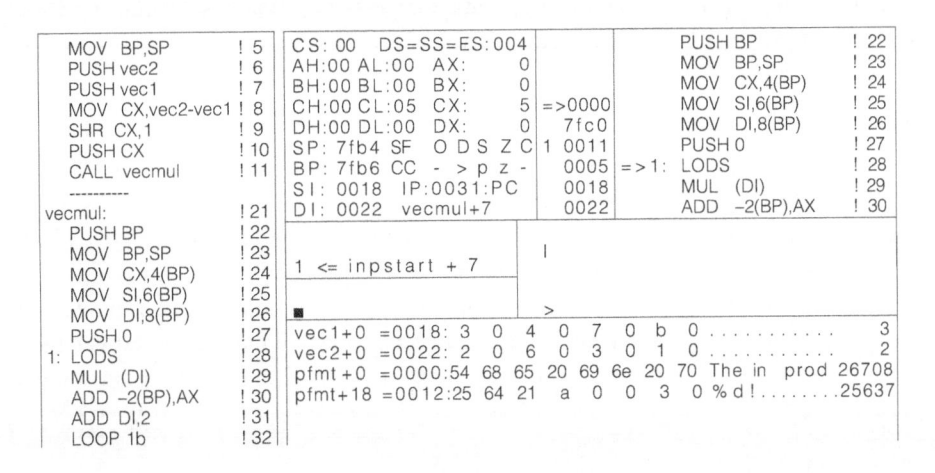

```
        MOV  BP,SP       ! 5      CS: 00   DS=SS=ES:004            PUSH BP            ! 22
        PUSH vec2        ! 6      AH:00 AL:00  AX:      0          MOV  BP,SP         ! 23
        PUSH vec1        ! 7      BH:00 BL:00  BX:      0          MOV  CX,4(BP)      ! 24
        MOV  CX,vec2-vec1 ! 8     CH:00 CL:05  CX:      5 =>0000   MOV  SI,6(BP)      ! 25
        SHR  CX,1        ! 9      DH:00 DL:00  DX:      0   7fc0   MOV  DI,8(BP)      ! 26
        PUSH CX          !10      SP: 7fb4  SF  O D S Z C  1 0011  PUSH 0             ! 27
        CALL vecmul      !11      BP: 7fb6  CC  - > p z -    0005 =>1: LODS           ! 28
        ----------                SI: 0018  IP:0031:PC       0018      MUL  (DI)      ! 29
vecmul:                   !21     DI: 0022  vecmul+7         0022      ADD  -2(BP),AX ! 30
        PUSH BP           !22
        MOV  BP,SP        !23
        MOV  CX,4(BP)     !24     1 <= inpstart + 7                |
        MOV  SI,6(BP)     !25
        MOV  DI,8(BP)     !26     ■                        >
        PUSH 0            !27     vec1+0 =0018: 3  0  4  0  7  0  b  0............   3
1:      LODS              !28     vec2+0 =0022: 2  0  6  0  3  0  1  0............   2
        MUL  (DI)         !29     pfmt+0 =0000:54 68 65 20 69 6e 20 70  The in prod 26708
        ADD  -2(BP),AX    !30     pfmt+18=0012:25 64 21  a  0  0  3  0  %d!........25637
        ADD  DI,2         !31
        LOOP 1b           !32
```

Agora, vamos examinar o laço que começa na linha 28. A instrução LODS carrega uma palavra de memória indiretamente para AX, por meio do registrador SI a partir do segmento de dados. Como o *flag* de direção está ajustado, LODS está em modo de autoincremento, portanto, após a instrução SI, apontará para a próxima entrada de vec1.

Para ver esses efeitos em modo gráfico, inicie o rastreador com o comando

t88 vecprod

Quando a janela do rastreador aparecer, digite o comando

/vecmul+7b

seguido de um *Return* para colocar um ponto de interrupção na linha que contém o LODS. De agora em diante, não mencionaremos que todos os comandos devem ser seguidos pela tecla *Return*. Então, dê o comando

g

para que o rastreador execute comandos até o ponto de interrupção ser encontrado. Ele vai parar na linha que contém LODS.

Na linha 29, o valor de AX é multiplicado com o operando de origem. A palavra de memória para a instrução MUL é buscada no segmento de dados por meio do DI em modo indireto de registrador. O destino implícito de MUL é a combinação de registradores longos DX : AX, que não é mencionada na instrução, mas que está implícita nela.

Na linha 30, o resultado é adicionado à variável local no endereço de pilha –2(BP). Como MUL não autoincrementa seu operando, isso deve ser feito explicitamente na linha 31. Logo depois, DI aponta para a próxima entrada de *vec2*.

A instrução LOOP encerra essa etapa. O registrador CX é decrementado e, se ainda for positivo, o programa salta para trás até o rótulo local *1* na linha 28. A utilização do rótulo local *1b* significa o rótulo *1* mais próximo olhando para trás a partir do local atual. Após o laço, a sub-rotina retira da pilha o valor de retorno para AX (linha 33), restaura BP (linha 34) e volta para o programa que chamou (linha 35).

Então, o programa principal é retomado após a chamada com a instrução MOV na linha 12. Essa instrução é o início de uma sequência de cinco instruções cujo objetivo é imprimir o resultado. A chamada de sistema **printf** é modelada segundo a função *printf* na biblioteca de programação padrão de C. Três argumentos são passados para a pilha nas linhas 13–15. Esses argumentos são o valor do inteiro a ser impresso, o endereço da cadeia de formato (*pfmt*) e o código de função para **printf** (127). Note que a cadeia de formato *pfmt* contém um %d para indicar que uma variável inteira pode ser encontrada como argumento para a chamada **printf** para concluir a saída.

A linha 17 limpa a pilha. Uma vez que o programa começou na linha 5 salvando o ponteiro de pilha no ponteiro de base, também poderíamos usar a instrução

MOV SP,BP

para limpar a pilha. A vantagem dessa solução é que o programador não precisa manter a pilha balanceada no processo. Para o programa principal isso não é grande coisa, mas em sub-rotinas essa abordagem é um modo fácil de jogar fora o lixo, tal como variáveis locais obsoletas.

A sub-rotina *vecmul* pode ser incluída em outros programas. Se o arquivo-fonte *vecprod.s* for colocado na linha de comando atrás de outro arquivo-fonte do *assembler*, a sub-rotina estará disponível para multiplicação de dois vetores de comprimento fixo. É aconselhável remover antes as definições de constantes _EXIT e _PRINTF, para evitar que elas sejam definidas duas vezes. Se o arquivo de cabeçalho *syscalnr.h* estiver incluído em algum lugar, não há necessidade de definir as constantes de chamada de sistema em nenhum outro lugar.

C.8.4 Depuração de um programa de impressão de vetores

Nos exemplos anteriores, os programas examinados eram simples, porém corretos. Agora, vamos mostrar como o rastreador pode ajudar a depurar programas incorretos. O próximo programa deve imprimir o vetor de inteiros, que é fornecido após o rótulo *vec1*. Contudo, a versão inicial contém três erros. O *assembler* e o rastreador serão usados para corrigir esses erros, porém, antes, vamos discutir o código.

Como cada programa precisa de chamadas de sistema e, por isso, deve definir constantes pelas quais identificar os números das chamadas, colocamos as definições de constantes para esses números em um arquivo de cabeçalho separado ../*syscalnr.h*, que é incluído na linha 1 do código. Esse arquivo também define as constantes para os descritores de arquivo

STDIN = 0
STDOUT = 1
STDERR = 2

que são abertos no início do processo, e rótulos de cabeçalho para o texto e os segmentos de dados. É sensato incluí-lo no título de todos os arquivos-fonte do *assembler*, porque essas definições são muito usadas. Se uma fonte for distribuída em mais de um arquivo, o *assembler* inclui somente a primeira cópia desse arquivo de cabeçalho, para evitar definir as constantes mais de uma vez.

O programa *arrayprt* é mostrado na Figura C.16. Os comentários foram omitidos aqui porque, a esta altura, as instruções já devem ser bem conhecidas. Portanto, pode-se usar um formato de duas colunas. A linha 4 coloca o endereço da pilha vazia no registrador de ponteiro de base para permitir que a limpeza da pilha possa ser feita na linha 10 copiando o ponteiro de base para o ponteiro de pilha, como descrevemos no exemplo anterior. Também vimos o cálculo e a passagem dos argumentos da pilha antes da chamada nas linhas 5 a 9 no exemplo anterior. As linhas 22 a 25 carregam os registradores na sub-rotina.

Figura C.16 O programa *arrayprt* antes da depuração.

#include "../syscalnr.h"	! 1	.SECT .TEXT	! 20
		vecprint:	! 21
.SECT .TEXT	! 2	PUSH BP	! 22
vecpstrt:	! 3	MOV BP,SP	! 23
MOV BP,SP	! 4	MOV CX,4(BP)	! 24
PUSH vec1	! 5	MOV BX,6(BP)	! 25
MOV CX,frmatstr-vec1	! 6	MOV SI,0	! 26
SHR CX	! 7	PUSH frmatkop	! 27
PUSH CX	! 8	PUSH frmatstr	! 28
CALL vecprint	! 9	PUSH _PRINTF	! 29
MOV SP,BP	! 10	SYS	! 30
PUSH 0	! 11	MOV −4(BP),frmatint	! 31
PUSH _EXIT	! 12	1: MOV DI,(BX)(SI)	! 32
SYS	! 13	MOV −2(BP),DI	! 33
		SYS	! 34
.SECT .DATA	! 14	INC SI	! 35
vec1: .WORD 3,4,7,11,3	! 15	LOOP 1b	! 36
frmatstr: .ASCIZ "%s"	! 16	PUSH '\n'	! 37
		PUSH _PUTCHAR	! 38
frmatkop:	! 17	SYS	! 39
.ASCIZ "O vetor contém"	! 18	MOV SP,BP	! 40
frmatint: .ASCIZ "%d"	! 19	RET	! 41

As linhas 27 a 30 mostram como a cadeia pode ser impressa e 31 a 34 exibem a chamada de sistema printf para um valor inteiro. Observe que o endereço da cadeia é passado para a pilha na linha 27, enquanto na linha 33 o valor do inteiro é passado para a pilha. Em ambos os casos, o endereço da cadeia de formato é o primeiro argumento de PRINTF. As linhas 37 a 39 mostram como um único caractere pode ser impresso usando a chamada de sistema putchar.

Agora, vamos tentar montar e executar o programa. Quando o comando

   as88 arrayprt.s

é digitado, obtemos um erro de operando na linha 28 do arquivo *arrayprt.$*. Esse arquivo é gerado pelo *assembler* combinando os arquivos incluídos com o arquivo-fonte para obter um arquivo composto que é a entrada do *assembler* propriamente dita. Para ver onde de fato está a linha 28, temos de examinar a linha 28 de *arrayprt.$*. Não podemos examinar *arrayprt.s* para obter o número da linha porque os dois arquivos não combinam, por causa da inclusão do cabeçalho linha por linha em *arrayprt.$*. A linha 28 em *arrayprt.$* corresponde à linha 7 em *arrayprt.s* porque o arquivo de cabeçalho incluído, *syscalnr.h*, contém 21 linhas.

Um modo fácil de achar a linha 28 de *arrayprt.$* em sistemas UNIX é digitar o comando

   head −28 arrayprt.$

que apresenta as primeiras 28 linhas do arquivo combinado. A linha no final da listagem é a que está errada. Desse modo (ou usando um editor e indo até a linha 28), vemos que o erro está na linha 7, que contém a instrução SHR.

A comparação desse código com a tabela de instruções na Figura C.4 mostra o problema: a contagem do deslocamento foi omitida. A linha 7 corrigida deveria ser

    SHR CX,1

É muito importante observar que o erro deve ser corrigido no arquivo-fonte original, *arrayprt.s*, e não na fonte combinada *arrayprt.$*, porque essa última é automaticamente recriada toda vez que o *assembler* é chamado.

A próxima tentativa de montar o arquivo de código-fonte deve ser bem-sucedida. Então, o rastreador pode ser iniciado pelo comando

    t88 arrayprt

Durante o processo de rastreamento, podemos ver que a saída não é consistente com o vetor no segmento de dados. O vetor contém: 3, 4, 7, 11, 3, mas os valores apresentados começam com: 3, 1.024, ... É claro que alguma coisa está errada.

Para achar o erro, o rastreador pode ser executado mais uma vez, passo a passo, examinando o estado da máquina pouco antes da impressão do valor incorreto. O valor a ser impresso está armazenado na memória nas linhas 32 e 33. Visto que o valor errado está sendo impresso, esse é um bom lugar para ver o que está errado. Na segunda vez que percorremos o laço, vemos que SI é um número ímpar, quando está claro que devia ser um número par, porque ele está indexando por meio de palavras, e não bytes. O problema está na linha 35. Ela incrementa SI em 1; deveria incrementá-lo em 2. Para consertar o *bug*, essa linha deve ser alterada para

    ADD SI,2

Após fazer essa correção, a lista de números impressa estará correta.

Todavia, há mais um erro à nossa espera. Quando *vecprint* conclui e retorna, o rastreador se queixa do ponteiro de pilha. Por enquanto, o óbvio é verificar se o valor passado para a pilha quando *vecprint* é chamado é o valor que está no topo quando o RET na linha 41 é executado. Não é. A solução é substituir a linha 40 por duas linhas:

    ADD SP,10
    POP BP

A primeira instrução remove as 5 palavras passadas para a pilha durante *vecprint*, o que expõe o valor de BP salvo na linha 22. Retirando esse valor para BP, restauramos BP ao valor que tinha antes da chamada e expomos o endereço de retorno correto. Agora, o programa conclui corretamente. A depuração de código de montagem é, por certo, mais arte do que ciência, mas é muito mais fácil fazê-la com o rastreador do que com as mãos vazias.

C.8.5 Manipulação de cadeia e instruções de cadeia

A principal finalidade desta seção é mostrar como manipular instruções de cadeia repetíveis. Na Figura C.17, há dois programas simples de manipulação de cadeia, *strngcpy.s* e *reverspr.s*, ambos presentes no diretório *examples*. O da Figura C.17(a) é uma sub-rotina para copiar uma cadeia de caracteres. Ele chama uma sub-rotina, *stringpr*, que também pode ser encontrada em um arquivo separado *stringpr.s*. Sua listagem não aparece neste apêndice. Para montar programas que contêm sub-rotinas em arquivos-fonte separados, basta relacionar todos os arquivos-fonte no comando *as88*, começando com aquele para o programa principal, que determina os nomes do arquivo executável e do auxiliar. Por exemplo, para o programa da Figura C.17(a), use

    as88 strngcpy.s stringpr.s

O programa da Figura C.17(b) produz saída de cadeias em ordem inversa. Vamos examiná-las uma por vez.

Figura C.17 (a) Copiando uma cadeia (*strngcpy.s*). (b) Imprimindo uma cadeia na ordem inversa (*reverspr.s*).

(a)		(b)	
.SECT .TEXT		#include "../syscalnr.h"	! 1
stcstart:	! 1		
PUSH mesg1	! 2	start: MOV DI,str	! 2
PUSH mesg2	! 3	PUSH AX	! 3
CALL strngcpy	! 4	MOV BP,SP	! 4
ADD SP,4	! 5	PUSH _PUTCHAR	! 5
PUSH 0	! 6	MOVB AL,'\n'	! 6
PUSH 1	! 7	MOV CX,–1	! 7
SYS	! 8	REPNZ SCASB	! 8
strngcpy:	! 9	NEG CX	! 9
PUSH CX	! 10	STD	! 10
PUSH SI	! 11	DEC CX	! 11
PUSH DI	! 12	SUB DI,2	! 12
PUSH BP	! 13	MOV SI,DI	! 13
MOV BP,SP	! 14	1: LODSB	! 14
MOV AX,0	! 15	MOV (BP),AX	! 15
MOV DI,10(BP)	! 16	SYS	! 16
MOV CX,–1	! 17	LOOP 1b	! 17
REPNZ SCASB	! 18	MOVB (BP),'\n'	! 18
NEG CX	! 19	SYS	! 19
DEC CX	! 20	PUSH 0	! 20
MOV SI,10(BP)	! 21	PUSH _EXIT	! 21
MOV DI,12(BP)	! 22	SYS	! 22
PUSH DI	! 23	.SECT .DATA	! 23
REP MOVSB	! 24	str: .ASCIZ "reverse\n"	! 24
CALL stringpr	! 25		
MOV SP,BP	! 26		
POP BP	! 27		
POP DI	! 28		
POP SI	! 29		
POP CX	! 30		
RET	! 31		
.SECT .DATA	! 32		
mesg1: .ASCIZ "Dê uma olhada\n"	! 33		
mesg2: .ASCIZ "qrst\n"	! 34		
.SECT .BSS			

Para demonstrar que os números de linha são, realmente, apenas comentários, na Figura C.17(a) numeramos as linhas começando com o primeiro rótulo e omitindo o que vem antes delas. O programa principal, nas linhas 2 a 8, primeiro chama *strngcpy* com dois argumentos, a cadeia de origem, *mesg2*, e a cadeia de destino, *mesg1*, a fim de copiar da origem para o destino.

Em seguida, vamos examinar *strngcpy*, começando na linha 9. Ela espera que os endereços do *buffer* de destino e da cadeia de origem tenham sido passados para a pilha um pouco antes de a sub-rotina ser chamada. Nas linhas 10 a 13, os registradores usados são salvos passando-os para a pilha, de modo que possam ser restaurados adiante nas linhas 27 a 30. Na linha 14, copiamos SP para BP do modo normal. Agora, BP pode ser usado para carregar os argumentos. Mais uma vez, na linha 26, limpamos a pilha copiando BP para SP.

O coração da sub-rotina é a instrução REP MOVSB, na linha 24. A instrução MOVSB move o byte apontado por SI para o endereço de memória apontado por DI. Então, ambos, SI e DI, são incrementados em 1. O REP cria um laço no qual essa instrução é repetida, decrementando CX em 1 para cada byte movido. O laço é encerrado quando CX chega a 0.

Entretanto, antes de podermos executar o laço REP MOVSB, temos de ajustar os registradores, o que é feito nas linhas 15 a 22. O índice de origem, SI, é copiado do argumento na pilha na linha 21; o de destino, DI, é ajustado na linha 22. Obter o valor de CX é mais complicado. Note que o final da cadeia é indicado por um byte zero. A instrução MOVSB não afeta o *flag* de zero, mas a instrução SCASB (examine cadeia de bytes) afeta. Ela compara o valor apontado por DI com o valor em AL e incrementa DI durante o processo. Além do mais, ela é repetível, como MOVSB. Portanto, na linha 15, AX e, por conseguinte, AL, é limpo, na linha 16 o ponteiro para DI é buscado na pilha, e CX é inicializado como −1 na linha 17. Na linha 18, temos REPNZ SCASB, que faz a comparação no contexto do laço e ajusta o *flag* de zero na igualdade. Em cada etapa do laço, CX é decrementado e o laço para quando o *flag* de zero estiver ajustado, porque REPNZ verifica ambos, o *flag* de zero e CX. O número de etapas para o laço MOVSB agora é calculado como a diferença entre o valor corrente de CX e o −1 anterior nas linhas 19 e 20.

O fato de serem necessárias duas instruções repetíveis atrapalha, mas esse é o preço de optar por um projeto no qual mover instruções nunca afeta códigos de condição. Durante os laços, os registradores de índice têm de ser incrementados e, com essa finalidade, é necessário que o *flag* de direção seja apagado.

As linhas 23 e 25 imprimem a cadeia copiada por meio de uma sub-rotina, *stringpr*, que está no diretório *examples*. Ela é direta e não será discutida aqui.

No programa de impressão em ordem inversa, mostrado na Figura C.17(b), a primeira linha inclui os números normais de chamadas de sistema. Na linha 3, um valor fictício é passado para a pilha e, na linha 4, o ponteiro de base, BP, é obrigado a apontar para o topo de pilha corrente. O programa imprimirá caracteres ASCII um por um, assim, o valor numérico _PUTCHAR é passado para a pilha. Note que BP aponta para o caractere a ser impresso quando é feita uma chamada SYS.

As linhas 2, 6 e 7 preparam os registradores DI, AL e CX para a instrução repetível SCASB. O registrador de contagem e o índice de destino são carregados de modo semelhante ao da rotina de cópia de cadeia, mas o valor de AL é o caractere de nova linha, em vez do valor 0. Desse modo, a instrução SCASB irá comparar os valores dos caracteres da cadeia str com \n em vez de com 0, e ajustará o *flag* de zero sempre que ele for encontrado.

REP SCASB incrementa o registrador DI, portanto, depois de um acerto, o índice de destino aponta para o caractere zero que vem após a nova linha. Na linha 12, DI é decrementado em dois para apontar para a última letra da palavra.

Se a cadeia for percorrida na ordem inversa e impressa caractere por caractere, cumprimos nosso objetivo, portanto, na linha 10 o *flag* de direção é ajustado para inverter o ajuste dos registradores de índices nas instruções de cadeia. Agora, LODSB na linha 14 copia o caractere em AL e, na linha 15, esse caractere é colocado logo após _PUTCHAR na pilha, portanto, a instrução SYS o imprime.

As instruções nas linhas 18 e 19 imprimem uma nova linha adicional e o programa fecha com uma chamada _EXIT da maneira normal.

A versão corrente do programa contém um *bug*. Ele pode ser achado se o programa for rastreado passo a passo.

O comando /str colocará a cadeia str no campo de dados do rastreador. Uma vez que o valor numérico no endereço de dados também é dado, podemos descobrir como os registradores de índices funcionam por meio dos dados referentes à posição da cadeia.

Todavia, o *bug* é encontrado só após acionar a tecla *Return* (ou *Enter*) muitas vezes. Usando os comandos do rastreador, podemos chegar ao problema com maior rapidez. Inicie o rastreador e dê o comando 13 que nos levará até o meio do laço. Se agora dermos o comando b, estabelecemos um ponto de interrupção nessa linha 15. Se dermos duas novas linhas, então vemos que a última letra e está impressa no campo de saída. O comando r manterá o rastreador executando até ser encontrado um ponto de interrupção ou o final do processo. Assim, podemos percorrer as letras dando o comando r repetidas vezes, até chegarmos perto do problema. Desse ponto em diante, podemos executar o rastreador um passo por vez até vermos o que acontece nas instruções críticas.

Também podemos colocar o ponto de interrupção em uma linha específica, mas, então, devemos ter em mente que o arquivo ../syscalnr é incluído, o que provoca um deslocamento de 20 nos números de linha. Por conseguinte, o ponto de interrupção na linha 16 pode ser estabelecido pelo comando 36b. Essa solução não é elegante, portanto, é muito melhor usar o rótulo global *start* na linha 2 antes da instrução e dar o comando /start+14b, que coloca o ponto de interrupção no mesmo lugar sem ter de monitorar o tamanho do arquivo incluído.

C.8.6 Tabelas de despacho

Em várias linguagens de programação existem declarações *case* ou *switch* para selecionar um salto entre diversas alternativas de acordo com algum valor numérico de uma variável. Às vezes, esses desvios multivias também são necessários em programas de linguagem de montagem. Imagine, por exemplo, um conjunto de sub-rotinas de chamadas de sistema combinadas em uma única rotina de exceção SYS. O programa *jumptbl.s*, apresentado na Figura C.18, mostra como essa comutação multivias pode ser programada em *assembler* 8088.

O programa começa imprimindo a cadeia cujo rótulo é *strt*, convidando o usuário a compor um dígito octal (linhas 4 até 7). Então, um caractere é lido da entrada-padrão (linhas 8 e 9). Se o valor para AX for menor que 5, o programa o interpreta como um marcador de final de arquivo e salta para o rótulo 8 na linha 22 para sair com um código de *status* 0.

Se o final de arquivo não foi encontrado, então o caractere de entrada, em AL, é inspecionado. Qualquer caractere menor que o dígito 0 é considerado espaço em branco e é ignorado pelo salto na linha 13, que recupera outro caractere. Qualquer caractere acima do dígito 9 é considerado uma entrada incorreta. Na linha 16, ele é mapeado para o caractere ASCII dois-pontos, que é o sucessor do dígito 9 na sequência ASCII.

Assim, na linha 17, temos um valor em AX entre o dígito 0 e dois-pontos. Esse valor é copiado para BX. Na linha 18, a instrução AND mascara tudo, exceto os quatro bits de ordem baixa, o que deixa um número entre 0 e 10 (pelo falo de que o 0 em ASCII é 0x30). Uma vez que vamos indexar para uma tabela de palavras, em vez de bytes, o valor em BX é multiplicado por dois usando o deslocamento para a esquerda na linha 19.

Na linha 20, temos uma instrução de chamada. O endereço efetivo é encontrado somando-se o valor de BX ao valor numérico do rótulo *tbl*, e o conteúdo desse endereço composto é carregado no contador de programa, PC.

Esse programa escolhe uma das dez sub-rotinas de acordo com um caractere que é buscado na entrada-padrão. Cada uma dessas sub-rotinas passa o endereço de alguma mensagem para a pilha e então salta para uma chamada de sistema de sub-rotina _PRINTF que é compartilhada por todas elas.

Para entender o que está acontecendo, precisamos estar cientes de que as instruções JMP e CALL carregam algum endereço do segmento de texto no PC. Tal endereço é apenas um número binário, e durante o processo de montagem todos os endereços são substituídos por seus valores binários. Esses valores binários podem ser usados para inicializar um vetor no segmento de dados, e isso é feito na linha 50. Assim, o vetor que começa em *tbl* contém os endereços de início de *rout0*, *rout1*, *rout2* e assim por diante, dois bytes por endereço. A necessidade de endereços de 2 bytes explica por que precisamos do deslocamento de 1 bit na linha 19. Uma tabela desse tipo costuma ser denominada **tabela de despacho**.

O modo como essas rotinas funcionam pode ser visto na rotina *erout* nas linhas 43 até 48. Essa rotina trata o caso de um dígito fora da faixa. Primeiro, o endereço da mensagem (em AX) é passado para a pilha na linha 43. Então, o número da chamada de sistema _PRINTF é passado para a pilha. Depois disso, a chamada de sistema é feita, a pilha é limpa e a rotina retorna. Cada uma das outras nove rotinas, *rout0* até *rout8*, carrega os endereços de suas mensagens privadas em AX, e então salta para a segunda linha de *erout* para produzir a saída da mensagem e encerrar a sub-rotina.

Para você se acostumar com tabelas de despacho, o programa deve ser rastreado com vários caracteres de entrada diferentes. Como exercício, o programa pode ser alterado de modo que todos os caracteres gerem uma ação lógica. Por exemplo, os caracteres que não sejam dígitos octais devem dar uma mensagem de erro.

Figura C.18 Um programa que demonstra um desvio multivias usando uma tabela de despacho.

#include "../syscalnr.h"	! 1	rout0: MOV AX,mes0	! 25
.SECT .TEXT	! 2	JMP 9f	! 26
jumpstrt:	! 3	rout1: MOV AX,mes1	! 27
PUSH strt	! 4	JMP 9f	! 28
MOV BP,SP	! 5	rout2: MOV AX,mes2	! 29
PUSH _PRINTF	! 6	JMP 9f	! 30
SYS	! 7	rout3: MOV AX,mes3	! 31
PUSH _GETCHAR	! 8	JMP 9f	! 32
1: SYS	! 9	rout4: MOV AX,mes4	! 33
CMP AX,5	! 10	JMP 9f	! 34
JL 8f	! 11	rout5: MOV AX,mes5	! 35
CMPB AL,'0'	! 12	JMP 9f	! 36
JL 1b	! 13	rout6: MOV AX,mes6	! 37
CMPB AL,'9'	! 14	JMP 9f	! 38
JLE 2f	! 15	rout7: MOV AX,mes7	! 39
MOVB AL,'9'+1	! 16	JMP 9f	! 40
2: MOV BX,AX	! 17	rout8: MOV AX,mes8	! 41
AND BX,0Xf	! 18	JMP 9f	! 42
SAL BX,1	! 19	erout: MOV AX,emes	! 43
CALL tbl(BX)	! 20	9: PUSH AX	! 44
JMP 1b	! 21	PUSH _PRINTF	! 45
8: PUSH 0	! 22	SYS	! 46
PUSH _EXIT	! 23	ADD SP,4	! 47
SYS	! 24	RET	! 48
.SECT .DATA			! 49
tbl: .WORD rout0,rout1,rout2,rout3,rout4,rout5,rout6,rout7,rout8,rout8,erout			! 50
mes0: .ASCIZ "Isso é um zero.\n"			! 51
mes1: .ASCIZ "Que tal se for um.\n"			! 52
mes2: .ASCIZ "Você pediu um dois.\n"			! 53
mes3: .ASCIZ "O dígito era um três.\n"			! 54
mes4: .ASCIZ "Você digitou um quatro.\n"			! 55
mes5: .ASCIZ "Você preferiu um cinco.\n"			! 56
mes6: .ASCIZ "Foi achado um seis.\n"			! 57
mes7: .ASCIZ "Esse é o número sete.\n"			! 58
mes8: .ASCIZ "Esse dígito não é aceito como um octal.\n"			! 59
emes: .ASCIZ "Isso não é um dígito. Tente novamente.\n"			! 60
strt: .ASCIZ "Digite um dígito octal com um Return. Pare no final do arquivo.\n"			! 61

C.8.7 Acesso a arquivo com *buffer* e aleatório

O programa *InFilBuf.s*, mostrado na Figura C.19, demonstra E/S aleatória em arquivos. Presume-se que um arquivo consista em certo número de linhas, e linhas diferentes podem ter comprimentos diferentes. Primeiro, o programa lê o arquivo e monta uma tabela na qual a entrada *n* é a posição do arquivo na qual a linha *n* começa. Logo após, a linha pode ser requisitada, sua posição consultada na tabela e a linha pode ser lida por meio de chamadas de sistema **lseek** e **read**. O nome do arquivo é dado como a primeira linha na entrada-padrão. Esse programa contém diversas porções de código bastante independentes que podem ser modificadas para outras finalidades.

Figura C.19 Um programa com leitura de *buffer* e acesso de arquivo aleatório.

```
#include "../syscalnr.h"         ! 1        PUSH _EXIT            ! 43       PUSH buf                ! 85
bufsiz = 512                     ! 2        PUSH _EXIT            ! 44       PUSH (fildes)           ! 86
.SECT .TEXT                      ! 3        SYS                   ! 45       PUSH _READ              ! 87
infbufst:                        ! 4     3: CALL getnum           ! 46       SYS                     ! 88
    MOV BP,SP                    ! 5        CMP AX,0              ! 47       ADD SP,8                ! 89
    MOV DI,linein                ! 6        JLE 8f                ! 48       MOV CX,AX               ! 90
    PUSH _GETCHAR                ! 7        MOV BX,(curlin)       ! 49       ADD BX,CX               ! 91
1:  SYS                          ! 8        CMP BX,0              ! 50       MOV DI,buf              ! 92
    CMPB AL,'\n'                 ! 9        JLE 7f                ! 51       RET                     ! 93
    JL  9f                       ! 10       CMP BX,(count)        ! 52
    JE  1f                       ! 11       JG 7f                 ! 53    getnum:                    ! 94
    STOSB                        ! 12       SHL BX,1              ! 54       MOV DI,linein           ! 95
    JMP 1b                       ! 13       MOV AX,linh-2(BX)     ! 55       PUSH _GETCHAR           ! 96
1:  PUSH 0                       ! 14       MOV CX,linh(BX)       ! 56    1: SYS                     ! 97
    PUSH linein                  ! 15       PUSH 0                ! 57       CMPB AL,'\n'            ! 98
    PUSH _OPEN                   ! 16       PUSH 0                ! 58       JL 9b                   ! 99
    SYS                          ! 17       PUSH AX               ! 59       JE 1f                   !100
    CMP AX,0                     ! 18       PUSH (fildes)         ! 60       STOSB                   !101
    JL  9f                       ! 19       PUSH _LSEEK           ! 61       JMP 1b                  !102
    MOV (fildes),AX              ! 20       SYS                   ! 62    1: MOVB (DI),'\0'          !103
    MOV SI,linh+2                ! 21       SUB CX,AX             ! 63       PUSH curlin             !104
    MOV BX,0                     ! 22       PUSH CX               ! 64       PUSH numfmt             !105
1:  CALL fillbuf                 ! 23       PUSH buf              ! 65       PUSH linein             !106
    CMP CX,0                     ! 24       PUSH (fildes)         ! 66       PUSH _SSCANF            !107
    JLE 3f                       ! 25       PUSH _READ            ! 67       SYS                     !108
2:  MOVB AL,'\n'                 ! 26       SYS                   ! 68       ADD SP,10               !109
    REPNE SCASB                  ! 27       ADD SP,4              ! 69       RET                     !110
    JNE 1b                       ! 28       PUSH 1                ! 70
    INC (count)                  ! 29       PUSH _WRITE           ! 71    .SECT .DATA                !111
    MOV AX,BX                    ! 30       SYS                   ! 72    errmess:                   !112
    SUB AX,CX                    ! 31       ADD SP,14             ! 73       .ASCIZ "Falha ao abrir %s\n" !113
    XCHG SI,DI                   ! 32       JMP 3b                ! 74    numfmt: .ASCIZ "%d"        !114
    STOS                         ! 33    8: PUSH scanerr          ! 75    scanerr:                   !115
    XCHG SI,DI                   ! 34       PUSH _PRINTF          ! 76       .ASCIZ "Digite um número.\n" !116
    CMP CX,0                     ! 35       SYS                   ! 77       .ALIGN 2                !117
    JNE 2b                       ! 36       ADD SP,4              ! 78    .SECT .BSS                 !118
    JMP 1b                       ! 37       JMP 3b                ! 79    linein: .SPACE 80          !119
9:  MOV SP,BP                    ! 38    7: PUSH 0                ! 80    fildes: .SPACE 2           !120
    PUSH linein                  ! 39       PUSH _EXIT            ! 81    linh:   .SPACE 8192        !121
    PUSH errmess                 ! 40       SYS                   ! 82    curlin: .SPACE 4           !122
    PUSH _PRINTF                 ! 41    fillbuf:                 ! 83    buf:    .SPACE bufsiz+2    !123
    SYS                          ! 42       PUSH bufsiz           ! 84    count:  .SPACE 2           !124
```

As cinco primeiras linhas apenas definem os números de chamada de sistema e o tamanho do *buffer* e ajustam o ponteiro de base no topo da pilha, como sempre. As linhas 6 até 13 leem o nome do arquivo a partir da entrada-padrão, e o armazenam como uma cadeia no rótulo *linein*. Se o nome do arquivo não for adequadamente fechado com uma nova linha, então é gerada uma mensagem de erro e o processo sai com um *status* diferente de zero. Isso é feito nas linhas 38 até 45. Note que o endereço do nome de arquivo é passado na linha 39, e o endereço de uma mensagem de erro é passado na linha 40. Se examinarmos a mensagem de erro em si (na linha 113), então lemos uma requisição de cadeia %s no formato _PRINTF. O conteúdo da cadeia *linein* é inserido aqui.

Se o nome de arquivo puder ser copiado sem problemas, o arquivo é aberto nas linhas 14 a 20. Se a chamada **open** falhar, o valor de retorno é negativo e é feito um salto para o rótulo 9 na linha 28, para imprimir uma mensagem de erro. Se a chamada de sistema for bem-sucedida, o valor de retorno é um descritor de arquivo, que é armazenado na variável *fildes*. Esse descritor de arquivo é necessário nas chamadas **read** e **lseek** subsequentes.

Em seguida, lemos o arquivo em blocos de 512 bytes, cada um armazenado no *buffer buf*. O *buffer* alocado é dois bytes maior que os 512 bytes necessários, apenas para demonstrar como uma constante simbólica e um inteiro podem ser misturados em uma expressão (na linha 123). Desse mesmo modo, na linha 21 SI é carregado com o endereço do segundo elemento do vetor *linh*, o que deixa uma palavra de máquina contendo 0 na parte de baixo desse vetor. O registrador **BX** conterá o endereço de arquivo do primeiro caractere não lido do arquivo e, por conseguinte, ele é inicializado como 0 antes da primeira vez que o *buffer* é preenchido na linha 22.

O preenchimento do *buffer* é tratado pela rotina *fillbuf* nas linhas 83 até 93. Após passar os argumentos para **read**, a chamada de sistema é requisitada, o que coloca o número de caracteres realmente lidos em **AX**. Esse número é copiado para **CX** e o número de caracteres que ainda estão no *buffer* será mantido em **CX** dali em diante. A posição de arquivo do primeiro caractere não lido no arquivo é mantida em **BX**, portanto, **CX** tem de ser somado a **BX** na linha 91. Na linha 92, a parte de baixo do *buffer* é colocada em **DI** de modo a ficar pronta para examinar o *buffer* em busca do próximo caractere de nova linha.

Após retornar de *fillbuf*, a linha 24 verifica se algo foi realmente lido. Se não foi, saltamos fora do laço de leitura em *buffer* para a segunda parte do programa, na linha 25.

Agora, estamos prontos para examinar o *buffer*. O símbolo \n (nova linha) é carregado em **AL** na linha 26, e na linha 27 esse valor é examinado por **REP SCASB** e comparado com os símbolos no *buffer*. Há dois modos de sair do laço: quando **CX** chega a zero ou quando um símbolo examinado é um caractere de nova linha. Se o *flag* de zero estiver marcado, o último símbolo examinado foi um \n e a posição de arquivo do símbolo corrente (um após a nova linha) deve ser armazenada no vetor *linh*. Então, a contagem é incrementada e a posição de arquivo é calculada a partir de **BX** e o número de caracteres ainda disponíveis está em **CX** (linhas 29 até 31). As linhas 32 até 34 executam o armazenamento propriamente dito, porém, visto que **STOS** pressupõe que o destino está em **DI** e não em **SI**, esses registradores são permutados antes e após **STOS**. As linhas 35 até 37 verificam se há mais dados disponíveis no *buffer*, e saltam de acordo com o valor de **CX**.

Quando o final do arquivo é alcançado, temos uma lista completa de posições dos inícios das linhas no arquivo. Como iniciamos o vetor *linh* com uma palavra 0, sabemos que a primeira linha começou no endereço 0, e que a próxima linha começa na posição dada por *linh* + 2 etc. O tamanho da linha *n* pode ser encontrado pelo endereço de início da linha *n* + 1 menos o endereço de início da linha *n*.

O objetivo do resto do programa é ler o número de uma linha, ler aquela linha para o *buffer* e produzir sua saída por meio de uma chamada **write**. Todas as informações necessárias podem ser encontradas no vetor *linh* cuja *enésima* entrada contém a posição do início da linha *n* no arquivo. Se o número de linha requisitado for 0 ou estiver fora de alcance, o programa sai, saltando para o rótulo 7.

Essa parte do programa começa com uma chamada para a sub-rotina *getnum* na linha 46. Essa rotina lê uma linha da entrada-padrão e a armazena no *buffer linein* (nas linhas 95 até 103). Em seguida, nos preparamos para a chamada **SSCANF**. Considerando a ordem inversa dos argumentos, em primeiro lugar passamos o endereço de *curlin*, que pode conter um valor inteiro, depois o endereço da cadeia de formato de inteiros *numfmt* e, por fim, o endereço do *buffer linein* que contém o número em notação decimal. A sub-rotina de sistema **SSCANF** coloca o valor binário em *curlin*, se possível. Se falhar, ela retorna um 0 em **AX**. Esse valor de retorno é testado na linha 48; se houver falha, o programa gera uma mensagem de erro por meio do rótulo 8.

Se a sub-rotina *getnum* retornar um inteiro válido em *curlin*, então primeiro o copiamos em **BX**. Em seguida, testamos o valor em relação à faixa nas linhas 49 até 53, o que gera uma **EXIT** se o número da linha estiver fora da faixa.

Depois, devemos achar o final da linha selecionada no arquivo e o número de bytes a ler, de modo que multiplicamos **BX** por 2 com um deslocamento para a esquerda **SHL**. A posição de arquivo da linha pretendida é copiada para **AX** na linha 55. A posição de arquivo da linha seguinte é passada para **CX** e será usada para calcular o número de bytes na linha atual.

Para fazer uma leitura aleatória de um arquivo é preciso uma chamada lseek para ajustar o deslocamento do arquivo para o byte a ser lido. A instrução lseek é executada em relação ao início do arquivo, portanto, primeiro um argumento 0 é passado para indicar isso na linha 57. O próximo argumento é o deslocamento do arquivo. Por definição, esse argumento é um inteiro longo (isto é, 32 bits), portanto, primeiro passamos uma palavra 0 e em seguida o valor de AX nas linhas 58 e 59 para formar um inteiro de 32 bits. Então, o descritor de arquivo e o código para LSEEK são passados e a chamada é feita na linha 62. O valor de retorno de LSEEK é a posição atual no arquivo e pode ser encontrada na combinação de registradores DX : AX. Se o número couber dentro de uma palavra de máquina (o que acontecerá para arquivos menores do que 65.536 bytes), então AX contém o endereço, portanto, subtrair esse registrador de CX (linha 63) resulta no número de bytes a ser lido de modo a trazer a linha para dentro do *buffer*.

O restante do programa é fácil. A linha é lida do arquivo nas linhas 64 até 68 e então é escrita na saída--padrão por meio do descritor de arquivo 1 nas linhas 70 até 72. Note que a contagem e o valor do *buffer* ainda estão na pilha após a limpeza parcial da pilha na linha 69. Por fim, na linha 73, reajustamos o ponteiro de pilha completamente e estamos prontos para a próxima etapa, portanto, saltamos de volta para o rótulo 3 e reiniciamos com outra chamada a *getnum*.

Agradecimentos

O *assembler* usado neste apêndice faz parte do "Amsterdam Compiler Kit". O kit inteiro está disponível online em <www.cs.vu.nl/ack>. Agradecemos a todos os que se envolveram em seu projeto original: Johan Stevenson, Hans Schaminee e Hans de Vries. Somos especialmente gratos a Ceriel Jacobs, que mantém esse pacote de software e que ajudou a adaptá-lo diversas vezes para atender aos requisitos didáticos de nossas aulas, e também a Elth Ogston por ler o manuscrito e testar os exemplos e exercícios.

Queremos agradecer também a Robbert van Renesse e Jan-Mark Wams, que projetaram rastreadores para o PDP-11 e o Motorola 68000, respectivamente. Muitas de suas ideias são usadas no projeto desse rastreador. Ademais, somos gratos ao grande grupo de professores-assistentes e operadores de sistemas que nos têm dado assistência em muitos cursos de programação em linguagem de montagem durante muitos anos.

Problemas

1. Após a instrução MOV AX, 702 ser executada, quais são os valores decimais para os conteúdos de AH e AL?
2. O registrador CS tem o valor 4. Qual é a faixa de endereços absolutos de memória para o segmento de código?
3. Qual é o mais alto endereço de memória que o 8088 pode acessar?
4. Suponha que CS = 40, DS = 8.000 e IP = 20.
   a. Qual é o endereço absoluto da próxima instrução?
   b. Se MOV AX, (2) for executada, qual palavra de memória é carregada em AX?
5. Uma sub-rotina com três argumentos de inteiros é chamada logo após a sequência de chamada descrita no texto, isto é, quem chama passa os argumentos para a pilha em ordem inversa, então executa uma instrução CALL. A rotina chamada, então, salva o BP antigo e ajusta o novo BP para apontar para o antigo salvo. Daí, o ponteiro de pilha é decrementado para alocar espaço para variáveis locais. Com essas convenções, dê a instrução necessária para mover o primeiro argumento para AX.
6. Na Figura C.1, a expressão *de-hw* é usada como um operando. Esse valor é a diferença entre dois rótulos. Existiriam circunstâncias nas quais *de+hw* poderia ser usada como um operando válido? Discuta sua resposta.
7. Dê o código de montagem para calcular a expressão
   x = a + b + 2
8. Uma função C é chamada por
   foobar(x, y);
   Dê o código de montagem para fazer essa chamada.
9. Escreva um programa em linguagem de montagem para aceitar expressões de entrada consistindo em um inteiro, um operador e outro inteiro e produza o valor de saída da expressão. Permita os operadores +, −, × e /.

Índice

A

Access Control List (ACL), 395
Acesso direto à memória (Direct Memory Access), 86, 312
Acesso somente à memória *cache*, 467, 485-486
ACK (*ver* Amsterdam Compiler Kit)
ACL (*ver* Access Control List)
Acorn Archimedes, computador, 35
Acumulador, 14-15, 695
ADSL (*ver* DSL assimétrico)
Advanced Microcontroller Bus Architecture (AMBA), 452-453
Advanced Programmable Interrupt Controller (APIC), 162
AGP, barramento (*ver* Barramento de porta gráfica acelerada)
Aiken, Howard, 13
Álgebra booleana, 115-123
Álgebra de comutação, 118
Algoritmo de paginação, 346-354
    FIFO, 352
    LRU, 352
Algoritmo *First-In First-Out*, 352
Algoritmo melhor ajuste, 358
Algoritmo primeiro ajuste, 358
Algoritmo, 6
Algoritmos de alimentação de bebês, 351
Alocação de escrita, 246
Alteração de segmento, 560
Alvo, 172
AMBA (*ver* Advanced Microcontroller Bus Architecture)
American Standard Code for Information Interchange (ASCII), 108
Amsterdam Compiler Kit (ACK), 561
APIC (*ver* Advanced Programmable Interrupt Controller)

Apple II, 19
Apple Lisa, 11
Apple Macintosh, 19
Apple Newton, 11, 35
Application Specific Integrated Circuit (ASIC), 455
Arbitragem de barramento, 147
Árbitro de barramento, 86
Arduino, 27
Área de método, 204
Argumento, 557
Aritmética binária, 455
Aritmética saturada, 441
ARM v7, 272
ARM, (*ver também* OMAP4430)
    big-endian, 278
    endereçamento, 292
    formatos de instrução, 290-291
    instruções, 261introdução, 35-36
    memória virtual, 363-365
    microarquitetura do OMAP4430, 260-264
    nível ISA, 262
    tipos de dados, 283-284
Armazenamento (*store*), 37
Armazenamento de controle, 198-199
Arquitetura carregar/armazenar (*load/store*), 279
Arquitetura de computador, 6
    marcos, 10-22
Arquitetura de computador, 6, 42
Arquitetura de três barramentos, 226
Arquitetura do conjunto de instruções, 542
Arquitetura Harvard, 66
Arquitetura superescalar, 52-54
Arquivo binário executável, 561
Arquivo imediato, 397
Arquivo objeto, 561
Arquivos, 367-369

Arredondamento, 536
Árvore gorda, 489
Árvore, 489
AS88, 561-564
ASCII (ver American Standard Code for Information Interchange)
ASIC (ver Application Specific Integrated Circuit)
Assembler, 6, 408, 543, 561-564
   8088, 561
      duas passagens, 416
      uma passagem, 414
Assembly, linguagem, 408-413, 542-583
   exemplo, 542
AT Attachment, disco, 71
ATA Serial, 72
ATA, interface de pacote, 71
ATA-3, disco, 71
Atanasoff, John, 13
ATAPI-4, disco, 71
ATAPI-5, disco, 71
ATmega168, 167-169
   formatos de instrução, 291-292
   microarquitetura, 264-266
   modos de endereçamento, 292
   nível ISA, 280-281
   tipos de dados, 284
Atmel ATmega168 (ver ATmega168)
Atraso de porta, 124
Ausência da *cache*, 244
Autodecremento, endereçamento, 552
Autoincremento, endereçamento, 552
Automodificador, 294
AVR, 37-38

B

Babbage, Charles, 12
Bancos, 163
Banda larga, 101
Bardeen, John, 15
Barramento assíncrono, 153-154
Barramento de porta gráfica acelerada (Accelerated Graphics Port *bus*), 171
Barramento de processador, 452
Barramento de registrador de dispositivo, 452
Barramento do sistema, 148
Barramento multiplexado, 150
Barramento periférico, 152
Barramento síncrono, 150-153
Barramento, 16, 42, 85-88, 146-158, 169-182
   AGP, 171
   assíncrono, 153-154
   Core i7, 162-164
   EISA, 87
   ISA, 86
   multiplexado, 150
   PCI, 87-88
   PCIe, 87-88
   síncrono, 150-153
   sistema, 148
Base, 116
Baud, 101
BCD (ver Binary Coded Decimal)
Biblioteca compartilhada, 433
Biblioteca de importação, 432
Biblioteca hospedeira, 433
Biblioteca-alvo, 433
Bi-endian, processador, 278
Big endian, memória, 59-60
Binário, 526
Binary Coded Decimal (BCD), 57
BIOS (ver Sistema básico de entrada/saída)
Bit de paridade, 61
Bit envenenado, 255
Bit presente/ausente, 350
Bit, 57, 527
Bloco básico, 234
Bloco indireto duplo, 393
Bloco indireto triplo, 393
Bloco indireto, 393
Bloco iniciado por símbolo, 562
BlueGene, 490-494
BlueGene/L, 490
BlueGene/P *versus* Red Storm, 496-497
BlueGene/P, 490-494
Blu-ray, disco, 85
Bolha de inversão, 117

Boole, George, 117
Brattain, Walter, 15
BSS, seção, 562
BTB (Branch Target Buffer), 259
Buffer de armazenamento, OMAP4430, 262
Buffer de busca antecipada, 50
Buffer inversor, 139-140
Buffer não inversor, 139
Bug do Ano 2000, 282
Burroughs B5000, 11, 17
Busca antecipada, 513
Busca binária, 422
Busca de disco, 70
Byron, Lord, 12
Byte de prefixo, 219, 289
Byte, 59, 273

C

Cabeçalho de pacote PCI, 177
Cabeçalho IP, 455
Cabo, Internet por, 103-106
Cache associativa de conjunto de vias, 244-246
Cache de bloco, 382
Cache de dados, OMAP4430, 262
Cache de escrita direta, 246, 472
Cache de escrita retardada, 246
Cache de escrita retroativa, 246
Cache de espia, 472, 472-475
Cache de mapeamento direto, 243-244
Cache de micro-operação, 257-258
Cache de nível 2, 242
Cache dividida, 66, 242
Cache unificado, 66
Cache, 241-246
    alocação de escrita, 246
    cache associativa de conjunto, 244-246
    de escuta, 472-474
    dividida, 66, 242
    escrita de volta, 246
    escrita direta, 246, 472
    escrita retardada, 246
    estratégia de atualização, 473
    mapeamento direto, 243-244

    nível 2, 242
    protocolo MESI, 474-475
    unificada, 66
Camada coletiva, 515
Camada de abstração de hardware, 384
Camada de aplicação, 515
Camada de enlace, PCI Express, 176
Camada de recurso, 515
Camada de recursos, 515
Camada de software, 177
Camada de transação, PCI Express, 177
Camada física, PCI Express, 177
Camada, 3
Câmera digital, 106-107
Caminho absoluto, 391
Caminho de dados, 5, 43, 191-196
    Mic-1, 198
    Mic-2, 229
    Mic-3, 233
    Mic-4, 238
Caminho relativo, 391
Capacitância mútua, 90
Capacitor, 90
Carga especulativa, 357-358
Carga útil de pacote PCI, 177
Carregador de ligação, 422
Carregamento, 422-433
Catamount, 496
CCD (*ver* Dispositivos de carga acoplada)
CC-NUMA (*ver* NUMA com coerência de *cache*)
CDC (*ver* Control Data Corporation) CDC 6600, 11, 16
CD-R (*ver* CD-Recordable)
CD-Recordable, 81-83
CD-Rewritable, 83
CD-ROM (*ver* Compact Disc-Read Only Memory)
CD-ROM multissessão, 83
CD-ROM XA, 83
CD-ROM, trilha, 83
Celeron, 33
Célula de memória, 57
Centrais de computação, 18
Chamada distante, 557

Chamada do sistema, 9, 363, 558-560
Chamada próxima, 557
Chamadas do supervisor, 9
Chave de registro, 370
Chaveamento de energia, 164
Chaveamento por deslocamento de frequência, 100
Chip de memória, 140-142
Chip, 124
Chips de CPU, 146-147
Chipset, 162
Ciclo buscar-decodificar-executar, 45, 191
Ciclo de barramento, 150
Ciclo do caminho de dados, 45
Ciclo do processador, 545-546
Cilindro do disco, 70
Circuito aritmético, 127-132
Circuito combinacional, 124-127
Circuito integrado, 124-125
Circuito virtual, 179
Circuito,
    aritmético, 127-132
    combinacional, 124-127
Círculo virtuoso, 23
CISC (ver Complex Instruction Set Computer)
Classificação de pacotes, 457
Clock, 132-133
Clone, 19
Cluster de equipamentos de prateleira (COTS), 29
Cluster de estações de trabalho, 468
Cluster Google, 499-501
Cluster, 29, 396, 468
COBOL, 30, 282
Codificação 8b/10b, 176
Codificação dibit, 101
Codificação hash, 422
Código de caractere, 108-111
Código de condição, 275
Código de correção de erro, 60-64
Código de escape, 289
Código de operação, 191
Código independente de posição, 430
Coerência de *cache*, 472

Coletor aberto, 149
Coletor, 116
COLOSSUS, 11, 13
COMA (ver Acesso somente à memória *cache*)
COMA, multiprocessador, 485
Compact Disc-Read Only Memory, 78-81
Companhia telefônica, 101
Comparação de conjuntos de instruções, 319
Comparador, 127
Compartilhamento falso, 506
Compartilhamento limitado, 447
Compartilhamento por partição de recursos, 446
Compartilhamento total de recursos, 447
Compatibilidade, 271
Compilador, 6, 408
Complemento de dois, número, 531
Complex Instruction Set Computer (CISC), 48
Computação em *cluster*, 497-501
Computação em grade, 514-515
Computação em nuvem, 29
Computação ubíqua, 21
Computador de dados em paralelo, 54-57
Computador de jogos, 24
Computador descartável, 24-25
Computador invisível, 20-22
Computador No Remote Memory Access (sem acesso à memória remota), 468
Computador Non Uniform Memory Access (acesso não uniforme à memória), 467
Computador paralelo,
    coprocessador, 453-462
    grade, 514-516
    multicomputador, 486-514
    multiprocessador, 462-486
    paralelismo no chip, 438-453
Computador pessoal, 18-19, 24
Computador,
    dados em paralelo, 54-57
    descartável, 24-25
    jogos, 27
Computadores a válvula, 13-15
Computadores da geração zero, 10-13
Computadores de primeira geração, 13-15

Computadores de quarta geração, 18-20
Computadores de quinta geração, 20-22
Computadores de segunda geração, 15-17
Computadores de terceira geração, 17-18
Computadores paralelos,
   desempenho, 507-512
   taxonomia, 466-468
Compute Unified Device Architecture, 459
Comunicador, 503
Comutação de pacotes, 454
Comutador crossbar, 476
Concessão de barramento, 154
Condição de disputa, 374-377
Conector vampiro, 453
Conjunto de constantes, 204
Conjunto de instruções do 8088, 552-560
Consistência de *cache*, 472
Consistência de liberação, 471
Consistência de processador, 469-470
Consistência estrita, 468
Consistência fraca, 470
Consistência sequencial, 468-469
Consistência,
   cache, 472
   estrita, 468
   de liberação, 471
   fraca, 470
   processador, 469-470
   sequencial, 594–595
Constante de relocação, 468-469
Consulta de rota, 458
Consumidor, 374
Contador de localização, 561
Control Data Corporation (CDC), 17
Controlador de barramento, 149
Controlador de disco, 71
Controlador de interrupção, 86
Controlador de jogos, 94-96
Controlador, 86
Controle de fluxo, 179
Controle de laço, instruções de, 309-310
Conversão de uma base para outra, 529-530

Cópia na escrita, 386
Coprocessador, 453-462
Cor indexada, 92
Core 2 duo, 33
Core i7,
   bancos, 262
   buffer de reordenação, 334
   endereçamento, 301-303
   escalonador, 259
   formatos de instrução, 289-290
   foto do substrato, 36
   hyperthreading, 445-448
   instruções, 313-315
   introdução, 27-29
   memória virtual, 359-363
   microarquitetura, 256-260
   modelo de memória, 273-274
   modos de endereçamento, 301-303
   multiprocessador, 449
   nível ISA, 276-278
   pinagem, 161-162
   pipelining, 162-163
   previsor de desvio, 258
   tipos de dados, 283
   unidade de retirada, 262
   virtualização, 366
CoreConnect, 452
Corrotina, 324-326
Cortex A9, 260-264
COTS (*ver* Cluster de Equipamentos de Prateleira)
CP/M, 19
CPU (*ver* Unidade central de processamento)
CPU, organização, 43
Cray, Seymour, 16
CRAY-1, 11
CRC (*ver* Verificação por Redundância Cíclica)
Criação de processo, 374
Criptografia de chave pública, 462
Criptografia de chave simétrica, 461
Criptografia,
   chave pública, 462
   chave simétrica, 461
Criptoprocessador, 461-462
CRT (*ver* Tubo de raios catódicos)
CUDA (*ver* Compute Unified Device Architecture)

D

Dados justificados à direita, 305

Dados velhos, 472

Data centers, 29

DDR (Double Data Rate RAM), 161

De Morgan, lei, 121

DEC (*ver* Digital Equipment Corporation)

DEC Alpha, 11, 15-16

DEC PDP-1, 11, 15

DEC PDP-11, 11

DEC PDP-8, 11, 15

DEC VAX, 11, 47

Decodificação de endereço, 184-186

Decodificação parcial de endereço, 185

Decodificador, 126-127

Demultiplexador, 126

Dependência do tempo, 235

Dependência, 235, 250

Depressão (*pit*), 78

Descritor de arquivo, 357, 559

Descritor de segurança, 395

Desempenho de computadores paralelos, 507-512

Desempenho de multicomputadores, 512-514

Desempenho,
    de rede, melhorias, 459
    melhorando, 512-514
    métrica de hardware, 508-509
    métrica de software, 510-512

Deslocador, 127-128

Deslocamento de registrador, 551

Determinação do destino, 457

Diâmetro da rede, 489

Digital Equipment Corporation, 15, 35, 47

Digital Versatile Disk (DVD), 83

Digital Video Disk (DVD), 83

Dimensionalidade, 489

DIMM (*ver* Dual Inline Memory Module)

DIP (*ver* Dual Inline Package)

Diretivas de *assembler*, 411

Diretório de página, 361

Diretório de trabalho, 391

Diretório raiz, 390

Diretório, 371-372

Disco magnético, 68-71

Disco rígido, 69-71

Disco,
    ATAPI, 71
    CD-ROM, 78-81
    DVD, 83-85
    IDE, 71-72
    magnético, 68-71
    óptico, 78-92
    RAID, 73-76
    SCSI, 72-73
    SSD, 76-78
    Winchester, 69

Discos ópticos, 78-92

Dispositivo de carga acoplada, 106

Dispositivo de entrada/saída,
    câmera digital, 106-108
    controlador de jogos, 94-96
    equipamento de telecomunicação, 99-103
    impressora a laser, 96-98
    impressora de jato de tinta, 98-99
    impressora em cores, 99
    impressoras especiais, 98
    modem, 100-101
    monitor de tela plana, 90-92
    mouses, 93-94
    teclado, 89
    tela sensível ao toque (*touch-screen*), 89-90

Dispositivo de três estados (*tri-state*), 139-140

Dispositivos de processamento programável, 457

Disquete, 70

Distância de Hamming, 60

Distorção no barramento, 88

Divisor, 102

DLL (*ver* Dynamic Link Library)

DMA (*ver* Direct Memory Access)

Double Data Rate, RAM, 142-143

DPI (*ver* Pontos por polegada)

DRAM (RAM dinâmica), 143

DRAM síncrona (SDRAM), 142-143

DSL (*ver* Linha digital de assinante)

DSL assimétrico, 101

DSLAM (*ver* Multiplexador de acesso DSL)

DSM (*ver* Memória compartilhada distribuída)
DSM de hardware, 478
Dual Inline Memory Module (módulo duplo de memória em linha), 66
Dual Inline Package (DIP), 124
Dual, 122
Dump de memória, 8
Duplo, 546
DVD (*ver* Digital Video Disk)
Dynamic Link Library (biblioteca de ligação dinâmica), 431

E

E/S (*ver* Entrada/Saída)
E/S mapeada para a memória, 184
E/S programada, 310
Eckert, J. Presper, 13
ECL (*ver* Emitter-Coupled Logic)
Editor de ligação, 422
EDO (*ver* Extended Data Output)
EDSAC, 11
EDVAC, 13
EEPROM (*ver* Electrically Erasable PROM)
EEPROM, 144
EHCI (*ver* Enhanced Host Controller Interface)
EIDE (*ver* Extended IDE)
EISA, barramento (*ver* Extended ISA, barramento)
Electronic Discrete Variable Automatic Computer (EDVAC), 13
Electronic Numerical Integrator And Computer (ENIAC), 13
Elevação, 254
Embaralhamento perfeito, 477
Emissor, 116
Emitter-Coupled Logic (lógica de emissor acoplado), 118
Empacotamento de memória, 66-67
Emulação, 18
Encadeamento em série (*daisy chaining*), 154
Encaminhamento store-to-load, 260
Endereçamento de pilha, 296-299
Endereçamento de registrador, 293
Endereçamento direto, 293, 550
Endereçamento e memória, 8088, 548-552

Endereçamento imediato, 292-293, 552
Endereçamento implícito, 552
Endereçamento indexado na base, 296
Endereçamento indexado, 294-296
Endereçamento indireto de registrador, 293-294, 550
Endereçamento, 284, 292-304
    8088, 548-552
    ARM, 292
    ATmega168, 292
    Core i7, 294
    deslocamento, 549
    direto, 292
    imediato, 292
    indexado, 294
    indexado na base, 296
    instruções de desvio, 299
    pilha, 296-299
    registrador, 293
    indireto de registrador, 373–374
Endereço de memória, 57-59
Endereço efetivo, 552
Endereço linear, 361
Endereço, 57, 543
Endian, memória,
    big, 59-60
    little, 59-60
Enhanced Host Controller Interface, 182
ENIAC, 11, 13
ENIGMA, 13
Entrada padrão, 391
Entrada/saída paralela, 183
Entrada/Saída, 85-111
EPIC (*ver* Explicitly Parallel Instruction Computing)
Epílogo de procedimento, 324
EPROM (*ver* Erasable PROM)
EPT (Extended Page Table), 384
Equipamento de telecomunicações, 100-106
Equivalência de circuito, 120-123
Erasable PROM, 144
Erro padrão, 391
Erro relativo, 536
Escala dinâmica de tensão, 164
Escalável, 512
Escalonador, Core i7, 259

Escalonamento de instrução, Itanium 2, 333
Escalonamento de multicomputador, 503-504
Esclarecimento de ambiguidade, 260
Escravo de barramento, 149
Escravo, 149
    barramento, 149
Espaço de endereço físico, 363-364
Espaço de endereços virtual, 363-364
Espaço de endereços, 364
Espaço de tuplas, 506
Espera ocupada, 311
Estação de trabalho sem cabeça, 498
Estado de espera, 151
Estado, 191
    máquina de estado finito, 228
Estágio do *pipeline*, 50
Estratégia de atualização de *cache*, 473
Estratégia de invalidação de *cache*, 473
Estratégia de invalidação, 473
Estrela, 489
Estridge, Philip, 19
Ethernet, 453
Evento, 402
Evolução de máquinas multinível, 6-10
Exceção (*trap*), 326-327, 553
Execução de instrução, 45-48
Execução especulativa, 254-256
Execução fora de ordem, 250-254
Executivo, NTOS, 384
Exemplos de programas, 8088, 568-583
Expansão de *opcodes*, 287-289
Explicitly Parallel Instruction Computing (EPIC), 335
Expoente, 535
Extended Data Output, 143
Extended IDE, disco, 71-72
Extended ISA, barramento, 87
Extensão de sinal, 196
Extração de campo, 457

F

Falta de página, 351
Família de computadores, exemplos, 30

Fanout, 489
Fase, modulação de, 100-101
Fast Page Mode, memória, 143
FAT (*ver* File Allocation Table)
Fechamento, 526
Fermi GPU, 54-55, 459-461
Ficha de acesso, 395
Field-Programmable Gate Array (FPGA), 20, 144-146
FIFO, algoritmo (*ver* Algoritmo First-In First-Out)
Filas de mensagens, 398
File Allocation Table (tabela de alocação de arquivos), 393
Filtro Bayer, 107
Filtro, 391
Firewall, 455
Flag auxiliar de vai-um, 555
Flag de direção, 704
Flag de paridade, 555
Flip-flop disparado pela borda, 135
Flip-flop, 135-137
Fluxo de controle sequencial, 320
Fluxo de controle, 319-330
    corrotinas, 324-326
    desvios, 320
    exceções, 326-327
    interrupções, 327-330
    procedimentos, 320-324
    sequencial, 320
Fluxo, 382
Formato de instrução, 258-292
    ARM, 290-291
    ATmega168, 291-292
    Core i7, 289-290
    critérios de projeto, 285-287
Forrester, Jay, 15
FORTRAN Monitor System, 7
FORTRAN, 7, 309
FPGA (*ver* Field-Programmable Gate Array)
FPM (*ver* Fast Page Mode)
Fração, 535
Fragmentação e remontagem, 458
Fragmentação, 353-354
    externa, 357
    interna, 353

Fragmentos, 499
Frequência de tela de meio-tom, 97
FSM (*ver* Finite State Machine)
Full-duplex, linha, 101
Função booleana, 119-120
Função, 305

G

Gabarito, 507
Gama de cores, 98
GDT (*ver* Global Descriptor Table)
Gêmea, 506
General Purpose GPU, 460
Geração de código, 561
Geração de soma de verificação, 458
Gerenciamento de cabeçalho, 458
Gerenciamento de fila, 458
Gerenciamento de processo, 397-402
    UNIX, 397-400
    Windows 7, 400–402
Ghosting, 90
Global Descriptor Table (tabela de descritores globais), 359
Goldstine, Herman, 14
GPGPU (*ver* General Purpose GPU)
GPU (*ver* Graphics Processing Unit)
GPU Fermi Nvidia, 459-461
Grade, 489
Graphics Processing Unit, 54-57, 459-461
Grau do nó, 489
Gravação perpendicular, 69
Green Book (livro verde), 81
GridPad, 11
Grupo de instruções, Itanium 2, 333
Grupo de registradores de segmentos, 548
GUI (*ver* Interface gráfica de usuário)

H

H, registrador, 192
Hamming, Richard, 23
Handle, 385
Handshake completo, 182

Hardware, 6
    equivalência com software, 6
Harvard Mark I, 13
Hashing, 422
Hawkins, Jeff, 21
Hazard, 165, 236
Hello world, exemplo no 8088, 568
Hexadecimal, 526
Hierarquia de memória, 67-68
High Sierra, 81
Hipercubo, 489
História,
    1642–1945, 10-13
    1945–1955, 13-15
    1955–1965, 15-17
    1965–1980, 17-18
    ARM, 35-36
    AVR, 37-38
    Intel, 31-37
Hoagland, Al, 23
Hoff, Ted, 31
HTTP (*ver* HyperText Transfer Protocol)
Hub-raiz (*root hub*), 180
HyperText Transfer Protocol (Protocolo de Transferência de Hipertexto), 455
Hyperthreading, Core i7, 445-448
Hypervisor, 365

I

IA-32, arquitetura, 276
IA-32, falhas, 333-334
IA-64, 334-335, 335-358
    cargas especulativas, 357-358
    escalonamento de instruções, 336-337
    modelo EPIC, 335
    pacote, 336
IAS, 11
IAS, máquina, 14
IBM 1401, 11, 16-18
IBM 360, 11, 18, 21
IBM 701, 15
IBM 704, 15
IBM 709, 8
IBM 7094, 11, 16-18

IBM 801, 48
IBM CoreConnect, 451
IBM PC, 11, 19
IBM POWER4, 11, 19
IBM PS/2, 32
IBM RS6000, 11
IBM Simon, 11
IC (*ver* Circuito integrado)
IDE, disco, 71-72
Identificação por radiofrequência (Radio Frequency IDentification), 24-25
Identificador de espaço de endereços, 364
IEEE, padrão de ponto flutuante, 537-540
IFU (*ver* Unidade de busca de instrução)
IJVM, 201-240
    compilando Java para, 208-209
IJVM, conjunto de instruções, 204-208
IJVM, implementação, 212-222
IJVM, modelo de memória, 203-204
ILC (*ver* Instruction Location Counter)
ILLIAC, 14
Impressão em cores, 97-98
Impressora a cera, 99
Impressora a laser, 96-97
Impressora CMYK, 98
Impressora de jato de tinta, 98-99
Impressora de tinta sólida, 99
Impressora especial, 99
Impressora por sublimação de tinta, 99
Impressora térmica, 99
Impressora, 96-100
    a cera, 99
    a laser, 96-97
    CMYK, 98
    de jato de tinta, 98-99
    de tinta sólida, 99
    especial, 99
    por sublimação de tinta, 99
Índice de arquivo, 369
Índice de destino, 547
Índice de fonte, 547
Industry Standard Architecture (arquitetura padrão da indústria), barramento, 86

Iniciador, barramento PCI, 172
I-node, 392
Instrução em linguagem *assembly*, 408
Instrução predicada, 291
Instrução,
    ARM, 315-317
    ATmega168, 317-319
    chamada de procedimento, 291–393
    comparação, 307-309
    controle de laço, 309-310
    Core i7, 313-315
    desvio condicional, 307-309
    diádica, 305-306
    entrada/saída, 310-313
    monádica, 306-307
    nível ISA, 276
    predicada, 291
Instruções de bytes, 549
Instruções de chamada de procedimento, 309
Instruções de comparação, 309
Instruções de desvio condicional, 309
Instruções de desvio, endereçando, 299
Instruções de E/S, 310-313
Instruções de gerenciamento de diretório, 371-372
Instruções de movimentação de dados, 386–387
Instruções de palavras, 549
Instruções,
    ARM, 315-317
    ATmega168, 319
    Core i7, 313-315
Instruction Location Counter (contador de localização de instrução), 417
Integrated Drive Electronics (eletrônica integrada ao *drive*), 71-72
Intel 386, 11
Intel 4004, 31
Intel 80286, 31
Intel 80386, 31
Intel 80486, 31
Intel 8080, 11
Intel 8086, 31
Intel 8088, 542-548
    endereçamento, 548-552
    exemplos de programas, 568-583
    salto distante, 556

salto próximo, 556
segmentos, 548
Intel 8088, conjunto de instruções, 522-560
Intel Core i7 (*ver* Core i7)
Intel Xeon, 33
Interconexão completa, 489
Interconexão programável, 144
Interface de E/S, 183-184
Interface de memória síncrona, 164
Interface de programação de aplicação, 384
Interface de troca de mensagens, 467, 502-503
Interface gráfica de usuário, 19, 383
Interfaces, 183-186
Intermitente (*strobe*), 134
Internet Service Provider (provedor de serviços de internet), 455
Internet, protocolo, 455
Interpretação, 2
Interpretador, 2, 35, 543
Interrupção, 86, 327-330
  imprecisa, 250
  precisa, 250
  transparente, 328
Introdução a redes, 453-455
Introdução, 561
Inverso aditivo, 307
Inversor, 116-117
IR (*ver* Registrador de instrução)
ISA, barramento (*ver* Industry Standard Architecture, barramento)
ISA, nível, 5
  ARM, 278-279
  ATmega168, 280-281
  Core i7, 276-278
  endereçamento, 292-304
  fluxo de controle, 309-330
  formatos de instruções, 258-292
  tipos de dados, 281-285
  tipos de instruções, 304-321
  visão geral, 278-281
ISA, propriedades do nível, 272-273
ISP (*ver* Internet Service Provider)
Itanium 2, 333-340

J

Java Virtual Machine, 204.
Jobs, Steve, 19
Johnniac, 14
Joint Photographic Experts Group, 107
Joint Test Action Group (grupo de ação de testes conjuntos), 162
JPEG (*ver* Joint Photographic Experts Group)
JTAG (*ver* Joint Test Action Group)

K

Kilby, Jack, 17
Kildall, Gary, 19
Kinect, controlador, 95

L

Lacuna intersetores, 68
LAN (*ver* Rede local)
Land grid array, 124
Largura de banda agregada, 510
Largura de banda de bisseção, 489
Largura de banda de processador, 51
Largura do barramento, 149-151 Latch, 133-135
  D, 135
  D com *clock*, 135
  SR com *clock*, 134
  SR, 133
Latência rotacional, 70
Latência, 52
Latin-1, 108
LBA (*ver* Logical Block Addressing)
LCD (*ver* Liquid Crystal Display)
LDT (*ver* Local Descriptor Table)
Least Recently Used algorithm, 352
LED (*ver* Light Emitting Diode)
Lei de Amdahl, 512
Lei de Moore, 22
Lei de Nathan, 23
Leibniz, Gottfried Wilhelm von, 12
LGA (*ver* Land Grid Array)

Ligação dinâmica, 430-433
  MULTICS, 430-431
  UNIX, 433
  Windows, 431-433
Ligação explícita, 433
Ligação implícita, 432
Ligação, 422-433
  dinâmica, 430-433
  MULTICS, 430-431
  tempo de vinculação, 428-430
  UNIX, 433
  Windows, 431-433
Ligador, 423, 561
  tarefas realizadas, 424-427
Light Emitting Diode (LED), 92
Linda, 506-508
Lines Per Inch (LPI) (linhas por polegada), 97
Linguagem de alto nível, 11
Linguagem de máquina, 1, 542
Linguagem, 1
Linguagem-alvo, 407
Linguagem-fonte, 407
Linha de *cache*, 65, 66, 243, 472
Linha digital de assinante (DSL), 101-103
Linha *half-duplex*, 101
Liquid Crystal Display (LCD), 9
Lisa, 11
Lista de controle de acesso, 395
Lista de livros, 370
Literal, 410
Little endian, 550
Local Descriptor Table (tabela de descritores locais), 359
Localidade espacial, 242
Localidade temporal, 242
Localização, 57
Lógica negativa, 123
Lógica positiva, 123
Logical Block Addressing (LBA), 71-72
Longo, 546
Loop local, 102
Lote de Itanium 2, 333
Lovelace, Ada, 12
LPI (*ver* Lines Per Inch)

LRU (*ver* Least Recently Used algorithm)
LRU, algoritmo (*ver* Least Recently Used algorithm)
LUT (*ver* Tabela de consulta)

M

M.I.T.
  TX-0, 15
  TX-2, 15
Macintosh, Apple, 19
Macro do sistema operacional, 9
Macro em linguagem de montagem, 413-416
Macro, chamada, 413-414
Macro, definição, 413
Macro, expansão, 413-414
Macro, implementação de processador, 416
Macro, linguagem de montagem, 413-416
Macro, parâmetro, 415
Macroarquitetura, 201
Magnitude com sinal, 531
Mainframe, 24
MAL (*ver* Micro Assembly Language)
Malha, 489
MANIAC, 14
Mantissa, 535
Mapa de bits, 283
Mapa de memória, 363-364
Máquina analítica, 12
Máquina de estados finitos, 228, 248
Máquina de Von Neumann, 14
Máquina multinível, 3
Máquina virtual, 2, 365
Máquinas multinível, evolução, 6-10
MAR (*ver* Registrador de endereço de memória)
Marcos na arquitetura do computador, 10-22
Mark I, 11
Máscara, 305
MASM (*ver* Microsoft *assembler*)
Master File Table (tabela mestra de arquivos), 396
Masuoka, Fujio, 77
Matriz em grade de bola, 166
Mauchley, John, 13

MDR (*ver* Registrador de dados da memória)
Mecanismo de impressão, 97
Meio-somador, 129
Meio-tom, 97
Melhorias no desempenho da rede, 459
Memória associativa, 358, 422
Memória *cache*, 32, 64-66
Memória compartilhada distribuída, 465, 505-506
Memória compartilhada em nível de aplicação508-511
Memória de atração, 485
Memória e endereçamento do 8088, 548-552
Memória flash, 144
Memória intercalada, 478
Memória *little endian*, 59-60
Memória não volátil, 144
Memória recarregada (renovada), 143
Memória secundária, 67-85
Memória virtual, 363-388
    ARM, 363-365
    comparação com *caching*, 365
    Core i7, 359-363
    UNIX, 385-386
    Windows 7, 386-388
Memória, 57-85, 133-145
    acesso aleatório, 57-85, 142-144
    acesso somente à memória *cache*, 485-486
    associativa, 358, 422
    atração, 485
    big endian, 59-60
    cache, 32, 64-66
    CD-ROM, 78-81
    flash, 144
    intercalada, 478
    little endian, 59-60
    modo de página rápida, 143
    não volátil, 144
    secundária, 67-85
    somente de leitura, 144
    virtual, 363-388
MESI, protocolo, 474-475
Mestre de barramento, 149
Metal Oxide Semiconductor, 118
Método, 291
Métrica de desempenho, 510-512
    hardware, 510-511
    software, 511-512

Métrica de software, 511
MFT (*ver* Master File Table)
Mic-1, 198-201, 212-222
Mic-2, 229-233
Mic-3, 233-238
Mic-4, 238-240
Mickey, 94
Microarquitetura da CPU Core i7, 256
Microarquitetura,
    ARM, 260-264
    ATmega168, 262-266
    Core i7, 260
    Mic-1, 212-2220,
    Mic-2, 229-233
    Mic-3, 233-238
    Mic-4, 238-240
    OMAP4430, 260-264
    três barramentos, 226
Microcódigo, 9-10
Microcontrolador, 26-27
Microdrive, 108
Microinstrução, 48, 196-201
Microlinguagem *Assembly*, 210
Micro-operação, 238
Micropasso, 235
MicroProgram Counter (MCP), 199
Microprograma, 5, 545
Microprogramação, 7, 10
Microsoft *assembler*, 408
MIMD (*ver* Multiple Instruction *stream* Multiple Data *stream*, computador)
Mini-intervalos de tempo, 104-105
MIPS, 11
MIPS, computador, 48
MIR (*ver* Registrador de microinstrução)
MMU (*ver* Unidade de gerenciamento de memória)
MMX (*ver* MultiMedia eXtensions)
Mnemônico, 543, 560
Modelo de conjunto de trabalho, 351
Modelo de consistência, 468
Modelo de memória grande, 564
Modelo de memória minúscula, 564
Modelo de memória, 273-274, 564
    Core i7, 273-274

Modelo operário replicado, 507
Modelo pequeno de memória, 564
Modem, 100-101
Modo núcleo (*kernel*), 272
Modo real, 276
Modo usuário, 272
Modo virtual 8086, 276
Modos de endereçamento, 292
    ARM, 292
    discussão, 292
Modos de endereço, 292
Modulação de amplitude, 100-101
Modulação de frequência, 100-101
Modulação, 100-101
Modulador/demodulador, 100-101
Monitor de matriz ativa, 92
Monitor de matriz passiva, 92
Monitor de tela plana, 90-92
Monitor TFT, 92
Monitor, 90-92
Moore, Gordon, 22
MOS (*ver* Metal Oxide Semiconductor)
Motif, 383
Motion Picture Experts Group, 451
Motorola 68000, 47
Mouse, 92-94
MPC (*ver* MicroProgram Counter)
MPEG-2, 451
MPI (*ver* Interface de troca de mensagens)
MPP (*ver* Processador maciçamente paralelo)
MS-DOS, 19
Multicomputador de passagem de mensagem, 486-514
Multicomputador, 56-57, 462-466, 486-514, 489-517
    BlueGene, 490-494
    Cluster Google, 499-501
    MPP, 468
    Red Storm, 494-497
MULTICS (*ver* MULTiplexed Information and Computing Service)
MultiMedia eXtensions (MMX), 32
Multiple Instruction stream Multiple Data stream, computador, 466-467
Multiplexador de acesso DSL, 103

Multiplexador, 124-126
MULTiplexed Information and Computing Service, 358-359, 430-431
Multiprocessador baseado em diretório, 479
Multiprocessador heterogêneo, 449-453
Multiprocessador homogêneo, 448-449
Multiprocessador, 57, 462-486
    COMA, 485-486
    Core i7, 449
    heterogêneo, 449-453
    NUMA, 478-485
    simétrico, 463
    versus multicomputador, 462-468
Multiprocessadores de único chip, 448-453
Multiprogramação, 18
Multithreading de granulação fina, 443
Multithreading de granulação grossa, 444
Multithreading no chip, 443-448
Multithreading simultâneo, 445
Mutex, 400
Myhrvold, Nathan, 23

N

NaN (*ver* Not a Number)
NC-NUMA (*ver* No *Cache* NUMA)
NEON, 262
Network Interface Device (Dispositivo de interface de rede), 102
Network Of Workstations (rede de estações de trabalho), 468
Newton, 11, 35
Nibble, 315
NID (*ver* Network Interface Device)
Nível de arquitetura do conjunto de instruções, 345
Nível de dispositivo, 4
Nível de linguagem de montagem, 407–435
Nível de máquina do sistema operacional, 4-5, 344-408
Nível de microarquitetura, 5, 190-269
    exemplos, 256-266
    projeto, 222-240
Nível lógico digital, 4
    barramento PCI, 169-176
    barramento PCI Express, 176-180
    barramentos, 145-158, 169-183

chips de CPU, 147-169
circuitos, 124-133
interface de E/S, 183-184
memória, 133-145
portas, 115-123

Nível, 3
de máquina de sistema operacional, 4-5, 344-408
dispositivo, 4
ISA, 5, 270-359
linguagem de montagem, 407-435
lógico digital, 147–237
microarquitetura, 5, 190-269

Nivelamento por desgaste, 78

No *Cache* NUMA (NC-NUMA), 478

Nome simbólico, 543

NonUniform Memory Access (acesso não uniforme à memória), 478

NORMA (*ver* Computador NO Remote Memory Access)

Not a Number (NaN), 540

Notação de excesso, 537

Notação infixa, 296

Notação Mic-1, 204-206

Notação polonesa invertida, 296-299

Notação polonesa, 296-299

Notação pós-fixa, 296

NOW (*ver* Network Of Workstations)

Noyce, Robert, 17

NT File System (sistema de arquivos NT), 393

NTFS (*ver* NT File System)

NTOS, executivo, 384

Núcleo, 15, 447

NUMA (*ver* NonUniform Memory Access)

NUMA com coerência de *cache*, 479-481

NUMA, multiprocessador, 469-485

Número binário,
adição, 532
negativo, 531-532

Número de dupla precisão, 281

Número de ponto flutuante normalizado, 537

Número de ponto flutuante, 539

Número decimal, 562

Numero desnormalizado, 537

Número em complemento de um, 531

Número hexadecimal, 562

Número octal, 562

Números binários negativos, 531-532

Números de precisão finita, 525-526

Nvidia Tegra, 36

O

Obtenção de alto desempenho, 512-514

OCP-IP (*ver* Open Core Protocol-International Partnership)

Octal, 526

Octeto, 59, 273

OGSA (*ver* Open Grid Services Architecture)

OHCI (*ver* Open Host Controller Interface)

OLED (*ver* Organic Light Emitting Diode)

Olsen, Kenneth, 15

OMAP4430,
buffer de armazenamento, 262
cache de dados, 261
endereçamento, 292
formatos de instrução, 290-291
instruções, 315-317
introdução, 35-36
memória virtual, 363-365
microarquitetura, 260-264
nível ISA, 278-279
ordenação de bits dupla, 278
organização interna, 164
pinagem, 166
pipeline, 262-264
tipos de dados, 283-284
unidade de emissão de instrução, 262-263

Omega, rede, 477

Omnibus, PDP-8, 16

Opcode (código de operação), 191

Open Core Protocol-International Partnership (Aliança Internacional — Protocolo de Núcleo Aberto), 453

Open Grid Services Architecture (arquitetura de serviços de grade aberta), 516

Open Host Controller Interface (interface aberta de controlador de hospedeiro), 144

Operação de barramento, 147-149

Operação de memória, 195-196

Operações diádicas, 305-306

Operações monádicas, 306-307

Operando de destino, 549
Operando fonte, 549
Operando imediato, 292
OR cabeado (*wired-OR*), 149
Orange Book (Livro Laranja), 82
Orca, 508-510
Ordenação de bytes, 59-60
Organic Light Emitting Diode (OLED), 92
Organização da memória, 138-140
    8088, 548-549
Organização estruturada de computadores, 2-10
Organização virtual, 514
OS/2, 19
Osborne-1, 11

P

Packet Processing Engine (mecanismo de processamento de pacotes), 457
Pacote de reconhecimento, 179
Pacote, 453, 489
    PCI, 177
Padrões de comparação, 233
Página comprometida, 386
Página de código, 109
Página livre, 386
Página reservada, 386
Página, 363-364
Paginação excessiva (*thrashing*), 353
Paginação por demanda, 351
Paginação, 364-387
    implementação, 347-351
Palavra de código, 61
Palavra de estado do programa (Program Status Word), 275, 367
Palavra, 59
Paleta de cores, 92
Palm PDA, 21
Paralelismo em nível de instrução, 50-57, 438-443
    no chip, 438-453
Paralelismo no chip, 438-453
Paralelismo no nível do processador, 53-57
Parallel Virtual Machine (máquina virtual paralela), 502

Parâmetro de macro, 413-417
Parâmetro formal, macro, 413
Parâmetro real, macro, 413
Partição, 422
Pascal, Blaise, 10
Passagem de mensagem em *buffer*, 503
Passagem dois, *assembler*, 421-422
Passagem um, *assembler*, 417-420
Pipeline, 50-57, 233
    Mic-3, 235-238
    Mic-4, 238-240
    OMAP, 262-264
    Pentium, 32
    sete estágios, 238-240
Pipelining, memória do Core i7, 162-164
PC (*ver* Program Counter)
PCI Express, 176-180
    arquitetura, 177-178
PCI Express, barramento, 87-88
PCI Express. pilha de protocolos, 178-180
PCI, barramento (*ver* Peripheral Component Interconnect Bus)
PCIe (*ver* PCI Express)
PCIe bus (*ver* PCI Express, barramento)
PDA (*ver* Personal Digital Assistant)
PDP-1, 11, 20
PDP-11, 11
PDP-8, 11, 15
Pentium 4, 31
Pentium, 20, 32
Peripheral Component Interconnect Bus, 170
    arbitragem, 173
    operação, 172
    sinais, 173-175
    transações, 175-176
Personal Digital Assistant (PDA), 21
PGA (*ver* Pin Grid Array)
Pilha de operandos, 202-203
Pilha de protocolos, PCI Express, 178-180
Pilha, 202-204
    operando, 203
Pin Grid Array (PGA), 124
Pinagem, 146

PIO (*ver* Entrada/saída paralela)
Pipe (conexão ou tubo), 398
Pipeline u, 52
Pipeline V, 52
Pixel, 92
Placa-mãe, 85
Plain Old Telephone Service (serviço telefônico normal), 102
Plano (*land*), 78
PlayStation 3, 27
Política de alocação de escrita, 473
Política de substituição de página, 351-353
Ponteiro de instrução, 544, 547
Ponteiro de leitura/escrita, 560
Ponteiro de pilha, 547
Ponteiro de quadro, 278
Ponteiro, 293
Ponto de código, 109
Ponto de cruzamento, 476
Ponto de entrada, 428
Ponto de interrupção, 567
Ponto, 561
Pontos por polegada, 99
Porta de chamada, 363
Porta, 4, 116-117
Portable Operating System-IX, 381
Portadora, 100-101
Posição de retardo, 247
POSIX (*ver* Portable Operating System-IX)
POTS (*ver* Plain Old Telephone Service)
PPE (*ver* Packet Processing Engine)
Preâmbulo, 68
Predicação, 337-339
Prefixo, 315
Presença na *cache*, 244
Previsão de desvio, 246-250
    dinâmica, 247-249
    estática, 249-250
Previsor de desvio, Core i7, 258
Primeira passagem do montador, 561
Princípio da localidade, 65, 351
Princípios de projeto, 49-50
Problema da referência antecipada, 413

Problema de relocação, 425
Procedimento recursivo, 321
Procedimento, 291, 320-324
Processador de rede, 453-459
Processador gráfico, 459-461
Processador maciçamente paralelo, 490-499
    BlueGene, 490-494
    Red Storm, 494-496
Processador vetorial, 54
Processador, 42-57
Processamento de entrada, 457
Processamento de pacotes, 457–458
Processamento de saída, 457
Processamento paralelo, 372-380
Processo de montagem, 417-423
Processo-filho, 397
Processo-pai, 397
Produtor, 374
Program Counter (contador de programa), 43, 544
Programa binário executável, 408, 424
Programa binário, 543
Programa em linguagem de montagem, 561
Programa objeto, 408
Programa, 1
Programador de sistemas, 5
Programmable ROM (ROM programável), 144
Projeto em conjunto, 21
Projeto escalável, 464
Projeto japonês da quinta geração, 20-21
Prólogo de procedimento, 324
PROM (*ver* Programmable ROM)
Propriedade de completude, 120
Protelação (*stalling*), 236, 247
Protelação da *pipeline*, 236
Protocol Processing Engine (mecanismo de processamento de protocolo), 457
Protocolo de barramento, 188
Protocolo de coerência de *cache*, 599
Protocolo IP, 455
Protocolo, 455
    barramento, 148
    IP, 455

MESI, 474, 475
PCI Express, 177-179
Pseudoinstrução, 411-413, 563
PSW (*ver* Palavra de estado do programa)
Pthreads, 399
PVM (*ver* Parallel Virtual Machine)

Q

Quadro de página, 320
Quadro de pilha, 547
Quadro de variáveis locais, 202-204
Quadro, 80
    variável local, 203-205

R

RAID (*ver* Redundant Array of Inexpensive Disks)
Raiz (base), 526
RAM (*ver* Random Access Memory)
RAM de vídeo, 92-93
RAM estática, 143
Random Access Memory (RAM), 142-146
    DDR, 143
    RAM dinâmica, 143
    SDRAM, 143
Ranging, 104
Rastreador, 543, 565-568
RAW, dependência, 236
Read Only Memory (ROM), 144
Receptor de barramento, 149
Recursão, 291
Red Book, 78
Red Storm *versus*. BlueGene/P, 496-497
Red Storm, 496-497
Rede de anéis, 449, 489
Rede de comutação multiestágio, 476-478
Rede de cubos, 489
Rede de interconexão, 487-490
    largura de banda de bisseção, 488
    topologia, 489
Rede local, 453
Rede por atalho virtual, 493
Rede remota (*ver* Wide Area Network)

Rede sem bloqueio, 487-490
Rede *store-and-forward*, 453
Rede,
    anel, 449
    Ethernet, 453
    local, 453
    remota, 453
    store-and-forward, 453
Reduced Instruction Set Computer (RISC), 48
    princípios de projeto, 49-50
Redundant Array of Inexpensive Disks (RAID), 73-76
Reed-Solomon, código, 68
Referência externa, 422
Registrador com índice e deslocamento, 551
Registrador com índice, 551
Registrador de base, 546
Registrador de bytes, 549
Registrador de código de condição, 699
Registrador de contadores, 697
Registrador de dados da memória (Memory Data Register), 249–196
Registrador de dados, 697
Registrador de deslocamento de histórico de desvio, 314
Registrador de endereço de memória (Memory Address Register), 195-196
Registrador de *flags*, 350, 699
Registrador de índice, 698
Registrador de instrução, 56
Registrador de microinstrução, 255
Registrador de palavras, 549
Registrador de ponteiro, 698–699
Registrador vetorial, 71
Registrador virtual, 258
Registrador, 5, 174, 694
    PSW, 350
Registradores gerais, 695–697
Registradores, 349–351
    flags, 350
Registro lógico, 466
Renomeação de registrador, 315–320
ReOrder Buffer (*buffer* de reordenação), Core i7, 327
RFID (*ver* Identificação por radiofrequência)
RISC (*ver* Reduced Instruction Set Computer)

RISC vs. CISC, 48–63
RISC, princípios de projeto, 63–50
ROB (*ver* ReOrder Buffer)
ROM (*ver* Read Only Memory)
Roteador, 454
Rótulo global, 717
Rótulo local, 717
Rótulo, 692
    linguagem assembly, 717
Roubo de ciclo, 86, 313

S

Sacola de tarefas, 507
Saída padrão, 391
Salto condicional, 556
Salto distante, 8088, 556
Salto próximo, 8088, 556
Sandy Bridge, 256-260
Scale, Index, Base, byte, 290, 302
Scanner de páginas (page scanner), 478
SCSI (*ver* Small Computer System Interface)
SCSI, disco, 71
SDRAM (*ver* DRAM síncrona)
Seastar, 494
Seção crítica, 402
Seção DATA, 562
Seção informativa, 272
Seção normativa, documento de definição, 272
Seção TEXT, 562
Security ID, 395
Segmentação, 354-359
    implementação, 357-359
Segmento de código, 542
Segmento de dados, 555
Segmento de ligação, 430
Segmento extra, 555
Segmento, 355, 548-549
    8088, 549
Segmentos de bits, 132
Segunda passagem, montador, 561
Seleção de via, 457
Semáforo, 377-380

Semântica da memória, 468-471
Semântica da memória, consistência, 468-471
    cache, 472
    estrita, 468
    fraca, 470
    liberação, 471
    processador, 469-470
    sequencial, 468-469
Sequenciador, 198
Servidor, 29-30
Setor, 68
Shell, 383
Shockley, William, 15
SIB (*ver* Scale, Index, Base, byte)
SID (*ver* Security ID)
Significando, 538
Símbolo externo, 428
SIMD (*ver* Single Instruction stream Multiple Data stream)
SIMM (*ver* Single Inline Memory Module)
Simon, smartphone, 21
Simple COMA, 485
Simplex, linha, 101
Sinal afirmado, 140
Sinal de controle, 195
Sinal negado, 140
Sincronização de processos, 377-380
Single Inline Memory Module, 66
Single Instruction stream Multiple Data stream, 54
Single Large Expensive Disk (disco único grande e caro), 73
Sistema básico de entrada/saída, 71-72
Sistema *batch*, 9
Sistema de memória distribuída, 463
Sistema de tempo compartilhado, 9
Sistema fortemente acoplado, 56, 437
Sistema fracamente acoplado, 56, 437
Sistema operacional convidado, 366
Sistema operacional, 363
    CP/M, 19
    história, 7-8
    OS/2, 19
    tempo compartilhado, 9
    UNIX, 380-383, 385-386, 388-393, 397-400

Windows, 386-388
Windows 7, 383-386, 393-397, 400-402
Sistema-em-um-chip, 164
Sistemas de numeração básicos, 526-527
SLED (ver Single Large Expensive Disk)
SM (ver Streaming Multiprocessor)
Small Computer System Interface (SCSI), 72-73
Small Outline DIMM (DIMM pequeno perfil), 67
Smartphone, 21
SMP (ver Symmetric MultiProcessor)
Sobreposição (overlay), 364
SoC, 164
SO-DIMM (ver Small Outline DIMM)
Software de multicomputadores, 502-503
Software, 5
Solid-State Disk (disco em estado sólido), 76-78
Somador completo, 131
Somador de seleção de vai-um, 131
Somador, 130-131
    completo, 131
    meio, 129
    propagação de vai-um, 131
    seleção de vai-um, 131
Soquete, 381
SPARC, 11
SRAM (ver RAM estática)
SSD (ver Solid-State Disk)
SSE (ver Streaming SIMD Extensions)
Stibbitz, George, 12
Streaming Multiprocessor, 459
Streaming SIMD Extensions, 32
Striping (segmentação), 74
Sub-rotina, 291, 557-560
Sun Fire E25K, 481-485
Sun SPARC, 11
Supercomputador, 16
Supercomputadores, 30
Superusuário, 392
Symmetric MultiProcessor, 463

T

Tabela de histórico, 247
Tabela de páginas estendida, 366

Tabela de páginas, 363-364
Tabela de pesquisa, 144-145
Tabela de símbolos, 417, 422-423, 561
Tabela verdade, 118
Tabuleiro de xadrez, 357
TAT-12/13, cabo, 23
Taxa de acerto, 65
Taxa de falha, 65
Taxonomia de computadores paralelos, 466-468
Taxonomia de Flynn, 466-468
TCP (ver Transmission Control Protocol)
TCP, cabeçalho, 455
Teclado, 89
Tegra, Nvidia, 36
Tela de toque múltiplo, 90
Tela sensível ao toque (*touch-screen*), 89-90
Telco, 101
Tempo de ciclo de *clock*, 132
Tempo de vinculação, 428-430
Temporização de barramento, 150-153
Temporização do caminho de dados, 193-195
Terminal de distribuição (*headend*), 103
Terminal, 103-106
Texas Instruments OMAP4430 (ver OMAP4430)
Threads, 398
TI OMAP4430 (ver OMAP4430)
Tinta à base de corante, 99
Tinta,
    à base de corante, 99
    à base de pigmento, 99
    sólida, 99
Tipo de dado não numérico, 282-283
Tipo de dados não numérico, 282-283
    numérico, 281-282
Tipo de dados numérico, 281-282
Tipos de dados, 281-285
    ARM, 283
    ATmega168, 284-285
    Core i7, 283
Tipos de instruções, 292-319
TLB (ver Translation Lookaside *Buffer*)
TLB, ausência, 364

Topologia virtual, 503
Topologia, 489
Toro duplo, 489
Torres de Hanói para ARM, 332-333
Torres de Hanói para Core i7, 330-331
Torres de Hanói, 330-333
Tradução, 2
Tradutor de duas passagens, 417-433
Tradutor, 407
Transceptor de barramento, 149
Transição, 228
Transistor bipolar, 116
Transistor de película fina, 92
Transistor, invenção, 15
Transistor-Transistor Logic (TTL), 117
Translation Lookaside Buffer (TLB), 262, 364
Transmission Control Protocol (TCP), 455
Tratador de exceção, 327
Trilha de CD-ROM, 82
TriMedia, processador 438-443
Troca de mensagens sem bloqueio, 502
Troca síncrona de mensagens, 502
TTL (ver Transistor-Transistor Logic)
Tubo de raios catódicos, 90
Tupla, 506
Twisted Nematic, monitor, 91
TX-0, 15
TX-2, 15

U

UART (ver Universal Asynchronous Receiver Transmitter)
UCS (ver Universal Character Set)
UCS, formato de transformação, 110
UHCI (ver Universal Host Controller Interface)
ULA (ver Unidade lógica e aritmética)
UMA (ver Uniform Memory Access, computador)
Unicode, 109-110
Unidade central de processamento, 15, 42-57
Unidade de alocação/renomeação, 259
Unidade de busca de instrução (Instruction Fetch Unit), 227-229

Unidade de decodificação, 238
Unidade de emissão de instrução, OMAP4430, 261
Unidade de enfileiramento, 238
Unidade de gerenciamento de memória, 320
Unidade de retirada, Core i7, 260
Unidade lógica e aritmética, 5, 43, 130
Unidades métricas, 38-39
Uniform Memory Access (UMA), computador, 467
Universal Asynchronous Receiver Transmitter (UART), 183
Universal Character Set (UCS), 110
Universal Host Controller Interface (UHCI), 182
Universal Serial Bus, 228–183
    USB 2.0, 182
    USB 3.0, 182
Universal Synchronous Asynchronous Receiver Transmitter (USART), 183
UNIX, 482–383
    memória virtual, 385-386
UNIX, E/S, 388-393
UNIX, gerenciamento de processos, 397-400
USART (ver Universal Synchronous Asynchronous Receiver Transmitter)
USB 2.0, 182
USB 3.0, 182
UTF-8, 110-111

V

Vale do Óxido de Ferro, 23
Valor esquerdo, 549
Variável de condição, 399
VAX, 11, 47
VCI (ver Virtual Component Interconnect)
Velocidade versus custo, 223-224
Verificação da soma de verificação, 457
Verificação por redundância cíclica, 179
Very Large Scale Integration (VLSI), 18
Very Long Instruction Word (VLIW), 468
Vetor de interrupção, 158, 328
VFP, 262
Via, 391
Via, PCI Express, 87, 176
Virtual Component Interconnect (VCI), 453

Virtualização do hardware, 365-366
Virtualização, 365
    hardware, 365-366
Virtual-Machine Control Structure (VMCS), 366
VLIW (*ver* Very Long Instruction Word)
VLSI (*ver* Very Large Scale Integration)
VMCS (*ver* Virtual-Machine Control Structure)
Volume Table Of Contents (VTOC), 82
Von Neumann, 14
VTOC (*ver* Volume Table Of Contents)

W

WAN (*ver* Wide Area Network)
WAR, dependência, 250
Watson, Thomas, 15
WAW, dependência, 250
Weiser, Mark, 21
Weizac, 14
Whirlwind I, 11
Wide Area Network (WAN), 453
Wiimote, controlador, 94-95
Wilkes, Maurice, 46
Win32, API, 384
Winchester, disco, 69
Windows 7, 383-385
Windows 7, E/S, 393-397
Windows 7, gerenciamento de processos, 400-402
Windows 7, memória virtual, 386-388
Windows New Technology (NT), 384
Windows NT (*ver* Windows New Technology)
Windows, *drivers*, 384
Wozniak, Steve, 19
Write-back, protocolo, 474
Write-once, protocolo, 474

X

X Windows, 383
x86, 20, 30-37, 258, 273
x86, arquitetura, 30
XC2064, 11
Xeon, 33

Y

Yellow Book (livro amarelo), 79

Z

Z1, 11
Zilog Z8000, 47
Zoológico dos computadores, 22-30
Zuse Z1, 11
Zuse, Konrad, 12